Polens Staatlichkeit in sieben Jahrhunderten

SCHRIFTEN
zum internationalen und zum öffentlichen
RECHT
Herausgegeben von Gilbert Gornig

Band 112

Zu Qualitätssicherung und Peer Review der vorliegenden Publikation

Die Qualität der in dieser Reihe erscheinenden Arbeiten wird vor der Publikation durch den Herausgeber der Reihe geprüft.

Notes on the quality assurance and peer review of this publication

Prior to publication, the quality of the work published in this series is reviewed by the editor of the series.

Adrianna Agata Michel

Polens Staatlichkeit in sieben Jahrhunderten

Eine völkerrechtliche Analyse zur Staatensukzession

PL ACADEMIC RESEARCH

Bibliografische Information der Deutschen Nationalbibliothek
Die Deutsche Nationalbibliothek verzeichnet diese Publikation in der DeutschenNationalbibliografie; detaillierte bibliografische Daten sind im Internet über http://dnb.d-nb.de abrufbar.

Zugl.: Marburg, Univ., Diss., 2014

D 4
ISSN 0943-173X
ISBN 978-3-631-65467-5 (Print)
E-ISBN 978-3-653-04696-0 (E-Book)
DOI 10.3726/978-3-653-04696-0

PL Academic Research ist ein Imprint der Peter Lang GmbH.
Peter Lang – Frankfurt am Main · Bern · Bruxelles · New York · Oxford · Warszawa · Wien

Die Publikation wurde begutachtet.

www.peterlang.com

Meiner Mutter

Vorwort

Fremdherrschaft und der Kampf um Unabhängigkeit zeichnen die Jahre aus, in denen der polnische Staat von der Landkarte Europas verschwunden war. Die polnische Nation ist ein bewundernswürdiges Beispiel für den starken Zusammenhalt einer Nation und für die dauerhafte Bewahrung ihres Nationalgefühls. Beiden ist es zu verdanken, dass die polnische Nation sämtliche Krisenzeiten überwunden hat und der polnische Staat auf diese Weise nicht „verloren" war. Gerade in den Zeiten der Unterdrückung bewies das polnische Volk, dass es niemals den Anspruch auf einen selbständigen Staat aufgegeben hat. Seine Kultur und seine Traditionen bilden eine feste Säule inmitten Europas, die sich als unzerstörbar erwiesen hat.

Der polnische Staat hat eine bewegte Territorialgeschichte, die zahlreiche Untersuchungsansätze für sukzessionsrechtliche Probleme bietet. Bis heute steht das Völkerrecht immer wieder vor einer großen Herausforderung, wenn ein Staat eigenmächtig einzelne Gebietsteile eines anderen Staates de facto annektiert. In diesen Fällen fallen die Inhaber der territorialen Souveränität und der Gebietshoheit auseinander. Dass diese völkerrechtliche Problematik stets Aktualität besitzt, verdeutlichen die jüngsten Ereignisse in der Ukraine, insbesondere auf der Halbinsel Krim, die von Russland de facto annektiert wurde. Die Grundsätze „ex factis ius oritur" und „ex iniuria ius non oritur" treffen hierbei in kontroverser Weise aufeinander. Es stellt sich daher die berechtigte Frage, wie das Völkerrecht auf derartige Ereignisse, die auch in der Vergangenheit Polens aufgetreten sind, reagiert und reagieren kann.

Die vorliegende Arbeit wurde im Jahre 2014 vom Fachbereich Rechtswissenschaften der Philipps-Universität Marburg als Dissertation angenommen.

An erster Stelle gebührt mein ganz besonderer und überaus herzlicher Dank meinem verehrten Lehrer und Doktorvater Professor Dr. Dr. h. c. mult. Gilbert Gornig, der mir in den Jahren meines wissenschaftlichen Schaffens immer unterstützend zur Seite stand und mit viel Begeisterung die Entwicklung meiner Arbeit verfolgte. Ich möchte ihm dafür danken, dass er für mich immer als kritischer Gesprächspartner zur Verfügung stand und mir mit viel Geduld die nötige Sicherheit gab. Als wissenschaftliche Mitarbeiterin verbrachte ich bislang an seinem Lehrstuhl lehrreiche, prägende und angenehme Jahre, die ich nicht missen möchte und die meinen Werdegang entscheidend beeinflussten.

Großen Dank möchte ich auch Professor Dr. Christoph Safferling, LL.M. (LSE), für die Übernahme und zügige Erstellung des Zweitgutachtens aussprechen.

Ich bedanke mich bei allen Freunden, die mir beim Korrekturlesen behilflich waren und bis zur endgültigen Druckfassung durchhielten. Darüber hinaus bedanke ich mich auch bei meinen Kolleginnen am Lehrstuhl und allen polnischen Freunden, die mir bei den Übersetzungsarbeiten behilflich waren. Ich danke ferner allen, die mir bei der Formatierung der Endfassung sowie bei der Bearbeitung des Anhangs eine große Hilfe waren.

Ich danke der Konrad-Adenauer-Stiftung, die meine Arbeit mit einer Promotionsförderung unterstützte.

Einen weiteren Dank in finanzieller Hinsicht möchte ich an die Universitätsstiftung der Philipps-Universität Marburg richten, die meine Arbeit mit einem Druckkostenzuschuss förderte.

Ich hätte meine Dissertation nicht ohne die umfangreiche polnischsprachige Literatur, die sich in der Bibliothek des Herder-Instituts in Marburg befindet, schreiben können. In diesem Zusammenhang möchte ich den freundlichen Mitarbeiterinnen und Mitarbeitern des Herder-Instituts danken, die mir bei meiner wissenschaftlichen Arbeit stets behilflich waren und mir auch Räumlichkeiten zum konzentrierten Arbeiten zur Verfügung stellten.

Einen besonders innigen Dank möchte ich schließlich an meine Mutter und meinen Großvater richten, die mich immer mit unschätzbarem Zuspruch sowie ihrer steten Zuversicht begleiteten und schon ihr ganzes Leben lang an mich glauben. Ohne sie hätte ich meinen bisherigen Lebensweg so nicht gehen können.

Marburg, im Oktober 2014 Adrianna Agata Michel

Inhaltsverzeichnis

Abkürzungsverzeichnis

Abs.	Absatz
AdG	Archiv der Gegenwart
AFDI	Annuaire français de droit international
ArchVR	Archiv des Völkerrechts (bis einschließlich 19. Band)
AVR	Archiv des Völkerrechts (seit dem 20. Band)
AJIL	American Journal of International Law
Anm.	Anmerkung
AöR	Archiv für öffentliches Recht
Art.	Artikel
Aufl.	Auflage
Ausg.	Ausgabe
Bd.	Band
BDGVR	Berichte der Deutschen Gesellschaft für Völkerrecht
Bearb.	Bearbeiter
Begr.	Begründer
BGBl.	Bundesgesetzblatt
BVerfGE	Entscheidungen des Bundesverfassungsgerichts
BYIL	British Yearbook of International Law
bzw.	beziehungsweise
ca.	circa
CPH	Czasopismo prawno-historyczne [Rechtlich-historische Zeitschrift]
CTS	The Consolidated Treaty Series
DDR	Deutsche Demokratische Republik
ders./dies.	derselbe/dieselbe(n)
d. h.	das heißt
dt.	deutsch
DVBl.	Deutsches Verwaltungsblatt
EA	Europa-Archiv
ebd.	ebenda
ed.	Editor
engl.	englisch
EPIL	Encyclopedia of Public International Law
etc.	et cetera
ff.	(fort)folgende
franz.	französisch
FS	Festschrift
gem.	gemäß

HLKO	Haager Landkriegsordnung
Hrsg.	Herausgeber(in)
ICJ	International Court of Justice
IGH	Internationaler Gerichtshof
ILC	International Law Commission
ILM	International Legal Materials
IRuD	Internationales Recht und Diplomatie
Jg.	Jahrgang
Jh.	Jahrhundert
JuS	Juristische Schulung
Kap.	Kapitel
KH	Kwartalnik Historyczny [Historische Quartalszeitschrift]
KSZE	Konferenz über Sicherheit und Zusammenarbeit in Europa
lat.	lateinisch
n. Chr.	nach Christi Geburt
Nachdr.	Nachdruck
Neubearb.	Neubearbeitung
Neudr.	Neudruck
NF	Neue Folge
Nr.	Nummer
NRGT	Nouveau Recueil Général de Traités
NRT	Nouveau Recueil des Traités
OSN(C)	Orzecznictwo Sądu Najwyższego-Izba Cywilna [Rechtsprechung des Obersten Gerichts-Zivilkammer]
OSN(K)	Orzecznictwo Sądu Najwyższego-Izba Karna [Rechtsprechung des Obersten Gerichts-Strafkammer]
OsteuropaR	Osteuropa-Recht
PH	Przegląd Historyczny [Historischer Überblick]
PiP	Państwo i Prawo [Staat und Recht]
poln.	polnisch
RdC	Recueil des Cours de l'Académie de droit international de La Haye
red.	redaktor [Bearbeiter]
RH	Roczniki Historyczne [Historische Jahrgänge]
Rn.	Randnummer
RGBl.	Reichsgesetzblatt
ROW	Recht in Ost und West
S.	Seite
Ser.	Series
SH	Studia Historyczne [Historische Studien]

SR	Slavic Review
sog.	sogenannte(r/s)
StuR	Staat und Recht
u. a.	unter anderem
UN(O)	United Nations (Organization)
US(A)	United States (of America)
usw.	und so weiter
v.	von
v. Chr.	vor Christi Geburt
vgl.	vergleiche
vol.	volume
WKSV	Wiener Konvention über die Staatennachfolge in Verträge
WKSVAS	Wiener Konvention über die Staatennachfolge in Staatsvermögen, Archive und Staatsschulden
WÜK	Wiener Übereinkommen über konsularische Beziehungen
WÜRV	Wiener Übereinkommen über das Recht der Verträge
YBILC	Yearbook of the International Law Commission
ZaöRV	Zeitschrift für ausländisches öffentliches Recht und Völkerrecht
Ziff.	Ziffer
z. B.	zum Beispiel
Z. f. osteurop. R.	Zeitschrift für osteuropäisches Recht
zit. n.	zitiert nach
ZfO	Zeitschrift für Ostrecht
ZfOstF	Zeitschrift für Ostforschung
ZH	Zagadnienia historyczne [Historische Fragen]
ZP	Zusatzprotokoll
ZVölkR	Zeitschrift für Völkerrecht

Einleitung

A. Problemdarstellung

Die polnische Nation blickt auf eine bewegte Geschichte, die um das Jahr 1000 begann, zurück. In der Geschichte Polens gab es folgenschwere Wendepunkte und dramatische Krisenzeiten. Es gibt nur wenige Staaten in der Welt, die ein ähnliches Schicksal wie der polnische Staat erlebt haben. Der polnische Staat stand nämlich über viele Jahrhunderte im Mittelpunkt der territorialen Expansionspläne europäischer Mächte. Neben der Einflussnahme durch die Nachbarmächte war für Polen verheerend, dass es zu den Staaten gehörte,[1] die keine „natürlichen" Grenzen im Sinne eines vorgegebenen geografischen Rahmens besaßen und daher auch aus diesem Grunde über die Epochen hinweg starken Veränderungen unterlagen.[2] Besondere Einschnitte in der Geschichte der polnischen Nation waren die drei Teilungen des Landes in den Jahren 1772, 1793 und 1795, die staatliche „Wiederauferstehung" nach dem Ersten Weltkrieg und die kommunistische Herrschaft nach 1945. Polen kann erst seit dem Jahre 1989 als ein stabiler, souveräner Staat bezeichnet werden.[3]

Als polnische Tragödie kann der Verlust des eigenen Staates Anfang des 18. Jahrhunderts umschrieben werden. Polen verschwand im Jahre 1795 infolge der dritten und letzten Teilung von der Landkarte Europas. Die drei Mächte Preußen, Russland und Österreich teilten das polnische Staatsgebiet untereinander auf. Die Polen, die einst in einer stolzen und mächtigen Adelsrepublik im Herzen Europas lebten, mussten sich diesen Mächten unterwerfen und in Unfreiheit leben.

Trotz der fehlenden staatlichen Einheit blieben auch in dieser 123 Jahre andauernden Phase die Traditionen der alten Republik erhalten. Die zahlreichen nationalen Unabhängigkeitsbestrebungen verdeutlichen eindrucksvoll, dass die Polen in dieser Zeit niemals die Hoffnung auf die Wiederherstellung ihres Staates aufgaben.[4] Aufgrund ihrer Willensstärke und ihres bemerkenswerten Nationalgefühls überdauerte die polnische Nation sämtliche Krisenzeiten. Die Freiheitskämpfe der Polen, die Gewähr dafür waren, dass die „polnische Frage" immer aktuell blieb, führten dazu, dass die Teilnehmer der Versailler Friedenskonferenz infolge des Ersten Weltkriegs die Errichtung eines unabhängigen polnischen Staates im Jahre 1918 ermöglichten. Die polnische Nation, die zuvor nur getrennt in den drei Teilungsgebieten existieren konnte, war wieder vereint.

---

1 Hierzu zählen auch Deutschland und Russland.

2 Vgl. *Müller, Michael G.*, Polnische Geschichte von den staatlichen Anfängen im 10. Jahrhundert bis zum Ersten Weltkrieg, in: *Bingen, Dieter/Ruchniewicz, Krzysztof* (Hrsg.), Länderbericht Polen, 2. Aufl., 2009, S. 17-40 (17).

3 Vgl. *Bingen, Dieter/Ruchniewicz, Krzysztof*, in: *Bingen/Ruchniewicz*, Länderbericht Polen, S. 11-16 (11).

4 Vgl. *Müller*, in: *Bingen/Ruchniewicz*, Länderbericht Polen, S. 19.

Auf europäischem Boden sind in den letzten Jahrhunderten zahlreiche Staaten untergegangen.[5] Wie das Entstehen eines Staates knüpft auch der Untergang eines Staates an die Drei-Elemente-Lehre[6] zur Definition des Staates an. Danach beendet ein Staat seine Existenz, wenn er eines seiner Staatlichkeitsmerkmale endgültig verliert.[7] Der Wegfall des Staatsgebiets kann heute im Zeitalter des Kriegs- und Annexionsverbots in erster Linie auf Naturkatastrophen zurückgeführt werden, dies galt aber nicht in den Zeiten des klassischen Völkerrechts, das mit der Völkerbundsatzung endete. Die bloße Größenänderung des Gebiets hat keinen Einfluss auf das Fortbestehen oder den Untergang eines Staates.[8] Der Wegfall des Staatsvolkes mag zwar theoretisch ebenfalls durch eine Katastrophe möglich sein, jedoch ist auch dieser Fall eher unwahrscheinlich. Er kann schließlich durch die Aufhebung oder Beseitigung der Staatsangehörigkeit erfolgen.[9] Die bloße zahlenmäßige Veränderung oder ethnische Zusammensetzung der Bevölkerung hat keinen Einfluss auf das Fortbestehen oder den Untergang eines Staates.[10] Weitaus praxisrelevanter sind die Fälle, bei denen der Staatsuntergang durch das Verschwinden der Staatsgewalt hervorgerufen wird. Dieser Untergangsgrund ist immer auch mit Gebietsveränderungen verbunden. Jedoch sind diese für den Untergang nicht ausschlaggebend, sondern nur Begleiterscheinungen oder eine Ursache dafür, dass eine Staatsgewalt durch eine andere abgelöst wird. Beim Wegfall der Staatsgewalt ist an die zum Effektivitätsprinzip entwickelten Grundsätze anzuknüpfen. Die bloß vorübergehende Ausschaltung der Staatsgewalt lässt den Staat nicht erlöschen, diese muss vielmehr bis in die unterste Ebene in all ihren Funktionen und dauerhaft beendet sein.[11] Die Nationen, die

---

5 So etwa Schottland, das Heilige Römische Reich Deutscher Nation, Venedig, der Kirchenstaat, das Königreich beider Sizilien, Genua, Mailand, Toskana, Parma, Modena, Lucca, Montenegro, das Königreich Westphalen, Hannover, Kurhessen, Nassau, Frankfurt, Preußen und vielleicht auch Österreich-Ungarn, die Tschechoslowakei, die Sowjetunion und Jugoslawien.

6 Vgl. *Jellinek, Georg*, Allgemeine Staatslehre, 3. Aufl. (6. Neudr.), 1959, S. 394 ff.; vgl. ferner: *Verdross, Alfred/Simma, Bruno*, Universelles Völkerrecht, 3. Aufl., 1984, S. 224 § 380.

7 *Gornig, Gilbert H.*, Territoriale Entwicklung und Untergang Preußens, 2000, S. 23.

8 *Fiedler, Wilfried*, Das völkerrechtliche Kontinuitätsproblem und die besonderen Fragen der Rechtslage Deutschlands, in: *Meissner, Boris/Ziegler, Gottfried* (Hrsg.), Staatliche Kontinuität unter besonderer Berücksichtigung der Rechtslage Deutschlands, 1983, S. 9-24 (14).

9 So hätte der Wegfall der deutschen Staatsangehörigkeit vor der Wende 1990 den Untergang des deutschen Gesamtstaates in den Grenzen vom 31.12.1937 bewirkt.

10 *Dahm, Georg/Delbrück, Jost/Wolfrum, Rüdiger*, Völkerrecht, Bd. I/1, Die Grundlagen. Die Völkerrechtssubjekte, 2. Aufl., 1989, S. 85.

11 Der deutsche Staat ist also nach 1945 nicht untergegangen, da auf mittlerer und unterer Ebene noch deutsche Staatsgewalt ausgeübt wurde. Vgl. *Gornig, Gilbert H.*, Der völkerrechtliche Status Deutschlands zwischen 1945 und 1990, 2007, S. 25. Wie bei der Bestimmung der Effektivität existieren für die Endgültigkeit keine konkreten Regeln. Es gilt auch hier die Einzelfallentscheidung, wobei es darauf ankommt,

durch das untergegangene Völkerrechtssubjekt repräsentiert worden waren, existieren aber fort. Wenn trotz Verschwindens der Völkerrechtssubjektivität der Wunsch nach „Unabhängigkeit" und nach Wiedervereinigung erhalten bleibt,[12] ist fraglich, ob sich dies auf die Beurteilung des effektiven und dauerhaften Untergangs der Staatsgewalt auswirken kann. Der dauerhafte und mit Taten untermauerte Wunsch der Bevölkerung nach der Wiedererrichtung staatlicher Organe in einem beispielsweise besetzten Staat könnte verhindern, dass sich die neue Staatsgewalt, die die „Besatzer" ausüben, als effektiv manifestiert. Damit hätte der nach außen hin sichtbare Protest der Bevölkerung, die sich auf das Selbstbestimmungsrecht der Völker berufen könnte, Einfluss auf die Kontinuität des Staates. Allerdings scheint die Auffassung, dass der bloße Wunsch der Bevölkerung allein die Effektivität der neuen Ordnung verhindern könnte, nicht vertretbar zu sein. Insbesondere darf auch der zeitliche Aspekt einer lang anhaltenden Besatzung nicht vernachlässigt werden. Sofern der Wille und Wunsch der Bevölkerung zur Errichtung von staatlichen Organen immer noch vorhanden ist, müssten jedenfalls die Anforderungen an die Bejahung der Effektivität deutlich höher gesetzt werden.[13] Hinzu kommt, dass sich das Selbstbestimmungsrecht der Völker erst seit dem modernen Völkerrecht als geltendes Recht durchgesetzt hat. Zu untersuchen wäre daher, welche Bedeutung der Wunsch der Bevölkerung aus rechtlicher Sicht im klassischen Völkerrecht haben konnte.

Der Untergang eines Staates kann endgültig sein, der Staat kann aber auch wieder auferstehen, nach kurzer Zeit,[14] aber auch nach langer Zeit. Problematisch ist die Rechtslage, wenn der Staat zwar faktisch untergegangen ist, aber *de iure* noch fortbesteht. Dieses Auseinanderfallen zwischen dem formalen und faktischen Zustand kann auftreten, wenn der Sukzessionsvorgang gegen geltendes Völkerrecht verstößt. Im modernen Völkerrecht gelten das Gewalt- und Kriegsverbot, aus denen wiederum das Annexionsverbot resultiert. Auch im klassischen Völkerrecht, in dem grundsätzlich Kriegsfreiheit herrschte, konnten Annexionen als rechtswidrig eingestuft werden, wenn der annektierende Staat mit der Einverleibung gegen einen völkerrechtlichen Vertrag, also gegen den Grundsatz *pacta sunt servanda*, verstoßen hatte. Sofern also ein solcher Sukzessionsvorgang völkerrechtswidrig ist, stellt sich die Frage, wie man mit dieser Rechtswidrigkeit umzugehen hat. In dieser Konstellation treffen zwei völkerrechtlich anerkannte Grundsätze in anscheinend kontroverser Weise aufeinander: Auf der einen Seite steht das Effektivitätsprinzip, auch als *ex factis ius oritur*[15] bezeichnet, und auf der anderen Seite das Kontinuitätsprinzip. Das Effektivitätsprinzip spiegelt sich in dem Gedanken

---

ob Umstände darauf schließen lassen, dass sich die neue Ordnung nicht durchsetzen werde.

12 *Berber, Friedrich*, Lehrbuch des Völkerrechts, Bd. 1, 2. Aufl., 1975, S. 246 f.

13 Vgl. *Dahm, Georg*, Völkerrecht, Bd. I, 1958, S. 585.

14 Österreich im Jahre 1945, nachdem es im Jahre 1938 als Völkerrechtssubjekt verschwunden war.

15 Der Grundsatz wird von der Völkerrechtslehre allgemein anerkannt. Vgl. *Tucker, Robert W.*, The Principle of Effectiveness in International Law, in: *Lipsky, George A.*

der normativen Kraft des Faktischen wider, den Georg Jellinek in die Rechtswissenschaft eingeführt hat.[16] Jellinek misst den faktischen, also tatsächlichen Zuständen im Staat wesentliche Bedeutung zu. Er kommt zu dem Ergebnis, dass durch das „Faktische" die betreffenden Normen der Realität angepasst werden müssen.[17] Diesem Ergebnis steht aber der Grundsatz *ex iniuria ius non oritur* gegenüber, der besagt, dass aus Unrecht kein Recht entstehen dürfe.[18] Unter Berufung auf den Grundsatz *ex iniuria ius non oritur* kann die Kontinuität mit dem Argument bejaht werden, dass es nicht vertretbar sei, die Staatsgewalt als beseitigt anzusehen, wenn diese Beseitigung auf einer völkerrechtswidrigen Handlung basierte.[19] Aufgrund dieses höchst problematischen Abgrenzungsverhältnisses wurden in der Völkerrechtslehre mehrere Fallgruppen geschaffen. Eine dieser Fallgruppen ist die der *resurrected states*[20]. Darunter sind Staaten zu verstehen, die für eine kurze oder auch lange Zeit von der Landkarte verschwunden waren, sich aber dennoch aus rechtlicher Sicht als subjektsidentisch mit einem früher bestehenden Staat betrachten.[21] Die Kategorie der wiedererrichteten Staaten beruht somit auf einer fortwirkenden Identität eines Staates, dessen Völkerrechtssubjektivität infolge des Verlustes der Staatsgewalt vorübergehend untergegangen oder fiktional geworden ist.[22] Der betreffende Staat wird so angesehen, als hätte er ohne Unterbrechung fortbestanden.[23] Die Anknüpfung an die verlorene Rechtsstellung kann zwar dazu dienen,

---

(ed.), Law and Politics in the World Community. Essays on Hans Kelsen's Pure Theory and Related Problems in International Law, 1953, S. 31-48 (35).

16 *Jellinek*, Allgemeine Staatslehre, S. 338.

17 Siehe hierzu auch: *Langer, Adalbert*, Die normative Kraft des Faktischen und Georg Jellinek, in: *Glassl, Horst/Pustejovsky, Otfrid* (Hrsg.), Ein Leben – Drei Epochen. FS für Hans Schütz, 1971, S. 256-276 (262).

18 *Epping, Volker/Gloria, Christian*, in: *Ipsen, Knut* (Hrsg.), Völkerrecht. Ein Studienbuch, 5. Aufl., 2004, S. 302 Rn. 45; *Dahm/Delbrück/Wolfrum*, Völkerrecht, Bd. I/1, S. 133.

19 *Marek, Kristina*, Identity and Continuity of States in Public International Law, 1954, S. 414.

20 Die Begriffe für diese Fallgruppe variieren: Es wird von „scheintoten", „wiederhergestellten" oder auch „schlafenden" Staaten gesprochen. Alle diese Begriffe beziehen sich auf die gleiche Kontinuitätsproblematik.

21 Der bekannteste Fall dieser Gruppe ist der Österreichs. Nach offizieller österreichischer Staatenpraxis und nach der herrschenden österreichischen Staatsrechts- und Völkerrechtslehre ist die Republik Österreich durch den Anschluss an Deutschland im Jahre 1938 nicht untergegangen, sondern bestand als Völkerrechtssubjekt fort. Die Folge dieser Annahme ist die ununterbrochene Identität und somit die Kontinuität Österreichs als „desselben" Staates selbst während der Zeit der Zugehörigkeit zum Deutschen Reich.

22 Vgl. *Dahm*, Völkerrecht, Bd. I, S. 91.

23 Vgl. *Saxer, Urs*, Die internationale Steuerung der Selbstbestimmung und der Staatsentstehung, 2010, S. 786 f.; *Fiedler, Wilfried*, Das Kontinuitätsproblem im Völkerrecht, 1978, S. 104 f.

den Gegensatz zwischen Effektivität und Kontinuität aufzulösen, doch ist fraglich, ob eine solche juristische „Wiederauferstehung“ als identisches Rechtssubjekt mit den Strukturen der Völkerrechtsordnung überhaupt vereinbar ist. Im Rahmen der vorliegenden Untersuchung wird daher zu prüfen sein, ob und wie dieser Gegensatz auflösbar ist und ob hierbei die Figur der *resurrected states* für eine geeignete Lösung dienlich sein kann.

Die Identitätsprüfung stellt eine Vorfrage zur Sukzessionsproblematik dar, denn erst wenn festgestellt werden kann, dass eine Identität zwischen dem Nachfolgestaat und dem Vorgängerstaat ausgeschlossen ist, tritt Staatennachfolge ein. Die Beurteilung der Identität bereitet in den meisten Fällen große Schwierigkeiten. Dies liegt daran, dass es keine konkreten Merkmale gibt, die eindeutig eine Identität belegen oder diese ablehnen können. Trotz der fehlenden Möglichkeit einer eindeutigen Bestimmung von Identität kann ein ganzer Komplex aus objektiven und subjektiven Kriterien zur Abgrenzung herangezogen werden. Die anerkannten Kriterien, wie etwa die Beibehaltung von staatlichen Symbolen, können allerdings nur eine Indizwirkung entfalten. Abgelehnt wird der Identitätsverlust in Fällen von revolutionären Umwälzungen oder Staatsstreichen sowie kriegerischen Besatzungen.

Im Rahmen der Beurteilung von Identität darf nicht außer Acht gelassen werden, dass das Völkerrecht von dem „Grundsatz der größtmöglichen Kontinuität“[24] ausgeht.[25] Dieser Grundsatz schwebt quasi über der jeweiligen Identitätsprüfung und stellt sicher, dass in den meisten Fällen ein tatsächlicher Staatsuntergang abgelehnt wird.

Im Zusammenhang mit einem eventuellen Verlust der Staatsgewalt stellt sich die Frage, ob und wie sich die Souveränität hierauf auswirkt. Es könnte nämlich für möglich gehalten werden, dass es für die Bejahung einer völkerrechtlichen Existenz eines Staates notwendig ist, dass der Staat souverän ist. Wäre dies der Fall, dann müsste die Souveränität als weitere Voraussetzung unter das Staatlichkeitsmerkmal der Staatsgewalt gefasst werden. Es könnte nämlich angenommen werden, dass ein abhängiger Staat gerade keine effektive Staatsgewalt ausüben kann. Die Konsequenz könnte sein, dass der Verlust der Souveränität mit dem Verlust der Staatsgewalt gleichgesetzt werden könnte. Dies würde dazu führen, dass zahlreichen Staaten, die in einem Abhängigkeitsverhältnis zu einer fremden Macht stehen, die Staatlichkeit abgesprochen werden müsste.

Es wird zunächst zu prüfen sein, was unter dem Begriff der Souveränität zu verstehen ist. Insbesondere muss der Frage nachgegangen werden, ab wann der Staat als souverän betrachtet werden kann und schließlich, ob eine Identifizierung

24 *Dahm*, Völkerrecht, Bd. I, S. 85.

25 Der polnische Völkerrechtler *Antonowicz* bezeichnete diesen Grundsatz auch als “a general presumption towards the continuity of statehood”. Vgl. *Antonowicz, Lech*, The Disintegration of the USSR from the Point of View of International Law, in: Polish Yearbook of International Law XIX (1991-1992), S. 7-16 (8).

von Staatsgewalt und Souveränität oder vielmehr eine Trennung der Begriffe angenommen werden muss.

Erhebliche Auswirkungen hätte die Vorstellung der Identität von Staatsgewalt und Souveränität für die Staaten des Mittelalters. Dem Mittelalter war der Begriff der allumfassenden Staatsgewalt nämlich fremd. Es kannte nur persönliche Rechte der Obrigkeit, denen ebensolche Rechte der Untertanen gegenüberstanden. Das staatliche System des Mittelalters gründete häufig auf einem persönlichen Treueverhältnis zu einer Obrigkeit, das als Lehensverhältnis bezeichnet werden kann.[26] Die am weitesten verbreitete Form des zwischenstaatlichen Abhängigkeitsverhältnisses im Mittelalter war folglich die *Suzeränität.* Wenn die Souveränität eine konstituierende Eigenschaft der Staatsgewalt wäre, könnten zahlreiche abhängige Staaten des Mittelalters nicht mehr als Staaten bezeichnet werden.

Die Beurteilung der möglichen Auswirkungen der Souveränität auf die Staatlichkeit knüpft eng an das Verständnis des Souveränitätsbegriffes an. Im Verlauf der Völkerrechtsgeschichte hat der Begriff der Souveränität eine gravierende Wandlung erlebt. Im Mittelalter basierten die Souveränitätsvorstellungen noch auf einer weitgehenden Identität von Staat und Monarch.[27] Träger der Souveränität war mithin der Fürst.[28] Erst im 19. Jahrhundert wurde aufgrund demokratischer Tendenzen die Fürstensouveränität durch die Volkssouveränität ersetzt.[29] Ein besonderer Einschnitt im Entwicklungsprozess der Souveränität war mit dem Westfälischen Frieden im Jahre 1648 verbunden. Der Gedanke einer inneren und äußeren Souveränität setzte sich mit ihm endgültig als ein Fundament des „klassischen" Völkerrechts durch. Besonders ausgeprägt war der Souveränitätsansatz im Zusammenhang mit der Vorstellung, zwischen den Staaten herrsche der Naturzustand, der den Grundsatz „Krieg aller gegen alle" beinhaltete.[30] Nach unserem heutigen Verständnis ist Souveränität einerseits als die Unabhängigkeit eines Staates vom Willen[31] und der

---

26 *Bornhak, Conrad,* Einseitige Abhängigkeitsverhältnisse unter den modernen Staaten, 1896, S. 2.

27 Vgl. *Darsow, Thomas,* Zum Wandel des Staatsbegriffs. Unter besonderer Berücksichtigung der Lehre und Praxis internationaler Organisationen, der Mikrostaaten und der Palästinensischen Befreiungsorganisation (PLO), 1984, S. 3; *Brierly, James L.,* Grundlagen des Völkerrechts. Eine Einführung in das internationale Friedensrecht, 1948, S. 31 f.

28 *Nussbaum, Arthur,* Geschichte des Völkerrechts in gedrängter Darstellung, 1960, S. 85; *Kunz, Josef L.,* Die Staatenverbindungen, in: *Stier-Somlo, Fritz* (Hrsg.), Handbuch des Völkerrechts, Zweiter Band, 1929, S. 33; *Quaritsch, Helmut,* Staat und Souveränität, Bd. I. Die Grundlagen, 1970, S. 183.

29 *Brunner, Otto,* Land und Herrschaft. Grundfragen der territorialen Verfassungsgeschichte Südostdeutschlands im Mittelalter, 2. Aufl., 1942, S. 138.

30 Vgl. *Vitzthum, Wolfgang Graf,* Begriff und Geltung des Völkerrechts, in: *Vitzthum, Wolfgang Graf* (Hrsg.), Völkerrecht, 5. Aufl., 2010, S. 45 Rn. 100.

31 Dieser Wille muss wiederum als ausschließliche rechtliche Selbstbestimmung verstanden werden.

Kontrolle anderer Staaten[32] im Hinblick auf die innerstaatliche Organisation und Politik sowie auf die Außenpolitik zu verstehen,[33] andererseits bezieht sich die innere Souveränität auf die Verfassungsautonomie und wird demnach auch als territoriale Souveränität umschrieben.[34]

Ein weiteres Problemfeld bilden die sogenannten halbsouveränen Staaten, unter die auch die Suzeränität und das Protektorat fallen. Halbsouveräne Staaten könnten entweder in die Kategorie der souveränen oder der nichtsouveränen Staaten zu zählen sein. Fraglich ist aber, ob die Souveränität überhaupt teilbar ist. Im Einklang mit der bereits angeführten Frage nach der Auswirkung der Souveränität auf die Staatlichkeit ist auch bei halbsouveränen Staaten umstritten, ob diese noch als Staaten im Völkerrechtssinne gelten können.

Die Untersuchung wird zeigen, dass der Staatsbegriff äußerst flexibel und dehnbar ist. Der Staat tritt in verschiedenen Formen in Erscheinung. Neben der Grundform des Einheitsstaates kann der Staat auch in Staatenverbindungen existieren. Als Beispiele dienen der Staatenbund und der Bundesstaat. Hinsichtlich der Identifikation der Staatenverbindung ist von Interesse, wie das Souveränitätsverhältnis der Staaten zueinander ausgestaltet ist. Fraglich ist nämlich, ob die Staaten Verbindungen eingehen können, ohne dabei die Qualität eines souveränen Staates zu verlieren.

Die völkerrechtliche Wertung eines Staatsuntergangs hängt mit dem Recht der Staatennachfolge zusammen, das regeln muss, was mit den völkerrechtlichen Rechten und Pflichten des untergegangenen Staates geschieht. Die endgültige Fassung einer allgemein geltenden Definition kann den beiden Wiener Konventionen[35]

---

32 Erst im 18. Jahrhundert wurde innerhalb der Souveränitätslehre der Fokus auf die Staatsverfassung gelegt. Vgl. *Pieniążek, Antoni*, Suwerenność – Problemy teorii i praktyki, 1979, S. 49.

33 Vgl. *Herdegen, Matthias*, Völkerrecht, 11. Aufl., 2012, S. 233 Rn. 3; siehe auch *Bluntschli, Johann Caspar*, Das moderne Völkerrecht der civilisirten Staten als Rechtsbuch dargestellt, 2. Aufl., 1872, S. 87. Er definiert die Souveränität wie folgt: „Die Souveränität eines Staates kommt in der Unabhängigkeit desselben von einem fremden Staat und in der Ablehnung jeder fremden Staatshandlung auf seinem Gebiet sowie in der Freiheit desselben, ohne Behinderung fremder Staaten seinen eigenen Staatswillen selbst zu bestimmen und nach eigenem Ermessen zu äußern und zu betätigen". Vgl. auch *Richter, Clemens*, Collapsed States: Perspektiven nach dem Wegfall von Staatlichkeit. Zugleich ein Beitrag zu den Grundlagen des Selbstbestimmungsrechts der Völker und zur Struktur des völkerrechtlichen Staatsbegriffs, 2011, S. 69; *Schliesky, Utz*, Souveränität und Legitimität von Herrschaftsgewalt. Die Weiterentwicklung von Begriffen der Staatslehre und des Staatsrechts im europäischen Mehrebenensystem, 2004, S. 57; *Heller, Hermann*, Die Souveränität. Ein Beitrag zur Theorie des Staats- und Völkerrechts, 1927, S. 118.

34 Vgl. *Heffter, A.-G.*, Le Droit International de L'Europe, 3. Aufl., 1873, S. 61.

35 Wiener Konvention über die Staatennachfolge in Verträge von 1978, Text: AJIL 72 (1978), S. 971 ff., und Wiener Konvention über die Staatennachfolge in Vermögen, Archive und Schulden von 1983, Text: ILM 22 (1983), Teil II, S. 306-329.

entnommen werden, wonach die Staatensukzession mit identischem Wortlaut wie folgt bestimmt wird: "Succession of States means the replacement of one State by another in the responsibility for the international relations of territory".[36] Diese Definition ist nunmehr auch völkergewohnheitsrechtlich akzeptiert.[37] Demnach beschreibt die Staatennachfolge den Tatbestand, an den die Rechtsfolge, der Eintritt in die Rechte und Pflichten, anknüpft.[38] Im völkerrechtlichen Sprachgebrauch ist die Staatennachfolge als der durch den vollständigen oder teilweisen Übergang von territorialer Souveränität und Gebietshoheit bewirkte Wechsel eines Staatsgebiets von einem Vorgänger- auf einen Nachfolgestaat zu verstehen.[39]

Es ist naheliegend, eine Systematisierung der Staatennachfolge auf Grundlage der Art und Weise der Veränderungen der beteiligten Völkerrechtssubjekte vorzunehmen. Anknüpfungspunkte sind hierbei einerseits die Gebietsveränderungen und andererseits die sich ändernde Staatsgewalt.[40] Unterschieden wird hierbei zwischen der Gebietsübertragung oder auch Teilstaatennachfolge sowie der Vereinigung und dem Auseinanderfallen von Staaten, der Vollstaatennachfolge.[41] Unter die Kategorie der Gebietsübertragungen fallen neben der heute völkerrechtswidrigen Annexion die Zession, die Sezession und die Separation. In diesen Fällen geht zwar der Vorgängerstaat nicht unter, dennoch löst auch der partielle Gebietsübergang sukzessionsrechtliche Folgen aus. Bei der Vollstaatennachfolge hingegen geht der Altstaat unter und löst damit erhebliche Rechtsfolgen der Staatennachfolge aus.[42] Die Vollstaatennachfolge wird in Dismembration, Fusion und Inkorporation unterschieden.[43] Die Rechtsnachfolge erstreckt sich auf das Vermögen, die Archive, die Schulden und die Verträge des untergegangenen Staates.

Die beiden Staatennachfolge-Konventionen von 1978 und 1983 regeln zwar die Nachfolge in die Aktiva und Passiva sowie auch die Nachfolge im Hinblick auf die Verträge eines Staates, setzen aber wegen ihrer geringen förmlichen Akzeptanz der Völkerrechtsgemeinschaft keine allgemein geltenden Maßstäbe. Aufgrund dieses Mangels ist es im Rahmen der Staatennachfolge notwendig, auf die Staatenpraxis

---

36 Diese Definition ist jeweils in den Art. 2 Abs. 1 niedergelegt.

37 Vgl. *Zimmermann, Andreas*, Staatennachfolge in völkerrechtliche Verträge, 2000, S. 16.

38 Vgl. *Epping, Volker*, in: *Ipsen*, Völkerrecht, S. 345 Rn. 5; *Herbst, Leonore*, Staatensukzession und Staatsservituten, 1962, S. 16.

39 Vgl. *Blumenwitz, Dieter*, Staatennachfolge und die Einigung Deutschlands, Teil I, 1992, S. 19; *Schoenborn, Walter*, Staatensukzessionen, in: *Stier-Somlo, Fritz* (Hrsg.), Handbuch des Völkerrechts, Zweiter Band: Der Staat als Subjekt des Völkerrechts, Staatensukzessionen, Gesandtschafts- und Konsularrecht, Staatsgebiet und Staatsverträge, 1913, S. 6.

40 Vgl. *Alimi, Myriam*, Die Staatensukzession in völkerrechtliche Verträge, 2004, S. 31.

41 *Epping*, in: *Ipsen*, Völkerrecht, S. 345 Rn. 5; *Dahm/Delbrück/Wolfrum*, Völkerrecht, Bd. I/1, S. 159.

42 *Schweisfurth, Theodor*, Völkerrecht, 2006, S. 335 Rn. 205.

43 *Epping*, in: *Ipsen*, Völkerrecht, S. 345 Rn. 5.

zurückzugreifen und zu überprüfen, ob sich durch sie völkergewohnheitsrechtliche Grundsätze entwickelt haben. Die Heranziehung der Wiener Konventionen kann dann unter Umständen als Bestätigung des Völkergewohnheitsrechts der Staatennachfolge behandelt werden. Schließlich ist davon auszugehen, dass zahlreiche Regeln, die sich über Jahrhunderte hinweg entwickelt haben, Eingang in diese beiden Vertragswerke fanden.

Die Besonderheit der Staatensukzession liegt darin, dass diese stets mit einer Einzelfallprüfung verbunden ist. Anhand eines konkreten Sukzessionsvorgangs muss untersucht werden, welche Rechtsnachfolgeprobleme bestanden und wie diese gelöst wurden.

Die beschriebene Problematik der Staatensukzession soll im Rahmen dieser Arbeit am Beispiel Polens veranschaulicht werden. Da sich das Thema der Arbeit auf mehrere Jahrhunderte erstreckt, muss sich entsprechend dem Grundsatz *tempus regit actum*[44] die jeweilige völkerrechtliche Würdigung auf das angewandte Völkerrecht dieser Zeit beziehen. Hinzu kommt, dass die wenigen Völkerrechtler, die sich etwa mit dem Untergang des polnischen Staates im Jahre 1795 befassten, ihre Untersuchung meistens auf moralische und weniger auf rechtliche Kategorien stützten und häufig den Grundsatz *tempus regit actum* außer Acht ließen.

Die polnische Geschichte mit Blick auf die Kategorie „Staat“ zu beschreiben ist eine komplizierte Aufgabe. Fraglich ist nämlich nicht nur, ob Polen zwischen 1795 und 1918 eine „Nation ohne Staat“ war, sondern auch, ob der davor bis zur dritten Teilung Polens existierende politisch-rechtliche Verbund Polen-Litauens überhaupt den Namen Staat verdient.[45] In diesem Zusammenhang sind die Fragen nach der Kontinuität und Diskontinuität beziehungsweise der Identität und Rechtsnachfolge Polens von großer Bedeutung. Nach den drei Teilungen war die Republik Polen von der politischen Landkarte Europas verschwunden. Russland hatte sein Staatsgebiet um 64 Prozent des polnisch-litauischen Territoriums, Österreich um 16 Prozent und Preußen um 20 Prozent vergrößert.[46] Im Jahre 1797 kamen die Mächte sogar überein, den Namen „Polen“ gänzlich zu verbannen und Polens staatsrechtliche Einheit für aufgelöst zu erklären.[47] In den Folgejahren wurden mehrere Versuche unternommen, die polnische Staatlichkeit wiederherzustellen, doch keine der kurzlebigen Schöpfungen der napoleonischen und post-napoleonischen Diplomatie waren mit Souveränität ausgestattet, und keine konnte das gesamte polnische Volk unter einer Herrschaft vereinen.

In der deutschen Geschichtswissenschaft stellen die Teilungen Polen-Litauens bedauerlicherweise bisher eher ein Randthema dar. Entgegen dieser unzulänglichen Einschätzung sind die Teilungen Polens als epochales Ereignis der europäischen Geschichte der Neuzeit zu betrachten. Der Grund hierfür liegt insbesondere

44 Die Zeit regiert das Geschäft.

45 *Müller*, in: *Bingen/Ruchniewicz*, Länderbericht Polen, S. 19.

46 *Mewes, Konrad*, Die polnischen Teilungen, in: *Fechner, Helmuth* (Hrsg.), Deutschland und Polen 1772-1945, 1964, S. 9-29 (20).

47 *Heyde, Jürgen*, Geschichte Polens, 2006, S. 53.

darin, dass die Teilungen Polen-Litauens nicht nur das Land Polen betrafen, sondern den ganzen sich im Umbruch befindenden Kontinent für eine beträchtliche Zeitspanne veränderten.[48]

Mit der vorliegenden Arbeit wird dieser Bedeutung nun auch in der deutschen Wissenschaft gebührend Rechnung getragen.

B. Verlauf der Untersuchung

Für die rechtliche Würdigung der Fragestellungen dieser Arbeit ist eine Aufarbeitung der polnischen, aber auch europäischen Geschichte unerlässlich.

Der historische Teil beginnt mit einem kurzen Abriss der Vor- und Frühgeschichte Polens. Anschließend wird auf die seit dem Jahre 1385 geschlossenen Unionen zwischen dem Königreich Polen und dem Großfürstentum Litauen eingegangen. Den Abschluss der Verbindungen zu Litauen wird die Gründung der Realunion Polen-Litauen im Jahre 1596 und deren „Zerschlagung" infolge der drei Teilungen in den Jahren 1772, 1793 und 1795 bilden. Nachdem Polen von der Landkarte verschwunden war, wird sich diese Arbeit mit Napoleons Eroberung des preußischen Teilungsgebietes und dem Frieden von Tilsit im Jahre 1807 befassen. Als dessen Folge war das Herzogtum Warschau entstanden. Daran schließt sich eine Darstellung der Gründung des Königreichs Polen, des Großherzogtums Posen und der Freien Stadt Krakau infolge des Wiener Kongresses im Jahre 1815 an. Der historische Teil wird mit der staatlichen Wiederherstellung Polens nach dem Ersten Weltkrieg und der Festigung der Grenzen Polens in den Jahren 1918 bis 1921 enden. Die Zeit nach dem Jahre 1921 konnte nicht mehr berücksichtigt werden, da ansonsten der Rahmen der Prüfung gesprengt würde.

In einem zweiten Teil wird ein Überblick über das Problemfeld des Staatsuntergangs und der Staatennachfolge gegeben. Dieser ist zunächst deskriptiv, denn es werden die in den verschiedenen Jahrhunderten jeweils geltenden Regeln dargestellt, bevor sie im dritten Teil am Beispiel Polens bewertet werden. Es werden die Voraussetzungen für die Entstehung und den Untergang von Staaten beschrieben. Staatennachfolgeprobleme treten insbesondere bei einem Staatsuntergang auf. Bei fehlender staatlicher Kontinuität verliert der Staat seine Subjektsidentität und es tritt eine Rechtsnachfolge ein.[49] Erst wenn ein Staat seine Identität verliert, kommt es zu der Problematik, inwieweit der Nachfolgestaat als Rechtsnachfolger in die Rechte und Pflichten, in die Schulden, aber auch in das Vermögen des Rechtsvorgängers eintritt.[50] Anhand von Völkervertragsrecht, von

48 *Müller, Michael G.*, Die Teilungen Polens, 1984, S. 7.

49 *Fastenrath, Ulrich*, Das Recht der Staatensukzession, in: BDGVR, Bd. 35 (1996), S. 9-48 (18); *Zimmermann*, Staatennachfolge, S. 46.

50 *Doehring, Karl*, Völkerrecht, 2. Aufl., 1995, S. 76 Rn. 168; *Epping*, in: *Ipsen*, Völkerrecht, S. 343 Rn. 1; *Stein, Torsten/von Buttlar, Christian*, Völkerrecht, 13. Aufl., 2012, S. 107.

Völkergewohnheitsrecht und der Staatenpraxis werden die Rechtsfolgen der Staatensukzession herausgearbeitet.

Schwerpunkt der Arbeit ist schließlich die völkerrechtliche Würdigung der Vorgänge in Polen im dritten Teil. Zunächst wird untersucht, ob Polen im Unionsstaat Polen-Litauen als selbstständiges Völkerrechtssubjekt identisch blieb oder ob der polnische Staat durch die Unionsstaatsbildung unterging und ein Neustaat entstand. Mit den drei Teilungen Polen-Litauens wird ein komplexes Untersuchungsgebiet betreten. Von besonderer Bedeutung hinsichtlich der völkerrechtlichen Bewertung wird die letzte und entscheidende Teilung im Jahre 1795 sein. Hierbei soll die Frage beantwortet werden, ob Polen als Staat infolge einer Dismembration oder einer Totalannexion untergegangen sein könnte. Im weiteren Verlauf der Arbeit wird untersucht, ob im Zeitraum von den Teilungen bis zum Ende des Ersten Weltkriegs das Herzogtum Warschau (1807-1815), das Königreich Polen (1815-1864), die Freie Stadt Krakau (1815-1846) oder das Großherzogtum Posen (1815-1848) zu einer Staatsneugründung oder zu einer Fortsetzung Polens geführt haben. Von diesem Blickwinkel aus wird die „Auferstehung" Polens nach dem Ersten Weltkrieg rechtlich gewürdigt.

Auf der Grundlage dieser umfassenden historischen, dogmatischen und rechtlichen Analyse beendet schließlich eine Stellungnahme die Arbeit.

Erster Teil: Historische Entwicklung Polens

1. Kapitel: Früh- und Vorgeschichte Polens

In der politischen Geschichte Zentraleuropas haben die Landschaften zwischen Elbe und Oder, die zu Beginn der schriftlichen Überlieferung im Frühmittelalter von einer Vielzahl slawischer Stämme besiedelt waren, stets eine wichtige Rolle gespielt.[1] Allerdings sind bezüglich der Urgebiete der Polen immer noch nicht alle Fragen endgültig beantwortet. Eine lebhafte Debatte zwischen deutschen und polnischen Wissenschaftlern trug zu einer Kontroverse bei, die in Bezug auf die Frühgeschichte des polnischen Volkes entstanden ist.

A. Die Slawen

Alle Nationalitäten, ob Stamm, Volk oder Nation, haben tiefe Wurzeln in der Tradition der Geschichte. Die Forscher stehen vor keiner leichten Aufgabe, wenn sie ihren Ursprung zu bestimmen versuchen. Die Sprache dient hierbei als geeignetes Merkmal zur Unterscheidung der einzelnen Gruppen.[2] Da sich die slawische Schrift erst im 9. Jahrhundert entwickelte, gibt es nur wenige schriftliche Aufzeichnungen über die Slawen[3]. So sind die Forscher bis heute immer noch auf der Suche nach wissenschaftlichen Beweisen für das Ursprungsgebiet der Slawen.[4] Die slawischen Sprachen lassen sich heute drei Gruppen zuordnen: der ostslawischen, der südslawischen und der westslawischen Gruppe. Zu jeder dieser Gruppen gehören mehrere Schriftsprachen.[5] Die Ostslawen (Russen, Ukrainer und Weißrussen), die Westslawen (Polen, Tschechen und Lausitzer Serben) sowie die Südslawen (Slowenen, Kroaten, Serben, Bosnier, Montenegriner, Makedonier und Bulgaren) bilden

---

1 Vgl. *Ludat, Herbert,* Slaven und Deutsche im Mittelalter, 1982, S. 1.

2 Vgl. *Herrmann, Joachim,* Die Urheimat der Slawen, in: *Herrmann, Joachim* (Hrsg.), Welt der Slawen. Geschichte, Gesellschaft, Kultur, 1986, S. 11-18 (12); *Váňa, Zdeněk,* Die Welt der alten Slawen, 1983, S. 15.

3 Zum ersten Mal schriftlich erwähnt wird das slawische Volk im 6. Jahrhundert. *Jordanes* zählt in seinem Geschichtswerk *Getica* drei Stämme desselben Ursprungs auf: *Venethi* (Veneter/Wenden), *Antes* (Anten) und *Sclaveni* (Slawen). Laut diesem spätantiken römisch-gotischen Gelehrten und Geschichtsschreiber lebten die Slawen zwischen Weichsel und Donau.

4 Vgl. *Brather, Sebastian,* Archäologie der westlichen Slawen. Siedlung, Wirtschaft und Gesellschaft im früh- und hochmittelalterlichen Osteuropa, 2. Aufl., 2008, S. 52; *Conte, Francis,* Les Slaves. Aux origines des civilisations d'Europe centrale et orientale (VIe-XIIIe siècles), 1986, S. 29; *Kaczanowski, Piotr/Kozłowski, Janusz Krzysztof,* Najdawniejsze dzieje ziem polskich, 1998, S. 342 f.

5 *Herrmann, Joachim,* Wegbereiter einer neuen Welt- der Welt der Staaten und Völker des europäischen Mittelalters, in: *Herrmann,* Welt der Slawen, S. 41-56 (55).

zusammen die große Familie der slawischen Völker.[6] Es gilt als wahrscheinlich, dass das Ursprungsgebiet der Slawen in den nördlichen Karpaten liegt.[7] Von dort aus begannen slawische Stämme bis zum Ende des 6. Jahrhunderts ein riesiges Gebiet bis zur Elbe, Ostsee, Adria und Ägäis zu besiedeln.[8] Den slawischen Siedlungsraum zwischen Elbe und Oder bevölkerten eigenständige Stammesgruppen.[9] Die enorme räumliche Ausdehnung der Slawen führte daher zur bereits erwähnten Aufgliederung in Ost-, Süd- und Westslawen.[10] Die nördliche Gruppe der Westslawen bestand im frühen Mittelalter aus den Elb- und Ostseeslawen sowie aus den Stämmen, die dann ab dem 10. Jahrhundert zum polnischen Volk zusammenwuchsen. Der wichtigste dieser Stämme waren die Polanen, dem auch Polen seinen heutigen Namen verdankt. Dieser Stamm war im Gebiet der Warthe angesiedelt.[11] Östlich von den Polanen lebten die Masowier, weiter südlich am Oberlauf des Stromes die Wislanen, in Niederschlesien waren die Slenzanen, in Oberschlesien die Opolanen und Golensizen und zwischen der unteren Weichsel und der Oder lebten die Pomoranen.[12]

B. Die polnischen Stämme: Kontroverse um die Elbslawen

Das Hauptproblem aus der Vorzeit Polens ist die Frage, seit wann die unmittelbaren polnischen Vorfahren tatsächlich in Polen lebten. Im 19. und 20. Jahrhundert wurde in oft kontroversen und zumeist nationalistisch gefärbten Debatten nahezu krampfhaft eine „Urheimat" der Slawen gesucht.[13] Im Blickpunkt standen dabei insbesondere die Elbslawen.[14] Die Existenz der Urheimat der Slawen zwischen Elbe

---

6 *Portal, Roger,* Die Slawen. Von Völkern zu Nationen, 1971, S. 5.

7 Vgl. *Łowmiański, Henryk,* Początki Polski. Z dziejów Słowian w I tysiącleciu, Bd. 3, 1967, S. 64 f.; *Portal,* Die Slawen, S. 32; *Váňa,* Die Welt der alten Slawen, S. 17.

8 Vgl. *Herrmann, Joachim,* Die Slawen der Völkerwanderungszeit, in: *Herrmann,* Welt der Slawen, S. 19-40 (40); *Portal,* Die Slawen, S. 33; *Conte,* Les Slaves, S. 49 ff.; *Wachowski, Kazimierz,* Słowiańszczyzna zachodnia, 3. Aufl., 2000, S. 14 ff.; *Leciejewicz, Lech,* Słowianie zachodni. Z dziejów tworzenia się średniowiecznej Europy, 3. Aufl., 2010, S. 9 ff.

9 *Raether, Manfred,* Polens deutsche Vergangenheit. Das Gebiet zwischen Oder und Memel im Ablauf der deutschen und der polnischen Geschichte, 2004, S. 22.

10 Nähere Informationen zu den einzelnen Stämmen enthält das umfassende polnischsprachige Lexikon „Słownik starożytności słowiańskich", Bd. 1-7, Wrocław u. a. 1961-1996.

11 Vgl. *Żak, Jan,* Ziemie Polski w starożytności, in: *Topolski, Jerzy* (Hrsg.), Dzieje Polski, 1976, S. 89.

12 Vgl. *Hanisch, Erdmann,* Die Geschichte Polens, 1923, S. 3; *Meyer, Enno,* Grundzüge der Geschichte Polens, 2. Aufl., 1977, S. 11; *Manteuffel, Tadeusz,* The Formation of the Polish State. The Period of Ducal Rule 963-1194, 1982, S. 43; *Brather,* Archäologie der westlichen Slawen, S. 75.

13 *Brather,* Archäologie der westlichen Slawen, S. 52.

14 *Ludat, Herbert,* Elbslaven und Elbmarken als Problem der europäischen Geschichte, in: *Schlesinger, Walter* (Hrsg.), FS für Friedrich von Zahn, Bd. I, 1968, S. 39-49 (39).

und Oder konnte nämlich Argumente für die Legitimierung der ehemals deutschen Ostgebiete nach dem Zweiten Weltkrieg liefern.[15] Hierbei trafen zwei gegensätzliche Beantwortungsansätze aufeinander. Vor allem polnische und tschechische Wissenschaftler nahmen an, dass die Urslawen mit der Lausitzer Kultur zu identifizieren seien.[16] Deutsch- und englischsprachige Wissenschaftler hingegen lehnten diese These überwiegend als spekulativ ab.[17] Erwiesen und damit als unstreitig gilt zumindest, dass zwischen dem 7. und dem 10. Jahrhundert fast ganz Polen in seinen heutigen Grenzen von polnischen Stämmen besiedelt war.[18] Umstritten ist jedoch, ob nicht schon früher in diesen Gebieten polnische Stämme[19] ansässig waren.[20] Die Basis für die unterschiedlichen Ansichten bildeten die sich gegenüberstehenden Forschungsansätze: die in Deutschland betriebene Ostforschung mit ihrem Pendant in Polen, der Westforschung, die sich ihrerseits auf den sogenannten Westgedanken[21]

---

15 Vgl. *Lübke, Christian*, Zwischen Polen und dem Reich. Elbslawen und Gentilreligion, in: *Borgolte, Michael* (Hrsg.), Polen und Deutschland vor 1000 Jahren, 2002, S. 91-110 (94).

16 Vgl. *Kaczanowski/Kozłowski*, Najdawniejsze dzieje ziem polskich, S. 343.

17 *Gause, Fritz*, Deutsch-slavische Schicksalsgemeinschaft. Abriß einer Geschichte Ostdeutschlands und seiner Nachbarländer, 2. Aufl., 1953, S. 12 f.

18 *Kostrzewski, Józef*, Zur Frage der Siedlungsstetigkeit in der Urgeschichte Polens. Von der Mitte des II. Jahrtausends v. u. Z. bis zum frühen Mittelalter, 1965, S. 10.

19 Die große polnische Ebene, die östlich von Oder und Weichsel in die grenzenlosen Steppen Eurasiens übergeht, war einer der Haupteinfallswege für die vorgeschichtlichen Migranten Europas. Über mehr oder weniger lange Zeiträume hinweg war sie die Heimat von verschiedenen Völkern, von den namenlosen Stämmen der vorchristlichen Zeit, von denen wir nur aufgrund ihrer archäologischen Überreste wissen, bis zu den schattenhaften Heiden des frühen Mittelalters. Zu ihren sesshaftesten Bewohnern gehörten Balten, Kelten, Germanen und Slawen, zu den Nomaden die Skythen, Sarmaten, Hunnen und Mongolen. Das Ergebnis in historischer Sicht war ein Flickenteppich von Völkern, die in verschiedenen Sprachen kommunizierten und eine Fülle von unterschiedlichen Glaubensbekenntnissen besaßen. Vgl. *Davies, Norman*, Im Herzen Europas. Geschichte Polens, 3. Aufl., 2002, S. 256.

20 Vgl. *Kostrzewski*, Siedlungsstetigkeit, S. 5; *Kaczanowski/Kozłowski*, Najdawniejsze dzieje ziem polskich, S. 343.

21 Dabei schöpfte sie von dem Ertrag des polnischen Westgedankens, der um die Wende des 19. und 20. Jahrhunderts entstanden war. Er basierte auf der rein politisch begründeten These Roman Dmowskis, dass die Unabhängigkeit Polens in Anlehnung an Russland zu bauen wäre und mit diesem gemeinsam einen Schutzwall gegen die germanische Gefahr bilden sollte. Der polnische Westgedanke, der in der Historiographie häufig als „Piasten-Konzeption" bezeichnet wird, bildete sich in der Zwischenkriegszeit heraus, besonders in Posen, wo sich auch nach dem Zweiten Weltkrieg engagierte Anhänger fanden. Vgl. *Gehrke, Roland*, Der polnische Westgedanke bis zur Wiedererrichtung des polnischen Staates nach dem Ende des Ersten Weltkriegs, 2001, S. 14 f.; *Piskorski, Jan M.*, 1000 Jahre der deutsch-polnischen Grenze, in: *Büsch, Otto/Zernack, Klaus* (Hrsg.), Jahrbuch für die Geschichte Mittel- und Ostdeutschlands, Bd. 44 (1996), S. 129-150 (134); *Mrocko, Marian*, Polska myśl

stützte.[22] Die deutsche Ostforschung entstand 1918 in Reaktion auf die Folgen des Ersten Weltkriegs. Ihren Höhepunkt erreichte sie unmittelbar nach Kriegsende, als fast alle Kreise der deutschen Gesellschaft die territorialen Bestimmungen des Versailler Vertrages ablehnten und die Wiederherstellung des Deutschen Reiches in den Grenzen von 1914 befürworteten. Die polnische Westforschung bildete sich zwar ebenfalls nach dem Ersten Weltkrieg heraus, doch entfaltete sie sich erst nach dem Jahre 1945 mit dem Übergang der deutschen Ostgebiete östlich von Oder und Neiße an Polen.[23] So wie die deutsche Ostforschung die territorialen Ansprüche Deutschlands in Ostmitteleuropa „wissenschaftlich" begründete und die deutsche Gesellschaft mental auf den bevorstehenden Krieg vorbereitete, so diente die polnische Westforschung der „wissenschaftlichen" Legitimierung der nach 1945 erfolgten Grenzverschiebungen.[24] Von einem echten Übergang der Konfrontation zur Kooperation[25] in der Forschung über die deutsch-polnischen Beziehungen kann

---

zachodnia 1918-1939, 1986, S. 35 ff. Das Wesentliche dieser Konzeption war, dass die Westgrenze Polens, wie zu der Zeit der ersten Piasten, entlang der Flüsse Oder und Neiße verlaufen sollte („piastische Idee"). Vgl. *Piskorski*, 1000 Jahre der deutsch-polnischen Grenze, in: *Büsch/Zernack*, Jahrbuch für die Geschichte Mittel- und Ostdeutschlands, Bd. 44 (1996), S. 134; *Gehrke*, Der polnische Westgedanke, S. 17.

22 Vgl. *Hackmann, Jörg*, Ostpreußen und Westpreußen in deutscher und polnischer Sicht. Landeshistorie als beziehungsgeschichtliches Problem, 1996, S. 170 ff., 210 f.; der Begriff „polnische Westforschung" ist in Polen eigentlich nicht üblich. Er entstand vielmehr nur in Analogie zu dem Terminus „deutsche Ostforschung". Allerdings ist in Polen der Begriff „polnischer Westgedanke" geläufig.

23 Vgl. *Piskorski, Jan M.*, „Deutsche Ostforschung" und „polnische Westforschung", in: Osteuropäische Geschichte in vergleichender Sicht, 1996, S. 379-389 (380); *Olszewski, Henryk*, Die deutsche Ostforschung zwischen Wissenschaft und Politik, in: *Oberländer, Erwin* (Hrsg.), Polen nach dem Kommunismus, 1993, S. 82-93 (86 ff.); *Oberländer, Erwin*, Historische Osteuropaforschung im Dritten Reich, in: *Oberländer, Erwin* (Hrsg.), Geschichte Osteuropas. Zur Entwicklung einer historischen Disziplin in Deutschland, Österreich und der Schweiz 1945-1990, 1992, S. 12-30; *Burleigh, Michael*, Germany Turns Eastwards. A Study of Ostforschung in the Third Reich, 1988, S. 304 ff.; *Hackmann*, Ostpreußen und Westpreußen, S. 170 ff.

24 *Piskorski*, „Deutsche Ostforschung" und „polnische Westforschung", in: Osteuropäische Geschichte in vergleichender Sicht, S. 380 f.

25 Kritik an dem Begriff der Ostforschung übten insbesondere *Walter Schlesinger* und *Joachim Herrmann*. Seine Vorbehalte hatte *Schlesinger* etwa während der wissenschaftlichen Tagung des Herder-Forschungsrates im März 1963 formuliert: *Schlesinger, Walter*, Die mittelalterliche deutsche Ostbewegung und die deutsche Ostforschung. Einleitungsreferat, in: Deutsche und europäische Ostsiedlungsbewegung. Referate und Aussprachen des wissenschaftlichen Johann-Gottfried-Herder-Forschungsrates vom 7. bis 9. März 1963, 1964, S. 7-46; von Defiziten im Geschichtsbewusstsein spricht *Joachim Herrmann*, in: Die Slawen in der Frühgeschichte des deutschen Volkes. Historische Realitäten und Defizite im Geschichtsbewusstsein, Braunschweig 1989.

aber erst seit den 1960er Jahren, insbesondere seit den 1970er Jahren,[26] gesprochen werden.[27]

I. Auffassung der deutschen Wissenschaft

Die deutsche Wissenschaft und auch einige Archäologen sowie Historiker anderer europäischer Länder nehmen an, dass die Slawen als unmittelbare polnische Vorfahren erst im sechsten Jahrhundert aus dem Osten eingewandert sind.[28] Dieser Zeitraum fällt in die Völkerwanderungszeit in Europa.[29] Bevor die Slawen einwanderten, seien diese Gebiete von Germanen besiedelt gewesen, die ab dem 7. Jahrhundert Richtung Westen ausgewandert seien.[30] Aus diesem Kreis wird daher auch abgelehnt, die „Lausitzer Kultur"[31] als slawisches Volk zu identifizieren[32] und noch

---

26 Hierbei ist insbesondere *Klaus Zernack* zu nennen, der die Debatte entscheidend zur Kooperation gelenkt hat. Siehe auch: *Zernack, Klaus*, Das Jahrtausend deutsch-polnischer Beziehungsgeschichte als geschichtswissenschaftliches Problemfeld und Forschungsaufgabe (Grundsatzreferat), in: *Hintze, Wolfgang H./Zernack, Klaus* (Hrsg.), Grundfragen der geschichtlichen Beziehungen zwischen Deutschen, Polaben und Polen. Referate und Diskussionsbeiträge aus zwei wissenschaftlichen Tagungen, 1976, S. 3-46.

27 Zit. n.: *Piskorski*, „Deutsche Ostforschung" und „polnische Westforschung", in: Osteuropäische Geschichte in vergleichender Sicht, S. 389; *Rothe, Hans*, Gibt es einen deutschen Osten?, in: *Schmidt, Roderich* (Hrsg.), Helmstedt – Magdeburg – Wittenberg. Historische und sprachliche Studien zum mitteldeutschen Raum, 1997, S. 41 ff.

28 Vgl. *Kostrzewski*, Siedlungsstetigkeit, S. 5.

29 Die Völkerwanderungen fanden in der Zeit zwischen den Jahren 375 bis 568 in Europa statt. Ihr Beginn wird mit der Expansion der Hunnen in Verbindung gebracht. Vgl. *Kaczanowski/Kozłowski*, Najdawniejsze dzieje ziem polskich, S. 325; *Gause*, Deutsch-slavische Schicksalsgemeinschaft, S. 15.

30 *Herrmann, Joachim*, Die Slawen in Deutschland. Geschichte und Kultur der slawischen Stämme westlich von Oder und Neiße vom 6. bis 12. Jahrhundert, 2. Aufl., 1985, S. 34 f.

31 Zu den archäologischen Kulturen, die zum Teil oder fast ausschließlich im polnischen Raum lebten, werden die Lausitzer (1300/1200 bis 400 oder 300 v. Chr.) (vgl. *Bogucka, Maria*, Das alte Polen, 1983, S. 11), die pommersche Kultur, einschließlich der Kultur der Glockengräber (600-200 v. Chr.) sowie mehrere Gruppen der Brandgräberkultur (ca. 150 v. Chr. bis 500) gezählt (vgl. *Hensel, Witold*, Die Anfänge des polnischen Staates, 1960, S. 23). Die Lausitzer Kultur wird an ihrer charakteristischen Keramik sowie am Ritus der Brandbestattung identifiziert. Einige Forscher bewerten die „Lausitzer" als Slawen, andere wiederum identifizieren sie mit den antiken Illyrern. Vgl. *Bogucka*, Das alte Polen, S. 11.

32 Vgl. *Wünsch, Thomas*, Deutsche und Slawen. Beziehungen zu Tschechen, Polen, Südslawen und Russen, 2008, S. 18; *Jaworski, Rudolf/Lübke, Christian/Müller, Michael G.*, Eine kleine Geschichte Polens, 2000, S. 22; *Kostrzewski*, Siedlungsstetigkeit, S. 5 ff.; *Gause*, Deutsch-slavische Schicksalsgemeinschaft, S. 12 f.

weniger die alten Vandalen als slawische „Wenden" zu betrachten.[33] Somit kommt die deutsche Wissenschaft zu dem Ergebnis, dass das polnische Gebiet ursprünglich zunächst nicht mit den Vorfahren der Polen besiedelt war.

II. Auffassung der polnischen Wissenschaft

Im Gegensatz hierzu gingen lange Zeit die polnischen Geschichtsforscher, ein großer Teil der tschechoslowakischen Archäologen und fast alle russischen Archäologen davon aus, dass die Polen als Nachfahren einer früh eingesessenen Bevölkerung, nämlich der Lausitzer,[34] zu bewerten seien.[35] Polnische Archäologen und Historiker vertraten insbesondere nach dem Jahre 1945 die Auffassung, dass in dem Gebiet zwischen Oder und Dnjepr die Urslawen lebten,[36] um auf diese Weise einen direkten Vorläufer für die polnischen Stämme dort festzumachen.[37] Demnach seien die Slawen nicht erst nach Abwanderung der Germanen in die Gebiete westlich der Weichsel vorgedrungen, sondern bereits lange vorher dort ansässig, demnach autochthon,[38] gewesen. Danach wäre die Urheimat aller Slawen im heutigen Polen zu suchen.[39]

III. Bewertung

Es sind keine eindeutigen Aussagen über die Herkunft und die Ausbreitung der westslawischen Stämme zu finden, weil nur wenige nicht aussagekräftige schriftliche Zeugnisse[40] vorhanden sind und sowohl die Ergebnisse der Archäologie als

---

33 *Davies*, Im Herzen Europas, S. 257.

34 Für diese Annahme könnten die im Jahre 1934 begonnenen Ausgrabungen von Biskupin (90 Kilometer nordöstlich von Posen) sprechen, wo uralte Wohnstätten aus dem 3. und 2. Jh. v. Chr. und wertvolle Zeugnisse der Lausitzer Kultur entdeckt wurden.

35 Vgl. *Kostrzewski*, Siedlungsstetigkeit, S. 5.

36 Vgl. *Wyrozumski, Jerzy*, Historia Polski do roku 1505, 1979, S. 88 f.; *Hensel, Witold*, Początki państwa polskiego i jego kultury, 1971, S. 44.

37 Vgl. *Kossmann, Oskar*, Polen im Mittelalter, Bd. 2, 1985, S. 1; *Kostrzewski, Józef*, O pochodzeniu grupy północnej (oksywskiej) kultury wenedzkiej późnego okresu lateńskiego, in: *Bardach, Juliusz* (Hrsg.), Europa-Słowiańszczyzna-Polska. Studia ku uczczeniu Profesora Kazimierza Tymienieckiego, 1970, S. 161 ff.; *Hensel, Witold*, Polska starożytna, 1973, S. 166 f.

38 Vgl. *Kaczanowski/Kozłowski*, Najdawniejsze dzieje ziem polskich, S. 344.

39 Vgl. *Czekanowski, Jan*, Wstęp do historii Słowian. Perspektywy antropologiczne, etnograficzne, archeologiczne i językowe, 2. Aufl., 1957, S. 139; *Kostrzewski*, O pochodzeniu grupy północnej, in: *Bardach*, Europa-Słowiańszczyzna-Polska, S. 161 ff.

40 Große Umwälzungen in der Wissenschaft zu den Anfängen des polnischen Staates bildete eine Gruppenforschung, die ihre Arbeit ab dem Jahre 1948 im Zuge der Vorbereitungen für die Tausendjahrfeier des polnischen Staates aufnahm. Historiker, Archäologen und Naturwissenschaftler gehörten dieser Forschungsgruppe an. Auf dem Gebiet der Archäologie fanden Forschungsarbeiten auf mehr als

auch der linguistischen Forschung oft widersprüchliche Interpretationen erfahren haben.[41] Weitgehende Übereinstimmung herrscht in der Auffassung, dass in der jüngeren Bronzezeit (1200-500 v. Chr.) ein illyrisches Volk, dem Lausitzer Kulturkreis zugerechnet,[42] weite Teile des Flussgebiets von Warthe und Netze besiedelte und durch die Einbrüche der Skythen[43] und Kelten[44] sowie durch die Einwanderung nordisch-germanischer Stämme nach Südosten abgedrängt oder dort völlig überlagert wurde.[45] Tatsache ist ferner, dass es kein gesichertes Zeugnis über die Präsenz der Slawen östlich von Elbe und Oder vor dem achten Jahrhundert gibt.[46] Eine Wandlung kündigt sich mittlerweile auch in der polnischen Literatur an, wonach die Träger der „Lausitzer Kultur" zunehmend nicht mehr mit den „Urslawen" identifiziert werden, sondern mit den als sogenannte Alteuropäer bekannten „Wenetern".[47] Die Frage, ob die Polen in ihrem Siedlungsgebiet autochthon waren,[48] ist folglich wissenschaftlich nicht zu beantworten.[49] Damit ist die Theorie zur Urheimat der Slawen zwischen Weichsel und Oder nicht mehr aktuell und wird

---

zwanzig Fundstellen statt. Aufgrund der Ergebnisse dieser Gruppenforschung ist es nun möglich, die Anfänge des polnischen Staates weit über die bisher bekannten schriftlichen Quellen zurückzuverlegen. Vgl. *Hensel, Witold*, Die Anfänge des polnischen Staates, 1960, S. 7 ff.

41 Vgl. *Schmidt-Rösler, Andrea*, Polen vom Mittelalter bis zur Gegenwart, 1996, S. 14; *Hoensch, Jörg K.*, Geschichte Polens, 3. Aufl., 1998, S. 13; *Brather*, Archäologie der westlichen Slawen, S. 52; *Kaczanowski/Kozłowski*, Najdawniejsze dzieje ziem polskich, S. 350 ff.

42 *Kostrzewski*, Siedlungsstetigkeit, S. 106.

43 Die Skythen waren ein ostiranisches Nomadenvolk, das bereits im 8. Jh. v. Chr. in das nördliche Gebiet des Schwarzen Meeres eingewandert ist. Näheres zum Volk der Skythen siehe: *Tzenoff, Gantscho*, Die Abstammung der Bulgaren und die Urheimat der Slawen, 1930, S. 54 ff.; *Rice, Tamara Talbot*, Die Skythen. Ein Steppenvolk an der Zeitenwende, 1957, S. 39 ff., 54 ff.

44 Das keltische Volk tauchte nördlich der Alpen zum ersten Mal um die Mitte des letzten Jahrtausends auf. Bereits im 4. Jh. zählten die Kelten neben den Persern und Skythen zu den bedeutendsten barbarischen Völkern der damaligen Welt. Vgl. *Filip, Jan*, Die keltische Zivilisation und ihr Erbe, 1961, S. 9 ff.

45 Vgl. *Hoensch*, Geschichte, S. 13.

46 Vgl. *Hensel, Witold*, Polska starożytna, 1973, S. 172 f.; *Rhode, Gotthold*, Geschichte Polens, 3. Aufl., 1980, S. 2.

47 *Kossmann, Oskar*, Polen im Mittelalter, Bd. 2, 1985, S. 1.

48 Allerdings wird überwiegend innerhalb des polnischen Wissenschaftskreises weiterhin damit argumentiert, dass die anthropologischen Untersuchungen von einer Konstante derselben anthropologischen Struktur der Bevölkerung Polens vom Neolithikum bis ins frühe Mittelalter zeugen. Vgl. *Czekanowski*, Wstęp do historii Słowian, S. 321 ff.; *Kóčka, Wojciech*, Zagadnienia etnogenezy ludów Europy, 1958, S. 117 ff., 181.

49 *Herrmann, Joachim*, Die Slawen in der Frühgeschichte des deutschen Volkes. Historische Realitäten und Defizite im Geschichtsbewusstsein, in: *Hinrichs, Ernst* (Hrsg.), Vorträge im Georg-Eckert-Institut, 1989, S. 12.

auch überwiegend von der polnischen Wissenschaft abgelehnt.[50] Demzufolge ist lediglich erwiesen, dass die Heimat der Slawen im oberen und teilweise mittleren Dnjepr-Gebiet liegt, von wo aus sie in das heutige Gebiet Polens in der Völkerwanderungszeit gekommen sind.[51]

C. Polens Einzug in die europäische Geschichte

Die polnische Historiografie beginnt im 12. Jahrhundert mit einem für die mittellateinische Literatur repräsentativen Meisterwerk. Der Urvater der polnischen Historiografie wird als Gallus Anonymus bezeichnet.[52] Seine „Chronicae et Gesta Ducum sive Principum Polonorum-Chronik und Geschichte der polnischen Herzöge und Fürsten“ ist die älteste erzählende Geschichtsquelle, die auf polnischem Boden entstanden ist,[53] und betrachtet einen Zeitraum von etwa 250 Jahren.[54] Darüber hinaus entstand in Bayern in der ersten Hälfte des 9. Jahrhunderts eine Beschreibung der Länder nördlich der Donau. Danach ist bekannt, dass auf dem Boden Polens[55] eine Reihe kleiner politischer Einheiten bestand. Die wichtigsten dieser Einheiten waren in Großpolen[56] und Kujawien die Lendizen und Goplaner,

---

50 *Zernack, Klaus*, Die deutsch-polnischen Beziehungen in der Mittelalterhistorie aus deutscher Sicht, in: *Borgolte, Michael* (Hrsg.), Polen und Deutschland vor 1000 Jahren, 2002, S. 29-42 (35).

51 Vgl. *Kaczanowski/Kozłowski*, Najdawniejsze dzieje ziem polskich, S. 351; *Gause*, Deutsch-slavische Schicksalsgemeinschaft, S. 16 f.

52 Seine Herkunft ist unbekannt, fest steht nur, dass er kein Pole war, sondern vermutlich ein Benediktiner aus dem romanischen Westen. Vgl. *Grodecki, Roman* (Hrsg.), Anonim tzw. Gall, Kronika Polska, 3. Aufl., 1923, S. XI.

53 Obwohl die Chronik auf Lateinisch verfasst ist, zählt sie zu der Literatur Polens. Vgl. *Grodecki*, Anonim tzw. Gall, S. III.

54 Vgl. *Anonymus, Gallus*, Chronik und Taten der Herzöge und Fürsten von Polen, in: *Bujnoch, Josef*, Polens Anfänge, 1978, S. 10.

55 Im Gegensatz zu den schriftlich erfassten Quellen dürfte die Bildung des frühen polnischen Staates noch vor der Mitte des 10. Jahrhunderts erfolgt sein. Das erste eindeutig feststehende Datum in der Geschichte dieses Staates ist zwar erst das Jahr 963, aber zu diesem Zeitpunkt und unmittelbar danach war der polnische Staat bereits weitgehend konsolidiert und ausgedehnt (vgl. *Bujak, Franciszek*, Studia nad osadnictwem Małopolski, 2001, S. 18; *Trawkowski, Stanisław*, Jak powstała Polska, 1969, S. 138 f.), die Macht des ersten Fürsten schon so fest begründet, dass es naheliegend ist, dass eine Entwicklung von mindestens zwei Jahrzehnten vorangegangen sein dürfte (vgl. *Rhode*, Geschichte Polens, S. 7; *Jaworski/Lübke/Müller*, Eine kleine Geschichte Polens, S. 36).

56 Großpolen war das Siedlungsgebiet des Stammes der Polanen, dessen Fürsten aus der Herrscherdynastie der Piasten in diesem Gebiet das erste Königreich Polen gründeten. Damit handelt es sich bei Großpolen um eine historische Region, den historischen Kern Polens. Vgl. *Topolski, Jerzy*, Die Rolle Großpolens in der Geschichte Polens, in: *Strzelczyk, Jerzy* (Hrsg.), Slawen, Deutsche und Dänen in zwei historischen Grenzregionen (Schleswig-Holstein und Großpolen), 2001, S. 223-230

in Kleinpolen[57] die Wislaner sowie in Schlesien die Slezaner und Opolaner. Folglich bestanden spätestens in der ersten Hälfte des 9. Jahrhunderts mehrere territoriale Zentren im späteren Polen.[58]

I. Polens erster Herrscher: Mieszko I.

Der Name Polen (Polonia)[59] findet sich erstmals um das Jahr 1000[60] herum in einer Zeit, als es in der Region Großpolens einen christlichen Herrschaftsverband unter dem Gesamtherrscher Mieszko I. aus dem Geschlecht der Piasten[61] gab.[62] Der Name Mieszko taucht aber bereits früher, nämlich zum ersten Mal in der lateinischen Chronik vom Mönch „Widukind von Corvey" im Jahre 963 auf.[63] Mieszko heiratete als Herzog von Polen im Jahre 964 Dubrawa, die Tochter des Böhmenherzogs,[64] und im Jahre 966 ließ er sich auf Verlangen seiner Frau taufen, sodass auch seine Untertanen das Christentum anzunehmen hatten.[65] Die Christianisierung Polens

---

(223 f.); *ders.*, Wielkopolska poprzez wieki, 1999, S. 27 f. Heute umfasst das Gebiet Großpolens die Wojewodschaft Großpolen, den südlichen Teil der Wojewodschaft Kujawien-Pommern und den östlichen Teil der Wojewodschaft Lebis.

57 Kleinpolen stellt so wie Großpolen eine historische Region in Polen dar und bildete den südlichen Teil des alten polnischen Staates. Der polnische Staat wurde auf dem Gebiet Großpolens und nicht auf dem Gebiet Kleinpolens, das ebenfalls während der staatlichen Gründungsphase bereits existierte, gegründet, weil Kleinpolen zu dieser Zeit unter tschechischem Einfluss stand. Vgl. *Topolski*, Die Rolle Großpolens in der Geschichte Polens, in: *Strzelczyk*, Slawen, Deutsche und Dänen in zwei historischen Grenzregionen, S. 224. Das Gebiet Kleinpolens umfasst heute unter anderem die Wojewodschaft Kleinpolen, den westlichen Teil der Wojewodschaft Lublin und einen kleinen Teil der Wojewodschaft Schlesien.

58 *Hensel, Witold*, Ur- und Frühgeschichte Polens, 1974, S. 255; *Jasienica, Paweł*, Polska Piastów, 6. Aufl., 1992, S. 37 ff.

59 Um das Jahr 1039 wurde Krakau zur Hauptstadt des jungen polnischen Staates. Gnesen blieb weiterhin, insbesondere in der Zeit der „Teilfürstentümer", das Symbol der Einheit Polens. Vgl. *Topolski*, Die Rolle Großpolens in der Geschichte Polens, in: *Strzelczyk*, Slawen, Deutsche und Dänen in zwei historischen Grenzregionen, S. 225.

60 Vgl. *Rhode*, Geschichte Polens, S. 1; *Davies*, Im Herzen Europas, S. 258.

61 Durch das Gebiet der Pomeranen und Polanen führten seit etwa dem 9. Jahrhundert Handelswege, die Skandinavien mit dem Schwarzen Meer sowie mit dem Orient verbanden. Von diesem Mittelpunkt des Fernhandels nahm die Herrschaft des Hauses der Piasten ihren Ausgang. Vgl. *Meyer*, Grundzüge, S. 12.

62 *Gajewski, Stanisław/Nawacka, Katarzyna M.*, Historja ustroju Polski, 2003, S. 14.

63 Vgl. *Jaworski/Lübke/Müller*, Eine kleine Geschichte Polens, S. 36; *Alexander*, Geschichte, S. 16; *Jasienica*, Polska Piastów, S. 51; *Łowmiański, Henryk*, Studia nad dziejami Słowiańczyzny, Polski i Rusi w wiekach średnich, 1986, S. 198.

64 Vgl. *Gallus Anonymus*, Kronika Polska, Księga I, in: *Grodecki*, Anonim tzw. Gall, S. 18.

65 *Bujnoch*, Polens Anfänge, S. 55; *Meyer*, Grundzüge, S. 13.

hatte eine fundamentale Bedeutung für den Eintritt des Landes in den Kreis der europäischen Kultur.[66] Mieszko I. gelang die Konsolidierung des Staatsgebildes.[67] Dies erreichte er vor allem durch die Unterwerfung der Pomoranen an der Ostsee.[68] Sein gutes Verhältnis zum deutschen Kaiser Otto dem Großen ermöglichte eine innere Festigung seines Herrschaftsgebietes.[69] Als seine Ehefrau Dubrawa im Jahre 977 starb, heiratete er Oda, die Tochter des Markgrafen Dietrich von der Nordmark, und begründete damit die engen Familienbindungen des Piastenhauses zum sächsischen Hochadel.[70] Diese Heirat führte zum Bruch mit Böhmen, da Mieszko in die Rivalitätskämpfe des sächsischen Hochadels einbezogen wurde. Er rüstete sich schließlich für den Kampf um Schlesien und Kleinpolen gegen seinen früheren Schwager, Bolesław II. Dem ersten Piastenherrscher gelang es, den Gau Dedosese, das Glogauer Land sowie über Mittelschlesien das Gebiet Sleenzani und Opoloni zu erobern.[71]

II. Das Erbe Mieszkos I.

Dem polnischen Gründungserfolg des Piastenherzogs Mieszko I., der im Jahre 992 verstarb, folgten beträchtliche Gebietserweiterungen unter der Herrschaft seines ältesten Sohnes Bolesław I. Chrobry[72]. Zu den Gebietszugewinnen Polens gehörten neben Schlesien Teile Pommerns sowie Gebiete von Pommerellen, das unterhalb der Weichsel gelegen war. Von diesen anfänglichen Gebietszugewinnen konnte jedoch lediglich das Gebiet um Krakau im Bereich der oberen Weichsel gehalten werden.[73]

Große Bedeutung für die polnische Geschichte hat der „Akt von Gnesen" zwischen Kaiser Otto III. und Herzog Bolesław I. im Jahre 1000.[74] Bei dieser Zusammenkunft wurde Polen zu einer Kirchenprovinz erhoben[75] und galt ab die-

66 Vgl. *Samsonowicz, Henryk*, Polens Platz in Europa, 1997, S. 22; *Kłoczowski*, Dzieje chrześciańRstwa polskiego, 1987, S. 50; *Trawkowski, Stanisław*, Początki kościoła w Polsce za panowania Mieszka I, in: *Piskorski, Jan M.* (red.), Polska Mieszka I. W tysiąclecie śmierci twórcy państwa i kościoła polskiego 25 V 992 – 25 V 1992, 1993, S. 51-72 (51).

67 Vgl. *Manteuffel*, The Formation, S. 55; *Kętrzyński, Stanisław*, Polska X-XI wieku, 1961, S. 74 f.

68 Vgl. *Kętrzyński*, Polska X-XI wieku, S. 83; *Tymczowski, Michał/Kieniewicz, Jan/Holzer, Jerzy*, Historia Polski, 1986, S. 23.

69 *Schmidt-Rösler*, Polen, S. 15.

70 Vgl. *Kętrzyński*, Polska X-XI wieku,, S. 144 f.; *Alexander*, Geschichte, S. 22.

71 *Hoensch*, Geschichte, S. 20.

72 Übersetzt: „der Tapfere". Er lebte von 992 bis 1025.

73 Vgl. *Alexander*, Geschichte, S. 19; *Raether*, Polens deutsche Vergangenheit, S. 27.

74 Vgl. *Gardawski, Alexander/Gąssowski, Jerzy*, Polska starożytna i wczesnośredniowieczna, 1961, S. 134.

75 Vgl. *Tymczowski/Kieniewicz/Holzer*, Historia Polski, S. 24; *Schmidt-Rösler*, Polen, S. 15.

sem Zeitpunkt als ein christliches Land mit eigenen Rechten.[76] Der Tod Ottos III. im Januar 1002 beendete weitergehende Pläne der Bündnispolitik Bolesławs.[77] Heinrich II. bestieg den deutschen Königsthron. Der polnische Herzog, der den bayerischen Thronnachfolger unterstützt hatte, erhielt den östlichen Teil der Mark Meißen als Lehen. Das anfänglich gute Verhältnis verschlechterte sich jedoch, weil Bolesław Heinrich für einen militärischen Überfall verantwortlich machte.[78] Mit diesem Zerwürfnis begann ein dynastischer Streit um Land und Rang.[79] Nach vielen Jahren der wechselseitigen Kriege konnte dann am 30. Januar 1018 in Bautzen Frieden geschlossen werden.[80]

Überwiegend wird vertreten, dass im Jahre 1025 das Königreich Polen[81] durch die Selbstkrönung Bolesław I. zum König von Polen formal gegründet wurde.

III. Die Zeit der piastischen Teilfürstentümer (1138-1320)

Die folgende Periode der „Teilfürstenherrschaft" erschütterte Polen in seiner Staatlichkeit. Diese Zeit war von Kämpfen um die Herrschaft geprägt, brachte aber auch durch die vielen kleinen Territorien eine intensive Bebauung und eine kulturelle Vielfalt in die Gebiete.[82] Der Ursprung der „Teilfürstenherrschaft" geht auf den Herrscher Bolesław Krzywousty[83] zurück, der vor allem durch sein Testament[84] in Erinnerung geblieben ist.[85] In diesem Testament hatte er nämlich das Reich zwischen seinen Söhnen in mehrere miteinander rivalisierende Teilfürstentümer aufgeteilt.[86] Bolesław entschied sich für diese Kompromisslösung, weil er Bruderkämpfe zwischen seinen Söhnen vermeiden wollte.[87] So wurde sein Reich nach altslawischem Brauch aufgeteilt. Der älteste Sohn sollte dabei im Rahmen des

---

76 Vgl. *Grodecki, Roman*, Polska Piastowa, 1969, S. 10; *Müller*, in: *Bingen/Ruchniewicz*, Länderbericht Polen, S. 21.

77 Vgl. *Grodecki*, Polska Piastowa, S. 13.

78 Vgl. *Wyrozumski, Jerzy*, Dzieje Polski piastowskiej (VIII wiek-1370), 1999, S. 92 ff.

79 Vgl. *Grodecki*, Polska Piastowa, S. 13 ff.; *Alexander*, Geschichte, S. 29.

80 Vgl. *Michnik, Helena/Mosler, Ludwika*, Historia Polski do roku 1795, 1957, S. 25; *Wyrozumski*, Dzieje Polski piastowskiej, S. 96.

81 Vgl. Anhang II, Karte 1.

82 *Bues, Almut*, Die Jagiellonen. Herrscher zwischen Ostsee und Adria, 2010, S. 11.

83 Übersetzt: Schiefmund. Er lebte von 1102 bis 1138.

84 Zum Testament aus dem Jahre 1138 aus der Chronik von Meister Wincent, abgedruckt bei: *Sawicki, Jakub*, Wybór tekstów źródłowych z historii państwa i prawa polskiego, Bd. I, Teil 1, 1952, Nr. 6, S. 26.

85 Vgl. *Mika, Norbert*, Mieszko. Książę raciborski i pan Krakowa – dzielnicowy władca Polski (ok. 1142-1211), 2010, S. 20; *Przybył, Maciej*, Mieszko III Stary, 2002, S. 25.

86 Vgl. *Bobrzyński, Michał* (Begr.)/*Serejski, Marian Henryk* (Bearb.), Dzieje Polski w zarysie, 1974, S. 138; *Rhode*, Geschichte Polens, S. 41; *Davies*, Im Herzen Europas, S. 259; *Michnik/Mosler*, Historia, S. 40; *Przybył*, Mieszko III Stary, S. 25 f.

87 Vgl. *Maleczyński, Karol*, Bolesław III Krzywousty, 1975, S. 320.

Senioratsprinzips[88] die Einheit des Landes nach außen hin verkörpern.[89] Die Herzogtümer der Piasten[90] bestanden *de facto* als souveräne Regionen nebeneinander. In der Zeit der „Teilfürstentümer" setzte die Bildung des Adels[91] als neuer politischer Faktor ein.[92]

IV. Wiederherstellung und Verteidigung der Reichseinheit (1320-1386)

Trotz der Teilung der polnischen Gebiete in einzelne Fürstentümer blieb das ganze 13. Jahrhundert hindurch die Bezeichnung „Königreich Polen" (*Regnum Poloniae*)[93] für alle polnischen Länder bestehen.[94] Dies brachte zum Ausdruck, dass trotz der Gebietsaufteilung die Verbindung und die Zugehörigkeit zu einem gesamtstaatlichen Gefüge erhalten blieb.[95] Die innere Zerrissenheit Polens hatte eine Erneuerung des Königtums für rund 150 Jahre unmöglich gemacht. Herzog Władysław Łokietek[96] von Sieradz setzte nach zahlreichen Kämpfen innerhalb einzelner Fürstentümer seine Ansprüche im Inneren mittels einer erfolgreichen „Sammlungspolitik" durch.[97] Zunächst unterstellte sich ihm im Jahre 1309 Großpolen und später auch Kleinpolen, sodass diese zwei polnischen Kerngebiete sowie Kujawien, wobei Schlesien nicht mit einbezogen wurde, auch *de facto* wieder unter einer Herrschaft vereint waren.[98]

---

88 Der Papst bestätigte am 9. Juni 1210 das Senioratsprinzip. Text abgedruckt bei: *Sawicki*, Wybór tekstów źródłowych, Bd. I, Teil 1, Nr. 7, S. 27.

89 Vgl. *Przybył*, Mieszko III Stary, S. 26; *Michnik/Mosler*, Historia, S. 40; *Mika*, Mieszko, S. 25; *Grodecki*, Polska Piastowa, S. 125; *Maleczyński*, Bolesław III Krzywousty, S. 322.

90 Jene Fürsten nannten sich noch eine Zeitlang *duces Poloniae*, um ihren gemeinsamen Ursprung zumindest anzudeuten.

91 Die Begrifflichkeit *Szlachta* (übersetzt Adel) umfasst die gemeine Adelsschicht (vgl. *Zielińska, Teresa*, Magnateria Polska epoki saskiej. Funkcje urzędów i królewszczyzn w procesie przeobrażeń warstwy społeczej, 1977, S. 194). Zu dieser zählen auch diejenigen, die mit den Privilegien des Adelsstandes ausgestattet waren und in diesem Rahmen am politischen Leben teilnehmen konnten. Vgl. *Wyczański, Andrzej*, Polen als Adelsrepublik, 2. Aufl., 2001, S. 62.

92 *Flaes, Reynier*, Das Problem der Territorialkonflikte. Eine Untersuchung über ihre Grundlagen und Eigenschaften am Beispiele der Territorialgeschichte Polens, 1929, S. 25.

93 Polen bestand zwar aus politischer Sicht nicht als ein einheitliches Gebilde, aber aufgrund der gemeinsamen Sprache, der Sitten und der Tradition wurde die Einheit zumindest aus kultureller Sicht begründet.

94 Vgl. *Knoll, Paul W.*, The Rise of the polish Monarchy, 1972, S. 14; *Bogucka*, Das alte Polen, S. 64.

95 Vgl. *Baszkiewicz, Jan*, Odnowienie Królestwa Polskiego 1295-1320, 2008, S. 44.

96 Übersetzt: Ellenlang.

97 Vgl. *Jaworski/Lübke/Müller*, Eine kleine Geschichte Polens, S. 97; *Knoll*, The Rise, S. 16 f.

98 Vgl. *Missalowa, Gryzelda/Schoenbrenner, Janina*, Historia Polski, 1951, S. 34; *Jasienica*, Polska Piastów, S. 279 ff.

Ebenfalls außerhalb Polens blieb Masowien, das allerdings seit dem Jahre 1355 durch eine Lehenspflicht an Polen gebunden war.[99] Am 20. Januar 1320 ließ sich Władysław mit Einwilligung des Papstes zum König krönen.[100] Ab diesem Zeitpunkt behielt Polen bis zum Jahre 1795 kontinuierlich eine monarchische Spitze.[101] Die innere Reorganisation des Landes brachte Polen eine Blütezeit. An die Stelle der Teilfürstentümer traten nun Verwaltungsbezirke, die Wojewodschaften.[102]

V. Der letzte Piastenkönig

Kazimierz (Kasimir) III. „der Große", der letzte Piastenkönig, der in den Jahren 1333 bis 1370 an der Macht blieb,[103] betrieb eine aktive „Ostpolitik" gegenüber Litauen, zu der auch diplomatische Kontakte gehörten.[104] In den rund 30 Jahren seiner Herrschaft konnte er sich eine angesehene Stellung in der christlichen Welt verschaffen. Polen hatte unter den beiden letzten Piasten nicht nur seine staatliche Einheit wiedergefunden, sondern auch zahlreiche neue Gebiete erworben.[105]

VI. Territoriale Entwicklung während der Dynastie des Piastengeschlechts

In diesem halben Jahrtausend der Piastenherrschaft unterlag das Territorium Polens enormen Entwicklungen. Das Polen Mieszkos I. umfasste am Ende seiner Herrschaft die Gebiete des Weichselstammes der Polanen um Krakau, womit dann die traditionelle Unterteilung in das ursprüngliche *Wielkopolska* (Großpolen) im Norden und das neue *Małopolska* (Kleinpolen) im Süden begann.[106] Kleinpolen

---

99 Obwohl die herrschenden Piasten immer der Ansicht waren, dass das Gebiet Masowiens zum Königreich Polen gehörte, blieb es formal unabhängig. Am 27. Dezember 1355 vereinbarten der Herzog von Masowien und der König von Polen, dass Masowien durch Lehenspflicht an Polen gebunden werden sollte. Der Herzog von Masowien bekam sämtliches Gebiet, das seinem verstorbenen Bruder gehört hatte, darunter etwa das Warschauer Gebiet, zugesprochen. Im Gegenzug leistete der Herzog von Masowien einen Eid, mit dem praktisch das gesamte Territorium Masowiens dem polnischen König unterworfen wurde. Vgl. *Samsonowicz, Henryk/Supruniuk, Anna*, Dzieje polityczne (połowa XIV-początek XVI w.), in: *Samsonowicz, Henryk* (red.), Dzieje Mazowsza, Bd. 1, 2006, S. 257-338 (261); vgl. *Rhode, Gotthold*, Staatliche Entwicklung und Grenzziehungen, in: *Rhode, Gotthold* (Hrsg.), Die Ostgebiete des Deutschen Reiches, 4. Aufl., 1957, S. 96-158 (99, 101).

100 Vgl. *Gajewski/Nawacka*, Historia, S. 22; *Jasienica*, Polska Piastów, S. 285.

101 Vgl. *Schmidt-Rösler*, Polen, S. 22.

102 Vgl. *Missalowa/Schoenbrenner*, Historia Polski, S. 36.

103 Vgl. *Wyrozumski, Jerzy*, Historia Polski do roku 1505, 1979, S. 224 f.

104 Vgl. *Knoll*, The Rise, S. 121 ff.; *Müller*, in: *Bingen/Ruchniewicz*, Länderbericht Polen, S. 22.

105 *Alexander*, Geschichte, S. 57; zu den eroberten Gebieten gehörte auch etwa Schlesien. Vgl. *Kraus, Herbert*, Deutschlands Ostproblem, 1957, S. 55.

106 Vgl. *Baczkowski, Krzysztof*, Dzieje Polski późnośredniowiecznej (1370-1506), 1999, S. 11.

gewann schnell die politische Vorherrschaft und um die Mitte des 11. Jahrhunderts war Krakau als Sitz des Königs fest etabliert. In der Periode der „Teilfürstenherrschaft“ bestand das polnische Reich grundlegend aus sechs großen Provinzen – Großpolen, Kleinpolen, Kujawien, Masowien, Schlesien und Pommern. Diese Provinzen bildeten keine Einheit, sondern zerfielen durch weitere Erbteilungen.[107] Unter Kasimir dem Großen verschob sich der Mittelpunkt des polnischen Gebietes nach Osten.[108] Im Ergebnis dieser territorialen Entwicklung war der polnische Staat im 14. Jahrhundert um bis zu 350 Kilometer weit nach Osten abgedrängt und vollständig vom Meer abgeschnitten worden.[109]

2. Kapitel: Unionsstaat Polen-Litauen

In der Geschichte Polens spielte neben der Dynastie der Piasten auch die der Jagiellonen eine entscheidende Rolle. Obwohl die jagiellonischen Herrscher nur knapp 200 Jahre Polen regierten, hinterließen sie dort viele Spuren und stellten wichtige Weichen für die Zukunft des polnischen Staates.[110] Der Tod von Kasimir dem Großen im Jahre 1370 leitete einen Zeitraum wechselnder Staatsverbindungen Polens ein. Kasimir III. starb ohne einen Thronfolger zu hinterlassen, deswegen hatte er die Erbfolge durch einen Vertrag mit seinem Neffen, König Ludwig von Ungarn, geregelt.[111] Die Regierungszeit König Ludwigs von Ungarn in den Jahren 1370 bis 1382 war für Polen weniger vorteilhaft, da die Interessen beider Reiche zu wenig übereinstimmten und Ludwig sich überwiegend in Ungarn aufhielt.[112] Auch Ludwig starb ohne männlichen Thronfolger, sodass seine Tochter Jadwiga (Hedwig), die Nachfolge in Ungarn und Polen antrat.[113]

A. Personalunion mit Litauen

Jadwiga wurde im Jahre 1384 in Krakau zur Königin gekrönt. Voraussetzung für die Krönung Jadwigas war, dass sie ihre geplante Ehe mit Wilhelm von Habsburg aufgeben musste und stattdessen den litauischen Großfürsten Jagiełło[114] heiraten

---

107 *Rhode*, Staatliche Entwicklung, in: *Rhode*, Ostgebiete, S. 99 f.; *Schmidt-Rösler*, Polen, S. 19.

108 Vgl. *Zernack, Klaus*, Deutschlands Ostgrenze, in: *Demandt, Alexander* (Hrsg.), Deutschlands Grenzen in der Geschichte, 3. Aufl., 1993, S. 140-165 (146); *Davies*, Im Herzen Europas, S. 260.

109 *Gehrke*, Der polnische Westgedanke, S. 24.

110 Vgl. *Bues*, Die Jagiellonen, S. 11.

111 Vgl. *Baczkowski*, Dzieje Polski, S. 35.

112 *Rhode*, Geschichte Polens, S. 112; *Schmidt-Rösler*, Polen, S. 26.

113 Vgl. *Heyde*, Geschichte Polens, S. 21; *Meyer*, Grundzüge, S. 31; *Baczkowski*, Dzieje Polski, S. 51 f.

114 Jagiełło war vor seiner Heirat mit Jadwiga seit dem Jahre 1377 Großfürst von Litauen.

sollte.[115] Eine polnische Gesandtschaft verhandelte über die Heirat im Sommer 1385 in Litauen.[116]

I. Akt von Krewo

Am 14. August 1385 begründete der Akt von Krewo[117] das polnisch-litauische Großreich und damit die Jagiellonendynastie.[118] Die Heirat zwischen Jadwiga und Jagiełło erfolgte schließlich im Jahre 1386.[119] In dem Akt von Krewo[120] erklärte Jagiełło sich bereit, sich und sein Volk taufen[121] zu lassen, Litauen der polnischen Krone „anzufügen"[122] sowie alle Gebiete zurückzuholen, die Polen in den letzten Jahren verloren hatte.[123] Der Akt verdeutlichte, dass Polen und Litauen zahlreiche gemeinsame Interessen, wie etwa auf dem Gebiet der Politik, des Militärs, der Wirtschaft, aber auch der Religion hatten. An erster Stelle der gemeinsamen Zielsetzung kristallisierte sich schnell die Orientierung gegen den Deutschen Orden heraus. Bereits ein Jahr nach Krewo arbeiteten die Heere beider Reiche im Kampf gegen die Feinde, Russland und den Deutschen Orden, intensiv zusammen.[124] Ab dem Jahre 1392 wurde Witold[125] in Litauen als Großfürst eingesetzt.

---

115 Vgl. *Błaszczyk, Grzegorz*, Dzieje stosunków polsko-litewskich, Bd. II. Od Krewa do Lublina, Teil 1, 2007, S. 240; *Wisner, Henryk*, Litwa. Dzieje państwa i narodu, 1999, S. 21.

116 Vgl. *Wisner*, Litwa, S. 20.

117 Text: *Kutrzeba, Stanisław/Semkowicz, Władysław* (Hrsg.), Akta Unji Polski z Litwą 1385-1791, 1932, Nr. 1, S. 1 ff; *Sawicki*, Wybór tekstów źródłowych, Bd. I, Teil 1, Nr. 30, S. 76-78.

118 Nach der Heirat wurde der litauische Großfürst polnischer König.

119 Vgl. *Wisner*, Litwa, S. 21.

120 Der Akt von Krewo, der heute im *Archiwum Kapituły Metropolitalnej* in Krakau aufbewahrt wird, ist in der Geschichte der polnisch-litauischen Beziehungen ein unter den Historikern äußerst kontrovers diskutiertes Dokument. Fraglich ist in diesem Zusammenhang nämlich, ob es sich bei dem Dokument um einen Allianz- und Unionsakt zwischen den beiden Ländern oder um ein persönliches Dokument zur Vorbereitung eines Ehevertrags handelte. Dieser Fragestellung wird im Hauptteil nachgegangen.

121 Jagiełło nahm den polnischen Nahmen Władysław II. an.

122 Vgl. *Dembkowski, Harry E.*, The Union of Lublin. Polish Federalism in the Golden Age, 1982, S. 24.

123 Vgl. *Jasienica, Paweł*, Polska Jagiellonów, 6. Aufl., 1992, S. 61; *Rhode*, Geschichte Polens, S. 115; *Schmidt-Rösler*, Polen, S. 26.

124 Vgl. *Kościelniak, Karol*, Wpływ unii lubelskiej na kwestie obronności Rzeczypospolitej, in: *Roman, Wanda/Marzałek-Kawy, Joanna* (Hrsg.), Stosunki polsko-litewskie wczoraj i dziś. Historia, Kultura, Polityka, 2009, S. 37-45 (40).

125 Jagiełłos Vetter. Die Grundlage für seinen Namen bildet die lateinische Form *Vitoldus*. Im Deutschen hat sich die Namensform *Vitold* durchgesetzt. Die Polen

Das neu entstandene Großreich trug den Namen „Königreich Polen und Großfürstentum Litauen".[126] Als Jadwiga 14 Jahre nach ihrem Amtsantritt kinderlos starb, ging die Thronfolge auf Jagiełłos direkte Nachkommen aus seinen weiteren Ehen über. So kam es, dass Polen während der Jagiellonendynastie, obgleich diese Zeit zwischen den Jahren 1429[127] und 1440 mit einer Krise verbunden war,[128] in Personalunion[129] mit Litauen regiert wurde.[130]

II. Polnisch-litauische Auseinandersetzungen

Der größte und auch bedrohlichste Feind des Unionsstaates war der Deutsche Orden. Insbesondere in der Anfangszeit der Union entschieden harte militärische Auseinandersetzungen über die Entwicklung des Verhältnisses des jagiellonischen Königtums zum Deutschen Orden in Preußen.

---

hingegen haben den Namen *Witold* übernommen. Die Russen gebrauchen die Namensform *Vitavt.* Im Litauischen wird der Name *Vitautas* (oder auch *Vytautas*) verwendet.

126 Diese Bezeichnung könnte ein Indiz dafür sein, dass es sich bei diesem Zusammenschluss um keine Inkorporation Litauens, sondern vielmehr um eine Personalunion zweier unterschiedlicher Staaten handeln könnte. Für Litauen war die Hilfe des polnischen Königreiches notwendig, denn es wurde erheblich durch den Deutschen Orden bedroht und nur mit der Unterstützung der polnischen Seite hatten die Litauer eine reale Chance. Auf diese Weise war Litauen von Polen abhängig und daher auch der schwächere Partner innerhalb der Personalunion. Vgl. *Łowmiański, Henryk*, Polityka Jagiellonów, 1999, S. 27.

127 Im Jahre 1429 unternahm Großfürst Witold den Versuch, die litauische Krone an sich zu reißen und damit die Unabhängigkeit Litauens von Polen zu erreichen. Vgl. *Wielhorski, Władysław*, Polska a Litwa. Stosunki wzajemne w biegu dziejów, 1947, S. 116.

128 Dazu siehe insbesondere: *Łowmiański*, Polityka, S. 124 ff.; *Murawski, Eberhard Klaus*, Zwischen Tannenberg und Thorn. Die Geschichte des Deutschen Ordens und dem Hochmeister Konrad von Erlichshausen 1441-1449, 1953, S. 309.

129 Nach heutigem Verständnis liegt eine Personalunion vor, wenn die Tatsache der Gemeinsamkeit der Krone nicht kraft völkerrechtlicher Vereinigung oder übereinstimmender staatsrechtlicher Regelung von beiden Staaten als solche gewollt ist, sondern wenn kraft der Thronfolgeregelung in einem Staat ein in einem anderen Staat schon regierender Fürst automatisch oder kraft eines in der Thronfolgeordnung bestimmten Aktes auch in diesem Staat als Monarch berufen wird. Die Personalunion lässt die Völkerrechtspersönlichkeit der durch sie verbundenen Staaten unberührt. Vgl. *Berber*, Lehrbuch des Völkerrechts, Bd. 1, S. 136 f.

130 Vgl. *Kiaupa, Zugmantas/Kiaupienė, Jūratė/Kuncevičius, Albinas*, The History of Lithuania before 1795, 2000, S. 204; *Davies*, Im Herzen Europas, S. 264.

1. Erster Thorner Frieden vom 1. Februar 1411

Ein vereintes polnisch-litauisches Heer[131] besiegte den Orden in der Schlacht von Tannenberg (Grunwald) am 14. Juli 1410.[132] Im Ersten Thorner Frieden vom 1. Februar 1411[133] schlossen die Kriegsbeteiligten einen Friedensvertrag. Zwar behielt der Orden bis auf das Land Dobrzin und Schamaiten, das allerdings nur für die Lebenszeit von Jagiełło übereignet wurde, sein Gebiet,[134] musste aber eine starke Belastung finanzieller Art hinnehmen.[135]

2. Zweiter Thorner Frieden vom 19. Oktober 1466

Im Dreizehnjährigen Krieg[136] unterlag die Streitmacht des Deutschen Ordens erneut, sodass er im Rahmen des Zweiten Thorner Friedens, der am 19. Oktober 1466[137] unter päpstlicher Vermittlung geschlossen wurde,[138] endgültig zusammenbrach. Der Orden musste seine westlichen Gebiete, darunter Pommerellen, das Kulmerland und Ermland, an Polen abtreten sowie die Oberhoheit der polnischen Krone über den Ordensstaat anerkennen.[139] Damit wurde Preußen praktisch in zwei Teile geteilt.[140] Die genannten Westgebiete behielten

---

131 Die Grundlage für das gemeinsame Heer bildete die im Jahre 1401 in Wilna geschlossene Union von Wilna und Radom (poln.: unia wileńsko-radomska). Mitunter wurde der Verteidigungsfall geregelt. Sowohl Polen als auch Litauen verpflichteten sich, für den Fall eines Angriffes auf eine der beiden Seiten, dem anderen militärische Hilfe zu leisten.

132 Vgl. *Militzer, Klaus*, Die Geschichte des Deutschen Ordens, 2005, S. 144; *Michnik/ Mosler*, Historia, S. 106 f.

133 Text: *Weise, Erich* (Hrsg.), Die Staatsverträge des Deutschen Ordens in Preußen im 15. Jahrhundert, Bd. 1, 2. Aufl., 1970, Nr. 83, S. 83 ff.

134 Vgl. *Wisner*, Litwa, S. 29; *Militzer*, Die Geschichte des Deutschen Ordens, S. 145.

135 Vgl. *Błaszczyk*, Dzieje, Bd. II., S. 363; *Gornig, Gilbert H.*, Das nördliche Ostpreußen. Gestern und heute. Eine historische und rechtliche Betrachtung, 2. Aufl., 1996, S. 34; *Militzer*, Die Geschichte des Deutschen Ordens, S. 145.

136 Zwischen den Jahren 1454 und 1466.

137 Text: *Weise*, Staatsverträge, Bd. 2, Nr. 403, S. 262 ff.; siehe auch zum Thorner Frieden: *Weise, Erich*, Die staatsrechtlichen Grundlagen des Thorner Friedens und die Grenzen seiner Rechtmäßigkeit, in: ZfOstF 3 (1954), Heft Nr. 1, S. 1-26; *Dralle, Lothar*, Der Staat des Deutschen Ordens in Preußen nach dem II. Thorner Frieden, 1975, S. 9.

138 Vgl. *Bues*, Die Jagiellonen, S. 88.

139 Vgl. *Hubatsch, Walther*, Albrecht von Brandenburg-Ansbach. Deutschordens-Hochmeister und Herzog in Preußen 1490-1568, 1960, S. 30; *Missalowa/Schoenbrenner*, Historia Polski, S. 53 f.; *Müller*, in: *Bingen/Ruchniewicz*, Länderbericht Polen, S. 22; *Vetulani, Adam*, Lenno Pruskie. Od traktatu krakowskiego do śmierci księcia Albrechta 1525-1568. Studium historyczno-prawne, 1930, S. 14.

140 Formal waren das Preußen königlich polnischen Anteils und der Ordensstaat nach dem Jahre 1466 zwei verschiedene Länder, die jeweils eine eigene Innen- und

zwar weiterhin ihre Autonomie,[141] wurden aber in Personalunion mit der Krone Polens verbunden.[142]

III. Akt von Horodło

Aufgrund des gemeinschaftlichen Kampfes gegen den Orden und der Gefahr, die von ihm ausging, wurde im Jahre 1413 in Horodło eine neue polnisch-litauische Verbrüderung geschlossen.[143] Der Akt[144] sah die Adoption[145] der litauischen Adeligen[146] in die polnische Adelsschicht vor.[147] Mit dieser Verbrüderung sollten sie den polnischen Adeligen gleichgestellt wurden. Die Versammlung von Horodło war von wichtiger Bedeutung, denn sie zeigte, dass sich der polnische Adel zu einer starken Schicht entwickelt hatte.[148] Neben dem Akt von Horodło schloss das Großreich zahlreiche weitere Akte, die dazu führten, dass sich beide Länder immer näherkamen.[149]

Außenpolitik betrieben. Vgl. *Małłek, Janusz*, Preußen und Polen. Politik, Stände und Kultur vom 16. bis zum 18. Jahrhundert, 1992, S. 82.

141 Vgl. *Hubatsch*, Albrecht von Brandenburg-Ansbach, S. 30; *Gause, Fritz*, Geschichte des Preußenlandes, 3. Aufl., 1986, S. 34.

142 Vgl. *Gause*, Geschichte des Preußenlandes, S. 33 f.; *Rhode*, Staatliche Entwicklung, in: *Rhode*, Ostgebiete, S. 104.

143 Vgl. *Błaszczyk*, Dzieje, Bd. II, S. 374 f.

144 Text: *Kutrzeba/Semkowicz*, Akta Unji, Nr. 49-51, S. 50-72; *Sawicki*, Wybór tekstów źródłowych, Bd. I, Teil 1, Nr. 31, S. 78-81.

145 Vgl. *Błaszczyk*, Dzieje, Bd. II, S. 382.

146 Im Gegensatz zu anderen europäischen Ländern konnte der Adelsrang nicht vom König vergeben werden, sondern wurde ausschließlich durch die freiwillige Aufnahme in ein Geschlecht verliehen. Somit konnte die Zugehörigkeit zu einem Adelsgeschlecht lediglich mittels Adoption übertragen werden. Vgl. *Osterrieder, Markus*, Das wehrhafte Friedensreich. Bilder von Krieg und Frieden in Polen-Litauen (1505-1595), 2005, S. 41.

147 In dem Akt von Horodło wurde zudem die Einsetzung des polnischen Königs festgeschrieben. Ferner wurde vereinbart, dass jeder polnische König von Litauen anerkannt werden sollte. Der polnische Adel nahm gleichzeitig 47 litauische Adelsgeschlechter in seinen Verband auf, sodass der Grundstein für das Zusammenwachsen des Adels gelegt war. Vgl. *Błaszczyk*, Dzieje, Bd. II, S. 395 ff.

148 *Flaes*, Territorialkonflikte, S. 103.

149 Im Privileg von Jedlno 1430 (Text: *Sawicki*, Wybór tekstów źródłowych, Bd. I, Teil 1, Nr. 36, S. 88-92) etwa hatte sich der polnische Adel verpflichtet, einen der beiden Söhne Jagiełłos nach dessen Tode zum König zu krönen. Im Gegenzug musste Jagiełło der Szlachta die persönliche Unverletzlichkeit ihrer Rechte, die nur durch ein Gerichtsurteil angegriffen werden konnte, garantieren (vgl. *Topolski, Jerzy*, Historia Polski, 2004, S. 91). Zudem wurde das *nihil novi* (Nichts Neues) eingeführt. Dieses ging darauf zurück, dass der König im Jahre 1493 erstmals die Vertreter der Landtage und den königlichen Rat zu einem gemeinsamen Reichstag (poln.: sejm) einberief, um seine Entscheidungen billigen zu lassen. Daraus

Die Folge davon, dass mit dem Sieg über den Deutschen Orden eines der wichtigsten Ziele der Union weggefallen war, war, dass in Litauen die Separationsgedanken immer stärker wurden.[150] Den entscheidenden Faktor in der polnisch-litauischen Krise bildete das Problem der Thronnachfolge. Nach dem Tod Jagiełłos am 1. Juni 1434 verlor nämlich nicht nur Polen den Herrscher, sondern auch Litauen den Großfürsten. Der erst zehnjährige Władysław III. wurde am 25. Juli 1434 zum König gekrönt.[151] In Litauen herrschte unterdessen ein Bürgerkrieg zwischen Świdrigiełło[152] und Sigismund[153], der sich bis zum Jahre 1438 hinzog. Als Świdrigiełło schließlich floh und Sigismund am 20. März 1440 ermordet wurde, stellte sich die Frage, ob das Großfürstentum an den jungen polnischen König fallen oder ob der litauische Adel sich einen neuen Großfürsten wählen sollte. Der hohe litauische Adel wählte schließlich den erst 13-jährigen Prinzen Kasimir, den jüngeren Bruders Władysławs III., am 29. Juni 1440 zum Großfürsten von Litauen. Mit Kasimir sollte ein souveräner Herrscher den litauischen Thron besteigen, der unabhängig von der polnischen Krone regieren sollte.[154] Auf diese Weise wurde die Union praktisch aufgelöst.[155] Die guten Beziehungen zu Polen blieben aber auch während dieser Zeit erhalten.[156] Am 17. September 1446 wurde in Brest mit der Wahl des Jagiellonen Kasimirs IV. erneut eine Personalunion zwischen Polen und Litauen geschlossen.[157] Damit sich aus dem Kreis der litauischen Adeligen heraus keine Opposition gegen die Verbindung zu Polen regte, erließ der neue König am 2. Mai 1447 in Wilna ein Privileg,[158] wonach er ausdrücklich die litauischen Grenzen aus den Zeiten des Großfürsten Witold anerkannte, die staatliche Gleichberechtigung beider

---

leiteten die adeligen Stände ein Letztentscheidungsrecht des Reichstags in allen Staatsangelegenheiten ab, das schließlich durch den Reichstagsbeschluss *nihil novi* von 1505 (Text: *Grodziski, Stanisław/Dwornicka, Irena/Uruszczak, Wacław* (Hrsg.), Volumina Constitutionum, Bd. 1, 1493-1526, 1996, S. 137 ff.) festgeschrieben wurde. Vgl. *Müller*, in: *Bingen/Ruchniewicz*, Länderbericht Polen, S. 22.

150 Vgl. *Łowmiański*, Polityka, S. 125.

151 Vgl. *Topolski*, Historia Polski, S. 91.

152 Świdrigiełło war der jüngere Bruder Jagiełłos, der ihn nach dem Tod des litauischen Großfürsten Witold, der seinerseits stets um eine Unabhängigkeit Litauens bemüht war, am 27. Oktober 1430 zum Herrscher in Litauen berief. Vgl. *Ochmański, Jerzy*, Historia Litwy, 3. Aufl., 1990, S. 85.

153 Sigismund, Bruder Witolds, wurde im September 1432 zum neuen litauischen Großfürsten ausgerufen. Vgl. *Ochmański*, Historia, S. 85.

154 Vgl. *Łowmiański*, Polityka, S. 162.

155 Vgl. *Hellmann, Manfred*, Grundzüge der Geschichte Litauens und des litauischen Volkes, 4. Aufl., 1990, S. 53; *Błaszczyk*, Dzieje, Bd. II, S. 780.

156 Vgl. *Łowmiański*, Polityka, S. 163.

157 Vgl. *Błaszczyk*, Dzieje, Bd. II, S. 806 f.; *Dembkowski*, The Union, S. 27; *Łowmiański*, Polityka, S. 219; *Jasienica*, Polska Jagiellonów, S. 172.

158 Text: *Kutrzeba/Semkowicz*, Akta Unji, Nr. 68, S. 115-117.

Reiche verlangte, die litauischen Adeligen dem polnischen Adel gleichstellte und gleichzeitig ihre Eigenständigkeit garantierte.[159]

V. Das „Goldene Zeitalter" (1506-1572)

Das Ende des 15. Jahrhunderts und der Anfang des 16. Jahrhunderts waren für ganz Europa ein bedeutender Zeitabschnitt. Eine stürmische Entwicklung der wirtschaftlichen und gesellschaftlichen Strukturen sowie neue geistige Strömungen und Ideen führten zu einer neuen kollektiven und individuellen Mentalität. In Polen spiegelten sich diese Strömungen insbesondere in der Kultur wider.[160] Hier brachte die Herrschaft der Jagiellonen insgesamt eine ruhige Zeit.[161] Die Zeit der beiden letzten Könige aus dem Haus der Jagiellonen, Sigmund I.[162] und Sigmund II.[163], galt für das Land als Zeitalter des Friedens, der Sicherheit, des Wohlstands und der kulturellen Blüte. Diese Periode wird daher auch als „das goldene Zeitalter" bezeichnet.[164] „Golden" war das 16. Jahrhundert vor allem für den Adel, der zunehmend im gehobeneren Wohlstand lebte.[165] Der Adel stieg unter der Herrschaft der Jagiellonen zur politisch dominierenden Schicht Polens auf.[166] Er

---

159 Die Polen akzeptierten die von Litauen festgesetzte Form der Personalunion nicht, duldeten aber die faktische Unabhängigkeit des litauischen Staates. Pläne zur Inkorporation Litauens wurden stillschweigend weiterverfolgt. Vgl. *Łowmiański*, Polityka, S. 219; *Murawski*, Zwischen Tannenberg und Thorn, S. 313.

160 Vgl. *Bogucka*, Das alte Polen, S. 124.

161 Das tragfähigste geistig-politische Fundament der Adelsgesellschaft bildete die allgemeine Gleichheit und Freiheit aller Adeligen, die viele Jahrhunderte hindurch das innergesellschaftliche Leben des polnischen Adels prägen sollte. Diese Gleichheit fand ihre ursprüngliche moralpolitische Begründung in der Idee einer adeligen „Bruderschaft" (poln.: braterstwo). Vgl. *Tazbir, Janusz*, Kultura szlachecka w Polsce. Rozkwit – Upadek – Relikty, 1978, S. 53; *Łowmiański*, Polityka, S. 54.

162 Auch als „der Alte" bekannt. Er lebte von 1506 bis 1548.

163 Wurde auch als „August" bezeichnet. Er lebte von 1548 bis 1572.

164 *Alexander*, Geschichte, S. 64.

165 *Meyer*, Grundzüge, S. 45.

166 Unter den monarchischen Staaten zählte etwa Frankreich nach der Schätzung von 1780 lediglich 78.000 Adelige, während das Russische Reich nur etwa 75.000 Adelige und damit 0,5 Prozent seiner Bevölkerung, aufwies (vgl. *Roos, Hans*, Ständewesen und parlamentarische Verfassung in Polen [1505-1772], in: *Gerhard, Dietrich* [Hrsg.], Ständische Vertretungen in Europa im 17. und 18. Jahrhundert, 2. Aufl., 1974, S. 310-367 [311]). Insofern stellte es eine große Ausnahme dar, dass Polen-Litauen unmittelbar nach der Lubliner Union mehr als 600.000 Adelige zählte. Trotz der gewaltigen personalen und territorialen Verluste wuchs diese Zahl binnen eines Jahrhunderts auf 800.000 an. In den letzten Jahren vor der ersten Teilung umfasste die Adelsgesellschaft in Polen-Litauen auf einem Gebiet von etwa 730.000 km^2 bereits eine Million Angehörige. Vgl. *Hoensch, Jörg K.*, Sozialverfassung und politische Reform. Polen im vorrevolutionären Zeitalter, 1973,

hatte 70 Prozent des Landes in seinem Besitz und stellte zehn bis elf Prozent der Bevölkerung.[167]

B. Die Union von Lublin 1569

Die Union von Lublin im Jahre 1569 wird als glanzvoller Höhepunkt des alten polnischen Staatswesens betrachtet.[168] Die Idee einer engeren Union zwischen dem Königreich Polen und dem Großfürstentum Litauen war seit der letzten Königswahl insbesondere vom polnischen Adel immer wieder diskutiert worden. Bereits seit dem Jahre 1413 war deutlich sichtbar, dass sich die Polen eine unlösbare Vereinigung mit Litauen gewünscht hatten.[169] Vertreter des polnischen Adels forderten besonders stark die Inkorporation Litauens. Die radikalsten Vertreter der Inkorporationsidee wollten sogar die neue Bezeichnung „Neu-Polen" einführen.[170] Die Kriege mit Moskau und die damit verbundene Bedrohung für das Großfürstentum sowie die Notwendigkeit einer Regelung der Königsnachfolge nach Erlöschen der Herrscherdynastie der Jagiellonen führten schließlich dazu, dass die Union auch vom Großteil der litauischen Bevölkerung immer stärker befürwortet wurde, während die Magnaten[171] in Litauen diese eher ablehnten.[172]

Vom 10. Januar bis zum 12. August 1569 tagte schließlich der einberufene Reichstag in Lublin. Nach zahlreichen Sitzungen schlossen Vertreter des polnischen und litauischen Adels eine Union[173] zwischen dem Königreich Polen und dem Großfürstentum Litauen.[174] Der polnisch-litauische Sejm[175] beschloss ferner,

---

S. 82; *Korzon*, Wewnętrzne dzieje Polski za Stanisława Augusta, 1897, S. 78-152; *Roos*, Ständewesen, in: *Gerhard*, Ständische Vertretungen, S. 312.

167 Vgl. *Roos*, Ständewesen, in: *Gerhard*, Ständische Vertretungen, S. 310; *Schmidt-Rösler*, Polen, S. 31.

168 Vgl. *Błaszczyk, Grzegorz*, Litwa na przełomie średniowiecza i nowożytności 1492-1569, 2002, S. 156.

169 *Zivier, Ezechiel*, Neuere Geschichte Polens, Bd. I. Die zwei letzten Jagiellonen (1506-1572), 1915, S. 6.

170 *Niendorf, Mathias*, Das Großfürstentum Litauen. Studien zur Nationsbildung in der Frühen Neuzeit (1569-1795), 2. Aufl., 2010, S. 44.

171 Als Magnaten wurden in Polen geistliche und weltliche Senatoren oder Reichsräte sowie der Hochadel bezeichnet. Das politische Gegenstück im Reichstag zu den Magnaten bildete die Szlachta.

172 *Alexander*, Geschichte, S. 87.

173 Die Lubliner Union stützt sich auf insgesamt drei Dokumente, die, im Gegensatz zu früheren gemeinsamen lateinischsprachigen Akten, erstmals in der polnischen Sprache abgefasst wurden. Die Dokumente betreffend die Lubliner Union sind abgedruckt in: *Kutrzeba/Semkowicz*, Akta Unji, Nr. 149 ff., S. 348 ff.

174 Vgl. *Žmuidzinas, Jonas*, Commonwealth polono-lithuanien ou l'Union de Lublin (1569), 1978, S. 121 ff.; *Błaszczyk*, Litwa, S. 146 f.; *Kłoczowski, Jerzy*, Polska – Europa. Od Gniezna 1000 roku do Polski w Unii Europejskiej, 2002, S. 135.

175 Der Sejm stellt ein Ständeparlament dar.

Westpreußen, genauer das „Königliche Preußen", an den polnischen Staat anzugliedern.[176] Das staatsrechtliche Verhältnis beider Länder wurde in der Union von Lublin auf eine neue Grundlage gestellt. Das Ergebnis der Verhandlungen war die Verbindung des Großreiches zu einer „Republik beider Nationen" (Rzeczpospolita Obojga Narodów).[177] Die unmittelbare Folge daraus war, dass der König und der Großfürst von einem polnisch-litauischen Reichstag gewählt werden sollten.[178] Beide Staatswesen sollten zukünftig „einen Leib" unter einem König bilden.[179] In der Folgezeit wurde die neue Staatenverbindung auch unter den Bewohnern des Großfürstentums Litauen häufig mit dem Synonym „Polen" bezeichnet.[180]

I. Entwicklung der Innen- und Außenpolitik des Unionsstaates

Das polnisch-litauische Verhältnis[181] wurde bereits seit dem Akt von Krewo immer weiter konkretisiert. Diese Entwicklung hatte zur Folge, dass der litauische Adel zunehmend mehr Privilegien des polnischen Adelsstandes genoss. Auch in der Organisation der Verwaltung passte sich Litauen seinem polnischen Nachbarn an. Zwischen den Jahren 1504 und 1569 wurde Litauen nach polnischem Vorbild in Wojewodschaften unterteilt.[182] Zudem wurde ein gemeinsamer Reichstag für die Krone Polens, für das Königliche Preußen und für das Großfürstentum Litauen eingesetzt.[183] Unabhängig von der Verbindung des Großreiches behielt Litauen immer noch viele Attribute eines souveränen Staates.[184] Zwar sollten die Außenpolitik und der Reichstag gemeinsam koordiniert werden, unabhängig voneinander sollten hingegen die Verwaltung, die Finanzen, das Recht und das Heer organisiert

176 *Gause*, Geschichte des Preußenlandes, S. 46.

177 Vgl. Anhang II, Karte 2. Die Vorteile der Union lagen eindeutig bei Polen, das faktisch sein Machtgebiet von rund 260.000 km² auf etwa 815.000 km² ausweiten konnte (vgl. *Dembkowski*, The Union, S. 191). Ursprünglich wurde die neue Verbindung als „Rzeczpospolita Korony Polskiej i Wielkiego Księstwa Litewskiego" (Republik der polnischen Krone und des Großfürstentums Litauen) bezeichnet. Aus dieser Namensänderung resultiert, dass im Jahre 1569 die Erste Republik Polens gegründet wurde, obgleich während dieser Verbindung Polen häufig nur als die „Krone" bezeichnet wurde. Der verkürzte Name „Republik beider Nationen" setzte sich erst später durch.

178 Vgl. *Wisner*, Litwa, S. 57; *Lulewicz, Henryk*, Gniewów o unię ciąg dalszy. Stosunki polsko-litewskie w latach 1569-1588, 2002, S. 22.

179 Zit. n.: *Lulewicz*, Gniewów o unię, S. 24.

180 Erst die Maiverfassung von 1791 führte den Namen „Polen" für die Adelsrepublik offiziell ein.

181 Insofern im Folgenden nur Polen erwähnt wird, ist Polen-Litauen als Unionsstaat gemeint.

182 *Niendorf*, Großfürstentum Litauen, S. 26; *Schmidt-Rösler*, Polen, S. 34.

183 Vgl. *Schramm, Gottfried*, Staatseinheit und Regionalismus in Polen-Litauen. 15.-17. Jahrhundert, 1966, S. 7-23 (7); *Błaszczyk*, Litwa, S. 150 f.

184 Vgl. *Lulewicz*, Gniewów o unię, S. 24.

werden.[185] Auf Beschluss des Lubliner Reichstages wurde Livland zum gemeinsamen polnisch-litauischen Besitz erklärt. Danzig verblieb hingegen weiterhin autonom.[186] Außenpolitisch brachte das 16. und 17. Jahrhundert für den Unionsstaat starke Herausforderungen. Aufgrund der Auseinandersetzung um Livland zeichneten sich schon seit dem Jahre 1558 die Konturen eines Dauerkonflikts zwischen Polen-Litauen, Schweden und Russland um die Vorherrschaft über den Ostseehandel ab.[187]

II. Das Prinzip der freien Königswahl

Im Gegensatz zu den anderen europäischen Ländern, in denen sich frühabsolutistische Herrschaftsformen anstelle eines regierenden Adelsstandes etablierten, wurde der Adel in Polen-Litauen immer mächtiger. Der Höhepunkt dieser Entwicklung war zunächst zu Beginn des 16. Jahrhunderts mit der Bestätigung der Landtage[188] und des Reichstages erreicht. Eine andere Säule der Machtstellung des Adels bildete das Prinzip der freien Königswahl, das sich seit dem Jahre 1572 durchsetzte und für 200 Jahre bestehen blieb.[189] Der Tod Sigismund Augusts II., dem letzten Jagiellonen, im Jahre 1572 leitete mit der ersten freien Königswahl eine neue Phase in der polnischen Geschichte ein.[190] Wichtigstes Element jedes Wahl- und Königstages bildeten die Wahlkapitulationen, oder auch *Pacta conventa*, in denen der neu gewählte König einen förmlichen Vertrag mit der Adelsnation zu beschwören hatte. Die Kapitulationen aus dem Jahre 1573, die sogenannten *Articuli Henriciani*[191], wurden für alle künftigen Königswahlen grundlegend.[192]

III. Der Sarmatismus

Als Hauptprobleme der politischen Vereinigung galten die gesetzliche und gesellschaftliche Unifizierung. Die jagiellonische Monarchie war nämlich ein Vielvölkerstaat, dessen Bestandteile sich sprachlich, kulturell und konfessionell

---

185 Dies ergibt sich aus dem Umkehrschluss, da im Unionsakt hierzu keine gemeinsamen Regelungen zu finden sind.

186 *Meyer*, Grundzüge, S. 49.

187 Vgl. *Müller*, in: *Bingen/Ruchniewicz*, Länderbericht Polen, S. 25.

188 Poln.: sejmiki.

189 *Schulz, Gerhard*, Das polnisch-litauische Königreich. Machtverfall und Teilung, 1995, S. 61.

190 Vgl. *Rhode, Maria*, Ein Königreich ohne König. Der kleinpolnische Adel in sieben Interregna, 1997, S. 1; *Lulewicz*, Gniewów o unię, S. 115.

191 Bei den „Articuli Henriciani" handelte es sich um eine Kodifizierung der bisher erreichten Adelsprivilegien, darunter die freie Königswahl, das Einspruchsrecht, die religiöse Freiheit und das Billigungsrecht für Steuern.

192 Vgl. *Roos*, Ständewesen, in: *Gerhard*, Ständische Vertretungen, S. 353; *Kamiński, Andrzej Sulima*, Historia Rzeczypospolitej wielu Narodów. 1505-1795, 2000, S. 62 f.; *Schmidt-Rösler*, Polen, S. 39.

unterschieden.[193] Für den inneren Zusammenhalt Polen-Litauens bedurfte es daher ideologischer Grundlagen. Eine solche Grundlage bildete der Sarmatismus.[194] Der gebildete Adel interessierte sich für die Herkunft seiner Vorfahren. So wurde auch früh auf die semantische Verwandtschaft der Worte *polak* (Pole) und *pole* (Feld) aufmerksam gemacht. Demnach war ein Pole ursprünglich ein Bauer. Dies diente auch als Argument, um die Bedeutung des Grundbesitzes zu rechtfertigen. So gelangte die Strömung der *Sarmacja* (Sarmatismus) nach Polen.[195] Unter dem Begriff „Sarmatismus" werden zum Teil widersprüchliche Vorstellungen subsumiert.[196] Die Bezeichnung geht auf ein Steppenvolk am Schwarzen Meer, die Sarmaten, zurück.[197] Auf ihrem Zug nach Westen unterwarfen der Legende nach jene Sarmaten fremde Völkerschaften. Auch in den polnischen Gebieten sollen die Sarmaten die Herrschaft übernommen haben.[198] Daraus resultierte, dass alle Slawen einen sarmatischen Ursprung hatten.[199] Bereits Ende des 15. Jahrhunderts setzten einige Autoren das Sarmatenreich mit der Jagiellonenmonarchie gleich.[200] Im Sarmatismus fand die Szlachta ihren integrativen Mythos. Er diente der Vorstellung, dass bäuerliches und ritterliches Dasein zusammengehörten.[201] Er bildete somit eine Ideologie, einen Lebensstil, eine Weltanschauung und eine kulturelle Strömung.[202] Der Staat konnte dank der gemeinsamen Ideologie des Sarmatismus bestehen bleiben, da dieser den Adel der *Rzeczpospolita* ohne Rücksicht auf die Abstammung untereinander vereinte.[203] Insbesondere erleichterte es dieser Mythos der Gleichsetzung Polens mit Sarmatien, Ansprüche auf die Länder zwischen Oder und Dnjestr, also die Gebiete des ehemaligen Sarmatien, zu erheben.[204]

---

193 Vgl. *Potkowski, Edward*, Sarmatismus als politische Ideologie der jagiellonischen Dynastie, in: ZfO 45 (1996), S. 364-379 (366).

194 *Małłek, Janusz*, Träume von der Großmacht in der Adelsrepublik Polen-Litauen im 17. Jahrhundert, in: *Dmitrów, Edmund/Weger, Tobias* (Hrsg.), Deutschlands östliche Nachbarschaften, 2009, S. 47-56 (52).

195 Zum ersten Mal verwendete den Begriff des Sarmatismus der Historiker *Jan Długosz* in seinem Werk „Annales seu cronice inclyti regni Polonia", das in den Jahren 1455 bis 1480 geschrieben wurde.

196 Vgl. *Potkowski*, Sarmatismus, in: ZfO 45 (1996), S. 376 ff.

197 Vgl. *Kizwalter, Tomasz*, O nowoczesności narodu. Przypadek Polski, 1999, S. 63; *Małłek*, Träume von der Großmacht, in: *Dmitrów/Weger*, Deutschlands östliche Nachbarschaften, S. 52.

198 Vgl. *Brüning, Alfons*, Unio non est unitas. Polen-Litauens Weg im konfessionellen Zeitalter (1569-1648), 2008, S. 67.

199 Vgl. *Tazbir*, Kultura, S. 88.

200 Vgl. *Ulewicz*, Sarmacja, S. 47; *Potkowski*, Sarmatismus, in: ZfO 45 (1996), S. 369.

201 Vgl. *Osterrieder*, Das wehrhafte Friedensreich, S. 94.

202 Vgl. *Kizwalter*, O nowoczesności narodu, S. 63.

203 Vgl. *Mańkowski, Tadeusz*, Genealogia sarmatyzmu, 1946, S. 31 ff.; *Mrozowski, Przemysław*, Im Kreis des Sarmatismus, in: *Schmidt, Werner* (Hrsg.)/*Syndram, Dirk* (Bearb.), Unter einer Krone, 1997, S. 240 f.; *Tazbir*, Kultura, S. 88.

204 Vgl. *Małłek*, Träume von der Großmacht, in: *Dmitrów/Weger*, Deutschlands östliche Nachbarschaften, S. 52.

IV. Polen unter den Waza (1587-1648)

Mit dem Tod König Báthorys[205] begann am 12. Dezember 1586 das dritte Interregnum der nachjagiellonischen Periode. Im Jahre 1587 kam es zu einer Doppelwahl: eine Adelsgruppe wählte den Habsburger Erzherzog Maximilian,[206] die andere Adelspartei entschied sich für Zygmunt Waza, den Enkel des polnischen Königs Zygmunt I. und Sohn des schwedischen Königs Johann III.[207] Die Folge dieser Doppelwahl war ein Thronwettkampf, der mit bürgerkriegsähnlichen Zuständen verbunden war.[208] Als Sieger ging schließlich Zygmunt hervor, der sich im Jahre 1587 krönen ließ.[209] Dies war der Anfang der Herrschaft der katholischen Linie der schwedischen Waza-Dynastie in Polen. Negative Folge der Personalunion mit Schweden war, dass Polen über sechs Jahrzehnte hinweg erneut in mehrere Nordische Kriege[210] hineingezogen wurde.

Noch bevor Polen von einem Waza regiert wurde, gab es kriegerische Konflikte zwischen Polen-Litauen und Schweden. Zu dieser ersten Konfliktphase zählt der Livländische Krieg, der im Jahre 1558 mit der Besetzung Narwas durch das Moskauer Reich begann. Polen-Litauen beteiligte sich nur wenig später an diesem Krieg.[211] Im darauf folgenden Frieden von Jam Zapolski[212] am 15. Januar 1582[213] bekam Polen große Teile Livlands oberhalb der Düna zugeteilt. Die zweite Konfliktphase begann mit der polnisch-schwedischen Konfrontation über die schwedischen Thronansprüche Zygmunts III. im Jahre 1592. Die Versuche Zygmunts die polnisch-schwedische Personalunion gewaltsam zu durchbrechen, führten im Jahre 1598 zur förmlichen Thronenthebung des katholischen Waza-Königs in Schweden. Polen antwortete darauf im Jahre 1600 mit der Besetzung und förmlichen Inkorporation des im Jahre 1595 Schweden zugesprochenen Nordestland. In dem

---

205 Der polnische König Stephan Báthory versuchte neben der Wiedergewinnung Livlands vor dem Hintergrund der Religionskriege und der Gegenreformation, Moskau aus seiner Europa-Vormachtstellung hinauszudrängen. In mehreren Feldzügen versuchte er daneben auch, die früher an Moskau verlorenen Gebiete Litauens zurückzugewinnen. Vgl. *Jablonowski, Horst*, Die Außenpolitik Stephan Báthorys, in: Jahrbücher für die Geschichte Osteuropas 2 (1937), S. 11-80 (13).

206 Vgl. *Wisner, Henryk*, Zygmunt III Waza, 1991, S. 1 ff., 144.

207 Vgl. *Leitsch, Walter*, Das Leben am Hof König Sigismunds III. von Polen, Bd. II, 2009, S. 686.

208 Vgl. *Podhorodecki, Leszek*, Wazowie w Polsce, 1985, S. 42 f.

209 Vgl. *Podhorodecki*, Wazowie w Polsce, S. 43.

210 Als Nordische Kriege wird die Gesamtheit der militärischen Auseinandersetzungen in den Jahren von 1558 bis 1721 zwischen verschiedenen Staaten um die Vorherrschaft im Ostseeraum bezeichnet. Vgl. *Frost, Robert I.*, The Northern Wars, 2000, S. 13.

211 *Frost*, Northern Wars, S. 24 ff.

212 Wird auch als „Waffenstillstand zu Jam Zapol'skij" bezeichnet.

213 Textauszug: *Rönnefarth, Helmuth K. G.*, Konferenzen und Verträge, Teil II, Bd. 3, 2. Aufl., 1958, S. 38 f.

bis zum Jahre 1606 in Livland und im Königlichen Preußen ausgetragenen Krieg konnte sich die polnische Seite behaupten. Danach gingen die Kämpfe zurück, da beide Konfliktparteien ihre Anstrengungen nun gegen Moskau richteten.[214] Erst im Jahre 1617 hatte Schweden den Krieg gegen Polen-Litauen wieder aufgenommen, ganz Livland über der Düna erobert und abermals das Königliche Preußen angegriffen. Im Jahre 1629 musste Polen schließlich einen Waffenstillstand schließen,[215] der Schweden in seinem Livland-Besitz bestätigte und die Kontrolle über mehrere preußische Häfen beließ.[216] Erst der Frieden von Stuhmsdorf von 1635[217] brachte den schwedischen Abzug aus dem Königlichen Preußen mit sich.[218]

V. Zeitalter der „Blutigen Sintflut“

In den Kriegen um die Mitte des 17. Jahrhunderts wurde Polen regelrecht verwüstet. Erstmals in der Geschichte des Landes konnten fremde Truppen praktisch das gesamte Staatsgebiet besetzen.[219] Den Kriegshandlungen folgten Hungersnöte und Seuchen wie die Pest im Jahre 1652, durch die Hunderttausende von Menschen starben. In der zweiten Hälfte des 17. Jahrhunderts sank auf diese Weise die Einwohnerzahl in Polen um 25 Prozent.[220] Diese Zeit ging in die Geschichte Polens als „Blutige Sintflut“ ein.[221] Als Beginn des Zeitalters der sogenannten „Sintflut“[222] wird der Kosakenaufstand[223] im Jahre 1648 gewertet.[224] Das Kosakentum in seiner losen Organisation und freien Lebensform wirkte auf die geknechteten Bauern sehr anziehend. Trotz der Gefährdung, die von den Kosaken ausging, wurden sie als freie Krieger zur Abwehr der Tataren gebraucht. Um aber die „Verkosakung“ der Bauern zu verhindern, mussten schärfere Maßnahmen eingeleitet werden. Diese wiederum lösten Aufstände innerhalb der Kosaken

---

214 Vgl. *Frost*, Northern Wars, S. 64 f.; *Jaworski/Lübke/Müller*, Eine kleine Geschichte Polens, S. 158.

215 Vgl. *Podhorodecki*, Wazowie w Polsce, S. 185 f.

216 Vgl. *Frost*, Northern Wars, S. 113 f.

217 Text: *Oraeum, Henricum*, Theatrum Europaeum, Bd. 3 (1633-1638), 1670, S. 564 ff.

218 Vgl. *Jaworski/Lübke/Müller*, Eine kleine Geschichte Polens, S. 159.

219 Vgl. *Rhode, Gotthold*, Polen-Litauen vom Ende der Verbindung mit Ungarn bis zum Ende der Vasas (1444-1669), in: *Engel, Josef* (Hrsg.), Handbuch der europäischen Geschichte, Bd. 3, 1971, S. 1006-1060 (1051).

220 Vgl. *Bogucka*, Das alte Polen, S. 206.

221 *Rhode*, Polen-Litauen, in: *Engel*, Handbuch der europäischen Geschichte, Bd. 3, S. 1051.

222 Die Bezeichnung „Sintflut“ geht auf den gleichlautenden Roman „Potop“ des polnischen Nobelpreisträgers *Henryk Sienkiewicz* zurück.

223 Mit dem Begriff Kosaken wurde seit dem Ende des 15. Jahrhunderts der Teil der Bevölkerung bezeichnet, der sich einer halbnomadischen Lebensweise angepasst hatte.

224 Vgl. *Schmidt-Rösler*, Polen, S. 43; *Rhode*, Polen-Litauen, in: *Engel*, Handbuch der europäischen Geschichte, Bd. 3, S. 1051.

aus.[225] Zum Ausbruch des seit Jahrzehnten wachsenden Konfliktes kam es, als der Kosakenführer Bogdan Chmielnicki persönlich beleidigt wurde und daraufhin zu den Krimtataren überging. In mehreren Gefechten[226] besiegte er Anfang des Jahres 1648 die polnischen Truppen und rückte fast bis nach Galizien vor.[227] Keine Seite konnte jedoch einen klaren Sieg erringen. Nach dem Aufstand wurden etwa 50 Prozent des ehemals polnischen Gebietes das Eigentum der Zaporoger Kosaken, die dort ihre eigene Verwaltungsreform etablierten.[228] Im Jahre 1654 unterstellten sich die Kosaken im Vertrag von Perejaslaw dem Zaren und kündigten damit Polen die Treue auf. Daraufhin kam es zu einem Krieg zwischen Russland und Polen,[229] in dem das Zarenreich große Teile der östlichen Gebiete Litauens besetzte.[230] Die jahrelangen Konflikte mit den Kosaken und dem daraus resultierenden Krieg mit Russland hatten für Polen verheerende Folgen. Diese Schwächung der Adelsrepublik nutzte nämlich der Schwedenkönig Karl X. Gustav aus, indem er im Sommer 1655 Polen überfiel.[231] Der Schwedenkönig erzwang die Kapitulation der Polen und schließlich auch die Unterwerfung Litauens.[232] Polen bekam Unterstützung vom deutschen Kaiser. In dem Vertrag zu Wehlau im Jahre 1657[233] sicherte der polnische König Johann Kasimir dem Kurfürsten Friedrich Wilhelm von Brandenburg die Souveränität über das Herzogtum Preußen für dessen Unterstützung gegen Schweden zu. Aufgrund dieser Allianz wuchs der Druck auf Schweden, sodass es schließlich kapitulieren musste. In Oliva kamen

---

225 *Hanisch*, Geschichte Polens, S. 203.

226 Der Aufstand begann jenseits des Dnjepr und dehnte sich auf die Wojewodschaften Kiew, Bracław, Podolien und Wolhynien aus.

227 Vgl. *Schmidt, Christoph*, Russische Geschichte 1547-1917, 2003, S. 26; *Carl, Helmut*, Kleine Geschichte Polens, 1960, S. 76.

228 *Subtelny, Orest*, Die Zeit der Het'mane (17.-18. Jahrhundert), in: *Golczewski, Frank* (Hrsg.), Geschichte der Ukraine, 1993, S. 92-125 (92).

229 Im Russisch-Polnischen Krieg 1654-1667 kam Russland den ungarischen Kosaken gegen Polen zu Hilfe.

230 *Schmidt-Rösler*, Polen, S. 44.

231 Vgl. *Topolski, Jerzy*, Polska średniowieczna, in: *Topolski, Jerzy* (Hrsg.), Dzieje Polski, 1976, S. 257; *Alexander*, Geschichte, S. 324.

232 *Hoensch*, Geschichte, S. 148.

233 Lat. Text: *Parry, Clive* (ed.), CTS, vol. 4 (1655-1658), 1969, S. 435 ff.; *Dolezel, Heidrun/Dolezel, Stephan* (Bearb.), Die Staatsverträge des Herzogtums Preussen, Teil I: Polen und Litauen. Verträge und Belehrungsurkunden 1525-1657/58, 1971, S. 182 ff. Der polnisch-brandenburgische Vertrag über die Lösung des Lehensverhältnisses im Herzogtum Preußen wurde am 19. September 1657 in Wehlau abgeschlossen und einige Wochen später am 6. November durch die beteiligten Herrscher unterschrieben. Der Vertrag von Wehlau wurde mit dem Frieden von Oliva bestätigt und erlangte damit internationale Anerkennung. Vgl. *Duchhardt, Heinz/Wachowiak, Bogdan*, Um die Souveränität des Herzogtums Preußen. Der Vertrag von Wehlau 1657, 1998, S. 8, 14.

am 3. Mai 1660[234] sämtliche Vertreter der beteiligten Staaten, darunter Polen, Schweden, Brandenburg und Österreich zusammen, um den Frieden vertraglich zu schließen.[235] Im Rahmen dieses Vertrages[236] mussten die polnischen Waza auf den schwedischen Thron verzichten[237] und Livland musste fast vollständig an Schweden abgetreten werden.[238]

VI. Union von Hadjatsch 1658

Einen Versuch zu einer friedlichen Konfliktlösung und gleichzeitig zur Ausweitung der polnisch-litauischen Verbindung stellte ein Abkommen aus dem Jahre 1658 mit den ukrainischen Kosaken dar. Am 16. September 1658 schlossen ukrainische und polnische Abgesandte den Vertrag von Hadjatsch, der offiziell zwischen Polen-Litauen und dem Zaporoger Kosaken geschlossen wurde. Der Vertrag sah eine Umwandlung in drei gleiche Staaten vor: das Königreich Polen, das Großfürstentum Litauen und ein ukrainisches Fürstentum.[239] Dieses neue Fürstentum[240] sollte aus den Wojewodschaften Kiew, Braclav und Černihiv[241] gebildet werden und als gleichberechtigter Partner von Litauen und Polen gelten.[242] Allerdings ist dieser Kompromiss und damit auch die Erweiterung zur *Rzeczpospolita Trojga Narodów* aufgrund des russischen Widerstands nie verwirklicht

---

234 Text: *Parry, Clive* (ed.), CTS, vol. 6 (1660-1661), 1969, S. 9-59 (lat. Originaltext), 60-92 (engl. Übersetzung).

235 *Hanisch*, Geschichte Polens, S. 216.

236 Textauszug: *von Moerner, Theodor*, Kurbrandenburgs Staatsverträge von 1601 bis 1700, 1867, Nr. 129a, S. 239-249.

237 Nur wenige Jahre später wäre es aber fast zur Bildung einer Union zwischen Litauen und Schweden gekommen. Im Jahre 1655 schloss die litauische Seite nämlich ein Abkommen, das den Bruch der Union mit Polen und den Abschluss einer ähnlichen Union mit Schweden vorsah. Dieses Abkommen trat aber aufgrund des litauischen Widerstandes nie in Kraft. Vgl. *Kosman, Marceli*, Polska – Litwa. Z odległej i bliższej przeszłości, Bd. III, 2007, S. 27; *Leskowiec, Karol*, Litwa a Polska, 1941, S. 7.

238 Text im Original aufbewahrt: Biblioteka Czartoryskich w Krakowie, rkp. 402, S. 281-290; Text abgedruckt in: Volumina Legum, Bd. IV, S. 297-301; ferner siehe näher: *Roos, Hans*, Polen von 1668 bis 1795, in: *Wagner, Fritz* (Hrsg.), Handbuch der europäischen Geschichte, Bd. 4, 1968, S. 692-752 (693); *Franz, Maciej*, Idea państwa kozackiego na ziemiach ukrainnych w XVI-XVII wieku, 2007, S. 354 ff.

239 *Jakowenko, Natalia*, Historia Ukrainy od czasów najdawniejszych do końca XVIII wieku, 2000, S. 250.

240 Es existierte *de iure* zwischen den Jahren 1658 bis 1660.

241 Dabei handelte es sich um ruthenische Gebiete des Großfürstentums, die im Jahre 1569 an Polen angegliedert worden sind. Diese Gebiete befinden sich in der heutigen Mittel-Ukraine.

242 *Subtelny*, Die Zeit der Het'mane, in: *Golczewski*, Geschichte der Ukraine, S. 95; *Franz*, Idea, S. 357 f.

worden.[243] Bereits die Ratifizierung im Sejm im Mai 1659[244] verdeutlicht, dass das Abkommen ohne rechtliche Bedeutung bleiben würde, da der ratifizierte Vertrag nicht identisch mit dem ursprünglich geschlossenen Abkommen war und Abweichungen enthielt.[245] Rechtlich wurde das Fürstentum durch das Abkommen vom 17. Oktober 1660[246], das zwischen Polen-Litauen und dem Kosaken-Hetmanat[247] geschlossen wurde, wieder aufgelöst. In seinem Inhalt sah das Abkommen die Wiederherstellung der Bestimmungen aus dem Jahre 1658 mit Ausnahme der Regelung zur Republik der drei Nationen vor.[248] Seit dem Jahre 1660 führten Russland und Polen Krieg um die Ukraine.[249] Dieser Krieg wurde erst im Januar 1667 mit dem Frieden von Andrusovo[250] beendet.[251] Folge dieses Friedensschlusses war, dass die sich im polnischen Besitz befindliche Ukraine geteilt wurde. Das Gebiet links des Dnjepr ging auf Moskau über und das Gebiet rechts des Flusses an Polen. Damit hatte Polen auch seine Machtstellung im Osten verloren.[252]

VII. Aufschub des Verfalls Polens durch König Jan III. Sobieski (1674-1696)

Der siegreiche Feldherr Jan Sobieski wurde am 21. Mai 1674 zum polnischen König und litauischen Großfürsten ernannt.[253] Er hatte als Feldherr im Kampf gegen die nach Norden vordringenden Türken Ruhm erworben, der weit über sein

---

243 *Subtelny*, Die Zeit der Het'mane, in: *Golczewski*, Geschichte der Ukraine, S. 95; *Korobowicz, Artur/Witkowski, Wojciech*, Ustrój i prawo na ziemiach polskich. Od rozbiorów do odzyskania niepodległości, 2. Aufl., 1996, S. 71; *Franz*, Idea, S. 359 f.

244 *Ochmann-Staniszewska, Stefania/Staniszewski, Zdzisław*, Sejm Rzeczypospolitej za panowania Jana Kazimierza Wazy. Prawo – doktryna – praktyka, Bd. 1, 2000, S. 287-291.

245 *Franz*, Idea, S. 359.

246 Poln.: Ugoda cudnowska oder Traktat słobodyszczewski.

247 Im Jahre 1648 nach dem großen Kosakenaufstand gegründet.

248 Vgl. *Kaczmarczyk, Janusz*, Rzeczpospolita Trojga Narodów. Mit czy rzeczywistość, Ugoda hadziecka – teoria i praktyka, 2007, S. 137 f.; *Jakowenko*, Historia Ukrainy, S. 254; *Kroll, Piotr*, Od Ugody hadziackiej do Cudnowa. Kozaczyzna między Rzecząpospolitą z Moskwą w latach 1658-1660, 2008, S. 285 f.

249 *Subtelny*, Die Zeit der Het'mane, in: *Golczewski*, Geschichte der Ukraine, S. 96.

250 Textauszug: *Rönnefarth*, Konferenzen und Verträge, Teil II, Bd. 3, S. 95 f.

251 Vgl. *Wójcik, Zbigniew*, Traktat Andruszowski 1667 roku i jego geneza, 1959, S. 9 f.; *Schmidt*, Russische Geschichte, S. 27.

252 Vgl. *Magosci, Paul Robert*, A History of Ukraine, 1997, S. 227; *Rhode*, Polen-Litauen, in: *Engel*, Handbuch der europäischen Geschichte, Bd. 3, S. 1056 ff.; *Subtelny*, Die Zeit der Het'mane, in: *Golczewski*, Geschichte der Ukraine, S. 100.

253 Vgl. *Wytrzens, Günther* (ausgewählt, übersetzt und erläutert), Die Goldene Freiheit der Polen. Aus den Denkwürdigkeiten Sr. Wohlgeboren des Herrn Jan Chryzosłom Pasek (17. Jahrhundert), 1967, S. 361; *Hagenau, Gerda*, Jan Sobieski. Der Retter Wiens, 1991, S. 372; *Forst de Battaglia, Otto*, Jan Sobieski. König von Polen, 1946, S. 68.

Land hinausging. Mit dem Sieg über die Türken in der Schlacht am Kahlenberg vor den Toren Wiens im Jahre 1683[254] hat er sich in das europäische Geschichtsbuch eingetragen.[255] Diese Schlacht ist auch als letztes Glanzlicht bis zu den Teilungen Polen-Litauens zu bewerten.[256] Trotz vieler Bemühungen konnte Sobieski seinem eigenen Land während der 22 Jahre seiner Regierungszeit keinen inneren Frieden geben. Gegen die Streitigkeiten um Machtgewinnung in der *Rzeczpospolita* war er machtlos.[257] Das Leben war während der Regierungszeit Sobieskis insgesamt angenehmer geworden. Das Wiederbeleben der Landwirtschaft führte zu einem Aufschwung im Bauwesen. Zahlreiche Städte blühten unter der Regie von Sobieski auf.[258] Steigender Wohlstand ließ die Bevölkerung aufatmen. Auf religiöser Ebene hatte er die Toleranz wieder gefördert.[259] Trotz dieser positiven Entwicklungen trat ab diesem Zeitpunkt der Verfall des Unionsstaates ein.[260]

VIII. Die polnische Königswahl von 1697 und der Beginn der „Sachsenzeit"

In der zweiten Hälfte des 17. Jahrhunderts hatte die Szlachta zweimal einen „Piasten", also einen Kandidaten aus der *Rzeczpospolita,* gewählt. Als diese „einheimischen" Könige jedoch nicht zur vollen Zufriedenheit der Szlachta regierten, wuchs die Bereitschaft, einen Kandidaten außerhalb des Landes zu wählen. Der neue polnische König sollte zu den bedeutenden Dynastien Europas gehören, damit er mit Hilfe seines Einflusses in Europa den immer schwächer werdenden Unionsstaat durch eine Personalunion[261] wieder stärken würde.[262] Der Ausgang der polnischen

---

254 Am 31. März 1683 kam ein „Schutz-und Trutzbündnis" zwischen Sobieski und Kaiser Leopold I., in dem sie sich gegenseitige Unterstützung bei osmanischen Angriffen zusicherten, zustande. Der Bündnisfall trat bereits im Juli 1683 ein, als das osmanische Heer mit mehr als 100.000 Mann Wien belagerte (vgl. *Stone, Daniel,* The Polish-Lithuanian State, 1386-1795, 2001, S. 239 f.). Dem verbündeten Heer gelang es am 12. September 1683, Wien wiederzuerobern. Vgl. *Hagenau,* Der Retter Wiens, S. 429; *Stone,* The Polish-Lithuanian State, S. 239; *Topolski,* Historia Polski, S. 147.

255 *Schulz,* Das polnisch-litauische Königreich, S. 65.

256 *Biedermann, Gerd S.,* Polen im Urteil der nationalpreußischen Historiographie des 19. Jahrhunderts, 1967, S. 98.

257 *Schulz,* Das polnisch-litauische Königreich, S. 65.

258 Vgl. *Podhorodecki, Leszek,* Jan III Sobieski, 2010, S. 124 ff.; *Roos,* Polen, in: *Wagner,* Handbuch der europäischen Geschichte, Bd. 4, S. 714.

259 *Alexander,* Geschichte, S. 140.

260 Vgl. *Serejski, Marian Henryk,* Europa a rozbiory Polski. Studium historiograficzne, 2009, S. 48.

261 Die institutionalisierte polnische Wahlmonarchie machte es auch Ausländern möglich, die polnische Krone anzunehmen. Vgl. *Czok, Karl,* August der Starke und seine Zeit. Kurfürst von Sachsen und König in Polen, 3. Aufl., 1997, S. 48.

262 Vgl. *Gierowski, Józef A.,* Ein Herrscher – Zwei Staaten: Die sächsisch-polnische Personalunion als Problem des Monarchen aus polnischer Sicht, in: *Rexheuser,*

Königswahl im Jahre 1697 wurde in ganz Europa als Sensation empfunden. Der neue König August der Starke aus dem Hause Wettin war nicht nur ein deutscher Kurfürst, sondern gleichzeitig auch der Herrscher über das sächsische Kernland der protestantischen Religion.[263] Erst im Jahre 1699 erkannte die Oppositionspartei der Magnaten und der Szlachta August II. formell als König an.[264] Es war somit die längste Wahlkrise in der Geschichte der Adelsrepublik.[265] Noch im Jahr der formellen Thronanerkennung führte August II. einen Krieg mit Schweden, um Livland zurückzuholen, und verwickelte Polen damit in den Zweiten Nordischen Krieg, dessen Folge eine erneute schwedische Besatzung[266] sowie die Entthronung August II. am 14. Februar 1704 war.[267] Erst die Niederlage Schwedens im Nordischen Krieg 1709 bei Poltawa gegen das Russische Reich erlöste Polen von der schwedischen Besatzung. Daraufhin wurde im Jahre 1710 August II. vom polnisch-litauischen Reichstag erneut als König empfangen.[268] Das Positive an der „Sachsenzeit" war, dass Polen-Litauen und Sachsen keine Gebietsverluste erlitten. Die territoriale Integrität Polens und Sachsens blieb während dieser Zeit also gewahrt.[269]

IX. Die „Sächsische Nacht"

Nach dem Tod Augusts II. am 1. Februar 1733 wurde Stanisław Leszczyński, Schwiegervater Ludwigs XV. von Frankreich, zum König gewählt. Eine von Russland und Österreich unterstützte Oppositionsgruppe wählte daraufhin als Gegenkandidaten den Sohn Augusts des Starken, den Kurfürsten Friedrich August II. von Sachsen, zum neuen König. Diese erneute Doppelwahl führte zum Polnischen Erbfolgekrieg (1733 bis 1735), in dem Frankreich gegen Österreich, Russland und Sachsen kämpfte.[270] Nach dieser kriegerischen Auseinandersetzung wurde der Sachse

---

Rex (Hrsg.), Die Personalunionen von Sachsen-Polen 1697-1763 und Hannover-England 1714-1837, 2005, S. 124.

263 Vgl. *Milewski, Markus*, Die polnische Königswahl von 1697, 2008, S. 7.

264 Vgl. *Staszewski, Jacek*, Die sächsisch-polnische Union, in: *Schmidt/Syndram*, Unter einer Krone, S. 15-24 (16).

265 Vgl. *Piwarski, Kazimierz*, Das Interregnum 1696/97 in Polen und die politische Lage in Europa, in: *Schilfert, Gerhard/Piwarski, Kazimierz* (Hrsg.)/*Kalisch, Johannes/Gierowski, Józef* (Bearb.), Um die polnische Krone. Sachsen und Polen während des Nordischen Krieges 1700-1721, 1962, S. 9.

266 Vgl. *Topolski*, Polska średniowieczna, in: *Topolski*, Dzieje Polski, S. 257; *Alexander*, Geschichte, S. 334.

267 Vgl. *Czok*, August der Starke, S. 61.

268 Vgl. *Hassinger, Erich*, Brandenburg-Preußen, Schweden und Rußland 1700-1713, 1953, S. 230.

269 *Staszewski, Jacek*, Begründung und Fortsetzung der Personalunion Sachsen-Polen 1697 und 1733, in: *Rexheuser*, Die Personalunionen von Sachsen-Polen 1697-1763, S. 100.

270 Vgl. *Laeuen, Harald*, Polnische Tragödie, 2. Aufl., 1956, S. 175.

als August III. neuer polnischer König.[271] Mit dem neuen König begann für Polen eine Periode der inneren Ruhe, aber auch der Stagnation, die durch die Untätigkeit des Königs geprägt war. August III. interessierte sich nicht für das Regieren und überließ daher diese Aufgabe seinen Ministern. Die Folge seines Regierungsstils war, dass die Politik in Polen in eine fast unbeschränkte Herrschaft der Magnaten mündete. Zwar war im ländlichen Bereich ein Aufschwung der Wirtschaft spürbar, allerdings ging er auf Kosten der Bauern. Ferner gab es aufgrund fehlender Sejmsitzungen keine Gesetzgebung und keine Rechenschaftslegung der Kronbeamten. Auswärtige Mächte hatten dadurch die Möglichkeit, ihre eigenen Interessen in Polen zu verfolgen.[272] Trotz des starken sozialen Gefälles im Land und der damit verbundenen Erstarkung des Adelsstandes darf die sächsische Zeit nicht grundlegend negativ beurteilt werden. Die Bevölkerung konnte endlich wieder für eine längere Zeit in Frieden leben und die Zeit zum Wiederaufbau der Städte und zur Reorganisation der Wirtschaft nutzen.[273]

3. Kapitel: Vorgeschichte der Teilungen des Unionsstaates Polen-Litauen

Mit dem Ende der Jagiellonenzeit setzte in Polen die Zeit eines allgemeinen Verfalls ein. Der Glanz der einstigen stolzen Großmacht schwand, bis er schließlich vollständig verblasste. Die inneren Probleme und die Schwächen des Großreiches nahmen Oberhand, sodass die erste Teilung für die europäische Öffentlichkeit keineswegs überraschend kam.[274]

A. Ursachen für den Untergang des Unionsstaates

Für das Verständnis der polnischen Tragödie, die mit den drei Teilungen des Landes einhergeht, ist es unerlässlich, sich mit den Ursachen, die zum Untergang des Unionsstaates führten, zu befassen. Dabei stellt sich die Frage, warum gerade Polen-Litauen, das in Europa zu einer bedeutenden Großmacht aufgestiegen war, seinen Nachbarn zum Opfer fallen konnte. Der Niedergang des Einflusses Polen-Litauens kam bereits im Frieden von Nystad im Jahre 1721 zum Ausdruck, als das Reich an der Neuordnung der Machtverhältnisse in Ostmitteleuropa schon nicht mehr beteiligt wurde. Die zukünftige Machtverteilung wurde von Russland, Österreich und Preußen bestimmt, die sich gleichzeitig auf eine dauerhafte Kooperation im Sinne einer „negativen Polenpolitik“ verständigten.[275] Der Prozess des

---

271 *Topolski,* Historia Polski, S. 159.

272 *Alexander,* Geschichte, S. 153.

273 Vgl. *Samsonowicz, Henryk,* Polens Platz in Europa, 1997, S. 136.

274 Vgl. *Serejski,* Europa a rozbiory Polski, S. 99; *Osterrieder,* Das wehrhafte Friedensreich, S. 53.

275 Vgl. *Müller,* in: *Bingen/Ruchniewicz,* Länderbericht Polen, S. 28.

Verfalls war ab diesem Zeitpunkt nicht mehr aufzuhalten. Im Folgenden werden die wesentlichen Ursachen dargestellt.[276]

I. Der letzte König

Seit der Einführung der Königswahl hatte es vier Doppelwahlen in den Jahren 1575, 1587, 1697 und 1733 gegeben. Den Wahlen folgten stets bewaffnete Auseinandersetzungen. Nach der letzten Doppelwahl brach sogar ein Krieg, der erwähnte Polnische Erbfolgekrieg, aus. Aufgrund der inneren Konflikte, die diese Wahl auslöste, war die polnische Königswahl Gegenstand besonderen Interesses der Nachbarmächte gewesen. Diese versuchten nämlich regelmäßig, die Wahlen zu beeinflussen,[277] um mit einem geeigneten Kandidaten aus ihren Reihen Einfluss im Unionsstaat nehmen zu können. Die letzte Königswahl erfolgte am 7. September 1764, bei der Stanisław II. August Poniatowski, der Anführer der Familie Czartoryski,[278] gewählt wurde. Die Krönung erfolgte am 25. November in Warschau. Hintergrund dieser Wahl war, dass Preußen und Russland den Kandidaten auswählten[279] und dass Stanisław als Gesandter in Petersburg der Geliebte

---

276 Als Beginn des Prozesses, der zu den Teilungen geführt hat, kann aus vertraglicher Sicht der zwischen Russland und Preußen geschlossene Bündnisvertrag vom 8. Juni 1762, der am 11. April 1764 erneuert wurde, gewertet werden. In dem Bündnisvertrag hatten Russland und Preußen unter anderem beschlossen, in Polen die Erbmonarchie und das Recht der freien Königswahl zu installieren. Vgl. Text des Vertrages vom 8. Juni 1762: *Chodźko, Leonard,* Recueil des traités, conventions et actes diplomatiques concernant la Pologne (1762-1862) par le Comte d'Angeberg, 1862, S. 1 f.; der Historiker *Leonard Chodźko* veröffentlichte die Sammlung aller Polen betreffender Verträge und Akten unter dem Pseudonym « Comte d'Angeberg ». Im Folgenden wird in den Nachweisen aus der Sammlung Chodźkos sein Pseudonym *d'Angeberg* verwendet.

277 Vgl. *Rhode, Gotthold,* Die polnische Adelsrepublik um die Mitte des 18. Jahrhunderts, in: *Kaiser, Friedhelm Berthold/Stasiewski, Bernhard* (Hrsg.), Die erste polnische Teilung 1772, 1974, S. 1-28 (15).

278 Vgl. *Zielińska, Zofia,* Walka „Familii" o reformę Rzeczypospolitej 1743-1752, 1983, S. 15; *Michalski, Jerzy,* Polen und Preußen in der Epoche der Teilungen, in: *Zernack, Klaus* (Hrsg.), Polen und die polnische Frage in der Geschichte der Hohenzollernmonarchie 1701-1871. Referate einer deutsch-polnischen Historiker-Tagung vom 7. bis 10. November 1979 in Berlin-Nikolassee, 1982, S. 39; *Heyde,* Geschichte Polens, S. 47; *Skowronek, Jerzy,* Adam Jerzy Czartoryski 1770-1861, 1994, S. 14.

279 Zwar hatten über 5.400 Adelige dem neuen König ihre Stimme gegeben, aber es bestand kein Zweifel darüber, dass von einer freien Entscheidung seitens des Adels keine Rede sein konnte, sondern vielmehr eine Manipulation durch Russland vorlag. Vgl. *Rhode,* Die polnische Adelsrepublik, in: *Kaiser/Stasiewski,* Die erste polnische Teilung 1772, S. 15; *Wäber, Alexander,* Preußen und Polen. Der Verlauf und Ausgang eines zweitausendjährigen Völkergrenzstreites und

der jungen Zarin Katharina war. Damit war es Russland möglich, die Innenpolitik Polen-Litauens maßgeblich zu beeinflussen.

II. Stummer Sejm von 1768

Eine Kommission des Stummen Sejm von 1768[280] arbeitete nach der Wahl von Stanisław II. August Poniatowski die Grundlagen für einen russisch-polnischen Vertrag aus, der am 24. Februar 1768[281] unter russischem Zwang unterzeichnet wurde.[282] In dem Vertrag[283] wurden die sogenannten Kardinalrechte des polnischen Adels,[284] darunter das Liberum Veto[285] und das Recht der freien Königswahl, festgeschrieben sowie die Tolerierung der Dissidenten[286] zugesichert. Die Zarin garantierte ferner den Bestand des Staates und der Verfassung.[287] Während dieses Reichstages verfolgte Russland das primäre Ziel, die Adelsrepublik satellitär zu steuern.[288]

---

deutsch-slavischer Wechselbeziehungen, 1907, S. 243; *Zernack, Klaus,* Preußen-Deutschland-Polen. Aufsätze zur Geschichte der deutsch-polnischen Beziehungen, 2. Aufl., 2001, S. 234.

280 Als „Stumme Sejme" werden diejenigen polnischen Reichstage bezeichnet, bei denen die Abgeordneten kein Rede- und Widerspruchsrecht hatten. Zudem sind sie mit einer Einmischung der Nachbarstaaten Russland, Preußen und Österreich in Polens Innenpolitik verbunden.

281 Lat. und poln. Originaltext: *Parry, Clive* (ed.), CTS, vol. 44 (1767-1772), 1969, S. 83-106; franz. Übersetzung: *ders.*, S. 148-159.

282 Als Reaktion auf den russischen Druck bildete die katholische Szlachtaopposition am 28. Februar 1768 zu Bar in Podolien die „Barer Konföderation zur Verteidigung des Glaubens und der Freiheit", also zur Erhaltung der Vorrangstellung der katholischen Kirche und gegen die Einmischung Russlands. Vgl. *Konopczyński, Władysław,* Konfederacja barska, Bd. 1, 1991, S. 37; *Zernack, Klaus,* Negative Polenpolitik als Grundlage deutsch-russischer Diplomatie in der Mächtepolitik des 18. Jahrhunderts, in: *Liszkowski, Uwe* (Hrsg.), Rußland und Deutschland, 1974, S. 154.

283 Der Vertrag wird auch als „Ewiger Frieden" bezeichnet.

284 Vgl. *Leśnodorski, Bogusław,* Dzieło Sejmu Czteroletniego (1788-1792), 1951, S. 13.

285 Dabei handelt es sich um einen Zwang zur Einstimmigkeit, der es jedem Adeligen erlaubte, allein durch seinen Einspruch die Beschlüsse der vorangegangenen Beratungen für null und nichtig zu erklären. Vgl. *Brüning,* Unio non est unitas, S. 65; *von Raumer, Friedrich,* Polens Untergang, 1832, S. 10.

286 Vgl. *Mewes,* Teilungen, in: *Fechner,* Deutschland und Polen, S. 11. Als Dissidenten galten griechisch-orthodoxe und evangelische Bürger der Republik.

287 Vgl. *Alexander,* Geschichte, S. 155 f.

288 Vgl. *Zernack,* Negative Polenpolitik, in: *Liszkowski,* Rußland und Deutschland, S. 154.

III. Das Liberum Veto

Das Liberum Veto sorgte dafür, dass der polnische Staat handlungsunfähig wurde.[289] Die verschiedenen Lager der Adeligen verfolgten unterschiedliche Interessen, die sie mit Hilfe von Bündnissen mit den auswärtigen Mächten durchzusetzen versuchten.[290] Die Magnatenfamilien[291] waren nämlich mit zahlreichen Höfen in Europa verschwistert oder verschwägert. Diese guten Beziehungen waren jedoch mit einer großen Gefahr für die Adelsrepublik verbunden. Da sich die Adelsfamilien gegenseitig nicht trauten, wurde der polnische Thron vorzugsweise den verwandten Ausländern angeboten.[292] Das Liberum Veto, das die polnische Demokratie paralysierte und funktionsunfähig machte,[293] diente dem Adel als wichtigstes Mittel, um seine Macht gegenüber dem König zu demonstrieren und auszuspielen.[294]

IV. Magnatenoligarchie und Anarchie

Ein Beweis für den Prozess der Auflösung des Staates war das Verschwinden eines arbeitsfähigen Reichstages. Der Reichstag wurde immer häufiger mit Hilfe des Liberum Vetos blockiert, sodass er ohne Beschlüsse auseinandertreten musste.[295] Für die Lähmung des polnischen Parlamentarismus wird überwiegend das Magnatentum verantwortlich gemacht. Dies wird damit begründet, dass diejenigen, die die Beschlüsse des Sejm verhinderten, zu den Freunden der Magnaten gehörten.[296]

---

289 Vgl. *Jablonowski, Horst*, Russland, Polen und Deutschland. Gesammelte Aufsätze, 1972, S. 227.

290 Vgl. *Gatter, Peter*, Der weiss-rote Traum. Polens Weg zwischen Freiheit und Fremdherrschaft, 1983, S. 18.

291 Zwar genossen die Magnaten nicht andere Rechte als der gemeine Adel, dennoch bildeten sie eine herrschende Gruppe innerhalb der Republik. Um Magnat zu sein, musste man ein großes Gut besitzen und aus einem alten Geschlecht stammen. Vgl. *Czapliński, Władysław*, Licht- und Schattendasein der polnischen Adelsrepublik, in: Österreichische Osthefte 13 (1971), Heft Nr. 2, S. 113-130 (115).

292 Vgl. *Gatter*, Der weiss-rote Traum, S. 19 f.

293 Vgl. *Russocki, Stanisław*, Modernisierung oder Reform? Die „Einstimmigkeit" der polnischen Reichstagsbeschlüsse und ihr Wandel im 18. Jahrhundert, in: *Conze, Werner/Schramm, Gottfried/Zernack, Klaus* (Hrsg.), Modernisierung und nationale Gesellschaft im ausgehenden 18. und im 19. Jahrhundert. Referate einer deutsch-polnischen Historikerkommission, 1979, S. 28-33 (28 f.); *Konopczyński, Władysław*, Le Liberum Veto. Etude sur le développement du principe majoritaire, 1930, S. 220.

294 Vgl. *Rostworowski, Emanuel*, Ostatni król Rzeczypospolitej. Geneza i upadek Konstytucji 3 maja, 1966, S. 20; *Gierowski, Józef Andrzej*, The Polish-Lithuanian Commonwealth in the XVIIIth Century. From Anarchy to Well-organised State, 1996, S. 39.

295 Vgl. *Wyczański*, Polen als Adelsrepublik, S. 325.

296 Vgl. *Wäber*, Preußen und Polen, S. 246; *Wyczański*, Polen als Adelsrepublik, S. 326.

Ein Begriff, der oft im Zusammenhang mit dem Verfall der Reichstage genannt wird, ist derjenige der Anarchie.[297] Im Hinblick auf die Funktionsunfähigkeit des Staatsapparates ist dieser Begriff gerechtfertigt. Jedoch muss er kritisch hinterfragt werden, da er hauptsächlich von den späteren Teilungsmächten ins Spiel gebracht wurde, um eine ideologische Begründung für die Teilung fingieren zu können.[298] Obwohl die hohen Ämter im Staat jedem Adeligen frei zugänglich waren, blieben sie praktisch doch nur den Magnaten vorbehalten. Hinzu kam, dass einige Ämter innerhalb einiger Magnatenfamilien sogar erblich waren.[299] So kam es, dass die Magnatenfamilien, in deren Händen sich die Macht mehr und mehr konzentrierte, eine weitere verhängnisvolle Rolle für den Unionsstaat spielten.[300] Die Magnaten verfolgten ihre eigenen persönlichen Interessen und verloren dabei das Wohl der Adelsrepublik aus ihrem Blick.[301] Dieser Zeitraum mit der Ausformung im 16. Jahrhundert und der Blüte im 17. Jahrhundert[302] wird daher als Zeit der Magnatenoligarchie (oligarchia magnacka) bezeichnet.[303] Seit dem Erlöschen der Jagiellonenherrschaft scheiterten insgesamt 53 Reichstage. Von den regulären elf Reichstagen unter Jan Sobieski wurden nur vier erfolgreich zu Ende gebracht, unter August II. vier von 13 und unter August III. keiner von insgesamt 13 Reichstagen. Die fremden Mächte kooperierten mit den Magnaten. Auf diese Weise ließ Preußen die größte Zahl der Reichstage scheitern, aber auch Frankreich und Russland waren für das Scheitern zahlreicher Reichstage verantwortlich. In Polen war ein erfolgreiches Regieren nicht mehr möglich.[304]

Für Polens Zukunft verheerend war letztendlich der Abschluss des „Löwenwoldeschen Traktates" durch die „drei schwarzen Adler" Preußen, Österreich und Russland.[305] Die drei Verbündeten handelten unter der Perspektive einer negativen Polenpolitik. Die Übereinkunft der Mächte diente zur Aufrechterhaltung der Handlungsunfähigkeit Polens. Dies sollte durch die Überwachung und Erhaltung

297 *Rhode*, Die polnische Adelsrepublik, in: *Kaiser/Stasiewski*, Die erste polnische Teilung 1772, S. 2; *Serejski*, Europa a rozbiory Polski, S. 55; *Maciszewska, Jarema*, Szlachta polska i jej państwo, 2. Aufl., 1984, S. 23.

298 *Wyczański*, Polen als Adelsrepublik, S. 330 f.

299 *Rhode*, Die polnische Adelsrepublik, in: *Kaiser/Stasiewski*, Die erste polnische Teilung 1772, S. 22.

300 Vgl. *Brüning*, Unio non est unitas, S. 66; *Hoensch, Jörg K.*, Sozialverfassung und politische Reform. Polen im vorrevolutionären Zeitalter, 1973, S. 67.

301 Vgl. *Gierowski*, Polish-Lithuanian Commonwealth, S. 35.

302 *Müller, Michael G.*, Polen als Adelsrepublik. Probleme der neueren verfassungsgeschichtlichen Diskussion, in: *Weczerka, Hugo* (Hrsg.), Stände und Landesherrschaft in Ostmitteleuropa in der frühen Neuzeit, 1995, S. 95-110 (96).

303 Vgl. *Wyczański*, Polen als Adelsrepublik, S. 322; *Łepkowski, Tadeusz*, Polska – Narodziny nowoczesnego narodu 1764-1830, 2003, S. 132; *Rostworowski*, Ostatni król Rzeczypospolitej, S. 19; *Hoensch*, Sozialverfassung, S. 51.

304 *Laeuen*, Polnische Tragödie, S. 164.

305 *Müller, Michael G.*, Polen zwischen Preussen und Russland. Souveränitätskrise und Reformpolitik 1736-1752, 1983, S. 40 f.

der Anarchie, die Kontrolle der Unveränderbarkeit der Adelsverfassung und durch die Verhinderung von Reformen, die das Ziel hatten, die Staatsmacht zu stärken, erreicht werden.[306]

V. Geografisch-strategische Lage Polen-Litauens

Äußerst verhängnisvoll war auch die geografische Lage des Unionsstaates[307]. Polen-Litauen besaß nämlich weder im Osten noch im Westen natürliche Grenzen. Im Gegensatz zu Preußen und Russland, die ebenfalls offene Grenzen besaßen, hatten diese beiden Staaten ein starkes Heer, dem es dauerhaft gelang, die Grenzen zu verteidigen.[308] Aufgrund seiner geografisch-strategischen Lage geriet Polen in Konflikte mit seinen Nachbarn, die militärisch in der Lage waren, die Zukunft des einstigen Großreiches entscheidend mitzugestalten.[309]

Die eigennützige Herrschaft des Adels, die zur inneren Schwächung des Unionsstaates führte, und die ungünstigen Einwirkungen, die aus der geografischen Lage des polnischen und litauischen Staates resultierten, waren ausschlaggebende Faktoren, die den Untergang Polen-Litauens vorantrieben.[310]

B. Der Große Nordische Krieg

Seit dem Großen Nordischen Krieg bestimmte immer stärker die russische Politik das mächtepolitische Geschehen in Nord- und Osteuropa.[311] Die Grundlage für den Großen Nordischen Krieg bildete zunächst eine Offensivallianz, die der polnische König August II. im Jahre 1699 mit Russland und Dänemark schloss. Der Zusammenschluss dieser sogenannten „Nordischen Liga" wollte die Zerschlagung des schwedischen Handelsimperiums an der Ostsee und die Abtrennung seiner transbaltischen Provinzen erreichen.[312] August II. ging es

---

306 Vgl. *Zernack, Klaus*, Preußen – Deutschland – Polen, 2. Aufl., 2001, S. 231.

307 Vgl. Anhang II, Karte 3.

308 Vgl. *Lawrow, Mikołaj*, Das Schicksal der polnischen Frage auf dem Hintergrunde der europäischen Großmächtepolitik (1815-1848) und seine Spiegelung in der Literatur, 1949, S. 6; *Łepkowski*, Polska, S. 132.

309 Vgl. *Cegielski, Tadeusz*, Poglądy na rozbiory Polski, in: KH 83 (1976), S. 636-642 (640).

310 Vgl. *Recke, Walther*, Die polnische Frage als Problem der europäischen Geschichte, 1927, S. 33 f.

311 Vgl. *Müller, Michael G.*, Polen, Die deutschen Staaten und Russland in den internationalen Beziehungen im 18. Jahrhundert: Systemzwänge und Handlungsspielräume, in: *Dmitrów, Edmund/Weger, Tobias* (Hrsg.), Deutschlands östliche Nachbarschaften, S. 57-73 (60 f.); *Zernack, Klaus*, Der große Nordische Krieg, in: *Zernack, Klaus* (Hrsg.), Handbuch der Geschichte Russlands, Bd. 2, 1986, S. 246-296 (249 f.).

312 Vgl. *Gierowski, Józef Andrzej*, W cieniu Ligi Północnej, 1971, S. 7.

persönlich um die Erwerbung Livlands.[313] Das Verhängnis für Polen war jedoch, dass nicht nur Schweden, sondern auch Russland die innere Konfliktlage Polen-Litauens während des Nordischen Krieges ausnutzte. Polen-Litauen spielte daher im Verlauf dieses Krieges eine untergeordnete Rolle und musste sich stets an die Seite der jeweils überlegenen Macht stellen.[314] Nach den schwedischen Siegen bei Narwa im Jahre 1700 und Riga im Jahre 1701 marschierten im Jahre 1702 die Schweden nach Litauen ein und durchzogen von dort aus auch polnisches Gebiet.[315] Als im Jahre 1709 in der Schlacht bei Poltava Russland die militärische Oberhand gewann,[316] konnte die Nordische Liga wieder erneuert werden.[317] Der Nordischen Liga traten daraufhin Hannover und Preußen bei.[318] Erst im Frieden von Adrianopel, der im Jahre 1714 den Nordischen Krieg für Polen beendete, verpflichtete sich Russland dazu, seine Truppen aus Polen-Litauen abzuziehen.[319] Der zweite Nordische Krieg zeigte somit die vollkommene militärische Schwäche der Republik und den Zerfall ihres Staatsapparates auf.[320]

Am 10. September 1721 wurde der Friede von Nystad[321], der den Nordischen Krieg beendete, unterzeichnet. Schweden musste gemäß Art. 4 Livland, Estland, Ingermanland, ein Teil von Karelien mit dem Distrikt von Wiburg's-Lehn mit den Städten und Festungen Riga, Dünamünde, Pernau, Reval, Dorpat, Narwa, Wiburg, Kexholm und die Inseln Ösel, Moen und Dagö an Russland abtreten. Der Zar erklärte sich im Gegenzug bereit, binnen vier Wochen die Krone Schwedens zu restituieren[322] und sich nicht mehr in die inneren Angelegenheiten Schwedens einzumischen[323]. Gemäß Art. 15 sollten der König und Polen in den Frieden mit eingeschlossen werden. Polen sollte demnach auch mit Schweden Frieden schließen.

Während des Großen Nordischen Krieges wütete die Pest. Die Pestepidemien bewirkten insgesamt ein Sterben von erheblichem Ausmaß.[324] Besonders

---

313 Vgl. *Lemberg, Hans*, Polen zwischen Russland, Preussen und Österreich im 18. Jahrhundert, in: *Kaiser/Stasiewski*, Die erste polnische Teilung 1772, 1974, S. 29-48 (36).
314 Vgl. *Müller*, Teilungen, S. 16.
315 Vgl. *Lemberg*, Polen, in: *Kaiser/Stasiewski*, Die erste polnische Teilung 1772, S. 36.
316 Vgl. *Zernack, Klaus*, Nordosteuropa. Skizzen und Beiträge zu einer Geschichte der Ostseeländer, 1993, S. 180 f.
317 Vgl. *Müller*, Teilungen, S. 16; *Gierowski*, W cieniu, S. 8.
318 Vgl. *Gierowski*, W cieniu, S. 8.
319 Vgl. *Lemberg*, Polen, in: *Kaiser/Stasiewski*, Die erste polnische Teilung 1772, S. 37.
320 Vgl. *Michalski*, Polen und Preußen, in: *Zernack*, Polen und die polnische Frage, S. 36.
321 Dt. Textauszug: *Rönnefarth*, Konferenzen und Verträge, Teil II, Bd. 3, S. 147 f.
322 Vgl. Art. 5 des Friedens von Nystad.
323 Vgl. Art. 7 des Friedens von Nystad.
324 Vgl. *Gierowski*, W cieniu, S. 35.

die Städte Riga, Reval und Pernau litten nicht nur unter den Belagerungen, sondern auch unter der Seuche. Die Belagerungen führten zu sehr beengten Wohnverhältnissen, was eine unkontrollierbare Verbreitung der Pest zur Folge hatte.[325]

Europa hatte sich durch den Großen Nordischen Krieg radikal verändert. Die Mächteverhältnisse wurden komplett umgewandelt.[326] Russland etwa war territorial bis an die Ostsee vorgestoßen und hatte nun auch bis nach Warschau politischen Einfluss.[327] Diese enormen Wandlungen resultierten aus der militärischen und der machtpolitischen Konkurrenzunfähigkeit der Adelsrepublik.[328]

C. Die Schlesischen Kriege

Die Feindschaft zwischen Österreich und Preußen manifestierte sich am deutlichsten im Hinblick auf Schlesien[329]. Mit dem Verlust Schlesiens verlor das Habsburgerreich im Jahre 1742 ein Gebiet von 35.000 km², eine Bevölkerung von etwa 1,2 Millionen Menschen[330] sowie das Handwerk, die Landwirtschaft und den Bergbau. Durch diesen Verlust stellten die Habsburger im nördlichen Mitteleuropa keine bedeutende Macht mehr dar.[331] Mit der Angliederung des größten Teils der Provinz Schlesien konnte Preußen sein Territorium deutlich erweitern, da die Gebiete unmittelbar an Preußen angrenzten, sodass auf diese Weise Preußens Macht konzentriert werden konnte.[332]

---

325 Vgl. *Zapnik, Jörg*, Pest und Krieg im Ostseeraum. Der „Schwarze Tod“ in Stralsund während des Großen Nordischen Krieges (1700-1721), 2007, S. 58.

326 Vgl. *Zernack*, Nordosteuropa, S. 157.

327 Vgl. *Mediger, Walther*, Moskaus Weg nach Europa. Der Aufstieg Russlands zum europäischen Machtstaat im Zeitalter Friedrichs des Großen, 1952, S. 51; *Zernack, Klaus*, Das Zeitalter der Nordischen Kriege von 1558 bis 1809 als frühneuzeitliche Geschichtsepoche, in: Zeitschrift für historische Forschung 1 (1974), S. 55-79 (55).

328 Vgl. *Zernack*, Negative Polenpolitik, in: *Liszkowski*, Rußland und Deutschland, S. 147 f.

329 Während Schlesien in der Zeit der Teilfürstentümer als schlesische Herzogtümer zu Polen gehörte, wurde es im Jahre 1348 in die Länder der böhmischen Krone inkorporiert, sodass Schlesien mittelbar ein Teil des späteren Heiligen Römischen Reiches Deutscher Nation wurde. Als der böhmische König Ludwig II. starb, wurde die böhmische Krone von den Habsburgern übernommen. In den Jahren 1526 bis 1742 waren die Habsburger als Könige von Böhmen gleichzeitig auch die Herzöge von Schlesien. Vgl. *Żerelik, Rościsław/Wąs, Gabriela*, in: *Czapliński, Marek/Kaszuba, Elżbieta/Wąs, Gabriela/Żerelik, Rościsław* (Hrsg.), Historia Śląska, 2. Aufl., 2007, S. 82, 122 f.

330 Vgl. *Wąs*, in: *Zapliński/Kaszuba/Wąs/Żerelik*, Historia Śląska, S. 219.

331 Vgl. *Duffy, Christopher*, Sieben Jahre Krieg 1756-1763. Die Armee Maria Theresias, 2005, S. 380.

332 Vgl. *Wąs*, in: *Zapliński/Kaszuba/Wąs/Żerelik*, Historia Śląska, S. 218.

I. Erster Schlesischer Krieg

Seit Friedrich II. im Mai 1740 den preußischen Königsthron bestiegen hatte, strebte er mit allen Mitteln danach, Preußen in den Rang einer Großmacht zu erheben.[333] Sein Interesse konzentrierte sich rasch auf Schlesien. Bis Mitte Dezember 1740 war die Versammlung der preußischen Truppen im Raum Krossen abgeschlossen. In Schlesien standen nur geringe österreichische Kräfte bereit, da der Großteil der Truppen nach dem erst im September 1739 beendeten Türkenkrieg noch in Serbien und Ungarn stationiert war.[334] Am 16. Dezember drangen preußische Truppen über die österreichische Grenze.[335] Ende Januar hielten sich keine österreichischen Truppen mehr in Schlesien auf.[336] Die preußischen Hoffnungen, dass der Wiener Hof freiwillig auf Schlesien verzichten würde, hatten sich nach langen Verhandlungen endgültig zerschlagen.[337] Gleichzeitig regte sich in Europa Widerstand gegen die Großmachtpläne Preußens. So beabsichtigte der englische König Georg II., Preußen zu schwächen, um seine hannoversche Macht ausweiten zu können. Dies hatte zur Folge, dass auf seine Initiative hin am 16. Februar 1741 die Vertreter Englands, Russlands, Österreichs, Sachsens und Hollands in Dresden zusammenkamen und beschlossen, Preußen mit Waffengewalt zur Einhaltung der Pragmatischen Sanktion[338]

---

333 Vgl. *Baumgart, Peter*, Schlesien im Kalkül König Friedrichs II. von Preußen und die europäischen Implikationen der Eroberung des Landes, in: *Baumgart, Peter/ Schmilewski, Ulrich* (Hrsg.), Kontinuität und Wandel. Schlesien zwischen Österreich und Preußen, 1990, S. 3-16 (9); *Schieder, Friedrich*, Friedrich der Große. Ein Königtum der Widersprüche, 2. Aufl., 1983, S. 129.

334 Vgl. *Groehler, Olaf*, Die Kriege Friedrichs II., 6. Aufl., 1990, S. 24.

335 Friedrich erließ noch am selben Tag eine Proklamation, in der er behauptete, dass der Einmarsch „auf Anlass der von mehreren Seiten auf die Succession der österreichischen Lande erhobenen Ansprüche (...)" erfolge, damit diese nicht von anderen eigenmächtig und gewaltsam in Besitz genommen würden. Mit dieser Proklamation wollte Friedrich seiner Aggression den Schein einer Rechtmäßigkeit geben. Dies war auch der Grund dafür, warum die europäischen Mächte im Unklaren darüber blieben, ob die Besetzung Schlesiens als Annexion oder als eine Vereinbarung zwischen dem Wiener und dem Berliner Hof zu betrachten sei.

336 Vgl. *Ossadnik, Josef*, Land zwischen den Mächten. Das ehemalige Österreichisch-Schlesien („Westschlesien") 1740-1945 und die Schlacht von Mährisch-Ostrau vom 16.3. bis 7.5.1945, 2003, S. 5.

337 Vgl. *Groehler*, Die Kriege Friedrichs II., S. 26 f.

338 Die Pragmatische Sanktion wurde am 19. April 1713 veröffentlicht und regelte die Unteilbarkeit und Untrennbarkeit der habsburgischen Erbkönigreiche und Länder. Um diesen Zweck erreichen zu können, wurde eine einheitliche Erbfolgeregelung getroffen. Für die Habsburgermonarchie war die Pragmatische Sanktion bis zum Jahre 1918 von verfassungsrechtlicher Bedeutung. Vgl. Originaltext und Kopie der Originalurkunde der Pragmatischen Sanktion vom 19. April 1713: *Turba, Gustav* (Hrsg.), Die Pragmatische Sanktion. Authentische Texte samt Erläuterungen und Übersetzungen, 1913, Nr. V, S. 48-53.

zu veranlassen.[339] Im Mai 1741 schlossen Frankreich, Spanien, Bayern und Preußen zu Nymphenburg ein Bündnis,[340] in dem Frankreich dem Kurfürsten Karl Albrecht von Bayern die nötige Waffenhilfe gegen Österreich zusicherte. Der Erste Schlesische Krieg endete mit dem Friedensschluss von Breslau zwischen Preußen und Österreich am 11. Juni 1742[341]. Der Vertrag regelte, dass die österreichische Herrscherin Maria Theresia mit voller Souveränität ganz Nieder- und Oberschlesien, mit Ausnahme des Fürstentums Teschen und der Stadt Troppau,[342] an Preußen abtreten sollte.[343]

II. Zweiter Schlesischer Krieg

Im August 1744 griff der preußische König erneut ohne Kriegserklärung mit seinen Truppen die Fürstentümer Jägerndorf und Troppau, die noch zu Österreich-Schlesien gehörten, an. Den österreichischen Truppen gelang es aber, bis zum Dezember 1744 Oberschlesien mit Ausnahme der Festungen Cosel, Brieg und Neiße wieder in Besitz zu nehmen. Nur in Jägerndorf ließ Friedrich eine starke Besatzung zurück, die sich noch bis in den Mai des Folgejahres halten konnte.[344] Dieser Zustand blieb nur bis zum erneuten Einmarsch des preußischen Heeres im September 1745 erhalten. Nach der Schlacht bei Kesseldorf vom 15. Dezember 1745, die der preußische Herrscher gewann, war Österreich gezwungen, den Frieden zu Dresden vom 28. Dezember 1745 zu den Bedingungen des Breslauer Friedens zu unterzeichnen.[345]

III. Dritter Schlesischer Krieg (Der Siebenjährige Krieg)

Der Siebenjährige Krieg begann mit dem Einfall der preußischen Truppen in Sachsen am 28. August 1756. Preußen schob als Kriegsgrund vor, dass Friedrich mit diesem militärischen Schlag Österreich und Frankreich zuvorkommen wollte,[346] da die beiden Mächte bereits in Verhandlungen über einen Angriff auf Preußen stünden.[347] Vor dem Hintergrund dieses vermeintlichen Präventivschlages konnte am 1. Mai 1757 ein Vertrag zwischen Österreich und Frankreich

---

339 Vgl. *Groehler*, Die Kriege Friedrichs II., S. 27.

340 Vgl. *Wąs*, in: *Zapliński/Kaszuba/Wąs/Żerelik*, Historia Śląska, S. 211.

341 Dt. Textauszug: *Rönnefarth*, Konferenzen und Verträge, Teil II, Bd. 3, S. 161 ff.

342 Zu den abzutretenden Gebieten zählte unter anderem auch die Herrschaft Hennersdorf.

343 *Ossadnik*, Land zwischen den Mächten, S. 5.

344 *Ossadnik*, Land zwischen den Mächten, S. 6.

345 *Ossadnik*, Land zwischen den Mächten, S. 7.

346 *Grünhagen, Colmar*, Schlesien unter Friedrich dem Großen, Zweiter Band 1756-1786, 1892, S. 5.

347 Bis heute ist unter Historikern umstritten, ob dieser Krieg tatsächlich als ein Präventivkrieg oder eher als ein Angriffskrieg betrachtet werden kann. Die politischen Testamente Friedrichs II. sprechen für die Annahme eines Angriffskrieges,

geschlossen werden. Das Ziel dieses Vertrages war die « déstruction totale » der preußischen Monarchie. Diesem Bündnis traten unter anderem Schweden, Bayern, Kurpfalz und Württemberg bei. England hingegen stellte sich auf die Seite Preußens.[348] Russland sah sich durch die Machtverschiebung infolge des preußischen Zugriffs auf Schlesien in seiner hegemonialen Machtstellung beeinträchtigt. So kam bereits im Jahre 1746 eine geheime Allianz zwischen Österreich und Russland mit antipreußischer Orientierung zustande.[349] Am 29. Januar 1757 wurde schließlich Krieg gegen Preußen erklärt.[350] Die Kriegsparteien lieferten sich zwischen den Jahren 1758 und 1762 eine Reihe von blutigen Schlachten, aus denen sowohl die Koalition als auch der Preußenkönig mehrfach siegreich hervorgingen.[351] Obwohl es immer wieder danach aussah, als ob die Verbündeten die Armee Friedrichs schlagen würden, gelang es ihnen nicht, sodass es schließlich am 15. Februar 1763 zum Abschluss eines Friedens kam.[352] Der Frieden von Hubertusburg[353] stellte die osteuropäische Lage, die durch den Frieden von Nystad errichtet wurde, wieder her.[354] Preußen ging aus diesem Frieden als großer Sieger hervor, da es in vollem Besitz seiner alten Gebiete und der Gebiete in Schlesien sowie der Grafschaft Glatz[355] verblieb.[356] Österreich behielt die oberschlesischen Fürstentümer Jägerndorf, Teschen und Troppau.[357] Zwar waren die Alliierten im Dritten Schlesischen Krieg bemüht, Preußen von seiner Großmachtstellung zurückzustufen und seine Großmachtambitionen endgültig zu zerstören, doch

---

da der preußische König im Jahre 1752 dort ganz offen über seine Annexionspläne in Sachsen räsoniert hatte.

348 Vgl. *Wernitz, Frank*, Die Armee Friedrich des Großen im Siebenjährigen Krieg 1756-1763, 2002, S. 121.

349 Vgl. *Kunisch, Johannes*, Die militärische Bedeutung Schlesiens und das Scheitern der österreichischen Rückeroberungspläne im Siebenjährigen Krieg, in: *Baumgart/Schmilewski*, Kontinuität und Wandel, S. 19-39 (23); *Zernack, Klaus*, Friedrich, Rußland und Polen, in: *Treue, Wilhelm* (Hrsg.), Preußens großer König. Leben und Werk Friedrichs des Großen, 1986, S. 197-208 (199 f.).

350 Vgl. *Groehler*, Die Kriege Friedrichs II., S. 81.

351 Vgl. *Externbrink, Sven*, Friedrich der Große, Maria Theresia und das Alte Reich. Deutschlandbild und Diplomatie Frankreichs im Siebenjährigen Krieg, 2006, S. 192.

352 Vgl. *Grünhagen*, Schlesien unter Friedrich dem Großen, Zweiter Band, S. 252 f.

353 Text des Friedensschlusses zwischen Preußen und Österreich: *Rönnefarth*, Konferenzen und Verträge, Teil II, Bd. 3, S. 179 ff. und des Friedensschlusses zwischen Preußen und Sachsen: *ders.*, S. 181 ff.

354 Vgl. *Zernack*, Friedrich, Rußland und Polen, in: *Treue*, Preußens großer König, S. 203.

355 Vgl. *Groehler*, Die Kriege Friedrichs II., S. 64.

356 Vgl. *Duffy*, Sieben Jahre Krieg, S. 395.

357 Vgl. *Bergner, Romuald*, Truppen und Garnisonen in Schlesien 1740-1945, 1984, S. 13.

erreichten sie diese Ziele trotz zahlreicher Bemühungen in den wiederholten Kriegen nicht.[358]

Die Tatsache, dass durch den Siebenjährigen Krieg der Konflikt um Schlesien nicht beigelegt werden konnte und die territorialen Kompensationsansprüche Österreichs angesichts des preußischen Machtzuwachses unbefriedigt geblieben waren, begründete ein beträchtliches Spannungspotenzial, aufgrund dessen nun die Aufteilung Polen-Litauens als Möglichkeit des Interessenausgleichs in das Blickfeld der beteiligten Staaten rückte.[359]

D. Schlussfolgerung

Nur ein Bündel von verschiedenen Faktoren konnte zum Untergang des polnisch-litauischen Unionsstaates führen. Erst das Zusammenwirken zahlreicher Komponenten konnte bewirken, dass die einstige Großmacht ausgelöscht werden konnte.[360] In der polnischen Geschichtsschreibung haben sich zwei Grundmodelle zur Erklärung der Teilungen herausgebildet: Das Modell des „selbstverschuldeten" Untergangs und das „optimistische Modell" der Annexionstendenzen von außen.[361] Ein Blick auf Russland, Preußen und Österreich verdeutlicht, dass diese drei Mächte ihre territoriale Ausweitung vehement weiter verfolgten und um den Erhalt ihrer Vormachtstellung kämpften. Russland entwickelte bereits seit dem Ende der Nordischen Kriege im Jahre 1721 neuartige kontinentale Herrschaftsinteressen. Preußen geriet seit der Annexion Schlesiens in eine neue Großmachtstellung, wobei es im Mächtevergleich hinter Russland stand. Preußen wollte aus seiner sekundären Großmachtstellung herausrücken, und dies konnte nur durch weitere territoriale Expansionen realisiert werden. Österreichs Politik hingegen war durch Kompensationsansprüche oder gar durch die Wiedergewinnung der schlesischen Gebiete geprägt. Zwischen diesen Mächten lag nun Polen-Litauen, das aufgrund seiner inneren Konflikte stark geschwächt war. Für die drei Nachbarstaaten war

358 Vgl. *Baumgart*, Schlesien, in: *Baumgart/Schmilewski*, Kontinuität und Wandel, S. 16.

359 Vgl. *Müller, Michael G.*, Polen und Deutschland im europäischen Mächtesystem des 18. Jahrhunderts, in: *Riemenschneider, Rainer* (Red.), Polen und Deutschland im Zeitalter der Aufklärung, 1981, S. 67; *Zernack*, Friedrich, Rußland und Polen, in: *Treue*, Preußens großer König, S. 203; *Müller, Michael G.*, Der Kościuszko-Aufstand und die Teilungen Polens, in: *Haumann, Heiko/Skowronek, Jerzy* (Hrsg.), „Der letzte Ritter und erste Bürger im Osten Europas". Kościuszko, das aufständische Reformpolen und die Verbundenheit zwischen Polen und der Schweiz, 1996, S. 133-144 (137).

360 Zu der Gesamtbetrachtung der Ursachen sehr anschaulich: *Müller*, Der Kościuszko-Aufstand, in: *Haumann/Skowronek*, Der letzte Ritter, S. 133-144; *Studnicki, Władysław*, Sprawa Polska, 1910, S. 13 ff.

361 Hierzu erläuternd: *Topolski, Jerzy*, Versuche zur Erklärung der Teilungen Polens, in: *Haumann/Skowronek*, Der letzte Ritter, S. 145-156 (146 ff.)

es mithin ein leichtes Spiel, diese innere Schwächung des Unionsstaates für die eigenen Interessen auszunutzen.

4. Kapitel: Die drei Teilungen des Unionsstaates Polen-Litauen

Bei den drei Teilungen handelt es sich dem Wesen nach um zwei verschiedene Vorgänge: mit der ersten Teilung erfolgte lediglich eine Reduzierung des polnisch-litauischen Staatsgebietes, während die zweite und schließlich die dritte Teilung auf eine völlige Beseitigung des Staates hinausliefen.[362]

A. Die erste Teilung 1772

I. Der Weg zur ersten Teilung

Modelle für eine Teilung Polens[363] sind in Wien und in Potsdam schon zur Jahreswende 1768/69 im Gespräch gewesen. Der österreichische Kanzler Kaunitz legte im Dezember 1768 sein Projekt eines Bündnisses mit Preußen und dem Osmanischen Reich vor. Die Grundlage seines Projektes bildete ein territoriales Tauschgeschäft: Friedrich II. sollte von der Allianz mit Russland abgezogen und zugleich zur Rückgabe Schlesiens an Österreich bewogen werden.[364] Im Gegenzug sollte Preußen zu Erwerbungen im Königlichen Preußen und in Kurland verholfen werden. Auf preußischer Seite stand diesem Projekt allerdings der sogenannte *Lynarsche Plan* vom Februar 1769 gegenüber.[365] Friedrich der Große ließ seinen Gesandten in Petersburg den Vorschlag unterbreiten, ein Bündnis zwischen Russland, Preußen und Österreich gegen die Osmanen zu schließen und sich ferner gemeinsam durch ausgewogene Annexionen polnischer Territorien für die Kriegsaufwendungen schadlos zu halten.[366] Wien reklamierte daraufhin die Notwendigkeit, seine Grenzen gegen ein Übergreifen der Kämpfe zu schützen und annektierte unter diesem Vorwand die polnische Grafschaft Zips.[367] Im Rahmen der Verhandlungen zwischen

362 Vgl. *Jablonowski*, Russland, Polen und Deutschland, S. 255.

363 Die Teilungen Polens beziehen sich im Folgenden stets auf die Staatsverbindung Polen-Litauen.

364 Vgl. *Maner, Hans-Christian*, Galizien. Eine Grenzregion im Kalkül der Donaumonarchie im 18. und 19. Jahrhundert, 2007, S. 28; *Kaplan, Herbert H.*, The First Partition of Poland, 1962, S. 162 f.; *Ciegielski, Tadeusz*, Das alte Reich und die erste Teilung Polens 1768-1774, 1988, S. 70.

365 Vgl. *Beer, Adolf*, Die Erste Theilung Polens, Zweiter Band, 1873, S. 39; *Lukowski, Jerzy*, The Partitions of Poland 1772, 1793, 1795, 1999, S. 53 f.

366 Vgl. *Boockmann, Hartmut*, Deutsche Geschichte im Osten Europas. Ostpreußen und Westpreußen, 2. Aufl., 1992, S. 320.

367 Vgl. *Müller*, Teilungen, S. 35; *Ciegielski*, Das alte Reich, S. 74; *Mewes*, Teilungen, in: *Fechner*, Deutschland und Polen, S. 13; *Lukowski*, Partitions, S. 57. Die Polnische

Preußen und Russland konnte Heinrich, der Bruder des preußischen Königs Friedrich II., die Zarin schließlich im Oktober 1770 zu einer Teilung von polnischen Gebieten überreden.[368] Russland gab sein Einverständnis, da die Unterwerfung der Aufständischen sich in Polen hinzog, sodass es handeln musste.[369] Preußen hatte schon lange das Ziel einer Landbrücke nach Ostpreußen verfolgt und Österreich erhoffte sich eine Entschädigung für die im Jahre 1740 verlorenen schlesischen Gebiete.[370] Demnach verfolgten zumindest Preußen und Österreich mit einer Teilung territoriale Kompensationen.[371]

Der Abschluss der gegenseitigen Teilungsverträge erfolgte am 25. Juli 1772.[372] Bereits zuvor hatten Truppen der Vertragspartner die von ihnen beanspruchten Gebiete besetzt.[373]

II. Gebietsaufteilung

In dieser ersten Teilung Polens[374] annektierte Russland den polnischen Teil Livlands und die östlichen Gebiete mit 84.000 km² und 1,25 Millionen Bewohnern. Österreich besetzte unter dem angeblich historischen Titel eines „Königreichs

---

Zips (poln.: Polski Spisz) ist eine Region im südlichen Polen an der Grenze zur Slowakei in der Wojewodschaft Kleinpolen. Die Polnische Zips gehörte einst zur historischen Region Zips, die seit dem 11. Jahrhundert zu Ungarn gehörte. Im Jahre 1412 wurde ein Teil der nördlichen Zips, der 13 Zipser Städte umfasste, an Polen verpfändet. Nachdem Österreich die Polnische Zips annektierte, gehörte das Gebiet bis zum Jahre 1918 zur slowakischen Region Zips. Nach dem Ende des Ersten Weltkrieges meldete Polen historische Ansprüche auf Teile der Zips an (vgl. Texte der polnischen Forderungen betreffend die Zips: Sekretariat Jeneralny Delegacji Polskiej [red.], Akty i dokumenty dotyczące sprawy granic Polski na Konferencji Pokojowej w Paryżu 1918-1919, część IV. Śląsk cieszyński, Spisz i Orawa, 1926, Nr. 5 ff., S. 91 ff.). Die heutige Grenze, wonach die Polnische Zips wieder zu Polen gehört, wurde auf der Botschafterkonferenz im Jahre 1920 festgelegt. Vgl. *Trajdosa, Tadeusz M.*, Einleitung, in: *Trajdosa, Tadeusz M.* (red.), Spisz i Orawa. W 75. Rocznicę powrotu do Polski północnych części obu ziem, 1995, S. 5-7 (6); *Orlof, Ewa*, Orawa i Spisz w latach 1918-1920, in: *Trajdosa*, Spisz i Orawa, S. 11-24 (11 ff.); *Rudolf, Rainer P./Ulreich, Eduard/Zimmermann, Fritz*, Zipser Land und Leute. Deutsche Siedlungsgeschichte unter der hohen Tatra, 1982, S. 107, 124 ff.

368 Vgl. *Ciegielski*, Das alte Reich, S. 71; *Beer*, Die Erste Theilung Polens, Zweiter Band, S. 44-46.

369 Vgl. *Boockmann*, Ostpreußen und Westpreußen, S. 320.

370 Vgl. *Lemberg*, Polen, in: *Kaiser/Stasiewski*, Die erste polnische Teilung 1772, S. 42.

371 Vgl. *Ciegielski*, Das alte Reich, S. 68.

372 Text. *Parry, Clive* (ed.), CTS, vol. 45 (1772-1775), 1969, S. 57 ff. (Österreich-Russland), 67 ff. (Österreich-Preußen), 73 ff. (Russland-Preußen).

373 Vgl. *Kaplan*, First Partition, S. 174; *Łepkowski*, Polska, S. 133.

374 Vgl. Anhang II, Karten 4 und 5.

Galizien und Lodomerien“[375] Kleinpolen südlich der Weichsel und die Südostgebiete Wolhynien, Podolien und Krakau mit 84.000 km² und 2,67 Millionen Menschen. Preußen nahm sich das „Königliche Preußen“[376], das Ermland sowie den sogenannten Netzedistrikt[377] mit nur knapp 35.000 km² und etwa 356.000 Einwohnern und hatte damit den zwar kleinsten, strategisch den aber für das Land wichtigsten Gebietsteil errungen.[378] Thorn und Danzig verblieben weiterhin bei Polen.[379]

III. Die Abtretungsverträge mit Polen-Litauen

Der letzte Schritt im Teilungsprozess war die Ratifizierung der Teilungsverträge durch die polnisch-litauische Seite. Die Teilungsmächte wollten zumindest aus formaler Sicht den Anschein erwecken, dass die Teilungen rechtmäßig vollzogen wurden. Aus diesem Grunde verlangten sie von den Polen und Litauern, dass diese einen Reichstag[380] einberufen und auf diesem die Teilungsverträge durch sogenannte Abtretungs- oder Zessionsverträge bestätigen.[381] Die Teilungsmächte erwarteten diesbezüglich keine großen Probleme. Jedoch kam es zu unerwarteten Diskussionen im polnisch-litauischen Sejm, sodass Russland seine militärischen

---

375 Diese Gesamtbezeichnung für die Region ist eine Ableitung vom mittelalterlichen „Halyč und Volodymr“. Lodomerien gehörte nicht zur Neuerwerbung und blieb auch stets außerhalb der österreichischen Grenzen. Unter die Bezeichnung Galizien wurden nach dem Jahre 1772 auch Regionen subsumiert, die niemals dem früheren Fürstentum Halyč angehörten. Im kaiserlichen Erlass vom 3. Oktober 1772 wurde als Legitimation für die Besitzergreifung des neuen Territoriums angeführt, dass Galizien und Lodomerien ursprünglich als russische Fürstentümer seit dem 13. Jahrhundert zum Königtum Ungarn gehörten und im Jahr 1412 rechtswidrig vom Königreich Polen eingenommen worden seien. Damit war die Erklärung geliefert, dass die Länder Teil der Krone Böhmens waren und die österreichische Erzherzogin Maria Theresia zugleich Königin von Ungarn und Böhmen war. Vgl. *Glassl, Horst*, Das österreichische Einrichtungswerk in Galizien (1772-1790), 1975, S. 54; *Maner*, Galizien, S. 41.

376 Das Königliche Preußen wurde nun Westpreußen genannt. Mit dem preußischen Gebietszugewinn war die Teilung Preußens aus dem Jahre 1466 aufgehoben und Preußen hatte wieder eine Landverbindung zwischen seinen östlichen Landesteilen. Vgl. *Rhode*, Staatliche Entwicklung, in: *Rhode*, Ostgebiete, S. 111.

377 Bei dem Netzedistrikt handelte es sich um an Preußen südlich angrenzende beiderseits der Netze liegende Landstreifen.

378 *Mewes*, Teilungen, in: *Fechner*, Deutschland und Polen, S. 16; *Jablonowski*, Russland, Polen und Deutschland, S. 247.

379 Vgl. *Rhode*, Staatliche Entwicklung, in: *Rhode*, Ostgebiete, S. 111; *Boockmann*, Ostpreußen und Westpreußen, S. 320; *Ruhnau, Rüdiger*, Danzig. Geschichte einer Stadt, 1971, S. 57.

380 Dieser Reichstag wird als „sejm rozbiorowy“ (Teilungsreichstag) oder auch als „sejm warszawski“ (Warschauer Reichstag) bezeichnet.

381 Vgl. *Grodziski, Stanisław*, Polska w latach przełomu (1764-1815), 1999, S. 65; *Cegielski, Tadeusz/Kądziela, Łukasz*, Rozbiory Polski 1772-1793-1795, 1990, S. 141.

Truppen in Warschau stationierte.[382] Die Beratungen des Sejm begannen am 19. April 1773.[383] Die Teilungsmächte legten drei Verträge bezüglich der Teilung vor, die jeweils mit der polnisch-litauischen Seite abgeschlossen werden sollten.[384] Unter dem wachsenden Druck der Teilungsmächte konnten immer mehr Abgeordnete für die Unterzeichnung der Verträge gewonnen werden. Die Opposition musste schließlich ihren Widerstand gegen eine Ratifizierung aufgeben.[385] Der Sejm bestätigte sodann am 30. September 1774 die Verträge.[386] Der Sejm tagte bis April 1775.[387]

IV. Vierjähriger Sejm und Verfassung vom 3. Mai 1791

Die erste Teilung hatte ganz Polen unter Schock versetzt und dazu geführt, dass ein verstärkter Wunsch nach Reformen und dem Wiederaufbau Polens aufkam.[388] Der König sympathisierte mit den Reformierungswünschen der Polen,[389] zu denen etwa die Abschaffung des Liberum Veto gehörte, erregte aber damit den Widerspruch eines Teils des Adels, insbesondere der Magnaten.[390] Solange sich die Teilungsmächte in ihrem Vorgehen gegenüber Polen einig waren, bestand wenig Hoffnung, neue Reformen in Polen durchsetzen zu können. Die Einigkeit der drei Mächte zerbrach aber im Jahre 1788, als Russland und Österreich einen gemeinsamen Krieg gegen die Türkei führten, Preußen sich jedoch mit England, Holland und der Türkei gegen sie verbündete.[391]

Im Vierjährigen Sejm in den Jahren 1788 bis 1792[392] formierten sich in Polen die Anhänger, die gegen eine enge Anlehnung an Russland waren, immer stärker zusammen. Dadurch kam eine tragfähige Mehrheit zustande, die es ermöglichte, durch innenpolitische Reformen die Handlungsfähigkeit des Staates wiederher-

---

382 Vgl. *Grodziski*, Polska w latach przełomu, S. 66.
383 Vgl. *Cegielski/Kądziela*, Rozbiory Polski, S. 151.
384 Vgl. *Grodziski*, Polska w latach przełomu, S. 67.
385 Vgl. *Kaplan*, First Partition, S. 174 ff.
386 Vgl. *Cegielski/Kądziela*, Rozbiory Polski, S. 153.
387 Vgl. *Cegielski/Kądziela*, Rozbiory Polski, S. 153. Einen erheblichen Einschnitt für Polen bedeuteten die Handlungsverträge, die der Sejm im März 1775 ratifizierte. Vgl. *dies.*, S. 155.
388 Vgl. *Serejski*, Europa a rozbiory Polski, S. 101.
389 Vgl. *Gierowski*, Polish-Lithuanian Commonwealth, S. 254.
390 Vgl. *Łukaszewicz, Witold*, Targowica i powstanie kościuszkowskie. Ze studiów nad historią Polski XVIII wieku, 1953, S. 90; *Rolnik, Dariusz*, Szlachta koronna wobec konfederacji Targowickiej (maj 1792 - styczeń 1793), 2000, S. 61; *Łukaszewicz*, Targowica, S. 63.
391 Vgl. *Vahle*, Die polnische Verfassung, in: Jahrbücher für Geschichte Osteuropas, NF 19 (1971), S. 347.
392 Eine detaillierte historische und rechtliche Aufarbeitung des Vierjährigen Sejm findet sich bei: *Leśnodorski, Bogusław*, Dzieło Sejmu Czteroletniego (1788-1792). Studium historyczno-prawne, Wrocław 1951.

zustellen.[393] Im Oktober 1788 kam der sogenannte „Große Reichstag" zusammen.[394] Am 3. Mai 1791 wurde schließlich ein Verfassungsentwurf vorgelegt und angenommen.[395] Von den 500 Vertretern des Reichstages waren 282 anwesend. 110 stimmten für die Verfassung, während 72 diese ablehnten.[396] Die Verfassung hatte eine demokratische Grundlage, da sie die Gewaltenteilung, die Bauernbefreiung und die Religionsfreiheit regelte. Sie enthielt aber auch zwei Bestimmungen, die Polens Nachbarn unruhig werden ließen: die Einführung der erblichen Königswürde und die Abschaffung des Liberum Veto.[397] Die traditionellen Rechte des Adelsstandes sollten jedoch beibehalten werden,[398] die Lage des Bürgertums aber verbessert werden.[399] Es sollte grundsätzlich das Mehrheitsprinzip eingeführt werden. Lediglich bei Angelegenheiten, die grundlegend das System betrafen, sollten die Beschlüsse einstimmig erfolgen.[400] Die Verfassung vom 3. Mai 1791 hatte als dritte Verfassung nach der Verfassung der Vereinigten Staaten und der Verfassung Frankreichs die Rechte und Pflichten der Bürger zum Inhalt.[401]

Die polnische Verfassung wurde bei den europäischen Mächten unterschiedlich aufgenommen. Leopold II. begrüßte sie als einen großen Fortschritt auf dem Weg der Menschheit. Er sah darin eine Herausforderung und erwog eine ständische Verfassung für Galizien. Friedrich Wilhelm II. sah in ihr in erster Linie eine Bedrohung für seine Expansionspläne.[402] Russland wertete die Verfassung zwar

393 Vgl. *Serejski*, Europa a rozbiory Polski, S. 102; *Russocki*, Modernisierung oder Reform?, in: *Conze/Schramm/Zernack* (Hrsg.), Modernisierung und nationale Gesellschaft, S. 31 f.

394 Vgl. *Kądziela, Łukasz*, Narodziny Konstytucji 3 maja, 1991, S. 37.

395 Vgl. *Lukowski*, Partitions, S. 140. Zu Ehren der Maiverfassung wurde der 3. Mai in Polen zum Nationalfeiertag bestimmt. Seit 2007 ist dieser Tag auch Nationalfeiertag in Litauen.

396 Vgl. *Stone, Daniel*, Polish Politics and National Reform 1775-1788, 1976, S. 81.

397 Vgl. *Gatter*, Der weiss-rote Traum, S. 25; *Vahle*, Die polnische Verfassung, in: Jahrbücher für Geschichte Osteuropas, NF 19 (1971), S. 348; *Handelsman, Marceli*, Konstytucja trzeciego maja r. 1791, 1907, S. 84 ff.

398 Vgl. *Radziwiłł, Maciej/Winiarski, Bohdan* (Hrsg.), Królestwo Polskie. Dokumenty historyczne dotyczące prawno-politycznego stosunka Królestwa Polskiego do Cesarstwa Rosyjskiego, 1915, S. 1 ff.

399 Durch die Einführung der sog. „Landbotenkammer" erhielt das wohlhabende Bürgertum neben dem Adel erstmals ein politisches Mitspracherecht. Den Bauern blieb dieses Recht noch verwehrt. Immerhin profitierten diese von der allgemeinen Rechtsgleichheit, die bislang nur für den Adel und geistliche Institutionen galt.

400 Vgl. *Russocki*, Modernisierung oder Reform?, in: *Conze/Schramm/Zernack*, Modernisierung und nationale Gesellschaft, S. 31.

401 Vgl. *Gierowski*, Polish-Lithuanian Commonwealth, S. 255.

402 Vgl. *von Aretin, Karl Otmar Freiherr*, Tausch, Teilung und Länderschacher als Folgen des Gleichgewichtssystems der europäischen Großmächte. Die polnischen

als negativ, unternahm aber zunächst einmal in den ersten Monaten nichts, weil Katharina II. noch nicht dazu entschlossen war, das neue polnische System zu stürzen.[403]

V. Konföderation von Targowica

Nachdem der erste Jahrestag der Verfassung gefeiert worden war, befürchteten die Polen eine Intervention Russlands. Um dem entgegenzuwirken, unterbreiteten sie Russland ein Angebot, das den Verzicht des polnischen Thrones zugunsten Russlands vorsah. Mit ihrem Verzicht erhofften sich die Polen, ihre Verfassung retten zu können.[404] Dieses Angebot ging praktisch ins Leere, da sich Petersburg bereits zwischen dem 10. und 15. April 1792 für eine weitere Teilung Polens endgültig entschieden hatte.[405] Hinzu kam, dass sich unter Führung des Magnaten Felix Potocki eine starke Opposition innerhalb des polnischen Adels gegen die Maiverfassung in Targowica zu einer Konföderation zusammenschloss und Kaiserin Katharina II. als Verbündete zu Hilfe rief.[406] Potocki und seine Anhänger wollten insbesondere mit der Abschaffung der Verfassung die Erblichkeit des Thrones sowie eine Vermehrung der Autorität des Königs verhindern.[407] Das Manifest der Konföderierten wurde am 27. April 1792 in Petersburg unterschrieben und später unter dem falschen Datum des 14. Mai in Targowica verkündet.[408] Der Akt erklärte die Handlungen des Sejm, der die Verfassung vom 3. Mai 1791 verabschiedet hatte, für unwirksam,[409] um anschließend eine neue Verfassung verabschieden zu können.[410] Die Artikel des Manifestes enthielten unter anderem die Wiedereinführung des Liberum Vetos, die Abschaffung der Abgaben,[411] die ausschließliche Berufung von Mitgliedern der Szlachta in die höchsten Ränge des Militärs[412] und den Wiederaufbau der Gerichte zu Zeiten Augusts III.[413]

Teilungen als europäisches Schicksal, in: *Zernack*, Polen und die polnische Frage, S. 53-68 (59).

403 Vgl. *Łojek, Jerzy*, Upadek Konstytucji 3 maja. Studium historyczne, 1976, S. 25.

404 Vgl. *Łojek*, Upadek Konstytucji 3 maja, S. 126 ff.

405 Vgl. *Łojek*, Upadek Konstytucji 3 maja, S. 112.

406 Vgl. *Meyer, Enno*, Deutschland und Polen 1772-1914, 2. Aufl., 1972, S. 20; *Łukaszewicz*, Targowica, S. 66.

407 Vgl. *d'Angeberg*, Recueil des traités concernant la Pologne, S. 273.

408 Vgl. *Lukowski, Jerzy*, Liberty's Folly. The Polish-Lithuanian Commonwealth in the eighteenth century, 1697-1795, 1991, S. 253.

409 Vgl. *Rostworowski*, Ostatni król Rzeczypospolitej, S. 277.

410 Vgl. *Wąsicki, Jan*, Konfederacja Targowicka i ostatni sejm Rzeczypospolitej z 1793 roku. Studium historyczno-prawne, 1952, S. 15 f.

411 Vgl. Art. 9 des Manifestes.

412 Vgl. Art. 16 des Manifestes.

413 Vgl. Art. 21 des Manifestes.

B. Die zweite Teilung 1793

I. Der Weg zur zweiten Teilung

1. Unerfüllte Kompensationsansprüche

Nach der ersten Teilung zeigte sich, dass die drei Teilungsmächte mit dem Ergebnis nicht zufrieden waren. In Preußen wurden trotz der vorteilhaften Gebietszugewinne weitere Revisionsbedürfnisse geweckt. Das preußische Interesse richtete sich nämlich nun auf die Städte Danzig und Thorn.[414] Nachdem diese Städte trotz großer Bemühungen nicht bereits bei der ersten Teilung Preußen einverleibt werden konnten, beschloss Preußen, diesen Kompensationsanspruch weiter zu verfolgen.[415] Auch Österreichs Hoffnungen auf eine Kompensation für den Verlust der schlesischen Gebiete blieben unerfüllt.[416] Russland sah die „polnische Revolution" als gegen seine Interessen gerichtet[417] und schlug Preußen vor, gemeinsame Schritte, insbesondere eine gewaltsame Wiederherstellung der alten polnischen Verfassung, einzuleiten.[418] Nachdem Katharina sich vergewissert hatte, dass Preußen keineswegs zu einer Garantie oder gar Verteidigung der alten Verfassung bereit war, setzte sie im Mai 1792 russische Truppen gegen Polen-Litauen in Marsch.[419] In nur wenigen Wochen wurde das polnisch-litauische Heer von der russischen Übermacht geschlagen. Der Sturz der Maiverfassung war damit nach dem formalen Abschluss des Manifestes von Targowica nun auch faktisch vollzogen.[420] Katharina ging es aber keineswegs um eine erneute Teilung Polen-Litauens. Sie wollte eigentlich den Zuwachs Preußens durch polnische Gebiete verhindern oder möglichst in engen Grenzen halten. Es ging ihr daher vor allem um die Wiederherstellung und Befestigung der russischen Oberhoheit über einen polnischen Protektoratsstaat.[421] Das vorzeitig von Österreich ausgesprochene Desinteresse an polnischen Gebieten[422] erleichterte es Preußen, sich mit Russland hinter dem Rücken Österreichs zu einigen. Folglich war Österreich nicht an der zweiten Teilung beteiligt.[423]

---

414 Vgl. *Dembiński, Bronisław*, Polska na przełomie, 1913, S. 411 f.
415 Vgl. *Müller*, Teilungen, S. 40; siehe hierzu auch: *Lukowski*, Partitions, S. 147; *von Aretin*, Teilung, in: *Zernack*, Polen und die polnische Frage, S. 59.
416 Vgl. *Müller*, Teilungen, S. 40.
417 Vgl. *Lord, Robert Howard*, Drugi Rozbiór Polski, 1984, S. 221.
418 Vgl. *Broszat, Martin*, 200 Jahre deutsche Polenpolitik, 1963, S. 38.
419 Vgl. *Stone*, Polish Politics, S. 84.
420 Vgl. *Broszat*, 200 Jahre deutsche Polenpolitik, S. 39.
421 Vgl. *Broszat*, 200 Jahre deutsche Polenpolitik, S. 40.
422 Vgl. *Dembiński*, Polska na przełomie, S. 467.
423 Vgl. *Lord*, Drugi Rozbiór Polski, S. 229; *von Aretin*, Teilung, in: *Zernack*, Polen und die polnische Frage, S. 60.

2. Sejm von Grodno 1793

Der Sejm von Grodno[424] war der letzte Sejm von Polen-Litauen.[425] Er fand vom 17. Juni bis zum 23. November 1793 in Grodno auf dem Gebiet des Großfürstentums Litauen statt. Unter den Abgeordneten des Sejm waren die Verbündeten der Konföderation von Targowica. Dies hatte zur Folge, dass viele der Abgeordneten die russische Position unterstützten. Russland übte zusätzlich auf die restlichen Abgeordneten einen erheblichen Druck aus.[426] Der wohl wichtigste Gesetzesantrag, der von der russischen Zarin als „Wunsch des polnischen Volkes" in den Sejm eingebracht wurde, war die „Ewige Allianz"[427] zwischen Polen und Russland.[428] Am 14. Oktober wurde diese Allianz per Akklamation beschlossen.[429] Der Sejm von Grodno verabschiedete neben der genannten Allianz unter anderem folgende Gesetze[430]: die Abtretung von Gebieten an Russland und Preußen (2. Teilung), die Aufhebung der Verfassung vom 3. Mai 1791, die Wiederinkraftsetzung der adeligen Kardinalrechte (etwa Freie Wahl, Liberum Veto)[431] und die Beschränkung der polnischen Armee auf 15.000 Mann. Als es schließlich zur zweiten Teilung Polen-Litauens kam, erkannten die Verbündeten von Targowica, die dem Trugschluss unterlagen, sich mit Russlands Hilfe die Macht in Polen zu sichern, dass sie von Russland geblendet worden waren.[432]

II. Gebietsaufteilung

Russland erhielt die polnischen Gebiete südlich von der Linie Druja-Pińsk-Chocim, also den gesamten südlichen Teil Polens mit der polnischen Provinz der Ukraine.[433] Preußen erwarb das gesamte Flussgebiet zwischen Warthe (Großpolen und das östliche Kujawien), Westmasowien mit Płock sowie die Städte Danzig und

---

424 Poln.: Sejm grodzieński. Die Gesetzgebung des Sejm ist abgedruckt bei: *Kaczmarczyk, Zdzisław* (Hrsg.), Volumina Legum, Bd. X. Konstytucje sejmu grodzieńskiego z 1793 roku, Poznań 1952.

425 Vgl. *Kraszewski, Józef I.*, Polska w czasie trzech rozbiorów 1772-1799, 1875, S. 416; *Wegner, Leon*, Sejm grodzieński ostatni. Ustęp od 26. sierpnia do 23. września 1793, 1866, S. 85 f.

426 Vgl. *Wegner*, Sejm grodzieński ostatni, S. 86 f.

427 Text: *Kaczmarczyk*, Volumina Legum, Bd. X, S. 37 ff.

428 Dem Russischen Reich wurde etwa das Recht eingeräumt, auf polnischem Gebiet Truppen zu stationieren.

429 Vgl. *Lukowski*, Liberty's Folly, S. 255 f.

430 Text: *Kaczmarczyk*, Volumina Legum, Bd. X, S. 1 ff.

431 Vgl. *Kraszewski*, Polska w czasie trzech rozbiorów 1772-1799, S. 411, 414 f.; *Wąsicki*, Konfederacja Targowicka, S. 10.

432 Vgl. *Wegner*, Sejm grodzieński ostatni, S. 75.

433 Dabei handelte es sich um das gesamte zwischen Ostpreußen und Oberschlesien liegende Gebiet, das als Südpreußen bezeichnet wurde.

Thorn.[434] Während Polen bei der ersten Teilung 29 Prozent seines Staatsgebietes verlor, kostete die zweite Teilung[435] es sogar 54 Prozent.[436]

III. Der Kościuszko-Aufstand

Die Befreiung Polens von der russischen Besatzungsmacht und die vollständige staatliche Unabhängigkeit Polens waren die erklärten Ziele des Kościuszko-Aufstandes.[437] Die Unruhen in Polen begannen Anfang des Jahres 1794. Zwischen den patriotischen Gesellschaften entstand ein Netz enger Verbindungen mit einer leitenden Zentrale in Krakau, die Kontakte zu den emigrierten Urhebern der Maiverfassung aufnahm. Die Polen sahen in Tadeusz Kościuszko ihren Führer der nationalen Befreiung.[438] Am 24. März 1794 wurde die Aufstandsakte proklamiert[439] und Kościuszko ließ sich offiziell zum Führer des nationalen Befreiungskampfes ausrufen.[440] Bei Racławice gelang ihm ein militärischer Überraschungserfolg gegen Russland, der im ganzen Land einen enormen Eindruck hinterließ.[441] Auf diese Weise gelang es, im April Warschau zu erobern.[442] Die Befreiung setzte sich daraufhin erfolgreich in weiteren Städten durch.[443] Die von Kościuszko anfangs auf Preußen gesetzten Erwartungen wurden enttäuscht. Berlin entschloss sich nämlich, dem russischen Hilfeersuchen Folge zu leisten. Die preußischen Truppen schlugen im Juni 1794 Kościuszkos Truppen und nahmen Krakau ein.[444] Für die Verwirklichung der preußischen Annexionspläne war die Eroberung Warschaus von großer Bedeutung.[445] Die entscheidende Niederlage erlitten die polnischen Truppen schließlich am 10. Oktober 1794 unter dem Befehl von Kościuszko in der Schlacht

---

434 Vgl. *Schumacher, Bruno*, Geschichte Ost- und Westpreußens, Sonderausgabe, 2002, S. 225.

435 Vgl. Anhang II, Karten 4 und 5.

436 Vgl. *Lord*, Drugi Rozbiór Polski, S. 225.

437 Vgl. *Góralski, Zbigniew*, Der Kościuszko-Aufstand und die Monarchie, in: *Haumann/Skowronek*, Der letzte Ritter, S. 221-226 (221).

438 Bis heute wird er in Polen als Nationalheld gefeiert.

439 Vgl. *Tatarinoff-Eggenschwiler, Adele*, Tadeusz Kościuszko 1746-1817. Kampf und Opfer für die Freiheit, 1967, S. 47 f.; *Góralski*, Der Kościuszko-Aufstand und die Monarchie, in: *Haumann/Skowronek*, Der letzte Ritter, S. 224.

440 Vgl. *Arnold, Stanisław/Żychowski, Marian*, Abriss der Geschichte Polens. Von den Anfängen des Staates bis in die neueste Zeit, 1967, S. 78.

441 Vgl. *Rawski, Tadeusz*, Powstanie kościuszkowskie 1794. Dzieje militarne, Bd. I, 1994, S. 184 ff.

442 Vgl. *Arnold/Żychowski*, Abriss der Geschichte Polens, S. 78; *Tatarinoff-Eggenschwiler*, Tadeusz Kościuszko, S. 57.

443 Vgl. *Broszat*, 200 Jahre deutsche Polenpolitik, S. 42.

444 Vgl. *Arnold/Żychowski*, Abriss der Geschichte Polens, S. 79.

445 Vgl. *Moritz, Erhard*, Preußen und der Kościuszko-Aufstand 1794. Zur preußischen Polenpolitik in der Zeit der Französischen Revolution, 1968, S. 103.

bei Maciejowice.[446] Mit der Einnahme Warschaus sowie der Gefangennahme der polnischen Führer war das Schicksal des Volksaufstandes besiegelt. Russland hatte den entscheidenden Schlag geführt und von Petersburg hing jetzt in erster Linie die weitere Zukunft des polnischen Staates ab. Nach dem Aufstand war absehbar, dass eine dritte Teilung folgen würde.[447] Anders als bei den ersten beiden Teilungen war jetzt auch Petersburg von vorneherein zur kompletten Aufteilung Polen-Litauens entschlossen.[448]

C. Die dritte Teilung 1795

I. Der Weg zur dritten Teilung

Obwohl über die Ansprüche Russlands noch Ungewissheit herrschte, legten die preußischen Politiker bereits im April und Mai 1795 erste Gedanken und Forderungen hinsichtlich einer dritten Teilung Polen-Litauens vor. Die Kabinettsminister Finckenstein und Alvensleben betonten mehrfach, dass die „wahren" Interessen der preußischen Monarchie im Osten lägen. Die Kabinettsminister waren sich darüber einig, dass der Feldzug in Polen mit allen Kräften geführt werden müsse, da er für das Wohl der preußischen Monarchie und zur Sicherung der annektierten Provinz Südpreußen notwendig sei. Unter dem „Wohl" der Monarchie verstanden sie eine weitere Stärkung des preußischen Staates durch die Ausdehnung seiner Grenzen auf Kosten Polens.[449] Österreich hatte die zweite Teilung Polens nicht akzeptiert und fühlte sich hintergangen. Aus diesem Grunde forderte es eine Entschädigung und eine Änderung der bestehenden Grenzen Europas.[450]

Verhandlungen zwischen Österreich und Russland führten zum Abschluss eines Vertrages am 3. Januar 1795[451], in dem sich die Vertragspartner über die Aufteilung Restpolens einigten. König August Poniatowski dankte am 25. Oktober 1795 ab.[452] Erst am 13. Oktober 1795 war Preußen dem Vertrag zwischen Russland und Österreich beigetreten.[453] Die endgültige Anerkennung der vollzogenen Teilung Polen-Litauens erfolgte erst zwei Jahre später, nämlich am 26. Januar 1797[454], mit einem erneuten Vertragsabschluss in Petersburg, nachdem sich die Mächte über

---

446 Vgl. *Wąsicki, Jan*, Powstanie kościuszkowskie w Wielkopolsce, 1957, S. 152; *Arnold/Żychowski*, Abriss der Geschichte Polens, S. 79.

447 Vgl. *Moritz*, Preußen und der Kościuszko-Aufstand 1794, S. 167; *Lord*, Drugi Rozbiór Polski, S. 296; *Müller*, Teilungen, S. 52 f.

448 *Broszat*, 200 Jahre deutsche Polenpolitik, S. 43.

449 *Moritz*, Preußen und der Kościuszko-Aufstand 1794, S. 93.

450 Vgl. *Góralski, Zbigniew*, Austria a trzeci rozbiór Polski, 1979, S. 41 ff.

451 Text: *Parry, Clive* (ed.), CTS, vol. 52 (1793-1795), 1969, S. 285 ff.

452 Vgl. *Stone*, Polish Politics, S. 86.

453 Text: *Parry, Clive* (ed.), CTS, vol. 53 (1795-1797), 1969, S. 1 ff.

454 Franz. und russischer Text: *Parry*, CTS, vol. 53 (1795-1797), S. 411-423; franz. Text: *d'Angeberg*, Recueil des traités concernant la Pologne, S. 403-409.

die Grenzziehung einig waren. Der Name „Polen“ wurde in diesem Vertrag „für immer“ aufgehoben.[455]

II. Gebietsaufteilung

Nach der dritten Teilung[456] war Polen-Litauen von der Landkarte Europas verschwunden.[457] Preußen erwarb den größten Teil Masowiens mit Płock und Warschau, fast ganz Podlachien mit Białystock und Teile Litauens bis zur Memel und Kleinpolens bis zur oberen Pilica.[458] Russland besetzte den ganzen Osten bis an Bug und Memel einschließlich Kurland. Österreich bekam das Gebiet beiderseits der mittleren Weichsel zwischen Pilicia und Bug.[459]

D. Situation nach den Teilungen in den ehemals polnischen Gebieten

Für Polen begann der Aufbruch Europas ins 19. Jahrhundert, das „nationale Zeitalter“, mit der schmerzhaften Erfahrung des Verlustes staatlicher Selbständigkeit. Die drei Teilungen des Landes und die damit verbundenen Kriege hinterließen im kollektiven Bewusstsein der Polen bleibende Spuren und bestimmten weit über das 19. Jahrhundert hinaus das politische Denken und Handeln.[460] Die Politik der Teilungsmächte löste einen umfassenden Wandlungsprozess in der polnischen Gesellschaft aus. Dessen Verlauf war von den Verhältnissen in den jeweiligen annektierten Gebieten und ihrer Innenpolitik abhängig. Die Teilungsmächte verfolgten in Bezug auf die besetzten Gebiete eine Politik der Konsolidierung der neu geschaffenen politischen Ordnung durch Festigung der wirtschaftlichen, kulturellen, zivilisatorischen und auch nationalen Verbindungen zwischen Teilungsgebiet und Gesamtstaat.[461] Die regional unterschiedliche Entwicklung des städtischen Gewerbes und die Gründung neuer Industriezentren veränderten das Profil der

---

455 Vgl. *Góralski, Zbigniew*, Die Grenzdemarkationen in Preußen nach der dritten Teilung (1795-1797), in: Jahrbücher für Geschichte Osteuropas, NF 19 (1971), S. 212-238 (212); *Labuda, Gerald*, Polska granica zachodnia. Tysiąc lat dziejów politycznych, 1974, S. 141.

456 Zur Statistik der Teilungen siehe Anhang I.

457 Vgl. Anhang II, Karte 5.

458 Preußen bildete aus den hinzugewonnenen Gebieten zwischen der ostpreußischen Grenze und den Flüssen Weichsel, Bug und Memel sowie mit dem Gebiet Westmasowien mit Płock und Białystok die Provinz „Neuostpreußen“. Vgl. *Schumacher*, Geschichte Ost- und Westpreußens, S. 226.

459 *Rhode*, Staatliche Entwicklung, in: *Rhode*, Ostgebiete, S. 111.

460 Vgl. *Bingen, Dieter/Loew, Peter Oliver*, Polen. Kurze Geschichte einer langen Geschichte, 2004, S. 26.

461 Vgl. *Jużwenko, Adolf/Wrzesiński, Wojciech*, Modernisierung und Neugestaltung des polnischen nationalen Lebens im russischen und preussischen Teilungsgebiet im 19. und zu Beginn des 20. Jahrhunderts, in: *Conze, Werner/Schramm, Gottfried/*

Gesellschaft.[462] Bewundernswürdig ist, dass die Teilungsgrenzen die Einheit der polnischen Kultur nicht brechen konnten. Die Kultur wurde über ein Jahrhundert hinweg zum Träger der Nationalidee.[463] Es war daher nicht verwunderlich, dass sich die ins Ausland emigrierten Polen immer stärker zu einer Bewegung gegen die Teilungsmächte zusammenschlossen.[464] Paris wurde ab dem Jahre 1795 das Zentrum der polnischen Emigration. Im Jahre 1795 gründete der Publizist und Kościuszko-Kämpfer Józef Wybicki mit der *Agencja* die erste polnische Emigrationsorganisation.[465]

Im Folgenden soll die Entwicklung in den Teilungsgebieten von der ersten Teilung bis zu den Jahren nach der dritten und letzten Teilung beleuchtet werden. Es soll aufgezeigt werden, durch welche Maßnahmen die drei Teilungsmächte faktisch versucht haben, die ehemals polnischen Gebiete ihren Monarchien anzugliedern und ob diese Bemühungen schließlich erfolgreich waren. Im Blickpunkt werden dabei das staatsrechtliche System mit der Organisation und der Aufteilung der Teilungsgebiete, das geltende Recht und auch das Gerichtswesen stehen.

I. Preußisches Teilungsgebiet

1. Verwaltung

Die polnischen Gebiete, die Preußen während der drei Teilungen erworben hatte, bildeten keine Einheit innerhalb der preußischen Monarchie. Sie wurden nämlich formal in das Königreich Preußen als deren Provinzen angegliedert.[466] Die Grenzen der neuen preußischen Provinzen deckten sich nicht gänzlich mit den durch die Teilungen erworbenen Gebieten. Der Großteil der durch die erste Teilung erworbenen Gebiete wurde Preußen als Provinz Westpreußen und Provinz Ostpreußen[467] angegliedert. Die Errungenschaft der zweiten Teilung wurde als Provinz Südpreußen[468] und die der dritten Teilung als Provinz Neuostpreußen

---

Zernack, Klaus (Hrsg.), Modernisierung und nationale Gesellschaft im ausgehenden 18. und im 19. Jahrhundert, 1979, S. 125-146 (125).

462 Vgl. *Müller*, in: *Bingen/Ruchniewicz*, Länderbericht Polen, S. 35.

463 Vgl. *Bingen/Loew*, Polen, S. 30.

464 Vgl. *Wąsicki, Jan*, Zieme polskie pod zaborem pruskim. Prusy południowe (Südpreußen) 1793-1806, 1957, S. 215.

465 Vgl. *Zajewski, Władysław*, Józef Wybicki, 1977, S. 129 f.

466 *Wąsicki, Jan*, Zabór pruski 1772-1806, in: *Bardach, Juliusz/Senkowska-Gluck, Monika* (Hrsg.), Historia państwa i prawa Polski, Bd. III. Od rozbiorów do uwłaszczenia, 1981, S. 19-62 (45).

467 West- und Ostpreußen bildeten in den Jahren 1824 bis 1877 eine gemeinsame Provinz Preußen. Die Provinz Preußen wurde am 13. April 1824 geschaffen und durch ein Gesetz vom 19. März 1877 wieder aufgehoben, indem das Gebiet wieder in die Provinzen Ostpreußen und Westpreußen geteilt wurde.

468 Die preußischen Truppen marschierten in das polnische Gebiet am 24. Januar 1793 ein.

in den preußischen Staat integriert. Das Krakauer Gebiet wurde zur Provinz Neu-Schlesien.[469]

In den polnischen Territorien wurde sehr schnell der preußische Verwaltungsaufbau, der sich auf einen hervorragend ausgebildeten Beamtenapparat stützte,[470] eingeführt. So wie in ganz Preußen wurde das ehemals polnische Gebiet neben der Einteilung in Provinzen[471] in Departements und Landkreise aufgeteilt.[472] Zusammen mit der Provinz Ostpreußen hatte Westpreußen innerhalb der Generaldirektion ein eigenes Provinzialdepartement mit einem Minister an der Spitze. Auch die Provinz Südpreußen war direkt dem Generaldirektorium unterstellt, wobei das dortige Provinzialdepartement in drei Departements, das Warschauer, Posener und Kalischer, aufgeteilt wurde.[473] Im Gegensatz hierzu wurde die Provinz Neuostpreußen zwar auch dem Generaldirektorium unterworfen, dort aber an das Provinzialdepartement Westpreußens und Südpreußens angegliedert. Eine besondere Stellung genoss Schlesien, das formal einen höheren Status hatte. Es galt nämlich als ein unabhängiges Herzogtum[474] mit einem eigenen Minister, der aber wiederum dem preußischen König unterstellt war.[475] In der Behördenorganisation wurden die Amtskammer und die Domänenkammer als lokale Institutionen in allen „polnischen" Provinzen eingerichtet. Sie unterstanden der Oberdomänenkammer. Zudem wurde ein Generalfinanzdirektorium installiert.[476]

---

469 Vgl. *Korobowicz/Witkowski*, Ustrój i prawo, S. 15; *Bussenius, Ingeborg Charlotte*, Die preussische Verwaltung in Süd- und Neuostpreussen 1793-1806, 1960, S. 81.

470 Dies galt auch für Österreich. Vgl. *Ajnenkiel, Andrzej*, Administracja w Polsce. Zarys historyczny, 1975, S. 7.

471 Die Provinzen bildeten die größte Verwaltungseinheit. Vgl. *Tarnowska, Anna*, Z dziejów unifikacji administracji II Rzeczypospolitej. Rola przepisów pruskich, 2012, S. 28.

472 Vgl. *Goclon, Jacek Arkadiusz*, Polska na królu pruskim zdobyta. Ustrój, administracja i sądownictwo doby Komisji Rządzącej w 1807 roku, 1999, S. 16; *Korobowicz/Witkowski*, Ustrój i prawo, S. 19; *Smoleński, Władysław*, Rządy pruskie na ziemiach polskich (1793-1807), 1903, S. 13 ff.; auf die Provinz Neuostpreußen speziell eingehend: *Wąsicki, Jan*, Ziemie polskie pod zaborem pruskim. Prusy Nowowschodnie (Neuostpreußen) 1795-1806, 1963, S. 161 ff.

473 *Wąsicki*, Ziemie polskie pod zaborem pruskim. Südpreußen, S. 113; *Heike, Otto*, Die Provinz Südpreussen. Preussische Aufbau- und Verwaltungsarbeit im Warthe- und Weichselgebiet 1793-1806, 1953, S. 17; *Goclon*, Polska na królu pruskim zdobyta, S. 21.

474 Das eigene Ministerium in Schlesien wurde erst im Jahre 1808 im Zuge der administrativen Unifizierung innerhalb des gesamten preußischen Gebietes abgeschafft. Nach und nach wurden alle „polnischen" Provinzen dem Generaldirektorium unterstellt. Vgl. *Wąsicki*, Zabór pruski, in: *Bardach/Senkowska-Gluck*, Historia państwa i prawa Polski, Bd. III, S. 48.

475 *Korobowicz/Witkowski*, Ustrój i prawo, S. 19.

476 *Wąsicki*, Zabór pruski, in: *Bardach/Senkowska-Gluck*, Historia państwa i prawa Polski, Bd. III, S. 46.

Im Gegensatz zum restlichen preußischen Teilungsgebiet, in dem bereits nach der zweiten Teilung umgehend alle polnischen Behörden abgeschafft worden waren, wurde in Neuostpreußen nach dem Jahre 1795 eine andere Organisation betrieben. Einerseits wurden einige polnische Institutionen beibehalten, andererseits gleichzeitig preußische administrative und gerichtliche Organe eingeführt. Die vollständige Einführung des preußischen Systems sollte erst nach Ablauf eines Jahres erfolgen, damit sich die preußischen Beamten mit dem Zustand in der Provinz, wie etwa mit der Einstellung der Bevölkerung zum neuen preußischen Herrscher und der dortigen geltenden Rechte, vertraut machen konnten. Dies zeigt, dass die Preußen aus den in Südpreußen gemachten Fehlern lernten, wo die Unzufriedenheit der Bevölkerung zum Kościuszko-Aufstand führte.[477] Auf Grundlage des Patentes vom 1. Juni 1797 wurde Neuostpreußen in zwei Departements, nämlich das Białostocker und das Płocker aufgeteilt.[478] Als oberste Verwaltungsbehörden wurden die sogenannten Kriegs- und Domänenkammern[479] eingerichtet.[480] Zu den Aufgaben einer Kriegs- und Domänenkammer gehörten unter anderem die Verwaltung des Vermögens, die Steuern, das Kriegswesen und die Landespolizei.[481] Eine Folge des Germanisierungsprozesses war, dass zahlreiche deutsche Beamte in den neuen Provinzen eingesetzt wurden.[482] Als Vorwand dafür, dass die Polen keine Ämter übernehmen durften, wurde angeführt, dass sie die deutsche Sprache nicht beherrschten, diese aber für die Behördentätigkeit verbindlich sei.[483]

2. Geltendes Recht

Der absolutistische preußische Monarch übte die Gesetzgebungsgewalt aus und setzte diese durch Rechtsakte um.[484] Er erließ für die neu erworbenen Gebiete zahlreiche Gesetze, die als Patente bezeichnet wurden.[485] Die ausgeübte Gesetz-

---

477 *Wąsicki*, Ziemie polskie pod zaborem pruskim. Neuostpreußen, S. 91.

478 *Wąsicki*, Ziemie polskie pod zaborem pruskim. Neuostpreußen, S. 163, 176 ff.; *Goclon*, Polska na królu pruskim zdobyta, S. 29.

479 Speziell auf Neuostpreußen eingehend: *Müller, August*, Die preussische Kolonisation in Nordpolen und Litauen (1795-1807), 1928, S. 2.

480 Oberste Verwaltungsbehörde in Westpreußen wurde die Kriegs- und Domänenkammer in Marienwerder. Vgl. *Neumeyer, Heinz*, Westpreußen. Geschichte und Schicksal, 1993, S. 305. Die Städte Danzig und Thorn wurden der westpreußischen Kammer unterstellt. Vgl. Kabinettsorder an die Minister von Voß und von Danckelman vom 2. April 1793, Text in: *Bussenius, Ingeborg Charlotte* (Bearb.)/ *Hubatsch, Walther* (Hrsg.), Urkunden und Akten zur Geschichte der preußischen Verwaltung in Südpreußen und Neuostpreußen 1793-1806, 1961, S. 58.

481 *Heike*, Die Provinz Südpreussen, S. 18.

482 Vgl. *Goclon*, Polska na królu pruskim zdobyta, S. 25.

483 *Goclon*, Polska na królu pruskim zdobyta, S. 16.

484 *Korobowicz/Witkowski*, Ustrój i prawo, S. 20.

485 *Korobowicz/Witkowski*, Ustrój i prawo, S. 20.

gebung des preußischen Königs hatte zum Ziel, die ehemals polnischen Gebiete in den preußischen Staatsaufbau einzubinden. Allerdings mussten rechtliche Abweichungen in den einzelnen Provinzen berücksichtigt werden, sodass einige unabhängige Provinzialgesetze aufrechterhalten wurden. Auf diese Weise wurde als Übergangsphase das polnische Recht als geltendes Recht in einzelnen Provinzen beibehalten.[486] In der Provinz Westpreußen wurde nach dem Jahre 1772 das polnische Recht außer Kraft gesetzt und das *Allgemeine Landrecht für die Königlichen Preußischen Staaten (ALR)*[487] eingeführt.[488] In den restlichen preußischen Gebieten der zweiten Teilung trat das Preußische Landrecht schließlich am 1. Juni 1794 in Kraft.[489] Eine Ausnahme in diesem Kodifizierungsprozess bildete Ostpreußen, wo im Jahre 1801 ein unabhängiges Eigentumsrecht, das „Ostpreußische Provinzialrecht", eingeführt wurde.[490] Das am 30. April 1797 erlassene „Patent wegen der Gesetze und Rechte, welche in der Provinz Neuostpreußen gelten und beobachtet werden sollten"[491], hob alle die „persönliche Sklaverei und Leibeigenschaft" betreffenden bisherigen Gesetze und Gewohnheiten auf, ließ aber die Gutsuntertänigkeit bis auf Weiteres bestehen.[492]

3. Gerichtswesen

Auch im Gerichtswesen setzte in den einzelnen Provinzen eine Angleichung an den preußischen Gerichtsaufbau ein. In der preußischen Monarchie war das Gerichtswesen dem König unterworfen, der als höchster Richter fungierte.[493] Die preußischen Gerichte wurden in zwei Gruppen, nämlich in eine niedrigere und eine höhere Instanz unterteilt. Als höchste Instanz galt das Obertribunal in Berlin.[494] Das Zivilprozessrecht wurde im Jahre 1793 in allen preußischen Provinzen

---

486 Vgl. *Makiłła, Dariusz/Naworski, Zbigniew*, Historia prawa na ziemiach polskich. Polska pod zaborami „II Rzeczpospolita". Zarys wykładu, 2000, S. 3; *Korobowicz/Witkowski*, Ustrój i prawo, S. 21.

487 Das ALR war ein allgemeines Gesetzbuch, das das komplette materielle Recht, darunter das Zivilrecht, Strafrecht, Kirchenrecht, Lehensrecht sowie das Staats- und Verwaltungsrecht umfasste.

488 *Makiłła/Naworski*, Historia prawa, S. 3 f.

489 *Jurek, Piotr*, Historia państwa i prawa polskiego. Źródła prawa, sądownictwo. Zarys wykładu, 2. Aufl., 1996, S. 65; *Radwański, Zbigniew/Wąsicki, Jan*, Wprowadzenie Pruskiego Prawa Krajowego na ziemiach polskich, in: CPH 6 (1954), S. 184-222 (196).

490 *Korobowicz/Witkowski*, Ustrój i prawo, S. 21.

491 Text: *Bröcker, Friederich Benjamin* (Hrsg.), Beyträge zur Kenntniss des Pohlnischen Rechts, Bd. 1, 1797, S. 112-129.

492 *Müller*, Die preussische Kolonisation, S. 21; *Wąsicki*, Ziemie polskie pod zaborem pruskim. Neuostpreußen, S. 191 ff.

493 *Jurek*, Historia państwa i prawa polskiego, S. 66.

494 *Korobowicz/Witkowski*, Ustrój i prawo, S. 22 f.; *Bussenius*, Die preussische Verwaltung, S. 152 f.

unter der Bezeichnung „Allgemeine Gerichtsordnung“[495] erlassen.[496] Hinsichtlich des Strafprozessrechts galten in den einzelnen ehemals polnischen Provinzen bis zum Jahre 1805 unterschiedliche Regelungen, häufig mit provisorischem Charakter. Erst im Jahre 1805 wurde die „Preußische Kriminalordnung“[497] erlassen, die zur Vereinheitlichung der Gesetze führte.[498] In Westpreußen traten an die Stelle der „Starosteigerichte“ die Domänenjustizämter und an die Stelle der Landgerichte die sogenannten „Landvogteigerichte“. Oberste Justizbehörde wurde das Oberhof- und Landesgericht in Marienwerder.[499] Ab dem Jahre 1797 wurde in allen preußischen Provinzen die Struktur der Gerichte vereinheitlicht.[500]

II. Österreichisches Teilungsgebiet

Die nach der ersten Teilung durch Österreich erworbenen Gebiete wurden offiziell als *Königreich Galizien und Lodomerien* bezeichnetes Kronland[501] in die Donaumonarchie integriert. Der Gebietszuwachs nach der letzten Teilung wurde als Neu-Galizien an Österreich angegliedert. Anfangs wurden das alte und das neue Galizien getrennt voneinander betrachtet, ab dem Jahre 1803 stellten sie dann eine territoriale Einheit dar.[502]

1. Verwaltung

Das österreichische Staatssystem war auf eine zentrale und umfassende Macht des regierenden Monarchen gestützt. Die Österreicher lehnten die Unabhängigkeit der neuen Provinzen entschieden ab.[503] Unmittelbar nach der Besatzung Galiziens durch das österreichische Militär schaffte man das polnische Verwaltungssystem ab.[504] Der Verwaltungsaufbau im Kronland Galizien bestand zunächst im Unterschied zum restlichen Gebiet Österreichs aus sechs Kreisen[505], die in jeweils

495 Sie blieb bis zum Jahre 1877 rechtswirksam.

496 *Korobowicz/Witkowski*, Ustrój i prawo, S. 24.

497 Sie blieb bis zum Jahre 1879 in Kraft.

498 *Korobowicz/Witkowski*, Ustrój i prawo, S. 25.

499 *Neumeyer*, Westpreußen, S. 305.

500 *Korobowicz/Witkowski*, Ustrój i prawo, S. 22.

501 Als Kronländer wurden zwischen den Jahren 1804 und 1867 die Teilgebiete des Kaisertums Österreich als Einheitsstaat und im Zeitraum von 1867 bis 1914 die Teilgebiete der westlichen Reichshälfte der österreichisch-ungarischen Monarchie bezeichnet. Der Name des Kronlandes lautete offiziell „Königreich Galizien und Lodomerien mit dem Großherzogtum Krakau und den Herzogtümern Auschwitz und Zator“.

502 *Korobowicz/Witkowski*, Ustrój i prawo, S. 26.

503 *Korobowicz/Witkowski*, Ustrój i prawo, S. 30.

504 *Mark, Rudolf A.*, Galizien unter österreichischer Herrschaft. Verwaltung – Kirche – Bevölkerung, 1994, S. 4.

505 Lemberg (Brzezany, Brody, Szolkiev), Halicz (Zaleszczyk, Tismanice, Halicz), Sambor (Dobrobicz, Lysko, Przemyśl) Beltz (Sohal, Zamosz, Tomaszow), Pilsno (Leszansk, Tarnow, Krosno), Groß Salze (Neu-Sandec, Wisnitz, Zator).

drei Distrikte unterteilt waren.[506] Die Verwaltung oblag nun den Kanzleien. Es wurde eine eigene Kanzlei in Galizien eingerichtet, bis diese schließlich im Jahre 1806 wieder abgeschafft wurde und deren Kompetenzen an die „Vereinte Staatskanzlei“ übergingen.[507] An der Spitze des galizischen Behördenapparates stand der Gouverneur, stets ein Österreicher.[508] Das Patent vom 22. März 1782 nahm eine Aufteilung in insgesamt 16 Kreise mit jeweils einem Kreishauptmann an der Spitze vor.[509]

2. Geltendes Recht

In der Anfangszeit nach dem Jahre 1772 behielt in Galizien das polnische Recht seine Geltung.[510] In Neu-Galizien führten die Österreicher im Jahre 1797 und im alten Galizien ein Jahr später das „Bürgerliche Gesetzbuch für Westgalizien“ ein. Dieses neue Gesetzeswerk ersetzte das polnische Recht. Nach einigen Ergänzungen trat schließlich im Jahre 1811 das „Allgemeine Gesetzbuch für die gesamten Deutschen Erbländer der Österreichischen Monarchie(ABGB)“[511], das das komplette Zivilrecht zum Inhalt hatte, in Kraft.[512] Auf dem Gebiet des Zivilprozessrechts wurde im Jahre 1781 die „Allgemeine Gerichtsordnung des Joseph II.“ eingeführt. Nach der dritten Teilung schließlich trat ab dem ersten Mai 1797 das „Allgemeine Gerichtsgesetz für Westgalizien“[513] in Kraft. Erst ab dem Jahre 1807 wurde die Geltung dieses Gesetzes auch auf Ostgalizien ausgeweitet.[514] Da sich das zur Zeit der ersten Teilung in Österreich geltende Strafrecht stark vom polnischen Strafrecht in Galizien unterschied, wurde es dort nicht eingeführt, sondern nur auf dem Gebiet von Österreichisch-Schlesien.[515] Auf dem Gebiet der Erwerbungen der dritten Teilung trat am 1. Januar 1797 das „Strafrecht für Westgalizien“ in Kraft. Schließlich erließ

---

506 Vgl. *Trillenberg, Wilfried*, Galizien. Teilungen und Vereinigungen in Mittelosteuropa in den politischen Umbrüchen seit dem 18. Jahrhundert, 2010, S. 12; *Tarnowska*, Z dziejów unifikacji, S. 26.

507 *Grodziski, Stanisław*, Zabór austriacki 1772-1848, in: *Bardach/Senkowska-Gluck*, Historia państwa i prawa Polski, Bd. III, S. 675-791 (713).

508 *Korobowicz/Witkowski*, Ustrój i prawo, S. 30.

509 Vgl. *Stankiewicz, Zbigniew*, Królestwo Polskie 1815-1863, in: *Bardach/Senkowska-Gluck*, Historia państwa i prawa Polski, Bd. III, S. 168-579 (715).

510 Vgl. *Makiłła/Naworski*, Historia prawa, S. 5; *Grodziski, Stanisław*, Justizreformen in Galizien in der Regierungszeit Maria Theresias und Josephs II., in: *Buszko, Józef/Leitsch, Walter* (Hrsg.), Österreich Polen. 1000 Jahre Beziehungen, 1996, S. 123-132 (123).

511 Poln. Text: *Sawicki*, Wybór tekstów źródłowych, Bd. II, Nr. 71, S. 247-252.

512 Vgl. *Jurek*, Historia państwa i prawa polskiego, S. 68; *Kraft, Claudia*, Europa im Blick der polnischen Juristen. Rechtsordnung und juristische Profession in Polen im Spannungsfeld zwischen Nation und Europa 1918-1939, 2002, S. 53.

513 Sie blieb bis zum Jahre 1895 in Kraft.

514 *Korobowicz/Witkowski*, Ustrój i prawo, S. 35.

515 *Korobowicz/Witkowski*, Ustrój i prawo, S. 35.

Österreich im Jahre 1803 ein neues „Allgemeines Strafrecht für Österreich".[516] In Bezug auf das Strafprozessrecht wurde im Jahre 1788 die „Allgemeine Gerichtsordnung" verabschiedet. Eine Ausnahme bildete Westgalizien, wo mit dem 1. Januar 1797 diese allgemeine Gerichtsordnung wieder außer Kraft gesetzt wurde und das prozessuale Vorgehen sich nach dem Strafrecht Westgaliziens richtete.[517] Ein im Jahre 1848 ausgearbeiteter Verfassungsentwurf als Folge des Völkerfrühlings blieb weniger als einen Monat in Kraft.[518]

3. Gerichtswesen

Hinsichtlich des Gerichtswesens entschieden sich die Österreicher ebenfalls für eine Übergangsphase, die mit dem Patent vom 20. Oktober 1772 offiziell einsetzte. Danach sollten die bestehenden Gerichte ihre Tätigkeit „gemäß der früheren Gewohnheit und Ordnung" aufnehmen.[519]

Für die Szlachta waren ab dem Jahre 1784 für zivile Streitsachen getrennte Gerichte, die als *fora nobilium* bezeichnet wurden, zuständig. In Städten errichtete man als Magistrate bezeichnete Zivilgerichte. In größeren Städten gab es Gerichtseinheiten, die Senate hießen. Für Berufungen gegen Entscheidungen der ersten Instanz wurde im Jahre 1785 in Lemberg (Lwów) ein Berufungsgericht geschaffen. Gegen Entscheidungen dieses Gerichts konnte vor dem „Höchsten Justizsenat" vorgegangen werden.[520] Die Gerichtssprache war Latein.[521] Eine Besonderheit des galizischen Teilungsgebietes war, dass es den Polen den Zugang zu Berufen im staatlichen Justizwesen öffnete.[522]

---

516 *Korobowicz/Witkowski*, Ustrój i prawo, S. 36; hinsichtlich des materiellen Rechts blieb das Gesetzbuch bis zum Jahre 1852 in Kraft. Poln. Text: *Sawicki*, Wybór tekstów źródłowych, Bd. II, Nr. 70, S. 241-247.

517 *Korobowicz/Witkowski*, Ustrój i prawo, S. 37.

518 Die erste Verfassung Österreichs vom 25. April 1848 organisierte Österreich als einen dezentralisierten Einheitsstaat. Seine Länder wurden als Provinzen bezeichnet (vgl. *Grzybowski, Konstanty*, Galicja 1848-1914. Historia ustroju politycznego na tle historii ustroju Austrii, 1959, S. 18). Ferner wurde nach der Verfassung die Exekutive innerhalb eines dualistischen Parlaments, bestehend aus Senat, dem Abgeordnetenhaus, und dem Monarchen, organisiert. Darüber hinaus sah die Verfassung die Errichtung von Landtagen vor. Die Verfassung wurde bereits im Mai 1848 wieder außer Kraft gesetzt. Bis zum Jahre 1860 blieb der Monarch der einzige Gesetzgeber, arbeitete aber mit einem Parlament, das als Staatsrat bezeichnet wurde, zusammen. Vgl. *Korobowicz/Witkowski*, Ustrój i prawo, S. 194; *von Bieberstein, Christoph Freiherr Marschall*, Freiheit in der Unfreiheit. Die nationale Autonomie der Polen in Galizien und dem österreichisch-ungarischen Ausgleich von 1867. Ein konservativer Aufbruch im mitteleuropäischen Vergleich, 1993, S. 198.

519 *Grodziski*, Justizreformen in Galizien, in: *Buszko/Leitsch*, Österreich Polen, S. 126.

520 *Korobowicz/Witkowski*, Ustrój i prawo, S. 34.

521 *Kraft*, Europa im Blick der polnischen Juristen, S. 54.

522 *Grodziski, Stanisław/Partyka, Andrzej*, Die Polen in der österreichischen Rechtspflege (1772-1914), in: Studia Austro-Polonica, Bd. 1 (1978), S. 85-105 (88, 103 f.)

III. Russisches Teilungsgebiet

Nachdem das ursprünglich überwiegend litauische Gebiet ab dem Jahre 1795 an Russland komplett angegliedert wurde, begann ein Prozess, der auf brutale Weise die Reste litauischer Traditionen beseitigte. Die fundamentale Monografie von Leonid Żytkowicz[523] veranschaulicht dies eindrucksvoll.[524] Der Autor wertet die Jahre 1786 bis 1794 als Phase der Annexion des Territoriums und den Zeitraum von Ende 1796 bis Anfang 1797 als Zeit der ersten Schritte zu einer Verschmelzung Litauens mit dem Zarenreich. Insbesondere wurden auf dem litauischen Gebiet eine neue Verwaltung und neue Gerichte etabliert.[525]

1. Verwaltung

Die polnisch-litauischen Gebiete wurden in den russischen Staatsaufbau integriert. Im Allgemeinen bezeichnete man die ehemaligen Gebiete der polnisch-litauischen Republik im Russischen Zarenreich als „West-Gubernien". Konkret hieß der litauisch-weißrussische Erwerb „nord-westliches Gubernium" und der ukrainische Erwerb „süd-westliches Gubernium".[526] Mit dem Jahre 1831 erfolgte eine noch stärkere Assimilierung durch Russland, das die russische Sprache in Verwaltung, Gericht und Schule einführte sowie das Schulwesen zentralisierte. Darüber hinaus wurde die Universität in Wilna geschlossen und eine russische Universität in Kiew eröffnet.[527]

2. Geltendes Recht und Gerichtswesen

Nach der ersten Teilung wurde zunächst das polnische Gerichtswesen aufrechterhalten, doch bereits ab dem Jahre 1778 begann ein Anpassungsprozess an das russische System.[528] Russland errichtete in den Gubernien und den Landkreisen städtische und gemeindliche Gerichte. Nach der dritten Teilung fungierte als höchste Instanz das Litauische Tribunal, das die Funktion einer Berufungsinstanz hatte. Bereits im Jahre 1802 wurde das Tribunal durch das Höchste Litauische Gericht, das sich wiederum in zwei Kammern für Zivil- und Strafsachen gliederte, ersetzt. Das Litauische Statut von 1588 blieb hingegen weiterhin in Kraft.[529] Im Jahre 1840 wurde es schließlich durch eine russische Gesetzessammlung, das Zivilrecht, das Strafrecht und das öffentliche Recht betreffend, ersetzt.[530]

---

523 *Żytkowicz, Leonid,* Rządy Repnina na Litwie w latach 1794-1797, 1938.

524 *Jučas, Mečislovas,* Unia polsko-litewska, 2004, S. 336.

525 *Żytkowicz,* Rządy Repnina, S. 19 ff., 35 ff.

526 *Korobowicz/Witkowski,* Ustrój i prawo, S. 38.

527 *Kappeler, Andreas,* Russland als Vielvölkerreich. Entstehung, Geschichte, Zerfall, 1992, S. 205.

528 *Korobowicz/Witkowski,* Ustrój i prawo, S. 42.

529 *Korobowicz/Witkowski,* Ustrój i prawo, S. 42.

530 *Makiłła/Naworski,* Historia prawa, S. 10.

5. Kapitel: Hoffnungen auf Napoleon und die Zeit des Wiener Kongresses

Nach knapp zehn Jahren der Fremdherrschaft in den einzelnen Teilungsgebieten keimte in den Polen mit Napoleon I. wieder die Hoffnung auf, dass sie ihren Staat mit dessen Hilfe wiedergewinnen könnten.[531] Napoleon hatte sich im Jahre 1806 das Ziel gesetzt, Preußen zu vernichten. Hierfür wollte er sich die polnische Frage zunutze machen, indem er einen Aufstand im preußischen Teilungsgebiet anzettelte. Für seinen Plan holte er sich General Dąbrowski, der großes Vertrauen der polnischen Landsleute besaß, an seine Seite.[532] Die auf Napoleon gesetzten polnischen Hoffnungen waren zwar zunächst nicht unberechtigt, doch stellten sie sich schnell als illusorisch heraus.[533]

A. Das Herzogtum Warschau 1807

In den Jahren 1792 bis 1815 fanden die sogenannten Koalitionskriege[534] in Europa statt. Besonders folgenreich war der vierte Koalitionskrieg in den Jahren 1806 bis 1807, in dem Frankreich gegen die Koalition aus Preußen und Russland, die später um Großbritannien und Schweden erweitert wurde, kämpfte. Der preußische Staat brach bereits nach der Doppelschlacht von Jena und Auerstedt im Oktober 1806 zusammen.[535] Nach der entscheidenden Niederlage gegen Napoleon in der Schlacht bei Friedland wurde der Krieg mit dem Frieden von Tilsit beendet.[536] Im Frieden von Tilsit am 9. Juli 1807[537] wurde aus den preußischen Erwerbungen der zweiten und dritten Teilung Polens sowie aus fast dem gesamten Netzedistrikt[538]

531 Vgl. *Petre, Loraine F.*, Napoleon's Campaign in Poland 1806-1807, 1989, S. 13.

532 Vgl. *Recke*, Die polnische Frage, S. 46.

533 Vgl. *Janowski, Maciej*, Polska myśl liberalna do 1918 roku, 1998, S. 32; *Broszat*, 200 Jahre deutsche Polenpolitik, S. 56.

534 Darunter sind Kriege zwischen Frankreich und den anderen europäischen Mächten zu verstehen. Mit Ausnahme des ersten Koalitionskrieges werden diese Kriege auch als Napoleonische Kriege bezeichnet. Eine anschauliche Darstellung der Napoleonischen Kriege findet sich in: *Rothenberg, Gunther*, Die Napoleonischen Kriege, 2000, S. 20 ff., 210 ff.

535 Vgl. *Hahn, Hans-Werner/Berding, Helmut*, Reformen, Restauration und Revolution 1806-1848/49, in: *Kocka, Jürgen/Gebhardt, Bruno* (Hrsg.), Handbuch der deutschen Geschichte, Bd. 14, 10. Aufl., 2010, S. 54; *Rothenberg*, Die Napoleonischen Kriege, S. 99 ff.

536 Vgl. *Schaumann, Elly*, Zur napoleonischen Weichselpolitik, in: Zeitschrift des westpreußischen Geschichtsvereins, Heft Nr. 74, 1938, S. 5-47 (9); *Hahn/Berding*, Reformen, in: *Kocka/Gebhardt*, Handbuch der deutschen Geschichte, Bd. 14, S. 54; *Petre*, Napoleon's campaign in Poland, S. 340 f.

537 Text: *Parry, Clive* (ed.), CTS, vol. 59 (1806-1809), 1969, S. 255 ff.

538 Bei dem Netzedistrikt handelte es sich um den Teil Polens, den Preußen während der ersten Teilung Polen-Litauens besetzt hatte. Das Netzedistrikt verdankt

das „Herzogtum Warschau“[539] errichtet.[540] Der neue kleine polnische Staat wurde durch eine Personalunion mit dem Königreich Sachsen verbunden.[541] Danzig wurde von Preußen abgetrennt und bestand nun als ein Freistaat mit französischer Besatzung.[542]

Die Polen waren zunächst davon überzeugt, dass sie für die Opfer, die sie Napoleon gegenüber erbracht hatten,[543] von ihm erwarten konnten, dass er für ihre Interessen einstehen würde. Als die Friedensbedingungen von Tilsit bekannt wurden, war daher die Enttäuschung der Polen groß.[544] Napoleon gab nämlich die offizielle Anweisung, nicht von der Unabhängigkeit Polens zu sprechen und alles zu vermeiden, was geeignet sein könnte, den Kaiser als den Befreier Polens darzustellen. Dies war auch der Grund, warum die Gründung eines Herzogtums Warschau nicht auf die Schaffung eines unabhängigen polnischen Staates abzielte. Stattdessen wollte Frankreich die Polen weiterhin für seine Kriegspolitik ausnutzen.[545]

Napoleon erließ im Herzogtum Warschau eine neue Verfassung, die sich stark an die französische anlehnte.[546] Sie setzte allerdings einige Vorhaben der Maiverfassung um. Die Bauern erhielten zwar ihre persönliche Freiheit, aber kein Besitzrecht auf das von ihnen bearbeitete Land.[547] Die Verfassung sah keine Stände mehr vor und das neue Zivilrecht sowie Gerichtswesen galten in gleicher Weise für alle gesellschaftlichen Gruppen. Der Adel behielt dennoch weiterhin seine überragende gesellschaftliche Stellung bei.[548] Der wesentlichste Fortschritt für die Bevölkerung war, dass die Verfassung die Freiheit und Gleichheit aller Menschen

---

seinen Namen dem Fluss Netze (poln. Noteć), der es der Länge nach durchströmt. Die Netze ist der wichtigste Nebenfluss der Warthe (poln. Warta).

539 Vgl. Anhang II, Karte 6.

540 Vgl. *Janowski*, Polska myśl liberalna, S. 32; *Broszat*, 200 Jahre deutsche Polenpolitik, S. 56; *Recke*, Die polnische Frage, S. 56 f.; *Krupinski, Kurt*, Die Westmächte und Polen im 18. Jahrhundert, 1940, S. 20.

541 Vgl. *Kutrzeba, Stanislaus*, Verfassung und Recht, in: *Ćwiliński, Ludwig* (Hrsg.), Das Königreich Polen vor dem Kriege (1815-1914), 1917, S. 72-90 (73).

542 Vgl. *Ruhnau*, Danzig, S. 66; *Bingen/Loew*, Polen, S. 339.

543 In der Hoffnung, dass Napoleon ihnen ihre Unabhängigkeit wiedergeben würde, hatten die Polen in zahlreichen Kriegen an der Seite Bonapartes gekämpft.

544 Vgl. *Krupinski, Kurt*, Die Westmächte und Polen. Von Napoleon I. bis Versailles, 1941, S. 15.

545 Vgl. *Mewes*, Teilungen, in: *Fechner*, Deutschland und Polen, S. 22.

546 Vgl. *Łepkowski*, Polska, S. 141; *Kusber, Jan*, Kann der Zar König von Polen sein? Zur Diskussion um die Stellung „Kongresspolens“ in den polnischen und russischen Eliten nach dem Wiener Kongress, in: *Schnabel-Schüle, Helga/Gestrich, Andreas* (Hrsg.), Fremde Herrscher – Fremdes Volk, 2006, S. 253-270 (255).

547 Vgl. *Heyde, Jürgen*, Geschichte Polens, 2006, S. 55.

548 Vgl. *Kraft, Claudia*, Polnische militärische Eliten in gesellschaftlichen und politischen Umbruchprozessen 1772-1831, in: *Schnabel-Schüle/Gestrich*, Fremde Herrscher – Fremdes Volk, S. 271-295 (283).

vorsah.[549] In Benennung und Form der rechtlichen Einrichtungen griff die Verfassung auf die Traditionen der Republik Polen zurück. Der Reichstag wurde nach altem Muster aus zwei Kammern zusammengesetzt: einem Senat und einer Landbotenkammer. Zur Durchführung der Wahlen in die Landbotenkammer versammelten sich die adeligen Gutsbesitzer auf den Kreistagen. Die Geschäftsordnungen der altpolnischen parlamentarischen Einrichtungen wurden beibehalten und nachgeahmt.[550] Das Herzogtum Warschau war tatsächlich ein Konstrukt beschränkter Souveränität. Dennoch galt es bei der polnischen Elite als eine neue Chance, das alte Territorium und den alten Staatsnamen Polens irgendwann wieder aufleben zu lassen.[551] Zwar wurde im Januar 1807 eine „regierende Kommission" in Warschau durch Napoleon gebildet, doch vermied sie es geschickt, in der Proklamation zum 14. Januar[552] deutliche Ziele zur Zukunft des Herzogtums zu nennen.[553] Der Krieg zwischen Frankreich und Österreich im Jahre 1809, der im Schönbrunner Frieden beendet wurde, vergrößerte das Herzogtum Warschau um den Anteil Österreichs an der dritten Teilung Polens, das sogenannte Neu-Galizien, und um die Hälfte der Wieliczkaer Salinen, da Napoleon diese Gebiete dem Herzogtum einverleibte. Die Fläche des Herzogtums betrug nach dem Jahre 1809 fast 3.000 km^2, die Einwohnerzahl stieg auf fast vier Millionen.[554]

B. Wiener Kongress

Nach dem Sturz Napoleons[555] beendete der erste Pariser Frieden vom 30. Mai 1814[556] vorläufig die Koalitionskriege. Nach Art. 32 dieses Friedensvertrages sollte mit dem Ziel der Neuordnung Europas in Wien ein Kongress zusammentreten.

---

549 Vgl. *Skowronek, Jerzy*, Sprawa Polska, in: *Senkowska-Gluck, Monika* (red.), Europa i świat w epoce napoleońskiej, 1977, S. 338-404 (360).

550 Vgl. *Kutrzeba*, Verfassung und Recht, in: *Ćwiliński*, Das Königreich Polen, S. 74.

551 Vgl. *Kusber*, Kann der Zar König von Polen sein?, in: *Schnabel-Schüle/Gestrich*, Fremde Herrscher – Fremdes Volk, S. 255.

552 Art. 1 dieser Proklamation lautete: „Solange das Schicksal des vom König von Preußen eroberten Polens nicht durch einen endgültigen Frieden bestimmt ist, wird dieses Land von einem interimistischen Gouverneur regiert".

553 Vgl. *Krupinski*, Die Westmächte und Polen, S. 13.

554 Vgl. *Kutrzeba*, Verfassung und Recht, in: *Ćwiliński*, Das Königreich Polen, S. 73.

555 Obwohl Napoleon als besiegt galt, kehrte er am 1. März 1815 von seinem Exil auf der Insel Elba nach Frankreich zurück. Am 18. Juni 1815 griff er die alliierte Armee von Wellington nahe dem belgischen Ort Waterloo an. Die preußischen Truppen kamen den Briten zur Hilfe und Napoleon konnte endgültig geschlagen werden. Vgl. *Rothenberg*, Die Napoleonischen Kriege, S. 202 ff.; *Fehrenbach, Elisabeth*, Vom Ancien Régime zum Wiener Kongress, 5. Aufl., 2008, S. 128.

556 Textauszug: *Müller, Klaus* (Hrsg.), Quellen zur Geschichte des Wiener Kongresses 1814/1815, 1986, Nr. 3, S. 61 ff.; kompletter Text: *Strupp, Karl*, Urkunden zur Geschichte des Völkerrechts, Bd. 1. Bis zum Wiener Kongress 1878, 1911, Nr. XXX, S. 118-123.

Während der Verhandlungen des Wiener Kongresses vom 18. September 1814 bis zum 9. Juni 1815[557] wurden die Grenzen in Europa neu festgelegt. Die führende Rolle hatten die Großmächte Russland, Großbritannien, Österreich und Preußen inne.[558]

Großbritannien legte zwei Konzepte vor: die Wiederherstellung Polens in den Grenzen von 1772, von 1791 oder eine Aufrechterhaltung der Teilung mit bestimmten Auflagen für die Teilungsmächte. Am 7. Januar 1815 fiel die Grundsatzentscheidung für die Aufrechterhaltung der Teilung Polens, die mit einer erneuten Aufteilung des Herzogtums Warschau verbunden war. Eine Rückgängigmachung der Teilungen, das heißt die Wiederherstellung der historischen Grenzen Polens von 1772, war aber angesichts der inzwischen eingetretenen Machtverschiebungen von vornherein ausgeschlossen.[559] Die drei Teilungsmächte wollten keineswegs auf ihre ehemals zu Polen gehörenden Gebiete verzichten, da diese inzwischen für sie eine wichtige Grundlage ihrer gewachsenen Staatsmacht darstellten. Der Wiener Kongress erörterte deshalb hinsichtlich Polen nur die Frage, wie mit dem „Herzogtum Warschau" verfahren werden sollte.[560] Zar Alexander I. wollte das Gebiet des Herzogtums Warschau mit dem Russischen Reich verbinden. Österreich und Großbritannien waren dagegen, da dies eine russische Hegemonie begründet hätte. Am 3. Mai 1815 besiegelten zwei Verträge[561] die „vierte Teilung" und die Gründung des Königreichs Polen, sie gingen als integraler Bestandteil in die Wiener Schlussakte vom 9. Juni 1815[562] ein.[563] Ein Viertel des Territoriums und der Bevölkerung des Herzogtums Warschau wurde als Großherzogtum Posen[564] an das Königreich Preußen abgetreten.[565] Krakau wurde vom Herzogtum abgetrennt

557 Text der Wiener Kongressakte: *Strupp*, Urkunden zur Geschichte des Völkerrechts, Bd. 1, Nr. XXXII, S. 126 ff.

558 Vgl. *Doering-Manteuffel, Anselm*, Vom Wiener Kongress zur Pariser Konferenz. England, die deutsche Frage und das Mächtesystem 1815-1856, 1991, S. 36; *Chapman, Tim*, The Congress of Vienna. Origins, Processes and Results, 1998, S. 1.

559 Vgl. *Broszat*, 200 Jahre deutsche Polenpolitik, S. 57 f.

560 Vgl. *Broszat*, 200 Jahre deutsche Polenpolitik, S. 58.

561 Vertrag zwischen Russland und Österreich (poln. Text: *Radziwiłł/Winiarski*, Królestwo Polskie. Dokumenty, S. 37 ff.; franz. Text: *d'Angeberg*, Recueil des traités concernant la Pologne, S. 652-661) und der Vertrag zwischen Russland und Preußen (franz. Text: *d'Angeberg*, Recueil des traités concernant la Pologne, S. 662-674).

562 Poln. Text: *Radziwiłł/Winiarski*, Królestwo Polskie. Dokumenty, S. 56 ff.; franz. Text: *d'Angeberg*, Recueil des traités concernant la Pologne, S. 696 ff.; *Capefigue, Jean-Baptiste Honoré Raymond/Chodźko, Leonard*, Le Congrès de Vienne et les traités de 1815 par le Comte d'Angeberg, Bd. 2, 1863, S. 1386-1433.

563 Vgl. *Radziwiłł/Winiarski*, Królestwo Polskie. Dokumenty, S. 63-96.

564 Vgl. Anhang II, Karte 9. Hierzu zählen insbesondere Vorpommern, Rügen, Danzig und ein Teil Großpolens.

565 Vgl. *Rhode*, Staatliche Entwicklung, in: *Rhode*, Ostgebiete, S. 112.

und als Freie Stadt[566] anerkannt.[567] Aus dem übrigen Teil des Herzogtums, darunter auch dem Hauptteil der preußischen Gewinne aus der zweiten Teilung und den gesamten Erwerbungen Preußens und Österreichs aus der dritten Teilung, wurde das Königreich Polen gebildet.[568] Die Verträge vom 3. Mai 1815 sahen ferner für Polen Nationaleinrichtungen vor.[569] Schließlich wurde auch der russische, preußische und österreichische Besitz der ehemals polnischen Gebiete, die außerhalb des Herzogtums Warschau lagen, bestätigt.[570] Die Grenzziehungen von 1815[571] blieben ohne Veränderungen 100 Jahre lang bestehen.

C. Ehemals polnische Gebiete nach dem Wiener Kongress bis zum Jahre 1830

I. Kongresspolen

Der überwiegende Teil des bisherigen Herzogtums Warschau bildete mit dem „Königreich Polen“[572] eine neue Schöpfung.[573] Das Königreich[574] wurde auf einer Fläche von 127.321 km² errichtet.[575] In seiner ersten Ansprache an das polnische Volk machte der Zar deutlich, dass das neue Bündnis mit Russland unauflöslich sein sollte, was eindeutig gegen das Zugeständnis einer Autonomie für das Königreich sprach.[576] Der erste und der dritte Artikel der 165 Artikel umfassenden französischsprachigen Konstitution regelten, dass Polen auf ewig mit dem Russischen Reich durch die Person des polnischen Königs, welcher gleichzeitig der russische Zar war, verbunden sein sollte.[577] Das Königreich Polen bekam eine Verfassung, die seiner Bevölkerung nationale, politische, wirtschaftliche und kulturelle Freiheiten garantierte. Die Praxis war jedoch von einer Verwirklichung dieser

566 Vgl. Anhang II, Karte 9.

567 Poln. und franz. Text des Vertrages: *Tarnowska, Anna* (Hrsg.), Polskie dokumenty konstytucyjne 1790-1848, 2008, S. 19-30.

568 Vgl. *Rhode*, Staatliche Entwicklung, in: *Rhode*, Ostgebiete, S. 112; *Kutrzeba*, Verfassung und Recht, in: *Ćwiliński*, Das Königreich Polen, S. 78.

569 Vgl. *von Aretin*, Teilung, in: *Zernack*, Polen und die polnische Frage, S. 53.

570 *Broszat*, 200 Jahre deutsche Polenpolitik, S. 58 f.

571 Vgl. Anhang II, Karte 7.

572 Das Königreich Polen wurde auch als Kongresspolen bezeichnet.

573 Vgl. *Lawrow*, Das Schicksal der polnischen Frage, S. 61.

574 Vgl. Anhang II, Karte 8.

575 Vgl. Główny urząd statystyczny, Historia Polski w liczbach. Państwo Społeczeństwo, Bd. I, 2003, S. 147.

576 „Indem ich den Titel des Königs annehme, möchte ich die Wünsche der Nation anerkennen. Das Königreich wird mit dem Russischen Reich über die Artikel seiner eigenen Konstitution verbunden werden, auf der ich die Wohlfahrt des Landes gründen möchte“. Vgl. *Radziwiłł/Winiarski*, Królestwo Polskie. Dokumenty, S. 63 f.

577 Vgl. *Radziwiłł/Winiarski*, Królestwo Polskie. Dokumenty, S. 63 f.

Verfassungsgrundsätze weit entfernt. Sie wurden nämlich von Russland nur zu einem geringen Teil respektiert.[578] Am 27. November 1815 schwor Zar Alexander I. als König von Polen in Warschau einen Eid auf die Verfassung.[579] Der Wechsel von der französischen zur russischen Oberhoheit war mit keinem politischen Systemwechsel verbunden. Die im Jahre 1815 erlassene Verfassung knüpfte nämlich an das liberale, auf besitzbürgerlicher Grundlage beruhende System der napoleonischen Zeit an.[580] Die neue Verfassung war darüber hinaus noch stärker an die alten Traditionen Polens angelehnt. Obwohl die Verfassung zwar liberaler war, galt sie als weniger demokratisch.[581] Im Laufe der Zeit wurde die beschränkte Selbständigkeit der Polen immer weiter untergraben. Die Polen verloren im Laufe der Zeit immer mehr Rechte. So wurden zunächst die Meinungsfreiheit und anschließend auch die Pressefreiheit zurückgenommen.[582]

II. Großherzogtum Posen

Das Großherzogtum Posen[583] umfasste die Gebiete, die Preußen in der zweiten und dritten polnischen Teilung erworben hatte. Die Provinz lag wie auch die Provinzen Ost- und Westpreußen außerhalb der Grenzen des Deutschen Bundes, sodass Preußen sich in der Wiener Schlussakte dazu verpflichtet hatte, den Polen die „Bewahrung des Volkstums" zuzusichern und der Provinz einige wirtschaftliche Vorteile zukommen zu lassen. Damit hatte die Provinz eine Sonderstellung innerhalb Preußens inne.[584] In seinem Besitzergreifungspatent vom 15. Mai 1815 erklärte König Friedrich Wilhelm III. von Preußen, dass er ab sofort den Titel eines Großherzogs von Posen führen werde, aber auch einen Statthalter in Posen einsetzen wolle.[585] Landesfarben wurden Weiß-Rot, die Farben des alten polnischen Reiches.

---

578 Vgl. *Jużwenko/Wrzesiński*, Modernisierung, in: *Conze/Schramm/Zernack*, Modernisierung und nationale Gesellschaft, S. 126.

579 Vgl. *Kusber*, Kann der Zar König von Polen sein?, in: *Schnabel-Schüle/Gestrich*, Fremde Herrscher – Fremdes Volk, S. 256.

580 Zit. n.: *Kraft*, Polnische militärische Eliten, in: *Schnabel-Schüle/Gestrich*, Fremde Herrscher – Fremdes Volk, S. 285.

581 Vgl. *Kutrzeba*, Verfassung und Recht, in: *Ćwiliński*, Das Königreich Polen, S. 79.

582 Vgl. *Janowski*, Polska myśl liberalna, S. 51.

583 Die Polen bezeichnen die Provinz als Großpolen.

584 Vgl. *Jablonowski*, Russland, Polen und Deutschland, S. 275.

585 Die Proklamation des preußischen Königs an seine polnischen Untertanen vom 15. Mai 1815 lautet: „Auch Ihr habt ein Vaterland (...). Ihr werdet meiner Monarchie einverleibt, ohne Eure Nationalität verleugnen zu dürfen (...) Ihr werdet wie die übrigen Provinzen meines Reiches eine provinzielle Verfassung erhalten. Eure Religion soll aufrechterhalten (...), Eure Sprache soll neben der deutschen in allen öffentlichen Verhandlungen gebraucht werden, und jedem unter Euch soll nach Maßgabe seiner Fähigkeiten der Zutritt zu den öffentlichen Ämtern des Großherzogtums sowie zu den Ämtern, Ehren und Würden meines Reiches offenstehen. Mein unter Euch geborener Statthalter wird Euch residieren. Er wird

Zum Statthalter ernannte der König den polnischen Magnaten Anton Radziwiłł, der als Ehemann einer preußischen Prinzessin eng mit Preußen verbunden war.[586] Die wichtigste Errungenschaft im Großherzogtum war die Abschaffung der Leibeigenschaft der Bauern.[587] Sie hatte nationale und gesellschaftliche Bedeutung, weil sie dem Antagonismus zwischen den Bauern und der Szlachta ein Ende bereitete. Dies muss als ein großes Verdienst des preußischen Staates gewertet werden, denn in den restlichen ehemalig polnischen Gebieten kam es nicht zu dieser Errungenschaft.[588] Die politischen Freiheiten, die Preußen der polnischen Bevölkerung gewährte, dienten lediglich dem Zweck, die Polen für das preußische System zu gewinnen. Trotz allen Entgegenkommens war der polnische Adel nämlich nicht bereit, sich in den preußischen Staat zu integrieren.[589] Infolgedessen setzte sich in Preußen allmählich die Überlegung durch, eine Assimilation der Teilungsgebiete in den eigenen Staatsorganismus durch Zerstörung der nationalen Identität der Polen anzustreben.[590] Insbesondere die Proklamation des preußischen Monarchen lässt erkennen, dass er nicht gesonnen war oder sich nicht in der Lage sah, dem Großherzogtum Posen jenes Maß an Selbstregierung zu gewähren, das Alexander I. dem Königreich Polen zumindest in der Anfangszeit zugestanden hatte.[591] Im Wesen der preußischen Reformgesetzte und –bestrebungen, die nach dem Jahre 1815 auf Posen übertragen wurden, lag die Tendenz zur Vereinheitlichung des preußischen Gesamtstaates, wodurch der proklamierten Sonderstellung des Großherzogtums in mancherlei Hinsicht entgegengewirkt wurde. Ein Beispiel bildete die schon 1816/1817 auf dem Gebiet des preußischen Allgemeinen Landrechts und des preußischen Prozessverfahrens vorgenommene Angleichung an die übrigen

---

mich mir Euren Wünschen und Bedürfnissen und Euch mit den Absichten meiner Regierung bekanntmachen". Vgl. *Broszat*, 200 Jahre deutsche Polenpolitik, S. 61 f.

586 Vgl. *Meyer, Enno*, Die Polen im peußischen Staat, in: *Fechner*, Deutschland und Polen, S. 47-67 (47 f.); *Karwowski, Stanisław*, Historia Wielkiego Księstwa Poznańskiego, Bd. 1, 1815-1852, 1918, S. 21; *Laubert, Manfred*, Die Verwaltung der Provinz Posen 1815-47, 1923, S. 7.

587 Dies war im Gesetz vom 8. April 1823 über die Regulierung der gutsherrlichen und bäuerlichen Verhältnisse in der Provinz Posen geregelt. Die Hörigkeit der Bauern war bereits durch die Regierung des Herzogtums Warschau im Jahre 1807 aufgehoben worden.

588 Vgl. *Lawrow*, Das Schicksal der polnischen Frage, S. 75.

589 *Meyer*, Die Polen im preußischen Staat, in: *Fechner*, Deutschland und Polen, S. 50.

590 Vgl. *Jużwenko/Wrzesiński*, Modernisierung, in: *Conze/Schramm/Zernack*, Modernisierung und nationale Gesellschaft, S. 128.

591 Vgl. *Baske, Siegfried*, Praxis und Prinzipien der preußischen Polenpolitik vom Beginn der Reaktionszeit bis zur Gründung des Deutschen Reiches, in: *Bernath, Mathias/Jablonowski, Horst/Philipp, Werner* (Hrsg.), Forschungen zur osteuropäischen Geschichte, Bd. 9 (1963), S. 7-268 (15); *Broszat*, 200 Jahre deutsche Polenpolitik, S. 62.

preußischen Provinzen.[592] Trotz dieser ersten Anzeichen eines aufkeimenden Germanisierungsprozesses kann festgehalten werden, dass es Preußen zunächst nicht darum ging, die polnische Nationalität aus dem ehemals polnischen Territorium zu verdrängen.[593]

III. Galizien und Lodomerien

Das neu geschaffene österreichische Kronland „Galizien und Lodomerien" wurde zum Armenhaus der österreichisch-ungarischen Monarchie und blieb im Vergleich zu den anderen Teilungsgebieten rückständig.[594] Dies lag unter anderem am enormen Bevölkerungswachstum[595] und an der mangelnden österreichischen Investitionsfreude. Das Leben stagnierte, das Land blieb in seiner kulturellen Entwicklung weit zurück, es gab keine Industrie, sodass die Unzufriedenheit in der Bevölkerung wuchs.[596] Die unmittelbare nachnapoleonische Zeit war von Entwicklungen außerhalb seines Territoriums bestimmt. Um mit der Entwicklung im russischen Teilungsgebiet mitzuhalten, verlieh Wien Galizien den Rang eines Königreichs mit einer eigenen Kanzlei. Diese Verleihung bedeutete allerdings keine Selbständigkeit, denn der Einfluss der Österreicher blieb weiter bestehen.[597] Seit dem Wiener Kongress bemühte sich die österreichische Regierung darum, den polnischen Adel für sich zu gewinnen, indem etwa in den städtischen Schulen neben Deutsch auch Polnisch als Unterrichtssprache zugelassen wurde.[598]

IV. Die Freie Stadt Krakau

Der Wiener Kongress ließ vom ehemaligen polnischen Großreich ein kleines Stück übrig: die Stadt Krakau. Nach der Wiener Schlussakte wurde Krakau zur „freien, unabhängigen und streng neutralen Stadt" erklärt und unter den Schutz der Teilungsmächte gestellt. Krakau hatte diese politische Sonderstellung inne, weil man sich auf dem Wiener Kongress nicht auf eine eindeutige Zuordnung einigen konnte. Sie blieb daher als einziges polnisches Gebiet formal souverän. Krakau hatte zu diesem Zeitpunkt etwa 95.000 Einwohner und umfasste 1164 km^2.[599] Am

---

592 Vgl. *Broszat*, 200 Jahre deutsche Polenpolitik, S. 64.

593 Vgl. *Serrier, Thomas*, Provinz Posen, Ostmark, Wielkopolska. Eine Grenzregion zwischen Deutschen und Polen 1848-1914, 2005, S. 29.

594 Vgl. *Zgórniak, Marian*, Polska w czasach walk o niepodległość (1815-1864), 2001, S. 72.

595 Vgl. *Wandycz, Piotr S.*, The Lands of Partitioned Poland 1795-1918, 1974, S. 223.

596 Vgl. *Lawrow*, Das Schicksal der polnischen Frage, S. 79.

597 Vgl. *Maner*, Galizien, S. 64.

598 Vgl. *Maner*, Galizien, S. 66.

599 *Leśnodorski, Bogusław*, in: *Bardach, Juliusz/Leśnodorski, Bogusław/Pietrzak, Michał* (Hrsg.), Historia ustroju i prawa polskiego, 6. Aufl., 2009, S. 406.

3. Mai 1815 erhielt die „Republik Krakau“ eine Verfassung mit einer ausgedehnten Autonomie.[600]

6. Kapitel: Freiheitskämpfe und Unabhängigkeitsbewegungen der Polen

Die Polen hatten sich mit dem Verlust ihrer Staatlichkeit niemals abgefunden. Der Zeitraum vom Untergang bis zur Wiedererrichtung des unabhängigen Staates Polen im Jahre 1918 war daher von zahlreichen Kämpfen zur Erlangung ihrer Unabhängigkeit geprägt. Die Polen behielten ihr Nationalitätsgefühl und bewiesen, dass sie trotz fehlenden Staates als Nation niemals untergehen würden. Seit der Maiverfassung 1791 hatte sich in Polen ein revolutionäres Nationalgefühl gebildet. Eine seiner Ausdrucksformen waren die nationalen Geheimgesellschaften, die sich bereits im Jahre 1793 gebildet hatten.[601] Es folgt ein Überblick über die zahlreichen Aufstände und bewaffneten Erhebungen, die nicht erfolgreich waren und dadurch die Situation der polnischen Bevölkerung noch mehr verschlechterten[602]. Die Unabhängigkeitsbewegungen unterschieden sich in den einzelnen Teilungsgebieten in ihrer Intensität. In Kongresspolen beteiligten sich die Magnaten und Großgrundbesitzer nur mäßig an den nationalen Bestrebungen. Der Grund hierfür ist, dass sie aufgrund ihrer weitgehenden Autonomie und ihren Standesprivilegien nur wenig unter dem Druck der Regierung litten.[603] In den preußischen Gebieten und auch in Galizien zeichnete sich hingegen ein anderes Bild ab. In den preußischen Teilungsgebieten wirkte die „Liga Polska“.[604] Die Liga forderte wiederholt eine „nationale Reorganisation“.[605]

A. Die polnischen Legionen

Eine wichtige Form des organisierten Widerstandes im Exil bildeten die polnischen Legionen. Die polnischen Legionen wurden erstmals im Jahre 1797 in Italien

600 Vgl. *Röskau-Rydel, Isabel*, Die Freie Stadt Krakau (1815-1846) und ihre Grenze zu Galizien, in: *Augustynowicz, Christoph/Kappeler, Andreas* (Hrsg.), Die galizische Grenze 1772-1867: Kommunikation oder Isolation?, 2007, S. 143-156 (144).

601 Vgl. *Broszat*, 200 Jahre deutsche Polenpolitik, S. 41.

602 Vgl. *Gatter*, Der weiss-rote Traum, S. 29.

603 *Laeuen, Harald*, Polnische Tragödie, 2. Aufl., 1956, S. 255.

604 Am 25. Juni 1848 hatten mehrere polnische Abgeordnete der Preußischen Nationalversammlung in Berlin die „Liga Narodowa Polska“ (Polnische Nationalliga) gegründet und formulierten mit diesem Schritt eine Absage an die Tradition des bewaffneten Freiheitskampfes. Zweck der Liga Polska war es, auf dem Wege legaler Opposition die „Rechte und Freiheiten der Nation“ zu verteidigen. Vgl. *Pletzing, Christian*, Vom Völkerfrühling zum nationalen Konflikt. Deutscher und polnischer Nationalismus in Ost- und Westpreußen 1830-1871, 2003, S. 224 f.

605 *Pletzing*, Vom Völkerfrühling zum nationalen Konflikt, S. 306.

aus polnischen Kriegsgefangenen und Deserteuren der österreichischen Armee gebildet und von General Henryk Dąbrowski angeführt. Die Legionen hatten die Vorstellung, dass ihnen Napoleon bei der Wiederherstellung von Polens Unabhängigkeit helfen würde. Trotz dieser Hoffnungen gelangten die Legionen niemals nach Polen.[606]

Mit den polnischen Legionen entstand „Dąbrowskis Mazurka"[607], die den ursprünglichen Titel „Lied der polnischen Legionen in Italien" trug.[608] Das Lied wurde in allen Teilungsgebieten, insbesondere während der Aufstände, gesungen. Auf diese Weise wurde das Lied mit dem bekannten Text „Noch ist Polen nicht verloren"[609] zum Symbol des polnischen Widerstandes gegen die Fremdherrschaft und drückte den Willen der Polen zur Wiederherstellung ihres Staates aus.

B. Novemberaufstand 1830

Der Novemberaufstand von 1830/1831 war der erste größere Aufstand der Polen nach dem Wiener Kongress, mit dem sie ihre Unabhängigkeit wiedergewinnen wollten. Kongresspolen spielte aufgrund seiner zentralen Lage innerhalb der polnischen Teilungsgebiete im wirtschaftlichen, politischen und kulturellen Leben der ganzen Nation eine wichtige Rolle. Auf diese Weise hatte der erste Aufstand starken Einfluss auf die Polen und damit auch große Bedeutung für Galizien.[610] Für den Aufstand gab es gleich mehrere Gründe. Seit dem Bestehen Kongresspolens hielt sich der russische Zar nicht an die Verfassung, sodass der Unwille gegenüber der russischen Vorherrschaft wuchs.[611] Ferner herrschte Unzufriedenheit darüber, dass das Königreich nicht um die früheren Gebiete Litauens vergrößert wurde.[612] Darüber hinaus wollten die Aufständischen die Wiedergewinnung der durch die Teilungen verlorengegangenen Privilegien des Adelsstandes erreichen.[613] Mit dem Ausbruch der französischen Julirevolution im Jahre 1830 beschlossen auch die Polen, die Vorbereitungen für einen Aufstand im Königreich Polen zu intensivieren. Am 30. September 1830 fand eine geheime Versammlung der Mitglieder der

---

606 *Broszat*, 200 Jahre deutsche Polenpolitik, S. 46.

607 Sie ist seit dem Jahre 1927 offiziell die Nationalhymne Polens, wobei der Text vom ursprünglichen Lied der polnischen Legionen etwas abweicht.

608 *Józef Wybicki* schrieb den Text im Jahre 1797.

609 Offizielle Hymne: „Noch ist Polen nicht verloren, nicht solange wir leben. Was uns fremde Übermacht nahm, werden wir uns mit dem Säbel zurückholen". Ursprüngliche Version: „Noch ist Polen nicht gestorben, solange wir leben. Was uns fremde Macht entriss, werden wir mit dem Säbel zurückerobern".

610 *Röskau-Rydel, Isabel*, Deutsche Geschichte im Osten. Galizien, 1999, S. 77.

611 *Arnold/Żychowski*, Abriss der Geschichte Polens, S. 98.

612 Vgl. *Mochnacki, Maurycy*, Powstanie narodu polskiego w roku 1830 i 1831, Bd. 2, 1984, S. 270 f.

613 Vgl. *Mochnacki, Maurycy*, Powstanie narodu polskiego w roku 1830 i 1831, Bd. 1, 1984, S. 86 ff.

„Patriotischen Partei" in Warschau statt. Die Pläne zur Organisation des Aufstandes sahen vor, dass sich dieser zunächst auf Warschau und die direkte Umgebung konzentrieren sollte. Von dort aus sollten dann „die Flammen der Erhebung" das ganze Land erfassen.[614] Am 29. November 1830 brach der Aufstand schließlich aus.[615] Der folgenschwere Beschluss des polnischen Sejm und der Regierung vom 25. Januar 1831, Zar Nikolaus I. als König von Kongresspolen abzusetzen und eine nationale Übergangsregierung zu bilden,[616] führte zu einem offenen Krieg gegen Russland.[617] Am 21. Oktober 1831 schließlich war der Aufstand niedergeschlagen. Der mutige Versuch der Polen, ihre Freiheit wiederzuerlangen, war damit beendet.[618] Die Beteiligung der Polen aus dem Posener Gebiet an dem Novemberaufstand 1830 hatte auch der preußischen Regierung verdeutlicht, was sie im Ernstfall von ihren „Untertanen" zu erwarten hatte.[619]

C. Der Aufstand in Galizien 1846

Vor allem in Krakau bildeten sich immer mehr Geheimgesellschaften. Ziel dieser Verbünde war die Vorbereitung eines neuen Aufstandes, dieses Mal auf österreichischem und preußischem Territorium. Als die jahrelang geplante Erhebung im Jahre 1846 ausbrach, war sie vom ersten Tag an zum Scheitern verurteilt. Die polnischen Verschwörer in Posen wurden verraten und durch die preußischen Behörden verhaftet.[620] Der Aufstand von 1846 in Galizien sticht innerhalb der Reihe der polnischen Aufstände besonders hervor. Das Besondere an diesem Aufstand bestand darin, dass trotz des fortschrittlichen Programms, nämlich der Beseitigung des Adels als herrschende Klasse, der Gleichheit der Stände und der Aufhebung der Leibeigenschaft sowie der Frondienste, die polnischen Bauernmassen nicht gewonnen werden konnten. Vielmehr war es so, dass die österreichische Teilungsmacht die Bauern für sich gewinnen konnte[621] und diese Österreich dabei unterstützt haben, den Aufstand niederzuschlagen. Die Gründe für diese ungewöhnliche Entscheidung waren das tiefe Misstrauen der Bauern gegenüber den adeligen Führern

614 *Gill, Arnold*, Freiheitskämpfe der Polen im 19. Jahrhundert, Erhebungen – Aufstände – Revolutionen, 1997, S. 134.

615 Vgl. *Trzeciakowski, Lech*, Ziemie polskie pod panowaniem państw zaborczych (1815-1918), in: *Topolski, Jerzy* (Hrsg.), Dzieje Polski, 1976, S. 446-608 (467); *Kunz, Hermann*, Der polnisch-russische Krieg von 1831, 1890, S. 2.

616 Vgl. *Bortnowski, Władysław*, Walka o cele powstania listopadowego, 1960, S. 71 ff.

617 *Gill*, Freiheitskämpfe, S. 152.

618 Vgl. *Kunz*, Der polnisch-russische Krieg, S. 201; *Trzeciakowski*, Ziemie polskie, in: *Topolski*, Dzieje Polski, S. 474.

619 *Perdelwitz, Richard*, Die Posener Polen von 1815-1914. Ein Jahrhundert großpolnischer Ideengeschichte, 1936, S. 23.

620 *Gatter*, Der weiss-rote Traum, S. 36.

621 Vgl. *Röskau-Rydel*, Deutsche Geschichte im Osten, S. 87; *Żychowski, Marian*, Rok 1846 w Rzeczypospolitej Krakowskiej i Galicji, 1956, S. 166 ff.

des Aufstandes[622] und der jahrhundertelang verwurzelte Hass gegenüber dem Landadel. So wurde der Aufstand in Galizien blutig niedergeschlagen, indem die „eigenen Bauern" Tausende der landadeligen Aufständischen ermordeten.[623]

D. Völkerfrühling 1848 und Liga Polska

Die Revolution von 1848/49 brachte für die Idee des Nationalismus sowohl Erfolg als auch Misserfolg mit sich. Zwar scheiterte der Versuch einer polnischen Nationalstaatsgründung, doch setzte sich die Nation als politische Ordnungsvorstellung endgültig durch.[624] Ausgehend von Krakau sollte nach dem Plan der Verschwörer in allen drei Teilungsgebieten Polens ein gleichzeitiger Aufstand versucht werden. Das Unternehmen scheiterte aber von Anfang an. In Galizien rief es sogar eine nationale Gegenerhebung hervor. In Posen und in der Provinz Westpreußen wurde die Verschwörung rechtzeitig entdeckt.[625] In den polnischen Landesteilen Preußens, vornehmlich in Posen, hatten die Ereignisse von 1848 erstmals eine scharfe Frontstellung zwischen deutscher und polnischer Bevölkerung zur Folge. Deutsche und Polen fingen an, sich etwa in Vereinen und Organisationen voneinander abzugrenzen.[626] Der erneut fehlgeschlagene Versuch Polens, Unabhängigkeit zu erreichen, führte am 25. Juni 1848 zur Gründung der „Liga Narodowa Polska" (Polnische Nationalliga). Der Satzungsentwurf[627] der neuen Organisation formulierte das „nationale Interesse auf dem Wege der Öffentlichkeit und Legalität zu bewahren, zu vertreten, zu unterstützen und zu entfalten" als ihre Aufgabe. Unter einer Zentraldirektion mit Sitz in Posen sollte sich jeweils eine Liga in Schlesien, in Posen und der Provinz Preußen konstituieren.[628] Das Vereinsgesetz vom 11. März 1850, mit dem jede organisierte politische Tätigkeit in der preußischen Monarchie unterbunden werden sollte, traf auch die Liga. Den regional organisierten Vereinen der Liga fehlte damit praktisch jede Voraussetzung für ihre Existenz, sodass die Organisation immer mehr zusammenbrach.[629]

E. Letzter bewaffneter Aufstand: Der Januar-Aufstand 1863/1864

Am 17. Oktober 1861 wurde in Warschau von einigen Politikern der Linken ein Komitee gebildet, das die Aufgabe hatte, zunächst im russischen Teilungsgebiet

---

622 Vgl. *Żychowski*, Rok 1846, S. 131.
623 *Gill*, Freiheitskämpfe, S. 87.
624 Vgl. *Pletzing*, Vom Völkerfrühling zum nationalen Konflikt, S. 311.
625 *Broszat*, 200 Jahre deutsche Polenpolitik, S. 80.
626 *Broszat*, 200 Jahre deutsche Polenpolitik, S. 86.
627 Die endgültige Satzung wurde auf der Generalversammlung der Delegierten vom 10. bis 12. Januar 1849 verabschiedet. Vgl. *Böhning, Peter*, Die nationalpolnische Bewegung in Westpreussen 1815-1871. Ein Beitrag zum Integrationsprozess der polnischen Nation, 1973, S. 92.
628 Vgl. *Böhning*, Die nationalpolnische Bewegung in Westpreussen, S. 86 f.
629 *Böhning*, Die nationalpolnische Bewegung in Westpreussen, S. 99.

den Aufstand vorzubereiten. Zur gleichen Zeit entstand in Königsberg eine geheime Organisation von Offizieren niederer Ränge, der überwiegend der ärmere Landadel angehörte. Der Führer dieser Organisation auf ehemals polnischem Boden war Hauptmann Jarosław Dąbrowski. Im Mai 1861 nahm die Organisation den Namen „Nationales Zentralkomitee" an. Die Mitglieder dieses Zentralkomitees wurden als die „Roten" bezeichnet.[630] Da dieser neuen Organisation nur die Linken angehörten, beschlossen die Konservativen, eine eigene geheime Vereinigung, die den Namen „Landesdirektion" tragen sollte, zu gründen.[631] Die Angehörigen dieser Gegenbewegung wurden als die „Weißen" bezeichnet.[632] Da die beiden Vereinigungen anfangs keine Erfolge erzielten, starteten die „Roten" und „Weißen" den Versuch zusammenzuarbeiten. Allerdings waren die Unterschiede in den politischen Ansichten zu unterschiedlich. Das Resultat war schließlich, dass beide Seiten keine nennenswerten Schritte unternahmen und in ihrem Handeln stagnierten. Erst mit der Interaktion von Dąbrowski kam die Organisation des Aufstandes immer weiter voran.[633] Das „Zentralkomitee" rief am 22. Januar 1863 den Aufstand aus, erklärte sich in einem Manifest zur „Provisorischen Nationalen Regierung" und rief die Bevölkerung des früheren Polens, Litauens und Weißrutheniens zum Kampf gegen die russische Teilungsmacht auf.[634] Im Manifest stand neben einem unabhängigen polnischen Staat in den Grenzen von 1771[635] die Bauernfrage im Vordergrund. Der Unfähigkeit der polnischen Führung zur Mobilisierung der Aufständischen ist es geschuldet, dass der Aufstand, der in der Nacht zum 24. Januar 1863 ausbrach,[636] nicht erfolgreich war. Aufgrund der chaotischen Umstände gingen die Aktionen der Aufständischen immer mehr zurück. Hinzu kam, dass die Teilungsmächte sich gegen die Aufständischen verbündeten. Am 8. Februar 1863 schloss Preußen mit Russland die Konvention von Alvensleben[637], in der sie sich verpflichteten, gegen die polnische Erhebung gemeinsam mit militärischen Mitteln vorzugehen.[638] Die Konvention sah weiterhin vor, dass sowohl preußischen als auch russischen Truppen bei der Verfolgung der Aufständischen der Grenzübertritt auf das Territorium des jeweiligen Nachbarstaates erlaubt war.[639]

---

630 Vgl. *Trzeciakowski*, Ziemie polskie, in: *Topolski*, Dzieje Polski, S. 487.

631 *Gill*, Freiheitskämpfe, S. 370.

632 Vgl. *Trzeciakowski*, Ziemie polskie, in: *Topolski*, Dzieje Polski, S. 487.

633 Vgl. *Trzeciakowski*, Ziemie polskie, in: *Topolski*, Dzieje Polski, S. 487 f.

634 Vgl. *Gentzen, Felix-Heinrich*, Grosspolen im Januaraufstand. Das Großherzogtum Posen 1858-1864, 1958, S. 131 f.; *Gill*, Freiheitskämpfe, S. 372.

635 Vgl. *Trzeciakowski*, Ziemie polskie, in: *Topolski*, Dzieje Polski, S. 488.

636 Vgl. *Karwowski*, Historia Wielkiego Księstwa Poznańskiego, Bd. 2, S. 97.

637 Gustav von Alvensleben war ein preußischer Generaladjutant, der auf Weisung Bismarcks und des Königs die Konvention in Sankt Petersburg schloss.

638 Vgl. *Gentzen*, Grosspolen im Januaraufstand, S. 213; *Zdrada, Jerzy*, Historia Polski. 1795-1914, 2005, S. 461.

639 Vgl. *Scheidt, Hellmuth*, Konvention Alvensleben und Interventionspolitik der Mächte in der polnischen Frage 1863, 1937, S. 27 f.; *Gill*, Freiheitskämpfe, S. 382.

Die Niederschlagung des Aufstandes stellte eine bedeutende Zäsur in der Geschichte Polens im 19. Jahrhundert dar. Mit ihm endete der bewaffnete Kampf um Freiheit und Unabhängigkeit.[640] Die Polen sahen nun ein, dass es unmöglich war, die Freiheit durch bewaffnete Erhebungen zu erreichen. Die Aufstände hatten vielmehr stets nur noch größere Repressalien der Teilungsmächte zur Folge.[641]

F. Organische Arbeit

Die Zeit nach dem letzten Aufstand bis zum Jahre 1914 wird allgemein als eine friedliche und damit konfliktarme Zeit der sogenannten „organischen Arbeit" beschrieben. Mit der „organischen Arbeit" wurde eine Ideologie umschrieben, die den Einsatz der Kräfte der Nation zu sinnvoller Arbeit anstelle von fruchtlosen Aufständen vorsah.[642] Die Entstehung der Arbeiterklasse war dabei von großer Bedeutung für das weitere Schicksal der ganzen Nation, deren Entwicklung sie entscheidend beeinflusste. Die Zielsetzungen der organischen Arbeit waren eine redliche und kollektive Arbeit, Solidarität aller Klassen und Schichten und die Eintracht der Kirche mit dem nationalen Leben. Mit Hilfe dieser Prinzipien sollte von innen heraus in allen gesellschaftlichen Schichten das staatliche Band der Polen geknüpft werden.[643] Das im Jahre 1869 erarbeitete Programm bezeichnete die organische Arbeit als Mittel zum Widerstand gegen den Germanisierungsdruck.[644]

G. Liga Narodowa (Nationale Liga)

Die im August 1887 von einem Kreis polnischer Patrioten in der Schweiz als Geheimorganisation gegründete Polnische Liga (Liga Polska) strebte nach einem freien Polen in den Grenzen vor den Teilungen.[645] Das Ziel der Polnischen Liga war, mit Hilfe einer in allen Teilungsgebieten wirkenden streng konspirativen Organisation den „aktiven Widerstand" gegen die Teilungsmächte neu zu beleben und mit der Aufstellung militärischer Kader zu beginnen, um bei günstiger Gelegenheit für

---

640 Vgl. *Loose, Ingo*, Der Erste Weltkrieg als Eschatologie. Staatliche Einheit und Sinnstiftung in der Zweiten Polnischen Republik 1918-1939, in: *Stegmann, Natali* (Hrsg.), Die Weltkriege als symbolische Bezugspunkte, 2009, S. 39-57 (41).

641 *Gatter*, Der weiss-rote Traum, S. 39 f.

642 Vgl. *Pletzing*, Vom Völkerfrühling zum nationalen Konflikt, S. 225; *Gerlich, Hubert*, Organische Arbeit und nationale Einheit. Polen und Deutschland (1830-1880) aus der Sicht Richard Roepells, 2004, S. 59.

643 *Gerlich*, Organische Arbeit, S. 60; *Böhning*, Die nationalpolnische Bewegung in Westpreussen, S. 102 ff.

644 Vgl. *Arnold/Żychowski*, Abriss der Geschichte Polens, S. 144; *Jużwenko/Wrzesiński*, Modernisierung, in: *Conze/Schramm/Zernack*, Modernisierung und nationale Gesellschaft, S. 129 f.

645 Das Statut, das heute in der Bibliothek von Rapperswil aufbewahrt ist, ist auf den 15. Dezember 1887 datiert. Vgl. *Kozicki, Stanisław*, Historia Ligi Narodowej (okres 1887-1907), 1964, S. 53 f.

einen Aufstand bereit zu sein.[646] Innerhalb der Liga kam es aber zwischen den Idealisten im Exil und den Realisten im Lande, darunter waren die Mitglieder der neu gegründeten Warschauer Gruppe, in der Frage der Vorbereitung eines künftigen Aufstands zu Uneinigkeit. So machte sich unter der Führung von Dmowski die Warschauer Gruppe im Frühjahr 1893 selbständig[647] und gründete die Liga Narodowa (Nationale Liga).[648] Die Liga Polska hörte damit praktisch auf zu existieren. Das Ziel der Liga Narodowa, die offiziell am 1. April 1893 neu gegründet wurde und in allen drei Teilungsgebieten wirkte, war die Schaffung eines einheitlichen polnischen Staates. Aus der Liga Narodowa ging wiederum im Jahre 1897 die Nationaldemokratische Partei unter der Führung von Roman Dmowski hervor.[649]

7. Kapitel: Wesentliche Einschnitte in den Teilungsgebieten seit dem Jahre 1830

A. Kongresspolen

Die Folge des Novemberaufstands im Jahre 1830 war die Auflösung und Angliederung Kongresspolens an Russland.[650] Nachdem der Aufstand niedergeworfen worden war, ersetzten der Kaiser von Russland und der König von Polen, Nikolaus I., die Verfassung des Königreichs durch ein „Organisches Statut". Das Königreich wurde infolge des neuen Statuts mit Russland verbunden. Am 14. (26.) Februar 1832 wurden die neue Verfassung verkündet und neue Verwaltungsstrukturen eingeführt.[651] Ein wichtiger Punkt des Gesetzeswerkes war, dass die Krönung des polnischen Königs wegfiel.[652] Aufgrund der neuen Verfassung verloren die Polen ihre zugesicherten Freiheiten und gleichzeitig ihre in großen Teilen gewährte Autonomie. Eine weitere verheerende Folge war, dass russische Vertreter die hohen Verwaltungsämter im Königreich übernahmen.[653] Mit der Herrschaft des neuen Zaren Nikolaus I. verstärkten sich gleichzeitig die politische Unterdrückung und die polizeilichen Repressalien. Folge hiervon war, dass der Widerstand gegen die Gewaltherrschaft wuchs.[654] Infolge des Verlustes der

646 *Hausmann, Kurt Georg*, Die politischen Ideen Roman Dmowskis. Ein Beitrag zur Geschichte des Nationalismus in Ostmitteleuropa vor dem Ersten Weltkrieg, Bd. 1, 1968, S. 12.
647 Vgl. *Hausmann*, Die politischen Ideen Roman Dmowskis, Bd. 1, S. 15.
648 Vgl. *Orzechowski, Marian*, Narodowa Demokracja na Górnym Śląsku (do 1918 roku), 1965, S. 62; *Kozicki*, Historia Ligi Narodowej, S. 78.
649 Vgl. *Hausmann*, Die politischen Ideen Roman Dmowskis, Bd. 1, S. 15.
650 Vgl. *Łepkowski*, Polska, S. 137; *Zgórniak*, Polska w czasach walk o niepodległość, S. 177.
651 Vgl. *Kukulski, Jerzy*, Sto lat Rosji w Królestwie Polskim (1815-1915), 2005, S. 49.
652 Vgl. *Kutrzeba*, Verfassung und Recht, in: *Ćwiliński*, Das Königreich Polen, S. 82.
653 Vgl. *Kukulski*, Sto lat Rosji w Królestwie Polskim, S. 48.
654 Vgl. *Arnold/Żychowski*, Abriss der Geschichte Polens, S. 99.

Sonderstellung Kongresspolens setzte eine Wende in der russischen Politik gegenüber dem ehemals polnischen Gebiet ein.[655] Nach und nach mussten sich die Polen der russischen Administration unterstellen. Beispiele hierfür sind etwa, dass im Jahre 1837 die Wojewodschaften in Guberien umbenannt wurden,[656] im Jahre 1839 die Unterrichtsangelegenheiten, im Jahre 1846 das Verkehrswesen und schließlich im Jahre 1851 das Postwesen den polnischen Behörden entzogen und dem russischen Ministerium unterstellt wurden.[657] Im Jahre 1837 wurde Russisch zur Amtssprache erhoben.[658] Damit wurde deutlich, dass im ehemaligen Kongresspolen der Russifizierungsprozess eingesetzt hatte. Positiv war für die Polen, dass das Land unter der russischen Verwaltung auf allen Gebieten einen großen Aufschwung erfahren hatte. Handel und Ackerbau wuchsen kontinuierlich.[659] Die Entscheidung zur endgültigen Vereinigung Kongresspolens mit dem Zarenreich fiel am 12. (24.) Dezember 1864 während der Sitzungen des Komitees zur Frage des Königreichs Polen.[660] Mit den Reformen aus dem Jahre 1867 wurde offenkundig, dass Petersburg eine Umgestaltung der Verwaltung in Kongresspolen hin zu einer Verschmelzung mit dem Zarenreich verfolgte. Ab diesem Zeitpunkt galten die Gesetze des Zarenreiches unmittelbar im Königreich Polen.[661] Sämtliche Ämter wurden mit russischen Vertretern, die sich nach russischen Vorschriften zu richten hatten, besetzt. Parallel zu diesem Vorgang lief die Russifizierung des Schulwesens ab.[662] So wurde die Sonderstellung des Königreichs aufgehoben.

B. Krakau

Nach dem Krakauer Aufstand im Jahre 1846 annektierte Österreich die Freie Stadt Krakau und gliederte es seiner Monarchie ein.[663] Formal stützte sich die Besetzung Krakaus auf einen am 14. Oktober 1835 geschlossenen Geheimvertrag zwischen Österreich, Russland und Preußen, der auf Veranlassung des russischen Zaren zustande kam. Die drei Mächte hatten in dem Vertrag vereinbart, dass Krakau zu einem späteren nicht näher bestimmten Zeitpunkt in die Habsburgmonarchie einverleibt werden sollte, um auf diese Weise den revolutionären Aktivitäten ein Ende zu bereiten.[664]

---

655 Vgl. *Kukulski*, Sto lat Rosji w Królestwie Polskim, S. 48.
656 Vgl. *Zgórniak*, Polska w czasach walk o niepodległość, S. 177.
657 Vgl. *Kutrzeba*, Verfassung und Recht, in: *Ćwiliński*, Das Königreich Polen, S. 83.
658 Vgl. *Kukulski*, Sto lat Rosji w Królestwie Polskim, S. 50.
659 Vgl. *Kunz*, Der polnisch-russische Krieg, S. 1.
660 Vgl. *Kukulski*, Sto lat Rosji w Królestwie Polskim, S. 187.
661 Vgl. *Buszko, Józef*, Od niewoli do niepodległości (1864-1918), 2000, S. 69; *Kukulski*, Sto lat Rosji w Królestwie Polskim, S. 189 ff.
662 Vgl. *Buszko*, Od niewoli do niepodległości, S. 77.
663 Vgl. *Łepkowski*, Polska, S. 137.
664 Vgl. *Labuda*, Polska granica zachodnia, S. 149; *Maner*, Galizien, S. 86.

C. Die preußischen Gebiete

Die Revolution im März 1848 führte eine Wende in der preußischen Polenpolitik herbei. In den Polen flammte wieder die Hoffnung auf, ihre nationalen Belange durchsetzen zu können. Unter der Bedingung, dass die Polen die gesetzliche Ordnung und die Autorität der Behörden respektierten, erlaubte der preußische König die Errichtung einer Kommission und die Reorganisation des Großherzogtums, die Reorganisationskommission.[665] Das Ende der Reorganisationsbestrebungen kam mit der Paulskirchenversammlung im Jahre 1848.[666] Während die polnischen Bauern zunächst nichts anderes als „Preußen" sein wollten, bestand die polnische Führung auf der Erfüllung der zugesagten „Nationalen Reorganisation" des Großherzogtums Posen.[667] Die polnischen Forderungen sahen eine Wiedergewinnung der Grenzen von 1772 nach Westen hin vor.[668] Die deutsche Seite forderte eine an den deutschen Staat reichende Demarkationslinie, die sich immer weiter nach Osten schob.[669] Die Frankfurter Nationalversammlung stand demgemäß vor einer schwierigen Aufgabe. Während der „Polen-Debatte" vom 24. bis zum 27. Juli 1848 entschied sich das frei gewählte deutsche Parlament gegen den nationalen Anspruch der Polen und votierte für die Eingliederung des Großherzogtums Posen in den Deutschen Bund.[670] Damit verlor das Großherzogtum seine territoriale Autonomie und Sonderstellung innerhalb Preußens.[671] Die Deutschen wollten keinen Teil ihres Staates verlieren, sondern die Eindeutschung ihrer Nationalstaaten. Folglich hatte die „Polen-Debatte" in der Frankfurter Paulskirche die Unvereinbarkeit der deutschen und polnischen Forderungen im Fall Posen deutlich gemacht.[672] Die „Polen-Debatte" leitete das definitive Ende der deutschen „Polenfreundschaft" ein und bildete den Auftakt für die deutsch-polnische Konfrontation.[673] Der Vorstoß der Polen während der Paulskirchenversammlung gab Bismarck den Anlass, um gegen die polnische Bevölkerung vorzugehen.[674] Auf seine Initiative hin kam aufgrund

---

665 Vgl. *Baske*, Praxis und Prinzipien, in: *Bernath/Jablonowski/Philipp*, Forschungen zur osteuropäischen Geschichte, Bd. 9, S. 16 f.

666 Vgl. *Müller, Michael G./Schönemann, Bernd*, Die „Polen-Debatte" in der Frankfurter Paulskirche, 1991, S. 9 ff.

667 Vgl. *Böhning*, Die nationalpolnische Bewegung in Westpreussen, S. 79.

668 Vgl. *Rothfels, Hans*, Bismarck, der Osten und das Reich, 1960, S. 6; *Balzer, Brigitte*, Die preußische Polenpolitik 1894-1908 und die Haltung der deutschen konservativen und liberalen Parteien. Unter besonderer Berücksichtigung der Provinz Posen, 1990, S. 25.

669 Vgl. *Rothfels*, Bismarck, S. 7; *Müller/Schönemann*, Die „Polen-Debatte", S. 15.

670 Vgl. *Balzer*, Die preußische Polenpolitik 1894-1908, S. 26; *Müller/Schönemann*, Die „Polen-Debatte", S. 9 f.

671 Vgl. *Łepkowski*, Polska, S. 137.

672 Vgl. *Serrier*, Provinz Posen, S. 32 f.

673 Vgl. *Müller/Schönemann*, Die „Polen-Debatte", S. 9.

674 Vgl. *Hagen, William W.*, Germans, Poles and Jews. The Nationality Conflict in the Prussian East 1772-1914, 1980, S. 120.

der Erkenntnis, dass das Wiederaufleben der „polnischen Frage“[675] als internationales Problem nur durch das gemeinsame Vorgehen aller drei Teilungsmächte verhindert werden kann, im Jahre 1872 das Dreikaisertreffen in Berlin[676] zustande. Bei diesem Treffen sollte eine gemeinsame Aktion zum „Entnationalisieren der Polen“ eingeleitet und auf dieser Grundlage das schwindende Einvernehmen der drei Teilungsmächte wieder gefestigt werden.[677] In Schlesien, Pommerellen und der Provinz Posen setzte daraufhin ein scharfer antipolnischer Kurs ein.[678] In der Folgezeit begann ein umfangreicher Germanisierungsprozess in den ehemals polnischen Gebieten. Er beinhaltete die Verdrängung der polnischen Sprache und die Besetzung der Ämter in der öffentlichen Verwaltung, in der Kirche sowie im Schul- und Gerichtswesen durch Deutsche.[679] In den Jahren 1871 bis 1914 entwickelten sich die Germanisierungsbestrebungen zu einer deutsch-nationalen Kampfpolitik.[680] Die preußische Regierung verstärkte immer mehr ihre Repressalien gegen die Polen und stand zugleich im Kampf gegen die katholische Kirche.[681] Diese Politik, der sogenannte „Kulturkampf“,[682] schloss damit auch die Polen ein und nahm in Posen

---

675 In der Sprache der europäischen Botschaften und Kabinette des 19. Jahrhunderts bezeichnete die „polnische Frage“ die Gesamtheit dessen, was mit der geteilten Nation im Zusammenhang stand. Jede Teilungsmacht hatte daher eine eigene „Polenpolitik“ entwickelt. Vgl. *Serrier*, Provinz Posen, S. 27.

676 Das Dreikaisertreffen fand vom 9. bis zum 11. September 1872 zwischen dem österreichisch-ungarischen Monarchen Franz Joseph. I., dem deutschen Kaiser Wilhelm I. und dem russischen Zaren Alexander II. in Berlin statt.

677 Vgl. *Arnold/Żychowski*, Abriss der Geschichte Polens, S. 142; *Hagen*, Germans, Poles and Jews, S. 167; *Wehler, Hans-Ulrich*, Krisenherde des Kaiserreichs 1871-1918. Studien zur deutschen Sozial- und Verfassungsgeschichte, 1970, S. 183.

678 Vgl. *Arnold/Żychowski*, Abriss der Geschichte Polens, S. 142.

679 Vgl. *Nodzyński, Tomasz*, Naród i jego przyszłość w poglądach Polaków w Wielkim Księstwie Poznańskim 1815-1850, 2004, S. 34.

680 Vgl. *Broszat*, 200 Jahre deutsche Polenpolitik, S. 96 f.; *Trzeciakowski, Lech*, Pod pruskim zaborem 1850-1918, 1973, S. 104.

681 Vgl. *Trzeciakowski*, Pod pruskim zaborem, S. 108 ff. Es ging den führenden preußischen Staatsmännern nicht um Beseitigung, sondern um die Herrschaft des Staates über die Kirche. Vgl. *Dettmer, Günter*, Die ost- und westpreussischen Verwaltungsbehörden im Kulturkampf, in: *Hubatsch, Walther* (Hrsg.), Studien zur Geschichte Preussens, Bd. 2, 1958, S. 120.

682 Als Kulturkampf in Deutschland wird traditionell die Auseinandersetzung zwischen dem Königreich Preußen und später dem Deutschen Kaiserreich unter Bismarck und der katholischen Kirche unter Papst Pius IX. bezeichnet. Die Auseinandersetzungen eskalierten ab 1871 und wurden 1878 beendet. Vgl. *Arnold/Żychowski*, Abriss der Geschichte Polens, S. 143. Näheres zum Kulturkampf in den ehemals polnischen Gebieten in: *Franz, Georg*, Kulturkampf. Staat und katholische Kirche in Mitteleuropa von der Säkularisation bis zum Abschluss des preussischen Kulturkampfes, 1954, S. 11; *Trzeciakowski, Lech*, Kulturkampf w zaborze pruskim, 1970, S. 9; *Hagen*, Germans, Poles and Jews, S. 128 ff.

besonders heftige Formen an.[683] Die Seele der polnischen Nationalbestrebungen war nach Bismarcks Überzeugung die Kirche. Deswegen musste man diese treffen, wenn man dem Deutschtum im Osten wieder aufhelfen wollte.[684] Das schärfste Kampfgesetz des Kulturkampfes war das Ausweisungsgesetz.[685] Es bildete gleichzeitig einen weiteren Schritt in der Germanisierungswelle, denn es ermöglichte die Ausweisung von etwa 30.000 Polen[686] aus dem Reichsgebiet seit dem März 1885. Dass die Vertreibung der Polen aber erst der Auftakt war, bewies die im Jahre 1886 gegründete Ansiedlungskommission, die die „Germanisierung des Bodens“ zum Ziel hatte.[687] Die Ansiedlungskommission sollte den Ankauf von polnischem Gutsbesitz aus einem Fonds von hundert Millionen Mark kontrollieren.[688] Bis zum Jahre 1914 konnten auf diese Weise mehr als 22.000 Bauern mit ihren Angehörigen, also knapp 120.000 Deutsche, angesiedelt werden.[689] Diese radikale Politik Bismarcks

---

683 Vgl. *Wehler, Hans-Ulrich*, Krisenherde des Kaiserreichs 1871-1918. Studien zur deutschen Sozial- und Verfassungsgeschichte, 1970, S. 186; *Nodzyński*, Naród i jego przyszłość, S. 39 f.; *Balzer*, Die preußische Polenpolitik 1894-1908, S. 27.

684 Vgl. *Wendt, Hans*, Bismarck und die polnische Frage, 1922, S. 39; als Maßnahme wurden die vier kirchenpolitischen Gesetze, alsbald Maigesetze genannt, am 11., 12., 13., und 14. Mai 1873 veröffentlicht (vgl. *Kißling, Johannes B.*, Geschichte des Kulturkampfes im Deutschen Reiche. Die Kulturkampfgesetzgebung 1871-1874, Zweiter Band, 1913, S. 226; *Schmidt-Volkmar, Erich*, Der Kulturkampf in Deutschland 1871-1890, 1962, S. 113 ff.; *Wąsicki, Jan*, Związek Niemiecki i Druga Rzesza Niemiecka 1848-1914, 1989, S. 520 ff.; *Wahl, Adalbert*, Deutsche Geschichte. Von der Reichsgründung bis zum Ausbruch des Weltkriegs [1871 bis 1914], Bd. 1, 1926, S. 186). Die Maigesetze trafen die kirchliche Selbständigkeit in ihren Kernpunkten: der Ausbildung und Anstellung der Geistlichen sowie der geistlichen Jurisdiktionsgewalt. Daraus wird ersichtlich, dass durch die gesetzgeberischen Mittel die Hierarchie der römisch-katholischen Kirche zerstört werden sollte. Vgl. *Franz, Georg*, Kulturkampf. Staat und katholische Kirche in Mitteleuropa von der Säkularisation bis zum Abschluss des preussischen Kulturkampfes, 1954, S. 234 f.

685 Vgl. *Schmidt-Volkmar*, Der Kulturkampf in Deutschland, S. 135.

686 Vgl. *Wendt*, Bismarck und die polnische Frage, S. 57.

687 Vgl. *von Both, Heinrich*, Die staatliche Ansiedlungstätigkeit in Westpreußen und Posen, in: *Mitscherlich, Waldemar* (Hrsg.), Die Ostmark. Eine Einführung in die Probleme ihrer Wirtschaftsgeschichte, 1911, S. 75-104 (86 ff.).

688 Vgl. *Bernhard, Ludwig*, Das polnische Gemeinwesen im preußischen Staat. Die Polenfrage, 2. Aufl., 1910, S. 119 ff.; *Wendt*, Bismarck und die polnische Frage, S. 61; *Meyer*, Die Polen im preußischen Staat, in: *Fechner*, Deutschland und Polen, S. 60.

689 Aufgrund der Erfolgslosigkeit des Kampfes um den Boden fassten die Ansiedlungskommission und die preußische Staatsregierung schließlich das stärkste mögliche Mittel, die Enteignung, ins Auge. Zu ihrem Befürworter hatte sich seit dem Jahre 1900 der „Deutsche Ostmarkenverein“, der bereits im Jahre 1894 gegründet wurde, hervorgetan. Eine entsprechende Gesetzesnovelle trat im März 1908 in Kraft. Danach konnte die Staatsregierung „zur Stärkung des Deutschtums

verstärkte die Abwehrhaltung gegenüber der preußischen Politik im polnischen Bürgertum.[690] Die Provinzen Posen und Westpreußen wurden im Jahre 1867 Teile des Norddeutschen Bundes. Im Jahre 1871 erfolgte die Eingliederung in das Deutsche Reich.[691]

D. Galizien und Lodomerien

Ende der 1850er und in den 1860er Jahren wurde insbesondere aufgrund der finanziell angespannten Lage der österreichischen Monarchie über eine Neugestaltung Galiziens nachgedacht.[692] Im Jahre 1867 wurde schließlich ein Ausgleich infolge einer neuen Verfassung, die eine Umgestaltung der zentralen parlamentarischen Staatsorgane vorsah, mit den Polen vereinbart.[693] Die Österreicher stimmten der Polonisierung des Schulwesens und der Verwaltung zu. Mit dem Sprachgesetz vom 22. Juni 1867[694] wurde die deutsche Sprache an allen Volks- und Mittelschulen durch die polnische Sprache ersetzt.[695] Mit der Resolution vom 24. September 1868[696] wurde dem Königreich Galizien und Lodomerien die Bildung eines eigenständigen Sejm und höchsten Gerichtes gewährt. Den Polen wurde demnach eine Selbstverwaltung eingeräumt, sodass ab dem Jahre 1867 eine *De-facto*-Autonomie Galiziens bestand.[697]

---

in den Provinzen Westpreußen und Posen" jederzeit Besitz bis zu einem Umfang von 70.000 Hektar gegen Entschädigung jederzeit enteignen. Da das Gesetz im In- und Ausland auf erhebliche Kritik gestoßen war, nahm die Regierung nur ein einziges Mal von der Enteignungsmöglichkeit Gebrauch. Vgl. *Wehler*, Krisenherde des Kaiserreichs, S. 189 ff.

690 Vgl. *Wehler*, Krisenherde des Kaiserreichs, S. 185; *Lawaty, Andreas*, Das Ende Preussens in polnischer Sicht. Zur Kontinuität negativer Wirkungen der preußischen Geschichte auf die deutsch-polnischen Beziehungen, 1986, S. 43 f.

691 Vgl. *Meyer*, Die Polen im preußischen Staat, in: *Fechner*, Deutschland und Polen, S. 59.

692 Vgl. *Maner*, Galizien, S. 129.

693 Vgl. *Labuda*, Polska granica zachodnia, S. 150; *Batowski, Henryk*, Die Polen, in: *Wandruszka, Adam/Rumpler, Helmut* (Hrsg.), Die Habsburgermonarchie 1848-1919, Bd. III, 1. Teilband. Die Völker des Reiches, 1980, S. 522-554 (531).

694 Text: *Kieniewicz, Stefan*, Galicja w dobie autonomicznej (1850-1914), 1952, S. 104 ff.

695 Vgl. *Röskau-Rydel*, Deutsche Geschichte im Osten, S. 106 f.; *Maner*, Galizien, S. 136 ff.; *Labuda*, Polska granica zachodnia, S. 150.

696 Text: *Kieniewicz*, Galicja w dobie autonomicznej, S. 106 ff.

697 Vgl. *Conze, Werner*, Polnische Nation und deutsche Politik im Ersten Weltkrieg, 1958, S. 24 f.; *Röskau-Rydel*, Deutsche Geschichte im Osten, S. 107; *Batowski*, Die Polen, in: *Wandruszka/Rumpler*, Die Habsburgermonarchie, Bd. III, 1. Teilband, S. 531 f.

8. Kapitel: Die Periode unmittelbar vor dem Ersten Weltkrieg

A. Die politische Organisation der Polen

Schon vor Kriegsausbruch hatten sich fast alle polnischen politischen Parteien und Gruppierungen in zwei gegensätzliche Lager geteilt: das eine war auf die Zentralmächte Österreich-Ungarn und Deutschland (Passivisten), das andere auf das zaristische Russland (Aktivisten) orientiert.[698] Beiden Richtungen war gemeinsam, dass sie die polnische Unabhängigkeit erreichen wollten, lediglich die Mittel zum Ziel unterschieden sich.[699] Die proösterreichisch-deutsche Orientierung hatte zum Ziel, mit Hilfe dieser beiden Staaten ein polnisches Staatsgebilde in Form einer österreichisch-polnischen Lösung zu schaffen, etwa durch die Eingliederung Kongresspolens in Galizien. Der Vertreter dieser Richtung war Józef Piłsudski[700], der die totale staatliche Unabhängigkeit Polens erreichen wollte.[701] Die Anhänger der prorussischen Orientierung, deren Führer Roman Dmowski war, erwogen hingegen eine Vereinigung der polnischen Gebiete unter dem Zepter des Zaren.[702] Die Unterstützer der einen und der anderen Konzeption versuchten also, das nach der nationalen Befreiung strebende polnische Volk für sich zu gewinnen. Tatsache war aber, dass keine dieser beiden Konzeptionen reale Chancen für die Erreichung einer Unabhängigkeit eröffnete. Um die Wende zum November 1914 war auf Piłsudskis Initiative hin auf den zu Russland gehörenden Gebieten aus der Vereinigung der Organisation „Schütze“ eine geheime militärische Organisation, die „Polnische Militärorganisation“ (POW), entstanden. Darüber hinaus wurde am 16. August 1914 das „Naczelny Komitet Narodowy“ (NKN)[703] in Krakau gegründet.[704]

---

698 Vgl. *Lukowski, Jerzy/Zawadzki, Hubert*, A Concise History of Poland, 2001, S. 190 f.; *Arnold/Żychowski*, Abriss der Geschichte Polens, S. 185; *Kozicki, Stanisław*, Sprawa granic Polski na konferencji pokojowej w Paryżu, 1921, S. 12 f.; *Blociszewski, Joseph*, La restauration de la Pologne et la diplomatie européenne, 1927, S. 35.

699 Vgl. *Blociszewski*, La restauration de la Pologne, S. 36; *Gerson, Louis L.*, Woodrow Wilson und die Wiedergeburt Polens 1914-1920, 1956, S. 184.

700 *Józef Piłusudski* (1867-1935) war ein polnischer Sozialist und antirussischer Revolutionär. Er schuf in Galizien Schützenkompanien, mit denen er am 6. August 1914 die österreichisch-russische Grenze überschritt. Aus diesen Kompanien wurden bald Legionen, die im Rahmen der österreichisch-ungarischen Armee gegen Russland kämpften.

701 Vgl. *Smogorzewski, Casimir*, La Pologne restaurée, 1927, S. 26.

702 Vgl. *Lukowski/Zawadzki*, A Concise History of Poland, S. 183 f.; *Smogorzewski, Casimir*, La Pologne restaurée, 1927, S. 28 f.; *Gerson*, Woodrow Wilson, S. 184.

703 Übersetzt: Oberstes Nationalkomitee.

704 Vgl. *Srokowski, Konstanty*, N. K. N., Zarys historji naczelnego Komitetu Narodowego, 1923, S. 266 f.; *Borucki, Marek*, Historia Polski do 2009 roku, 2009, S. 204; *Wandycz, Piotr S.*, The Lands of Partitioned Poland 1795-1918, 1974, S. 333.

Das NKN blieb bis zur Etablierung des Regentschaftsrates im Jahre 1917 bestehen.[705] Als die deutsche Armee im Jahre 1915 Warschau besetzte, stieg die POW aus dem Untergrund hervor und trat in die I. Brigade der polnischen Legionen ein. Aufgrund seiner konträren Haltung zum NKN gründete Piłsudski auf dem Gebiet des Königreichs Polen am 18. Dezember 1915 das „Centralny Komitet Narodowy".[706] Zur selben Zeit setzten sich die in den USA lebenden Polen dafür ein, dass der Senat der Vereinigten Staaten die polnische Frage wieder in den Vordergrund der internationalen Diskussion stellen sollte.[707] Der US-Präsident Woodrow Wilson ging auf die polnische Frage ein und sprach in seiner Botschaft an den Senat über den künftigen Weltfrieden von einem unabhängigen Polen.[708] Am 15. August 1917 gründete die prorussische Richtung mit Dmowski an der Spitze das „Komitet Narodowy Polski"[709], das kurz nach seiner Gründung in Lausanne nach Paris verlegt wurde.[710] Dieses Komitee existierte bis zum 15. August 1919[711] und wurde bis dahin von Frankreich, Großbritannien, Italien und den USA als Vertretung der polnischen Nation anerkannt.[712]

B. Die Teilungsmächte und die polnische Frage

Erst durch die Revolution von 1905 war die polnische Frage auch für die russische Politik neu gestellt worden. So hatten die Russen sich bis dahin mit der „Polenfrage" nicht auseinandergesetzt. Kurz vor Ausbruch des Krieges trat eine Wende in der russischen Polenpolitik ein. Das Außenministerium befürchtete nämlich, dass die polnische Frage gegen Russland politisch und militärisch ausgespielt werden könnte. Trotz zahlreicher Vorschläge zu einer sehr weitgehenden Autonomie eines wiedererrichteten Polens blieb die russische Polenpolitik aber bis zum Kriegsausbruch unverändert.[713] Für Russland bestand die Bedrohung, dass Österreich und Deutschland aufgrund einer möglichen Obergewalt über das polnische Gebiet die Unterstützung der Polen bei einem möglichen Krieg gegen Russland ausnutzten.

---

705 Vgl. *Srokowski*, N. K. N., S. 101.

706 Vgl. *Borucki*, Historia Polski, S. 204. Übersetzt: Zentrales Nationalkomitee.

707 *Gerson*, Woodrow Wilson, S. 85 ff.

708 *Arnold/Żychowski*, Abriss der Geschichte Polens, S. 185 ff.

709 Übersetzt: Polnisches Nationalkomitee.

710 Vgl. *Kozicki*, Sprawa granic Polski, S. 133 f.; *Leczyk, Marian*, Komitet Narodowy Polski a Ententa i Stany Zjednoczone 1917-1919, 1966, S. 98 ff.; *Borucki*, Historia Polski, S. 207.

711 Vgl. *Kozicki*, Sprawa granic Polski, S. 133.

712 Vgl. *Roszkowski, Wojciech*, Najnowsza historia Polski 1914-1945, 2003, S. 35 ff.; *Tomicki*, II Rzeczpospolita, S. 75; *Broszat*, 200 Jahre deutsche Polenpolitik, S. 148; *Arnold/Żychowski*, Abriss der Geschichte Polens, S. 185 ff.

713 Vgl. *Conze*, Polnische Nation, S. 18 ff.

9. Kapitel: Erster Weltkrieg

Im November 1918 war der Kampf des polnischen Volkes für die Erlangung seiner Souveränität zu Ende. Nach 123 Jahren brachte der Erste Weltkrieg wieder einen souveränen polnischen Staat hervor. Das lange Streben nach Unabhängigkeit, das zu großem Leid geführt hatte, ging nun zu Ende.

A. Erster Weltkrieg

Zum ersten Mal seit den Teilungen Polens befanden sich die Teilungsmächte miteinander im Krieg. Auf der einen Seite standen Deutschland und Österreich-Ungarn und auf der anderen Seite Russland, das sich in einer Allianz mit Frankreich und Großbritannien, der sogenannten Entente, befand.[714] Als der Erste Weltkrieg ausbrach, wurde das einstige polnische Gebiet nicht nur militärisch, sondern auch politisch zum Schlachtfeld.[715] Im Sommer 1915 besetzten die Mittelmächte das Territorium Kongresspolens. Zwischen den Mittelmächten bestanden allerdings unterschiedliche territoriale Vorstellungen über den wiederherzustellenden polnischen Staat. Die Polen forderten in verschiedenen Programmen wiederholt einen direkten Zugang zum Meer und die Eingliederung Danzigs in das polnische Gebiet.[716] Im Frühjahr 1916 stand zumindest fest, dass das Deutsche Reich und Österreich-Ungarn einen polnischen Staat mit beschränkter Souveränität in der Größenordnung Kongresspolens, im Westen und Norden beschnitten, im Osten erweitert, schaffen wollten[717] und dass Teile von Litauen sowie Kurland in einer noch nicht näher bestimmten Form an das Königreich angegliedert werden sollten.[718] So kam es am 5. November 1916 schließlich zu einer gemeinsamen deutsch-österreichischen Proklamation[719], in der die Wiederherstellung eines polnischen

---

714 Vgl. *Lukowski/Zawadzki*, A Concise History of Poland, S. 190; *Lawaty*, Das Ende Preussens in polnischer Sicht, S. 73.

715 Vgl. *Kieniewicz, Stefan*, Historia Polski. 1795-1918, 8. Aufl., 1996, S. 493.

716 Vgl. *Wrzesiński, Wojciech*, Das Recht zur Selbstbestimmung oder die Festigung der staatlichen Souveränität. Die osteuropäischen Plebiszite 1920, in: *Jähnig, Bernhart* (Hrsg.), Die Volksabstimmung 1920. Voraussetzungen, Verlauf und Folgen, 2002, S. 11-26 (12).

717 Vgl. *Bobrzyński, Michał*, Wskrzeszenie państwa polskiego. Szkic historyczny, Bd. 1. 1914-1918, 1920, S. 113.

718 Vgl. *Conze*, Polnische Nation, S. 151.

719 Dt. Text: „Seine Majestät der Deutsche Kaiser und Seine Apostolische Majestät der Kaiser von Österreich und König von Ungarn, von dem Wunsche geleitet, die der russischen Herrschaft entrissenen polnischen Gebiete einer glücklicheren Zukunft entgegenzuführen, sind übereingekommen, aus diesen Gebieten einen selbständigen Staat mit erblicher Monarchie und konstitutioneller Verfassung zu bilden. Die genauere Bestimmung der Grenze des Königreiches bleibt vorbehalten. Es wird im Anschluss an die beiden verbündeten Mächte die Bürgschaft finden, deren es zur freien Entfaltung seiner Kräfte bedarf. In einer eigenen Armee

unabhängigen Staates auf dem Gebiet Kongresspolens in Aussicht gestellt wurde.[720] Die deutsche Regierung rief im Einklang mit dem Akt vom 5. November 1916 den Regentschaftsrat[721] des Königreichs Polen ins Leben. Dieser Rat sollte so lange existieren, bis ein „König von Polen" aus der österreichischen oder preußischen Dynastie den Thron besteigen würde.[722] Die verschiedenen politischen Richtungen standen der deutsch-österreichischen Proklamation skeptisch gegenüber, verbanden aber mit ihr Hoffnungen auf die Unabhängigkeit des gesamten polnischen Territoriums.[723] Die anfänglichen Zweifel Großbritanniens und Frankreichs zugunsten eines unabhängigen polnischen Staates fielen mit der Revolution vom Oktober 1917[724] und der Machtergreifung der Bolschewiki in Russland zusammen.[725] Der Ausgang des Ersten Weltkrieges eröffnete für Polens Wiedererrichtung unerwartet günstige Konstellationen, da die drei Teilungsmächte nicht mehr existierten.[726] In dem Vakuum, das die drei Kaiserreiche hinterlassen hatten, konnte sich die

---

sollen die ruhmvollen Überlieferungen des polnischen Heeres früherer Zeiten in dem großen Kriege der Gegenwart fortleben. Ihre Organisation, Ausbildung und Führung wird im gemeinsamen Einvernehmen geregelt werden". Vgl. *Bobrzyński*, Wskrzeszenie państwa polskiego, Bd. 1, S. 113; *Jabłoński, Henryk*, Narodziny drugiej Rzeczypospolitej (1918-1919), 1962, S. 37 f.; *Conze*, Polnische Nation, S. 226 f.; *Komarnicki, Titus*, Rebirth of the Polish Republic. A Study in the Diplomatic History of Europe 1914-1920, 1957, S. 95 f.; *Cybichowski, Zygmunt*, Polskie prawo państwowe. Na tle uwag dziedziny nauki o państwie i porównawczego prawa państwowego, Bd. I. Text pierwotny oraz uwagi i uzupełnienia do r. 1933, 1933, S. 188; *Roth, Paul*, Die Entstehung des polnischen Staates. Eine völkerrechtlich-politische Untersuchung, 1926, Anlage 3, S. 129.

720 Vgl. *Blociszewski*, La restauration de la Pologne, S. 30; *Tomicki, Jan*, II Rzeczpospolita. Oczekiwania i rzeczywistość, 1986, S. 70.

721 Poln.: Rada Regencyjna.

722 Vgl. *Borucki*, Historia Polski, S. 207.

723 Vgl. *Tomicki*, II Rzeczpospolita, S. 71.

724 Bereits das erste von der Sowjetregierung erlassene Dekret in Form der „Botschaft an die Völker und Regierungen aller kriegführenden Staaten" im April 1917 schlug allen kriegführenden Völkern und Regierungen den sofortigen Abschluss eines gerechten Friedens ohne Annexionen und Kontributionen vor, was also auch die Unabhängigkeit Polens einbeschloss. Von nicht minderer Bedeutung war die „Deklaration über die Rechte der Völker in Russland" vom 3. (16.) November 1917, in der die zaristische Politik des nationalen Hasses und der Unterdrückung verurteilt, die völlige Gleichheit und Souveränität der Völker des ehemaligen russischen Imperiums proklamiert und den Völkern Russland vorbehaltlos „das Recht auf freie Selbstbestimmung einschließlich der Lostrennung und Schaffung eines selbständigen Staates" zuerkannt wurde. Vgl. *Jabłoński*, Narodziny, S. 47 ff.

725 Vgl. *Roszkowski, Wojciech*, Najnowsza historia Polski 1914-1945, 2003, S. 39; *Bobrzyński*, Wskrzeszenie państwa polskiego, Bd. 1, S. 138; *Holzer, Jerzy/Molenda, Jan*, Polska w Pierwszej Wojnie Światowej, 2. Aufl., 1967, S. 270 f.

726 Vgl. *Ludat*, Slaven, S. 111.

nationalrevolutionäre Vereinigung des Polentums der drei Teilungsgebiete schnell durchsetzen.[727] Am 8. Januar 1918 verkündete Präsident Wilson sein Vierzehn-Punkte-Programm[728], dessen 13. Punkt die Schaffung eines unabhängigen polnischen Staates auf den ethnisch polnischen Gebieten mit eventuellem Zugang zum Meer vorsah.[729] Am 25. Februar überreichte die polnische Delegation der alliierten „Kommission für polnische Angelegenheiten" eine Denkschrift Dmowskis, die die Angliederung ganz Oberschlesiens, der Provinzen Posen und Westpreußen, des südlichen Ostpreußens (Masuren und Ermland) sowie einiger niederschlesischer und ostpommerscher Kreise forderte, insgesamt ein Gebiet von rund 84.000 km^2.[730] Am 29. August 1918 wurden auf Lenins Initiative durch ein Regierungsdekret alle von der zaristischen Regierung mit Preußen und Österreich geschlossenen Verträge über die Teilungen Polens annulliert und das „unbestreitbare Recht des polnischen Volkes auf Unabhängigkeit und Einheit" anerkannt.[731] Dieses Dokument war für die Einstellung ganz Europas zur Unabhängigkeit Polens von großer Bedeutung.

B. Polens „Auferstehung"

Am frühesten ging die Regierungsgewalt auf Polen im österreichischen Teilungsgebiet über. Am 15. Oktober 1918 erklärten polnische Abgeordnete im österreichischen Parlament, dass sie sich ab diesem Zeitpunkt als Vertreter des freien und vereinigten Polens ansehen.[732] Auch im Königreich Polen wurden Versuche zur Übernahme der Regierungsgewalt aus den Händen der Besatzer gestartet. Der Regentschaftsrat war hier das Organ, das in diese Richtung handelte. In der Nacht vom 6. auf den 7. November 1918 wurde in Lublin die vorübergehende Regierung der polnischen Republik proklamiert.[733] Die größte Errungenschaft dieses Parlaments

---

727 Vgl. *Broszat*, 200 Jahre deutsche Polenpolitik, S. 154.

728 Dt. Text: *Rönnefarth, Helmuth K. G./Euler, Heinrich*, Konferenzen und Verträge, Teil II, Bd. 4, 2. Aufl., 1959, S. 23 f.; poln. Text: *Kallas, Marian/Krzymkowski, Marek*, Historia ustroju i prawa w Polsce 1772/1795-1918. Wybór źródeł, 2006, Nr. 138, S. 257 f.

729 Vgl. *Roszkowski*, Najnowsza historia Polski, S. 40.

730 Vgl. *Lundgreen-Nielsen, Kay*, The Polish Problem at the Paris Peace Conference. Study of the Policies of the Great Powers and the Poles, 1979, S. 32 ff.; Wortlaut des 13. Punktes: „Ein unabhängiger polnischer Staat soll errichtet werden, der die von einer unbestreitbar polnischen Bevölkerung bewohnten Gebiete umfassen und dem ein freier und gesicherter Zugang zum Meere gewährleistet werden soll". Vgl. *Berber, Fritz*, Das Diktat von Versailles, Bd. II, 1939, S. 4; *Broszat*, 200 Jahre deutsche Polenpolitik, S. 157.

731 Vgl. *Marek*, Identity and Continuity, S. 418; *Roth*, Die Entstehung des polnischen Staates, S. 19 f.

732 Vgl. *Kaczmarek, Ryszard*, Historia Polski. 1914-1989, 2010, S. 59; siehe hierzu auch: *Ajnenkiel, Andrzej/Leśnodorski, Bogusław/Rostocki, Władysław* (Hrsg.), Historia ustroju Polski (1764-1939), 2. Auf., 1970, S. 163.

733 Vgl. *Borucki*, Historia Polski, S. 208.

war die Verkündung eines Manifestes, das als oberstes Ziel die Erlangung der Unabhängigkeit des gesamten polnischen Gebietes mit Zugang zum Meer hatte.[734] Formell begann die Zweite Polnische Republik[735] schließlich mit der Kapitulation der Deutschen am 11. November 1918 auf dem Gebiet des Königreichs Polen. Die erst neu formierte Republik hatte in der unmittelbaren Nachkriegsphase zwei wesentliche Probleme zu bewältigen. Diese betrafen die noch ungeklärten Fragen nach dem Korridor, dem Status der Freien Stadt Danzig sowie nach der Ostgrenze in Bezug auf die Ukraine, Litauen und Sowjetrussland.[736] Vor dem Hintergrund dieser offenen Fragen war die Zukunft der neuen Republik keineswegs gesichert. Die Folge dieser Konfliktherde war, dass sie sich in mehreren Aufständen niederschlugen. Es folgten zwei großpolnische Aufstände im Dezember 1918[737] und im Frühjahr 1919 sowie drei schlesische Aufstände.[738] Die Zukunft der Provinz Posen, die weiterhin in deutscher Hand verblieb, war ungewiss. Die nationalpolnischen Kräfte in der Provinz entschlossen sich daher, gewaltsam für die Eingliederung der Provinz in den wiedererrichteten polnischen Staat zu kämpfen.[739] Der Aufstand endete mit einem militärischen und politischen Sieg der Polen. Der Hauptteil der Provinz wurde vom Deutschen Reich abgetrennt. Ganz Westpreußen und Oberschlesien sowie die verbliebenen Teile der Provinz Posen blieben weiterhin unter deutscher Vorherrschaft.[740]

C. Versailler Friedensvertrag

Im Friedensvertrag von Versailles wurde die Unabhängigkeit Polens proklamiert. Die Siegermächte legten die neuen Grenzen in Osteuropa nach den bestehenden Bevölkerungsmehrheiten fest. Zwei Vertreter Polens durften an den Vertragsverhandlungen, die am 18. Januar 1919 in Paris aufgenommen wurden, teilnehmen.[741] Die Polen bestimmten Roman Dmowski und Ignacy Paderewski, der inzwischen zum Ministerpräsidenten der Warschauer Regierung bestimmt worden war, zu ihren

734 Vgl. *Tomicki*, II Rzeczpospolita, S. 82 f.; *Roszkowski*, Najnowsza historia Polski, S. 48.

735 Die Zweite Polnische Republik (poln.: II. Rzeczpospolita) bezeichnet Polens Staatswesen in den Jahren von 1918 bis 1945.

736 Vgl. *Loose*, Der Erste Weltkrieg als Eschatologie, in: *Stegmann*, Die Weltkriege, S. 44; *Howard, Michael*, The First World War, 2002, S. 138 f.

737 Siehe hierzu: *Czubiński, Antoni*, Powstanie Wielkopolskie 1918-1919. Zarys dziejów, in: *Grot, Zdzisław/Czubiński, Antoni* (Hrsg.), Powstanie Wielkopolskie 1918-1919, 2006, S. 69; *Vogt, Dietrich*, Der Grosspolnische Aufstand 1918/1919. Bericht, Erinnerungen, Dokumente, 1980, S. 46; *Kubiak*, Niemcy a Wielkopolska, S. 101.

738 Vgl. *Ajnenkiel, Andrzej*, Od rządów ludowych do przewrotu majowego. Zarys dziejów politycznych Polski 1918-1926, 1976, S. 209 ff.; *Loose*, Der Erste Weltkrieg als Eschatologie, in: *Stegmann*, Die Weltkriege, S. 45.

739 Vgl. *Kubiak, Stanisław*, Niemcy a Wielkopolska 1918-1919, 1969, S. 28 ff.

740 Vgl. *Rhode*, Staatliche Entwicklung, in: *Rhode*, Ostgebiete, S. 120.

741 Vgl. *Kozicki*, Sprawa granic Polski, S. 11.

Vertretern. Dmowski forderte in seinem Bericht[742] für Polen die historische Grenze aus dem Jahre 1772 mit Niederschlesien und Teilen von Ostpreußen, die früher polnisch waren.[743] Am 28. Juni 1919 unterzeichneten Paderewski und Dmowski im Namen Polens im Spiegelsaal des Schlosses zu Versailles den Versailler Friedensvertrag[744]. Von deutscher Seite aus kam die Vertragsunterzeichnung erst nach schweren Auseinandersetzungen zustande. Schließlich setzte sich die Meinung durch, dass anderenfalls die Einheit des Reiches gefährdet sei.[745] Die von der deutschen Delegation unterzeichneten Friedensbedingungen wichen so stark von den im Verlauf der vorherigen neun Monate diskutierten „annehmbaren" territorialen Zugeständnissen im Osten ab, dass sie schon damals von keiner einzigen politischen Kraft in Deutschland akzeptiert wurden, was wiederum die Gesamtheit der deutschen Politik in der Zwischenkriegszeit gegenüber Polen bestimmte.[746] Ein wesentlicher Bestandteil des Versailler Vertrages war auch die Satzung des Völkerbundes[747], die am 28. April 1919 von der Vollversammlung der Friedenskonferenz angenommen wurde.[748]

D. Grenzregelungen

Nachdem der Vertrag von Versailles am 10. Januar 1920 in Kraft getreten war, verließen deutsche Truppen und Behörden die abgetretenen Gebiete.[749] Hinsichtlich

---

742 Franz. Text: Sekretariat Jeneralny Delegacji Polskiej (Hrsg.), Akty i dokumenty dotyczące spraw granic Polski na konferencji pokojowej w Paryżu 1918-1919, część 1. Program terytorialny delegacji, 1920, S. 109-123 (die polnische Westgrenze betreffend) und S. 125-133 (die polnische Ostgrenze betreffend).

743 Vgl. *Komarnicki*, Rebirth of the Polish Republic, S. 326; *Wroniak, Zdzisław*, Sprawa polskiej granicy zachodniej w latach 1918-1919, 1963, S. 101.

744 Text: RGBl. 1919, Nr. 140, S. 688 ff.

745 Vgl. *Boockmann*, Ostpreußen und Westpreußen, S. 396.

746 Vgl. *Hauser, Przemysław*, Niemcy wobec perspektywy rozstrzygnięć konferencji pokojowej w sprawie zachodnich granic Polski (październik 1918 - czerwiec 1919), in: *Bloch, Czesław/Zieliński, Zygmunt* (Hrsg.), Powrót Polski na mapę Europy, 1995, S. 117-146 (144).

747 Text: *Bleiber, Fritz*, Der Völkerbund. Die Entstehung der Völkerbundsatzung, 1939, S. 177 ff.; der Völkerbund nahm am 10. Januar 1920 seine Arbeit auf mit dem Ziel, den Frieden dauerhaft zu sichern. Vgl. *Sierpowski, Stanisław*, Narodziny Ligi Narodów. Powstanie, organizacja i zasady działania, 1984, S. 5; ein detaillierter Überblick zur Organisation und den Aufgaben des Völkerbundes findet sich in: *Göppert, Otto*, Der Völkerbund. Organisation und Tätigkeit des Völkerbundes, Stuttgart 1938.

748 Der Völkerbund, der als indirekter zeitgeschichtlicher Vorläufer der Vereinten Nationen (UN) gilt, wurde am 18. April 1946 kurz nach dem Ende des Zweiten Weltkriegs wieder aufgelöst. Vgl. *Walters, Francis P.*, A History of the League of Nations, 1960, S. 815; ein Grund für sein Scheitern war, dass ihm zu keiner Zeit alle Großmächte, darunter die Vereinigten Staaten, Deutschland und die Sowjetunion, angehörten. Vgl. *Sierpowski*, Narodziny Ligi Narodów, S. 123.

749 Vgl. *Boockmann*, Ostpreußen und Westpreußen, S. 398.

des Übergangs der Gebiete, die nicht konkret im Vertrag bestimmt wurden, musste in Volksabstimmungen über deren Grenzregelungen entschieden werden.[750] Der „Rat der Zehn“ übertrug die Festlegung der künftigen polnischen Grenze einer besonderen « Commission des affaires polonaises », die am 12. Februar 1919 ihre Tätigkeit aufnahm.[751]

I. Unmittelbar ohne Volksabstimmung von Deutschland abgetrennte Gebiete

Der Versailler Vertrag sprach Polen den Hauptteil von Posen zu.[752] Ferner wurde der größere westlich von der Weichsel liegende Teil Westpreußens an Polen abgetreten.[753]

II. Gebietsabtrennungen nach den Volksabstimmungen

Volksabstimmungen wurden für Südostpreußen, darunter das Gebiet zwischen der West- und Nordgrenze des Regierungsbezirks Allenstein bis zu ihrem Zusammentreffen mit der Grenzlinie zwischen den Kreisen Oletzko und Angerburg, von dort die Nordgrenze des Kreises Oletzkos bis zu ihrem Zusammentreffen mit der alten Grenze Ostpreußens[754] und einem Teil des Regierungsbezirks Gumbinnen, ferner für die westpreußischen Kreise Marienburg, Marienwerder, Rosenberg und Stuhm[755] sowie für Teile Oberschlesiens[756] vorgesehen.[757] Die genannten Abstimmungsgebiete wurden der Kontrolle der Siegermächte des Ersten Weltkriegs unterstellt und eine Interalliierte Kommission übte diese Kontrolle in dem formal selbständigen Staat[758]

---

750 Vgl. *Blociszewski*, La restauration de la Pologne, S. 159 ff.

751 Vgl. *Recke*, Die polnische Frage, S. 324.

752 Nicht an Polen fiel ein schmaler Streifen Posens im Westen mit Fraustadt, Schwerin, Schönlanke und Schneidemühl. Vgl. Art. 27 Nr. 7 Teil II (Deutschlands Grenzen) Versailler Vertrag.

753 Bei Deutschland verblieben die rechts der Weichsel liegenden Kreise Elbing, Marienburg, Stuhm, Marienwerder und Rosenburg sowie die Kreise Flatow, Schlochau und weitere Kreisteile im Westen. Vgl. Art. 27 Nr. 7 Teil II (Deutschlands Grenzen) Versailler Vertrag; auch *Rhode*, Staatliche Entwicklung, in: *Rhode*, Ostgebiete, S. 121.

754 Vgl. Art. 94 Versailler Vertrag.

755 Vgl. Art. 96 Versailler Vertrag.

756 Vgl. Art. 88 Versailler Vertrag.

757 Die polnische Delegation konnte die von der Pariser Friedenskonferenz gefassten Beschlüsse wegen der damaligen internationalen Situation nicht in Frage stellen. Trotzdem waren die Polen über die Beschlussfassung zu den ostpreußischen Plebisziten enttäuscht. Die Deutschen betrachteten die Beschlüsse der Alliierten zu den Plebisziten als ungerecht. Vgl. *Wrzesiński*, Das Recht zur Selbstbestimmung, in: *Jähnig*, Die Volksabstimmung, S. 16.

758 Dies kam etwa darin zum Ausdruck, dass im oberschlesischen Abstimmungsgebiet eigene Briefmarken gedruckt wurden.

aus.[759] Bei der Abstimmung in Masuren und Westpreußen am 11. Juli 1920 entschieden sich im Abstimmungsgebiet Masuren 363.209 Stimmberechtigte[760] (97,8 Prozent) und im Gebiet Marienwerder 96.894 Stimmberechtigte (92,4 Prozent) für den Verbleib bei Deutschland.[761] Trotz des eindeutigen Abstimmungsergebnisses[762] sprach die Botschafterkonferenz am 12. August 1920 nicht die gesamten Abstimmungsgebiete Deutschland zu, sondern trennte vom Allensteiner Bezirk die drei Grenzdörfer Groschken, Klein Nappern und Klein Lobenstein und von Westpreußen fünf weitere Dörfer[763] ab und sprach sie Polen zu.[764] Damit wurde Ostpreußen als Enklave von Deutschland getrennt.[765]

Im Ermland stimmten etwa 6.000 Personen für Polen.[766] Im westpreußischen Abstimmungsgebiet wurden 7.947 Stimmen für Polen abgegeben.[767] Am 20. März 1921 fand die Volksabstimmung in Oberschlesien statt.[768] Das Plebiszit brachte kein eindeutiges Ergebnis. Bei einer sehr hohen Wahlbeteiligung von 98 Prozent votierten 59,7 Prozent der wahlberechtigen Oberschlesier (707.554 Stimmen)[769] für die Zugehörigkeit zu Deutschland, 40,3 Prozent der Einwohner (478.820 Stimmen) wollten beim polnischen Staat verbleiben.[770] Die Festlegung einer Grenze in Oberschlesien,

---

759 Vgl. *Ritter, Rüdiger*, Die Geschichtsschreibung über Abstimmungskämpfe und Volksabstimmung in Oberschlesien (1918-1921). Eine Auswahlbibliographie, 2009, S. 13.

760 Vgl. *Worgitzki, Max*, Geschichte der Abstimmung in Ostpreußen. Der Kampf um Ermland und Masuren, 1921, S. 142.

761 *Rhode*, Staatliche Entwicklung, in: *Rhode*, Ostgebiete, S. 122; dazugehörige Tabelle S. 154; *Hoffmann, Paul*, Die Volksabstimmung in Westpreußen am 11. Juni 1920. Vergleichende Darstellung der Abstimmungsergebnisse aufgrund des amtlichen Materials, 1920, S. 7.

762 Vgl. detaillierte Angaben zu den Ergebnissen der Volksabstimmungen, in: Göttinger Arbeitskreis (Hrsg.), Selbstbestimmung für Ostdeutschland. Eine Dokumentation zum 50. Jahrestag der ost- und westpreußischen Volksabstimmung am 11. Juli 1920 (erarbeitet und zusammengestellt von *Herbert G. Marzian*), 1970, S. 60 ff.

763 Darunter die Weichseldörfer Johannisdorf, Außendeich, Neuliebenau, Kramershof und Kleinfelde.

764 Vgl. *Schumacher*, Geschichte Ost- und Westpreußens, S. 300; *Rhode*, Ostgebiete des Deutschen Reiches, S. 123.

765 Vgl. *Szaz, Zoltan Michael*, Die deutsche Ostgrenze. Geschichte und Gegenwart, 1960, S. 63.

766 *Rhode*, Staatliche Entwicklung, in: *Rhode*, Ostgebiete, S. 123.

767 *Rhode*, Staatliche Entwicklung, in: *Rhode*, Ostgebiete, S. 123.

768 Vgl. *Roos, Hans* (Begr.)/*Alexander, Manfred*, Geschichte der polnischen Nation 1918-1985. Von der Staatsgründung im Ersten Weltkrieg bis zur Gegenwart, 4. Aufl., 1986, S. 91.

769 *Rhode*, Staatliche Entwicklung, in: *Rhode*, Ostgebiete, S. 123.

770 Vgl. *Roos/Alexander*, Geschichte der polnischen Nation, S. 91; *Smolorz, Dawid*, Die deutsch-polnische Grenze in Oberschlesien 1922-1939, in: *Gil, Karoline/Pletzing, Christian* (Hrsg.), Granica. Die deutsch-polnische Grenze vom 19. bis zum 21. Jahrhundert, 2010, S. 75-86 (76).

die exakt dem Wahlergebnis entsprochen hätte, war nicht möglich. Diese hätte zu der Entstehung einer Vielzahl von Enklaven und damit zu einer vollständigen Lähmung der Wirtschaft und der Kommunikation der Region geführt.[771] Entgegen dem Abstimmungsergebnis[772] entschieden die Alliierten daher am 22. Oktober 1921,[773] dass Polen den kleineren, mit 75 Prozent seiner Industrieanlagen und 85 Prozent seiner Kohlevorkommen aber wirtschaftlich bedeutenderen Teil Oberschlesiens[774] erhält.[775]

III. Polens Ostgrenze

Unklar blieb, wie die Ostgrenze Polens ausgestaltet werden sollte. Der Vertrag ließ die Frage der polnischen Ostgrenze ausdrücklich offen und sah eine spätere Entscheidung der Alliierten vor.[776] Mit dem Argument des Selbstbestimmungsrechts der Völker wollten die Siegermächte die Grenzziehung nach Maßgabe einer ethnographischen Grenze festlegen.[777] Am 8. Dezember 1919 wurde aufgrund der Curzon-Linie[778] die vorläufige Grenze zwischen Polen und Sowjetrussland

---

771 Vgl. *Smolorz*, Die deutsch-polnische Grenze in Oberschlesien, in: *Gil/Pletzing*, Granica, S. 77.

772 Städte wie Kattowitz oder Königshütte, die sich eindeutig für die Zugehörigkeit zu Deutschland ausgesprochen hatten, fielen an Polen. Andererseits verblieb der Landkreis Groß Strehlitz deutsch, obwohl die Abstimmung zugunsten Polens ausfiel. Folglich stimmte die Entscheidung über die Aufteilung des Abstimmungsgebietes keine der beiden Seiten zufrieden.

773 Gem. § 5 S. 1 des Anhangs zu Art. 88 Versailler Vertrag sollte eine Interalliierte Abstimmungskommission, in der neben Großbritannien, Frankreich und Italien auch Japan vertreten war, über die Frage Oberschlesiens entscheiden. Da diese Kommission aber keine Empfehlung abgab, wurde der Rat des Völkerbundes um ein Gutachten gebeten. Dieser wiederum beauftragte einen Ausschuss, dem ein Belgier, ein Chinese, ein Spanier und ein Brasilianer angehörten, die Stellungnahme des Rates vorzubereiten. Der Ausschuss empfahl schließlich die Aufteilung Oberschlesiens. Diese Empfehlung wurde in der Note vom 20. Oktober 1921 umgesetzt.

774 Insbesondere der westliche Teil Oberschlesiens galt in der Volksrepublik Polen als ein Teil der sog. „Wiedergewonnenen Gebiete". Diese Formulierung verdeutlichte das Geschichtsbild der Machthaber in Polen, nach dem es dem sozialistischen Staat mit Hilfe der Roten Armee gelungen sei, die mittelalterlichen Kernländer Polens in einem Akt historischer Gerechtigkeit zurückzuholen. Vgl. *Ritter*, Die Geschichtsschreibung über Abstimmungskämpfe, S. 26.

775 Vgl. *Szaz*, Die deutsche Ostgrenze, S. 56; *Rhode*, Staatliche Entwicklung, in: *Rhode*, Ostgebiete, S. 124; *Kaczmarek*, Historia Polski, S. 105; *Smolorz*, Die deutsch-polnische Grenze in Oberschlesien, in: *Gil/Pletzing*, Granica, S. 78.

776 Vgl. Art. 87 Abs. 3-5 Versailler Vertrag.

777 Vgl. *Bobrzyński*, Wskrzeszenie państwa polskiego, Bd. 1, S. 113 f.

778 Den Namen „Curzon-Linie" erhielt die Demarkationslinie erst im Juli 1920, nachdem sie im Zusammenhang mit den Waffenstillstandsverhandlungen der

bestimmt.[779] Weder Sowjetrussland noch Polen gaben sich mit diesem Vorschlag zufrieden. Die Polen, insbesondere Józef Piłsudski, wollten weiterhin, dass Polen in den Grenzen von Polen-Litauen in der Zeit vor den drei Teilungen wiederhergestellt würde. Das gleichzeitige Vordringen der polnischen Armee nach Osten und der Roten Armee nach Westen in die von den deutschen Truppen geräumten Gebiete führte im Frühjahr 1919 zu ersten militärischen Zusammenstößen zwischen Polen und Sowjetrussland.[780] Der polnischen Armee gelang schließlich am 16. August 1920 der endgültige Sieg, indem sie die Rote Armee zum überstürzten Rückzug und zur Aufgabe aller eroberten Gebiete zwingen konnte.[781] Große Unzufriedenheit bei den Polen herrschte darüber, dass Wilna gemäß der Curzon-Linie auf der Seite Litauens verblieb. Nach einem am 10. Juli 1920 unterzeichneten Protokoll über die Bedingungen des Waffenstillstandes zwischen Polen und Sowjetrussland sollte sich Polen hinter die Curzon-Linie zurückziehen. Sowjetrussland hielt sich nicht an diesen Waffenstillstand und drang weiter in das Innere Polens vor. Am 14. Juli wurde Wilna schließlich von der Roten Armee besetzt. Am 15. Juli 1920 wurde der Frieden zwischen der Republik Litauen und Sowjetrussland unterzeichnet. Sowjetrussland erkannte Litauen als unabhängigen Staat an und am 27. August 1920 übergab die Rote Armee Wilna endgültig an Litauen.[782] Piłsudski gab sich damit nicht zufrieden, sodass er am 9. Oktober 1920 der polnischen Armee den Befehl gab, in Wilna einzumarschieren.[783] Als vorübergehende Lösung[784]

Alliierten im Polnisch-Sowjetischen Krieg vom britischen Außenminister Lord Curzon im Protokoll von Spa als Waffenstillstandslinie vorgeschlagen worden war. Vgl. *von Jena, Karl*, Polnische Ostpolitik nach dem Ersten Weltkrieg. Das Problem der Beziehungen zu Sowjetrussland nach dem Rigaer Frieden von 1921, 1980, S. 22.

779 Vgl. Anhang II, Karte 10. Die Demarkationslinie verlief vom äußersten Zipfel Ostpreußens nach Grodno und von dort südlich bis zum Bug, dann über Brest-Litowsk den Bug entlang bis Sokoly, wo bisher das Habsburger- und das Zarenreich sich berührt hatten. Diese Linie entsprach weitgehend der Grenze, die zwischen 1815 und 1914 Kongresspolen und Russland voneinander getrennt hatte.

780 Vgl. *von Jena*, Polnische Ostpolitik, S. 21.

781 Vgl. *von Jena*, Polnische Ostpolitik, S. 29.

782 Vgl. *Bubnys, Arunas*, Der litauisch-polnische Konflikt 1919-1923 aus völkerrechtlicher Sicht, in: *Oberländer, Erwin* (Hrsg.), Polen nach dem Kommunismus, 1993, S. 106-114 (109); *Roos/Alexander*, Geschichte der Polnischen Nation, S. 94.

783 Vgl. *Srebrakowski, Aleksander*, Sejm Wileński 1922 roku. Idea i jej realizacja, 1993, S. 40 f.; *Łossowski, Piotr*, Stosunki polsko-litewskie w latach 1918-1920, 1966, S. 302.

784 Um die Annexion des Wilna-Gebietes zu verschleiern, führte Polen am 8. Januar 1922 Wahlen zu dem sog. Sejm „Mittel-Litauens“ durch, der dieses Territorium am 20. Februar Polen zusprach. Vgl. *Loose*, Der Erste Weltkrieg als Eschatologie, in: *Stegmann*, Die Weltkriege, S. 47; *Kasperavičius, Algis*, Kształtowanie się litewskich struktur państwowych i problem porozumienia się z Polską, in: *Ajnenkiel*,

wurde die Gründung von Mittel-Litauen[785] auf dem besetzten Gebiet proklamiert.[786] Im Friedensvertrag von Riga[787] im Jahre 1921, der den polnisch-sowjetischen Krieg beendete,[788] wurde Polens Ostgrenze etwa 250 Kilometer östlich der Curzon-Linie festgelegt.[789] Polen erhielt große Teile der Ukraine und Weißrusslands sowie die litauische Hauptstadt Wilna.[790] Die Anerkennung des Wilna-Gebietes als polnisches Staatsgebiet erfolgte schließlich am 15. März 1923, als die Konferenz der fünf Mächte die östliche Grenze Polens endgültig anerkannte.[791]

IV. Freie Stadt Danzig

Der Viererrat einigte sich darauf, nachdem eine Entscheidung immer wieder verzögert wurde, aus Danzig eine Freie Stadt[792] zu machen.[793] Danzig wurde ferner unter den Schutz des Völkerbundes gestellt. Obwohl Paderewski gegen diese Entscheidung war und behauptete, dass die Polen einen Anschluss Danzigs an Polen

---

Andrzej (red.), Rok 1918. Odrodzona Polska w nowej Europie, 1999, S. 128-136 (119); *Srebrakowski*, Sejm Wileński 1922 roku, S. 9.

785 Erst am 22. Dezember 1922 wurde die Wojewodschaft Wilna als 16. Wojewodschaft Polens gegründet. Vgl. *Kaczmarek*, Historia Polski, S. 133.

786 Vgl. *Łossowski, Piotr*, Po tej i tamtej stronie Niemna. Stosunki polsko-litewskie 1883-1939, 1985, S. 167 f.; *Kaczmarek*, Historia Polski, S. 132 f.

787 Der Friedensvertrag von Riga wurde am 18. März 1921 unterzeichnet und trat am 30. April 1921 in Kraft; poln. Text: *Kumaniecki, Kazimierz Władysław*, Odbudowa państwowości polskiej. Najważniejsze dokumenty 1912 – styczeń 1924, 1924, Nr. 252, S. 526-545.

788 Vgl. *Kumaniecki, Jerzy*, Pokój polsko-radziecki 1921. Geneza, Rokowania, Traktat, Komisje mieszane, 1985, S. 63.

789 Vgl. *Böttcher, Hans Viktor*, Die Freie Stadt Danzig. Wege und Umwege in die europäische Zukunft, 3. Aufl., 1999, S. 53; Art. II des Rigaer Friedensvertrages zwischen Polen und Russland mit der Ukraine; insgesamt konnte Polen mit der Grenzverschiebung ein Gebiet von etwa 10.000 km^2 hinzugewinnen. Vgl. *Kowalski, Zdzisław G.*, Granica ryska, in: *Wojciechowski, Mieczysław* (Hrsg.), Traktat ryski 1921 roku po 75 latach, 1998, S. 127-139 (133).

790 *Kempen, Bernhard*, Die deutsch-polnische Grenze nach der Friedensregelung des Zwei-plus-Vier-Vertrages, 1997, S. 23 f.

791 Vgl. *Łossowski, Piotr*, Stosunki polsko-litewskie 1921-1939, 1997, S. 43; *Bubnys*, Der litauisch-polnische Konflikt, in: *Oberländer*, Polen nach dem Kommunismus, S. 112; *Alius, Abramson Alexandre*, Die Curzon-Linie. Das Grenzproblem Sowjetunion-Polen, 1945, S. 39.

792 Das Territorium der Freien Stadt Danzig wurde aus einem Teil des Regierungsbezirks Danzig der Provinz Westpreußen des Deutschen Reiches gebildet und umfasste ein Gebiet von 1.914 km^2. Vgl. *Ramonat, Wolfgang*, Der Völkerbund und die Freie Stadt Danzig 1920-1934, 1979, S. 14.

793 Vgl. *Skubiszewski, Krzysztof*, Zachodnia granica Polski w świetle traktatów, 1975, S. 286. Die Bildung der Danziger Freistaat-Regierung wurde in den Art. 100 bis 108 des Versailler Vertrages geregelt.

wollten, lehnte er es ab, ein Plebiszit[794] durchzuführen, sodass es bei der Entscheidung des Viererrates blieb.[795] Die auswärtigen Beziehungen übertrug man Polen und unterwarf die Freie Stadt der polnischen Zollhoheit.[796] Des Weiteren gehörte zu den Rechten der Polen im Danziger Bereich, dass ihnen ein freier Zugang zum Meer gesichert wurde und dass die polnischen Interessen zur Nutzung des Danziger Hafens gesetzlich verankert wurden.[797] Die Einwohner Danzigs verloren die deutsche Staatsangehörigkeit. Eine doppelte Staatsangehörigkeit für Deutschland und Danzig war untersagt.[798] Die Danziger Verfassung wurde schließlich am 14. Juni 1922 verkündet, nachdem Polen und der Völkerbund sie genehmigt hatten. Darüber hinaus kam am 20. Dezember 1921 ein Sondergesetz heraus, das der polnischen Minderheit angemessene Schul- und Lehrmöglichkeiten zusicherte. Eine Besonderheit der Verfassung war, dass den Danzigern das Recht auf Selbstbestimmung versagt wurde.[799]

E. Der erste Sejm im unabhängigen Polen

Am 26. Januar 1919 erfolgten die Wahlen zum ersten gesetzgebenden Sejm der wiederhergestellten polnischen Republik.[800] Dem Sejm sollten ursprünglich 526 Abgeordnete angehören, jedoch war dies aufgrund der zahlreichen militärischen Auseinandersetzungen in einigen Regionen und wegen der Nichtanbindung von einigen Gebieten an Polen nicht umsetzbar.[801] Zum Marshall des Sejm wurde am 14. Februar 1919 Piłsudzki gewählt. Mit der Konstituierung des Sejm wurde die Übergangsregierung abgelöst.[802] Bis zur Fertigstellung der polnischen Verfassung wurde eine „Kleine Verfassung“ verkündet, die in der Übergangszeit die wichtigsten Regeln für die Regierung enthielt.[803]

---

794 Ein Plebiszit hätte mit großer Wahrscheinlichkeit eine Niederlage für Polen bedeutet. Anzeichen hierfür waren etwa, dass am 23. März 1919 über 70.000 Danziger und am 25. April 1919 mehr als 100.000 Danziger Bürger auf dem Heumarkt für ihr Deutschtum und gegen eine Abtrennung vom Deutschen Reich demonstrierten. Vgl. *Ruhnau*, Danzig, S. 86.

795 Vgl. *Walter, Paul*, Die polnische Außenpolitik im Spiegel der Verträge von 1918-1932, 1940/1948, S. 19.

796 Vgl. *Kutrzeba, Stanisław*, Polska odrodzona 1914-1928, 3. Aufl., 1928, S. 135; *Skubiszewski*, Zachodnia granica, S. 289; Art. 104 Versailler Vertrag.

797 Vgl. *Ruhnau*, Danzig, S. 88; *Szaz*, Die deutsche Ostgrenze, S. 64 f.

798 Vgl. Art. 104 Versailler Vertrag.

799 *Hoggan, David L.*, Der erzwungene Krieg. Die Ursachen des 2. Weltkriegs, 13. Aufl., 1986, S. 74 f.

800 Vgl. *Borucki*, Historia Polski, S. 211.

801 Vgl. *Swoboda, Henryk*, Pierwsze piętnastolecie Polski niepodległej (1918-1933). Zarys dziejów politycznych, 1933, S. 39; *Ajnenkiel*, Od rządów, S. 41 f.

802 Vgl. *Swoboda*, Pierwsze piętnastolecie Polski, S. 49 f.

803 Vgl. *Roos/Alexander*, Geschichte der polnischen Nation, S. 99 f.

F. Verfassung vom März 1921

Die Verfassung vom 17. März 1921[804] wurde am 1. Juli des gleichen Jahres mit der überwiegenden Mehrheit beschlossen,[805] jedoch traten viele Bestimmungen erst nach den Parlamentswahlen im Jahre 1922 in Kraft. Die erste Verfassung des unabhängigen Polens gilt als erste moderne polnische Verfassung, die auf eine demokratische Republik[806] gestützt wurde. Die Verfassung sah unter anderem die persönliche Freiheit, die Unverletzlichkeit der Wohnung, das Briefgeheimnis, die Meinungsäußerungsfreiheit, die Pressefreiheit, die Gewissensfreiheit, die Wissenschaftsfreiheit und die Versammlungsfreiheit vor.[807]

---

804 Text: Dziennik ustaw Rzeczypospolitej Polski (Polnisches Gesetzblatt) Jahr 1921, Nr. 267, S. 633 ff.

805 Vgl. *Roszkowski,* Najnowsza historia Polski, S. 101; *Ajnenkiel,* Od rządów, S. 200.

806 Vgl. Art. 1 der Verfassung vom 17. März 1921.

807 Vgl. *Swoboda,* Pierwsze piętnastolecie Polski, S. 87 f.; *Ajnenkiel,* Od rządów, S. 205 ff.

Zweiter Teil: Staaten und Staatensukzession

1. Kapitel: Vorliegen und Entstehen eines Staates im Völkerrecht

A. Historische Entwicklung des Völkerrechts

Die Herausforderung der vorliegenden Arbeit besteht darin, dass sie sich auf mehrere Jahrhunderte der europäischen Geschichte erstreckt und damit auch einen weiten Teil der Völkerrechtsgeschichte umfasst. Für die bevorstehende rechtliche Würdigung des Themas ist es daher unerlässlich, im Rahmen des theoretischen Teils die Entwicklung des Völkerrechts darzustellen.

Das Völkerrecht[1] wird in verschiedene Epochen unterteilt, die jeweils im Wandel der Zeit enorme Veränderungen im völkerrechtlichen Verständnis mit sich brachten. Die Geschichte des Völkerrechts kann in folgende Zeitabschnitte unterteilt werden[2]: Die Antike[3] mit dem Römischen Recht[4] bis zum Mittelalter im 8. Jahrhundert[5] und das kanonische Zeitalter ab dem 8. Jahrhundert. Im

---

1 Der Begriff des Völkerrechts tauchte zum ersten Mal im 16. Jh. in der Übersetzung von *ius gentium* auf. Es war der spanische Spätscholastiker Francisco de Vitoria (1486-1564), der den Begriff als *ius inter gentes* erstmals verwendete. Endgültig vollzogen war der Begriffswandel zum „Völkerrecht" schließlich im 18. Jh. Vgl. *Bleckmann, Albert*, Völkerrecht, 2001, S. 21 ff.

2 Das Völkerrecht wurde von den Epochen des römischen und mittelalterlichen *ius gentium*, dem *ius inter gentes* (Zwischenvölkerrecht) des spanischen Zeitalters (1494-1648) und dem ebenfalls stark europäisch dominierten Zwischenstaatenrecht der französischen Epoche (1648-1815) entscheidend geprägt. Vgl. *Vitzthum*, in: *Vitzthum*, Völkerrecht, S. 9 Rn. 9. Kennzeichnend für das französische Zeitalter war die weitere Ausbildung des neuzeitlichen Staates. Im zwischenstaatlichen Verkehr kam das auch darin zum Ausdruck, dass der Souverän als Person hinter dem von ihm repräsentierten Staat zurücktrat: In Staatsverträgen des späten 18. Jahrhunderts werden üblicherweise statt der Namen der kontrahierenden Herrscher nur noch ihre Titel genannt. Vgl. *Ziegler, Karl-Heinz*, Völkerrechtsgeschichte, 2. Aufl., 2007, S. 146.

3 Die Antike wird nochmals unterteilt in Antikes Griechenland (8.-4. Jh. v. Chr.) und Römisches Reich (5. Jh. v.-5. Jh. n. Chr.).

4 Bis heute ist die Völkerrechtslehre sehr stark von dem Gedanken des überlieferten Römischen Rechts beeinflusst. Zur Darstellung der Entwicklung des Völkerrechtsbegriffs muss man deshalb mit dem *ius gentium*, der Lehre der Römer, beginnen. Vgl. *Kipp, Heinrich*, Völkerordnung und Völkerrecht im Mittelalter, 1950, S. 99.

5 Allerdings kannte weder die Antike noch das Mittelalter die Idee eines umfassenden, die Beziehungen zwischen unabhängigen Herrschaftsverbänden regelnden Völkerrechtssystems. Vgl. *Grotkamp, Nadine*, Völkerrecht im Prinzipat. Möglichkeit und Vertreibung, 2009, S. 18.

Mittelalter[6] existierte noch kein Völkerrecht im modernen Sinne. Der Grund hierfür liegt darin, dass es noch keine auf souveränen Staaten aufbauende Rechtsgemeinschaft gab.[7] Demnach kann im Mittelalter nur von Beziehungen zwischen Herrschaftsverbänden und nicht von einer völkerrechtlichen Ordnung gesprochen werden. Um das Jahr 1300 kristallisierte sich erstmals das uns vertraute europäische Staatensystem annähernd heraus, denn seit dem Jahr 1300 bestand Europa aus einer Vielzahl von unabhängigen Staaten, die in völkerrechtlich geordneten Beziehungen zueinander standen.[8] Das Zeitalter des Naturrechts[9] begann mit dem Hauptwerk des Niederländers Hugo Grotius (1625)[10] und erstreckte sich bis zum Anfang des 19. Jahrhunderts[11]. In dieser Zeit wurde erstmals erkannt, dass sich das Völkerrecht durch Verträge weiterentwickeln kann. Dies war auch der Grund dafür, dass ab dem 17. Jahrhundert sämtliche Verträge gesammelt wurden. Den Abschluss der ersten Entwicklungsperiode und den Auftakt für das klassische Völkerrecht bildete der Westfälische Frieden von 1648[12], das Ergebnis der ersten allgemeinen Beratung von Vertretern fast sämtlicher europäischer

---

6 Das Mittelalter wird üblicherweise in die Perioden des frühen Mittelalters (5.-10. Jh.), des Hochmittelalters (11.-13. Jh.) und des Spätmittelalters (14. und 15. Jh.) unterteilt.

7 *Menzel, Eberhard*, Völkerrecht. Ein Studienbuch, 1962, S. 17.

8 Vgl. *Ziegler*, Völkerrechtsgeschichte, S. 97.

9 Zu den berühmtesten Natur- und Völkerrechtslehrern zählen *Hugo Grotius, Christian Wolff* und *Emer de Vattel*. Sie erkannten, dass Staaten durch Rechtsvorgänge gebildet werden. Vgl. *Guggenheim, Paul*, Beiträge zur völkerrechtlichen Lehre vom Staatenwechsel (Staatensukzession), 1925, S. 30.

10 Den nachhaltigsten Einfluss auf die Entwicklung eines „weltlichen“ Naturrechts hatte die Lehre von *Hugo Grotius* (1583-1645), der auch heute noch als Vater des Völkerrechts bezeichnet wird. In seinem Hauptwerk „De iure belli ac pacis“ (1625) hat *Grotius* neben einem aus der menschlichen Vernunft abgeleiteten Naturrecht die Staatenpraxis als Quelle des Völkerrechts herausgearbeitet. Vgl. *Herdegen*, Völkerrecht, S. 19 Rn. 4.

11 Die Naturrechtslehre erfasste den Staat als Einheit, indem sie den doppelten Dualismus von König und Volk überwand. Dennoch hat die Naturrechtslehre ihrer Konstruktion des Staates wiederum ein dualistisches Gepräge gegeben, indem sie ihn durch einen vor- und überstaatlichen Vertrag entstehen ließ. Vgl. *Guggenheim*, Beiträge zur völkerrechtlichen Lehre, S. 29.

12 Der Westfälische Frieden bestand aus zwei inhaltlich aufeinander abgestimmten, in wichtigen Bestimmungen übereinstimmenden völkerrechtlichen Verträgen: dem kaiserlich-schwedischen Friedensvertrag von Osnabrück und dem kaiserlich-französischen Friedensvertrag von Münster, unterzeichnet am 24. Oktober 1648. Diesen Verträgen vorausgegangen war der am 30. Januar 1648 in Münster geschlossene spanisch-niederländische Friedensvertrag, der die Anerkennung der von Spanien abgefallenen niederländischen Provinzen als souveräne Republik enthielt und damit das Ausscheiden der Vereinigten Niederlande aus dem Verband des Heiligen Römischen Reiches vorwegnahm. Vgl. *Ziegler*, Völkerrechtsgeschichte, S. 304.

Staaten.[13] Die Gleichberechtigung der christlichen Staaten, ohne Unterschied der Konfession und der Staatsform und damit die Anerkennung der christlichen Staatengemeinschaft, fand ihren Ausdruck in dem „Prinzip des europäischen Gleichgewichts".[14] Der Gedanke der inneren und äußeren Souveränität, der sich im Mittelalter entwickelt hatte, setzte sich mit dem Westfälischen Frieden endgültig als ein Fundament des „klassischen" Völkerrechts durch. Besonders ausgeprägt war der Souveränitätsansatz im Zusammenhang mit der Vorstellung, zwischen den Staaten herrsche der Naturzustand, der den Grundsatz „Krieg aller gegen alle" beinhaltete.[15] Der Grundsatz des Augsburger Religionsfriedens von 1555[16] „cuius regio, eius religio", das Prinzip, dass der Herrscher über die religiöse Konfession in seinem Gebiet entscheidet, wurde in den Westfälischen Friedensverträgen verankert und verallgemeinert. Damit löste das Prinzip der Territorialherrschaft die mittelalterliche Lehensordnung ab. Nun bestimmte der Herrscher, welches Recht in seinem Gebiet galt. Der Westfälische Friede legte ferner fest, dass zwischenstaatliche Verträge im Sinne der Maxime „pacta sunt servanda" einzuhalten sind. Auf dieser Basis entstanden im Laufe der Zeit die modernen Nationalstaaten.[17] Mit der zunehmenden Durchsetzung des modernen Territorialstaates wuchs auch das Bedürfnis nach genauerer Grenzziehung, das namentlich im 18. Jahrhundert zum Abschluss zahlreicher Verträge führte.[18] Aus der Souveränität der Staaten resultierte das Recht zur Kriegsführung (*ius ad bellum*) und daraus resultierend das Recht, andere Völkerrechtssubjekte ganz oder teilweise durch Erwerb ihres Staatsgebietes zu vernichten. Aus dem freien Kriegsführungsrecht folgte somit das Recht der Staaten zur Annexion.

Das positiv-klassische Völkerrecht umfasst den Zeitraum ab dem Wiener Kongress (1815) bis zum Ersten Weltkrieg (1918).[19] Die Epoche des klassischen Völkerrechts ging mit der Völkerbundsatzung zu Ende. Wichtigste Veränderung des modernen heutigen Völkerrechts war, dass an die Stelle der Kriegsfreiheit das Kriegsverbot und damit einhergehend das Annexionsverbot trat.[20]

---

13 Spätestens seit dem Westfälischen Frieden kam der Terminus „ius publicum Europaeum" auf. Er entsprach der Europazentriertheit des damaligen Völkerrechts. Vgl. *Vitzthum*, in: *Vitzthum*, Völkerrecht, S. 10 Rn. 10.

14 Vgl. *Rudolf, Walter*, Neue Staaten und das Völkerrecht, in: ArchVR 17 (1977/1978), S. 1-45 (1); *von Liszt, Franz/Fleischmann, Max*, Das Völkerrecht. Systematisch dargestellt, 12. Aufl., 1925, S. 21; *Herdegen*, Völkerrecht, S. 20 Rn. 6-7.

15 Vgl. *Vitzthum*, in: *Vitzthum*, Völkerrecht, S. 45 Rn. 100.

16 Text: *Brandi, Karl*, Der Augsburger Religionsfriede vom 25. September 1555, 2. Aufl., 1927, S. 32-52.

17 Vgl. *Kälin, Walter/Epiney, Astrid/Caroni, Martina/Künzl, Jörg*, Völkerrecht, 3. Aufl., 2010, S. 4.

18 Vgl. *Ziegler*, Völkerrechtsgeschichte, S. 146 f.

19 Vgl. *Ehrlich, Ludwik*, Prawo międzynarodowe, 4. Aufl., 1958, S. 37.

20 Vgl. *Kimminich, Otto*, Der Moskauer Vertrag vom 12. August 1970. Eine völkerrechtliche Analyse, 2. Aufl., 1973, S. 47 f.

B. Staatsbegriff im Völkerrecht

Im Folgenden soll dargestellt werden, was unter dem Begriff des Staates aus rechtlicher Sicht zu verstehen ist und unter welchen Voraussetzungen ein Staat existieren kann. Insbesondere für die Frage, ob ein neuer Staat entstanden ist oder ob ein vermeintlich neu entstandener Staat identisch mit einem bereits bestehenden Staat ist, ist der Entstehungsvorgang eines neuen Staates von Bedeutung.

Je nachdem, von welchem Ausgangspunkt der Begriff des Staates betrachtet wird, erschließen sich verschiedene Definitionen, die jeweils andere Schwerpunkte setzen. Das Wesen des Staates kann etwa aus der soziologischen, der staatsphilosophischen und der völkerrechtlichen Sicht bestimmt werden. Für eine völkerrechtliche Definition des Staates bedarf es der Betrachtung dieses Gebildes aus Sicht der Eigenart der Völkerrechtsordnung.[21] Der Staat wird im Völkerrecht als abstrakte Staatspersönlichkeit im Verhältnis zur Völkerrechtsgemeinschaft erfasst.[22]

Um abschließend klären zu können, unter welchen Voraussetzungen und Umständen ein Staat entsteht beziehungsweise untergeht, muss zunächst der Begriff des Staates unter völkerrechtlichen Aspekten mit Blick auf die jeweilige Völkerrechtsepoche erläutert werden.

I. Elemente des Staatsbegriffs

1. Personenverband und Territorialstaat des Mittelalters

Das Mittelalter kannte keinen Staat im modernen abstrakten Sinn. Da der Staat als identisch mit seinem Oberhaupt, dem König, angesehen wurde, konnte er nicht als eine juristische Person aufgefasst werden.[23] Der mittelalterliche Staat war vielmehr ein Personenverband, der auf gegenseitigen persönlichen Treueverpflichtungen zwischen dem Herrscher und dem von ihm abhängigen Volk beruhte.[24] Der organisierte Personenverband konnte aus einem oder gar mehreren Stämmen[25] bestehen,

---

21 *Fiedler*, Das Kontinuitätsproblem im Völkerrecht, S. 38.

22 Vgl. *Marek*, Identity and Continuity, S. 161; *Fiedler*, Das Kontinuitätsproblem im Völkerrecht, S. 40 f.

23 *Mitteis, Heinrich*, Der Staat des hohen Mittelalters. Grundlinien einer vergleichenden Verfassungsgeschichte des Lehnszeitalters, 11. Aufl., 1986, S. 326.

24 Vgl. *Schliesky*, Souveränität und Legitimität, S. 11 f.

25 Unter einem Stamm ist eine auf Blutsbande gegründete Friedensgemeinschaft, die eine politisch-organisatorische Gemeinschaft bildet, zu verstehen. Der Stamm verfügte in aller Regel über einen eigenen Lebensraum und ein Stammesterritorium. Allerdings war der Besitz eines Stammesgebietes keine notwendige Voraussetzung für dessen Existenz. Der Zusammenschluss zu einem politischen Verband war ohne Zweifel eine wichtige Voraussetzung für die Stammesbildung. Bei den Stämmen, die nicht als Königtum ausgestaltet waren, lag die politische Führung bei den Stammesfürsten. Vgl. *Schulze, Hans K.*, Grundstrukturen der Verfassung im Mittelalter, Bd. 1. Stammesverband, Gefolgschaft, Lehnswesen, Grundherrschaft, 3. Aufl., 1995, S. 18-37. Mit dem Stammesbegriff setzt sich ferner ausführlich auseinander:

die bereits in der frühen Geschichte Europas und im Mittelalter zu den wichtigsten verfassungsgeschichtlichen Grundstrukturen gehörten.[26] Der mittelalterliche Staat fasste demnach die im Personenverband verbundenen Glieder zu einer höheren Einheit zusammen und unterwarf sie einer bestimmten Herrschaft.[27] Der Herrscher besaß dabei die höchste Gewalt, welche mit dem mittelalterlich-lateinischen Ausdruck *supremitas* bezeichnet wurde.[28] Die Herrschaft umfasste dabei ein abgrenzbares Gebiet.[29] Auf diese Weise kam es zur Herausbildung und Konsolidierung des Territorialstaates.[30] Der Staat wurde nach der *objektiven Theorie* bestimmt. Die objektive Theorie beinhaltet den Grundsatz, dass die Beziehungen zwischen der Gebietshoheit mit dem Territorium und dem Volk privatrechtlicher Natur sind.[31] Die Beziehung des Herrschers zum Gebiet war mit dem Eigentum gleichgesetzt und zum Volk bestand eine Art Geschäftsbeziehung, die auf gegenseitigen Leistungen beruhte.[32] Obwohl sich in der weiteren Entwicklung die völkerrechtlichen Beziehungen radikal veränderten, wurde weiterhin die Vorstellung des Staates als Subjekt, dessen Herrschaft sich auf das Territorium und deren Bevölkerung bezog, vertreten.[33] Der Personenverband kann mit dem Begriff des Gemeinwesens gleichgestellt werden. Unter dem Personenverband oder auch dem Gemeinwesen ist konkret die Vereinigung einer Mehrheit von Menschen, welche eine Organisation und infolgedessen einen Willen besitzt, zu verstehen.[34] Das Abhängigkeitsverhältnis zwischen Herrscher und Untertanen war als Lehensverhältnis ausgestaltet.[35] Im hohen Mittelalter[36] entwickelte sich sogar ein territoriales Lehenswesen, bei dem sich die Verpflichtung des Vasallen zur Treue und zum Beistand auf das Herrschaftsgebiet und nicht mehr allein auf den Lehensherrn bezog.[37] Aufgrund des genannten Abhängigkeitsverhältnisses zwischen Herrscher und den Mitgliedern der Personenverbände[38] galt der

---

Wenskus, Reinhard, Stammesbildung und Verfassung. Das Werden des frühmittelalterlichen gentes, 1961, S. 14 ff.

26 *Schulze*, Grundstrukturen, Bd. 1, S. 37.

27 *Meyer, Georg*, Lehrbuch des deutschen Staatsrechtes, 2. Aufl., 1885, S. 8; *Mitteis*, Der Staat, S. 3.

28 *Meyer*, Lehrbuch des Deutschen Staatsrechtes, S. 3 f.

29 *Schliesky*, Souveränität und Legitimität, S. 14.

30 *Schulze*, Grundstrukturen, Bd. 1, S. 37.

31 Vgl. *Hammer, Andreas*, Staatenfolge und Staatennachfolge. Theorie und Praxis der Nachfolge in öffentliche Schulden, 2006, S. 33; *Makowski, Julian*, Podręcznik prawa międzynarodowego, 1948, S. 87.

32 Vgl. *Makowski*, Podręcznik prawa międzynarodowego, S. 87 f.

33 Vgl. *Makowski*, Podręcznik prawa międzynarodowego, S. 88.

34 *Meyer*, Lehrbuch des Deutschen Staatsrechtes, S. 1 f.

35 *Wegner, Arthur*, Geschichte des Völkerrechts, 1936, S. 84.

36 11.-13. Jh.

37 Vgl. *Schliesky*, Souveränität und Legitimität, S. 15.

38 Das Lehensverhältnis zwischen dem Lehensherrn und dem Vasallen wurde durch einen formalen Rechtsakt begründet. Der Vasall legte einen Lehenseid, der einen Treueeid beinhaltete, ab. Der Rechtsakt der Mannschaftsleistung bestand im

Feudalismus[39] als Gesellschaftsform des Mittelalters.[40] Der mittelalterliche Staat setzte mithin nach der objektiven Theorie einen organisierten Personenverband, der mit einem bestimmten Territorium verbunden war, und eine Herrschaftsgewalt voraus.[41]

2. Moderner Staat

Die Herausbildung des modernen Staatsbegriffs[42] erfolgte in der Übergangszeit zwischen Mittelalter und Neuzeit[43] und war zunächst auf Italien und Frankreich, weniger auf Deutschland beschränkt.[44] Der völkerrechtliche Staatsbegriff knüpft aber nach wie vor an die in der frühen Neuzeit entwickelten Voraussetzungen an. Ursprünglich hatte Bodin[45] den Staatsbegriff entscheidend geprägt, indem er den Staat mit einer inneren und äußeren Souveränität über Familien (Bürger) und alles, was ihnen gehört, umschrieb. Der Staat im Sinne des *ius publicum europeaum*[46] sei aus einer konkreten geschichtlichen Situation Europas heraus um die Wende des 12. zum 13. Jahrhundert entstanden.[47] Wesentlich für die Ausprägung des europäischen Völkerrechts war, dass sich die souveränen Staaten als Rechtsetzungssubjekte und Rechtssubjekte empfanden. Während es im Mittelalter zahlreiche Verbände gab, die auf demselben Territorium eine ursprüngliche Herrschaftsgewalt ausübten, ist für den modernen Staat kennzeichnend, dass er über die ganze Herrschaftsgewalt allein verfügte.[48] Dies stellt das Hauptunterscheidungsmerkmal

---

„Handgang" und des Geloben des „Homagiums". Der Vasall kniete vor dem sitzenden Herrn nieder und legte seine gefalteten Hände in die des Herrn. Damit sollte die Unterwerfung unter die Gewalt eines anderen symbolisch ausgeführt werden. Vgl. *Schulze*, Grundstrukturen, Bd. 1, S. 73.

39 „Feudalismus" und „Lehenswesen" werden im Deutschen vielfach als Synonyme gebraucht. Vgl. *Schulze*, Grundstrukturen, Bd. 1, S. 54.

40 *Brierly*, Grundlagen des Völkerrechts, S. 2 f.; *Pütter, Karl Theodor*, Beiträge zur Völkerrechts-Geschichte und Wissenschaft, 1843, S. 84.

41 *Brunner*, Land und Herrschaft, S. 137 f.

42 Eine anschauliche Darstellung der Ursprünge und der Entwicklung des Staates in Europa findet sich in: *Strayer, Joseph R.*, Die mittelalterlichen Grundlagen des modernen Staates, 1975, S. 1 ff.

43 *Schliesky*, Souveränität und Legitimität, S. 51. Der Beginn der Neuzeit wird gewöhnlich mit dem Jahr 1492, dem Jahr der Entdeckung Amerikas, in Verbindung gebracht. Vgl. *Nussbaum*, Geschichte des Völkerrechts, S. 67.

44 *Strayer*, Die mittelalterlichen Grundlagen, S. 32 ff.; *Osterrieder*, Das wehrhafte Friedensreich, S. 48.

45 Hierzu: *Bodin, Jean*, Sechs Bücher über den Staat, 1981, 1. Buch, 1. Kap., S. 98 ff.

46 Wie bereits festgestellt, wird das Völkerrecht im Ursprung als europäisches Völkerrecht gewertet. Vgl. *Wolgast, Ernst*, Völkerrecht, 1934, S. 715.

47 Vgl. *Darsow*, Zum Wandel des Staatsbegriffs, S. 1; *Waldrich, Hans-Peter*, Der Staat. Das deutsche Staatsdenken seit dem 18. Jahrhundert, in: Geschichte und Staat, Bd. 142/143, 2. Aufl., 1973, S. 13.

48 *Jellinek*, Allgemeine Staatslehre, S. 431 f.

des mittelalterlichen Staates vom modernen Staat dar.[49] Seit Mitte des 17. Jahrhunderts begann sich der Begriff Staat in seiner spezifisch neuzeitlichen Anwendung durchzusetzen. Das deutsche Wort „Staat“ wurde in der Diplomatensprache seit der Mitte des 17. Jahrhunderts immer häufiger gebraucht.[50] Emer de Vattel[51] etwa definierte eine Nation, einen Staat, als einen politischen Körper, eine Gemeinschaft von Menschen, die sich zusammengeschlossen hat, um mit vereinten Kräften für ihren Nutzen und ihre Sicherheit zu sorgen. Die Tatsache, dass diese vielen Menschen eine Gemeinschaft mit gemeinsamen Interessen und gemeinsamem Willen bilden, mache es notwendig, dass sie eine öffentliche Gewalt einsetzt, damit sie befehlen und bestimmen könne, was jeder Einzelne zur Erreichung des Ziels der Vereinigung zu tun hat. Diese politische Gewalt sei die Souveränität, wer diese besitze, sei der Souverän.[52] Die bereits erwähnte objektive Theorie wurde schließlich von Georg Jellineks Drei-Elemente-Lehre, die die Merkmale Staatsgebiet, Staatsvolk und Staatsgewalt umfasst, abgelöst. Diese Lehre wird mittlerweile von der herrschenden Völkerrechtswissenschaft[53] teilweise unbesehen übernommen.[54] Allerdings knüpft die englischsprachige Völkerrechtsliteratur regelmäßig an die in Art. 1 der “Montevideo Convention on Rights and Duties of States” von 1933[55] enthaltene Definition an und gliedert den Staatsbegriff in insgesamt vier Elemente auf.[56] Danach sind für das Vorliegen des Völkerrechtssubjektes Staat folgende Elemente erforderlich: Volk, Gebiet, eine effektive Regierungsgewalt und die Fähigkeit, am internationalen Verkehr teilzunehmen. Darüber hinaus darf nach der dort vertretenen Ansicht die Regierung nicht von einem anderen Staat abhängig sein.[57]

Die Diskrepanz zwischen den vorausgesetzten Elementen nach der Montevideo-Konvention und der Drei-Elemente-Lehre Jellineks ist allerdings unproblematisch, da sich die zusätzlichen Voraussetzungen aus der Konvention

---

49 *Schliesky*, Souveränität und Legitimität, S. 37.

50 Vgl. *Quaritsch*, Staat und Souveränität, Bd. 1, S. 33.

51 Schweitzer Natur- und Völkerrechtler (1714-1767).

52 Zit. n.: *de Vattel, Emer*, Le Droit des Gens ou Principes de la Loi Naturelle. Appliqué à la Conduite et aux Affaires des Nations et des Souverains, 1758 (dt. Übersetzung von *Wilhelm Euler* 1959), S. 31.

53 Vgl. *von Liszt/Fleischmann*, Völkerrecht, S. 86; *Schaeffer, Carl/Brode, Heinrich*, Völkerrecht, 9.-11. Aufl., 1928, S. 24; *Fauchille, Paul*, Traité de droit international public, Bd. I 1, 1922, S. 224; *Hall, William Edward*, A Treatise on International Law, 2. Aufl., 1884, S. 17.

54 Vgl. *Kunz*, Staatenverbindungen, S. 14.

55 Abkommen über Rechte und Pflichten der Staaten vom 26. Dezember 1933, abgedruckt in: AJIL 28 (1934), Supplement. Official Documents, S. 75-78.

56 Vgl. *Brownlie, Ian*, Principles of International Law, 6. Aufl., 2003, S. 70 ff.; *Crawford, James*, The Creation of States in International Law, 2. Aufl., 2006, S. 45 f.; *Shaw, Malcolm N.*, International Law, 6. Aufl., 2008, S. 198 f.

57 Vgl. *Krieger, Heike*, Das Effektivitätsprinzip im Völkerrecht, 2000, S. 82 f.; vgl. auch ausführlich hierzu: *Crawford*, Creation of States, S. 45-71. Siehe hierzu aber die Problematik der sog. halbsouveränen Staaten weiter unten.

unter die Voraussetzung der Staatsgewalt nach Jellinek fassen lassen. Nach der Drei-Elemente-Lehre hat die Staatsgewalt selbst eine innere, auf die Fähigkeit eine stabile Ordnung zu etablieren gerichtete und eine äußere, auf die unabhängige internationale Handlungsfähigkeit des Staates gerichtete Seite, denen die beiden Elemente inhaltlich jeweils entsprechen.[58]

II. Drei-Elemente-Lehre

Das heutige Verständnis des völkerrechtlichen Staatsbegriffs gründet sich auf die Drei-Elemente-Lehre[59] Jellineks.[60] Danach wird der Tatbestand eines Staates nach den Merkmalen Staatsgebiet, Staatsvolk und Staatsgewalt beurteilt.[61] Jellinek ging hierbei von einem dualistischen Staatsbegriff[62] aus, wie es der Theorie vom Nationalstaat des 19. Jahrhunderts entsprach, und bezog damit sowohl soziale Gesichtspunkte als auch die Anforderung an einen juristischen Tatbestand ein.[63]

Die Entstehung eines Staates ist allerdings erst abgeschlossen, wenn die höchste Staatsmacht ihre Verwaltungsarbeit aufgenommen hat.[64]

1. Staatsvolk

Das Staatsvolk setzt einen auf Dauer angelegten Zusammenschluss von Menschen, den Staatsangehörigen, unter dem Dach einer gemeinsamen Herrschafts- und Rechtsordnung voraus.[65] Hierbei ist nicht erforderlich, dass die zum Staat zusammengefassten Menschen eine Nation im soziologischen Sinne bilden, die gleiche Sprache sprechen oder der gleichen historischen Tradition oder Religion angehören.[66]

---

58 *Verdross/Simma*, Universelles Völkerrecht, S. 225.

59 Auch bedeutende polnische Völkerrechtler vertreten die Drei-Elemente-Lehre: *Klafkowski, Alfons*, Prawo międzynarodowe publiczne, 3. Aufl., 1969, S. 64, 101 ff.; *Cybichowski, Zygmunt*, O pojęciu i źródłach prawa narodów, in: Towarzystwo Naukowe we Lwowie (Hrsg.), Księga Pamiątkowa ku czci Bolesława Orzechowicza, Bd. I, 1916, S. 188-221 (188).

60 Vgl. *Jellinek*, Allgemeine Staatslehre, S. 144.

61 Vgl. *Makowski*, Podręcznik prawa międzynarodowego, S. 87; *Zimmermann*, Staatennachfolge, S. 27 Rn. 49; *Kempen, Bernhard/Hillgruber, Christian*, Völkerrecht, 2007, S. 13 Rn. 2; *Klafkowski*, Prawo międzynarodowe publiczne, S. 64; *Mejro, Czesław*, Powstanie i upadek państwa, 1917, S. 1.

62 Der Staat wurde zum einen als soziales Gebilde, zum anderen als juristischer Tatbestand dargestellt.

63 *Darsow*, Zum Wandel des Staatsbegriffs, S. 12; *Jellinek*, Allgemeine Staatslehre, S. 328 ff.

64 *Cybichowski, Zygmunt*, Polskie prawo państwowe. Na tle uwag dziedziny o państwie i porównawczego prawa państwowego, Bd. I. Text pierwotny oraz uwagi uzupełnienia do r. 1933, 1933, S. 181.

65 *Herdegen*, Völkerrecht, S. 75 Rn. 6.

66 Vgl. *Berber*, Lehrbuch des Völkerrechts, Bd. 1, S. 117.

2. Staatsgebiet

Unter Staatsgebiet ist der gesicherte Raum zu verstehen, in dem ein Volk seine Herrschaft effektiv ausüben kann und über den ihm die Verfügungsgewalt zusteht.[67] Auf die Festlegung konkreter Staatsgrenzen kommt es nicht an, solange die effektive Beherrschung des beanspruchten Territoriums gegeben ist. Völkerrechtlich zugeordnet wird daher ein bestehender Staat einem Personenverband, wenn dieser Verband bezogen auf das bestimmte Gebiet die territoriale Souveränität erworben hat.[68] Diese beinhaltet im Kern das Recht, über das Gebiet zu verfügen und ist damit die Herrschaft eines Staates über ein Gebiet. Im Gegensatz hierzu bezeichnet die Gebietshoheit die Herrschaft eines Staates in einem bestimmten Gebiet. Demnach sind die territoriale Souveränität mit dem Eigentum und die Gebietshoheit mit dem Besitz im zivilrechtlichen Sinne vergleichbar.[69] In der Regel werden die territoriale Souveränität und die Gebietshoheit von demselben Inhaber ausgeübt. Problematisch sind die Fälle, insbesondere hinsichtlich der Annahme eines Staatsuntergangs, wenn territoriale Souveränität und Gebietshoheit auseinanderfallen.

3. Staatsgewalt

Die Staatsgewalt als letzte Voraussetzung der „Drei-Elemente-Lehre“ beinhaltet die Herrschaftsgewalt über den Personenverband.[70] Die Staatsgewalt dient der Organisation des Staatsvolkes auf dem Staatsgebiet. Sie wird mittels einer Verfassung, einer Regierung und schließlich eines Staatsoberhauptes sowie sonstiger Organe ausgeübt.[71] Die Staatsgewalt muss sich ferner als eine selbständige, individualisierbare Hoheitsgewalt von anderen unterscheiden.[72] Hieraus folgt, dass eine selbständige Organisation, die strukturell aufgebaut ist, in einem Staat bestehen muss.[73] Eine weitere entscheidende Voraussetzung ist, dass die Staatsgewalt effektiv ausgeübt wird. Dies bedeutet, dass eine dauernde, gefestigte Ordnung existieren muss.[74] Äußerst problematisch in diesem Zusammenhang ist jedoch, dass es keine bestimmbaren Kriterien gibt, nach denen eine Dauerhaftigkeit bejaht werden könnte.

---

67 Vgl. *Gornig*, Der völkerrechtliche Status Deutschlands, S. 4; *Schweisfurth, Theodor*, Völkerrecht, 2006, S. 278 Rn. 2.

68 Vgl. *Schweisfurth*, Völkerrecht, S. 278 Rn. 3.

69 Vgl. *Schweisfurth*, Völkerrecht, S. 278 Rn. 4-5.

70 Vgl. *Schweitzer, Michael*, Staatsrecht III. Staatsrecht. Europarecht. Völkerrecht, 10. Aufl., 2010, S. 243 Rn. 574; *Stein/von Buttlar*, Völkerrecht, S. 88 Rn. 283.

71 Hierzu können etwa die Verwaltung, Armee, einzelne Beamte oder auch die Polizei zählen. Darüber hinaus üben auch die Gerichte hoheitliche Macht in einem Staat aus.

72 *Brownlie*, Principles of International Law, S. 71; *Dahm/Delbrück/Wolfrum*, Völkerrecht, Bd. I/1, S. 128.

73 Vgl. *Dahm*, Völkerrecht, Bd. I, S. 77.

74 Vgl. *Guggenheim, Paul*, Lehrbuch des Völkerrechts, 1948, Bd. I, S. 170; *Dahm*, Völkerrecht, Bd. I, S. 77 f.

4. Drei-Elemente-Lehre und Identitätswechsel

Die drei Elemente müssen letztendlich in einem Abhängigkeitsverhältnis und einer Wechselbezüglichkeit zueinander stehen.[75] Fraglich ist jedoch, ob der von Jellinek begründete Staatsbegriff überhaupt geeignet ist, den Verlust von Staatsqualität, insbesondere einen Identitätswechsel von Altstaat zu Neustaat, festzustellen. Die pauschale Beschreibung des Identitätsverlustes als Wegfall eines der notwendigen Staatsmerkmale kann sich nicht als Bewertungskriterium erweisen, denn schließlich liegen im Normalfall nach einem völkerrechtlichen Vereinigungsvorgang immer noch alle Merkmale eines Staates vor.[76] Gegen die rein nach den drei Elementen orientierte Staatsbegriffsbeurteilung spricht etwa, dass Veränderungen im Inneren eines Staates für den Fortbestand seiner Völkerrechtspersönlichkeit als unerheblich betrachtet werden, sodass die rechtliche Kontinuität eines Staates nicht nach inhaltlich-soziologischen Momenten bestimmt werden kann.[77] Vor allem Krystyna Marek hat versucht, die Unabhängigkeit des Staates als entscheidendes Kriterium der Identität und Kontinuität herauszuarbeiten.[78] Somit kann die Frage nach dem Vorliegen einer Staatsidentität nicht mit dem dargestellten Staatsbegriff beantwortet werden. Es müssen daher andere im Völkerrecht enthaltende Regeln zu einer umfassenden Beurteilung der Voraussetzungen, unter welchen ein Staat entsteht oder untergeht, herangezogen werden. Problematisch ist in diesem Zusammenhang aber, dass keine völkerrechtlichen Normen existieren, die die Entstehung eines Staates regeln würden.[79]

III. Auswirkung der Souveränität auf die Staatlichkeit

Immer wieder wird der Begriff der Souveränität mit dem Staat in Verbindung gebracht. Oft wird davon gesprochen, dass nur souveräne Staaten Völkerrechtssubjekte sind.[80] Demnach könnte insbesondere denjenigen Staaten, die im völkerrechtlichen Verkehr handlungsunfähig sind, die Völkerrechtssubjektivität abgesprochen werden. In diesem Zusammenhang stellt sich daher die Frage, ob es für die Bejahung einer völkerrechtlichen Existenz eines Staates notwendig ist, dass der Staat souverän ist. Wäre dies der Fall, dann müsste die Souveränität als weitere Voraussetzung unter die Staatlichkeitsmerkmale subsumiert werden. Die Souveränität könnte als ein Merkmal der Staatsgewalt betrachtet werden. Es könnte aber auch die Staatsgewalt identisch mit der Souveränität sein. In beiden Fällen könnte ein Staat erst bei Vorliegen von Souveränität angenommen werden.

---

75 *Hobe, Stephan*, Einführung in das Völkerrecht, 9. Aufl., 2008, S. 69.

76 *Dörr, Oliver*, Inkorporation als Tatbestand der Staatensukzession, 1995, S. 136.

77 Vgl. *Herz, Hans*, Beiträge zum Problem der Identität des Staates, in: Zeitschrift für öffentliches Recht 15 (1935), Heft Nr. 1, S. 241-268 (243).

78 *Marek*, Identity and Continuity, S. 162.

79 Vgl. *Klafkowski*, Prawo międzynarodowe publiczne, S. 72.

80 Diese Frage ebenso aufwerfend: *von Ullmann, Emanuel*, Völkerrecht, 2. Aufl., 1898, S. 41.

Entscheidend ist, was unter dem Begriff der Souveränität zu verstehen ist. Insbesondere muss der Frage nachgegangen werden, ab wann der Staat als souverän betrachtet werden kann und schließlich, ob eine Identität von Staatsgewalt und Souveränität oder vielmehr eine Trennung derselben angenommen werden muss.

1. Historische Begriffsbestimmung im Wandel

Als Begründer des Souveränitätsbegriffs wird der Jurist Jean Bodin angesehen, der in seiner im Jahre 1576 erschienenen Abhandlung den Begriff der Souveränität[81] mit demjenigen des Staates in Verbindung brachte. Ausgangspunkt für sein Souveränitätsverständnis war seine Definition des Staates: „Unter einem Staat versteht man die am Recht orientierte, souveräne Regierungsgewalt über eine Vielzahl von Hausordnungen und das, was ihnen gemeinsam ist".[82] Die Kernaussage Bodins ist, dass er die Staatsherrschaft als Souveränität umschreibt. Den Begriff der Souveränität definiert er daher als „die dem Staat eigene, absolute und zeitlich unbegrenzte Gewalt".[83] Hieraus darf allerdings nicht die Vorstellung erwachsen, dass die Souveränität eines Staates vor Bodin nicht existiert hätte. Insbesondere war die Unabhängigkeit einzelner Fürsten und Könige gegenüber ihren Untertanen allumfassend anerkannt.[84] Kunz stellt zutreffend fest, dass der Begriff der Souveränität im Laufe der Geschichte einen großen Bedeutungswandel durchlaufen hat.[85] Der Souveränitätsbegriff des 14. Jahrhunderts war nur nach innen gerichtet, indem er einen staatsrechtlichen Begriff, der die höchste Gewalt des Herrschers gegenüber seinen Untertanen beinhaltete, darstellte.[86] Im Mittelalter basierte der Gedanke der Souveränität auf dem Lehensrecht. Das Lehensverhältnis begründete gegenseitige Treuepflichten zwischen dem Lehensherrn und seinen Vasallen.[87] Zweifelhaft ist, ob damit bereits eine Hoheitsgewalt im Sinne unseres heutigen Verständnisses zu verstehen war. Bedeutend für die Entwicklung des Souveränitätsbegriffs war der Westfälische Friede von 1648[88], mit dem sich die Gleichheit der christlichen Staaten durchsetzte. Der Westfälische Friede war der erste völkerrechtliche Vertrag, in dem die Souveränität ausdrücklich bestätigt wurde.[89] Im 18. Jahrhundert wurde schließlich das Merkmal der Unabhängigkeit nach außen betont. Mit der Erweiterung auf das äußere Merkmal wandelte sich der ursprünglich rein staatsrechtliche

---

81 Franz.: souveraineté; lat.: superanus. Die Begriffe können mit „darüber befindlich, überlegen" übersetzt werden.
82 Zit. n.: *Bodin*, Bd. 1, 1. Buch, 1. Kap., S. 98.
83 Zit. n.: *Bodin*, Bd. 1, 1. Buch, 8. Kap., S. 205.
84 *Jellinek*, Allgemeine Staatslehre, S. 453.
85 *Kunz*, Staatenverbindungen, S. 22.
86 *Kunz*, Staatenverbindungen, S. 23 f.
87 *Berber*, Lehrbuch des Völkerrechts, Bd. 1, S. 121.
88 Text: *Strupp*, Urkunden zur Geschichte des Völkerrechts, Bd. 1, Nr. VII, S. 16-23.
89 Vgl. *von der Heydte, Friedrich August*, Die Geburtsstunde des souveränen Staates, 1952, S. 41 ff.

Begriff zu einem völkerrechtlichen Begriff.[90] Seit dieser Zeit wird als Wesen der Souveränität immer häufiger die Unabhängigkeit im Verhältnis zu anderen Staaten in den Vordergrund gestellt.[91] Die Souveränität beinhaltete nun Herrschaft nach innen und Unabhängigkeit nach außen. Von Bedeutung ist ferner, dass sich gleichzeitig eine Änderung des Trägers der Souveränität vollzog. Im Mittelalter basierten die Souveränitätsvorstellungen noch auf einer weitgehenden Identität von Staat und Monarch.[92] Träger der Souveränität war mithin der Fürst.[93] Daraus folgt, dass ein Herrscher nicht als souverän angesehen wurde, wenn er dem Gesetz eines Höheren oder Gleichen unterworfen war.[94] Erst im 19. Jahrhundert wurde aufgrund von demokratischen Tendenzen die Fürstensouveränität schließlich durch die Volkssouveränität ersetzt.[95]

2. Identität von Staatsgewalt und Staatssouveränität

Der historische Überblick zeigt, dass sich mit der Frage der Identität von Staatsgewalt und Staatssouveränität das Kernproblem des Souveränitätsbegriffs darstellt. Für die Formulierung einer überzeugenden Definition des Begriffs der Souveränität ist entscheidend, ob dieser als Merkmal des Staates, konkreter: der Staatsgewalt, aufgefasst werden muss. In den Blick genommen werden muss dabei auch die Rechtsfolge einer solchen Identität. Würden die Begriffe der Souveränität und der Staatsgewalt gleichgesetzt werden, dann müsste bei nicht vorhandener staatlicher Souveränität auch die Staatsgewalt verneint werden. Dies hätte aber wiederum zur Folge, dass der nichtsouveräne Staat kein Staat im völkerrechtlichen Sinne wäre. Mit Verlust der Souveränität und damit einhergehend der Staatsgewalt würde der Staat aufhören zu existieren. Fraglich ist, ob dieses Ergebnis vertretbar und in der Praxis überhaupt umsetzbar wäre.

Bodin hatte den Begriff der Souveränität als Bestandteil der Definition des Staates verstanden. Ferner hatte er die Souveränität mit der Herrschergewalt gleichgesetzt. Aufgrund seiner wissenschaftlichen Autorität hat sich somit die Gleichsetzung von Staatsgewalt und Souveränität durchgesetzt.[96] Insbesondere im 19. Jahrhundert wurde in der Völkerrechtsliteratur die staatliche Souveränität als wesentliches Merkmal des Staates gesehen.[97] Folge hiervon wäre, dass der nichtsouveräne Staat kein Völkerrechtssubjekt darstellen würde.

---

90 *Kunz*, Staatenverbindungen, S. 25.
91 *Kunz*, Staatenverbindungen, S. 25.
92 Vgl. *Darsow*, Zum Wandel des Staatsbegriffs, S. 3; *Brierly*, Grundlagen des Völkerrechts, S. 31 f.
93 *Nussbaum*, Geschichte des Völkerrechts, S. 85; *Kunz*, Staatenverbindungen, S. 33; *Quaritsch*, Staat und Souveränität, Bd. 1, S. 183.
94 *Quaritsch*, Staat und Souveränität, Bd. 1, S. 252.
95 *Brunner*, Land und Herrschaft, S. 138.
96 *Jellinek*, Allgemeine Staatslehre, S. 430 f.; *Brunner*, Land und Herrschaft, S. 137 f.
97 *Kunz*, Staatenverbindungen, S. 26.

Zahlreiche Autoren des 20. Jahrhunderts lehnen allerdings die Gleichstellung von Staatsgewalt und Staatssouveränität ab. Krabbe[98] geht so weit, dass er von einer Rechtssouveränität spricht. Diese will sagen, dass nicht der Staat, sondern das Recht als souverän betrachtet werden müsse. Auch für Somló kann die Souveränität kein Merkmal des Staates darstellen, sondern nur die Rechtsmacht.[99] Ein weiterer Verfechter der Theorie der Rechtssouveränität ist Kelsen, der diejenigen Ansichten kritisierte, wonach die Souveränität als „rechtliche Folge der Existenz des Staates" betrachtet wird.[100] Als „schwerwiegenden, für die ganze Entwicklung der rechtlichen Grundanschauungen höchst bedeutsamen Fehler" bezeichnet Jellinek die Gleichsetzung von Staatsgewalt und Souveränität.[101] Es sei aber klar, dass in dieser Gleichstellung von Staatsfunktion und Souveränitätsrecht eine *petitio principii* liege.[102] Der Grund für die Modifizierung der Definition des Staates geht mit der Entstehung der bundesstaatlichen Organisationsform Mitte des 19. Jahrhunderts einher. Mit dem Bundesstaat wurde eine neue staatsrechtliche Erscheinungsform geschaffen, die mit der zuvor geltenden Staatsdefinition zu kollidieren schien.[103] Ausgehend von der Frage, ob der Bundesstaat als souveräner oder nichtsouveräner Staat zu behandeln sei, wurde diskutiert, wie mit den „nichtsouveränen Staaten" zu verfahren sei und ob ein Staat, der einem anderen höheren Verband unterworfen ist, wie etwa der Gliedstaat dem Bundesstaat, trotz dieser Unterwerfung den Charakter als Staat bewahren kann.[104] Der Streit um die bundesstaatliche Struktur des Deutschen Reiches nach 1870/1871 veranlasste Jellinek dazu, nicht in der Souveränität, sondern in der Fähigkeit der Selbstorganisation und Selbstherrschaft[105] die hinreichende Eigenschaft einer Staatsgewalt zu sehen. Staat und souveräner Staat waren für ihn demnach keine identischen Begriffe mehr.[106] Nach Jellinek müsse auch der nichtsouveräne Staat ein selbständiges sogenanntes oberstes Staatsorgan besitzen, das den Staat als autonome Ordnung durch seinen unabhängigen Willen „in Bewegung hält". Außerdem müsse auch der nichtsouveräne Staat über die wesentlichen materiellen Staatsfunktionen wie Gesetzgebung, Verwaltung und Rechtsprechung verfügen.[107] Jellinek erkannte im Ergebnis zwei Gattungen von Staaten an, nämlich souveräne und nichtsouveräne Staaten.[108]

98 *Krabbe, Hugo*, Die moderne Staats-Idee, 2. Aufl., 1919, S. 39 f.

99 *Somló, Felix*, Juristische Grundlehre, 2. Aufl., 1927, S. 280.

100 *Kelsen, Hans*, Das Problem der Souveränität und die Theorie des Völkerrechts. Beitrag zu einer reinen Rechtslehre, 2. Neudr. der 2. Aufl., 1981, S. 31-36.

101 *Jellinek*, Allgemeine Staatslehre, S. 461.

102 *Jellinek*, Allgemeine Staatslehre, S. 462.

103 *Heller*, Die Souveränität, S. 111.

104 *Jellinek*, Allgemeine Staatslehre, S. 486.

105 *Jellinek*, Allgemeine Staatslehre, S. 489.

106 *Kersten, Jens*, Warum Georg Jellinek? Georg Jellinek und die Staats- und Europarechtslehre der Gegenwart, in: *Anter, Andreas* (Hrsg.), Die normative Kraft des Faktischen. Das Staatsverständnis Georg Jellineks, 2004, S. 175-199 (191 f.).

107 *Kersten*, Warum Georg Jellinek?, in: *Anter*, Die normative Kraft des Faktischen, S. 192.

108 *Jellinek*, Allgemeine Staatslehre, S. 489.

Auch andere Autoren der Völkerrechtslehre[109] sahen die Notwendigkeit, mit den nichtsouveränen Staaten eine weitere Kategorie von Staaten zu schaffen. Auf diese Weise entwickelte sich die Lehre von der Teilbarkeit der Souveränität, die schließlich zur Bezeichnung der halbsouveränen Staaten führte.[110] Nach dieser Theorie sollten die Gliedstaaten eines Bundestaates weiterhin Staaten[111] bleiben.[112] Die Anhänger dieser Theorie, die eine Identität von Staatsgewalt und Staatssouveränität ablehnten,[113] betonten, dass es für die Existenz eines Staates irrelevant sei, in welchem Umfang die Herrschergewalt ausgeübt werde.[114] Die Anforderungen an die Staatsgewalt wurden herabgesetzt, indem diese bereits bejaht wurde, wenn ein Gemeinwesen Herrschaft über seine Glieder und sein Gebiet gemäß einer ihm gesetzten Ordnung auszuüben vermochte.[115] Es kam demnach auf die Organisation und die mit ihr verknüpfte Machtverteilung als Merkmal zur Unterscheidung eines Staates von einem nichtstaatlichen Verband an.[116] Jellinek führte ferner den Aspekt des willentlichen Verlustes in die Begründung mit ein. Nach ihm handele ein nichtsouveräner Staat in Bezug auf den Verlust eines Teils seiner Souveränität willentlich.[117] Hieraus folge, dass die Bestimmbarkeit oder Verpflichtbarkeit durch eigenen Willen das Merkmal einer jeden selbständigen Herrschergewalt sei. Daher stehe auch dem nichtsouveränen Staat die Rechtsmacht über seine Kompetenz zu.[118]

---

109 Darunter *Brie, Rosin, Schulze, Fülster* und *Redslob*. Vgl. *Kunz*, Staatenverbindungen, S. 50.

110 Vgl. *Jellinek*, Allgemeine Staatslehre, S. 489; auch der polnische Völkerrechtler *Ehrlich* nimmt an, dass die Souveränität eines Staates beschränkt werden kann. Vgl. *Ehrlich*, Prawo międzynarodowe, S. 124 § 95.

111 Den Gliedstaaten fehlt die äußere Souveränität, während sie ihre innere Souveränität weiterhin besitzen. Auf diesen Punkt wird an späterer Stelle eingegangen.

112 *Kunz* steht dem kritisch gegenüber. Vgl. *Kunz*, Staatenverbindungen, S. 50 f.

113 *Kelsen*, Das Problem der Souveränität, S. 3 ff.; *von Ullmann*, Völkerrecht, S. 41; *Heller* spricht sich im Ergebnis seiner Analyse gegen diese Aufgabe aus. Vgl. *Heller*, Die Souveränität, S. 116 f.

114 *Jellinek* formuliert seine Position zu diesem Problem wie folgt: „Souveräne Gewalt ist nicht staatliche Allmacht. Sie ist rechtliche Macht und daher durch das Recht gebunden. Sie duldet allerdings keine absoluten rechtlichen Schranken. Der Staat kann sich vielmehr jeder selbstgesetzten Schranke entledigen. Dieses Merkmal der Souveränität ist rein formal. Es besagt nichts über den Inhalt der Schranken, die der Staat sich selbst setzt“. Zit. n.: *Jellinek*, Allgemeine Staatslehre, S. 482.

115 *Jellinek*, Allgemeine Staatslehre, S. 490.

116 *Jellinek*, Allgemeine Staatslehre, S. 490.

117 Wie später innerhalb der Ausführungen zu den Abhängigkeitsverhältnissen zu sehen sein wird, wurden gegenseitige Verträge zur Übergabe von Souveränitätsrechten geschlossen.

118 *Jellinek*, Allgemeine Staatslehre, S. 495.

Abschließend lässt sich zusammenfassen, dass noch bis zur Mitte des 19. Jahrhunderts vertreten wurde, die Souveränität sei mit der Staatsgewalt identisch. Demzufolge wurden nichtsouveräne Staaten nicht als Staaten betrachtet. Mit der Abkehr von dieser Gleichsetzung wurde gleichzeitig die Unterteilung von Staaten in souveräne und nichtsouveräne Staaten eingeführt. Dies führte dazu, dass auch nichtsouveräne Staaten als Staaten im völkerrechtlichen Sinne angesehen wurden.

3. Problematik der „halbsouveränen Staaten"

a) Begriffsgeschichte

Der Begriff der „Halbsouveränität" taucht erst Mitte des 19. Jahrhunderts in der Völkerrechtslehre auf. Eine teilbare Souveränität wurde vor dieser Zeit noch nicht anerkannt und Souveränität nur bei voller Souveränität angenommen. Aus der Tatsache, dass nichtsouveräne Staaten vor dem 19. Jahrhundert nicht als Staaten angesehen wurden, ergibt sich notwendigerweise die Folge, dass abhängige Staaten, die einen Teil ihrer Souveränität abgeben mussten, ebenfalls nicht als Staaten gewertet wurden. Somit kann die Frage der Zuordnung zu souveränen oder nichtsouveränen Staaten erst für die Zeit seit Mitte des 19. Jahrhunderts eine Rolle spielen.

b) Begriffsverständnis

Fraglich ist, ob der Begriff der Halbsouveränität[119] überhaupt legitim ist und wie er zu verstehen ist. Die halbsouveränen Staaten[120] sind nach Moser einerseits nicht ganz souverän, weil sie ein Oberhaupt über sich hätten, welches ihnen befehlen könne, andererseits hätten sie bestimmte Rechte, die sonst nur völlig unabhängigen Staaten zustehen würden.[121] Auch von Martens[122], Somló[123] und Klüber[124] gebrauchen den Begriff der Halbsouveränität. Sie sehen ihr Wesen aber nicht in der negativen Eigenschaft der staatlichen Unabhängigkeit, welche unteilbar und unbeschränkbar sei, sondern in der Gesamtheit des staatlichen Herrschaftsrechts. Sie bejahen eine Halbsouveränität, wenn ein Staat hinsichtlich einzelner Angelegenheiten der Obergewalt eines fremden Staates unterworfen, im Übrigen aber

---

119 Innerhalb der Wissenschaft hat sich der Begriff der Halbsouveränität behauptet. Vgl. *Bornhak*, Einseitige Abhängigkeitsverhältnisse, S. 13.

120 Unter die Fallgruppe der halbsouveränen Staaten fallen solche Gemeinwesen, die unter einer gewissen Abhängigkeit stehen, wie etwa das Protektorat und die Suzeränität. Vgl. *Heller*, Die Souveränität, S. 145.

121 Vgl. *Moser, Johann Jacob*, Versuch des neuesten Europäischen Völker-Rechts in Friedens- und Kriegs-Zeiten, Bd. I, 1777, S. 26.

122 Vgl. *von Martens, Friedrich*, Völkerrecht. Das internationale Recht der civilisirten Nationen, Bd. I, 1883, S. 250 f. § 60.

123 Vgl. *Somló*, Juristische Grundlehre, S. 281.

124 Vgl. *Klüber, Johann Ludwig*, Öffentliches Recht des Teutschen Bundes und der Bundesstaaten, 4. Aufl., 1840, S. 9 f. § 6 d.

unabhängig ist.[125] Dieser Theorie schließen sich Bluntschli[126], Heffter[127] und Wheaton[128] an. Neumann[129] erkennt für den halbsouveränen Staat nur die innere Souveränität an und spricht ihm die äußere Souveränität ab. Heller hingegen bezweifelt, dass es völkerrechtlich eine Halbsouveränität geben kann. Entweder handele es sich um ein souveränes Rechtssubjekt oder um das einem solchen untergeordnete Gemeinwesen, das nicht als selbständiges Völkerrechtssubjekt, sondern nur als Organ eines solchen konstruiert werden könne.[130] Nach Rehm sind halbsouveräne Staaten nichtsouveräne Staaten.[131] Die herrschende Lehre fasst hingegen die halbsouveränen Staaten unter die souveränen Staaten. Diese Ansicht wird mit der Unterscheidung von völkerrechtlicher Rechtsfähigkeit und völkerrechtlicher Handlungsfähigkeit begründet. Danach sind halbsouveräne Staaten als souveräne Staaten mit beschränkter Handlungsfähigkeit zu bewerten.[132] Verdross sieht den einzigen Unterschied zu den souveränen Staaten in der Abgabe von Kompetenzen, wobei er hier wiederum zwischen staatsrechtlichen und völkerrechtlichen Zuständigkeiten unterscheidet.[133] Erst wenn Staaten vollständig ihre völkerrechtliche Rechts- und Handlungsfähigkeit verlieren, sieht von Ullmann diese Staaten als untergegangen an.[134] Von Liszt führt aus, dass der halbsouveräne Staat in bestimmten völkerrechtlichen Beziehungen durch einen anderen Staat vertreten werde und dieser insoweit die Oberhoheit (Suzeränität) besitze. Er wertet daher den halbsouveränen Staat als nicht vollberechtigtes Glied der Völkerrechtsgemeinschaft.[135] Demnach subsumiert von Liszt den halbsouveränen Staat unter die nichtsouveränen Staaten.

Unabhängig von der tatsächlichen Zuordnung zu souveränen oder nichtsouveränen Staaten besteht überwiegend Einstimmigkeit in der Ansicht, dass halbsouveräne Staaten als Staaten zu bewerten sind.[136] Eine Ansicht in der Völkerrechtslehre versucht daher, von der Halbsouveränität zur Souveränität eine Brücke zu schlagen. Es wird vertreten, dass, solange der Staat innerhalb einer bestehenden Suzeränität immer noch seinen freien Willen ausübe, er weiterhin als Staat existiere. Sofern

125 Vgl. *Bornhak*, Einseitige Abhängigkeitsverhältnisse, S. 8.
126 Vgl. *Bluntschli, Johann Caspar*, Das moderne Völkerrecht der civilisirten Staten als Rechtsbuch dargestellt, 1868, Buch II, S. 89 f. § 78.
127 Vgl. *Heffter, August Wilhelm*, Das Europäische Recht der Gegenwart auf den bisherigen Grundlagen, 6. Aufl., 1873, S. 55.
128 Vgl. *Wheaton, Henry*, Eléments du droit international, 1848, Bd. 1, S. 43, 227.
129 Vgl. *Neumann, Leopold*, Grundriss des heutigen europäischen Völkerrechts, 2. Aufl., 1877, S. 18.
130 Vgl. *Heller*, Die Souveränität, S. 145 f.
131 Vgl. *Rehm, Herrmann*, Allgemeine Staatslehre, 1899, S. 69.
132 So *von Liszt/Fleischmann*, Völkerrecht, S. 95; *von Ullmann*, Völkerrecht, S. 41.
133 Vgl. *Verdross, Alfred*, Die Verfassung der Völkerrechtsgemeinschaft, 1926, S. 125.
134 Vgl. *von Ullmann*, Völkerrecht, S. 41.
135 Vgl. *von Liszt/Fleischmann*, Völkerrecht, S. 99 f.
136 Vgl. *Ehrlich*, Prawo międzynarodowe, S. 130 § 99.

der Suzeränität ein Vertrag zugrunde liege, in dem der Vasallenstaat freiwillig seinen eigenen Willen an den Suzerän überträgt, muss dieser Staat aus juristischer Sicht als souveräner Staat angesehen werden, denn die Souveränität beinhalte das Recht, nur durch den eigenen Willen verpflichtet werden zu können.[137] Aus der Souveränität folgt daher das Recht eines Staates, sich durch freiwillige Bekundung seines Willens rechtlich zu binden.[138] Demnach müsse auch ein halbsouveräner Staat, der mittels eines Vertrages einen Teil seiner Souveränität an einen anderen Staat freiwillig abgegeben hat, als Rechtssubjekt im völkerrechtlichen Sinne und demzufolge als souveräner Staat angesehen werden, zumal er die Abgabe der Kompetenzen wieder kündigen kann.[139]

c) Bewertung

Zwar tauchte der Begriff der halbsouveränen Staaten erst im 19. Jahrhundert auf, er ist aber durchaus auf die frühere Zeit, insbesondere auf das Mittelalter, übertragbar. Das entscheidende Merkmal der zahlreichen Vasallenstaaten, die sich in einem Abhängigkeitsverhältnis befanden, war, dass diese Staaten einen Teil ihrer Souveränität abgaben oder abgeben mussten. Demnach waren diese Staaten danach begriffstechnisch nicht voll souverän. Auch wenn diese Staaten einen Teil ihrer Souveränität willentlich abgaben, kann durch diese freiwillige Abgabe nicht zwingend eine volle Souveränität dieser Staaten nach der Abgabe konstruiert werden. Faktum ist, dass die halbsouveränen Staaten zwischen der vollen Souveränität und der Nichtsouveränität schweben. Für die Beurteilung der Staatlichkeit dieser Staaten ist eine Zuordnung hinsichtlich einer Bejahung oder Verneinung der vollen Souveränität nicht notwendig. Wie im Folgenden zu sehen sein wird, müssen auch nichtsouveräne Staaten als Staaten klassifiziert werden, sodass erst recht halbsouveräne Staaten weiterhin als Staaten gelten. Es muss daher im Einzelfall untersucht werden, in welchem Maße die betroffenen Staaten ihre Souveränität abgegeben haben. Je nach dem Grad des Souveränitätsverlustes sind dann halbsouveräne Staaten entweder eher voll souveränen oder eher nichtsouveränen Staaten zuzuordnen. Hieraus folgt, dass es falsch wäre, pauschal halbsouveräne Staaten entweder als voll souverän oder als nichtsouverän zu bezeichnen.

4. Stellungnahme und eigener Ansatz

a) Souveränität als Eigenschaft der Staatsgewalt

Die vorangegangene Darstellung der Problematik verdeutlicht, dass sich die Souveränität auf die Beurteilung der Staatlichkeit erheblich auswirkt. Das Begriffsverständnis der Souveränität durchlief mehrere Entwicklungsstufen und war geprägt von dem staatsrechtlichen Verständnis der jeweiligen Zeit. Bis zu Bodins

137 Vgl. *Jellinek, Georg*, Die Lehre von den Staatenverbindungen, Neudr. der Ausg. Wien 1882, 1969, S. 55.

138 Vgl. *Jellinek*, Staatenverbindungen, S. 34.

139 Vgl. *Jellinek*, Staatenverbindungen, S. 56 f.

inhaltlicher Ausgestaltung des Souveränitätsbegriffes wurde die Souveränität mit der unabhängigen Herrschergewalt des jeweiligen regierenden Monarchen gleichgesetzt. Erst Mitte des 19. Jahrhunderts wurde erkannt, dass die Souveränität nicht mit dem Begriff der Staatsgewalt gleichgesetzt werden kann. Von großer Bedeutung war auch die Erkenntnis, dass die Souveränität nicht in einem absoluten Sinn zu verstehen ist, sondern dass vielmehr die Möglichkeit besteht, dass ein Staat einen Teil seiner Souveränität abgeben kann, ohne dass er aufhört, als Staat im völkerrechtlichen Sinne zu existieren. Die Souveränität kann folglich nicht den Inhalt der Staatsgewalt begründen. Vielmehr wird der Inhalt der Staatsgewalt durch wechselnde Geschehnisse in einem Staat geprägt. Hierzu zählen etwa die Zuständigkeiten und der Umfang der staatlichen Kompetenz. Ein entscheidendes Argument für diese Ansicht ist, dass der betroffene Staat jederzeit die Abgabe eines Teils seiner Souveränität wieder rückgängig machen kann und auf diese Weise wieder voll souverän wird. Das vordergründige Moment der Abgabe und Wiedererlangung der vollen Souveränität liegt daher im Willen des betroffenen Staates. Ferner spiegeln auch nachvollziehbare Gründe, wie etwa die Schutzgewährung durch andere Staaten bei einem Protektorat, wider, dass es in diesen Fällen sinnwidrig wäre, den betroffenen „hilfsbedürftigen Staaten" die Staatlichkeit abzusprechen. Die Völkerrechtsgemeinschaft kann sich demnach aus souveränen und nichtsouveränen Staaten zusammensetzen. Überzeugend hierbei ist, dass die nichtsouveränen Staaten weiterhin als Staaten gewertet werden. Das wichtige Unterscheidungsmerkmal der nichtsouveränen Staaten zu den souveränen Staaten ist, dass erstere vollständig oder nahezu handlungsunfähig im völkerrechtlichen Verkehr sind.

Es bleibt immer noch die Frage offen, wie das Verhältnis der Souveränität zur Staatsgewalt zu deuten ist. Dass die Identität beider Begriffe entschieden abgelehnt werden muss, wurde bereits ausführlich behandelt. Die Sinnwidrigkeit eines solchen Ergebnisses kommt auch bei dem Beispiel des Wechsels einer Regierung zum Ausdruck. Bei einem Wechsel der Staatsgewalt muss nämlich nicht automatisch auch die Souveränität des Staates eine Änderung erfahren.[140] Nicht geleugnet werden kann, dass die Souveränität nicht gänzlich von dem Begriff der Staatsgewalt isoliert werden darf. Überzeugend ist es daher, einer vermittelnden Ansicht zu folgen, wonach die Souveränität als Eigenschaft der Staatsgewalt zu sehen ist.[141]

---

140 Vgl. *Jellinek*, Allgemeine Staatslehre, S. 480.

141 Dem folgt auch *von Gerber, Carl Friedrich Wilhelm*, Grundzüge des deutschen Staatsrechts, Nachdr. d. 3. Aufl. Leipzig 1880, 1998, S. 22 Anm. 5: Er betont insbesondere, dass die Ausdrücke Fürstensouveränität, Volkssouveränität, Nationalsouveränität nur Stichworte für verschiedene politische Bestrebungen seien. Mit dem Begriffe des Monarchenrechts im engeren Sinne stehe der Begriff der Souveränität in gar keiner Relation. Zustimmend auch: *Schliesky*, Souveränität und Legitimität, S. 37; *Kaczorowski, Paweł*, Uwagi o pojęciu państwa i suwerenności, in: *Sowiński, Sławomir/Węgrzecki, Janusz* (red.), Suwerenność państwa i jej granice, 2010, S. 47-67 (56).

Dies hat zur Folge, dass der Verlust der Souveränität nicht automatisch mit dem Verlust der Staatsgewalt einhergehen muss. Allerdings kann sich der Verlust der Souveränität auf die Effektivität der Staatsgewalt auswirken, sodass die Souveränität auch unter das Merkmal der effektiven Staatsgewalt gefasst werden kann. Ein abhängiger Staat kann seine Staatsgewalt nämlich unter Umständen nicht effektiv ausüben. Zur Beurteilung des Verlusts oder auch gar des Untergangs der Staatsgewalt kann und muss daher die Souveränität als wichtiges Kriterium herangezogen werden. Auch bei denjenigen Staaten, die dazu gezwungen werden, einen Teil ihrer Souveränität abzugeben, darf der Verlust der Souveränität nicht zum Verlust der Staatsgewalt führen. Gerade diese Staaten müssen als schutzwürdig im Gefüge der Völkerrechtsgemeinschaft angesehen werden und auch bei diesen Staaten besteht die Möglichkeit, die volle Souveränität wieder herzustellen. Allerdings muss in den Fällen der nichtsouveränen Staaten eine Grenze bestehen, ab wann bestimmt wird, dass ein nichtsouveräner Staat aufhört, als Staat zu existieren. Diese Grenze muss die Staatsgewalt bilden. Überzeugend ist hierbei, dass der nichtsouveräne Staat dann untergeht, wenn seine Staatsgewalt auch in der untersten Ebene nicht mehr vorhanden ist, wenn der Staat also keine eigene Verfassung hat und auch keinen eigenen Willen mehr bilden kann, um seine Souveränität wiederzuerlangen. Zu diesen Voraussetzungen muss noch die Dauerhaftigkeit der Handlungsunfähigkeit auf allen Ebenen der Staatsgewalt hinzukommen. Erst dann muss von einem dauerhaften Verlust der Souveränität und der Staatsgewalt ausgegangen werden.

b) Problematik der nichtsouveränen Staaten vor dem 19. Jahrhundert

Nach den Ausführungen zum Verhältnis von Staatssouveränität und Staatsgewalt stellt sich die Frage, ob es tatsächlich vertretbar ist, im Einklang mit der völkerrechtlichen Lehre bis zur Mitte des 19. Jahrhunderts eine Identität dieser Begriffe anzunehmen. Die Definition des Souveränitätsbegriffes bis zum 19. Jahrhundert muss daher kritisch ergründet werden.

Souveräne Staatsgewalt ist eine Gewalt, die keine höhere über sich kennt; sie ist daher zugleich unabhängige und höchste Gewalt. Das erste Merkmal zeigt sich überwiegend nach außen im Verkehr des souveränen Staates mit anderen Mächten, das zweite nach innen. Beide Merkmale sind aber untrennbar miteinander vereinigt.[142] Im Mittelalter waren zahlreiche Staaten der Obrigkeit eines anderen Staates unterworfen. Sie waren aus diesem Grunde nichtsouverän. Dieses Ergebnis ist unstreitig. Die Frage stellt sich, ob es vertretbar ist, diese abhängigen Staaten nicht als Staaten zu betrachten. Problematisch ist, dass in diesem Falle sehr vielen Staaten des Mittelalters die Staatlichkeit abgesprochen werden müsste. Dieses Ergebnis kann nicht überzeugen. Die Obrigkeit eines anderen Staates hatte in den meisten Fällen nur Auswirkung auf die äußere Souveränität. Darüber hinaus blieb jedenfalls auf der mittleren und unteren Ebene die Staatsgewalt der

142 Vgl. *Jellinek*, Allgemeine Staatslehre, S. 475.

Vasallenstaaten erhalten. Im Ergebnis kann diesen Staaten lediglich teilweise oder gänzlich die völkerrechtliche Handlungsfähigkeit abgesprochen werden.

Aus all diesen Gründen ist es überzeugender, auch für die Zeit vor dem 19. Jahrhundert eine Identität von Souveränität und Staatsgewalt abzulehnen und die sogenannten „halbsouveränen Staaten“ als Staaten zu würdigen.[143]

c) Definition des Souveränitätsbegriffs

Abschließend muss eine Definition der Staatssouveränität als Arbeitsgrundlage für die vorliegende rechtliche Bewertung formuliert werden. Unter Staatssouveränität ist die Unabhängigkeit eines Staates vom Willen[144] und der Kontrolle anderer Staaten[145] im Hinblick auf die innerstaatliche Organisation und Politik sowie auf die Außenpolitik zu verstehen.[146] Es muss demzufolge zwischen innerer und äußerer Souveränität unterschieden werden. Die innere Souveränität bezieht sich auf die Verfassungsautonomie und wird demnach auch als territoriale Souveränität umschrieben.[147] Die äußere Souveränität umfasst das selbständige und unabhängige Handeln eines Staates.[148]

IV. Völkerrechtssubjektivität

Völkerrechtssubjekt ist nur, wer Träger völkerrechtlicher Rechte und/oder Pflichten ist und wessen Verhalten unmittelbar durch das Völkerrecht geregelt wird.[149] Nach der strengen klassischen Völkerrechtsauffassung konnten

---

143 Diese Position vertritt auch *Jellinek*, Allgemeine Staatslehre, S. 487; die Ansicht *Jellineks* wird untersucht von *Kersten*, der *Jellineks* Auffassung dahingehend kritisiert, dass sie nicht mit seinem Selbstanspruch, politische wie juristische Begriffe nicht aus dem historischen Zusammenhang zu reißen, in Einklang stünde. Vgl. *Kersten*, Georg Jellinek und die klassische Staatslehre, S. 297 ff.

144 Dieser Wille muss wiederum als ausschließliche rechtliche Selbstbestimmung verstanden werden.

145 Erst im 18. Jahrhundert wurde innerhalb der Souveränitätslehre der Fokus auf die Staatsverfassung gelegt. Vgl. *Pieniążek*, Suwerenność – Problemy teorii i praktyki, S. 49; *Hobe*, Völkerrecht, S. 39.

146 Vgl. *Herdegen*, Völkerrecht, S. 233 Rn. 3; siehe auch *Bluntschli, Johann Casper*, Das moderne Völkerrecht der civilisirten Staten als Rechtsbuch dargestellt, 2. Aufl., 1872, S. 87. Er definiert die Souveränität wie folgt: „Die Souveränität eines Staates kommt in der Unabhängigkeit desselben von einem fremden Staat und in der Ablehnung jeder fremden Staatshandlung auf seinem Gebiet sowie in der Freiheit desselben, ohne Behinderung fremder Staaten seinen eigenen Staatswillen selbst zu bestimmen und nach eigenem Ermessen zu äußern und zu betätigen“.

147 Vgl. *Heffter*, Le Droit International de L'Europe, S. 61.

148 Vgl. *Richter*, Collapsed States, S. 69; *Schliesky*, Souveränität und Legitimität, S. 57; *Heller*, Die Souveränität, S. 118.

149 Vgl. *Vitzthum*, in: *Vitzthum*, Völkerrecht, S. 156 Rn. 2.

ausschließlich Staaten Völkerrechtssubjekte sein.[150] Nach dem modernen Völkerrecht können nun auch etwa internationale Organisationen, deren Mitglieder Staaten sind, die Völkerrechtssubjektivität innehaben. Es muss zwischen Staaten, deren Staatsgewalt souverän ist und solchen, deren Staatsgewalt nichtsouverän ist, differenziert werden.[151] Fehlt einem Staat die äußere Souveränität, dann ist er im Völkerrechtsverkehr handlungsunfähig.[152] Trotz der Handlungsunfähigkeit bleibt der Staat aber ein Rechtssubjekt, sodass er auch als Völkerrechtssubjekt bestehen bleibt.[153] Das heißt, dass auch nichtsouveräne Staaten Völkerrechtssubjekte sind, da bereits das Vorhandensein von Staatsqualität die Völkerrechtssubjektivität indiziert.

C. Erscheinungsformen von Staaten

Im Folgenden werden die Erscheinungsformen von Staaten dargestellt.

I. Einheitsstaat

Der Einheitsstaat basiert lediglich auf einer einzigen Staatsgewalt. Diese Staatsform gilt daher als einfachste aller möglichen Staatsformen.[154]

II. Staatenverbindungen

Bei Staatenverbindungen[155] kann eine Vielzahl von Staatsgewalten aufeinandertreffen und in verschiedenen rechtlichen sowie politischen Verbindungen zueinander stehen.

---

150 Vgl. *Berber*, Lehrbuch des Völkerrechts, Bd. 1, S. 112.

151 *Krülle, Siegrid*, Die völkerrechtlichen Aspekte des Oder-Neiße-Problems, 1970, S. 75.

152 Es wird zwischen gekorenen und handlungsunfähigen Völkerrechtssubjekten unterschieden. Bei einem gekorenen Völkerrechtssubjekt leidet der betroffene Staat an einem Kompetenzmangel, indem er den Eingriffen und der Kontrolle eines anderen Staates unterliegt. In diesem Fall wird seine Rechtsträgerschaft beschränkt. Dem handlungsunfähigen Staat hingegen widerfährt keine Kompetenzbeschränkung. Stattdessen fehlen dem handlungsunfähigen Staat Organe, die die Staatsgewalt ausüben, sodass er dadurch eine uneingeschränkte Rechtsträgerschaft nicht ausüben kann. Vgl. *Krülle*, Die völkerrechtlichen Aspekte des Oder-Neiße-Problems, S. 78.

153 *Blumenwitz, Dieter*, Die Grundlagen eines Friedensvertrages mit Deutschland. Ein völkerrechtlicher Beitrag zur künftigen Deutschlandpolitik, 1966, S. 63.

154 *Kunz*, Staatenverbindungen, S. 146 f.

155 Die älteste wissenschaftliche Arbeit, die sich ausschließlich mit der Thematik der Staatenvereinigungen befasst, ist die Dissertation von *Samuel von Pufendorf* aus dem Jahre 1677. Vgl. *von Juraschek, Franz*, Personal- und Realunion. Mit einem Anhange: Das rechtliche Verhältnis zwischen Österreich und Ungarn, 1878, S. 6 f.

1. Bundesstaat

Der Bundesstaat stellt eine staatsrechtliche Staatenverbindung dar, bei der sich mehrere Staaten zu einem neuen Staat zusammenschließen.[156] Die Besonderheit hierbei ist, dass die einzelnen Staaten ihre Staatsqualität als Gliedstaaten beibehalten. Die originäre Staatsgewalt liegt einerseits beim Bundestaat und andererseits bei den Gliedstaaten und wird je nach Sachgebieten untereinander aufgeteilt.[157] Hieraus resultiert, dass der Bundesstaat ein primäres unmittelbares sowie unabhängiges Völkerrechtssubjekt ist, wohingegen die Gliedstaaten nur ausnahmsweise als solche gelten, sofern sie durch die Bundesverfassung das Recht zugeteilt bekommen, am völkerrechtlichen Verkehr teilzunehmen, außerdem ein gewisses Maß an Selbständigkeit besitzen sowie von der Völkerrechtsgemeinschaft anerkannt werden.[158] Eine Aufteilung bestimmter Kompetenzen kann aber nicht mit einer Teilung der Souveränität oder auch nur der Staatsgewalt gleichgesetzt werden. Vielmehr sind hier zwei oder gar mehrere getrennte Staatsgewalten vorhanden, deren Kompetenz rechtlich beschränkt ist, ohne dass sie zusammen die ganze Staatsgewalt ausmachen würden.[159] Die zu einem Bundesstaat fusionierten Staaten oder die sich einem Bundesstaat anschließenden Staaten können mit beschränkter Souveränität als Bundesländer fortexistieren und auch weiterhin als getrennte Völkerrechtssubjekte auftreten, soweit dies im Einklang mit der Verfassung des Gesamtstaates steht.[160] Sofern die Bundesverfassung den Gliedstaaten aus völkerrechtlicher Sicht eine schwächere Stellung zuspricht, können die Gliedstaaten nur als partielle Völkerrechtssubjekte fortexistieren.[161] Es gibt keinen einheitlichen Typ des Bundesstaates, da es solche gibt, in denen Gliedstaaten erhebliche Kompetenzen besitzen, andere wiederum nur wenige Kompetenzen auf die Gliedstaaten übertragen.[162]

---

156 Eine Übersicht konkreter Fälle von Bundesstaaten findet sich bei: *Kunz*, Staatenverbindungen, S. 537-595.

157 Vgl. *Berber*, Lehrbuch des Völkerrechts, Bd. 1, S. 143 f.; *Rudolf, Walter*, Bundesstaat und Völkerrecht, in: AVR 27 (1989), S. 1-30 (1).

158 Vgl. *Stein/von Buttlar*, Völkerrecht, S. 92 f. Rn. 293 ff.; *Dahm/Delbrück/Wolfrum*, Völkerrecht, Bd. I/1, S. 227.

159 *Jellinek*, Allgemeine Staatslehre, S. 485 f.

160 Hierbei kann es sich eventuell auch nur um eine Staatsrechtlichkeit im staatsrechtlichen Sinne handeln, da die externe Souveränität und damit die Unabhängigkeit häufig nur dem Gesamtstaat als originäres Völkerrechtssubjekt zukommt. Vgl. *Simon, Stefan*, Autonomie im Völkerrecht – Ein Versuch zum Selbstbestimmungsrecht der Völker, 2000, S. 25 Anm. 73.

161 Häufig besitzen die Gliedstaaten beim Bundesstaat gerade keine Kompetenz zum Vertragsschluss mit auswärtigen Staaten. Vgl. *Rudolf*, Bundesstaat und Völkerrecht, in: AVR 27 (1989), S. 17.

162 *Rudolf*, Bundesstaat und Völkerrecht, in: AVR 27 (1989), S. 2.

2. Staatenbund

Unter einem Staatenbund[163] ist ein vertraglicher Zusammenschluss von mindestens zwei Staaten zu verstehen, der besondere völkerrechtliche Beziehungen zwischen den Teilnehmern begründet. Die in einem Staatenbund zusammengeschlossenen souveränen Staaten behalten ihre unbeschränkte Völkerrechtssubjektivität.[164] Daneben bildet der Staatenbund ein neues Völkerrechtssubjekt mit einer eigenen Organisation auf Unionsebene. Beim Staatenbund handelt es sich daher um keinen Staat im Rechtssinne, sondern nur um eine Vereinigung von Staaten.[165]

Wesentlich für das Vorhandensein eines Staatenbundes sind zwei Merkmale: die zusammengeschlossenen Staaten dürfen sich nicht zu einem staatsrechtlichen Gebilde zusammenschließen, das ihre Unabhängigkeit beeinträchtigen würde, sondern nur zu einem völkerrechtlichen Gebilde, das nicht selbst ein Staat ist.[166] Im Staatenbund findet das Einheitsmoment häufig seinen Ausdruck in einer repräsentativen Versammlung der Abgesandten der verbündeten Staaten.[167] Wenn die sich in einem Staatenbund zusammengeschlossenen Staaten dem Staatenbund die Befugnis abtreten, im völkerrechtlichen Verkehr stellvertretend für sie aufzutreten, wirkt der Staatenbund für die Drittstaaten wie ein Einheitsstaat. Dies hat zur Folge, dass der Staatenbund und der Bundesstaat in internationalen Beziehungen ohne Unterscheidung als Einheitsstaaten auftreten und sich eine Abgrenzung zwischen Bundesstaat und Staatenbund auf den ersten Blick als schwierig erweisen kann,[168] Unionen werden als Unterfall des Staatenbundes gewertet.[169]

3. Unionen

Der Begriff der Union taucht bereits im Mittelalter auf. Die Bedeutung des Wortes *unio* war vieldeutig und rechtlich nicht klar zuzuordnen, da im Mittelalter unter einer Union neben einem völkerrechtlichen Bündnis auch eine staatsrechtliche

---

163 Beispiele für Staatenbünde sind etwa der Deutsche Bund (1815-1866) und die Gemeinschaft Unabhängiger Staaten (GUS), die sich im Anschluss an den Zerfall der Sowjetunion gebildet hat. Vgl. *Stein/von Buttlar*, Völkerrecht, S. 92 Rn. 292.

164 Vgl. *Stein/von Buttlar*, Völkerrecht, S. 86 Rn. 29.

165 Vgl. *Ebers, Josef Godehard*, Die Lehre vom Staatenbunde, Neudr. d. Ausg. Breslau 1910, 1966, S. 272.

166 Vgl. *Berber*, Lehrbuch des Völkerrechts, Bd. 1, S. 139.

167 Vgl. *Anzilotti, Dionisio*, Lehrbuch des Völkerrechts, Bd. 1. Einführung und Lehren, 1929, S. 143.

168 Mit Blick auf die Geschichte zeigt sich, dass ein Bundesstaat entstanden ist, nachdem zunächst einmal eine lose Verbindung einzelner Staaten in einem Staatenbund bestanden hatte. So etwa in der deutschen Geschichte das Deutsche Reich aus dem Deutschen Bund. Vgl. *Wilms, Heinrich*, Staatsrecht I. Staatsorganisationsrecht unter Berücksichtigung der Föderalismusreform, 2007, S. 79.

169 So auch *Nawiasky, Hans*, Staatenverbindungen, in: *Strupp, Karl* (Begr.)/*Schlochauer, Hans-Jürgen* (Hrsg.), Wörterbuch des Völkerrechts, Dritter Band, 2. Aufl., 1962, S. 313-317 (315).

Verschmelzung verstanden werden konnte.[170] In der juristischen Literatur taucht das Wort Union erstmals Anfang des 17. Jahrhunderts auf. Hugo Grotius[171] umschreibt in seinem Werk „De iure belli ac pacis" Unionen als Vereinigungen unter einem gemeinsamen Herrscher. Unter Unionen wurden die Vereinigungen monarchischer Staaten verstanden, welche dadurch zustande kamen, dass der Träger der Staatsgewalt in mehreren Staaten derselbe war. Die Union konnte in einer doppelten Form vorkommen.[172] Es wurde zwischen Personal- und Realunion[173], die unter den gemeinsamen Oberbegriff *unio civitatum*[174] gestellt wurden, unterschieden.

a) Personalunion

aa) Begriffsbestimmung in der Wissenschaft

Bereits de Vattel verdeutlichte, dass zwei souveräne Staaten ohne jede Abhängigkeit untereinander den gleichen Fürsten haben können. Jeder Staat solle hierbei alle Rechte einer freien und souveränen Nation behalten.[175] Die Personalunion[176] liegt nach überwiegender Ansicht vor, wenn zwei Staaten einen gemeinsamen Herrscher besitzen.[177] Somit ist die Personalunion nur zwischen Monarchien möglich. Die Gemeinsamkeit der an der Union beteiligten Staaten ist folglich nur physischer Natur und besteht gerade nicht zwischen Organen. Das Innehaben einer gemeinsamen Herrscherstellung geschah zufällig.[178] Das Merkmal der Zufälligkeit ist so

---

170 Vgl. *Reibstein, Ernst,* Die Staatensukzession im älteren Völkerrecht, Erster Band, ca. 1966, S. 105.

171 *Hugo Grotius* gilt als Begründer der Zweiteilung von Staatenvereinigungen in Unionen und Bünde. Vgl. *von Juraschek*, Personal- und Realunion, S. 2.

172 Vgl. *Meyer*, Lehrbuch des Deutschen Staatsrechtes, S. 25.

173 Die Begriffe der Personal- und Realunion entwickelten sich erst in der neueren Staatswissenschaft. In den Schriften der Staatsrechtslehrer des Altertums und des Mittelalters werden sie nicht behandelt. Gründe hierfür sind, dass einerseits die Formen der einzelnen Staatenverbindungen noch nicht so scharf ausgeprägt waren und andererseits die Gelehrten mit den Untersuchungen wichtigerer staatsrechtlicher Gegenstände, wie etwa dem Staatsbegriff, beschäftigt waren. Vgl. *von Juraschek*, Personal- und Realunion, S. 1.

174 Dieser Oberbegriff ist auch in der Dissertation *Samuel von Pufendorfs* unter dem Namen *unio civitatum* zu finden.

175 Vgl. *de Vattel*, Le Droit des Gens, S. 33; *Jellinek*, Staatenverbindungen, S. 84.

176 Historische Beispiele sind: Zwischen den spanischen Ländern und dem Deutschen Reich unter Karl V. (1519-1556), zwischen Sachsen und Polen (1697-1763), zwischen England und Hannover (1714-1837), zwischen Schleswig-Holstein und Dänemark (1773-1863) und zwischen Holland und Luxemburg (1815-1891). Vgl. *von Ullmann*, Völkerrecht, S. 44.

177 Vgl. *Heffter*, Le Droit International de L'Europe, S. 41; *von Ullmann*, Völkerrecht, S. 43.

178 Vgl. *Makowski*, Podręcznik prawa międzynarodowego, S. 196; *Blüthgen*, Die Realunion, in: *Kohler, Josef* (Hrsg.), Zeitschrift für Völkerrecht und Bundesstaatsrecht, Bd. 1 (1907), S. 237-262 (255); *von Ullmann*, Völkerrecht, S. 43.

zu verstehen, dass der gemeinsame Herrscher etwa infolge dynastischer Erbfolge[179] gleichzeitig in zwei Staaten Monarch wird.[180] Dieses Ergebnis konnte auf Grundlage der Sukzessionsordnungen der beteiligten Staaten[181] eintreten. Personalunionen entstanden ferner in den Wahlmonarchien, wenn Kandidaten für den königlichen Thron aus dem Ausland berufen wurden. Der Adel als wahlberechtigter Stand wollte mit der Wahl eines Ausländers eine Neutralität des Königs gegenüber dem Adelsstand erreichen. Kelsen bewertet die Personalunion nicht als Verbindung von Staaten im Rechtssinne.[182] Von Liszt kommt zu dem Schluss, dass die völkerrechtliche Rechtsfähigkeit nur bei den einzelnen verbundenen Staaten und gerade nicht bei der Union liegen könne.[183] Positive Folge der Personalunion ist, dass der Krieg zwischen den personalunierten Staaten ausgeschlossen ist, da das Recht über Krieg und Frieden in der Monarchie dem König zusteht und dieser im Kriegsfall sich selbst den Krieg erklären müsste.[184] Aufgrund der fehlenden Rechtsbindung wird bei einer Personalunion jeder der beteiligten Staaten als unabhängig von dem anderen bewertet. Als Folge hiervon behalten die an der Personalunion beteiligten Staaten ihre eigenen Allianzen und Verträge bei.[185]

bb) Stellungnahme

Die Bewertung der Personalunion ist innerhalb der Völkerrechtslehre unstreitig. Aus diesem Grunde sind die Voraussetzungen der Personalunion klar umschrieben. Eine Personalunion ist in den Fällen gegeben, in denen zwei oder auch möglicherweise mehrere Staaten den gleichen Monarchen als ihr Oberhaupt besitzen.

---

179 Häufig wurde die Erbfolge durch Thronfolgegesetze geregelt. Neben der Thronfolge kraft Geburtsrechts galt auch die Thronfolge kraft Erbverbrüderung (ausdrücklich anerkannt wurde die Erbverbrüderung etwa in § 3 der hessischen Verfassung vom 4. September 1831). Sie bestand in der vertragsgemäßen einseitigen oder gegenseitigen Zuwendung der Territorien mehrerer Familien, falls eine von ihnen aussterben sollte. War kein zur Krone kraft des geltenden Rechts Berufener vorhanden, die Dynastie also ausgestorben, so musste durch einen staatsrechtlichen Akt für ein neues Herrscherhaus Sorge getragen werden. In patrimonialen und absoluten Staaten konnte dies nur durch ein öffentlichrechtliches Testament geschehen. Vgl. *Jellinek, Georg*, in: *Jellinek, Walter* (Hrsg.), Ausgewählte Schriften und Reden von Georg Jellinek, Zweiter Band, 1911, S. 165. Auf die Möglichkeit der Entstehung der Personalunion durch Erbrechtsfolge geht auch *Bluntschli* ein. Vgl. *Bluntschli*, Das moderne Völkerrecht, 1868, S. 78 § 51.

180 Vgl. *Neumann*, Grundriss des heutigen europäischen Völkerrechts, S. 18.

181 Als Beispiel führt *von Ullmann* Leopold II., König der Belgier, an, der im Jahre 1885 die Herrschaft über den durch seine Initiative gegründeten Kongostaat übernommen hat. Vgl. *von Ullmann*, Völkerrecht, S. 43.

182 Vgl. *Kelsen, Hans*, Allgemeine Staatslehre, unveränderter Nachdr. d. 1. Aufl. von 1925, 1966, S. 205.

183 Vgl. *von Liszt/Fleischmann*, Völkerrecht, S. 97.

184 Vgl. *Jellinek*, Staatenverbindungen, S. 87.

185 Vgl. *Rivier, Alphonse*, Principes du droit des gens, Bd. 1, 1896, S. 95.

Demnach sind die betroffenen Staaten nur durch die Person des Monarchen miteinander verbunden. Fraglich ist allerdings, wie die Stellung des Monarchen im Hinblick auf die Staatsgewalt der Unionsstaaten zu beurteilen ist. Der Monarch als Staatsoberhaupt stellt die oberste Ebene der Staatsgewalt dar. Aus der fehlenden rechtlichen Verbindung der betroffenen Staaten kann geschlossen werden, dass der Monarch die jeweilige Staatsgewalt des an der Personalunion beteiligten Staates vertritt.[186] Auf diese Weise verkörpert der Monarch rechtlich zwei oder auch mehrere Organe. Nur wenn jeder einzelne Staat seine eigene Staatsgewalt bewahren kann, ist von zwei oder mehreren souveränen Staaten zu sprechen. Anderenfalls würde durch die Personalunion ein Einheitsstaat entstehen. Folglich führt die Personalunion aus rechtlicher Sicht zu keiner Einschränkung oder gar Änderung der Staatsgewalt der an der Personalunion beteiligten Staaten. Streng genommen stellt wegen des fehlenden rechtlichen Willensaktes die Personalunion keine Staatenverbindung im völkerrechtlichen Sinne dar.

Die Personalunion erlischt durch Verzicht und Entthronung, durch das Aussterben der Dynastie oder den Tod des Monarchen.[187]

b) Realunion

Die Bewertung der Realunion in der völkerrechtlichen Lehre ist im Gegensatz zur Personalunion keineswegs einheitlich. Zwar wird die Existenz der Realunion grundsätzlich anerkannt, jedoch besteht Uneinigkeit im Hinblick auf die Voraussetzungen, die an die Realunion geknüpft sind. Im Folgenden sollen alle Definitionsversuche zusammenfassend ausgewertet werden, um anschließend eine allgemein gültige Definition als Arbeitsgrundlage zu erhalten.

aa) Definition der Realunion in der wissenschaftlichen Kontroverse

(1) Allgemein

Ein entscheidender Schritt in der Entwicklung der rechtlichen Ausformung des Begriffs der Realunion erfolgte Ende der 40er Jahre des 19. Jahrhunderts durch Zachariä. Zachariä verstand unter Unionen Vereinigungen selbständiger Staatsgewalten in einer Person.[188] Die Realunion ist nach ihm die Vereinigung voneinander unabhängiger selbständiger Staatsgewalten in einem Herrscher, die durch die Verfassung jedes Landes als rechtlich notwendig anerkannt sei.[189] Nach Jellinek[190] sei eine Verbindung von Staaten zu einer Realunion nur durch die Person des Monarchen möglich. Die Realunion unterscheide sich nach ihm dadurch von der Personalunion, dass der Herrscher der realunierten Staaten gemeinsamer Träger

186 Vgl. *Anzilotti*, Lehrbuch des Völkerrechts, Bd. 1, S. 142.
187 Vgl. *von Ullmann*, Völkerrecht, S. 43 f.
188 Vgl. *Zachariä, Heinrich Albert*, in: *Zachariä, Heinrich Albert* (Hrsg.), Zur schleswig-holsteinischen Frage, 1847, S. 29 f.
189 Vgl. *Franz, Max*, Personal- und Realunion, 1908, S. 4.
190 Vgl. *Jellinek*, in seinem Werk: Die Lehre von den Staatenverbindungen, S. 197 ff.

der Staatsgewalten gemäß dem Übereinkommen der beiden Staaten sei. Es liege demzufolge bei einer Realunion eine juristische Staatenverbindung vor.[191] Brie hingegen befürwortet die Hänelsche Theorie[192], wonach Realunion und Staatenbund streng voneinander zu unterscheiden seien,[193] da bei der Realunion ein neuer Staat gebildet werde. Auch von Juraschek vertrat die Ansicht, dass sich die Realunion von der Personalunion durch ihre verfassungsmäßige Begründung unterscheide.[194] Aus dem englischsprachigen Rechtskreis heraus argumentieren Phillimore und Wheaton[195], dass bei der Personalunion durch die Herrschaft einer bestimmten Dynastie über die verbundenen Staaten diese nach außen hin zwar als ein Staat erscheinen würden, jedoch ihre staatliche Selbständigkeit nicht verloren hätten. Auch sollen die unierten Staaten nicht ihre völkerrechtliche Persönlichkeit einbüßen. Als Realunion bezeichnet Phillimore hingegen eine unlösliche Verbindung zweier Staaten unter einem Souverän, durch den die einzelnen Staaten jede völkerrechtliche Selbständigkeit verloren und nur noch einzelne Rechte und Privilegien hinsichtlich ihrer internationalen Beziehungen zurückbehalten hätten.[196] Das Hauptgewicht der Realunion wird demnach auf die Verfassungsmäßigkeit der Vereinigung gelegt, die als eine staatsrechtliche erklärt wird.[197] Sie werde durch Gesetz begründet und durch Gesetz aufgelöst.[198] Ferner kann eine solche Verbindung nur durch den übereinstimmenden Willen beider Staaten zustande kommen. Der Vertrag gilt somit als Rechtsgrund für die Staatenverbindung.[199] Nach Ehrlich ist eine Realunion eine Verbindung zweier oder auch mehrerer Staaten durch die Person des Monarchen, wobei diese Gemeinsamkeit auf einem Rechtsgrund, nämlich einer Vereinbarung der betroffenen Staaten, basieren müsse. Jeder der Staaten der Realunion müsse ein eigenes System und getrennte Organe haben. Ehrlich lehnt jedoch die Voraussetzung eines gemeinsamen Organs ab. In völkerrechtlichen Beziehungen sei die Realunion als *ein* Subjekt des Völkerrechts zu werten, wobei die einzelnen Staaten aber auch als getrennte Subjekte auftreten könnten.[200] Aus diesen Ausführungen folgt, dass für die Realunion die rechtliche Gemeinsamkeit des Monarchen kennzeichnend ist. Zumindest diese Voraussetzung wird einhellig vertreten.

---

191 Vgl. *Franz*, Personal- und Realunion, S. 6.

192 Vgl. *Hänel, Albert*, Studium zum deutschen Staatsrechte, Bd. I. Die vertragsmäßigen Elemente der Deutschen Reichsverfassung, 1873, S. 40 ff.

193 Vgl. *Franz*, Personal- und Realunion, S. 8.

194 Vgl. *von Juraschek*, Personal- und Realunion, S. 78.

195 Vgl. *Wheaton*, Eléments du droit international, Bd. 1, S. 52.

196 Vgl. *Phillimore, Robert*, Commentaries upon International Law, Bd. I, 3. Aufl., 1879, S. 95.

197 Vgl. *Jellinek*, Staatenverbindungen, S. 197.

198 Vgl. *von Juraschek*, Personal- und Realunion, S. 85 f.

199 Vgl. *Jellinek*, Staatenverbindungen, S. 199.

200 Vgl. *Ehrlich*, Prawo międzynarodowe, S. 127 § 98.

(2) Voraussetzung der „rechtlichen Gemeinsamkeit“

Herausgelöst aus den bereits angeführten Definitionen soll das Merkmal der „rechtlichen Gemeinsamkeit“ noch einmal isoliert untersucht werden. In der Völkerrechtsliteratur existieren diesbezüglich insgesamt vier verschiedene Ansichten. Zachariä arbeitete als wesentliches Merkmal der Realunion heraus, dass sie durch ein Verfassungsgesetz begründet werden müsse.[201] Seiner Ansicht schlossen sich von Liszt und Fleischmann[202] sowie Schulze[203] an. Jellinek lehnte ein Verfassungsgesetz als rechtliche Grundlage ab und forderte stattdessen einen völkerrechtlichen Vertrag. Seiner Ansicht nach könne eine Verbindung souveräner Staaten nur in völkerrechtlicher Weise und daher nur durch einen völkerrechtlichen Vertrag zustande kommen.[204] Dieser zweiten Ansicht haben sich Fauchille[205], Anzilotti[206] und auch von Ullmann[207] angeschlossen. Eine weitere Ansicht nimmt eine vermittelnde Position ein, indem deren Befürworter die Begründung auf ein Verfassungsgesetz oder auf einen völkerrechtlichen Vertrag für möglich erachten.[208] Die letzte Ansicht schließlich wird von Hatschek[209] vertreten, der den Rechtsgrund nicht auf Rechtsnormen, sondern auf Konventionalregeln, demnach auf soziale Normen, stützt. Die Ansicht Hatscheks überzeugt nicht. Unstreitig ist nämlich, dass die Realunion eine Staatenverbindung im Rechtssinne ist; dies bedeutet, dass sie nur auf Rechtsnormen gestützt werden kann. Würde man als Grundlage bereits soziale Normen genügen lassen, dann wäre der entscheidende Unterschied zur Personalunion obsolet. Des Weiteren muss geklärt werden, ob sich die Realunion auf einen völkerrechtlichen Vertrag oder auf ein Gesetz oder gar auf beides stützt. Wie bereits festgestellt, handelt es sich bei der Realunion um eine Verbindung souveräner Staaten und damit um eine echte Staatenverbindung. In diesem Fall kann die Realunion ausschließlich auf einen völkerrechtlichen Rechtsgrund gestützt werden, sodass lediglich ein völkerrechtlicher Vertrag in Betracht kommt. Ein solcher kann auch konkludent dadurch geschlossen werden, dass zwei oder mehrere Staaten übereinstimmende Passagen in ihre Verfassungen aufnehmen.

(3) Problematik der Erweiterung auf gemeinsame Angelegenheiten

Naheliegend ist, dass diejenigen Staaten, die sich rechtlich binden wollen, auch einen gemeinsamen Zweck verfolgen. Als gemeinsamer Zweck kommt etwa die

---

201 Vgl. *Zachariä*, in: *Zachariä*, Zur schleswig-holsteinischen Frage, S. 29 f.

202 Vgl. *von Liszt/Fleischmann*, Völkerrecht, S. 99.

203 Vgl. *Schulze, Hermann*, Einleitung in das deutsche Staatsrecht, neue Ausg., 1867, S. 202.

204 Vgl. *Jellinek*, Staatenverbindungen, S. 55, 198 ff.

205 Vgl. *Fauchille*, Traité de droit international public, Bd. I 1, S. 240.

206 Vgl. *Anzilotti*, Lehrbuch des Völkerrechts, Bd. 1, S. 113.

207 Vgl. *von Ullmann*, Völkerrecht, S. 46 f.

208 Die Vertreter der vermittelnden Ansicht sind etwa *Rehm*, Allgemeine Staatslehre, S. 103; *Brie, Siegfried*, Theorie der Staatenverbindungen, 1886, S. 70.

209 Vgl. *Hatschek, Julius*, Völkerrecht im Grundriss, 1926, S. 18 f.

gemeinsame Verteidigung, ein sogenanntes Schutz- und Trutzbündnis, in Betracht. Richtigerweise nimmt Kunz an, dass der Inhalt und Umfang der Angelegenheiten aber in den einzelnen Realunionen unterschiedlich sein könne.[210] Es erscheint überzeugend, den realunierten Staaten hinsichtlich der Zweckbestimmung einen Gestaltungsspielraum zu belassen. Dies ergibt sich auch aus der Tatsache, dass kein Grund ersichtlich ist, warum die Realunion nur auf bestimmte Fälle begrenzt werden sollte. Somit erschließt sich die Voraussetzung der gemeinsamen Angelegenheiten bereits aus der gemeinsamen Rechtsnorm. Eine inhaltliche Ausgestaltung der gemeinsamen Angelegenheiten ist aber den an der Realunion beteiligten Staaten zu überlassen.

(4) Bildung gemeinsamer Organe und Gesamtmachtproblematik

Fraglich ist, ob die Realunion voraussetzt, dass neben dem gemeinsamen Monarchen noch andere „gemeinsame Organe" gebildet werden müssen. Dies erscheint problematisch, da durch die Erweiterung um die Voraussetzung eines bestimmten gemeinsamen Organs die Grenze zum Bundesstaat verwischen könnte, sodass sich eine Abgrenzung zwischen Realunion und Bundesstaat im Einzelfall als äußerst schwierig erweisen könnte. Insbesondere wäre dies der Fall, wenn die beteiligten Staaten dem gemeinsamen Organ einen Teil ihrer Kompetenzen abgeben würden.

(a) Souveränität der beteiligten Staaten

Bevor die Frage des Erfordernisses gemeinsamer Organe beantwortet werden kann, muss in Abgrenzung zum Bundesstaat herausgearbeitet werden, ob die Realunion eine über den unierten Staaten stehende Völkerrechtsperson darstellt. Dies wäre der Fall, wenn die beteiligten Staaten zwar nach innen volle Autonomie besitzen, nach außen aber eine rechtliche Einheit verkörpern. Zu klären ist daher zunächst, wie sich die Realunion auf die Staatsgewalt der beteiligten Staaten auswirkt. Aufgrund der Parallelität zur Personalunion kann im Hinblick auf die Staatsgewalt kein anderes Ergebnis gefunden werden. Das Wesen der Realunion ist, dass die Trägerschaft des Willens der Staaten ein und derselben physischen Person zugewiesen ist, so dass diese rechtlich so viele Staatsgewalten repräsentiert, wie Staaten vereinigt sind.[211] Als Ergebnis kann mithin festgehalten werden, dass keine geteilte Staatsgewalt vorliegen kann, stattdessen wie bei der Personalunion der König die jeweilige Staatsgewalt vertritt, sodass zwei souveräne Staaten gegeben sind. Fraglich ist, wie sich dieses Ergebnis im Hinblick auf die Bildung einer Gesamtmacht nach außen auswirkt. Erstaunlicherweise leugnet Jellinek nicht, dass die Realunion als eine völkerrechtliche Gesamtmacht auftritt. Er lehnt aber ab, dass die Realunion ein Gemeinwesen über den unierten Staaten bildet.[212] Auch von Juraschek verneint, dass die Realunion mit der Bildung eines über den unierten Staaten ste-

210 Vgl. *Kunz*, Staatenverbindungen, S. 421.
211 Vgl. *Jellinek*, Staatenverbindungen, S. 211 f.
212 Vgl. *Jellinek*, Staatenverbindungen, S. 220.

henden Staates verbunden ist.[213] Brie betont, dass der Tatsache der Schaffung einer Gesamtmacht kein rechtlicher, sondern vielmehr ein politischer Inhalt verliehen werden sollte.[214] Die Staaten, die an einer Realunion interessiert sind, verfolgen in den meisten Fällen den Zweck, nach außen hin eine starke Macht zu verkörpern. Diese Macht kann dadurch zum Ausdruck kommen, dass sie sich gegen ihre Feinde gemeinsam verteidigen. Nicht notwendigerweise müssen die Staaten aber ihre auswärtigen Angelegenheiten gemeinsam regeln.

Die Realunion als Gesamtmacht bildet keinen neuen Staat, sondern, wie es für einen Staatenbund üblich ist, eine eigene Organisation auf der Unionsebene der beteiligten Staaten. Hieraus folgt, dass die in einer Realunion miteinander verbundenen Staaten völkerrechtlich als Einheit auftreten. Die Realunion besitzt daher zwar keine Staatsqualität, bildet aber ein neues Völkerrechtssubjekt.

(b) Gemeinsame Organe

Neben dem Monarchen kann es in der Realunion „gemeinsame" Organe zur Besorgung der „gemeinsamen" Angelegenheiten geben.[215] Der Gesamtmacht muss es nämlich möglich sein, in der Außenpolitik entsprechend aufzutreten. Der Monarch ist daher in der Realunion häufig dazu berufen, Funktionen für das Gesamtgebiet der beteiligten Staaten auszuüben.[216] Dies erfordert, dass der Monarch rechtlich ein drittes „gemeinsames" Organ beider Staaten darstellen muss. Der Monarch repräsentiert folglich nicht nur die jeweilige Staatsgewalt des an der Realunion beteiligten Staates, sondern repräsentiert daneben auch die Realunion. Dem gemeinsamen Herrscher auf Realunionsebene können eigene besondere Organe unterstehen. So kann bei der gemeinsamen Organbildung etwa die Einsetzung eines bestimmten Ministers oder einer besonderen Kommission in Betracht kommen. Als notwendige Abgrenzung zum Bundesstaat kann das gemeinsame Organ jedoch nicht generelle Zentralnormen erlassen.[217] Die Befugnisse sind vielmehr auf die auswärtigen Angelegenheiten beschränkt. Hieraus folgt, dass im Gegensatz zur physischen Staatsoberhauptfunktion das dritte gemeinsame Organ mit einem Rechtsinhalt behaftet ist. Damit stellt die Erweiterung des gemeinsamen rechtlichen Organs den eigentlichen Unterschied zur Personalunion dar.

(c) Ausweitung des gemeinsamen Organs auf eine gemeinsame Volksvertretung

Problematisch ist die Abgrenzung zwischen Realunion und Bundesstaat in den Fällen, in denen als gemeinsames Organ eine gemeinsame Volksvertretung etabliert wird. Auf den ersten Blick erscheint eine gemeinsame Volksvertretung nicht mit

---

213 Vgl. *von Juraschek*, Personal- und Realunion, S. 95.

214 Vgl. *Brie*, Staatenverbindungen, S. 73.

215 Vgl. *Brie*, Staatenverbindungen, S. 74. Dies war etwa bei den Realunionen zwischen Norwegen und Schweden sowie Island und Dänemark der Fall. Vgl. *Kunz*, Staatenverbindungen, S. 431.

216 *Kelsen*, Allgemeine Staatslehre, S. 205 f.

217 *Kelsen*, Allgemeine Staatslehre, S. 206.

dem Wesen der Realunion vereinbar zu sein.[218] Eine pauschale Beurteilung eines solchen Organs ist aber nicht akzeptabel. Stattdessen muss im Einzelfall überprüft werden, welche Kompetenzen und Aufgaben der gemeinsamen Volksvertretung zugesprochen werden und ob in den an der Realunion beteiligten Staaten jeweils unabhängige Volksvertretungen bestehen.

bb) Stellungnahme und eigener Ansatz

Bezüglich der Voraussetzungen der Realunion besteht Uneinigkeit, sodass es schwierig erscheint, die Realunion konkret zu definieren. Auf Grundlage der vorangegangenen Ergebnisse kann die Realunion jedenfalls als eine Vereinigung definiert werden, die einen gemeinsamen Monarchen und ein weiteres gemeinsames Organ besitzt sowie rechtlich auf ein völkerrechtliches Abkommen[219] gegründet ist, wobei die Souveränität beider Staaten gewahrt bleiben muss. Neben diesen notwendigen Voraussetzungen kann die Realunion inhaltlich frei ausgestaltet werden. Zweck dieser Verbindung kann etwa die gemeinsame Verteidigung sein.[220] Das Handeln kann sich hierbei an gemeinsamen Maßstäben orientieren und an die Stelle der Einzeltätigkeit der jeweiligen Staaten können gemeinsame Organe treten.[221] Neben einer gemeinsamen Außenpolitik ist es auch möglich, dass die Staaten noch andere Staatsaufgaben zu gemeinsamen Angelegenheiten erheben. Hierzu können etwa Zoll- und Handelsvertragsangelegenheiten zählen.[222] Allerdings besteht eine Schranke: die Gemeinsamkeit darf nicht so weit führen, dass dadurch die Selbständigkeit und Unabhängigkeit der unierten Staaten in irgendeiner Weise angetastet würde.[223] Zweck der Union soll nämlich nicht sein, dass so wie beim Bundesstaat ein neues Staatsgebilde entsteht, in dem die unierten Staaten zu einem einheitlichen Ganzen verschmelzen.[224] Aus dieser weiten Ausgestaltung folgt im Ergebnis, dass die Voraussetzungen der Realunion nur als Indizien für deren Identifizierung herangezogen werden können. Die Unionsverbindung muss in jedem Einzelfall, abgesehen von der notwendigen Gemeinsamkeit des Monarchen, die keine zufällige sein darf, bewertet werden. Die Realunion kann daher entweder als eine eher lose Verbindung, die eine besondere Nähe zur Personalunion aufweist, oder aber auch als eine eher intensive Verbindung, die über gemeinsame Einrichtungen verfügt, umschrieben werden.

---

218 *Brie*, Staatenverbindungen, S. 75 f.

219 Vgl. *Meyer*, Lehrbuch des Deutschen Staatsrechtes, S. 25. Diese Ansicht teilen auch: *Makowski*, Podręcznik prawa międzynarodowego, S. 197; *Rivier*, Principes, Bd. 1, S. 97; *von Ullmann*, Völkerrecht, S. 47; *Brie*, Staatenverbindungen, S. 69.

220 Vgl. *Brie*, Staatenverbindungen, S. 73.

221 Vgl. *Anzilotti*, Lehrbuch des Völkerrechts, Bd. 1, S. 141 f.

222 Vgl. *Blüthgen*, Die Realunion, in: *Kohler*, Zeitschrift für Völkerrecht und Bundesstaatsrecht, Bd. 1 (1907), S. 248.

223 Vgl. *Blüthgen*, Die Realunion, in: *Kohler*, Zeitschrift für Völkerrecht und Bundesstaatsrecht, Bd. 1 (1907), S. 249; *von Martens*, Völkerrecht, Erster Band, S. 244.

224 Vgl. *Blüthgen*, Die Realunion, in: *Kohler*, Zeitschrift für Völkerrecht und Bundesstaatsrecht, Bd. 1 (1907), S. 248 f.

Zusammenfassend kann festgehalten werden, dass die an der Realunion beteiligten Staaten ihre volle Völkerrechtssubjektivität beibehalten, während die Realunion als eine Verbindung, die über den Staaten steht, ein neues Völkerrechtssubjekt bildet. Dem Ausland gegenüber tritt die Realunion daher wie eine staatliche Gesamtheit auf und wirkt diesem gegenüber daher wie ein Einheitsstaat.

4. Nichtsouveräne Staaten: Protektorat, Suzeränität und Freie Städte

Die Problematik der nichtsouveränen Staaten wurde bereits umfassend behandelt. Im Folgenden sollen Beispiele für solche nichtsouveränen, abhängigen Staaten vorgestellt und die verschiedenen Erscheinungsformen voneinander abgegrenzt werden.

a) Suzeränität

In der Zeit, bevor sich die Souveränität durchsetzte, waren die Staaten nicht durchgängig gleichberechtigt und unabhängig voneinander. Es gab stattdessen zwischen den Staaten regelmäßig rechtlich anerkannte Abhängigkeitsverhältnisse. Fraglich ist, wie die Abhängigkeitsverhältnisse, die vor allem im Mittelalter häufig waren, rechtlich zu klassifizieren sind.[225] Dem Mittelalter war der Begriff der allumfassenden Staatsgewalt fremd. Es kennt nur persönliche Rechte der Obrigkeit, denen ebensolche Rechte der Untertanen gegenüber stehen. Das Mittel, einen Staat von einem anderen in Abhängigkeit zu bringen, besteht daher darin, dass die Obrigkeit des einen in das persönliche Treueverhältnis des Lehensrechts zu der Obrigkeit des anderen tritt.[226] Am weitesten verbreitet war im Mittelalter eine bestimmte Form eines Abhängigkeitsverhältnisses zwischen Staaten, die *Suzeränität.*

aa) Inhalt

Unter Suzeränität[227] wurde bis zur Mitte des 20. Jahrhunderts ein staatliches Abhängigkeitsverhältnis bezeichnet, das dem Protektorat[228] ähnlich ist.[229] Die

---

225 *Bornhak*, Einseitige Abhängigkeitsverhältnisse, S. 1; *Brie*, Staatenverbindungen, S. 26 f.

226 *Bornhak*, Einseitige Abhängigkeitsverhältnisse, S. 2.

227 Die „Suzeränität" oder „Oberhoheit" verlor immer mehr an Bedeutung. Im modernen Völkerrecht sucht man nämlich das Prinzip der Suzeränität vergebens. An seiner Stelle hat sich die staatliche „Souveränität" durchgesetzt. Vgl. *Kimminich, Otto*, Die Entstehung des neuzeitlichen Völkerrechts, in: *Fetscher, Iring/ Münkler, Herfried* (Hrsg.), Pipers Handbuch der politischen Ideen, Bd. 3. Neuzeit: Von den Konfessionskriegen bis zur Aufklärung, 1985, S. 73-100; *Pischel, Richard*, Der Begriff der Suzeränität und die herrschende Lehre von der Souveränität, 1897, S. 20.

228 Der Unterschied zwischen Suzeränität und Protektorat liegt darin, dass beim Protektorat kein Über- und Unterverhältnis entsteht, sondern lediglich ein Schutzverhältnis begründet wird. Vgl. *Pischel*, Suzeränität, S. 70 f.

229 Vgl. *Pischel*, Suzeränität, S. 69; *Brie*, Staatenverbindungen, S. 30.

Suzeränität[230] umschreibt ein inneres Herrschaftsverhältnis zwischen einem souveränen und einem sogenannten „halbsouveränen" Staat,[231] ohne dass dieser halbsouveräne Staat seine völkerrechtliche Stellung verlieren würde.[232] Innerhalb der Suzeränität übt ein Staat, der als Suzerän oder Oberstaat bezeichnet wurde, wichtige Befugnisse eines anderen souveränen Staates, der Unterstaat oder auch Vasallenstaat genannt wurde, aus.[233] Dabei handelte es sich überwiegend um die Militär- und Außenpolitik. Im Gegenzug musste der Suzerän die Verpflichtung zum Schutz des Unterstaates übernehmen.[234] Ferner kam die diplomatische Vertretung dem Suzerän zu, dieser hatte die Vasallenstaaten nach außen zu vertreten und zu schützen.[235] Im Gegensatz zum Protektorat, das nur die Schutzfunktion des Protektors kennt, können aufgrund des Obrigkeitscharakters bei einer Suzeränität dem Suzerän weitergehende Befugnisse innerhalb des Vasallenstaates eingeräumt werden.

Bornhak[236] vergleicht die Suzeränität mit der unvollständigen Inkorporation, indem bei beiden die einheitliche Staatsgewalt unter verschiedene Träger derart aufgespalten wird, dass der Oberstaat nach außen fremden Mächten gegenüber, der Unterstaat im Inneren die Staatsgewalt vertritt. Darüber hinaus trage das Suzeränitätsverhältnis die politische Tendenz in sich, sich zur vollständigen Unabhängigkeit des Unterstaates zu entwickeln,[237] während die unvollständige Inkorporation

230 Eine gängige Definition findet sich bei *Hudson, Manley O.*, Cases and other Materials on International Law, 1929, S. 54: "Suzerainty is a term applied to certain international relations between two sovereign states whereby one, whilst retaining a more or less limited sovereignty, acknowledges the supremacy of the other".

231 Ein Staat ist nicht souverän, wenn er infolge eines Abhängigkeitsverhältnisses die völkerrechtliche Rechts- und Handlungsfähigkeit verliert. Allerdings schließen bloße Beschränkungen der Rechts- und Handlungsfähigkeit die völkerrechtliche Rechtssubjektivität nicht aus. Das Maß der Fähigkeit der halbsouveränen Staaten, im Völkerrecht Rechte zu erwerben und Pflichten zu begründen, richtet sich nach dem Umstand und der Beschaffenheit des Abhängigkeitsverhältnisses. Vgl. *von Ullmann*, Völkerrecht, S. 41.

232 Vgl. *von Ullmann*, Völkerrecht, S. 51.

233 Vgl. *von Martens*, Völkerrecht, Erster Band, S. 250 f.; die Ausdrücke, mit denen diese rechtliche Konzeption umschrieben wird, sind dem Lehensverhältnis entnommen. So bedeutete der Begriff Suzerän ursprünglich Lehensherr. Vgl. *Pischel*, Suzeränität, S. 30 f.; siehe auch: *Bluntschli*, Das moderne Völkerrecht, 1868, S. 93; *Brie*, Staatenverbindungen, S. 30 f.; *Rehm*, Allgemeine Staatslehre, S. 76.

234 Im Gegensatz zum Protektorat sind bei der Suzeränität die Rechte der Schutzmacht keineswegs vom Schutzstaate abgeleitete, sondern ursprüngliche Rechte, die der abhängige Staat niemals besessen hat. Die an sich einheitliche Staatsgewalt ist unter verschiedene Träger gespalten. Vgl. *Bornhak*, Einseitige Abhängigkeitsverhältnisse, S. 58.

235 Vgl. *von Ullmann*, Völkerrecht, S. 51.

236 Vgl. *Bornhak*, Einseitige Abhängigkeitsverhältnisse, S. 67.

237 Vgl. *Brie*, Staatenverbindungen, S. 35.

dahin strebe, zu einer vollständigen zu werden.[238] Begründet wird das Verhältnis der Suzeränität meist durch einen Vertrag zwischen den beteiligten Staaten.[239] Der Vertrag schafft nicht nur ein subjektives Recht des Suzeräns, sondern fasst auch die für das konkrete Rechtsverhältnis maßgebenden Normen zusammen.[240]

Wie bereits festgestellt, handelt es sich bei der Suzeränität um einen sogenannten „halbsouveränen" Staat. Da der Staat allerdings willentlich einen Teil seiner Souveränität an den Suzerän abgibt und auch ohne weiteres wieder zurückerhalten kann, ist der Vasallenstaat im Ergebnis rechtlich wie ein souveräner Staat zu behandeln.

Die Suzeränität begründet zwar ein gewisses Abhängigkeitsverhältnis des Staates zu einem oder mehreren Staaten, allerdings geht der abhängige Staat, der Vasallenstaat, durch diese Bindung nicht als Staat unter.

bb) Verhältnis zur Personalunion

Suzeränität und Personalunion schließen sich nicht aus, sondern bestehen sogar oft nebeneinander. Dies liegt daran, dass die Personalunion lediglich eine Verbindung physischer und damit gerade nicht rechtlicher Natur darstellt. Die Personalunion setzt damit nicht voraus, dass die Staaten voll souverän sein müssen. Daher ist es auch möglich, dass innerhalb der Personalunion der eine Staat gegenüber dem anderen als Obrigkeit auftritt. Da der Monarch als König oder Fürst Stellvertreter beider Staaten ist, fungiert er rechtlich gesehen als zweifaches Organ. Aus rechtlicher Sicht kann das eine Organ gegenüber dem anderen Organ eine Obrigkeitstellung ausüben. Demzufolge ist eine Gleichstellung beider Staaten innerhalb der Personalunion nicht vorausgesetzt.

cc) Beispiele aus der Staatenpraxis

Als Beispiele für halbsouveräne Staaten dienen Bulgarien und Ägypten[241] unter türkischer Suzeränität.[242] In Art. 1 des Berliner Vertrages vom 13. Juli 1878 wurde Bulgarien zum Vasallenstaat der Türkei.[243] Die Freiheit Bulgariens war darin begründet, dass es eine vollständige Autonomie im Inneren, das Recht der freien Wahl des Fürsten durch das Volk und ein eigenes Kriegsherr hatte.[244] Die Beschränkungen Bulgariens waren nicht so groß wie die gewährten Freiheiten und zeigen

---

238 *Bornhak*, Einseitige Abhängigkeitsverhältnisse, S. 68.
239 *Brie*, Staatenverbindungen, S. 31.
240 *Brie*, Staatenverbindungen, S. 32.
241 Vgl. *von Liszt/Fleischmann*, Völkerrecht, S. 104.
242 Vgl. *von Ullmann*, Völkerrecht, S. 52 f.; *Rivier, Alphonse*, Lehrbuch des Völkerrechts, 1889, S. 97.
243 Vgl. *Brierly*, Grundlagen des Völkerrechts, S. 79; *von Ullmann*, Völkerrecht, S. 41; *Jellinek*, Staatenverbindungen, S. 46; *Rehm*, Allgemeine Staatslehre, S. 75.
244 *Pischel*, Suzeränität, S. 57.

sich im Bestätigungsrecht der Fürstenwahl durch die Türkei und in der Zahlung eines Tributes.[245] Auch in Ägypten wurde die innere Verwaltung selbst geregelt.[246]

Ferner dienen als Beispiele die indischen Fürstentümer unter englischer und Tunis unter französischer Suzeränität[247]. Österreich-Ungarn war bis zum Ende des Ersten Weltkriegs Suzerän des Fürstentums Liechtenstein.[248]

Das preußisch-polnische Lehensverhältnis unter Herzog Albrecht von Preußen in den Jahren 1525 bis 1568 kann als weiteres Beispiel für eine Suzeränität herangezogen werden. Das Herzogtum Preußen[249] hatte die polnische Lehenshoheit anerkannt.[250]

Schließlich ist als Beispiel Danzig und die Krone Polens in den Jahren 1454 bis 1793 zu nennen. König Kasimir fertigte am 6. März 1454 den sogenannten „Inkorporationsvertrag“[251] aus.[252] Danzig huldigte daraufhin als letzte der größeren Städte des Preußischen Bundes am 16. Juli 1454 dem polnischen König.[253] Danzig konnte dadurch erreichen, dass es innerhalb der Schutzbeziehung zur Krone Polens weitestgehend selbständig, demnach souverän blieb und als deutscher Stadtstaat eine starke Stellung erlangen konnte.[254] Trotz der zahlreichen Privilegien unterstand Danzig der polnischen Oberhoheit.

b) Protektorat

Das völkerrechtliche Protektorat[255] bleibt trotz gewisser etwaiger starker Abhängigkeiten von einem anderen Staat ein Völkerrechtssubjekt. Das Protektorat

---

245 *Pischel*, Suzeränität, S. 58.

246 *Pischel*, Suzeränität, S. 59; *von Liszt/Fleischmann*, Völkerrecht, S. 248 f.

247 Vgl. *Brierly*, Grundlagen des Völkerrechts, S. 79; *Rivier*, Lehrbuch des Völkerrechts, S. 97.

248 Der Abschluss des österreichisch-liechtensteinischen Zollvertrages im Jahre 1852 bildete den Höhepunkt der Anlehnung Liechtensteins an Österreich-Ungarn. Vgl. hierzu: *Raton, Pierre*, Liechtenstein. Staat und Geschichte, 1969, S. 32 ff. Hier findet sich eine ausführliche Beleuchtung der Geschichte Liechtensteins.

249 Mit dem Krakauer Friedensschluss im Jahre 1525 wurde der Ordensstaat in ein Herzogtum umgewandelt.

250 Vgl. *Dolezel, Stephan*, Das preußisch-polnische Lehensverhältnis unter Herzog Albrecht von Preußen (1525-1568), 1967, S. 9 f., 19 ff.; *Makiłła, Dariusz*, Między Welawą a Królewcem 1657-1701. Geneza Królestwa w Prusach, 1998, S. 9, 225.

251 Diesem Vertrag folgten Privilegien vom 16. Juni 1454, 9. Juli 1454 und vom 25. Mai 1457.

252 Vgl. *Neumeyer, Heinz*, Die staatsrechtliche Stellung Westpreußens zur Zeit der „polnischen Oberhoheit“ (1454-1772), 1953, S. 6 f.; *Kaczmarczyk, Zdisław/ Leśnodorski, Bogusław*, Historia państwa i prawa Polski, Bd. II (od połowy XV wieku do r. 1795), 2. Aufl., 1996, S. 161 f.

253 Vgl. *Böttcher*, Die Freie Stadt Danzig, S. 35.

254 Vgl. *Böttcher*, Die Freie Stadt Danzig, S. 36.

255 Aus historischer Sicht ist mittlerweile mit Abschluss des Dekolonialisierungsprozesses die Bedeutung von Protektoraten gesunken. Vgl. *Stein/von Buttlar*, Völkerrecht, S. 94 Rn. 303.

beruht im Allgemeinen auf einem völkerrechtlichen Vertrag, geschlossen zwischen dem protegierten und dem protegierenden Staat.[256] Die vertragliche Einigung kann ausnahmsweise durch einen Beschluss der Großmächte ersetzt werden, wenn der Staat zum Zeitpunkt der Begründung des Protektoratsverhältnisses noch nicht existierte und die Staatsneugründung gleichzeitig mit der Errichtung des Protektorates erfolgen sollte.[257] Da allerdings den Staaten keine einseitigen Verpflichtungen auferlegt werden sollen, sollte der Neustaat nach seiner Konstituierung dem Protektoratsverhältnis zustimmen. Eine Duldung des Protektorates muss dabei als konkludente Annahme gewertet werden. Beim Protektorat handelt es sich formal-juristisch um ein Verhältnis der Abhängigkeit des geschützten Staates (Unterstaates) gegenüber dem schützenden Staate (Oberstaat). Der Schutz wird gegen Einräumung eines gewissen Einflusses auf die auswärtigen Beziehungen zugesichert und unter gewissen Voraussetzungen gewährt.[258] Im Gegensatz zur Suzeränität ergibt sich aus der Stellung des Oberstaates gegenüber dem Unterstaat, dass die von jenem abgeschlossenen Staatsverträge nicht wie bei den Verträgen des Suzeräns auch für den Unterstaat gelten. Diese Wirkung kann nur eintreten, wenn der Oberstaat bei der Abschließung des Vertrages ausdrücklich für den Unterstaat handelt.[259] Das Protektorat war ein im Interesse von Großmächten geschaffenes einseitiges Abhängigkeitsverhältnis. Es war jedoch keine rechtlich eindeutig umrissene Institution. Das jeweilige Protektoratsverhältnis wurde immer von einer konkreten rechtlichen Ausgestaltung bestimmt.[260] Es werden folgende Typen unterschieden: Beim *vollständigen* Protektorat übernahm der Oberstaat die auswärtigen Beziehungen; überwachte hingegen der Oberstaat nur die auswärtigen Beziehungen, sprach man vom *abgeschwächten* Protektorat. Beim *Quasi*-Protektorat hatte der Protektor das Recht, in die inneren Angelegenheiten des protegierten Staates auch mit Streitkräften einzugreifen, wie etwa zur Aufrechterhaltung von Ruhe und Ordnung.[261] Protektorate waren also gewissermaßen „entmündigte“ Völkerrechtssubjekte. Der protegierte Staat wurde vom Protektor völkerrechtlich vertreten und war nach außen hin handlungsunfähig.[262] Das Recht des Unterstaates Staatsverträge abzuschließen, ist durch das Protektorat insofern beschränkt, als die Verträge nur vom Oberstaat im Namen des Unterstaates oder von diesem mit Genehmigung des ersteren abgeschlossen werden können.[263] Damit liegt bei der Errichtung eines Protektorates keine Sukzession vor, da ebenso

256 Vgl. *Kunz*, Staatenverbindungen, S. 314; *von Ullmann*, Völkerrecht, S. 53 f.
257 Vgl. *Heilborn, Paul*, Das völkerrechtliche Protektorat, 1891, S. 85.
258 Vgl. *von Ullmann*, Völkerrecht, S. 53.
259 Vgl. *von Ullmann*, Völkerrecht, S. 55.
260 *Schweisfurth*, Völkerrecht, S. 25 Rn. 83.
261 *Schweisfurth*, Völkerrecht, S. 25 Rn. 83; *Hoffmann, Gerhard*, Protectorates, in: EPIL, vol. III (1997), S. 1153-1157 (1154); *Hatschek*, Völkerrecht als System, S. 47.
262 *Schweisfurth*, Völkerrecht, S. 25 Rn. 84.
263 Vgl. *von Ullmann*, Völkerrecht, S. 55.

wenig wie beim Staatenbund eine andere Staatsgewalt an die Stelle der bisherigen eingeführt wird.[264]

c) Marionettenstaat/Satellitenstaat

Deutlich problematischer ist die Bestimmung der Staatlichkeit von Staaten, die als Marionettenstaaten oder auch als Satellitenstaaten[265] bezeichnet werden.

Als ein Satellitenstaat[266] wird ein Staat bezeichnet, der sich in einem Abhängigkeitsverhältnis zu einem oftmals größeren Staat befindet.[267] Häufig sind Satellitenstaaten nur formal unabhängig und werden politisch von einem stärkeren Staat dominiert.[268] Als Marionettenregierung[269] wird eine Regierung bezeichnet, die durch eine fremde Großmacht[270] eingesetzt wurde und durch diese unterstützt und gesteuert wird. Teilweise werden Marionettenregierungen auch als verschleierte Annexionen gewertet.[271] Nach Ansicht Crawfords müssen Satellitenstaaten vier Kriterien erfüllen: (1) Der Staat muss rechtswidrig durch Gewaltanwendung eines anderen Staates geschaffen worden sein, (2) der Satellitenstatus darf nicht die Unterstützung der Bevölkerung genießen, (3) der Staat muss in wichtigen Fragen ausländischer Anweisung und Kontrolle unterliegen und (4) er muss in entscheidenden Positionen mit Angehörigen des anderen Staates besetzt sein.[272]

---

264 *Huber, Max*, Die Staatensuccession. Völkerrechtliche und staatsrechtliche Praxis im XIX. Jh., 1898, S. 170.

265 Beispiele für Marionettenstaaten/Satellitenstaaten sind die Staaten, die kurz vor oder während des Zweiten Weltkriegs unter der Kontrolle Deutschlands, Italiens oder Japans „unabhängig" wurden, darunter Vichy-Frankreich, Unabhängiger Staat Kroatien und Mandschukuo sowie die Mitgliedsstaaten des Warschauer Paktes.

266 Der Begriff greift das Bild eines Satelliten auf, der sich unentrinnbar im Gravitationsfeld eines größeren Himmelskörpers bewegt.

267 Die „sozialistischen" Staaten der Sowjetunion wurden häufig als Satellitenstaaten bezeichnet. Allerdings handelte es sich bei diesen Abhängigkeitsverhältnissen lediglich um politische Abhängigkeiten und nicht um vertraglich begründete Rechtsverhältnisse. Vgl. *Schweisfurth*, Völkerrecht, S. 26 Rn. 90.

268 Vgl. *Verdross/Simma*, Universelles Völkerrecht, S. 236 § 397.

269 Der Begriff bezieht sich auf die als Marionette bezeichnete Puppenform, deren Bewegungen ein Spieler mit Hilfe von Fäden kontrolliert.

270 Die fremde Großmacht verstößt als Besatzer gegen das Besatzungsrecht nach der Haager Landkriegsordnung von 1907. Das Einsetzen einer Marionettenregierung verstößt konkret gegen Art. 43 HLKO, aus dem sich das Gebot der Vermeidung tiefgreifender Veränderungen der inneren Ordnung ergibt. Siehe hierzu *Marek*, Identity and Continuity, S. 115 ff.

271 Vgl. *Marek*, Identity and Continuity, S. 110; *Fiedler, Wilfried*, Staatskontinuität und Verfassungsrechtsprechung. Zum Begriff der Kontinuität des deutschen Staatswesens, unter besonderer Berücksichtigung der Rechtsprechung des Bundesverfassungsgerichts, 1970, S. 51 Anm. 295.

272 Vgl. *Crawford*, Creation of States, S. 63, 78 ff.

Zweifelhaft erscheint bereits die zweite Voraussetzung, dass der Staat nicht die Unterstützung der Bevölkerung genießen dürfe. Es ist nämlich durchaus denkbar, dass die Bevölkerung eines bestimmten Gebietes, das besetzt wurde, den Wunsch nach einem eigenen unabhängigen Staat hat und dann als „Minus“ durchaus mit der Errichtung eines Marionettenstaates einverstanden sein könnte. Insbesondere könnte die Bevölkerung die Errichtung dieses Gebildes als vorübergehend und damit als Zwischenstufe zur Wiedererlangung eines voll souveränen Staates betrachten und aufgrund dieser Aussicht ihre Lage hinnehmen. Des Weiteren ist fraglich, ob tatsächlich in Anlehnung an die Argumente hinsichtlich einer möglichen Zustimmung seitens der betroffenen Bevölkerung eine Schaffung durch rechtswidrige Gewaltanwendung vorausgesetzt werden sollte.

Die Begrifflichkeiten der Marionettenstaaten und Satellitenstaaten umschreiben mithin die gleiche Problematik. Die betreffenden Staaten befinden sich immer in einem starken Abhängigkeitsverhältnis von einem anderen Staat. Fraglich ist, ob dieses Abhängigkeitsverhältnis dergestalt ist, dass diese Staaten nach innen und auch nach außen handlungsunfähig sind und gänzlich von einem anderen Staat gesteuert werden. Wären die Marionettenstaaten bis zur untersten Ebene der Staatsgewalt vollständig abhängig und damit nichtsouverän, müsste dies zur Folge haben, dass diese Staaten keine eigene Staatsgewalt mehr besitzen. Die Staatsgewalt würde stattdessen von dem fremden Staat ausgehen. Streng genommen wären dann nicht die Kriterien der Staatlichkeit erfüllt, sodass diese Staaten nicht als Staaten im Sinne des Völkerrechtes bezeichnet werden dürften. Fraglich ist, wann und wie die Grenze der Staatlichkeit bei einem Marionettenstaat gezogen werden kann. In der Literatur wurde die Staatlichkeit Manduschukuos, Rhodesiens, der Homeland-Staaten und der Türkischen Republik Nordzypern wegen ihrer vermeintlichen Abhängigkeit von ihrem Mutterstaat zum Teil verneint. Als Indizien für die fehlende faktische Unabhängigkeit wurden dabei die Verwendung von Leihbeamten, Wirtschaftshilfe, Transferzahlungen zur Subventionierung des Haushalts und die Stationierung von Streitkräften des Sponsorstaates gewertet[273]. Die Mehrheit der Völkerrechtler geht aber im Ergebnis von der Staatseigenschaft Manduschukuos[274], Rhodesiens[275], der Homeland-Staaten (Transkei, Bophuthatswana, Venda und Ciskei)[276] sowie der Türkischen Republik

273 Vgl. *Klein, Eckart*, EPIL, vol. IV, 2000, S. 477-480 (478).

274 Vgl. *Borchard, Edwin*, Recognition and Non-Recognition, in: AJIL 36 (1942), S. 108-111 (109); *Talmon, Stefan*, Kollektive Nichtanerkennung illegaler Staaten. Grundlagen und Rechtsfolgen einer international koordinierten Sanktion, 2006, S. 224.

275 Vgl. *Crawford*, Creation of States, S. 99, 105.

276 Vgl. *Shaw*, International Law, S. 202; *Krieger*, Das Effektivitätsprinzip, S. 224 ff.; siehe hierzu auch: *Klein, Eckart*, Die Nichtanerkennungspolitik der Vereinten Nationen gegenüber den in die Unabhängigkeit entlassenen südafrikanischen homelands, in: ZaöRV 39 (1979), Heft Nr. 3, S. 469-495 (471 f.).

Nordzypern[277] aus.[278] Marek[279] argumentiert, dass in einem Gebiet unter fremder Besatzung kein unabhängiger Staat entstehen könne. Bei Staaten, die während einer kriegerischen Besetzung von Angehörigen des besetzten Staates gebildet werden, handele es sich um bloße Marionettenregierungen bzw. Satellitenstaaten, die nichts anderes seien als Organe der Besatzungsmacht.[280] Teile der Literatur haben sich dieser Ansicht angeschlossen. Abendroth bewertet die Staatsgewalt der Satellitenstaaten „bestenfalls juristisch-fiktiv als souverän".[281] Schweisfurth bezeichnet die Marionettenstaaten als Scheinstaaten, die ihre Entstehung einem anderen Staat verdanken, von dessen Macht auch ihre Fortexistenz abhängt.[282] Als weiteres Argument führt Schweisfurth an, dass es hinsichtlich der ausgeübten Hoheitsgewalt schon an der Aussicht auf Dauerhaftigkeit mangele.[283] Auch Verdross/Simma bezeichnen diese Gebilde als „scheinsouveräne Staaten", denn sie seien „mangels des Merkmals der Unabhängigkeit keine souveränen Staaten im Sinne des Völkerrechts".[284] Eine pauschale Ablehnung der Staatlichkeit von Marionettenstaaten aufgrund des starken Abhängigkeitsverhältnisses erscheint fragwürdig. Vielmehr sollte das Abhängigkeitsverhältnis in jedem Einzelfall konkret untersucht werden. Es muss eine Abwägung erfolgen, die die Staatsgewalt des betroffenen Staates im Blick haben muss. Je nachdem wie groß das Ausmaß der faktischen Kontrolle[285] von außen[286] im Einzelfall ist, kann der Marionettenstaat entweder als bloßes Organ der Besatzungsmacht oder als Staat mit eigener Völkerrechtspersönlichkeit identifiziert werden.[287] Eine solche Abwägung muss auf die Punkte der Besetzung der Regierung, die Organisation der Verwaltung und die Gesetzgebung eingehen. Dabei muss untersucht werden, wie groß der Einfluss der fremden Macht auf die genannten Punkte jeweils ist. Entscheidend ist, ob die betreffende Regierung im Kern autonom, also unabhängig von der fremden Macht ist. Ist dies gegeben, dann kann innerhalb einer Besatzung von

---

277 Vgl. *James, Alan*, Sovereign Statehood. The Basis of International Society, 1986, S. 142 f.

278 Vgl. *Talmon*, Kollektive Nichtanerkennung illegaler Staaten, S. 231.

279 Vgl. *Marek*, Identity and Continuity, S. 113 f., 170.

280 Vgl. *Talmon*, Kollektive Nichtanerkennung illegaler Staaten, S. 225.

281 *Abendroth, Wolfgang*, Satellitenstaaten, in: *Strupp/Schlochauer*, Wörterbuch des Völkerrechts, Dritter Band, S. 162-163 (162).

282 *Schweisfurth*, Völkerrecht, S. 27 Rn. 95.

283 *Schweisfurth*, Völkerrecht, S. 27 Rn. 95.

284 Zit. n.: *Verdross/Simma*, Universelles Völkerrecht, S. 236 § 397.

285 Die Souveränität ist der Abstufung fähig, sodass erst verschiedene Grade im Ergebnis zur Nichtstaatlichkeit führen können. Vgl. *Dahm*, Völkerrecht, Bd. I, S. 168.

286 Dieses Kriterium führt etwa Brownlie an. Vgl. *Brownlie*, Principles of International Law, S. 439.

287 Vgl. *Talmon*, Kollektive Nichtanerkennung illegaler Staaten, S. 226.

einer *de facto*-Regierung gesprochen werden.[288] Es wird vertreten, dass in Zweifelsfällen von der Annahme einer Staatlichkeit bei Satellitenstaaten ausgegangen werden kann,[289] die Vermutung spricht also für das Vorliegen eines Staates.

d) Freie Städte

Ein protektoratsähnliches Verhältnis kann sich auch auf eine einzelne Stadt beziehen.[290] In diesen Fällen wird von „Freien Städten" gesprochen. Freie Städte wurden geschaffen, wenn bei territorialen Neuordnungen nach kriegerischen Auseinandersetzungen keine Einigkeit hinsichtlich eines bestimmten Gebietes erzielt werden konnte. Folglich war die Schaffung von Freien Städten im Grunde nur ein Kompromiss zwischen verschiedenen unvereinbaren Länderinteressen.[291] Völkerrechtlich sind Freie Städte als ein Unterfall der „Vertragsverfassungs"-Staaten oder „internationalisierten" Staatsordnungen einzuordnen.[292] Bei Vertragsverfassungs-Staaten ist der Inhalt der Verfassungen in einem internationalen Vertrag festgelegt. Es handelt sich dann um unbeschränkt souveräne Staaten, wenn Verfassungsänderungen ohne Zustimmung der Drittstaaten durchgeführt werden können. Ist dies zu verneinen, unterliegen diese Staaten einem rechtlichen Sonderstatus und sind dann als eingeschränkt souverän einzustufen.[293]

5. Neutrale Staaten

Staaten, die sich dazu verpflichtet haben, neutral zu bleiben, sind in ihrer völkerrechtlichen Handlungsfähigkeit beschränkt. Neutrale Staaten[294] sind nämlich verpflichtet, sich nicht an Kriegen anderer Staaten zu beteiligen[295] und auch in Friedenszeiten keine Verbindungen einzugehen,[296] die möglicherweise zu einer

---

288 *Schaumann, Wilfried*, De-facto-Regierung, in: *Strupp, Karl* (Begr.)/*Schlochauer, Hans-Jürgen*, Wörterbuch des Völkerrechts, Erster Band, 2. Aufl., 1960, S. 317.

289 Vgl. *Dahm*, Völkerrecht, Bd. I, S. 168; *James*, Sovereign Statehood, S. 143.

290 Vgl. *Stein/von Buttlar*, Völkerrecht, S. 96 Rn. 306; sehr anschaulich hierzu auch *Hatschek*, Völkerrecht als System, S. 44 ff.

291 *Schweisfurth*, Völkerrecht, S. 26 Rn. 91.

292 *Schweisfurth*, Völkerrecht, S. 21 Rn. 69.

293 *Schweisfurth*, Völkerrecht, S. 22 Rn. 70; eingehend hierzu auch *Klein, Eckart*, Free Cities, in: EPIL, vol. II (1995), S. 465-467.

294 Ein Beispiel für einen dauernd neutralen Staat ist die Schweiz. Weitere Beispiele, darunter Belgien und Luxemburg, werden ausführlich behandelt von: *Strupp, Karl*, Neutralisation, Befriedung, Entmilitarisierung, Stuttgart 1933.

295 Allerdings gilt im Falle einer Neutralität weiterhin das Recht zur Verteidigung. Vgl. *Krauel, Wolfgang*, Neutralität, Neutralisation und Befriedung im Völkerrecht, 1915, S. 14.

296 Neutralisierte Staaten können somit Personalunionen abschließen. Sie können aber keine Verbindungen in Form von Realunionen, Staatenbündnissen oder Bundesstaaten eingehen. Vgl. *Hatschek, Julius*, Völkerrecht als System, 1923, S. 64; *Strupp*, Neutralisation, S. 179.

Kriegsbeteiligung führen könnten.[297] Die Einbindung eines Staates in ein seine dauernde Neutralität garantierendes Rechtsverhältnis[298] stellt die völkerrechtliche Persönlichkeit dieses Staates nicht in Frage. Demzufolge können auch neutrale Staaten als Völkerrechtssubjekte qualifiziert werden.

D. Vorgänge zur Errichtung neuer Staaten

Ein Staat kann auf natürliche Weise entstehen, indem auf einem bestimmten Gebiet seit langer Zeit Menschen leben, die sich dort gemeinsam organisieren und dadurch die drei Staatselemente erfüllt sind. Ein neuer Staat kann aber auch durch konkrete Vorgänge entstehen. Die Staatsgründung kann willentlich gesteuert werden. Die Frage nach der Entstehung eines Staates konzentriert sich insbesondere darauf, inwieweit sich in einem bestimmten Gebiet eine dauerhafte Staatsgewalt etabliert hat. Die Untersuchung des Vorgangs der Konstituierung der Staatsgewalt muss notwendigerweise zusammen mit dem betroffenen Staatsgebiet betrachtet werden. Einerseits sind zum Vorgang der Staatsentstehung ein originärer Gebietserwerb und andererseits ein derivativer Gebietserwerb möglich. Von originärem Erwerb wird gesprochen, wenn das Territorium bisher nicht zum Staatsgebiet eines anderen Staates gehörte. Ein derivativer Erwerb hingegen liegt vor, wenn das Territorium ursprünglich zu einem anderen Staat gehörte. Der derivative Gebietserwerb kann entweder gegen den Willen des betroffenen Staates durch Krieg oder Revolution oder aber auch mit Zustimmung des betroffenen Staates in friedlicher Form, wie etwa durch Vertragsschluss erfolgen.[299]

Ein weiterer Vorgang zur Staatsentstehung ist das Auseinanderfallen eines Staates in jeweils selbständige Staaten.[300] Im Gegensatz zum Auseinanderfallen eines Staates ist auch der Zusammenschluss mehrerer Staaten zu einem einzigen Staat möglich.[301] Denkbar ist auch der Vorgang einer Sezession oder Separation,

---

297 Vgl. *Hatschek*, Völkerrecht als System, S. 64; *Strupp*, Neutralisation, S. 174; *Krauel*, Neutralität, S. 30, der die wesentlichen Begriffsmerkmale der Neutralität wie folgt zusammenfasst: „Neutralität stellt sich dar als eine sich auf der Grundlage des souveränen Rechts der freien Selbstbestimmung über Krieg und Frieden aufbauende Rechtsbeziehung kriegführender zu unbeteiligten Staaten für die Dauer des Krieges, die sich äußert in der vollkommenen und unbeschränkten Unparteilichkeit des unbeteiligten Staates und der Begrenzung der Feindseligkeiten zwischen den Kriegsführenden".

298 Das Neutralitätsverhältnis ist eine Rechtsbeziehung zwischen zwei oder mehreren Staaten. Vgl. *Krauel*, Neutralität, S. 14.

299 *Dahm/Delbrück/Wolfrum*, Völkerrecht, Bd. I/1, S. 134.

300 Dieser Vorgang wird als Dismembration bezeichnet und wird im Kapitel „Staatsuntergang" genauer behandelt.

301 Auch dieser Vorgang, der als Fusion bezeichnet wird, wird an späterer Stelle näher behandelt.

bei denen sich nur ein Teil eines bereits existierenden Staates von diesem löst und ein neuer Staat entsteht.[302]

Da die Vorgänge der Staatsentstehung und des Staatsuntergangs nahezu identisch sind, werden sie erst nach der Darstellung aller etwaigen Voraussetzungen zur Staatskonstituierung konkret analysiert.

E. Anerkennung

Das Völkerrecht kennt mehrere Anerkennungsobjekte. Für den Völkerrechtsverkehr ist die Anerkennung von Staaten und Regierungen von herausragender Bedeutung. Daneben können aber auch Grenzen, Gebietserwerb, kriegführende Parteien und internationale Organisationen von Staaten anerkannt werden.[303]

Damit ein Staat am internationalen Verkehr teilnehmen kann, muss er anerkannt sein. Fraglich ist, ob die Bejahung der Völkerrechtssubjektivität davon abhängig ist, ob der betreffende Staat von anderen Staaten anerkannt wird oder nicht.[304] Die Anerkennung bestehender Grenzen ist eine Selbstverständlichkeit im internationalen Verkehr. Dies galt bereits im klassischen Völkerrecht, allerdings mit der Einschränkung, dass der Krieg die Unantastbarkeit der Grenzen aufhob. Auf dem Wiener Kongress wurde die Theorie der Anerkennung im Prinzip nicht mehr bestritten.[305] Im geltenden Völkerrecht ist an die Stelle der Kriegsfreiheit das Kriegsverbot getreten, das die Satzung der Vereinten Nationen zum allgemeinen Gewaltverbot ausgeweitet hat. Die Pflicht der Staaten, die territoriale Integrität aller anderen Staaten zu achten, ist daher durch das allgemeine Gewaltverbot verstärkt worden.[306] Die Anerkennung bedeutet also nichts anderes als ein auf Grundlage der Regel *pacta sunt servanda* abgeschlossenes Übereinkommen. Die völkerrechtliche Rechtsverbindlichkeit wird mit der Anerkennung aktualisiert und konkretisiert.[307] Rechtlich ist die Anerkennung daher eine Willenserklärung oder Äußerung dahingehend, dass eine bestimmte Rechtslage oder ein bestimmter Anspruch als bestehend oder rechtmäßig anerkannt wird.[308] In einem weiten Sinn gebraucht bedeutet die Anerkennung, dass Staaten Fakten oder Situationen rechtliche Bedeutung zuerkennen. Die Anerkennung stellt eine einseitig verpflichtende Willenserklärung des anerkennenden gegenüber dem anzuerkennenden Staat dar, dass er ihn als Völkerrechtssubjekt „Staat“ ansieht und dass nach seiner

302 Vgl. *Tyranowski*, Sukcesja państw, S. 41.
303 *Meissner, Bettina Juliane*, Formen stillschweigender Anerkennung im Völkerrecht, 1966, S. 6.
304 Vgl. *Kimminich*, Deutschland als Rechtsbegriff und die Anerkennung der DDR, in: DVBl. 1970, S. 439; *Doehring*, Völkerrecht, S. 413 Rn. 941.
305 Vgl. *Reibstein, Ernst*, Völkerrecht. Eine Geschichte seiner Ideen in Lehre und Praxis, Bd. II. Die letzten zweihundert Jahre, 1963, S. 518.
306 Vgl. *Kimminich*, Der Moskauer Vertrag, S. 40 f.
307 Vgl. *Anzilotti*, Lehrbuch des Völkerrechts, Bd. 1, S. 119.
308 Vgl. *Hobe*, Völkerrecht, S. 212.

Beurteilung die Voraussetzungen einer Staatenentstehung nach völkerrechtlichen Grundsätzen vorliegen.[309] Es muss zwischen der konstitutiven und der deklaratorischen Anerkennung unterschieden werden.[310]

I. Konstitutive Anerkennung

Die Anerkennung wäre notwendig, wenn sie im Falle des Zweifels an der Völkerrechtssubjektivität eines Staates eine konstitutive Wirkung für diese hätte. Eine konstitutive Anerkennung würde vorliegen, wenn der Staat erst durch den Anerkennungsakt entstehen könnte.[311] Die konstitutive Anerkennung würde allerdings dem Prinzip der Staatengleichheit widersprechen, wonach Staaten nicht über den Status eines anderen Staates bestimmen dürfen.[312]

II. Deklaratorische Anerkennung

Nach der heute überwiegend vertretenen deklaratorischen Theorie[313] hat die Anerkennung nur einen deklaratorischen Sinn. Demnach ist, sobald die Voraussetzungen der Staatlichkeit faktisch vorliegen, das Herrschaftsgebilde auch als ein Staat im Rechtssinne anzusehen.[314] Der Grund, warum die deklaratorische Anerkennung sich durchgesetzt hat, liegt letztendlich darin, dass durch eine konstitutive Wirkung der Anerkennung das Selbstbestimmungsrecht der Völker und Nationen seine rechtliche Substanz verlieren würde.[315] Wegen der fehlenden konstitutiven Wirkung ist es demzufolge zumindest für die rechtliche Existenz eines Staates unerheblich, ob er von anderen Staaten anerkannt wird oder nicht.[316] Somit ist unter der Anerkennung ein Rechtsakt zu verstehen, der die territoriale Unabhängigkeit eines Staates als Tatsache voraussetzt.[317] Hinzu kommt, dass die

309 Vgl. *Krieger*, Das Effektivitätsprinzip, S. 86; *Klein*, Die Nichtanerkennungspolitik der Vereinten Nationen, in: ZaöRV 39 (1979), Heft Nr. 3, S. 476.

310 Vgl. *Berezowski, Cezary*, Zagadnienia zwierzchnictwa terytorialnego. Z teorii prawa międzynarodowego, 1957, S. 13; *Antonowicz, Lech*, Uznanie państwa w prawie międzynarodowym, in: Sprawy międzynarodowe, Bd. XXII (1969), Heft Nr. 9, S. 56-66 (64); *Meissner*, Anerkennung, S. 10.

311 Vgl. *Berezowski*, Zagadnienia, S. 14.

312 Vgl. *Hobe*, Völkerrecht, S. 71.

313 Vgl. *Schweitzer*, Staatsrecht III, S. 245 Rn. 580; *Guggenheim*, Lehrbuch des Völkerrechts, Bd. 1, S. 181; *Skubiszeski, Krzysztof*, Uznanie międzynarodowe, in: *Muszkata, Marianna* (red.), Zarys prawa międzynarodowego publicznego, Bd. II, 1956, S. 6-23 (6); *Anzilotti*, Lehrbuch des Völkerrechts, Bd. 1, S. 134.

314 *Kempen/Hillgruber*, Völkerrecht, S. 17 Rn. 13; *Berezowski*, Zagadnienia, S. 13; *Anzilotti*, Lehrbuch des Völkerrechts, Bd. 1, S. 121; *Antonowicz*, Uznanie, in: Sprawy międzynarodowe, Bd. XXII (1969), S. 64.

315 Vgl. *Doehring*, Völkerrecht, S. 414 Rn. 943.

316 Vgl. *Kimminich, Otto*, Einführung in das Völkerrecht, 5. Aufl., 1993, S. 130.

317 Vgl. *Skubiszeski*, Uznanie międzynarodowe, in: *Muszkata*, Zarys prawa międzynarodowego publicznego, Bd. II, S. 6.

deklaratorische Anerkennung für das Handeln des betreffenden Staates von großer Bedeutung ist, denn ein Staat, der von keinem anderen Staat anerkannt wird, kann keine Rechtsbeziehungen unterhalten, sodass der Staat handlungsunfähig und damit isoliert ist.[318]

III. Formen der Anerkennung

Für die Anerkennung bedarf es grundsätzlich keiner bestimmten Form. Die Anerkennung kann ausdrücklich oder stillschweigend erfolgen.[319] Problematisch ist lediglich die stillschweigende oder konkludente Anerkennung. Für die Annahme einer konkludenten Anerkennung muss zunächst ein Staat im Sinne des Völkerrechts vorliegen.[320] Ferner muss der unbedingte Wille[321] erkennbar sein, einen Staat anerkennen zu wollen.[322] Aus einer entsprechenden Handlung muss daher schlüssig und ohne Zweifel der Anerkennungswille zum Ausdruck kommen.[323] Als entsprechende Handlungsweise kann neben dem Abschluss eines völkerrechtlichen Vertrages etwa die Aufnahme von diplomatischen Beziehungen dienen, da für diese eine gegenseitige völkerrechtliche Anerkennung erforderlich ist.[324] Die Aufnahme konsularischer Beziehungen wird hingegen nicht als gleichzeitige Anerkennung gewertet,[325] da konsularische Beziehungen auch trotz Beendigung der diplomatischen Beziehungen geführt werden können.[326] Fraglich ist, ob die Aufnahme in eine internationale Organisation mit einer Anerkennung einhergeht. Dies wird teilweise vertreten,[327] ist allerdings problematisch, da die Aufnahme eines neuen Staates demnach auch immer die Anerkennung nicht nur durch die Organisation, sondern auch durch alle Mitgliedsstaaten zur Folge hätte.[328] Die

---

318 Vgl. *Anzilotti*, Lehrbuch des Völkerrechts, Bd. 1, S. 120.

319 *Meissner*, Anerkennung, S. 12 f.

320 Vgl. *Bindschedler, Rudolf L.*, Die Anerkennung im Völkerrecht, in: BDGVR, Heft Nr. 4 (1961), S. 1-27 (8).

321 Staaten sind in ihrer Entscheidung, ob sie einen Staat anerkennen wollen grundsätzlich frei. Nach der „Stimson-Doktrin“ soll allerdings der gewaltsame Gebietserwerb durch Annexion keine Anerkennung finden. Die Stimson-Doktrin hat sich insbesondere im amerikanisch-sprachigen Raum in der Zeit des modernen Völkerrechts durchgesetzt.

322 Vgl. *Dahm*, Völkerrecht, Bd. I, S. 141.

323 Vgl. *Kunz*, Anerkennung, S. 47.

324 Vgl. *Epping/Gloria*, in: *Ipsen*, Völkerrecht, S. 261 Rn. 7.

325 Vgl. *Kunz*, Anerkennung, S. 49.

326 Vgl. Art. 2 Abs. 3 WÜK.

327 So etwa von *Hillgruber, Christian*, Die Aufnahme neuer Staaten in die Völkerrechtsgemeinschaft. Das völkerrechtliche Institut der Anerkennung von Neustaaten in der Praxis des 19. und 20. Jahrhunderts, 1998, S. 434.

328 Vgl. *Dahm*, Völkerrecht, Bd. I, S. 144; *Hillgruber*, Die Aufnahme neuer Staaten, S. 435.

internationale Zusammenarbeit würde insoweit gehemmt und umstrittene Staaten würden in Isolation geraten.

IV. Rechtswirkung der Anerkennung

Bei der Rechtswirkung der Anerkennung muss zwischen der *de iure-* und *de facto-*Anerkennung unterschieden werden. Die *de iure-*Anerkennung ist unwiderruflich und daher auch als endgültig anzusehen. Hingegen handelt es sich bei der *de facto-*Anerkennung nur um eine vorläufige Anerkennung, die mit einem entsprechenden Vorbehalt behaftet ist.[329]

2. Kapitel: Untergang eines Staates

Oft geht mit dem Untergang eines Staates die Gründung eines neuen Staates einher. Aus dieser Wechselbeziehung kann geschlossen werden, dass auch die jeweiligen Voraussetzungen eng miteinander verbunden sind. Infolge dieser Parallelität kann an dieser Stelle auch auf die Ausführungen zum Staatsbegriff und die dort genannten konstituierenden Elemente verwiesen werden.

A. Allgemeine Voraussetzungen des Staatsuntergangs

I. Nach mittelalterlichem Staatsbegriffsverständnis

Der Staatsuntergang im Mittelalter konnte durch den Verlust des Territoriums, den Niedergang des darin lebenden Personenverbandes oder auch durch Verlust der Herrschergewalt eintreten.[330] Um von der Existenz eines Staates auszugehen, muss der jeweilige Herrscher über eine uneingeschränkte Souveränität, die Herrschersouveränität, verfügen. Der Staat verliert durch die vollständige Aufgabe der Herrschersouveränität, mag dies freiwillig oder unfreiwillig geschehen, seine Existenz als staatliche Persönlichkeit.[331] Bezogen auf die Merkmale der Staatlichkeit muss ein dauerhafter Wegfall eintreten. Hierbei besteht eine Parallele zu den Voraussetzungen der Drei-Elemente-Lehre.

---

329 Vgl. *Antonowicz*, Uznanie, in: Sprawy międzynarodowe, Bd. XXII (1969), S. 60; *Bindschedler, Rudolf L.*, Die Anerkennung im Völkerrecht, in: BDGVR, Heft Nr. 4 (1961), S. 1-27 (5); *Herdegen*, Völkerrecht, S. 78 Rn. 14.

330 *Hugo Grotius* befasste sich ausführlich mit dem Untergang von Staaten. Nach *Grotius* geht der Staat zum einen unter, wenn die Staatsgewalt, also der Inhaber der Staatsgewalt, wegfällt. Zum anderen falle die Staatsgewalt fort, wenn das Volk vernichtet werde (§§ 3-8 seines Werkes „De iure belli ac pacis" aus dem Jahre 1625). Vgl. hierzu: *Walter, Gero*, Der Zusammenbruch des Heiligen Römischen Reichs Deutscher Nation und die Problematik seiner Restauration in den Jahren 1814/15, 1960, S. 50 f.

331 *Jellinek*, Staatenverbindungen, S. 56.

II. Nach modernem Staatsbegriffsverständnis

Der Untergang von Staaten nach modernem Staatsbegriffsverständnis knüpft zwingend an die Drei-Elemente-Lehre an. Jedoch führen bloße Veränderungen eines dieser drei Elemente grundsätzlich nicht zum Staatsuntergang.[332] Erforderlich ist mithin, dass eines oder mehrere Elemente vollständig und endgültig wegfallen.[333] Besondere Bedeutung kommt hierbei dem Erfordernis der Endgültigkeit zu.[334] Wie bereits festgestellt, ist unter anderem eine Änderung der Zahl und der Zusammensetzung der Bevölkerung für die Frage des Fortbestehens eines Staates in der Regel bedeutungslos.[335] Der Wegfall des Staatsvolkes gilt eher als unwahrscheinlich, wäre aber zumindest theoretisch durch eine Katastrophe möglich. Denkbar wäre ein Wegfall des Staatsvolkes aber durch die Aufhebung der Staatsangehörigkeit. Die Nation, die durch das untergegangene Völkerrechtssubjekt repräsentiert worden war, kann allerdings gleichwohl erhalten bleiben, es kann trotz Verschwindens der Völkerrechtsrechtssubjektivität der Wunsch nach „Unabhängigkeit“ und „Wiedervereinigung“ bestehen bleiben. Ohne Auswirkung sind auch bloße territoriale Veränderungen.[336] Der Wegfall des Staatsgebietes ist allerdings durch Naturkatastrophen denkbar. Der Staat bleibt aber das gleiche Rechtssubjekt, wenn er sich eine neue Verfassung oder einen neuen Namen gibt.[337] Der Untergang eines Staates wird am häufigsten wegen des endgültigen Wegfalls der Staatsgewalt erfolgen. Dabei ist an den Grundsatz der Effektivität anzuknüpfen.

B. Grundsatz der Effektivität

I. Allgemein

Für die Existenz eines Staates ist der Grundsatz der Effektivität der Staatsgewalt entscheidend. Das Effektivitätsprinzip setzt voraus, dass für die Annahme eines Staatsuntergangs die Staatsgewalt bis in die unterste Ebene in all ihren Funktionen dauerhaft verschwunden sein muss.[338] Hieraus kann geschlossen werden, dass die Staatsgewalt noch existiert, wenn sie auf mittlerer und/oder unterer Ebene noch nachgewiesen werden kann. Erst wenn die alte Staatsgewalt bis zur untersten Ebene verschwunden ist, kann sich im Umkehrschluss überhaupt eine neue Staatsgewalt effektiv durchsetzen. Es genügt zur Entstehung eines Staates mithin nicht, dass eine neue Staatsordnung verkündet wird, sie muss auch auf Dauer

---

332 Vgl. *Stein/von Buttlar*, Völkerrecht, S. 107 Rn. 308; *Dahm/Delbrück/Wolfrum*, Völkerrecht, Bd. I/1, S. 142.

333 *Epping*, in: *Ipsen*, Völkerrecht, S. 346 Rn. 7.

334 Vgl. *Dahm/Delbrück/Wolfrum*, Völkerrecht, Bd. I/1, S. 143; *Fiedler*, Das Kontinuitätsproblem im Völkerrecht, S. 41.

335 Vgl. *Fiedler*, Das Kontinuitätsproblem im Völkerrecht, S. 40.

336 Vgl. *Rivier*, Principes, Bd. 1, S. 65.

337 *Heller*, Die Souveränität, S. 153.

338 *Gornig*, Der völkerrechtliche Status Deutschlands, S. 25.

angelegt sein, regelmäßig befolgt und gegenüber den Normverletzern durchgesetzt werden.[339] Diese Voraussetzung wird auch mit dem Grundsatz der Effektivität der Rechtsordnung umschrieben.[340] Die Handlungsfähigkeit des Rechtssubjektes Staat setzt die innerstaatliche Effektivität der Staatsgewalt ebenso wie die Effektivität der Staatsgewalt in den auswärtigen Beziehungen voraus.[341] Der Staat muss seine Staats- und Regierungsform, seine innere Organisation, das Verhalten seiner Angehörigen und seine Innen- und Außenpolitik effektiv regeln.[342]

Die effektive Ausübung der Herrschaftsgewalt ist damit Kern der Staatlichkeit und ist demnach sowohl für die Entstehung als auch für den Untergang eines Staates entscheidend.

II. Wunsch der Bevölkerung

Der dauerhafte Wunsch der Bevölkerung nach der Wiedereinrichtung staatlicher Organe in einem beispielsweise besetzten Staat kann Auswirkungen auf die Frage des endgültigen Wegfalls der Staatsgewalt haben.[343] Dieser Wunsch kann insbesondere durch dauerhaften Protest, Aufstände und passiven Widerstand ausgedrückt werden und damit den Untergang der Staatsgewalt bis in die unterste Ebene und gleichzeitig das Entstehen neuer effektiver Staatsgewalt verhindern. Es erscheint daher vertretbar, dass ein solcher Wunsch des betroffenen Volkes Einfluss auf die effektive Ausübung der Staatsgewalt der neuen Macht hat. Damit hätte der Protest der Bevölkerung Einfluss auf die Kontinuität des Staates. Allerdings kann der bloße Wunsch der Bevölkerung nicht allein die Effektivität der neuen Staatsgewalt verhindern. Ferner darf der zeitliche Aspekt einer langanhaltenden Besatzung nicht vernachlässigt werden. Soweit der Wunsch und Wille der Bevölkerung zur Errichtung von eigenen staatlichen Organen immer noch vorhanden sind, müssen die Anforderungen an die Bejahung der Effektivität der neuen Staatsgewalt deutlich höher gesetzt werden.[344] Im Gegensatz hierzu kann aber die Zustimmung der Bevölkerung zur neuen Staatsgewalt dazu führen, dass deren Effektivität sich schneller verfestigt.[345]

III. Echte Exilregierung

Ferner könnte der Effektivität der neuen Staatsgewalt die Existenz einer Exilregierung entgegenstehen.

---

339 Vgl. *Verdross/Simma*, Universelles Völkerrecht, S. 226 § 383.
340 Vgl. *Kempen/Hillgruber*, Völkerrecht, S. 15 Rn. 8.
341 Vgl. *Krieger*, Das Effektivitätsprinzip, S. 88.
342 Vgl. *Crawford*, Creation of States, S. 55-61; *Dahm/Delbrück/Wolfrum*, Völkerrecht, Bd. I/1, S. 128 f.
343 *Berber*, Lehrbuch des Völkerrechts, Bd. 1, S. 246 f.
344 Vgl. *Dahm*, Völkerrecht, Bd. I, S. 585.
345 Zustimmend: *Guść, Janusz*, Zasada efektywności a zasada legalności jako kryteria powstawania i uznania państw, in: PiP XLIX (1994), Heft Nr. 10, S. 45-63 (53).

Bei einer Exilregierung[346] handelt es sich um ein Organ, das außerhalb des eigenen Staatsgebiets oberste Funktionen eines Staates beansprucht und diese mit Zustimmung oder Hilfe des Aufenthaltsstaates wie auch anderer Staaten wenigstens teilweise wahrnimmt, indem es an deren Ausübung auf dem eigenen Staatsterritorium durch bestimmte Umstände oder tatsächliche Machtausübung durch eine andere Regierung gehindert wird.[347] Des Weiteren muss die Exilregierung den Willen haben, die Regierungsgewalt im Heimat- oder Zielstaat zurückzugewinnen.[348]

Die echte Exilregierung[349] kann für die Kontinuität von Bedeutung sein, da sie mit der letzten Regierung im Heimatstaat identisch ist.[350] Eine echte Exilregierung bewirkt somit, dass eine ununterbrochene Rechtskontinuität des Heimatstaates aufrechterhalten bleibt.[351] Sie ist damit Vertreterin der Staatsgewalt des Heimatstaates. Auf diese Weise geht die Staatsgewalt des Heimatstaates nicht bis zur untersten Ebene unter. Da aber der Exilregierung die effektive Ausübung der Staatsgewalt fehlt, wird vertreten, die fehlende Effektivität[352] durch Legitimität zu ersetzen.[353] Die Legitimität setzt wiederum voraus, dass das Volk des Heimatstaates diese anerkennt.[354] Die neue Staatsgewalt und die Exilregierung können dann als zwei nebeneinander konkurrierende Staatsgewalten bewertet werden. Die Literatur und Staatenpraxis beurteilen die echte Exilregierung meist als *de*

---

346 Nicht als Exilregierung wird der im Jahre 1917 gegründete Polnische Nationalausschuss angesehen. Vgl. *Schaumann, Wilfried*, Exilregierung, in: *Strupp/Schlochauer*, Wörterbuch des Völkerrechts, Erster Band, S. 498-499 (498).

347 Zit. n.: *Schaumann*, Exilregierung, in: *Strupp/Schlochauer*, Wörterbuch des Völkerrechts, Erster Band, S. 498.

348 *Vedder, Christoph*, Exilregierung, in: *Seidl-Hohenveldern, Ignaz* (Hrsg.), Völkerrecht. Lexikon des Rechts, 3. Aufl., 2001, S. 106-111 (107).

349 In Bezug auf Exilregierungen wird zwischen echten Exilregierungen, Quasi-Exilregierungen und Schein-Exilregierungen unterschieden. Echte Exilregierungen entstehen rechtmäßig im Krieg nach einer *occupatio bellica*, wohingegen Quasi-Exilregierungen im Krieg bei einer Herrschaft über Kolonialgebiete nach einer *occupatio bellica* des Heimatstaates entstehen. Eine Schein-Exilregierung dagegen wird in Friedenszeiten nach einer Annexion oder Revolution gegründet. Vgl. *Kimminich, Otto*, Völkerrechtsfragen der exilpolitischen Betätigung, in: ArchVR 10 (1962/1963), S. 132-165 (148).

350 *Vedder*, Exilregierung, in: *Seidl-Hohenveldern*, Völkerrecht. Lexikon des Rechts, S. 106.

351 *Schaumann*, Exilregierung, in: *Strupp/Schlochauer*, Wörterbuch des Völkerrechts, Erster Band, S. 498 f.

352 Hierzu näher: *Fiedler, Wilfried*, Das Staatsoberhaupt im Exil, in: AVR 26 (1988), S. 181-202 (187).

353 *Vedder*, Exilregierung, in: *Seidl-Hohenveldern*, Völkerrecht. Lexikon des Rechts, S. 108.

354 Die Anerkennung durch die Völkerrechtsgemeinschaft ist nach einhelliger Auffassung jedenfalls in Friedenszeiten völkerrechtswidrig. Vgl. *Fiedler*, Das Staatsoberhaupt im Exil, in: AVR 26 (1988), S. 188.

iure-Regierung und die Staatsgewalt im besetzten Gebiet als *de facto*-Regierung.[355] Es muss im Einzelfall überprüft werden, ob die Staatengemeinschaft eine Regierung im Exil als Exilregierung behandelt hat und ob der Heimatstaat im Nachhinein als untergegangen anzusehen ist.[356]

Sofern eine wirksame Exilregierung existiert und sich auf diese Weise in ihrem Heimatstaat die Staatsgewalt des Okkupanten nicht effektiv durchgesetzt hat, geht der Heimatstaat nicht unter, sodass die Kontinuität aufrechterhalten bleibt.

C. Grundsatz der Kontinuität

I. Allgemein

Der Untergang eines Staates ist ein Vorgang, der das internationale Rechtsleben einschneidend berührt.[357] Aufgrund der großen Bedeutung eines Staatsuntergangs im Hinblick auf die Staatengemeinschaft und die Völkerrechtsordnung sowie aufgrund der damit eventuell gefährdeten Rechtssicherheit hat sich das völkerrechtliche Prinzip herausgebildet, dass man so lange wie möglich versucht, von der Kontinuität eines Staates auszugehen.[358] Es spricht die Vermutung für die Kontinuität. Bei einem Staatsuntergang treten an die Stelle des überkommenen Völkerrechtssubjekts eventuell mehrere Neustaaten. Völkervertragsrechtlich nicht geregelte Nachfolgeprobleme können dann zu zwischenstaatlichen Spannungen führen.[359] Aufgrund dieser praktischen Erwägungen geht man beim Grundsatz der größtmöglichen Kontinuität davon aus, dass ein Staat so lange fortbesteht, bis Tatsachen[360] eintreten, die endgültig, zweifelsfrei und voraussichtlich dauerhaft sein Erlöschen belegen.[361] Dies hat sich auch in der Staatenpraxis[362] durchgesetzt. Auch die Völkerrechtslehre[363] hat sich entschieden, in bestimmten Fällen die Kontinuität

355 *Koberg, Alexander*, Die Exilregierung im Völkerrecht. Eine Untersuchung ihrer rechtlichen Klassifikation, 2005, S. 19 unter Verweis auf *Dahm/Delbrück/Wolfrum*, Völkerrecht, Bd. I/1, S. 212.

356 *Koberg*, Exilregierung, S. 18.

357 Vgl. *Mahnke, Hans Heinrich*, Entstehung und Untergang von Staaten, Staatensukzession, in: *Maurach, Reinhart/Meissner, Boris* (Hrsg.), Völkerrecht in Ost und West, 1967, S. 100-119 (105).

358 Vgl. *Verdross/Simma*, Universelles Völkerrecht, S. 232 § 391; näheres hierzu auch bei: *Mahnke*, Entstehung und Untergang von Staaten, in: *Maurach/Meissner*, Völkerrecht in Ost und West, S. 105 f.

359 *Gornig*, Der völkerrechtliche Status Deutschlands, S. 9.

360 Innerhalb der Beurteilung der Tatsachen ist wiederum fraglich, ob auch widerrechtliche Tatsachen zum Erlöschen eines Staates führen können.

361 Vgl. *Saxer*, Die internationale Steuerung der Selbstbestimmung, S. 785 f.; *Herdegen*, BDGVR, Bd. 34 (1996), S. 49 ff.; *Dahm/Delbrück/Wolfrum*, Völkerrecht, Bd. I/1, S. 143.

362 Vgl. die Übersicht bei *Crawford*, Creation of States, S. 672 ff.

363 Vgl. *Epping*, in: *Ipsen*, Völkerrecht, S. 69 Rn. 16; *Richter*, Collapsed States, S. 102.

des Staates trotz fehlender effektiver Staatsgewalt anzunehmen, um im Ergebnis die Handlungsfähigkeit der Völkerrechtsordnung zu garantieren. Es kann daher als Regel festgehalten werden, dass ein Völkerrechtssubjekt so lange besteht, wie es völkerrechtliche Rechte und Pflichten besitzt, auch wenn die Wahrnehmung dieser Rechte und Pflichten, sei es vorübergehend, sei es dauernd, sei es total, sei es partiell, nicht durch eigene Organe dieses Völkerrechtssubjektes, sondern durch Organe anderer Völkerrechtssubjekte erfolgt.[364] So kann auch ein als universelles Völkerrechtssubjekt untergegangenes Gebilde als nicht voll souveräner Staat[365] weiterbestehen.[366] Bei dieser Bewertung muss aber eine zeitliche Grenze angenommen werden.

Von dem endgültigen Erlöschen eines Staates wird aber ausgegangen, wenn bei einer *ex post*- Beurteilung mit einer Wiederherstellung der alten Staatsgewalt nicht mehr zu rechnen ist.[367]

II. Abwägung zwischen Effektivitätsprinzip und Kontinuitätsgrundsatz

Das Effektivitätsprinzip[368] wird bei der Beurteilung des Erlöschens eines Staates mit dem Grundsatz der größtmöglichen Kontinuität abgewogen. Da die größtmögliche Kontinuität des Staates ein Gebot der Rechtssicherheit darstellt, tritt das Effektivitätsprinzip zurück, solange die Staatsgewalt nur vorübergehend ausgeschaltet ist. Ein Staat geht erst unter, wenn er Gebiet oder Bevölkerung gänzlich verliert oder seine Hoheitsgewalt gänzlich erlischt. Dabei lässt der Begriff der Effektivität als unbestimmter Rechtsbegriff einen weiten Beurteilungsspielraum in der Frage, ob die Staatsgewalt erloschen ist, zu.[369]

D. Problematik und Auswirkung einer völkerrechtswidrigen Annexion eines Staates oder eines Gebietsteils

Äußerst umstritten sind diejenigen Fälle, bei denen ein Staat oder ein Teil eines Staatsgebietes in völkerrechtswidriger Weise von einem oder mehreren fremden Staaten annektiert wird. Probleme werfen die Situationen auf, in denen sich eine neue Macht etabliert hat und ein längerer Zeitraum verstrichen ist. Fraglich ist, wie das Völkerrecht sich gegenüber solchen Situationen verhält.

---

364 Vgl. *Berber*, Lehrbuch des Völkerrechts, Bd. 1, S. 247.

365 So etwa Bayern nach dem Jahre 1871.

366 Vgl. *Berber*, Lehrbuch des Völkerrechts, Bd. 1, S. 243.

367 Dies gilt auch, wenn bei einer *ex ante*-Beurteilung mit der Wiederherstellung der Staatsgewalt nicht mehr zu rechnen ist. Vgl. *Dahm*, Völkerrecht, Bd. I, S. 91.

368 Die wesentliche Bedeutung des Effektivitätsgrundsatzes zeigt sich auch in der modernen Staatenpraxis. So spielte der Grundsatz etwa nach dem Ersten Weltkrieg im Åland-Gutachten eine wichtige Rolle und wurde auch in der Montevideo-Konvention verankert.

369 *Krieger*, Das Effektivitätsprinzip, S. 170.

Im modernen Völkerrecht gilt grundsätzlich, dass gewaltsam vollzogene Einverleibungen fremden Staatsgebiets rechtlich unwirksam sind. Zum selben Ergebnis gelangt man auch bei Annexionen im klassischen Völkerrecht, wenn sie gegen einen bestehenden Vertrag verstoßen hatten und damit rechtswidrig waren. Trotz dieser Annahme sind in der Völkerrechtswissenschaft bei faktisch lang anhaltenden, durch Gewaltanwendung herbeigeführten Gebietsverschiebungen Überlegungen zur nachträglichen Legitimierung von gewaltsamen Gebietsveränderungen angestellt worden. Es stellt sich daher die Frage, ob aus völkerrechtswidrigen Situationen Recht erwachsen kann. Das Effektivitätsprinzip sowie der Kontinuitäts- und Legitimitätsgrundsatz treffen hier in anscheinend kontroverser Weise aufeinander. Zu untersuchen ist daher, ob der *de iure*-Zustand Auswirkung auf die Effektivität des *de facto*-Zustandes hat.

I. „Ex factis ius oritur" und „Ex iniuria ius non oritur" – Ein Widerspruch?

1. Ex factis ius oritur

Im juristischen Sprachgebrauch wird zwischen den Begriffen *de iure* und *de facto* unterschieden. *De iure* signalisiert die Übereinstimmung mit dem Recht, *de facto* verdeutlicht, dass die Fakten mit dem Recht nicht im Einklang stehen. Wenn die Fakten sich verfestigt haben, bedeutete dies einen unter Umständen ewigen Widerspruch mit dem Recht, so dass die Frage aufgeworfen werden muss, ob aus den Fakten neues Recht entstehen kann, ob also die Fakten normative Kraft haben. Gleichzeitig könnte auch angenommen werden, dass der rechtliche Zustand die Verfestigung eines faktischen Zustandes verhindern könnte.

Bei der Erörterung des Kontinuitätsgrundsatzes wurde bereits angesprochen, dass der Staatsuntergang an bestimmte Fakten, wie etwa den Wegfall der Staatsgewalt, geknüpft ist. Demnach könnte aus einem faktischen Zustand ein rechtlicher Zustand erwachsen. Dies würde bedeuten, dass eine lang anhaltende effektive Herrschaftsausübung für einen Gebietserwerb ausreichend sein könnte. Dies wird von Teilen der Lehre als ein Gebietserwerb kraft „historischer Konsolidierung"[370] bezeichnet.[371]

a) Die normative Kraft des Faktischen

Georg Jellinek setzte sich intensiv mit dem Problem der Rechtsgeltung auseinander und führte schließlich den Gedanken der *normativen Kraft des Faktischen* in die Rechtswissenschaft ein. Bevor die Problematik der Rechtsgeltung abschließend gewürdigt wird, soll zunächst veranschaulicht werden, was Jellinek unter

370 Der IGH hat diesen Gebietserwerb bisher nur einmal als Grundlage für einen Gebietstitel anerkannt, wobei in diesem Falle keine Gewaltanwendung seitens der neuen Gebietshoheit angewandt worden ist. Vgl. Fisheries Case United Kingdom v. Norway, Urteil vom 18.12.1951, in: ICJ Reports, 1951, S. 116 ff.

371 Vgl. *Schweisfurth*, Völkerrecht, S. 292 Rn. 61.

seiner Wortschöpfung verstand. In seinem einführenden Gedanken zum Problem der Rechtsgeltung erläutert Jellinek, dass es verkehrt sei, den Grund der *normativen Kraft des Faktischen* in seiner bewussten oder unbewussten Vernünftigkeit zu suchen. Stattdessen nimmt er an, dass „das Tatsächliche später relativiert werden kann, seine normative Bedeutung liege aber in der weiter nicht ableitbaren Eigenschaft unserer Natur, kraft welcher das bereits Geübte physiologisch und psychologisch leichter reproduzierbar ist als das Neue".[372] Jellinek spricht ferner die „rechtserzeugende Kraft der socialen Thatsachen"[373] an und führt aus, dass „alles Recht in einem Volke ursprünglich nichts als faktische Übung ist. Die fortdauernde Übung erzeugt die Vorstellung des Normmäßigen dieser Übung, und es erscheint damit die Norm selbst als autoritäres Gebot des Gemeinwesens, also als Rechtsnorm".[374] Die Wechselwirkung des Rechtlichen und des Faktischen beschreibt er dermaßen, dass das Faktische überall die psychologische Tendenz habe, sich in Geltendes umzuwandeln, so erzeuge es im ganzen Umfang des Rechtssystems die Voraussetzung, dass der gegebene soziale Zustand der zu Recht bestehende sei, sodass jeder, der eine Veränderung in diesem Zustand herbeiführen wolle, sein besseres Recht zu beweisen habe.[375] Jellinek kommt zu dem Schluss, dass im Völkerrecht die allgemein anerkannte *Theorie der vollendeten Tatsache*[376] auf demselben Gedanken basieren würde.[377] Als Beispiel führt er die Staatsgewalt an: „Die faktische Innehabung der Staatsgewalt legitimiert allein zur Vertretung des Staates nach außen; der entthronte legitime Machthaber hat dieses Recht durch das bloße Faktum seiner Entfernung aus der Herrscherstellung verloren".[378] Hieraus folge, dass man zwischen der geschriebenen und der tatsächlichen Verfassung eines Staates unterscheiden müsse.[379] Denn bei Änderung der faktischen Machtverhältnisse der obersten staatlichen Organe prägt sich das neue Verhältnis unvermeidlich, selbst wenn kein Buchstabe der Verfassung geändert wird, in den Institutionen deutlich aus.[380] Entscheidend sei die Einsicht, dass den tatsächlichen Verhältnissen

---

372 *Jellinek*, Allgemeine Staatslehre, S. 338.

373 *Jellinek, Georg*, Gesetz und Verordnung. Staatsrechtliche Untersuchungen auf rechtsgeschichtlicher und rechtsvergleichender Grundlage, Neudr. d. Ausg. v. 1887, 1919, S. 341.

374 *Jellinek*, Allgemeine Staatslehre, S. 339.

375 *Jellinek*, Allgemeine Staatslehre, S. 340.

376 Die vollendete Tatsache und auch die Effektivität gelten als verwandte Figuren zu *Jellineks* normativer Kraft des Faktischen. Vgl. *Münch, Fritz*, Die normative Kraft des Faktischen, in: *Kroker, Eduard/Veiter, Theodor* (Hrsg.), Rechtspositivismus, Menschenrechte und Souveränitätslehre in verschiedenen Rechtskreisen, 1976, S. 38-63 (40).

377 *Jellinek*, Allgemeine Staatslehre, S. 340 f.

378 *Jellinek*, Allgemeine Staatslehre, S. 341.

379 *Jellinek*, Allgemeine Staatslehre, S. 341.

380 Dies ergänzt *Jellinek* mit dieser Feststellung: „Die Umwandlung der zunächst rein faktischen Macht des Staates in rechtliche erfolgt stets durch die hinzutretende

selbst derart normative Kraft innewohne, dass aus ihnen die Überzeugung hervorgehe, dass die tatsächlichen Herrschaftsverhältnisse rechtlich anzuerkennende seien.[381] Als Ergebnis stellt Jellinek schließlich fest, dass im staatlichen Leben die faktischen Verhältnisse den von ihnen erzeugten Normen stets vorausgingen.[382] Dies folgere aus der Tatsache, dass die Betätigung der rechtlichen Macht Zustände schaffen könne, die von den geschriebenen oder ungeschriebenen Normen der Verfassungen und Gesetze abweichen würden.[383]

b) Stellungnahme

Das Verständnis Jellineks zur *normativen Kraft des Faktischen* bedarf kritischer Würdigung. Die *normative Kraft des Faktischen* ist mit dem Effektivitätsgrundsatz *ex factis ius oritur* gleichzusetzen.

Jellinek misst den faktischen, also tatsächlichen Zuständen in einem Staat wesentliche Bedeutung zu. Er kommt zu dem Ergebnis, dass durch das „Faktische" die betreffenden Normen der Realität angepasst werden müssen. Offen bleibt allerdings, ob hierbei eine Grenze besteht, insbesondere, ob bei einem rechtswidrigen faktischen Zustand auch eine solche Rechtsangleichung erfolgen kann oder gar muss. Jellinek kann allerdings nicht dahingehend verstanden werden, dass er die *normative Kraft des Faktischen* als einen absoluten Faktor setzen wollte.[384] Vielmehr ist Jellinek so zu verstehen, dass die faktische Macht immer auch eine normative Kraft entwickeln kann. Daraus folgt, dass die Geltung und Wirksamkeit von Recht zusammenspielen müssen, damit Rechtsnormen effektiv sein können. Darunter kann auch die Durchsetzbarkeit von Recht verstanden werden. Problematisch sind daher diejenigen Fälle, in denen Geltung und Wirksamkeit, also der *de iure-* und der *de facto-*Zustand, gerade nicht zusammenfallen. Dies kann allerdings nicht dazu führen, dass ausnahmslos das Übergewicht auf den *de facto-*Zustand gelegt wird. Überzeugender ist es, im Einzelfall das Verhältnis der beiden Zustände zu untersuchen und anschließend eine Einzelfallbewertung vorzunehmen. Diese kann zur Folge haben, dass es nicht vertretbar wäre, den *de facto-*Zustand in geltendes Recht übergehen zu lassen,[385] sodass Fakten als Ergebnis einer gewaltsamen Entwicklung nicht als neues Recht erzeugend betrachtet werden. Problematisch ist in diesem

---

Vorstellung, dass dieses Faktische normativer Art sei, dass es so sein solle, wie es ist". Zit. n.: *Jellinek*, Allgemeine Staatslehre, S. 342.

381 *Jellinek*, Allgemeine Staatslehre, S. 341 f.

382 *Jellinek*, Allgemeine Staatslehre, S. 356.

383 *Jellinek*, Allgemeine Staatslehre, S. 362.

384 *Bilfinger, Carl*, Vollendete Tatsache und Völkerrecht. Eine Studie, in: ZaöRV 15 (1953/54), S. 453-481 (478).

385 *Münch* kommt zu dem gleichen Ergebnis: „Wollte man immer einer Tatsache, die im Widerspruch zum Recht eingetreten ist, den Rang vor dem rechtlichen Zustand einräumen oder gar das Recht außer Kraft gesetzt sehen, so geriete man in Widerspruch zum Zustand der Welt". Vgl. *Münch*, Die normative Kraft des Faktischen, in: *Kroker/Veiter*, Rechtspositivismus, S. 39.

Zusammenhang, ob eine Verpflichtung der Völkerrechtsgemeinschaft besteht, die gegen das Völkerrecht verstoßenden, aber faktisch herbeigeführten Zustände nicht anzuerkennen. Weniger problematisch ist die Anerkennung derjenigen Fälle, in denen ohne Gewaltanwendung eine Veränderung herbeigeführt wurde.[386]

2. Ex iniuria ius non oritur

Dem Grundsatz *ex factis ius oritur* könnte der Grundsatz *ex iniuria ius non oritur* gegenüberstehen, der besagt, dass aus Unrecht kein Recht entstehen dürfe.[387] Zu prüfen ist, wie die beiden Grundsätze sich zueinander verhalten.

Eine Möglichkeit könnte sein, dass beide Prinzipien derart aufeinander wirken, dass im Rahmen des Effektivitätsprinzips nur effektiv geltendes Recht Verbindlichkeit beanspruchen kann.[388] Demnach könnte der Grundsatz *ex iniuria ius non oritur* als eine Beschränkung des Grundsatzes *ex factis ius oritur* gewertet werden.[389] Das bedeutete, dass aus Fakten Recht entstehen kann, nicht aber aus rechtswidrigen Fakten, also aus Unrecht.

Ein Staat könnte infolgedessen im modernen Völkerrecht nicht infolge einer Annexion beziehungsweise im klassischen Völkerrecht infolge einer rechtswidrigen Annexion untergehen, da diese einen rechtswidrigen Vorgang darstellen würden.[390] Der Grundsatz könnte auch zur Beurteilung von Staatskontinuität herangezogen werden. Unter Anwendung des Grundsatzes *ex iniuria ius non oritur* könnte die Kontinuität der alten Staatsgewalt bejaht werden, wenn man anführt, dass diese aufgrund einer völkerrechtswidrigen Handlung beseitigt wurde.[391]

3. Stellungnahme

Fest steht, dass im Völkerrecht Fakten nicht geleugnet werden können. Würde man aber vertreten, dass aus gefestigten Zuständen, die unter Verletzung des geltenden Völkerrechts entstanden sind, niemals ein Rechtszustand erwachsen könne, führte dies dazu, dass in vielen Fällen Rechtsunsicherheit oder gar Anarchie[392] herrschte.[393] Insbesondere könnten dann zahlreiche Annexionen in der Zeit des klassischen

---

386 *Bilfinger*, Vollendete Tatsache, in: ZaöRV 15 (1953/54), S. 456.

387 *Epping/Gloria*, in: *Ipsen*, Völkerrecht, S. 302 Rn. 45; *Dahm/Delbrück/Wolfrum*, Völkerrecht, Bd. I/1, S. 133.

388 *Krüger, Herbert*, Effektivität, in: *Strupp/Schlochauer*, Wörterbuch des Völkerrechts, Erster Band, S. 410-412 (411).

389 Zu diesem Ergebnis gelangt: *Symonides, Janusz*, Zasada efektywności w prawie międzynarodowym, 1967, S. 15.

390 Dies befürwortet auch *Gawenda, Jerzy August*, Legalizm Polski w świetle prawa publicznego, 1959, S. 80.

391 *Marek*, Identity and Continuity, S. 414.

392 So etwa: *Dahm/Delbrück/Wolfrum*, Völkerrecht, Bd. I/1, S. 133.

393 *Wilke, Kay-Michael*, Bundesrepublik Deutschland und Deutsche Demokratische Republik. Grundlagen und ausgewählte Probleme des gegenseitigen Verhältnisses der beiden deutschen Staaten, 1976, S. 48.

Völkerrechts, die wegen Verstoßes gegen vorher abgeschlossene Vereinbarungen rechtswidrig sind, niemals nachträglich legitimiert werden. Es ist jedoch im Interesse des Völkerrechts, vor allem auf lange Sicht, für klare Rechtsverhältnisse in der Staatengemeinschaft zu sorgen. Ansonsten könnten Recht und Wirklichkeit dauerhaft mit der Folge auseinanderfallen, dass das Völkerrecht ausgehöhlt würde. Auf diese Weise könnte das Spannungsverhältnis zwischen Legitimität und Effektivität[394] für die Staatengemeinschaft unerträglich werden. Kritisch ist aber anzumerken, dass das Völkerrecht und dessen Durchsetzung obsolet werden könnten, wenn Völkerrechtsverstöße stets nachträglich durch vollendete Tatsachen geheilt werden könnten. In der Konsequenz wären dann völkerrechtliche Verbote sinnlos, da Sanktionen nicht zu befürchten wären. Es würde nämlich keinen Unterschied machen, ob eine fremde Staatsgewalt sich rechtmäßig oder rechtswidrig auf einem bestimmten Gebiet ausgedehnt hat, wenn nur eine faktische Durchsetzung der neuen Situation erfolgt ist.

Aufgrund dieser Bedenken ist es nicht vertretbar, dem Grundsatz *ex factis ius oritur* stets den Vorzug zu geben. Mithin können vom Recht abweichende Fakten nicht stets beachtlich sein. Es wäre daher falsch, eine Abwägung zwischen dem Effektivitätsprinzip, also der Regel *ex factis ius oritur*, und dem Grundsatz *ex iniuria ius non oritur* vorzunehmen. Im Ergebnis kann keine der beiden völkerrechtlichen Regeln als *lex specialis* der jeweils anderen angesehen werden. Überzeugender ist es, beide Grundsätze nicht als Gegensatz zu sehen, sondern als sich gegenseitig beeinflussende Prinzipien. Die Rechtswidrigkeit eines Sukzessionsvorgangs beeinflusst die Effektivität der *de facto*-Situation. Hieraus kann geschlossen werden, dass bei einer völkerrechtswidrigen Annexion eines Staates der Staat trotz faktischer Nichtexistenz nicht untergeht. Es wird zumindest zunächst die Kontinuität des Staates angenommen, sodass das Effektivitätsprinzip hinter das Kontinuitätsprinzip zurücktritt. Dieses Ergebnis ist auch – wie noch zu sehen sein wird – mit den anerkannten Grundsätzen der *occupatio bellica* gleichzusetzen. Sofern die betroffene Bevölkerung aber die völkerrechtswidrig herbeigeführte Sukzession anerkennt, kann sich der *de facto*-Zustand schließlich durchsetzen. Die Anerkennung der rechtswidrigen faktischen Situationen kann demnach zu einem endgültigen Staatsuntergang führen.

Das Kontinuitätsprinzip findet allerdings seine Grenze im zeitlichen Element. Eine von der betroffenen Bevölkerung und auch anderen Staaten geduldete faktische Lage, kann dazu führen, dass ein tatsächlicher Zustand sich verfestigt und schließlich in einen effektiven Zustand übergeht.[395] Wenn Gebietshoheit und territoriale Souveränität über einen erheblich langen Zeitraum auseinanderfallen,

394 Mit dieser Problematik setzt sich ausführlich auseinander: *Tucker, Robert W.*, The Principle of Effectiveness in International Law, in: *Lipsky, George A.* (ed.), Law and Politics in the World Community. Essays on Hans Kelsen's Pure Theory and Related Problems in International Law, 1953, S. 31-48.

395 *Zimmer, Gerhard*, Gewaltsame territoriale Veränderungen und ihre völkerrechtliche Legitimation, 1971, S. 44.

muss irgendwann eine zeitliche Grenze gezogen werden, ab der dem faktischen Zustand Vorrang gegeben wird. Fraglich ist hierbei allerdings, wann die zeitliche Grenze erreicht ist. Es existiert keine starre Frist, die als Maßstab herangezogen werden könnte. Entscheidend sind daher die tatsächlichen Gegebenheiten, die notwendig sind, um in einem Gebiet eine dauerhafte Herrschaft zu etablieren. Als Anhaltspunkt kann aber eine Dauer von 100 Jahren dienen. Wenn eine bestimmte Staatsgewalt über 100 Jahre hindurch die Hoheit über ein Gebiet ausübt, kann es als angemessen erscheinen, dieser auch die territoriale Souveränität rechtlich zuzusprechen. Dies korrespondiert mit dem Gedanken der Ersitzung. Erst dann hat sich die neue Ordnung endgültig effektiv durchgesetzt. Daraus folgt, dass eine widerrechtliche Erstreckung der Gebietshoheit eines Staates auf das Gebiet eines anderen nur dann zum Erwerb der territorialen Souveränität führt, wenn die Hoheitserstreckung auch effektiv ist.[396]

Neben dem zeitlichen Aspekt darf aber die reale Umsetzbarkeit der Rückgängigmachung einer ursprünglich rechtswidrigen Situation nicht aus dem Auge verloren werden. Es muss daher im Einzelfall geprüft werden, welche Folgen sich ergeben, wenn der Zustand, wie er vor der rechtswidrigen Einsetzung der fremden Staatsgewalt war, wieder hergestellt würde. In vielen Fällen ist eine solche Rückgängigmachung aber schlicht unmöglich und ohne weitere Völkerrechtsverstöße, wie etwa der Vertreibung von neuangesiedelten Völkern, nicht realisierbar. Gerade in diesen Fällen kann es durchaus vertretbar sein, aus Gründen der Rechtssicherheit eine Legitimierung der neuen Herrschaftsgewalt zu erwägen. Folglich ist es aufgrund der in der Völkerrechtsgemeinschaft herrschenden Dynamik in bestimmten Fällen naheliegend, das Recht der Wirklichkeit vor allem dann anzupassen, wenn die Wirklichkeit nicht mehr abänderbar ist. In diesen Fällen kann und muss daher von einem Staatsuntergang und einem Gebietsübergang in einen anderen Staat ausgegangen werden. Aus diesem Grund muss jede Vertreibung von Anfang an unterbunden werden, da sonst vollendete Tatsachen entstehen.

Zusammenfassend kann konstatiert werden, dass es ausnahmsweise möglich ist, dass ein Staat auch aufgrund eines völkerrechtswidrigen Vorgangs untergeht, jedoch sind an einen solchen widerrechtlichen Staatsuntergang strenge Maßstäbe anzulegen. In der Abwägung zwischen Kontinuität und Diskontinuität sollte daher von vornherein ein stärkeres Gewicht auf die Kontinuität gelegt werden. Auch die Möglichkeit, dass der einst widerrechtlich untergegangene Staat später wieder aufersteht, sollte bedacht werden. In diesen Fällen sollte daher die staatliche Kontinuität zumindest zunächst einmal bejaht werden.

II. Problematik der „wiedererrichteten Staaten“

1. Problematik

Problematisch ist, dass ein Spannungsverhältnis zwischen Effektivitäts- und Kontinuitätsprinzip besteht. Hierbei sind insbesondere die Grenzen des Kontinui-

396 *Zimmer*, Gewaltsame territoriale Veränderungen, S. 79.

tätsprinzips fraglich. Aufgrund dieses höchst problematischen Abgrenzungsverhältnisses wurden in der Völkerrechtslehre mehrere Fallgruppen geschaffen. Mit Hilfe dieser Fallgruppen sollen Kriterien geschaffen werden, durch welche Staatskontinuität angenommen und ein Staatsuntergang verhindert werden kann. Ihre stärkste völkerrechtliche Basis findet diese Regel vor allem in der Völkerrechtswidrigkeit der gewaltsamen Annexion. Diese ist Grundlage der Theorie der Staatenrekonstruktion, die die Identität annektierter Staaten nicht untergehen lässt.[397]

2. Fallgruppe der „resurrected states"

Ein besonderes Problem stellen die sogenannten wiedererrichteten Staaten dar. Darunter versteht man Staaten, die für mehr oder weniger lange Zeit von der Landkarte verschwunden waren, sich aber dennoch aus rechtlicher Sicht als subjektsidentisch mit einem früher bestehenden Staat betrachten.

a) Historischer Kontext

Historisch wurde die Lehre von den „wiedererrichteten Staaten" für die Problematik der Rechtskontinuität nach rechtswidriger Annexion[398] entwickelt.[399] Die Lehre von der Wiedererrichtung der Staaten stützt sich auf den Rechtssatz, dass die Folgen verbotener Gewaltanwendung nicht anerkannt werden dürfen.[400] Dieser Rechtsgedanke geht auf das römische *ius postliminii*[401] (Rückkehr- und Rückfallrecht) zurück.[402] Das *ius postliminii* bedeutete, dass die vom Feind in Besitz genommenen Personen und Sachen in den ursprünglichen Zustand zurückversetzt werden, wenn sie wieder in die Gewalt der Nation geraten, der sie einst angehört hatten.[403] Eine Ausnahme hierzu bestand für diejenigen Besitztümer, die dem Feind durch einen Friedensvertrag abgetreten wurden, denn diese wurden endgültig veräußert und damit als nicht rückgabefähig angesehen.[404] Der

---

397 Vgl. *Saxer*, Die internationale Steuerung der Selbstbestimmung, S. 688.

398 Es werden in der Literatur die Beispiele Österreichs nach dem Anschluss an das Deutsche Reich und die Besetzung der Tschechoslowakei und Polens 1939 genannt.

399 Vgl. *Richter*, Collapsed States, S. 106 f.

400 Vgl. *Kälin/Epiney/Caroni/Künzl*, Völkerrecht, S. 15 f.

401 Vor allem in der Epoche des 16. und 17. Jahrhunderts wurde weitgehend das Römische Recht angewandt. Vgl. *Hubert, Stanisław*, Rozbiory i odrodzenie Rzeczypospolitej. Zagadnienie prawa międzynarodowego, 1937, S. 3.

402 *Krieger*, Das Effektivitätsprinzip, S. 172; als Anwendungsfall wurde in der klassischen Völkerrechtsliteratur die Wiederherstellung der portugiesischen Souveränität nach der Invasion und Annexion durch Philipp II. 1580-1640 betrachtet.

403 Vgl. *de Vattel*, Le Droit des Gens, S. 479 § 204; *Heffter*, Le Droit International de L'Europe, S. 358; *Calvo, Charles*, Le Droit International théorique et pratique. Des progrès de la science du droit des gens, Bd. 4, 3. Aufl., 1881, S. 384 § 2977; *Hall, William Edward*, A Treatise on International Law, 2. Aufl., 1884, S. 446.

404 Vgl. *de Vattel*, Le Droit des Gens, S. 485 § 215.

Begriff der wiedererrichteten Staaten[405] wurde nach dem Ersten Weltkrieg aktuell, als einige Staaten,[406] die ihre Existenz und Selbständigkeit faktisch eingebüßt hatten, wieder in Erscheinung traten und ihre Identität mit dem früheren Staat proklamierten.[407]

b) Inhalt

Die Anwendung dieser neu geschaffenen Rechtsfigur der wiedererrichteten Staaten war auf die Fälle ausgerichtet, in denen ein längerer Zeitraum fehlender staatlicher Existenz überbrückt werden sollte.[408] Die Kategorie der wiedererrichteten Staaten beruht somit auf einer fortwirkenden Kontinuität eines Staates, dessen Völkerrechtssubjektivität infolge des Verlustes der Staatsgewalt vorübergehend verschwunden oder fiktional geworden ist.[409] Mit dieser im Grunde fiktiven juristischen Identitätsannahme war die Rekonstruktion der völkerrechtlichen Bindungen im Falle der vollständigen Wiederherstellung der Staatlichkeit erlaubt. Der betreffende Staat wurde so wahrgenommen, als hätte er ohne Unterbrechung fortbestanden.[410] Die Identität kann jedoch ausschließlich aus einer *ex post*-Sicht, die die jeweils aktuelle Situation rechtlich überbrückt, angenommen werden.[411]

Im Modell des „schlafenden Staates" wird also fingiert, dass nicht neue Staatsgewalt, sondern nur Besatzungsgewalt ausgeübt wurde.[412] Dies basiert auf der Annahme einer *occupatio bellica*. Mit der Bejahung einer kriegerischen Besatzung wird gleichzeitig eine wirksame Einverleibung verneint. Entscheidend hierbei ist, dass die *occupatio bellica* die Existenz und damit die Identität eines Staates unberührt lässt.[413] Die Konsequenz hiervon ist, dass der betreffende Staat nicht untergeht, sondern nur vorübergehend als besetzt gilt und die Staatsgewalt demzufolge als suspendiert angesehen werden muss.[414] Auf diese Weise wird

---

405 *Scheuner* setzt sich mit diesem Problem der Identität von Staaten nach Gebietsabtrennungen bzw. Staatsuntergängen mit Beispielen auseinander. Vgl. *Scheuner, Ulrich*, Die Funktionsnachfolge und das Problem der staatsrechtlichen Kontinuität, in: *Maunz, Theodor* (Hrsg.), FS für Hans Nawiasky. Vom Bonner Grundgesetz zur gesamtdeutschen Verfassung, 1956, S. 9-48 (9-23).

406 Zu diesen zählt insbesondere Polen.

407 Vgl. *Fiedler*, Staatskontinuität, S. 76.

408 Vgl. *Brownlie*, Principles of International Law, S. 638 f.; *Fiedler, Wilfried*, Der Zeitfaktor im Recht der Staatensukzession, in: *Haller, Herbert/Kopetzki, Richard* u. a. (Hrsg.), Staat und Recht, FS für Günther Winkler, 1997, S. 217-235 (232).

409 Vgl. *Dahm*, Völkerrecht, Bd. I, S. 91.

410 Vgl. *Saxer*, Die internationale Steuerung der Selbstbestimmung, S. 786 f.

411 Vgl. *Fiedler*, Der Zeitfaktor im Recht der Staatensukzession, in: *Haller/Kopetzki*, Staat und Recht, S. 232 f.

412 Vgl. *Richter*, Collapsed States, S. 108.

413 Vgl. *Antonowicz*, Zasada identyczności, in: Sprawy międzynarodowe, Bd. XXII (1969), S. 45.

414 Vgl. *Krieger*, Das Effektivitätsprinzip, S. 171.

der Fortbestand des Staates fingiert.[415] Nach Fiedler haben die Maßnahmen der fremden Besatzungsmacht lediglich provisorischen Charakter und führen insbesondere keinen Souveränitätsübergang herbei.[416] Für die Begründung, dass die Staatsgewalt nicht endgültig untergegangen sein soll, wird angeführt, dass ebenfalls der andauernde Widerstand und der entgegenstehende Wille der Bevölkerung sowie der Völkerrechtsgemeinschaft verhindern können, dass die neue rechtswidrige Ordnung eine endgültige werde. Hierbei wird dem voluntaristischen Element in besonderem Maße Rechnung getragen.[417] Dies wiederum wird damit begründet, dass der Staat in erster Linie als Personenverband zu betrachten sei und seine völkerrechtliche Persönlichkeit bei nur vorübergehender Auflösung, die wieder rückgängig gemacht wurde, erhalten bleiben könne.[418] Problematisch sei aber, dass der Zeitraum des Übergangs, des „Schwebezustandes", rechtlich nicht erfasst werden könne und daher ergänzende Gesichtspunkte herangezogen werden müssten.[419] Damit werde dieser Rechtsfigur die bedeutendste Grenze durch den zeitlichen Aspekt gesetzt. Unklar ist aber, wie diese zeitliche Grenze bestimmt werden kann.

c) Stellungnahme

Es gibt zahlreiche Autoren,[420] die das Institut des *ius postliminii* in den völkerrechtlichen Beziehungen ablehnen. Hierbei wird insbesondere die Möglichkeit abgelehnt, dass nach einer kurzen oder auch langen Zeitspanne der Nichtexistenz eines Staates dieser Staat wiedererrichtet werden kann.[421] Wenn die Fortdauer eines Staates durch eine rechtliche Fiktion erreicht werden kann, obwohl der Staat faktisch erloschen ist, könnte dies gegen die Geltung des Effektivitätsgrundsatzes sprechen.

Wegen der Rechtssicherheit in der Völkerrechtsordnung kann die Rechtsfigur der wiedererrichteten Staaten somit nur zur Anwendung kommen, wenn

---

415 Vgl. *Krieger*, Das Effektivitätsprinzip, S. 171. Gegner einer derartigen Fiktion ist: *de Muralt, Robert Willem Gaston*, The Problem of State Succession. With Regard to Treaties, 1954, S. 106.

416 Vgl. *Fiedler*, Das Staatsoberhaupt im Exil, in: AVR 26 (1988), S. 197.

417 Vgl. *Bücking, Hans-Jörg*, Der Rechtsstatus des Deutschen Reiches, 1979, S. 78 f.; *Dahm/Delbrück/Wolfrum*, Völkerrecht, Bd. I/1, S. 144.

418 Vgl. *Cansacchi, Giorgio*, Identité et continuité des sujets internationaux, in: Académie de Droit International (Hrsg.), RdC 130 (1970) II, S. 1-94 (10); mit dieser Problematik befasst sich auch: *Crawford, James*, The Criteria for Statehood in International Law, in: BYIL, vol. 48 (1976-77), S. 93-182.

419 *Fiedler*, Staatskontinuität, S. 31 f.

420 Die Autoren des 19. Jahrhunderts, die das Institut des *ius postliminii* ablehnen, sind *Funck, Brentano, Piédelièvre, Rivier* und *Hall.* Im 20. Jahrhundert zählen zu den Gegnern *Fauchille, Oppenheim, Hatschek, von Liszt, Cybichowski* und *Makowski.* Vgl. *Hubert*, Rozbiory, S. 15.

421 Vgl. *Hubert*, Rozbiory, S. 13.

der Staat auf Grundlage des Kontinuitätsgrundsatzes tatsächlich noch fortexistiert. Sofern der Staat aber untergegangen ist, weil etwa die neue Staatsgewalt sich schließlich effektiv durchgesetzt hat, wäre es nicht vertretbar mit Hilfe der Rechtsfigur eine Fiktion aufrechtzuerhalten. Entscheidend ist demnach, ob die Rechtswidrigkeit des Sukzessionsvorgangs bis zur staatlichen Wiedererrichtung bestehen blieb und sich dadurch auch auf den effektiven Untergang der Staatsgewalt ausgewirkt hat.

E. Staatsidentität und Kontinuität

Grundsätzlich entscheidet die Identitätsbeurteilung des Staates über den Fortbestand seiner Völkerrechtssubjektivität sowie seiner internationalen Bindungen.[422] Die unterschiedlichen Kategorien der Staatsentstehung setzen im konkreten Anwendungsfall eine vorgängige völkerrechtliche Identitäts- sowie Kontinuitätsbeurteilung voraus. So hängt beispielsweise die Unterscheidung zwischen Sezession und Dismembration davon ab, ob der Vorgängerstaat durch die Abspaltung nicht aller seiner Teilgebiete seine Identität bewahrt und dadurch seine Völkerrechtssubjektivität fortsetzt oder durch Abspaltung aller Teilgebiete untergeht und seine Völkerrechtssubjektivität verliert. Die völkerrechtlichen Regeln über die Kontinuität und Identität von Staaten sind daher die rechtliche Schnittstelle einer Beurteilung von Bestandsänderungen in der Staatenwelt.[423]

Bevor auf die Staatensukzession eingegangen werden kann, bedarf es der rechtlichen Würdigung der Staatsidentität beziehungsweise Kontinuität. Ein Staatsuntergang hinterlässt in der Regel keine Lücke im Staatengefüge. Vielmehr lässt sich feststellen, dass nach wesentlichen Veränderungen bezüglich der Staatsgewalt in dem Gebiet in einem oftmals fließenden Übergang eine neue Hoheitsgewalt errichtet wird. Somit stellt sich die Frage, ob der Staat in diesem Sinne tatsächlich untergegangen ist oder ob lediglich gewisse Veränderungen eingetreten sind. Diese Abgrenzung erscheint oftmals als äußerst schwierig. Der Blickpunkt der folgenden Untersuchung ist mithin darauf gerichtet, ob die eingetretenen Änderungen tatsächlich die Identität des Staates als Völkerrechtssubjekt berühren oder ob sie keine derart starken Auswirkungen haben, sodass der Altstaat fortbesteht und demzufolge mit dem Vorgänger subjektsidentisch ist.[424] Infolgedessen kann ein vollständiger Staatsuntergang nur dann angenommen werden, wenn festgestellt werden kann, dass eine Identität zwischen dem Nachfolgestaat und dem Vorgängerstaat ausgeschlossen ist.[425] Die Identitätsprüfung stellt somit logischerweise eine Vorfrage zur Sukzessionsproblematik dar.[426]

---

422 Vgl. *Saxer*, Die internationale Steuerung der Selbstbestimmung, S. 787.
423 Vgl. *Saxer*, Die internationale Steuerung der Selbstbestimmung, S. 784.
424 Vgl. *Fastenrath*, Das Recht der Staatensukzession, in: BDGVR, Bd. 35 (1996), S. 18.
425 Vgl. *Alimi*, Staatensukzession, S. 15.
426 Vgl. *Zimmermann*, Staatennachfolge, S. 46.

I. Begriffsbestimmung

Es gilt zunächst festzustellen, was unter den Begriffen Staatsidentität und Kontinuität zu verstehen ist.[427] In der Völkerrechtsliteratur werden beide Begriffe als Synonyme verwendet.[428] Hierbei muss aber die Kontinuität im Sinne der Fortexistenz eines Staates streng von der Kontinuität der Rechte und Pflichten eines Staates getrennt werden. Es ist folglich auch zwischen Staatsidentität und Rechtsidentität zu unterscheiden, wobei nur die Staatsidentität als Synonym zum Begriff Staatskontinuität gebraucht werden kann. Staatsidentität kann damit sowohl die Identität der Rechtspersönlichkeit eines Staates vor und nach einem historischen Ereignis als auch die individuellen Eigenarten einer Rechtspersönlichkeit selbst bezeichnen.[429] Kontinuität eines Staates beschreibt im vorliegenden Zusammenhang demnach den ununterbrochenen Fortbestand seiner völkerrechtlichen Rechtspersönlichkeit.[430] Mithin kann die Gleichsetzung der beiden Begriffe als unproblematisch angesehen werden, da bei fortdauernder Identität eines Staates und seiner Rechtsverhältnisse stets die Kontinuität im umfassenden Sinne gewahrt wird.[431] Hieraus folgt, dass die Begriffe Identität und Kontinuität untrennbar sind, was wiederum bedeutet, dass Kontinuität nicht ohne Identität vorliegen kann.[432] Die Begriffe können sich ferner ergänzen, indem etwa die Staatskontinuität der aktiven Gestaltung staatlicher Übergangsphasen der Ergänzung des eher statischen Identitätsbegriffs dient.[433]

Der Identitätsbegriff knüpft an die Lehre der abstrakten Staatspersönlichkeit an, wonach der Staat eine nach Ordnungsgesichtspunkten formal individualisierbare Einheit darstellt, soweit er als Völkerrechtssubjekt anerkannt ist.[434]

Im klassischen Völkerrecht blieb bei einem Subjektwechsel die Identität des Rechts gewahrt. Es galt die Rechtslage wie bei einer privaten Rechtsnachfolge. Der Folgestaat trat gewissermaßen wie ein Erbe die Nachfolge in das Vermögen des Vorgängerstaates an.[435]

---

427 Zu dieser Fragestellung siehe: *Blumenwitz, Dieter*, Das rechtliche Selbstverständnis der Bundesrepublik, in: AöR 99 (1974), S. 314-320 (316 f.).

428 Vgl. *Ziegler, Gottfried*, Völkerrechtliche Kontinuität in Deutschland aus Sicht der DDR, in: *Meissner/Ziegler*, Staatliche Kontinuität, S. 25-45 (25); *Fiedler*, Staatskontinuität, S. 28; *Grashoff, Dietrich*, Staatensukzessionsbedingter Schuldnerwechsel. Die Teilung öffentlicher Schulden unter Nachfolgestaaten im Dismembrationsfall, 1993, S. 25.

429 *Dörr*, Inkorporation, S. 133.

430 *Dörr*, Inkorporation, S. 134; *Fiedler*, Das Kontinuitätsproblem im Völkerrecht, S. 18.

431 Vgl. *Epping*, in: *Ipsen*, Völkerrecht, S. 68 Rn. 12.

432 Vgl. *Marek*, Identity and Continuity, S. 6; *Fiedler*, Staatskontinuität, S. 26.

433 *Fiedler*, Staatskontinuität, S. 91.

434 *Fiedler*, Das Kontinuitätsproblem im Völkerrecht, S. 41.

435 *Guggenheim*, Beiträge zur völkerrechtlichen Lehre, S. 33.

II. Einschneidende Ereignisse, die nicht zu einem Staatsuntergang führen

Die Ereignisse, infolge derer ein Staatsuntergang eintritt, sind von den Fällen zu unterscheiden, in denen die Identität des Staates unberührt bleibt. Eine Sukzession tritt beispielsweise nicht ein bei revolutionären Umwälzungen, kriegerischen Besetzungen, der Bildung von *de facto*-Regimen und bei sogenannten *failed states*.

1. Revolutionäre Umwälzungen und kriegerische Besetzungen

Zu den revolutionären Umstürzen zählen etwa der Wechsel der Regierung, der Wechsel der Staatsform, die kurzzeitige Unterbrechung der effektiven Ausübung von Staatsgewalt durch revolutionären Umsturz der innerstaatlichen Ordnung und die Fremdverwaltung des Staates durch eine Besatzungsmacht.[436] In diesen Fällen wird überwiegend ein Staatsuntergang abgelehnt.[437] Ein aufgrund revolutionärer Wirren vorübergehendes Fehlen einer Staatsgewalt führt nicht *ipso iure* zum Staatsuntergang, solange der Wunsch vorhanden ist, eine neue Staatsgewalt zu installieren. Demzufolge kann ein lang anhaltender Bürgerkrieg, in dem die Gegner um die Wiedererlangung der Staatsgewalt kämpfen, nicht zum Staatsuntergang führen. So bleibt auch nach einer Revolution die Identität des Staates bestehen,[438] nur seine völkerrechtliche Repräsentation ändert sich.[439] Etwas anderes kann nur dann angenommen werden, wenn mit den politischen Veränderungen auch zugleich wesentliche territoriale Veränderungen eintreten. Eine *occupatio bellica*[440] kann ebenfalls die Existenz eines Staates nicht beeinträchtigen, da sie nur provisorischen Charakter besitzt.[441]

---

436 Vgl. *Richter*, Collapsed States, S. 103.

437 Vgl. *Berber*, Lehrbuch des Völkerrechts, Bd. 1, S. 247 ff.; *Dahm*, Völkerrecht, Bd. I, S. 86 ff.; *Verdross, Alfred*, Untergang von Staaten, in: *Strupp/Schlochauer*, Wörterbuch des Völkerrechts, Dritter Band, S. 479 f. (480); *Marek*, Identity and Continuity, S. 25 f.; *Verdross*, Die Verfassung, S. 145; *Antonowicz*, Zasada identyczności, in: Sprawy międzynarodowe, Bd. XXII (1969), S. 37; *Herz*, Beiträge zum Problem der Identität des Staates, in: Zeitschrift für öffentliches Recht 15 (1935), Heft Nr. 1, S. 241 f.

438 Als Beispiel dient etwa Großbritannien, das trotz mehrfacher Revolutionen zwischen den Jahren 1649 und 1688 derselbe Staat blieb. Dies gilt auch für Frankreich. Vgl. *Verdross*, Die Verfassung, S. 145.

439 Vgl. *Mahnke*, Entstehung und Untergang von Staaten, in: *Maurach/Meissner*, Völkerrecht in Ost und West, S. 109 f.; *Verdross*, Die Verfassung, S. 145.

440 Eine *occupatio bellica* liegt vor, wenn während der Kriegszeiten die faktische Ausübung der Hoheitsgewalt durch den Gegner ausgeschlossen wird. Die bisherige Staatsgewalt wird demnach lediglich durch die Besatzungsmacht überlagert. Vgl. *Berber*, Lehrbuch des Völkerrechts, Bd. 2, S. 124.

441 *Epping*, in: *Ipsen*, Völkerrecht, S. 68 Rn. 13.

2. De facto-Regime

Unter einem *de facto*-Regime[442] ist ein Gemeinwesen zu verstehen, das sich als unabhängig bezeichnet, aber nicht von anderen Staaten als Staat anerkannt wird,[443] obwohl eigentlich alle Staatskriterien erfüllt sind.[444] Das *de facto*-Regime kann demnach faktisch einen Staat verkörpern, da die fehlende Anerkennung der Staatenwelt den Bestand eines Staates als Völkerrechtssubjekt gerade nicht beeinträchtigt. Ein *de facto*-Regime kann etwa durch eine Abspaltung von einem bestehenden Staat entstehen. Häufig wird diese Sezession vom Mutterland jedoch nicht anerkannt.[445] Für die Beurteilung, ob ein *de facto*-Regime geben ist, ist unbeachtlich, ob die effektive Beherrschung von einer auswärtigen Macht ausgeübt wird,[446] die häufig auf ein *de facto*-Regime einwirkt, um sich den noch unsicheren Rechtsstatus für ihre Zwecke zunutze zu machen. Die Frage der Identität beziehungsweise Kontinuität zu einem Vorgänger stellt sich nicht, da der Nachfolger *noch* kein anerkannter Staat ist. Das *de facto*-Regime ist nämlich wegen der fehlenden Anerkennung ein Gemeinwesen, das sich in der Entwicklung zu einem Staat befindet. In diesem Entwicklungsstadium ist noch unklar, ob das *de facto*-Regime jemals Anerkennung in der Staatenwelt finden wird und sich schließlich dauerhaft als Staat behaupten kann. Die Aufgabe dieses Staates in *statu nascendi* ist daher, die Völkerrechtsgemeinschaft vom dauerhaften Bestand seiner Staatlichkeit zu überzeugen. Gelingt dies nicht, könnte die Konsequenz sein, dass das *de facto*-Regime seine erworbene Herrschaftsgewalt wieder an das Mutterland verlieren würde. Bei einem *de facto*-Regime kann daher nur von einem staatsähnlichen Gebilde in einer Übergangsphase ausgegangen werden, sodass eine Staatennachfolge zu einem Vorgängerstaat *noch* nicht eintreten kann. Hieraus folgt auch, dass ein *de facto*-Regime lediglich als ein partielles Völkerrechtssubjekt aufgefasst werden kann.

3. Failed states

Des Weiteren wird auch bei sogenannten *failed states* ein Staatsuntergang abgelehnt. Als *failed states* werden Staaten bezeichnet, bei denen der Kernbereich der Staatlichkeit zusammengebrochen ist, bei denen also kein staatliches Organ mehr in der Lage ist, tatsächlich Hoheitsgewalt auszuüben oder eine staatliche Bindung herbeizuführen. Er gilt als praktisch handlungsunfähig.[447] Das Gewaltmonopol liegt nicht mehr beim Staat. Erst wenn in absehbarer Zeit keine Aussicht

---

442 Der Begriff wird eingehend von *Frowein, Jochen Abr.*, Das de facto-Regime im Völkerrecht. Eine Untersuchung zur Rechtsstellung „nichtanerkannter Staaten" und ähnlicher Gebilde, 1968, S. 5 ff., erläutert.

443 *Frowein*, Das de facto-Regime im Völkerrecht, S. 7.

444 *Frowein*, Das de facto-Regime im Völkerrecht, S. 7.

445 In diesen Fällen erkennen Drittstaaten häufig nur aus politischen Gründen diese Gemeinwesen nicht als Staaten an.

446 *Frowein*, Das de facto-Regime im Völkerrecht, S. 8.

447 *Thürer, Daniel*, Der Wegfall effektiver Staatsgewalt: „The Failed State", in: BDGVR, Bd. 34 (1996), S. 9-47 (13).

auf Wiederherstellung der Staatsgewalt besteht, geht der Staat unter.[448] Die Fiktion betrifft nur die Übergangsphase, die entweder zum endgültigen Erlöschen oder zum Wiederaufleben der Staatsgewalt führt.[449] Beim *failed state* steht die Kompensation von Effektivitätsschwächen durch nachdrücklich behauptete Kontinuität im Vordergrund.[450]

III. Kriterien pro und kontra Staatsidentität in unklaren Fällen

Bis heute verfügt der Identitätsbegriff über keine ausreichend klaren Konturen. Es existieren allerdings zahlreiche objektive und subjektive Faktoren, anhand derer das Vorliegen der Identität bestimmt werden kann. Keines der Kriterien ist aber für sich allein in der Lage, eine exakte Identitätsbestimmung vorzunehmen, sie erleichtern sie aber. Es handelt sich vielmehr um Indizien, die nur in ihrer Vielzahl Rückschlüsse auf die Identität zulassen.

1. Drei-Elemente-Lehre

Die Existenz eines Staates beruht auf dem Vorliegen der drei Staatselemente. Die Untersuchung der Entstehung sowie die Untersuchung des Untergangs eines Staates müssen sich mit der Drei-Elemente-Lehre auseinandersetzen. Bei der Annahme von Identität und Kontinuität liegen die drei Elemente unverändert vor. Problematisch sind indes die Fälle, bei denen kein vollständiger Wegfall von mindestens einem der drei Staatselemente gegeben ist.

2. Objektive Kriterien

Zu untersuchen sind zunächst Merkmale zur Identitätsbestimmung, die einen objektiven Charakter aufweisen.

a) Veränderungen des Staatsgebietes

aa) Allgemein

Es ist eine im Völkerrecht anerkannte Regel, dass territoriale Veränderungen grundsätzlich nicht die Staatsidentität beeinflussen.[451] Dies ergibt sich aus dem Prinzip der beweglichen Vertragsgrenzen, wonach sich im Fall von Staatsgebietsveränderungen

---

448 *Krieger*, Das Effektivitätsprinzip, S. 173; siehe auch: *Herdegen, Matthias*, Der Wegfall effektiver Staatsgewalt im Völkerrecht: „The Failed State", in: BDGVR, Bd. 34 (1996), S. 49-85 (50).

449 Die Staatenpraxis bestätigt dies. Als Beispiele dienen hierbei der Fall Libanons und die Fälle Somalias sowie Liberias, bei denen stets von einem Fortbestand ihrer Mitgliedschaft in den Vereinten Nationen ausgegangen worden ist. Vgl. *Thürer*, Wegfall effektiver Staatsgewalt, in: BDGVR, Bd. 34 (1996), S. 16.

450 Vgl. *Herdegen*, Der Wegfall effektiver Staatsgewalt im Völkerrecht, in: BDGVR, Bd. 34 (1996), S. 53.

451 Vgl. *Antonowicz, Lech*, Tożsamość państwa polskiego w prawie międzynarodowym, in: PiP XLVIII (1993), Heft Nr. 10, S. 3-10 (3); *Fastenrath*, Das Recht der

lediglich der Anwendungsbereich von Rechten und Pflichten verschiebt, der Bestand des Staates als solcher jedoch unangetastet bleibt.[452] Umstritten ist aber, ob dieser Grundsatz auch dann gilt, wenn Staatsgebiet in erheblichem Ausmaß verloren geht. Bleibt nach Sezessionen der größere Teil des Altstaates erhalten, dann ist er in der Regel fähig, die völkerrechtlichen Rechte und Pflichten fortzuführen. Er wird daher regelmäßig als identisch mit dem Gemeinwesen vor den Sezessionen angesehen.[453] Zahlreiche Beispiele in der Staatenpraxis belegen, dass der „Größe" der beteiligten Staaten durchaus eine bedeutende Rolle beigemessen wurde.[454] Einvernehmen besteht, dass die Identität eines Staats nur so lange gewahrt bleibt, wie es zu keinem absoluten oder äußerst beträchtlichen Gebietsverlust kommt.[455] Im Übrigen kommt es immer auf den Einzelfall an. Schließlich muss auch die Staatenpraxis mit berücksichtigt werden. Den Drittstaaten ist stets ein Beurteilungsspielraum bei der Beurteilung, ob ein Neustaat entstanden ist, einzuräumen.

bb) Identitätstheorien

Im Zusammenhang mit der Frage nach dem Untergang oder dem Fortbestand des deutschen Staates nach dem Ende des Zweiten Weltkriegs wurden zahlreiche Identitätstheorien entwickelt, mit deren Hilfe man die Frage zu beantworten versuchte, ob die Bundesrepublik Deutschland der Nachfolgestaat des Deutschen Reiches oder identisch mit dem Deutschen Reich ist. Alle entwickelten Identitätstheorien haben die Gemeinsamkeit, dass sie nicht von einem Untergang des Deutschen Reiches, sondern von seiner Fortexistenz ausgehen, da die Alliierten sich für den Fortbestand entschieden hatten.[456] Diese Kontinuitätstheorie war möglich, da Rechtsfähigkeit eines Völkerrechtssubjektes vorliegen kann, ohne dass Handlungsfähigkeit besteht.[457] Die Identitätstheorien sind zwar für den speziellen Fall der Untergangsproblematik des Deutschen Reiches entwickelt worden, können aber als Erklärungsansatz auf Staatsuntergänge in der Vergangenheit herangezogen werden.

(1) Dachtheorie (Teilordnungslehre)

Die Dachtheorie,[458] auch als Teilordnungslehre bezeichnet, besagt, dass die Bundesrepublik Deutschland und die DDR unter einem fiktiven Dach des Deutschen

---

Staatensukzession, in: BDGVR, Bd. 35 (1996), S. 19; *Gornig*, Territoriale Entwicklung, S. 24; *Fiedler*, Staatskontinuität, S. 33.

452 Vgl. *Gornig*, Territoriale Entwicklung, S. 24; siehe hierzu auch: *Wittkowski, Ralf*, Die Staatensukzession in völkerrechtliche Verträge unter besonderer Berücksichtigung der Herstellung der staatlichen Einheit Deutschlands, 1992, S. 58.

453 Vgl. *Zimmermann*, Staatennachfolge, S. 70.

454 Siehe hierzu: *Dörr*, Inkorporation, S. 140 Anm. 576.

455 *Willershausen, Claudia*, Zerfall der Sowjetunion, 2002, S. 120.

456 *Frotscher, Werner/Pieroth, Bodo*, Verfassungsgeschichte, 12. Aufl., 2013, S. 343 f.

457 Vgl. *von der Heydte*, Deutschlands Rechtslage, in: Die Friedens-Warte 50 (1950/51), S. 331; *Berber*, Lehrbuch des Völkerrechts, Bd. 1, S. 248.

458 Die Dachtheorie ist vergleichbar mit dem Konstrukt des Bundesstaates und kann daher auf ihn übertragen werden: Auch der Bundesstaat stellt einen Gesamtstaat

Reiches, das faktisch, aber nicht rechtlich untergegangen war, existierten.[459] Die beiden Teilordnungen, die Bundesrepublik Deutschland und die DDR, waren mit ihrem „Dach" allerdings nicht identisch.[460] Über ihnen schwebte stattdessen ein handlungsunfähiger Gesamtstaat als gemeinsames staatliches Dach.[461] Die Handlungsunfähigkeit des Gesamtstaates hatte zur Folge, dass jede der Teilordnungen das Recht und die Pflicht hatte, die Angelegenheiten des Gesamtstaates, die sein jeweiliges Teil-Staatsgebiet betrafen, zu regeln und gleichzeitig die Interessen des Gesamtstaates wahrzunehmen.[462]

(2) Staatskerntheorie

Nach der sogenannten Staatskerntheorie war zur Zeit der Teilung Deutschlands die Bundesrepublik Deutschland mit dem Deutschen Reich identisch. Der wesentliche Inhalt dieser Theorie besagt aber, dass zwischen dem Staatsgebiet und dem Verfassungsgebiet, welches durch den Geltungsbereich des Grundgesetzes abgegrenzt ist, differenziert wird.[463] Staatsgebiet und Verfassungsgebiet deckten sich nicht beim geteilten Deutschland, mit der Folge, dass das Staatsgebiet Deutschlands rechtlich das Territorium umfasste, das am 31. Dezember 1937 der Gebietshoheit des Deutschen Reiches unterstand, das Verfassungsgebiet aber das Gebiet der Bundesrepublik Deutschland war.[464]

(3) Schrumpfstaatstheorie (Kernstaatstheorie)

Im Gegensatz zur Staatskerntheorie steht die Schrumpfstaatstheorie, die besagt, dass der Staat vor den Gebietsveränderungen auf den Staat nach den Gebietsveränderungen zusammenschrumpft, Staatsgebiet und Verfassungsgebiet aber identisch bleiben.[465] Nach der Schrumpfstaatstheorie ist das Deutsche Reich auf den Geltungsbereich des Grundgesetzes, und damit auf das Gebiet der Bundesrepublik Deutschland[466] geschrumpft.[467]

---

dar, während die Teilordnungen als partielle Völkerrechtssubjekte nebeneinander bestehen.

459 *Silagi, Michael,* Staatsuntergang und Staatennachfolge mit besonderer Berücksichtigung des Endes der DDR, 1996, S. 53; *von der Heydte,* Deutschlands Rechtslage, in: Die Friedens-Warte 50 (1950/51), S. 333.

460 Vgl. *Wilke,* Bundesrepublik Deutschland, S. 77.

461 *Silagi,* Staatsuntergang, S. 56.

462 Vgl. *Wilke,* Bundesrepublik Deutschland, S. 77 f.; *von der Heydte,* Deutschlands Rechtslage, in: Die Friedens-Warte 50 (1950/51), S. 334.

463 Vgl. *Schmid, Karin,* Die deutsche Frage im Staats- und Völkerrecht, 1980, S. 28.

464 *Krülle,* Die völkerrechtlichen Aspekte des Oder-Neiße-Problems, S. 100.

465 Vgl. *Schmid,* Die deutsche Frage, S. 28.

466 Die DDR bildete demnach einen Neustaat, der nicht mit dem Deutschen Reich identisch war.

467 *Wilke,* Bundesrepublik Deutschland, S. 102.

(4) Sezessionstheorie

Auch bei der Sezessionstheorie wird eine Identität zum Deutschen Reich angenommen, wobei das Staatsgebiet um die abgetrennten Gebietsteile verkleinert wurde.[468] Nach dieser Theorie hat sich die DDR vom Gesamtstaat gelöst und einen eigenen Staat, somit einen Neustaat, gebildet.[469] Im Ergebnis kommt die Sezessionstheorie zum gleichen Ergebnis wie die Schrumpfstaatstheorie. Einziger Unterschied beider Theorien ist, dass jeweils aus einer anderen Blickrichtung argumentiert wird.

b) Veränderungen des Staatsvolkes

Unstreitig ist, dass Veränderungen der Zusammensetzung der Bevölkerung, die durch Tod und Geburt beziehungsweise Zuzug oder Wegzug eintreten kann, keinen Einfluss auf die Identität eines Staates haben. Anders wäre dies, wenn das Staatsvolk durch die Aufgabe der Staatsangehörigkeit untergeht.[470] Jedenfalls sind Veränderungen des Staatsvolkes, bezogen auf dessen Zahl und Zusammensetzung, für die Identität unbeachtlich.[471]

c) Veränderungen der Staatsgewalt

Das Erlöschen des Staates setzt das wirkliche und endgültige Verschwinden der Staatsgewalt und ihrer Funktionen bis zur untersten Ebene voraus. Liegt ein solches Verschwinden der Staatsgewalt vor, geht der Staat unter und ein sich auf dem Gebiet konstituierender Neustaat hat dann eine neue Identität, ist also Rechtsnachfolger. Die Identität kann aber erst verneint werden, wenn anhand einer *ex post*-Betrachtung mit der Wiederherstellung der alten Staatsgewalt nicht mehr gerechnet werden kann.[472] Dies verdeutlicht, dass die Konstituierung einer vermeintlich neuen Staatsgewalt in einem Staat noch keine Auskunft darüber gibt, ob tatsächlich ein Neustaat entstanden ist. Es gibt aber bei Veränderungen der Staatsgewalt objektive Anhaltspunkte, mit deren Hilfe die Identität oder Nichtidentität konkreter bestimmt werden kann.

aa) Beibehaltung der Rechtsordnung

Die Beibehaltung beziehungsweise Übernahme der Rechts- und Verfassungsordnung des Altstaates spricht nicht zwingend für eine Identität, da in der Vergangenheit Nachfolgestaaten oftmals zumindest für einen Übergangszeitraum

---

468 *Schmid*, Die deutsche Frage, S. 30.

469 Vgl. *Wilke*, Bundesrepublik Deutschland, S. 107; *Bernhardt, Rudolf*, Die Rechtslage Deutschlands, in: JuS 1986, Heft Nr. 11, S. 839-845 (842).

470 Vgl. *Gornig, Gilbert H.*, Der Zerfall eines Staates, in: *Gornig, Gilbert H./Bohle, Christina* (Hrsg.), Nation – Nationalität – Staat, 2013, S. 109-139 (118).

471 *Antonowicz*, Zasada identyczności, in: Sprawy międzynarodowe, Bd. XXII (1969), S. 39.

472 *Gornig*, Zerfall eines Staates, in: *Gornig/Bohle*, Nation, S. 119.

aus Praktikabilitätsgründen die Rechtsordnung des Altstaates beibehielten.[473] Das Hauptargument für die Ablehnung der Rechtsordnung als Identitätsmerkmal ist, dass der Staat gerade nicht mit seiner Verfassung, Staats- oder Regierungsform identisch ist, sodass eine derartige Veränderung die Identität nicht berühren kann.

bb) Symbole

Auch die Benutzung von staatlichen Symbolen des Altstaates, wie etwa der Flagge oder der Hymne, spricht nicht zwingend für die Identität eines Staates. Die Einführung einer neuen Flagge lässt zwar einerseits vermuten, dass der vermeintlich neue Staat sich gerade von seinem Vorgänger distanzieren und als neuer Staat auftreten will.[474] Andererseits hat der Umstand der Beibehaltung von Symbolen aber tendenziell eher nostalgische als rechtliche Gründe, sodass die Beibehaltung zumindest kein sicheres Argument liefern kann.[475] Änderungen des Staatsnamens sind grundsätzlich unbeachtlich, da jedem Staat das Recht zusteht, seinen Namen zu ändern. Der Anlass der Änderung des Staatsnamens kann aber eine Staatensukzession indizieren.[476] Die Beibehaltung oder Veränderung von Symbolen und Namen sollte also bei der Diskussion der Identität herangezogen werden, wenn auch diesen Merkmalen nur geringere Bedeutung bei der Beurteilung der Identitätsfrage zugesprochen werden kann.[477]

3. Subjektive Kriterien

Zu den subjektiven Anhaltspunkten, die entweder für oder gegen die Staatsidentität sprechen können, zählen einerseits der Wille der betroffenen Staaten und andererseits der Wille von Drittstaaten.

a) Selbstbestimmungsrecht der Völker

Das Selbstbestimmungsrecht der Völker ist eines der zentralen Konstitutionsprinzipien des modernen Völkerrechts. Die rechtliche Ordnung der Staatenwelt wird durch die Prinzipien der souveränen Gleichheit der Staaten und durch das Selbstbestimmungsrecht der Völker bestimmt. Diese Prinzipien erfuhren einen langen Entwicklungsprozess in der Geschichte des Völkerrechts. Das

---

473 Vgl. *O'Connell, Daniel Patrick*, State Succession in Municipal Law and International Law, vol. I. Internal Relations, 1967, S. 101 ff.; *Zimmermann*, Staatennachfolge, S. 73.

474 Vgl. *Smend, Rudolf*, Staatsrechtliche Abhandlungen und andere Aufsätze, 3. Aufl., 1994, S. 162 ff.

475 Vgl. *Zimmermann*, Staatennachfolge, S. 71; *Dahm/Delbrück/Wolfrum*, Völkerrecht, Bd. I/1, S. 153.

476 Vgl. *Antonowicz*, Zasada identyczności, in: Sprawy międzynarodowe, Bd. XXII (1969), S. 46.

477 Vgl. *Alimi*, Staatensukzession, S. 21.

Selbstbestimmungsrecht der Völker setzte sich erst sehr spät, nämlich nach dem Zweiten Weltkrieg, als rechtliches Prinzip durch. Allerdings wäre die Annahme falsch, dass es in der Zeit davor nicht zumindest als politisches oder gesellschaftliches Prinzip existiert hätte. Denn auch in der Vergangenheit gab es immer Unabhängigkeitsbestrebungen der Völker. Es gab schon immer den Wunsch einzelner Völker, ihren Status zu ändern oder bei einer Bedrohung von außen zu behalten. Heute gibt es Kategorien für den statuswahrenden oder statusändernden Wunsch der Völker. Obwohl diese Kategorien vor der Zeit des modernen Völkerrechts nicht existierten, erleichtern sie eine bessere Beurteilung der Ereignisse aus den früheren Zeiten. Fraglich ist, in welcher Form und mit welchem Einfluss der Wunsch der Völker in der Staatenwelt einen Platz einnahm. Das große Problem des Selbstbestimmungsrechts der Völker ist, dass immer noch nicht die Frage beantwortet ist, wie weit das Selbstbestimmungsrecht der Völker reicht, also welche Rechte die betroffenen Völker aus dem Inhalt des Selbstbestimmungsrechts für sich beanspruchen können. Ohne die im Anschluss folgende Prüfung vorwegzunehmen, muss an dieser Stelle hinsichtlich dieser unklaren rechtlichen Reichweite das Kernproblem des Selbstbestimmungsrechts der Völker angesprochen werden. Dieses liegt in dem Konfliktpotential, das im Verhältnis zwischen der staatlichen Souveränität auf der einen und dem Selbstbestimmungsrecht der Völker auf der anderen Seite besteht. Dieser Konflikt wirft die Frage auf, ob das Selbstbestimmungsrecht der Völker so weit reichen kann, dass ein Volk etwa den Untergang seines Staates aufgrund seines entgegenstehenden Willens verhindern kann oder umgekehrt die Gründung eines Neustaates für sich beanspruchen und durchsetzen kann.[478] Hierzu gehört insbesondere die Frage, ob der Bevölkerung ein Recht auf Autonomie zusteht und wenn ja, was dieses Recht bedeutet und welche Tragweite es einnimmt. Fraglich ist auch, wie ein dauerhafter Wunsch der Bevölkerung auf Beibehaltung oder Neuerrichtung staatlicher Organe in einem besetzten Staat zu bewerten ist.[479] Die Praxis verdeutlicht jedenfalls, dass sich das Selbstbestimmungsrecht vor allem im Hinblick auf erfolgte Sukzessionsfälle als entscheidender Antrieb erwies.[480] Aus diesem Grunde ist es naheliegend, der Einstellung der Bevölkerung bereits in der Zeit vor dem Aufstieg des Selbstbestimmungsrechts der Völker zum rechtlichen Prinzip einen hohen Stellenwert beizumessen.

---

478 *Fiedler* kommt in seiner Untersuchung zu dem Schluss, dass das „menschliche Substrat des Staates merkwürdig unbetont in den typisierenden Denkmodellen des Rechts der Staatensukzession" blieb. Vgl. *Fiedler, Wilfried,* Staatensukzession und Menschenrechte, in: *Ziemske, Burkhardt/Langheid, Theo/Wilms, Heinrich/Haverkate, Görg* (Hrsg.), Staatsphilosophie und Rechtspolitik. FS für Martin Kriele, 1997, S. 1371-1391 (1374 f.).

479 Vgl. *Berber,* Lehrbuch des Völkerrechts, Bd. 1, S. 246 f.

480 Dies hat etwa das Beispiel Deutschlands gezeigt. Zu dieser Problematik siehe *Fiedler,* Das Kontinuitätsproblem im Völkerrecht, S. 78 ff.

aa) Historische Entwicklung

(1) Zeit vor dem Ersten Weltkrieg

Der Begriff des Selbstbestimmungsrechts der Völker taucht erstmals während des Ersten Weltkriegs auf. Es kann allerdings nicht angenommen werden, dass ein so bedeutendes Prinzip sich lediglich während und infolge des Ersten Weltkrieges entwickelt hätte. Hinter dem Selbstbestimmungsrecht steht vielmehr eine Entwicklung, die bis zur Antike[481] zurückverfolgt werden kann und sich auf religiöse[482], demokratische und nationale Konzeptionen[483] stützt. So existierte der Gedanke des Selbstbestimmungsrechts der Völker auch in der Zeit bis zum Ersten Weltkrieg.[484] Bereits im Nationalitätsprinzip des 20. Jahrhunderts lassen sich Ansätze für das spätere Selbstbestimmungsrecht finden. Das sogenannte Nationalitätsprinzip übertrug mittels einer Modifikation des Volksbegriffs den Gedanken der Volkssouveränität auf die Gestaltung der internationalen Beziehungen und damit auf das Völkerrecht. Danach waren nicht die Staaten die eigentlichen Träger

---

481 Auf Grundlage des antiken Menschenbildes, das vor allem biblisch-christlich geprägt war, bildete sich aus der Gleichheit vor Gott die Gleichheit und Brüderlichkeit der Menschen untereinander heraus. Vgl. *Roßkopf, Ralf,* Theorie des Selbstbestimmungsrechts und Minderheitenrechts. Fortentwicklung der Gruppenrechtstheorie im Staats- und Völkerrecht, 2004, S. 23.

482 Vor allem in der Neuzeit bezog sich der Selbstbestimmungsgedanke anfangs auf die Religionszugehörigkeit. Vgl. *Delbrück, Jost,* Selbstbestimmung und Völkerrecht, in: Jahrbuch für Internationales Recht, Bd. 13 (1967), S. 180-209 (180).

483 Die Selbstbestimmungskonzeption wurde insbesondere durch die amerikanische Unabhängigkeitsbewegung vom 4. Juli 1776 (Text: *Commager, Henry Steele* [Hrsg.], Documents of American History, 4. Aufl., 1948, S. 100 ff.) und die Erklärung der Menschen- und Bürgerrechte vom 26. August 1789 (Text: *Frotscher/Pieroth,* Verfassungsgeschichte, S. 29 f.) als Folge der Französischen Revolution entscheidend geprägt. Beide Erklärungen gaben dem Gedanken der Selbstbestimmung eine starke politische Stoßrichtung und sprachen sich für die Volkssouveränität aus. Vgl. *Brühl-Moser, Denise,* Die Entwicklung des Selbstbestimmungsrechts der Völker unter besonderer Berücksichtigung seines innerstaatlich-demokratischen Aspekts und seiner Bedeutung für den Minderheitenschutz, 1994, S. 3 f.; *Cassese, Antonio,* Self-determination of Peoples. A Legal Reappraisal, 1995, S. 11; vor allem das Verdienst der Französischen Revolution ist es, dass das Selbstbestimmungsrecht der Völker als Verbindung zwischen dem Individualrecht auf Selbstbestimmung des Menschen und dem Kollektivrecht eines Volkes angesehen wurde. Vgl. *Heintze, Hans-Joachim,* Selbstbestimmungsrecht und Minderheitenrechte im Völkerrecht. Herausforderungen an den globalen und regionalen Menschenrechtsschutz, 1994, S. 19.

484 Als zweite Wurzel der Selbstbestimmungsbewegung gilt die demokratische Bewegung. Die Selbstbestimmungsbewegung des 19. Jahrhunderts in Europa war eine demokratische Bewegung. Die Menschen- und Bürgerrechte schlossen bereits nach dem damaligen Verständnis das Recht der Nationen auf Freiheit und Unabhängigkeit mit ein. Vgl. *Decker, Günter,* Das Selbstbestimmungsrecht der Nationen, 1955, S. 22 f.

des Völkerrechts, sondern die Völker, unter denen national-kulturelle, historisch geformte Einheiten[485] zu verstehen waren.[486] Solchen Völkern gestand das Nationalitätsprinzip einen naturrechtlichen Anspruch auf einen eigenen Staat zu.[487] Tatsächlich kam das Selbstbestimmungsrecht der Völker aber nur in Ausnahmefällen zur Anwendung. Allerdings war der Ansatz erkennbar, dass die Existenz kleiner Staaten vor den Gefahren der Expansion der Großmächte gesichert werden sollte.[488] Das Selbstbestimmungsrecht blieb aber insgesamt lediglich ein Prinzip in den Köpfen der aufgeklärten Denker und fand nur langsam Einzug auf die politische Ebene. Die Entwicklung zu einem Rechtsprinzip und einem Gruppenrecht erfolgte erst viel später.

(2) Erster Weltkrieg

Eine bedeutende Änderung trat schließlich am Ende des Ersten Weltkriegs ein.[489] Lenin und Stalin setzten sich schon vor der Oktoberrevolution mit dem Nationalitätenproblem auseinander und entwickelten dabei eine geschlossene Theorie des Selbstbestimmungsrechts, welche für die Sowjetunion bis zu ihrem Auseinanderbrechen am Anfang der 1990er Jahre bestimmend blieb.[490] Für Lenin stellte die Nation eine historische und bloß vorübergehende Erscheinung des aufsteigenden Kapitalismus dar, welche automatisch verschwinden würde. Er forderte, dass einer territorial bestimmten Nation das Selbstbestimmungsrecht in Form der territorialen Autonomie oder des Sezessionsrechts zur Gründung eines unabhängigen Nationalstaates zugestanden werden dürfe, wenn es den proletarischen Zielen diene.[491] Stalin schloss sich Lenins Konzeption an und konkretisierte sie, indem er den

485 *Thürer, Daniel,* Das Selbstbestimmungsrecht der Völker, in: AVR 22 (1984), S. 113-137 (116).

486 *Schmidt, Martin,* Vom inneren zum sog. äußeren Selbstbestimmungsrecht der Völker. Die Problematik eines Rechts auf Sezession unter Bezugnahme auf die wirtschaftliche Diskriminierung von Völkern, 2005, S. 10.

487 Vgl. *Raschhofer, Hermann,* Selbstbestimmungsrecht und Völkerbund. Das Juristengutachten im Aalandstreit vom 5. September 1920, 1969, S. 12; *Heidelmeyer, Wolfgang,* Das Selbstbestimmungsrecht der Völker. Zur Geschichte und Bedeutung eines internationalen Prinzips in Praxis und Lehre von den Anfängen bis zu den Menschenrechtspakten der Vereinten Nationen, 1973, S. 14.

488 Vgl. *Heuser, Beatrice,* Das internationale System vom Wiener Kongress bis zur UNO: Zwischen gleichem Recht und Oligarchie, in: *Clemens, Gabriele* (Hrsg.), Nation und Europa. Studien zum internationalen Staatensystem im 19. und 20. Jahrhundert. FS für Peter Krüger zum 65. Geburtstag, 2001, S. 295-306 (296 f.).

489 Vgl. *Brühl-Moser,* Die Entwicklung des Selbstbestimmungsrechts der Völker, S. 10.

490 Vgl. *Meissner,* Selbstbestimmungsrecht, S. 19.

491 Vgl. *Kluke, Paul,* Selbstbestimmung. Vom Weg einer Idee durch die Geschichte, 1963, S. 53 f.; *Brühl-Moser,* Die Entwicklung des Selbstbestimmungsrechts der Völker, S. 17; *Cassese,* Self-determination of Peoples, S. 16; *Berezowski,* Zagadnienia, S. 37 f.

Begriff der Nation[492] definierte und den inneren und äußeren Inhalt des Selbstbestimmungsrechts[493] bestimmte.[494]

Entscheidend geprägt wurde das Selbstbestimmungsrecht schließlich durch den US-amerikanischen Präsidenten Woodrow Wilson.[495] Zum ersten Mal erwähnte[496] Wilson das Selbstbestimmungsrecht in seinen Aussagen vom 11. Februar 1918[497], in denen er auf die Reaktionen der Mittelmächte seine berühmte 14-Punkte-Rede hielt.[498] Seine „14 Punkte" enthielten zwar nicht den Begriff der Selbstbestimmung, wiesen aber für verschiedene Bereiche auf die notwendige Berücksichtigung der Wünsche und Bestrebungen der Völker für die künftige Weltordnung hin.[499] Die Konzeption Wilsons lässt sich dahingehend interpretieren, dass Gebietsabtretungen nur dann als zulässig betrachtet werden können, wenn sie zugunsten und im Interesse der betroffenen Bevölkerung erfolgen, der gewaltsame Gebietserwerb

492 Stalin definierte den Begriff der Nation in seinem 1913 veröffentlichten Aufsatz „Der Marxismus und die nationale Frage" als „eine historisch entstandene, stabile Gemeinschaft von Menschen, entstanden auf der Grundlage der Gemeinschaft der Sprache, des Territoriums, des Wirtschaftslebens und der sich in der Gemeinschaft der Kultur offenbarenden psychischen Wesensart".

493 „Recht auf Selbstbestimmung das heißt: Die Nation kann sich nach eigenem Gutdünken einrichten. Sie hat das Recht, ihr Leben nach den Grundsätzen der Autonomie einzurichten. Sie hat das Recht, zu anderen Nationen in föderative Beziehungen zu treten. Sie hat das Recht, sich gänzlich loszutrennen. Die Nation ist souverän, und alle Nationen sind gleichberechtigt". Zit. n.: *Stalin, Joseph*, Der Marxismus und die nationale Frage, Berlin 1950.

494 Ihren Niederschlag fand die von *Lenin* und *Stalin* geprägte Konzeption in der „Deklaration der Rechte der Völker Russlands" vom 15. (2.) November 1917 (dt. Text: *Uljanow-Lenin, Wladimir*, Die ersten Dekrete der Sowjetmacht, 1970, S. 36) nach der Machtübernahme durch die Bolschewiki.

495 *Schwabe, Klaus*, Woodrow Wilson und das europäische Mächtesystem in Versailles: Friedensorganisation und nationale Selbstbestimmung, in: *Clemens*, Nation und Europa, S. 89-107 (90); *Scelle, Georges*, Précis de droit des gens. Principes et systématiques, Zweiter Teil: Droit constitutionnel international, 1934, S. 267.

496 Seine Position machte Wilson zuvor bereits in seiner Rede vor dem Senat am 22. Januar 1917 deutlich, indem er unter Rückgriff auf den Gedanken der Demokratie sowie der Volkssouveränität die Notwendigkeit der Zustimmung des Volkes zu seiner Regierung und der ansässigen Bevölkerung zu einer Grenzveränderung betonte und beides als Elemente einer künftigen Friedensregelung forderte. Vgl. *Klein, Eckart*, Das Selbstbestimmungsrecht der Völker und die deutsche Frage, 1990, S. 17.

497 Text: *Link, Arthur S.* (Hrsg.), The Papers of Woodrow Wilson, vol. 46 (January 16 – March 12, 1918), 1984, S. 318 ff. "Self-determination is not a mere phrase. It is an imperative principle of action, which states-men will henceforth ignore at their own peril". Vgl. S. 321.

498 *Schwabe*, Woodrow Wilson, in: *Clemens*, Nation und Europa, S. 96.

499 Vgl. *Heater, Derek*, National Self-Determination. Woodrow Wilson and his Legacy, 1994, S. 43; *Klein*, Das Selbstbestimmungsrecht, S. 18.

missbilligt wird und jedes Volk die Freiheit hat, seine eigene politische Ordnung zu bestimmen.[500] Problematisch war insbesondere, dass Wilson offen ließ, wer im konkreten Fall das Volk darstellt.[501] Ferner wurde den nationalen Minderheiten kein Selbstbestimmungsrecht zuerkannt. Vielmehr sollten den Minderheiten bestimmte Schutzrechte eingeräumt werden. Die Zustimmung der betroffenen Völker sollte zudem nicht in allen Fällen eruiert werden, sondern konnte auch vermutet werden (Punkt XIII) oder wegen vorausgehenden Unrechts auch gänzlich entbehrlich sein (Punkt VIII).[502] Zusammenfassend lässt sich festhalten, dass Wilson einen bedeutenden Beitrag zum Prinzip des Selbstbestimmungsrechts der Völker leistete, jedoch haftet seinen Überlegungen keinerlei verbindlicher Rechtscharakter an.[503] Die verschiedenen Erklärungen Wilsons geben in der Gesamtbetrachtung eine Konzeption wider, deren zentrale Bedeutung die Begriffe der „Zustimmung der Regierten“, „Selbstbestimmung“ und „Schutz der Nationalität“ einnehmen.[504] Wilson stellte jedoch nicht klar, in welchem Verhältnis diese Prinzipien zueinander stehen und auch nicht, wie dieses „Recht“ zu verwirklichen ist.[505] Die Institutionalisierung des Selbstbestimmungsrechts scheiterte aber wenig später in der Satzung des Völkerbundes.[506]

Hinsichtlich der völkerrechtlichen Bewertung ist umstritten, ob die Parteien bei der Pariser Friedenskonferenz einen völkerrechtlich bindenden Vorfriedensvertrag oder ein *pactum de contrahendo* geschlossen hatten, welcher später aber nicht eingehalten wurde, oder ob die Parteien lediglich eine moralische Verpflichtung eingegangen waren.[507] Im Gegensatz zu den Vereinigten Staaten ging die britische

500 *Seiffert, Wolfgang*, Selbstbestimmungsrecht und deutsche Vereinigung. Das Selbstbestimmungsrecht einer geteilten Nation, 1992, S. 24.

501 Vgl. *Roßkopf*, Theorie des Selbstbestimmungsrechts, S. 48 f.; *Decker*, Selbstbestimmungsrecht, S. 112.

502 Vgl. *Roßkopf*, Theorie des Selbstbestimmungsrechts, S. 18.

503 Die Alliierten akzeptierten allerdings im Waffenstillstandsabkommen vom 11. November 1918 Wilsons 14-Punkte als Basis für die Friedensgespräche in Europa. Vgl. *Heater*, National Self-Determination, S. 46; *Heidelmeyer*, Das Selbstbestimmungsrecht der Völker, S. 21; *Palleit, Leander*, Völkerrecht und Selbstbestimmung. Zum Begriff des Selbstbestimmungsrechts der Völker in der deutschen und österreichischen Völkerrechtswissenschaft 1918-1933, 2008, S. 44, 53.

504 Vgl. *Decker*, Selbstbestimmungsrecht, S. 111 f.

505 Vgl. *Decker*, Selbstbestimmungsrecht, S. 113.

506 Vgl. *Delbrück*, Selbstbestimmung, in: Jahrbuch für Internationales Recht, Bd. 13 (1967), S. 191; *Seiffert*, Selbstbestimmungsrecht und deutsche Vereinigung, S. 24; *Raschhofer*, Selbstbestimmungsrecht und Völkerbund, S. 9; *Müller, Reinhard*, Der „2 + 4“-Vertrag und das Selbstbestimmungsrecht der Völker, 1997, S. 102; Art. 10 der Völkerbundsatzung regelt explizit nur eine Gebietsgarantie, die sich aber nur gegen Angriffe von außen richtet. Siehe Text: *Berber, Friedrich* (Hrsg.), Völkerrecht. Dokumentensammlung, Bd. 1. Friedensrecht, 1967, Nr. 1, S. 1-12.

507 Eine völkerrechtliche Verpflichtung wird vertreten von: *Decker*, Selbstbestimmungsrecht, S. 116 f.; *Wambaugh, Sarah*, Plebiscites since the World War. With

Regierung davon aus, dass die europäischen Alliierten durch Wilsons Prinzipien nur in Bezug auf Deutschland gebunden waren.[508] Ähnlich war die italienische Haltung, die die Prinzipien zwar gegenüber Deutschland, aber nicht gegenüber Österreich anerkannte.[509] Im Gegensatz zum Vorfriedensvertrag taucht später nicht einmal der Begriff des „Selbstbestimmungsrechts" in den Pariser Friedensverträgen auf.[510] Stattdessen wurde gegen das Selbstbestimmungsrecht in zahlreichen Fällen offenkundig verstoßen.[511] Verletzungen des Selbstbestimmungsprinzips betrafen vor allem das deutsche Volk.[512] Dies verdeutlicht, dass die Vertragspartner das Selbstbestimmungsrecht als keine zwingende Rechtsnorm werteten, sondern sich bei der Umgestaltung der Grenzen Europas von anderen Wertungsmaßstäben, wie etwa ihren eigenen Interessen leiten ließen.

Im Ergebnis kann festgehalten werden, dass das Selbstbestimmungsrecht der Völker nach dem Ersten Weltkrieg zwar nicht rechtlich verbindlich, aber auf politischer Ebene dennoch präsent war.[513] Die nach dem Ersten Weltkrieg durchgeführten Plebiszite[514] führten jedenfalls noch nicht dazu, dass sich das Selbstbestimmungsrecht der Völker zum Völkergewohnheitsrecht entwickeln konnte.[515]

---

a Collection of Official Documents, vol. I, 1933, S. 12; *Heidelmeyer*, Das Selbstbestimmungsrecht der Völker, S. 17.

508 Erstaunlich ist, dass in den Friedensverträgen der Sowjetunion hingegen das Selbstbestimmungsrecht ausdrücklich anerkannt wird. Hierzu zählen die Verträge zwischen der Russischen Föderativen Sozialistischen Sowjetrepublik und der Ukraine, Weißruthenien und Georgien.

509 *Decker*, Selbstbestimmungsrecht, S. 117 ff.

510 Ein kleiner Erfolg war aber, dass der Minderheitenschutz im Pariser Friedensvertrag und in weiteren Verträgen verankert wurde. Die Alliierten schlossen am 28. Juni 1919 den ersten Minderheitenschutzvertrag mit Polen. Dieser Vertrag, der als Vorbild für weitere Verträge diente, enthielt Bestimmungen zur Sicherstellung der vollen Gleichbehandlung und besondere Schutzmaßnahmen zugunsten der Minderheitsangehörigen. Vgl. *Palleit*, Völkerrecht und Selbstbestimmung, S. 44.

511 *Seiffert*, Selbstbestimmungsrecht und deutsche Vereinigung, S. 25.

512 Das Deutsche Reich verlor, ohne dass ein Plebiszit durchgeführt worden wäre, unter anderem Elsaß-Lothringen, Nordschleswig, das Memelgebiet und den Danziger Korridor.

513 Vgl. *Seiffert*, Selbstbestimmungsrecht und deutsche Vereinigung, S. 26; *Brunner, Georg*, Nationalitätenprobleme und Minderheitenkonflikte in Osteuropa. Strategien für Osteuropa, 2. Aufl., 1996, S. 153; *Kimminich, Otto*, Rechtsprobleme der polyethnischen Staatsorganisation, 1985, S. 121.

514 Eine detaillierte chronologische Darstellung findet sich bei: *Wambaugh, Sarah*, Plebiscites since the World War. With a collection of Official Documents, vol. I and II, 1933.

515 *Sureda, Rigo A.*, The Evolution of the Right of Self-Determination. A Study of United Nations Practice, 1973, S. 21 f.; *Brühl-Moser*, Die Entwicklung des Selbstbestimmungsrechts der Völker, S. 31.

(3) Resümee

Da das Selbstbestimmungsrecht der Völker, nachdem es bereits während der Atlantischen Konferenz im Jahre 1941 diskutiert wurde,[516] sowohl in der UN-Charta[517]

---

516 Erst während der Atlantischen Konferenz vom 14. August 1941 war das Selbstbestimmungsrecht wieder im Gespräch (vgl. *Delbrück*, Selbstbestimmung, in: Jahrbuch für Internationales Recht, Bd. 13 [1967], S. 189). Die Atlantik-Charta behandelte den territorialen Aspekt des Selbstbestimmungsgedankens und knüpfte an dessen Legitimationstradition an. Mit diesem Inhalt erinnerte sie an die von *Wilson* verkündeten 14-Punkte (vgl. *Seiffert*, Selbstbestimmungsrecht und deutsche Vereinigung, S. 38). Die Charta enthielt aber immer noch kein offensives Selbstbestimmungsrecht der Völker, mittels dessen die territoriale Ordnung völlig neu gestaltet werden konnte (vgl. *Roßkopf*, Theorie des Selbstbestimmungsrechts, S. 49; *Klein*, Selbstbestimmungsrecht der Völker, S. 58; *Heidelmeyer, Wolfgang*, Das Selbstbestimmungsrecht der Völker. Zur Geschichte und Bedeutung eines internationalen Prinzips in Praxis und Lehre von den Anfängen bis zu den Menschenrechtspakten der Vereinten Nationen, 1973, S. 121). Grund hierfür ist insbesondere, dass die Atlantik-Charta ihrem Rechtscharakter nach weniger als völkerrechtlicher Vertrag angesehen werden kann, sondern nur eine übereinstimmende Erklärung von Staatsregierungen über die von den USA und vom Vereinigten Königreich zu verfolgende Kriegspolitik ist (vgl. *Klein, Friedrich*, Zur Rechtsnatur des Selbstbestimmungsrechts. Der Rechtscharakter des Selbstbestimmungsrechts der Völker nach westlicher Auffassung, in: *Klein, Friedrich/ Kloss, Heinz/Meissner, Boris* u. a. [Hrsg.], Beiträge zu einem System des Selbstbestimmungsrechts, 1970, S. 6-28 [8]). Ferner kann den Formulierungen keine rechtsnormative Wirkung zukommen, da sie keine generelle abstrakte Regelung enthalten (vgl. *Klein*, Zur Rechtsnatur des Selbstbestimmungsrechts, in: *Klein/ Kloss/Meissner*, Beiträge zu einem System des Selbstbestimmungsrechts, S. 8).

517 Zum ersten Mal ausdrücklich erwähnt wurde das Selbstbestimmungsrecht in der UN-Charta (Text: *von Mangoldt, Hans/Rittberger, Volker* [Hrsg.], Das System der Vereinten Nationen und seine Vorläufer, Bd. I. Das System der Vereinten Nationen, I/1 Vereinte Nationen, 1995, Nr. 4, S. 13-73). Es gibt insgesamt fünf Bestimmungen, die entweder ausdrücklich oder sinngemäß das Selbstbestimmungsrecht betreffen. Die wichtigste Bestimmung, die das Selbstbestimmungsrecht erwähnt, findet sich in Art. 1 Ziff. 2 im Abschnitt „Zwecke und Grundsätze". Hiernach gehört zu den Zwecken der Vereinten Nationen „freundschaftliche Beziehungen zwischen den Staaten (die Übersetzung des Wortes „nation" entspricht dem angelsächsischen und dem französischen juristischen Sprachbewusstsein, danach ist „nation" das in staatlicher Selbständigkeit verfasste, seiner dadurch gegebenen rechtlichen Einheit bewusste und diese Einheit gefühls- und gesinnungsmäßig bejahende Volk. Zit. n.: *Rabl, Kurt*, Das Selbstbestimmungsrecht der Völker, 1973, S. 194) zu entwickeln, die auf der Beachtung des Grundsatzes der Gleichberechtigung und Selbstbestimmung der Völker *(equal rights and self-determination of peoples)* beruhen (...)". Das Wort „Volk" hat nicht die gleiche Bedeutung wie die „Nation". Vielmehr steht bei Völkern der ethnosoziologische, bei Nationen stattdessen das historisch-juristische Moment im Vordergrund des politischen Interesses (vgl. *Kunz, Josef L.*, Der Grundsatz der Selbstbestimmung der Völker – insbesondere in der Praxis

als auch in den beiden Menschenrechtspakten[518] enthalten ist, kann heute davon ausgegangen werden, dass es ein fester Bestandteil des geltenden Völkerrechts[519] ist.[520] Schwierigkeiten bestehen lediglich hinsichtlich der konkreten Ausgestaltung

---

der Vereinten Nationen, in: *Rabl, Kurt* [Hrsg.], Inhalt, Wesen und gegenwärtige praktische Bedeutung des Selbstbestimmungsrechts der Völker, 1. Fachtagung vom 12.-14. März 1963. Vorträge und Gespräche, 1964, S. 171-244 [225]). Weiterhin wird auf das Selbstbestimmungsrecht in Art. 55, der es ausdrücklich statuiert, und Art. 56, der sich wiederum auf Art. 55 bezieht, eingegangen. Problematisch ist, dass die Charta weder den Begriff „Volk" definiert noch den Inhalt und den Umfang dieses Rechts bestimmt. Gleichwohl ist davon auszugehen, dass das Selbstbestimmungsrecht bereits mit Inkrafttreten der UN-Charta Rechtscharakter erlangt hat. Vgl. *Roßkopf*, Theorie des Selbstbestimmungsrechts, S. 139.

518 Im Rahmen ihres „Menschenrechtsprogramms" nahm die Generalversammlung der Vereinten Nationen am 16. Dezember 1966 den „Pakt über wirtschaftliche soziale und kulturelle Rechte" (Text: BGBl. 1973, Teil II, Teilband 2, S. 1569-1582) und den „Pakt über bürgerliche und politische Rechte" (Text: BGBl. 1973, Teil II, Teilband 2, S. 1533-1555) jeweils einstimmig an (vgl. *Brühl-Moser*, Die Entwicklung des Selbstbestimmungsrechts der Völker, S. 66). Beide Menschenrechtspakte enthalten in Teil I Art. 1 eine gleichlautende Klausel, die das Selbstbestimmungsrecht der Völker ausdrücklich nennt. Die letzte Stufe innerhalb der Entfaltung und rechtlichen Verfestigung des Selbstbestimmungsrechts der Völker wurde durch die von der Generalversammlung als Annex zur Resolution 2625 (XXV) am 24. Oktober 1970 angenommene "Declaration on Principles of International Law concerning Friendly Relations and Co-operation among States in Accordance with the Charter of the United Nations" erreicht. Mit der Kodifikation der "Friendly Relations-Declaration" war die Kodifikation des Inhalts und der Bedeutung der allgemein anerkannten fundamentalen Völkerrechtsprinzipien beabsichtigt (vgl. *Frowein, Jochen Abr.*, Freundschaft und Zusammenarbeit unter den Staaten. Die UN-Resolution über freundschaftliche Beziehungen als Ausdruck wichtiger Strömungen im heutigen Völkerrecht, in: EA [1973], S. 70-76 [70]; *Brühl-Moser*, Die Entwicklung des Selbstbestimmungsrechts der Völker, S. 70). Unzweifelhaft kann aus den beiden Menschenrechtspakten eine bindende Verpflichtung des Selbstbestimmungsrechts der Völker abgeleitet werden. Auf europäischer Ebene fand das Selbstbestimmungsrecht der Völker als achtes Prinzip Eingang in die KSZE-Schlussakte vom 1. August 1975 (Text: Bulletin des Presse- und Informationsamtes der Bundesregierung, Nr. 102 vom 15. August 1975, S. 965-1000; *Schweisfurth, Theodor* [Hrsg.], Dokumente der KSZE, Sonderausgabe Stand 1. Juli 1993, 1993, S. 4-70).

519 *Ermacora, Felix*, Die Entwicklung des Selbstbestimmungsrechts im Völkerrecht, in: *Ermacora, Felix/Blumenwitz, Dieter/Hacker, Jens/Czaja, Herbert* (Hrsg.), Menschenrechte und Selbstbestimmung unter Berücksichtigung der Ostdeutschen, 1980, S. 9-20 (12); *Chou-Young, Hu*, Das Selbstbestimmungsrecht als eine Vorbedingung des völligen Genusses aller Menschenrechte. Eine Studie zu Art. 1 der beiden Menschenrechtskonventionen vom 16. Dezember 1966, 1972, S. 230, 242.

520 *Arzinger, Rudolf*, Das Selbstbestimmungsrecht im allgemeinen Völkerrecht der Gegenwart, 1966, S. 277.

des Rechts und seiner Grenzen. Da das Selbstbestimmungsrecht nun eine Staatenpraxis von bisher 40 Jahren erfahren hat, steht fest, dass es zum *ius cogens* zählt.[521] Spätestens seit der Resolution der Generalversammlung der UN vom 24. Oktober 1970 muss es als Bestandteil des geltenden Völkerrechts angesehen werden.[522] Die Rechtsauffassung des Selbstbestimmungsrechts als *ius cogens* wird ferner durch die Rechtsprechung und Gutachtertätigkeit des Internationalen Gerichtshofes (IGH) bestätigt.[523] Schließlich kommt auch das Bundesverfassungsgericht der Bundesrepublik Deutschland in seiner Teso-Entscheidung vom 21. Oktober 1987[524] zu dem Schluss, dass das „Selbstbestimmungsrecht als Grundsatz des universalen Völkerrechts anerkannt worden ist".

bb) Inhalt des Selbstbestimmungsrechts der Völker

(1) Inneres und äußeres Selbstbestimmungsrecht

Der Inhalt des Selbstbestimmungsrechts der Völker ist durch die UN-Charta, die "Friendly Relations-Declaration" und die UN-Menschenrechtspakte konkretisiert. Darin wird es als einheitliches Ganzes verstanden, sodass noch keine Trennung in äußere und innere Aspekte des Selbstbestimmungsrechts vorgenommen wird.[525] Erst politische Debatten und Untersuchungen führten zu einer Differenzierung in ein inneres und äußeres Selbstbestimmungsrecht,[526] die sich heute durchgesetzt hat.[527] Allerdings wird trotz dieser Differenzierung das Selbstbestimmungsrecht als einheitliches Recht gewertet.[528]

---

521 *Kimminich, Otto*, Rechtscharakter und Inhalt des Selbstbestimmungsrechts, in: *Blumenwitz, Dieter/Meissner, Boris* (Hrsg.), Das Selbstbestimmungsrecht der Völker und die deutsche Frage, 1984, S. 37-46 (39); *Thürer*, Das Selbstbestimmungsrecht der Völker, in: AVR 22 (1984), S. 125; *Seiffert*, Selbstbestimmungsrecht und deutsche Vereinigung, S. 51.

522 *Berber*, Lehrbuch des Völkerrechts, Bd. 1, S. 76.

523 So etwa in folgenden Urteilen: „Namibia", ICJ Reports 1971, S. 31; „Western Sahara", ICJ Reports 1975, S. 31 ff.

524 BVerfGE 77, S. 137-170 (162 f.).

525 Vgl. *Heintze*, Selbstbestimmungsrecht und Minderheitenrechte im Völkerrecht, S. 26; *Seiffert*, Selbstbestimmungsrecht und deutsche Vereinigung, S. 57 f.; *Gornig, Gilbert H.*, Der Inhalt des Selbstbestimmungsrechts, in: Politische Studien, Sonderheft 6, 1993, S. 11-29 (21).

526 Diese Unterscheidung gehe nach Auffassung *Ermacoras* auf den Special Report of the United Nations Commission of the United Nations for Indonesia 1949 zurück. Vgl. *Pomerance, Michla*, Self-Determination in Law and Practice. The New Doctrine in the United Nations, 1982, S. 37 ff.

527 Vgl. *Heintze*, Selbstbestimmungsrecht und Minderheitenrechte im Völkerrecht, S. 26.

528 *Gusy, Christoph*, Selbstbestimmung im Wandel. Von der Selbstbestimmung durch den Staat zur Selbstbestimmung im Staat, in: AVR 30 (1992), Heft Nr. 4, S. 385-410 (398).

Unter innerer Selbstbestimmung versteht man das Recht jedes „Volkes", über seine eigene Staats- und Regierungsform frei von rechtlichem Zwang durch andere Staaten oder Völker zu bestimmen.[529] Das äußere Selbstbestimmungsrecht der Völker bedeutet, dass jedes Volk das Recht hat, seinen politischen Status und seine sozio-ökonomische Entwicklung ohne jegliche äußere Einmischung frei zu bestimmen.[530] Nach den Selbstbestimmungsartikeln der Menschenrechtspakte können die Völker ihr Recht auf Selbstbestimmung mit der Gründung eines souveränen und unabhängigen Staates, der freien Vereinigung mit einem oder der freien Integration in einen unabhängigen Staat oder der Erringung irgendeines anderen durch das Volk frei bestimmten politischen Status verwirklichen.[531]

(2) Offensives und defensives Selbstbestimmungsrecht

Beim äußeren Selbstbestimmungsrecht lassen sich wiederum Unterscheidungen treffen.[532] Hinsichtlich des Territorialstatus als Inhalt des Selbstbestimmungsrechts kann in zwei wesentliche Gesichtspunkte, nämlich in den der Statuswahrung und den der Statusänderung unterschieden werden.[533] Diese beiden Funktionen werden wiederum als defensives und offensives Selbstbestimmungsrecht bezeichnet.[534] Als defensives Selbstbestimmungsrecht hat das Selbstbestimmungsrecht die Funktion, Eingriffe in den Territorialstatus zu verhindern, Änderungen des bestehenden Status abzuwehren, also den Status quo zu verteidigen.[535] Die territoriale Selbstbestimmung kann etwa dadurch verletzt werden, dass eine fremde Macht das Territorium eines Staates – typischerweise mit militärischer Gewalt – angreift und komplett annektiert, sodass das betroffene Volk einer Fremdbestimmung unterliegt. Von Bedeutung ist, dass in diesen Fällen der militärischen Besatzung das Staatsvolk als Subjekt des defensiven Selbstbestimmungsrechts erhalten bleibt.[536] Ein anderes Ergebnis wäre nicht vertretbar, da ansonsten das defensive Selbstbestimmungsrecht

---

529 Vgl. *Gusy*, Selbstbestimmung im Wandel, in: AVR 30 (1992), Heft Nr. 4, S. 405; *Thürer, Daniel*, Das Selbstbestimmungsrecht der Völker, in: AVR 22 (1984), S. 113-137 (126).

530 *Thiele, Carmen*, Selbstbestimmungsrecht und Minderheitenschutz in Estland, 1999, S. 27.

531 Vgl. *Thiele*, Selbstbestimmungsrecht, S. 27; *Gusy*, Selbstbestimmung im Wandel, in: AVR 30 (1992), Heft Nr. 4, S. 399 ff.

532 Häufig wird fälschlicherweise eine Gleichstellung des äußeren mit dem offensiven und des inneren mit dem defensiven Selbstbestimmungsrecht vorgenommen.

533 *Roßkopf*, Theorie des Selbstbestimmungsrechts, S. 423.

534 *Murswiek, Dietrich*, Offensives und defensives Selbstbestimmungsrecht, in: *Gornig, Gilbert H./Horn, Hans-Detlef/Murswiek, Dieter* (Hrsg.), Das Selbstbestimmungsrecht der Völker – eine Problemschau, 2013, S. 95-120 (99).

535 *Murswiek*, Offensives und defensives Selbstbestimmungsrecht, in: *Gornig/Horn/Murswiek*, Das Selbstbestimmungsrecht der Völker, S. 99.

536 *Murswiek*, Offensives und defensives Selbstbestimmungsrecht, in: *Gornig/Horn/Murswiek*, Das Selbstbestimmungsrecht der Völker, S. 99.

eine leere Hülse darstellen würde. Träger des defensiven Selbstbestimmungsrechts ist folglich das Staatsvolk.[537]

Das offensive Selbstbestimmungsrecht zielt dagegen auf eine Änderung eines mit dem Selbstbestimmungsrecht nicht übereinstimmenden Territorialstatus ab.[538] Im Gegensatz zum defensiven Selbstbestimmungsrecht kann es nun nicht mehr dem Staatsvolk, sondern nur dem Volk im ethnischen Sinne zustehen.

cc) Träger des Selbstbestimmungsrechts

Problematisch ist, dass das Völkerrecht keine Definition des Volkes kennt und dem Begriff nur schwer ein juristisch justiziabler Inhalt beigemessen werden kann.[539] Der Staat galt als rein politisches Gemeinwesen, das nicht mit der Kultureinheit identisch war. Staat und Nation[540], Staatsbürgerschaft und Nationalität waren danach verschiedene Dinge.[541] Kunz etwa wies darauf hin, dass das englische beziehungsweise französische Wort „nation" nicht dem deutschen Begriff „Nation" entspreche, sondern dem Begriff „Staat".[542]

Übereinstimmend wird angenommen, dass mit dem Begriff des „Volkes" eine soziale Einheit gemeint ist, die eine eigene klare ethnische und kulturelle Identität und einen eigenen Charakter hat und dadurch von anderen Einheiten unterscheidbar ist. Nicht erforderlich ist die Einbindung in einen vorhandenen Staat.[543] Demzufolge sind nach herrschender Meinung Völker und Volksgruppen Träger des Selbstbestimmungsrechts.[544] In der Rechtswissenschaft bestehen Definitionsansätze, die sich auf objektive und subjektive Kriterien stützen. Erst das Zusammenspiel aus objektiven und subjektiven Merkmalen kann eine brauchbare und umfassende Definition liefern. Hinsichtlich objektiver Aspekte wird auf die Ethnologie mit ihrer Definition des Volksbegriffs zurückgegriffen. Hierbei spielen neben dem Territorium auch die Sprache, Kultur, Religion, Mentalität und das gemeinsame Schicksal eine vordergründige Rolle.[545] Aus subjektiver Sicht wird das Volk

---

537 *Thürer, Daniel*, Das Subjekt des Selbstbestimmungsrechts, in: Politische Studien, Sonderheft 6, 1993, S. 30-39 (35).

538 *Thürer*, Das Subjekt, in: Politische Studien, Sonderheft 6, S. 35.

539 Vgl. *Kimminich*, Rechtsprobleme, S. 17.

540 Zu den Begriffen Nation und Nationalismus vgl. *Ziegler, Heinz O.*, Die moderne Nation. Ein Beitrag zur politischen Soziologie, 1931, S. 19 ff.; *Kohn, Hans*, Die Idee des Nationalismus. Ursprung und Geschichte bis zur Französischen Revolution, 1950, S. 31 ff.

541 Vgl. *Palleit*, Völkerrecht und Selbstbestimmung, S. 55.

542 Vgl. *Elsner, Bernd Roland*, Die Bedeutung des Volkes im Völkerrecht. Unter besonderer Berücksichtigung der historischen Entwicklung und der Praxis des Selbstbestimmungsrechts der Völker, 2000, S. 33.

543 Vgl. *Klein*, Selbstbestimmungsrecht der Völker, S. 37.

544 Vgl. *Kimminich*, Rechtsprobleme, S. 123; *Veiter, Theodor*, Die Träger des Selbstbestimmungsrechts nach westlicher Auffassung, in: *Klein/Kloss/Meissner*, Beiträge zu einem System des Selbstbestimmungsrechts, S. 132-149 (132).

545 *Kempen/Hillgruber*, Völkerrecht, S. 46 Rn. 75.

als eine Menschengruppe, die sich selber als Volk identifiziert und ein Zusammengehörigkeitsgefühl manifestiert, gewertet.[546] Im Vordergrund steht also der Wille der Mehrheit der Gruppe, ihre Zusammengehörigkeit zu schützen, ihre Eigenarten respektiert zu sehen und ihre Besonderheiten zu erhalten.[547] Objektive Merkmale können den Befund bestätigen, aber nicht widerlegen.

dd) Mittel der Durchsetzbarkeit

Im Vordergrund des konkreten Durchsetzungsverfahrens steht das Plebiszit, mit dem das Volk unmittelbar selbst über sein künftiges Schicksal entscheiden kann.[548]

Die Ausübung des Selbstbestimmungsrechts mittels des Plebiszits muss „frei" erfolgen. Demnach muss das Selbstbestimmungsrecht in einem demokratischen Verfahren realisiert werden.[549] Die Durchsetzung des Selbstbestimmungsrechts setzt voraus, dass sich der Wille des betreffenden Volkes unverfälscht ausdrücken kann.[550] Das Plebiszit ist ein von einem Volk eines begrenzten Gebietes wahrgenommener demokratischer Prozess, in dessen Rahmen dieses Volk über die Änderung beziehungsweise Beibehaltung des politischen, wirtschaftlichen, sozialen oder kulturellen Status entscheidet.[551]

Bereits im 19. Jahrhundert gab es Stimmen, die das Plebiszit bei Gebietswechseln sogar für ein völkerrechtliches Rechtsmittel erklärten. Ein Beleg dafür ist etwa der Abschluss des Prager Friedensvertrages vom 23. August 1866, in dessen Art. 5 zugunsten der Bevölkerung der nördlichen Distrikte von Schleswig eine dann nicht durchgeführte und durch einen Vertrag vom 10. Oktober 1878 aufgehobene Plebiszitklausel aufgenommen war. Insgesamt lässt sich feststellen, dass seit dem Jahre 1848 der Plebiszitgedanke bei Gebietswechseln, beginnend mit den italienischen Volksabstimmungen, in der Staatenpraxis einen lebhaften Aufschwung erfuhr. Ab 1871 ist der Plebiszitgedanke aber in der Praxis wieder in den Hintergrund getreten.[552] Im modernen Völkerrecht ist das Plebiszit in Art. 1 Nr. 2 und Art. 55 Abs. 1 der UN-Charta in dem umschriebenen Ziel der Selbstbestimmung verankert und Bestandteil der Staatenpraxis.[553]

---

546 Vgl. *Heintze*, Selbstbestimmungsrecht und Minderheitenrechte im Völkerrecht, S. 43.

547 Vgl. *Doehring*, Völkerrecht, S. 343 Rn. 787.

548 Vgl. *Peters, Anne*, Das Gebietsreferendum im Völkerrecht. Seine Bedeutung im Licht der Staatenpraxis nach 1989, 1995, S. 321; *Blittersdorf, Winrich Freiherr*, Das internationale Plebiszit. Praktische Fragen und Technik der Verwirklichung des Selbstbestimmungsrechts, 1965, S. 72.

549 Vgl. *Peters*, Gebietsreferendum, S. 386 f.

550 Vgl. *Chou-Young*, Selbstbestimmungsrecht, S. 263.

551 Vgl. *Chou-Young*, Selbstbestimmungsrecht, S. 263.

552 Vgl. *Kraus, Herbert*, Deutschlands Ostproblem. Eine Untersuchung der Beziehungen des deutschen Volkes zu seinen östlichen Nachbarn, 1957, S. 30.

553 Vgl. *Seiffert*, Selbstbestimmungsrecht und deutsche Vereinigung, S. 72.

ee) Selbstbestimmungsrecht und Staatensukzession

Im Kontext der Staatensukzession stellt sich die Frage, ob eine Bevölkerung, gestützt auf ihr Selbstbestimmungsrecht, ihren früheren Staat wiederherstellen kann. Diese Frage sei auch unter der Berücksichtigung der Tatsache, dass bis zum Ende des Ersten Weltkriegs noch kein Selbstbestimmungsrecht der Völker existierte, diskutiert, da unter Umständen daraus auch Erkenntnisse für die Zeit vor dem Ersten Weltkrieg zu gewinnen sind. Am deutlichsten wird diese Problematik in den Fällen, in denen ein Staat nach militärischer Besetzung von einem fremden Staat entgegen dem Willen der Bevölkerung annektiert wurde. Nach erfolgter Annexion geht der Staat *de facto* unter. Fraglich ist, ob der Bevölkerung des annektierten Gebietes ein Sezessionsrecht zusteht, wonach die Bevölkerung einen Anspruch auf Naturalrestitution, also auf Wiedererrichtung ihres Staates hat.[554]

(1) Sezessionsrecht

Der offensive Charakter des Selbstbestimmungsrechts kommt am deutlichsten in der Ausübung des Sezessionsrechts zum Ausdruck. Das Sezessionsrecht könnte Völker zur Loslösung von einem bestehenden Staatenverband legitimieren.[555] Neben einer Sezession ist aber auch der Fall des Zusammenschlusses mit einem anderen Staat, die Fusion oder der Anschluss an einen anderen Staat, die Inkorporation, denkbar.[556] Fraglich ist, ob ein Sezessionsrecht aus dem Selbstbestimmungsrecht der Völker abgeleitet werden kann oder ob ein solches Recht zu weit greifen würde. Problematisch ist ferner, dass ein Konflikt zwischen offensivem und defensivem Selbstbestimmungsrecht entstehen könnte. In den Fällen, in denen ein Volk aus dem von einem Mehrheitsvolk geprägten Staat hinausdrängt, gerät das Selbstbestimmungsrecht unmittelbar in Widerstreit zu den Souveränitätsvorstellungen des von der Separation bedrohten Staates.[557] Die territoriale Integrität wird aber gerade nicht nur als ein Recht verstanden, das den Staat gegen Angriffe von außen schützt, sondern auch als Recht, das den Staat gegen Beeinträchtigungen von innen und damit auch gegen Sezessionsbestrebungen schützt.[558] Fraglich ist, wie dieses Spannungsverhältnis zwischen defensivem Selbstbestimmungsrecht

---

554 *Thürer* bezeichnet die „Beseitigung einer völkerrechtswidrig errichteten Territorialhoheit" als Fallgruppe innerhalb des offensiven Selbstbestimmungsrechts. Vgl. *Thürer*, Das Subjekt, in: Politische Studien, Sonderheft 6, S. 35.

555 *Roßkopf*, Theorie des Selbstbestimmungsrechts, S. 426.

556 *Heintze*, Selbstbestimmungsrecht und Minderheitenrechte im Völkerrecht, S. 27.

557 Vgl. *Heintze, Hans-Joachim*, Wege des Selbstbestimmungsrechts der Völker innerhalb bestehender Staaten, in: *Heintze, Hans-Joachim* (Hrsg.), Selbstbestimmungsrecht der Völker. Herausforderung der Staatenwelt. Zerfällt die internationale Gemeinschaft in Hunderte von Staaten?, 1997, S. 16-59 (19); *Murswiek, Dietrich*, The Issue of a Right of Secession – Reconsidered, in: *Tomuschat, Christian* (Hrsg.), Modern Law of Self-Determination, 1993, S. 21-39 (22).

558 *Murswiek*, Offensives und defensives Selbstbestimmungsrecht, in: *Gornig/Horn/Murswiek*, Das Selbstbestimmungsrecht der Völker, S. 100.

und territorialer Integrität einerseits und offensivem Selbstbestimmungsrecht andererseits gelöst werden kann. Das Völkerrecht basiert auf einer Rechtsordnung souveräner Staaten. Würde man den Völkern ein umfassendes Sezessionsrecht gewähren, dann hätte dies zur Folge, dass einzelne Teilvölker und nationale Minderheiten sich von einzelnen Staaten loslösen könnten. Dies würde dem dem Völkerrecht innewohnenden Stabilitätsprinzip entgegenstehen.[559] Die Staatengemeinschaft würde ein unkontrollierbarer Flickenteppich werden und es würde Rechtsunsicherheit entstehen. Damit dieses System nicht auseinanderbricht, muss eine Tendenz zur Wahrung des Status quo bestehen.[560] Konsequenterweise spricht demnach bei Konflikten eine Vermutung für die Souveränität.[561]

Der Vorrang der territorialen Integrität wird aber dann zugunsten des Selbstbestimmungsrechts aufgegeben, sobald einem Volk durch den Staat massiv sein Recht auf innere Selbstbestimmung verwehrt wird.[562] Nur in Ausnahmefällen, bei grober Verletzung von Selbstbestimmung und Menschenrechten sowie Bedrohung der Existenz eines Volkes in einem Staat, wird das Recht auf Sezession zugestanden.[563] Erst in diesen Fällen tritt die territoriale Souveränität hinter das Selbstbestimmungsrecht der Völker zurück. In der Praxis der UNO[564] allerdings wird ein Sezessionsrecht, von seltenen Ausnahmen abgesehen, auch dann nicht anerkannt, wenn die überwiegende Mehrheit einer Volksgruppe eine Lostrennung anstrebt.[565] Eine Wende in dieser Entwicklung trat erst mit der "Friendly Relations-Declaration" ein. Aus der Deklaration könnte abgeleitet werden, dass zumindest in den Fällen, in denen es zu nicht mehr zumutbaren Diskriminierungen[566] kommt,

559 *Stein/von Buttlar*, Völkerrecht, S. 245 Rn. 683.

560 *Gornig* spricht in diesem Zusammenhang aus verfassungsrechtlicher Sicht von einer Treuepflicht des Volkes bzw. der Volksgruppe, aus der sich die Beachtung der Souveränität des Staates, in dem es lebt, ergeben würde. Der Gesichtspunkt der Treuepflicht würde dann im Ergebnis gegen die Ausübung des Sezessionsrechts sprechen. Vgl. *Gornig*, Der Inhalt des Selbstbestimmungsrechts, in: Politische Studien, Sonderheft 6, S. 23.

561 *Murswiek*, Offensives und defensives Selbstbestimmungsrecht, in: *Gornig/Horn/Murswiek*, Das Selbstbestimmungsrecht der Völker, S. 103.

562 *Murswiek*, The Issue of a Right of Secession, in: *Tomuschat*, Modern Law of Self-Determination, S. 39.

563 *Oeter, Stefan*, Selbstbestimmungsrecht im Wandel. Überlegungen zur Debatte um Selbstbestimmung, Sezessionsrecht und „vorzeitige" Anerkennung, in: ZaöRV 52 (1992), S. 741-780 (773).

564 Nach der UN-Charta ist die Sezession unter Berufung auf das Selbstbestimmungsrecht unzulässig. Stattdessen wird die territoriale Integrität ausdrücklich betont.

565 Vgl. *Verdross/Simma*, Universelles Völkerrecht, S. 319 § 512; *Thürer*, Das Selbstbestimmungsrecht der Völker, in: AVR 22 (1984), S. 129.

566 Eine solche Diskriminierung müsste sich gegen die Gruppeneigenarten richten. Als diskriminierende Maßnahmen wären Sprachverbote, Ausschluss von

eine Sezession eines Volkes berechtigt ist.[567] Damit existiert zwar im Ergebnis ein aus dem Selbstbestimmungsrecht der Völker abgeleitetes Sezessionsrecht, nur kann dieses aufgrund des massiven Eingriffes in die Souveränität der Staaten nur in Ausnahmefällen gewährt werden. Zusammenfassend lässt sich sagen, dass das Völkerrecht keine Norm kennt, die das Sezessionsrecht ausdrücklich anerkennen würde. Gleichzeitig existiert auch keine Norm, die es verbieten würde.[568]

(2) Recht auf Wiedererrichtung eines annektierten Staates

(a) Allgemeine Überlegungen

Die Annexion eines von einer bestimmten Bevölkerung bewohnten Gebietes stellt heute nicht nur eine Verletzung des völkerrechtlichen Gewaltverbots, sondern auch einen besonders schweren Eingriff in das Selbstbestimmungsrecht der Völker dar. Aufgrund dieser Tatsache stellt sich die Frage, ob in den früheren Fällen der zwangsweisen Eingliederung eines Volkes in einen anderen Staat das Sezessionsrecht[569] nicht einer anderen Wertung unterliegen müsste. Auch nach erfolgter Einverleibung wirkt ein rechtswidriger Zustand, der mit dem Aufzwingen der Fremdherrschaft verbunden ist, fort. Es stellt sich die Frage, ob die betroffene Bevölkerung einen Anspruch auf Wiederherstellung ihres vorherigen Status haben könnte. Im nächsten Schritt wäre zu fragen, ob der Anspruch dauerhaft bestehen bleibt oder ob dieser nur begrenzt gilt. Einer permanenten Anspruchsgewährung könnten faktische und rechtliche Schwierigkeiten entgegenstehen. Nicht zu leugnen ist, dass die fremde Macht durch die Annexion einen neuen faktischen Zustand herbeigeführt hat. Das Staatsgebiet des annektierten Volkes wurde ausgelöscht und das Volk zu der neuen Macht in ein Abhängigkeitsverhältnis gestellt.

Wie bereits festgestellt, ist es durchaus möglich, dass infolge des entgegenstehenden Willens der Bevölkerung, die etwa gegen die Fremdherrschaft dauerhaft protestiert und sich dieser nicht beugt, die Effektivität der fremden Staatsgewalt nicht eintritt. Auf diese Weise könnte das Volk den Untergang seines Staates verhindern und sein legitimes Recht auf Wiederherstellung seines Staates einfordern. Dieser staatlichen Kontinuität steht aber eine zeitliche Grenze entgegen. Aufgrund eines langen Zeitraumes, der Jahrzehnte oder gar Jahrhunderte umfassen könnte, könnte es nicht mehr vertretbar sein, dem Volk in dem faktisch annektierten Gebiet ein Recht auf Wiederherstellung des vorherigen Status einzuräumen. Die

---

Staatsämtern oder von Wahlen denkbar. Vgl. *Gornig*, Der Inhalt des Selbstbestimmungsrechts, in: Politische Studien, Sonderheft 6, S. 23.

567 Vgl. *Peters*, Gebietsreferendum, S. 356 f.

568 Vgl. *Hilpold, Peter*, Die Sezession – zum Versuch der Verrechtlichung eines faktischen Phänomens, in: *Hilpold, Peter* (Hrsg.), Das Selbstbestimmungsrecht der Völker. Vom umstrittenen Prinzip zum vieldeutigen Recht?, 2009, S. 11-44 (19).

569 In diesen Fällen kann der Begriff des Sezessionsrechts mit demjenigen des Anspruchs auf Wiederherstellung des früheren Staates ersetzt werden.

normative Kraft des Faktischen drängt somit auf die Anerkennung des rechtswidrigen Zustandes, wobei das Recht nicht unmittelbar aus Unrecht, stattdessen aber aus der hierauf aufbauenden und historisch konsolidierten Wirklichkeit entstünde.[570] Im Ergebnis scheint es vertretbar zu sein, zumindest in Bezug auf rechtswidrige Annexionen der Normativität den Vorzug vor der Faktizität zu geben,[571] wobei immer eine Einzelabwägung zwischen den oben genannten Aspekten erfolgen muss, sodass an dieser Stelle kein konkretes allgemein verbindliches Ergebnis stehen kann. Der Wille der betroffenen Bevölkerung wäre damit keineswegs unbeachtlich. Das Volk könnte aufgrund seines entgegenstehenden Willens verhindern, dass sein Staat untergeht und gleichzeitig hätte es unter Umständen auch das Recht, sich aus dem fremden Staat wieder herauszulösen.[572]

(b) Differenzierung zwischen klassischem und modernem Völkerrecht

Im Hinblick auf die Unterscheidung zwischen klassischem und modernem Völkerrecht ist fraglich, ob dieses Ergebnis auf beide Völkerrechtsepochen gleichermaßen anwendbar ist. Zweifel könnten dahingehend bestehen, dass das Annexionsrecht in der jeweiligen Völkerrechtsepoche unterschiedlich rechtlich gewürdigt wurde. Ohne das Ergebnis der noch folgenden Prüfung des Annexionsrechts vorwegzunehmen, muss in Bezug auf die vorliegende Problematik konstatiert werden, dass Annexionen im klassischen Völkerrecht grundsätzlich rechtmäßig waren, wohingegen Annexionen im modernen Völkerrecht aufgrund des verankerten Gewaltverbots rechtswidrig sind. Diese unterschiedlichen Wertungen müssen sich auf die Frage der Bejahung eines Sezessionsrechts nach erfolgten Annexionen auswirken. Den Opfern einer Annexion im modernen Völkerrecht muss daher grundsätzlich ein Sezessionsrecht eingeräumt werden.[573] Da im klassischen Völkerrecht das Recht zur Annexion bestand, würde man dieses Recht negieren, wenn man dem annektierten Volk gleichzeitig ein Sezessionsrecht zugestünde. Zudem hatte im klassischen Recht der Selbstbestimmungsgedanke noch keinen rechtlichen Inhalt, sodass auch aus diesem Grunde ein entsprechendes Sezessionsrecht im Hinblick auf Restitution des verlorenen Staatsgebiets nicht bestand. Hieraus folgt, dass Annexionen, da sie in der Epoche des klassischen Völkerrechts grundsätzlich rechtmäßig waren, keiner Zustimmung der einverleibten Bevölkerung bedurften. Im modernen Völkerrecht kann allerdings unter Umständen nach einer versuchten Einverleibung dem betroffenen Volk ein Sezessionsrecht eingeräumt werden. Dieses Ergebnis ist auch auf rechtswidrige Annexionen im klassischen Völkerrecht übertragbar.

---

570 Vgl. *Epping/Gloria*, in: *Ipsen*, Völkerrecht, S. 304 Rn. 48.

571 So auch *Roßkopf*, Theorie des Selbstbestimmungsrechts, S. 362.

572 Zu diesem Ergebnis kommt auch: *Gawenda*, Legalizm Polski w świetle prawa publicznego, S. 81.

573 So auch: *Roßkopf*, Theorie des Selbstbestimmungsrechts, S. 363.

ff) Abschließende Würdigung

Die vorliegende Untersuchung hat gezeigt, dass heute defensives und offensives Selbstbestimmungsrecht der Völker zwar in einem potenziellen Konflikt zueinander stehen, dieser Konflikt aber im Ergebnis grundsätzlich zugunsten der territorialen Souveränität und der Rechtssicherheit gelöst wird. Nur ausnahmsweise wird von dem Vorrang der territorialen Souveränität abgesehen, wenn der Bevölkerung massiv ihr Recht auf innere Selbstbestimmung verwehrt wird. Im Völkerrecht muss dem Willen der Völker Bedeutung beigemessen werden. Diese Bedeutung wird aber in der Völkerrechtswissenschaft größtenteils verkannt, und es werden die Interessen der Völker nicht ausreichend in die jeweilige Prüfung mit einbezogen. Der Aspekt des Willens der betroffenen Bevölkerung sollte gerade im Bereich der Staatensukzession Beachtung finden. Dies muss insbesondere dann gelten, wenn die fremde Macht völkerrechtswidrige Gebietshoheit ausübt. Der Wunsch der Bevölkerung kann insbesondere durch dauerhaften Protest wie etwa durch Aufstände ausgedrückt werden. Nicht vertretbar wäre es, den starken Wunsch der Bevölkerung nach Wiedereinsetzung eigener unabhängiger staatlicher Organe unbeachtet zu lassen. Jedes Volk sollte das Recht haben, Einfluss auf sein persönliches Schicksal zu nehmen. Auf diese Weise ist es auch nicht nachvollziehbar, warum die Bevölkerung nicht fähig sein sollte, den Untergang ihres Staates zu verhindern. Es erscheint daher überzeugend, dass ein solcher Wunsch des betroffenen Volkes Einfluss auf die effektive Ausübung der Staatsgewalt der neuen Macht haben muss. Damit hätte der Protest der Bevölkerung Einfluss auf die Kontinuität des Staates. Allerdings kann der bloße Wunsch der Bevölkerung nicht die Effektivität der neuen Staatsgewalt verhindern. Sofern aber der Wille und Wunsch der Bevölkerung zur Wiedererrichtung von staatlichen Organen noch vorhanden ist, müssen die Anforderungen an die Effektivität der neuen Staatsgewalt deutlich höher sein.[574] Hieraus folgt, dass das Recht auf Erhaltung des Status quo sich nicht immer uneingeschränkt durchsetzt. Es muss jeweils eine Abwägung im Einzelfall erfolgen. In jedem Sukzessionsfall treffen neue Aspekte aufeinander, die jeweils rechtlich gewürdigt werden müssen. Auf diese Weise kann die Abwägung auch ein negatives Ergebnis im Hinblick auf das Selbstbestimmungsrecht haben. Der zeitliche Moment etwa kann die Abwägung zu Lasten des Selbstbestimmungsrechts beeinflussen.

Problematisch ist, dass das Selbstbestimmungsrecht der Völker sich als Rechtsinstitut erst im modernen Völkerrecht durchgesetzt hat. In diesem Zusammenhang stellt sich die Frage, ob im Umkehrschluss daraus geschlossen werden muss, dass der Wille der Bevölkerung im klassischen Völkerrecht keine Beachtung gefunden hat. Wie die Darstellung der Geschichte des Völkerrechts gezeigt hat, gab es schon vor Wilson das Institut des Selbstbestimmungsrechts der Völker, auch wenn es niemand so bezeichnete. Zwar fand das Selbstbestimmungsrecht in den meisten Fällen keine Beachtung, dennoch kann nicht angenommen werden, dass der Wille des Volkes als Träger der Souveränität im klassischen Völkerrecht nach

574 Vgl. *Dahm*, Völkerrecht, Bd. I, S. 585.

der französischen Revolution keine Berücksichtigung gefunden hätte. Auch vor Anerkennung des Selbstbestimmungsrechts der Völker als Rechtsinstitut war der dauerhafte Protest der Bevölkerung mit erheblichen Folgen verbunden und konnte ebenfalls dazu führen, dass Änderungen von faktischen und auch rechtlichen Zuständen herbeigeführt beziehungsweise verhindert werden konnten. Dies kann allerdings nur in einer abgeschwächten Form gelten, da im klassischen Völkerrecht grundsätzlich die Annexionsfreiheit den Willen der Bevölkerung überwog, sofern die Annexion auch rechtmäßig war.

b) Recht auf „die" Heimat

Es besteht ein unmittelbarer Zusammenhang zwischen dem Selbstbestimmungsrecht und dem Recht auf die Heimat.[575] Das Recht auf die Heimat verleiht dem Selbstbestimmungsrecht einen Territorialbezug. Wenn Völker und Volksgruppen das Recht haben, über sich selbst zu bestimmen, hat kein Staat das Recht, sie aus ihrer Heimat zu vertreiben, sei es durch einseitige Maßnahmen, sei es aufgrund eines völkerrechtlichen Vertrages. Die wichtigste Voraussetzung für das Selbstbestimmungsrecht eines Volkes oder einer Volksgruppe ist deren ungestörter Verbleib in der Heimat.[576] In der Völkerrechtswissenschaft hat sich für das Schutzobjekt des Siedlungsgebietes die Formel des Rechts auf die Heimat herausgebildet.[577] Das Recht auf die Heimat lässt sich als die rechtlich garantierte Möglichkeit definieren, in der angestammten Heimat zu leben. Dieses Recht kann als Recht des Einzelnen oder als Recht eines Volkes ausgestaltet sein.[578] Das Recht auf die Heimat bedeutet folglich in seiner positiven Fassung die Gewährleistung der Freiheit, in

---

575 Der Begriff wird von drei Sphären geprägt, der sozialen, der kulturell/geistigen und der naturalen Umwelt. Heimat ist ferner kein statischer, sondern ein dynamischer Begriff. Ein Raum wird zur Heimat durch die dauernde Zustimmung der mit ihr verbundenen Menschen. Vgl. *Blumenwitz, Dieter,* Das Recht auf die Heimat, in: *Blumenwitz, Dieter* (Hrsg.), Recht auf die Heimat im zusammenwachsenden Europa. Ein Grundrecht für nationale Minderheiten und Volksgruppen, 1995, S. 41-64 (41). Siehe auch die Ausführungen hierzu bei: *Rogge, Heinrich,* Heimatrecht und Selbstbestimmung im deutsch-polnischen „Rechtsstreit", in: Niedersächsischer Minister für Vertriebene, Flüchtlinge und Kriegssachgeschädigte (Hrsg.), Heimatrecht in polnischer und in deutscher Sicht, 2. Aufl., 1962, S. 91-130 (102 ff.).

576 Vgl. *Blumenwitz, Dieter,* in: *Blumenwitz, Dieter* (Hrsg.), Flucht und Vertreibung. Vorträge eines Symposiums, 1987, S. 42; *Murswiek, Dietrich,* Die völkerrechtliche Geltung eines „Rechts auf Heimat", in: *Gornig, Gilbert H./Murswiek, Dietrich* (Hrsg.), Das Recht auf die Heimat, 2006, S. 27; *Kimminich, Otto,* Das Recht auf die Heimat, 3. Aufl., 1989, S. 170.

577 Vgl. *Heintze,* Selbstbestimmungsrecht und Minderheitenrechte im Völkerrecht, S. 28.

578 *Kurt Rabl* definiert den Begriff Heimat so: „Heimat im Rechtssinn ist jener ererbte oder frei gewählte Ort, wo der Mensch die ihm zukommenden Rechte in Anspruch nimmt, um die ihm obliegenden Pflichten erfüllen zu können". Zit. n.: *Rabl, Kurt,* Die Frage des Rechts auf Heimat in den angelsächsischen Staaten und

der Heimat zu bleiben und dort zu leben.[579] In seiner negativen Fassung enthält es einen Anspruch auf Unterlassung von Vertreibungen,[580] Deportationen und Zwangsumsiedlungen.[581]

Im geschriebenen Völkerecht existiert noch kein Rechtssatz, der ein Recht auf die Heimat zum Gegenstand hat.[582] Aus zahlreichen Resolutionen der UN-Generalversammlung wird aber deutlich, dass ein Rückkehrerrecht von Flüchtlingen anerkannt ist.[583] In der Allgemeinen Erklärung der Menschenrechte der Vereinten Nationen sind einige Artikel enthalten, die mit dem Prinzip des Rechts auf die Heimat in engster Verbindung stehen. So formuliert etwa Art. 13 Abs. 2 ein Recht des Menschen auf Rückkehr in sein eigenes Land. Dies kann als eine Grundlage des Prinzips des Rechts auf die Heimat gesehen werden.[584] Das Recht auf Rückkehr von Flüchtlingen und Vertriebenen in ihre Heimat ist demnach Bestandteil des Selbstbestimmungsrechts. Daraus folgt, dass das Rückkehrrecht als Sekundärrecht notwendigerweise die Existenz eines Primärrechts, nämlich des Rechts auf die Heimat, voraussetzt.[585]

c) Bewertung von Drittstaaten und internationalen Organisationen

Die Beantwortung der Frage, inwiefern der Wille von Drittstaaten oder gar internationalen Organisationen eine Rolle hinsichtlich der Kontinuität eines Staates

---

in den Ländern des Ostblocks, in: *Rabl, Kurt* (Hrsg.), Das Recht auf die Heimat. Studien und Gespräche über Heimat und Heimatrecht, Bd. 1, 1958, S. 87.

579 Vgl. *du Buy, Frans Hendrik Evert Wendel*, Das Recht auf die Heimat. Realität oder Fiktion?, 1975, S. 28 f.

580 Ausführlich beschäftigt hat sich mit der Frage des Vertreibungsverbots bezogen auf die Vertreibung der Deutschen aus den ehemaligen deutschen Ostgebieten: *Skubiszewski, Krzysztof*, Le transfert de la population allemande – était-il conforme au droit international?, in: Cahiers Pologne-Allemande. Faits et documents, 1959, S. 42-56.

581 Vgl. *Murswiek*, Die völkerrechtliche Geltung eines „Rechts auf Heimat", in: *Gornig/Murswiek*, Das Recht auf die Heimat, S. 22 f.; *Gornig, Gilbert H.*, Das Recht auf Heimat und das Recht auf die Heimat. Völkerrechtliche Überlegungen, in: *Weigand, Katharina* (Hrsg.), Heimat. Konstanten und Wandel im 19./20. Jahrhundert. Vorstellungen und Wirklichkeiten, 1997, S. 33-50 (38).

582 Vgl. *Murswiek*, Die völkerrechtliche Geltung eines „Rechts auf Heimat", in: *Gornig/Murswiek*, Das Recht auf die Heimat, S. 19.

583 Beispiele für eine derartige Anerkennung sind die Palästina-Frage (vgl. GA-Res. 3236 [XXIX] v. 22. November 1974) und der Zypern-Konflikt. Vgl. *Tomuschat, Christian*, Das Recht auf die Heimat. Neue rechtliche Aspekte, in: *Jekewitz, Jürgen/Klein, Karl Heinz/Kühne, Jörg Detlef/Petersmann, Hans/Wolfrum, Rüdiger* (Hrsg.), Des Menschen Recht zwischen Freiheit und Verantwortung. FS für Karl Josef Partsch, 1989, S. 183-212 (197); *Kimminich*, Das Recht auf die Heimat, S. 182.

584 Vgl. *du Buy*, Das Recht auf die Heimat, S. 165.

585 Vgl. *Murswiek*, Die völkerrechtliche Geltung eines „Rechts auf Heimat", in: *Gornig/Murswiek*, Das Recht auf die Heimat, S. 28.

spielt, erfolgt unter Bezugnahme auf die bereits behandelte Problematik der Anerkennung von Staaten. Zwar misst die überwiegende Ansicht der Anerkennung nur einen deklaratorischen Charakter zu, hier ist aber die Frage der Anerkennung in einem spezielleren Zusammenhang zu sehen. Der Wille des betroffenen Staates im Hinblick auf seine Subjektsidentität ist nicht absolut, sondern hängt auch von der Haltung und der Akzeptanz der Staatengemeinschaft ab.[586]

Die völkerrechtliche Anerkennung und die Neuaufnahme eines Staates in eine internationale Organisation bedeutet allerdings keine Anerkennung des Neustaates.[587] Ein solcher Vorgang kann jedoch als Manifestierung einer bestimmten Haltung gegenüber dem betroffenen Staat gewertet werden, sodass ihm Indizwirkung zukommt.[588]

3. Kapitel: Staatensukzession

A. Einführung in den Begriff und das Wesen der Staatensukzession

In der neueren Völkerrechtslehre gehört die Regelung der Staatennachfolge beziehungsweise Staatensukzession zu den umstrittensten Problemen.[589] Die Regelung ist lückenhaft und der Begriff unklar,[590] weil es lange Zeit keine Fälle des Staatsuntergangs gab. Erschwerend kommt hinzu, dass weder das Vertragsrecht noch das Völkergewohnheitsrecht bisher in der Lage waren, diese Unklarheiten endgültig zu beseitigen. Dieses wiederum kann damit begründet werden, dass der Untergang des Altstaates und die Entstehung des Neustaates normalerweise in unterschiedlicher Weise erfolgen. Da die Prüfung nur anhand des Einzelfalles erfolgen kann, ist es nachvollziehbar, dass sich noch keine allgemein gültigen Regeln entwickeln konnten.[591] Im Folgenden werden zur Beurteilung der Problematik der Staatennachfolge grundlegende Prinzipen des Völkerrechts, überwiegend basierend auf der Staatenpraxis, herangezogen.

Max Huber definierte im Jahre 1898 den Tatbestand der Staatensukzession wie folgt: „Rechtsnachfolge unter Staaten ist Nachfolge ins Staatsgebiet in der Weise, dass der Gebietsherr seine Staatsgewalt setzt an die Stelle oder diejenige seines Vorgängers“.[592] Die Definition Guggenheims glich sich derjenigen Hubers weitgehend an und umschrieb die Staatennachfolge als „Erstreckung einer Staatsordnung über einen bestimmten, bisher der Staatsordnung eines anderen Staates

586 Vgl. *Dahm/Delbrück/Wolfrum*, Völkerrecht, Bd. I/1, S. 153.
587 Vgl. *Hillgruber*, Die Aufnahme neuer Staaten, S. 434.
588 Vgl. *Zimmermann*, Staatennachfolge, S. 76.
589 Vgl. *Dahm/Delbrück/Wolfrum*, Völkerrecht, Bd. I/1, S. 158; *Fiedler*, Staatensukzession, in: *Ziemske/Langheid/Wilms/Haverkate*, Staatsphilosophie, S. 1374.
590 Vgl. *Bleckmann*, Völkerrecht, S. 228 Rn. 704.
591 Vgl. *Verdross/Simma*, Universelles Völkerrecht, S. 608 § 973.
592 *Huber*, Die Staatensuccession, S. 8.

unterworfenen Bereich".[593] Die endgültige Fassung einer allgemein geltenden Definition ist den beiden Wiener Konventionen[594] zu entnehmen, wonach die Staatensukzession mit identischem Wortlaut wie folgt bestimmt wird: "Succession of States means the replacement of one State by another in the responsibility for the international relations of territory".[595] Diese Definition ist nunmehr auch völkergewohnheitsrechtlich akzeptiert.[596]

Das Recht der Staatennachfolge befasst sich mit der Frage, wie sich der Übergang von Gebietshoheit von einem Völkerrechtssubjekt auf ein anderes Völkerrechtssubjekt vollzieht. Dabei beschreibt die Staatennachfolge den Tatbestand, an den die Rechtsfolge, der mögliche Eintritt in die Rechte und Pflichten des Vorgängers, anknüpft.[597] Im völkerrechtlichen Sprachgebrauch ist die Staatennachfolge demnach der durch den vollständigen oder teilweisen Übergang von territorialer Souveränität und Gebietshoheit bewirkte Wechsel von Staatsgebiet von einem Vorgängerstaat auf einen Nachfolgestaat zu verstehen.[598]

Auf der ersten Ebene muss daher bestimmt werden, welche Form territorialer Veränderung vorliegt. Auf der zweiten Ebene kann dann bestimmt werden, welche Folgen diese territoriale Veränderung bewirkt. Bei den Rechtsfolgen der Staatensukzession steht dann die Problematik der Rechte und Pflichten des Nachfolgestaates im Vordergrund. Fraglich ist, ob und welche Verpflichtungen des Altstaates der neu entstandene Staat eingegangen ist oder eingehen muss.

B. Theorien zur Staatennachfolge

Aufgrund der resultierenden Unklarheiten des Institutes der Staatensukzession hat sich eine Vielzahl von Theorien herausgebildet. Im Folgenden werden nur die wichtigsten dieser Theorien dargestellt.

I. Theorie der Universalsukzession

Noch bis in das 19. Jahrhundert wurde die Theorie der Staatensukzession vom Gedanken der Universalsukzession beherrscht. Hiernach sollten bei einem Gebietswechsel grundsätzlich alle Rechte und Pflichten des Vorgängerstaates für den Nachfolgestaat verbindlich sein. Der Untergang eines Staates wurde mit

---

593 *Guggenheim*, Beiträge zur völkerrechtlichen Lehre, S. 28 f.

594 Wiener Konvention über die Staatennachfolge in Verträge von 1978, Text: AJIL 72 (1978), S. 971 und Wiener Konvention über die Staatennachfolge in Vermögen, Archive und Schulden von 1983, Text: ILM 22 (1983), Teil II, S. 306-329.

595 Diese Definition ist jeweils in den Art. 2 Abs. 1 niedergelegt.

596 Vgl. *Zimmermann*, Staatennachfolge, S. 16.

597 Vgl. *Epping*, in: *Ipsen*, Völkerrecht, S. 345 Rn. 5; *Herbst*, Staatensukzession und Staatsservituten, S. 16.

598 Vgl. *Blumenwitz, Dieter*, Staatennachfolge und die Einigung Deutschlands, Teil I, 1992, S. 19; *Schoenborn*, Staatensukzession, S. 6.

dem Tod des Erblassers im Privatrecht verglichen.[599] Solange noch die Fürsten die Souveräne und mit den Staaten gleichzusetzen waren, war Staatennachfolge bildhaft nachvollziehbar. Sie war nichts anderes als Thron- und Erbfolge. Der legitime Nachfolger übernahm, im Gegensatz zum Herrscher, der sich kriegerisch an die Macht gesetzt hatte,[600] vom Vorgänger die Krone mit allen ihren Rechten und Pflichten.[601] In der Zeit vor dem Ersten Weltkrieg galt der Grundsatz, dass im Falle der Entstehung eines neuen Staates dieser für seinen territorialen Bereich Gesamtrechtsnachfolger des Staates war, von dem er sich getrennt hatte. Der neue Staat übernahm damit auch sämtliche völkerrechtlichen Rechte und Pflichten.[602] Die Lehre und die Staatenpraxis lehnen heute diese Theorie mit dem Argument ab, dass man Privatrecht und öffentliches Recht nicht ohne weiteres miteinander vergleichen könne und dass infolgedessen der Tod eines Menschen nicht mit dem Untergang eines Staates vergleichbar sei.[603]

II. Theorie des „freien Willens"

Die Theorie des „freien Willens" gilt als Reaktion auf die Theorie der Universalsukzession. Nach dieser Lehre übt der Gebietsnachfolger ausschließlich die auf seinem eigenen Willen beruhende Souveränität aus und ist nicht an die Souveränitätsbeschränkungen des Gebietsvorgängers gebunden.[604] Für den Fall des Staatenwechsels bedeutet dies, dass der Nachfolger grundsätzlich nicht automatisch in die Rechte und Pflichten nachfolgt, sondern dies nur freiwillig tun kann. Diese Ablehnung der Sukzession in jeglicher Form wird daher auch als *clean slate Prinzip* bezeichnet.[605] Diese Überlegungen werden darauf gestützt, dass der neue Staat nach freiem Ermessen seine neue Ordnung gestalten und nicht in die Verpflichtung genommen werden solle, Verbindlichkeiten seines Vorgängers zu übernehmen.[606] Jedoch führt auch diese Theorie zu keinem überzeugenden Ergebnis. Es wäre daher vor allem Drittstaaten gegenüber, die eventuell gegen die Staatsneugründung Zweifel hegen, unbillig, wenn der neue Staat beispielsweise an keinerlei Verträge mehr gebunden wäre.[607] Insbesondere wäre die Rechtssicherheit in der

---

599 Vgl. *Kirsten, Johannes*, Einige Probleme der Staatennachfolge, 1962, S. 110; *Makowski*, Podręcznik prawa międzynarodowego, S. 105.
600 Vgl. *Krüger, Herbert*, Allgemeine Staatslehre, 2. Aufl., 1966, S. 139.
601 Vgl. *Grewe, Wilhelm G.*, Epochen der Völkerrechtsgeschichte, 2. Aufl., 1988, S. 421.
602 Vgl. *Rudolf, Walter*, Neue Staaten und das Völkerrecht, in: ArchVR 17 (1977/1978), S. 1-45 (27).
603 *Schoenborn*, Staatensukzession, S. 4; *Dahm/Delbrück/Wolfrum*, Völkerrecht, Bd. I/1, S. 158.
604 Vgl. *Alimi*, Staatensukzession, S. 12.
605 *Schoenborn*, Staatensukzession, S. 7.
606 Vgl. *Wittkowski*, Die Staatensukzession in völkerrechtliche Verträge, S. 42.
607 Vgl. *Kadelbach, Stefan*, Zwingendes Völkerrecht, 1992, S. 222.

Völkerrechtsgemeinschaft erheblich gestört. Somit ist festzuhalten, dass die rechtliche Unabhängigkeit souveräner Staaten nur relativ wirken kann, sodass von einem „freien Willen“ keinesfalls ausgegangen werden darf.

III. Theorie von der Spezialsukzession

Die gegenwärtige Auffassung von der Staatennachfolge versucht zwischen den beiden obigen Theorien einen Mittelweg zu finden. Der Theorie der Spezialsukzession[608] entsprechend muss in jedem Einzelfall nach Interessenlage und Zumutbarkeit abgewogen werden, inwieweit eine selektive Rechtsnachfolge in Rechte und Pflichten möglich erscheint. Im Ergebnis findet eine Sukzession nur in bestimmten Bereichen und unter bestimmten Voraussetzungen statt.[609]

C. Formen der Staatennachfolge

Für die Beurteilung eines Staatsuntergangs sind Gebietsveränderungen von großer Bedeutung. Es stellt sich mithin die Frage, durch welche Gebietsübergangstitel ein Staat untergehen könnte oder notwendigerweise untergeht, damit die Regeln einer Staatensukzession zur Anwendung kommen.

Es ist naheliegend, eine Systematisierung der Staatennachfolge auf Grundlage der Art und Weise der Veränderungen der beteiligten Völkerrechtssubjekte vorzunehmen. Anknüpfungspunkte sind hierbei einerseits die Gebietsveränderungen und andererseits die sich ändernde Staatsgewalt.[610] Unterschieden wird zunächst zwischen der Gebietsübertragung oder auch Teilstaatennachfolge sowie der Vereinigung und dem Auseinanderfallen von Staaten, der Vollstaatennachfolge.[611] Bei der Gebietsübertragung wird die frühere Staatsgewalt nicht völlig von der neuen verdrängt, zudem kommt es weder zu einem Untergang noch zu einer Neugründung eines Staates. Eine Gebietsübertragung, die auch als Zession bezeichnet wird, erfolgt in der Regel durch einen völkerrechtlichen Vertrag.[612] Weitere Arten der Teilstaatennachfolge entstehen, wenn sich Gebietsteile von einem Staat abspalten und dieser nunmehr mit verkleinertem Staatsgebiet als Völkerrechtssubjekt fortbesteht und seine Rechtsbeziehungen unverändert fortsetzt. In diesem Fall handelt es sich um eine Sezession oder Separation.[613] Im Gegensatz zu der Separation erfolgt die Gebietsabtrennung bei der Sezession gegen den Willen des

608 Vgl. *Wengler, Wilhelm*, Völkerrecht, Bd. I, 1964, S. 610.
609 *Blumenwitz*, Staatennachfolge und die Einigung Deutschlands, Teil I, S. 22.
610 Vgl. *Alimi*, Staatensukzession, S. 31.
611 *Epping*, in: *Ipsen*, Völkerrecht, S. 345 Rn. 5; *Dahm/Delbrück/Wolfrum*, Völkerrecht, Bd. I/1, S. 159.
612 *Blumenwitz*, Staatennachfolge und die Einigung Deutschlands, Teil I, S. 24.
613 *Langenfeld, Christiane*, Völkerrechtliche Praxis der Bundesrepublik Deutschland im Jahre 1992, in: ZaöRV 54 (1994), S. 814-1022 (821).

Vorgängerstaates.[614] Es kann festgehalten werden, dass in den Fällen von Zession, Sezession und Separation der Vorgängerstaat nicht untergeht, sondern trotz Gebietsverlustes fortbesteht.[615] Bei der Vollstaatennachfolge hingegen geht der Altstaat unter.[616] Die Vollstaatennachfolge wird in Dismembration, Fusion und Inkorporation unterschieden.[617]

I. Gebietsübertragungen und Abtrennungen

Die Übertragung bestimmter Gebietsteile wird heute allgemein als Fallgruppe der Staatensukzession zugeordnet und als gesonderte Kategorie behandelt.[618] Im Laufe der Zeit haben sich die Gebietsübertragungstitel verändert und auch teilweise an Bedeutung verloren.[619] Im Folgenden werden die Gebietsübergangstitel unter Berücksichtigung der jeweiligen Völkerrechtsepoche überblicksartig dargestellt.

1. Völkerrechtliche Ersitzung

Während die sowjetische Völkerrechtsdoktrin die Ersitzung als Gebietserwerbstitel ablehnte,[620] erkennt die überwiegende Lehre[621] die Existenz eines völkerrechtlichen Instituts der Ersitzung an.[622] Für das Vorliegen einer Ersitzung wird vorausgesetzt, dass sich der erwerbende Staat im effektiven Besitz des Gebietes befindet, die Hoheitsausübung offen und mit Souveränitätswillen erfolgt, der Besitz von dem ersitzenden Staat eine beachtliche Zeit ununterbrochen ausgeübt wird und dass die Ausübung ungestört, unbestritten oder unangefochten[623] erfolgt. Ein guter Glaube des Erwerberstaates wird dabei allgemein nicht gefordert. Rechtsfolge der Ersitzung ist der Erwerb der vollen territorialen Souveränität.[624]

---

614 *Wittkowski*, Die Staatensukzession in völkerrechtliche Verträge, S. 112.

615 Vgl. *Kreuzer, Christine*, Staatsangehörigkeit und Staatensukzession, 1998, S. 36.

616 *Schweisfurth*, Völkerrecht, S. 335 Rn. 205.

617 *Epping*, in: *Ipsen*, Völkerrecht, S. 345 Rn. 5.

618 Geregelt in Art. 15 der WKSV und in Art. 14 der WKSVAS.

619 Die Staatenpraxis des 19. und 20. Jh. sowie die ältere völkerrechtliche Literatur behandelte die Einverleibung eines Staates in einen anderen, ohne zwischen einer einvernehmlichen und gewaltsamen Einverleibung zu unterscheiden. Dies hatte zur Folge, dass die Begriffe der „Einverleibung", „Inkorporation" und „Annexion" gleichberechtigt als austauschbare Bezeichnungen nebeneinander standen. Vgl. *Dörr*, Inkorporation, S. 51.

620 Vgl. *Meissner, Boris*, Die sowjetische Stellung zur Annexion und zur Ersitzung, in: IRuD 1964, S. 96-100 (98).

621 Auch im klassischen Völkerrecht wurde ein Gebietserwerb durch Ersitzung zugelassen. Vgl. *Wiewióra, Bolesław*, Die Anerkennung territorialer Erwerbungen im Völkerrecht, 1962, S. 141.

622 Vgl. *Krülle*, Die völkerrechtlichen Aspekte des Oder-Neiße-Problems, S. 210 ff.

623 "undisturbed, uninterrupted and unchallanged".

624 Die territoriale Souveränität bestimmt, dass der Staat auf seinem Territorium die höchste Gewalt über Personen und Sachen ausübt, die im Bereich dieses

Problematisch ist die Bestimmung des Merkmals der „ungestörten Hoheitsausübung". Ungestört ist die Hoheitsausübung erst dann, wenn die Gebietsbevölkerung der effektiven Fremdherrschaft keinen effektiven Widerstand entgegensetzt. Sie ist unbestritten, wenn sie von dem einst betroffenen Staat und der Völkerrechtsgemeinschaft geduldet werde.[625] Auch hinsichtlich der Länge der Ersitzungsfrist gibt es bisher keine allgemein geltende Bestimmung. Überwiegend wird vertreten, dass die Frist von den Umständen des Einzelfalles abhängen müsse.[626] Es muss vielmehr geprüft werden, ob sich der neue Zustand dauerhaft durchgesetzt hat.[627] Die Ersitzung zählt heute zu den anerkannten Prinzipien des Völkerrechts.[628]

2. Okkupation

Im Gegensatz zur Ersitzung, die sich auf ein Territorium bezieht, das schon zuvor in Besitz genommen worden war,[629] beschreibt die Okkupation[630] die Inbesitznahme eines bisher herrenlosen Gebietes (*terra nullius*) in der Absicht, das Gebiet mit dem Willen zu dauernder Herrschaft der eigenen Hoheitsgewalt zu unterwerfen.[631] Voraussetzung einer Okkupation ist nach überwiegender Ansicht die effektive Ausübung von Herrschaftsgewalt.[632] Im klassischen Völkerrecht wurden Annexion und Okkupation häufig als Synonyme verwendet. Dies ist nicht korrekt, da ein wesentlicher Unterschied zwischen beiden möglichen Gebietserwerbstiteln besteht: Bei der Okkupation fehlt nämlich die Voraussetzung der Einverleibung.

Territoriums liegen. Als Territorialhoheit wird daher das Recht zur ausschließlichen Nutzung auf dem Staatsgebiet vorhandener Naturschätze sowie als Exklusivrecht, dieses Territorium zu besitzen, verstanden. Vgl. *Wiewióra*, Die Anerkennung territorialer Erwerbungen im Völkerrecht, S. 17.

625 *Zimmer*, Gewaltsame territoriale Veränderungen, S. 50.

626 Vgl. *Zimmer*, Gewaltsame territoriale Veränderungen, S. 52; *Blumenwitz, Dieter*, „ex factis ius oritur" – „ex iniuria ius non oritur", in: *Blumenwitz, Dieter/Meissner, Boris* (Hrsg.), Staatliche und nationale Einheit Deutschlands – ihre Effektivität, 1984, S. 43-56 (49).

627 *Blumenwitz*, „ex factis ius oritur" – „ex iniuria ius non oritur", in: *Blumenwitz/Meissner*, Staatliche und nationale Einheit Deutschlands, S. 49, 55 f.

628 Vgl. *Epping/Gloria*, in: *Ipsen*, Völkerrecht, S. 307 Rn. 57; vgl. zum Meinungsstand der Ersitzung: *Krieger*, Das Effektivitätsprinzip, S. 332 ff.; polnische Theoretiker lehnen die Ersitzung als Möglichkeit des Gebietserwerbes überwiegend ab und begründen dies mit einem Verweis auf das Selbstbestimmungsrecht der Völker, das mit der Ersitzung kollidieren würde. Vgl. *Wiewióra*, Die Anerkennung territorialer Erwerbungen im Völkerrecht, S. 144 f.

629 Vgl. *Brownlie*, Principles of International Law, S. 138.

630 Die Okkupation als Form des Gebietserwerbs wurde von den europäischen Staaten noch im 19. Jahrhundert in Afrika und Asien praktiziert. Heute ist die Erdoberfläche unter allen Staaten praktisch aufgeteilt. Die einzige Okkupationsmöglichkeit würde heute noch die Antarktis bieten. Vgl. *Hobe*, Völkerrecht, S. 83.

631 Vgl. *Krieger*, Das Effektivitätsprinzip, S. 331.

632 Vgl. *Dahm/Delbrück/Wolfrum*, Völkerrecht, Bd. I/1, S. 350.

3. Annexion

Die Annexion war im klassischen Völkerrecht ein gängiger Gebietserwerbstitel.

a) Voraussetzungen der Annexion

Unter einer Annexion ist die gewaltsame, regelmäßig im Anschluss an eine militärische Niederlage des Gegners erfolgende Einverleibung fremden Territoriums mit Aneignungsabsicht zu verstehen.[633] Eine Annexion stellt demnach einen einseitigen Gebietserwerb unter Verletzung eines fremden Staatswillens dar.[634] Wenn die Annexion nur einen Teil eines fremden Gebietes betrifft, liegt eine partielle Annexion vor, sofern sie sich auf das gesamte Territorium eines anderen Staates erstreckt, wird von einer Totalannexion gesprochen.[635] Im Gegensatz zur Zession ist bei der Annexion die Mitwirkung desjenigen Staates, der das Gebiet verliert, nicht erforderlich. Das Hauptmerkmal der Annexion ist nämlich, dass sie gegen den Willen des annektierten Staates durchgesetzt wird.[636]

Objektiv betrachtet setzt die Annexion die Inbesitznahme und Einverleibung des eroberten Gebietes unter vollkommener Beseitigung der ursprünglichen Staatsgewalt voraus. Im Falle einer Totalannexion muss daher eine *debellatio*[637] vorliegen.[638] In subjektiver Sicht muss der Einverleibungswillen in einer konkreten Annexionserklärung[639] oder in entsprechenden eindeutigen Handlungen zum Ausdruck gebracht werden.[640]

b) Rechtmäßigkeit der Annexion

Die Rechtmäßigkeit der Annexion wurde in den verschiedenen völkerrechtlichen Epochen unterschiedlich gewürdigt. Die Entwicklung, die von der

---

633 *Blumenwitz*, „ex factis ius oritur" – „ex iniuria ius non oritur", in: *Blumenwitz/Meissner*, Staatliche und nationale Einheit Deutschlands, S. 45. Zu den Voraussetzungen siehe auch: *Schätzel, Walter*, Die Annexion im Völkerrecht, 1920, S. 47 ff.; *Bindschedler, Rudolf L.*, Annexion, in: *Strupp/Schlochauer*, Wörterbuch des Völkerrechts, Erster Band, S. 68-71 (68).

634 *Schätzel*, Annexion im Völkerrecht, S. 65.

635 Vgl. *Dahm*, Völkerrecht, Bd. 1, S. 589; *Bindschedler*, Annexion, in: *Strupp/Schlochauer*, Wörterbuch des Völkerrechts, Erster Band, S. 68.

636 Vgl. *Schätzel*, Annexion im Völkerrecht, S. 65.

637 Hierunter ist das durch vollständige Zerstörung und militärische Niederringung eines Staates herbeigeführte Ende eines Krieges zu verstehen. Vgl. *Meyn, Karl-Ulrich*, Debellatio, in: EPIL, vol. I, S. 969-971 (969).

638 *Blumenwitz*, „ex factis ius oritur" – „ex iniuria ius non oritur", in: *Blumenwitz/Meissner*, Staatliche und nationale Einheit Deutschlands, S. 45.

639 Der annektierende Staat musste seinen Willen zum Ausdruck bringen, seine territoriale Souveränität auf das betreffende Gebiet ausweiten zu wollen.

640 *Blumenwitz*, „ex factis ius oritur" – „ex iniuria ius non oritur", in: *Blumenwitz/Meissner*, Staatliche und nationale Einheit Deutschlands, S. 45.

Annexionsfreiheit bis zum Annexionsverbot reichte, ist untrennbar mit dem Verständnis des Krieges[641] und dessen rechtlichen Folgen verknüpft.

aa) Annexionsfreiheit

(1) Die Lehre vom gerechten Krieg

(a) Mittelalter

Seit dem Mittelalter[642] wurde die Lehre vom gerechten Krieg vertreten. Danach galten Krieg und die auf ihn folgenden Maßnahmen des Siegerstaates gegenüber dem Verlierer als rechtmäßig,[643] wenn dem Siegerstaat ein Rechtfertigungsgrund für die Kriegsführung zur Seite stand.[644] Nach Augustinus (354-430) ist ein Krieg gerecht, „der Vergeltung für Unrecht übt, wenn ein Volk oder ein staatliches Gemeinwesen, gegen das sich der Krieg richtet, entweder ein Einschreiten gegen das rechtswidrige Verhalten seiner Angehörigen oder die Herausgabe von etwas zu Unrecht Weggenommenen unterlassen hat".[645] Er forderte, dass nicht aus Grausamkeit, Rachsucht oder Herrschsucht Krieg geführt werden dürfe, sondern nur zur Wiederherstellung des rechten Friedens, also mit der gerechten Absicht (*intentio recta*).[646] Allen Definitionen[647] der Lehre des gerechten Krieges liegt der Gedanke zugrunde, dass ein – vermeintlich – gerechter Grund zur Kriegsführung vorhanden sein müsse. Im Hoch- und Spätmittelalter wurde an der Lehre festgehalten. Durch den Dominikaner Thomas von Aquin (1225 oder 1226-1274) wurde

---

641 *Berber* definiert den Krieg wie folgt: „als denjenigen Zustand der Beziehungen zwischen zwei Staaten – oder zwischen zwei Staatengruppen, oder zwischen einem Staat und einer Staatengruppe – unter dem die Geltung des normalen Völkerrechts – des sog. Friedensrechts – zwischen ihnen suspendiert ist". Zit. n.: *Berber*, Lehrbuch des Völkerrechts, Bd. 2, S. 3.

642 Die Wurzeln des Begriffs des *bellum iustum* gehen bereits auf die Antike zurück. So wertete etwa *Aristoteles* alle Kriege gegen Barbaren als prinzipiell gerecht, da es in der Analogie zu wilden Tieren deren Bestimmung sei, beherrscht zu werden. Im Römischen Reich wurde der Krieg als gerecht gewertet, wenn er als bewaffnete Selbsthilfe gegen eine unrechtmäßige Handlung betrieben wurde. Vgl. *Berger, Dirk A.*, Krieg und Völkerrecht am Übergang vom Mittelalter zur Neuzeit. Bellum iustum, bellum legale oder beides?, 2010, S. 43.

643 Ein Krieg kann auf fünf verschiedene Arten ungerecht sein: wegen der Person *(ex persona)*; wegen des Gegenstandes *(ex re)*, wenn er unzulässig ist; wegen der Ursache *(ex causa)*, wenn sie willkürlich, nicht zwangsläufig ist; wegen der Gesinnung und Absicht *(ex anima et intentione)*, wie bei Rachsucht und Unversöhnlichkeit; wegen der Vollmacht *(ex auctoritate)*, wenn sie fehlt. Vgl. *Reibstein*, Völkerrecht. Eine Geschichte seiner Ideen in Lehre und Praxis, Bd. 1, 1958, S. 137.

644 Vgl. *Schmitz, Michael*, Die Rechtslage der deutschen Ostgebiete. Die Oder-Neiße-Grenze im Blickpunkt des Völkerrechts, 1986, S. 26.

645 Zit. n.: *Berber*, Lehrbuch des Völkerrechts, Bd. 2, S. 28.

646 *Berber*, Lehrbuch des Völkerrechts, Bd. 2, S. 28.

647 Weitere umfangreiche Definitionen liegen von *Raymond de Pennafort* (1180-1275) und *Thomas von Aquin* (1225-1274) vor.

sie weiter entwickelt.[648] Auf Grundlage des gerechten Krieges wäre damit auch die gerechte Annexion erlaubt gewesen.

Die Lehre des *bellum iustum* geht nicht aus juristischen Erwägungen hervor, sondern stützt sich auf eine religiös-moralische Rechtfertigung.[649] Dies erklärt auch, warum die Voraussetzungen des gerechten Krieges gerade nicht von Juristen, sondern von Geistlichen aufgestellt wurden, allen voran Augustinus, der katholischer Bischof war. Demnach ist die Voraussetzung der Gerechtigkeit weniger auf eine rechtliche, sondern vielmehr auf eine moralische Grundlage zurückzuführen.[650]

(b) Neuzeit bis zum Westfälischen Frieden

Im Zeitraum von der Neuzeit bis zum Westfälischen Frieden wurden Kriege auf Grundlage des Glaubens als gerechte Kriege gewertet.[651]

(c) Westfälischer Frieden: Freies Kriegsführungsrecht

Das Recht zum Krieg geht mit der Epoche des klassischen Völkerrechts einher. Der Westfälische Frieden[652] erkannte ausdrücklich den Begriff der Souveränität an, aus dem wiederum das Recht jeden Staates zum Krieg abgeleitet wurde. Nach klassischem Völkerrecht war die Einverleibung fremden Staatsgebiets nach einem gewonnenen Krieg das natürliche Recht des Siegers. Jedes Völkerrechtssubjekt hatte das Recht zur Kriegsführung (*ius ad bellum*) und daraus resultierend das Recht, andere Völkerrechtssubjekte ganz oder teilweise durch Erwerb ihres Staatsgebietes zu vernichten. Aus dem freien Kriegsführungsrecht folgte das Recht der Staaten zur Annexion.[653]

(2) Grenze der Annexionsfreiheit

Da im klassischen Völkerrecht den souveränen Staaten das Recht zum Kriege zustand, konnte ihnen die Annexion des eroberten Gebietes nicht verwehrt werden.[654] Lediglich aufgrund spezieller Vertragsabschlüsse wie Nichtangriffspakten oder Neutralitätsabreden konnte sich eine Rechtswidrigkeit ergeben.[655] Daraus folgt, dass eine Annexion dann rechtswidrig war, wenn sie gegen einen zum

---

648 Vgl. *Berger*, Krieg und Völkerrecht, S. 53.

649 Vgl. *Berger*, Krieg und Völkerrecht, S. 43; *Wehberg, Hans*, Krieg und Eroberung im Wandel des Völkerrechts, 1953, S. 14 f.

650 *Berber*, Lehrbuch des Völkerrechts, Bd. 2, S. 26.

651 *Berger*, Krieg und Völkerrecht, S. 72 f.

652 Dt. Textauszug: *Rönnefarth, Helmuth K. G.*, Konferenzen und Verträge, Teil II, Bd. 3, 2. Aufl., 1958, S. 75-82.

653 *Czapliński, Władysław*, Zmiany terytorialne w Europie środkowej i wschodnej i ich skutki międzynarodowe (1990-1992), 1998, S. 46.

654 Vgl. *Kimminich*, Der Moskauer Vertrag, S. 47 f.

655 Vgl. *Czapliński*, Zmiany terytorialne, S. 46.

Zeitpunkt der Eroberung gültigen Vertrag[656] zwischen dem annektierenden Staat und dem „Opferstaat" verstoßen hatte. Der betreffende Vertrag musste hierbei in irgendeiner Weise eine Verpflichtung zur Wahrung der Grenze und des Territoriums der beteiligten Staaten zum Gegenstand haben. Derartige Vereinbarungen beseitigten aber das allgemeine „Recht zum Krieg" nicht.

(3) Nachträgliche Legitimierung einer rechtswidrigen Annexion

Die Rechtswidrigkeit der Annexion könnte allerdings im Nachhinein wieder geheilt werden.

(a) Nachträglicher Abschluss einer Zession

Es besteht die Möglichkeit, dass eine nachträgliche Zustimmung desjenigen Staates, der die Gebietsverluste hinnehmen muss, erfolgt. Die beteiligten Staaten können einen Vertrag schließen, in dem sie sich willentlich darauf einigen, dass die zuvor annektierten Gebiete auf den Eroberer übergehen. Die Erklärung des Staates, der dem Gebietsübergang zustimmt, ist als Abtretung zu werten. Ein nachträglicher Vertragsabschluss ist als Zession zu qualifizieren. Die ursprünglich rechtswidrige Annexion kann sich in diesen Fällen in eine rechtmäßige Zession wandeln. Insbesondere ist dies möglich, weil der neue Vertrag den vorherigen Vertrag, gegen den die Annexion verstoßen hatte, ersetzt. Aus der Staatenpraxis nach dem Westfälischen Frieden ergibt sich, dass nahezu alle territorialen Veränderungen[657] in Europa durch Friedensabschlüsse und damit durch Zessionen erfolgten.[658]

(b) Heilung durch neuen Statusvertrag

Eine weitere Möglichkeit der Heilung eines rechtswidrigen Gebietsübergangs wie einer rechtswidrigen Annexion könnte durch einen später abgeschlossenen

---

656 Vgl. auch *Bauer, Herbert*, Der Satz „pacta sunt servanda" im heutigen Völkerrecht, 1934, S. 11 ff.; der Grundsatz stellt einen allgemeinen Rechtsgrundsatz dar. Vgl. *Doehring*, Völkerrecht, S. 320 Rn. 741. Der Grundsatz *pacta sunt servanda* zählt zu den ältesten Prinzipien des allgemeinen Völkerrechts. Die Staaten sollen dem Grundsatz entsprechend an einen rechtsgültigen Vertrag gebunden werden. Hiernach sollen völkerrechtliche Verträge eine verpflichtende Kraft entwickeln. Dem Vertragstreuegrundsatz könnte die Klausel *rebus sic stantibus* entgegenstehen oder zumindest eine Ausnahme hiervon bilden. Sie besagt, dass wenn sich die Verhältnisse, unter denen der Vertrag abgeschlossen wurde, geändert haben, ein oder mehrere Vertragspartner berechtigt sein sollen, sich ihrer Verpflichtungen zu entledigen und den Vertrag aufzuheben (vgl. *Paul, Vladimir*, Der Grundsatz „pacta sunt servanda" und die Klausel „rebus sic stantibus" im Völkerrecht, in: OsteuropaR [1974], Heft Nr. 2, S. 125-139 [125]). Im modernen Völkerrecht wurde der Grundsatz in der Präambel und in Art. 2 der Charta der Vereinten Nationen verankert.

657 Eine Ausnahme hiervon bildet die dritte Teilung Polen-Litauens.

658 *Gauland, Alexander*, Das Legitimitätsprinzip in der Staatenpraxis seit dem Wiener Kongress, 1970, S. 19 f.

Statusvertrag[659] eintreten. Der Statusvertrag könnte auf diese Weise nachträglich einen rechtswidrigen Zustand legitimieren. Da an einem Statusvertrag eine Vielzahl von Staaten beteiligt ist, stellt er einen multilateralen Vertrag dar.

(aa) Begriffsbestimmung

Statusverträge[660] schaffen eine verbindliche Ordnung hinsichtlich eines Gebietes und der Rechtsstellung eines Staates.[661] Sie sollen in der Regel Frieden in einer bestimmten Region oder auch auf der Welt sichern und stehen daher häufig im Zusammenhang mit Friedensabschlüssen. Statusverträge[662] sind also Verträge, die aus Gründen des allgemeinen Interesses eine territoriale Ordnung errichten, die auch für Dritte maßgebend sein soll.[663] Aufgrund dieser starken Rechtsfolgen sind an Statusverträge enge Voraussetzungen geknüpft. So muss die vertragliche Regelung in erster Linie gebietsbezogen sein.[664] Ferner müssen die Vertragsparteien bei der Aufstellung der neuen Regelung im allgemeinen Interesse handeln. Die Intention der Vertragsparteien muss darauf gerichtet sein, dem betreffenden Gebiet einen allgemeinen, also einen *erga omnes* wirkenden, von allen zu respektierenden Rechtsstatus zu erhalten. Dem Merkmal des Allgemeininteresses steht allerdings nicht entgegen, dass die Staaten in der Regel grundsätzlich auch ihre eigenen Interessen verfolgen, da die Verfolgung von Eigeninteressen und die Verfolgung von Allgemeininteressen sich nicht unbedingt ausschließen müssen. Das Allgemeininteresse wird stets bei der Erhaltung des internationalen Friedens und der zwischenstaatlichen Kommunikation und Kooperation unproblematisch vorliegen.[665] Schließlich müssen aufgrund der *erga omnes*-Wirkung die Vertragsparteien eine auf die Regelung bezogene territoriale Kompetenz besitzen.[666]

---

659 Im juristischen Sprachgebrauch wird der Begriff *Status* in sehr unterschiedlichen Zusammenhängen verwendet, bezeichnet jedoch immer eine Rechtsstellung, einen Rechtszustand oder eine Situation, an die die Rechtsordnung bestimmte Rechtsfolgen anknüpft, eine Lage, aus der sich Rechte und Pflichten ergeben. Zit. n.: *Klein, Eckart*, Statusverträge im Völkerrecht. Rechtsfragen territorialer Sonderregime, 1980, S. 21.

660 Beispiele für Statusverträge sind der Antarktisvertrag von 1959 und das Berlin-Abkommen von 1971.

661 Vgl. *Hobe*, Völkerrecht, S. 188.

662 In der Literatur werden Statusverträge gelegentlich auch als Ordnungsverträge oder normative Verträge bezeichnet.

663 *Dahm*, Völkerrecht, Bd. I, S. 23.

664 Auch *Guggenheim* spricht sich für die Existenz von Statusverträgen aus und hebt die Territorialverbundenheit dieser Verträge hervor. Vgl. *Guggenheim*, Lehrbuch des Völkerrechts, Bd. I, S. 90.

665 *Klein*, Statusverträge, S. 61 f.

666 *Klein*, Statusverträge, S. 22 f.

(bb) Problematik der Rechtsverbindlichkeit für dritte Staaten

Problematisch ist die Beurteilung, wann die Vertragsstaaten die geforderte territoriale Kompetenz zur Statusänderung besitzen und ob dritte Staaten, die an dem Abschluss des Statusvertrages nicht beteiligt sind, an die Rechtsfolgen, die mit der neuen Ordnung einhergehen, gebunden sind. Hierbei ist insbesondere fraglich, ob die durch den Statusvertrag betroffenen dritten Staaten einer Statusänderung zustimmen müssen oder ob die Drittwirkung automatisch eintritt. Diese Problematik beinhaltet die Fragestellung, ob die Mächte, die an dem Statusvertrag beteiligt sind, auch ohne territoriale Souveränität rechtswirksame neue Zustände schaffen können.

Territorial zuständig ist grundsätzlich der territoriale Souverän, also der Staat, zu dessen Staatsgebiet das in Betracht kommende Territorium gehört. Sofern die an dem Statusvertrag beteiligten Staaten keine territoriale Souveränität über bestimmte Gebiete besitzen, müsste grundsätzlich der betroffene Staat der „Statusänderung" zustimmen. Gegen das Erfordernis einer Zustimmung von betroffenen Drittstaaten könnte jedoch sprechen, dass es im Zusammenhang mit Gebietsstreitigkeiten schwierig ist, die Interessen aller Staaten in dem Maße zu berücksichtigen, dass alle mit der neuen Ordnung zufrieden sind und keine Einwände dagegen erheben. Problematisch wäre es zudem, wenn die neue Ordnung bei einer fehlenden Zustimmung von Drittstaaten nicht in Kraft treten könnte.

Allerdings spricht für ein Zustimmungserfordernis, dass sich der Statusvertrag hinsichtlich einzelner Bestimmungen wie ein Vertrag zu Lasten Dritter auswirkt, der grundsätzlich unzulässig wäre. Klein kommt daher in seinem umfassenden Werk zu der Problematik der Statusverträge zu dem Ergebnis, dass das Auftreten für andere und mit Wirkung für diese sich nicht auf einen Ermächtigungsgrundsatz des allgemeinen Völkerrechts zurückführen lässt.[667] Er plädiert somit dafür, dass dritte Staaten den neuen Regelungen zustimmen müssten. Grundsätzlich soll somit kein Staat mit Verpflichtungen aus einem Vertrag belastet werden, dem er nicht zugestimmt hat.[668] Dritte Staaten brauchen vertragliche Regelungen nur gegen sich wirken lassen, wenn sie diese vorher entweder ausdrücklich oder konkludent anerkannt haben.[669] Sofern die Großmächte die territoriale Kompetenz nicht aus ihrer Regelungsbefugnis ableiten können,[670] müssen sie die Zustimmung des regelungsbefugten betroffenen Staates, der nicht an dem Statusvertrag als Partei beteiligt ist, einholen.[671] Im Unterschied zu herkömmlichen Verträgen ohne *erga omnes*-Wirkung wird die Zustimmung des Drittstaates fingiert, wenn er nicht ausdrücklich erklärt, dass er an die neue Ordnung nicht gebunden sein will. Somit wird

---

667 *Klein*, Statusverträge, S. 197.
668 Rechtssatz: „Nemo plus iuris in alium transferre potest quam ipse habet".
669 *Verdross/Simma*, Universelles Völkerrecht, S. 488 § 769.
670 *Verdross/Simma*, Universelles Völkerrecht, S. 488 § 768 f.
671 *Feist, Christian*, Kündigung, Rücktritt und Suspendierung von multilateralen Verträgen, 2001, S. 94.

bei Statusverträgen den betroffenen Drittstaaten auferlegt, sich ausdrücklich gegen die neu geschaffene Ordnung zu wehren, da ansonsten von ihrer Zustimmung ausgegangen wird, sodass der Statusvertrag auch für sie volle Bindung entfaltet (*qui tacet, consentire videtur*).[672] Diese besondere Regelung zur Bindungswirkung, die bereits bei einem fehlenden Protest und damit passivem Verhalten von Drittstaaten, eintritt, ist vor dem Hintergrund gerechtfertigt, dass es ansonsten schwierig wäre, im Sinne der Friedenssicherung eine schnelle Effektivität der neuen Ordnung herbeizuführen. Im Ergebnis müssen die am Statusvertrag beteiligten Staaten zunächst das Einverständnis des betroffenen Staates zu einer neuen Regelung einholen, wenn sie hinsichtlich dieses Gebietes nicht die territoriale Kompetenz besitzen.

Schließlich stellt sich die Frage, ob Großmächten die territoriale Zuständigkeit automatisch zustehen könnte oder ob sie sich diese lediglich anmaßen. Daher ist fraglich, ob die Großmächte[673] ihre Entscheidungen in einem Statusvertrag dritten Staaten gegenüber rechtlich durchsetzen können, ohne hierzu ein Einverständnis einholen zu müssen.[674] Ein Staat wird als Großmacht bezeichnet, wenn er einerseits die Fähigkeit, andererseits den Willen besitzt, aktiv an der Weltpolitik teilzunehmen und die entsprechende Universalität seiner Interessen zur Geltung zu bringen.[675] Ob aus dieser Großmachtstellung eine besondere Rechtsstellung erwachsen kann, ist fraglich. Zunächst ist es notwendig, die Großmachtstellung, bezogen auf das jeweils geltende Völkerrecht zu betrachten, da die Stellung der Großmächte im klassischen Völkerrecht anders zu beurteilen ist. Da es zu dieser Zeit noch kein Selbstbestimmungsrecht der Völker gab, könnte daraus geschlossen werden, dass die Großmächte eine neue territoriale Ordnung schaffen konnten, ohne eine Einwilligung von betroffenen, aber an den Verträgen nicht beteiligten Staaten, einzuholen. Dem steht entgegen, dass schon im 19. Jahrhundert der Grundsatz der „Gleichheit der Staaten" galt. Aus diesem Grundsatz kann vielmehr geschlossen werden, dass die unmittelbar betroffenen Staaten beim Statusvertrag mitberücksichtigt werden mussten. Die Großmachtstellung der am Statusvertrag beteiligten Staaten kann folglich nicht bewirken, dass die Großmächte ohne territoriale Kompetenz und ohne Zustimmung der betroffenen Staaten rechtswirksame Regelungen durchsetzen konnten.

---

672 *Feist*, Kündigung, S. 95.

673 Großmächte des 19. Jahrhunderts waren die fünf Signatare des Zweiten Pariser Friedens, der am 20. November 1815 zwischen Österreich, Großbritannien, Preußen und Österreich einerseits und Frankreich andererseits geschlossen wurde. Vgl. *Klein*, Statusverträge, S. 97.

674 Zum Beleg für die *erga omnes*-Regelungskompetenz der europäischen Großmächte des 19. Jahrhunderts wird häufig *Bluntschli* zitiert: „Sind die auf einem allgemeinen europäischen Congresse versammelten Staten einig über völkerrechtliche Bestimmungen, so sind dieselben für alle europäischen Staten verbindliche Rechtsvorschriften". Vgl. *Bluntschli*, Das moderne Völkerrecht, 1868, S. 103 § 110.

675 Zit. n.: *Klein*, Statusverträge, S. 97.

(cc) Problematik der Änderung oder Beendigung von Statusverträgen

Aufgrund der dargelegten besonderen Rechtsfolgen, die an Statusverträge geknüpft sind, ist ferner fraglich, ob diese geändert oder beendet werden können. Falls diese Möglichkeit eingeräumt wird, ist wiederum fraglich, ob hierbei eine Einstimmigkeitsregel besteht. Die Rechtslage wird problematisch, wenn eine der Vertragsparteien oder sogar alle untergegangen sind. Fest steht, dass alle Vertragsparteien grundsätzlich dem Grundsatz „pacta sunt servanda" verpflichtet sind. Dieser gilt auch für Statusverträge. Das Fehlen einer Änderungsklausel bedeutet kein prinzipielles Änderungsverbot. Fehlt eine solche Änderungsklausel, ist dies zumindest ein Indiz für die Unmöglichkeit des einseitigen Rückzuges aus dem Vertrag.[676] Allerdings kann bereits aus praktischen Erwägungen kein generelles Verbot der Vertragsänderung oder der Vertragsaufhebung existieren. Die Umstände, die zum Vertragsschluss geführt haben, können sich ändern oder sogar wegfallen, sodass es im Ergebnis notwendig sein kann, den Vertrag entweder zu modifizieren oder aufzuheben. Nach allgemeinem Völkerrecht sind grundsätzlich die Parteien in der Lage, gemeinsam den Vertrag aufzuheben oder durch einen neuen zu ersetzen.[677]

Eine mögliche Änderung oder Aufhebung von Statusverträgen könnte aber gegen den mit ihm verfolgten Ordnungszweck verstoßen,[678] sodass zu untersuchen ist, ob auf Statusverträge andere Grundsätze anzuwenden sind.[679] Insbesondere stellt sich die Frage, ob alle Vertragsparteien an dem Änderungsverfahren mitwirken müssen oder ob die Änderung auch durch einzelne Vertragsparteien herbeigeführt werden kann. Zu beachten hierbei ist die Erfüllungsstruktur der Statusverträge. Diese gelten mit ihren übernommenen Pflichten *erga omnes partes* und sind deswegen gerade nicht in verschiedene bilaterale Beziehungen aufspaltbar.[680] Hieraus folgt, dass Statusverträge nur bei der Teilnahme sämtlicher Vertragsstaaten geändert oder aufgehoben werden können.[681] Dies würde dafür sprechen, dass

---

676 *Klein*, Statusverträge, S. 256.

677 Vgl. Art. 54, 59 WÜRV.

678 *Dahm* kommt zu der Schlussfolgerung, dass „insofern der Statusvertrag eine Ordnung begründet, die für den Frieden der Welt oder einer bestimmten Region eine dauernde wesentliche Ordnung darstellt, löst sich die so entstandene Ordnung von ihrer vertraglichen Grundlage ab. Sie gilt dann für alle, ist damit der einseitigen Verfügung der ursprünglichen Vertragsstaaten entzogen und gilt weiter, auch wenn die Parteien später Änderungen vornehmen (...)". Zit. n.: *Dahm*, Völkerrecht, Bd. I, S. 24.

679 *Klein*, Statusverträge, S. 256.

680 *Klein*, Statusverträge, S. 258.

681 *Hatschek* bewertet die Problematik wie folgt: „Ist hingegen der Nachteil, den der dritte Staat erfährt, nur die Reflexwirkung eines von zwei anderen Staaten durch Vertrag festgelegten Rechtsverhältnisses, so kann der dritte benachteiligte Staat nur Einspruch erheben, wenn sein Nachteil zugleich die Verletzung eines völkerrechtlichen Grundsatzes ist". Als Beispiel für einen solchen Einspruch nennt *Hatschek* den Protest Englands gegen die Einverleibung Krakaus in Österreich im

bei Statusverträgen eine Einstimmigkeitsregel angewandt werden müsste. Klein kommt zu dem Ergebnis, dass in der Staatenpraxis von der Einstimmigkeitsregel, insbesondere durch Mitwirkung von anderen Staaten, häufig abgewichen wurde.[682] Gleichzeitig haben sich auch immer wieder Staaten gegen Änderungen von Statusverträgen ausgesprochen, indem sie diese als rechtswidrig angesehen haben. Für die Anwendung der Einstimmigkeitsregel spricht die oben genannte Erfüllungsstruktur der Statusverträge. Außerdem existiert keine Völkerrechtsnorm, die eine Abweichung von der festgesetzten Ordnung ohne Zustimmung legitimieren könnte. Als Ausnahme von der Einstimmigkeitsregel wird man jedoch den Fall zulassen müssen, dass der einst zustimmende Staat zum Zeitpunkt der Änderung nicht mehr existiert.

(dd) Zusammenfassung

Der Statusvertrag setzt eine Gebietsbezogenheit, ein Allgemeininteresse und die Intention der Vertragsparteien, dem betreffenden Gebiet einen allgemeinen, also einen *erga omnes* wirkenden, von allen zu respektierenden Rechtsstatus zu verleihen. Für den Fall, dass die Vertragsstaaten eine territoriale Kompetenz haben, tritt eine Drittwirkung für diejenigen Staaten ein, die zwar von den Rechtsfolgen des Statusvertrages betroffen sind, aber am Vertragsabschluss nicht als Partei mitgewirkt haben. Wenn die Vertragsstaaten nicht die territoriale Kompetenz besitzen, müssen die betroffenen Drittstaaten den im Statusvertrag festgelegten Gebietsänderungen zustimmen. Von der entsprechenden Zustimmung wird ausgegangen, wenn die Drittstaaten über einen längeren Zeitraum nicht gegen die neue Ordnung protestieren, also passiv bleiben. Die Vertragspartner können die von ihnen geschaffene Ordnung nur bei Einhaltung der Einstimmigkeitsregel ändern oder aufheben. Somit sind einseitige Änderungen ausgeschlossen. Für den Fall, dass die Vertragsstaaten untergegangen sind, ist die Ordnung weiterhin rechtswirksam.[683] Hinsichtlich der Rechtsfolge von Statusverträgen zeigt sich eine Parallele zum Gebietserwerbstatbestand der Adjudikation, auf die noch einzugehen sein wird.

(c) Völkerrechtliche Ersitzung

In Betracht könnte auch eine Ersitzung des rechtswidrig annektierten Gebietes kommen. Fraglich ist, ob sich durch Zeitablauf ein ursprünglich rechtswidriger Zustand in einen rechtmäßigen Zustand umwandeln kann. Würde dies bejaht, dann könnte der Zeitablauf einen rechtswidrigen Annexionserwerb legitimieren. Dieses Ergebnis könnte auch mit der normativen Kraft des Faktischen und der

---

Jahre 1846 als Verletzung der Wiener Kongressakte, die Krakau zur Freien Stadt erklärte. Vgl. *Hatschek*, Völkerrecht als System, S. 240 f.

682 Beispiele siehe bei *Klein*, Statusverträge, S. 263 ff.

683 Vgl. *Hobe*, Völkerrecht, S. 188.

daran angelehnten Figur der Effektivität begründet werden.[684] Demzufolge könnte sich der faktische Zustand in Form der Besetzung eines Gebiets über einen längeren Zeitraum derart verfestigen, dass er schließlich geltendes Recht darstellen würde. Allerdings würde sich der faktische Zustand nicht verfestigen, wenn die Bevölkerung sich gegen die Besatzer wendet und sich möglicherweise auch gegen die Besatzung wehrt. Bei einem Widerstand der Bevölkerung in dem annektierten Gebiet muss die „ungestörte Hoheitsausübung" verneint werden. Hieraus kann geschlossen werden, dass nicht der Zeitablauf, sondern der Wille der betroffenen Bevölkerung in dem besetzten Gebiet das entscheidende Moment hinsichtlich der Umwandlung des ursprünglich rechtswidrigen in einem rechtmäßigen Zustand ist.[685] Demnach kann eine rechtswidrige Annexion, sofern seitens der betroffenen Bevölkerung ein enormer Widerstand andauert, nicht durch eine nachträgliche Ersitzung geheilt werden.

(d) Theorie der „acquiescence"

Die Überlegungen, die im Zusammenhang mit einer möglichen Ersitzung und der Wirkung der normativen Kraft des Faktischen beschrieben wurden, finden sich in der Theorie der „acquiescence" wieder: Wenn ein Staat während eines längeren Zeitraums die alleinige Hoheit über ein bestimmtes Gebiet ausübt, bildet sich für diese Situation im Laufe der Zeit ein spezielles Gewohnheitsrecht heraus, kraft dessen er nunmehr auch den Gebietstitel erwirbt.[686] Der gewohnheitsrechtliche Rechtserwerb bei langandauernder widerrechtlicher Hoheitsausübung beruhe daher auf dem „Schweigen" und damit letztlich auf dem vermuteten Willen der übrigen Staaten.[687] Im Ergebnis knüpft diese Idee an die Rechtsfigur der völkerrechtlichen Ersitzung an. Unterschiedlich ist lediglich die Begründung des Erwerbs des Gebietserwerbstitels. Während es bei der Ersitzung die „ungestörte Besitzausübung" ist, ist es bei der Theorie der „acquiescence" die Entstehung eines gewohnheitsrechtlichen Erwerbs. Unabhängig von der Tatsache, dass diese Theorie rechtlich sehr zweifelhaft erscheint, ist sie mit den gleichen Argumenten, die bereits bei der völkerrechtlichen Ersitzung angeführt wurden, abzulehnen. Aufgrund des Widerstandes der Bevölkerung kann sich nämlich kein Gewohnheitsrecht entwickeln.

(e) Verjährung

Nach de Vattel beinhaltet die Verjährung die Ausschließung jeglichen Anspruchs auf irgendein Recht, gegründet auf die Länge der Zeit, während der man es

684 Vgl. *Münch*, Die normative Kraft des Faktischen, in: *Kroker/Veiter*, Rechtspositivismus, S. 48.

685 Dem stimmt auch *Schätzel* zu, indem er betont, dass nicht der Zeitablauf an sich, sondern der Wille des Staates, der dem Zeitablauf eine gewisse Wirkung beilege, eine das Unrecht heilende Kraft innehabe. Vgl. *Schätzel*, Annexion im Völkerrecht, S. 119.

686 Zit. n.: *Zimmer*, Gewaltsame territoriale Veränderungen, S. 23.

687 Zit. n.: *Zimmer*, Gewaltsame territoriale Veränderungen, S. 24.

vernachlässigt hat.[688] De Vattel betont, dass die Verjährung auch unter souveränen Staaten gelten müsse. Dies führt er darauf zurück, dass es für einen Frieden notwendig sei, dass der Besitz der Souveräne nicht mit Leichtigkeit gestört werden könne und dass er nach einem langen Zeitraum, in dem er nicht bestritten worden ist, als rechtmäßig und unumstößlich gelte. Wäre es erlaubt, immer auf die alten Zeiten zurückzugreifen, so gäbe es wenige Souveräne, die ihrer Rechte sicher wären, und man könnte keinen Frieden auf Erden erhoffen.[689] Hinsichtlich der Verjährung kann auf die Ergebnisse der Prüfung zum Grundsatz „ex iniuria ius non oritur" verwiesen werden.

bb) Annexionsverbot

Dass die Lehre vom „erlaubten Krieg" noch im Ersten Weltkrieg vorherrschend war, ergibt sich aus dem Vertrag von Versailles.[690] Wenn das Führen eines Krieges erlaubt war, konnte die Völkerrechtsordnung auch das Ergebnis eines siegreichen Krieges, nämlich die Wegnahme feindlichen Gebietes, nicht missbilligen. Es herrschte also das Prinzip der Annexionsfreiheit. Gleichwohl enthält der Versailler Vertrag die dem Recht zum Krieg widersprechende Kriegsschuld-Klausel (Art. 231), die den Angelpunkt für die Reparationsforderungen der alliierten und assoziierten Mächte darstellte. Nach dem Ersten Weltkrieg setzte eine Tendenz zur Ächtung des Krieges ein. Der Briand-Kellogg-Pakt[691] statuierte schließlich in Art. 1[692] erstmals ein allgemeines Kriegsverbot. Dieser Gedanke fand in teilweise abweichenden Formulierungen Eingang in zahlreiche weitere Verträge, vor allem im angloamerikanischen Bereich[693].

Mit der Satzung der Vereinten Nationen wurde das Kriegsverbot schließlich zu einem „Gewaltverbot" erweitert. Art. 2 Nr. 4 der Satzung regelt das Gewaltverbot und beinhaltet damit gleichzeitig ein allgemein geltendes Kriegsverbot.[694]

---

688 Zit. n.: *de Vattel*, Le Droit des Gens, S. 249 § 140.

689 Vgl. *de Vattel*, Le Droit des Gens, S. 253 § 147.

690 Die Art. 12 und 15 der Völkerbundsatzung, die im ersten Teil des Versailler Vertrages verankert war, enthielten lediglich ein partielles Kriegsverbot, das es jedem Mitglied verbot, etwa ohne vorheriges Streiterledigungsverfahren Krieg zu führen.

691 Text: *Berber, Friedrich*, Völkerrecht. Dokumentensammlung, Bd. 2. Konfliktsrecht, 1967, Nr. 3, S. 1674-1677.

692 Dieser lautet: „Die Hohen Vertragsschließenden Parteien erklären feierlich im Namen ihrer Völker, dass sie den Krieg als Mittel für die Lösung internationaler Streitfälle verurteilen und auf ihn als Werkzeug nationaler Politik in ihren gegenseitigen Beziehungen verzichten".

693 Vgl. Art. 1 und 2 des südamerikanischen Nichtangriffs- und Vermittlungspaktes von 1933; Art. 1 des interamerikanischen Vertrags über gegenseitige Hilfeleistung von 1947.

694 Vgl. Text: „Alle Mitgliedsstaaten sollen sich in ihren internationalen Beziehungen der Drohung mit Gewalt oder der Anwendung von Gewalt, die sich gegen die

Konsequenterweise folgt aus diesem Wandel von Kriegsfreiheit zum Kriegsverbot auch ein Wandel von Annexionsfreiheit zum Annexionsverbot. Demnach ist die Annexion seit der Geltung des modernen Völkerrechts immer rechtswidrig und kann damit auch keinen Gebietserwerbstitel mehr darstellen.

4. Adjudikation

Einen weiteren Gebietserwerbstitel stellt die Adjudikation dar. Im engeren Sinn wird unter Adjudikation die Entscheidung eines internationalen Gerichts oder Schiedsgerichts verstanden. Allerdings kann ein völkerrechtlicher Gebietserwerbstitel in diesem Fall nur angenommen werden, wenn zwei Staaten ein internationales Gericht oder ein Schiedsgericht damit beauftragen, die Zuteilung eines strittigen Gebiets nach Billigkeit auszusprechen. Wenn die genannten Gerichte autonom tätig werden, können sie nur Feststellungen treffen, sodass diese Entscheidungen zu keinen rechtsverbindlichen Gebietserwerbstiteln führen können.[695]

Außer durch Entscheidungen von Gerichten kann eine Adjudikation auch durch Entscheidungen von Staaten, und zwar insbesondere der Großmächte[696] oder der Staatengemeinschaft insgesamt in Betracht kommen.[697] Im weiteren Sinn ist unter einer Adjudikation die Entscheidung einer Großmächtekonferenz über eine Gebietsabtretung zu verstehen. Im 19. Jahrhundert fanden solche Konferenzen regelmäßig statt. Mit dem Rückgang der Vormachtstellung der Großmächte und der damit einhergehenden Konferenzen verloren Adjudikationen allerdings im 20. Jahrhundert an Bedeutung.[698]

5. Sezession und Separation

Unter einer Sezession ist die Abspaltung eines Gebietes gegen den Willen der betroffenen Bevölkerung zu verstehen.[699] Eine Separation liegt hingegen bei einer einvernehmlichen Abspaltung vor.

6. Zession

Die Zession hat als Rechtsgrundlage für einen Gebietserwerb eine immer größere Bedeutung gewonnen. Unter einer Zession ist der Erwerb durch einen völkerrechtlichen Vertrag[700] mit demjenigen Staat zu verstehen, von dem das Gebiet erworben

---

territoriale Unverletzlichkeit oder politische Unabhängigkeit irgendeines Staates richtet oder in sonstiger Weise mit den Zielen der Vereinten Nationen unvereinbar ist, enthalten".

695 Vgl. *Hobe*, Völkerrecht, S. 86.

696 Vgl. *Wiewióra*, Anerkennung, S. 174 ff.

697 Vgl. *Krülle*, Die völkerrechtlichen Aspekte des Oder-Neiße-Problems, S. 190 f.

698 Vgl. *Hobe*, Völkerrecht, S. 86.

699 *Haverland, Christine*, Secession, in: EPIL, vol. IV (2000), S. 354-359 (354 f.).

700 Ein Beispiel für einen solchen Erwerb durch einen Kaufvertrag ist der Verkauf Alaskas an die USA durch Russland im Jahre 1867.

wird. Der erwerbende Staat wird als Zessionar und der Staat, der das Gebiet abtritt, als Zedent bezeichnet.[701] Fraglich ist, ob Zessionen rechtmäßig sind, wenn bei Vertragsabschluss auf die eine oder gar beide Parteien Zwang ausgeübt wird, wie es häufig bei Friedensverträgen der Fall ist. Der Vertrag könnte an dem Willensmangel des Zwanges leiden und dadurch anfechtbar sein.[702] Die Diskussion um die Rechtswidrigkeit von erzwungenen völkerrechtlichen Verträgen ist im Grunde erst mit Abschluss des Ersten Weltkriegs eröffnet worden.[703] In der Zeit des klassischen Völkerrechts sprachen sich die Autoren für die Unerheblichkeit des Zwanges bei Abschluss von völkerrechtlichen Verträgen aus.[704] Es gibt allerdings auch Autoren, die zwar nicht aus rechtlichen, aber aus moralischen Gründen einen Vertragsabschluss ohne jedweden Zwang forderten.[705]

Bluntschli kommt zu dem Schluss, dass die Willensfreiheit nicht aufgehoben sei, wenngleich der Staat in seiner Not und Schwäche sich genötigt sieht, den Vertrag mit den Bedingungen einzugehen, die ihm ein übermächtiger anderer Staat diktiert. Er begründet seine Ansicht damit, dass es ansonsten kein Ende des Völkerstreits und einen gesicherten Friedensstand gäbe und dass daher ein Unterschied zum Privatrecht bestehen müsse.[706] Von Waldkirch formuliert ausdrücklich, dass Drohung und Zwang im Völkerrecht keine Rolle spielen würden.[707] Der besiegte Staat könne nachträglich nicht geltend machen, er habe seine Zustimmung lediglich unter dem Einfluss von Gewalt erteilt,[708] außer wenn gegenüber der Person seiner Vertreter

---

701 *Epping/Gloria*, in: *Ipsen*, Völkerrecht, S. 305 Rn. 50.

702 Eine Abgrenzung von Ungültigkeit und Anfechtbarkeit nimmt *von Verdross* vor, indem er ausführt, dass „Staatsverträge, deren Zustandekommen mit einem rechtserheblichen Willensmangel behaftet ist, nicht schlechthin ungültig, sondern ganz oder teilweise anfechtbar sind". Vgl. *von Verdross, Alfred*, Völkerrecht, 1937, S. 88.

703 Vgl. *Bleiber, Fritz*, Aufgezwungene Verträge im Völkerrecht, in: ZVölkR 19 (1935), S. 385-402 (385); *Pasching, Walter*, Allgemeine Rechtsgrundsätze über die Errichtung des völkerrechtlichen Vertrages, in: Zeitschrift für öffentliches Recht 14 (1934), S. 26-61 (50).

704 Diese Ansicht wird sogar noch von *Neubecker, Friedrich Karl*, Zwang und Notstand in rechtsvergleichender Darstellung, Bd. I. Grundlagen. Der Zwang im öffentlichen Recht, 1910, S. 160, vertreten.

705 Hierzu zählt *Heffter, August Wilhelm*, Das europäische Völkerrecht der Gegenwart, 8. Aufl., 1888, S. 190.

706 *Bluntschli*, Das moderne Völkerrecht, 1868, S. 233 f. § 408.

707 Auch *Gareis* verneint den Zwang als Anfechtungsgrund für Verträge. Vgl. *Gareis, Karl*, Institutionen des Völkerrechts, 2. Aufl., 1901, S. 208.

708 Die gleiche Position vertritt auch *von Martens*, Völkerrecht, Erster Band, 1883, S. 404 § 109: „Bei Rechtsgeschäften zwischen Privatpersonen hebt Zwang stets die verbindliche Kraft des Vertrages auf, zwangsweise abgeschlossene internationale Verträge dagegen sind prinzipiell verbindlich, wie z.B. alle Friedensverträge. Dieser Satz beruht auf einer allgemeinen Präsumtion der Handlungsfreiheit der Staaten in ihrem Wechselverkehr. Der von einem andern besiegte und unter dem

Gewalt angewendet worden wäre.[709] De Vattel lehnt die Zulassung einer „Einrede der Furcht oder Gewalt" beim Abschluss von Friedensverträgen grundsätzlich ab, da ansonsten die allgemeine Sicherheit der Nationen bedroht sei. Er relativiert dies zugleich, indem er betont, dass die Einrede aber dann erhoben werden dürfe, wenn es sich bei dem Friedensvertrag im Grunde nur um eine „Unterwerfung unter Bedingungen handelt, die sowohl die Gerechtigkeit als auch alle Pflichten der Menschlichkeit verletzen".[710] Vor allem Autoren aus dem angloamerikanischen Raum sprechen sich für eine Unerheblichkeit des Zwanges als Willensmangel aus.[711]

Eine Wende zeigt sich in den Veröffentlichungen Anfang des 20. Jahrhunderts.[712] Das Hauptargument für die Befürwortung des Anfechtungsgrundes des Zwanges[713] ist, dass die allgemein geltenden Grundsätze des Zivilrechts auf das Völkerrecht übertragen werden.[714] Brierly erkennt zwar an, dass das Recht, einen unter Zwang geschlossenen Vertrag zu bestreiten, zwar existiere, hebt aber hervor, dass es im Vergleich zum Recht der „Heiligkeit der Verträge" sehr schwach sei.[715] Von Verdross kommt zu dem Schluss, dass es allgemein anerkannt sei, dass ein Staatsvertrag anfechtbar ist, wenn gegen die Person des abschließenden Staatsorgans Zwang angewendet oder angedroht wurde, um sie zum Abschluss des Vertrages zu bewegen.[716] Die Gültigkeit unter Zwang geschlossener Staatsverträge müsse

---

Druck seiner Niederlage einen Friedensvertrag acceptirende Staat ist in Wirklichkeit gewiss nicht vollkommen frei, formell genommen aber bleibt er es, da er die Wahl zwischen Fortsetzung des Krieges und Friedensschluss behält".

709 Vgl. *von Waldkirch, Eduard Otto*, Das Völkerrecht in seinen Grundzügen dargestellt, 1926, S. 218.

710 *De Vattel*, Le Droit des Gens, S. 540 f. § 37.

711 So etwa *Fauchille, Paul*, Traité de droit international public, Bd. I 3, 1926, S. 297: „Verträgen muss in Freiheit zugestimmt werden. Willensmängel können im Völkerrecht nicht dieselben Resultate und dieselbe Bedeutung haben, wie auf dem Gebiet des Privatrechts". Und auch *Hatschek*, Völkerrecht im Grundriss, S. 114: „Der Zwang ist nicht ohne weiteres als Anfechtungsgrund im Völkerrecht anzusehen. Die meisten Friedensschlüsse sind auf einen Zwang der einen gegen die andere Kriegspartei zurückzuführen. Da die Gleichheit der Kontrahenten eine wesentliche Voraussetzung des rechtsgültigen Zustandekommens völkerrechtlicher Verträge ist, so ist der Zwang nur dort Anfechtungsgrund, wo er jene Gleichheit zerstört".

712 So auch: *von Ullmann*, Völkerrecht, S. 160.

713 Interessant ist der Problemaufriss *Weinschels*, der sich damit auseinandersetzt, ob ein „Zwang gegen den Staat" selbst ausgeübt werden kann. Vgl. *Weinschel, Herbert*, Willensmängel bei völkerrechtlichen Verträgen, in: ZVölkR 15 (1930), Heft Nr. 3, S. 446-477 (457 ff.).

714 Vgl. *Pasching*, Allgemeine Rechtsgrundsätze, in: Zeitschrift für öffentliches Recht 14 (1934), S. 53 f.; *Weinschel*, Willensmängel, in: ZVölkR 15 (1930), S. 446 f., 455.

715 *Brierly*, Grundlagen des Völkerrechts, S. 174.

716 Vgl. *von Verdross*, Völkerrecht, 1937, S. 87. Siehe Beispiele hierzu bei: *Fauchille*, Traité de droit international public, Bd. I 3, S. 298 f.

nach den allgemeinen Rechtsgrundsätzen beurteilt werden.[717] Weinschel kommt in seiner Untersuchung zu dem Ergebnis, dass nur dann, wenn das Vertragsorgan, das den Vertrag für den Staat abschließt, in seiner eigenen Person physisch oder psychisch gezwungen werde, tatbestandsmäßig Zwang vorliegen würde.[718] Nach diesen anerkannten Grundsätzen sei aber ein durch eine widerrechtliche Drohung erzwungener Vertrag anfechtbar.[719] Bei Zimmer ist für die unter Zwang abgeschlossene Zession der Ausdruck der „verhüllten Abtretung"[720] zu finden.[721] Die Autoren nach dem Ersten Weltkrieg setzen demnach hinsichtlich der Rechtsfolgen die erzwungene Zession mit der Annexion gleich.[722]

Die Untersuchung der Lehre hat gezeigt, dass im klassischen Völkerrecht die Rechtsverbindlichkeit von völkerrechtlichen Verträgen im Vordergrund stand. Insbesondere Friedensverträge sollten gültig bleiben, da ansonsten die Sicherung des Friedens als bedroht angesehen werden konnte.[723] Deutlich wird auch, dass die Grundsätze des Privatrechts, wonach Zwang bei Vertragsabschluss zur Anfechtung berechtigt, auf völkerrechtliche Verträge nicht als übertragbar angesehen wurden.[724] Im Ergebnis hatte im klassischen Völkerrecht die Ausübung von Zwang und Drohung auf einen Staat keinen Einfluss auf die Rechtswirksamkeit von völkerrechtlichen Verträgen. Dass auch solche Zessionen, die unter der Ausübung von Druck und Zwang zustande kamen, als rechtmäßig angesehen werden müssen, resultiert auch aus dem Erst-Recht-Schluss, dass sogar Annexionen grundsätzlich als zulässig bewertet wurden. Annexionen stellen nämlich im Verhältnis zu unfreiwillig geschlossenen Zessionen einen noch größeren Eingriff in die innere

---

717 Dem zustimmend: *Tomšič, Ivan*, La Reconstruction du Droit international en matière des traités. Essai sur les problèmes des vices du consentement dans la conclusion des traités internationaux, 1931, S. 69 f. *Pasching* formuliert das Problem wie folgt: „Die Frage muss vielmehr so gestellt werden, ob die zunächst nur für die Fälle persönlicher Bedrohung aufgestellten Normen des Privatrechts auf den unpersönlichen Zwang gegen das Organ des Staates analog anwendbar sind oder nicht". Zit. n.: *Pasching*, Allgemeine Rechtsgrundsätze, in: Zeitschrift für öffentliches Recht 14 (1934), S. 50.

718 *Weinschel*, Willensmängel, in: ZVölkR 15 (1930), S. 463.

719 Vgl. *von Verdross*, Völkerrecht, 1937, S. 88; *Weinschel*, Willensmängel, in: ZVölkR 15 (1930), S. 453.

720 Zu finden ist auch der Ausdruck der „verschleierten Zession".

721 *Zimmer*, Gewaltsame territoriale Veränderungen, S. 129.

722 Nach *Schätzel* ist die erzwungene Zession keine Annexion, da der Gezwungene in diesem Falle seinen Willen dahin zu erkennen gegeben hat, dass er bereit ist, seine Staatsgewalt zurückzuziehen und der Ausdehnung der fremden Staatsgewalt zuzustimmen. Die Verletzung des Gezwungenen liegt in diesem Falle nicht in der gewaltsamen Zurückdrängung seiner Staatsgewalt, sondern in der Erpressung der Verzichtserklärung. Vgl. *Schätzel*, Annexion im Völkerrecht, S. 44.

723 Vgl. *Weinschel*, Willensmängel, in: ZVölkR 15 (1930), S. 450; *Neubecker*, Zwang und Notstand, S. 160.

724 *Neubecker*, Zwang und Notstand, S. 156 ff.

Staatssouveränität dar. Die Eroberung galt als Ausfluss der Souveränität und überwog damit in erheblichem Maße die staatliche Integrität.[725] Etwas anderes galt nur bei unmittelbarem Zwang gegenüber der Person des Vertragsunterzeichnenden.

Im modernen Völkerrecht hat sich spätestens mit der *ius cogens*-Geltung des Selbstbestimmungsrechts der Völker, aber auch mit dem Gewaltverbot, durchgesetzt, dass diejenigen Verträge, die unter Zwang geschlossen wurden, nicht als rechtmäßig angesehen werden können.[726] Es ist zudem davon auszugehen, dass in der Regel eine Zession nur mit der Zustimmung[727] der betroffenen Bevölkerung in rechtmäßiger Weise erfolgen kann.[728]

Als Ergebnis kann festgehalten werden, dass im klassischen Völkerrecht Zessionen auch dann als rechtmäßig angesehen wurden, wenn sie gegen den Willen des Zedenten erfolgten.

II. Vereinigung von Staaten: Inkorporation und Fusion

1. Allgemein

Die Vereinigung von Staaten ist auf zwei Wegen möglich. Einerseits können sich die Staaten im Wege der Fusion vereinigen, sodass ein Neustaat entsteht, während die Vorgängerstaaten untergehen. Andererseits kann auch ein Staat in den anderen Staat inkorporiert werden mit der Folge, dass nur der inkorporierte Staat untergeht.

a) Inkorporation

Als Sukzessionsfall erfuhr die Inkorporation in der völkerrechtlichen Literatur des 19. und 20. Jahrhunderts große Beachtung, insbesondere weil in dieser Zeit ihre gewaltsame Vollziehung einen in der Praxis häufigen Fall von Gebietsveränderung und Staatsuntergang bildete.[729] So wurde vor der „epochalen Wendung" des Völkerrechts hin zum allgemeinen Gewaltverbot begrifflich zwischen der gewaltsamen und der konsentierten Variante der Eingliederung in einen anderen Staat kaum

---

725 Zu diesem Ergebnis kommt auch *Heilborn, Paul*, Völkerrecht, in: *Kohler, Josef* (Hrsg.), Encyclopädie der Rechtswissenschaft in systematischer Bearbeitung (begründet von *Franz von Holtzendorff*), 6. der neubearb. 1. Aufl., Bd. II, 1904, S. 1005: „Das Völkerrecht gestattet den Staaten die gewaltsame Selbsthilfe und deren Androhung. Folglich kann kein Staat eine Willenserklärung anfechten, weil er durch Zwang zu ihr bestimmt worden sei".

726 Hierbei wird nun eine deutliche Parallele zum Privatrecht gezogen, wonach Zwang und Drohung einen Willensmangel darstellen, der zur Anfechtung berechtigt.

727 Die Zustimmung muss auf freiwilliger Basis erfolgen.

728 *Kimminich, Otto*, Das Vertreibungsverbot in der völkerrechtlichen Entwicklung, in: *Blumenwitz, Dieter* (Hrsg.), Flucht und Vertreibung. Vorträge eines Symposiums, 1987, S. 95-112 (102).

729 Vgl. *Dörr*, Inkorporation, S. 31 f.

unterschieden, die äußeren Begleitumstände und die Form des Gebietswechsels waren für seine völkerrechtliche Beurteilung unerheblich. Die Bezeichnung „Annexion" diente entweder als Oberbegriff oder wurde jedenfalls anderen Begriffsbildungen wie „Einverleibung" oder eben „Inkorporation" gleichbedeutend an die Seite gestellt.[730]

Inkorporation bedeutet heute den Untergang eines souveränen Staates als Völkerrechtssubjekt durch seine vollständige Aufnahme in einen anderen Staatsverband, der schon vorher bestanden hat. Dessen souveräne Staatsgewalt tritt an die Stelle der über das betreffende Gebiet bis dahin herrschenden obersten Hoheitsgewalt.[731] Staatlichkeit und Völkerrechtssubjektivität des aufnehmenden Staatsverbandes bleiben durch die Inkorporation unberührt, seine territoriale Souveränität erstreckt sich vielmehr zusätzlich auf das inkorporierte Gebiet. Staatlichkeit und Völkerrechtssubjektivität des inkorporierten Staates hingegen gehen durch den Wegfall der Staatsgewalt und des Staatsgebiets verloren.[732] Die völkerrechtliche Kontinuität des inkorporierenden Staates ist ein wesentliches Merkmal des Inkorporationstatbestandes und grenzt diesen von dem anderen Tatbestand der Staatenvereinigung, der Fusion, ab.[733]

b) Fusion

Im Falle der Fusion schließen sich mehrere Staaten, die alle untergehen, zu einem Neustaat zusammen.[734] Der neue Staat kann als Einheitsstaat oder auch als Bundesstaat bestehen.[735] Im Falle der Konstituierung eines Bundesstaates kann bei den Altstaaten eine partielle Völkerrechtssubjektivität verbleiben.

2. Abgrenzungsproblematik

Im Hinblick auf die Frage, welcher Staat untergeht und welcher Staat identisch bleibt, zeigt sich, dass eine Abgrenzung zwischen Fusion und Inkorporation nicht immer leicht ist. Für die Beurteilung der sukzessionsrechtlichen Folgen mit den darin enthaltenen Nachfolgefragen ist eine klare Abgrenzung unerlässlich, da bei beiden Vorgängen jeweils unterschiedliche Rechtsfolgen eintreten.

a) Staatenpraxis

aa) Italienische Einigung

Bei der italienischen Einigung im Jahre 1861 ist es fraglich, ob mehrere Inkorporationen einzelner Staaten in das Königreich Sardinien-Piemont erfolgten oder ob es

---

730 Vgl. *Dörr*, Inkorporation, S. 32.

731 Vgl. *Dörr*, Inkorporation, S. 39. Das eingegliederte Gebiet und das dort lebende Volk verlieren nämlich ihre Fähigkeit zu Selbstherrschaft und Selbstorganisation, sodass die alte Staatsgewalt vollständig entfällt.

732 Vgl. *Dörr*, Inkorporation, S. 44.

733 Vgl. *Dörr*, Inkorporation, S. 43.

734 Vgl. *Herdegen*, Völkerrecht, S. 82 Rn. 21.

735 Vgl. *Blumenwitz*, Staatennachfolge und die Einigung Deutschlands, Teil I, S. 25.

sich um eine Vereinigung dieser Staaten zu einem neuen Staat „Italien" handelte.[736] Für die Annahme, dass mehrere Inkorporationen stattfanden, spricht einerseits das Selbstverständnis der Italiener, die diese erste Variante befürworteten, andererseits die Haltung der Drittstaaten, die dieses Selbstverständnis akzeptiert hatten.[737] Des Weiteren spricht für die Inkorporations-Theorie, dass alle italienischen Einzelstaaten mit Ausnahme der Lombardei und Venetiens einseitig durch den König von Sardinien inkorporiert wurden.[738] Demzufolge ist davon auszugehen, dass zwischen dem Königreich Sardinien-Piemont und dem Königreich Italien Identität bestand. Der Vorgang der italienischen Einigung erfolgte also durch mehrere Inkorporationen und nicht durch eine Fusion.

bb) Bildung des Deutschen Reiches

Hinsichtlich des Deutschen Reiches, das in den Jahren 1870/71 konstituiert wurde, ist fraglich, ob dieses mit dem Norddeutschen Bund identisch war oder ob es sich um eine Staatsneugründung handelte. Zahlreiche Umstände sprechen für die Annahme einer Identität. Zunächst einmal ist das Selbstverständnis der betroffenen Staaten zu nennen, die davon ausgegangen sind, dass sie einem erweiterten Norddeutschen Bund beitreten würden. Auch das Deutsche Reich vertrat insbesondere in seiner Rechtsprechung die Auffassung, dass es mit dem staatlichen Vorgängergebilde identisch sei.[739] Folglich lag auch hier kein Staatsuntergang infolge einer Fusion vor.

cc) Bildung der Vereinigten Arabischen Republik

Fraglich ist, ob die beiden Staaten Ägypten und Syrien mit der Gründung der Vereinigten Arabischen Republik im Jahre 1958 untergegangen sind. In diesem Falle gingen beide Staaten davon aus, dass keine Inkorporation Syriens in Ägypten stattgefunden hatte. Für die Annahme einer Fusion spricht, dass ein neuer Staatsname etabliert wurde und dass laut Art. 68 der Verfassung der Vereinigten Arabischen Republik die Rechtsordnungen in den jeweiligen früheren Landesteilen unangetastet bleiben sollten.[740]

b) Auswertung der Staatenpraxis

Bei Betrachtung der Staatenpraxis wird deutlich, dass die Abgrenzung zwischen Inkorporation und Fusion stets bezogen auf den jeweiligen Einzelfall individuell erfolgen muss. Es existieren keine starren Kriterien, die eine Wertung erleichtern würden. Folglich ist auch nicht davon auszugehen, dass sich hinsichtlich dieser Problematik eine Staatenpraxis gebildet hat. Trotz alledem lassen sich einige Kriterien zusammenfassen, die entweder für die Annahme einer Fusion oder einer

---

736 Vgl. *Dörr*, Inkorporation, S. 251 ff.
737 Vgl. *Zimmermann*, Staatennachfolge, S. 116.
738 Vgl. *Dörr*, Inkorporation, S. 253.
739 *Dörr*, Inkorporation, S. 268 ff.
740 *Zimmermann*, Staatennachfolge, S. 121.

Inkorporation sprechen. Hierzu zählen das Selbstverständnis der beteiligten Staaten, die Haltung der Drittstaaten und die vertraglichen Regelungen, die von einem Beitritt oder der Konstituierung eines Neustaates sprechen.

III. Staatszerfall: Dismembration

Eine Dismembration[741] ist anzunehmen, wenn ein Staat in mehrere Nachfolgestaaten zerfällt und somit mehrere neue Staaten auf dem Gebiet des Altstaates entstehen.[742] Der Altstaat wird vollständig aufgelöst, sodass kein Gebietsteil identisch mit dem alten Staat sein kann.[743]

IV. Resümee

Nach der klassischen Völkerrechtsdogmatik stellen die Okkupation, die Zession, die Annexion, die Ersitzung und die Adjudikation Gebietserwerbsgründe dar.[744] Daneben konnten die Inkorporation, die Fusion und auch die Dismembration zu erheblichen Gebietsveränderungen führen. Nicht alle Gebietsveränderungen haben aber einen Staatsuntergang zur Folge, lediglich bei der nun völkerrechtswidrigen Totalannexion eines Staates sowie bei der Inkorporation, Fusion und Dismembration liegt zwingend der Untergang mindestens eines Staates vor. Im modernen Völkerrecht können die Annexion und die Okkupation nicht mehr als rechtmäßige Gebietserwerbs- beziehungsweise -untergangsgründe dienen. Des Weiteren verloren sowohl die Ersitzung als auch die Adjudikation an Bedeutung.

D. Voraussetzungen der Staatensukzession

Im Folgenden soll die Staatensukzession unter dem Aspekt ihrer Tatbestandsmerkmale untersucht werden. Als Tatbestandsvoraussetzungen werden ein Wechsel der Gebietshoheit, die Beteiligung von Völkerrechtssubjekten, das Ersetzen eines Staates durch einen anderen und eine Verbindung zwischen den beteiligten Staaten und dem Gebiet gefordert.[745] Fraglich ist ferner, ob der Sukzessionsvorgang rechtmäßig sein muss.

I. Hoheitsgebiet

Die Staatensukzession muss sich auf ein bestimmtes Gebiet beziehen. Diesbezüglich wird der Begriff des Gebietes nur als ein bestimmter geographischer Raum

---

741 Historische Beispiele für Dismembrationen sind die Sowjetunion und Jugoslawien.

742 *Herdegen*, Völkerrecht, S. 83 Rn. 24.

743 *Schoenborn*, Staatensukzession, S. 115 f.

744 Vgl. *Krieger*, Das Effektivitätsprinzip, S. 331.

745 *Ebenroth, Carsten Thomas*, Staatensukzession und internationales Privatrecht, in: BDGVR, Bd. 35 (1996), S. 235-345 (240).

verstanden. Es kommt deswegen nicht auf das jeweilige Staatsgebiet im juristischen Sinne, bezogen auf die Ausübung staatlicher Souveränität, an. Die staatliche Souveränität ist daher unbeachtlich.[746]

II. Staaten

Aus der Tatsache, dass das Völkerrecht grundsätzlich nur die rechtlichen Beziehungen zwischen Völkerrechtssubjekten regelt, erschließt sich die weitere Voraussetzung, dass bei der Staatensukzession nur Völkerrechtssubjekte beteiligt sein können.[747] Teilweise wird zudem gefordert, dass nur solche Völkerrechtssubjekte Gegenstand der Staatennachfolge sein können, die die Eigenschaft eines Staates besitzen.[748] Dies wird damit begründet, dass nur Staaten in der Lage seien, die souveräne Herrschaftsgewalt über ein bestimmtes Gebiet auszuüben.[749] Gegen das zusätzlich geforderte Merkmal der Staatlichkeit sprechen jedoch die praktischen Erwägungen, wonach auch bei "newly independent states"[750] die Staatensukzession anerkannt wird.[751]

III. Verbindung zwischen den beteiligten Staaten und dem betroffenen Gebiet

Eine weitere Voraussetzung ist die Verbindung zwischen den beteiligten Staaten, dem Altstaat und Neustaat und dem betroffenen Gebiet. Diese Verbindung besteht in dem Umstand, dass die beteiligten Staaten die Verantwortlichkeit für die

746 *Ebenroth*, Staatensukzession, in: BDGVR, Bd. 35 (1996), S. 240.

747 *Herbst*, Staatensukzession und Staatsservituten, S. 15.

748 *Schoenborn*, Staatensukzession, S. 5.

749 *Ebenroth*, Staatensukzession, in: BDGVR, Bd. 35 (1996), S. 243.

750 Hierunter sind die jeweiligen Nachfolgestaaten zu verstehen, deren Territorium unmittelbar vor dem Zeitpunkt der Staatennachfolge ein abhängiges Territorium war. Diese Abhängigkeit ist darin begründet, dass der Vorgängerstaat für die internationalen Beziehungen verantwortlich war. Mit dieser Situation wurde die Lage der ehemaligen Kolonien beschrieben. Vgl. *Zimmermann*, Staatennachfolge, S. 23.

751 *Doehring*, Völkerrecht, S. 81 Rn. 186. Dieses geht auf den Fall Namibias zurück: Namibia war zwischen 1920 und 1946 als Südwestafrika Mandatsgebiet von Südafrika. Da Namibias Mandat schließlich aufgehoben wurde, stand es bis 1990 unter südafrikanischer Verwaltung. Die Generalversammlung der Vereinten Nationen versuchte in dem Land eine Staatsgewalt zu etablieren, um so die Unabhängigkeit Namibias zu erreichen. Als die Unabhängigkeit letztendlich erzielt wurde, trat Namibia als "newly independent state", der durch die fehlende Staatlichkeit gekennzeichnet war, in verschiedene völkerrechtliche Verträge ein. Vgl. *Oeter, Stefan*, Die Entwicklung der Westsahara-Frage unter besonderer Berücksichtigung der völkerrechtlichen Anerkennung, in: ZaöRV 46 (1986), S. 48-74 (67).

internationalen Beziehungen des betroffenen Gebiets trugen und tragen werden.[752] Die beteiligten Staaten haben demnach in Bezug auf das betroffene Gebiet eine bestimmte Macht, die auch als effektive Hoheitsgewalt[753] umschrieben werden kann.

IV. Ersetzen eines Staates durch einen anderen

Bei der Staatensukzession müssen ferner mindestens zwei Staaten beteiligt sein, sodass der eine Staat den anderen ersetzt. Diese Voraussetzung knüpft an die bereits ausführlich behandelte Abwesenheit von Staatsidentität an, die auch als Vorfrage zur Staatensukzession eine Rolle spielt. Weiterhin muss in diesem Zusammenhang angemerkt werden, dass für die Staatennachfolge nur solche Vorgänge relevant sind, die den völkerrechtlichen Status und damit die völkerrechtliche Zuständigkeit verändern können.[754] Daraus folgt, dass auf dem Gebiet des Vorgängerstaates ein anderer Staat, nämlich der Nachfolgestaat, dauerhaft seinen Platz einnehmen und somit einen effektiven Souveränitätswechsel manifestieren muss.[755]

V. Rechtmäßigkeit

Fraglich ist schließlich, ob der Vorgang der Staatennachfolge auch rechtmäßig sein muss. Teilweise wird die Rechtmäßigkeit als eine notwendige Voraussetzung zur Bejahung der Staatensukzession erachtet.[756] Diese Frage stellt sich allerdings erst seit der Geltung des modernen Völkerrechts, denn noch im klassischen Völkerrecht wurden etwa Annexionen grundsätzlich als rechtmäßig angesehen, da ein entsprechendes Gewaltverbot noch nicht existierte. Ferner waren auch Verstöße gegen das Selbstbestimmungsrecht unerheblich. Zu prüfen ist daher, welche Rechtsfolgen sich aus rechtswidrigen Gebietsveränderungen ergeben könnten. Einerseits könnte ein solcher gegen das allgemeine Völkerrecht verstoßende Vorgang dazu führen, dass bereits der Tatbestand der Staatensukzession ausgeschlossen wäre. Hierfür spricht auch der Inhalt der Wiener Konvention über Staatennachfolge in Verträge, in deren sechstem Artikel kodifiziert ist, dass „die Konvention nur auf Auswirkungen einer Staatennachfolge Anwendung findet, die im Einklang mit dem Völkerrecht und insbesondere mit den in der Charta der Vereinten Nationen niedergelegten Prinzipien des Völkerrechts steht". Hieraus folgt, dass bei rechtswidrigen Gebietsveränderungen, die durch Annexion oder bei Missachtung des Selbstbestimmungsrechts der Völker zustande gekommen sind, eine

---

752 *Ebenroth*, Staatensukzession, in: BDGVR, Bd. 35 (1996), S. 243; siehe hierzu auch: *Zemanek, Karl*, Die Wiener Konvention über die Staatennachfolge in Verträge, in: *Miehsler, Herbert/Mock, Erhard/Simma, Bruno/Tammelo, Ilmar* (Hrsg.), Ius Humanitatis. FS für Alfred Verdross, 1980, S. 719-738 (721).

753 *Ebenroth*, Staatensukzession, in: BDGVR, Bd. 35 (1996), S. 243.

754 *Dahm/Delbrück/Wolfrum*, Völkerrecht, Bd. I/1, S. 158.

755 *Ebenroth*, Staatensukzession, in: BDGVR, Bd. 35 (1996), S. 246.

756 *Kadelbach*, Zwingendes Völkerrecht, S. 246 Anm. 228.

Staatennachfolge stets ausgeschlossen wäre. So überwiegt die Ansicht, dass die gewaltsame Annexion im modernen Völkerrecht zu keinem Gebietserwerbstitel führen kann.[757]

Allerdings bleiben grundsätzlich Verstöße gegen das Gewaltverbot nicht ohne Rechtsfolgen, denn dem gesamten völkerrechtlichen Deliktsrecht liegt der Gedanke zugrunde, dass an verbotene Handlungen zumindest solche Rechtsfolgen angeknüpft werden, die Rechtsgrundlage für spätere Restitutionsansprüche bilden können.[758] Problematisch ist auch, dass ansonsten in derartigen Fällen unklare Rechtsverhältnisse oder sogar ein rechtsfreier Raum entstehen könnte.[759] Mithin erscheint es überzeugender, die Rechtmäßigkeit des Sukzessionsvorgangs als weiteres Tatbestandsmerkmal zwar zuzulassen, aber derart auszulegen, dass zumindest auch bestimmte Rechtsfolgen (Restitutionsansprüche) an den rechtswidrigen Vorgang geknüpft werden können.

VI. Verpflichtung zur Nichtanerkennung von völkerrechtswidrigem Gebietserwerb

Ein gewaltsamer Gebietserwerb könnte darüber hinaus daran scheitern, dass die Völkerrechtsgemeinschaft verpflichtet sein könnte, diesen nicht anzuerkennen, sodass die Rechtsfolgen der Staatennachfolge ausgeschlossen wären.[760] Eine solche Verpflichtung zur Nichtanerkennung von völkerrechtswidrigem Gebietserwerb kann aus der sogenannten „Stimson-Doktrin“[761] abgeleitet werden.[762] Die Bestandskraft von anerkannten Grenzen des Staatsgebiets war das Hauptthema in der Note des US-amerikanischen Außenministers Stimson an Japan und China im Jahre 1932. Stimson stellte in seiner Erklärung den Grundsatz auf, dass völkerrechtswidrige Gebietsveränderungen auch nicht durch Anerkennung anderer Staaten rechtmäßig werden können.[763] Dieser Grundsatz gehört heute zu den nicht mehr bestrittenen Regeln des Völkerrechts.[764] Hinsichtlich einer derartigen Pflicht

---

757 *Zimmermann*, Staatennachfolge, S. 28.

758 *Zimmermann*, Staatennachfolge, S. 28; *Dörr*, Inkorporation, S. 114.

759 Vgl. *Ebenroth*, Staatensukzession, in: BDGVR, Bd. 35 (1996), S. 274.

760 Im Jahre 1907 hatte der damalige Außenminister von Ecuador die sog. „Tobar-Doktrin“ verkündet. In dieser wurden die Staaten aufgefordert, keine Regierung anzuerkennen, die illegal an die Macht gekommen war. Allerdings hat sich diese Doktrin nicht durchgesetzt. Vgl. *Hobe*, Völkerrecht, S. 74.

761 Die Stimson-Doktrin hat auch Eingang in zahlreiche Erklärungen der Vereinten Nationen gefunden, so etwa in der Aggressionsdefinition vom 14. Januar 1974.

762 Im klassischen Völkerrecht hingegen existierte eine derartige Verpflichtung zur Nichtanerkennung noch nicht.

763 Vgl. *Epping/Gloria*, in: *Ipsen*, Völkerrecht, S. 302 Rn. 45. Dieser Gedanke basiert auf der Annahme, dass durch einen rechtswidrigen Akt kein Recht geschaffen werden kann.

764 *Doehring*, Völkerrecht, S. 51 Rn. 112.

hat sich mittlerweile auch eine gefestigte Staatenpraxis[765] gebildet. Aus Gründen der Rechtssicherheit wird vertreten, dass zumindest teilweise bestimmte Rechtsfolgen eintreten können. So soll etwa die Möglichkeit, dass bestimmte Verträge für den Neustaat fortgelten sollen, bestehen. Folglich ist im Ergebnis die Anwendbarkeit völkerrechtswidriger Normen trotz bestehendem Anerkennungsverbot nicht gänzlich ausgeschlossen.

E. Rechtsfolgen der Staatensukzession

Die Beurteilung der Rechtsfolgen, die an Staatensukzessionen geknüpft sind, erweist sich oftmals als keine einfache Aufgabe. Dies liegt daran, dass keine gefestigten Rechtssätze in der Völkerrechtswissenschaft, insbesondere in den weiter zurückliegenden Epochen, existieren.

Als mögliche Rechtsquellen, die eine Beurteilung der Rechtsfolgen ermöglichen, sind das Völkervertragsrecht und das Völkergewohnheitsrecht[766], das durch Übung und Rechtsüberzeugung entsteht, heranzuziehen. Bei der Staatennachfolge kann es sich aber als schwierig erweisen, eine Übung festzustellen, da die einschlägigen Präzedenzfälle nur in einem großen zeitlichen Abstand zueinander auftauchen.[767] Darüber hinaus ist fraglich, ob das betreffende Verhalten eines Staates von einer entsprechenden Rechtsüberzeugung getragen wird oder ob es sich hierbei lediglich um freiwillige Zugeständnisse gegenüber anderen Vertragspartnern handelt.[768] Hinzu kommt, dass die vertraglichen Vereinbarungen häufig nach Kriegen getroffen wurden und damit nur beschränkte Aussagekraft haben.[769] In der heutigen Staatengemeinschaft werden dennoch zahlreiche Regelungen im Bereich der Staatennachfolge als gängiges Völkergewohnheitsrecht angesehen. Da erste vertragliche Regelungen erst im Jahre 1978 entstanden sind, wird deutlich, dass für die vorliegende Untersuchung überwiegend die Staatenpraxis herangezogen werden muss. Aus diesem Grunde wird der Staatenpraxis große Bedeutung beigemessen.[770]

---

765 Vgl. Art. 10 Völkerbundsatzung.

766 Unter Völkergewohnheitsrecht, das in Art. 38 IGH-Statut als Rechtsquelle anerkannt wird, versteht man eine allgemeine als Recht anerkannte Übung (vgl. *Verdross/Simma*, Universelles Völkerrecht, S. 348 § 552). Hiernach wird für das Vorliegen von Völkergewohnheitsrecht zum einen als objektive Voraussetzung die wiederholte oder regelmäßige einheitliche Übung und zum anderen als subjektive Voraussetzung die Überzeugung, rechtlich zu diesem Verhalten verpflichtet zu sein, gefordert. Vgl. *Vitzthum*, in: *Vitzthum*, Völkerrecht, S. 67 Rn. 131; *Kimminich*, Einführung in das Völkerrecht, S. 238.

767 *Drinhausen*, Die Auswirkungen der Staatensukzession auf Verträge, S. 118.

768 Vgl. *Kreuzer*, Staatsangehörigkeit und Staatensukzession, S. 133; *Wittkowski*, Die Staatensukzession in völkerrechtliche Verträge, S. 45.

769 Vgl. *Drinhausen*, Die Auswirkungen der Staatensukzession auf Verträge, S. 118.

770 Zahlreiche Beispiele aus dem klassischen Völkerrecht sind auch zu finden bei *Verzijl, Jan Hendrik W.*, International Law in Historical Perspective, part VII. State Succession, 1974, S. 171 ff.

Anhand einer überblicksartigen Darstellung wichtiger sukzessionsrechtlicher Fälle soll die Entwicklung von gewohnheitsrechtlichen Rechtssätzen im Bereich der Staatennachfolge nachgewiesen werden. Hierbei wird eine Differenzierung zwischen den verschiedenen Staatensukzessionsformen vorgenommen. Hinsichtlich der Rechtsfolgen wird zwischen der Sukzession in völkerrechtliche Verträge, in Staatsvermögen, in Staatsschulden, in Archive sowie in die Mitgliedschaft in internationalen Organisationen unterschieden.

I. Historische Entwicklung der Staatenpraxis

1. Staatennachfolge in völkerrechtliche Verträge

a) Beispiele aus der Staatenpraxis

aa) Zession

Bei der Zession von Alaska durch Russland an die Vereinigten Staaten im Jahre 1867 sind sowohl die USA als auch die britische Regierung davon ausgegangen, dass grundsätzlich alle bilateralen russisch-britischen Verträge erloschen sind.[771]

Ein weiteres Beispiel ist der Fall der Zession Elsaß-Lothringens im Jahre 1871. Durch den Friedensvertrag mit Frankreich wurde Elsaß-Lothringen an das Deutsche Reich abgetreten. Da das Deutsche Reich allerdings erst ein Jahr vor dieser Abtretung konstituiert wurde, gab es noch keine Reichsverträge. Allerdings wurden die Verträge der anderen Staaten, die sich zum Deutschen Reich zusammengeschlossen haben, auf Elsaß-Lothringen erstreckt.[772]

bb) Annexion

Die Annexion von Algerien im Jahre 1830/31 hatte zur Folge, dass Frankreich, welches Algerien als eigenes Staatsgebiet behandelt hatte, aber auch betroffene Drittstaaten, wie etwa die USA und das Vereinigte Königreich, davon ausgingen, dass die von Algerien abgeschlossenen völkerrechtlichen Verträge mit der Annexion erloschen waren.[773]

Nach der durch das Vereinigte Königreich vorgenommenen Annexion der Burenrepubliken im Jahre 1900 war die britische Regierung der Ansicht, dass sämtliche Verträge der annektierten Republiken automatisch erloschen seien.[774] Im Falle der Annexion Zyperns durch das Vereinigte Königreich im Jahre 1914 ging das Vereinigte Königreich davon aus, dass sich die britischen Verträge auf das annektierte Gebiet erstrecken würden,[775] sodass die zyprischen Verträge erloschen sind.

---

771 *O'Connell, Daniel P.*, State Succession in Municipal Law and International Law, vol. II. International Relations, 1967, S. 40.

772 *Wittkowski*, Die Staatensukzession in völkerrechtliche Verträge, S. 56 f.; *de Muralt*, The Problem of State Succession, S. 30 f.

773 *Zimmermann*, Staatennachfolge, S. 134.

774 *Alimi*, Staatensukzession, S. 63.

775 *O'Connell*, State Succession, vol. II, S. 377.

cc) Inkorporation

Ein Beispiel für eine Inkorporation ist die Aufnahme von Texas in den Staatsverbund der USA im Jahre 1845.[776] Die texanischen Verträge wurden mit der Inkorporation als erloschen angesehen und die Verträge der USA wurden auf Texas erstreckt.[777]

Im Jahre 1866 annektierte Preußen das Königreich Hannover, das Kurfürstentum Hessen, das Herzogtum Nassau sowie die Freie Stadt Frankfurt.[778] Sämtliche Verträge der inkorporierten Staaten mit Ausnahme von Grenzverträgen wurden als erloschen angesehen.[779]

Nach der Inkorporation Burmas durch das Vereinigte Königreich im Jahre 1886 erloschen alle Verträge, die Burma bis dahin abgeschlossen hatte.[780]

Auch bei der Eingliederung Madagaskars durch Frankreich im Jahre 1885/96 ging Frankreich davon aus, dass die madegassischen Verträge erloschen seien, wohingegen die französischen Verträge sich auf das Gebiet des früheren Madagaskars erstrecken sollten.[781]

dd) Fusion

Im Jahre 1848 wurde der Schweizer Bundesstaat aus 22 zuvor unabhängigen Kantonen gegründet. Sämtliche Verträge, die die Kantone vor der Bundesstaatsgründung mit Drittstaaten abgeschlossen hatten, blieben im jeweiligen Gebiet wirksam.[782]

Im Jahre 1958 schlossen sich Ägypten und Syrien zur Vereinigten Arabischen Republik zusammen. Die Verträge Ägyptens und Syriens sollten für das Gebiet, für das sie geschlossen wurden, fortgelten.[783]

Im April 1964 wurde die "United Republic of Tanzania"[784] aus dem seit dem Jahre 1961 unabhängigen Tanganjika sowie dem seit dem Jahre 1962 unabhängigen Sansibar gegründet.[785] Tansania gab im Folgenden eine Erklärung ab, wonach die völkerrechtlichen Verträge von Tanganjika und Sansibar nach wie vor in diesen Regionen fortgelten sollten, sofern sie mit der Verfassung Tansanias und den Prinzipien des Völkerrechts im Einklang stünden.[786]

---

776 *Silagi*, Staatsuntergang, S. 126.

777 Vgl. *de Muralt*, The Problem of State Succession, S. 21; *O'Connell*, State Succession, vol. II, S. 62 f.

778 *Dörr*, Inkorporation, S. 263.

779 Vgl. *de Muralt*, The Problem of State Succession, S. 26 f.; *Zimmermann*, Staatennachfolge, S. 136.

780 *Dörr*, Inkorporation, S. 278.

781 *Dörr*, Inkorporation, S. 281 ff.

782 *Alimi*, Staatensukzession, S. 85 f.

783 *O'Connell, Daniel Patrick*, State Succession and the Effect upon Treaties of Entry into a Composite Relationship, in: BYIL, vol. 39 (1963), S. 52-132 (97 f.).

784 Am 10. Dezember 1964 wurde der Staat in „Tanzania" umbenannt.

785 *Wittkowski*, Die Staatensukzession in völkerrechtliche Verträge, S. 77.

786 *O'Connell*, State Succession, vol. II, S. 78.

ee) *Sezession und Separation*

Beispiele für das Vorgehen bei Sezessionen bieten die USA und die lateinamerikanischen Staaten. So sahen sich beispielsweise die Kolonien in Südamerika, die sich zu Beginn des 19. Jahrhunderts von Spanien loslösten, nicht an die Verträge Spaniens gebunden.[787] Auch nach der Sezession Kubas von Spanien im Jahre 1898 wurde eine Übernahme der spanischen Verträge durch Kuba abgelehnt.[788] Dies galt auch im Falle Finnlands, das im Jahre 1919 seine Unabhängigkeit von Schweden erlangte und die Mehrzahl der früheren Verträge nicht übernahm.[789]

Dem stehen einige Fälle gegenüber, bei denen die Verträge nach einer Separation übernommen wurden. So war es bei der Trennung Islands von Dänemark im Jahre 1918, als die Beteiligten alle Verträge aufrechterhielten.[790] Im Jahre 1830/31 wurde entschieden, dass mit Auflösung der Vereinigung Belgiens mit den Niederlanden Belgien an die von diesem Staat eingegangenen Verpflichtungen gebunden sei.[791]

Die Republik Irland wählte einen Mittelweg, wobei im Einzelfall ausdrücklich oder durch konkludentes Schweigen entschieden werden sollte, ob es in bestimmte britische Verträge sukzediert oder nicht.[792]

ff) *Dismembration*

In den Friedensverträgen nach dem Zerfall der Doppelmonarchie Österreich-Ungarn im Jahre 1918 war festgelegt, dass Österreich und Ungarn nach den Wünschen der Alliierten an die entsprechenden Verträge gebunden sein sollten.[793] Als die von Senegal und dem Sudan[794] geschlossene Mali-Föderation auseinanderfiel, übernahm Senegal alle Verträge, der Sudan hingegen lehnte die Fortgeltung der Verträge ab.[795]

Nach dem Zerfall Jugoslawiens stellten sich die neuen Staaten Slowenien, Kroatien und Bosnien-Herzegowina auf den Standpunkt einer *Ipso-iure*-Nachfolge in bi- und multilaterale Verträge Jugoslawiens.[796] Damit folgten die Nachfolgestaaten Jugoslawiens der Regelung von Art. 34 der Wiener Vertragsnachfolgekonvention. Diese Vorgehensweise ist auch auf die Nachfolgestaaten der Sowjetunion und der Tschechoslowakei, ungeachtet der Wertung, ob tatsächlich eine Dismembration oder eine Sezession in diesen Fällen angenommen wurde, übertragbar.[797]

---

787 *Wittkowski*, Die Staatensukzession in völkerrechtliche Verträge, S. 116.
788 *Zimmermann*, Staatennachfolge, S. 139.
789 *O'Connell*, State Succession, vol. II, S. 99 f.
790 *Dahm/Delbrück/Wolfrum*, Völkerrecht, Bd. I/1, S. 165.
791 *Tyranowski*, Sukcesja państw, S. 210; *O'Connell*, State Succession, vol. II, S. 263 f.
792 *O'Connell*, State Succession, vol. II, S. 123.
793 *Zimmermann*, Staatennachfolge, S. 143.
794 Auch als Französisch-Sudan (heute Republik Mali) bezeichnet.
795 *Grashoff*, Staatensukzessionsbedingter Schuldnerwechsel, S. 178.
796 *Silagi*, Staatsuntergang, S. 94 f.
797 *Silagi*, Staatsuntergang, S. 90 ff.

b) Auswertung der Staatenpraxis

aa) Allgemein

Die Beispiele aus der Staatenpraxis verdeutlichen, dass die einzelnen Sukzessionsfälle mit unterschiedlichen Konsequenzen für die Fortgeltung der Verträge verbunden waren. So zeigt sich, dass bei Zessionen die völkerrechtlichen Verträge des Zedentenstaates für sein verkleinertes Gebiet weiterhin gültig bleiben, während sie für das abgetretene Gebiet erlöschen. Die Verträge des Gebietserwerbers erstrecken sich automatisch auf das erworbene Gebiet. Demzufolge fand bei Zessionen der Grundsatz der beweglichen Vertragsgrenzen Anwendung.

Auch bei den Verträgen eines inkorporierten Staates kommt man bei der Analyse der Staatenpraxis zu dem Ergebnis, dass die Verträge des gebietsvergrößernden Staates fortbestehen, da sie sich grundsätzlich nach dem Grundsatz der beweglichen Vertragsgrenzen auf das hinzugewonnene Gebiet ausdehnen.[798]

Bei Dismembrationen zeichnete sich bisher in der Regel ein uneinheitliches Bild in der Staatenpraxis ab. Das Handlungsspektrum reichte vom „clean slate-Prinzip" bis zur Kontinuität der Verträge.[799] Es besteht im Ergebnis aber die Tendenz, dass teilweise zumindest von einer automatischen Fortgeltung der Verträge des Vorgängerstaates ausgegangen wurde.[800]

Auch bei Sezessionen und Separationen wurde in der Staatenpraxis der Grundsatz der beweglichen Vertragsgrenzen angewendet. Bezüglich der Verträge des Neustaates muss zwischen Sezession und Separation unterschieden werden. Im Falle der Sezession wurde von den Neustaaten und von den Vertragspartnern fast ausschließlich die *tabula rasa*-Lehre vertreten.[801] Bei der Separation kann eine Tendenz zur Vertragsfortgeltung festgestellt werden.

Die Analyse der Staatenpraxis verdeutlicht, dass eine Nachfolge in Verträge einerseits vom Vertragstyp, andererseits von der Sukzessionskategorie abhängig ist. Zusammenfassend kann festgehalten werden, dass die Nachfolgestaaten in den meisten Fällen die Fortdauer der Verträge bestritten haben.

bb) Gewohnheitsrechtliche Grundsätze

Die Untersuchung der Staatenpraxis macht deutlich, dass es äußerst schwierig ist, eine einheitliche, allgemeine und dauerhafte Übung der Staaten hinsichtlich einer Staatennachfolge in Verträge festzustellen. Trotz dieser Schwierigkeit haben sich im Völkergewohnheitsrecht mit dem Grundsatz der beweglichen Vertragsgrenzen und dem Übergang von radizierten Verträgen zwei Regelungen durchgesetzt.

---

798 *Blumenwitz*, Staatennachfolge und die Einigung Deutschlands, Teil I, S. 27; *Verzijl*, State Succession, S. 54.

799 *Prugger, Florian*, Die Nachfolge in das Vermögen der ehemaligen DDR, 1994, S. 43.

800 *Zimmermann*, Staatennachfolge, S. 145.

801 *Tyranowski*, Sukcesja państw, S. 42.

(1) Grundsatz der beweglichen Vertragsgrenzen

Aufgrund der überwiegend einheitlichen Linie in der Staatenpraxis kann davon ausgegangen werden, dass dem Grundsatz der beweglichen Vertragsgrenzen völkergewohnheitsrechtliche Geltung zugesprochen werden kann. Dies wird auch von der überwiegenden Ansicht in der Literatur vertreten.[802]

Der Grundsatz der beweglichen Vertragsgrenzen besagt, dass Verträge, die der bisherige Träger der Gebietshoheit mit Wirkung für sein ganzes Staatsgebiet geschlossen hat, nach der Abtretung weiter gelten, aber in ihrer Wirkung auf das restliche Staatsgebiet beschränkt bleiben.[803] Umgekehrt erstrecken sich die Verträge des Gebietserwerbers automatisch auf das neu erworbene Gebiet, während dort die Verträge des Vorgängerstaates automatisch erlöschen.

(2) Fortgeltung von radizierten Verträgen

Die Staatenpraxis liefert ferner die Tendenz, dass Verträge der Vorgängerstaaten, die sich jeweils auf ein regional begrenztes Gebiet beziehen, weiter gelten. Hieraus konnte sich eine weitere völkergewohnheitsrechtliche Regel bilden, die sich auf die radizierten Verträge bezieht. Unter radizierten Verträgen[804] sind Verträge mit territorialem Bezug zu verstehen.[805] Sie regeln lokale Verhältnisse und sind deswegen eng an das Gebiet geknüpft. Bei diesen Verträgen wird der örtlichen Beziehung der Vorrang vor der persönlichen in Gestalt der als Vertragspartner beteiligten Staaten gegeben.[806] Folglich richtet sich auch die Geltung von radizierten Verträgen nach dem Grundsatz der beweglichen Vertragsgrenzen.[807] Bei radizierten Verträgen ist daher anerkannt, dass diese quasi automatisch auf den Nachfolgestaat übergehen.[808]

2. Staatennachfolge in die Aktiva

a) Definition des Begriffs des Staatsvermögens

Die Gesamtheit des Staatsvermögens, definiert als diejenigen Vermögenswerte, welche dem Staat oder einem anderen Träger der öffentlichen Verwaltung zugeordnet sind, wird in die beiden Gruppen Verwaltungsvermögen und Finanzvermögen untergliedert.[809] Zum Verwaltungsvermögen gehören die der Ausübung der Hoheitsgewalt unmittelbar dienenden Sachen wie Regierungs- oder Schulgebäude und militärische Anlagen.[810] Unter dem Begriff des Finanzvermögens

---

802 *Heintschel von Heinegg, Wolff*, in: *Ipsen*, Völkerrecht, S. 150 Rn. 4.

803 Zit. n.: *Alimi*, Staatensukzession, S. 95 f.

804 Zu den radizierten Verträgen zählen etwa Statusverträge und Grenzverträge.

805 *Dahm*, Völkerrecht, Bd. III, S. 108.

806 *Alimi*, Staatensukzession, S. 96.

807 *Willershausen*, Zerfall der Sowjetunion, S. 183.

808 *Hailbronner, Kay*, Der Staat und der Einzelne als Völkerrechtssubjekte, in: *Vitzthum, Wolfgang Graf* (Hrsg.), Völkerrecht, 4. Aufl., 2007, S. 157-264 (221 Rn. 182).

809 *Gornig*, Der völkerrechtliche Status Deutschlands, S. 17.

810 *Epping*, in: *Ipsen*, Völkerrecht, S. 348 Rn. 10.

versteht man jenes Vermögen, das den öffentlichen Verwaltungen lediglich mittelbar durch seinen Kapitalwert dient und dessen Erträge zur Finanzierung des Verwaltungsaufwandes nutzbar gemacht werden.[811]

b) Beispiele aus der Staatenpraxis

aa) Verwaltungsvermögen

Die Teilung des Kantons Basel im Jahre 1833 in mehrere Halbkantone dient als weiteres Beispiel. Nach dem Beschluss der eidgenössischen Tagsatzung vom 26. August 1833 sollte das gesamte Staatseigentum geteilt werden. Aufgrund fehlender konkreter Regelungen musste die Teilung des Vermögens durch ein Schiedsgericht vorgenommen werden.[812]

In den Jahren 1907 und 1908 wurde durch mehrere Verträge die Angliederung des Kongostaates an Belgien vereinbart.[813] Art. 2 des Vertrages vom 28. November 1907[814] regelte den Übergang des gesamten unbeweglichen und beweglichen Vermögens des unabhängigen Staates Kongo auf Belgien.[815]

Beim Zerfall der Donaumonarchie im Jahre 1918 wurde das Schicksal des Verwaltungsvermögens im Vertrag mit Ungarn[816] in Art. 191 und im Vertrag mit Österreich[817] in Art. 208 geregelt. In Art. 208 Abs. 1 heißt es, dass die Staaten, denen ein Gebiet der ehemaligen österreichischen-ungarischen Monarchie übertragen wurde oder die aus dem Zerfall dieser Monarchie entstanden sind, alles Gut und alles Eigentum, das der ehemaligen oder der gegenwärtigen österreichischen Regierung gehörte und auf ihren Gebieten belegen ist, erwerben.

Ein weiteres Beispiel ist der Anschluss Österreichs an das Deutsche Reich im Jahre 1938. Mit dem Anschluss erhielt Österreich den staatsrechtlichen Status der anderen deutschen Länder. Sein gesamtes Vermögen ging an das Deutsche Reich über.[818]

bb) Finanzvermögen

Bei der Übertragung des Kongostaates auf Belgien war vorgesehen, dass das gesamte bewegliche und unbewegliche Staatsvermögen übertragen werden sollte.[819]

---

811 *Gornig*, Der völkerrechtliche Status Deutschlands, S. 79.

812 *Silagi*, Staatsuntergang, S. 204.

813 *Gornig*, Der völkerrechtliche Status Deutschlands, S. 22.

814 Text: *Parry, Clive* (ed.), CTS, vol. 206 (1907-1908), 1980, S. 17-19.

815 *O'Connell*, State Succession, in: BYIL, vol. 39 (1963), S. 102.

816 Friedensvertrag von Saint-Germain-en-Laye vom 10. September 1919; franz. Text: *von Martens*, NRGT, 3. Serie, Bd. 11, 3. Teilband, 1922, Nr. 34, S. 691-839.

817 Friedensvertrag von Trianon vom 4. Juni 1920; franz. Text: *von Martens*, NRGT, 3. Serie, Bd. 12, 2. Teilband, 1923, Nr. 71, S. 423-565.

818 *Hummer*, in: *Neuhold/Hummer/Schreuer*, Österreichisches Handbuch des Völkerrechts, S. 458.

819 *Gornig*, Der völkerrechtliche Status Deutschlands, S. 80.

Als ein weiteres Beispiel dient § 61 des Reichsdeputationshauptschlusses vom 25. Februar 1803[820], der den Übergang allen öffentlichen Eigentums in den säkularisierten Staaten des Heiligen Römischen Reichs Deutscher Nation an die neuen Souveräne regelte.[821]

c) Bewertung

aa) Nachfolge in das Verwaltungsvermögen

Die Staatenpraxis zeigt, dass bei einem Staatsuntergang die Übernahme des Verwaltungsvermögens durch den Nachfolgestaat vorgenommen wird, sofern das Vermögen im neuen Staatsgebiet belegen ist. Bei mehreren Nachfolgestaaten übernehmen diese das jeweils auf ihrem Staatsgebiet belegene Vermögen. Dieses Ergebnis basiert auf der Tatsache, dass das Verwaltungsvermögen eng mit dem Gebiet, in dem es liegt, verbunden ist. Daraus folgt, dass das Verwaltungsvermögen das Schicksal der Hoheitsgewalt des betroffenen Gebietes teilt und beim Untergang des Altstaates ohne weiteres auf den Nachfolger übergeht.[822] Dieser Vorgang richtet sich infolgedessen nach dem Belegenheitsprinzip sowie dem Grundsatz der Funktionsnachfolge.[823] Hinsichtlich des Verwaltungsvermögens in Drittstaaten gilt das Vorangegangene, es sei denn, der Drittstaat weigert sich die Staatennachfolge anzuerkennen.[824]

bb) Nachfolge in das Finanzvermögen

Auch beim Finanzvermögen gilt der Grundsatz, dass das Vermögen auf den Nachfolgestaat übergeht, wenn der Altstaat untergegangen ist.[825] Finanzvermögen im Ausland geht, sofern die Drittstaaten die Anerkennung der Staatennachfolge nicht verweigern, ebenfalls „in einem billigen Verhältnis“ auf die Nachfolgestaaten über.[826] Die Staatenpraxis macht somit deutlich, dass hinsichtlich des inländischen Immobiliarvermögens dem Belegenheitsprinzip gefolgt wird und sich demzufolge eine gewohnheitsrechtliche Regel gebildet hat.[827]

3. Staatennachfolge in die Passiva

a) Definition des Begriffs der Staatsschulden

Die Frage, ob die Schulden des Vorgängerstaates auf dessen Nachfolger übergehen, ist völkerrechtlich umstritten. Nur dann, wenn sich Vorgänger und Nachfolger ausdrücklich vertraglich einigen, wird man von einer gesicherten Rechtslage

---

820 Gilt als das letzte bedeutende Gesetz des Heiligen Römischen Reiches Deutscher Nation.

821 *Silagi*, Staatsuntergang, S. 290.

822 *Fastenrath*, Das Recht der Staatensukzession, in: BDGVR, Bd. 35 (1996), S. 42.

823 *Schweisfurth*, Völkerrecht, S. 344 Rn. 234; *Gornig*, Territoriale Entwicklung, S. 268.

824 *Gornig*, Der völkerrechtliche Status Deutschlands, S. 56.

825 *Dahm/Delbrück/Wolfrum*, Völkerrecht, Bd. I/1, S. 170.

826 *Schweisfurth*, Völkerrecht, S. 344 Rn. 235.

827 *Epping*, in: *Ipsen*, Völkerrecht, S. 350 Rn. 12.

ausgehen können, denn die Staatenpraxis, die Rechtsprechung und auch die Lehre kommen hierbei zu unterschiedlichen Ergebnissen.[828] Bei Staatsschulden wird zwischen Verwaltungs- und Finanzschulden unterschieden. Verwaltungsschulden sind Verpflichtungen, die im Rahmen hoheitlicher Betätigung eingegangen wurden.[829] Als Finanzschulden werden diejenigen Schulden bezeichnet, die ihren Ursprung in Anleihen des Staates haben.[830]

b) Beispiele aus der Staatenpraxis

aa) Zession

Österreich trat im Friedensvertrag von Berlin im Jahre 1742 große Teile Schlesiens an Preußen ab. Der Vertrag enthielt zwar keine allgemeine Regelung hinsichtlich der Schuldennachfolge, allerdings verpflichtete sich Preußen, eine von Österreich aufgenommene Anleihe zu übernehmen.[831]

Im Vertrag von Kopenhagen, der am 11. April 1767 zwischen der Zarin von Russland und dem König von Dänemark geschlossen wurde, erhielt Dänemark auch die restlichen sich noch nicht in seinem Besitz befindenden Gebiete des Herzogtums Holstein. Der König von Dänemark verpflichtete sich, die Schulden der neu gewonnenen Gebiete umfassend zu übernehmen.[832]

Am 26. Dezember 1805 unterzeichneten Frankreich, Deutschland und Österreich den Vertrag von Pressburg, der den dritten Koalitionskrieg beendete. Österreich trat Tirol, Vorarlberg, Eichstätt, Passau, Burgau, Brixen und Trient an Bayern und Venetien an das Königreich Italien ab. Der Vertrag sah eine Übernahme der Schulden vor.[833]

Bei Abschluss der vier Friedensverträge von Paris[834] im Jahre 1814 musste Frankreich nahezu alle seit dem Jahre 1792 erworbenen Gebiete wieder abtreten. In Art. 21 der Verträge wurde geregelt, dass die Schulden, die Frankreich zuvor übernommen hatte, wieder an die ursprünglichen Schuldner übertragen werden sollten.[835]

Am 14. Januar 1814 trat Dänemark mit dem Friedensvertrag von Kiel[836] Norwegen an Schweden ab. Die Übernahme der öffentlichen Schulden wurde nach einem gemischten Maßstab aus Bevölkerungszahl und Einnahmen geregelt.[837]

---

828 *Gornig*, Der völkerrechtliche Status Deutschlands, S. 99.

829 *Guggenheim*, Beiträge zur völkerrechtlichen Lehre, S. 121.

830 *Silagi*, Staatsuntergang, S. 405.

831 *Hammer*, Staatenfolge und Staatennachfolge, S. 100.

832 *Hammer*, Staatenfolge und Staatennachfolge, S. 101.

833 *Hammer*, Staatenfolge und Staatennachfolge, S. 107.

834 Am 30. Mai 1814 unterzeichnete Frankreich vier im Wortlaut identische Verträge mit Russland, Österreich, Russland, Großbritannien und Preußen. Franz. und engl. Text: *Parry*, CTS, vol. 63 (1813-1815), S. 171-191.

835 *Hammer*, Staatenfolge und Staatennachfolge, S. 113.

836 Franz. Text: *Parry*, CTS, vol. 63 (1813-1815), S. 45-57.

837 Art. 6 des Vertrages lautet: „Seine Majestät der König von Schweden verpflichtet sich als Souverän des Königreichs Norwegen entsprechend der Bevölkerung und

Im Friedensvertrag von Wien aus dem Jahre 1864 musste das Königreich Dänemark die Herzogtümer Schleswig und Holstein abtreten. Gemäß dieses Vertrages sollten die Schulden im Verhältnis der Bevölkerungszahl auf das Königreich Dänemark und die beiden abgetretenen Herzogtümer aufgeteilt werden.[838]

bb) Annexion

Das Vereinigte Königreich weigerte sich bei der Annexion Burmas im Jahre 1886, eine rechtliche Verpflichtung zur Ablösung der finanziellen Verpflichtungen Burmas anzuerkennen.[839] Auch als Österreich 1938 in das Deutsche Reich eingegliedert wurde, hat das Deutsche Reich Österreichs Schulden nicht übernommen.[840]

Im September 1895 besetzte Frankreich Madagaskar. Der Vertrag vom 1. Oktober 1895 regelte die Frage der öffentlichen Schulden Madagaskars derart, dass alle Schulden ausschließlich aus dem Vermögen Madagaskars bestritten werden sollten. Frankreich hatte damit eine Übernahme der Schulden Madagaskars abgelehnt.[841]

Preußen hingegen übernahm nach dem preußisch-österreichischen Konflikt von 1866 die Schulden der von ihm annektierten Staaten. Geregelt wurde diese Übernahme durch die preußischen Gesetze vom 29. Februar 1868 und vom 5. März 1869[842]. Mit dem Gesetz vom 29. Februar wurde eine Regelung bezüglich der Schulden des Königreichs Hannover, des Kurfürstentums Hessen-Kassel, des Herzogtums Nassau, des Landgrafentums Hessen-Kassel, des Landgrafentums Hessen-Homburg und der Herzogtümer Schleswig und Holstein getroffen. Die betreffenden Staatsschulden wurden von der preußischen Monarchie übernommen und der Hauptverwaltung der Staatsschulden zur Verwaltung überwiesen.[843]

cc) Inkorporation

Am 12. April 1844 unterzeichneten Texas und die Vereinigten Staaten von Amerika einen Eingliederungsvertrag,[844] der die Inkorporation von Texas in die

---

den Einnahmen Dänemarks einen Teil der Schulden der dänischen Monarchie zu übernehmen, der auf dem Königreich Norwegen ebenso lastet wie auf anderen Teilen des Staates".

838 *Hammer*, Staatenfolge und Staatennachfolge, S. 123.

839 *Gornig*, Der völkerrechtliche Status Deutschlands, S. 158.

840 *Gornig*, Der völkerrechtliche Status Deutschlands, S. 160.

841 *Hammer*, Staatenfolge und Staatennachfolge, S. 132; ausführlich hierzu auch: *Bardonnet, Daniel*, La Succession d'Etats à Madagascar. Succession au droit conventionnel et aux droits patrimoniaux, 1970, S. 36 ff.

842 Text: Gesetz-Sammlung für die Königlichen Preußischen Staaten, Jahr 1868, S. 12, 169-176 und Jahr 1869, Nr. 21, S. 377 ff. Vgl. auch *Gornig*, Der völkerrechtliche Status Deutschlands, S. 157.

843 *Gornig*, Der völkerrechtliche Status Deutschlands, S. 103.

844 *Miller, Hunter*, Treaties and other international Acts of the United States of America, Bd. IV, 1979, S. 697 ff.

Vereinigten Staaten zum Gegenstand hatte.[845] Die Vereinigten Staaten erklärten sich in diesem Vertrag bereit, die öffentlichen Schulden von Texas zu übernehmen, wobei als Obergrenze 10 Millionen Dollar festgesetzt wurde. Da dieser Vertrag aber schließlich vom Senat abgelehnt wurde, verabschiedete der Kongress der Vereinigten Staaten von Amerika am 1. März 1845 eine "Joint Resolution for Annexing Texas to the United States"[846], in der der Bildung eines republikanischen Staatswesens auf dem Gebiet der unabhängigen Republik Texas und dessen Aufnahme in die USA zugestimmt wurde.[847] Darüber hinaus wurde entgegen dem ursprünglichen Eingliederungsvertrages bestimmt, dass Texas mit allen seinen öffentlichen Schulden belastet bleiben sollte, ohne dass die Vereinigten Staaten von Amerika zumindest einen Teil der Schulden übernehmen sollten.[848] Im Jahre 1898 verleibten die USA Hawaii ein und übernahmen gleichzeitig auch alle Schulden. Jedoch begrenzten die USA die Schulden auf vier Millionen Dollar, da Hawaii mit eigenem Budget weiter bestand und daher für die restlichen Schulden selber aufkommen konnte.[849]

dd) Dismembration

Der Zerfall des Königreichs Westphalen im Jahre 1813 dient als Beispiel für einen Dismembrationsfall. Die Schuldennachfolge durch das Herzogtum Hessen, Österreich und Preußen wurde in mehreren Verträgen, nämlich in Wien am 10. Juni 1815[850] und in Frankfurt am 30. Juni 1816[851] geregelt. Demnach sollten Schulden mit lokalem Bezug von den jeweiligen lokalen Nachfolgern übernommen werden.[852]

Nach der Dismembration Großkolumbiens in den Jahren 1828/30 zerfiel die Republik in die neuen Staaten Kolumbien, Venezuela und Ecuador. In einem Vertrag vom 8. Dezember 1832 einigten sich die Neustaaten über die Schuldennachfolge und vereinbarten, dass Kolumbien die Hälfte, Ecuador 21,5 Prozent und Venezuela 28,5 Prozent der großkolumbianischen Staatsschuld übernehmen sollten. Der Zerfall der Union Norwegen-Schweden im Jahre 1905 dient ebenfalls als Beispiel für eine Schuldenübernahme. Im Vertrag vom 23. März 1906[853] wurde festgehalten, dass die während des Bestehens der Union eingegangenen persönlichen Schulden übernommen werden sollten.[854]

---

845 *Tyranowski*, Sukcesja państw, S. 205; *Dörr*, Inkorporation, S. 244.

846 Text: *Parry*, CTS, vol. 99 (1845-1846), S. 261 ff.; *Miller*, Treaties, Bd. IV, S. 689 ff.

847 Am Ende dieses Prozesses wurde Texas mit der Joint Resolution des US-Kongresses vom 29. Dezember 1845 (Text: *Miller*, Treaties, Bd. IV, S. 695 f.) als 28. Bundesstaat in den Staatenverband der USA aufgenommen.

848 *Dörr*, Inkorporation, S. 245.

849 *O'Connell*, State Succession, vol I, S. 377.

850 Text: *von Martens*, NRT, Bd. 2 (1814-1815), 1818, Nr. 44, S. 459-462 (461 Art. 7).

851 Text: *von Martens*, NRT, Bd. 3 (1808-1848), 1818, Nr. 7, S. 73-84.

852 *Grashoff*, Staatensukzessionsbedingter Schuldnerwechsel, S. 167.

853 *Guggenheim*, Beiträge zur völkerrechtlichen Lehre, S. 112.

854 *Grashoff*, Staatensukzessionsbedingter Schuldnerwechsel, S. 169.

Im Falle der Dismembration der österreich-ungarischen Doppelmonarchie im Jahre 1918 wurde in den entsprechenden Friedensverträgen[855] bestimmt, dass die lokalisierten Schulden auf die Sukzessoren der Belegenheit der Sache übergehen sollten.[856] Die nicht gesicherten Schulden sollten ferner im Verhältnis der Steuereinkünfte der Nachfolgestaaten aufgeteilt werden.[857] Nach der Auflösung der Zentralafrikanischen Föderation im Jahre 1963 setzten die Nachfolgestaaten folgende Schuldenübernahmequote fest: Süd-Rhodesien übernahm 52, Nord-Rhodesien 37 und Nyasaland 11 Prozent der Schulden der früheren Föderation.[858]

Ein Beispiel der Schuldenübernahme aus der jüngsten Staatenpraxis ist der Zerfall der Sowjetunion. Am 4. Dezember 1991 verabschiedeten die zwölf Republiken der ehemaligen Sowjetunion den „Vertrag über die Rechtsnachfolge in Bezug auf die staatlichen Auslandsschulden und die Aktiva der UdSSR". Dieses Abkommen sah eine gesamtschuldnerische Haftung vor, wobei gleichzeitig auch eine Formel über die prozentuale Aufteilung der Schulden zwischen den neuen Staaten entwickelt wurde.[859]

c) Bewertung

aa) Nachfolge in die Verwaltungsschulden

Aus der dargestellten Staatenpraxis lässt sich entnehmen, dass es sowohl Fälle gibt, in denen die Schulden übernommen wurden, als auch Fälle, in denen eine Schuldenübernahme verweigert wurde, sodass sich hieraus keine gleichartige Übung ableiten lässt. Trotz allem zeichnet sich auch auf Grundlage weiterer Beispiele, auf deren Darstellung hier verzichtet werden musste, in der Staatenpraxis eine Tendenz zur tatsächlichen Übernahme der Verwaltungsschulden aus politischen Gründen durch den Nachfolger ab.[860] Bis in die dreißiger Jahre des 19. Jahrhunderts hinein kann festgestellt werden, dass die gesamten Schulden annektierter Staaten von den Nachfolgern übernommen wurden, unabhängig davon, ob es sich um eine gewaltsame oder eine friedliche Einverleibung handelte.[861] In den Fällen der Übernahme von Verbindlichkeiten des Vorgängers wird aber häufig keine rechtliche Verpflichtung gesehen, sondern nur eine moralische Verpflichtung anerkannt. Wenn der Schuldnerstaat nach einer Gebietsabtrennung oder der Sezession eines Teilgebiets weiter besteht, so ist anerkannt, dass auch das Schuldverhältnis bestehen bleibt. Allerdings können sich die Schulden durch den Gebietsverlust

---

855 Vgl. Anm. 816 und 817, Zweiter Teil.
856 Vgl. Art. 203 Abs. 1 Vertrag von Trianon.
857 Vgl. Art. 203 Abs. 2 Vertrag von Trianon.
858 *Grashoff*, Staatensukzessionsbedingter Schuldnerwechsel, S. 182.
859 Vgl. *Reinisch, August/Hafner, Gerhard*, Staatensukzession und Schuldenübernahme beim „Zerfall" der Sowjetunion, 1995, S. 115 ff.; *Grashoff*, Staatensukzessionsbedingter Schuldnerwechsel, S. 187.
860 *Gornig*, Der völkerrechtliche Status Deutschlands, S. 164.
861 *Gornig*, Der völkerrechtliche Status Deutschlands, S. 101.

entsprechend mindern.[862] Bei mehreren Rechtsnachfolgern zeigt die Staatenpraxis, dass der Maßstab der Schuldenverteilung unterschiedlich war. Als Richtschnur für die Schuldenquote wurde der wirtschaftliche Wert eines Gebietsteils – hierzu zählen beispielsweise die Güte des Bodens und die verschiedenartigen wirtschaftlichen Betätigungsfelder – sowie die Verteilung der Schulden nach der Kopfzahl der Bewohner in dem betreffenden Gebiet bemessen.[863] So orientierte sich etwa nach Auflösung der Sowjetunion die Schuldenübernahmequote in Anlehnung an den Anteil des Bruttosozialprodukts der Sukzessoren am Bruttosozialprodukt der ehemaligen UdSSR.[864]

Wenn der Schuldnerstaat aber gänzlich erlischt, so bleibt nur der Nachfolgestaat als möglicher Schuldner übrig. Vor allem in diesen Fällen greift die genannte moralische Verpflichtung, wonach der Nachfolgestaat jedenfalls im Verhältnis zu den ausländischen Gläubigern aus Billigkeitsgründen verpflichtet ist, einen angemessenen Teil der Verbindlichkeiten des Vorgängers zu übernehmen.[865] Dafür spricht die Parallele zur Enteignung, die ja auch eine Verpflichtung zu angemessener Entschädigung auslöst. Schließlich besteht ein natürlicher Zusammenhang zwischen Rechten und Pflichten sowie zwischen Vorteil und Nachteil (*transit res cum onere suo*).[866] Eine Pflicht zur Übernahme von Verwaltungsschulden durch den Nachfolgestaat ist hingegen nicht anzunehmen, wenn es sich um so genannte *odious debts* handelt, also um Schulden, die der Vorgänger aus politischen Gründen eingegangen ist und die den wesentlichen Interessen des Nachfolgers widersprechen. Grund hierfür ist, dass dem Nachfolger ein Übergang nicht zumutbar ist.[867] Noch nicht erfüllte, sich aus einer völkerrechtswidrigen Handlung ergebende Wiedergutmachungspflichten wie auch umgekehrt Wiedergutmachungsansprüche des Vorgängerstaates gehen nicht auf die Nachfolgestaaten über, weil diesen Pflichten und Ansprüchen eine „höchstpersönliche Natur" zugesprochen wird.[868] Einhellig anerkannt ist, dass *local debts*, also Schulden mit lokalem Bezug, auf die Nachfolgestaaten übergehen. In diesen Fällen bleibt die rechtliche Bindung zwischen Gläubiger und Schuldner in jedem Fall intakt.[869] Somit kann als Ergebnis festgehalten werden, dass für die Nachfolgestaaten eine Billigkeitspflicht zu angemessener Abfindung der Gläubiger, aber zu keiner Erfüllung schlechthin besteht.[870] Zwar hat der Staat demzufolge Ermessenspielraum, ob er die Schulden seines Vorgängers anerkennt oder nicht, die Billigkeitsregel stellt jedoch eine Einschränkung

862 *Dahm/Delbrück/Wolfrum*, Völkerrecht, Bd. I/1, S. 175.
863 *Koch, Theodor*, Die territorialen Veränderungen der Staaten und ihr Einfluss auf die Schuldenhaftung. Eine völkerrechtliche Studie, 1913, S. 34.
864 *Grashoff*, Staatensukzessionsbedingter Schuldnerwechsel, S. 187.
865 *Gornig*, Der völkerrechtliche Status Deutschlands, S. 129.
866 *Grashoff*, Staatensukzessionsbedingter Schuldnerwechsel, S. 95.
867 Vgl. *Hailbronner*, in: *Vitzthum*, Völkerrecht, S. 222 Rn. 190.
868 *Schweisfurth*, Völkerrecht, S. 346 Rn. 238.
869 *Schweisfurth*, Völkerrecht, S. 344 Rn. 234.
870 *Dahm/Delbrück/Wolfrum*, Völkerrecht, Bd. I/1, S. 179.

zum angeführten Ermessensspielraum dar.[871] Die Gläubigerstaaten können die Anerkennung des Neustaats verweigern, wenn dieser nicht die Schulden des Vorgängers oder der Vorgänger übernimmt. Es steht ihnen somit ein Druckmittel zur Verfügung.

bb) Nachfolge in die Finanzschulden

Häufig bestehen Schulden des Staates nicht gegenüber anderen Völkerrechtssubjekten, sondern gegenüber privaten natürlichen oder juristischen Personen. Diese Beziehungen sind grundsätzlich nicht völkerrechtlicher Natur.[872] Insoweit lässt sich feststellen, dass die inländischen und ausländischen Gläubiger dem Privatrecht des Nachfolgestaates unterliegen.[873] Ausländische Gläubiger unterliegen zudem dem Schutz des völkerrechtlichen Fremdenrechts, soweit es um Enteignungen geht.[874]

Die Staatenpraxis weist bezüglich der Finanzschulden keine einheitliche Übung auf. Finanzschulden werden aber in den meisten Fällen vom Nachfolger übernommen, jedenfalls die Schulden, die gegenüber ausländischen Gläubigern bestehen,[875] wobei die Schulden in den meisten Fällen ohne die Anerkennung einer Rechtspflicht übernommen werden. Auch bezüglich der Finanzschulden kommt dann die Billigkeitsregel zur Anwendung.[876] Zusammenfassend kann festgehalten werden, dass sich auch bei der Nachfolge in Verwaltungs- und Finanzschulden keine völkergewohnheitsrechtlichen Regeln gebildet haben.

4. Nachfolge in Archive

a) Allgemein

Archive werden zwar dem Verwaltungsvermögen eines Staates zugerechnet, sodass sie in der Regel das Schicksal des Verwaltungsvermögens teilen,[877] stellen aber im Rahmen der Aktiva eines Staates eine Kategorie *sui generis* dar.

Bei Archiven handelt es sich um Dokumente, die für den Staat oder einen Teil des Staates, für die Bevölkerung oder einen Teil der Bevölkerung von Interesse sind.[878] Als Archive können solche Akte bezeichnet werden, die einen bleibenden Wert haben, d. h. solche Unterlagen, die zum Zweck der Bereitstellung von Informationen für die Verwaltung, Rechtsprechung oder Gesetzgebung oder wegen ihrer historischen Bedeutung auch nach Ablauf der aktuellen Benutzung von den Behörden und Ämtern nicht vernichtet werden dürfen.[879] Dies verdeutlicht, dass

---

871 Vgl. *Guggenheim*, Lehrbuch des Völkerrechts, Bd. I, S. 432.
872 *Gornig*, Der völkerrechtliche Status Deutschlands, S. 100.
873 Vgl. *Schoenborn*, Staatensukzessionen, S. 55.
874 *Dahm/Delbrück/Wolfrum*, Völkerrecht, Bd. I/1, S. 175.
875 *Silagi*, Staatsuntergang, S. 415.
876 *Gornig*, Der völkerrechtliche Status Deutschlands, S. 80.
877 *Gornig*, Der völkerrechtliche Status Deutschlands, S. 70.
878 *Epping*, in: *Ipsen*, Völkerrecht, S. 351 Rn. 15 f.
879 *Fitschen, Thomas*, Das rechtliche Schicksal von staatlichen Akten und Archiven bei einem Wechsel der Herrschaft über Staatsgebiet, 2004, S. 39.

Archive zu den historischen Akten eines Staates zählen. Demgegenüber existieren bei einem Sukzessionsvorgang auch Akte, die der laufenden Verwaltung unterliegen. Der Archivbegriff erfuhr im 20. Jahrhundert einen Wandel, indem bei Archiven verstärkt der Aspekt des historischen und kulturellen Interesses betont wurde. So war etwa für Bedjaoui die Zugehörigkeit von Archivgut zum kulturellen Erbe jeder Nation ein entscheidender Grund dafür, dass Archive gegenüber dem sonstigen Staatsvermögen eine Sonderstellung einnehmen.[880]

b) Staatenpraxis

Im 16. und 17. Jahrhundert finden sich zahlreiche Friedensverträge, die Bestimmungen über die Rückgabe der Archive enthalten.[881] Die Staatenpraxis bestätigt, dass Archive, die auf ein konkretes Gebiet bezogen waren, grundsätzlich zurückgegeben werden. Einige Beispiele sind etwa der Vertrag zwischen Spanien und den Vereinigten Niederlanden vom 26. Dezember 1661. In Art. VI ist eine Rückgabe von Archiven, die infolge des Krieges beschlagnahmt wurden, geregelt.[882] Schweden verpflichtete sich im Frieden von Oliva im Jahre 1660 dazu, sämtliche aus dem Königreich Polen und dem Großfürstentum Litauen verschleppten Archiv- und Bibliotheksbestände zurückzugeben.[883] Auch nach dem Nordischen Krieg, dessen Folge zahlreiche Gebietsabtretungen waren, wurden in den jeweiligen Verträgen Klauseln aufgenommen, die den Übergang der Archive oder auch die Rückgabe an den neuen Herrscher vorsahen. Auch im Vertrag von Stockholm vom 20. November 1719 zwischen dem König von England als Kurfürst von Hannover und dem König von Schweden, der die Herzogtümer Bremen und Verden abtrat, wurde bestimmt, dass alle Briefschaften und Dokumente, die die Herzogtümer betrafen, an den Kurfürsten ausgehändigt werden sollten.[884] Aus alledem folgt, dass Unterlagen und Dokumente nach dem Gebietsübergang dem neuen Herrscher belassen werden sollten. Sofern Archive im Verlauf von kriegerischen Auseinandersetzungen von gegnerischen Truppen aus dem betreffenden Gebiet weggeschafft wurden, sollten sie nach Abschluss eines Friedensvertrages an das Gebiet, das sie betrafen, wieder zurückgegeben werden. Erst im 19. Jahrhundert änderte sich diese Praxis, da sich die Zugehörigkeit der Archive nicht mehr nach dem Territorium, sondern nach deren Entstehung und Herkunft richtete.[885] Ein Beispiel für die Änderung der Praxis ist die Aufstellung des Geheimen Staatsarchivs von Preußen im Jahre 1881, bei der sich die Aufbewahrungsordnung nach der Herkunft der Archive richtete.[886]

---

880 *Bedjaoui, Mohammend*, Eleventh Report on Succession of States in Respect of Matters other than Treaties, in: YBILC 1979, vol. II 1, 1981, S. 67-124 (80).

881 *Fitschen*, Das rechtliche Schicksal von staatlichen Akten und Archiven, S. 50.

882 *Fitschen*, Das rechtliche Schicksal von staatlichen Akten und Archiven, S. 55 f.

883 Vgl. Art. IX des Vertrages von Oliva vom 3. Mai 1660.

884 *Fitschen*, Das rechtliche Schicksal von staatlichen Akten und Archiven, S. 61.

885 Vgl. *Czapliński, Władysław*, Zmiany terytorialne w Europie środkowej i wschodnej i ich skutki międzynarodowe (1990-1992), 1998, S. 149.

886 Vgl. *Silagi*, Staatsuntergang, S. 270.

c) *Bewertung*

Unabhängig von der Form des Wechsels der Gebietshoheit gilt für die Staatennachfolge in Staatsarchive das sogenannte Betreffprinzip, wonach alle Archive, die für die Verwaltung des betreffenden Gebietes notwendig sind, auf den oder die Nachfolgestaaten übergehen.[887] Die Archive teilen demnach das Schicksal des Territoriums, in dem sie sich befinden.[888] Dies gilt auch für den Teil der Staatsarchive, der hauptsächlich das Staatennachfolgegebiet betrifft.[889] Für Archive, die nur für bestimmte Teilgebiete von Interesse sind, gilt das Territorialprinzip oder auch Pertinenzprinzip, wonach die Archive demjenigen Staat gehören, der sie faktisch besitzt, wobei den anderen Staaten ein Einsichtsrecht eingeräumt wird. Archive, die den auseinandergefallenen Staat als Ganzes betrafen, sollen in das Miteigentum aller Neustaaten fallen.[890] Wendet man dies nun auf die konkreten Sukzessionsfälle an, bedeutet dies, dass bei Fusion und Inkorporation der Übergang der Archive nach dem Territorialprinzip grundsätzlich unproblematisch ist. Bei Zessionen und Sezessionen könnte das Territorialprinzip nicht ausreichen, sodass weitere Regelungen getroffen werden müssten. Bei mehreren Nachfolgestaaten wird man zumindest von der Regelung ausgehen, dass der Nachfolgestaat bei Archiven, die er nicht besitzt, aber für seine Verwaltung benötigt, zumindest einen Anspruch auf Kopien von ihn betreffenden Dokumenten hat.[891] Im 19. Jahrhundert verbreitete sich das Provenienzprinzip als archivalisches Ordnungsprinzip. Dieses Ordnungsprinzip richtet sich nach der Provenienz, also der Entstehung und Herkunft von Archiven. Das Provenienzprinzip hatte sich schließlich in den meisten Archiven als Ordnungsprinzip durchgesetzt.[892] In der völkerrechtlichen Praxis sollten diese beiden gegensätzlichen Ordnungsprinzipien gleichermaßen zur Anwendung kommen. So sollte bei jedem Sukzessionsvorgang im Einzelfall entschieden werden, ob dem territorialen Bezug oder dem Element der Herkunft Vorrang eingeräumt werden sollte. Bei einer Staatensukzession kann sich die konkrete Aufteilung der Archive demnach entweder nach dem Provenienzprinzip oder nach dem Pertinenzprinzip richten.

5. Nachfolge in die Mitgliedschaft in internationalen Organisationen

a) *Allgemein*

Internationale Organisationen basieren auf völkerrechtlichen Verträgen, sodass in Betracht kommen könnte, die Staatennachfolge in die Mitgliedschaft in internationale Organisationen nach den völkergewohnheitsrechtlichen Grundsätzen der

887 *Epping*, in: *Ipsen*, Völkerrecht, S. 351 f. Rn. 17.

888 Vgl. *Stępniak, Władysław*, Sukcesja państw dotycząca archiwaliów, 1989, S. 13.

889 Vgl. *Verdross/Simma*, Universelles Völkerrecht, S. 625 § 1003; *Epping*, in: *Ipsen*, Völkerrecht, S. 351 f. Rn. 17; *Stępniak*, Sukcesja państw dotycząca archiwaliów, S. 12 f.

890 Vgl. *Huber*, Die Staatensuccession, S. 176 f.

891 *Silagi*, Staatsuntergang, S. 270.

892 Vgl. *Silagi*, Staatsuntergang, S. 270 f.

Staatennachfolge in Verträge zu beurteilen. Eine derartige Inbezugsetzung ist aber aufgrund mehrerer Gesichtspunkte nicht ohne weiteres möglich. Einen Hauptgesichtspunkt begründet der besondere Charakter der Mitgliedschaftsverträge. Der Großteil der internationalen Organisationen besitzt in seinen Gründungsverträgen konkrete Beitritts- und Mitgliedschaftsklauseln und sieht für den Beitritt ein formelles Verfahren vor.[893] Aus diesen besonderen Bestimmungen ergeben sich höchstpersönliche Rechte und Pflichten für die Mitgliedsstaaten. Sofern eine ausdrückliche Zustimmung der bisherigen Mitglieder zur Aufnahme eines neuen Mitglieds im Vertrag verlangt wird, ist eine automatische Nachfolge eines Staates in die Mitgliedschaft nicht möglich.

b) Bewertung

Dadurch, dass die Mitgliedschaft in der Individualität der betreffenden Staaten begründet ist, wird überwiegend eine Staatennachfolge in die Mitgliedschaft in internationale Organisationen abgelehnt.[894] Die Praxis der UNO, aber auch anderer internationaler Organisationen bestätigt, dass der neu entstandene Staat einer ausdrücklichen Aufnahme durch das entsprechende Verfahren in die Organisation bedarf.[895]

Die Problematik der Staatennachfolge in die Mitgliedschaft in internationale Organisationen wurde erstmalig im Jahre 1947 anlässlich der Aufnahme Pakistans in die UNO behandelt. Aufgrund eines Rechtsgutachtens des Sechsten Ausschusses der Generalversammlung wurde generell entschieden, dass der neu entstandene Staat die Aufnahme in die UNO beantragen muss. So musste Pakistan einen Antrag auf Aufnahme in die Vereinten Nationen stellen.[896] Ein weiterer Fall ist die Auflösung der Föderation Mali. Die Nachfolgestaaten, die Republiken Mali und Senegal, mussten ebenfalls ein förmliches Aufnahmeverfahren der UNO durchlaufen.[897] So haben auch alle ehemaligen jugoslawischen Staaten, ferner Tschechien und die Slowakei sowie die Nachfolgerstaaten der Sowjetunion Anträge auf Aufnahme in die UNO gestellt.

Als Ergebnis lässt sich mithin feststellen, dass eine Nachfolge in die Mitgliedschaft in internationale Organisationen als höchstpersönliches Recht ausgeschlossen ist.

II. Völkervertragsrecht

1. Allgemein

Die UNO erkannte die Probleme, die mit der Staatennachfolge verbunden sind. Die International Law Commission beschränkte sich allerdings zunächst auf die

---

893 *Alimi*, Staatensukzession, S. 101.
894 *Dahm/Delbrück/Wolfrum*, Völkerrecht, Bd. I/1, S. 168.
895 *Dahm/Delbrück/Wolfrum*, Völkerrecht, Bd. I/1, S. 168.
896 Vgl. *Verdross/Simma*, Universelles Völkerrecht, S. 619 § 994.
897 Vgl. *Verdross/Simma*, Universelles Völkerrecht, S. 620 § 994.

Kodifizierung von zwei Konventionen.[898] Als Ergebnis dieser Arbeit entstanden die Wiener Konvention über die Staatennachfolge in Verträge (WKSV) von 1978 und die Wiener Konvention über die Staatennachfolge in Staatsvermögen, Archive und Staatsschulden (WKSVAS) von 1983. Beide Konventionen wurden zur Unterzeichnung ausgelegt. Die relativ geringe Zahl an Ratifikationen der Wiener Konventionen spiegelt die Zurückhaltung der Staatengemeinschaft gegenüber manchen Vorschriften wider. Die für das Inkrafttreten erforderliche Zahl von 15 Ratifikationen ist bislang nur für die Wiener Konvention über die Staatennachfolge in Verträge erreicht worden, sodass diese Konvention am 6. November 1996 in Kraft treten konnte.[899] Ein Grund für die ausbleibende Ratifikation der Konvention über die Staatennachfolge in Verträge lag darin, dass die Konvention in weiten Teilen kein Völkergewohnheitsrecht enthält.[900] Zudem wird in der Völkerrechtsliteratur kritisiert, dass die Konvention ungerechterweise zwischen *newly independent states* und anderen Staaten differenzieren würde. Jedoch verstoße diese Unterscheidung offensichtlich gegen den Grundsatz der souveränen Gleichheit der Staaten im Sinne von Art. 2 Abs. 1 UN-Charta sowie gegen das Prinzip der gleichen Rechte aller Völker gemäß Art. 1 Abs. 2 UN-Charta.[901] Ein weiterer Kritikpunkt ist darin begründet, dass die Geltung des *clean slate-Prinzips* für die sogenannten neuen unabhängigen Staaten im Sinne von Art. 16 WKSV nicht mit der Staatenpraxis vereinbar sei.[902] Höchst umstritten ist unter anderem in Bezug auf die WKSVAS die Vorzugsbehandlung der aus dem Dekolonialisierungsprozess hervorgegangenen neuen Staaten, wonach diese Staaten nach Art. 38 grundsätzlich nicht mit den Staatsschulden des Vorgängerstaates belastet werden sollen.[903] Beide Konventionen sind nach Art. 7 Abs. 1 WKSV und nach Art. 4 Abs. 1 WKSVAS grundsätzlich nur auf Staatensukzessionsfälle anwendbar, die nach Inkrafttreten der Konventionen vollzogen wurden. Dieses gilt jedoch nur für solche Regelungen, die nicht der Kodifizierung von bereits bestehendem Völkergewohnheitsrecht entsprechen.[904] Aufgrund der geringen Akzeptanz der Konventionen durch die Völkerrechtsgemeinschaft lässt sich der Schluss ziehen, dass diese für die Beurteilung der Rechtsfolgen der Staatennachfolge nur geringfügig hilfreich sein können. Darüber hinaus ist problematisch, dass die Konventionen keine ausreichenden Differenzierungsmöglichkeiten enthalten. Die Vertragswerke zielen nämlich nur auf die Rechtsfolgen ab, ohne dabei zwischen den verschiedenen Formen der Staatensukzession

898 *Kreuzer*, Staatsangehörigkeit und Staatensukzession, S. 40.
899 Vgl. *Schweitzer, Michael*, Staatennachfolge, in: *Seidl-Hohenveldern, Ignaz* (Hrsg.), Völkerrecht, Lexikon des Rechts, 3. Aufl., 2001, S. 387-392 (387); *Kempen/Hillgruber*, Völkerrecht, S. 137 Rn. 63.
900 *Herdegen*, Völkerrecht, S. 205 Rn. 2.
901 *Blumenwitz*, Staatennachfolge und die Einigung Deutschlands, Teil I, S. 38.
902 *Blumenwitz*, Staatennachfolge und die Einigung Deutschlands, Teil I, S. 38.
903 *Herdegen*, Völkerrecht, S. 209 Rn. 2.
904 *Willershausen*, Zerfall der Sowjetunion, S. 224.

ausreichend zu unterscheiden.[905] Die Heranziehung des Völkervertragsrechts ist somit wegen der genannten Gründe nicht oder wenngleich nur eingeschränkt möglich.

2. Inhalt

Auch wenn die Verträge teilweise nicht in Kraft getreten sind und nicht rückwirkend gelten, ist es nicht ausgeschlossen, aus ihnen Erkenntnisse zu gewinnen, die man bei der Beurteilung von Ereignissen früherer Jahrhunderte fruchtbar machen kann. Es ist darüber hinaus davon auszugehen, dass die Prinzipien aus früheren Ereignissen als Ergebnis einer jahrhundertelangen Entwicklung in die Verträge aufgenommen wurden.

a) Nachfolge in völkerrechtliche Verträge

Das Völkervertragsrecht wird grundsätzlich von dem Grundsatz der Diskontinuität beherrscht. Die Wiener Konvention über die Staatennachfolge in Verträge sieht in einem allgemeinen Teil vor, dass Rechte und Pflichten aus Verträgen grundsätzlich nicht auf den Nachfolgestaat übergehen. Art. 8 und 9 der Konvention besagen sogar, dass Rechte und Pflichten selbst dann nicht auf den Nachfolgestaat übergehen sollen, wenn beispielsweise der Vorgängerstaat in Bezug auf Verträge mit anderen Partnern eine einseitige Erklärung über die Weitergeltung der Verträge hinsichtlich seines Territoriums abgegeben hat.[906] Nach dem Diskontinuitätsgrundsatz erlöschen somit alle vom untergegangenen Staat geschlossenen Verträge. Dies basiert neben der vertraglichen Regelung auf der allgemeinen völkerrechtlichen Regel, dass Verträge nur *inter partes*, also nur für die am Vertrag beteiligten Parteien, Rechte und Pflichten begründen können. Hierbei wird der Staat einer juristischen Person gleichgestellt.[907] Jedoch würde eine absolute Geltung des Grundsatzes der Diskontinuität dem *clean slate-Prinzip* gleichkommen. Wie bereits dargestellt, ist es allgemein anerkannt, dass das *clean slate-Prinzip* keine umfassende Gültigkeit haben kann. Die Rechtssicherheit und auch der Vertrauensschutz der anderen Vertragspartner sprechen gegen dessen Gültigkeit. Wenn nach einem erfolgten Staatsuntergang oder territorialen Veränderungen sämtliche Verträge, auch die radizierten Verträge, unwirksam wären, würde dies zu erheblichen Störungen der zwischenstaatlichen Beziehungen führen. Vor allem multilaterale Verträge üben erheblichen Einfluss auf das internationale Wirtschafts- und Sozialleben aus, sodass deren abrupter Wegfall nicht dienlich wäre.[908] Es lässt sich bei dem Grundsatz der allgemeinen Fortgeltung von Verträgen eine Parallele zum allgemein völkergewohnheitsrechtlich anerkannten Grundsatz der größtmöglichen Kontinuität von Staaten finden. Man versucht nämlich so lange wie möglich, von

---

905 Vgl. *Blumenwitz*, Staatennachfolge und die Einigung Deutschlands, Teil I, S. 38.
906 *Dahm/Delbrück/Wolfrum*, Völkerrecht, Bd. I/1, S. 161.
907 *Dahm/Delbrück/Wolfrum*, Völkerrecht, Bd. I/1, S. 160.
908 *Dahm/Delbrück/Wolfrum*, Völkerrecht, Bd. I/1, S. 161.

der Kontinuität eines Staates auszugehen. Auch hier spielen Aspekte der Rechtssicherheit und die Wahrung der Sicherheit und Stabilität der Verhältnisse in der internationalen Gemeinschaft eine wichtige Rolle. In der Staatenpraxis hat sich eine konsequente Handhabung der Kontinuität von Verträgen nicht durchsetzen können. Die Entscheidung über die Kontinuität von Verträgen liegt vielmehr im Ermessen der Nachfolgestaaten.[909]

Der völkergewohnheitsrechtliche Grundsatz der beweglichen Vertragsgrenzen wurde in die Konvention übernommen. Der Grundsatz entspricht Art. 29 WVRK, der von einer Bindung der Vertragsparteien hinsichtlich ihres Hoheitsgebietes ausgeht. Fraglich ist jedoch, wie die Fälle der Abtrennung, der Aufgliederung und des Zusammenschlusses von Staaten zu beurteilen sind. Allen Fällen ist gemeinsam, dass ein nicht schon vorhandener Staat an die Stelle eines anderen tritt, sondern dass eine ganz neue Ordnung entsteht.[910] Die WVRK sieht bei der Vereinigung von Staaten zu einem neuen Nachfolgestaat in Art. 31 Abs. 1 vor, dass alle Verträge des Vorgängerstaates grundsätzlich wirksam bleiben sollen. Dies soll nach Art. 34 ff. auch für die Fälle der Trennung von Staaten gelten.[911]

b) Nachfolge in Staatsvermögen

Die WKSVAS definiert in Art. 8 den Begriff des Vermögens. Danach sind unter dem Staatsvermögen des Vorgängerstaates Vermögen, Rechte und Interessen zu verstehen, die zum Zeitpunkt der Staatennachfolge nach dem innerstaatlichen Recht des Vorgängerstaates diesem Staat gehörten. Demzufolge unterscheidet die Konvention entgegen der Staatenpraxis nicht zwischen Verwaltungs- und Finanzvermögen.[912] Art. 9 der Konvention bestimmt, dass mit dem Übergang des Staatsvermögens die Rechte des Vorgängerstaates an diesem erlöschen. In Art. 18 richtet die Konvention besonderes Augenmerk auf die Rechtsfolgen einer Staatennachfolge als Ergebnis des Zerfalls eines Staates. Sofern die Nachfolgestaaten in derartigen Fällen sich nicht einigen können, soll unbewegliches Vermögen jeweils auf den Nachfolgestaat übergehen. Außerhalb des Territoriums des Altstaates belegenes Vermögen soll nach Billigkeitserwägungen auf die Nachfolgestaaten in entsprechenden Anteilen aufgeteilt werden.[913] Wie bereits oben erwähnt, ist die Konvention wegen der fehlenden erforderlichen Zahl von Ratifikationen bis zum heutigen Zeitpunkt noch nicht in Kraft getreten und kann daher zu einer Rechtsfolgenprüfung nur hilfsweise herangezogen werden. Darüber hinaus wären auch

---

909 *Schweisfurth, Theodor*, Das Recht der Staatensukzession – Die Staatenpraxis der Nachfolge in völkerrechtliche Verträge, Staatsvermögen, Staatsschulden und Archive in den Teilungsfällen der Sowjetunion, Tschechoslowakei und Jugoslawien, in: BDGVR, Bd. 35 (1996), S. 49-233 (224).

910 *Dahm/Delbrück/Wolfrum*, Völkerrecht, Bd. I/1, S. 164.

911 *Dahm/Delbrück/Wolfrum*, Völkerrecht, Bd. I/1, S. 166.

912 *Dahm/Delbrück/Wolfrum*, Völkerrecht, Bd. I/1, S. 171.

913 *Dahm/Delbrück/Wolfrum*, Völkerrecht, Bd. I/1, S. 174.

nach einem Inkrafttreten der Konvention nur die jeweiligen Vertragsstaaten daran gebunden.

c) Nachfolge in Staatsschulden

Eine Differenzierung zwischen Verwaltungs- und Finanzschulden sieht die Konvention nicht vor. Nach der Definition des Art. 33 sind Staatsschulden finanzielle Verpflichtungen eines Vorgängerstaates gegenüber Völkerrechtssubjekten. Gemäß Art. 34 der Konvention wird von dem Grundsatz ausgegangen, dass die Staatennachfolge das Erlöschen der Verpflichtungen des Altstaates und die Entstehung der Verpflichtungen bei dem Nachfolgestaat herbeiführt. Im Einzelnen sieht die Konvention für das Schicksal der Staatsschulden für die jeweiligen Fälle der Staatennachfolge unterschiedliche Regelungen vor.[914] Nach Art. 37 gehen die Staatsschulden im Falle der Gebietsabtretung in angemessenem Verhältnis auf den Gebietsnachfolger über, soweit keine Vereinbarung zwischen Altstaat und Nachfolgestaat besteht. Das Verhältnis des Schuldenübergangs wird an dem durch die Staatensukzession erlangten Vermögen, Rechten und Interessen gemessen.[915] So sieht auch die Konvention die Heranziehung des Billigkeitsprinzips vor. Für den Zusammenschluss mehrerer Staaten zu einem neuen Staat schreibt Art. 39 den Übergang der Schulden auf den neuen Staat vor. Aufgrund dieser Grundsätze kann man davon ausgehen, dass zumindest ein Teil der Regeln, die sich in der Staatenpraxis entwickelt haben, in der Konvention kodifiziert wurden.

d) Nachfolge in Archive

Die WKSVAS widmet sich den Archiven in einem gesonderten Abschnitt.[916] Der Begriff der Archive wird in Art. 20 definiert. Danach werden Archive als Dokumente beliebigen Alters und beliebiger Art bezeichnet. Die Konvention enthält die Regelung, dass sowohl bei Gebietsabtretungen und Gebietsabtrennungen als auch bei Staatsuntergängen die Archive nach dem Provenienzprinzip übergehen sollen. In Art. 31 ist für Staatsuntergänge geregelt, dass ein Teil der Staatsarchive des Vorgängerstaates, der für eine normale Verwaltung des Territoriums eines Nachfolgestaates in dem Territorium nötig ist, auf diesen Nachfolgestaat übergehen soll. Darüber hinaus soll auch der Teil der Staatsarchive, der sich direkt auf das Territorium des Nachfolgestaates bezieht, auf diesen Nachfolgestaat übergehen. Diese Regelung gilt gemäß Art. 30 entsprechend für Gebietsabtrennungen. Nach Art. 29 sollen auch nach erfolgter Fusion die Staatsarchive des oder der Vorgängerstaaten auf den oder die Nachfolgestaaten übergehen.

---

914 *Dahm/Delbrück/Wolfrum*, Völkerrecht, Bd. I/1, S. 182.

915 *Epping*, in: *Ipsen*, Völkerrecht, S. 353 Rn. 21.

916 Teil III der Konvention, Art. 19 bis Art. 26.

3. Teil: Völkerrechtliche Würdigung der Vorgänge in Polen

1. Kapitel: Die Großmacht Polen-Litauen

A. Polen und Litauen als Staaten

I. Polnischer Staat

Im 10. bis 11. Jahrhundert entwickelte sich der erste polnische Staat.[1] Polen[2] bildete ein umgrenztes Territorium.[3] Ferner war durch den Zusammenschluss der Stämme eine staatliche Organisation erkennbar. Polen bestand auf diese Weise bereits im 10. Jahrhundert als Territorialstaat. Dieses staatliche Gefüge ist auch in der Zeit der Teilfürstentümer im 13. Jahrhundert nicht auseinandergebrochen. In dieser Zeit wurden die Herrschaftsrechte nach dem Senioratsprinzip[4] bestimmt. Das Senioratsprinzip, das in dem Testament Bolesław Schiefmunds geregelt war, sah vor, dass kein Alleinerbe eingesetzt, sondern das Land unter den Söhnen Schiefmunds als Erben, denen jeweils ein Herrschaftsgebiet zugesprochen wurde, aufgeteilt wurde. In diesen Fürstentümern galt die Erbfolgeregelung, dass die Fürstentümer den Söhnen des verstorbenen Herrschers nicht dauerhaft, sondern nur zeitlich begrenzt zugesprochen wurden. Wenn ein Inhaber des Fürstentitels starb, rückte sein Erbe nach. Der älteste Sohn erhielt als „Senior" das Großfürstentum Krakau (*ducatus Poloniae*) als mächtigstes Teilfürstentum und außerdem formal die Oberhoheit über die anderen Teilfürstentümer.[5] Der Senior war zudem der Inhaber der Herrschaftsrechte über die Verwaltung, das Gericht, die Münze und besaß auch die Obergewalt über das Heer. Auf diese Weise galt er zumindest formal als Herrscher über den gesamten Verband der polnischen Teilfürstentümer. Diese Regelung ermöglichte, dass Polen trotz der Dezentralisierungstendenzen und der Separationsbestrebungen der einzelnen Teilfürstentümer weiterhin als einheitlicher Staat fortexistierte.[6]

---

1 Das Konzentrationsmittel für die polnischen Gebiete bildete die politische Organisation der Polanen. Durch die Verschmelzung immer größerer Gebiete kam es zur Schaffung des polnischen Staates. Vgl. *Bardach, Juliusz*, Historia państwa i prawa Polski, Bd. I, 2. Aufl., 1964, S. 68.

2 Die Gründung des polnischen Staates infolge des Zusammenschlusses der auf diesem Gebiet ansässigen Stämme wurde bereits im ersten Kapitel des historischen Teils ausführlich dargestellt.

3 Vgl. Anhang II, Karte 1.

4 Das Senioratsprinzip wurde im Mittelalter in vielen osteuropäischen Königshäusern als Erbregelung angewandt.

5 *Ščepkin, Eugen*, Das Erbfolgerecht bei den altslavischen Fürstenhäusern, in: Archiv für slavische Philologie 34 (1913), S. 147-202 (150).

6 So auch *Ludat, Herbert*, Die Anfänge des polnischen Staates und das Verhältnis der Polen zu ihrer Geschichte, in: Geschichte in Wissenschaft und Unterricht 11 (1960), S. 581-599 (586).

Hierfür spricht auch, dass der Name „Polen" in der Zeit der Teilfürstentümer erhalten blieb. Die einzelnen Fürstentümer waren ferner dadurch verbunden, dass sie von einer Bevölkerung, die der gleichen Nation angehörte, bewohnt waren.[7] Als sich die Teilfürstentümer in der ersten Hälfte des 14. Jahrhunderts formal auflösten und Polen wieder ein einheitliches Königreich wurde, bildete der Monarch mit seinem Führungsstab das Hauptelement des Staates.[8] Das rechtliche Fundament dieser staatlichen Monarchie stellte die Krone[9] des Königreichs Polen *(Corona Regni Poloniae)* dar.[10]

II. Litauischer Staat

Deutlich später als bei den slawischen Nachbarvölkern setzte der Gründungsprozess des litauischen Staates ein. Anfang des 13. Jahrhunderts bestand Litauen[11] aus einem Zusammenschluss von Fürstentümern,[12] die von den Fürstenfamilien regiert wurden, aber in einem Abhängigkeitsverhältnis zu den „älteren Fürsten" standen.[13] Dieses patrimonial-hierarchische Abhängigkeitsverhältnis[14] wandelte sich durch Zusammenfassung der politischen Macht[15] schrittweise in ein Lehensverhältnis um.[16] Durch diese Entwicklung erhob sich ein einzelner Herrscher einer

---

7 *Bardach*, Historia państwa i prawa Polski, Bd. I, S. 167.

8 In dieser Zeit begann die Entwicklung, dass die Szlachta sich zur Herrscherschicht heraus bildete. Vgl. *Bardach, Juliusz*, in: *Bardach, Juliusz/Leśnodorski, Bogusław/Pietrzak, Michał* (Hrsg.), Historia ustroju i prawa polskiego, 6. Aufl., 2009, S. 55, 82, 109.

9 Die Krönung war eine religiöse Einrichtung, die in Westeuropa eingeführt wurde. Sie bestand aus einer religiösen Zeremonie und diente dazu, die Autorität des Herrschers zu stärken. Vgl. *Uruszczak, Wacław*, Historia państwa i prawa polskiego, Bd. I (966-1795), 2010, S. 39.

10 *Ludat*, Die Anfänge des polnischen Staates, in: Geschichte in Wissenschaft und Unterricht 11 (1960), S. 586.

11 Erstmals erwähnt wurden die Litauer als „Litua" im Jahre 1008 in den Quedlinburger Annalen im Zusammenhang mit dem *Mönch Bruno von Querfurt*. Vgl. *Hellmann, Manfred*, Grundzüge der Geschichte Litauens und des litauischen Volkes, 4. Aufl., 1990, S. 15 f.

12 Es war Großfürst Mindaugas, der die einzelnen Fürstentümer schrittweise vereinte. Vgl. *Ochmański, Jerzy*, Uwagi o litewskim państwie wczesnofeudalnym, in: RH 27 (1961), S. 143-160 (153 ff.).

13 Vgl. *Kolankowski, Ludwik*, Dzieje Wielkiego Księstwa Litewskiego za Jagiellonów, Bd. I. 1377-1499, 1930, S. 3 f.

14 Im Patrimonialstaat ging die Herrschaft im Eigentum auf und der gemeine Nutzen war derjenige der herrschenden Eigentümerschicht. Vgl. *Reibstein, Ernst*, Die Staatensukzession im älteren Völkerrecht, Erster Band, ca. 1966, S. 36.

15 *Angermann, Norbert/Dumschat, Sabine*, Die ukrainischen Länder unter litauischer und polnischer Herrschaft (bis 1569), in: *Golczewski, Frank* (Hrsg.), Geschichte der Ukraine, 1993, S. 37-55 (38).

16 Die Teilfürstentümer der ehemaligen Kiever Rus' waren durch lehensähnliche Verhältnisse miteinander verbunden. Vgl. *Niendorf, Mathias*, Das Großfürstentum

Herrscherfamilie über die anderen. Er wurde als Großfürst[17] bezeichnet. Hieraus kann geschlossen werden, dass Litauen[18] föderalistisch organisiert war.[19] Folglich handelte es sich im 13. Jahrhundert um keinen modernen Staat, sondern um einen Personenverband, der einen Territorialstaat bildete.

III. Resümee und Vergleich beider Staaten

Polen und Litauen wiesen im 14. Jahrhundert einen unterschiedlichen Entwicklungsstand auf. Polen bildete ein Königreich und damit ein „unteilbares Ganzes". Als Staatsform etablierte sich in Polen eine Monarchie.[20] Litauen hingegen bildete einen Personenverband mit föderalistischen Zügen. Im Gegensatz zur polnischen Monarchie konnte in Litauen die Familie des Herrschers nicht nach Belieben über das Territorium verfügen.[21]

Des Weiteren herrschte hinsichtlich der Bevölkerungszahl und des Territoriums zwischen Polen und Litauen ein Ungleichgewicht. Bis zum Jahre 1483 lebten im Großfürstentum Litauen 40.000 Menschen, wohingegen in Polen 60.000 Menschen lebten.[22] Allerdings war im Vergleich zu Polen das Territorium Litauens dreimal größer.[23]

B. Verbindungen Polens mit Litauen zwischen 1385 bis 1569

Zwischen Polen und Litauen gab es über vier Jahrhunderte hinweg enge Verbindungen. Die polnisch-litauische Union beruhte auf einer Reihe von Rechtsakten und Allianzen zwischen dem Königreich Polen und dem Großfürstentum Litauen, die zwischen den Jahren 1385 und 1569 geschlossen wurden. Im Folgenden sollen diese Verbindungen aus völkerrechtlicher Sicht gewürdigt werden. Es wird untersucht, ob Polen nach dem Zusammenschluss mit Litauen zu einem Unionsstaat noch identisch mit dem Vorgängerstaat war, also fortbestand, oder ob der polnische Staat infolge der Unionsstaatsbildung unterging und ein Neustaat entstand. Es wird diskutiert, ob Polen und Litauen eventuell im Unionsstaat Polen-Litauen

---

Litauen. Studien zur Nationsbildung in der Frühen Neuzeit (1569-1795), 2. Aufl., 2010, S. 24.

17 Mindaugas nahm als litauischer Großfürst im Jahre 1251 das Christentum an und ließ sich im Jahre 1253 zum König von Litauen krönen. Vgl. *Hellmann*, Grundzüge der Geschichte Litauens, S. 17; Mindaugas blieb der einzige König in der litauischen Geschichte, da es in der Dynastie keinen Nachfolger für ihn gab.

18 Litauen wurde als Großfürstentum Litauen bezeichnet.

19 Vgl. *Papée, Fryderyk*, Polska i Litwa na przełomie wieków średnich, Bd. I. Ostatnie dwunastolecie Kazimierza Jagiellończyka, 1904, S. 28; *Jakubowski, Jan*, Z zagadnień unii polsko-litewskiej, in: PH 22 (1919-1920), S. 136-155 (151).

20 *Niendorf*, Großfürstentum Litauen, S. 24.

21 *Niendorf*, Großfürstentum Litauen, S. 24.

22 Vgl. *Papée*, Polska i Litwa, Bd. I, S. 11.

23 Vgl. *Papée*, Polska i Litwa, Bd. I, S. 12.

als eigenständige Staaten fortexistierten. Für die Beurteilung einer etwaigen staatsrechtlichen Identität Polens muss untersucht werden, ob die Unionen sukzessionsrechtliche Vorgänge ausgelöst haben. Zu prüfen wird sein, ob bei den Unionszusammenschlüssen eine Staatensukzession mittels Inkorporation oder Fusion eingetreten ist oder ob die geschlossenen Unionen keinerlei Auswirkungen auf die Souveränität des polnischen und litauischen Staates hatten. Falls beide Staaten rechtlich fortexistierten, ist fraglich, wie die Unionen völkerrechtlich zu würdigen sind. Als Verbindung zwischen Polen und Litauen könnten sowohl die Personalunion als auch die Realunion oder auch eine Suzeränität in Betracht kommen. Hinsichtlich der Lubliner Union aus dem Jahre 1569 drängen sich Parallelen mit Österreich-Ungarn auf.

I. Völkerrechtliche Würdigung der Union von Krewo 1385

Die erste Union[24] zwischen Polen und Litauen wurde am 14. August 1385 in Krewo[25] geschlossen.[26] Die Grundlage der Union bildet der Akt von Krewo[27].

1. Untersuchung des Unionsaktes

a) Inhalt des Aktes von Krewo

Der Akt von Krewo beginnt mit einem historischen Bericht Jagiełłos[28] über die Ereignisse, die vor der Unterzeichnung der Union stattfanden. Hiernach beschreibt

24 Der Grundstein für diesen Unionsabschluss wurde bereits im Jahre 1325 gelegt, als Polen und Litauen feststellten, dass sie gemeinsame Interessen in Bezug auf die Verteidigung gegen den Deutschen Orden haben und sich daraufhin annäherten. Im Jahre 1325 schlossen Polen und Litauen ein politisches Abkommen. Dieses Abkommen sah vor, dass sie militärisch gemeinsam gegen den Deutschen Orden zusammenarbeiten wollten. Ein wichtiger Punkt des Abkommens war, dass beide Länder den ewigen Frieden untereinander schlossen. Vgl. *Zajączkowski, Stanisław*, Przymierze polsko-litewskie 1325 roku. Określenie problemu, jego literatura i źródła, in: KH 40 (1926), S. 567-617 (568-612).

25 Während bis heute polnische Historiker von der „Union von Krewo" sprechen, bewerten die litauischen Historiker die Vertragsschließung gerade nicht als einen Akt einer polnisch-litauischen Union (vgl. *Schmidt-Rösler*, Polen vom Mittelalter bis zur Gegenwart, S. 33). Zudem darf der Begriff in erster Linie nicht als ein Rechtsbegriff bewertet werden. Vielmehr ist der Begriff aus der Tradition zur Umschreibung der polnisch-litauischen Beziehungen heraus entstanden. Vgl. *Balzer, Oswald*, Tradycja dziejowa unii polsko-litewskiej, 1919, S. 5 f.

26 Das polnisch-litauische Verhältnis musste nach dem Akt von Krewo wiederholt neu ausgehandelt und bestätigt werden. Vgl. *Niendorf*, Großfürstentum Litauen, S. 23.

27 Lat. Originaltext: *Kutrzeba/Semkowicz*, Akta Unji, Nr. 1, S. 1 ff.; poln. Übersetzung abgedruckt bei: *Mościcki, Henryk*, Unia Litwy z Polską. Dokumenty i wspomnienia, 1919, S. 5-8.

28 Seit 1377 bis 1401 Großfürst von Litauen.

Jagiełło, dass er seine festlichen Boten zuerst zu den Polen[29] und anschließend zur ungarischen Königin schickte. Der Hauptbote war Fürst Skirgiełło, der Bruder des Großfürsten Jagiełło. Begleitet wurde er von den Boten Borys und Hanko. Fuhren die Boten nach Polen noch zu dritt, so konnte aus unbekannten Gründen Fürst Skirgiełło nicht persönlich vor die ungarische Königin treten. Im Folgenden werden die wichtigsten Punkte der Botschaft Jagiełłos, die durch die Boten verlesen wurde, dargestellt. Zunächst beinhaltet das Dokument einen Heiratsantrag. In diesem bittet Jagiełło die ungarische Königin Elisabeth ihn, Großfürst Jagiełło, als Sohn anzunehmen und ihre geliebte Tochter Jadwiga, die polnische Königin, heiraten zu dürfen. Im Gegenzug für die Heirat verspricht der heidnische Jagiełło, zusammen mit all seinen Brüdern, seinen Verwandten und dem restlichen litauischen Adel zum katholischen Christentum überzutreten. Ferner enthält der Akt das Versprechen und die Versicherung Jagiełłos, dass er bereit ist, für die Wiedergutmachung sämtlicher Verluste, die Polen und Litauen erlitten haben, all seine Schätze zusammenzutragen und herauszugeben. Weiterer Punkt ist das Versprechen zur Zahlung einer Entschädigung in Höhe von 200.000 Gulden an Herzog Wilhelm von Österreich, der mit Jadwiga bereits verlobt war. Sodann verspricht und versichert er, dass er auf eigene Kosten und Mühen sämtliche Territorien, die vom polnischen Königreich abgetrennt und weggenommen wurden, zurückgewinnen wolle. Zudem gibt er das Versprechen, allen Christen, insbesondere den polnischen Kriegsgefangenen beider Geschlechter, die Freiheit wiederzugeben und ihnen Freizügigkeit zu gewähren. Erst gegen Ende des Dokumentes wird der wichtigste Punkt für die vorliegende rechtliche Prüfung genannt: Jagiełło verspricht, sein litauisches und ruthenisches[30] Territorium für immer an die Krone des Königreichs Polen „anzugliedern".[31] Am Ende des Dokumentes wird schließlich eine Art Protokoll über die Auskünfte der Boten an Jagiełło beschrieben. Es werden alle Personen,[32] die nach der Rückkehr aus Polen und Ungarn bei Jagiełło anwesend waren, aufgezählt und es wird noch einmal verkündet, dass Jagiełłos Vorschläge erfolgreich überbracht wurden. Das Dokument war am Ende mit fünf

---

29 Lat. Originaltext: ad dominos regnicolas Poloniae.

30 Ruthenien (poln.: Ruś) gilt im deutschen Sprachgebrauch als ein historischer Landschaftsname, der für verschiedene Gebiete Osteuropas verwendet wurde. Überwiegend wurden dabei Gebiete innerhalb der heutigen Staaten Ukraine und Weißrussland bezeichnet. Unter der Bezeichnung „Ruthenen" waren seit etwa dem 15. Jahrhundert im Großfürstentum Litauen und im Königreich Ungarn lebende Slawen zu verstehen. Seit dem 20. Jahrhundert wird der Name Ruthenien nicht mehr gebraucht. Gleichbedeutend mit dem Namen Ruthenien ist der Name Reußen.

31 Lat. Originaltext: „Demum etiam Jagalo dux saepedictus promittit terras suas Litvaniae et Rusiae coronae regni Poloniae perpetuo applicare". Der Begriff „applicare" wird an dieser Stelle zwar mit „angliedern" übersetzt, ob diese Übersetzung tatsächlich zutrifft, muss im weiteren Verlauf untersucht werden.

32 Zu den weiteren Personen gehörten auch die Boten der ungarischen Königin.

Siegeln der litauischen Fürsten Jagiełło, Witold, Skirgiełło, Lingwen und Korybut versehen.[33]

Zusammenfassend enthält das Dokument lediglich zahlreiche Versprechungen Jagiełłos. Als problematisch erweist sich, dass der Akt nicht das staatsrechtliche Verhältnis beider Staaten definiert, sondern ihm nur Anhaltspunkte entnommen werden können.

b) *Authentizität des Aktes*

In der Wissenschaft besteht, wenn auch nur am Rande, die Kontroverse, ob das Krewsker Dokument tatsächlich als authentisch betrachtet werden kann. Am intensivsten hat sich der Litauer Jonas Dainauskas mit dieser Frage beschäftigt. Er kam im Ergebnis zu der Überzeugung, dass das Dokument eine Fälschung darstellen müsse.[34] Das wesentlichste Argument Dainauskas bezieht sich auf das späte Auftauchen des Aktes,[35] da die Union von Krewo weder in den Akten der späteren Unionen in den Jahren 1401, 1413, 1499, 1569 noch in anderen Dokumenten, die die polnisch-litauischen Verhältnisse betreffen, erwähnt wird. Gegen diese Annahme sprechen aber die Originalabschriften. Die erste Abschrift eines Schreibers aus dem 15. Jahrhundert findet sich im *Liber antiquis privilegiorum*. Die zweite Abschrift stammt aus dem 17. Jahrhundert. Beide Dokumente sind im *Archiwum Kapituły Krakowskiej* zu finden und deren Authentizität wurde nie angezweifelt.[36]

Im Ergebnis gibt es keine nachvollziehbaren Gründe, warum der Krewsker Akt[37] als Fälschung hätte angefertigt werden sollen. Für die Authentizität spricht vielmehr, dass nach dem Jahre 1385 mehrere Unionen zwischen Polen und Litauen geschlossen wurden, die nicht im Gegensatz zum Inhalt des Krewsker Dokumentes stehen.[38]

c) *Rechtsnatur und Bindungswirkung des Aktes*

Die Union beziehungsweise die zwischenstaatliche Beziehung zwischen Polen und Litauen könnte auf einem staatsrechtlichen Vertrag basieren. Fraglich ist insofern, wann ein solcher Vertrag wirksam zustande gekommen ist, sodass er für Polen und Litauen eine rechtliche Bindungswirkung entfalten konnte.

---

33 Bis zum Jahre 1837 waren noch drei Siegel, nämlich die von Korybut, Witold und Lingwen, auf dem Originaldokument zu erkennen.

34 *Dainauskas, Jonas*, Autentyczność aktu krewskiego, in: Lituano-Slavica Posnaniensia, Bd. 2 (1987), S. 125-142 (145 deutsche Zusammenfassung).

35 Seinem Namen und Inhalt nach erscheint das Dokument erst im Jahre 1837.

36 *Korczak, Lidia*, O akcie krewskim raz jeszcze (na marginesie rozprawy Jonasa Dainauskasa), in: SH 134 (1991), Heft Nr. 3, S. 473-479 (473).

37 Auch der polnische Chronist *Długosz* berichtet davon, dass Jagiełło Urkunden ausstellte, in denen er das Großfürstentum Litauen an Polen „angliederte". Vgl. *Długosz, Jan*, Roczniki czyli kroniki sławnego Królestwa Polskiego, księga 10 (1370-1405), 1981, S. 199 ff.

38 *Korczak*, O akcie krewskim, in: SH 134 (1991), Heft Nr. 3, S. 479.

aa) Allgemein

Die Verträge souveräner Machthaber untereinander über ihre gegenseitigen Beziehungen gelten als Staatsverträge.[39] Zu jedem Vertragsschluss gehört eine Willenseinigung zwischen den Parteien.[40] Bloß einseitige Versprechungen geben daher vor erfolgter Annahme dem anderen Teil noch kein Forderungsrecht.[41] Die Ratifikation ist die Beglaubigung, dass der Bevollmächtigte die Grenzen seines Auftrages nicht überschritten hat.[42] Bis dahin bleibt die Vollziehung des geschlossenen Vertrages suspendiert.[43] Damit ein Vertrag einen Staat binden kann, müssen die Personen, die diesen abschließen, zur Vertretung des Staates ermächtigt sein. Es gilt hierbei die Repräsentationsbefugnis des jeweiligen Inhabers der Staatsgewalt und die Vollmacht der Gesandten, welche den Vertrag verhandeln und unterzeichnen. Wird ein Vertrag von einer Person verhandelt und abgeschlossen, welche nicht dazu ermächtigt ist, so wird der Staat so lange nicht verpflichtet, als er nicht durch nachträgliche Gutheißung jenen Mangel der Vollmacht heilt.[44] Der Eid fügt dem beschworenen Vertrag nur eine religiöse, nicht auch eine rechtliche Verstärkung bei. Ebenso hat die Bekräftigung mit dem Ehrenwort nur eine moralische und keine rechtliche Bedeutung.[45]

bb) Fallanwendung

In der Wissenschaft werden teilweise unterschiedliche Auffassungen bezüglich der Rechtsnatur und der damit verbundenen Rechtswirkung des Dokumentes vertreten. Błaszczyk etwa identifiziert das Krewsker Dokument als „vorehelichen" Vertrag.[46] Als Antwort und damit als eine vertragliche Annahme des Dokuments von Krewo durch die polnische Seite führt Błaszczyk das Dokument vom 11. Januar 1386[47] an, in dem das Einverständnis zur Krönung Jagiełłos zum polnischen König durch die polnischen Magnaten festgeschrieben ist.[48] Długosz argumentiert ähnlich und wertet den Krewsker Akt nur als ein Versprechen, sodass es für die rechtliche Bindungswirkung einer Inkorporation eines zweiten Aktes bedurft

39 *Heffter, August Wilhelm*, Das Europäische Recht der Gegenwart auf den bisherigen Grundlagen, 6. Aufl., 1873, S. 167.

40 *Anzilotti*, Lehrbuch des Völkerrechts, Bd. 1, S. 272.

41 *Heffter*, Das Europäische Recht, S. 174.

42 *Pütter, Karl Theodor*, Beiträge zur Völkerrechts-Geschichte und Wissenschaft, 1843, S. 175.

43 Vgl. *von Liszt/Fleischmann*, Völkerrecht, S. 252 f.; *Heffter*, Das Europäische Recht, S. 177; *Anzilotti*, Lehrbuch des Völkerrechts, Bd. 1, S. 281.

44 *Bluntschli*, Das moderne Völkerrecht, 1868, S. 234.

45 *Bluntschli*, Das moderne Völkerrecht, 1868, S. 242.

46 Vgl. *Błaszczyk, Grzegorz*, Dzieje stosunków polsko-litewskich od czasów najdawniejszych do współczesności, Bd. I, 1998, S. 195; zustimmend: *Korczak*, O akcie krewskim, in: SH 134 (1991), Heft Nr. 3, S. 474.

47 Text: *Kutrzeba/Semkowicz*, Akta Unji, Nr. 2, S. 3 f.

48 Vgl. *Błaszczyk*, Dzieje, Bd. I, S. 196.

hätte.[49] Zakrzewski stellt fest, dass der Krewsker Akt, zumindest bezogen auf das zukünftige staatsrechtliche Gefüge, keinen engen rechtlichen Inhalt hat.[50] Pfitzner wertet die Krewsker Union als einen „Kauf". Dies leitet er aber nicht unmittelbar aus dem Krewsker Vertrag ab, da er diesen eher als eine Art Vorvertrag wertet.[51] Der Akt Jagiełłos ist im Ergebnis als rechtliche Bestätigung der Verpflichtungen seitens Litauens im Falle einer wirksamen Heirat Jagiełłos mit Jadwiga zu verstehen.[52] Somit enthält das Dokument lediglich eine einseitige Willenserklärung in Form eines Angebots und gerade keinen wirksamen Abschluss eines völkerrechtlichen Vertrages.

Problematisch ist zudem, dass Jagiełłos Urkunde eher allgemein formuliert ist und keine rechtliche Konkretisierung enthält. Insbesondere wird das staatsrechtliche Verhältnis beider Staaten zueinander keinesfalls definiert. Ferner existiert kein weiteres Dokument auf polnischer Seite, das sich auf das Krewsker Dokument bezieht und bestimmt, dass die Polen mit der „Angliederung" Litauens einverstanden waren. Somit muss anhand weiterer Urkunden ausgelegt werden, ob und in welcher Form das Angebot Jagiełłos von polnischer Seite aus angenommen wurde. Zahlreiche Quellen deuten jedoch darauf hin, dass vor der Heirat ein Vertrag zwischen Jagiełło und der Königin sowie den polnischen Magnaten geschlossen wurde. In diesem Vertrag wiederholte Jagiełło nochmals alle bereits im Krewsker Dokument ausgesprochenen Versprechungen.[53] Aufgrund der Willenseinigung könnten diese Dokumente einen Vertrag darstellen, der die rechtliche Grundlage der Staatenverbindung bilden könnte.[54] Jedoch kann die Existenz eines solchen Vertrages nicht bewiesen werden, sodass weitere Anhaltspunkte für die Annahme Polens herangezogen werden müssen. Naheliegend ist, dass die Polen ihre Annahme formal durch das Dokument vom 11. Januar 1386, das im Namen des polnischen Staates verfasst wurde, erklärten.[55] In dem Dokument wird Jagiełło über seine Wahl zum polnischen König[56] und über das Einverständnis zur Heirat

49 Mit der Aussage von *Długosz* befassend: *Adamus, Jan*, Państwo litwskie w latach 1386-1398, (nach 1930), S. 10.

50 *Zakrzewski, Stanisław*, Wypadki lat 1382-1386 w związku z genezą Unii. Dyskusja, in: Pamiętnik V powszechnego zjazdu historyków polskich w Warszawie 18. listopada do 4. grudnia 1930 r., Bd. II. Protokoły, 1931, S. 70-79 (75).

51 *Pfitzner, Josef*, Groszfürst Witold von Litauen als Staatsmann, 1980, S. 97.

52 Vgl. *Kutrzeba, Stanisław*, Unia Polski z Litwą, 1914, S. 8.

53 Bedauerlich ist, dass weder das Original noch die Kopie dieses Vertrages erhalten geblieben sind.

54 Vgl. *Jakubowski*, Z zagadnień unii polsko-litewskiej, in: PH 22 (1919-1920), S. 143.

55 Vgl. *Bobrzyński, Michał*, Dzieje Polski w zarysie, Bd. I, 4. Aufl., 1927, S. 201.

56 Die Wahl Jagiełłos zum neuen polnischen König erfolgte am 2. Februar 1386 während einer großen Zusammenkunft der polnischen Würdenträger und der Szlachta in Lublin. Vgl. *Bobrzyński*, Dzieje Polski w zarysie, Bd. I, S. 202.

mit Jadwiga informiert.[57] Ferner wird in dem Dokument versichert und geschworen, dass die Versprechungen und auch die getroffenen Abreden bindend sind und auch von allen Einwohnern des Königreichs Polen eingehalten werden.[58] Damit wird durch dieses Dokument das Angebot des Krewsker Aktes angenommen, sodass eine Willenseinigung zwischen Polen und Litauen eintritt. Die Heirat mit Jadwiga und die damit einhergehende Krönung zum polnischen König sind als eine Bedingung für die Versprechen Jagiełłos zu werten. Erst mit Eintritt dieser Bedingung ist Jagiełło an seine weiteren im Dokument aufgelisteten Versprechen und Versicherungen rechtlich gebunden. Vor dem Eintritt der Bedingung war sein Angebot nur schwebend wirksam. Damit kann in der Krönung Jagiełłos der endgültige Vertragsschluss gesehen werden. Beide Vertragsparteien waren ferner vertretungsbefugt. Fraglich ist, ob die Huldigungen der litauischen Fürsten Einfluss auf einen wirksamen Vertragsschluss hatten. Nach Jagiełłos Krönung musste jeder einzelne Fürst unabhängig voneinander einen schriftlich hinterlegten Eid leisten.[59] Die Fürsten mussten darin beschwören, dass sie so lange in Polen bleiben würden, bis die Bedingungen des obigen Vertrages erfüllt sind.[60] Aufgrund bestimmter Vorkommnisse in Litauen musste Jagiełło einige der Fürsten wieder nach Litauen schicken. Bevor diese allerdings nach Litauen zurückgehen konnten, mussten sie die Erlaubnis der polnischen Magnaten einholen.[61] Zudem musste jeder Fürst, der nach Litauen geschickt werden sollte, schriftlich versichern,[62] dass er sich an die geschlossenen Verträge halten und dass er bei einem Ruf nach Polen seitens der polnischen Magnaten vorstellig werde.[63] Diese Eide hatten allerdings nur eine religiöse Bedeutung und stellten eine moralische Verpflichtung dar, die keine Rechtswirkungen entfaltete. Sie verstärkten aber damit durchaus die Wirksamkeit der Verträge.[64] Die Tatsache, dass das staatsrechtliche Verhältnis nicht konkret

57 *Wielhorski, Władysław*, Polska a Litwa. Stosunki wzajemne w biegu dziejów, 1947, S. 103.

58 *Wielhorski*, Polska a Litwa, S. 103.

59 Zur damaligen Zeit war es üblich, wichtige Verträge durch Eide zu erhärten. Vgl. *Nussbaum, Arthur*, Geschichte des Völkerrechts. In gedrängter Darstellung, 1960, S. 74.

60 *Jakubowski*, Z zagadnień unii polsko-litewskiej, in: PH 22 (1919-1920) S. 143. Bedauerlich ist, dass auch diese Eide nicht überliefert sind.

61 Text: *Kutrzeba/Semkowicz*, Akta Unji, Nr. 10-14, S. 7-12.

62 All diese Versicherungen konnten aufgefunden werden. Hierzu zählen etwa diejenige des Fürsten Zasławski (abgedruckt: *Prochaska, Antoni* [Hrsg.], Codex Epistolaris Vitoldi. Magnus Ducis Lithuanie 1376-1430, 1882, Nr. 24, S. 8-9), des Fürsten Witold (abgedruckt: *Sokołowski, Augusti/Szujski, Joesephi* [ed.], Codex epistolaris saeculi decimi quinti, Bd. I, 1876, Nr. 5, S. 6 f.) und Jagiełłos selbst (abgedruckt: Codex epistolaris, Bd. I, 1876, Nr. 4, S. 5 f.); siehe auch die Zusammenstellung der Versicherungen bei: *Kutrzeba/Semkowicz*, Akta Unji, Nr. 3-9, S. 4-7.

63 *Jakubowski*, Z zagadnień unii polsko-litewskiej, in: PH 22 (1919-1920), S. 144.

64 Bereits *de Vattel* betonte, dass der Eid nicht die Verpflichtung zur Einhaltung eines Vertrages erzeuge, sondern nur die Verpflichtung aus dem Vertrag verstärke und

definiert wurde, spielt für die rechtliche Wirksamkeit des Vertrages keine Rolle. Demzufolge ist ein wirksamer Unionsabschluss zwischen dem Königreich Polen und dem Großfürstentum Litauen zustande gekommen. Die Union von Krewo entfaltete für beide Seiten eine Rechtsbindung, sodass sie sich an ihre Verpflichtungen halten mussten.[65]

Dieses Ergebnis verdeutlicht, dass es im Grunde nicht korrekt ist, den Akt von Krewo als Unionsakt zu bezeichnen.[66] Erst weitere Umstände, Handlungen und weitere Dokumente konnten zum Abschluss eines Staatsvertrages und zur Regulierung des staatsrechtlichen Verhältnisses von Polen und Litauen führen. Zwar ist es naheliegend, den Akt von Krewo als Grundstein für eine Union zu bewerten, allerdings spricht gerade die Einseitigkeit der im Dokument abgegebenen Erklärung gegen einen Vertragsschluss. Demzufolge beinhaltet der Akt von Krewo keinen Unionsabschluss im völkerrechtlichen Sinne.[67] Die Literatur stimmt somit im Ergebnis darin überein, dass das Krewsker Dokument nicht als ein Unionsdokument im rechtlichen Sinne betrachtet, sondern lediglich als eine Zusammenfassung der polnisch-litauischen Verhandlungen gewertet werden kann.[68]

2. Rechtliche Identifikation der Verbindung

Durch die Heirat zwischen Jadwiga und Jagiełło ist eine Verbindung zwischen Polen und Litauen entstanden. Es könnte ein Zusammenschluss beider Staaten zu einem einheitlichen Gebilde erfolgt sein. In diesem Fall wäre ein Neustaat entstanden. Sukzessionsrechtlich wäre dann eine Fusion eingetreten. In Betracht kommt aber auch eine Inkorporation, die zur Folge hätte, dass durch die Angliederung Litauens an Polen Litauen als Staat untergegangen wäre und Polen, um das litauische Staatsgebiet vergrößert, als Staat weiter existiert hätte.[69] Als eine weitere Möglichkeit könnte die Bildung eines Abhängigkeitsverhältnisses zu Lasten Litauens in der Gestalt einer Suzeränität herangezogen werden. Dies hätte zur

---

auf diese Weise dem Schicksal dieser Verpflichtung folge. Da der Eid zusätzlich vorhanden und damit verpflichtend sei, werde er mit dem Vertrag selbst hinfällig. Vgl. *de Vattel*, Le Droit des Gens, S. 298 f. § 225.

65 *Wasilewski, Tadeusz*, Wokół związków Polski z Litwą, in: *Biliński, Wojciech* (red.), Dzieło Jadwigi i Jagiełły w sześćsetlecie chrztu Litwy i jej związków z Polską, 1989, S. 34-40 (35).

66 Vgl. *Kutrzeba*, Unia Polski z Litwą, S. 10; *Hellmann, Manfred*, Die polnisch-litauische Union von 1385/1386. Betrachtungen zu ihrem 600-jährigen Gedächtnis, in: Jahrbücher für Geschichte Osteuropas, Bd. 34 NF (1986), S. 19-34 (32).

67 Insofern im Folgenden von der Union von Krewo gesprochen wird, wird damit nur auf die Verbindung Polens zu Litauen hingewiesen, ohne dieser aber aufgrund des Krewsker Dokumentes eine rechtliche Bedeutung beizumessen. Vgl. *Jakubowski*, Z zagadnień unii polsko-litewskiej, in: PH 22 (1919-1920), S. 153.

68 Vgl. *Błaszczyk*, Dzieje, Bd. I, S. 196.

69 Zu den polnischen Historikern zählen insbesondere *Oskar Halecki* und *Henryk Łowmiański.*

Folge, dass Litauen zwar einen Teil seiner Souveränität an Polen abgegeben hätte, aber als Staat fortexistierte. Alternativ hierzu könnte das Ergebnis aber auch so ausgestaltet sein, dass beide Staaten rechtlich unabhängig voneinander fortexistierten und gerade keine rechtliche Verbindung eingegangen sind. In Betracht käme dann der Abschluss einer Personalunion.

Um diese Fragen beantworten zu können, muss der Unionsakt von Krewo ausgelegt werden. Ergänzend hierzu sind weitere Quellen heranzuziehen, die möglicherweise belegen, was die Vertreter beider Staaten tatsächlich gewollt haben und ob die Bestimmungen des Krewsker Dokuments *de facto* umgesetzt wurden.

a) Auslegung des Unionsaktes

Nachdem der Inhalt des Unionsaktes bereits beschrieben wurde, muss im nächsten Schritt eine Auslegung des Dokumentes erfolgen.[70] Die Begriffsauslegung kann in unterschiedlicher Weise erfolgen: Im Anschluss an eine Auslegung des Wortlautes des Dokumentes kann untersucht werden, welche Aussagen über das Verhältnis Litauens zu Polen in anderen Urkunden dieser Zeit getroffen werden und schließlich kann untersucht werden, wie sich das Verhältnis faktisch nach dem Jahre 1386 entwickelt hat. Demzufolge wird zwischen der Theorie, die formale Grundlagen erfasst, und der Praxis, der konkreten Ausgestaltung, zu differenzieren sein.

aa) Auslegung des Wortlautes „applicare"

Für die Beurteilung der Staatsform ist ein einzelnes Wort, nämlich *applicare*, aus dem Akt von Krewo von großer Bedeutung. Die Bedeutung dieses Wortes ist allerdings, wie zu sehen sein wird, nicht eindeutig. Aus diesem Grunde bedarf es einer näheren Bestimmung dieses Begriffs. Die Wortlautauslegung muss nach dem maßgeblichen Sprachgebrauch, der im Zeitpunkt des Vertrages oder Aktes gegolten hat, erfolgen.[71] Nach Gerhard Köblers lateinischem Lexikon frühmittelalterlicher Rechtswörter[72] ist der Begriff *applicare* mit *anlehnen, anfügen, annähern, aufbürden, gebrauchen, verwenden, landen und hinwenden* zu übersetzen. Hieraus resultiert, dass der Terminus *applicare* im Mittelalter mit mehreren Bedeutungen verwendet wurde.[73] Aufgrund dieser unterschiedlichen Übersetzungsmöglichkeiten ist die konkrete Interpretation von *applicare* nur schwer möglich und daher

---

70 Bei der Auslegung gilt der Grundsatz *in claris non fit interpretatio*, wonach ein Vertragstext keiner Auslegung unterzogen werden darf, wenn er „klar" ist. Der Text muss als „klar" angesehen werden, wenn alle sprachlichen Versionen bei Beachtung des Sinns, den der Wortlaut im betreffenden Kontext aufweist, zum selben Ergebnis führen. Vgl. *Marro, Pierre-Yves*, Allgemeine Rechtsgrundsätze des Völkerrechts. Zur Verfassungsordnung des Völkerrechts, 2010, S. 191. Allerdings wird bei dieser Regel verkannt, dass die Klarheit des Textes bereits eine Auslegung darstellt.

71 *De Vattel*, Le Droit des Gens, S. 318 § 272.

72 *Köbler, Gerhard*, Lexikon frühmittelalterlicher Rechtswörter für Freunde frühmittelalterlicher Rechtsgeschichte, 1999, Begriff „applicare", S. 21.

73 *Łowmiański, Henryk*, Prusy – Litwa – Krzyżacy, 1989, S. 398.

in der Wissenschaft stark umstritten. Dies führte dazu, dass die Wissenschaftler, die sich mit dieser Problematik auseinandersetzten, sich jeweils für unterschiedliche Übersetzungen entschieden. Nach Daniłowicz etwa ist das Wort *applicare* mit „verbinden" zu übersetzen.[74] Kutrzeba und Kolankowski verstehen hierunter sogar den Begriff des „Angliederns".[75] Als „Einverleibung" und damit als Bezeichnung der wohl stärksten Form der Verbindung übersetzt Szajnocha den Begriff.[76] Die Untersuchung der Literatur führt zu dem Ergebnis, dass ein Großteil der polnischen Wissenschaftler, so auch Kolankowski und Szajnocha, den Begriff *applicare* mit dem Begriff des Angliederns im Sinne einer Inkorporation auslegt. Fraglich ist daher, ob das Wort *applicare* mit der Formulierung *incorporare* gleichgesetzt werden kann. In diesem Zusammenhang ist wiederum fraglich, warum anstelle von *applicare* nicht *incorporare*[77], das eindeutig eine Inkorporation bedeutet, verwendet wurde. Zum ersten Mal taucht das Wort *incorporare* nämlich in dem Dokument von Horodło aus dem Jahre 1413 auf. Jedenfalls deuten alle Übersetzungsansätze darauf hin, dass Litauen eine enge Verbindung mit Polen eingegangen ist. Abstrakt betrachtet lassen die Übersetzungen daher keine extremen Unterschiede erkennen. Allerdings muss man hierbei die Rechtsfolgen in den Blick nehmen. Nur bei der Annahme einer unmittelbaren Inkorporation steht eindeutig fest, dass der litauische Staat untergangen wäre.

Nunmehr sollen hinsichtlich des Wortlautes Argumente, die für und gegen das Verständnis einer Inkorporation Litauens durch Polen sprechen, zusammengetragen werden.

(1) Vergleich mit anderen Urkunden aus dieser Zeit

Zu einer Wortlautinterpretation können hilfsweise andere Urkunden aus der gleichen Zeit herangezogen werden, die keine Zweifel an einer bestimmten Übersetzung aufkommen lassen. In polnischen Dokumenten bis zum Jahre 1385 kann *applicare* nicht im Sinne einer Unterwerfung nachgewiesen werden.[78] Insgesamt enthalten nur wenige gefundene Urkunden die Begrifflichkeit *applicare*. Darunter findet sich etwa eine Urkunde aus dem Jahre 1362,[79] in der das Zisterzienser-Kloster aus Byszewo (Pommern) mit dem Breslauer Biskup Maciej Ländereien tauschte.[80]

---

74 *Daniłowicz, Ignacy*, Skarbiec dyplomatów papieskich, cesarskich, królewskich, książęcych. Uchwał narodowych, postanowień różnych władz i urzędów Litwy Rusi Litewskiej i ościennych im krajów, Bd. I, 1860, Nr. 613, S. 291.

75 *Kutrzeba*, Unia Polski z Litwą, S. 547.

76 *Szajnocha, Karol*, Jadwiga i Jagiełło 1374-1413. Opowiadanie historyczne, Bd. III, 2. Aufl., 1861, S. 37.

77 Übersetzt: einverleiben, einfügen. Vgl. *Köbler*, Lexikon frühmittelalterlicher Rechtswörter, Begriff „incorporare ", S. 148.

78 *Łowmiański*, Prusy, S. 301.

79 Original Textausschnitte: *Łowmiański*, Prusy, S. 302.

80 Textausschnitt: „decimam que erat nostre mense (...) in Gogolino cum merica (...) usibus mense eiusdem domini episcopi successorumque suorum *applicavismus*,

In diesem Zusammenhang ist die Bezeichnung *usibus applicare* als Übertragung der Rechte des Klosters auf den Bischof zu verstehen.[81] Es fällt auf, dass die meisten Dokumente, die gefunden werden konnten, von Bischöfen ausgestellt wurden. Als weiteres Beispiel dient ein Dokument aus dem Jahr 1347, in dem Bischof Klemens verkündet, dass der Prinz Trojden sowie seine Söhne Ziemowit und Kazimierz die zu den eigenen Höfen gehörenden vier Dörfer an die Kirche wieder zurückgeben werden.[82] Dies könnte so verstanden werden, dass die Güter zu einem späteren Zeitpunkt Eigentum des Priesters werden sollten. Folglich ist auch hier der Begriff *applicare* mit einer rechtswirksamen Übertragung und damit einem Übergang des Besitzes verbunden. Dieses Verständnis würde dafür sprechen, dass auch Litauen in Folge eines rechtswirksamen Besitzübergangs auf Polen übertragen worden ist.

Gegen die Gleichsetzung mit einer Inkorporation spricht, dass sich der Begriff *applicare* in zahlreichen anderen Dokumenten, die ein Lehensverhältnis vorsahen, wiederfindet.[83] Als Beispiel dient etwa das Dokument aus dem Jahre 1377, in dem zwei Fürsten *applicaverunt Coronam regni Hungariae* im Sinne eines Lehensverhältnisses verstehen. Dies ergibt sich aus dem weiteren Text, der bestimmt, dass das Fürstentum Podolien *receperunt in feudum a Corona dicti regni*[84], übersetzt: als Lehen der königlichen Krone unterstehen soll.[85] Der Hegemonialakt Skirgiełłos[86] dient als weiteres Beispiel. Skirgiełło schwor dort, dass im Falle seines Todes, ohne einen männlichen Nachkommen zu hinterlassen, sein Lehen an Jagiełło und Jadwiga fallen soll.[87] Aus diesen Urkunden geht hervor, dass der Begriff *applicare* nicht als Inkorporation, sondern als eine Verbindung von Territorien durch ein Lehensverhältnis verstanden werden kann.[88] Aus diesem Grunde wird in der Literatur vielfach vertreten, dass Litauen in einem Lehensverhältnis zu Polen stand.[89]

---

dedimus libere ac sponte contulimus et presentibus conferimus (...) perpetuis temporibus permansuram (...): dziesięcinę, która nam przynależała (...) z Gogolina i okolic (...) przekazaliśmy na rzecz tegoż pana biskupa oraz jego następców, daliśmy i ofiarowaliśmy z własnej woli (...) w wieczyste posiadanie (...)". Vgl. *Łowmiański*, Prusy, S. 302 f.

81 Vgl. *Łowmiański*, Prusy, S. 303.

82 Mit Originaltextausschnitten bei: *Łowmiański*, Prusy, S. 303.

83 Vgl. *Bardach, Juliusz*, Studia z ustroju i prawa Wielkiego Księstwa Litewskiego XIV-XVII w., 1970, S. 23.

84 Das Dokument ist in lateinischer Sprache abgedruckt bei: *Halecki, Oskar*, Przyczyniki genealogiczne do dziejów układu krewskiego, in: Miesięcznik Heraldyczny XIV (1935), Anm. Nr. 28, S. 97-111 (102 f.).

85 Vgl. *Bardach*, Studia z ustroju, S. 24 f.

86 Text: *Prochaska*, Codex Epistolaris Vitoldi, Nr. 33, S. 11 f.

87 Text: *Kutrzeba/Semkowicz*, Akta Unji, Nr. 18, S, 15.

88 *Halecki*, Przyczyniki genealogiczne, in: Miesięcznik Heraldyczny XIV (1935), S. 106; *Bardach*, Studia z ustroju, S. 24.

89 *Łowmiański* etwa ist der Vertreter dieser Theorie, des *feudum oblatum* (freiwilliges Lehensverhältnis).

Allerdings ist fraglich, wie die Form eines solchen Lehensverhältnisses und eine Inkorporation zueinander stehen. Das Lehensverhältnis könnte nämlich auch als eine Art mittelbare Inkorporation verstanden werden. Diese Problematik soll an späterer Stelle ausführlich behandelt werden.

Ein weiteres Beispiel für die Übertragung eines Lehens ist die Mitgift Jadwigas. Jagiełło soll als Mitgift (Morgengabe) für die Heirat mit Jadwiga ihr Teile seines eigenen Landes, darunter Kujawien und Ruthenien, abgegeben haben.[90] Dies soll ein Brief Jadwigas belegen, in welchem sie, nachdem sie litauische und ruthenische Ländereien als Morgengabe erhalten hatte, um die jeweiligen Lehensabgaben der betreffenden Gebiete bat.[91] Jagiełło hat seiner Ehefrau als Mitgift nicht das gesamte Großfürstentum Litauen angeboten, sondern nur diejenigen Gebiete, über die er unmittelbare Herrschaftsgewalt hatte, um nicht die Interessen seiner Brüder zu verletzen. Hierfür spricht auch die dynastische Struktur in Litauen. Zwar stand Jagiełło an der Spitze, jedoch handelte er im Innenverhältnis, bezogen auf wichtige Entscheidungen, nur im Einvernehmen mit den anderen Fürsten. Deswegen hatte er auch im Krewsker Akt seine Brüder mit einbezogen.[92]

(2) Ergebnis des Urkundenvergleichs

Der Vergleich mit anderen Urkunden führt zu keinem eindeutigen Ergebnis, da der Begriff vergleichsweise selten in den Urkunden aus der gleichen Zeit auftaucht. Den Urkunden ist aber zu entnehmen, dass der Begriff *applicare* die Tendenz zum Verständnis einer Inkorporation aufweist.

bb) Ergebnis der Untersuchung des Wortlautes

Die Untersuchung des Wortlautes belegt, dass Polen und Litauen eine enge Verbindung eingegangen sind, wobei das Vorliegen einer Inkorporation nicht ausgeschlossen werden kann. Der Wortlaut liefert aber keine Anhaltspunkte, wie die Inkorporation im Krewsker Unionsakt zu interpretieren ist. Aus diesem Grunde ist es schwierig, die Begrifflichkeit mit einem konkreten Rechtsverhältnis zu identifizieren.[93] Es drängt sich die Annahme auf, dass keine unmittelbare, sondern nur eine mittelbare Inkorporation in Form eines Lehensverhältnisses umgesetzt wurde. Dies kann daraus resultieren, dass die Polen und die Litauer möglicherweise unterschiedliche Vorstellungen von der Union hatten und sich beim Abschluss der Union über deren Folgen im Unklaren waren.

---

90 *Semkowicz, Władysław,* Stanowisko publiczno-prawne Władysława Jagiełły w Polsce, in: Przegląd Prawa i Administracji 24 (1899), Teil 1: Rozprawy, S. 169-183 (174 f., 177).

91 Abgedruckt bei: *Hirsch, Theodor/Töpfen, Max/Strehlke, Ernst* (Hrsg.), Scriptores Rerum Prussicarum. Die Geschichtsquellen der preussischen Vorzeit bis zum Untergange der Ordensherrschaft, Bd. III, 1866, S. 219.

92 Vgl. *Bardach,* Studia z ustroju, S. 29.

93 Vgl. *Łowmiański,* Prusy, S. 299; *Jučas,* Unia polsko-litewska, S. 105.

Die Angliederung Litauens an Polen wäre demnach mit einer Suzeränität zu umschreiben. Der litauische Staat wäre als Vasallenstaat aber nicht untergegangen, sondern hätte lediglich einen Teil seiner Souveränität willentlich und damit freiwillig an das Königreich Polen abgegeben.

b) Folgen und Umsetzung des Krewsker Aktes

Bei der Diskussion über die Folgen der Union von Krewo muss zwischen der formalen Ebene und der praktischen Umsetzung unterschieden werden. Damit stellt sich die Frage, ob die Versprechungen, die im Krewsker Akt abgegeben wurden, tatsächlich, und wenn ja, in welcher Weise umgesetzt wurden. Aus der konkreten Umsetzung könnten wiederum wichtige Erkenntnisse hinsichtlich der Auslegung des Unionsaktes gewonnen werden. Fraglich ist insbesondere, wie die formal anvisierte „Angliederung Litauens" an Polen in der Praxis vollzogen wurde. Hierbei wird in den Blick zu nehmen sein, ob Litauen nach dem Unionsabschluss weiterhin in gewisser Weise souverän blieb. Wäre dies der Fall, dann würde auch die Untersuchung der tatsächlichen Umsetzungsfolgen für die Annahme einer Angliederung in Gestalt eines Lehensverhältnisses sprechen.

aa) Einhaltung der Versprechungen durch Jagiełło und der polnischen Seite

(1) Heirat

Zunächst einmal enthielt der Akt von Krewo das Heiratsangebot, dessen Vollzug eine Bedingung für Jagiełłos Versicherungen darstellte. Die polnische Seite entband sich mit der Heirat Jagiełłos und Jadwigas recht schnell ihrer Verpflichtung.[94]

(2) Christianisierung Litauens

Das Versprechen der Christianisierung Litauens wurde ebenfalls umgehend umgesetzt. Bevor Jagiełło nämlich die polnische Königin heiratete, ließ er sich zusammen mit seiner Familie und den Bojaren[95] taufen. Im Herbst nach seiner Rückkehr nach Litauen setzte dort der Christianisierungsprozess ein.[96] Damit ist auch dieses Versprechen des Krewsker Aktes als eingehalten zu werten. Bereits am 22. Februar 1387[97] bekam die katholische Kirche in Litauen das erste Privileg von der

---

94 *Błaszczyk*, Dzieje, Bd. II, S. 11.

95 Als Bojaren wurde bis zum 15. Jahrhundert der mittlere und niedere Adel bezeichnet, dem die breite Masse der Landbesitzer und Kriegsdienstpflichtigen angehörte. Vgl. *Angermann/Dumschat*, Die ukrainischen Länder, in: *Golczewski*, Geschichte der Ukraine, S. 42.

96 Vgl. *Żenkiewicz*, Litwa, S. 39. In der höheren gesellschaftlichen Schicht schritt der Prozess der Christianisierung schnell voran. Das einfache Bürgertum hingegen konnte nur langsam vom Katholizismus überzeugt werden. Vgl. *Żenkiewicz*, Litwa, S. 39.

97 *Semkowicz, Władysław/Fijałek, Jan* (Hrsg.), Kodeks dyplomatyczny katedry i diecezji wileńskiej, Bd. I (1387-1507), 1948, Nr. 6, S. 11-15.

polnischen Krone zugesprochen. In diesem Privileg wurde der Kirche vollkommene Immunität verliehen.

(3) Angliederung Litauens an Polen

Fraglich ist, in welcher Weise die „Angliederung“ umgesetzt wurde. Im Folgenden werden einige nach der Krewsker Union geschlossenen Akte dargestellt, die das Verhältnis Litauens zu Polen klären könnten.

(a) Privileg vom 20. Februar 1387

Um die Zustimmung der litauischen Herren und Bojaren für den Übergang zum Christentum und die Union mit Polen zu erhalten, erließ Jagiełło im Jahre 1387 ein erstes Privileg[98] für diejenigen, die bereits zum Christentum übergetreten waren.[99] In diesem Privileg wird erwähnt, dass Litauen zum Territorium der polnischen Krone gehört.[100] Das litauische Gebiet wird als *terrae Regni Poloniae* bezeichnet, sodass hiernach Litauen als Provinz des polnischen Königreichs gesehen werden muss.[101] Das Privileg vom 20. Februar sieht vor, dass der König als Dank für die Annahme der Taufe den litauischen Bojaren Freiheiten und Rechte gewährt. Ferner soll jeder Bojar, der den katholischen Glauben angenommen hat, über seine Besitztümer frei verfügen können, indem er „ähnliche Rechte gebrauchen und genießen kann wie die übrigen Adeligen in den anderen Ländern unseres Königreiches Polen, damit diejenigen in ihren Rechten nicht ungleich erscheinen, die die Untertänigkeit derselben Krone zu einem und demselben gemacht“.[102] Des Weiteren wird verordnet, dass in jedem Bezirk Litauens Richter bestellt werden, „entsprechend der Sitte und dem Recht der anderen Land- und Bezirksrichter, die in den Gerichten unseres Reiches Polen den Vorsitz führen“. Ferner erteilt er den

---

98 Diesem Privileg folgten im 14. und 15. Jahrhundert zahlreiche weitere Privilegien, ohne die es nicht zu der Bildung einer Adelsherrschaft in Litauen gekommen wäre. Die Privilegien haben nämlich die wirtschaftliche und soziale Basis des Adels begründet. Vgl. *Krasauskaitė, Marija*, Die litauischen Adelsprivilegien bis zum Ende des 15. Jahrhunderts, 1927, S. 1.

99 Vgl. *Bardach*, Studia z ustroju, S. 33; *Lewicki, Anatol*, Powstanie Świdrygiełły. Ustęp z dziejów unii Litwy z Koroną, 1892, S. 3 f. Eines der wichtigsten verliehenen Rechte an die Bojaren im Privileg ist, dass jenen Bojaren, welche den katholischen Glauben annehmen und über ererbte Güter verfügen, das Eigentums- und freie Veräußerungsrecht zuerkannt wurde. Vgl. *Krasauskaitė*, Die litauischen Adelsprivilegien, S. 9.

100 Vgl. *Jučas*, Unia polsko-litewska, S. 106.

101 *Łowmiański*, Prusy, S. 375.

102 Vgl. *Żerbiłło-Łabuński, Józef*, Polska historyczna, Bd. II. Korona i Litwa, 1915, S. 13; *Lewicki, Anatol*, Über das staatsrechtliche Verhältnis Littauens zu Polen unter Jagiełło und Witold, in: *Reicke, Rudolf/Wichert, Ernst* (Hrsg.), Altpreussische Monatsschrift 31 (1894), S. 1-94 (7). Text: *Działyński, Adam Tytus*, Zbiór praw litewskich, 1841, S. 1 f.

litauischen Bojaren völlige Freiheit, ihre Töchter und Angehörigen zu verheiraten und vergisst auch hier nicht hinzuzufügen „wie die übrigen Weiber und Witwen in den anderen Ländern unseres Königreiches verheiratet werden". Der Inhalt dieses Privilegs spricht nicht eindeutig für eine unmittelbare Inkorporation Litauens in Polen. Litauen könnte nämlich auch als Lehen an das polnische Territorium angegliedert gewesen sein.

(b) Huldigungsakte

Bei der Wortlautauslegung von *applicare* wurde bereits auf die Huldigungsakte[103] der litauisch-russischen Fürsten, die in der Literatur auch als *Lehensakte* bezeichnet werden, eingegangen. Fraglich ist, ob diese Akte Hinweise zur praktischen Umsetzung des Krewsker Aktes geben können. In der Literatur werden diese Akte traditionellerweise als Hauptargument für eine mittelbare Inkorporation Litauens gewertet.[104] Auffällig ist, dass Jagiełło in allen Akten nur als König Polens und nicht als Großfürst von Litauen bezeichnet wird, wobei dies der Praxis der damaligen Zeit entspricht, da die Herrscher in der Regel mit ihrem höchsten Titel angesprochen wurden. Die bloße Erwähnung des Titels des polnischen Königs könnte aber auch so verstanden werden, dass eine Unterwerfung des Großfürstentums unter Polen verdeutlicht werden sollte.

Die Akte beinhalteten folgende Punkte: die Aufrechterhaltung der Treue und des Gehorsams gegenüber dem Souverän, diesen in der Not nicht zu verlassen, ihm Hilfe und Rat zu gewähren, ihn vor Gefahren zu warnen und ihm Tribut und militärische Dienste zu leisten.[105] Damit waren die Verpflichtungen der Fürsten allgemein formuliert. Die Huldigungsakte sind als Umsetzung des Krewsker Dokumentes, bezogen auf den Punkt der Angliederung Litauens zu interpretieren. Mit den Huldigungsakten hatte die litauische Seite das im Krewsker Dokument enthaltene Versprechen umgesetzt. Paszkiewicz stellt überzeugend fest, dass die Umsetzung der Huldigungsakte stark vom guten Willen der Fürsten abhängig war,[106] die schließlich selber entscheiden konnten, wie und in welchem Umfang sie dem polnischen König Gehorsam und Treue leisten wollten. Der Wortlaut der Akte lässt darauf schließen, dass der Akt von Krewo eine Angliederung Litauens mittels eines Lehensverhältnisses vorsah.[107] Hierfür spricht der Treueschwur der Fürsten und die Zahlung des festgesetzten Tributes, was bei Lehensverhältnissen üblich und häufige Folge war.

---

103 Die litauisch-russischen Fürsten gaben ihre Huldigung an König Jagiełło, Königin Jagdwiga und die Krone Polens zwischen den Jahren 1386 bis 1393 ab. Insgesamt konnten bisher 17 solcher Akte gefunden werden.

104 *Błaszczyk*, Dzieje, Bd. II, S. 26.

105 *Błaszczyk*, Dzieje, Bd. II, S. 28.

106 *Paszkiewicz, Henryk*, O genezie i wartości Krewa, 1938, S. 245 ff.

107 *Łowmiański*, Prusy, S. 367.

Somit kann bei Heranziehung der Huldigungsakte der Begriff *applicare* im Ergebnis mit der Bedeutung des Angliederns in Form eines Lehensverhältnisses gedeutet werden.

(c) Fehlende Definition des staatsrechtlichen Verhältnisses

Der Akt von Krewo enthält lediglich das „Versprechen" zu einer Angliederung Litauens an Polen. Die fehlende Definition des angedachten staatsrechtlichen Verhältnisses könnte dafür sprechen, dass aus rechtlicher Sicht keine Inkorporation geplant war.[108] Aufgrund der fehlenden rechtlichen Ausgestaltung und Konkretisierung könnte man zu dem Ergebnis kommen, dass das staatsrechtliche Verhältnis beider Staaten unverändert bleiben sollte. Dies wäre im Ergebnis aber dann anders zu beurteilen, wenn dem Krewsker Dokument tatsächlich ein entsprechender Inkorporationsakt gefolgt wäre, der das staatsrechtliche Verhältnis Polens und Litauens bestimmt hätte. Ein Teil der Forscher geht davon aus, dass ein solches Dokument existiert haben musste. Problematisch ist, dass dieses bisher nicht gefunden werden konnte. Lediglich die Chronik von Długosz,[109] in der ein Inkorporationsakt erwähnt wird, deutet auf seine Existenz hin. Ferner wird auf die Existenz aus dem Akt von Horodło aus dem Jahre 1413 geschlossen, der sich auf einen solchen Inkorporationsakt beziehen könnte. Wie später noch zu sehen sein wird, stellt Jagiełło in dem Horodler Akt fest, dass er seine litauischen und ruthenischen Gebiete dem Königreich Polen in der Zeit, in der er die polnische Krone angenommen hat, einverleibt hat. Jedoch sind diese Hinweise keineswegs überzeugend und stellen auch keine Beweise dar. Es ist nämlich auch möglich, dass sich die genannte Passage aus dem Horodler Akt auf Jagiełłos ursprüngliches Versprechen im Krewsker Dokument oder gar auf das Privileg aus dem Jahre 1387 bezog. Damit muss die Frage, ob ein entsprechender Inkorporationsakt existiert hat, offen bleiben. Er könnte aber auch bereits entbehrlich gewesen sein. Die zahlreichen gefundenen Akte, wie etwa die Huldigungsakte, deuten allerdings nicht nur auf staatsrechtliche Veränderungen hin, sondern sprechen ausdrücklich von einer Angliederung Litauens an Polen, wobei eine entsprechende Konkretisierung nicht erfolgt.

Im Ergebnis kann aber eine Inkorporation nicht bereits aufgrund einer fehlenden rechtlichen Bestimmung ausgeschlossen werden. Insbesondere war das Staatsrecht der damaligen Zeit noch nicht so weit entwickelt, dass die Notwendigkeit bestanden hätte, die Inkorporation gesondert vertraglich zu regeln. So kann davon ausgegangen werden, dass die erfolgte Inkorporation nicht bereits wegen einer fehlenden rechtlichen Grundlage unwirksam war. Zumindest wäre es auch möglich, die Rechtsgrundlage einer Inkorporation aus der Gesamtschau des im

108 *Wyrozumski, Jerzy*, Formowanie się politycznej i ustrojowej wspólnoty polsko-litewskiej w latach 1385-1501, in: CPH 44 (1992), Heft Nr. 1-2, S. 445-455 (445 f.).

109 Vgl. *Długosz*, Roczniki czyli kroniki sławnego Królestwa Polskiego, księga 10 (1370-1405), 1981, S. 201 ff.

Krewsker Dokuments enthaltenen Angebots und dessen Annahme durch die polnische Seite mit dem Einverständnis zur Heirat herzuleiten.

(d) Alleingang Litauens gegen den Deutschen Orden

Als wichtiges Argument gegen die Annahme und Umsetzung einer unmittelbaren Inkorporation führt Paszkiewicz die Tatsache an, dass nur Litauen sich im Krieg gegen den Deutschen Orden befand, während Polen immer noch den Frieden zum Orden wahrte.[110] Dies könnte auf einen bestimmten Grad von Souveränität Litauens nach außen hindeuten, sodass eine staatsrechtliche Einheit Litauens und Polens abgelehnt werden müsste.

(e) Verwaltung des Großfürstentums Litauen

Im Falle einer kompletten Angliederung Litauens an Polen müsste die Verwaltung der litauischen Gebiete der Polens angepasst und schrittweise vereinheitlicht worden sein. Fraglich ist, ob Litauen seine Staatsgewalt zumindest teilweise beibehalten hat und damit als Staat fortexistierte. Die folgende Untersuchung wird in zwei Zeitabschnitte unterteilt.

(aa) Anfangszeit bis zum Jahre 1392

Aufgrund der dynastischen Herrschaftsstrukturen gab es in Litauen vor der Krönung Jagiełłos keinen König.[111] Stattdessen galt als Staatsoberhaupt der Großfürst. Balzer qualifiziert die Großfürstenstellung als Institution eines Familienrechts der regierenden Dynastie.[112] Zunächst muss daher untersucht werden, ob und wie sich diese Machtstruktur nach der Krewsker Union verändert haben könnte. Vor der Union von Krewo war Jagiełło der litauische Großfürst. Nach seiner Krönung in Polen behielt er diesen Titel bei.[113] Im Jahre 1387 ernannte er Skirgiełło zum *principalis dux*[114], damit er der Regierung Litauens vorstehe. Jagiełło beschrieb 1387 die Position Skirgiełłos wie folgt: „wir wollen ihn höher halten als unsere

---

110 Vgl. *Paszkiewicz*, O genezie i wartości Krewa, S. 254; Łowmiański, Prusy, S. 388.

111 Der litauische Staat galt zu dieser Zeit als gemeinsames väterliches Erbe der Mitglieder der Herrscherdynastie. Obwohl viele einzelne Fürstentümer existierten, waren sie insgesamt auf zwei große Hälften zentralisiert: auf Wilna und Traken (poln.: Trocko). Der Fürst von Traken war der führende Herrscher des gesamten litauischen Staates. Vgl. *Halecki, Oswald*, Geneza układu krewskiego, in: *Biliński*, Dzieło Jadwigi i Jagiełły, S. 41-52 (47).

112 Vgl. *Balzer, Oswald*, Unia horodelska. Odczyt wygłoszony na publicznym posiedzeniu Akademii Umiejętności dnia 3. maja 1913 roku, in: Skład Akademii Umiejętności w Krakowie mai 1913, 1912/1913, S. 146-177 (148 f.).

113 Seltsam war aber, dass Witold bereits im Jahre 1386 neben Jagiełło als Großfürst auftrat. Dies belegt die Urkunde vom 4. November 1386 (Text: Codex epistolaris, Bd. I, 1876, Nr. 8, S. 8 f.): „Vladislaus dei gracia rex Poloniae, Lithuaniae princeps supremus, heres Russiae et nos magnus dux Witold".

114 Übersetzung: „Hauptfürst" oder der „erste Fürst".

Brüder und wollen ihn mehr hören als alle unsere Freunde und Brüder". Sein Zuständigkeitskreis trug demzufolge zumindest im Ansatz großfürstliches Gepräge.[115] Aus diesem Grunde wurde er auch von Dritten fälschlicherweise als Großfürst, einmal sogar als *supremus dux*[116] bezeichnet.[117] Trotz dieser hohen Funktion übte Skirgiełło nur eine delegierte Gewalt aus, die ihm Jagiełło übertragen hatte. Gewöhnlicher Statthalter war er aber nicht, sonst hätte er diesen Namen führen müssen. Seine Stellung trug vielmehr Vertretungscharakter, sodass er die Funktion eines Generalverwalters[118] inne hatte. Soweit Skirgiełło selbständig handelte, tat er das nur aufgrund einer ausdrücklichen Ermächtigung seitens Jagiełłos.[119] Jagiełło behielt damit die unmittelbare und uneingeschränkte Herrschaft in Litauen.[120] Skirgiełło repräsentierte Jagiełło gegenüber das ganze Land, so dass die Einheit Litauens damit deutlich zum Ausdruck kam.[121] Der Königliche Rat und die Kanzlei Polens haben bis zum Jahre 1392 ihre Kompetenzen auf das litauische Gebiet ausgeweitet. Es wurden mehrere Privilegien für die Litauer erlassen und Jagiełło vergab zahlreichen Polen hohe Verwaltungsämter in Litauen. Allerdings behielt Litauen seine eigenständigen Rechte und auch seine staatlichen Institutionen bei.[122] Damit kann im Ergebnis festgehalten werden, dass eine eigene Staatsgewalt in Litauen insbesondere auf der mittleren und auch auf der unteren Ebene weiter bestand und Litauen daher nicht untergegangen sein konnte. Tatsache ist aber, dass Litauen in einem starken Abhängigkeitsverhältnis zu Polen stand, sodass es nicht als souveräner Staat bezeichnet werden kann. Aufgrund der weitgehenden eigenen Selbstverwaltung durch die Litauer sowie der eigenen

---

115 Seine Macht war auch darin begründet, dass er von Jagiełło eine große Fläche litauischer Gebiete, darunter das Fürstentum Traken und auch ruthenische Gebiete zugesprochen bekam. Im Privileg vom 28. April 1387 werden diese Gebiete genau beschrieben; auch wird zum Ausdruck gebracht, dass Skirgiełło über seine Gebiete unmittelbar herrschen konnte. Vgl. *Jakubowski*, Opis księstwa Trockiego z roku 1387, in: PH 5 (1907), Heft Nr. 1, S. 23 ff.; *Lewicki*, Powstanie Świdrygiełły, S. 14.

116 Übersetzung: „oberster Fürst".

117 Text: *Prochaska*, Codex Epistolaris Vitoldi, Nr. 34, S. 12 f.

118 Geläufig waren in Urkunden dieser Zeit die Ausdrücke: „Capitaneus", in deutschen Urkunden hingegen „Hauptmann", auf russisch vermutlich „tiwun" oder „namiestnik". In der polnischen Literatur wird der Ausdruck mit „starosta" übersetzt. Vgl. *Krasauskaitė*, Die litauischen Adelsprivilegien, S. 21.

119 Vgl. *Balzer*, Unia horodelska, in: Skład Akademii Umiejętności w Krakowie mai 1913, S. 151.

120 Vgl. *Lewicki, Anatol*, Kiedy Witold został Wielkim księciem Litwy?, in: KH 8 (1894), S. 424-436 (424); *Łowmiański*, Prusy, S. 372; *Dąbrowski, Jan*, Rządy Jadwigi i Jagiełły, in: *Biliński*, Dzieło Jadwigi i Jagiełły, S. 58-68 (64).

121 Vgl. *Pfitzner*, Groszfürst Witold, S. 104; *Balzer*, Unia horodelska, in: Skład Akademii Umiejętności w Krakowie mai 1913, S. 150.

122 *Ochmański, Jerzy*, Historia Litwy, 3. Aufl., 1990, S. 72.

Verfassung[123] war bis zum Jahre 1392 keine Inkorporation Litauens in den polnischen Staat erfolgt.

(bb) Zeit nach dem Jahre 1392: Witold und seine Politik

Im Jahre 1392 wurde Witold durch den Ostrower Vertrag[124] zwar nicht als Großfürst, ebenso wenig als ein bloß beamteter Statthalter oder Generalstarost, sondern als Jagiełłos Vertreter in ganz Litauen eingesetzt.[125] Wie Skirgiełło nahm er eine Art Zwischenstellung ein, die mehr als die eines bloßen Teilfürsten war und doch nicht den Besitz großfürstlicher Rechte aus eigener Macht, sondern nur aus übertragener Gewalt implizierte.[126] Damit trat aus formaler Sicht keine Veränderung des herrschaftlichen Verständnisses ein. Allerdings bewirkte das Ostrower Abkommen eine faktische Veränderung im polnisch-litauischen Verhältnis.[127] Eine deutliche Änderung in der Politik Litauens zeigt sich darin, dass sich Witold zwar nicht im Verkehr mit Polen, aber sonst dem Ausland gegenüber „Großfürst" nannte. Dies verdeutlicht, dass er zumindest im Inneren Litauens nach vollkommener Selbständigkeit trachtete.[128] Ferner war neu, dass Witold als Großfürst-Stellvertreter für Jagiełło auf Lebenszeit galt und auch unabsetzbar war.[129] Skirgiełło hingegen konnte von Jagiełło jederzeit wieder abgesetzt werden.[130] Witold hatte als Stellvertreter zudem die Regierungsgewalt über Litauen,[131] sodass Jagiełło nicht unmittelbar in die Regierungsgeschäfte Litauens eingreifen konnte, die Witold geführt hatte. So wurden etwa die einzelnen Statthalter direkt von Witold eingesetzt.[132] Dennoch kann Witold zumindest in der Anfangszeit nicht als Souverän von Litauen

---

123 Bewertung bei: *Żenkiewicz*, Litwa, S. 38.

124 Zu dem Abkommen gehörten ursprünglich vier Dokumente, die am 4. und 5. August 1392 unterschrieben wurden. Abgedruckt in: *Kutrzeba/Semkowicz*, Akta Unji, Nr. 29-31, S. 26-29 und S. 401-402. Die poln. Übersetzung der beiden Akte (beide datiert auf den 4. August 1392), das eine von Witold und das andere von seiner Ehefrau Anna ausgestellt, findet sich im Anhang von *Biliński*, Dzieło Jadwigi i Jagiełły, S. 231-233.

125 Vgl. *Adamus*, Państwo litwskie, S. 60; *Gorzuchowski, Xavier*, Les rapports politiques de la Pologne et de la Lithuanie, 1927, S. 18; *Lewicki*, Powstanie Świdrygiełły, S. 18.

126 Vgl. *Pfitzner*, Groszfürst Witold, S. 105; *Błaszczyk*, Dzieje, Bd. II, S. 47.

127 Vgl. *Błaszczyk*, Dzieje, Bd. II, S. 47.

128 Vgl. *Kutrzeba*, Unia Polski z Litwą, S. 69. Witold wollte die Rechte Litauens stärken und sein Land in die Unabhängigkeit führen. Vgl. *Dąbrowski*, Rządy Jadwigi i Jagiełły, in: *Biliński*, Dzieło Jadwigi i Jagiełły, S. 65; *Wyrozumski*, Formowanie, in: CPH 44 (1992), Heft Nr. 1-2, S. 449; *Balzer*, Tradycja, S. 7.

129 *Lewicki*, Powstanie Świdrygiełły, S. 18.

130 *Lewicki*, Kiedy Witold został Wielkim księciem Litwy?, in: KH 8 (1894), S. 427.

131 *Lewicki*, Powstanie Świdrygiełły, S. 18.

132 Vgl. *Żmuidzinas, Jonas*, Commonwealth polono-lithuanien ou l'Union de Lublin (1569), 1978, S. 106; *Lewicki*, Über das staatsrechtliche Verhältnis Littauens zu Polen, in: *Reicke/Wichert*, Altpreussische Monatsschrift 31 (1894), S. 45 f.

angesehen werden, da bei formaler Betrachtung Jagiełło Großfürst blieb.[133] Die Politik Witolds war darauf ausgerichtet, für Litauen den Status eines Königreiches zu erreichen.[134] Dies hätte die europäische Anerkennung der litauischen Souveränität bedeutet.[135] Witold wollte damit einen von Polen unabhängigen Staat und folglich die Auflösung der Union erreichen.[136] Mit diesem Ziel im „Hinterkopf" handelte er im Laufe der Zeit immer selbständiger, ohne dass er sich mit Jagiełło abgesprochen oder sich dessen Einverständnis eingeholt hätte. In den Jahren 1395 bis 1398 schloss Witold in seinem Namen zahlreiche Vereinbarungen mit dem Deutschen Orden und dieser führte die Gespräche nur mit Witold.[137] Eigenmächtig handelte Witold auch, als er dem Deutschen Orden das Gebiet Samaiten abtrat.[138] Am 24. Juni 1395 titulierte sich Witold in einer Vereinbarung mit dem Deutschen Orden als litauischer Großfürst.[139] Jagiełło mischte sich zu Zeiten Witolds nicht in die Innenpolitik Litauens ein.[140] Eine Ausnahme hierzu bestand lediglich bei Verträgen, die Litauen für immer binden sollten. Bei diesen Verträgen mussten das Einverständnis und die Erlaubnis Jagiełłos eingeholt werden.[141] Eine Zäsur in der Politik Witolds bildete die schrittweise Zentralisierung in Litauen. Witold entzog immer mehr Fürsten ihre Herrschaftsgewalt über die Teilfürstentümer und vereinigte sie.[142] Auf diese Weise wurde die Herrschaftsgewalt zentralisiert, sodass sich auch Litauen immer mehr zu einem Staat im modernen Sinne entwickelte. Ein weiterer Schritt im Prozess der Ablehnung der polnischen Krone war, dass er im Jahre 1398 die Zahlung von weiteren Lehensabgaben für die litauischen und ruthenischen Gebiete an Königin Jadwiga ablehnte.[143]

---

133 *Lewicki*, Über das staatsrechtliche Verhältnis Littauens zu Polen, in: *Reicke/Wichert*, Altpreussische Monatsschrift 31 (1894), S. 18.

134 Trotz seiner wahren Motivation hatte Witold nach außen betrachtet zumindest den Schein aufrechterhalten, dass er sich mit der Union mit Polen arrangieren würde. Es existieren fünf Dokumente, in denen Witold seinen Treueschwur gegenüber Jagiełło und Jadwiga sowie der Krone Polens wiederholt. Nur zwei dieser Urkunden aus dem Jahre 1392 und 1404 sind bis heute im Original erhalten geblieben. Vgl. *Prochaska, Antoni*, Nieznany akt homagialny Witolda, in: KH 9 (1895), S. 233-238 (233).

135 Vgl. *Jučas*, Unia polsko-litewska, S. 17.

136 Vgl. *Pfitzner*, Groszfürst Witold, S. 105; *Heinl, Karl*, Fürst Witold von Litauen in seinem Verhältnis zum Deutschen Orden in Preußen während der Zeit seines Kampfes um sein litauisches Erbe: 1382-1401, 1925, S. 97 f.

137 Vgl. *Jučas*, Unia polsko-litewska, S. 133.

138 *Krasauskaitė*, Die litauischen Adelsprivilegien, S. 17.

139 Vgl. *Jučas*, Unia polsko-litewska, S. 133 f.; Text: *Prochaska*, Codex Epistolaris Vitoldi, Nr. 117, S. 39-40; *Ochmański*, Historia Litwy, S. 77.

140 *Lewicki*, Kiedy Witold został Wielkim księciem Litwy?, in: KH 8 (1894), S. 428.

141 *Lewicki*, Kiedy Witold został Wielkim księciem Litwy?, in: KH 8 (1894), S. 428.

142 Vgl. *Ochmański*, Historia Litwy, S. 77; *Heinl*, Fürst Witold, S. 99.

143 Vgl. *Ochmański*, Historia Litwy, S. 77.

Das zu Polen bestehende Abhängigkeitsverhältnis endete faktisch mit dem Zeitpunkt, als Witold und die litauischen Bojaren damit begannen, eine vollständig unabhängige Politik zu betreiben.[144] Den Höhepunkt dieses eigenmächtigen Handelns bildete die Ausrufung Witolds zum König durch die litauischen Bojaren. Für Polen bedeutete dies die Auflösung der Union.[145] Demzufolge blieb der Krewsker Akt nur bis zum Jahre 1392 in Kraft, da Jagiełło nur noch bei formaler Betrachtung den Titel des Großfürsten von Litauen besaß. In Wirklichkeit regierte er nicht mehr in Litauen und erließ dort auch keinen einzigen Rechtsakt.[146] Faktischer Herrscher im Großfürstentum Litauen war Witold. Die formale Auflösung der Union erfolgte schließlich im Jahre 1398.

bb) Ergebnis

Die vorangegangene Prüfung der tatsächlichen Umsetzung der Inkorporationsidee verdeutlicht, dass anfangs ein starkes Abhängigkeitsverhältnis Litauens zu Polen herrschte. Litauen verlor in den ersten Jahren nach Krewo teilweise seine Unabhängigkeit und es wurden Versuche unternommen, Litauen an Polen anzugliedern. Dennoch wurde Litauen nicht in den polnischen Staat inkorporiert. Das Abhängigkeitsverhältnis gegenüber Polen kann aber als ein Lehensverhältnis bewertet werden.

Mit dem Wandel der Politik Witolds seit dem Jahre 1392 trat eine Zäsur in diesem Verhältnis ein. Litauen wurde mit Witolds eigenmächtigem Handeln wieder souveräner, sodass das Abhängigkeitsverhältnis immer deutlicher gelockert wurde. Bevor konkreter auf das rechtliche Verhältnis beider Staaten eingegangen wird, kann in einem Zwischenergebnis festgehalten werden, dass Litauen einen großen Teil seiner Souveränität und damit seiner Herrschaftsgewalt wahren konnte. Dies belegt, dass Litauen nach dem Jahre 1386 nicht als Staat untergegangen sein kann.

c) Selbstverständnis der beteiligten Völker

Für die Bestimmung des staatsrechtlichen Verhältnisses könnte der subjektive Wille der beteiligten Völker als Indiz herangezogen werden. Es stellt sich die Frage, welche staatsrechtliche Verbindung seitens der Polen und der Litauer gewollt und bezweckt war.

aa) Polen

Die polnische Elite verstand den Akt als eine Verpflichtung zur Inkorporation Litauens in Polen.[147] Die Polen sahen die Inkorporation aber nicht nur als eine

---

144 Vgl. *Jučas*, Unia polsko-litewska, S. 67.

145 Vgl. *Pfitzner*, Groszfürst Witold, S. 108; *Ochmański*, Historia Litwy, S. 77; *Wasilewski*, Wokół związków Polski z Litwą, in: *Biliński*, Dzieło Jadwigi i Jagiełły, S. 38.

146 Vgl. *Jučas*, Unia polsko-litewska, S. 16.

147 *Michnik, Helena/Mosler, Ludwika*, Historia Polski do roku 1795, 1957, S. 100; *Łowmiański*, Prusy, S. 294 ff.

Verpflichtung, sie wollten diese auch.[148] Die polnischen Adeligen hatten nämlich den Wunsch, Litauen zu dominieren.[149]

Die polnische Seite stellte ein umfassendes Programm vor, das auf eine vollständige Inkorporation Litauens abzielte und einen gemeinsamen Herrscher, einen Namen für den gesamten Staat und die Umwandlung der litauischen Provinz in eine polnische Provinz enthielt.[150] Da allerdings eine unmittelbare Inkorporation Litauens, insbesondere aufgrund der konträren Auslegung des Unionsaktes sowie aufgrund der Position der Litauer nicht umsetzbar war, ist davon auszugehen, dass die Polen als schwächere Inkorporationsmaßnahme zumindest die Angliederung Litauens mittels eines Lehensverhältnisses anstrebten.

bb) Litauer

Ein Indiz für den Willen des litauischen Volkes könnte die Zustimmung oder Ablehnung des Krewsker Aktes sein. Für die Zustimmung spricht die bereits genannte Urkunde, in der Jagiełło im Jahre 1387 bestätigte, dass die Zustimmung zu Litauens Christianisierung nicht nur von ihm und seinen Brüdern, sondern auch von „allen litauischen Bojaren"[151] erteilt wurde.[152] Jedoch erscheint es zweifelhaft, ob tatsächlich alle Bojaren befragt wurden. Vielmehr ist es realistischer anzunehmen, dass, wenn überhaupt, nur ein Teil stellvertretend befragt wurde. Denn bereits in den ersten Jahren nach Krewo kam von litauischer Seite Widerstand gegen die Inkorporationspläne auf.[153] Insbesondere die führende litauische Schicht und die Bojaren konnten sich nicht damit abfinden, dass ihr Land als Teil der polnischen Krone betrachtet werden sollte.[154] Es gab mehrere Versuche eines Unionsbruchs seitens der litauischen Magnaten, doch immer wieder scheiterten diese an der Notwendigkeit einer Union zu Verteidigungszwecken.[155] Die Ziele Witolds, einen unabhängigen litauischen Staat zu schaffen, spiegelten sich auch in der Gesellschaft wider. So bestand in Litauen an der Wende vom 14. bis zum 15. Jahrhundert innerhalb der Gesellschaft kein Interesse an einer vollständigen

---

148 *Płaza, Stanisław*, Historia prawa w Polsce, Teil 1, 2. Aufl., 2000, S. 151.

149 *Backus, Oswald P.*, The Problem of Unity in the Polish-Lithuanian State, in: SR 22 (1963), S. 411-431 (413).

150 Vgl. *Adamus*, Państwo litwskie, S. 32 f.

151 Originaltext: „(...) de consensu et voluntate fratrum nostrorum carissimorum ducum et omnium nobilium terre Lithvanie disposuimus, ordinavimus (...)". Vgl. *Semkowicz/Fijałek*, Kodeks dyplomatyczny katedry i diecezji wileńskiej, Bd. I, Nr. 6, S. 13.

152 Vgl. *Paszkiewicz*, O genezie, S. 196; *Łowmiański*, Polityka, S. 35.

153 Vgl. *Gierowski, Józef A.*, Die Union zwischen Polen und Litauen im 16. Jahrhundert und die polnisch-sächsische Union des 17./18. Jahrhunderts, in: *Fröschl, Thomas* (Hrsg.), Föderationsmodelle und Unionsstrukturen. Über Staatenverbindungen in der frühen Neuzeit vom 15. zum 18. Jahrhundert, 1994, S. 75-82 (75).

154 Vgl. *Wielhorski*, Polska a Litwa, S. 105.

155 Vgl. *Gorzuchowski*, Les rapports politiques, S. 17.

Inkorporation.[156] Allerdings kann die Ablehnung wiederum nicht so erheblich gewesen sein, da die Litauer gegen den Akt von Krewo zu keiner Zeit protestiert hatten.[157]

3. Beurteilung der erarbeiteten Thesen und Ergebnis

Bezüglich des Verhältnisses Litauens zu Polen werden drei Theorien vertreten, einmal die Inkorporation Litauens, ferner die Abhängigkeit Litauens von Polen in Form einer Suzeränität und schließlich die Gründung einer Personalunion, die die staatliche Unabhängigkeit Litauens und Polens nicht angetastet, aber auch kein Rechtsverhältnis begründet hat. Im Folgenden werden die Thesen getrennt voneinander untersucht.

a) Eingliederung Litauens in Polen

aa) Auffassung in der Wissenschaft

Anfang des 20. Jahrhunderts war unstreitig, dass im Jahre 1386 eine Inkorporation Litauens in Polen erfolgte und damit der litauische Staat zu existieren aufhörte. Nach dem Zweiten Weltkrieg hingegen ging die überwiegende Meinung davon aus, dass ein Staatsuntergang Litauens abzulehnen sei.

Die polnische Historiografie der Zwischenkriegszeit erkennt die Tatsache der Angliederung Litauens an Polen zwar an, allerdings gibt es diesbezüglich zwei Kontroversen, nämlich um die Dauer und die Form der Inkorporation. Als Zeitpunkt, zu dem die Phase des Prozesses einer unmittelbaren Inkorporation geendet hat, werden neben dem Jahr 1392 die Jahre 1398 bis 1401 (Balzer, Adamus), das Jahr 1401 (Kutrzeba, Halecki) und das Jahr 1440 (Kolankowski) in Erwägung gezogen. Bezüglich der Inkorporationsform wird neben dem Untergang des litauischen Staates und der Angliederung an Polen als polnische Provinz (Lewicki, Łowmiański) auch diskutiert, ob Litauen als Staat bestehen blieb und lediglich in einem Lehensverhältnis an Polen angegliedert wurde (Adamus, Paszkiewicz). Im letzteren Fall würden Polen und Litauen aus rechtlicher Sicht im Verhältnis einer Suzeränität zugunsten Polens stehen.

Die polnischen Wissenschaftler Makowski[158], Wielhorski[159] und Łowmiański[160] sind der Ansicht, dass bereits im Jahre 1385 in Krewo eine Inkorporation Litauens durch Polen erfolgte. Auch der bedeutende russische Rechtswissenschaftler Lubawski war ein Anhänger der Inkorporationstheorie.[161] Von einer Inkorporation, die erst durch die Unabhängigkeitsbemühungen Witolds wieder rückgängig

156 Vgl. *Bardach*, Studia z ustroju, S. 38 f.
157 Vgl. *Żerbiłło-Łabuński*, Polska historyczna, Bd. II, S. 12.
158 *Makowski, Julian*, Kwestia litewska. Studium prawne, 1929, S. 5.
159 *Wielhorski*, Polska a Litwa, S. 103.
160 *Łowmiański*, Prusy, S. 214.
161 *Łowmiański*, Prusy, S. 295 f.

gemacht werden konnte, geht Jakubowski aus.[162] Adamus vertritt die Theorie, dass das litauische Reich im Jahre 1386 durch Inkorporation aufgelöst, aber bereits im Jahre 1398 wieder errichtet wurde. Diese Annahme stützt er auf die Urkunden der litauischen Herren, in denen sie sich der polnischen Krone unterwerfen.[163] Gegen die Annahme einer Inkorporation Litauens spricht sich der russische Historiker Czubatyja aus, der davon ausgeht, dass Litauen nach dem Unionsabschluss seine staatliche Unabhängigkeit beibehalten hat, ohne aber konkret das staatsrechtliche Verhältnis beider Länder zueinander zu bestimmen.[164] Als deutscher Wissenschaftler argumentiert Pfitzner mit dem Wortlaut des Krewsker Vertrages für eine Inkorporation und kommt zu dem Ergebnis, dass die damals übliche Bezeichnung Union nicht für Unklarheit sorgen dürfe, da dieses Wort früher eine viel umfassendere Bedeutung als in der gegenwärtigen völkerrechtlichen Lehre besaß.[165] Bardach befürwortet die Theorie einer Inkorporation, weist aber zugleich darauf hin, dass sich der Inkorporationsprozess im Resultat als eine nur kurz andauernde Episode erwies.[166] Kolankowski geht davon aus, dass die Inkorporation Litauens in sämtlichen Unionen nach Krewo immer wieder bestätigt wurde.[167] Der Pole Zakrzewski verneint die Inkorporation Litauens, indem er die These vertritt, dass eine staatsrechtliche Union zwar im Jahre 1385 angedacht war, diese aber von beiden Seiten nicht wirksam umgesetzt wurde.[168] Diesem Ergebnis folgt auch Smoleński.[169]

In der Folgezeit wurde die These vom Untergang des litauischen Staatswesens immer häufiger abgelehnt. Stattdessen wurde der Inkorporationsbegriff untersucht und entsprechend der damaligen Zeit neu interpretiert. Demzufolge wird im Mittelalter zwischen verschiedenen Arten von Inkorporationen unterschieden. Die Inkorporation wurde zum einen als unmittelbare Inkorporation, die die vollständige Eingliederung eines Territoriums in einen bestehenden Staat beinhaltete, angesehen. Hierbei ging der eingegliederte Staat vollständig unter. Nach anderem Verständnis lag eine mittelbare Inkorporation vor, bei der der Inkorporationsstaat seine Hoheitsgewalt auf den zu inkorporierenden Staat erstreckte, wobei der inkorporierende Staat weiter existierte. Das Verhältnis des angegliederten Staates zum Gesamtstaat wird dabei als ein Lehensverhältnis beschrieben.[170]

---

162 *Jakubowski*, Z zagadnień unii polsko-litewskiej, in: PH 22 (1919-1920), S. 142.

163 *Adamus*, Państwo litwskie, S. 24.

164 Vgl. *Łowmiański*, Prusy, S. 296.

165 Vgl. *Pfitzner*, Groszfürst Witold, S. 98.

166 Vgl. *Bardach*, Studia z ustroju, S. 37.

167 Vgl. *Kolankowski*, Dzieje Wielkiego Księstwa Litewskiego, S. 116.

168 Vgl. *Adamus*, Państwo litwskie, S. 34.

169 Vgl. *Smoleński, Władysław*, Sprawa stosunku Litwy do Polski na Sejmie Wielkim, in: Towarzystwo Naukowe we Lwowie (Hrsg.), Księga Pamiątkowa ku czci Bolesława Orzechowicza, Bd. II, 1916, S. 431-444 (431).

170 Vgl. *Adamus*, Państwo litwskie, S. 6 f.

bb) Untergang des litauischen Staates oder Fortexistenz

Im Falle einer unmittelbaren Inkorporation wäre der litauische Staat untergegangen. Der Staatsuntergang Litauens könnte durch den Verlust des Territoriums, den Niedergang des darin lebenden Personenverbandes oder durch Verlust der Herrschergewalt eingetreten sein.

(1) Territorium und Personenverband

Als einen Hinweis für den Untergang des litauischen Staates durch Wegfall des Staatsgebiets wertet Halecki die Tatsache, dass im Krewsker Akt nur von den litauischen und ruthenischen Gebieten und nicht vom Großfürstentum Litauen gesprochen wird.[171] Hiergegen spricht, dass an anderer Stelle im Akt von Krewo durchaus der Staatsname Polen erwähnt wird. Auch in weiteren Dokumenten wird immer wieder von Litauen und nicht von Polen-Litauen oder einem neuen Staatsnamen gesprochen, was dafür spricht, dass der Name „Großfürstentum Litauen" beibehalten wurde. Es existierte weiterhin ein abgrenzbares Territorium des Großfürstentums Litauen. Es gab gerade keine Verschmelzung beider Staatsgrenzen, sodass zwei klar definierbare Territorien nebeneinander bestehen blieben.[172] Innerhalb der Grenzen dieses abgrenzbaren Staatsgebietes lebten weiterhin ein litauisches und ein russisches/ruthenisches Volk. Zwar erfolgte mit der Bildung einer Adelsschicht, die immer enger mit dem polnischen Adelsstand verbunden wurde, eine Umstrukturierung innerhalb der Gesellschaft, jedoch hatten diese Veränderungen keine Einflüsse auf die Nationalität der Einwohner des Großfürstentums. Damit war das vorhandene Territorium weiterhin mit einem bestimmten Personenverband verbunden.

(2) Herrschaftsgewalt

(a) Problemaufriss

Das litauische und ruthenische Territorium könnte infolge der Angliederung an Polen vollständig unter die Herrschaftsgewalt der polnischen Krone gefallen sein. Nach der Krewsker Union und der erfolgten Wahl des litauischen Großfürsten zum polnischen König war das Staatsoberhaupt in Litauen identisch mit demjenigen in Polen. Fraglich ist, ob damit die unabhängige Herrschaftsgewalt in Litauen durch den polnischen Einfluss beseitigt wurde. Litauen als Staat wäre aber erst vollständig untergegangen, wenn Jagiełło die uneingeschränkte Souveränität über Litauen ausgeübt hätte. In diesem Fall wäre die Herrschergewalt komplett weggefallen, sodass das Großfürstentum auf sämtlichen Ebenen von Polen abhängig und damit nichtsouverän gewesen wäre. Von Bedeutung ist daher, wie Jagiełłos Herrschaftsgewalt über den litauischen Personenverband zu bewerten ist. Vor der Union hatte

---

171 Vgl. *Halecki, Oskar,* Wcielenie i wznowiene państwa litewskiego przez Polskę (1386-1401), in: PH 21 (1917-1918), S. 1-77 (6); *Halecki, Oskar,* Dzieje unii jagiellońskiej, tom I. w wiekach średnich, 1919, S. 115.

172 *Jučas,* Unia polsko-litewska, S. 107.

Jagiełło bereits als Großfürst die Herrschaftsgewalt in Litauen inne. Fraglich ist, ob die Krewsker Union diesbezüglich eine Änderung herbeiführte. Wenn Jagiełło als Herrscher über Polen-Litauen als Gesamtstaat angetreten ist, dann hätte er *eine* Herrschaftsgewalt verkörpert. In diesem Falle hätte Litauen seine eigenständige Herrschaftsgewalt verloren. Die Alternative wäre, dass Jagiełło eine doppelte Herrschaftsgewalt innehatte, nämlich auf der einen Seite für Polen und auf der anderen Seite für Litauen. In diesem Fall würde er nicht nur als Herrscher Polens, sondern auch als Herrscher Litauens auftreten. Das Ergebnis dieser Konstruktion wäre, dass Litauen als souveräner Staat fortexistieren würde. Allerdings könnte in diesem Zusammenhang problematisch sein, dass Jagiełło stärker die Interessen der polnischen Seite vertrat, sodass sich ein Ungleichgewicht zwischen beiden Staaten bildete.

(b) Jagiełłos Stellung in Litauen

Nach dem Krewsker Akt war der Einfluss durch Jagiełło in Litauen weiterhin groß. Wie festgestellt, übte er unmittelbare Herrschaftsgewalt aus. Damit war Litauen von Jagiełłos Entscheidungen abhängig. Auch nach Jagiełłos Krönung zum polnischen König blieben in beiden Staaten weiterhin verschiedene Systeme erhalten. Allerdings wurde ein Verwalter, der unmittelbar Jagiełło unterstand, eingesetzt. Entscheidend für die Beibehaltung der litauischen Unabhängigkeit von Polen ist, dass Litauen sein eigenes Recht, das Litauische Statut, sowie unabhängige eigene Gerichte behielt.[173] Litauen verlor auch nicht einen Teil seiner Unabhängigkeit dadurch, dass in Litauen immer mehr polnische Beamte von Jagiełło eingesetzt wurden. Die Zahl der polnischen Beamten war nämlich derart gering, dass sie kaum Einfluss auf das bestehende litauische System ausüben konnten. Innerhalb von fünf Jahren (1387 bis 1392) wurden in Litauen nur drei polnische Beamte eingesetzt.[174] All dies verdeutlicht, dass kein Unifizierungsprozess in Bezug auf die Verwaltung und die Gerichtsbarkeit einsetzte.

Seit Witold im Jahre 1392 die Funktion eines Stellvertreters Jagiełłos übernahm, schwand der Einfluss von Jagiełło im Großfürstentum.[175] Insbesondere mit der Unifizierung des litauischen Staates wollte Witold das staatliche Gefüge stärken und dadurch mehr Unabhängigkeit von Polen gewinnen. Durch das eigenmächtige Handeln Witolds ging die Oberhoheit Jagiełłos allmählich zurück. Spätestens als Witold seit dem Jahre 1395 als Großfürst von Litauen auftrat, übte er faktisch die Herrschergewalt aus,[176] ungeachtet dessen, dass Jagiełło weiterhin

---

173 *Jučas*, Unia polsko-litewska, S. 68.

174 *Błaszczyk*, Dzieje, Bd. II, S. 21.

175 *Łowmiański*, Prusy, S. 400 f.

176 Einer faktischen Herrschaft Witolds zustimmend gegenüber steht auch: *Smoleński, Władysław*, Sprawa stosunku Litwy do Polski na Sejmie Wielkim, in: Towarzystwo Naukowe we Lwowie (Hrsg.), Księga Pamiątkowa ku czci Bolesława Orzechowicza, Bd. II, 1916, S. 431-444 (431).

formal betrachtet Litauens Herrscher blieb. Der Kampf der Litauer um Unabhängigkeit zeigt jedenfalls, dass die litauische Seite ihren Staat nicht an Polen verlieren wollte.[177]

Die Tatsache, dass Litauen selbständig Krieg gegen den Deutschen Orden führte, weist ebenfalls darauf hin, dass Litauen als eigenständiges Gemeinwesen weiter existierte.[178] Wenn Litauen nämlich nicht mehr als Staat existiert hätte, dann wäre es als polnische Provinz verpflichtet gewesen, sich dem bestehenden Friedensvertrag zwischen dem Deutschen Orden und dem Königreich Polen zu unterwerfen. Demnach erscheint es unwahrscheinlich, dass Litauen als Teil Polens selbständig einen Krieg hätte führen können. Für die Fortexistenz des litauischen Staates spricht auch die Bestätigung durch den Deutschen Orden, der erklärt hatte, den Kampf gegen Litauen fortzusetzen.[179]

cc) Zwischenergebnis

Die vorangegangene Untersuchung hat aufgezeigt, dass das Großfürstentum Litauen nicht als Staat untergegangen ist. Jagiełło repräsentierte die Staatsgewalt Polens und Litauens, sodass er im Grunde als zweifacher Herrscher, einerseits als König von Polen, andererseits als Großfürst von Litauen fungierte. Aus praktischen Gründen setzte er zur Machterhaltung in Litauen Stellvertreter ein, die ihm unmittelbar unterstanden. Demzufolge wurde durch die Wahl Jagiełłos zum polnischen König eine Personalunion zwischen Polen und Litauen[180] begründet.

b) Unterwerfung Litauens unter die polnische Krone

Durch die formale Unterwerfung Litauens unter die polnische Krone wurde Litauen zu einem Lehen. Dies begründete eine Machtstellung Polens gegenüber Litauen. Als polnischer König übte Jagiełło die Oberhoheit über Litauen aus. Polen und Litauen waren auf diese Weise in keiner reinen Personalunion miteinander verbunden. Litauen war kein gleichberechtigtes Glied innerhalb der Union. Es bestand damit nach der Union von Krewo und den abschließenden Huldigungsakten als halbsouveräner Staat. Die Einflussnahme der polnischen Seite lässt daher auf das Bestehen einer Suzeränität zwischen Polen und Litauen bis zum Jahre 1392 schließen. Nach dem Jahre 1392 bestand die Oberhoheit Polens allerdings nur noch aus formaler Sicht, da aufgrund des eigenmächtigen Handelns Litauens *de facto* keine Abhängigkeit mehr zu Polen bestand.

---

177 *Błaszczyk*, Dzieje, Bd. I, S. 250.

178 *Adamus*, Państwo litwskie, S. 30-33.

179 Vgl. *Hellmann*, Die polnisch-litauische Union von 1385/1386, in: Jahrbücher für Geschichte Osteuropas, Bd. 34 NF, 1986, S. 33.

180 Insbesondere *Gorzuchowski*, Les rapports politiques, S. 17, und *Storost, Georg*, Litauische Geschichte. Von den älteren Zeiten bis zur Gegenwart, 1921, S. 36; beide Autoren argumentieren für das Bestehen einer Personalunion.

c) Resümee

Es ist deutlich, dass sich das Bündnis zwischen Polen und Litauen nicht so entwickelte, wie es anfangs erschien: Polen wurde nicht zum vollständigen Souverän über Litauen, vielmehr belegen die Dokumente, dass Litauen immer freier und nach und nach von Polen unabhängiger wurde.[181] Auf der anderen Seite kann aber festgestellt werden, dass die Verbindung der beiden Völker untereinander immer inniger wurde.[182] Dies wird insbesondere durch die zahlreichen Privilegien, die dem Bojarentum gewährt wurden, darunter auch das Privileg aus dem Jahre 1387, deutlich. Die Huldigungsakte der litauischen Fürsten sind ein Beleg für die Unterwerfung Litauens unter die polnische Krone. Die Prüfung der Staatlichkeit weist auf, dass die Inkorporation Litauens in der Praxis keine Umsetzung fand. Hinzu kommt, dass insbesondere seit dem Jahre 1392 keine Angliederung an Polen seitens der Litauer gewollt war. Vor allem durch Witolds Widerstand verlor der Krewsker Akt schließlich an Bedeutung.[183] Der anfangs nur sehr langsam voranschreitende Annäherungsprozess verdeutlicht, dass zwischen beiden Staaten zu große Unterschiede bestanden. Nicht nur die staatsrechtlichen Systeme waren unterschiedlich, auch waren die kulturellen Unterschiede zwischen Polen und Litauern[184] ein Hindernis, das es erst zu überwunden galt.

Als Gesamtergebnis für die Union von Krewo steht damit fest, dass der Begriff *applicare* so auszulegen ist, dass zwar formal eine Inkorporation anvisiert war, aber *de facto* das Großfürstentum Litauen in einem Lehensverhältnis zu Polen stand. Demnach ging Litauen als Staat nicht unter, sondern verlor durch die Oberhoheit Polens lediglich einen Teil seiner Souveränität. Bis zum Jahre 1392 bestand neben einer Personalunion zwischen Polen und Litauen faktisch eine Suzeränität, wonach Litauen als polnisches Lehen existierte. Obwohl das Großfürstentum ein sogenannter halbsouveräner Staat war, ist er dadurch nicht als eigenständiges Gemeinwesen untergegangen. Nach dem Jahre 1392 wurde das Abhängigkeitsverhältnis gegenüber Polen gänzlich aufgelöst. Seit dieser Zeit waren das Königreich Polen und das Großfürstentum Litauen lediglich durch eine Personalunion miteinander verbunden. Die Union von Krewo hatte im Ergebnis keinen Einfluss auf die Staatlichkeit Polens.

---

181 *Lewicki*, Über das staatsrechtliche Verhältnis Littauens zu Polen, in: *Reicke/Wichert*, Altpreussische Monatsschrift 31 (1894), S. 54.

182 Vgl. *Halecki, Oskar*, Zagadnienia kulturalne w dziejach unii jagiellońskiej, in: PH 26 (1926-1927), S. 396-408 (407).

183 Vgl. *Jučas*, Unia polsko-litewska, S. 22.

184 Vgl. *Backus*, The Problem of Unity in the Polish-Lithuanian State, in: SR 22 (1963), S. 419. *Backus* geht in seinem Aufsatz auf die Schwierigkeiten eines Zusammenschlusses beider Staaten ein, indem er neben der Kultur unter anderem auch die Wirtschaft und die Religion miteinander vergleicht.

II. Bruch der Union

Aus formaler Sicht kam es im Jahre 1398 zum Bruch der Union von Krewo. Dies hatte zur Folge, dass die bestehende Personalunion aufgelöst und der Inkorporationsprozess *de iure* beendet wurde.

Auslöser des Unionsbruchs war der am 12. Oktober 1398[185] zwischen Litauen und dem Deutschen Orden geschlossene Frieden auf der Insel Salin. Entscheidend ist, dass Witold im Zuge des Vertragsabschlusses sowohl als souveräner Herrscher auftrat und sich als Großfürst von Litauen und Ruthenien titulierte als auch ungezwungen über das litauische Territorium disponierte.[186] Weitere Konsequenz des Friedensabschlusses war, dass einige litauische Bojaren Witold zum König ausriefen.[187] Für Polen bedeutete dies die Auflösung der Personalunion.[188]

III. Völkerrechtliche Würdigung der Union von Wilna und Radom 1401

Polen und Litauen schlossen im Jahre 1401 die Union[189] von Wilna (Vilnius) und Radom, die nach dem Unionsbruch eine Wiederherstellung der gemeinsamen Beziehungen bedeutete. Von den insgesamt drei Dokumenten wurden zwei Dokumente am 18. Januar in Wilna und ein Dokument am 11. März in Radom unterzeichnet.[190] Diese sind als Versuch zur Erreichung eines Kompromisses hinsichtlich der oben genannten Konflikte zu werten.[191] Das erste Dokument stammt von Witold, der es am 18. Januar 1401 in Wilna bekannt machte.[192] Das Dokument der litauischen Bojaren folgte noch am gleichen Tag, ebenfalls in Wilna unterzeichnet.[193] Das Dokument des polnisch-königlichen Senates wurde am 11. März 1401 in

185 Dokument abgedruckt in: *Daniłowicz*, Skarbiec, Bd. I, Nr. 695, S. 315-316.

186 Vgl. *Błaszczyk*, Dzieje, Bd. II, S. 173.

187 Vgl. *Ochmański*, Historia Litwy, S. 77.

188 Vgl. *Pfitzner*, Groszfürst Witold, S. 108.

189 Der Begriff der Union ist hier ebenfalls wie bei der Union von Krewo nicht im Sinne des Verständnisses des Völkerrechts des 19. Jahrhunderts auszulegen. Er muss vielmehr auf das damalige Begriffsverständnis des Mittelalters abgestellt werden. Zu dieser Zeit bedeutete eine Union nämlich nicht unbedingt, dass zwei Staaten fusionierten und einen neuen Einheitsstaat bildeten. Nach diesem weiten Begriffsverständnis war es auch möglich, dass sich zwei Staaten verbunden haben, ohne dass sie notwendigerweise ihre staatliche Unabhängigkeit verloren hätten. Vgl. *Błaszczyk*, Dzieje, Bd. II, S. 250.

190 Texte: *Kutrzeba/Semkowicz,* Akta Unji, Nr. 37-39, S. 33-41.

191 *Wielhorski*, Polska a Litwa, S. 105.

192 Das Dokument ist im Original bis heute erhalten und befindet sich im Archiv XX. Czartoryskich, Dok. Nr. 262; abgedruckt in: *Prochaska*, Codex Vitoldi, Nr. 234, S. 73-74. Die poln. Übersetzung ist abgedruckt im Anhang von *Biliński*, Dzieło Jadwigi i Jagiełły, S. 235 f.

193 Das Original ist verschollen. Text: *Prochaska*, Codex Vitoldi, Nr. 234, S. 73-74; die poln. Übersetzung ist abgedruckt im Anhang von *Biliński*, Dzieło Jadwigi i Jagiełły, S. 238 f.

Radom vorgelegt.[194] Es fehlt jedoch ein Akt, von dem das Dokument des polnischen Rates ausdrücklich spricht, das Dokument des Königs.[195] Es ist davon auszugehen, dass ein solches existierte. Hierfür spricht der Inhalt des Radomer Dokumentes. Im Umkehrschluss kann man daraus folgern, dass der Senat nicht gegen den königlichen Willen gehandelt hätte, sodass Jagiełło mit den Inhalten einverstanden sein musste.[196]

1. Vertragsgrundlage der Union

a) Inhalt des Textes

Witold bezeichnet sich in dem Dokument vom 15. Januar 1401 als litauischer Fürst. Er schwört und bestätigt, dass er sich dazu verpflichtet, den polnischen König, das Königreich und die Krone sowie die Bewohner des Königreichs Polen bei sämtlichen Angriffen von außen zu unterstützen. Witold spricht ferner seine Dankbarkeit dafür aus, dass Jagiełło ihm die Herrschaft über seine litauischen Gebiete zugesprochen hat. Diese Herrschaft Witolds wird auf dessen Lebenszeit[197] begrenzt. Witold versichert weiter, dass die litauischen und russischen Gebiete[198] nach seinem Tode wieder an den polnischen König zurückfallen werden. In der zweiten Urkunde der Bischöfe sowie der litauischen Fürsten und Bojaren wird zunächst daran erinnert, dass Polen sie von dem heidnischen Aberglauben abbrachte und ihnen die Übernahme des heiligen wahren Glaubens ermöglichte. Indem sie sich dafür bedankten, verpflichteten sie sich, für immer mit Polen in Frieden zu leben und Polen gegen fremde Invasionen zu verteidigen. Im Gegenzug verlangten sie dasselbe von den Polen. Sie versprachen ferner, dass nach Witolds Tod Litauen an König Jagiełło sowie an die Krone und das Königreich Polen zurückfallen sollte. Des Weiteren wird auch die Königswahl Jagiełłos im Falle seines Todes, ohne einen Nachkommen hinterlassen zu haben, geregelt. Es wird bestimmt, dass Polen keinen neuen König wählen kann, ohne Witold und die litauischen Magnaten hiervon in Kenntnis zu setzen und deren Rat einzuholen. Das dritte Dokument, ausgestellt von den polnischen Magnaten, war im Grunde eine Erweiterung des litauischen Textes. Demnach hatte die polnische Seite die Herrschaft Witolds anerkannt.

---

194 Im Original erhalten geblieben und im Archiv in Radziwiłł aufbewahrt. Abgedruckt bei: *Rzyszczewski, Leon*, Kodeks Dyplomatyczny Polski, Bd. I, 1847, Nr. 151, S. 271-274; die poln. Übersetzung ist abgedruckt im Anhang von *Biliński*, Dzieło Jadwigi i Jagiełły, S. 241 f.

195 Einige Forscher, darunter *Łowmiański*, vermuten, dass dieses Dokument am 25. Dezember 1400 in Grodno ausgestellt wurde. Vgl. *Błaszczyk*, Dzieje, Bd. II, S. 249.

196 Vgl. *Kutrzeba*, Unia Polski z Litwą, S. 39.

197 Witold starb im Jahre 1429.

198 Lediglich die Besitztümer seines Bruders Zygmunt und seiner Ehefrau Anna bzw. deren Erben sollten nicht an die polnische Krone zurückgegeben werden. Dies stand unter der Bedingung, dass sie treue Dienste gegenüber Jagiełło und seinen Thronfolgern leisten sollten.

Aus der Zusammenfassung der drei Dokumente ergeben sich folgende wichtige Bestimmungen der Union von Wilna und Radom: die Anerkennung der staatlichen Unabhängigkeit Litauens durch Polen, die Wahl des polnischen Königs im Falle des Todes Jagiełłos ohne Nachkommen, das Verteidigungsbündnis und die gegenseitigen Beziehungen zwischen dem polnischen König und den litauischen Großfürsten.

b) Rechtsnatur

Die Unionsvereinbarung von Wilna und Radom stellte einen Vertrag dar. Im Gegensatz zur Krewsker Union erfolgte die Konstituierung dieser Union mit mehreren zusammengehörenden Akten, die eindeutig aufeinander Bezug nahmen. Die beiden Vertragsparteien, die Litauer und die Polen, stellten gesonderte Urkunden aus, in denen sie ihren Willen zum Ausdruck brachten. Alle Akte gehen inhaltlich aufeinander ein und sind damit als Bestätigungen der Verpflichtungen und Zugeständnisse, somit der Rechte und Pflichten zu werten. Eine Besonderheit der Union war, dass in die Vereinbarungen erstmals die Gesellschaft mit einbezogen wurde. Durch die rechtliche Bestätigung der polnischen Magnaten auf der einen sowie der litauischen Magnaten und Bojaren[199] auf der anderen Seite erfuhr der Vertragsschluss eine breite rechtliche Zustimmung.[200] Dies führt dazu, dass erstmals von einem Unionsabschluss zwischen beiden Nationen[201] gesprochen werden kann. Die Einbeziehung weiterer Gesellschaftsschichten in den Unionsabschluss war zwar für die Rechtswirksamkeit des Unionsvertrages unerheblich, stärkte aber die politische Elite beider Staaten. Im Ergebnis wurde mit dieser gesellschaftlichen Erweiterung die rechtliche Stabilität der polnisch-litauischen Union erreicht.

2. Bewertung

a) Unabhängigkeit Litauens: Zeitlich bedingte Aufgabe der polnischen Inkorporationspläne

In der Union von 1401 wurde formal der Zustand anerkannt, für den sich Witold seit dem Jahre 1392 einsetzte: Litauen wurde von Polen als gleichberechtigter Staat anerkannt.[202] Alle Fürsten, die zuvor dem polnischen König die Treue geschworen und sich ihm unterworfen hatten, sollten von nun an Witold unterworfen sein.[203] Die Tatsache, dass formal die litauischen Gebiete an das Großfürstentum wieder zurückgegeben wurden, verdeutlicht, dass die Polen an der Konzeption einer

---

199 Die litauischen Bojaren wurden „nobiles“ und „barones“ genannt. Vgl. *Krasauskaitė*, Die litauischen Adelsprivilegien, S. 19.

200 Vgl. *Prochaska, Antoni*, Dzieje Witołda. Wielkiego Księcia Litwy, 1914, S. 154.

201 Vgl. *Prochaska*, Dzieje Witołda, S. 97 f.

202 Eine Ausnahme wurde jedoch gemacht: das Fürstentum Podole sollte weiterhin in einem Lehensverhältnis zur polnischen Krone stehen. Vgl. *Dąbrowski*, Rządy Jadwigi i Jagiełły, in: *Biliński*, Dzieło Jadwigi i Jagiełły, S. 67.

203 *Kutrzeba*, Unia Polski z Litwą, S. 70.

Inkorporation Litauens, obwohl diese faktisch niemals umgesetzt wurde, nach der Union von Krewo weiter festgehalten hatten. Diese Aufgabe war nämlich zeitlich begrenzt und galt nur bis zum Tode Witolds, da nach seinem Tode die litauischen und russischen Gebiete wieder an Polen „zurückfallen" sollten.[204] Naheliegend ist, dass die polnische Seite, wiederum ihrem Interesse entsprechend, von einer Inkorporation Litauens ausging.

Die Union von 1401 bewirkte auf diese Weise eine zeitlich beschränkte formale Unabhängigkeit des litauischen Staates. Für die rechtliche Beurteilung der Union ist entscheidend, wie Witolds Stellung als Großfürst formal und faktisch zu bewerten ist. Faktisch verfügte Witold bereits vor dem Jahre 1401 über die unmittelbare Herrschaftsgewalt im Großfürstentum. Die Union von Wilna und Radom bestätigte diesen Zustand formal.[205] Witold hatte nun das Recht, über die Gesetzgebung, die oberste Regierungsgewalt, die oberste Militärgewalt, die oberste Gewalt über das Gerichtswesen und das Finanzvermögen eigenständig ohne Rücksprache mit Jagiełło und ohne sein Einverständnis zu verfügen und zu entscheiden.[206] Auch bezogen auf die auswärtigen Beziehungen handelte Witold selbständig, indem er auf sein Kommando hin Kriege führte, diplomatische Beziehungen unterhielt und eigenständig Verträge schloss.[207]

Die Union stellt daher einen Kompromiss zwischen den Inkorporationsbemühungen der Polen und den Separationsgedanken der Litauer dar.

b) Personalunion

Es stellt sich die Frage, ob zwischen Polen und Litauen eine Personalunion bestand. Dies wäre ausgeschlossen, wenn die Union bewirkt hätte, dass Witold alleiniger Herrscher in Litauen geworden wäre. Denkbar wäre aber auch, dass er lediglich stellvertretend für Jagiełło in Litauen herrschen sollte. Da die Dokumente an keiner Stelle Witold als Stellvertreter Jagiełłos bezeichnen, ist diese Theorie fernliegend. Der Akt von 1401 muss daher so gewertet werden, dass Jagiełło Witold die uneingeschränkte Macht in Litauen übertrug.[208] Trotz dieser formal verliehenen Herrschergewalt an Witold sicherte sich Jagiełło weiterhin eine Sonderstellung in Litauen. Die Unionsdokumente, aber auch andere Urkunden nach dem Unionsabschluss belegen, dass Witold den Namen Großfürst (*Magnus Dux*) und Jagiełło den Titel des höchsten Fürsten Litauens (*Supremus Dux Lithuaniae*) tragen sollte.[209]

---

204 *Balzer*, Unia horodelska, in: Skład Akademii Umiejętności w Krakowie mai 1913, S. 155.

205 *Storost*, Litauische Geschichte, S. 40; *Jučas*, Unia polsko-litewska, S. 135; *Balzer*, Unia horodelska, in: Skład Akademii Umiejętności w Krakowie mai 1913, S. 153.

206 *Balzer*, Unia horodelska, in: Skład Akademii Umiejętności w Krakowie mai 1913, S. 153.

207 *Balzer*, Unia horodelska, in: Skład Akademii Umiejętności w Krakowie mai 1913, S. 153.

208 *Kutrzeba*, Unia Polski z Litwą, S. 74; *Balzer*, Tradycja, S. 7.

209 *Wielhorski*, Polska a Litwa, S. 107.

Dieser Titel spricht Jagiełło die höchste Gewalt des Herrschers zu. Im Mittelalter war es nämlich üblich, dass diese mit dem Begriff *supremitas* umschrieben wurde. Der *supremitas* wurde das Territorium, über das er herrschen sollte, als Eigentum zugerechnet. Auf diese Weise blieb Jagiełło formal der litauische Herrscher, der über Witold stand. Trotz dieser Stellung ergeben sich Unterschiede zu den vorangegangen Unionen, da die Union von Wilna und Radom ausdrücklich Witold alle Herrschergewalt nach innen und auch nach außen zuspricht. Witold sollte unmittelbar über das Großfürstentum herrschen. Hierfür spricht auch, dass traditionellerweise die Großfürsten Litauens Herrscher waren. Mit dem Titel des *Supremus Dux Lithuaniae* wurde damit ein für Litauen neuer Titel geschaffen, der eher mit einer repräsentativen Aufgabe und einer Oberhoheit verbunden war. Im Ergebnis ist aber wegen der Personenidentität Jagiełłos als höchster Herrscher in beiden Staaten von einer Personalunion auszugehen.

c) Verteidigungsbündnis und Annäherung beider Völker

Mit der neuen Union erreichten Polen und Litauen, dass das Band zwischen beiden Völkern stärker wurde. Dies liegt vor allem daran, dass das Verhältnis nunmehr nicht allein vom Willen des Herrschers abhing, sondern auf dem beiderseitigen Versprechen der Vertreter der Völker beruhte.[210] Gleichzeitig war der erneute Unionsabschluss mit der Schaffung eines polnisch-litauischen Verteidigungsbündnisses verbunden. Auf diese Weise verfolgten beide Staaten gemeinsame Ziele und sicherten sich gegenseitige Hilfe im Kampf gegen ihre Feinde zu.

d) Oberhoheit

Trotz der Zusicherung des faktischen Herrschens durch Witold blieb eine gewisse Überlegenheit Polens gegenüber Litauen bestehen, da Witold zwar als unabhängiger Herrscher gesehen wurde, aber „pro rege et regno Poloniae“[211] regieren sollte.[212] Hiernach war Witold zwar Litauens unmittelbarer Herrscher, jedoch bestand weiterhin ein Machtgefälle, da Witold dem polnischen König unterlegen war.[213] Die Union führte folglich nicht dazu, dass die Oberhoheit Polens aufgelöst wurde. Für diese Oberhoheit spricht auch die Bezeichnung Jagiełłos als höchsten litauischen Fürsten. Auf diese Weise sicherte sich Jagiełło weiterhin die Oberhoheit über Litauen.

Die überwiegende Ansicht in der Literatur geht daher davon aus, dass zwischen Polen und Litauen nach dem Vertrag von Wilna und Radom auch eine Suzeränität

---

210 *Lewicki*, Über das staatsrechtliche Verhältnis Littauens zu Polen, in: *Reicke/Wichert*, Altpreussische Monatsschrift 31 (1894), S. 47.

211 Übersetzt: „für König und Königreich Polen“.

212 *Makowski*, Kwestia litewska, S. 6; *Lewicki*, Powstanie Świdrygiełły, S. 22.

213 Vgl. *Pfitzner*, Groszfürst Witold, S. 110. Witolds Dokument kann als ein Huldigungsakt im Verhältnis zu König Jagiełło und dessen Erben gewertet werden, sodass Witold seinen früheren Huldigungsakt lediglich bestätigt hätte.

bestand.[214] Polen musste sich damit einverstanden erklären, dass Litauen nicht in das polnische Staatsgebiet inkorporiert wurde. Die Litauer mussten allerdings akzeptieren, dass sich ihr Staat der Obrigkeit der polnischen Krone zu unterwerfen hatte.[215] Fest steht, dass die Union das bis dahin bestehende Abhängigkeitsverhältnis zwischen Polen und Litauen noch weiter lockerte. Nach dem Wortlaut des Vertragstextes genoss Polen weiterhin die Oberhoheit über Litauen, die nun konkret vertraglich geregelt wurde. Demnach war *de iure* eine Suzeränität zwischen beiden Staaten gegeben. Im Gegensatz zur Suzeränität nach der Krewsker Union bestand diese jedoch in deutlich abgeschwächter Form, da die Einflussnahme Jagiełłos in seiner Funktion als polnischer König eher gering war.

3. Resümee

Nach der Union von Wilna und Radom aus dem Jahre 1401 existierten Polen und Litauen als selbständige Staaten fort. Zwischen beiden Staaten bestand eine Personalunion, die aber nicht auf der tatsächlichen Herrschaft, sondern vielmehr auf der Oberhoheit über Litauen begründet war. Zu Gunsten des Königreichs Polen bestanden auf diese Weise gegenüber dem Großfürstentum Litauen das Verhältnis einer Suzeränität sowie ein Verteidigungsbündnis. Aufgrund dieser Oberhoheit Polens war Litauen gerade nicht voll souverän.

IV. Union von Horodło 1413

1. Rechtsgrundlage der Union

a) Inhalt des Textes

Die Vereinbarung über die Union von Horodło setzt sich aus drei Dokumenten[216] zusammen. Ein Dokument wurde von den litauischen Bojaren und eines von den polnischen Magnaten ausgestellt. Das dritte und wichtigste Dokument[217] wurde im Namen beider Herrscher, Jagiełło und Witold,[218] abgefasst. Dieses Dokument verkörpert eine Doppelfunktion: einerseits stellt es das eigentliche Unionsdokument dar, das die staatsrechtliche Beziehung zwischen Polen und Litauen regelt, andererseits enthält es das zweite Privileg[219] für die litauischen Bojaren sowie für die katholische Kirche in Litauen. Insgesamt wird das Dokument in 16 Punkte untergliedert. Jagiełło bezeichnet sich zu Beginn des Dokumentes als Litauens höchsten

---

214 Vgl. *Balzer*, Tradycja, S. 7 f.; *Halecki*, Dzieje, Bd. 1, S 162; *Heinl*, Fürst Witold, S. 192 f.; *Łowmiański*, Polityka jagiellonów, S. 70; *Rhode*, Staatliche Entwicklung, in: *Rhode*, Ostgebiete S. 360.

215 *Halecki, Oskar*, Geschichte der Union Litauens mit Polen, 1919, S. 5; *Błaszczyk*, Dzieje, Bd. II, S. 281.

216 Texte: *Kutrzeba/Semkowicz*, Akta Unji, Nr. 49-51, S. 50-72.

217 Lat. Text mit poln. Übersetzung: *Kutrzeba/Semkowicz*, Akta Unji, Nr. 51, S. 60-72.

218 In der Union von 1401 hatten Witold und Jagiełło noch getrennt voneinander Dokumente abgeschlossen.

219 Das erste Privileg stammt aus dem Jahre 1387.

Fürsten, wohingegen Witold sich als Litauens Großfürst tituliert. Der erste Punkt setzt sich mit dem staatsrechtlichen Verhältnis beider Staaten auseinander. Es wird bestimmt, dass das Großfürstentum Litauen für immer an Polen angegliedert werden soll,[220] Die Angliederung wird hierbei mit mehreren Verben, die nacheinander aufgezählt werden, zum Ausdruck gebracht. Wichtigste Begriffe sind *applicare* und *incorporare.* Der Begriff *incorporare* drückt im Gegensatz zum Krewsker Dokument, das nur von *applicare* spricht, eindeutig eine Inkorporation aus. Die Punkte 3 bis 7 enthalten die Privilegien für die litauischen Bojaren. Danach wurde ihnen ermöglicht, wichtigste Würdenämter zu übernehmen, ferner erhielten sie das Recht der Teilnahme im Großfürstlichen Rat,[221] das Recht der Teilnahme bei den polnisch-litauischen Zusammenkünften und das Recht zur Wahl des Großfürsten.

Punkt 8 beinhaltet die Verpflichtung der Magnaten und der Szlachta Litauens zum Gehorsam gegenüber König Jagiełło, Witold und der königlichen Nachkommenschaft. Punkt zehn setzt sich mit der Ämterbesetzung in Litauen auseinander. Demnach sollen die Ämter nach polnischem Vorbild in Wilna und Traken besetzt werden.[222] Über die zukünftige Wahl des Königs und des Großfürsten spricht Punkt 12. Bezüglich der Wahl des Großfürsten wird bestimmt, dass die litauischen Bojaren die Person akzeptieren sollen, die der polnische König oder seine Nachkommen auf Rat der polnischen oder litauischen Magnaten auswählten. In Bezug auf die Königswahl wird die Bestimmung der Union von 1401 wiederholt. In Punkt 13 werden die Bedingungen für die Privilegien und Freiheiten der litauischen Magnaten und der Szlachta[223] genannt: die Annahme des katholischen Glaubens und der Besitz eines polnischen Wappens. Punkt 15 betrifft die gemeinsamen Zusammenkünfte. Der Adel beider Länder sollte in Lublin, Parczow oder an anderen Orten Zusammenkünfte abhalten, um über die gemeinsamen Interessen zu beraten. Wie häufig diese stattfinden sollten, wurde nicht festgelegt. Der letzte Punkt behandelt schließlich die Wappenverbrüderung des litauischen Adels mit dem polnischen

---

220 Lat. Originaltext: „Et primo, quamvis co tempore, quo almo Spiritu inspirante fidei catholicae recepta et cognita claritate coronam regni Poloniae assumpsimus, pro Christianae religionis incremento et bono statu et commodo terrarum nostrarum Lyttwaniae praedictarum ipsas et cum terris ac dominiis ipsos subiectis et connexis praefato regno nostro Poloniae appropriavimus, incorporavimus, coniunximus, univimus, adiunximus, confoederavimus de consensu unanimi nostrorum et omnium baronum, nobilium, procerum et boyarorum eiusdem terrae Lyttwaniae voluntate (...)". Vgl. *Kutrzeba/Semkowicz,* Akta Unji, Nr. 51, S. 60-72.

221 Im Jahre 1386 konnten nur die litauischen Fürsten an den Ratssitzungen teilnehmen. Seit der Union aus dem Jahre 1401 konnten ebenso höhere Bojaren an diesen teilnehmen. Vgl. *Prochaska, Antoni,* Król Władysław Jagiełło, Bd. 1, 1908, S. 339.

222 Es sollten etwa in Vilnius und Traken jeweils zwei Palatinate und Kastellanate eingesetzt werden.

223 Auffallend ist hier, dass die litauischen Bojaren zum ersten Mal mit dem polnischen Ausdruck „szlachta" bezeichnet wurden.

Adel. Die einzelnen polnischen Wappengeschlechter nahmen die litauischen Bojaren in ihre Wappengemeinschaft auf. Den litauischen Bojaren wurde damit eingeräumt, die polnischen Wappen offiziell zu tragen. Insgesamt wurden 47 litauische Geschlechter quasi adoptiert.

Die beiden weiteren Dokumente unterscheiden sich wesentlich von dem königlichen Dokument. Eines davon, datiert auf den 2. Oktober 1413, wurde von 47 Geschlechtern der polnischen Szlachta ausgestellt.[224] Zu Beginn betonten die polnischen Magnaten, dass die Verbrüderung zwischen beiden Staaten auf Liebe basieren soll. Ferner wird die Gleichheit der aufgenommenen Geschlechter, die bereits den gleichen Glauben besitzen sowie über die gleichen Rechte und Privilegien verfügen, genannt. Die polnischen Magnaten versprechen, die litauischen Bojaren niemals zu verlassen und ihnen stets Rat und Hilfe zu gewähren. Weiterhin wird festgelegt, dass sowohl die litauischen als auch die polnischen Magnaten keinen Krieg ohne gegenseitige Zustimmung beginnen dürfen. Die Magnaten und die Szlachta Litauens müssen ferner Jagiełło und seinen Nachkommen sowie Witold für immer treu verbunden sein. Allerdings gab es eine solche Verpflichtung zur Treue nicht für die polnische Seite. Im Gegensatz zum Dokument Jagiełłos und Witolds fehlt hier eine Regelung zur Neuwahl des litauischen Großfürsten. Darüber hinaus wird nichts zur Beteiligung der Litauer im Falle des Todes Jagiełłos gesagt.

Das dritte Dokument[225] wurde von den litauischen Bojaren ausgestellt. Insbesondere wird hier Stellung zur Wappenverbrüderung genommen und ihre Dankbarkeit aufgrund der verliehenen Privilegien, die sie vom polnischen König und dem höchsten litauischen Fürsten erhalten haben, ausgedrückt. Die litauischen Bojaren stellen ferner fest, dass sie bis dahin keine eigenen Wappen besessen haben. Sie schwören beiden Herrschern ihre Treue und Unterstützung. Abschließend werden die getroffenen Regelungen zur Königswahl und zur Wahl des litauischen Großfürsten bestätigt.

Die Union von Horodło enthält zusammenfassend folgende Bestimmungen: die Inkorporation Litauens in Polen, die Zustimmung der litauischen Gesellschaft zur Union mit Polen, die Wahl des litauischen Großfürsten als dauerhafte Institution, die Wahl des polnischen Königs nach dem Aussterben der Jagiellonen, die gemeinsame Verteidigung und gegenseitige Unterstützung im Kriegsfall eines der beiden Staaten, die Bildung einer politischen Elite in Litauen, die Ausweitung der Privilegien auf Litauen, die Rechte und Freiheiten der katholischen Kirche in Litauen, die gemeinsamen Zusammenkünfte und die Wappenverbrüderung.

b) Rechtsnatur

Hinsichtlich der Rechtsnatur der Unionsdokumente erschließt sich eine Parallele zur Union von Wilna und Radom. Die Dokumente enthalten einen Vertrag,

---

224 Poln. Übersetzung des Textes: *Mościcki*, Unia Litwy z Polską, S. 14-18.

225 Text mit poln. Übersetzung: *Kutrzeba/Semkowicz*, Akta Unji, Nr. 50, S. 55-59.

der zu einem rechtswirksamen Abschluss führt. Für die Rechtswirksamkeit ist es von erheblicher Bedeutung, dass die Parteien beider Staaten bei der Abfassung der Dokumente wirksam vertreten sind. Insbesondere erfolgte die Zustimmung zur Union nicht nur von der Führungsschicht, sondern wurde auf die weiteren gesellschaftlichen Schichten ausgeweitet und genoss damit eine breite Zustimmung.

c) Bewertung der Union

Die Historiker beurteilen die Union ganz unterschiedlich. Teilweise wird die Position eingenommen, dass durch die Union Litauens volle Souveränität garantiert (Prochaska), sogar diesbezüglich ein Fundament für die zukünftige Unabhängigkeit gesetzt wurde (Bardach). Andere Wissenschaftler hingegen betonen die staatliche Einheit (Kolankowski) und sehen im Akt eine Garantie für eine Kontinuität der Inkorporation Litauens (Łowmiański).[226] Im Folgenden sollen die wichtigsten Aspekte der Union bewertend dargestellt werden.

aa) Inkorporationsgedanke

Das Dokument von Jagiełło und Witold behandelt die rechtliche Beziehung beider Länder zueinander. Problematisch hierbei ist, dass das Dokument die Begriffe von Union und Inkorporation vermengt, wobei die Tatsache der Unterwerfung Litauens unter Polen besonders betont und hervorgehoben wird.[227] Bemerkenswert ist, dass das Wort „Inkorporation“ mit verschiedenen Begriffen umschrieben wurde. Dies spricht dafür, dass das staatsrechtliche Verhältnis rechtlich nicht eindeutig ist und, um keine Ungereimtheiten zu hinterlassen, konkretisiert werden muss.[228] Jedenfalls steht fest, dass Jagiełłos Intention eindeutig eine – wie auch immer ausgestaltete – Inkorporation Litauens in den polnischen Staat war. Problematisch ist jedoch, dass die Union zwar eine Inkorporation deklariert, in weiteren Bestimmungen des Aktes diese aber wieder zurücknimmt.[229] Die herrschende Ansicht in der Literatur[230] geht daher davon aus, dass die Regelung der Inkorporation ohne Rechtswirkung blieb. Lediglich Kolankowski nimmt an, dass die Regelung volle Rechtswirkung hatte.[231] Ferner könnte eine Diskrepanz zwischen dem formalen und tatsächlichen Zustand vorliegen. Es muss daher untersucht werden, ob die Union überhaupt angenommen und umgesetzt wurde. Die Aufnahme der Inkorporation in den Unionsakt verdeutlicht aber, dass die Polen weiterhin an ihrem Programm der Inkorporation Litauens festhielten.

---

226 *Jučas*, Unia polsko-litewska, S. 139.
227 Vgl. *Kutrzeba*, Unia Polski z Litwą, S. 50.
228 Vgl. *Bardach*, Krewo, S. 42.
229 Vgl. *Jučas*, Unia polsko-litewska, S. 22.
230 Hierzu zählt auch *Łowmiański*, Polityka, S. 75 f.
231 Vgl. *Kolankowski*, Dzieje Wielkiego Księstwa Litewskiego, S. 116-118.

bb) Regelung der Großfürstenstellung und Wahlbeteiligung der Polen und Litauer

Im Jahre 1401 hatte Witold seine großfürstliche Stellung auf Lebenszeit durchgesetzt. Nun wurde in Horodło im Jahre 1413 bestimmt, dass auch nach Witolds Tode ein Großfürst aus den litauischen Reihen nachfolgen sollte. Dies bedeutete wiederum, dass die Großfürstenstellung auch nach Witolds Tod nicht wieder zurück an die polnische Krone fallen sollte.[232] Es wurde damit gesichert, dass Litauen immer ein eigenes Oberhaupt, unabhängig von dem Träger der polnischen Königskrone besitzen sollte.[233] Damit wird die zeitliche Beschränkung der Großfürstenstellung, die in der Union von 1401 noch vereinbart wurde, wieder aufgehoben. Dies hat wiederum zur Folge, dass mit dem Amt des litauischen Großfürsten eine dauerhafte Institution geschaffen wurde. Die Regelung, dass Litauen erst nach Witolds Tod wieder an Polen fallen sollte, findet sich nur in den ersten beiden Dokumenten. Im dritten Dokument, das die Position der polnischen Seite zum Gegenstand hat, wird nicht davon gesprochen. Diese Tatsache kann nicht als Zufall betrachtet werden. Es kann daraus geschlossen werden, dass die Polen immer noch beabsichtigten, Litauen in Polen zu inkorporieren. Die Regelung der Großfürstenstellung betrifft im Ergebnis die weitestgehende Souveränität Litauens, die durch die Beibehaltung der unmittelbaren Herrschaftsgewalt in Litauen gesichert werden sollte.

Die Beteiligung der Litauer bei der Königswahl hatte für die Anerkennung der staatlichen Unabhängigkeit Litauens eine wichtige Bedeutung. Allerdings war die Beteiligung der Litauer nur auf die Position eines Ratgebers heruntergestuft, während die Polen direkt an der Wahl des polnischen Königs und des Großfürsten mit Stimmrecht teilnehmen konnten. Demnach herrschte bezüglich der Königswahl zwischen Polen und Litauern ein Ungleichverhältnis. Dass die Litauer nicht an der Königswahl beteiligt werden sollten, drückt aus, dass die polnischen Magnaten ihre politische Macht in punkto Königswahl behalten wollten. Insgesamt ist dies ein weiterer Beweis dafür, dass die Polen sich den Litauern gegenüber als überlegen betrachteten.

cc) Verteidigungsbündnis

Ein weiterer Punkt ist die Zusicherung der militärischen Unterstützung bei aufkommenden Konflikten. Die Verpflichtung der gegenseitigen Unterstützung reichte weiter als noch im Jahre 1401, denn fortan sollte auch die internationale Kriegspolitik gemeinsam gestaltet werden. Erstaunlich ist, dass nur die Litauer sich dazu verpflichteten, die Feinde Polens wie ihre eigenen anzusehen, während die Polen diese Verpflichtung offensichtlich nicht eingingen. Auch dies drückt die Dominanz der Polen innerhalb der Union aus.

---

232 Vgl. *Balzer*, Unia horodelska, in: Skład Akademii Umiejętności w Krakowie mai 1913, S. 156.

233 Vgl. *Pfitzner*, Groszfürst Witold, S. 114.

dd) *Wappenverbrüderung*

Witold wählte mit Einwilligung Jagiełłos die litauischen Bojaren aus, die ein polnisches Wappen[234] erhalten sollten. Sie wurden dadurch zu Wappenbrüdern der Polen und Mitglieder ihrer Geschlechter.[235] In der Adoptionsurkunde werden 47 Bojaren genannt, die dem katholischen Glauben angehören mussten. Ob es tatsächlich 47 Bojarengeschlechter waren, die von dem polnischen Adel adoptiert wurden, ist nicht bekannt, da der Ausdruck „etc." am Ende der Aufzählung ein Hinweis auf eine mögliche Ausweitung der Adoptionen sein kann.[236] Die adoptierten Litauer bekamen durch die Verbrüderung automatisch die Privilegien der polnischen Szlachta zugesprochen. Die Adoption hatte eine große Bedeutung für das ständische Verhältnis in Litauen. Das Bojarentum wurde dadurch von den anderen Ständen äußerlich stark getrennt. In Zukunft sollten nur die Besitzer von Wappen als adelig gelten.[237] Dies führte dazu, dass das litauische Bojarentum zu einem Adelsstand erhoben wurde. Mit der Adoption wurde absichtlich eine spezielle Form des Zusammenschlusses innerhalb der höchsten gesellschaftlichen Schicht beider Länder gewählt.[238] Die litauischen Bojaren hätten nämlich auch lediglich nobilitiert werden können. Die Adoption wirkte stärker, da sie ein Verwandtschaftsverhältnis begründete.[239] Durch die enge Verflechtung der führenden Schichten Polens und Litauens fanden das polnische Wesen und die polnische Sprache allmählich Eingang in Litauen. Folglich setzte ein Polonisierungsprozess in Litauen ein.[240] Für das staatsrechtliche Verhältnis Polens und Litauens hatte die Adoption keinerlei Bedeutung. Die Adoption bildete nämlich nur eine moralische Verbindung innerhalb der Szlachta.[241] Allerdings wurde damit der Gedanke der Verbrüderung zweier Nationen verwirklicht.[242]

---

234 In der damaligen Zeit stellten die Wappen nicht nur eine Zierde dar, sondern galten als ein Ausdruck des Ruhmes und der Ehre, als ein Symbol der brüderlichen und ritterlichen Liebe und als ein Ausdruck der westlichen Zivilisation. Demnach haben die Polen den Litauern etwas sehr Wertvolles verliehen. Vgl. *Prochaska*, Dzieje Witołda, S. 157.

235 Vgl. *Legutke, Maria*, Die Union von Horodlo in Polen (1413) und ihre soziale Bedeutung, 1955, S. 31; *Semkowicz, Władysław*, Braterstwo szlachty polskiej z bojarstwem litewskim w unii horodelskiej 1413 roku, in: *Baranowski, Wojciech/ Abraham, Władysław* (Hrsg.), Polska i Litwa w dziejowym stosunku, 1914, S. 393-443 (421); *Wielhorski*, Polska a Litwa, S. 109.

236 Vgl. *Legutke*, Die Union von Horodlo, S. 32; *Semkowicz*, Braterstwo szlachty, in: Polska i Litwa w dziejowym stosunku, S. 403.

237 Vgl. *Krasauskaitė*, Die litauischen Adelsprivilegien, S. 24.

238 Vgl. *Prochaska*, Dzieje Witołda, S. 157; *Żerbiłło-Łabuński*, Polska historyczna, Bd. II, S. 14.

239 Vgl. *Semkowicz*, Braterstwo szlachty polskiej, in: *Baranowski/Abraham*, Polska i Litwa w dziejowym stosunku, S. 430 ff.

240 *Legutke*, Die Union von Horodlo, S. 97.

241 *Kutrzeba*, Unia Polski z Litwą, S. 54.

242 *Balzer*, Unia horodelska, in: Skład Akademii Umiejętności w Krakowie mai 1913, S. 146; *Prochaska*, Król Władysław Jagiełło, Bd. 1, S. 348.

Hauptziel war die Angleichung beider Gesellschaften.[243] Die gesellschaftliche Annäherung kann als ein wichtiger Entwicklungsschritt hinsichtlich der Annäherung beider Völker zu einer gemeinsamen engen Union gewertet werden.

ee) Administrative Angleichung

Die Regelungen der Besetzung von administrativen Ämtern nach polnischem Vorbild und auch die Gebietsaufteilung in Wojewodschaften in Litauen verdeutlichen, dass die Polen den Prozess der staatsrechtlichen Angleichung Litauens mit Polen umsetzen wollten. Mit der Festsetzung der gemeinsamen Zusammenkünfte wurde keine neue Institution geschaffen, da es diese schon früher gab, wie etwa im Jahre 1401.[244] Die Neuaufteilung in Wojewodschaften bedeutete, dass die Fürstentümer aufgelöst wurden. Dies hatte wiederum zur Folge, dass der litauische Staat sich von einem Herrschaftsverband zu einem Standesstaat, so wie er zu dieser Zeit bereits in Polen bestand, entwickelte. Insgesamt kann man aus diesen administrativen Regelungen folgern, dass die Polen mehr Einfluss in Litauen ausüben wollten und mit den Neuregelungen ihre Machtposition zum Ausdruck brachten.

2. Bewertung

Bei der Diskussion des staatsrechtlichen Verhältnisses Polens und Litauens muss die rechtliche Form des Abhängigkeitsverhältnisses qualifiziert werden. Wie bereits festgestellt, sah die Union einerseits eine Inkorporation Litauens vor, andererseits stehen dieser aber gewichtige Bestimmungen gegenüber, die die staatliche Unabhängigkeit Litauens sichern. Regelungen wie etwa die unmittelbare Herrschergewalt Witolds verhinderten, dass eine Inkorporation umgesetzt werden konnte. Wegen des eindeutigen Wortlautes kann man davon ausgehen, dass eine Inkorporation zwar festgesetzt, aber aufgrund der gegensätzlichen Bestimmungen ausgehöhlt wurde und auf diese Weise keine Rechtswirkung entfalten konnte.[245] Die Tatsache, dass die Position eines dauerhaften litauischen Großfürsten in Litauen gesichert wurde, verdeutlicht, dass in der Union erneut ein Kompromiss zwischen dem Inkorporationsprogramm der Polen und den Separationstendenzen in Litauen gemacht wurde.[246] Der Begriff der Inkorporation war im Grunde nur nach außen hin von Bedeutung. In ihren auswärtigen Beziehungen wollten Polen und Litauen eine starke Union repräsentieren, auch wenn sie damit eine staatliche Einheit suggerieren mussten.

Die deutliche Überlegenheit der Polen in der Union belegt auch der Akt der beiden Herrscher, in welchem Jagiełło sich unter anderem als „höchsten Fürsten des

243 *Balzer*, Unia horodelska, in: Skład Akademii Umiejętności w Krakowie mai 1913, S. 166.

244 Vgl. *Kutrzeba*, Unia Polski z Litwą, S. 55 f.

245 *Nowak, Bożena*, Z dziejów unii polsko-litewskiej, in: Przegląd Kresowy 1991, Nr. 2-3, S. 33-35 (35).

246 Vgl. *Krzyżaniakowa, Jadwiga*, Rok 1413, in: *Olejnik, Karol* (red.), Pax et Bellum, 1993, S. 75-85 (83).

litauischen Bodens“[247] und auch als „Herren und Erben Rutheniens“ bezeichnet, Witold hingegen versteht sich als „Großfürst von Litauen“[248] und ebenfalls als „Herr und Erbe des ruthenischen Bodens“.[249] Diese Formulierung spricht für das Vorliegen einer Oberhoheit Jagiełłos. Witold galt damit als Herrscher über Litauen und gleichzeitig als Vasall Polens. Demnach besaß Jagiełło formal die Oberhoheit über Litauen. Zwar war der Titel des höchsten Fürsten nicht an eine tatsächliche Herrscherbefugnis geknüpft, sondern drückte stattdessen die formale Überlegenheit und eine Art repräsentative Stellung aus. Hieraus folgt, dass erneut eine Personalunion bestand.[250] Die Personalunion war genauso wie in der Union von 1401 festgesetzt, sodass an dieser Stelle auf die dortigen Ergebnisse verwiesen werden kann. Im Ergebnis war weiterhin das Verhältnis einer Suzeränität zu Gunsten Polens vereinbart.[251]

Die Maßnahmen der Einsetzung von Beamten in Litauen und auch die Angleichung des litauischen Verwaltungsaufbaus an Polen zeigen, dass die Verbindung zwischen beiden Staaten auf Kosten Litauens enger wurde. Diese Schritte stellten Weichen für eine mögliche Inkorporation Litauens oder gar eine Fusion beider Staaten zu einem Einheitsstaat.

Im Ergebnis steht fest, dass die Union aufgrund der Wappenverbrüderung und auch der administrativen Anpassung zu einer Vertiefung der polnisch-litauischen Verbindung geführt hat. Ab diesem Zeitpunkt war die Verbindung nicht nur eine dynastische, sondern wurde durch die Adoptionen im Bereich der Adelsschicht zu einer gesellschaftlichen Verbindung ausgeweitet.

V. Drohender Unionsbruch im Jahre 1429

Im Jahre 1429[252] drohte die Union, insbesondere das Suzeränitätsverhältnis, erneut zu zerfallen. Witold sollte am 8. September 1429 zum König von Litauen[253] gekrönt

247 Princeps supremus, übersetzt: oberster, höchster, größter Fürst.

248 Magnus dux.

249 *Wielhorski*, Polska a Litwa, S. 109.

250 So auch zahlreiche polnische und litauische Forscher: *Kutrzeba*, Unia Polski z Litwą, S. 55; *Smolka*, Władysław Jagiełło, S. 484, *Wielhorski*, Polska a Litwa, S. 111; *Gorzuchowski*, Les rapports politiques, S. 49; *Žmuidzinas*, Commonwealth polono-lithuanien, S. 109; *Nowak*, Z dziejów unii polsko-litewskiej, in: Przegląd Kresowy 1991, Nr. 2-3, S. 35.

251 Auch *Makowski* wertet das staatsrechtliche Verhältnis beider Staaten so, dass Litauen in einem Lehensverhältnis zu Polen stand. Vgl. *Makowski*, Kwestia litewska, S. 6; zustimmend auch: *Balzer*, Tradycja, S. 9; Adamus, Państwo litwskie, S. 10, 32.

252 In der polnischen Wissenschaft wird der dramatische Zeitraum in den polnisch-litauischen Verhältnissen zwischen den Jahren 1429 und 1430 als „Krönungssturm“ (poln.: burza koronacyjna) bezeichnet. Eingeführt wurde diese Begrifflichkeit am Ende des 18. Jahrhunderts durch *Anatol Lewicki*. Vgl. *Lewicki*, Powstanie Świdrygiełły, S. 34-50.

253 Litauen hatte in der Vergangenheit immer wieder versucht, ihre jeweiligen Herrscher zum König krönen zu lassen. Der einzige König, der in Litauen gekrönt

werden.[254] Die Pläne Witolds fanden im ganzen Land großen Zuspruch.[255] Eine erfolgreiche Krönung Witolds hätte die Umwandlung des Großfürstentums Litauen in ein Königreich Litauen bedeutet.[256] Die Krönungspläne scheiterten jedoch. Kaiser Sigismund hatte versprochen, die Königskrone nach Wilna zu senden, doch diese kam nicht an, da die Polen die Krönungsgesandtschaft in Polen überfallen und ausgeplündert hatten. Ein erneuter Versuch zur Übersendung der Krone wurde zwar gestartet, jedoch starb Witold am 27. Oktober 1430, bevor die Krone ihn erreichte.[257] Diese Krise wurde *ex post* als eine reale, aber versäumte Möglichkeit zum Unionsbruch gewertet.[258] Sie beweist, dass die Litauer nie ihre Separationsgedanken fallen ließen und im Grunde immer von Polen unabhängig sein wollten. Die Litauer gingen die Unionen nur aus politischen Erwägungen und taktischen Gründen ein.

Folge der Krönungsabsichten war ein polnisch-litauischer Reichstag, der vom 11. bis zum 16. Oktober 1430 in Wilna abgehalten wurde. Hauptthema der polnisch-litauischen Zusammenkunft war der Abschluss eines Kompromisses mit Witold.[259]

VI. Union von Grodno aus dem Jahre 1432

Der Union von Grodno aus dem Jahre 1432 wird im Gegensatz zu den zuvor ausführlich behandelten Unionen keine große Bedeutung innerhalb der polnisch-litauischen Beziehungen eingeräumt. Der Grund hierfür ist, dass die Union einerseits nicht lange Bestand hatte und andererseits inhaltlich der Union aus dem Jahre 1401 gleicht. Im Folgenden wird die Bewertung der Bestimmungen der Union von Grodno daher nur zusammenfassend dargestellt, um Wiederholungen zu vermeiden. Eine Änderung erfolgte lediglich hinsichtlich des formalen Unionsabschlusses.

1. Rechtsgrundlage der Union

Bei der Union von Grodno aus dem Jahre 1432 gab es hinsichtlich der Form des Abschlusses bedeutende Unterschiede zu den vorangegangenen Unionen. Die

---

wurde, war Mindaugas, der im Jahre 1253 die Krone aus den Händen des Papstes erhielt. In den Folgejahren fanden immer wieder Krönungsversuche statt, die allerdings allesamt scheiterten. Darunter Giedymina (1322-1324), Kiejstuta (1349, 1351) und Olgierda (1358). Vgl. *Błaszczyk, Grzegorz*, Burza koronacyjna. Dramatyczny fragment stosunków polsko-litewskich w XV wieku, 1998, S. 36 f.

254 Vor dem Krönungssturm fanden insgesamt zwei Krönungsversuche Witolds, nämlich in den Jahren 1398 und 1410, statt. Vgl. *Błaszczyk*, Burza koronacyjna, S. 37.

255 Vgl. *Błaszczyk*, Burza koronacyjna, S. 23.

256 Vgl. *Błaszczyk*, Burza koronacyjna, S. 5.

257 Vgl. *Storost*, Litauische Geschichte, S. 52 f.; *Schiemann, Theodor*, Russland, Polen und Livland bis ins 17. Jahrhundert, 1885, S. 543 f.

258 Vgl. *Błaszczyk*, Burza koronacyjna, S. 5.

259 Vgl. *Błaszczyk*, Burza koronacyjna, S. 152.

Vereinbarungen zur Union von Grodno bestehen aus insgesamt fünf Akten: Drei Dokumente wurden von Zygmunt Kiejstutowicz (15. Oktober 1432[260] in Grodno[261], 20. Januar 1433 in Traken[262] und 27. Februar 1434 in Grodno[263]) vorgelegt. Hierauf antwortet Jagiełło mit drei weiteren Dokumenten, einem Dokument vom 3. Januar 1433 von Krakau[264], das in zwei Exemplaren, einem königlichen und einem adeligen, verfasst wurde, sowie einem Dokument vom 27. Februar 1434 von Korczyn[265]. Somit fehlen bei dieser Union Dokumente mit Stellungnahmen des polnischen Adels sowie der litauischen Bojaren oder des dortigen Adels.

2. Zusammenfassung der Unionsakte

Als Reaktion auf den „Krönungssturm" musste sich der litauische Fürst Zygmunt Kiejstutowicz dazu verpflichten, dass weder er noch seine Nachfolger sich darum bemühen werden, die litauische Krone ohne das Wissen, den Willen und das Einverständnis des polnischen Königs an sich zu nehmen.[266] Im Gegenzug bekam er auf Lebenszeit den Titel eines litauischen Großfürsten verliehen. Die Macht Zygmunts sollte genauso weit wie diejenige Witolds reichen. Der polnische König behielt weiterhin das höchste Herrscheramt in Litauen. Erneut wird Jagiełło als *supremus dux* und Zygmunt als *magnus dux* bezeichnet. Sämtliche Zerwürfnisse sollten auf friedlichem Wege beseitigt werden, indem sich Polen und Litauen an die früheren gemeinsam geschlossenen Dokumente halten sollten.[267] Es wurde so wie bereits im Jahre 1401 eine Regelung eingeführt, wonach nach dem Tode Zygmunts das Großfürstentum Litauen wieder an die polnische Krone fallen sollte.[268] Allerdings wurde in diesem Zusammenhang nicht wie bei der Union von Horodło von der Einverleibung Litauens in Polen gesprochen. Stattdessen wurde die Formulierung gewählt, dass Litauen als Erbe Jagiełłos und seiner Nachkommen zu betrachten sei. Der Streit um litauisches und ruthenisches Territorium wurde fast überwiegend zugunsten Polens gelöst. Eine Ausnahme bildete die Provinz Traken, die Zygmunts Sohn zugesprochen wurde, der dort als alleiniger Herrscher agieren

260 Noch am gleichen Tag stellte die polnische Gesandtschaft im Namen des polnischen Königs und unter Zustimmung Zygmunts ein Privileg aus, in dem die Ruthenen rechtlich den Litauern gleichgestellt werden (Text: Codex epistolaris, Bd. III, 1894, Nr. 17, S. 523 f.). Bevor das Privileg in Kraft trat, sollte der König es bestätigen, doch dazu kam es nicht. Vgl. *Kolankowski*, Dzieje Wielkiego Księstwa Litewskiego, S. 191.

261 Text: *Kutrzeba/Semkowicz*, Akta Unji, Nr. 56.

262 Text: *Kutrzeba/Semkowicz*, Akta Unji, Nr. 59, S. 90-94.

263 Text: *Kutrzeba/Semkowicz*, Akta Unji, Nr. 61, S. 100-105.

264 Text: *Kutrzeba/Semkowicz*, Akta Unji, Nr. 58, S. 84-90.

265 Text: *Kutrzeba/Semkowicz*, Akta Unji, Nr. 60, S. 94-99.

266 Diese Regelung wurde in den späteren Bestätigungen der Union in den Jahren 1434, 1437 und 1439 wiederholt.

267 Vgl. *Halecki*, Dzieje, Bd. 1, S. 296.

268 Vgl. *Halecki*, Dzieje, Bd. 1, S. 295.

konnte. Hinsichtlich der ruthenischen Gebiete wurde der Konflikt in der Weise gelöst, dass Podolien und das Schloss Olesko an die Krone Polens fallen sollten und dass Wolhynien als Lehen an Polen angegliedert werden sollte. Zygmunt sollte Wolin bis zu seinem Tod als Lehensherr verwalten. Ebenfalls sollten Ratno, Wietły, Łopatyn und Horodło Polen unmittelbar angegliedert werden. Ein weiterer wichtiger Punkt war, dass sämtliche internationalen Verträge, die Litauen zuvor geschlossen hatte, die aber für Polen unvorteilhaft waren wie etwa die Verträge mit dem Deutschen Orden, für unwirksam erklärt wurden. Litauen sollte ferner einen Tribut an Polen entrichten. Bezüglich der Wahl des neuen litauischen Großfürsten trat eine Veränderung ein, denn es wurde bestimmt, dass die zukünftigen Großfürsten gleichermaßen von Polen und Litauern unter anschließender Bestätigung durch den polnischen König gewählt werden sollten.[269]

3. Bewertung

Die Union von Grodno blieb nicht lange, nämlich nur bis zum Jahre 1440 bestehen. Bei genauerer Betrachtung der Regelungen lässt sich feststellen, dass die Union von Grodno an die Unionen aus den Jahren 1401[270] und 1413 angelehnt wurde. Folglich brachte dieser Unionsabschluss keine wesentlichen Änderungen. Insgesamt erfolgte aber eine Schwächung der noch vorhandenen Unabhängigkeit Litauens. Dies kommt insbesondere bei der Regelung der Wahl des Großfürsten zum Ausdruck, bei der gerade nicht wie in der Union von Horodło das Amt des Großfürsten dauerhaft durch einen Litauer besetzt werden sollte. Des Weiteren führte auch die Tatsache, dass Litauens relative Selbständigkeit nur bis zum Tode Zygmunts garantiert wurde,[271] zu einer Schwächung der litauischen Position. Negativ fällt ferner auf, dass die Stellungnahmen und das Einverständnis weder des polnischen noch des litauischen Adels[272] zum Unionsabschluss herangezogen wurden. Im Ergebnis gab es aber keine Änderung des staatsrechtlichen Verhältnisses zwischen Polen und Litauen. Zwischen beiden Staaten bestand eine noch stärkere Suzeränität und daneben weiterhin eine Personalunion.

---

269 Vgl. *Bardach, Juliusz,* O Rzeczpospolitą Obojga Narodów. Dzieje związku Polski z Litwą do schyłku XVIII wieku, 2. Aufl., 2010, S. 14.

270 Vgl. *Halecki,* Dzieje, Bd. 1, S. 294.

271 Eine Regelung zur Wahl eines Nachfolgers Zygmunts wurde im Vertragstext offen gelassen und damit nicht geregelt. Vgl. *Kopystiański, A.*, Książę Michał Zygmuntowicz, in: KH 20 (1908), S. 74-165 (80 f.).

272 Am 6. Mai 1434 stellte Sigismund für den Adel in Traken ein neues Privileg (Text: Codex epistolaris, Bd. III, 1894, Nr. 22, S. 529 ff.) aus, dessen Geltungsbereich erstmals auch Ruthenien umfasste. Dieses Privileg stellt eine Weiterentwicklung der in Horodło garantierten Privilegien dar. Die wichtigste Errungenschaft für den Adel enthält Art. 5, in dem die Befreiung des Adels von Naturalabgaben an den Großfürsten geregelt ist. Ferner musste der Großfürst versprechen, keine Adeligen auf offene oder geheime Anklage hin zu strafen oder zu züchtigen, ohne dass ein öffentliches Gerichtsurteil vorangegangen ist.

VII. Bruch der Union und die Wiedererrichtung der Personalunion (1440 - 1492 - 1499)

Die Union blieb mehr als 30 Jahre in Kraft, ohne dass es zu politischen Auseinandersetzungen zwischen Polen und Litauern gekommen wäre. Seit dem Jahre 1440 änderte sich dieser Zustand. Eine Zeit, die von Konflikten und mehrfachen Auflösungen der Union geprägt war, setzte ein. Diese Periode endete erst im Jahre 1499, als ein erneuter Unionsabschluss die beiderseitigen Beziehungen wieder festigte. Im Folgenden erfolgt ein Abriss der wichtigsten Geschehnisse.

Im Jahre 1440 wurde Großfürst Zygmunt durch die Bojaren ermordet und seine Herrschaft dadurch gewaltsam beendet. Dies hatte zur Folge, dass der Jagiellone Kasimir zum Nachfolger bestimmt wurde, ohne dass die polnische Krone an dieser Ernennung beteiligt wurde.[273] Diese Wahl verstieß daher gegen die Union von 1413. Mit dieser eigenmächtigen Vorgehensweise wollten die Litauer erreichen, dass sie endlich wieder einen souveränen Herrscher besaßen, der nicht abhängig von Polen war.[274] Dies stellte *de facto* die Auflösung der vereinbarten Suzeränität dar.

Zweifelhaft ist, ob diese einseitige Wahl durch die Litauer auch *de iure* zum Unionsbruch führte. Dem steht entgegen, dass die polnische Seite diese Wahl nicht anerkannte und der polnische König weiterhin den Titel des höchsten litauischen Fürsten führte, die Oberhoheit also nicht aufgab. Folglich wurde die Union nur einseitig mit Verstoß gegen die Union von Horodło aufgelöst, sodass sie im Ergebnis *de iure* fortbestand. Allerdings haben die vorangegangenen Untersuchungen bereits verdeutlicht, dass der faktische Zustand stets überwog, sodass es im Jahre 1440 zum Unionsbruch kam.

Mit der Wahl des litauischen Großfürsten Kasimirs IV. Jagiełło[275] zum polnischen König im Jahre 1447[276] wurde die Personalunion wieder erneuert.[277] Da keine erneute Suzeränität geschlossen wurde, blieben Polen und Litauen voneinander unabhängig.

---

273 Vgl. *Bardach*, Studia z ustroju, S. 42.

274 Vgl. *Błaszczyk*, Dzieje, Bd. II, S. 780.

275 Kasimir regierte bis zum Jahre 1492. In dieser Zeit wurden keine weiteren Unionen zwischen Polen und Litauen geschlossen.

276 Im gleichen Jahr wird ein weiteres wichtiges Privileg (Text auszugsweise: *Godek, Sławomir/Wilczak-Karczewska, Magdalena*, Historia ustroju i prawa w Polsce do 1772/1795. Wybór źródeł, 2006, Nr. 19, S. 51-54) erlassen. Wichtigstes Privileg war hier, dass die Kollektivverantwortlichkeit in Kriminalsachen beschränkt und die Bedeutung des einzelnen Individuums gehoben wird. Ferner verzichtet der Großfürst auf die Geldsteuer, die die unfreien Bauern bis dahin leisten mussten. Insgesamt werden drei gesellschaftliche Schichten genannt, darunter die Barones, Nobiles und Bojaren, wobei nur die beiden erstgenannten vollberechtigt waren.

277 Vgl. *Wyrozumski*, Formowanie, in: CPH 44 (1992), Heft Nr. 1-2, S. 453; *Kutrzeba*, Unia Polski z Litwą, S. 100.

Ein erneuter Bruch der Personalunion erfolgte im Jahre 1492 nach dem Tod Kasimirs. Die Polen wählten Jan Olbracht (1492-1501) zu ihrem neuen König, während die Litauer Alexander (1492-1506) zu ihrem höchsten Herrscher wählten.[278]

VIII. Union von Wilna 1499

Mit dem Abschluss der Union von Wilna im Jahre 1499 näherten sich beide Staaten wieder einander an.

1. Rechtsgrundlage

Stellvertretend für die polnische Seite stellte der Senat ein Dokument am 6. Mai 1499[279] aus. König Olbracht bestätigte am 6. Mai 1499[280] in einem weiteren Dokument die Union, wobei er sich lediglich an seine polnischen Untertanen wandte. Die litauische Seite, vertreten durch die Herren des litauischen Rates,[281] antwortete hierauf in einer Note vom 24. Juni 1499[282]. Die Litauer bekräftigen in diesem Dokument, dass sie das gesamte Großfürstentum Litauen, die ruthenischen Gebiete waren davon mitumfasst, repräsentieren würden.

a) Inhalt

Die Dokumente des polnischen Senates und der Herren des litauischen Rates sind inhaltlich identisch, sodass sie zusammengefasst werden können. Es wird die Erneuerung der Union bekräftigt. In beiden Dokumenten werden nach einer kurzen neu verfassten Einleitung die entsprechenden Dokumente aus der Union von Horodło transkribiert. Demnach kann auf den Inhalt der Union von Horodło verwiesen werden. Die rechtliche Grundlage der Union von Radom bildet damit die Union von Horodło. Im Anschluss an die Wiederholung des Rechtsaktes aus dem Jahre 1413 erweiterten die Litauer die transkribierten Bestimmungen durch zwei Zusätze: im Falle des Aussterbens der Jagiellonendynastie sollte der Nachfolger aus der übrigen Linie dieser Dynastie, die noch im anderen Staat regiert, gewählt werden. Mit dieser Bekräftigung kamen lediglich die Solidarität der Brüder Albrecht und Alexander und die Sicherung der Dynastie der Jagiellonen zum Ausdruck. Die Litauer wollten hierdurch erreichen, dass das Ungleichgewicht, das zuvor bei der Besetzung des königlichen und großfürstlichen Thrones herrschte,

---

278 Vgl. *Ochmański*, Historia Litwy, S. 108.

279 Die Originalurkunde ist nicht erhalten geblieben. Die Abschrift findet sich in: *Kutrzeba/Semkowicz*, Akta Unji, Nr. 73, S. 121-122.

280 Lat. Text: Codex epistolaris, Bd. III, 1894, Nr. 448, S. 465 f.

281 Der Großfürstliche Rat, anfangs eine *de facto*-Institution nach polnischem Vorbild, entwickelte sich seit dem Jahre 1492 auch rechtlich zu einer an der Regierung beteiligten Körperschaft. Vgl. *Halecki*, Geschichte der Union Litauens mit Polen, S. 11.

282 Das Dokument ist im Original erhalten geblieben. Lat. Text mit poln. Übersetzung: *Kutrzeba/Semkowicz*, Akta Unji, Nr. 76, S. 126-130.

beseitigt wurde. Der zweite Zusatz beinhaltete die Feststellung, dass die Litauer sich an alle früheren Rechtsakte, die eine der beiden Seiten entweder erniedrigten oder deren Würde antasteten, nicht halten werden. Zweifelsohne waren damit etwa die Inkorporationsbestimmungen, die am Anfang des Textes der Union von Horodło standen, gemeint. Auf diese beiden Punkte ging die polnische Seite in ihrem Dokument allerdings nicht ein.

b) Bewertung

Bei der rechtlichen Qualifizierung der Union von Mielnik könnte man auf den ersten Blick darauf schließen, dass das staatsrechtliche Verhältnis sich an dasjenige der Union von Horodło anschließt. Hierfür spricht die Tatsache, dass sowohl im Dokument des polnischen Senates als auch im Dokument des litauischen Rates die entsprechenden Akte der Union von Horodło transkribiert wurden. Dieser Annahme steht aber entgegen, dass die Litauer mit ihren beiden Zusätzen einige wesentliche Bestimmungen der Union von Horodło außer Kraft setzten, indem sie bekräftigten, dass sie sich nicht an sie halten würden. Die Litauer erklärten damit sämtliche Bestimmungen, die die Inkorporation Litauens in Polen, die also den Verlust der staatlichen Unabhängigkeit Litauens betrafen, einseitig für unwirksam. Mit den Zusätzen machte die litauische Seite deutlich, dass sie an keiner Inkorporation, aber auch an keiner Oberhoheit Polens und demnach an keiner Suzeränität mehr interessiert war. Im Ergebnis müssen daher diejenigen Bestimmungen der Union von Horodło herangezogen werden, die nicht unter die Zusatzbestimmung fallen. Hieraus folgt, dass zwischen Polen und Litauen keine staatsrechtliche Union im Sinne einer Suzeränität geschlossen wurde. Beide Staaten gingen lediglich ein Verteidigungsbündnis ein, sodass keine rechtliche Verbindung zwischen beiden Staaten begründet wurde.

2. Zwischenergebnis

Im Ergebnis standen sich Polen und Litauen trotz des erneuten Unionsabschlusses zumindest aus formaler Sicht als komplett voneinander unabhängige Staaten gegenüber. Im Gegensatz zu den früheren Unionen führte diese Union zu einer Auflockerung der gemeinsamen Beziehungen. Zwischen beiden Staaten bestand lediglich ein Verteidigungsbündnis.

IX. Union von Mielnik 1501

Nach dem Tod des polnischen Königs Albrecht fand im Jahre 1501 eine erneute Königswahl statt. Auch die Litauer wurden den Bestimmungen aus dem Jahre 1499 entsprechend zur Königswahl bestellt. Der litauische Großfürst Alexander, der Jagiellone, schickte fünf Boten, die ihn während der Wahl vertreten sollten.[283] Die Vertreter des litauischen Großfürsten baten während des Reichstages in Petrikau darum, dass Alexander zum polnischen König gewählt werde. Die Polen waren mit

283 *Kutrzeba*, Unia Polski z Litwą, S. 109.

der Bitte einverstanden, knüpften hieran aber die Bedingung, dass die polnisch-litauische Union erneuert werden müsste. Am 3. Oktober 1501 wurden gleich zwei Dokumente verlautbart: eines vom gesamten Reichstag[284] und eines von den fünf litauischen Delegierten[285], die sich mit dem ersten Dokument einverstanden erklärten. Ein weiteres Dokument wurde von Großfürst Alexander am 23. Oktober 1501 in Mielnik[286] vorgelegt. Nicht zur Union von Mielnik[287] werden die sogenannten „Mielniker Artikel"[288] gezählt, die während des Reichstages in Petrikau ausgearbeitet wurden und von Alexander am 25. Oktober 1501[289] verkündet wurden. Aufgrund ihrer Bedeutung für die Entwicklung des polnischen Parlamentarismus wird auf sie an dieser Stelle kurz eingegangen. Die wichtigste Bestimmung war, dass die Exekutive auf den Senat übertragen wurde, dessen Vorsitzender zwar König Alexander war, den der Senat aber jederzeit, wenn er sich den Mehrheitsbestimmungen nicht beugen sollte, absetzen konnte.[290]

1. Vertragsgrundlage

a) Inhalt

Der Inhalt der neuen Union war etwas Besonderes, denn die polnische Krone sollte sich mit dem Großfürstentum verbinden und zu einem nicht wieder zu trennenden einheitlichen Körper zusammenschmelzen, sodass eine Nation, ein Volk, eine Brüderschaft und gemeinsame Räte entstehen konnten.[291] Beabsichtigt war es demnach, einen gemeinsamen Körper aus zwei Staaten mit nur einem König als Staatsoberhaupt zu schaffen.[292] Art. 1 enthielt ferner die Verpflichtung, den

---

284 Lat. Text: *Rzyszczewski, Leon*, Kodeks Dyplomatyczny Polski, Bd. I, 1847, Nr. 196, S. 356-360; *Kutrzeba/Semkowicz*, Akta Unji, Nr. 79, S. 134-138.

285 Lat. Text: *Rzyszczewski*, Kodeks Dyplomatyczny Polski, Bd. I, Nr. 197, S. 360 ff.; *Kutrzeba/Semkowicz*, Akta Unji, Nr. 80, S. 138-142.

286 Text: *Kutrzeba/Semkowicz*, Akta Unji, Nr. 82, S. 142-147; *Działyński*, Zbiór praw litewskich, S. 77-81.

287 Teilweise wird diese Union auch als Union von Mielnik und Petrikau bezeichnet.

288 Eine ausführliche rechtliche Würdigung der Artikel findet sich bei: *Sobolewski, Ludwik/Uruszczak, Wacław*, Artykuły mielnickie z roku 1401, in: CPH 42 (1990), Heft Nr. 1-2, S. 51-80.

289 Lat. Text: *Grodziski/Dwornicka/Uruszczak*, Volumina Constitutionum, Bd. 1, S. 109-113.

290 Alexander hatte die Artikel noch vor seiner Krönung am 12. Dezember 1501 verkündet. Eine formale Bestätigung nach der Krönung erfolgte nicht. Dies und auch die Tatsache, dass die Artikel später nicht in die offizielle polnische Gesetzessammlung, die unter dem Namen „Statut Jan Łaski" bekannt sind, aufgenommen wurden, spricht dafür, dass die Artikel nicht wirksam in Kraft getreten sind und daher auch nicht rechtlich verbindlich waren.

291 Vgl. Art. 1; Text ebenfalls abgedruckt bei: *Grodziski/Dwornicka/Uruszczak*, Volumina Constitutionum, Bd. 1, S. 103.

292 *Kutrzeba*, Unia Polski z Litwą, S. 110.

König[293] und den Sejm wieder gemeinsam zu wählen. Großfürst Alexander betont zu Beginn des Dokumentes, dass der Zusammenschluss beider Staaten für beide Seiten nicht nur vorteilhaft, sondern in höchstem Maße auch notwendig sei. Er beruft sich in diesem Zusammenhang auf das Zitat Homers: „Es soll einen König geben". Am Ende der breiten Einleitung betont er, dass er aufgrund der Vorzüge einer Union dem litauischen Fürsten angeraten hat, sich mit den Polen zu verständigen. Als Ziele nennt er die Verstärkung der gegenseitigen brüderlichen Liebe und die Stärkung der gegenseitigen Verteidigung beider Staaten. Anschließend folgt die Aufzählung von 15 Artikeln der Union, die laut Alexander die früheren Abkommen erneuern und verbessern sollen. Im Folgenden werden nur die wichtigsten Bestimmungen dargestellt. Der wichtigste dieser Artikel, der erste, wurde eingangs bereits erläutert. Art. 4 spricht von der gegenseitigen Unterstützung. Ferner sieht Art. 5 die Einführung einer gemeinsamen Währung vor. Die weiteren Artikel enthalten Verpflichtungen, die sich auf die Einhaltung und den Treueschwur, auf die früher geschlossenen Bündnisse (Art. 6) und Absprachen (Art. 9 und 10) beziehen. Art. 13 sieht vor, dass der König bei seiner Krönung einerseits die polnischen Rechte, aber andererseits auch die Rechte des Großfürstentums Litauen bestätigen soll. Schließlich bestimmt Art. 15, dass hinsichtlich des Inhalts der zuvor genannten Artikel keine der beiden Seiten gegen diese verstoßen oder Gründe für den Bruch der festgesetzten Bestimmungen finden darf. Im Anschluss an die Bestimmungen folgt eine längere Schlussansprache, in der Alexander erneut auf die Verschmelzung zu einem Körper mit einem König an der Spitze eingeht. Er betont, dass bereits die Vorfahren beider Staaten bemüht waren, eine enge Verbindung einzugehen, um die Existenz beider Staaten zu sichern und diese effektiver verteidigen zu können. Ferner verspricht er, dass sämtliche Litauer den Inhalt der Union beschwören werden.

b) Bewertung

aa) Rechtswirksamkeit der Union

Zweifelhaft ist, ob diese Union rechtswirksam in Kraft getreten ist. Problematisch ist nämlich, dass Alexander in seinem Dokument versichert, dass die Union von der litauischen Seite, darunter sind die Fürsten, die Magnaten und die Szlachta, noch bestätigt würde. Von Bedeutung ist daher, ob Litauen diese Bedingung eingehalten hat. Am 30. Oktober 1501 verkündete Alexander ein Dokument,[294] in dem

293 Die Bestimmung der gemeinsamen Herrscherwahl wurde bereits im Jahre 1506 mit der Wahl Sigismunds I. und im Jahre 1522 mit der Wahl seines Sohnes Sigismund August zum Großfürsten von Litauen umgangen, weil sie die Erbrechte der Jagiellonendynastie auf das Großfürstentum bedrohte. Vgl. *Halecki*, Geschichte der Union mit Litauen, S. 7.

294 Lat. Text: *Kutrzeba/Semkowicz*, Akta Unji, Nr. 83, S. 147-149; poln. Übersetzung: *Godek/Wilczak-Karczewska*, Historia ustroju i prawa w Polsce do 1772/1795, Nr. 22, S. 61-64.

er versicherte, dass 27 litauische Vertreter aus den Reihen der Magnaten und der Szlachta des Großfürstentums Litauen, die auch namentlich benannt werden, geschworen hatten, sich an die mit Polen geschlossene Union zu halten. Ferner stellte Alexander fest, dass die 27 Vertreter dafür bürgten, dass die Union ebenfalls von der gesamten litauischen Szlachta anerkannt wurde. Eine schriftliche Stellungnahme seitens der litauischen Herren, die nicht zur Führungsschicht des Landes gehörten, erfolgte nicht.[295] Es wird teilweise vertreten, dass das Dokument vom 30. Oktober 1501 für die Bestätigung der Union seitens Litauens nicht ausreichend sei. Die Befürworter[296] dieser Ansicht kommen nämlich zu dem Ergebnis, dass für einen wirksamen Vertragsschluss die litauische Seite fehlte, sodass die Vereinbarungen über die Union nicht ratifiziert worden seien und somit keinerlei rechtsbindende Wirkung hätten.[297] Um ein überzeugendes Ergebnis zu finden, erscheint es naheliegend, die Art und Umsetzung des Unionsabschlusses auf polnischer und litauischer Seite zu vergleichen und den Unterschied zu verdeutlichen. Der Unterschied liegt darin, dass die Litauer sich selbst zu einer viel stärkeren Bestätigung der Union verpflichteten als die Polen. Während auf der polnischen Seite ausreichend war, dass die Union durch den gesamten Senat bekräftigt wird, versicherten die Litauer, dass neben den Vertretern des Großfürsten noch weitere Litauer auf die Union schwören würden. Naheliegend ist aber, dass die Union bereits mit der Ausstellung der Urkunde der großfürstlichen Vertreter, die die volle Vertretungsmacht besessen hatten,[298] wirksam zustande kam. Dieses Ergebnis ergibt sich auch aus dem Vergleich mit den früheren Unionen. Diese kamen ebenfalls mit der Bestätigung durch den jeweiligen Herrscher und die Führungsschicht zustande. Wenn die Bevölkerung umfassender in den Vertragsschluss mit einbezogen wurde, ist dies nur als Indiz dafür zu werten, dass die Union auch in größeren Teilen in der Gesellschaft angenommen und akzeptiert wurde.[299] Weiterhin spricht hierfür, dass die Litauer während der Königswahl Alexanders von der Wirksamkeit der Union ausgingen. Dies wird dadurch belegt, dass die litauischen Senatoren als „Vertreter des gesamten polnischen Königreiches und des Großfürstentums Litauen“ bezeichnet werden.[300] Die Tatsache, dass die Litauer noch weitere Bestätigungen der Union in ihrem ersten Dokument ankündigten, zeigt nur, dass sie die Union zusätzlich absichern wollten. Eine Bedingung für das Inkrafttreten der Union war diese zusätzliche Absicherung nicht. Folglich wurden die Vereinbarungen über die Union zwischen Polen und Litauen wirksam ratifiziert und waren daher für beide Seiten rechtsverbindlich.

---

295 Vgl. *Gierowski*, Die Union zwischen Polen und Litauen, in: *Fröschl*, Föderationsmodelle und Unionsstrukturen, S. 67; *Kutrzeba*, Unia Polski z Litwą, S. 115.

296 So etwa *Wielhorski*, Polska a Litwa, S. 125.

297 Vgl. *Bardach*, Studia z ustroju, S. 43.

298 Vgl. *Wyrozumski*, Formowanie, in: CPH 44 (1992), Heft Nr. 1-2, S. 454.

299 Diese Ansicht vertritt überzeugend: *Halecki, Oskar*, Dzieje unii jagiellońskiej, tom II, 1920, S. 15.

300 Vgl. *Halecki*, Dzieje unii jagiellońskiej, tom II, S. 16.

bb) Identifikation der staatsrechtlichen Verbindung

Polen und Litauen hatten einen gemeinsamen Herrscher, sodass jedenfalls eine weitere Personalunion zwischen beiden Staaten geschlossen wurde.[301] Der Herrscher vertrat nicht nur die Krone Polens und das Großfürstentum Litauen, sondern auch die neu geschlossene Verbindung. Der Wortlaut von Art. 1, der von der Verschmelzung in einen Staatskörper spricht, lässt darauf schließen, dass die Schaffung eines einheitlichen Staates zwischen Polen und Litauen beabsichtigt war. Erstmals wird nicht der Terminus *incorporare* verwendet, sodass beide Staaten vielmehr als gleichberechtigte Partner fusionieren sollten. Fraglich ist, was unter dieser „Verschmelzung" staatsrechtlich zu verstehen ist. In Betracht kommen könnte eine Fusion, dann wären beide Staaten untergegangen und ein neuer Staat Polen-Litauen wäre auf der Landkarte Europas entstanden. Wenn man allerdings beiden Staaten auch nach der Union von Mielnik staatliche Unabhängigkeit zusprechen würde, wäre eine Realunion näher liegend. Bei einer Realunion behalten die beteiligten Staaten nämlich ihre staatliche Souveränität bei und gehen damit gerade nicht als Staat unter. Nach außen treten die realunierten Staaten allerdings durchaus als Großmacht und damit möglicherweise als „ein Staatskörper" auf.

Problematisch ist, dass die Maßnahmen zur Umsetzung der genannten „Verschmelzung" im Unionsvertrag nicht genannt werden. Unabhängig davon, ob der Wortlaut des Vertrages im Sinne einer Fusion ausgelegt wird, kann *ex post* festgehalten werden, dass weder der polnische noch der litauische Staat nach der Mielniker Union aufhörten zu existieren. Dies verdeutlicht auch die Lubliner Union. Am Ende des Unionsaktes wird stattdessen bekräftigt, dass die Union zur Absicherung der Existenz beider Staaten geschaffen werden soll. Damit wird ausdrücklich die Fortexistenz beider Staaten in der Union bestätigt. Demnach ist eher die Bildung einer Realunion anzunehmen. Allerdings ist hier problematisch, dass außer der Einführung einer gemeinsamen Währung nicht die Bildung weiterer Organe festgesetzt wird, sodass der Realunion keine konkrete rechtliche Gestalt verliehen wird.

2. Zwischenergebnis

Mit der Union von Mielnik wurde die Personalunion zwischen Polen und Litauen erneuert und mit der Regelung zur gemeinsamen Wahl des Herrschers gesichert. Naheliegend erscheint, dass die wieder neu aufgenommene Personalunion zu einer Realunion erweitert werden sollte.[302] Aufgrund eines fehlenden vollziehenden Organs konnte diese allerdings nicht umgesetzt werden.[303] Auch die Folgejahre, als Versuche unternommen wurden, beide Staaten einander anzugleichen, sprechen dafür, dass zum Zeitpunkt des Abschlusses der Mielniker Union noch kein Unionsstaat in Form einer Realunion entstanden sein kann. Somit kann im Ergebnis

301 Vgl. *Kutrzeba*, Unia Polski z Litwą, S. 112.
302 Vgl. *Makowski*, Kwestia litewska, S. 6.
303 So auch: *Balzer*, Tradycja, S. 10.

festgestellt werden, dass Polen und Litauen nach der Union von Mielnik als unabhängige Staaten im Rahmen einer Personalunion nebeneinander fortexistierten. Gleichzeitig wurde der Prozess zur Bildung einer Realunion in Gang gesetzt.

X. Große Reformen in Litauen als Vorstufe zur Lubliner Union

Auf den gemeinsamen Zusammenkünften, die in den Folgejahren abgehalten wurden, konnten keine konkreten Bestimmungen zur Organisation des „einen Organismus" verabschiedet werden.[304] Allerdings führten die zusätzlich abgehaltenen geheimen Beratungen bezüglich der Konkretisierung der staatlichen Verschmelzung zu keinem Ergebnis.[305] Bedeutend ist aber, dass in der Periode bis zum Abschluss der Lubliner Union der litauische Staat in den Jahren 1564 bis 1566 reformiert wurde. Die Reformen hatten das Ziel, die innere Organisation Litauens an diejenige Polens anzugleichen.[306] Die Litauer hatten sich dazu entschlossen, ihren Staat dem polnischen Staat anzupassen.[307] Ein wesentlicher Schritt auf diesem Wege war das Zweite Litauische Statut, das im Jahre 1566 eingeführt wurde. Das Statut bewirkte die endgültige Umsetzung des Parlamentarismus in Litauen, indem der litauische Reichstag und die Landtage nach polnischem Vorbild etabliert wurden.[308] Zu den wichtigsten Neuerungen gehörte auch die Verwaltungsreform aus dem Jahre 1566, die eine Kreisverfassung ähnlich der polnischen schuf. Ebenfalls am polnischen Vorbild orientierte sich aus demselben Jahr eine Gerichtsreform mit der Einführung von Land-, Stadt,- und Grenzgerichten.[309] Litauen wurde ferner in 30 Gerichtsbezirke, die jeweils einen Landtag abhalten sollten, und 13 Wojewodschaften unterteilt.[310]

XI. Zusammenfassung des Zeitraumes 1385-1569

Polen und Litauen waren über einen großen Zeitraum hindurch in Unionen miteinander verbunden. Es gab zwar mehrere Unionsabschlüsse in Europa, jedoch existierten diese nur für einen kurzen Zeitraum, während die polnisch-litauische Union mit kurzen Unterbrechungen fast 400 Jahre überdauerte. Hauptzweck der Unionen war immer die gemeinsame Verteidigungspolitik. Die Union von Krewo führte dazu, dass lediglich ein Lehensverhältnis, eine Suzeränität, zwischen Polen und Litauen bestand und dies, obwohl die Polen formal und auch *de facto* eine Inkorporation umsetzen wollten. Eine Inkorporation Litauens scheiterte an den

304 Vgl. *Halecki*, Dzieje unii jagiellońskiej, tom II, S. 33.
305 Vgl. *Halecki*, Dzieje unii jagiellońskiej, tom II, S. 34.
306 Vgl. *Gorzuchowski*, Les rapports politiques, S. 41.
307 Vgl. *Rachuba, Andrzej*, Wielkie Księstwo Litewskie w systemie parlamentarnym Rzeczypospolitej w latach 1569-1763, 2002, S. 45; *Prochaska, Antoni*, Nowsze poglądy na ustrój wewnętrzny starej Litwy, in: PH 15 (1912), S. 30-54 (40).
308 Vgl. *Rachuba*, Wielkie Księstwo Litewskie, S. 13.
309 *Niendorf*, Großfürstentum Litauen, S. 29.
310 Vgl. *Rachuba*, Wielkie Księstwo Litewskie, S. 47; *Prochaska*, Nowsze poglądy na ustrój wewnętrzny starej Litwy, in: PH 15 (1912), S. 40.

Separationsbestrebungen des litauischen Großfürsten Witold und an der wesentlichen Verschiedenheit beider Völker. Weder Litauen noch Polen gingen als Staaten unter. Es wurde daher kein neuer Einheitsstaat in Europa gebildet. Die Unionsabschlüsse zeigen, dass Polen als parlamentarisch geprägter Staat und als Staat mit einer mächtigen Adelsschicht dem litauischen Großfürstentum überlegen war. Diese Überlegenheit kam in der Schaffung eines Abhängigkeitsverhältnisses zwischen Polen und Litauen zum Ausdruck. Das Abhängigkeitsverhältnis sorgte dafür, dass das Großfürstentum einen gewissen Teil seiner Souveränität einbüßte. Seit der Krewsker Union von 1385 bis 1392 war zwischen Polen und Litauen *de iure* eine Inkorporation Litauens in Polen vorgesehen, *de facto* scheiterte aber deren Umsetzung. Die Beziehung Litauens zu Polen war stattdessen in abgeschwächter Form faktisch durch eine Art Lehensverhältnis gekennzeichnet. Daneben blieb die Personalunion zwischen beiden Staaten bestehen. Zwischen den Jahren 1392 bis 1401 war Litauen nahezu unabhängig, sodass die Suzeränität an Bedeutung verlor. Im Jahre 1401 wurde schließlich *de iure* eine Suzeränität geregelt. Neben der Suzeränität verband beide Staaten ein Bündnis, das die Verpflichtung zur gegenseitigen Verteidigung gegen Feinde regelte.[311] Mit der Union von Mielnik im Jahre 1501 wurde *de iure* eine Realunion bezweckt, auch wenn sie anfangs noch keine greifbare Form annahm.[312] Faktisch kam es in den Folgejahren bis zur Lubliner Union im Jahre 1569 nicht zu deren Umsetzung. Allerdings muss festgehalten werden, dass sich im Hinblick auf gesellschaftliche und kulturelle Faktoren eine deutliche Annäherung beider Länder vollzogen hatte. Diese Annäherung blieb allerdings zu diesem Zeitpunkt für das staatsrechtliche Verhältnis noch ohne Auswirkung und Bedeutung.[313]

C. Verbindung Polens mit Litauen nach der Lubliner Union 1569-1791

I. Lubliner Union von 1569

Vom 10. Januar bis zum 12. August 1569 tagte der gemeinsame polnisch-litauische Sejm in Lublin. Am Ende der Beratungen wurde am 1. Juli 1569 von den polnisch-litauischen Sejmmitgliedern eine Erneuerung der Union zwischen der polnischen Krone und dem Großfürstentum Litauen beschlossen und die Ergebnisse in einem Unionstext[314] verkündet.[315] Diesem Unionstext schließt sich ein Privileg von König Zygmunt August vom 11. August 1569[316] an.

---

311 Vgl. *Kutrzeba*, Unia Polski z Litwą, S. 66.

312 Vgl. *Flaes*, Territorialkonflikte, S. 85.

313 Vgl. *Kutrzeba*, Unia Polski z Litwą, S. 67 f.

314 Poln. Text: *Kutrzeba/Semkowicz*, Akta Unji, Nr. 148, S. 331-347; *Mościcki*, Unia Litwy z Polską, S. 19-32; dt. Textauszug: *Rönnefarth, Helmuth K. G.*, Konferenzen und Verträge, Teil II, Bd. 3, 2. Aufl., 1958, S. 26 ff.

315 Vgl. Anhang II, Karte 2.

316 Poln. Text: *Kutrzeba/Semkowicz*, Akta Unji, Nr. 157, S. 380-381; *Mościcki*, Unia Litwy z Polską, S. 33-36.

1. Inhalt des Vertragstextes

a) Text vom 1. Juli 1569

Der Unionstext beginnt mit einer namentlichen Aufzählung der Personen, die die Union beschworen und bekräftigt haben.[317] In Art. 2 werden als Ziele der Union die Stärkung der gegenseitigen Freundschaft, eine engere Verbindung und die ewige Verteidigung beider Völker genannt.[318]

aa) Staatsrechtliches Verhältnis

Das staatsrechtliche Verhältnis wird schließlich in Art. 3 konkretisiert. Es wird festgehalten, dass die Polnische Krone und das Großfürstentum Litauen ein untrennbarer und einheitlicher Organismus werden sollen. Der offizielle Name des neuen Unionsstaates lautete auf Polnisch *Rzeczpospolita*[319] *Korony Polskiej i Wielkiego Księstwa Litewskiego* und kann auf Deutsch mit *Republik der Polnischen Krone und des Großfürstentums Litauen* übersetzt werden.[320] Erst im Nachhinein setzte sich zusätzlich eine kürzere Bezeichnung, nämlich *Republik beider Nationen* oder *Völker*[321] oder auch *Republik Polen-Litauen*[322] durch.[323]

bb) Wahlmonarchie

Art. 4 regelt, dass das „eine Volk" auf ewige Zeit einen Herrscher haben soll. Der gemeinsame König sollte von Litauern und Polen auf Grundlage des Privilegs von Alexander, wonach alle Räte und Stände der Polnischen Krone und des Großfürstentums *et ec debito* herbeigerufen werden sollen, gewählt werden. Der König

---

317 Übersetzung des Originaltextes: „Wir Prälaten und Räte, Geistliche und Laien, Fürsten, alle Stände des Großfürstentums Litauen, Gesandte zur Generalversammlung, Herren, Räte und Gesandten aller Stände der Polnischen Krone treffen uns hier im Sejm von Lublin (...). Außerdem andere Adelige, Bürger des Großfürstentums Litauen, die hier in Lublin anwesend oder abwesend sind, deren Willen wir aber von Landtagen kennen, die diesem Generalsejm von Lublin vorangegangen sind, als ob sie ihre Unterschriften und Stempel gesetzt hätten (...). Darüber hinaus noch Gesandte aus der Hauptstadt des Großfürstentums Litauen Wilna".

318 Übersetzung des Originaltextes: „Es gab schon früher ältere Verträge zur Freundschaft, zu Bündnissen, zur Verbesserung der Republik, sowohl der Polnischen Krone als auch des Großfürstentums Litauen, denen man gute und ehrliche Absichten der Brüderlichkeit ablesen kann, deswegen wird der neue Bund zur Stärkung der gegenseitigen Freundschaft, einer engeren Verbindung und der ewigen Wehr beider Völker im Glauben an Brüderlichkeit, der Ehre Gottes und Seiner Königlichen Hoheit, der Ehre, Zierde, Ehrlichkeitsstärkung um der gemeinsamen Majestät Willen erweitert und erneuert, wie es unten dargestellt wurde".

319 Im Englischen am häufigsten mit dem Begriff *Commonwealth* übersetzt.

320 In der Literatur wird die Republik auch häufig als Adelsrepublik bezeichnet.

321 Poln.: Rzeczpospolita Obojga Narodów.

322 Im Zusammenhang mit Polen wird häufig auch von der *Ersten Republik* gesprochen.

323 *Niendorf*, Großfürstentum Litauen, S. 22.

sollte in Polen gewählt und die Krönung in Krakau vollzogen werden. Die Regelung der Königswahl unterstrich die beabsichtigte Dauerhaftigkeit der Union. Mit der großfürstlichen Stellung befasst sich Art. 5, wonach die Wahl des Großfürsten von Litauen nicht mehr gesondert durchgeführt werden soll. Der gewählte König von Polen sollte gleichzeitig auch den Titel des Großfürsten von Litauen, Ruthenien, Preußen, Masowien, Schimaitien, Kiew, Wolhynien, Podlachien und Livland tragen.

cc) Außenpolitik

Hinsichtlich der internationalen Beziehungen wurde gemäß der früheren Tradition eine gemeinsame Verteidigung vereinbart und auf eine gemeinsame Außenpolitik erweitert. Diese Regelung findet sich in Art. 11, der besagt, dass gegen alle Hindernisse gemeinsam vorgegangen sowie gegenseitig mit aller Kraft und Möglichkeit treue Hilfe geleistet werden soll, sodass das gemeinsame Gut und Glück erzielt werden könne. Ferner wurde festgesetzt, dass Verträge oder Bündnisse mit auswärtigen Ländern, die für eine Seite unvorteilhaft sind, weder beschlossen noch eingegangen werden dürfen. Zu erwähnen ist auch, dass Bündnisse oder Verträge mit auswärtigen Völkern, die für eine der Parteien schädlich sind, aufgehoben werden müssen. Im Umkehrschluss kann geschlossen werden, dass diejenigen Abkommen, die für keine der Seiten nachteilig waren, weiter galten.

dd) Währung/Zollunion

Nach Art. 12 wird für Polen als auch für Litauen eine gemeinsame Münze eingeführt. Gemäß Art. 13 sollen zudem „alle Zölle und Mauten des Königs, der Adeligen, Geistlichen und Stadtbürger in Polen und Litauen, auf Land und Wasser, unabhängig von ihrem Namen, von Seiner Königlichen Hoheit abgeschafft werden“. Damit wird der Handel zwischen den beiden Ländern durch die Erweiterung auf eine Zollunion vereinfacht.

ee) Staatsrechtliches System

Für die vorliegende Untersuchung ist von großer Bedeutung, dass erstmals im Rahmen eines Unionsabschlusses konkrete Regelungen hinsichtlich des gemeinsamen staatsrechtlichen Systems getroffen wurden. Die Staatsorganisation sollte jedoch nicht durchgehend gemeinsam erfolgen, es gab vielmehr Bereiche, die weiterhin getrennt voneinander organisiert werden sollten. Gemäß Art. 8 sollten Reichstage und Volksräte immer gemeinsam unter dem Vorsitz des polnischen Königs, der gleichzeitig litauischer Großfürst war, als gemeinsamem Herrscher stattfinden. Es wurde in Art. 16 sogar ein Verbot der Abhaltung von getrennten Reichstagen in Polen und Litauen statuiert. Die jeweiligen Gesetze und Rechtsordnungen sowie Verwaltungen beider Staaten sollten bestehen bleiben und getrennt voneinander weitergeführt werden. Art. 9 spricht davon, dass „sämtliche Dokumente der Vorfahren Seiner Königlichen Hoheit und die seit Anbeginn der Union gegebenen Rechte, Privilegien, Freiheiten, Ehrentitel, Prärogativen, alle Ämter beider Völker,

Gesetze, Gerichte, Fürstenstände, Adelsfamilien und die alte Rechtsprechung unberührt bleiben sollen". Gemäß Art. 14 sollen aber diejenigen Statute und Gesetze, die in Litauen in der Vergangenheit beschlossen wurden und für das dort lebende polnische Volk nachteilig sind, unwirksam sein. Insbesondere wurde den Polen das Recht eingeräumt, in Litauen Besitz zu ergreifen.[324] Nach Art. 17 dürfen Ehrentitel oder Ämter, die im Großfürstentum Litauen zu besetzen sind, durch den König nur nach Ablegung der Gelübde an den König und seine Nachfolger vergeben werden. Auf die Position Litauens geht Art. 15 ein, der bestimmt, dass der Name Großfürstentum Litauen, alle Ehrentitel und Staatsämter sowie Standesehren gemäß dem Privileg von König Alexander unberührt bleiben sollen.

Da kein einziger Artikel explizit auf das Heer und die Finanzen eingeht, ist davon auszugehen, dass sowohl das Heer als auch die Finanzen getrennt voneinander in beiden Ländern geführt werden sollen.

b) Privileg vom 11. August 1569

Mit dem Privileg vom 11. August 1569[325] erfüllte König Zygmunt August seine Verpflichtung, die im oben genannten Vertrag in Art. 7 festgehalten wurde. Danach sollte der neue König bei seiner Krönung auf ewig alle Rechte, Privilegien und Freiheiten der Untertanen beider Völker und der vereinigten Reiche beschwören. In Art. 3 des Privilegs bestimmt der König Warschau zum Tagungsort des gemeinsamen Reichstags, wobei die Möglichkeit eröffnet wird, einen abweichenden Tagungsort im beiderseitigen Einverständnis auch neu zu bestimmen. Darüber hinaus sollen nach Art. 4 die Landtage (oder auch Bezirksreichstage) getrennt voneinander in Polen und Litauen beibehalten werden. Darüber hinaus bestätigte er die Bestimmungen des Warschauer Reichstags aus dem Jahre 1564[326].

c) Territorium und administrative Aufteilung Polen-Litauens

Bereits am 5. März 1569 hatte Zygmunt August die Angliederung Podlasiens an die Polnische Krone in einem Dekret in Lublin[327] bestimmt. Wolhynien wurde vom

324 Wortlaut der Übersetzung von Art. 14: „Jegliche Statute und Gesetze, die aus irgendeinem Grund gegen das polnische Volk in Litauen beschlossen worden waren und den Polen Anschaffung und Besitz der Güter in Litauen verbieten, unabhängig von der Person des Besitzers und des Wegs der gesetzmäßigen Inbesitznahme, wie Heirat, Vergütung, Kauf, Schenkung oder Wechsel, sollen aufgehoben werden, sodass sie als dem Recht, der Gerechtigkeit, der gemeinsamen Liebe zur Union keine schädliche Wirkung mehr haben, sodass jeder Pole in Litauen und jeder Litauer in Polen das Recht hat, Besitz zu ergreifen und ihn nach dem Recht zu gebrauchen, in dessen Jurisdiktion er liegt".

325 Poln. Text: *Mościcki*, Unia Litwy z Polską, S. 33-36.

326 Poln. Text: *Kutrzeba/Semkowicz*, Akta Unji, Nr. 91, S. 181-185.

327 Poln. Text: *Kutrzeba/Semkowicz*, Akta Unji, Nr. 97, S. 196-207.

polnischen König mit einem entsprechenden Dekret schließlich am 27. Mai 1569[328] in die Polnische Krone eingegliedert.

Hinsichtlich des Gebietes setzte sich der neue Staatskörper aus der Krone Polens, dem Großfürstentum Litauen, dem Lehensherzogtum Preußen, das bis zum Jahre 1657 Polen direkt unterstellt war, Kurland, das als gemeinsames Lehen zwischen Polen und Litauen bestand, sowie seit dem Jahre 1582 einem gemeinsam verwalteten Herzogtum Livland zusammen.

Die Krone Polens wurde der alten Tradition entsprechend administrativ in zwei Provinzen, Großpolen und Kleinpolen, aufgeteilt. Die Provinz Großpolen umfasste das Gebiet der Herzogtümer Großpolen[329], Masowien[330] und das Königliche Preußen[331]. Die Provinz Kleinpolen bestand aus dem Herzogtum Kleinpolen[332], aber auch aus ruthenischen Gebieten[333], darunter Galizien, Podolien und Wolhynien sowie großen Teilen der Ukraine. Das Großfürstentum Litauen wurde nicht in Bezirke, sondern lediglich in Wojewodschaften[334] und das Herzogtum Samogitien[335] aufgeteilt. Die Wojewodschaften waren in Polen und Litauen gleichermaßen wiederum in *powiaty*, die etwa Landkreisen entsprachen, gegliedert. Das Herzogtum Livland bestand aus drei Wojewodschaften.[336]

2. Rechtsnatur des Vertrages

Die Lubliner Union basierte auf einem umfassenden Vertragswerk, das von Polen und Litauen gemeinsam auf einem Reichstag beraten, festgesetzt und schließlich rechtswirksam unterzeichnet wurde. Der Vertrag der Lubliner Union besaß mithin Rechtscharakter, sodass er auch ein völkerrechtlicher Vertrag war.[337]

II. Völkerrechtliche Bewertung

Ob durch den Unionsabschluss ein neuer Staat Polen-Litauen entstanden ist, ist strittig. Dies wäre zu verneinen, wenn sowohl Polen als auch Litauen als Staaten fortexistierten.

---

328 Poln. Text: *Kutrzeba/Semkowicz*, Akta Unji, Nr. 136, S. 300-308.

329 Hierzu zählen die Wojewodschaften Posen, Kalisz, Gnesen, Sieradz, Łęczyca, Brześć Kujawski und Inowrocław.

330 Darunter die Wojewodschaften Rawa, Płock und Masowien.

331 Hierzu zählen die Wojewodschaften Kulm, Marienburg, Pommern und das Fürstbistum Ermland.

332 Bestehend aus den Wojewodschaften Krakau, Sandomir, Lublin und Podlachien sowie zwischen den Jahren 1790 bis 1795 dem Herzogtum Siewierz.

333 Darunter die Wojewodschaften Ruthenien, Belz, Wolhynien, Podolien, Kiew, Bracław und Czernihów.

334 Bestehend aus den Wojewodschaften Wilna, Troki, Nowogródek, Brześć Litewski, Minsk, Mścisław, Witebsk, Połock und Smolensk.

335 Poln.: Księstwo żmudzkie.

336 Darunter Wenden, Dorpat und Pernau.

337 Vgl. *Žmuidzinas*, Commonwealth polono-lithuanien, S. 155.

1. Identifikation der Staatsform

Hinsichtlich der Staatsform kommen zwei Möglichkeiten in Betracht: Der Eintritt einer Staatensukzession in Form einer Fusion oder die Bildung einer Realunion, die keine Staatensukzession zur Folge hätte.

a) Untersuchung des Lubliner Vertrages

aa) Wortlaut des Vertrages und dessen Umsetzung

(1) Ein „Organismus"

In Art. 3 wird die „Verschmelzung zu einem Organismus" genannt. Dies könnte so verstanden werden, dass ein Zusammenschluss zu einem einheitlichen Staatswesen, also eine Fusion, beabsichtigt war. Allerdings wäre auch möglich, dass Polen und Litauen ausschließlich nach außen als ein Staat auftreten wollten und nach innen ihre Unabhängigkeit unangetastet bleiben sollte. Die äußere Souveränität würde demnach beim Gesamtstaat liegen, was wiederum für eine Realunion sprechen würde.

(2) Gemeinsamer Herrscher

Polen und Litauen sollten fortan einem gemeinsamen Herrscher unterstellt sein. Ferner wurde eine Wahlmonarchie eingerichtet, welche die Institution des gemeinsamen Herrschers dauerhaft sichern sollte. Die ist aber kein Indiz für die Annahme oder die Ablehnung von staatlicher Souveränität, da eine bloße Personalunion oder eine Realunion gewollt sein könnte. Für den Fall, dass der Herrscher aber eine einheitliche Staatsgewalt ausüben sollte, könnte eine Fusion vorliegen. Folglich kann die Regelung des gemeinsamen Herrschers sowohl auf eine Fusion als auch auf eine Personal- oder Realunion hindeuten.

(3) Getrenntes Recht

Der Unionsvertrag sah keine Vereinheitlichung des Rechts vor. Das Großfürstentum Litauen[338] und die Krone Polens sollten ihre jeweilige Rechtsordnung unabhängig voneinander beibehalten. Dies spricht für die Souveränität beider Staaten und damit gegen eine Fusion. In einer Realunion ist es hingegen möglich, dass

---

338 Insgesamt existierten drei Litauische Statute aus den Jahren 1529 (lat. und poln. Text: *Działyński*, Zbiór praw litewskich, S. 143 ff.), 1566 und 1588. Bei den Statuten handelte es sich im Grunde um ein Statut, das immer wieder modifiziert werden musste. Vgl. *Bardach, Juliusz*, O dawnej i niedawnej Litwie, 1988, S. 10 ff.; *Kutrzeba, Stanisław*, Historia źródeł dawnego prawa polskiego, Bd. II, 1926, S. 69-82. Aufgrund der Lubliner Union musste das Litauische Statut überarbeitet werden. Nach Abschluss der Arbeiten einer speziell eingesetzten Kommission wurde im Jahre 1588 das Dritte Litauische Statut verkündet. Vgl. *Jakubowski, Jan*, Studia nad stosunkami narodowościowemi na Litwie przed Unią Lubelską, in: Prace Towarzystwa Naukowego Warszawskiego 7 (1912), S. 84.

zwei unterschiedliche Rechtssysteme in den realunierten Staaten fortbestehen. Die Beibehaltung des getrennten Rechts ist ein Indiz für die Realunion.

(4) Gemeinsamer Reichstag und Währung
Die gemeinsamen Sitzungen des Reichstages und die Einführung einer einheitlichen Münze in Polen und Litauen sind kein sicheres Indiz für die eine oder andere Staatsform. Sowohl in einer Realunion als auch bei einer Fusion wäre die Einführung einer gemeinsamen Volksvertretung und einer gemeinsamen Währung möglich. Beide Änderungen müssen aber nicht notwendigerweise zum Verlust der Staatssouveränität der beteiligten Staaten führen. Eine gemeinsame Volksvertretung kann nämlich lediglich ein Zeichen dafür sein, dass gemeinsame politische Ziele verfolgt werden sollten.

(5) Getrennte Finanzen und Militär
Hingegen spricht eindeutig für eine Realunion, dass die beiden Länder ihr eigenes Vermögen behielten, ihre Finanzen unabhängig voneinander regelten und jeweils ein eigenes Heer unterhielten.[339] Bei einer Fusion hingegen wäre das Vermögen beider Länder zusammengefallen und auch das Militär zu einer gemeinsamen Angelegenheit geworden.

(6) Getrennte Verwaltung
Des Weiteren ist von großer Bedeutung, dass beide Territorien unabhängig voneinander verwaltet wurden.[340] Keines der beteiligten Länder hatte Einfluss auf die Verwaltungsstruktur und die Verwaltungsaufgaben des jeweils anderen. Sowohl Polen als auch Litauen verwalteten ihre Gebiete unabhängig voneinander. Insgesamt kann bezogen auf die getrennte Verwaltung festgehalten werden, dass der Abschluss einer Realunion näherliegt.

---

339 Vgl. *Schramm, Gottfried*, Staatseinheit und Regionalismus in Polen-Litauen (15.-17. Jahrhundert), in: *Bernath, Mathias/Jablonowski, Horst/Philipp, Werner* (Hrsg.), Forschungen zur osteuropäischen Geschichte, Bd. 11 (1966), S. 7-23 (14 f.); *Jučas*, Unia polsko-litewska, S. 301.

340 Obwohl die Verwaltung unabhängig voneinander organisiert werden sollte, glichen die Litauer ihren Verwaltungsapparat immer mehr dem der Polen an. Hervorzuheben ist, dass Litauen seit dem Jahre 1581 sein eigenes Haupttribunal (in den Urkunden finden sich zahlreiche Namen für dieses Gericht: Haupttribunal, Oberste Gerichte des Großfürstentums Litauen, Litauischer Landtribunal, Litauischer Tribunal und noch weitere Bezeichnungen) besaß, der aber am Beispiel Polens orientiert war. Vgl. *Kutrzeba, Stanisław*, Historia ustroju Polski w zarysie. Korona, 2001, S. 145; *Niendorf*, Großfürstentum Litauen, S. 29; *Wierzowiecka, Iwona*, Organizacja Trybunału Głównego Wielkiego Księstwa Litewskiego (1581-1754). Miejsce, czas, skład sądu, in: *Maciejewski, Tadeusz* (red.), Dzieje Wymiaru Sprawiedliwości, 1999, S. 203-218 (203).

(7) Ergebnis

Die Vertragsauslegung hinsichtlich des Wortlautes kommt zum Ergebnis, dass mehr Aspekte für die Bildung einer Realunion als für eine Fusion sprechen. Es erscheint am wahrscheinlichsten, dass weder Polen noch Litauen vollständig ihre Souveränität verloren haben, sodass es nicht zu der Bildung eines gemeinsamen Staates kam.[341] Polen und Litauen behielten ihre eigenständigen Rechtskreise und eine eigene Verwaltung bei, auch konnten sie eigenständig über ihr Vermögen verfügen und ein eigenes Heer unterhalten. Dies belegt, dass beide Staaten in zahlreichen Bereichen ihre eigene Staatsgewalt wahren konnten.

bb) Historischer Kontext

Die historische Entwicklung seit dem Jahre 1385 zeigt, dass sich die Polen und Litauer schrittweise einander annäherten. Dies kommt insbesondere in der Verbrüderung der Adelsschicht zum Ausdruck. Einen wichtigen Schritt in diesem Annäherungsprozess bildete die Mielniker Union, in der, wie bereits festgestellt wurde, formal eine Realunion vorgesehen war, wobei diese jedoch in der Folgezeit nicht umgesetzt wurde. Eine Fusion durch die Mielniker Union konnte ausgeschlossen werden, da beide Staaten nach Vertragsschluss weiter bestehen blieben. Dies ist ein Indiz dafür, dass in der Lubliner Union die Pläne einer Realunion nun zum erfolgreichen Abschluss kamen. Die Regelungen der Lubliner Union sind mit Ausnahme der Vollziehung der Union durch gemeinsame Organe nahezu identisch mit denjenigen der Mielniker Union. Folglich spricht auch die historische Auslegung für die Annahme einer Realunion.

cc) Systematische Betrachtung: Vergleich mit Österreich-Ungarn

Für die Problematik der Abgrenzung zwischen Fusion und Realunion finden sich in der Wissenschaft noch weitere Beispiele. Ein bedeutendes Beispiel stellt Österreich-Ungarn dar. Auch bei der Donaumonarchie Österreich-Ungarn wird diskutiert, ob die Verbindung eine Realunion darstellen könnte. Im Folgenden soll nun untersucht werden, ob diese These auf Österreich-Ungarn tatsächlich zutrifft. Hierbei werden die Argumente für die jeweiligen Ansichten dargestellt. Ziel wird sein, im letzten Schritt einen konkreten Vergleich zu Polen-Litauen zu ziehen, um schließlich im Ergebnis weitere Anhaltspunkte für die Identifikation der polnisch-litauischen Verbindung zu finden.

(1) Rechtsnatur Österreich-Ungarns

Hinsichtlich Österreich-Ungarn ist fraglich, ob tatsächlich eine Realunion vorgelegen hat.[342] Der Donaumonarchie lässt sich auf den ersten Blick zumindest ein gesamtstaatsähnlicher Charakter nicht absprechen.[343] Normative Grundlage der

---

341 Vgl. *Korobowicz/Witkowski*, Ustrój i prawo, S. 71.

342 Für eine Realunion spricht sich etwa *Verzijl*, State Succession, S. 124 f., aus.

343 *Silagi*, Staatsuntergang, S. 31.

Verbindung bildete die Pragmatische Sanktion von 1713/1723.[344] Sie beinhaltete die ausschließliche Grundlage der Beziehungen beider Staaten, die durch den XII. ungarischen Gesetzesartikel von 1867, dem Gesetz über den Ausgleich,[345] eine authentische Interpretation erfahren hatte.[346] In der Pragmatischen Sanktion wurde der Inhalt der Union ausgestaltet. Danach gehörten zu den gemeinsamen Angelegenheiten die auswärtige Politik, das Kriegswesen, das Finanzwesen[347] sowie die Verwaltung Bosniens und der Herzegowina.[348] Gegen die Annahme einer Realunion könnte sprechen, dass eine prinzipielle Aufhebbarkeit der Gemeinschaft vorgesehen war.[349] Problematisch ist auch, dass der Gleichlauf der Thronfolge für die beiden Monarchien nur so lange gelten sollte, wie ein katholischer Nachkomme aus jenen Linien des Hauses Habsburg, die ausdrücklich auch in Ungarn zur Erbfolge berufen waren, existierte. Sollte es keinen Habsburger Nachkommen aus Ungarn mehr geben, würde das Recht Ungarns zur freien Königswahl wieder aufleben. Dieser Vorbehalt wurde auch im „Ausgleich" von 1867 bestätigt.[350] Nach Jellinek verdeutlicht dies, dass durch die Pragmatische Sanktion keinesfalls ein neuer Staat errichtet wurde.[351] Er kommt zu dem Ergebnis, dass beide Staaten im Verhältnis zueinander souverän blieben, sodass er die staatsrechtliche Verbindung als eine Realunion wertet.[352] Walter bezeichnet das österreichisch-ungarische Bündnis hingegen als „eine unverletzliche Einheit", wobei die Pragmatische Sanktion „die Grundlage eines wirklichen Gesamtstaates darstellte, in dem die Vielfalt der Länder zusammengefasst wurde".[353] Ein bedeutender Aspekt, der für die Identifikation einer Realunion spricht, ist aber, dass der österreichische Verwaltungsgerichtshof im Jahre 1913 im sogenannten Verfahren um die „Cisleithanien-Verschmutzung"[354] die ungarische Reichshälfte als Ausland behandelte.[355] Ferner ist bemerkenswert, dass die Alliierten in getrennte Friedensverhandlungen mit den beiden Reichshälften eintraten und schließlich gesonderte Verträge mit Ungarn und Österreich vereinbarten.[356] Der Abschluss der

344 Vgl. *Marek*, Identity and Continuity, S. 204 f.; *Kunz*, Staatenverbindungen, S. 411; *Jellinek*, Staatenverbindungen, S. 234.
345 Der sog. „Ausgleich" erfolgte jeweils durch ein österreichisches und ein ungarisches Gesetz im Wege der parallelen Gesetzgebung.
346 *Silagi*, Staatsuntergang, S. 32.
347 Vgl. *Rivier*, Principes, Bd. 1, S. 98.
348 *Kunz*, Staatenverbindungen, S. 411.
349 *Silagi*, Staatsuntergang, S. 32.
350 *Jellinek*, Staatenverbindungen, S. 235; *Silagi*, Staatsuntergang, S. 33.
351 *Jellinek*, Staatenverbindungen, S. 235.
352 *Jellinek*, Staatenverbindungen, S. 240.
353 *Walter, Friedrich*, Österreichische Verfassungs- und Verwaltungsgeschichte von 1500-1955, 1972, S. 84.
354 Entscheidung des Österreichischen Verwaltungsgerichtshofs vom 1. März 1913, in: ZVölkR 7 (1913), S. 56-66.
355 *Silagi*, Staatsuntergang, S. 34.
356 *Silagi*, Staatsuntergang, S. 36.

Friedensverträge wiederum lässt darauf schließen, dass es sich bei den Vertragsgegnern um zwei Kriegsgegner gehandelt hatte und dass diese Kriegsgegner nicht untergegangen waren.[357] Auch sprechen sich Marek und Kunz für die Annahme einer Realunion aus.[358] Die Pragmatische Sanktion setzte zudem ausdrücklich die Bedingung fest, dass die verfassungsmäßige staatsrechtliche und innere administrative Selbständigkeit Ungarns unversehrt aufrechterhalten werden müsse. Die Verbindung Österreich-Ungarns erfüllte somit alle Merkmale einer Realunion: beide Reichshälften besaßen einen gemeinsamen König, hatten aber getrennte Parlamente und ein klar voneinander abgrenzbares Territorium. Von Bedeutung ist, dass eine Verschmelzung etwa im Finanzwesen als Vollziehungsakt der Union durchgeführt wurde. Österreich-Ungarn bildete eine Gemeinschaft, die auf einem Vertrag basierte und damit eine Rechtsgrundlage hatte. Bedeutender Anhaltspunkt war auch, dass internationale Verbindlichkeiten von Österreich-Ungarn als Ganzes eingegangen wurden.[359] Dies spricht dafür, dass die Doppelmonarchie nach außen als ein Staat aufgetreten ist.

(2) Vergleich mit Polen-Litauen

So wie Polen-Litauen hatte Österreich-Ungarn für ihre neue Verbindung einen Vertrag geschlossen. Der Vertrag enthielt Elemente, die eine gemeinsame Organisation betrafen, aber auch Elemente, die die Souveränität der beiden Staaten sicherten. Somit führt die Verbindung Österreich-Ungarns nur zu einer teilweisen Annäherung und gerade zu keiner Verschmelzung beider Staaten zu einem neuen Staat. Ferner traten Österreich-Ungarn wie auch Polen-Litauen in auswärtigen Beziehungen als Einheitsstaat auf. Das Beispiel Österreich-Ungarns ist insgesamt vergleichbar mit dem Fall Polen-Litauens, sodass auch die systematische Auslegung die Annahme einer Realunion für die vorliegende Untersuchung untermauert.

dd) Zwischenergebnis

Als Ergebnis der Untersuchung des Lubliner Vertrages kann festgehalten werden, dass weder Litauen noch Polen als Staaten untergegangen sind. In Betracht kommt daher der Abschluss einer Realunion.

b) Voraussetzungen der Realunion

aa) „Rechtliche Gemeinsamkeit"

Die neue Verbindung zwischen Polen und Litauen basierte auf einem Vertrag, der zwischen beiden Parteien geschlossen wurde. Demnach hatte die Verbindung einen rechtlichen Inhalt.

---

357 *Silagi*, Staatsuntergang, S. 36.

358 *Kunz*, Staatenverbindungen, S. 414; *Marek*, Identity and Continuity, S. 205.

359 *Marek*, Identity and Continuity, S. 205.

bb) Gemeinsamer Zweck

Der gemeinsame Zweck zwischen Polen und Litauen war einerseits die gemeinsame Verteidigung nach außen, andererseits die Stärkung beider Staaten zu einer Großmacht innerhalb Europas.

cc) Souveränität beider Staaten

Fraglich ist, ob nach der Lubliner Union beide Staaten souverän blieben[360]. Dies ist ein notwendiges Merkmal der Realunion. Zwar spricht der Vertrag von der Bildung „eines Organismus", doch in anderen Artikeln wiederum wird die Unabhängigkeit beider Staaten gewährleistet. Der Vertrag garantierte Litauen die Unantastbarkeit seiner staatlichen Institutionen.[361] Der gemeinsame Herrscher garantierte beiden Staaten eine Vertretung des Unionsstaates nach außen. Zwar wurde auch ein gemeinsamer Reichstag für beide Staaten eingesetzt, aber die Minister und auch die Behörden wirkten getrennt voneinander in Litauen und Polen. Demnach blieben die Regierungen unabhängig voneinander. Die gemeinsame Person des Monarchen wie auch das gemeinsame Parlament hatten den Effekt, eine gemeinsame politische Linie zu ermöglichen.[362] Das Parlament bildete damit ein gemeinsames Organ der Realunion, durch das die Handlungsfähigkeit nach außen, insbesondere hinsichtlich der Außenpolitik, gesichert werden sollte. Jedoch waren die Beschlüsse und Konstitutionen des polnisch-litauischen Sejm so ausgestaltet, dass sie teilweise entweder nur für das Gebiet der Krone Polens oder auch nur für das des Großfürstentums Litauen galten.[363]

Darüber hinaus blieb auch das Gerichtswesen unabhängig voneinander bestehen. Es blieben die Gerichte und auch die Organisation der Gerichtsbehörden in den beiden Staaten getrennt voneinander erhalten.[364]

Die realunierten Staaten konnten getrennt voneinander keine internationalen Verträge abschließen. Diese Befugnis lag beim gemeinsamen Organ der Realunion. Demnach hatten beide Staaten ihre äußere Souveränität an die Realunion abgegeben. Daneben sollten auch das Gerichtswesen, die Finanzen und auch das Militär getrennt voneinander geregelt werden. Dies spricht für die Beibehaltung der inneren Souveränität beider Staaten.

Ein wichtiges Indiz für die unabhängige Position der Litauer[365] war, dass sie während der Sejme in den 1570er Jahren nicht die Union förderten, sondern stattdessen ihre Macht innerhalb dieses Gremiums zu stärken trachteten und

360 Ein Befürworter dieser These ist: *Zakrzewski, Stanisław*, Zagadnienia historyczne, Bd. 1, 1936, S. 237 f.

361 Vgl. *Jučas*, Unia polsko-litewska, S. 285.

362 Vgl. *Kamieniecki*, Witold, Litwa a Konstytucja 3-go maja, 1917, S. 18.

363 Vgl. *Gierowski*, Die Union zwischen Polen und Litauen, in: *Fröschl*, Föderationsmodelle und Unionsstrukturen, S. 75.

364 *Gierowski*, Die Union zwischen Polen und Litauen, in: *Fröschl*, Föderationsmodelle und Unionsstrukturen, S. 76.

365 Vgl. *Jučas*, Unia polsko-litewska, S. 255.

Territorialansprüche stellten. So verlangten die Litauer, dass Wolhynien, Podlasien und die Ukraine wieder an das Großfürstentum angegliedert werden sollten.[366] Ferner wurde auf den Sondertagungen der litauischen Stände nach dem Abschluss der Lubliner Union[367] deutlich, dass die Litauer stets ihre eigenen staatsrechtlichen Forderungen hatten: die Beibehaltung des Litauischen Statuts und die Nichtzulassung des polnischen Rechts in litauischen Gerichten; die polnische Szlachta sollte nicht die litauische Staatsbürgerschaft erwerben können.[368] Es gab ferner eine doppelte Staatsbürgerschaft, die polnische und die litauische,[369] was wiederum für die Existenz Polens und Litauens als souveräne Staaten spricht.

Die Polen hingegen waren noch immer an einer Inkorporation Litauens interessiert. Dies drücken auch die Überlegungen der Polen aus, wonach der Name Litauen durch „Neu-Polen" ersetzt werden sollte.[370]

Eine Stärkung der Unabhängigkeit Litauens wurde schließlich auch durch das Dritte Litauische Statut aus dem Jahre 1588 bewirkt. Das Statut nahm nämlich stillschweigend Teile des Vertrages von Lublin zurück. Wie schon die ersten beiden Statuten ging das Dritte Statut auf die Frage der Staatenverbindung mit Polen nicht direkt ein. Die in Lublin postulierte Gleichstellung der Bürger beider Staaten[371] wurde teilweise wieder aufgehoben, indem Privilegien für die Litauer festgeschrieben wurden. Das Statut stärkte die Stellung des Großfürstentums, da Amt und Besitz an das Indigenat geknüpft wurden.[372] Problematisch ist auch, dass die Institution eines litauischen Reichstages, die im Vertrag von Lublin ausdrücklich abgeschafft und sogar verboten wurde,[373] nun im Statut wieder eingeführt wurde.[374] Im Ergebnis spricht auch das Dritte Litauische Statut für die Beibehaltung der litauischen Souveränität und damit für eine Realunion.[375] Die litauischen Abgeordneten und Senatoren kamen vor den Sitzungen des gemeinsamen Sejm zu einem Generallandtag in Litauen zusammen, um über die litauischen Angelegenheiten im Vorfeld zu beraten.[376]

Obwohl die beiden Länder eine gemeinsame Außen- und Militärpolitik betrieben, blieben die hierfür notwendigen Ämter in Polen und Litauen getrennt

---

366 Vgl. *Bardach*, Studia z ustroju, S. 60.

367 Vgl. *Šapoka, Adolfas*, Die Sondertagungen der litauischen Stände nach der Lubliner Union von 1569, in: Äratrükk Õpetatud Eesti Seltsi Toimetustest, 1938, S. 700-716.

368 Vgl. *Jučas*, Unia polsko-litewska, S. 333.

369 Vgl. *Jučas*, Unia polsko-litewska, S. 300.

370 Vgl. *Bardach*, Studia z ustroju, S. 53.

371 Vgl. Art. 14.

372 Vgl. Teil III Art. 12; siehe hierzu: *Niendorf*, Großfürstentum Litauen, S. 45; *Lulewicz*, Gniewów o unię, S. 417-420.

373 Vgl. Art. 8, 16.

374 Vgl. Teil III Art. 12.

375 *Niendorf*, Großfürstentum Litauen, S. 46.

376 *Gierowski*, Die Union zwischen Polen und Litauen, in: *Fröschl*, Föderationsmodelle und Unionsstrukturen, S. 75.

voneinander. Auch zentrale Ämter, wie die der Kanzler, Marschälle und der Schatzmeister blieben getrennt voneinander bestehen.[377]

Insgesamt kann festgehalten werden, dass sowohl Polen als auch Litauen trotz der gemeinsamen Volksvertretung weiterhin eine getrennte Staatsgewalt auf ihrem jeweiligen Gebiet ausübten und daher souverän voneinander blieben.

Auch die überwiegende Ansicht in der Literatur geht davon aus, dass die Souveränität beider Staaten aufrechterhalten wurde.[378] Somit traten beide Staaten nach außen zwar als Einheit auf, im Inneren behielten sie aber ihre staatliche Unabhängigkeit bei.[379]

2. Ergebnis der Identifikation der Staatsform

Das staatsrechtliche Verhältnis zwischen Polen und Litauen ist als eine Realunion zu bewerten.[380] Der gemeinsame Herrscher stellte ein gesondertes Organ der Realunion dar. Daneben repräsentierte der gemeinsame Herrscher auch die jeweilige Staatsgewalt Polens und Litauens, sodass ihm eine dreifache Aufgabe und Funktion zukam. Polen und Litauen waren daher auch in einer Personalunion miteinander verbunden.

Im Verhältnis zueinander behielten Polen und Litauen ihre eigenen Grenzen bei. Für die auswärtigen Mächte hatte Polen-Litauen eine einheitliche Außengrenze. Die Krone Polens und das Großfürstentum Litauen blieben als Staaten und als Völkerrechtssubjekte nach der Gründung der Realunion bestehen. Die Realunion war aber kein neuer Staat, sondern bildete lediglich eine neue Staatenverbindung. Im Völkerrechtsverkehr verkörperte die Realunion aber ein neues Völkerrechtssubjekt, das Polen und Litauen nach außen hin als Unionsstaat repräsentierte.

D. Verbindung Polen-Litauens mit Sachsen 1697-1763

Die Verbindung der Realunion Polen-Litauen zum wettinischen Kurfürstentum Sachsen bestand zwischen den Jahren 1697 bis 1706 und 1709 bis 1763. Grundlage

---

377 *Gierowski*, Die Union zwischen Polen und Litauen, in: *Fröschl*, Föderationsmodelle und Unionsstrukturen, S. 69.

378 Vgl. *Malec, Jerzy*, Problem stosunku Polski do Litwy w dobie Sejmu Wielkiego (1788-1792), in: CPH 34 (1982), S. 31-50 (31); *Michalski, Jerzy*, Zagadnienie unii polsko-litewskiej w czasach panowania Stanisława Augusta, in: Zapiski Historyczne 51 (1986), S. 97-131 (97); *Wisner, Henryk*, Najjaśniejsza Rzeczpospolita. Szkice z dziejów Polski szlacheckiej XVI-XVII wieku, 1978, S. 13.

379 Vgl. *Korobowicz/Witkowski*, Ustrój i prawo, S. 71.

380 Dieses Ergebnis wird auch von einem Großteil der Wissenschaftler geteilt. Namhafter Vertreter ist *Topolski*, der sich dafür ausspricht, dass in Polen und Litauen ein föderatives System bestand, das erst durch die Teilungsmächte beseitigt wurde. Vgl. *Topolski*, Dzieje Polski, 1976, S. 387. Von einer Realunion geht auch *Kutrzeba* aus. Vgl. *Kutrzeba*, Historia ustroju Polski, S. 145; *Korobowicz/Witkowski*, Ustrój i prawo, S. 71. Zustimmend auch *Makowski, Julian*, Prawo międzynarodowe, Bd. 1, 2. Aufl., 1930, S. 80.

dieser Verbindung war, dass die wettinischen Herrscher gleichzeitig Herrscher in Polen und Litauen waren.[381]

I. Völkerrechtliche Würdigung der Verbindung

1. Zustandekommen der Verbindung

a) Rechtsgrundlage

Im Gegensatz zu den vorgestellten Verbindungen zwischen Polen und Litauen wurde mit Sachsen keine konkrete Union vereinbart. Die beteiligten Staaten schlossen keine Unionsverträge ab.

b) Wahl und Krönung

Die Verbindung wurde durch die Wahl und die Krönung zum polnischen König umgesetzt. Kurfürst Friedrich August „der Starke" von Sachsen wurde im Jahre 1697 zum polnischen König gewählt und als August II. zum polnischen König gekrönt.[382] Zu seinem Nachfolger wurde im Jahre 1734 sein Sohn August III. gewählt und gekrönt. Nach dessen Tod im Jahre 1763 wurde in Polen-Litauen kein neuer aus Sachsen stammender König mehr inthronisiert.

c) Inhalt

Der Zweck dieser Verbindung lag in erster Linie in der gemeinsamen Verteidigung. Sowohl Polen-Litauen als auch das Kurfürstentum Sachsen fühlten sich etwa durch Preußen territorial bedroht. Zwar existierten Pläne des sächsischen Hofes zu einer Zusammenarbeit in bestimmten Gebieten und damit zu einer engeren Verbindung, da die Polen diese aber nicht befürworteten, wurden die sächsischen Ideen inhaltlich nicht in Angriff genommen und deswegen auch nicht realisiert.[383] Die Polen waren stets darum bemüht, eine engere Verbindung zu Sachsen zu verhindern. So bestanden etwa Verbote, denen zufolge die Sachsen keine Ämter in der

---

381 Die folgende Untersuchung wird nicht in dem Umfang vorgenommen wie innerhalb der Verbindungen Polens zu Litauen, die den Schwerpunkt der vorliegenden Arbeit bilden.

382 Im historischen Teil wurde beschrieben, dass König August II. während des Großen Nordischen Krieges in den Jahren 1706 bis 1709 seinen Königstitel zurückgeben musste.

383 Der Wettiner Hof war daran interessiert, die bestehende Personalunion in eine Realunion umzuwandeln. Im Mittelpunkt der sächsischen Konzeption stand daher zunächst die Errichtung einer erblichen Thronfolge der Wettiner in Polen. Darüber hinaus sollte eine Angleichung der polnischen politischen Institutionen an die in Sachsen bestehenden erfolgen. Ein Geheimes Kabinett sollte schließlich als eine Art Regierung nicht nur über die sächsischen, sondern auch über die polnischen Angelegenheiten entscheiden. Vgl. *Gierowski*, Die Union zwischen Polen und Litauen, in: *Fröschl*, Föderationsmodelle und Unionsstrukturen, S. 80.

Adelsrepublik bekleiden konnten.[384] Eine endgültige Festlegung der Beziehungen zwischen Sachsen und Polen-Litauen erfolgte mit dem Warschauer Abkommen vom 3. November 1716[385]. Hiernach sollte lediglich eine Personalunion zwischen Sachsen und der polnisch-litauischen Union bestehen.[386]

Zwischen Sachsen und der Realunion Polen-Litauen bestand darüber hinaus lediglich eine Art Verteidigungsbündnis, das zur Beteiligung der sächsischen Truppen im polnisch-litauischen Kampf gegen die Türkei und Schweden führte.[387]

2. Bewertung der Verbindung

Da die Verbindung auf keiner Rechtsgrundlage beruhte, war sie nur in der Person des Königs begründet, sodass lediglich eine Personalunion in Betracht kommt. Der wettinische Herrscher vertrat die Staatsgewalt Sachsens und gleichzeitig auch die Staatsgewalten Polens und Litauens, sodass er staatsrechtlich drei verschiedene Organe verkörperte. Eine Verschmelzung der sächsischen Staatsgewalt mit den polnischen und litauischen Staatsgewalten fand nicht statt. Auch die Tatsache, dass der Wettiner mit der polnischen Thronbesteigung einen neuen Namen annahm, verdeutlicht, dass er hier nur die polnische und litauische Staatsgewalt vertrat. Die Verbindung war folglich an keine Rechtsfolgen geknüpft und es bestand auch kein Abhängigkeitsverhältnis zwischen Polen-Litauen und Sachsen. Beide „Staatskörper" blieben souverän.

II. Ergebnis

In den Jahren 1697 bis 1706 und 1709 bis 1763 war Polen-Litauen mit Sachsen infolge einer Personalunion verbunden.

2. Kapitel: Die Zeit der Teilungen 1772-1795

In der Zeit der Teilungen Polens[388] musste das Land zahlreiche Gebietsverluste hinnehmen.[389] Um diese Gebietsaufteilungen[390] umzusetzen, schlossen die Mächte

---

384 Vgl. *Gierowski*, Die Union zwischen Polen und Litauen, in: *Fröschl*, Föderationsmodelle und Unionsstrukturen, S. 79.

385 Poln. und lat. Text: *Ohryzko, Jozafata* (Hrsg.), Volumina legum, Bd. VI, 1860, S. 113 ff.

386 So wurde den sächsischen Ministern untersagt, sich in die inneren und äußeren Angelegenheiten Polen-Litauens einzumischen. Vgl. *Gierowski*, Die Union zwischen Polen und Litauen, in: *Fröschl*, Föderationsmodelle und Unionsstrukturen, S. 81.

387 Vgl. *Gierowski*, Die Union zwischen Polen und Litauen, in: *Fröschl*, Föderationsmodelle und Unionsstrukturen, S. 79.

388 Unter dem Begriff der Teilungen Polens sind die Teilungen der Realunion bzw. des späteren Bundesstaates Polen-Litauen zu verstehen.

389 Siehe hierzu die Statistik der Teilungen Polen-Litauens im Anhang I.

390 Vgl. Anhang II, Karte 3, die Europa im Jahre 1771, also unmittelbar vor der ersten Teilung Polen-Litauens zeigt.

Preußen, Russland und Österreich untereinander Verträge ab, die als Teilungsverträge bekannt sind. Im Folgenden sollen die drei Teilungen Polen-Litauens völkerrechtlich gewürdigt werden.

A. Die erste Teilung 1772

Die Rechtsgrundlage der ersten Teilung[391] bildeten zunächst die drei Teilungsverträge, die Russland, Preußen und Österreich untereinander abschlossen. Auf diese Verträge beziehen sich die Okkupationsmanifeste der Teilungsmächte. Ferner kommen die Abtretungsverträge, die die drei Mächte jeweils mit Polen eingingen, hinzu. Polen ist nach der ersten Teilung als Staat nicht untergegangen, sondern erlitt lediglich Gebietsverluste. Fraglich ist, wie die Gebietsverluste Polens völkerrechtlich zu würdigen sind. Als Sukzessionsvorgänge kommen Annexionen oder Zessionen in Betracht.

I. Annexion

Zunächst ist zu untersuchen, ob die drei Nachbarmächte jeweils eine Annexion als Gebietserwerbstitel des polnisch-litauischen Gebietes gewollt und umgesetzt haben.

1. Voraussetzungen

a) Objektives Element

Die Annexion setzt die Einverleibung fremden Staatsgebiets voraus. Die Teilungsmächte haben zu Polen gehörende Gebiete militärisch besetzt und anschließend ihrem Staatsgebiet einverleibt. Somit ist die Einverleibung fremden Staatsgebiets als objektive Voraussetzung gegeben. Aus objektiver Sicht sind damit drei Annexionen, nämlich durch Preußen, Russland und Österreich, gegeben.

b) Subjektives Element

aa) Teilungsverträge

Die drei Teilungsmächte haben ihren Annexionswillen in den sogenannten Teilungsverträgen zum Ausdruck gebracht. Bevor sich die drei Mächte in den jeweils abgeschlossenen Teilungsverträgen einigten, hatten Preußen und Russland bereits am 17. Februar 1772[392] ein Geheimabkommen geschlossen, in dem sie ihren Willen zur ersten Teilung Polens bekundeten.[393]

---

391 Vgl. Anhang II, Karten 4 und 5.

392 Franz. und russischer Text: *Parry, Clive* (ed.), CTS, vol. 44 (1767-1772), 1969, S. 465-481.

393 In dem Geheimabkommen erklären Preußen und Russland, dass sie sich einig sind, notwendige Schritte gegen Polen einzuleiten. In Art. I sichern sie sich gegenseitige Unterstützung hinsichtlich der Inbesitznahme polnischer Gebiete, für

(1) Inhalt

Die drei Teilungsverträge wurden am 5. August (25. Juli) 1772[394] in Petersburg unterschrieben.[395] Es kam ein Vertrag zwischen Österreich und Russland,[396] ein Vertrag zwischen Österreich und Preußen[397] sowie ein Vertrag zwischen Preußen und Russland[398] zustande.

Alle drei Teilungsverträge waren identisch formuliert. Eine Ausnahme bildete Art. I des Vertrages zwischen Österreich und Preußen, der sich von Art. I der beiden anderen Verträge unterschied. Mit der nahezu identischen Formulierung der Verträge kommt zum Ausdruck, dass sich die drei Parteien über ihr weiteres Vorgehen bezüglich der Teilung einig waren. Die Verträge wurden in französischer Sprache abgefasst. Sie waren in eine Invokation, Anrufung der heiligen Dreifaltigkeit (polnisch: inwokacja do Trójcy Świętej)[399], eine Einleitung und sechs Artikel gegliedert. Nach der Invokation folgte die Begründung, dass der mehrjährige Krieg in Polen zu einem Sturz der Autorität der Staatsgewalt und zur Anarchie geführt habe. Daraus resultiere eine ernsthafte Bedrohung für die Nachbarstaaten. Aus diesem Grunde hätten die Nachbarn daher beschlossen, gegen die *Rzeczpospolita*

---

die sie historische Rechtsansprüche haben, zu. Die Gebiete bzw. die neuen Grenzen werden konkret umschrieben. Art. II bestimmt, dass beide Heere bereits im Frühjahr die betreffenden polnischen Gebiete besetzen sollen, um diese ihren Staatsgebieten einzuverleiben. Das Abkommen enthielt am Ende einen weiteren unabhängigen Artikel, der als „besonders geheim" galt. In diesem geheimen Artikel erklären Russland und Preußen, dass ihre gemeinsamen Teilungspläne nicht für den Fall umgesetzt werden sollen, wenn Österreich sich weigern sollte, mit ihnen zu kooperieren. Insofern Österreich sich gegen die beiden Mächte auch militärisch wenden sollte, sichern sich Preußen und Russland gegenseitige Hilfe zu. Sie begründen damit ein Bündnis, das sich auch gegen Österreich wenden könnte.

394 Die in Klammern angeführten Daten betreffen im Folgenden immer den russischen Kalender. In Russland galt zunächst bis in das 17. Jahrhundert hinein die byzantinische Zeitrechnung. Am 1. Januar 1700 wurde von Peter dem Großen der Julianische Kalender eingeführt, der schließlich von den Bolschewiki im Februar 1918 durch den Gregorianischen Kalender ersetzt wurde. Der Julianische Kalender läuft dem Gregorianischen Kalender nach.

395 Vgl. *Uruszczak*, Historia państwa i prawa polskiego, Bd. I, S. 390.

396 Franz. Text: *Parry*, CTS, vol. 44 (1767-1772), S. 59-63; *Lutostański, Karol*, Les partages de la Pologne et la lutte pour l'indépendance, in: Recueil des Actes diplomatiques. Traités et Documents concernant la Pologne, Bd. I, 1918, Nr. 35, S. 43; *d'Angeberg*, Recueil des traités concernant la Pologne, S. 100-103.

397 Franz. Text: *Parry*, CTS, vol. 44 (1767-1772), S. 69-71; *d'Angeberg*, Recueil des traités concernant la Pologne, S. 103-106.

398 Franz. Text: *Parry*, CTS, vol. 44 (1767-1772), S. 75-79; *Lutostański*, Les partages de la Pologne, in: Recueil des Actes diplomatiques, Bd. I, Nr. 34, S. 40-42; *d'Angeberg*, Recueil des traités concernant la Pologne, S. 97-100.

399 Originaltext: « Au nom de la Très-Sainte Trinité ».

mit berechtigten Territorialansprüchen vorzugehen. Nach dieser Ankündigung wird in den jeweiligen Verträgen eine Auflistung der polnischen Gebiete, die die Teilungsmächte erhalten sollen, vorgenommen.

Art. I der Verträge zwischen Preußen und Russland sowie Österreich und Preußen kündigt an, dass die russische und die österreichische Monarchin sowie deren Nachkommen bestimmte polnische Gebiete in Besitz nehmen werden. Als zu besetzende Gebiete werden Połock, Witepsk und Minsk genannt und anschließend die neuen Grenzen des besetzten Gebietes wie etwa mit dem Fluss Dnjepr als natürliche Grenze umschrieben. Art. I des Vertrages zwischen Österreich und Preußen hingegen hat einen anderen inhaltlichen Aufbau. Zunächst wird ebenfalls gesagt, dass die Preußische Königliche Majestät und ihre Nachkommen bestimmte polnische Gebiete in Besitz nehmen werden. Darauf folgt aber zunächst die Erwähnung von polnischen Gebieten, die von der preußischen Annexion ausgenommen sind. Pommerellen und die Stadt Danzig mit dem dazugehörigen Gebiet sowie Großpolen unterhalb der Netze sollen nicht in Preußen einverleibt werden. Im zweiten Teil dieses Artikels wird verkündet, dass Seine Majestät Der König von Preußen keine weiteren Ansprüche auf polnische Gebiete, die ihm zu Recht zustünden, geltend machen werde. So werde auch auf Danzig und das dazugehörige Gebiet verzichtet. Als Ausgleich für diesen Verzicht werden abschließend polnische Gebiete aufgezählt, die Preußen annektieren will. Hierzu zählen etwa die Stadt Elbing und die Stadt Thorn mit ihrer jeweiligen Umgebung. In Art. II, der wieder in allen Verträgen wortgleich ist, wird gesagt, dass die jeweiligen Teilungsmächte die im vorgenannten Artikel aufgezählten Gebiete mit ihren Truppen besetzen und an ihr Staatsgebiet angliedern werden. In Art. III wird zugesichert, dass das weitere nicht annektierte Gebiet Polens vor weiteren Angriffen seitens der Nachbarstaaten sicher ist. In Art. V wird schließlich betont, dass eine endgültige Vereinbarung hinsichtlich der Teilungsgebiete mit Polen-Litauen angestrebt werde.

(2) Bewertung

Die Teilungsverträge stellen eine Einigung der Teilungsmächte über die Annexion polnischer Gebiete dar. Damit enthalten die Verträge Annexionserklärungen seitens Preußens, Österreichs und Russlands. Hierin wird deutlich, dass auch aus subjektiver Sicht Annexionen vorgelegen haben.

bb) Okkupationsmanifeste Österreichs, Preußens und Russlands vom 11., 13. und 18. September 1772

Obwohl in den Teilungsverträgen festgesetzt war, dass zur rechtlichen Absicherung der Annexionen noch entsprechende Verträge mit der polnischen Seite geschlossen werden sollten, wurde der Abschluss dieser Verträge nicht abgewartet. Den Teilungsverträgen folgten daher zunächst sogenannte Okkupationsmanifeste, die die Teilungsmächte im September 1772 verkündeten. Zeitgleich mit den Okkupationsmanifesten ergriffen die drei Mächte Besitz von den einander zugesprochenen Gebieten.

(1) Inhalt

In dem Manifest vom 13. September 1772[400], das häufig als „Besitzergreifungspatent" bezeichnet wird, richtete sich der preußische König Friedrich II. an seine neuen Untertanen und verlangte, dass diese sich freiwillig Preußen ergeben und den preußischen König anerkennen sollten. Die Polen sollten dem neuen Monarchen einen Treueeid leisten. Persönlich sollte dieser Treueeid unter anderem von den Bischöfen, Wojewoden und Starosten geleistet werden. Die übrige Szlachta und die restliche Bevölkerung sollten ihren Eid vor den entsprechenden Bevollmächtigten in den einzelnen Distrikten abgeben. Diejenigen, die sich weigerten, den Treueeid zu leisten, sollten bestraft werden.

Von österreichischer Seite aus hatte Maria Theresia in ihrem Manifest vom 11. September 1772[401] die neuen Grenzen vorgestellt, einen neuen Kommissar eingesetzt, der die besetzten Gebiete verwalten sollte und zum Gehorsam gegenüber ihm aufgerufen. Hinsichtlich der Gebietsannexion berief sie sich auf frühere, aber immer noch aktuelle Rechtsansprüche. Von der Bevölkerung erwartete sie, dass diese sich friedlich verhalten sollte. Für den Fall des Verstoßes gegen die österreichischen Bestimmungen drohte sie harte Bestrafungen an.

Russland gab eine entsprechende Erklärung am 18. (11.) September 1772[402] ab. Auffällig ist, dass Russland in seiner Erklärung an mehreren Stellen die gute Zusammenarbeit mit den beiden anderen Mächten hervorhebt und auf die rechtswirksamen Gebietsansprüche hinweist. Bereits in diesem Manifest wird deutlich, dass Russland die Annexion der polnischen Gebiete als Äquivalent für seine territorialen Rechtsansprüche betrachtet.[403] Von Polen wird erwartet, dass es mit den drei Mächten zusammenarbeitet, damit in den besetzten Gebieten Ordnung und Ruhe wiederhergestellt werden können.

(2) Bewertung

Auch die Okkupationsmanifeste stellen Annexionserklärungen als Ausdruck des subjektiven Willens der Teilungsmächte dar. Diese Erklärungen reichen weiter

---

400 Originaltitel: « Lettres-Patentes du Roi de Prusse pour exposer et démontrer ses droits et ses prétentions sur la Pologne du 13 septembre 1772 », abgedruckt in: *von Martens, Georg Friedrich*, Recueil de traités, Bd. II (1771-1779), 2. Aufl., 1817, S. 98-102.

401 Originaltitel: « Déclaration de l'Impératrice Reine au sujet de ses prétentions sur la Pologne du 11 septembre 1772 », abgedruckt in: *von Martens*, Recueil de Traités, Bd. II, S. 97-98; *Mościcki, Henryk*, Dzieje porozbiorowe Polski w aktach i dokumentach, Bd. I: Od rozbiorów do Księstwa Warszawskiego 1772-1807, ca. 1930, S. 15 f.

402 Originaltitel: « Déclaration que le Baron de Stachelberg, Ministre Plénipotentiaire de Russie fit au Roi et à la République de Pologne au nom de Sa Majesté Impériale le 18 septembre 1772 », abgedruckt in: *von Martens*, Recueil de traités, Bd. II, S. 102-105; poln. Übersetzung: *Kallas, Marian/Krzymkowski, Marek*, Historia ustroju i prawa w Polsce 1772/1795-1918. Wybór źródeł, 2006, Nr. 9, S. 37-38.

403 Vgl. S. 104 des russischen Manifestes.

als diejenigen in den Teilungsverträgen, da sie nicht nur die Annexionen als Vorhaben, sondern die unmittelbare Durchsetzung der Annexionen ankündigen. Die Okkupationsmanifeste können auch als Begründung der Besatzungsverhältnisse gewertet werden. Das Besatzungsverhältnis stellt an sich allerdings noch keinen Übergang der territorialen Souveränität dar, sondern lediglich eine einseitige Einverleibungshandlung,[404] die eine Gebietshoheit begründet.

2. Rechtmäßigkeit der Einverleibung fremden Staatsgebiets

Grundsätzlich waren Annexionen nach klassischem Völkerrecht zulässig. Dies ergibt sich aus dem damaligen Souveränitätsverständnis, aus dem sich das Recht der Staaten zum Kriege und damit auch das Recht zur Gebietseroberung ergaben.

Vom umfassend geltenden Eroberungsrecht gab es eine bedeutende Ausnahme. Im klassischen Völkerrecht galt eine Annexion nämlich dann als rechtswidrig, wenn sie zu einer Verletzung eines bestehenden immer noch gültigen Vertrages zwischen dem annektierenden und dem betroffenen Staat führte. Zu untersuchen ist daher, ob die Teilungsmächte in der Vergangenheit Verträge mit Polen abgeschlossen haben, die zu der Zeit der ersten Teilung noch volle Rechtsgültigkeit besaßen. Die Annexionen innerhalb der ersten Teilung würden zu einer Vertragsverletzung führen, wenn die Teilungsmächte in den früheren Verträgen die Unverletzlichkeit der polnischen Grenzen zugesichert hätten. Mit den Annexionen könnten die Teilungsmächte einseitig die bis dahin mit der Republik Polen geschlossenen Verträge gebrochen haben.

a) Verstoß gegen den Grundsatz „pacta sunt servanda"

aa) Verstoß Russlands gegen den Grundsatz „pacta sunt servanda"

(1) Verstoß gegen den Vertrag aus dem Jahre 1686

Russland könnte seinerseits mit der Annexion gegen den Vertrag aus dem Jahre 1686[405], der als „Ewiger Frieden" bezeichnet wird, verstoßen haben. Polen-Litauen und Russland hatten den Friedensvertrag am 6. Mai 1686 in Moskau unterzeichnet.

(a) Inhalt

Der Vertrag bestätigte die im Waffenstillstand von Andrusovo getroffenen Vereinbarungen. Hierzu zählt etwa die Abtretung großer Teile der Ukraine an Russland.[406]

---

404 *Dörr*, Inkorporation, S. 201, 204.

405 Lat. Originaltext: *Parry, Clive* (ed.), CTS, vol. 17 (1684-1686), 1969, S. 493-501; franz. Text: *ders.*, S. 502-504; poln. Text: Traktaty między mocarstwami europeyskiemy od roku 1648 zaszłe podług lat porządku. Z przyłączoną potrzebney historii wiadomością opisane, Bd. I, 1775, S. 225 ff.

406 Vgl. *Lewitter, Lucjan R.*, The Russo-Polish treaty of 1686 and its antecedents, in: The Polish Review 9 (1964), Heft Nr. 3, S. 5-29 (5 f.); *Wójcik, Zbigniew*, Rokowania polsko-rosyjskie o „Pokój wieczysty" w Moskwie w roku 1686, in: Instytut Historii Polskiej Akademii Nauk (Hrsg.), Z dziejów polityki i dyplomacji polskiej.

Art. I enthält eine gegenseitige Friedenzusicherung. Der territoriale Bestand Polens wird in Art. II garantiert. Hieraus könnte man schließen, dass die polnisch-russische Grenze damit endgültig festgelegt worden war. Dem steht auch nicht entgegen, dass Art. VII die Einsetzung einer Grenzkommission vorsah, da diese lediglich noch bestehende Grenzunsicherheiten friedlich beseitigen sollte.

(b) Gültigkeit

Für die Annahme eines Verstoßes gegen den Grundsatz *pacta sunt servanda* müsste der Vertrag in der Zeit der ersten Teilung noch gültig gewesen sein. Die Verträge wurden von dem jeweils regierenden Monarchen geschlossen. Jeder durch einen König oder einen anderen Monarchen geschlossene öffentliche Vertrag stellt einen Staatsvertrag dar. Ein solcher Vertrag verpflichtet den ganzen Staat und die Nation, die der König bei Vertragsschluss vertritt.[407] Es besteht daher kein Zweifel an der Verpflichtung zur Einhaltung des Vertrages.[408] Problematisch könnte aber seine Geltungsdauer sein, da der Vertrag an die vertragsschließende Person des Königs gebunden sein könnte.[409] Wäre dies der Fall, dann würde der Vertrag mit dem Tod des Vertragsschließenden an Geltung verlieren. Oft blieb unklar, ob die Vertragsschließenden die Absicht hatten, auch ihre Nachfolger an die Vertragsverpflichtungen binden zu wollen. Um die Frage der Geltungsdauer beantworten zu können, ist es notwendig, den Wortlaut des betreffenden Vertrages zu untersuchen. Um das Problem der beschränkten Vertragsgeltung auf die Lebenszeit des Königs zu umgehen, enthielten in damaliger Zeit die meisten Verträge eine Klausel, in der die Bindung des Vertrages für die Nachkommen und Erben des Königs ausdrücklich erwähnt wurde. Wenn der Vertrag allerdings keine solche Klausel enthielt, kann im Umkehrschluss geschlossen werden, dass der Vertrag nach dem Tod des vertragsschließenden Monarchen nicht weitergelten sollte und an die Person des vertragsschließenden Königs gekoppelt war.

Studia poświęcone pamięci Edwarda hr. Raczyńskiego Prezydenta Rzeczypospolitej Polskiej na wychodźstwie, 1994, S. 38-55 (38 f., 50 f.).

407 Bei einem öffentlichen Vertrag betrifft der Vertrag den Staat selbst und nicht die Person des Königs, sodass solche Verträge als Realverträge zu qualifizieren sind. Diese Verträge sind an den Staat selbst gebunden. Vgl. *de Vattel*, Le Droit des Gens, S. 270 § 183.

408 Vgl. *de Vattel*, Le Droit des Gens, S. 271 § 186.

409 Es muss hierbei zwischen Personalverträgen unterschieden werden, die zugunsten der Person oder der Familie des Monarchen abgeschlossen waren und solange gültig waren, wie die betreffende Person oder die Familie des Monarchen existierten, und Realverträgen, die unmittelbar zugunsten des Staates abgeschlossen wurden und deren Lebensdauer unabhängig vom Wechsel des Monarchen war. Vgl. *Anzilotti*, Lehrbuch des Völkerrechts, Bd. 1, S. 308; die ersteren Verträge gelten als *intuitu personae* abgeschlossen und sind in der Regel nicht übertragbar, daher bewirkt der Untergang der Rechtspersönlichkeit einer der Parteien das Erlöschen der zwischen ihnen bestehenden zweiseitigen Verträge. Vgl. *ders.*, S. 342 f.

Der Vertrag von 1686 enthält eine solche Klausel mit Bindungswirkung nach dem Tod des Monarchen. In Art. XXXIII, dem letzten Artikel, wird ausdrücklich bestimmt, dass der Vertrag „auf ewig" gelten soll, somit auch nach dem Tod der „Fürsten", die ihn abgeschlossen haben. Ferner existieren keine weiteren Anhaltspunkte, die gegen die Geltungsdauer des Friedensvertrages zur Zeit der ersten Teilung sprechen würden. Folglich war Russland an die Bestimmungen rechtlich gebunden. Dieses Ergebnis kann auch aus der Tatsache, dass der „Ewige Frieden" einen Friedensvertrag darstellt, geschlossen werden. Wäre der Vertrag nur auf Lebenszeit des Königs abgeschlossen worden, läge es näher, ihn als Waffenstillstandsabkommen und gerade nicht als Friedensvertrag zu bewerten.[410]

(c) Rechtsfolge

Mit der gewaltsamen Besetzung der polnischen Gebiete hat Russland gegen die von ihm zugesicherte territoriale Integrität Polens und damit gegen die im „Ewigen Frieden" gewährte Grenzgarantie verstoßen. Die Annexion der polnischen Gebiete durch die russischen Truppen stellte mithin einen Verstoß gegen den russisch-polnischen Vertrag aus dem Jahre 1686 dar. Die durch Russland durchgeführte Annexion der polnischen Gebietsteile war im Ergebnis daher nicht mehr vom Eroberungsrecht umfasst und rechtswidrig.

(2) Verstoß gegen den Freundschaftsvertrag aus dem Jahre 1768

Die russische Annexion könnte darüber hinaus auch gegen den Freundschaftsvertrag mit Polen, der am 24. Februar 1768 in Warschau[411] unterzeichnet wurde, verstoßen haben.

(a) Inhalt und Gültigkeit

Beide Parteien bekräftigen in der Präambel als Vertragsziele den ewigen Frieden untereinander, eine ehrliche Freundschaft sowie eine dauerhafte Harmonie und ein gutes nachbarschaftliches Verhältnis. In Art. II werden gegenseitig die Grenze zwischen beiden Staaten und die in Europa belegenen Besitztümer auf ewige Zeit garantiert. Die Garantie der Grenze ist weiterhin in Art. VII festgeschrieben. Dieser Artikel erwähnt auch die Beibehaltung der Ordnung und einer gerechten Gerichtsbarkeit, um den Frieden untereinander nicht anzutasten. Der Vertrag war zum Zeitpunkt der ersten Teilung gültig.

(b) Rechtsfolge

Durch die Besetzung der polnischen Gebiete und durch die Angliederung an sein Staatswesen hat Russland konkret gegen die Art. II und VII des

410 *De Vattel*, Le Droit des Gens, S. 340 § 35.

411 Lat. und poln. Originaltext: *Parry*, CTS, vol. 44 (1767-1772), S. 83-106; franz. Übersetzung: *ders.*, S. 148-159.

Freundschaftsvertrages vom 24. Februar 1768 verstoßen. Ein Verstoß gegen den Grundsatz *pacta sunt servanda* liegt damit vor. Die durch Russland erfolgte Annexion war daher auch aufgrund dieses Vertragsverstoßes rechtswidrig.

bb) Verstoß Preußens gegen den Grundsatz „pacta sunt servanda"

(1) Verstoß gegen den Vertrag aus dem Jahre 1466

Preußen könnte mit der Annexion polnischer Gebiete einseitig den Friedensvertrag aus dem Jahre 1466[412], bekannt als Zweiter Thorner Frieden, gebrochen haben. Ein Vertragsbruch würde voraussetzen, dass sich Preußen in dem Vertrag verpflichtet hätte, das polnische Territorium anzuerkennen und zu wahren. Ferner müsste der Vertrag zur Zeit der ersten Teilung noch rechtlich gültig gewesen sein.

(a) Inhalt

Zunächst einmal regelt der Vertrag einen ewigen Frieden zwischen dem Deutschen Orden und dem polnischen Königreich. Die wichtigsten Bestimmungen des Zweiten Thorner Friedens sind, dass Pommerellen, Kulmerland und Michelau, dazu die Städte und Gebiete Marienburg, Stuhm, Elbing sowie Christburg der Oberhoheit des Königs von Polen unterstellt werden. Das restliche Ordensland, im wesentlichen Ostpreußen, soll in Polen inkorporiert werden. Hervorzuheben ist, dass der Deutsche Orden hinsichtlich derjenigen Gebiete, die unmittelbar an Polen angegliedert wurden, auf jegliche Rechtsansprüche verzichtete.[413] Der Hochmeister verpflichtete sich, den polnischen König als seinen „Oberen" nächst dem Papst anzuerkennen.[414] Der Friedensvertrag sollte durch die beiderseitigen Amtsträger und Stände beschworen werden.[415]

(b) Gültigkeit

Für die Rechtswirksamkeit des Vertrages ist bedeutsam, wer den Vertrag auf beiden Seiten geschlossen hatte. Die Vertragsschließenden waren Hochmeister Ludwig von Erlichshausen für den Deutschen Orden und die Länder des Ordens in Preußen einerseits und König Kasimir IV. von Polen, der Jagiellone, zusammen mit den Herzögen Konrad, Kasimir, Bolesław und Janusch von Masowien, Herzog Erich II. von Stolp, Bischof Paul und das Kapitel von Ermland, der Wojewode Stephan von der Moldau für das Reich Polen und die dem König und dem Reich zu Polen unterworfenen Herrschaften andererseits unter

---

412 Lat. Text des Hauptvertrages: *Weise*, Staatsverträge, Bd. 2, S. 265-288; Ergänzungsverträge: S. 289-294; poln. Übersetzung: *Górski, Karol*, Związek pruski i poddanie się Prus Polsce. Zbiór tekstów żródłowych, 1949, S. 84-114.

413 Vgl. *Vetulani, Adam*, Prawny stosunek Prus Książęcych do Polskich (1466-1657), in: CPH 6 (1954), S. 7-41 (12).

414 *Weise*, Staatsverträge, Bd. 2, S. 262.

415 Vgl. Punkt 26 des Vertrages.

Vermittlung des päpstlichen Legaten Bischof Rudolf von Lavant.[416] Fraglich ist, ob der Hochmeister und die Würdenträger des Ordens in Preußen überhaupt das Recht hatten, ein so wichtiges Abkommen ohne Zustimmung des gesamten Ordens stellvertretend abzuschließen.[417] Der preußische Ordensstaat stützte seine politische Existenz nämlich trotz der tatsächlichen Unabhängigkeit vom Reich auf die Verleihungen der deutschen Kaiser und der Päpste,[418] wobei diese beiden rivalisierenden Kräfte sich die ausschließliche Oberhoheit über ihn vorbehielten.[419] Problematisch ist, dass der Vertrag nicht die notwendige Ratifizierung durch den Kaiser und den Papst[420] erhielt,[421] obwohl Punkt 27 bestimmt, dass die päpstliche Bestätigung noch eingeholt werden sollte.[422] Hieraus folgt, dass der Vertrag nicht wirksam zustande gekommen ist. Darüber hinaus war er aber auch in seiner Geltungsdauer beschränkt.[423] Bindung hatte der Vertrag nämlich nur bis zum Tode des Hochmeisters Hans von Tiefen am 25. August 1497, das heißt, der Vertrag musste von jedem neuen Hochmeister jedes Mal neu beschworen werden.[424]. Die beiden letzten Hochmeister,[425] Friedrich von Sachsen und Albrecht von Brandenburg, hatten den Eid aber nicht mehr geleistet und waren infolgedessen an den Vertrag auch nicht mehr gebunden.[426] Auch polnische Wissenschaftler sehen die größte Schwäche des Friedensvertrages darin,

416 *Weise*, Staatsverträge, Bd. 2, S. 262.

417 *Pociecha, Władysław*, Geneza hołdu pruskiego (1467-1525), 1937, S. 2; *Weise, Erich*, Die staatsrechtlichen Grundlagen des Zweiten Thorner Friedens und die Grenzen seiner Rechtmäßigkeit, in: ZfOstF 3 (1954), S. 1-26 (19).

418 Das Land Preußen war seit dem Jahre 1234 dem Papst untergeben. Allein die römische Kurie konnte eine Änderung dieses Rechtszustandes herbeiführen, dies unterblieb allerdings. Vgl. *Weise*, Die staatsrechtlichen Grundlagen, in: ZfOstF 3 (1954), S. 19.

419 Vgl. *Pociecha*, Geneza hołdu pruskiego, S. 1; *Weise*, Die staatsrechtlichen Grundlagen, in: ZfOstF 3 (1954), S. 17.

420 Vgl. *Vetulani*, Prawny stosunek, in: CPH 6 (1954), S. 12.

421 Hinzu kommt, dass auch auf dem Reichstag zu Augsburg im Jahre 1500 die Gültigkeit des Thorner Friedens in Abrede gestellt wurde.

422 Zusammenfassung des Rechtsinhalts bei: *Weise*, Staatsverträge, Bd. 2, S. 265.

423 Näheres hierzu: *Weise*, Die staatsrechtlichen Grundlagen, in: ZfOstF 3 (1954), S. 1-26.

424 Diese hier vertraglich festgeschriebene Voraussetzung, dass der Nachfolger die von seinen Vorgängern abgeschlossenen Verträge erneuert, galt daneben als allgemeine Gewohnheit, indem es als sog. Vorsichtsmaßregel betrieben wurde. Vgl. *de Vattel*, Le Droit des Gens, S. 274 § 191; siehe hierzu auch: *Weise*, Staatsverträge, Bd. 2, S. 264.

425 Eine Liste der Hochmeister des Deutschen Ordens von 1198 bis 1525 findet sich bei: *Hubatsch, Walther*, Quellen zur Geschichte des Deutschen Ordens, 1954, S. 190.

426 *Weise*, Staatsverträge, Bd. 2, S. 264 f.; *ders.*, Die staatsrechtlichen Grundlagen, in: ZfOstF 3 (1954), S. 21.

dass dessen Wirksamkeit von dem Eid des jeweiligen Hochmeisters abhängig war.[427] Im Ergebnis ist bereits zweifelhaft, ob der Vertrag aufgrund der fehlenden Ratifizierung überhaupt rechtswirksam geschlossen wurde. Jedenfalls waren die Vertragsparteien spätestens im Jahre 1497 mit der fehlenden Erneuerung des Hochmeister-Eides an den Friedensvertrag aus dem Jahre 1466 rechtlich nicht mehr gebunden.

(c) Rechtsfolge

Da der Zweite Thorner Frieden zur Zeit der ersten Teilung nicht mehr gültig war, konnte Preußen mit seiner Annexion nicht gegen diesen Vertrag verstoßen.

(2) Verstoß gegen den Vertrag aus dem Jahre 1525

Weiterhin kommt ein Verstoß Preußens gegen den Vertrag von Krakau, der am 8. April 1525[428] geschlossen wurde, in Betracht.

(a) Inhalt

Markgraf Georg von Brandenburg sowie Herzog Friedrich von Liegnitz und Brie hatten den Frieden zwischen König Sigismund von Polen, den Herzögen von Masowien und den Bischöfen von Ermland und Kulm einerseits und dem bisherigen Hochmeister des Deutschen Ordens, Markgraf Albrecht von Brandenburg andererseits, vereinbart.[429] Wichtigste rechtliche Bestimmung war, dass der preußische Ordensstaat in ein von der Krone Polens abhängiges Herzogtum umgewandelt wurde.[430] Art. XIII sieht die Treue der Untertanen gegenüber König und Herzog vor. Diese Treuepflicht bezog sich auch ausdrücklich auf deren Erben und Nachkommen. Hinsichtlich des preußischen Territoriums und der darin gelegenen Schlösser bestimmt Art. XIV ein Vorkaufsrecht des polnischen Königs. In Art. XXX ist die gegenseitige Verpflichtung zur Vertragstreue der Krone von Polen und Preußen sowie ihrer Nachkommen festgesetzt. Im Falle der Vertragsanfechtung sieht Art. XXXI[431]

---

427 Vgl. *Pociecha*, Geneza hołdu pruskiego, S. 2.

428 Lat. Text mit dt. Übersetzung: *Dolezel, Stephan/Dolezel, Heidrun* (Hrsg.), Die Staatsverträge des Herzogtums Preußen, Teil 1: Polen und Litauen. Verträge und Belehnungsurkunden 1525-1657/58, 1971, Nr. 1, S. 14-30; auszugsweise betreffend der Hauptstellen: *Ghillany, Friedrich Wilhelm*, Europäische Chronik von 1492 bis Ende April 1865, Erster Band, 1865, S. 22 f.

429 *Dolezel/Dolezel*, Die Staatsverträge, Teil 1, Nr. 1, S. 12.

430 Vgl. Art. X des Vertrages.

431 Wortlaut des Textes: „Wo auch jemands, was Wirden oder Stands dieselbigen wärn, diesen Vertrag anfechten wollten, so sollen die drei Marggrafen, die diesen Vertrag gezogen, mit allen denen, die sie darzu vermögen, neben dem Herzogen aus Preussen, solchs Königlicher Majestat zu Poln verantworten helfen".

eine Beistandspflicht vor.[432] Der Vertrag sicherte auch die Erbfolge[433] hinsichtlich des Herzogtums.[434]

(b) Gültigkeit

Die Gültigkeit des Vertrages konnte nicht wie der Vertrag von 1466 an der Ratifizierung scheitern,[435] da der Krakauer Vertrag ordnungsgemäß ratifiziert wurde.[436] König Sigismund I. von Polen ratifizierte den Friedensvertrag bereits am 9. April 1525 in Krakau[437]. Am selben Tag willigten die preußischen Bevollmächtigen[438] in den Vertrag ein[439]. Zudem wurde der Friedensvertrag von Markgraf Albrecht von

---

432 Zusammenfassend: Die Art. I-VIII hatten die Beseitigung des Kriegszustandes zwischen Polen und dem Orden zum Gegenstand. Die Art. IX-XXI regelten die Rechtsverhältnisse zwischen dem Herzogtum Preußen und der Polnischen Krone. Die letzten drei Artikel betreffen die Sicherung der Dauerhaftigkeit des Vertrages.

433 Die ursprünglich auf die direkte männliche Deszendenz begrenzte Erbfolge wurde im Jahre 1563 auf die gesamte Hohenzollerndynastie ausgedehnt. Vgl. lat. Text der entsprechenden Urkunde: *Dolezel/Dolezel*, Die Staatsverträge, Teil 1, Nr. 14, S. 73-76. Diese Entscheidung König Augusts wurde im Jahre 1569 vom Lubliner Sejm und später auch von seinen beiden Nachfolgern im Königsamt bestätigt. Vgl. *Duchhardt, Heinz/Wachowiak, Bogdan*, Um die Souveränität des Herzogtums Preußen. Der Vertrag von Wehlau 1657, 1998, S. 7.

434 Markgraf Albrecht regierte als erblicher Fürst das Herzogtum Preußen bis zum Jahre 1568. Seine Nachfolger waren: sein Sohn Albrecht Friedrich (bis 1577), Markgraf Georg Friedrich (bis 1603), brandenburgischer Kurfürst Joachim Friedrich (seit 1605); seit 1618 rückte die brandenburgische Kurlinie in die Herrschaft über das polnische Lehen ein. Vgl. *Duchhardt/Wachowiak*, Um die Souveränität des Herzogtums Preußen, S. 7.

435 In dem Vertrag sollten Teile des zum Heiligen Römischen Reiches Deutscher Nation gehörigen Gebietes an den König von Polen gegeben werden, weshalb der Kaiser den Vertrag für ungültig erklärte.

436 Der Krakauer Frieden hatte allerdings keinen Einfluss auf das Verhältnis des Herzogtums Preußen zu Litauen. Vgl. *Forstreuter, Kurt*, Deutschland und Litauen im Mittelalter, 1962, S. 35. Die preußisch-litauischen Beziehungen regelte grundsätzlich der *Vertrag von Melnosee* aus dem Jahre 1422 (Text: *Weise*, Staatsverträge, Bd. 1, Nr. 152-156). Am 22. November 1528 schloss Markgraf von Brandenburg als Herzog von Preußen mit König Sigismund I. von Polen als Großfürst von Litauen den *Vertrag von Melnosee* mit Einbeziehung des Krakauer Friedens in die Beistandsklausel. Siehe Text: *Dolezel/Dolezel*, Die Staatsverträge, Teil 1, Nr. 10, S. 57-58.

437 Lat. Text: *Dolezel/Dolezel*, Die Staatsverträge, Teil 1, Nr. 2, S. 31-34.

438 Darunter Bischof Eberhard Queis von Pomesanien und Friedrich von Heydeck seitens des Deutschen Ordens, Heinrich von Kitlitz und Georg von Kunheim seitens der Landschaft, Bürgermeister Nikolaus Richau von Königsberg-Altstadt und Krispin Schonenberg, Ratsherr von Königsberg-Kneiphof, seitens der Städte.

439 Lat. Text: *Dolezel/Dolezel*, Die Staatsverträge, Teil 1, Nr. 3, S. 35-38. Die Urkunde enthielt folgende drei Punkte: 1. Anerkennung der polnischen Oberhoheit, 2.

Brandenburg am 29. Mai 1525 in Königsberg[440] ratifiziert. Die Investitur Markgraf Albrechts von Brandenburg und die Vereidigung seiner Untertanen auf den Friedensvertrag vom 8. April 1525 wurde wiederum von König Sigismund I. von Polen am 26. Mai 1526 in Danzig[441] ratifiziert. Der Vertrag setzte ausdrücklich fest, dass die Nachkommen und Erben an die Vertragsbestimmungen gebunden sein sollten. Allerdings war die Geltungsdauer an die Existenz des Herzogtums gebunden. Demnach würde der Vertrag mit der Auflösung des Herzogtums automatisch an Geltung verlieren. Die Bestimmungen des Krakauer Abkommens wurden spätestens durch den Frieden von Oliva aus dem Jahre 1660[442] wieder beseitigt, mit dem das Herzogtum Preußen seine volle Souveränität zurückbekam.[443]

(c) Rechtsfolge

Die Rechtswidrigkeit der ersten Teilung durch Preußen kann nicht mit dem Verstoß gegen den Krakauer Vertrag aus dem Jahre 1525 begründet werden. Einerseits enthält der Vertrag keine konkrete Bestimmung hinsichtlich einer Verpflichtung zur Sicherung der Grenze Polens durch Preußen, andererseits ist davon auszugehen, dass der Vertrag mit Auflösung des Herzogtums an Geltung verloren hätte.

(3) Verstoß gegen den Vertrag von Wehlau aus dem Jahre 1657

Schließlich könnte Preußen gegen den Vertrag von Wehlau aus dem Jahre 1657 mit der Annexion polnischer Gebiete verstoßen haben.

(a) Inhalt

Der Vertrag von Wehlau wurde am 19. September 1657[444] zwischen dem Bevollmächtigten des Kurfürsten Friedrich Wilhelm von Brandenburg und dem Bischof von Ermland, Graf Wenzel von Lesno, sowie dem Kronschatzmeister und Feldmarschall Vinzenz Corvinus Gonsiewski als Bevollmächtigte des polnischen Königs Johann Kasimir geschlossen.[445]

Zustimmung zum Krakauer Frieden und 3. Treuegelöbnis gegenüber Herzog und König.

440 Lat. Text: *Dolezel/Dolezel*, Die Staatsverträge, Teil 1, Nr. 6, S. 47-49.

441 Lat. Text: *Dolezel/Dolezel*, Die Staatsverträge, Teil 1, S. 8, 53; poln. Übersetzung: Traktaty między mocarstwami europeyskiemy od roku 1648 zaszłe podług lat porządku, Bd. I, 1775, S. 42-63.

442 Poln. Text: Traktaty między mocarstwami europeyskiemy, Bd. I, S. 88 ff.

443 Vgl. *Weise*, Die staatsrechtlichen Grundlagen, in: ZfOstF 3 (1954), S. 25.

444 Lat. Text: *Dolezel/Dolezel*, Die Staatsverträge, Teil 1, Nr. 40, S. 184-192; lat. Text mit dt. Übersetzung: *Duchhardt/Wachowiak*, Um die Souveränität des Herzogtums Preußen, S. 24-40. Zusammenfassung des Textes im modernen Deutsch: *ders.*, S. 40-43; dt. Übersetzung auch bei: *von Moerner*, Kurbrandenburgs Staatsverträge von 1601 bis 1700, 1867, Nr. 121a, S. 220-224.

445 Zit. n.: *Duchhardt/Wachowiak*, Um die Souveränität des Herzogtums Preußen, S. 24.

Für die vorliegende Untersuchung ist der Inhalt des ersten Artikels entscheidend. In diesem verzichten beide Seiten, so auch die preußische Seite, auf sämtliche Forderungen gegenüber Polen. Ferner wird die Unverletzlichkeit der Grenze anerkannt, indem ausdrücklich versichert wird, dass keiner der beiden Vertragspartner dem anderen Schaden zufügen werde. Ferner wird betont, dass jegliche Gewaltanwendung und die Erhebung von finanziellen Abgaben ausgeschlossen sein sollen. Eine wichtige Bestimmung findet sich ferner in Art. 4, wonach der polnische König auf die Lehenshoheit über das Herzogtum Preußen verzichtet und seine Suzeränitätsrechte an die Person des Herzogs von Preußen übergibt. Friedrich Wilhelm verpflichtete sich im Gegenzug, aus dem Bündnis mit dem Königreich Schweden auszutreten (Art. 11). Ein Rückfall des Herzogtums war allerdings in Art. 6 geregelt. Demnach sollten im Falle des Erlöschens der kurfürstlichen Linie die polnischen Rechtsansprüche auf das Herzogtum wieder aufleben. Gemäß Art. 18 sollen „Grenzirrungen" innerhalb eines halben Jahres durch beiderseits einbestellte Kommissare freundschaftlich beglichen werden.

In einer weiteren Urkunde, von König Johann Kasimir am 6. November 1657 in Bromberg[446] verfasst, erlässt der polnische König die Untertanen des Herzogtums Preußen aus dem Eid auf den Krakauer Frieden des Jahres 1525 und den Vertrag von 1611.

(b) Gültigkeit

In Art. 21 wird die Ratifikation des Vertrages geregelt. Hiernach sollten beide Seiten den Vertrag ratifizieren und beschwören. Dies sollte im Falle neuer Könige in Polen und neuer Herzöge in Preußen wiederholt werden. Darin ist die Verpflichtung zu Vertragserneuerungen begründet. Die Ratifikation des Wehlauer Vertrages erfolgte durch König Johann Kasimir von Polen und Kurfürst Friedrich Wilhelm von Brandenburg am 6. November 1657 in Bromberg.[447] Im Gegensatz zum Thorner Friedensvertrag wurde die Gültigkeit des Vertrages nicht mehr von der Ablegung eines Eides abhängig gemacht.[448]

Im Vertrag von Oliva aus dem Jahre 1660 wurde der Vertrag von Wehlau rechtlich bestätigt.

(c) Rechtsfolge

Der Wehlauer Vertrag enthält in Art. 1 eine Zusicherung Preußens, dass die polnische Grenze nicht angetastet werde. Der Vertrag wurde im Jahre 1660 bestätigt. Mit der Annexion der polnischen Gebiete hatte Preußen gegen Art. 1 des Wehlauer

---

446 Lat. Text: *Dolezel/Dolezel*, Die Staatsverträge, Teil 1, Nr. 46, S. 211.

447 Lat. Text: *Dolezel/Dolezel*, Die Staatsverträge, Teil 1, Nr. 42, S. 198-206; lat. Text mit dt. Übersetzung: *Duchhardt/Wachowiak*, Um die Souveränität des Herzogtums Preußen, S. 50-56.

448 *Vetulani*, Lenno Pruskie, S. 63.

Vertrages verstoßen. Demzufolge liegt ein Verstoß gegen den Grundsatz „pacta sunt servanda“ und somit gegen das Völkerrecht vor.

cc) Verstoß Österreichs gegen den Grundsatz „pacta sunt servanda“

Hinsichtlich der österreichischen Annexion polnischer Gebiete sind keine Verträge ersichtlich, die Österreich mit Polen eingegangen ist und gegen die Österreich verstoßen haben könnte.

b) Heilung der Rechtswidrigkeit auf Grundlage von historischen Titeln

Trotz ihres vermeintlichen Eroberungsrechts versuchten die Teilungsmächte, die Annexionen zu rechtfertigen. Offiziell sprachen die Teilungsmächte deswegen auch nicht von „Annexionen“, sondern von Revindikationen, einer Wiedererlangung von Gebieten, die einst zu ihrem Staatsgebiet gehörten.[449] Es tauchten daher immer wieder Veröffentlichungen auf, in denen belegt werden sollte, dass die einverleibten Gebiete rechtmäßig den Teilungsmächten gehörten.[450] Die Bekanntmachungen der jeweiligen Rechtsansprüche waren insbesondere an die westlichen europäischen Staaten gerichtet,[451] um den Anschein zu wahren, dass die Teilungsmächte zu der ersten Teilung berechtigt waren. Ihre Rechtsansprüche stützten sie dabei auf „alte Rechte“.[452] Fraglich ist, ob aus einem früheren Eigentum ein Rechtsanspruch auf Wiedererlangung durch Eroberung hergeleitet werden kann. Wäre dies der Fall, könnten die Teilungen auf Grundlage eines bestehenden Eigentumsanspruchs erfolgt sein. Bevor diese Problematik gewürdigt wird, sollen im Folgenden die jeweilig angeführten vermeintlichen Rechtsansprüche der Teilungsmächte vorgestellt werden.

aa) Darstellung der Rechtsansprüche durch die Teilungsmächte

(1) Russische Rechtsansprüche

(a) Darstellung der Ansprüche durch die russische Seite

Im Gegensatz zu den angeblichen preußischen und österreichischen historischen Eigentumstiteln reichten die russischen Titel nicht so weit in die

---

449 *Grodziski, Stanisław*, Polska w latach przełomu (1764-1815), 1999, S. 63.

450 Vgl. *Korobowicz/Witkowski*, Ustrój i prawo, S. 14 f., 15; *Bömelburg, Hans-Jürgen/Gestrich, Andreas/Schnabel-Schüle, Helga*, Die Teilungen Polen-Litauens als Zäsur einer europäischen Strukturgeschichte. Komparative Überlegungen jenseits der Nationalgeschichtsschreibung, in: *Bömelburg, Hans-Jürgen/Gestrich, Andreas/Schnabel-Schüle, Helga* (Hrsg.), Die Teilungen Polen-Litauens. Inklusions- und Exklusionsmechanismen – Traditionsbildung – Vergleichsebenen, 2013, S. 9-35 (15).

451 *Grodziski*, Polska w latach przełomu, S. 63; *Cegielski/Kądziela*, Rozbiory Polski, S. 141.

452 *Cegielski/Kądziela*, Rozbiory Polski, S. 141.

Vergangenheit zurück.[453] Der russische Vortrag[454] liest sich wie eine lange Anklageschrift. Er stellt eine Schuldzuweisung der Russen an die Polen dar. In der Schrift wird zunächst auf die Bedrohung durch die polnische Krone eingegangen und darauf hingewiesen, dass den Russen in den Gebieten, die ihnen im 16. Jahrhundert durch das Königreich Polen „weggenommen" wurden, schlimmes Leid und Ungerechtigkeiten widerfahren sind.[455] Die Russen betonten, dass die Grenze zwischen Polen und Russland bereits in den Grenzverträgen seit dem Jahre 1523 festgesetzt wurde, die Polen aber dennoch die russischen Gebiete durch militärische Aktionen besetzt und daraus Profit geschlagen hätten.[456] Diese Annexionen wurden als große Ungerechtigkeit empfunden, die kein Staat dem anderen jemals zufügen dürfe.[457] Ferner wurden die menschlichen Verluste in der russischen Bevölkerung beklagt und dafür eine Wiedergutmachung gefordert.[458] Von Bedeutung hinsichtlich der russischen Rechtsansprüche ist, dass sie die Annexion der polnischen Gebiete während der ersten Teilung als einen gerechten Lohn, durch den überhaupt erst die Sicherung des Friedens zwischen beiden Staaten möglich sei, betrachteten.[459] Die Argumente des zugefügten Leids und der enormen Schäden, die Russland durch Polen erfahren habe, werden immer wieder im Text wiederholt und es wird betont, dass hierfür allein die Polen die Verantwortung trügen[460]. Russland forderte daher Gerechtigkeit, die aber nur eintreten könne, wenn es die ihm zustehenden polnischen Gebiete, darunter das polnische Livland und die Palatinate Połock und Witepsk, effektiv in Besitz nehme.[461] Diese Besitzansprüche werden als Restitution und Reparation Polens bezeichnet.[462]

453 *Cegielski/Kądziela*, Rozbiory Polski, S. 143.

454 « Exposé de la Conduite de la Cour Impériale de Russie, vis-à-vis de la Sérénissime République de Pologne », in: *Lindsey, Teofilus*, Les droits des trois Puissances alliées sur plusieurs provinces de la République de Pologne, Bd. I, 1774, S. 127-158.

455 « Exposé de la Conduite de la Cour Impériale de Russie, vis-à-vis de la Sérénissime République de Pologne », in: *Lindsey*, Les droits des trois Puissances, Bd. I, S. 127-158 (129-133); *Cegielski/Kądziela*, Rozbiory Polski, S. 143.

456 Vgl. *Lindsey*, Les droits des trois Puissances, Bd. I, S. 138.

457 Vgl. ebd., S. 139, 158.

458 Vgl. ebd., S. 140 f.

459 Vgl. ebd., S. 141.

460 Vgl. ebd., S. 157.

461 « Exposé de la Conduite de la Cour Impériale de Russie, vis-à-vis de la Sérénissime République de Pologne », Text: *Lindsey*, Les droits des trois Puissances, S. 127-158 (136, 144).

462 « Exposé de la Conduite de la Cour Impériale de Russie, vis-à-vis de la Sérénissime République de Pologne », Text: *Lindsey*, Les droits des trois Puissances, Bd. I, S. 127-158 (137).

(b) Polens Stellungnahme zu den vermeintlichen Rechtsansprüchen

Die polnische Seite gab eine schriftliche Stellungnahme zu den von Russland veröffentlichten Rechtsansprüchen ab.[463] Darin hielt sie alle Rechtsansprüche Russlands auf die polnischen Gebiete für rechtswidrig. Die Polen äußerten ferner ihr Unverständnis über die Selbstjustiz Russlands, das ohne jegliche Verhandlungen mit den Polen die betreffenden Gebiete eigenmächtig besetzt habe. Durch diese Handlung sei die Möglichkeit zu einer freundschaftlichen Reparation durch die Polen unmöglich gemacht worden. Die Polen kritisierten ferner, dass Russland seine Entschädigungsansprüche nicht bereits früher erhoben habe. Diese Tatsache werteten die Polen dergestalt, dass die Rechtsansprüche als Vorwände[464] für die Teilung Polens vorgeschoben worden seien. Des Weiteren wurde betont, dass die vermeintlichen russischen Rechtsansprüche weit mehr als 60 Jahre zurücklägen. Die einstige Existenz der Reparationsforderungen wurde von den Polen zwar eingeräumt, jedoch wurde festgestellt, dass die Ansprüche durch den Abschluss des Vertrages vom 23. Mai 1764[465], spätestens durch den Friedensvertrag aus dem Jahre 1768, erloschen seien. Als Grund hierfür wurde angeführt, dass Russland in diesen Verträgen eine Garantie für die Unverletzlichkeit der polnischen Grenze abgegeben habe.[466] Im Ergebnis bewerteten die Polen die russische Annexion daher als ungerecht und sehr rigoros.

(2) Preußische Rechtsansprüche

(a) Darstellung der preußischen Stellungnahme

Die Preußen hatten bereits im Januar 1771 einen Rechtsanspruch des preußischen Königs auf das Fürstentum Pommerellen[467] und anderer Gebiete des polnischen Königreichs ausgearbeitet.[468] Der Autor dieser Propagandaschrift, die in

463 « A l'Exposé de la conduite de la Cour Impériale de Russie, vis-à-vis de la Sérénissime République de Pologne », Text: *Lindsey*, Les droits des trois Puissances, Bd. II, S. 224-243.

464 *De Vattel* definiert den Begriff des Vorwandes wie folgt: „Wir werden als Vorwände nur solche Gründe bezeichnen, die zwar der Rechtfertigung dienen, aber nur den Anschein einer Rechtfertigung besitzen oder sogar jeder Berechtigung ermangeln". Vgl. *de Vattel*, Le Droit des Gens, S. 382 f. § 32.

465 Franz. Text: *d'Angeberg*, Recueil des traités concernant la Pologne, S. 23 f.; in diesem Vertrag nimmt Russland Bezug auf den Ewigen Frieden von 1686, indem es die darin festgelegte Grenze nochmals bestätigt.

466 Vgl. S. 241 der polnischen Stellungnahme.

467 Siehe hierzu: *Bömelburg/Gestrich/Schnabel-Schüle*, Die Teilungen Polen-Litauens als Zäsur einer europäischen Strukturgeschichte, in: *Bömelburg/Gestrich/Schnabel-Schüle* (Hrsg.), Die Teilungen Polen-Litauens, S. 15, wo auch von vermeintlichen preußischen Ansprüchen aus der Ordenszeit gesprochen wird.

468 Vgl. *Cegielski/Kądziela*, Rozbiory Polski, S. 141 f.

lateinischer, deutscher und französischer Sprache im Herbst 1772[469] proklamiert wurde, war Ewald Friedrich, Herzog von Hertzberg und Minister Friedrichs II. Die Gebiete Großpolens unterhalb der Netze gehörten danach angeblich seit dem 15. Jahrhundert der Mark Brandenburg.[470]

Gleich zu Beginn wird angeführt, dass mit Blick auf die frühere Geschichte nicht geleugnet werden dürfe, dass die polnische Krone mehrere beträchtliche Provinzen in ihrem Besitz habe, die einst dem Hause Brandenburg gehörten.[471] Im Folgenden werden die Provinzen Pommerellen, Pommern und Brandenburg-Pommern aufgezählt.[472] Des Weiteren werden die Ungerechtigkeiten, die die polnischen Souveräne den früheren Herzögen von Pommerellen zugefügt hätten, genannt.[473] Für die Begründung des Rechtsanspruchs wird ausgeführt, dass einst die Germanen die Küsten der Ostsee sowie der Oder und Elbe besiedelt und anschließend verlassen hätten. Erst dann seien diese Gebiete von der sarmatischen Nation der Slawen besetzt worden.[474] Dieser Zustand habe bis zum 14. Jahrhundert angedauert, als Pommern im Jahre 1637 an das Haus Brandenburg fiel.[475] Für den Zwischenzeitraum wird betont, dass der König von Polen sich gleich in mehreren Friedensverträgen, wie etwa in denen aus den Jahren 1343 und 1436, verpflichtet habe, auf seinen Besitz und seinen Rechtstitel bezüglich Pommerellen zu verzichten.[476] Durch den Friedensvertrag von 1466 hatte das Haus Brandenburg das Gebiet Pommerellen an Polen verloren. Seit dem Friedensvertrag von 1525 waren die polnischen Könige im Besitz der oben genannten Gebiete.[477] Gegen diesen Besitz wird angeführt, dass Polen durch den Vertrag von 1466 nicht rechtswirksam Pommerellen erworben haben könne, da der Deutsche Orden der polnischen Krone keine wirksamen Rechte verleihen konnte.[478] Weiter wird vorgebracht, dass Polen sich widerrechtlich Schlesien angeeignet habe.[479] Des Weiteren wird ein Rechtsanspruch auf die Stadt Elbing bekräftigt.[480] In der abschließenden Zusammenfassung wird gesagt, dass Preußen deswegen Rechtsansprüche auf die in der Teilung geforderten polnischen Gebiete habe, weil Polen sich diese zuvor widerrechtlich

469 « Les droits de Sa Majesté le Roi de Prusse, comme Marquis de Brandenbourg sur le duché de Pomérellie, et plusieurs autres Districts du Royaume de Pologne; avec les piéces justificatives. », Text: *Lindsey*, Les droits des trois Puissances, Bd. I, S. 158-210.
470 Vgl. *Cegielski/Kądziela*, Rozbiory Polski, S. 142.
471 Vgl. *Lindsey*, Les droits des trois Puissances, Bd. I, S. 161.
472 Vgl. ebd., S. 161 f.
473 Vgl. ebd., S. 161.
474 Vgl. ebd., S. 164.
475 Vgl. ebd., S. 164.
476 Vgl. ebd., S. 173.
477 Vgl. ebd., S. 173.
478 Vgl. ebd., S. 184 f.
479 Vgl. ebd., S. 198 f.
480 Vgl. ebd., S. 200 f.

angeeignet habe.[481] Die Verträge von Wehlau und Oliva würden den Polen keine Rechte an den genannten Gebieten verleihen.[482]

(b) Stellungnahme Polens

Die polnische Seite gab eine Stellungnahme[483] durch den Herzog von Pommerellen ab. Darin wird betont, dass Polen niemals seine Rechtsansprüche auf den Besitz von Pommerellen angezweifelt habe.[484] Gegen die angeführten Rechtsansprüche durch Preußen würde der Inhalt des Vertrages von Wehlau sprechen.[485] Darin verpflichtete sich Preußen, die polnische Grenze auf ewig für unverletzbar und gültig zu behandeln. In Art. I dieses Vertrages verzichte Preußen vielmehr auf jedwede Forderungen gegenüber Polen.[486] Ferner wird mit der Erklärung des preußischen Königs vom 21. Januar 1764 argumentiert.[487] In dieser hätte der König nämlich zugesichert, Polen nicht zu „zerstückeln"[488]. Für den Fall, dass Preußen irgendwann in der Vergangenheit tatsächlich Rechtstitel gegenüber polnischem Gebiet besessen habe, seien diese durch die vertraglichen Zusicherungen Preußens zugunsten Polens erloschen.[489]

(3) Österreichische Rechtsansprüche

(a) Darstellung der österreichischen Stellungnahme

Die Österreicher konnten zur Legitimierung ihrer territorialen Ansprüche keine wirklich überzeugenden Argumente vortragen.[490] Der österreichische Kanzler Kaunitz[491] veröffentlichte am 1. Dezember 1772 einen Rechtsanspruch der „ungarischen Krone auf die Gebiete Rotreußens und Podoliens sowie der tschechischen Krone auf das Fürstentum Oświęcimskie und Zatorskie".[492] In der österreichischen Begründung wurden immer wieder Abschnitte aus verschiedenen Chroniken angeführt, die belegen sollten, dass die annektierten polnischen Gebiete, darunter

481 Vgl. ebd., S. 203.

482 Vgl. ebd., S. 205.

483 Text: « Réponse à l'exposé des droits de Sa Majesté le Roi de Prusse sur le Duché de Pomérellie et plusieurs autres Districts du Royaume de Pologne », Text: *Lindsey*, Les droits des trois Puissances, Bd. II, S. 251-262.

484 Vgl. ebd., S. 252.

485 Vgl. ebd., S. 253.

486 Vgl. ebd., S. 254.

487 Vgl. ebd., S. 255.

488 Franz. Originalwortlaut: démémbrer.

489 Vgl. ebd., S. 262.

490 Vgl. *Cegielski/Kądziela*, Rozbiory Polski, S. 142.

491 Tatsächlich war *Josef Bentzur* der Autor der Schrift.

492 « Les droits de la Couronne de Hongrie sur la Russie-Rouge et sur la Podolie; ainsi que de la Couronne de Bohème sur les Duchés d'Oswiétzim et de Zator », Text: *Lindsey*, Les droits des trois Puissances, Bd. I, S. 1-35; vgl. auch *Cegielski/Kądziela*, Rozbiory Polski, S. 142.

Rotreußen und Podolien, früher Ungarn[493] gehörten[494] und Polen sich diese Provinzen widerrechtlich angeeignet hätte.[495] Das Königtum Ungarn habe zudem im Jahre 1385 sämtliche Souveränitätsrechte über Rotreußen und weiterer Gebiete erhalten.[496] Die proklamierten Rechtstitel waren im Ergebnis auf Galizien und Lodomerien gerichtet.

(b) Stellungnahme Polens
Eine Stellungnahme der polnischen Seite[497] erfolgte durch die Herzöge von Zator und Auschwitz. Kritisiert wird, dass die Frage der möglichen Rechtsansprüche seitens Österreichs während eines Sejm hätte behandelt werden können. Gegen die österreichischen Argumente wird angeführt, dass Österreich in der Vergangenheit nie Zweifel an der Rechtmäßigkeit der polnischen Besitztümer geäußert habe.[498] Stattdessen habe Österreich die Integrität Polens immer wieder bestätigt, wie etwa durch seine Erklärung vom 16. März 1764. Aus diesen Gründen kommen die Herzöge zu dem Ergebnis, dass die späte Geltendmachung der Rechtsansprüche nur als Vorwand für die Legitimierung der Inbesitznahme der polnischen Gebiete diene.[499]

3. Rechtsfolgen
Nach der Darstellung der erhobenen Ansprüche seitens der Teilungsmächte kann festgehalten werden, dass die angeführten vermeintlichen Rechtstitel in erster Linie als Behauptungen[500] aufgefasst werden müssen. Diese müssten eigentlich auf ihren Wahrheitsgehalt hin überprüft werden. Das Erfordernis dieser schwierigen Überprüfung kann aber entfallen, da zum einen das einstige Eigentum an einem bestimmten Gebiet nicht den Erwerb dieses Gebietes später legitimieren kann. Zum anderen ist es im Hinblick auf die Epoche des klassischen Völkerrechts unerheblich, ob die sogenannten Erobererstaaten einen gültigen Rechtstitel aus früherem Eigentum anführen konnten, da Krieg und Annexion grundsätzlich nicht verboten waren. Allerdings hatten die Teilungsmächte teilweise Friedensverträge

---

493 Die Österreicher sahen sich als Erben der ungarischen Könige an.
494 *Bömelburg/Gestrich/Schnabel-Schüle,* Die Teilungen Polen-Litauens als Zäsur einer europäischen Strukturgeschichte, in: *Bömelburg/Gestrich/Schnabel-Schüle* (Hrsg.), Die Teilungen Polen-Litauens, S. 15.
495 Vgl. *Lindsey,* Les droits des trois Puissances, Bd. I, S. 4 ff.
496 Vgl. ebd., S. 14.
497 Text : « Réponse à l'Exposé de la Couronne de Hongrie sur la Russie-Rouge et sur la Podolie; ainsi que de la Couronne de Bohème sur les Duchés d'Oswiétzim et de Zator », Text: *Lindsey,* Les droits des trois Puissances, Bd. II, S. 10-14.
498 Vgl. ebd., S. 12.
499 Vgl. *Lindsey,* Les droits des trois Puissances, Bd. II, S. 14.
500 *Leśnodorski* geht sogar weit, dass er im Hervorbringen von unrechtmäßigen Ansprüchen zwischen Staaten einen Verstoß gegen das Völkerrecht sieht. Vgl. *Leśnodorski,* in: *Bardach/Leśnodorski/Pietrzak,* Historia ustroju i prawa polskiego, S. 355.

mit dem Königreich Polen geschlossen, in denen sie auf polnische Gebiete durch Anerkennung der Grenzen Polens verzichteten. Eine eingehende Überprüfung der vermeintlichen historischen Rechtsansprüche und der Friedensverträge kann aber entfallen, sofern die Polen ihre Zustimmung zu den Annexionen erteilt haben, also Zessionen vorlagen oder später durch Zessionen rechtswidrige Annexionen geheilt wurden.

II. Zession

Ein Wechsel des Sukzessionstitels könnte durch die im Jahre 1773 geschlossenen Abtretungsverträge zwischen den drei Mächten und der Republik Polen eingetreten sein. Die Teilungsmächte verlangten von den Polen, dass sie die Teilung in Verträgen formal annehmen sollten. Aus diesem Grunde wurde im Jahre 1773 in Warschau ein außerordentlicher Sejm einberufen, der als „Teilungsreichstag" bezeichnet wurde. Die Beratungen erfolgten vor allem unter dem Druck des russischen Militärs.[501] Der Hauptgrund für den Abschluss dieser weiteren Verträge mit Polen-Litauen war, dass die Teilungsmächte formal den Schein wahren wollten, die erste Teilung sei rechtmäßig vollzogen worden.

1. Voraussetzungen

Unter einer Zession ist der Erwerb eines Gebietes durch einen völkerrechtlichen Vertrag mit demjenigen Staat, von dem das Gebiet erworben wird, zu verstehen. Russland, Österreich und Preußen müssten also Verträge mit Polen[502] geschlossen haben, die jeweils eine Einigung der Mächte mit Polen über die Gebietsübergänge enthielten.

a) Vertragsabschluss

aa) Inhalt

(1) Abtretungsvertrag zwischen Polen und Russland

In der Einleitung des Abtretungsvertrages zwischen Polen und Russland vom 18. September 1773[503] wird das vordergründige Ziel des Vertrages genannt. Demnach solle der polnische Sejm zum Zwecke des Vertragsabschlusses aus formalen

---

501 Vgl. *Uruszczak*, Historia państwa i prawa polskiego, Bd. I, S. 390.

502 Als Formulierung für die Abtretungsverträge ist geläufig, dass nur Polen als Vertragspartner genannt wird. Tatsächlich war aber Polen-Litauen als Realunion Vertragspartner der Abtretungsverträge. Hierfür spricht, dass der polnische König als Repräsentant von Polen-Litauen den Gebietsverzicht im Namen der in der Realunion miteinander verbundenen Staaten der Krone Polens und des Großfürstentums Litauen und damit als jeweiliges Staatsoberhaupt, aussprach. Darüber hinaus wurden die Abtretungsverträge vom gemeinsamen polnisch-litauischen Sejm ratifiziert.

503 Franz. Originaltext: « Traité entre Sa Majesté le Roi et la Sérénissime République de Pologne, et Sa Majesté l'Impératrice de toutes les Russies signé à Varsovie

Gründen zusammenkommen, um die Verhältnisse innerhalb Polens zu beruhigen und zu einer dauerhaften Einigung mit den Nachbarn zu gelangen. In Art. I wird bekräftigt, dass zwischen dem polnischen König und dem litauischen Großfürsten auf der einen Seite und der zaristischen Macht auf der anderen Seite ein ewiger Frieden herrschen soll. Art. II behandelt die annektierten polnischen Gebiete. Zum Zwecke der endgültigen Beseitigung der Grenzstreitigkeiten zwischen beiden Staaten verzichtet der polnische König im Namen Polens und des Großfürstentums Litauen unwiderrufbar zugunsten Russlands sowie dessen Erben und Nachfahren auf die bereits durch Russland besetzten Gebiete. Im Folgenden wird konkret das russische Teilungsgebiet bestimmt. Hinsichtlich des abgetretenen Gebiets wird in Art. III auf sämtliche mit dem Gebiet verbundenen Rechte gegenüber Russland dauerhaft verzichtet. Die russische Seite verzichtet in Art. IV darauf, Ansprüche jedweder Art, die sie aktuell oder „unter egal welchem Schein" in der Vergangenheit hatte, gegenüber Polen zu erheben. Art. VI enthält eine gegenseitige Gewährleistung der Immobilien (Besitztümer), die insbesondere in Europa belegen sind. Gemäß Art. X sollen zur konkreten Bestimmung der Grenze zwischen beiden Staaten Kommissare eingesetzt werden. Im Falle der gescheiterten Einigung zwischen den Kommissaren sollen die beiden anderen Teilungsmächte als Mediatoren zur Erreichung eines Kompromisses herangezogen werden. Die Ratifikation des Vertrages ist in Art. XIII geregelt. Danach soll der Abtretungsvertrag binnen sechs Wochen von der zaristischen Majestät Russlands und der königlichen Majestät der Republik Polen ratifiziert werden und der Verfassung des andauernden Sejm angegliedert werden. In dem Vertrag wird darüber hinaus der Freundschaftsvertrag zwischen Russland und Polen von 1768 bestätigt.

(2) Abtretungsvertrag zwischen Polen und Österreich

Polen und Österreich schlossen ebenfalls am 18. September 1773 einen Vertrag über die Abtretung polnischer Gebiete[504]. Art. I geht auf die Friedenssicherung ein. Zwischen dem polnischen König und litauischen Großfürsten und damit der Republik Polen[505] auf der einen und der apostolischen Königin Ungarns und Böhmens sowie ihrer Erben und Nachfahren mit allen ihr unterstehenden Staaten auf der anderen Seite soll von nun an ewiger Frieden, eine treue Union und eine tadellose Freundschaft bestehen. Ferner versichern beide Seiten, dass sie gegen

---

le 18 septembre 1773 », abgedruckt in: *von Martens*, Recueil de traités, Bd. II, S. 129-136.

504 Franz. Originaltext: « Traité entre Sa Majesté le Roi et la République de Pologne, et Sa Majesté l'Impératrice Reine de Hongrie et de Bohème signé à Varsovie le 18 septembre 1773 », abgedruckt in: *von Martens*, Recueil de traités, Bd. II, S. 109-115; poln. Übersetzung abgedruckt bei: *Kallas/Krzymkowski*, Historia ustroju i prawa, Nr. 1, S. 38-41.

505 Hier muss wiederum Polen-Litauen als Realunion verstanden werden, da an anderer Stelle des Vertrages (Art. II) der Gebietsverzicht ausdrücklich im Namen der Staaten Polen und Litauen ausgesprochen wird.

den vorliegenden Vertrag nicht verstoßen werden. Schließlich verpflichten sie sich zur Einhaltung von Harmonie, Treue und der gegenseitigen Sicherheit sowie der Abwendung der gegenseitig drohenden Gefahren. Von entscheidender Bedeutung ist wiederum Art. II. Darin verzichtet der polnische König in seinem Namen und im Namen seiner Nachfahren dauerhaft und unwiderrufbar auf die Gebiete, die Österreich auf Grundlage des Vertrages vom 11. September 1772 bereits in Besitz genommen hat. Im Folgenden werden in Art. II die betreffenden Gebiete aufgezählt und damit die neuen rechtmäßigen Grenzen umschrieben. Zur konkreten Grenzbestimmung sollen auf beiden Seiten Kommissare eingesetzt werden. Darüber hinaus wird konkretisiert, dass die ehemals polnischen Gebiete mit dem vollständigen darin belegenen Eigentum und den dazugehörigen Rechten sowie allem, was zum Regieren über dieses Gebiet notwendig ist, auf Österreich übergehen sollen. In Art. III erklären der polnische König sowie die polnischen und litauischen Stände, dass sie auf alle Ansprüche, die sie besitzen oder formulieren könnten, egal ob gegenwärtig oder zukünftig, gegenüber Österreich verzichten werden. In Art. IV wird der Gebietsübergang als Zession bezeichnet und die österreichische Seite erklärt in Anlehnung an den vorangegangenen Artikel ebenfalls den Verzicht auf jegliche Ansprüche gegenüber dem Königreich Polen und dem Großfürstentum Litauen. Weitere Verträge zur Regelung des Handels zwischen beiden Nationen sollen gemäß Art. VIII zu einem späteren Zeitpunkt verabschiedet werden. Die Ratifikation des Vertrages soll binnen sechs Wochen erfolgen und der Vertrag soll an die Sejmverfassung angegliedert werden.

(3) Abtretungsvertrag zwischen Polen und Preußen

Polen und Preußen hatten am 18. September 1773[506] einen Abtretungsvertrag geschlossen. Der Abtretungsvertrag gleicht an vielen Stellen den vorangegangenen Verträgen. Aus diesem Grunde werden neben der zusammenfassenden Erwähnung der Gemeinsamkeiten insbesondere die Unterschiede hervorgehoben. In Art. I ist wiederum die Friedenssicherung zwischen den Vertragsschließenden verankert. Art. II enthält Polens Rechtsverzicht auf die besetzten Gebiete, die im Folgenden genannt werden. Einen Verzicht auf jedwede Rechtsansprüche der polnischen und litauischen Seite[507] zugunsten Preußens enthält Art. III. Eine Besonderheit findet sich am Ende dieses Artikels, da bestimmte Artikel des Vertrages von Wehlau[508] außer Kraft gesetzt werden, ohne aber den gesamten Vertrag mit

506 Franz. Orginaltext: « Traité entre Sa Majesté le Roi de Prusse et Sa Majesté le Roi et la République de Pologne, conclu à Varsovie le 18 septembre 1773 », abgedruckt in: *von Martens*, Recueil de Traités, Bd. II, S. 149-159; poln. Übersetzung abgedruckt bei: *Kallas/Krzymkowski*, Historia ustroju i prawa, Nr. 1, S. 21-26.

507 Der Verzicht wird wie in den anderen beiden Verträgen jeweils im Namen des polnischen und des litauischen Staates erklärt.

508 Für unwirksam erklärt wurden die Art. 6 bis 19 sowie Art. 21.

seinen restlichen Artikeln für ungültig zu erklären. Erst in Art. VI wird der Verzicht auf Rechtsansprüche gegenüber Polen erklärt. Nach Art. XII soll alles, was bezüglich Danzig durch die preußischen und russischen Kommissare sowie die Danziger Senatsmitglieder beschlossen wurde, volle Gültigkeit erlangen, als ob es in den vorliegenden Vertrag bereits aufgenommen wäre. Art. XIII wiederum regelt die Mediation durch die beiden anderen Mächte im Falle der fehlenden Einigung bezüglich der Grenze gemäß Art. II. Die Ratifizierungsregelung im letzten Artikel gleicht der Regelung in den vorangegangen Verträgen.

bb) Problem der Freiwilligkeit

Im klassischen Völkerrecht wurden Zessionen auch dann als rechtmäßig angesehen, wenn sie gegen den Willen des Zedenten mittels der Ausübung von Zwang erfolgten. Dies folgt aus der Tatsache, dass das Kriegsverbot zu dieser Zeit nicht existierte. Infolge der *ius cogens*-Verankerung des Gewaltverbots kann eine Zession nach modernem Völkerrecht hingegen nur noch auf Grundlage einer freiwilligen und unabhängigen Abtretungserklärung des Zedenten erfolgen. Im Übrigen verlangt heute das Selbstbestimmungsrecht der Völker eine Mitwirkung der betreffenden Bevölkerung.

Ausführlich mit der Genese des preußisch-polnischen Vertrages befasst sich Drozdowski[509]. In dieser Untersuchung wird deutlich, dass der polnische Staat dem Druck der Teilungsmächte nachgeben musste, aber im Gegenzug dafür Zugeständnisse, wie etwa in punkto Handel und Steuern, forderte.[510] Im Ergebnis liegt hier eine erzwungene Zession gegen den Staat Polen, die im klassischen Völkerrecht zulässig war, vor.[511]

b) Zwischenergebnis

Infolge der Abtretungsverträge erfolgte der Gebietsübergang in der ersten Teilung rechtlich durch drei Zessionen. Die ursprünglichen Gebietserwerbstitel der Annexionen wurden durch Zessionen ersetzt.

2. Rechtmäßigkeit und Rechtsfolge

Fraglich ist, wie die Zessionen, konkret die Abtretungsverträge, sich auf die früher geschlossenen Verträge auswirken. Die vorliegenden Zessionen stellen vertragliche Einigungen der Parteien dar, die die früher geschlossenen Verträge, die dieser Einigung entgegenstehen, aufheben und ersetzen. Von preußischer Seite ist davon auszugehen, dass die Bestimmungen des Wehlauer Vertrages teilweise

---

509 Vgl. *Drozdowski, Marian,* Geneza polsko-pruskiego traktatu rozbiorowego z 1773r. Negocjacje w delegacji i na sejmie (3-28 IX 1773), in: Studia Historica Slavo-Germanica, Bd. IV (1975), S. 57-71.

510 Vgl. *Drozdowski,* Geneza polsko-pruskiego traktatu rozbiorowego z 1773r., in: Studia Historica Slavo-Germanica, Bd. IV (1975), S. 63.

511 Diesem Ergebnis zustimmend: *Schätzel,* Annexion im Völkerrecht, S. 15.

aufgehoben und teilweise auch modifiziert wurden. So wurde hinsichtlich der Grenzregelung im Abtretungsvertrag eine neue Einigung erzielt, die diejenige des Wehlauer Vertrages ersetzte. Russland hat zwar den Vertrag aus dem Jahre 1768 im Abtretungsvertrag bestätigt, doch hinsichtlich des polnischen Teilungsgebietes ist die Grenzgarantie des Vertrages von 1768 revidiert und auf eine neue Grundlage gestellt worden. Österreich hat, bezogen auf seine Grenze mit Polen, neue Festlegungen getroffen, die keine früheren Einigungen aufheben. Da es für die Rechtmäßigkeit der Zessionsverträge irrelevant ist, ob Polens Einverständnis zu den Teilungen erzwungen wurde, sind die Abtretungsverträge nach dem geltenden Völkerrecht des 18. Jahrhunderts wirksam zustande gekommen und damit rechtmäßig.[512] Im Ergebnis können die Zessionen wie eine Art nachträgliche Einwilligung durch die Polen zu den möglicherweise teilweise rechtswidrig durchgeführten Annexionen gewertet werden.

III. Rechtsnachfolge in Vermögen und Archive

Die Teilungsmächte schlossen getrennt voneinander Zusatzverträge mit Polen-Litauen ab, die an die Abtretungsverträge angegliedert werden sollten. Die Verträge gehen lediglich auf eine Rechtsnachfolge in Vermögen und Archive ein.

Polen[513] und Österreich schlossen am 16. März 1775 in Krakau einen Zusatzvertrag[514] über die österreichische Übernahme der ehemals polnischen Gebiete ab. Nach Art. VII sollen die Steuergelder, die zum Zeitpunkt der Besitznahme des Gebiets durch Österreich in die Kassen der polnischen Republik gehörten, dieser zurückgegeben werden.[515] Da ansonsten an keiner weiteren Stelle auf die Übernahme des Vermögens eingegangen wurde, ist davon auszugehen, dass das übrige Vermögen auf Österreich übergehen sollte.

Mit den ehemals polnischen Archiven beschäftigt sich Art. XI. Danach sollen alle Dokumente, die die Republik Polen betreffen und von den anderen Dokumenten problemlos separiert werden können, an Polen übergeben werden. Wenn aber die Akten in den Archiven sowohl Polen als auch Österreich tangieren und nicht separiert werden können, sollen diese an Polen in einer beglaubigten Abschrift übergeben werden.

---

512 Der polnische Wissenschaftler *Stanisław Hubert* stellt fest, dass hinsichtlich der formalen Aspekte der Abtretungsverträge keine Rechtswidrigkeit angenommen werden könne. Erst die äußeren Umstände würden zu einer anderen Beurteilung führen. Vgl. *Hubert*, Rozbiory, S. 53.

513 Hier ist Polen-Litauen als Vertragspartner zu verstehen.

514 Originaltitel: « Acte séparé contenant différentes stipulations entre Sa Majesté le Roi de la République de Pologne et Sa Majesté l'Impératrice Reine de Hongrie et de Bohème; signé à Varsovie le 16 mars 1775 », franz. Text abgedruckt bei: *von Martens*, Recueil de traités, Bd. II, S. 116-119; *d'Angeberg*, Recueil des traités concernant la Pologne, S. 185-188.

515 Diese Regelung findet sich nicht in den anderen beiden Zusatzverträgen.

Der Abschluss eines Ergänzungsvertrages zwischen Preußen und Polen erfolgte am 15. März 1775[516]. Der Vertrag enthält im Vergleich mit dem österreichisch-polnischen Zusatzvertrag eine identische Regelung zur Übergabe der Archive in Art. XI.

Russland und Polen schlossen einen entsprechenden Zusatzvertrag am 4. (15.) März 1775[517] ab, der ebenfalls nahezu wortgleiche Regelungen wie die beiden anderen Zusatzverträge enthielt. Der Übergang der Archive wird in Art. X nämlich gleichermaßen festgelegt.

IV. Ergebnis des Sukzessionsvorgangs

Zu Beginn der ersten Teilung erfolgte der Gebietsübergang auf Russland, Preußen und Österreich mittels Annexionen. Erst durch die Abtretungsverträge wurden die Annexionen in erzwungene Zessionen umgewandelt. Darüber hinaus betrachteten sich die Teilungsmächte hinsichtlich des annektierten Gebiets als Rechtsnachfolger.

B. Staatsrechtliche Annäherung Polens und Litauens durch die Maiverfassung von 1791

Kurz vor der zweiten Teilung traten Änderungen des staatsrechtlichen Verhältnisses von Polen zu Litauen ein. Die seit dem Lubliner Sejm bestehende Realunion wurde auf immer mehr Institutionen ausgeweitet, sodass die beiden Staaten den Prozess der Annäherung ständig weiter vorantrieben. Kurz vor der Verfassung vom 3. Mai 1791[518] war der Prozess der staatsrechtlichen Annäherung zwischen Polen und Litauen daher weit fortgeschritten. So existierten sogar in der Verwaltung bereits gemeinsame Institutionen.[519] Durch die Maiverfassung[520] und auch später umgesetzte Reformen könnte die staatsrechtliche Verbindung letztendlich so eng

---

516 Franz. Originaltext: « Acte séparé conclu entre Sa Majesté le Roi de Prusse et Sa Majesté le Roi et la République de Pologne contenant différentes stipulations le 15 mars 1775 », abgedruckt in: *von Martens*, Recueil de traités, Bd. II, S. 160-163; *d'Angeberg*, Recueil des traités concernant la Pologne, S. 178-181.

517 Franz. Text: *d'Angeberg*, Recueil des traités concernant la Pologne, S. 171-175.

518 Polnischer, litauischer und englischer Text: *Bardach, Juliusz*, Konstytucja 3 maja 1791 – 1791 Gegužės 3-Osios Konstitucja – The Constitution of May 3, 1791, 2001, S. 55-72, 127-143, 201-217; poln. Text: *Handelsman, Marceli* (Hrsg.), Konstytucje Polskie 1791-1921, 4. Aufl., 1926, S. 37-48; poln. und franz. Text: *Tarnowska*, Polskie dokumenty, S. 19-30.

519 Vgl. *Kutrzeba*, Historia ustroju, S. 199; *Sawicki, Jakub*, Wybór tekstów źródłowych z historii państwa i prawa polskiego, Bd. I, Teil 2, 1951, Nr. 19, S. 88-97.

520 Preußen und Österreich erkannten die neue Verfassung sowie dessen Unabhängigkeit an. Ferner kamen beide überein, gemeinschaftlich dahin zu wirken, dass auch Russland die neue Verfassung anerkenne. Vgl. *Binder, Wilhelm*, Der Untergang des polnischen Nationalstaates, Bd. I, 1843, S. 122; mit dem Verhältnis Preußens zur Maiverfassung befasst sich eingehend: *Kocój, Henryk*, Stosunek Prus do

gewachsen sein, dass Polen und Litauen einen Einheitsstaat bildeten. Dadurch könnte Litauen von Polen inkorporiert und damit als Staat untergegangen sein. In Betracht kommt aber auch eine Fusion beider Staaten in Form eines Bundesstaates, wonach ein Neustaat entstanden sein könnte.

I. Inhalt der Maiverfassung hinsichtlich einer engeren staatsrechtlichen Verbindung

Für die Beurteilung der staatsrechtlichen Verbindung Polens und Litauens ist der Inhalt der Maiverfassung maßgeblich. Die polnische Seite, insbesondere der König, strebte nach einem polnischen Einheitsstaat. Aufgrund des befürchteten Widerstandes der Litauer wurde das staatsrechtliche Verhältnis beider Nationen in der Maiverfassung nicht definiert.[521] Das vordergründige Ziel eines unitären Staates durch die polnische Seite[522] wurde zwar nicht genannt, man erhoffte sich aber, dass es durch die Umsetzung der Reformen automatisch erreicht würde.[523] Auffällig ist, dass im Text der Maiverfassung an keiner Stelle von der Polnischen Krone oder dem Großfürstentum Litauen die Rede ist. Auch wird der Ausdruck Republik, der oft mit dem Unionsstaat Polen-Litauen als Staatenbund in Verbindung gebracht wurde, vermieden. Stattdessen werden die Begriffe „Staat“ und „Polen“ verwandt. Eine Ausnahme bildete lediglich Art. IV, der von „Staaten der Republik“[524] sprach.

II. Inhalt der „Gegenseitigen Bürgschaft beider Nationen“ vom 22. Oktober 1791

Die Maiverfassung ging auf die formelle Vereinigung Polens und Litauens zwar nicht ein, eine entsprechende Regelung fand sich aber in der „Gegenseitigen Bürgschaft beider Nationen“[525] vom 22. Oktober 1791[526]. Demnach kann die gemeinsame Vereinbarung als Ergänzung zur Maiverfassung gewertet werden. Die „Gegenseitige Bürgschaft beider Nationen“ wurde von den Litauern ausgearbeitet und dem gemeinsamen Sejm vorgelegt, um die Rechtssubjektivität des Großfürstentums und dessen Gleichheit zur Krone zu garantieren.[527]

Konstytucji 3 maja, in: Studia Historica Slavo-Germanica, Bd. XVIII (1991-1992), S. 139-157.

521 Vgl. *Bardach*, Konstytucja 3 maja, S. 17.

522 Vgl. *Šapoka*, Sondertagungen der litauischen Stände, in: Äratrükk Õpetatud Eesti Seltsi Toimetustest, S. 700.

523 Vgl. *Bardach*, Konstytucja 3 maja, S. 20.

524 Poln.: państwa Rzeczypospolitej.

525 Poln.: „Zaręczenie wzajemne obojga narodów“.

526 Poln. Übersetzung des Textes: *Mościcki*, Unia Litwy z Polską, S. 40-42; Volumina Legum, Bd. IX, 1889, S. 316 f.

527 Vgl. *Bardach*, Konstytucja 3 maja, S. 38.

Der Text nennt im Gegensatz zur Maiverfassung namentlich die Krone Polens und das Großfürstentum Litauen. Festgesetzt wird, dass es eine einheitliche Gerichtsverfassung, einen Sejm, ein einheitliches Heer sowie ein gemeinsames, vereintes Staatsvermögen geben soll. In der gemeinsamen Polizeikommission sollen die Litauer ein Drittel und in der Militär- sowie Schatzkommission die Hälfte der Sitze einnehmen. Die Militär- und Schatzkommissionen sollen im Wechsel einen Polen und einen Litauer zum Vorsitzenden haben. Die Zahl der Minister und Beamten soll ebenfalls in Polen und Litauen ausgeglichen sein.[528] Abschließend wird ausdrücklich betont, dass beide Staaten eine nicht wieder auflösbare Republik bilden.

III. Staatsrechtliche Folgen für die Verbindung Polens und Litauens

Aufgrund der „Gegenseitigen Bürgschaft beider Nationen" sowie des Regierungsgesetzes der Maiverfassung könnte der litauische Staat durch Angliederung an Polen untergegangen sein. Wenn der litauische Staat allerdings weiterhin als Staat fortexistierte, stellt sich die Frage nach der Staatsform Polen-Litauens.

1. Darstellung der Problematik in der Wissenschaft

In der Wissenschaft existieren verschiedene Ansichten, die bezüglich der Frage, ob mit der Maiverfassung ein Sukzessionsvorgang eingeleitet wurde und wie dieser konkret ausgestaltet sein könnte, zu unterschiedlichen Ergebnissen gelangen. Es gibt Wissenschaftler, die den Untergang Litauens durch die Bildung eines Einheitsstaates im Wege der Inkorporation befürworten, aber auch Vertreter, die dies gerade ablehnen und zu dem Ergebnis kommen, dass Litauen als Staat nicht untergegangen sein kann, beide Staaten sich aber zu einem Bundesstaat zusammengeschlossen haben könnten. Im Folgenden werden nun die Argumente, die für und gegen die beiden Ansichten sprechen, angeführt und abschließend bewertet.

Für die Annahme, dass Litauen und Polen einen Bundesstaat bildeten, könnte die Tatsache sprechen, dass dies in den Vorbereitungsdokumenten für den Vierjährigen Sejm ausdrücklich erwähnt wurde. Der Text des ersten Projektes von Ignacy Potocki[529], der am 27. Mai 1790 in französischer Sprache verfasst wurde, verkündete in Art. 1, dass „die Republik Polen und das Großfürstentum Litauen einen Bundesstaat bilden sollten".[530] In den Vorbereitungstexten, die durch den polnischen König beeinflusst waren, wie etwa in dem Text vom 20. Dezember 1790, wird

528 Einer der wenigen Autoren, der sich mit der Konvention auseinandersetzt: *Kutrzeba*, Historia ustroju, S. 200.

529 *Ignacy Potocki* (geb. am 28. Februar 1750 in Polen, gestorben am 30. August 1809 in Wien) war ein polnischer Adeliger, der neben Jura auch Theologie studiert hatte. Er gehörte in den Jahren 1772 bis 1791 der „Kommission für das nationale Erziehungswesen" in Polen-Litauen an. Vgl. *Janeczek, Zdzisław*, Ignacy Potocki. Marzszałek Wielki Litewski (1750-1809), 1992, S. 5 f., 9, 15 ff., 254 ff.

530 Vgl. *Rostworowski, Emanuel*, Legendy i fakty 18. w., 1963, S. 451.

davon gesprochen, dass „die beiden Nationen, die polnische und die litauische, von nun an eine Nation bilden sollen".[531] Immer wieder hatte König August auch öffentlich betont, dass er für einen Einheitsstaat, in dem das litauische Territorium polnisch wird, plädiert.[532]

Wielhorski und Makowski werten die Vorgänge des Jahres 1791 so, dass Litauen komplett in der polnischen Krone aufgegangen sei und die Krone Polens und das Großfürstentum Litauen zu einem Staatsgebilde zusammenschmolzen.[533] Nach dem Zusammenschluss existierte nur ein einheitliches Polen, sodass keine Fusion zwischen beiden Staaten, sondern eine Inkorporation Litauens vollzogen wurde.[534] Nach dieser Ansicht sei der litauische Staat untergegangen.[535] Aufgrund des Schweigens der Verfassung zu Litauen geht Leśnodorski davon aus, dass die Verfassung die Etablierung eines einheitlichen Staates an die Stelle der bestehenden Realunion bezweckte.[536] An die Stelle der Realunion sei ein neuer polnischer Staat getreten.[537] Ein weiterer Aspekt für die Bildung eines Einheitsstaates ist nach Malec, dass alle für die Staatsmacht wichtigen Institutionen gemeinsam waren. Hierunter zählen gemeinsame Kommissionen, wie etwa die des Heeres und der nationalen Bildung.[538] Getrennt blieben allerdings zentrale und lokale Behörden, das Gerichtswesen und provinziale Beratungen des Sejm. Art. VIII der Maiverfassung sah auch die Schaffung eines einheitlichen Rechts vor.[539] Aus diesem Grunde wurden zwei Kodifizierungsabordnungen, eine polnische und eine litauische, ins Leben gerufen.[540] Die Arbeiten an einem gemeinsamen Gesetzesbuch kamen allerdings niemals zum Abschluss.[541] Die nach der Verfassung erlassenen Einzelgesetze haben die Organisation der Landtage in dem gesamten Staat vereinheitlicht.[542]

---

531 Vgl. *Bardach, Juliusz*, Konstytucja 3 maja a unia polsko-litewska, in: PH 82 (1991), Heft Nr. 3-4, S. 383-410 (387 f.); *Rostworowski*, Legendy i fakty 18. w., S. 451 f.

532 *Jasienica, Paweł*, Rzeczpospolita Obojga Narodów, Bd. 3, 1973, S. 475.

533 Vgl. *Wielhorski*, Polska a Litwa, S. 103; *Makowski*, Kwestia litewska, S. 9.

534 *Makowski*, Kwestia litewska, S. 9 f.

535 Vgl. *Makowski*, Kwestia litewska, S. 10. Dies befürworten auch: *Wisner, Henryk*, Unia. Sceny z przeszłości Polski i Litwy, 1988, S. 238 f.; *Leśnodorski, Bogusław*, Dzieło Sejmu Czteroletniego (1788-1792), 1951, S. 242.

536 Vgl. *Leśnodorski*, Dzieło Sejmu Czteroletniego, S. 240 f.

537 Vgl. *Kutrzeba*, Unia Polski z Litwą, S. 209.

538 Vgl. *Malec*, Problem stosunku Polski do Litwy, in: CPH 34 (1982), S. 43. Ferner auch eine Polizeikommission. Vgl. Text des Sejmgesetzes zur Polizeikommission, abgedruckt in: *Sawicki*, Wybór tekstów źródłowych, Bd. I, Teil 2, Nr. 20, S. 98-110.

539 Zum Projekt der Vereinheitlichung des Rechts siehe auch: *Borowski, Stanisław*, Kodeks Stanisława Augusta. Zbiór dokumentów, 1938, Nr. XXII, S. 66 f.

540 Vgl. *Malec*, Problem stosunku Polski do Litwy, in: CPH 34 (1982), S. 44; *Leśnodorski*, Dzieło Sejmu Czteroletniego, S. 240; *Bardach*, Konstytucja 3 maja, in: PH 82 (1991), Heft Nr. 3-4, S. 405.

541 *Malec*, Problem stosunku Polski do Litwy, in: CPH 34 (1982), S. 44.

542 *Michalski*, Zagadnienie unii polsko-litewskiej, in: Zapiski Historyczne 51 (1986), S. 131.

Gegen diese Argumentation wendet sich Malec, der darauf aufmerksam macht, dass die Verwaltung nicht vollständig vereinheitlicht wurde, obwohl gemeinsame Kommissionen geschaffen wurden. Darüber hinaus sollten, die Schatzkasse betreffend, die litauischen öffentlichen Einnahmen ebenfalls im Großfürstentum belassen werden. Ferner sollten die Gerichtsangelegenheiten der Finanzkommission, die die litauischen Bürger und deren Angelegenheiten betrafen, weiterhin von einem unabhängigen litauischen Finanzgericht geregelt werden. Auch wurde in Litauen ein eigenes Tribunal als höchstes Gericht beibehalten.[543] Nach Malec Ansicht wurde Litauen daher nicht als eine Provinz in Polen eingegliedert. Hierfür spreche auch, dass die Litauer selbst die bisherige Realunion nicht wesentlich ändern wollten und in einigen Punkten ihre Unabhängigkeit in ihrem System, aber auch in ihrem Gerichtswesen beibehalten wollten.[544] Jasienica[545] schrieb, dass „der Vierjährige Sejm nicht den föderativen Charakter des Unionsstaates beseitigte, sondern ihm nur eine engere Form auferlegt habe". Ferner betont er, dass die „Verbrüderung" zur Sicherung der Selbständigkeit Litauens geführt hat.[546] Kutrzeba stellt fest, dass sich die Bestimmungen der Verfassung sowohl auf Polen als auch auf Litauen erstreckten und damit eine staatliche Einheit geschaffen wurde. Damit sei, wenn auch stillschweigend, die bisherige formale Staatenverbindung aufgehoben worden. In der gesonderten „Verbrüderung" sei die Verbindung hinsichtlich ihres Inhalts sodann noch detaillierter beschrieben worden.[547] Hiergegen spreche auch nicht die Tatsache, dass Polen und Litauen getrennte Minister beibehalten sollten, da sich die Regierungsgewalt, die den einzelnen Ministern übertragen wurde, auf den Einheitsstaat Polen erstreckt habe.[548] Auch Łojek kommt zu dem Schluss, dass das Regierungsgesetz der Maiverfassung die staatliche Einheit regelt und daher auch nicht mehr von der Republik beider Nationen sprach. Faktisch habe die Maiverfassung daher die zwischen Polen und Litauen bis dahin bestehende Union liquidiert und an deren Stelle einen neuen polnischen Staat gesetzt.[549] Die „Verbrüderung" hätte diesbezüglich keine staatsrechtliche Änderung herbeigeführt, sondern die Maiverfassung nur bestätigt.[550] Ein weiterer Punkt, der für die Bildung eines Einheitsstaates spreche, sei, dass durch die Maiverfassung die staatliche Regierung zentralisiert wurde.[551] Dies könnte als Verlust der kompletten Staatsgewalt durch Litauen gewertet werden. Zu einem anderen Ergebnis kommt Wasilewski, der feststellt, dass in der Wissenschaft fälschlicherweise häufig die Ansicht vertreten wurde, dass die zwischen Polen und Litauen seit dem Jahre 1569

543 *Kutrzeba*, Historia ustroju, S. 381.
544 *Malec*, Problem stosunku Polski do Litwy, in: CPH 34 (1982), S. 32.
545 *Jasienica*, Rzeczpospolita Obojga Narodów, Bd. 3, S. 477.
546 Zit. n.: *Jasienica*, Rzeczpospolita Obojga Narodów, Bd. 3, S. 477.
547 *Kutrzeba*, Historia ustroju, S. 380.
548 *Kutrzeba*, Historia ustroju, S. 381.
549 *Łojek, Jerzy*, Konstytucja 3 maja, 1981, S. 34.
550 *Łojek*, Konstytucja 3 maja, S. 34.
551 *Malec*, Problem stosunku Polski do Litwy, in: CPH 34 (1982), S. 42.

bestehende Realunion durch die Maiverfassung aufgehoben und in einen Einheitsstaat umgewandelt wurde.[552] Als Argumente führt Wasilewski an, dass die Maiverfassung nicht nur getrennte Beratungen in Polen und Litauen hinsichtlich des gemeinsamen Reichstags bestehen ließ, sondern auch getrennte Minister in beiden Ländern beibehielt.[553] Hinsichtlich der Verbrüderung zieht er einen inhaltlichen Vergleich zur Lubliner Union und hebt hervor, dass mit diesem Text die Unabhängigkeit Litauens gestärkt wurde.[554] Auch Leśnodorski zieht einen Vergleich zu den früheren polnisch-litauischen Unionen, indem er ebenfalls anführt, dass die gegenseitige „Verbrüderung" aus formaler Sicht an die in der Vergangenheit zahlreich geschlossenen Unionen zwischen Polen und Litauen erinnert. In dem Text sei einerseits eine Versicherung auf die Gemeinsamkeit angelegt, andererseits sei eine bestimmte Unabhängigkeit Litauens gewährleistet worden.[555] Von der Ausweitung des föderativen Charakters und gerade keiner Verschmelzung Litauens und Polens zu einem Einheitsstaat geht auch der bedeutende polnische Rechtswissenschaftler Juliusz Bardach aus.[556]

2. Stellungnahme

Der vorangegangene Diskurs verdeutlicht, dass die staatsrechtliche Grundlage beider Staaten eine neue gemeinsame Verfassung bildete. Fest steht auch, dass mit der Verfassung die Staatsgewalt durch ein gemeinsames ausführendes Organ zentralisiert wurde. Auf der anderen Seite beließ die „Verbrüderung" auch einige Institutionen in Litauen. Fraglich ist aus diesem Grunde, wie die staatsrechtliche Zentralisierung zu bewerten ist.

a) Einheitsstaat

Die Krone Polens und das Großfürstentum Litauen könnten sich zu einem Einheitsstaat verbunden haben. Bereits die Tatsache, dass auch nach der Verabschiedung der Maiverfassung immer noch von Polen und Litauen gesprochen wurde, spricht gegen die Gründung eines Einheitsstaates. Im Gegensatz zur Lubliner Union wurden nicht nur der Sejm, sondern darüber hinaus auch die Regierung mit dem Ministerrat und die Exekutive zentralisiert.[557] Demzufolge wurde eine neue Staatsgewalt für die Verbindung Polens und Litauens etabliert. Die Verfassung

---

552 *Wasilewski, Tadeusz,* Wielkie Księstwo Litewskie w dobie Rzeczypospolitej Obojga Narodów (1569-1795). Federacja dwóch państw i narodów czy państwo jednolite?, in: Lithuania Kwartalnik 1990, Nr. 1, S. 66-77 (75).

553 *Wasilewski,* Wielkie Księstwo Litewskie, in: Lithuania Kwartalnik 1990, Nr. 1, S. 75.

554 *Wasilewski,* Wielkie Księstwo Litewskie, in: Lithuania Kwartalnik 1990, Nr. 1, S. 76.

555 *Leśnodorski,* Dzieło Sejmu Czteroletniego, S. 241.

556 Vgl. *Bardach, Juliusz,* Sejm dawnej Rzeczypospolitej, in: *Bardach, Juliusz* (red.), Dzieje sejmu polskiego, 1993, S. 9-97 (91).

557 *Kamieniecki,* Litwa a Konstytucja 3-go maja, S. 21.

zentralisierte zwar die Regierungsgewalt, doch auf der anderen Seite wurden zahlreiche Institutionen, wie etwa das Finanzwesen im Großfürstentum, getrennt beibehalten. Auch das Gerichtswesen sollte in beiden Staaten unabhängig voneinander organisiert werden. Demnach behielten sowohl Polen als auch Litauen zahlreiche Kompetenzen auf wichtigen Gebieten bei. Beide Staaten blieben daher noch in gewissem Umfang souverän, sodass man nicht von dem Verlust der kompletten Staatsgewalt sprechen kann. Die „Verbrüderung" hat diese Tendenz nur verstärkt, indem sie eindeutig davon sprach, dass Litauen als „gleichberechtigter Partner" in die Verbindung zu Polen gehen und gerade nicht als „weitere polnische Provinz" dem polnischen Staat untergeordnet sein sollte. Folglich ist das Ergebnis überzeugend, dass keine Verschmelzung zu einem Einheitsstaat erfolgt sein konnte.

b) Bundesstaat

Aufgrund dieser vorangegangenen Bewertung drängt sich die Annahme auf, dass Polen-Litauen nach der Maiverfassung einen dualistischen Unionsstaat bildete. Unter einem solchen ist nichts anderes als eine Föderation, also ein Bundesstaat, zu verstehen.[558] Rechtlich betrachtet besteht ein solcher aus mehreren Staatrechtssubjekten, also politischen Ordnungen mit Staatsqualität. Der Bundesstaat stellt eine staatsrechtliche Verbindung von nichtsouveränen Staaten zu einem souveränen Gesamtstaat und damit ein neues Völkerrechtssubjekt dar. Der Unterschied zu einem Einheitsstaat ist, dass die Gliedstaaten zu einem übergreifenden souveränen Gesamtstaat zusammengeschlossen sind. Polen und Litauen blieben auf diese Weise als nichtsouveräne innerstaatliche Rechtsgemeinschaften mit Staatsqualität bestehen. Durch die gemeinsame Verfassung und die Schaffung einer einheitlichen Regierungsgewalt und Exekutive wurde ein neuer übergreifender Gesamtstaat errichtet, dem Polen und Litauen als Gliedstaaten mit gewisser Eigenständigkeit angehörten. Wie festgestellt, wurden nämlich bestimmte Kompetenzen, wie etwa im Bereich des Finanzwesens und die Möglichkeit getrennter Sejmberatungen, den Polen und Litauern eingeräumt. Wegen der relativ kurzen Geltungsdauer der Maiverfassung könnte allerdings keine entsprechende Umsetzung dieser föderalistischen Pläne erfolgt sein. Polen-Litauen bildete daher einen neuen Bundesstaat in *statu nascendi.*

3. Zwischenergebnis

Polen und Litauen existierten nach der Maiverfassung und der ergänzenden „Verbrüderung" als nichtsouveräne Staaten, die sich zu einem neuen Bundesstaat zusammenschlossen, fort, sodass weder Polen noch Litauen in dieser engeren Verbindung als Staaten untergingen. *De facto* wirkte die Republik wegen

558 Im Gegensatz zur Lubliner Union, die eine Realunion zwischen Polen und Litauen etablierte, erfolgte durch die Maiverfassung eine weitergehende staatsrechtliche Zentralisierung.

der Dominanz Polens als polnischer Staat und damit auch das Staatsgebiet des „Bundesstaates" faktisch als polnisches Staatsgebiet. Dies verdeutlichen auch die späteren Verträge, die häufig nur auf „Polen" eingehen. Dass die Polen auch die litauischen Gebiete als zu ihrem Staatsgebiet gehörig betrachteten, liegt vor allem an den dort lebenden Polen, die sich aufgrund der Polonisierung Litauens immer stärker in den litauischen Gebieten ansiedelten.

C. Die zweite Teilung 1793

Der Verlauf der zweiten Teilung[559] ähnelt dem der ersten Teilung. Ein wesentlicher Unterschied ist aber, dass dieses Mal Österreich nicht an der weiteren Teilung des polnisch-litauischen Staatswesens beteiligt war. Bevor Russland[560] und Preußen[561] die Gebiete Polen-Litauens besetzten, schlossen sie am 23. Januar 1793 in Petersburg einen Teilungsvertrag ab. Während des Sejm von Grodno wurden wiederum Abtretungsverträge mit der polnisch-litauischen Seite abgeschlossen.

I. Annexion

Bei der Aufteilung des polnischen Gebietes könnte wiederum eine Annexion in Betracht kommen.

1. Voraussetzungen

a) Objektive Elemente

Hinsichtlich der objektiven Seite wird die Einverleibung fremden Staatsgebiets vorausgesetzt. Preußen und Russland haben mit ihren Truppen die polnischen Gebiete besetzt und ihrem Gebiet einverleibt, sodass objektiv eine Annexion vorlag.

b) Subjektive Elemente

Die beiden Teilungsmächte müssten eine Annexion tatsächlich gewollt und idealerweise entsprechend erklärt haben.

---

559 Vgl. Anhang II, Karten 4 und 5.

560 Russland hatte bereits am 7./8. Mai 1792 Polen gegenüber den Krieg erklärt. Die entsprechende Erklärung ist in franz. Sprache abgedruckt bei: *d'Angeberg*, Recueil des traités concernant la Pologne, S. 274-281.

561 Als Reaktion auf die russische Kriegserklärung bittet der polnische König in einem Brief an den preußischen König vom 31. Mai 1790 Preußen um Hilfe und Schutz gegen Russland. Der Brief ist in franz. Sprache abgedruckt bei: *d'Angeberg*, Recueil des traités concernant la Pologne, S. 282-283. In einem Antwortbrief vom 8. Juni 1792 lehnt der preußische König dieses Hilfeersuchen ab und erklärt stattdessen, dass Preußen sich mit Russland und Österreich gegen Polen verbünden werde. Text des Antwortbriefes in franz. Sprache abgedruckt bei: *d'Angeberg*, Recueil des traités concernant la Pologne, S. 292-293.

aa) Teilungsvertrag vom 12. (23.) Januar 1793 zwischen Preußen und Russland
In dem Teilungsvertrag vom 12. (23.) Januar 1793[562] könnten Preußen und Russland Annexionserklärungen abgegeben haben.

(1) Inhalt des Teilungsvertrages zwischen Preußen und Russland
Preußen und Russland unterzeichneten am 12. (23.) Januar 1793 in Petersburg den Teilungsvertrag hinsichtlich der zweiten Teilung Polens. In Art. II verkünden beiden Mächte, dass sie weitere polnische Gebiete, die im Folgenden konkretisiert werden, besetzen wollen. Die russische Seite kündigt in Art. III an, dass sie die zuvor genannten Gebiete an das Russische Reich angliedern will und setzt als Zeitraum für die durchzuführende Besetzung den 25. März bis 10. April fest. In Art. V wird die gemeinsame Besetzung weiterer Gebiete, darunter der Stadt Danzig, festgelegt. Die betreffenden Gebiete werden als rechtmäßiges Eigentum Preußens beschrieben und sollen daher von Russland entsprechend garantiert werden. Ein Verteidigungsbündnis wird in Art. IX geschlossen. Der Vertrag soll gemäß Art. XI innerhalb von sechs Wochen ratifiziert werden.

(2) Bewertung des Teilungsvertrages
In dem Teilungsvertrag sind also Annexionserklärungen von Seiten Preußens und Russlands enthalten, sodass die subjektive Komponente der Annexion zu bejahen ist.

bb) Inkorporationspatente der Teilungsmächte

(1) Inhalt der Patente

(a) Preußisches Inkorporationspatent vom 25. März 1793
In dem Inkorporationspatent vom 23. März 1793[563] richtet sich der preußische König Friedrich Wilhelm II. an alle Stände, die Bischöfe, Wojewoden, Starosten und alle anderen Bürger der polnischen Gebiete, die Preußen laut Teilungsvertrag besetzen will. Er verkündet, dass es für die Sicherheit der preußischen und russischen Provinzen unabdingbar ist, eine Änderung der polnischen Grenzen herbeizuführen. Danzig und Thorn sollen besetzt und dem preußischen Staat einverleibt werden. Von der polnischen Bevölkerung wird erwartet, dass sie sich auf einem außerordentlichen Reichstag zusammenfindet, um alle notwendigen Maßnahmen hinsichtlich des vorliegenden Patentes umzusetzen. Dadurch soll Polen der ewige Frieden verliehen und das Land vor den Folgen der Anarchie bewahrt werden. Die polnische Bevölkerung in den besetzten Gebieten soll sich weder den Generälen noch dem Heer entgegensetzen, sondern sich freiwillig ergeben und den preußischen König als ihren rechtmäßigen König anerkennen, so wie sie bisher dem polnischen König treu verbunden war. Im Gegenzug wird den Polen Schutz und

---

562 Franz. Originaltext mit russischer Übersetzung: *Parry, Clive* (ed.), CTS, vol. 51 (1790-1793), 1969, S. 449-461.

563 Poln. Übersetzung: *Kallas/Krzymkowski*, Historia ustroju i prawa, Nr. 2, S. 27-29.

die Möglichkeit der Beibehaltung ihres Glaubens gewährt. Des Weiteren wird von der polnischen Bevölkerung erwartet, dass diese einen Treueeid leistet. Von jedem, der einen Treueeid leisten soll, wird Gehorsam erwartet. Im letzten Abschnitt wird jedem, der sich gegen die neue Macht stellt und gegen das Inkorporationspatent verstößt, mit Bestrafung gedroht.

(b) Russisches Inkorporationspatent vom 29. März (9. April) 1793

Die russische Seite beschreibt in ihrem Inkorporationspatent vom 29. März (9. April) 1793[564] zunächst die unruhige Situation in Polen und versucht damit deutlich zu machen, welche Gefahren vom polnischen Staat ausgehen. Als einzige Möglichkeit, den drohenden inneren Ruin der Republik zu verhindern, bewertet Russland die Inkorporation der polnischen Gebiete in den russischen und den preußischen Staat. Russland kündigt an, dass es die polnischen Gebiete aus diesem Grunde in Besitz nehmen werde. Am Ende des Patentes regt die russische Seite an, einen Reichstag in Polen zu berufen, der über die Ziele und notwendigen Maßnahmen, die Russland vorschlägt, beraten soll.

(2) Bewertung der beiden Patente

Die Inkorporationspatente enthalten jeweils Annexionserklärungen. Allerdings reichen diese Erklärungen noch weiter, denn es werden konkrete Besetzungsmaßnahmen angekündigt und die Folgen der Annexion für die polnische Bevölkerung verkündet. Somit bekräftigen die Inkorporationspatente die subjektive Voraussetzung der Annexion.

2. Rechtmäßigkeit der Annexion

Im letzten Schritt ist zu prüfen, ob die Annexionen rechtmäßig waren. Wiederum kommen Verstöße gegen den Grundsatz *pacta sunt servanda* in Betracht.

a) Rechtmäßigkeit der preußischen Annexion

Preußen verstieß gegen den Abtretungsvertrag von 1773, da auch hier die Unverletzlichkeit des polnischen Staatsgebiets garantiert wurde. Des Weiteren verletzte Preußen mit der Unterzeichnung des zweiten Teilungsvertrages den Freundschafts- und Bündnisvertrag, der am 29. März 1790 in Warschau[565] mit Polen unterzeichnet wurde. Eine gegenseitige Gebietsgarantie ist in Art. II enthalten. Die gegenseitige Verteidigung wird konkret in Art. III geregelt. Im Ergebnis war somit auch die preußische Annexion der zweiten Teilung Polens rechtswidrig.

b) Rechtmäßigkeit der russischen Annexion

Mit der Einverleibung des polnischen Staatsgebietes verstieß Russland gegen Art. IV des Abtretungsvertrages der ersten Teilung von 1773. In dem Abtretungsvertrag

564 Franz. Text: *d'Angeberg*, Recueil des traités concernant la Pologne, S. 306-309.

565 Franz. Originaltext: *Parry, Clive* (ed.), CTS, vol. 50 (1786-1790), 1969, S. 491-495.

hatte Russland nämlich Polen den Bestand der nach der ersten Teilung bestehenden Grenze vertraglich zugesichert. Gegen diese Garantie verstieß es mit der Annexion weiterer polnischer Gebiete. Die russische Annexion war demzufolge rechtswidrig.

II. Zession

So wie bei der ersten Teilung wurde von Polen-Litauen gefordert, dass es wiederum formal die Annexion bestätigt und damit rechtlich durch den Abschluss eines Zessionsvertrages legitimiert.[566] Wiederum wurde auf Druck der beiden Teilungsmächte ein außerordentlicher Reichstag einberufen. Die Sejmberatungen in Grodno fanden unter militärischer Bedrohung statt.[567]

1. Vertragliche Einigung

a) Abtretungsvertrag zwischen Polen und Russland vom 11. (22.) Juli 1793

Polen-Litauen und Russland schlossen am 11. Juli (22. Juli) 1793 in Grodno einen Abtretungsvertrag[568] hinsichtlich der zweiten Teilung Polens. In Art. I schwören beide Seiten einen ewigen Frieden und ein freundschaftliches Bündnis. Mit dem Vertrag sollen sämtliche Unstimmigkeiten zwischen beiden Staaten beseitigt werden. Um das System des ewigen Friedens erhalten zu können, wird in Art. II betont, dass es notwendig ist, die Grenzen zu bestimmen und sie zu bestätigen. So wie im preußisch-polnischen Vertrag verzichtet Polen unwiderruflich und dauerhaft zu Gunsten Russlands auf die durch Russland besetzten polnischen Gebiete. Diesbezüglich wird auf ein Rückgaberecht umfassend verzichtet. Die Passage hinsichtlich der Konkretisierung der Abtretung, wie etwa dem in den Gebieten belegenen Eigentum, ist identisch mit dem preußisch-polnischen Abtretungsvertrag. Ein umfassender Verzicht auf Rechtsansprüche gegenüber Russland wird von der polnisch-litauischen Seite in Art. III erklärt. In Art. IV folgt der entsprechende Verzicht der russischen Seite. Vergleichbar zum preußisch-polnischen Vertrag wird die territoriale Integrität Polens durch Russland garantiert. Im letzten und zehnten Artikel wird die Ratifikation durch den russischen Zaren und den polnischen König binnen sechs Wochen festgelegt. Auch dieser Vertrag soll in die Sejmverfassung eingefügt werden.

---

566 Vgl. *Bardach*, Sejm dawnej Rzeczypospolitej, in: *Bardach*, Dzieje Sejmu Polskiego, S. 93.

567 Vgl. *Hubert*, Rozbiory, S. 65.

568 Franz. Text: *Parry, Clive* (ed.), CTS, vol. 52 (1793-1795), S. 83-90; franz. Text mit poln. Übersetzung und entsprechender Ratifikationsurkunde: *Kaczmarczyk*, Volumina Legum, Bd. X, S. 14-24; franz. Text: *d'Angeberg*, Recueil des traités concernant la Pologne, S. 322-329.

b) Abtretungsvertrag zwischen Polen und Preußen vom 25. September 1793

Der preußisch-polnische Abtretungsvertrag wurde am 25. September 1793[569] nach anfänglichem Widerspruch der polnischen Seite in der „stummen Sitzung" von Grodno angenommen.[570] In Art. I schließen Preußen und die Krone Polens sowie das Großfürstentum Litauen eine ehrliche und dauerhafte Freundschaft und ein ebensolches Bündnis. Die Grenzregelungen werden in Art. II festgeschrieben. Der polnische König und litauische Großfürst verzichtet auf die Rückforderung derjenigen Gebiete, die Preußen auf Grundlage des Manifestes vom 25. März 1793 besetzt hat. Die polnische Seite verzichtet ferner auf die Städte Danzig und Thorn. Es wird konkretisiert, dass die abgetretenen Gebiete mit dem gesamten darin belegenen Eigentum und unter Übergang der vollständigen Souveränität abgetreten werden sollen. Der Abtretung unterfallen alle Städte, Dörfer, Flüsse und die komplette Bevölkerung. Es wird die Einsetzung von Kommissaren, die die exakte Grenze bestimmen sollen, festgelegt. In Art. III verzichtet der preußische König auf sämtliche zukünftigen Rechtsansprüche bezüglich der noch zu Polen gehörenden Gebiete.[571] Von Bedeutung ist, dass sich der preußische König sogar dazu verpflichtete, die Integrität Polens in dem aktuellen Besitzstand zu wahren und zu garantieren. Ein entsprechender Rechtsverzicht der polnischen Seite bezüglich der in Art. II genannten Gebiete sowie der abgetretenen Gebiete durch die erste Teilung, die im Vertrag vom 18. September 1773 aufgezählt werden, findet sich in Art. IV.

Beide Seiten erneuern und bestätigen in Art. VIII den Abtretungsvertrag vom 18. September 1773. Im letzten und neunten Artikel wird bestimmt, dass der Vertrag durch den preußischen und den polnischen König[572] binnen sechs Wochen ratifiziert und anschließend in die Verfassung des Grodner Reichstages eingegliedert werden soll.

---

569 Franz. Text: *Parry*, CTS, vol. 52 (1793-1795), S. 137-146; *d'Angeberg*, Recueil des traités concernant la Pologne, S. 342-347; poln. Übersetzung (Auszug): *Kallas/ Krzymkowski*, Historia ustroju i prawa, Nr. 2, S. 30-32; franz. Text mit poln. Übersetzung: *Kaczmarczyk, Zdzisław* (Hrsg.), Volumina Legum, Bd. X. Konstytucje sejmu grodzieńskiego z 1793 roku, 1952, S. 28-37.

570 *Schätzel*, Annexion im Völkerrecht, S. 15.

571 Franz. Originaltext: « En réciprocité des cessions que Sa Majesté le Roi et la République de Pologne viennent de faire par le présent traité, Sa Majesté le Roi de Prusse renonce très-expressément pour elle et pour ses héritiers et successeurs de l'un et de l'autre sexe à toutes les prétentions qu'elle pourra à l'avenir former, foit directement ou indirectement, et sous quels titres, dénominations, prétexte ou stipulations de circonstances ou d'événements que cela puisse être, sur aucune province, ou la moindre partie du territoire, que comprend actuellement la Pologne (...) et de lui garantir, comme elle lui garantit en effet par le présent article, de la manière la plus expresse et la plus obligatoire, l'intégrité et la souverainité des dites possessions actuelles, avec tous les droits qui en dérivent ».

572 Der polnische König tritt hier als Repräsentant Polen-Litauens auf.

2. Bewertung des Sukzessionsvorgangs der Zession

Durch die Abtretungsverträge haben die beiden Teilungsmächte und Polen die ursprüngliche Annexion in eine Zession umgewandelt. Bezüglich des fehlenden Elementes der Freiwilligkeit des Vertragsschlusses der Polen kann auf die obigen Ausführungen verwiesen werden. Im Ergebnis war daher die zweite Teilung Polens völkerrechtlich rechtmäßig. Im Gegensatz zur ersten Teilung wurden keine Zusatzverträge mit Polen geschlossen, die die Rechtsnachfolge zum Gegenstand gehabt hätten.

D. Auswirkungen des Sejm von Grodno auf Polen-Litauen

Der Sejm von Grodno verabschiedete nicht nur die Abtretungsverträge von 1793, die mit Gebietsverlusten für Polen verbunden waren, sondern schränkte auch durch weitere Gesetze die Rechte der Polen ein. Darüber hinaus stellt sich die Frage, ob der Sejm Änderungen hinsichtlich der staatsrechtlichen Verbindung des bis dahin föderal organisierten Staates Polen-Litauen herbeigeführt hat. Für die Rechte der Polen und Litauer war von Bedeutung, dass die Maiverfassung wieder aufgehoben wurde.

I. Kardinalrechte

Von herausragender Bedeutung sind die Kardinalrechte[573] (*prawa kardynalne*) in der Verfassung des Sejm von Grodno, die nach Vorbild der Rechte aus den Jahren 1768 und 1775 formuliert wurden.[574]

1. Inhalt

Mit den Kardinalrechten wurden die Freie Königswahl[575] und das Liberum Veto wieder in Kraft gesetzt. Des Weiteren wurde der Ständige Rat (*Rada Nieustająca*)[576] als Regierung wiedererrichtet, aber nun unter den Vorsitz des russischen Botschafters gestellt.

---

573 Poln. Text: *Tarnowska*, Polskie dokumenty, S. 31-34; *Sawicki*, Wybór tekstów źródłowych, Bd. I, Teil 2, Nr. 27, S. 137-142.

574 *Kutrzeba*, Historia ustroju, S. 397.

575 Vgl. Art. IX der Kardinalrechte.

576 Der Ständige Rat bestand erstmals zwischen den Jahren 1775 bis 1789 als Ersatz einer Regierung für Polen-Litauen. Der Rat wurde auf Veranlassung von Katharina der Großen gegründet, um den russischen Einfluss auf den Unionsstaat zu sichern. Der Ständige Rat stand daher auch unter der Aufsicht des russischen Botschafters. Der Vierjährige Sejm schaffte den Rat im Jahre 1789 ab. Seine Wiedereinsetzung im Jahre 1793 hatte zur Folge, dass der Rat nun direkt vom russischen Botschafter geleitet wurde. Siehe Näheres zum Ständigen Rat auch bei: *Gierowski*, Die Union zwischen Polen und Litauen, in: *Fröschl*, Föderationsmodelle und Unionsstrukturen, S. 78.

Art. I sieht vor, dass das Königreich Polen und das Großfürstentum Litauen zu einem nicht wieder auflösbaren Staat verschmelzen sollen. Die Verbindung wird als eine freie und von niemanden abhängige Republik beschrieben. Die Regierungsgewalt wird dem Sejm mit dem König an der Spitze übertragen. Ferner werden die Exekutive und Legislative voneinander getrennt. Auch Art. VI geht auf das staatsrechtliche Verhältnis ein, indem er betont, dass beide Staaten durch eine dauerhafte Union verbunden sein sollen und diese als ein „Körper der Republik" bezeichnet wird. Dieser Formulierung steht entgegen, dass in Art. III, in dem es um die Beibehaltung des römisch-katholischen Glaubens geht, wiederum ausdrücklich vom Königreich Polen und dem Großfürstentum Litauen gesprochen wird.[577]

2. Bewertung und Folgen für das staatsrechtliche Verhältnis Polen-Litauens

Die Formulierung der „Verschmelzung in ein Gemeinwesen" geht auf die Formulierungen des Lubliner Unionsvertrages sowie auf die Kardinalrechte aus den Jahren 1768 und 1775[578] zurück.[579] Die Untersuchung der Lubliner Union hat gezeigt, dass trotz dieser Formulierung kein Einheitsstaat entstanden ist, sondern lediglich eine Realunion gegründet wurde. Auch die Prüfung des staatsrechtlichen Verhältnisses nach dem Jahre 1791 kam zum Ergebnis, dass Polen und Litauen als Gliedstaaten fortexistierten.[580] Demzufolge kann die Formulierung der Kardinalrechte des Grodner Sejm 1793-1795 kein eindeutiger Hinweis darauf sein, dass eine Änderung des staatsrechtlichen Verhältnisses beider Staaten eingetreten ist. Dafür spricht auch, dass der Dualismus der höchsten Verwaltungsmacht beibehalten wurde, wenngleich zahlreiche Institutionen, darunter das Polizeiwesen, gemeinsam organisiert werden sollten.[581] Der föderale Charakter des Unionsstaates wurde damit im Einklang mit der Maiverfassung beibehalten.[582] Hinsichtlich der vorliegenden Fragestellung liefern die Abtretungsverträge aus dem Jahre 1793 kein eindeutiges Ergebnis. An einer Stelle wird von der „Republik Polen", dann wiederum vom „Königreich Polen" und schließlich an anderer Stelle vom „Königreich Polen und dem

---

577 Text: *Kaczmarczyk*, Volumina Legum, Bd. X, S. 309.

578 Zu dem Inhalt der Kardinalrechte von 1768 und 1775: *Leśnodorski*, Dzieło Sejmu Czteroletniego, S. 11 ff.

579 *Malec, Jerzy*, Sejm grodzieński 1793 roku a unia polsko-litewska, in: *Iwanicka, Katarzyna/Skowronek, Maria/Stembrowicz, Kazimierz* (Hrsg.), Parlament, prawo, ludzie. Studia ofiarowane profesorowi Juliuszowi Bardachowi w sześćdziesięciolecie pracy twórczej, 1996, S. 148-153 (151).

580 Selbst nach den drei Teilungen betrachteten sich die Mitglieder der Szlachta des ehemaligen Großfürstentums Litauen immer noch als Litauer und nicht als Polen. Vgl. *Wasilewski*, Wielkie Księstwo Litewskie, in: Lithuania Kwartalnik 1990, Nr. 1, S. 77.

581 *Kutrzeba*, Historia ustroju, S. 398.

582 *Malec*, Sejm grodzieński, in: *Iwanicka/Skowronek/Stembrowicz*, Parlament, prawo, ludzie, S. 152.

Großfürstentum Litauen", der „Republik Polen und dem Großfürstentum Litauen", der „Krone und Litauen", aber auch von dem „Territorium der beiden Nationen" gesprochen. Aufgrund dieser angeführten Argumente kann festgehalten werden, dass der Grodner Reichstag keine Änderungen im polnisch-litauischen Staatsverhältnis bewirkte.[583] Polen und Litauen waren daher auch nach dem Grodner Reichstag in einem Bundesstaat, der häufig als Republik Polen[584] bezeichnet wurde, miteinander verbunden. Die Namensgebung verdeutlicht wieder einmal die Dominanz der polnischen Seite innerhalb der Verbindung.

II. „Ewige Allianz zwischen Polen und Russland"

Der Sejm verabschiedete ferner die „Ewige Allianz", die Polen[585] und Russland am 5. (16.) Oktober 1793 in Grodno[586] unterzeichnet hatten.

1. Inhalt

In Art. I schließen Polen und Russland eine dauerhafte Freundschaft, ein unauflösbares Bündnis und eine Verteidigungsallianz. Von Bedeutung ist, dass die gemeinsam geschlossenen Verträge aus den Jahren 1686, 1768 und 1773 sowie der jüngste Abtretungsvertrag in Art. II bestätigt und erneuert werden. In Art. III garantieren beide Seiten sich gegenseitig ihre Staaten und ihren Besitz, der in Europa belegen ist, und versprechen, dass sie sich im Falle eines Angriffs seitens eines Feindes aus Europa gegenseitig mit sämtlicher militärischer Stärke helfen werden. In Art. VII wird Russland das Recht eingeräumt, bei Bedarf mit seinen Truppen polnisches Gebiet zu betreten und diese dort gar zu stationieren. Polen durfte gemäß Art. XI ohne russische Zustimmung weder eigene Abkommen unterzeichnen noch selbständig diplomatische Beziehungen zum Ausland unterhalten. Des Weiteren verpflichtete sich Polen in Art. XV dazu, dass es ohne das Einverständnis Russlands keine Verfassungsänderungen herbeiführen werde.

2. Rechtsfolgen für Polen-Litauen

Durch die „Ewige Allianz" wurde Polen-Litauen zu einem von Russland abhängigen Verbündeten. Der Gesamtstaat musste die Stationierung der russischen Truppen dulden, sodass sich Russland dadurch eine erhebliche Machtposition

---

583 *Malec*, Sejm grodzieński, in: *Iwanicka/Skowronek/Stembrowicz*, Parlament, prawo, ludzie, S. 152.

584 Der Name „Polen" wurde bereits seit der Bildung der Realunion zunehmend auch unter den Bewohnern des Großfürstentums als Synonym für die anfänglich bloße Staatenverbindung gebraucht. Dies erklärt auch, warum die Teilungsverträge insbesondere in ihren Titeln nur von „Polen" sprachen.

585 Hier ist unter der Bezeichnung Polen erneut Polen-Litauen zu verstehen.

586 Franz. Text: *Parry*, CTS, vol. 52 (1793-1795), S. 165-174; franz. Text mit poln. Übersetzung: *Kaczmarczyk*, Volumina Legum, Bd. X, S. 37-48; franz. Text: *d'Angeberg*, Recueil des traités concernant la Pologne, S. 347-353.

gegenüber Polen-Litauen sicherte. Problematisch ist auch der Aspekt, dass Polen-Litauen in Bezug auf den Abschluss von Abkommen und der Unterhaltung von auswärtigen Beziehungen handlungsunfähig wurde. Fraglich ist, ob durch diesen Vertragsabschluss Polen-Litauen noch als souveräner Staat bewertet werden kann. Fest steht, dass der Einfluss Russlands auf den Unionsstaat nahezu unbegrenzt war.[587] Allerdings ist Polen-Litauen diese Verpflichtungen gegenüber Russland freiwillig eingegangen. Polen-Litauen handelte folglich willentlich und hätte sich jederzeit vom Vertrag wieder lösen können.[588] Demnach verlor der Unionsstaat zwar einen großen Teil seiner Souveränität, entscheidend ist aber, dass es diese nicht komplett verloren hatte. Folglich muss Polen-Litauen weiterhin rechtlich zwar als nichtsouveräner, aber dennoch immer noch als Staat behandelt werden.[589] Dieses Ergebnis steht zumindest nicht im Widerspruch mit dem Inhalt der Kardinalrechte. Im dortigen Art. I wird von der Republik Polen[590] als einem „unabhängigen Staat" gesprochen. Zwar war Polen-Litauen aufgrund des russischen Einflusses kein gänzlich unabhängiger Staat, aber dennoch blieb es als Staat zumindest bestehen. Durch dieses beschriebene Abhängigkeitsverhältnis wurde eine Oberhoheit Russlands über Polen-Litauen begründet. Die „Ewige Allianz" hatte damit zur Folge, dass Polen-Litauen zu Russland im Verhältnis einer Suzeränität stand.[591]

E. Die dritte Teilung 1795

An der dritten Teilung des polnisch-litauischen Gesamtstaates[592] beteiligten sich im Ergebnis wieder alle drei Mächte. Der Teilung liegt wiederum eine vertragliche Einigung der teilenden Mächte zugrunde. Im Gegensatz zu den ersten beiden Teilungen wurden keine drei einzelnen Teilungsverträge geschlossen, sondern nur ein einzelner Vertrag zwischen Russland, Preußen und Österreich. Einen weiteren Unterschied zu den ersten beiden Teilungen bildete auch, dass auf eine förmliche Zustimmung des polnisch-litauischen Unionsstaates während eines speziell einberufenen Reichstages verzichtet wurde. Fraglich ist, wie die letzte Teilung aus diesen Gründen hinsichtlich des Sukzessionsvorgangs zu bewerten ist. Zunächst wird untersucht, ob die Teilungsmächte die Gebiete annektiert haben könnten. Da bei der letzten Teilung das komplette polnisch-litauische Staatsgebiet von den Nachbarmächten besetzt wurde, muss geprüft werden, ob der polnische Staat durch die dritte Teilung untergegangen ist.

587 So auch *Jellinek*, Staatenverbindungen, S. 56.

588 Vgl. *Jellinek*, Staatenverbindungen, S. 56.

589 Zu diesem Ergebnis gelangt auch überzeugend: *Jellinek*, Staatenverbindungen, S. 56.

590 Hierunter ist Polen-Litauen zu verstehen.

591 *Kappeler* bezeichnet das Verhältnis Polens zu Russland als Protektorat. Vgl. *Kappeler*, Russland als Vielvölkerreich, S. 73.

592 Vgl. Anhang II, Karten 4 und 5.

I. Totalannexion oder Dismembration

Bei einer isolierten Betrachtung der jeweiligen Besatzung durch die drei Mächte kommt als Sukzessionsform jeweils eine Annexion in Betracht.[593] Da allerdings das komplette restliche polnisch-litauische Staatsgebiet auf die Nachbarmächte aufgeteilt wurde, muss hinsichtlich der kompletten Gebietsaufteilung zwischen einer Totalannexion und einer Dismembration differenziert werden.

1. Voraussetzungen der Annexion

a) Einverleibung des polnischen Staatsgebietes

Die Teilungsmächte haben objektiv das Territorium Polen-Litauens besetzt. Damit eine Annexion bejaht werden kann, muss das besetzte Gebiet in das Gebiet des Eroberers eingegliedert werden. Eine erfolgreiche Eingliederung des Staatsgebietes setzt aber voraus, dass die vorherige Staatsgewalt dort endgültig verschwunden ist und von der des Besatzerstaates ersetzt wurde. Ansonsten würde man lediglich eine Besatzung annehmen.

Ob die Teilungsmächte die besetzten polnisch-litauischen Gebiete erfolgreich und insbesondere dauerhaft an ihr Staatsgebiet angegliedert haben, kann erst nach einer näheren Untersuchung der Staatsgewalt erfolgen, sodass an dieser Stelle das Ergebnis der Voraussetzung der Einverleibung zunächst offen gelassen wird. Die Besetzung des polnisch-litauischen Gebietes und der Wille, das Gebiet an das jeweilige Staatsgebiet anzugliedern, sprechen aber dafür, dass zumindest eine versuchte Einverleibung beziehungsweise der Beginn des Einverleibungsprozesses eingeleitet wurde.

b) Gegen den Willen des polnischen Staates

Die Annexion setzt voraus, dass das Territorium gegen den Willen der polnischen Staatsgewalt in Besitz genommen wird. Zum Zeitpunkt des militärischen Angriffs der Teilungsmächte wehrte sich die Staatsgewalt, aber auch die Bevölkerung gegen die Eroberung ihres Gebietes, sodass die Annexion gegen den Willen des polnischen Staates vollzogen wurde.

c) Annexionserklärung

Die dritte Teilung betreffend wurden mehrere Verträge zwischen den Teilungsmächten geschlossen.

aa) Inhalt der Verträge

(1) Geheimabkommen zwischen Russland und Österreich

Die dritte Teilung wurde zunächst in einem Geheimabkommen, das zwischen Österreich und Russland am 23. Dezember 17943 (3. Januar 1795) in Petersburg[594]

---

593 Zu diesem Ergebnis kommt auch *Schätzel*, Annexion im Völkerrecht, S. 14.

594 Franz. und russischer Text: *Parry*, CTS, vol. 52 (1793-1795), S. 285-297; franz. Text: *d'Angeberg*, Recueil des traités concernant la Pologne, S. 396-398.

besiegelt wurde, beschlossen. Der erste Teil dieses Abkommens betraf die dritte Teilung Polens. Die Vertragsschließenden sprachen sich darin für die Notwendigkeit einer kompletten Aufteilung Polens auf die drei Nachbarmächte aus. In den ersten Punkten wurde aufgezählt, welche Gebiete an welche Macht fallen sollten. In Punkt 4 wurde beschlossen, dass das Abkommen Preußen präsentiert werden sollte. In einer anschließenden geheimen Erklärung sicherten sich Österreich und Russland gegenseitig militärische Hilfe für den Fall zu, dass Preußen ihren Plänen negativ gegenüber stehen und ihre Staatsgebiete angreifen würde.

(2) Teilungsvertrag zwischen Russland, Preußen und Österreich

Als eigentlicher Teilungsvertrag gilt der in Petersburg unterzeichnete Vertrag vom 13. (24.) Oktober 1795[595], der im Grunde nur zwischen den hohen Vertretern Russlands und Preußens geschlossen wurde. Da der Vertragsschluss aber auch unter Mitwirkung des österreichischen Botschafters zustande kam, kann der Teilungsvertrag als Vertrag zwischen Preußen, Russland und Österreich gewertet werden. Der Vertrag nahm Bezug auf das ursprüngliche Geheimabkommen zwischen Russland und Österreich. Die Bestimmungen dieses Abkommens sollten abschließend zwischen den Teilungsmächten verhandelt und die konkreten Grenzen nach der kompletten Aufteilung Polens festgelegt werden.[596] Die Grenze zwischen den Teilungsmächten wurde in den Artikeln I bis III beschrieben. In Art. IV garantierten Preußen und Russland sich gegenseitig den Besitz der neu erworbenen Gebiete. Die preußischen Truppen, die noch in der Stadt Krakau stationiert waren, sollten gemäß Art. V innerhalb von sechs Wochen abgezogen werden, damit anschließend Russland die Stadt in Besitz nehmen konnte. Hinsichtlich derjenigen Gebiete, die noch von russischen Truppen besetzt waren, sollte gleichermaßen verfahren werden, sodass diese in preußischen Besitz fallen konnten.[597] Art. VII sicherte für den Fall, dass eine der Teilungsmächte von einem anderen feindlich gesinnten Staat angegriffen werden sollte, die militärische Unterstützung seitens der beiden anderen Mächte zu.

(3) Abkommen zwischen den Teilungsmächten betreffend die Regelung polnischer Schulden

Hinsichtlich der Regulierung der polnischen Schulden schlossen zunächst Preußen und Russland ein Abkommen am 15. (26.) Januar 1797[598] in Petersburg ab. Diesem Vertrag trat Österreich mit einer Erklärung vom gleichen Tage[599] bei. Auf die Frage der Nachfolge in die polnischen Schulden wird an anderer Stelle eingegangen.

---

595 Franz. und russischer Text: *Parry*, Clive (ed.), CTS, vol. 53 (1795-1797), S. 3 ff.; franz. Text: *d'Angeberg*, Recueil des traités concernant la Pologne, S. 399 ff.

596 Vgl. Präambel des Vertrages.

597 Vgl. Art. VI des Vertrages.

598 Franz. und russischer Text: *Parry*, CTS, vol. 53 (1795-1797), S. 411-423; franz. Text: *d'Angeberg*, Recueil des traités concernant la Pologne, S. 403-409.

599 Text: *von Martens*, Recueil des principaux traités, Bd. VI, 1800, S. 715 f.

Von Bedeutung ist, dass in der Präambel betont wurde, dass der polnische Staat durch eine definitive Dismembration, die in dem Vertrag von 1795 festgesetzt wurde, aufgehört hat zu existieren.[600]

bb) Bewertung der Verträge

Die Einigungen zwischen den Teilungsmächten verdeutlichen, dass der polnisch-litauische Staat vollständig unter ihnen aufgeteilt werden sollte. Die Verträge enthalten nicht nur Okkupationserklärungen, sondern auch Annexionserklärungen, indem die entsprechenden polnischen Gebietsteile in das Gebiet der jeweiligen Macht integriert werden sollen. Im Abkommen vom 15. (26.) Januar 1797 wurden der Untergang des polnischen Staates konstatiert und die Rechtsnachfolge in die Schulden geregelt. Die Verträge beziehen sich damit auf den Untergang des polnischen Staates infolge einzelner von den Teilungsmächten durchgeführter Annexionen.

2. Abgrenzung Totalannexion von Dismembration hinsichtlich des Gesamtgebietes

Im Verhältnis zum jeweiligen Teilungsgebiet muss als Sukzessionsvorgang eine Annexion angenommen werden. Fraglich ist aber, wie die komplette Aufteilung des polnisch-litauischen Gebietes in einer Gesamtbetrachtung rechtlich gewertet werden kann. In Betracht kommt eine Totalannexion oder eine Dismembration. Bei einer Dismembration zerfällt ein Staat in mehrere Nachfolgestaaten, sodass mehrere neue Staaten auf dem Gebiet des Altstaates entstehen. Hier entstanden aber gerade keine neuen Staaten, sondern die einzelnen Teilgebiete Polens wurden an die Staatsgebiete Russlands, Preußens und Österreichs angegliedert, ohne deren Rechtscharakter zu beeinflussen. Für eine Dismembration spricht hingegen der Wortlaut des Vertrages aus dem Jahre 1797, in dem der Begriff der Dismembration konkret gebraucht wurde. Ein weiteres Differenzierungsmerkmal könnte sein, dass eine Dismembration von innen heraus erfolgt und eine Annexion von außen eingeleitet wird. Bei genauerer Betrachtung des Sukzessionsvorgangs und der Tatsache, dass isoliert betrachtet die Nachbarmächte von außen heraus Annexionen bezweckten und auch vornahmen, ist es naheliegend, hier eine komplette Aufteilung des polnischen Gebietes, also eine Totalannexion, anzunehmen. Im Ergebnis ist es aber nicht unbedingt erforderlich, sich entweder für die Annahme einer Totalannexion oder einer Dismembration[601] zu entscheiden, da beide Vorgänge mit den gleichen Rechtsfolgen verbunden sind.

600 Hierauf näher eingehend: *Korobowicz/Witkowski*, Ustrój i prawo, S. 14.

601 *Korobowicz* nimmt an, dass der polnische Staat im Wege einer Dismembration auseinandergefallen ist und damit aufgehört hat, als Staat zu existieren. Vgl. *Korobowicz/Witkowski*, Ustrój i prawo, S. 14.

3. Zwischenergebnis

Polen-Litauen könnte infolge einer Totalannexion untergegangen sein. Für die Annahme einer Annexion ist aber erforderlich, dass die polnischen Gebiete auch erfolgreich in die Gebiete der Teilungsmächte eingegliedert wurden. Die Frage, ob die Annexionen erfolgreich umgesetzt wurden, kann allerdings erst im Rahmen einer Gesamtwürdigung eines möglichen Staatsuntergangs Polen-Litauens beantwortet werden.

4. Rechtmäßigkeit der Totalannexion

Rechtlich am zweifelhaftesten ist die dritte Teilung von 1795, mit der der polnisch-litauische Staat untergegangen sein könnte.[602] Die dritte Teilung brachte eine Wende im Verhalten der Teilungsmächte. Waren die Teilungsmächte zuvor noch bemüht, ihre „Revindikationen" als rechtmäßig erscheinen zu lassen, sei es durch vermeintlich historische Ansprüche oder durch den Abschluss von Zessionsverträgen, hielten sie von alledem nach der endgültigen „Zerstückelung" Polens Abstand. Preußen, Österreich und Russland zeigten keinerlei Interesse daran, ihr Verhalten im internationalen Verkehr als rechtmäßig erscheinen zu lassen. Im Gegensatz zu den vorangegangenen Prüfungen entfällt bei der letzten Teilung die Möglichkeit der Heilung der Annexionen durch den Abschluss von Zessionen. Im Folgenden ist daher näher zu untersuchen, ob die Aufteilung Polen-Litauens rechtswidrig gewesen sein könnte. Dieses Ergebnis könnte nämlich auch im Rahmen einer *ex-post*-Betrachtung Auswirkungen auf die Frage hinsichtlich einer Kontinuität des polnischen Staates haben.

a) Verstoß gegen den Grundsatz pacta sunt servanda

aa) Russland

Russland hatte mit der Annexion gegen den mit Polen geschlossenen Abtretungsvertrag vom 11. (22.) Juli 1793 verstoßen. Der Verstoß richtet sich konkret gegen Art. IV, in dem Russland einerseits auf jegliche Rechtsansprüche gegenüber Polen verzichtete, andererseits sich dazu verpflichtete, die Integrität Polens zu wahren. Ferner liegt ein Verstoß gegen die „Ewige Allianz" vom 5. (16.) Oktober 1793 vor, die die gleiche Verpflichtung Russlands enthielt.

bb) Preußen

Preußen hatte gegen Art. III des am 25. September 1793 mit Polen geschlossenen Abtretungsvertrages verstoßen. In diesem Vertrag hatte Preußen einen umfassenden Rechtsverzicht gegenüber Polen erklärt und sich dazu verpflichtet, Polens Integrität zu wahren.

---

602 Anschaulich und detailliert die jeweiligen Schritte der Teilungsmächte beschreibend: *Binder*, Der Untergang des polnischen Nationalstaates, Bd. I, S. 150 ff.

cc) Österreich

Die österreichische Seite hatte gegen Art. IV des Abtretungsvertrages vom 18. September 1773 verstoßen. In diesem Vertrag war ebenfalls ein umfassender Verzicht Österreichs auf Rechtsansprüche gegenüber Polen enthalten.

b) Verstoß gegen das Selbstbestimmungsrecht der Völker

Die Freiheitskämpfe der Polen in der Zeit nach den drei Teilungen haben verdeutlicht, dass das polnische Volk einen unabhängigen Staat forderte und damit mit dem Verlust ihres Staatsgebiets nicht einverstanden war. Ein Verstoß gegen das Selbstbestimmungsrecht der Völker kann aber nicht angenommen werden, da dieses Recht im 18. Jahrhundert noch nicht existierte.

c) Auffassung der Rechtswissenschaft

aa) Darstellung der Ansichten

Problematisch ist, dass viele Völkerrechtler die Teilungen insgesamt zwar generell als ein Verbrechen einstufen, aber nicht konkret den völkerrechtlichen Verstoß benennen.[603] Die Juristen behandeln die Thematik der Teilungen nur oberflächlich, ohne sie rechtlich zu würdigen. Phillimore kritisierte die grundlose Gewalt der Teilungsmächte und kam in seiner Untersuchung zu dem Ergebnis, dass die Teilungen rechtswidrig waren.[604] Seine Untersuchung enthält allerdings keine rechtlichen Argumente für die Rechtswidrigkeit, sondern nur deren Feststellung. Kent geht etwas konkreter auf die Völkerrechtswidrigkeit der Teilungen ein und formuliert am Ende seiner Würdigung, dass die Teilungen gegen das Verbot der Einmischung in die inneren Angelegenheiten Polens verstoßen haben.[605] Die Entente hatte nach dem Ersten Weltkrieg offiziell erklärt, dass der polnischen Nation durch die Vernichtung ihres Staates Unrecht zugefügt wurde.[606] Einer der wenigen Völkerrechtler, der den Völkerrechtsverstoß qualifiziert, ist Bluntschli.

---

603 Vgl. *Hershey, Amos S.*, The Essentials of International Public Law and Organization, 2. Aufl. (revised edition), 1927, S. 79; *Renard, Georges*, Introduction, in: *Posner, Stanislas*, La Pologne d'Hier et de Demain, 1916, S. 1; *Wheaton, Henry*, Histoire des progrès du droit des gens en Europe et en Amérique, Bd. I, 3. Aufl., 1853, S. 333 ff.; *Phillimore* spricht von der dritten Teilung Polens als "The Fate of Poland" (Polens Schicksal) und als "Spoliation of Poland" (Polens Plünderung), die er im Ergebnis auch als ein Verbrechen einstuft, vgl. *Phillimore, Robert*, Commentaries upon International Law, Bd. I, 3. Aufl., 1879, S. 564, 566. *Verosta* bezeichnet „die Einverleibung Rumpfpolens durch die Teilungsmächte als völkerrechtliches Unrecht". Vgl. *Verosta, Stephan*, Die Völkerrechtswidrigkeit der Annexion Hannovers durch Preußen 1866, in: *Blumenwitz, Dieter/Randelzhofer, Albrecht* (Hrsg.), FS für Friedrich Berber zum 75. Geburtstag, 1973, S. 523-548 (537).

604 *Phillimore*, Commentaries, Bd. I, S. 563 ff.

605 *Kent, James*, Commentary on International Law, 2. Aufl., 1878, S. 41.

606 Vgl. Vertrag zwischen der Entente und Polen vom 28. Juni 1919 (sog. Minoritätenschutzvertrag).

Er sieht den Völkerrechtsverstoß in der Ausübung von Zwang beim Abschluss der Abtretungsverträge.[607] Auch zahlreiche polnische Wissenschaftler werten die Teilungen als rechtswidrig. Korobowicz und Witkowski begründen ihre Ansicht mit dem Verstoß gegen die Integrität Polens und gegen den Grundsatz *pacta sunt servanda* sowie das Recht der Ausübung von Zwang beim Abschluss der Zessionsverträge.[608] Mehrere polnische Autoren[609] führen ferner einen Verstoß gegen das Selbstbestimmungsrecht der Völker an. Einen Verstoß gegen den Grundsatz, wonach völkerrechtliche Verträge nicht unter der Ausübung von Zwang geschlossen werden dürfen als auch gegen den Grundsatz der Nichtintervention in die inneren Angelegenheiten anderer Staaten, nimmt auch der bedeutende polnische Jurist Bardach an.[610] Dieser Ansicht schließt sich ferner Hubert an, der zudem ausdrücklich betont, dass Polen an die Verträge, die zur Teilung geführt haben, nicht gebunden war.[611]

bb) Bewertung und eigene Stellungnahme

Es ist insbesondere aus Sicht der polnischen Völkerrechtler nachvollziehbar, dass diese die Teilungen insgesamt als rechtswidrig bewerten. Losgelöst von völkerrechtlichen Aspekten wird niemand anzweifeln können, dass der polnischen Nation ein großes Unrecht widerfahren ist. Den Polen wurde ihr Staat genommen. Sie mussten sich fremden Mächten unterwerfen und auf ihre Freiheit verzichten. Doch trotz dieser moralischen Empfindungen müssen derartige Vorkommnisse aus objektiver Sicht beurteilt werden. Die Aufgabe der Juristen ist es, solche Vorgänge rein rechtlich zu würdigen. Am Ende einer solchen rechtlichen Würdigung bleibt selbstverständlich immer noch die Frage, ob dieses Ergebnis tatsächlich moralisch vertretbar ist. Ein Großteil der Völkerrechtler, die die Teilungen als rechtswidrig qualifizieren, verkennt, dass sie den Grundsatz verletzen, sich am jeweils zur damaligen Zeit geltenden Völkerrecht zu orientieren. Bis zum Jahre 1918, also auch zur Zeit der Teilungen, galt das klassische Völkerrecht. Zahlreiche Völkerrechtsverletzungen, die mit den Teilungen in Verbindung gebracht werden, werden mit Verstößen gegen das moderne Völkerrecht begründet. So können die Teilungen und insbesondere die endgültige Aufteilung des polnischen Staatsgebiets nicht gegen das Selbstbestimmungsrecht der Völker verstoßen haben, da zu der damaligen Zeit dieser Grundsatz noch gar nicht existierte. Auch ein Verstoß gegen den Grundsatz der Nichtintervention in die inneren Angelegenheiten Polens ist abzulehnen. Erst seit dem modernen Völkerrecht gelten das Kriegs- und Gewaltverbot sowie das Annexionsverbot. Zur Zeit der Teilungen bestand das Eroberungsrecht.

---

607 *Bluntschli*, Das moderne Völkerrecht, 1868, Nr. 409, S. 234.
608 *Korobowicz/Witkowski*, Ustrój i prawo, S. 14 f.
609 *Hubert, Korobowicz, Witkowski, Bardach.*
610 *Bardach, Juliusz*, Historia państwa i prawa Polski, Bd. II od połowy XV wieku do roku 1795, 2. Aufl., 1966, S. 589.
611 *Hubert*, Rozbiory, S. 78.

Die Mächte hatten als Ausfluss der das klassische Völkerrecht prägenden Souveränität das Recht zur Annexion. Jedoch ist den Völkerrechtlern zuzustimmen, wenn sie in der dritten Teilung einen Verstoß gegen den Grundsatz *pacta sunt servanda* sehen. Es existierten Verträge, nämlich die Abtretungsverträge der vorherigen Teilung, in denen die Teilungsmächte den Polen ihr restliches Territorium zusicherten. Mit der Aufteilung des polnisch-litauischen Gebietes wurde gegen diese Verträge verstoßen. In diesem Falle war auch im klassischen Völkerrecht eine Annexion ausnahmsweise als rechtswidrig einzustufen.

d) Zwischenergebnis

Die dritte und damit die endgültige Aufteilung Polen-Litauens hinsichtlich des noch vorhandenen Gebietes war rechtswidrig.

5. Nachträgliche Legitimierung der rechtswidrigen Totalannexion

Die rechtswidrige endgültige Aufteilung Polens könnte allerdings nachträglich geheilt worden sein.

a) Kein nachträglicher Abschluss von Zessionen und keine Heilung durch Einverständnis des polnischen Königs

Wie bereits festgestellt, wurden zwischen den Teilungsmächten und Polen keine gesonderten Abtretungsverträge geschlossen, sodass auch nicht nachträglich eine Zustimmung seitens Polens vertraglich eingeholt wurde. Fraglich ist aber, ob die Abdankung des polnischen Königs,[612] die am 12. (25.) November 1795[613] erfolgte, als Abtretungserklärung und damit als Einverständnis zu einem Gebietsübergang gewertet werden könnte. In der Abdikation betont Stanisław August Poniatowski nämlich, dass er als polnischer König und litauischer Großfürst freiwillig und aus eigenen Stücken auf sämtliche Rechte, die mit der polnischen Krone und dem Großfürstentum Litauen sowie anderer zu ihnen gehöriger Gebiete verbunden sind, ohne Ausnahme zugunsten Russlands verzichtet. Tatsächlich war es aber so, dass der polnische König diese Erklärung keineswegs freiwillig abgegeben hat. Stattdessen wirkte der russische Botschafter Repnin an dieser Erklärung mit. Er gab dem polnischen König den Inhalt vor, indem er ihm diesen diktierte,[614] sodass das Dokument dem polnischen König quasi nur zur Unterschrift vorgelegt wurde. Repnin übte auf diese Weise auf Anordnung Katharinas II. Druck auf den polnischen König aus, damit dieser zugunsten Russlands auf die besetzten polnisch-litauischen Gebiete verzichtet.[615] Poniatowski wurde nämlich von Repnin erpresst,

612 Neben der Abdankung des polnischen Königs wird in der Erklärung auch die Formulierung der „Abdankung der Krone und der Regierung Polens“ verwandt.

613 Franz. Text: *d'Angeberg*, Recueil des traités concernant la Pologne, S. 402.

614 *Żywirska, Maria*, Ostatnie lata życia króla Stanisława Augusta, 1975, S. 123.

615 *Michalski, Jerzy*, Stanisław August Poniatowski, in: Polski Słownik Biograficzny, Bd. XLI/4, Heft Nr. 171, 2002, S. 612-640 (632 f.)

indem ihm zugestanden wurde, dass ihm seine persönlichen Schulden erlassen würden, er eine lebenslange Rente erhalten und ihm die Sicherheit seiner Familie zugesichert werde.[616] Demnach übte Repnin Zwang gegenüber Poniatowski als Privatperson aus. Dieser Zwang zur Unterschrift könnte dazu führen, dass der Verzicht auf polnisch-litauisches Territorium bereits aus diesem Grunde rechtswidrig war. Das restliche Gebiet des polnischen Staates war bereits zum Zeitpunkt der Unterschriftsleistung durch Poniatowski von den Teilungsmächten besetzt. Es existierte damit kein sichtbarer polnischer Staat mehr. Poniatowski stand damit vor vollendeten Tatsachen und die Rettung seines Staates schien für ihn aussichtslos. Faktisch war die polnische Staatsgewalt bereits gewaltsam abgesetzt. Wegen der Rechtswidrigkeit der dritten Teilung setzte Russland das Staatsoberhaupt unter Druck, um eine nachträgliche Legitimation für die Gebietsbesetzung zu erwirken. Vor dem Hintergrund der bereits durchgeführten Totalannexion und der Tatsache, dass Poniatowski mit Angelegenheiten, die seine Person privat betrafen, erpresst wurde, ist darauf zu schließen, dass Repnin psychischen Zwang gegenüber der Person des Vertreters des faktisch verschwundenen polnischen Staates und nicht gegen den Staat Polen ausübte. Der unmittelbare Zwang gegenüber der Person des Unterzeichnenden führt dazu, dass diese Erklärung ohne Rechtsfolgen blieb. Die Polen haben aus diesem Grund in der Folgezeit ihren Willen dahingehend bekundet, dass sie die Erklärung ihres früheren Königs als unbeachtlich erachten. Poniatowski konnte folglich nicht rechtswirksam die besetzten Gebiete an Russland abtreten. Darüber hinaus lag als vertragliche Grundlage kein Friedensvertrag vor, der wegen seiner Rechtsverbindlichkeit besonderen Schutz genießen würde. Die Abdikation war damit nur eine Bestätigung der bereits eingetretenen Tatsachen, nämlich der faktischen Beseitigung der polnischen Staatsgewalt durch die Teilungsmächte.

Darüber hinaus überschritt Poniatowski seine ihm eingeräumten Befugnisse, indem er eigenmächtig die territoriale Souveränität über die restlichen polnischen Gebiete auf das Russische Reich übertrug. Der polnische König war laut Verfassung nicht befugt, einen solchen territorialen Verzicht auszusprechen. Er hätte eine solche Abtretungserklärung nur abgeben können, wenn er hierzu die alleinige Entscheidungsbefugnis gehabt hätte. Dies ist allerdings zu verneinen. Laut polnischer Verfassung[617] lag die staatliche Souveränität gleichermaßen beim König und beim Reichstag.[618] Der König handelte daher eigenmächtig ohne vorherige Anhörung des polnisch-litauischen Reichstages. Dieser Verstoß wiegt besonders

616 Vgl. *Zahorski, Andrzej*, Stanisław August Polityk, 1959, S. 401.

617 Der Sejm von Grodno hatte nämlich die Rechte von 1775/1776 wiederhergestellt, sodass als Regierungsform wieder ein Kabinettssystem mit König und dem Sejm als Parlament vorherrschte und die konstitutionelle Monarchie, die die Maiverfassung vorsah, gerade nicht mehr galt. Vielmehr war es sogar so, dass ein Übergewicht auf Seiten des Sejm bestand. Vgl. *Zahorski*, Stanisław August Polityk, S. 316.

618 *Schätzel*, Die Annexion im Völkerrecht, S. 15.

schwer, weil die abgegebene Erklärung eine wichtige Frage betraf, nämlich die der territorialen Souveränität Polens, deren Verlust zu einem Staatsuntergang hätte führen können. Hieraus folgt, dass in der Abdankung des polnischen Königs nicht zusätzlich ein Einverständnis seitens des polnisch-litauischen Unionsstaates zur dritten Teilung gesehen werden kann. Die Abtretungserklärung stellt somit im Ergebnis einen rechtswidrigen innerstaatlichen Akt dar mit der Folge, dass der polnische König und litauische Großfürst als Vertreter des Gesamtstaates *ultra vires* gehandelt hat. Allerdings hatte dies nicht automatisch zur Folge, dass sein Handeln aus völkerrechtlicher Sicht ohne rechtliche Konsequenzen gewesen wäre, da grundsätzlich die völkerrechtliche Gültigkeit von Verträgen und Erklärungen durch Nichtbeachtung staatsrechtlicher Schranken nicht beeinträchtigt wird (Irrelevanztheorie)[619]. Jedoch handelte der polnische König als allein zuständiges landesrechtliches Organ und diese Tatsache war für die russische Seite nicht nur evident erkennbar, sondern auch bekannt, da bei den ersten beiden Teilungen der gesamte Reichstag zur Frage der Gebietsübertragung entschieden hatte. Im Sinne der Evidenztheorie[620] – die bereits völkergewohnheitsrechtlich galt, da ein Akt auch damals nicht als rechtmäßig erachtet wurde, wenn der Handelnde offensichtlich nicht (allein) zuständig war – führten die Offenkundigkeit des innerstaatlichen Verstoßes und die Tatsache, dass der Verstoß eine innerstaatliche Rechtsvorschrift von grundlegender Bedeutung betraf, zur Unwirksamkeit der abgegebenen Erklärung. Demnach ist kein Übergang der territorialen Souveränität auf Russland eingetreten.

b) Rechtfertigungsgründe

Die Teilungsmächte hätten ihr Handeln möglicherweise durch bestimmte Rechtsgründe rechtfertigen können. Wie bereits erwähnt, hatten sich die drei Mächte nicht die Mühe gemacht, Gründe in Form von Rechtsansprüchen offiziell vorzutragen. Übereinstimmend begründeten die Teilungsmächte die endgültige Teilung Polens damit, dass von den in Polen herrschenden Unruhen eine enorme Bedrohung für die Nachbarn ausgehen würde. Exemplarisch kann die preußische Begründung für die Annexion angeführt werden, die am 6. Januar 1793 mit der „Deklaration Seiner Majestät des Königs von Preußen, den Einmarsch Ihrer Truppen in Polen betreffend“[621] erfolgte. In dieser Erklärung gab Preußen als Begründung für sein Vorgehen die polnischen Unruhen und die damit einhergehende

---

619 Als Begründung wird vor allem die Bedeutung der Rechtssicherheit und des Vertrauensschutzes für den internationalen Rechtsverkehr angeführt.

620 Die Evidenztheorie liegt Art. 46 WVK zugrunde. Sie hat sich in der Lehre weitgehend durchgesetzt.

621 Dt. Text: *Bussenius, Ingeborg Charlotte* (Bearb.)/*Hubatsch, Walther* (Hrsg.), Urkunden und Akten zur Geschichte der preußischen Verwaltung in Südpreußen und Neuostpreußen 1793-1806, 1961, S. 54 f.; *Prümers, Rogero* (Hrsg.), Das Jahr 1793. Urkunden und Aktenstücke zur Geschichte der Organisation Südpreußens, 1895, S. 21 f.

vermeintliche Gefährdung für den preußischen Staat an. Diese Gründe sind allerdings keineswegs ausreichend, um einen Selbstverteidigungsfall seitens der drei Mächte anzunehmen. In Wahrheit wollten die Nachbarn ihr durch die vorherigen Teilungen erworbenes Gebiet sichern und durch zusätzliche Gebietserwerbungen noch weiter ausdehnen. Hieraus folgt, dass der militärische Einsatz in Polen-Litauen durch die Teilungsmächte nicht aus Gründen der Selbstverteidigung gerechtfertigt war.

c) Zwischenergebnis

Die Rechtswidrigkeit der Totalannexion Polens konnte nicht nachträglich legitimiert werden. Hieraus folgt, dass Polen nach dem Jahre 1795 *de iure* als Staat fortbestand.

6. Faktischer Staatsuntergang Polen-Litauens

Ein Staatsuntergang Polen-Litauens wäre gegeben, wenn eines der drei Staatlichkeitselemente dauerhaft und effektiv weggefallen wäre. Hierbei ist eine Abwägung zwischen dem Effektivitäts- und dem Kontinuitätsgrundsatz vorzunehmen.

a) Staatsgebiet

Die dritte Teilung hatte zur Folge, dass das polnische Staatsgebiet von Preußen, Russland und Österreich mit dem Ziel der dauerhaften Angliederung an deren Territorien besetzt wurde. Es könnte damit faktisch kein polnisches Staatsgebiet mehr existiert haben. Der polnische Staat könnte auf diese Weise bereits aufgrund des fehlenden Staatsgebiets als Staat *de facto* untergegangen sein. Allerdings würde Polen erst dann über kein Staatsgebiet mehr verfügen, wenn sich die neuen Staatsgewalten effektiv auf den polnischen Gebieten durchgesetzt hätten. Die Beurteilung des möglichen Verlustes des Staatsgebietes hängt daher von der Beurteilung des Untergangs der polnischen Staatsgewalt ab.

b) Staatsgewalt

Für den effektiven Verlust der Staatsgewalt müsste diese bis zur untersten Ebene weggefallen sein, denn erst dann hätte sich die Staatsgewalt der Teilungsmächte auf die besetzten Gebiete erstrecken können. Dies wäre aber erst dann der Fall, wenn mit der Wiedererrichtung der polnischen Staatsgewalt nicht mehr zu rechnen gewesen wäre. Es ist folglich zu untersuchen, ob die Teilungsmächte tatsächlich Staatsgewalt über die polnischen Gebiete oder lediglich bloße Besatzungsmacht ausübten.

Die polnische Staatsgewalt ist mit der Abdankung des polnischen Königs faktisch untergegangen.[622] Am 25. Juli 1797 erklärten der Wiener Hof[623] und der

---

622 *Berezowski, Cezary*, Powstanie państwa polskiego w świetle prawa narodów, Neudr. d. Aufl. v. 1934, 2008, S. 85.

623 Franz. Text: *d'Angeberg*, Recueil des traités concernant la Pologne, S. 413.

Berliner Hof[624] sowie am 14. (25.) Juli 1797 der Petersburger Hof[625] die Einverleibung und den Übergang ihrer Souveränität auf die Teilungsgebiete unter Beifügung der betreffenden diplomatischen Urkunden. Den Eingang dieser Erklärungen und Urkunden bestätigte die Reichskanzlei in Mainz mit einer gesonderten schriftlichen Benachrichtigung, die sie am 28. Juli 1797[626] erließ. Die Teilungsmächte traten daraufhin als neue Herrschaftsmacht in ihren jeweils besetzten Gebieten auf. Das polnische Volk musste sich den neuen Herrschern unterstellen. Dieser Vorgang hatte allerdings nur zur Folge, dass die Teilungsmächte formal die Hoheit über die Gebiete der dritten Teilung ausübten. Die Besatzungsmächte hatten aber gleichzeitig die polnischen Staatsorgane verdrängt, sodass faktisch keine polnische Staatsgewalt mehr ausgeübt werden konnte. Die Bevölkerung formierte sich aber alsbald zum Widerstand.

c) Staatsvolk

Das polnische und auch litauische Volk blieben in den Teilungsgebieten erhalten. Das Volk könnte aber faktisch ohne Staatsgebiet und Staatsgewalt kein „Staatsvolk" mehr sein. Die Polen lebten als Untertanen der neuen Herrschaftsgewalten in den Teilungsgebieten. Es erfolgte allerdings keine Vertreibung der polnischen Bevölkerung aus diesen Gebieten. Stattdessen versuchten die Teilungsmächte, die Polen schrittweise zu unterdrücken und zu assimilieren.

d) Zusammenfassung

Der polnisch-litauische Unionsstaat ist im Jahre 1795 nicht als Staat untergegangen. Der polnische Staat existierte wegen der Völkerrechtswidrigkeit der dritten Teilung *de iure* fort. Da im Jahre 1795 noch nicht absehbar war, ob die Teilungsmächte effektive Staatsgewalt über die besetzten Gebiete ausüben würden, ist von der Kontinuität des polnischen Staates auszugehen. Ein anderes Ergebnis könnte erst aus einer *ex post*-Betrachtung der Teilungsgebiete resultieren, wenn die Teilungsmächte die Gebiete tatsächlich erfolgreich in ihre Territorien einverleibt hätten. Diese Gesamtwürdigung erfolgt im Anschluss an die Beurteilung der Zeit nach der letzten Teilung.

II. Folgen der Gebietsaufteilung für Polen

Die Teilungsmächte gingen davon aus, dass sie das polnisch-litauische Staatsgebiet erfolgreich annektiert hatten, sodass sie subjektiv den Untergang des polnischen Staates annahmen. Folge dieser Sichtweise war, dass Preußen, Russland und Österreich sich hinsichtlich des von ihnen besetzten Gebietes als Rechtsnachfolger

---

624 Franz. Text: *d'Angeberg*, Recueil des traités concernant la Pologne, S. 413-414.
625 Franz. Text: *d'Angeberg*, Recueil des traités concernant la Pologne, S. 414-415.
626 Franz. Text: *d'Angeberg*, Recueil des traités concernant la Pologne, S. 415-416.

betrachteten und daher auch die Frage der Rechtsnachfolge hinsichtlich der Schulden und des Vermögens Polens untereinander vertraglich regelten.

1. Schulden

Die drei Teilungsmächte regelten die Schuldenfrage im bereits erwähnten Vertrag vom 15. (26.) Januar 1797. Gemäß Art. I des Vertrages wurde festgesetzt, dass die polnischen Schulden von den Teilungsmächten übernommen werden. Eine gemischte Kommission nahm die Schulden auf und legte den jeweiligen Übernahmeanteil fest.[627] Die Kommission sollte zunächst prüfen, ob und in welchem Umfang polnische Schulden bestanden, um anschließend die entsprechende proportionale Übernahme regeln zu können. Gemäß Art. 3 übernahmen Russland und Preußen jeweils 30 Prozent der überwiegend gegenüber Holland bestehenden Schulden. Die verbleibenden 40 Prozent der Schulden wurden zu gleichen Anteilen auf die drei Teilungsmächte verteilt. Die persönlichen Schulden des Königs in Höhe von 40 Millionen polnischen Gulden[628] gingen zu jeweils zwei Fünfteln (40 Prozent) auf Preußen und Russland über, während Österreich nur das restliche Fünftel (20 Prozent) tragen sollte.

Es ist naheliegend, dass die Verteilung der Schulden auf Grundlage der Bevölkerungszahlen erfolgte.[629] Im Verhältnis von Preußen und Österreich ist diese Quotenverteilung nachvollziehbar, während im Verhältnis zwischen Preußen und Russland unklar ist, warum diese zu gleichen Teilen die Schulden übernommen haben. Dies kann aber daran liegen, dass die Volkszählungen im 18. und 19. Jahrhundert eher unsicher waren und daher vielmehr als eine Schätzung betrachtet wurden.[630]

Die Teilungsmächte verfolgten demnach das Prinzip der proportionalen Schuldenverteilung entsprechend ihrer Bevölkerungszahl.

2. Vermögen

Die Verträge zur dritten Teilung Polens gehen nicht direkt auf den Übergang des polnischen Vermögens ein. Allerdings besagt etwa Art. 5 des Vertrages von 1795, dass, nachdem alle Formalien geklärt waren, die Teilungsmächte die Inbesitznahme der polnischen Gebiete, die ihnen zugeteilt wurden, fortsetzen können. Da nichts Gegenteiliges vereinbart wurde, ist davon auszugehen, dass mit der Inbesitznahme der Gebiete automatisch das darin belegene Vermögen auf die Teilungsmächte überging. Es ist ferner davon auszugehen, dass mangels etwaiger

---

627 Vgl. Art. II des Vertrages von 1797.

628 Im Originalwortlaut: Florin (franz. und engl.); hierunter sind Münzen (Goldgulden und später auch Silbergulden) zu verstehen.

629 Für eine Verteilung der Schulden nach der Kopfzahl spricht sich auch aus: *Koch, Theodor*, Die territorialen Veränderungen der Staaten und ihr Einfluss auf die Schuldenhaftung. Eine völkerrechtliche Studie, 1913, S. 34 Anm. 3.

630 Vgl. *Grashoff*, Staatensukzessionsbedingter Schuldnerwechsel, S. 164 f.

Regelungen Preußen, Russland und Österreich sowohl das Verwaltungs- als auch das Finanzvermögen Polens als vermeintliche Rechtsnachfolger übernommen haben.

Nach der dritten Teilung waren die polnischen Archive im Besitz von Russland. Bereits im Jahre 1794 brachten russische Truppen die polnischen Archive, die in Warschau gelagert waren, nach Sankt Petersburg.[631]

3. Kapitel: Zeitraum nach den Teilungen 1795-1914

Die insgesamt mehr als 100 Jahre nach der letzten Teilung des polnischen Staates bedeuteten für die polnische Bevölkerung eine Zeit der Fremdherrschaft und der Abhängigkeit von den Teilungsmächten. Die Polen lebten als Untertanen in den jeweiligen Teilungsgebieten. Trotz dieser scheinbar ausweglosen Situation, in der sich die polnische Bevölkerung befand, blieben der Wunsch und das Streben nach Wiedererrichtung des polnischen Staates in den Grenzen vor der ersten Teilung bis zum Jahre 1914 bestehen. Die Polen verloren nie ihre Hoffnung und brachten diese in immer wieder aufflammenden Befreiungskämpfen zum Ausdruck. Im Zeitraum von 1795 bis 1914 entstanden neue Gebilde, nämlich das Herzogtum Warschau, das Königreich Polen, das Großherzogtum Posen und die Freie Stadt Krakau, die den Polen als neuer Lebensraum von den Mächten zugesprochen wurden. Zunächst ist fraglich, ob diese Gebilde als Staaten im völkerrechtlichen Sinne zu bewerten sind. Wenn dies der Fall ist, schließt sich die Frage an, ob eines dieser Gemeinwesen mit dem früheren Polen identisch war oder ob alle Staaten als Neustaaten zu betrachten sind.

A. Herzogtum Warschau 1807 bis 1815

Im Jahre 1807 stand der französische Kaiser Napoleon Bonaparte auf dem Höhepunkt seiner Macht.[632] Napoleon erkannte, dass er seine Machtstellung in Europa nur festigen konnte, wenn er diese auf sichere Fundamente stellte.[633] Nach dem Untergang des Heiligen Römischen Reiches Deutscher Nation im Jahre 1806 ergriff er die Möglichkeit der territorialen Umgestaltung. Auf diese Weise entstanden unter seinem Einfluss in Europa zahlreiche neue Staaten. Hierbei spielte insbesondere die Gründung des Rheinbundes eine wesentliche Rolle. Auch das Herzogtum Warschau zählt zu diesen napoleonischen Staaten. Napoleon unterwarf

631 *Bachulski, Alexis*, Polnische Staatsarchive, in: Archivalische Zeitschrift 37 (1928) S. 241-261 (241); *Fitschen*, Das rechtliche Schicksal von staatlichen Akten und Archiven, S. 71.

632 Vgl. *Wohlfeil, Rainer*, Napoleonische Modellstaaten, in: *von Groote, Wolfgang* (Hrsg.), Napoleon I. und die Staatenwelt seiner Zeit, 1969, S. 33-57 (39).

633 Das Hauptziel Napoleons war die Absicherung seiner Hegemonialstellung gegenüber Preußen.

die von Frankreich abhängigen Staaten seinen wirtschaftlichen, gesellschaftlichen und vor allem militärischen Interessen. Auf der einen Seite etablierte die französische Hegemonialmacht ein interessenorientiertes System der Ausbeutung und Unterdrückung, auf der anderen Seite gingen von der napoleonischen Herrschaft Modernisierungsimpulse aus, die insbesondere in den von Napoleon oktroyierten Verfassungen ihren Ausdruck fanden.

In dieser von Napoleon entscheidend geprägten Zeit, nur wenige Jahre nach dem Verschwinden des polnischen Staates, tauchte im Jahre 1807 mit dem Herzogtum Warschau[634] ein neues Gebilde auf der Landkarte Europas auf.

Hinsichtlich der völkerrechtlichen Beurteilung des Status des Herzogtums Warschau sind mehrere Thesen denkbar: Das Herzogtum könnte als „Satelliten- oder Marionettenstaat", der von Napoleon und damit von Frankreich abhängig war, qualifiziert werden. In diesem Zusammenhang würde sich die Frage stellen, ob das Herzogtum als „Satellitenstaat" überhaupt ein Staat im Sinne des Völkerrechts ist. Darüber hinaus ist zu fragen, in welcher Verbindung das Herzogtum Warschau zum Königreich Sachsen stand. Entscheidend ist damit die Frage, ob das Herzogtum Warschau ein souveräner Staat war. Mit Blick auf die Problematik der Staatensukzession ist ferner zu würdigen, ob das Herzogtum Warschau einen Neustaat darstellte oder möglicherweise identisch mit Polen von 1795 war.

Für die Analyse der aufgeworfenen Thesen sind die rechtlichen Vereinbarungen, zu denen neben den Verträgen zwischen den ehemaligen Teilungsmächten der Frieden von Tilsit zählt, von großer Bedeutung. In Bezug auf das Herzogtum Warschau wurden nicht nur einzelne Dekrete erlassen, sondern auch spezielle Konventionen geschlossen; schließlich wurde für das Herzogtum auch eine eigene Verfassung verabschiedet.

I. Besatzung durch Frankreich

In der Zeit bis zum Tilsiter Frieden wurde das Gebiet des späteren Herzogtums Warschau[635] von der französischen Armee besetzt. Diese Zeit ist als eine Besatzungszeit mit Napoleon[636] als Besatzer zu bewerten.

634 Zur Genese des Herzogtums Warschau sehr ausführlich: *Halicz, Emanuel*, Geneza Księstwa Warszawskiego, 1962, S. 11 ff.

635 Vgl. Anhang II, Karte 6.

636 *Rostworowski* bezeichnet Napoleon als „Detentor" Polens und in der Phase nach der Abdankung des preußischen Königs und der Besteigung des Thrones durch den sächsischen König sogar als dessen Herrscher. Vgl. *Rostworowski*, Prawna geneza, S. 19.

1. Proklamation an die polnische Nation vom 3. November 1806

In der Proklamation vom 3. November 1806[637] wandten sich Jan Henryk Dąbrowski[638] und Józef Wybicki[639] in Berlin auf Verlangen Napoleons an das polnische Volk. Sie bezeichneten Napoleon als groß und unbesiegbar. Sie appellierten an die polnische Nation, dass diese sich bemühen solle, ehrfürchtig der Pracht Napoleons zu huldigen. Sie sagten ferner, dass Napoleon ihnen mitgeteilt habe, dass er, wenn die Polen sich als würdig erweisen würden, eine Nation zu sein, nach Posen gehen werde, um seine Wertschätzung der polnischen Nation gegenüber zum Ausdruck zu bringen. Auf Grundlage dieses Berichtes betonten Dąbrowski und Wybicki, dass es nun an den Polen liege, ob sie wieder ein Vaterland bekämen. In diesem Zusammenhang wird Napoleon als der Rächer und Schöpfer der polnischen Nation bezeichnet. Die Polen sollten Napoleon gegenüber ihre Herzen öffnen und ihn überzeugen, dass sie bereit seien, ihr Vaterland wiederzugewinnen.

Diese Proklamation, die von den beiden größten polnischen Nationalhelden jener Zeit ausging, verdeutlicht, dass die Polen nach der Wiedererrichtung ihres Staates strebten. Sie nahmen an, dass dieser Wunsch mit der Unterstützung Napoleons umsetzbar sein könnte. Die unterdrückte polnische Bevölkerung sah in Napoleon ihren Erlöser von der Besatzungsmacht der Teilungsmächte. Darüber hinaus wird deutlich, dass die polnische Elite großen Respekt vor Napoleon hatte. Um die Wiedererrichtung ihres Staates zu erreichen, waren die Polen bereit, sich auf Napoleon einzulassen und ein Bündnis mit ihm einzugehen.

---

637 Poln. Text: *Mencel, Tadeusz,* Księstwo Warszawskie (1807-1815) i Królestwo Polskie (1815-1830), 1958, Nr. 2, S. 4; *Mościcki,* Dzieje porozbiorowe Polski w aktach i dokumentach, Bd. I, S. 87 f.; *d'Angeberg,* Recueil des traités concernant la Pologne, S. 440 f.

638 *Jan Henryk Dąbrowski* (1755-1818) war ein polnischer General, der heute als Nationalheld verehrt wird. Er beteiligte sich an dem Kościuszko-Aufstand als kommandierender General. Nach dem Jahre 1795 ging er nach Frankreich und schloss sich dort der von Polen gegründeten politischen Vereinigung „Agencja" an. Zusammen mit anderen polnischen Generälen emigrierte er schließlich nach Italien, wo er in den polnischen Legionen aktiv war. Die Führungsriege der Legionen hatte das Ziel, mit Hilfe Frankreichs die ehemals polnischen Gebiete wieder von den Besatzungsmächten zu befreien. In der Armee des Herzogtums Warschau diente Dąbrowski als Kommandierender General. Im Königreich Polen führte er kurzzeitig unter Zar Alexander I. als General der Kavallerie die neue polnische Armee, bevor er im Jahre 1816 seinen Dienst quittierte.

639 *Józef Wybicki* (1747-1822) war ein polnischer Politiker und Schriftsteller, der unter anderem Mitglied des letzten polnischen Sejm war. Er beteiligte sich ebenfalls am Kościuszko-Aufstand und war Mitglied der polnischen Legionen. Im Jahre 1807 gehörte er der Provisorischen Regierungskommission des Herzogtums Warschau an. In den Jahren 1817 bis 1820 war er Vorsitzender des Verfassungsgerichts im Königreich Polen.

2. Dekret Napoleons vom 14. Januar 1807

Mit dem Dekret vom 14. Januar 1807[640], das Napoleon als französischer Cäsar und italienischer König in Warschau erlassen hatte, wurde die Errichtung einer Übergangs-Regierungskommission für das Herzogtum verkündet. In Art. 1 heißt es, dass Polen von einer Übergangsregierung regiert werden soll, solange das Schicksal Polens, das vom preußischen König erobert wurde, nicht abschließend geklärt ist. Es wird festgelegt, dass der Kommission ein Präsident und ein ihm unterstehender Sekretär vorstehen sollten (Art. 3). Darüber hinaus sollen fünf Minister für spezielle Angelegenheiten, wie die öffentliche Verwaltung und die Justiz, gewählt werden und mit der Kommission zusammenarbeiten (Art. 4 und 5). In Art. 6 wird der Kommission eine vollumfängliche Regierungsgewalt übertragen. Gemäß Art. 7 wird das Herzogtum in sechs Departements[641] aufgeteilt. Art. 8 bestimmt schließlich Małachowski[642], Gutakowski[643], Potocki[644], Działyński[645], Bieliński[646] und Sobolewski[647] als Mitglieder der Regierungskommission.

3. Bewertung

Die Regierungskommission, deren Hauptaufgabe im Grunde nur die Unterstützung der militärischen Handlungen Napoleons war,[648] kann nur als ein Besatzungsorgan qualifiziert werden. Auf dem Gebiet des späteren Herzogtums Warschau erfolgte eine *occupatio bellica* durch Frankreich. Frankreich war nach der militärischen Einnahme des preußischen Teilungsgebiets *de facto* als Besatzer im Besitz dieses Territoriums. Die Errichtung einer zumindest vorläufigen Regierungskommission für das Herzogtum Warschau spricht dafür, dass Napoleon im Herzogtum eine neue Staatsgewalt errichten wollte. Bis zu den Tilsiter Verträgen konnte er dieser Kommission lediglich eine Besatzungsgewalt übertragen, da die Errichtung

640 Poln. Text: *Mencel*, Księstwo Warszawskie i Królestwo Polskie, Nr. 1, S. 3; *Sawicki*, Wybór tekstów źródłowych, Bd. II, Nr. 2, S. 14; *d'Angeberg*, Recueil des traités concernant la Pologne, S. 457 f.

641 Darunter das Warschauer, Posener, Kalischer, Bydgosker, Płocker und Białostocker Departement.

642 *Stanisław Małachowski* (1736-1809) war ehemaliger Marschall des „Vierjährigen Sejm", Präsident des Staatsrates im Jahre 1807 und in den Jahren 1807 bis 1809 Präsident des Senats.

643 *Ludwik Gutakowski* (1738-1811) war in den Jahren 1807 bis 1809 Präsident des Staatsrates und in den Jahren 1809 bis 1811 Präsident des Senats.

644 *Stanisław Kostka Potocki* (1752-1821) gehörte zu den patriotischen Anführern im „Vierjährigen Sejm" und war in den Jahren 1809 bis 1811 Präsident des Staatsrates.

645 *Franciszek Ksawery Działyński* (1756-1819) war später Senator-Wojewode.

646 *Piotr Bieliński* (1754-1829) war später Senator-Wojewode.

647 *Walenty Sobolewski* (1770-1846) war Warschauer Landrat und später Senator-Wojewode.

648 *Rostworowski*, Prawna geneza, S. 15.

des Herzogtums Warschau, vor allem auch aufgrund der noch ausstehenden Festlegung der Grenze, noch nicht vollzogen war. Für eine mögliche Wiedererrichtung eines polnischen Staates ist von Bedeutung, dass die Regierungskommission überwiegend mit Polen besetzt wurde. Dies könnte auf den ersten Blick darauf schließen lassen, dass die Staatsgewalt von der polnischen Bevölkerung ausgehen sollte. Mit den Tilsiter Friedensverträgen endete der militärische Besatzungszustand durch Frankreich.

II. Gründung des Herzogtums Warschau

1. Rechtsgrundlage

a) Tilsiter Friedensvertrag zwischen Frankreich und Russland vom 25. Juni (7. Juli) 1807

Frankreich und Russland schlossen am 25. Juni (7. Juli) 1807 in Tilsit einen gesonderten Friedensvertrag[649] ab. Mit dem Vertrag sollten alle Feindseligkeiten beseitigt und Frieden und Freundschaft herrschen.[650] In Art. 4 wird konkret das Territorium beschrieben, das Napoleon als Beweis für das Vertrauensband zwischen beiden Mächten zugunsten Russlands anerkennt. Für die vorliegende Untersuchung ist Art. 5 von großer Bedeutung. Darin wurde bestimmt, dass diejenigen Provinzen, die am 1. Januar 1772 noch Teil des Königreichs Polen waren und die über diverse Epochen hinweg unter preußischer Herrschaft standen – mit Ausnahme der in Art. 4 und Art. 9 aufgezählten Gebiete – mit sämtlichem Eigentum und voller Souveränität auf den König von Sachsen unter dem Namen Herzogtum Warschau übergehen. Ferner soll der sächsische König auf Grundlage einer Verfassung regieren, die die Freiheit und die Privilegien der Bürger dieses Herzogtums sichert. Schließlich wird bestimmt, dass eine Versöhnung mit den Nachbarstaaten eintreten möge. Gemäß Art. 6 wird die Unabhängigkeit der Freien Stadt Danzig wiederhergestellt und gleichzeitig der Protektion der Könige von Preußen und Sachsen unterstellt. Nach Art. 7 sollte zwischen dem Königreich Sachsen und dem Herzogtum Warschau eine militärische Straße durch das Territorium Preußens geschaffen werden.[651]

---

649 Franz. und russischer Text: *Parry, Clive* (ed.), CTS, vol. 59 (1806-1808), S. 231-243; poln. Textauszug: *Kallas/Krzymkowski*, Historia ustroju i prawa, Nr. 14, S. 46 f.

650 Vgl. Art. II und III. Den Vertrag hatten der russische Zar und Napoleon, der hierin als französischer Herrscher, König von Italien und Protektor des Rheinbundes bezeichnet wurde, unterzeichnet.

651 In zwei geheimen Zusatzabkommen vereinbarten Zar Alexander und Napoleon unter anderem, Schweden, Portugal und Dänemark-Norwegen zum Beitritt zur Kontinentalsperre zu zwingen. Vgl. franz. und russischer Text: *Parry*, CTS, vol. 59, S. 243-245 und 246-250.

b) Tilsiter Friedensvertrag zwischen Frankreich und Preußen vom 9. Juli 1807

Der Friedensvertrag zwischen Frankreich und Preußen wurde am 9. Juli 1807 ebenfalls in Tilsit[652] geschlossen.[653] In Art. 2 wurden diejenigen Gebiete aufgezählt, die an den König von Preußen restituiert werden sollten. Art. 4 enthielt die Anerkennung des Rheinbundes und des jeweiligen Besitzstandes eines jeden Souveräns als Mitglied des Rheinbundes durch den preußischen König. Nach Art. 4 sollte Preußen zahlreiche Gebiete zwischen Rhein und Elbe abtreten. Das Königreich Westphalen sollte aus den Provinzen entstehen, die der König von Preußen abgetreten hatte, sowie aus anderen Gebieten, die bereits im Besitz Napoleons waren.[654]

Einen Rechtsverzicht Preußens enthielt Art. 10. Danach verzichtete Preußen auf sämtliche Territorialansprüche, ausgenommen die in Art. 7 bezeichneten, insbesondere auf die zwischen Elbe und Rhein belegenen Gebiete und Besitztümer. Nach Art. 11 galten alle Verträge, die Preußen mit den auf dem linken Elbufer gelegenen Staaten abgeschlossen hatte, als nichtig. Ferner sah Art. 13 einen Verzicht Preußens auf diejenigen Provinzen vor, die ehemals Polen gehört hatten und seit dem 1. Januar 1772 unter der Herrschaft von Preußen standen, mit Ausnahme des Ermlandes und weiterer Gebiete.

Nach Art. 15 sollten die Provinzen, auf welche der König von Preußen verzichtet hatte, mit sämtlichem Eigentum und voller Souveränität auf den König von Sachsen unter dem Namen „Herzogtum Warschau“ übergehen. Das Herzogtum Warschau sollte vom König von Sachsen durch Konstitutionen regiert werden, die Freiheiten und Pflichten der Völker im Herzogtum sicherstellten, zugleich aber mit der Ruhe und Ordnung der benachbarten Staaten im Einklang standen. Art. 16 war identisch mit der Regelung, die der französisch-russische Friedensvertrag bezüglich der Schaffung einer Militärstraße enthielt. Dieses galt auch für Art. 19, der die Gründung einer Freien Stadt Danzig betraf.

2. Bewertung

Die Tilsiter Verträge glichen sich trotz teilweise unterschiedlicher Formulierungen und kleinerer Ergänzungen inhaltlich.

Im Vertrag zwischen Preußen und Frankreich trat Preußen seine zuvor überwiegend durch die zweite und dritte Teilung erworbenen polnischen Gebiete zunächst an Frankreich ab. Hieraus folgt, dass die Tilsiter Verträge einen Rechtsverzicht Preußens auf das Gebiet des späteren Herzogtums Warschau enthielten. Problematisch in diesem Zusammenhang ist, dass Preußen nur hinsichtlich der durch

---

652 Franz. Text: *Parry*, CTS, vol. 59, S. 255-262; poln. Textauszug: *Kallas/Krzymkowski*, Historia ustroju i prawa, Nr. 15, S. 47 f.

653 Ferner wurden Zusatzartikel verabschiedet, in denen etwa vereinbart wurde, dass sich Preußen mit Frankreich gegen Großbritannien verbünden werde. Vgl. franz. Text: *Parry*, CTS, vol. 59, S. 263.

654 Vgl. Art. VIII.

die zweite Teilung erworbenen Gebiete Inhaber der territorialen Souveränität war. Konsequenz der Abtretung war aber nicht, dass Frankreich sich dieses Gebiet einverleibte. Stattdessen einigten sich Preußen und Frankreich in dem Vertrag darauf, dass aus den konkret beschriebenen ehemals polnischen Gebieten ein souveränes Herzogtum Warschau errichtet werden sollte. Die Schaffung einer Militärstraße zeigt aber das wahre Interesse Frankreichs, das Herzogtum als militärische Pufferzone gegenüber Russland ausnutzen zu wollen.

Die Tilsiter Friedensverträge bildeten damit die Rechtsgrundlage für die Konstituierung des Herzogtums Warschau.[655] Als Vertragspartner der Tilsiter Verträge traten allerdings nur Frankreich, Preußen und Russland auf, weder Vertreter der polnischen Nation noch des Königreichs Sachsen wurden beteiligt.[656]

III. Rechtscharakter des Herzogtums Warschau

1. Staat im Sinne der Drei-Elemente-Lehre

Bevor die Frage beantwortet werden kann, ob mit dem Herzogtum Warschau ein polnischer Staat wiedererrichtet wurde, muss geprüft werden, ob das Gebilde des Herzogtums überhaupt einen Staat im völkerrechtlichen Sinne bildete. Hierfür müssten die drei Staatlichkeitsmerkmale gegeben sein.

a) Staatsgebiet

Die Tilsiter Friedensverträge beschrieben konkret die Grenzen des Herzogtums Warschau. Auf diese Weise könnte das Herzogtum über ein eigenes abgegrenztes Staatsgebiet verfügen. Das Herzogtum Warschau hätte aber dann kein eigenes Staatsgebiet besessen, wenn es lediglich als eine sächsische Provinz zu bewerten wäre. Demnach kann die Staatlichkeitsvoraussetzung des Staatsgebietes erst nach der Bewertung der Verbindung zu Sachsen bestimmt werden.

b) Staatsvolk

Auf dem Gebiet des Herzogtums lebte überwiegend eine polnische Bevölkerung, die das Staatsvolk dieses neuen Gebildes bilden konnte. Für die polnische Bevölkerung war von Bedeutung, dass ihre Freiheit und ihre Privilegien in einer Verfassung, deren Verabschiedung als Vertragspflicht in Aussicht gestellt wurde, gesichert werden sollten. Dies verdeutlicht, dass die Vertragsparteien die Bevölkerung des Herzogtums, also die Polen, mit besonderen Privilegien versehen wollten. Jedoch stellt dies keine Anerkennung der polnischen Nation dar, da gerade nicht von der polnischen Nation, sondern lediglich von den „Völkern dieses Herzogtums" gesprochen wurde. Aus diesem Grunde ist es naheliegend, dass die

---

655 Konkret: Art. 5 bis 9 des französisch-russischen Vertrages und die Art. 13, 15, 16, 19, 20 und 22 des französisch-preußischen Vertrages. Vgl. auch *Rostworowski*, Prawna geneza, S. 17 f.

656 *Rostworowski*, Prawna geneza, S. 18.

Zugeständnisse dazu dienten, die Bevölkerung zufrieden zu stimmen und auf die Seite Frankreichs zu bringen. Die Freiheiten galten nicht uneingeschränkt, sondern wurden unter den Vorbehalt gestellt, dass die Bevölkerung nicht den Frieden der Nachbarstaaten bedroht.

c) Staatsgewalt

Das Herzogtum Warschau müsste über eine eigene Staatsgewalt verfügt haben. In diesem Zusammenhang ist unklar, von wem die Staatsgewalt ausging und ob das Herzogtum Warschau souverän war. Aufgrund der bereits dargestellten Verträge liegt die Vermutung nahe, dass das Herzogtum Warschau gerade nicht souverän war. Die Souveränität könnte nämlich wegen der Verbindungen zum Königreich Sachsen und dem Kaiserreich Frankreich zumindest beschränkt gewesen sein. Es stellt sich die Frage, inwieweit die Souveränitätsbeschränkung reichte. Auch wäre denkbar, dass die Staatsgewalt von jenen Mächten ausging, sodass das Herzogtum Warschau keine eigene effektive Staatsgewalt ausüben konnte.

aa) Eigene Staatsgewalt auf Grundlage der Verfassung

Das Herzogtum Warschau erhielt am 22. Juli 1807 eine von Napoleon oktroyierte Verfassung.[657] Da sich die polnischen Eliten für die Restitution der Maiverfassung von 1791 einsetzten, berücksichtigte die napoleonische Verfassung einige der strukturellen Besonderheiten der Adelsrepublik. Dies kam etwa in der dualistischen Struktur des Parlaments und in der Beibehaltung einer starken Adelsschicht zum Ausdruck.[658] Entscheidend ist, ob die Verfassung eine eigene Staatsgewalt im Herzogtum etablierte.

(1) Inhalt

Die Verfassung bestand aus 12 Titeln mit insgesamt 89 Artikeln, sodass sie als relativ kurz bezeichnet werden kann. Ferner ist auffällig, dass die Verfassung keine Präambel hatte. Am Ende der Verfassung wurde gesagt, dass Napoleon den ihm vorgelegten Verfassungstext im Einklang mit den in Art. 5 des Tilsiter Friedensvertrages eingegangenen Verpflichtungen bestätigen würde.

---

657 Dt. Text der Verfassung („Statut Constitutionnel du Duché de Varsovie, Ustawa Konstytucyjna Księstwa Warszawskiego“): *Pölitz, Karl Heinrich Ludwig* (Hrsg.), Die Constitutionen der europäischen Staaten seit den letzten 25 Jahren, Zweiter Theil, 1817, S. 34-46; poln. Text: *Radziwiłł/Winiarski*, Królestwo Polskie. Dokumenty, S. 15-27; *Handelsman*, Konstytucje polskie, S. 63-74; *Sawicki*, Wybór tekstów źródłowych, Bd. II, Nr. 3, S. 15-23; *Kallas/Krzymkowski*, Historia ustroju i prawa, Nr. 18, S. 50-56; franz. und poln. Text: *Tarnowska*, Polskie dokumenty, S. 35-53; franz. Text: *d'Angeberg*, Recueil des traités concernant la Pologne, S. 470-481. Siehe hierzu auch: *Jabłoński, Henryk*, Konstytucje Polskie, in: PiP 7 (1952), S. 367-405 (381).

658 Vgl. *Kraft*, Europa im Blick der polnischen Juristen, S. 38.

Für die Rechte der polnischen Bevölkerung, die hier allerdings mit dem Wort „Bürger" bezeichnet wurde, war Art. 4 entscheidend.[659] Danach wurde die Leibeigenschaft abgeschafft und alle Bürger vor dem Gesetz gleichgestellt. Darüber hinaus standen sie unter dem Schutz der Gerichtshöfe.

Nach Art. 5 sollte die Krone des Herzogtums Warschau erblich in der Person des Königs von Sachsen, seiner Abkömmlinge, Erben und Nachfolger nach der im sächsischen Hause eingeführten Sukzessionsordnung sein. Die Stellung des Königs war dahingehend ausgestaltet, dass die Regierung gemäß Art. 6 auf der Person des Königs beruhte. Dem König oblagen die vollziehende Gewalt und die Gesetzesinitiative. Von Bedeutung waren die Art. 7 und 8, die die Möglichkeit einer Machtübertragung enthielten. Im Sinne des Art. 7 konnte der König einen Teil seiner Autorität einem Vizekönig übertragen. Darüber hinaus konnte er auf Grundlage von Art. 8 anstelle der Machtübertragung auf einen Vizekönig die Macht auch auf den Präsidenten eines zusätzlich zu gründenden Staatsrates übertragen.

In Art. 86 wurde bestimmt, dass der König das Recht hatte, die Verfassung zu erweitern. Dies beinhaltete die Befugnis, ein Reglement zu einer Verfassungsvervollständigung mit dem Ziel einer Änderung zu erlassen.[660] Die einzige Bedingung hierbei war, dass die „Vervollständigung" im Staatsrat diskutiert werden sollte.

In Art. 11 wurde bestimmt, aus welchen Ministern sich der Ministerrat[661] zusammensetzen sollte. Hierzu gehörten neben dem Innenminister auch der Polizeiminister und der Minister für kirchliche Angelegenheiten[662]. Sofern eine Machtübertragung des Königs auf einen Vizekönig erfolgte, sollten die Minister mit diesem zusammenarbeiten.[663] Für den Fall, dass kein Vizekönig ernannt wurde, sollten sich die Minister gemäß Art. 13 in einen Staatsrat vereinigen. Im

---

659 Die Freiheit der Bürger wurde mit dem Dekret vom Dezember 1807 eingeführt. Das Dekret nahm auf Art. 4 der Verfassung Bezug. Vgl. *Leśnodorski, Bogusław*, Elementy feudalne i burżuazyjne w ustroju i prawie Księstwa Warszawskiego, in: CPH 3 (1951), S. 304-332 (311).

660 Wegen der Erweiterung des Gebietes des Herzogtums im Jahre 1809 musste die Verfassung modifiziert werden. Die entsprechende Verfassungsänderung erfolgte mit dem Dekret vom 24. Februar 1810 (poln. Text: *Handelsman*, Konstytucje Polskie, Nr. 6, S. 74-76; *Kallas/Krzymkowski*, Historia ustroju i prawa, Nr. 19, S. 57). Das Dekret erweiterte unter anderem die Geltung der Verfassung auf das hinzukommende Gebiet. Ferner sah Art. 3 eine Erweiterung des Senates entsprechend der Gebietsvergrößerung um 12 weitere Abgeordnete vor. Das neue Gebiet teilte sich in Departements ein.

661 Die konkreten Aufgabenbereiche der jeweiligen Minister wurden in einem gesonderten Dekret des Herzogs von Warschau, Friedrich August, vom 20. April 1808 bestimmt. Vgl. poln. Text des Dekretes vom 20. April 1808, in: *Kallas/Krzymkowski*, Historia ustroju i prawa, Nr. 28, S. 68-74.

662 Gemäß Art. 1 wurde die apostolisch-römisch-katholische Religion zur Staatsreligion bestimmt.

663 Vgl. Art. 12.

Staatsrat sollten Gesetzesentwürfe ausgearbeitet und beschlossen werden.[664] Die vom Staatsrat beschlossenen Entscheidungen, Gesetzesentwürfe, Dekrete und Reglements mussten dem König zur Genehmigung vorgelegt werden.[665]

Der Reichstag setzte sich gemäß Art. 19 aus dem Senat und der Landbotenkammer zusammen. Die Aufgabe des Reichstages war, über das Abgaben- und Finanzgesetz sowie über die Gesetze in Zivil- und Strafsachen zu beraten.[666] In Art. 22 wurde geregelt, dass die im Staatsrat verfassten Gesetzesentwürfe auf Befehl des Königs dem Sejm übersandt werden sollten, um sie anschließend in der Landbotenkammer in geheimer Abstimmung mit der Mehrheit der Stimmen zu verabschieden und schließlich dem Senat zur Genehmigung vorzulegen.

Gemäß Art. 23 bestand der Senat aus insgesamt 18 Mitgliedern, darunter sechs Bischöfen, sechs Wojewoden und sechs Kastellanen. Der Senat musste grundsätzlich die Gesetze genehmigen.[667] Im Falle der Ablehnung der Genehmigung übertrug der Senat dem König das Recht zur Annullierung des Gesetzes.[668] Ferner konnte der König im Falle einer Genehmigungsverweigerung gemäß Art. 32 neue Senatoren ernennen und das Gesetz abermals dem Senat vorlegen.

Die Landbotenkammer sollte sich nach Art. 35 aus 60 Landboten, die von den Landtagen oder Versammlungen der Edelleute jedes Distrikts ernannt werden sollten, und aus 40 Abgeordneten der Gemeinden zusammensetzen. Insgesamt sollten 40 Gemeindeversammlungen im Herzogtum eingerichtet werden.[669] Die Hauptfunktion der Landbotenkammer war die Beratung der Gesetzesentwürfe. Mit Mitgliedern der Landbotenkammer sollten insgesamt drei Kommissionen für die Finanzen sowie für die Zivil- und Strafsachen gebildet werden, die je nach Gegenstand des zu beratenden Gesetzes für zuständig erklärt wurden. Die Kommission hatte dann das Recht, Bemerkungen und Änderungsvorschläge dem Staatsrat vorzutragen.[670]

Das Gebiet des Herzogtums wurde in sechs Departements unterteilt und von einem Präfekten verwaltet.[671] Als zweite Organisationseinheit wurden in Art. 66

---

664 Vgl. Art. 15.

665 Vgl. Art. 18.

666 Vgl. Art. 21.

667 Als Ausnahmen nannte Art. 28 die Fälle, wenn über das Gesetz nicht nach den durch die Verfassung vorgeschriebenen Formen beratschlagt oder die Beratschlagung durch gewaltsame Handlungen gestört worden ist; wenn der Senat wissen sollte, ob das Gesetz nicht durch die Mehrheit der Stimmen angenommen worden ist; wenn der Senat davon überzeugt war, dass das Gesetz entweder der Staatssicherheit oder den Vorschriften des gegenwärtigen Verfassungsstatuts entgegenstand. Im Falle einer Genehmigung des Gesetzesentwurfes war das Gesetz nach Art. 34 unmittelbar verbindlich.

668 Vgl. Art. 29.

669 Vgl. Art. 36.

670 Vgl. Art. 41 ff.

671 Vgl. Art. 64 und 65.

die Distrikte, die wiederum von einem Unterpräfekten verwaltet wurden, genannt. Weitere Verwaltungsstufen waren die Munizipalitäten[672] nach Art. 67, die von einem Bürgermeister oder einem Präsidenten verwaltet wurden.

Jeder einzelnen Verwaltungsstufe sollte ein Rat vorstehen. Gemäß Art. 68 wurden die Präfekte, Unterpräfekte, die Bürgermeister und die Mitglieder der entsprechenden Räte vom König ernannt.

Gemäß Art. 69 sollte das napoleonische Zivilrecht[673] im Herzogtum in Kraft treten. In jedem Distrikt sollte ein Friedensgericht eingerichtet werden. In jedem Departement sollte ein bürgerlich-rechtliches Tribunal erster Instanz, für zwei Departements ein Gerichtshof für Strafjustiz und für das gesamte Herzogtum ein Berufungsgericht eingerichtet werden.[674] Art. 74 bestimmte, dass der richterliche Stand unabhängig sein sollte. Die Urteile der Gerichtshöfe und Tribunale wurden im Namen des Königs ausgesprochen.[675] Nur der König besaß ein Recht zum Erlass oder zur Abänderung der Strafe.[676]

Die Verfassung sah für das Herzogtum eine eigene Armee vor. Gemäß Art. 79 setzte sich das Heer aus 30.000 Soldaten zusammen. Art. 80 sah einen militärischen Tausch vor. Danach konnte der König einen Teil des Heeres nach Sachsen abberufen. Bedingung hierfür war, dass der abberufene Teil der Armee durch einen entsprechenden Teil aus der sächsischen Armee ersetzt wurde. Des Weiteren wurde das Recht eingeräumt, die sächsische Armee im Herzogtum zu stationieren.[677]

(2) Bewertung

Die Verfassung basierte überwiegend auf der französischen Verfassung aus dem Jahre 1799. Napoleon behielt allerdings einige polnische Bezeichnungen wie die einiger Beamter und des Senats bei.[678] Der Senat setzte sich aus Abgeordneten zusammen, die von der Staatsmacht bestimmt wurden. Die Zusammensetzung der Abgeordnetenversammlung kam durch Wahlen zustande. Die erste Schicht, die Szlachta, wählte auf den Sejmiki zunächst 60, später nach Angliederung Neu-Galiziens 100 Abgeordnete. Die zweite Schicht[679] wählte auf ihren Gemeindeversammlungen zunächst 40 und später 66 Abgeordnete. Den Vorsitz der Abgeordnetenversammlung führte der Marschall, der vom König eingesetzt wurde. Ferner hatte der Sejm kein Initiativrecht, da dieses nur dem König zustand.[680]

---

672 Hierunter ist eine administrative Gemeindestruktur zu verstehen.

673 Text des Code Civil: *Sawicki*, Wybór tekstów źródłowych, Bd. II, Nr. 6, S. 25 ff.

674 Vgl. Art. 71.

675 Vgl. Art. 77.

676 Vgl. Art. 78.

677 Vgl. Art. 81.

678 Vgl. *Czubaty, Jarosław*, Księstwo Warszawskie (1807-1815), 2011, S. 143; *Grochulska, Barbara*, Księstwo Warszawskie, 2. Aufl., 1966, S. 87.

679 Zu dieser zählten alle Grundbesitzer, die nicht zur Szlachta angehörten, damit auch die Bauern.

680 *Kutrzeba, Stanisław*, Sprawa Polska w Królestwie Polskim 1815-1915, 1916, S. 17.

Der Staatsrat entsprach der französischen Tradition und wurde auch in allen anderen napoleonischen Staaten errichtet. Dem Staatsrat und dem Ministerrat wurde das Recht zum Erlass von Gesetzen und Dekreten übertragen. Diese Rechte waren aber eingeschränkt, da der König sämtliche Erlasse der Räte genehmigen musste, bevor sie rechtswirksam wurden. Der Wunsch der polnischen Elite nach Wiedereinsetzung der Maiverfassung von 1791 wurde insoweit berücksichtigt, indem ein dualistischer Reichstag mit Senat und Landbotenkammer ganz nach polnischer Verfassungstradition errichtet wurde. Der Senat hatte die Genehmigung der Gesetze zur Aufgabe. Sofern der König mit dem Ergebnis eines Genehmigungsverfahrens nicht einverstanden war, hatte er gemäß Art. 32 wiederum das Recht, neue Senatoren zu ernennen, die nochmals über das Gesetz abstimmen sollten.

Im Gegensatz zur Adelsrepublik erfolgte im Herzogtum eine starke Dezentralisierung durch die Einführung des neuen Verwaltungsaufbaus,[681] der nach französischem Muster gestaltet war.[682] In Bezug auf die gesetzgebende Gewalt wies die Verfassung im Gegensatz zur Maiverfassung erhebliche Unterschiede auf. Der Staatsrat war nämlich ein neues Gebilde für Polen.[683] Die Kompetenzen des Parlaments wurden erheblich eingeschränkt. Es hatte keine Gesetzesinitiative mehr. Das Parlament konnte auch nicht mehr den Haushalt verabschieden.[684] Auch die Regierungsgewalt wich stark von der der Adelsrepublik ab. So war das System des Herzogtums eher an den aufgeklärten Absolutismus als an ein anderes früheres polnisches System[685] angelehnt.[686] Somit bestanden hinsichtlich des Staatsaufbaus deutliche Unterschiede zu Polen-Litauen vor der letzten Teilung. Die Verfassung räumte der polnischen Bevölkerung zwar das Gleichheitsrecht ein, aber ein Recht auf Eigentum am Boden wurde ihr nicht gewährt, sodass die Bevölkerung aus den Gebieten jederzeit wieder vertrieben werden konnte.[687] Der König hatte eine allumfassende Regierungsmacht. Obwohl die Regierung sich in Ministerrat und Staatsrat sowie einen Sejm aufsplittete, lag die alleinige Entscheidungsgewalt beim König, da er alle neuen Gesetze genehmigen musste und ihm die Verfassung das Recht einräumte, Gesetze, die nicht seinem Willen entsprachen, zu beseitigen. Diese Möglichkeit ergab sich dadurch, dass der König nach Belieben die Senatoren auswechseln konnte. Im Herzogtum Warschau wurde also eine Staatsgewalt etabliert.

---

681 Siehe zum Staatsaufbau des Herzogtums Warschau: *Kallas, Marian*, Podział administracyjny Księstwa Warszawskiego, in: CPH 30 (1978), S. 93-113.

682 Vgl. *Grochulska*, Księstwo Warszawskie, S. 92; *Ajnenkiel*, Administracja w Polsce, S. 8.

683 Vgl. *Grochulska*, Księstwo Warszawskie, S. 86.

684 Vgl. *Czubaty*, Księstwo Warszawskie, S. 143.

685 Alle Staatsorgane hatten einen königlichen Charakter. Der König bestimmte die Besetzung sämtlicher Ämter im Staatsapparat. Vgl. *Krzymkowski, Marek*, Status prawny urzędników Księstwa Warszawskiego, 2004, S. 13.

686 Vgl. *Grochulska*, Księstwo Warszawskie, S. 92; *Korobowicz/Witkowski*, Ustrój i prawo, S. 54.

687 *Kutrzeba*, Sprawa Polska, S. 12.

bb) Souveränität

Unter Berücksichtigung der Verfassung stellt sich die Frage, ob das Herzogtum Warschau einen souveränen Staat darstellte. Die Verfassung könnte bestimmt haben, ob im Herzogtum eine eigene oder eine fremde Staatsgewalt ausgeübt wurde.

(1) Verhältnis zu Sachsen

(a) Sächsische Provinz

(aa) Tilsiter Friedensverträge

Beide Tilsiter Friedensverträge setzen mit identischem Wortlaut[688] eine Verbindung zwischen dem Herzogtum Warschau und dem Königreich Sachsen fest. Da der Wortlaut nicht eindeutig und auf den ersten Blick schlüssig ist, kann er verschieden ausgelegt werden. Im Vordergrund der problematischen Auslegung stehen die Begriffe des Eigentums und der Souveränität, die auf den König von Sachsen übergehen sollen. Denkbar wäre die Auslegungsvariante, dass dieser Übergang mit einer Abtretung des gesamten Herzogtums Warschau an das Königreich Sachsen zu werten wäre. In diesem Fall könnte das Herzogtum Warschau als eine Provinz in das Königreich Sachsen integriert worden sein. Dies würde dazu führen, dass das Herzogtum aufgrund einer fehlenden Staatsgewalt keinen souveränen Staat darstellte.

Die Regelung könnte aber auch als die Errichtung einer Personalunion zu deuten sein. Der Übergang der Souveränität muss anhand der Bedeutung des Souveränitätsbegriffs in der damaligen Zeit bewertet werden. Anfang des 19. Jahrhunderts wurde in absoluten Monarchien die Souveränität nämlich noch mit der Herrschergewalt gleichgesetzt, sodass die Souveränität gerade nicht beim Volk oder beim Staat, sondern beim jeweiligen Herrscher, dem Souverän, lag. Hierfür spricht auch die Umsetzung der Verträge, wonach das Herzogtum Warschau als eigenständiges Gemeinwesen behandelt wurde. Demzufolge ist die Übertragung der Souveränität auf den König von Sachsen so zu verstehen, dass der König von Sachsen zum neuen Herrscher im Herzogtum Warschau ernannt wurde. Neben seinem Titel als König von Sachsen wurde ihm damit eine weitere Aufgabe übertragen. Dieser Auslegung folgend muss auch die Auslegung der Übertragung des Eigentums auf den sächsischen König so verstanden werden, dass das herzogliche Eigentum auch gleichzeitig das Eigentum des Königs von Sachsen wird. Schließlich kann man aufgrund der Personenidentität schlecht zwischen dem Eigentum als Herzog und dem Eigentum als König trennen.

---

688 Originalwortlaut des Art. 5: « Les provinces auxquelles S. M. le Roi de Prusse renonce par l'article 13 ci-dessus, seront (à l'exception du territoire spécifié en l'article 18 ci-après) possédées en toute propriété et souveraineté par S. M. le Roi de Saxe sous le titre de Duché de Varsovie et régies par des constitutions qui, en assurant les libertés et les privilèges des peuples de ce Duché, se concilient avec la tranquillité des états voisins ».

Das Herzogtum Warschau war demzufolge keine sächsische Provinz, sondern verfügte über ein eigenes Gebiet, das für den Fall einer eigenen Staatsgewalt auch als Staatsgebiet qualifiziert werden kann.

Im Ergebnis haben die Tilsiter Verträge nicht nur formal das Herzogtum Warschau gegründet, sondern diesem auch mit dem König von Sachsen einen neuen Herrscher verliehen. Dies spricht dafür, dass die Verträge eine Personalunion zwischen dem Herzogtum Warschau und dem Königreich Sachsen manifestierten. Ob die Verbindung darüber hinaus auch rechtliche Grundlagen besaß, muss anhand weiterer Kriterien überprüft werden.

(bb) Sächsisch-französischer Vertrag vom 22. Juli 1807

Die formale Übertragung der Souveränität über das Herzogtums Warschau an das Königreich Sachsen erfolgte schließlich mit dem sächsisch-französischen Vertrag vom 22. Juli 1807[689].

Art. I des Vertrages bestimmte, dass das Territorium von den französischen Kommissaren an die sächsischen Kommissare übergeben werden sollte. Ferner sollte mit dieser Übergabe die französische Intervention in das Herzogtum enden. Gemäß Art. V sollte der sächsische König als Herzog von Warschau eine Armee von 30.000 Mann unterhalten, die sich im Kriegsfall der Armee des Rheinbundes anschließen sollte. Bis zur dauerhaften Errichtung einer neuen Regierung und der endgültigen Organisation der Armee verpflichtete sich der sächsische König, das Angebot anzunehmen, ein Heer von 30.000 Franzosen im Herzogtum zu stationieren, das die Grenzen sichern sollte.[690] Nach Art. X bekam Napoleon das Recht zugesprochen, in Warschau einen Residenten[691] zu unterhalten.

Der sächsisch-französische Vertrag enthielt einen Gegensatz: einerseits verpflichtete sich die französische Seite, sich nicht in die Regierungsangelegenheiten des Herzogtums Warschau einzumischen, andererseits eröffnete der Vertrag Napoleon die Möglichkeit, einen Residenten nach Warschau zu schicken, der vor Ort die französischen Interessen vertreten konnte. Die Einführung des Amtes des Statthalters sicherte also den Einfluss Frankreichs. Von Bedeutung waren auch die Regelungen hinsichtlich der Armee des Herzogtums, die sich der französischen Armee unterordnen sollte. Die Abhängigkeit von Frankreich wird dadurch deutlich, dass es die Franzosen und gerade nicht die Sachsen waren, die die Grenzen des Herzogtums sichern sollten.

Der Vertrag kann wiederum nicht so ausgelegt werden, dass eine Abtretung des gesamten Gebietes des Herzogtums Warschau erfolgen sollte. Abgesehen von der Frage, ob diese überhaupt rechtswirksam erfolgen konnte, ist sie aus den gleichen Erwägungen, die bereits im Rahmen der Bewertung der Tilsiter Verträge getroffen wurden, abzulehnen. Die Übertragung des Herzogtums Warschau an den sächsischen

689 Franz. Text: *d'Angeberg*, Recueil des traités concernant la Pologne, S. 481 ff.

690 Vgl. Art. VIII.

691 Im Folgenden wird dieser auch als Statthalter bezeichnet.

König muss somit als Abtretung der Herrschergewalt über das Herzogtum betrachtet werden. Hierfür spricht auch Art. V, der eindeutig sagt, dass der König von Sachsen als Herzog von Warschau eine Armee unterhalten soll. Demnach ist davon auszugehen, dass Friedrich August III. als Herzog von Warschau regieren sollte. Die Tatsache, dass in den folgenden Artikeln immer nur vom König von Sachsen und gerade nicht vom Herzog gesprochen wurde, ist unerheblich, da es zur damaligen Zeit üblich war, die Herrscher mit ihrem höchsten Titel zu benennen. Dieses Ergebnis bekräftigt auch die Proklamation Friedrich Augusts an die Bürger des Herzogtums vom 23. September 1807[692]. In der Proklamation erwähnt der Sachse an keiner Stelle, dass das Gebiet des Herzogtums in dasjenige des Königreichs Sachsen angegliedert werden soll.

(cc) Formale Übergabe der Herrschergewalt an den sächsischen König mit Dekret vom 17. November 1807

Nach dem Inkrafttreten der Verfassung am 29. Juli 1807 begannen die Vorbereitungen für die Übergabe der Herrschergewalt im Herzogtum an Friedrich August. Am 17. November 1807 wurde in Berlin die offizielle Übergabe durch den Bevollmächtigten Napoleons und Gutakowski, Kommissar des sächsischen Königs, unterschrieben.[693] Das Dekret vom 17. November 1807 hatte damit die formale Übertragung der Herrschergewalt im Herzogtum Warschau auf Kurfürst Friedrich August III. als Nachfahre zweier polnischer Könige zum Gegenstand.

(dd) Ergebnis

Das Herzogtum Warschau wurde nicht als eine sächsische Provinz in das Königreich Sachsen eingegliedert, sodass auf Grundlage dieser Feststellung nun auch die Voraussetzung des Staatsgebietes bejaht werden kann.

(b) Stellung des sächsischen Königs als Herzog von Warschau

(aa) De iure

Abschließend soll aufgrund der besonderen Bedeutung für die vorliegende Untersuchung die Stellung des sächsischen Königs analysiert werden. Auffällig ist, dass die Verfassung nicht vom Herzog, sondern immer vom König als Staatsoberhaupt spricht. Art. 5 bestimmt aber eingangs, dass die herzogliche Krone von Warschau, das Staatsoberhaupt, erblich in der Person des Königs von Sachsen, seiner Abkömmlinge, Erben und Nachfolger nach der im sächsischen Hause eingeführten Sukzessionsordnung verbleibt. Dies ist so auszulegen, dass, wer immer in Sachsen König war, auch Herzog von Warschau werden sollte[694]. Der König von Sachsen

692 Franz. Text: *d'Angeberg*, Recueil des traités concernant la Pologne, S. 490 f.

693 Vgl. *Kallas, Marian*, Konstytucja Księstwa Warszawskiego. Jej powstanie, systematyka i główne instytucje w związku z normami szczegółowymi i praktyką, 1970, S. 22.

694 Auf den für das Herzogtum geprägten Talern bezeichnete sich Friedrich August als „König Sachsens. Herzog Warschaus".

sollte danach zwei Titel erhalten und damit praktisch zwei Aufgaben erfüllen. Aus dem Blickwinkel Sachsens muss der Titel des Herzogs von Warschau als Nebenaufgabe gesehen werden. Dass die Verfassung ab dem sechsten Artikel nur noch vom König spricht, ist nachvollziehbar, da es, wie bereits festgestellt, damals üblich war, einen Herrscher mit seinem höchsten Titel zu bezeichnen. Die Verfassung des Herzogtums übertrug gemäß Art. 5 folglich dem Herzog und damit einer Person, die auch das Amt des sächsischen Königs bekleidete, die vollumfängliche Regierungsgewalt. Er hatte die vollziehende Gewalt und die Gesetzesinitiative inne. Zwar wurden auch dem Staatsrat Befugnisse, wie etwa die Verabschiedung von Dekreten und Gesetzen übertragen, doch musste das Handeln des Staatsrates immer erst vom König genehmigt werden. Ferner existierte ein dualistisch organisierter Sejm, der allerdings die Regierungsgewalt des Königs nicht einschränkte, da wiederum alle Vorschläge des Sejm dem Staatsoberhaupt zur Genehmigung vorgelegt werden mussten. Demzufolge oblag Friedrich August das Letztentscheidungsrecht. Dies alles lässt darauf schließen, dass die Macht, konkret die oberste Staatsgewalt, vom König in seinem Amt als sächsischer Herzog ausging.

Die Verfassung eröffnete ferner dem König die Möglichkeit, die Ausübung der Regierungsgewalt zu übertragen, sodass ihm nach einer solchen Übertragung nur eine formale Repräsentationsaufgabe verblieb. Die Verfassung sah nämlich vor, dass der König einen Vizekönig bestimmen sollte, der an seiner Stelle die ihm von der Verfassung eingeräumten Rechte ausüben konnte. Diese Regelung sollte gewährleisten, dass das Herzogtum bei Abwesenheit des Herzogs, der sich überwiegend in Sachsen aufhielt, regierungsfähig blieb. Wenn kein Vizekönig eingesetzt wurde, sollte der Ministerrat unter dem Vorsitz eines Präsidenten gebildet werden.

Während des gesamten Bestehens des Herzogtums wurde allerdings kein Vizekönig ernannt, sodass stattdessen der Ministerrat dauerhaft eingesetzt wurde. Zur Organisation des Staats- und Ministerrates erließ der Herzog am 24. Dezember 1807 ein gesondertes Dekret[695]. Gemäß § 1 dieses Dekrets setzte Friedrich August fest, dass der Ministerrat nur im Falle seiner Abwesenheit tagen sollte. Der König räumte sich eine Kontrollmöglichkeit ein, indem nach § 5 von jeder Sitzung ein Protokoll angefertigt werden sollte, welches dem König weitergeleitet werden musste. Auch hinsichtlich des Staatsrates behielt sich der König in § 9 das Recht vor, sämtliche Entscheidungen und Urteile, die im Staatsrat getroffen wurden, zu bestätigen. Von Bedeutung hinsichtlich seines Einflusses ist auch das Dekret vom 26. Mai 1812[696], in welchem er außerordentliche Rechte an den Ministerrat übertrug. Mit diesem Dekret wurde mit dem Ministerrat eine zentrale Regierungsgewalt in Warschau errichtet. Gemäß Art. 1 hatte der Ministerrat die allumfassende Regierungsgewalt inne, wobei als Ausnahmen angeführt wurden, dass der Ministerrat das Gerichtswesen nicht antasten und die Minister nicht abberufen beziehungsweise neu benennen durfte. Stattdessen stand dem Rat das Recht zu, die

695 Poln. Text: *Kallas/Krzymkowski*, Historia ustroju i prawa, Nr. 26, S. 65 ff.
696 Poln. Text: *Kallas/Krzymkowski*, Historia ustroju i prawa, Nr. 33, S. 78 f.

öffentlichen Beamten abzuberufen. Die Erlasse des Ministerrates sollten wirksam sein, solange der König diese nicht für unwirksam erklärte. Der Ministerrat bekam damit im Laufe der Zeit immer mehr Befugnisse zugesprochen, sodass er von einem bloßen Organ, das zum Einvernehmen der Minister führen sollte, schließlich im Jahre 1812 zur Regierung des Herzogtums umfunktioniert wurde.[697]

Die verfassungsrechtlichen Grundlagen des Herzogtums verdeutlichen, dass der Herzog, und damit der König von Sachsen, formal die Regierungsgewalt besaß. Mit der Pflicht zur Einsetzung eines Vizekönigs oder der ersatzweisen Bildung eines Ministerrates wird deutlich, dass der König im Grunde nur eine Repräsentationsfunktion ausüben sollte und im Herzogtum durch den Ministerrat vertreten wurde. In der Zeit bis 1812 war der sächsische König aber immer noch *de iure* alleiniger Träger der obersten Staatsgewalt. Der Sachse konnte jederzeit ins Herzogtum reisen und seine ihm durch die Verfassung garantierte Regierungsgewalt ausüben, denn im Falle seiner Anwesenheit sollte der Ministerrat obsolet werden. Erst im Jahre 1812 änderte sich dies, als der König seine Regierungsrechte auf den Ministerrat übertrug und dieser auch formal als Regierung des Herzogtums galt.

(bb) De facto

Hinsichtlich der tatsächlichen Machtausübung Friedrich Augusts ist entscheidend, ob dieser von seiner Regierungsgewalt Gebrauch machte. Da der Sachse sich nahezu überwiegend im Königreich Sachsen aufhielt, regierte er faktisch nicht im Herzogtum. Stattdessen übte der Ministerrat stellvertretend für ihn die tatsächliche Regierungsgewalt aus.

Die Dekrete, betreffend den Ministerrat, verdeutlichen, dass Friedrich August auch zukünftig nicht von den ihm in der Verfassung zugesprochenen Rechten Gebrauch machen wollte und auf diese schließlich formal verzichtete, da er sie an die ihm eigentlich untergeordneten zentralen Verwaltungsorgane abtrat. Im Ergebnis wurde daher auch die zentrale Verwaltung durch die Minister geregelt. Aufgrund der Abwesenheit des Herzogs hatten die Minister eine hohe Position und Bedeutung im Herzogtum.[698] Somit übte der sächsische König seine herzoglichen Pflichten nur als repräsentatives Staatsoberhaupt aus.[699]

Es kann abschließend festgehalten werden, dass der sächsische König auf Grundlage der Verfassung formal die höchste Regierungsgewalt im Herzogtum hatte. Aufgrund seiner Abwesenheit im Herzogtum machte er aber von diesen ihm zugesprochenen Befugnissen faktisch keinen Gebrauch. Dieses Desinteresse an der faktischen Machtausübung als Herzog von Warschau wird auch dadurch deutlich, dass Friedrich schrittweise seine ihm zugesprochenen Kompetenzen dem Ministerrat auch formal übertragen hat. Rechtlich ist aber dieses Geschehen ohne Konsequenzen, da er formal als Herzog Staatsoberhaupt blieb.

---

697 *Korobowicz/Witkowski*, Ustrój i prawo, S. 55.

698 Vgl. *Korobowicz/Witkowski*, Ustrój i prawo, S. 55.

699 Vgl. *Grochulska*, Księstwo Warszawskie, S. 85.

(c) Zwischenergebnis: Kein Verlust der Souveränität

Im Ergebnis bestand zwischen dem Herzogtum Warschau und dem Königreich Sachsen eine Personalunion. Hieraus folgt, dass die Verbindung nur in der Person des gemeinsamen Monarchen begründet war und gerade keine rechtliche Verbindung der beiden Gebietskörperschaften zur Folge hatte. Die oberste Staatsgewalt lag damit *de iure* beim sächsischen König, der sie im Herzogtum als Herzog von Warschau ausübte. Folglich übte Friedrich August eine zweifache Herrschergewalt aus, die in keiner rechtlichen Verbindung zueinander stand. Somit wurde die oberste Staatsgewalt im Herzogtum zumindest nicht vom Königreich Sachsen aus gesteuert, sondern könnte beim Herzogtum Warschau verblieben sein.

(2) Verhältnis zu Frankreich und dem Rheinbund

Die Gründung des Herzogtums Warschau erfolgte aufgrund von Napoleons Initiative. Napoleon gab den Polen nicht nur einen Teil ihres früheren Staatsgebiets zurück, sondern setzte eine nach seinem Willen ausgearbeitete Verfassung für das Herzogtum Warschau in Kraft. Fraglich ist, in welcher Verbindung das Herzogtum Warschau zu seinem Schöpfer Napoleon und damit zu Frankreich stand und ob nicht aufgrund dieser Verbindung dem Herzogtum eine eigene Staatsgewalt oder zumindest die Souveränität abgesprochen werden müsste.

(a) Satellitenstaat

Im Hinblick auf die faktischen und rechtlichen Gegebenheiten der Gründung des Herzogtums Warschau drängt sich die Annahme auf, dass dieses Gebilde einen „Satellitenstaat" als moderne Form eines Vasallenstaates darstellen könnte. Satellitenstaaten stehen in einem Abhängigkeitsverhältnis zu einem größeren Staat und gelten häufig nur formal unabhängig, da sie tatsächlich vom stärkeren Staat dominiert werden. Bezogen auf die Regierung wird von sogenannten Marionettenregierungen gesprochen, da diese durch die fremde Großmacht eingesetzt und anschließend von dieser unterstützt und auch gesteuert werden. Kernproblem solcher Satellitenstaaten ist die Bestimmung des Abhängigkeitsverhältnisses zu dem fremden Staat. Das Herzogtum Warschau und auch dessen Regierung wurden von Napoleon eingesetzt. Napoleon gab dem Herzogtum sogar „seine" Verfassung. Dies verdeutlicht, dass ein Abhängigkeitsverhältnis des Herzogtums zu Frankreich zumindest in der Gründungsphase bestand. Zu untersuchen ist, ob das Herzogtum nach seiner Gründung weiterhin von Frankreich abhängig war oder ob es möglicherweise von Frankreich und damit von Napoleon unabhängig wurde. Im ersten Fall läge ein „Satellitenstaat" vor, im zweiten Fall würde das Herzogtum Warschau als ein souveräner Staat zu qualifizieren sein.

Äußerst problematisch ist, ob Satellitenstaaten als Staaten im völkerrechtlichen Sinne bezeichnet werden können. Im Hinblick auf die Drei-Elemente-Lehre erfüllen Satellitenstaaten in den meisten Fällen die Voraussetzungen des Staatsgebietes und des Staatsvolkes. Die Bestimmung des Merkmals der Staatsgewalt erweist sich dagegen als schwierig. Wenn Satellitenstaaten durch einen fremden Staat regelrecht „gesteuert" werden, müsste als Konsequenz eine eigene Staatsgewalt abgelehnt werden. Stattdessen würde die Staatsgewalt als bloßes Organ der Besatzungsmacht existieren. Zu prüfen ist daher jeweils, ob der Satellitenstaat bis zur untersten Ebene der Staatsgewalt vollständig abhängig und damit nichtsouverän ist. In diesem Falle müsste die Staatsgewalt verneint werden.

(b) Abhängigkeitsgrad als Satellitenstaat

Im Folgenden soll untersucht werden, ob das Herzogtum Warschau in einem Abhängigkeitsverhältnis zu Frankreich stand und im Falle der Bejahung einer solchen Abhängigkeit, ob diese so weit reichte, dass das Herzogtum Warschau über keine eigene Staatsgewalt verfügte und dieses Gebilde somit nicht als Staat bezeichnet werden kann. Hinsichtlich der Bestimmung des Abhängigkeitsgrades ist entscheidend, welchen Einfluss Napoleon auf das Herzogtum Warschau tatsächlich ausübte.

(aa) De iure: Unmittelbarer Einfluss Napoleons

Wie bereits festgestellt, übertrug die Verfassung die Regierungs- und damit die Staatsgewalt dem sächsischen König als Herzog von Warschau. Da der sächsische König diese Macht faktisch nicht ausübte, wäre es möglich, dass Napoleon als faktischer Herrscher das Herzogtum Warschau regiert haben könnte. Die Wahl des Sachsen zum Herzog von Warschau und auch die Übertragung der Regierungsgewalt auf ihn durch die Verfassung verdeutlichen, dass Napoleon nicht formal Einfluss auf das Herzogtum ausüben wollte. Napoleon lehnte es somit ab, selber die herzogliche Stellung einzunehmen und sorgte auch nicht dafür, dass die Verfassung ihm *de iure* direkte Eingriffsbefugnisse einräumte. Im Ergebnis hatte Napoleon aus formaler Sicht keinen Einfluss auf die Staatsgewalt des Herzogtums.

(bb) De facto: Mittelbarer Einfluss Napoleons durch seinen Statthalter

Die Institution des Statthalters wurde auf Grundlage des Vertrages zwischen Frankreich und Sachsen vom 22. Juli 1807[700] eingeführt.[701] Formal betrachtet besaß der Statthalter die Stellung eines Botschafters. Diese Stellung war zunächst nicht näher rechtlich ausgestaltet, seine Rolle erschloss sich aber aus den faktischen tatsächlichen Verhältnissen.[702] Zunächst hatte er die Aufgabe, Depeschen oder auch Bulletins über die täglichen Ereignisse im Herzogtum nach Frankreich zu schicken.[703] Die Kompetenzen des Statthalters erstreckten sich ferner auf die politischen und auf die landwirtschaftlichen Angelegenheiten. Er war unter anderem für die Propaganda, die Zensur, die Organisation der Polizei und des Geheimdienstes zuständig. Von Bedeutung ist hierbei, dass der Statthalter konkrete

700 Siehe Art. 10 des sächsisch-französischen Vertrages vom 22. Juli 1807.

701 Vgl. hierzu *Cichoń, Paweł*, Rozwój myśli administracyjnej w Księstwie Warszawskim 1807-1815, 2006, S. 21.

702 Vgl. *Handelsman*, Instrukcje i depesze, Bd. I, S. IX.

703 Vgl. *Handelsman*, Instrukcje i depesze, Bd. I, S. XII.

Instruktionen an den Vorsitzenden des Ministerrates leitete. Diese Instruktionen waren wiederum häufig von Napoleon persönlich diktiert oder nahezu identisch aus seinen Briefen übernommen.[704] Hieraus folgt, dass der Statthalter keine eigene Ansicht vertreten konnte, sondern unter vollkommener Abhängigkeit von Napoleon stand.[705] Auf diese Weise hatte der Statthalter einen großen Einfluss auf den Ministerrat und damit auf die Regierungsgewalt des Herzogtums. Diese faktische Einflussnahme wurde ihm schließlich auch rechtlich in den beiden Erlassen vom 26. und 31. Mai 1812 zugesichert.[706] Der Statthalter war aufgrund seiner breit gefassten Befugnisse und seiner hieraus resultierenden Machtstellung der faktische Herrscher im Herzogtum.[707]

Im Hinblick auf den Einfluss Frankreichs fällt auf, dass die Verfassung die Aufteilung des Herzogtums nach französischem Verwaltungsmuster vorsah. Ferner wurde das französische Recht im Herzogtum eingeführt. Ebenfalls wurde die Organisation des Gerichtswesens nach französischem Vorbild übernommen. Damit wirkte sich der Einfluss Frankreichs auf entscheidende Bereiche der staatlichen Organisation im Herzogtum aus.

Der Einfluss der polnischen Gesellschaft auf die Regierung war nicht groß. Dies kommt insbesondere im Bereich der Gesetzgebung, der Administration und vor allem im Gerichtswesen zum Ausdruck.[708] Im Herzogtum existierte zwar ein Sejm, der sich aus Senat und Abgeordnetenversammlung zusammensetzte. Die Befugnisse des Sejm waren aber begrenzt.[709] Er hatte lediglich auf den Gebieten des Strafrechts und Zivilrechts das Gesetzgebungsrecht, regelte das Münzensystem und die Steuern und hatte das Recht zur Verabschiedung des Budgets. Hieraus folgt, dass der Sejm gerade nicht das Recht zur Gesetzgebung hinsichtlich des Staatsaufbaus, der Regierung, der Gerichte und des gesamten Bereichs der Verwaltung hatte.[710] Der Sejm hatte zwar die Befugnis, Gesetze abzulehnen, jedoch konnte der Herzog von Warschau in der Person König Friedrich Augusts in diesem Falle einfach neue Senatoren bestimmen, die nochmals über das Gesetz abzustimmen hatten. Der Sejm hatte damit keinen Einfluss auf die Regierung und war dahingehend „reine Dekoration“[711].

Von Bedeutung ist aber, dass sämtliche Ministerposten im Ministerrat und auch im Staatsrat von Polen besetzt waren. Dies unterstreicht, dass die polnische

---

704 *Handelsman*, Instrukcje i depesze, Bd. I, S. XI.

705 *Handelsman*, Instrukcje i depesze, Bd. I, S. XI.

706 *Sobociński, Władysław*, Księstwo Warszawskie a Cesarstwo Francuskie. Zależność faktyczna i prawnomiędzynarodowa. Rezultaty przeobrażeń wewnętrznych, in: PH 56 (1965), S. 46-67 (59).

707 Vgl. *Wąsicki*, Zabór pruski, in: *Bardach/Senkowska-Gluck*, Historia państwa i prawa Polski, Bd. III, S. 91; *Sobociński*, Księstwo Warszawskie, in: PH 56 (1965), S. 58 f.

708 *Kutrzeba*, Sprawa Polska, S. 15.

709 *Kraft*, Europa im Blick der polnischen Juristen, S. 39.

710 *Kutrzeba*, Sprawa Polska, S. 16.

711 Zit. n.: *Kutrzeba*, Sprawa Polska, S. 17 f.

Bevölkerung in Regierung und Verwaltung miteinbezogen werden sollte. Unabhängig davon, ob die Polen tatsächlich erfolgreich mitregieren und entscheiden konnten, wurden sie dennoch in die vorherigen Debatten integriert. Die Tatsache der Besetzung der Regierungsämter und Verwaltungsämter durch Polen und gerade nicht durch Franzosen oder Sachsen ist demzufolge positiv für die eigene Staatlichkeit des Herzogtums zu bewerten. Das Herzogtum war zwar von Frankreich abhängig, dennoch wurde es durch Polen in den staatlichen Organen vertreten.[712] Dies lässt somit darauf schließen, dass die mittlere Ebene der Staatsgewalt beim Herzogtum Warschau lag.

(c) Vergleich zu anderen „napoleonischen Staaten"

Wie bereits erwähnt, oktroyierte Napoleon zwischen den Jahren 1805 bis 1810 zahlreichen europäischen Staaten neue Verfassungen. Überraschend ist, dass, obwohl diese Verfassungen im Grunde alle auf der französischen Verfassung basierten,[713] dennoch grundlegende Unterschiede zwischen ihnen bestanden. Das Moderne an den Verfassungen war, dass nicht mehr das ständische Prinzip maßgeblich war, sondern das repräsentative. Die Abgeordneten galten als Vertreter des Volkes und nicht des Standes.[714] Eine Errungenschaft zeigte sich auch darin, dass zahlreiche Rechte der Bürger wie Gleichheit vor dem Gesetz, die gleichmäßige Besteuerung, die Freiheit der Person und die Garantie des Eigentums normiert wurden.[715]

(aa) Vergleich zur Verfassung des Königreichs Westphalen

Das Königreich Westphalen[716] war die größte und zugleich modernste Staatsschöpfung Napoleons auf deutschem Boden. Napoleon errichtete das Königreich Westphalen als einen Modellstaat.[717] Zweck dieses Modellcharakters[718] war,[719] dass

---

712 Vgl. *Korobowicz/Witkowski*, Ustrój i prawo, S. 45.

713 Vgl. *Hartmann, Peter Claus*, Die Verfassung des Königreichs Westphalen und die Konstitution des Königreichs Bayern 1808 – ein Vergleich, in: *Hedwig, Andreas/ Malettke, Klaus/Murk, Karl* (Hrsg.), Napoleon und das Königreich Westphalen. Herrschaftssystem und Modellstaatspolitik, 2008, S. 115-124 (116 ff.).

714 Vgl. *Siemann, Wolfram*, Vom Staatenbund zum Nationalstaat. Deutschland 1806-1871, 1995, S. 26 f.

715 Vgl. *Siemann*, Vom Staatenbund zum Nationalstaat, S. 27.

716 Die Schreibweise mit *ph* wird in der Geschichtswissenschaft häufig zur Unterscheidung von Herzogtum und Provinz Westfalen verwendet. Auf Französisch wurde das Königreich Westphalen als *Royaume Westphalie* bezeichnet.

717 Vgl. *Berding, Helmut*, Das Königreich Westphalen als napoleonischer Modellstaat, in: *Hedwig/Malettke/Murk*, Napoleon, S. 101-114 (101).

718 Der Modellcharakter der Verfassung kam darin zum Ausdruck, dass ihr Verfassungstext die Ausarbeitungen der Verfassungen der anderen Rheinbundstaaten bis hin zum identischen Wortlaut beeinflusste. Vgl. *Wohlfeil*, Napoleonische Modellstaaten, in: *von Groote*, Napoleon I., S. 52.

719 In einem Brief vom 15. November 1807, den Napoleon an seinen Bruder Jérôme richtete, machte er deutlich, dass er dem westphälischen Musterstaat „unter

mit ihm die zahlreichen Bedenken der Rheinbundstaaten, etwa gegenüber der Einführung der französischen Institutionen und des *Code civil*, ausgeräumt werden sollten. Gleichzeitig sollten die Vorteile des französischen Systems demonstriert werden.[720]

Für die Gründung des Königreichs Westphalen[721] war Art. XIX des französisch-russischen Friedensvertrages von Tilsit[722] entscheidend. Er bestimmte, dass das Königreich aus den ehemaligen preußischen Provinzen links der Elbe und anderen Gebieten, die im Besitz Napoleons waren, gebildet werden sollte. Zuvor musste sich Russland in Art. XVIII dazu verpflichten, Prinz Jérôme Napoleon als König von Westphalen anzuerkennen.

Die Verfassung des Königreichs Westphalen vom 15. November 1807[723] entstand unter nahezu ähnlichen Bedingungen wie die des Herzogtums. Art. 19 des Tilsiter Friedens sah die Verleihung der Verfassung an das Königreich Westphalen vor. Die westphälische Verfassung sollte als Muster und Richtschnur für zahlreiche weitere napoleonische Verfassungen dienen,[724] wie etwa für das Königreich Bayern[725] und das Großherzogtum Frankfurt[726], aber auch für das Herzogtum Warschau. Aufgrund dieses Modellcharakters wird daher für die vorliegende Untersuchung die Verfassung des Königreichs Westphalen exemplarisch herangezogen und mit der Verfassung des Herzogtums verglichen, um zu belegen, dass auch die Verfassung des Herzogtums stark von Napoleons Vorstellungen beeinflusst war.

Der Inhalt der westphälischen Verfassung weist in vielen Punkten Parallelen zur Verfassung des Herzogtums auf. Die Verfassung enthält ebenfalls 12 Titel, bestand allerdings aus weniger Artikeln, nämlich nur aus 55. Der bedeutendste Unterschied zwischen beiden Verfassungen ist, dass die westphälische Verfassung bestimmte, dass das Königreich Westphalen zum Rheinbund gehörte,[727] was beim Herzogtum Warschau nicht der Fall war. Ein weiterer Unterschied ist, dass als

---

dem Gesichtspunkt des allgemeinen Systems in Europa“ eine große Bedeutung beimaß. Der Wortlaut des Briefes ist in französischer Sprache abgedruckt bei: *Wohlfeil*, Napoleonische Modellstaaten, in: *von Groote*, Napoleon I., S. 49 Anm. 52.

720 Vgl. *Berding*, Königreich Westphalen, in: *Hedwig/Malettke/Murk*, Napoleon, S. 103.

721 Zur Entstehung des Königreichs Westphalen: *Kleinschmidt, Arthur*, Geschichte des Königreichs Westfalen, 1893, S. 3 ff.

722 Franz. und russischer Text: *Parry*, CTS, vol. 59, S. 231-243.

723 Text: *Pölitz*, Constitutionen, Zweiter Theil, S. 117-126.

724 Vgl. *Hofmann, Hanns Hubert*, Adelige Herrschaft und souveräner Staat. Studien über Staat und Gesellschaft in Franken und Bayern im 18. und 19. Jahrhundert, 1962, S. 272.

725 Konstitution vom 1. Mai 1808; Text: *Pölitz*, Constitutionen, Zweiter Theil, S. 132-142.

726 Verfassung vom 16. August 1810; Text: *Pölitz*, Constitutionen, Zweiter Theil, S. 235-244.

727 Vgl. Art. 5 der westphälischen Verfassung.

König Napoleons Bruder Jérôme bestimmt wurde.[728] Die Folge aus der Besetzung des Königthrons durch Napoleons Verwandten könnte sein, dass dadurch Napoleons Einfluss in punkto Regierungsmacht größer war als im Herzogtum Warschau, wo der sächsische König das Staatsoberhaupt stellte. In der westphälischen Verfassung fehlen entsprechende Regelungen zur Machtübertragung durch den König. So sieht die Verfassung im Gegensatz zu der des Herzogtums nicht vor, dass der König seine unmittelbare Autorität auf einen Vizekönig übertragen konnte.

Die Verfassung war ganz dem französischen Modell nachgeahmt. Das Königtum war erblich im Haus Bonaparte,[729] der König der oberste Träger der Staatsgewalt. Die Regierung lag in der Hand des vom König berufenen Ministeriums. Allerdings wurde hier nicht ausdrücklich von dem Ministerrat, wie dies im Herzogtum der Fall war, gesprochen.

Der Staatsrat, dessen Mitglieder der König bestimmte, war ein bloß beratendes Organ.[730] Fachlich in mehrere Sektionen gegliedert, arbeitete er die Entwürfe der Gesetze aus, einschließlich der Steuergesetze und des Staatshaushaltsplans.[731] Dies entsprach den Regelungen im Herzogtum. Von Bedeutung ist auch, dass innerhalb Westphalens kein in zwei Kammern gegliederter Reichstag gebildet wurde. Damit war das Institut des Senats eine Besonderheit im Herzogtum, die ausschließlich auf die polnischen Traditionen der Adelsrepublik zurückzuführen ist. Stattdessen waren es im Königreich Westphalen die Reichsstände, das Parlament und seine Ausschüsse, die über die vom Staatsrat verfassten Gesetzesentwürfe beraten und mit absoluter Mehrheit entscheiden sollten.[732]

So wie im Herzogtum wurde auch im Königreich Westphalen die Leibeigenschaft abgeschafft,[733] die Gleichheit der Bürger vor dem Gesetz verankert[734] und der französische *Code Civil* eingeführt[735]. Ein Unterschied zur Verfassung des Herzogtums bestand aber wiederum in der Verminderung der Privilegien des Adels.[736] Eine Besonderheit war die Einführung des Münzsystems und des Systems der Maße und Gewichte nach französischem Vorbild.[737] Diese Angleichung wurde im Herzogtum Warschau nicht vorgenommen. Hinsichtlich der Gebietsaufteilung

728 Vgl. Art. 6 ff.
729 Vgl. Art. 6 des dritten Titels.
730 Vgl. Art. 28.
731 Vgl. *Huber, Ernst Rudolf*, Deutsche Verfassungsgeschichte seit 1789, Bd. I: Reform und Restauration 1789 bis 1830, 2. Aufl., 1957, S. 88 f. Anm. 2.
732 Vgl. Art. 33.
733 Vgl. Art. 13.
734 Vgl. Art. 10.
735 Vgl. Art. 45.
736 Vgl. Art. 12, bezugnehmend auf Art. 11. Allerdings wurde in Art. 14 die Existenz des Adelsstandes gesichert mit der Bedingung, dass das ausschließliche Recht zu bestimmten Ämtern und Diensten oder einer Würde sowie die Befreiung von öffentlichen Lasten abgeschafft wurden.
737 Vgl. Art. 17. Dies beinhaltete die Einführung des metrischen Einheitssystems.

liegt eine Konformität vor, die aus dem französischen Verwaltungsaufbau resultiert. Ein eher unwesentlicher Unterschied ist, dass im Königreich Westphalen die Distrikte zusätzlich in Kantone gegliedert wurden.[738]

In Art. 47 wurde der Gerichtsaufbau bestimmt. Die Art der Gerichte war identisch mit denen im Herzogtum. Allerdings bestand ein Unterschied bei der Ansiedlung der jeweiligen Gerichte in den jeweiligen Verwaltungseinheiten. Ein Unterschied war, dass die Friedensgerichte in Westphalen in den Kantonen etabliert wurden, wohingegen sie im Herzogtum in den Distrikten angesiedelt wurden. Diese Verschiebung setzte sich auch hinsichtlich der erstinstanzlichen Gerichte fort: im Herzogtum befanden sich diese in den Departements und im Königreich Westphalen in den Distrikten. Gleich war wiederum, dass die Gerichtshöfe für strafrechtliche Angelegenheiten in den Departements eingerichtet wurden.

Art. 54 sah die Ergänzung der Verfassung durch königliche im Staatsrat diskutierte Verordnungen vor. Diese Regelung war auch in der Verfassung des Herzogtums Warschau vorgesehen.

Aus dem Vergleich beider Verfassungen kann geschlossen werden, dass sowohl das Herzogtum Warschau als auch das Königreich Westphalen nach französischem Vorbild errichtet wurden. In beiden Fällen wurde die Verfassung von Napoleon oktroyiert. Die Verfassungen verdeutlichen, dass sie jeweils den regionalen Besonderheiten angepasst werden mussten. Dies spielt insbesondere im Hinblick auf die Interessen der betroffenen Bevölkerung eine wesentliche Rolle. Im Herzogtum Warschau bestand etwa im Gegensatz zum Königreich Westphalen ein Senat, der auf Wunsch der polnischen Elite in Anknüpfung an die polnische Tradition etabliert wurde. Beide Verfassungen räumten dem König eine allumfängliche Regierungsgewalt ein, sodass in beiden Fällen die tatsächliche Macht vom Herrscher ausging. Ebenfalls waren der Staatsaufbau und das Gerichtswesen ähnlich organisiert. Die Mehrheit der Regeln betraf die Prinzipien eines funktionierenden staatlichen Apparates. So war auch die Gewaltenteilung, die entsprechend der französischen Verfassung eingeführt wurde, vorgesehen. Allerdings hatte die Exekutive Vorrang, was wiederum typisch für die napoleonischen Staaten war.[739] Fraglich ist, ob hinsichtlich der Person des Staatsoberhaupts ein deutlicher Unterschied zwischen beiden Gemeinwesen bestanden haben könnte. Im Königreich Westphalen war Napoleons Bruder als König bestimmt und gleichzeitig sah die Verfassung auch die Anerkennung des Rheinbundes vor, deren Mitglied das Königreich sein sollte. Im Herzogtum Warschau wurde hingegen der sächsische König, der nicht aus dem Hause Bonaparte stammte, zum Staatsoberhaupt ernannt. Dies könnte im Hinblick auf ein mögliches Abhängigkeitsverhältnis gegenüber Frankreich einen wesentlichen Unterschied darstellen, sofern der Rheinbund mit einer Begrenzung der Souveränitätsrechte einherging.

---

738 Vgl. Art. 34.

739 Vgl. *Kallas*, Konstytucja Księstwa Warszawskiego, S. 52.

(bb) Bedeutung des Rheinbundes für das Herzogtum

Es stellt sich mithin die Frage, was unter dem Rheinbund zu verstehen ist und ob diejenigen Staaten, die dem Rheinbund als Mitglieder[740] angehörten, in einem Abhängigkeitsverhältnis zu Frankreich standen. Der am 12. Juli 1806 begründete Rheinbund[741] umfasste zunächst 16 Mitglieder,[742] die sich vom Kaiser und Reich losgesagt hatten und sich dem „Protektor“ Napoleon unterstellten.[743] Rechtliche Grundlage der neuen Konföderation war die Rheinbundakte,[744] die die dauerhafte Trennung der im Rheinbund zusammengeschlossenen Staaten vom Deutschen Reich[745] anordnete.[746] Gleichzeitig räumte sie den beteiligten Staaten die volle Souveränität ein.[747] In ihren Austrittserklärungen vom Deutschen Reich[748] beriefen sich

---

740 Die größeren Mitglieder des Bundes, vor allem Bayern, Württemberg, Baden und Hessen-Darmstadt, gewannen durch die Erringung der vollen Souveränität die Möglichkeit zu Verfassungsänderungen, vor allem zur Beseitigung ihrer Stände und zu der Herstellung der Gleichheit vor dem Gesetz, der Gleichheit der Besteuerung, des gleichen Zugangs zu allen öffentlichen Ämtern und zur Reform des Bildungswesens. Die größeren Rheinbundstaaten konnten dank der Unterstützung Frankreichs ihre Territorien vergrößern, indem sie sich die Gebiete der kleineren weltlichen Fürsten einverleibten. Vgl. *Weis, Eberhard*, Napoleon, in: *von Reden-Dohna, Armgard* (Hrsg.), Deutschland und Italien im Zeitalter Napoleons. Deutsch-italienisches Historikertreffen in Mainz 29. Mai – 1. Juni 1975, 1979, S. 63 f.

741 In der Zeit seiner größten Ausdehnung umschloss er schließlich alle deutschen Staaten außer Preußen, Österreich, Schwedisch-Pommern und Dänisch Holstein.

742 Dem Rheinbund traten bereits bei seiner Gründung bei: die Könige von Bayern und Württemberg, der Kurfürst von Mainz und Erzkanzler Fürst-Primas Dalberg, die Großherzöge von Baden, Berg, Hessen-Darmstadt, die Herzöge von Nassau-Usingen und Arenberg, die Fürsten von Nassau-Weilburg, Hohenzollern-Hechingen, Hohenzollern-Sigmaringen, Salm-Salm, Salm-Kyrburg, Isenburg-Birstein, Liechtenstein und der Graf von der Leyen. Vgl. *Weis*, Napoleon, in: *von Reden-Dohna*, Deutschland und Italien im Zeitalter Napoleons, S. 63.

743 Vgl. *Walter, Gero*, Der Zusammenbruch des Heiligen Römischen Reichs Deutscher Nation und die Problematik seiner Restauration in den Jahren 1814/15, 1980, S. 3.

744 Dt. Text: *Binding, Karl* (Hrsg.), Deutsche Staatsgrundgesetze, Heft Nr. III, 1893, S. 3-15; franz. Text bei: *Huber, Ernst, Rudolf* (Hrsg.), Dokumente zur deutschen Verfassungsgeschichte, Bd. 1, 3. Aufl., 1978, Nr. 2, S. 28-34; *Zeumer, Karl*, Quellensammlung zur Geschichte der deutschen Reichsverfassung in Mittelalter und Neuzeit, 2. Aufl., 1913, Nr. 214, S. 532-536.

745 Nach Art. III sollte die Lostrennung vom Reich dem Reichstag bis zum 1. August 1806 offiziell mitgeteilt werden.

746 Vgl. Art. I.

747 Vgl. Art. IV.

748 Die Austrittserklärungen der späteren Rheinbundstaaten vom 1. August 1806 sind in deutscher Sprache abgedruckt bei: *Huber*, Dokumente, Bd. 1, Nr. 3, S. 35 f.

die Staaten darauf, dass das Reich in Wahrheit schon aufgelöst sei.[749] Es wurde argumentiert, dass der Untergang des Reiches in den drei Koalitionskriegen und der damit verbundenen politischen Entwicklung offenbar geworden sei.[750]

Innerhalb des Rheinbundes waren die Staaten in verschiedene Gruppen gegliedert. Die erste Gruppe stellten die sogenannten Modellstaaten, darunter das Königreich Westphalen und das Großherzogtum Frankfurt, dar. Die zweite Gruppe setzte sich aus den süddeutschen Mittelstaaten, darunter etwa Bayern, Württemberg, Hessen-Darmstadt und Baden, die als abhängige Staaten galten, zusammen.[751] Die dritte Gruppe stellten die nach dem Jahre 1806 durch Akzessionsverträge beigetretenen Staaten dar, wie etwa Sachsen, deren innere Veränderungen nach dem Beitritt gering blieben.[752]

Die erfolgreichste Übernahme des französischen Systems gelang im napoleonischen Modellstaat Westphalen. In allen anderen Rheinbundstaaten wurden die Reformen nur schrittweise und keinesfalls durchgehend verwirklicht.[753] Am Ende der Rheinbundzeit war etwa die neue Gemeindeverfassung in einem Drittel der bayerischen Städte und Märkte noch nicht eingeführt worden. Sogar in Berg und Westphalen gelang es nicht, die französische Munizipalverfassung originalgetreu nachzuahmen.[754]

Der bis zum Jahre 1813 bestehende Rheinbund versuchte das staatsrechtliche Modell einer Konföderation souveräner Staaten in die Wirklichkeit umzusetzen. Nach der Rheinbundakte sollten die Mitglieder zwar volle Souveränität[755] genießen, aber gleichzeitig von Frankreich abhängig sein.[756] Den Kaiser der Franzosen reklamierten die Vertragsschließenden förmlich zum Protektor dieses Bundes.[757] Der Rheinbund sollte nach der Rheinbundakte von einem Militärbündnis in einen Staatenbund umgestaltet werden. Als Staatenbund sollte der Rheinbund gemeinsame Verfassungsorgane erhalten. Die Umsetzung scheiterte aber am Widerstand

---

749 Nach den Austrittserklärungen vom 1. August legte Kaiser Franz II. dann am 6. August 1806 die Krone des Heiligen Römischen Reiches Deutscher Nation nieder. Vgl. *Gornig*, Das nördliche Ostpreußen, S. 52.

750 Vgl. *Walter*, Der Zusammenbruch des Heiligen Römischen Reichs Deutscher Nation, S. 4.

751 Vgl. *Huber*, Deutsche Verfassungsgeschichte, Bd. I, S. 87.

752 Vgl. *Siemann*, Vom Staatenbund zum Nationalstaat, S. 23 f.

753 Vgl. *Fehrenbach, Elisabeth*, Der Einfluss des napoleonischen Frankreich auf das Rechts- und Verwaltungssystem Deutschlands, in: *von Reden-Dohna*, Deutschland und Italien im Zeitalter Napoleons, S. 23-39 (25).

754 Vgl. *Fehrenbach*, Der Einfluss des napoleonischen Frankreich, in: *Reden-Dohna*, Deutschland und Italien im Zeitalter Napoleons, S. 27.

755 In Art. XXVI wird die Souveränität präzisiert, wonach eine höchste und unumschränkte Gewalt im Innern des Staates gegenüber allen Untertanen errichtet werden durfte.

756 Vgl. Art. VII und Art. VIII.

757 Vgl. Art. XII.

Bayerns und Württembergs,[758] die ihre volle Souveränität im Rheinbund beibehalten wollten.[759] Damit kann der Rheinbund als ein an Frankreich gebundenes Militärbündnis bezeichnet werden.[760]

Die Rheinbundakte ist seiner Rechtsnatur nach als ein völkerrechtlicher Vertrag zwischen dem Kaiserreich Frankreich auf der einen und den Mitgliedsstaaten auf der anderen Seite zu bewerten. Der Vertrag war ein völkerrechtlicher Verpflichtungsvertrag, indem er den beteiligten Staaten neben einer Vielzahl von Einzelverbindlichkeiten die Grundpflicht auflegte, „jetzt und in Zukunft alles vertragsmäßig Notwendige zu tun, um den gemeinsam gewollten Zustand zu schaffen und zu erhalten". Daneben war die Rheinbundakte ein völkerrechtlicher Statusvertrag, indem er die Willens- und Handlungsfähigkeit der einzelnen Mitglieder unter die Schutzgewalt des Protektors stellte. Schließlich ist die Rheinbundakte als Verfassungsvertrag zu bewerten, der die innere Grundordnung des neugeschaffenen Eigenwesens konstituierte, indem er es mit Organen ausstattete, die es zum willens- und handlungsfähigen Gesamtkörper machen sollten. Seinem formellen Verfassungstypus nach war der Rheinbund damit ein Staatenbund, er war weder ein bloßes Bündnis noch war er ein Bundesstaat; er war vielmehr eine politische Ganzheit, in der trotz eines bestimmten Maßes an politischer Homogenität und juristischer Vereinheitlichung doch die Fülle der Staatsmacht nicht bei der Verbindung, sondern bei den Teilen lag. Im Verhältnis untereinander wie im Verhältnis zur Gesamtheit waren die Einzelstaaten souverän. Diese Zusicherung war allerdings durch die Stellung des Protektors erheblich relativiert.[761] Die Staaten waren der Kriegspolitik des Protektors unterworfen und dadurch des Rechts einer selbständigen Außenpolitik beraubt.[762] Die Rheinbundfürsten handelten jedoch nicht ausschließlich als „Marionetten" des französischen Kaisers, sondern sie

---

758 Bayern ließ sich nach Absprachen mit Württemberg darauf ein, um eine institutionelle Organisation des Rheinbundes und dementsprechend die Umwandlung der losen Militärallianz in ein engeres Bundessystem zu verhindern. Vgl. *Fehrenbach*, Der Einfluss des napoleonischen Frankreich, in: *von Reden-Dohna*, Deutschland und Italien im Zeitalter Napoleons, S. 23; *Weis*, Napoleon, in: *von Reden-Dohna*, Deutschland und Italien im Zeitalter Napoleons, S. 79.

759 Diese Bewertung teilt auch *Siemann*, Vom Staatenbund zum Nationalstaat, S. 303 f.; siehe auch: *Willoweit, Dietmar*, Deutsche Verfassungsgeschichte. Vom Frankenreich bis zur Wiedervereinigung Deutschlands. Ein Studienbuch, 3. Aufl., 1997, S. 205.

760 Der Rheinbund von 1806 bis 1813 war in der historischen Realität ein reines Militärbündnis. Das Militärbündnis erfüllte den Zweck, Napoleon Soldaten und Aufmarschgebiete zu liefern und Pufferstaaten gegen Österreich, Preußen und Russland zu bilden. Vgl. *Weis*, Napoleon, in: *von Reden-Dohna*, Deutschland und Italien im Zeitalter Napoleons, S. 57.

761 *Huber*, Deutsche Verfassungsgeschichte, Bd. I, S. 79.

762 *Huber*, Deutsche Verfassungsgeschichte, Bd. I, S. 81; *Hofmann*, Adelige Herrschaft und souveräner Staat, S. 259.

besaßen im Landesinneren einen eigenen Wirkungsspielraum.[763] Dem Autoritäts- und Machtbewusstsein Napoleons entsprechend galt es als selbstverständlich, dass es ihm, auch ohne einen förmlichen Rechtstitel zu besitzen, gestattet war, sich in die inneren Verhältnisse der Rheinbundstaaten einzumischen. Vor allem das Schweigen des Vertrages[764] ließ sich in jedem konkreten Fall geltend machen, dass bestimmte Eingriffe der Schutzmacht in die inneren Angelegenheiten und in die Gebietsgewalt der konföderierten Staaten um der gemeinsamen Sicherheit willen erforderlich seien.[765] Dies verdeutlicht, dass Napoleon den Rheinbundstaaten *de facto* keine souveräne Entscheidungsfreiheit nach innen zuzugestehen beabsichtigte. Solange seine Interessen aber nicht berührt wurden, ließ er sie innenpolitisch gewähren.[766]

Die Rheinbundakte sicherte den Mitgliedsstaaten und so auch dem Königreich Westphalen *de iure* ihre staatliche Souveränität. Gleichzeitig standen aufgrund der Funktion Napoleons als Protektor des Rheinbundes alle Mitgliedsstaaten in einer Verbindung zu Frankreich. Diese Verbindung stellte als Folge der Befugnis Napoleons, die Außenpolitik der Rheinbundstaaten zu leiten, ein Abhängigkeitsverhältnis im Sinne einer Suzeränität dar. Aus der *de iure*-Zusicherung ihrer Souveränität kann geschlossen werden, dass es sich bei den Mitgliedern des Rheinbundes um Staaten handelte. Hieraus könnte geschlossen werden, dass auch das Herzogtum Warschau als Napoleons Schöpfung als Staat im völkerrechtlichen Sinne zu bewerten ist. Fraglich ist, ob bezüglich der westphälischen Mitgliedschaft im Rheinbund tatsächlich ein Unterschied zwischen dem Königreich Westphalen und dem Herzogtum Warschau bestand. Bereits die Verfassung des Herzogtums verdeutlicht, dass es in einer gewissen Abhängigkeit von Frankreich stand. Die Rheinbundakte kann als eine rechtliche Bestätigung eines Abhängigkeitsverhältnisses gewertet werden. Jedoch ist zweifelhaft, ob das Herzogtum Warschau gänzlich außerhalb des Rheinbundes stand. Diese Zweifel ergeben sich aus der Tatsache, dass das Herzogtum vom sächsischen König regiert wurde und dessen Königreich Sachsen schließlich Mitglied im Rheinbund war. Hieraus könnte man folgern, dass Napoleon auf diese Weise durch die Person des sächsischen Königs die gleichen Eingriffsbefugnisse, resultierend aus der Rheinbundakte im Herzogtum Warschau, für sich beanspruchen konnte. Dies wird zu untersuchen sein.

Ein Vorteil für die Mitglieder des Rheinbundes gegenüber dem Herzogtum Warschau könnte aber sein, dass ihnen innere Souveränitätsrechte zugesichert wurden.

---

763 Vgl. *Siemann*, Vom Staatenbund zum Nationalstaat, S. 23.

764 Die Klausel, dass der Protektor befugt sei, alle zur gemeinsamen Sicherheit notwendigen Maßnahmen zu treffen, gehörte zu den stillschweigenden Vertragsnormen der Rheinbundakte. Zit. n.: *Huber*, Deutsche Verfassungsgeschichte, Bd. I, S. 82.

765 *Huber*, Deutsche Verfassungsgeschichte, Bd. I, S. 82.

766 Vgl. *Wohlfeil*, Napoleonische Modellstaaten, in: *von Groote*, Napoleon I., S. 39.

(d) Auswertung der Erkenntnisse

Bei der rechtlichen Würdigung des Herzogtums Warschau erscheint es nur auf den ersten Blick so, als ob das Herzogtum nicht von Frankreich abhängig war, aber die Realität sah gänzlich anders aus. Das Herzogtum Warschau bildete einen Staat, der nicht souverän war. Die Einschränkung der Souveränität bezog sich nicht nur auf die Unabhängigkeit und damit auf die äußere Souveränität, sondern auch auf die innere Souveränität. Zunächst einmal kann festgehalten werden, dass das Herzogtum in keiner rechtlichen Verbindung zum Königreich Sachsen stand. Beide Staaten waren lediglich in einer Personalunion miteinander verbunden, sodass das Herzogtum Warschau weder faktisch noch rechtlich von Sachsen abhängig war.[767] Eine starke Abhängigkeit bestand allerdings zu Frankreich. Napoleon erschuf das Herzogtum nicht nur, sondern gab diesem auch eine Verfassung, die nach seinen Interessen ausgerichtet war. Der sächsisch-französische Vertrag verdeutlicht, dass auch eine Dominanz Frankreichs gegenüber Sachsen bestand. Der sächsische König musste sich in diesem Vertrag als Herzog von Warschau dazu verpflichten, im militärischen Interesse Frankreichs zu handeln und gleichzeitig den Einfluss Frankreichs auf das Herzogtum in der Person des Statthalters zu akzeptieren. Als Mitglied des Rheinbundes unterstand Sachsen Napoleon als dessen Protektor, und dieses Suzeränitätsverhältnis wirkte sich mittelbar auf das Herzogtum Warschau aus, obwohl eigentlich keine rechtliche Verbindung zwischen beiden Gebietskörperschaften bestand. Damit erfolgte die Einflussnahme Frankreichs auf das Herzogtum Warschau quasi „durch die Hintertür", indem zwar formal ein Sachse als Staatsoberhaupt im Herzogtum etabliert wurde, dieser aber wiederum von Frankreich abhängig war und im Ergebnis die napoleonischen Interessen verfolgen musste. Die Ausprägung des Einflusses Frankreichs auf das Herzogtum wird durch die Person des Statthalters deutlich, der Napoleons Vertreter und Interessenwahrer vor Ort war. Da der sächsische König im Herzogtum nicht anwesend war, war es der Statthalter, der entscheidend Einfluss auf die Warschauer Regierung nahm, sodass *de facto* ihm die Herrschergewalt zugesprochen werden kann. Handelsmann geht in seiner rechtlichen Analyse des Herzogtums so weit, dass er den Statthalter als Werkzeug des unmittelbaren Einflusses Frankreichs auf die Angelegenheiten Warschaus bezeichnet.[768] Dies verdeutlicht, dass Napoleon zwar nicht so wie in den Rheinbundstaaten formal als Protektor des Herzogtums Warschau auftrat, aber tatsächlich die gleiche Position eines Protektors durch den Statthalter ausübte.

Die Abhängigkeitsverhältnisse der napoleonischen Staaten unterschieden sich. So waren insbesondere die deutschen Staaten als Mitglieder des Rheinbundes an die französische Macht gebunden.[769] Neben der Abhängigkeit, die durch die Mitgliedschaft im Rheinbund begründet wurde, erfolgte die Begründung dieses

---

767 So auch *Mażewski, Lech*, Rzeczpospolita jeden i pół. O narodzinach, istnieniu i upadku państwa polskiego w latach 1806-1831, 2011, S. 35.

768 Vgl. *Handelsman*, Instrukcje i depesze, Bd. I, S. X.

769 Vgl. *Sobociński*, Księstwo Warszawskie, in: PH 56 (1965), S. 52.

Abhängigkeitsverhältnisses durch die Beteiligung Napoleons an zahlreichen Verfassungen. Darüber hinaus wurde die Abhängigkeit durch unmittelbare Regierungen Napoleons in den geschaffenen Staaten und in neuen Personalunionen begründet.[770] Die Abhängigkeit des Herzogtums wurde dadurch begründet, dass die oberste Staatsgewalt im Herzogtum an den sächsischen König übertragen wurde, der wiederum Mitglied des Rheinbundes war. Damit übte Napoleon seine Macht quasi nur auf diplomatischem Wege aus.[771] Sein Einfluss war im Herzogtum Warschau allerdings im Vergleich zu den Rheinbundstaaten noch größer, da Napoleon nicht nur der Vertreter der äußeren Souveränität, also der auswärtigen Angelegenheiten war, sondern auch auf die innere Souveränität durch die Person des Statthalters eingriff.[772]

Bis zum Jahre 1812 wurde die Abhängigkeit zu Frankreich nur *de facto* durch den Statthalter ausgeübt, durch die Dekrete Friedrich Augusts wurde diese Abhängigkeit schließlich auf eine rechtliche Grundlage gestellt. Das Herzogtum Warschau war während seiner gesamten Existenz aber nicht nur politisch,[773] sondern auch landwirtschaftlich und militärisch von Frankreich abhängig.[774] Somit bestand ab dem Jahre 1812 *de iure* eine Oberhoheit und damit Suzeränität zu Gunsten Frankreichs.

Fraglich ist, ob dieser Abhängigkeitsgrad so weit reichte, dass dem Herzogtum Warschau die Staatlichkeit abgesprochen werden muss. Hinsichtlich einer entsprechenden Abwägung ist von Bedeutung, dass auch bei Satellitenstaaten eine Tendenz zur Annahme eines Staates trotz eines starken Abhängigkeitsverhältnisses zu einer fremden Macht besteht. Diese Tendenz ist auch gerechtfertigt, da ansonsten zahlreiche Staaten nicht mehr als solche bezeichnet werden dürften. Das Herzogtum Warschau stand in erheblichem Maße unter dem Einfluss Frankreichs. Dennoch kann festgehalten werden, dass jedenfalls die unterste Ebene der Staatsgewalt beim Herzogtum verblieb. Zu der untersten oder gar auch mittleren Ebene kann insbesondere die Besetzung sämtlicher Regierungs- und Verwaltungsämter durch Polen gezählt werden. Auch im ländlichen Bereich spielten die Behörden, die von Polen geleitet wurden, eine wichtige Rolle. Dem steht gegenüber, dass das Herzogtum nach französischem Vorbild in Verwaltungseinheiten aufgeteilt wurde, das Gerichtswesen so wie in Frankreich organisiert wurde und schließlich auch das französische Zivilrecht Einzug im Herzogtum nahm. Es erscheint daher am

---

770 Vgl. *Sobociński*, Księstwo Warszawskie, in: PH 56 (1965), S. 53.

771 Vgl. *Sobociński*, Księstwo Warszawskie, in: PH 56 (1965), S. 55.

772 Vgl. *Czubaty, Jarosław*, Zalążek nowego bytu czy „Nowy twór polityki arcy-machiavela“? Księstwo Warszawskie w oczach rządzących i rządzonych, in: Wokół Księstwa Warszawskiego, 2009, S. 11-27 (13).

773 Dass die Abhängigkeit des Herzogtums insbesondere politischer Natur war, betrachtet *Sobociński* als Folge der Überlegenheit Frankreichs in dieser Zeit. Vgl. *Sobociński*, Księstwo Warszawskie, in: PH 56 (1965), S. 47 f.

774 Vgl. *Kallas, Marian*, Organy administracji terytorialnej w Księstwie Warszawskim, 1975, S. 11 f.; *Korobowicz/Witkowski*, Ustrój i prawo, S. 48.

überzeugendsten, das Herzogtum Warschau als einen nichtsouveränen Staat in Form eines „napoleonischen Satellitenstaates" zu qualifizieren.

In der Literatur kursieren verschiedene Begriffe, mit denen das Abhängigkeitsverhältnis des Herzogtums zu Frankreich umschrieben wurde. Sobociński[775] und Jabłoński[776] etwa bezeichnen das Herzogtum Warschau als einen von Frankreich abhängigen Vasallenstaat. Rostworowski bezeichnet dieses Gebilde als Pufferstaat, dem er aber keinen rechtlichen, sondern lediglich einen politischen Charakter beimisst.[777] Beide Begriffe beschreiben die Problematik der Satellitenstaaten und können unter diese Kategorie subsumiert werden. Dies zeigt, dass auch in der Wissenschaft eine Tendenz zur Identifikation des Herzogtums als „napoleonischer Satellitenstaat", also als Staat, besteht.

2. Anerkennung als Staat

In den Tilsiter Friedensverträgen wurde die Gründung des Herzogtums Warschau beschlossen. Die Großmächte Russland, Preußen und Frankreich waren an diesem vertraglichen Einigungsprozess beteiligt und haben somit das Herzogtum anerkannt. Die Anerkennung dieser Großmächte reichte aus, um international als Staat in Erscheinung zu treten.

3. Resümee

Das Herzogtum Warschau hatte ein eigenes Staatsgebiet, ein Staatsvolk und schließlich eine Staatsgewalt, sodass es als Staat zu qualifizieren ist. Wegen der Verbindung zu Frankreich war das Herzogtum Warschau in seiner Souveränität beschränkt. Das Herzogtum Warschau war vielmehr ein von Frankreich errichteter „Satellitenstaat", bei dem bis zum Jahre 1812 die Macht *de facto* nicht beim Herzog in der Person des Königs von Sachsen, sondern beim französischen Statthalter und damit mittelbar bei Napoleon lag[778]. Ab dem Jahre 1812 war der Statthalter auch *de iure* als Vertreter Napoleons der Träger der obersten Staatsgewalt. Trotz dieses Abhängigkeitsverhältnisses zu Frankreich, das sich sowohl auf die äußere als auch auf die innere Souveränität des Herzogtums Warschau erstreckte, kann diesem napoleonischen Gebilde nicht die Staatlichkeit abgesprochen werden.[779] Das Herzogtum Warschau stellte einen nichtsouveränen Staat dar, der für die Polen als ein Ersatz ihres untergegangenen Staates diente. Im Herzogtum Warschau wurde auf diese Weise – zumindest auf unterster Ebene – polnische Staatsgewalt ausgeübt.

---

775 *Sobociński, Władysław*, Historia ustroju i prawa Księstwa Warszawskiego, 1964, S. 96.

776 *Jabłoński*, Konstytucje Polskie, in: PiP 7 (1952), S. 382.

777 *Rostworowski*, Prawna geneza, S. 21.

778 *Kutrzeba*, Sprawa Polska, S. 22.

779 So auch *Czubaty*, Zalążek nowego bytu, in: Wokół Księstwa Warszawskiego, S. 13.

IV. Identität und Kontinuität oder Staatennachfolge

Im Folgenden wird untersucht, ob mit dem Herzogtum Warschau der polnische Staat, der im Jahre 1795 faktisch untergegangen ist, wieder auflebte. Es könnte eine Identität des Herzogtums Warschau mit Polen-Litauen von 1795 bestehen.

1. Identität zu Polen-Litauen aus dem Jahre 1795

a) Problematik des Untergangs des polnisch-litauischen Staates

Problematisch ist, dass Staaten, die faktisch nicht mehr existieren, nicht von den bekannten Identitätsregeln erfasst werden können.[780] Die geltenden Identitätsregeln beruhen nämlich in erster Linie auf der tatsächlichen Fortexistenz des Staates.[781] Wenn ein Staat faktisch und rechtlich untergegangen ist, kann von einer Kontinuität dieses Staates nicht mehr ausgegangen werden. Polen-Litauen ist aber im Jahre 1795 nicht als Staat untergegangen. Er bestand *de iure* fort, sodass ein Anknüpfungspunkt für die Annahme einer Identität gegeben wäre. Hinzu kommt, dass eine effektive Ausübung der neuen Ordnung in den Teilungsgebieten abzulehnen ist, sodass von der Kontinuität des polnischen Staates auszugehen ist.

b) Heranziehung der Figur der „wiedererrichteten Staaten"

Die Identität könnte insbesondere vor dem Hintergrund, dass das Gebiet Polen-Litauens völkerrechtswidrig annektiert wurde, als vertretbar erscheinen. Zur Beurteilung dieser Problematik wird in der Völkerrechtslehre die Figur der *resurrected states* herangezogen. Innerhalb dieser Theorie wird vertreten, dass der wiedererrichtete Staat identisch ist mit dem früheren Staat, der faktisch als Staat untergegangen ist. Diese Auffassung wird mit einer analogen Anwendung der anerkannten Identitätsregel der *occupatio bellica* und der Rechtswidrigkeit des faktischen Staatsuntergangs begründet.[782] Problematisch ist, dass der Fortbestand des später wieder auferstandenen Staates fingiert wird, indem an die Rechtswidrigkeit des Staatsuntergangs angeknüpft wird. Insofern wird in diesen Fällen eine Rechtskontinuität angenommen. Hieraus würde folgen, dass aufgrund der Rechtsidentität ein Wiederaufleben der früheren Rechte und Pflichten auch faktisch möglich wäre. Demzufolge könnte auf Grundlage der *resurrected states* eine Identität des Herzogtums Warschau zu Polen angenommen werden.

c) Allgemeine Voraussetzungen der Identität

Für die Annahme der Identität des Herzogtums Warschau zu Polen aus dem Jahre 1795 müsste nachgewiesen werden, dass das Herzogtum Warschau als polnischer Staat wiedererrichtet wurde. Zur Begründung einer Identität des Herzogtums Warschau mit Polen des Jahres 1795 müssten daher konkrete Anhaltspunkte existieren.

---

780 *Fiedler*, Das Kontinuitätsproblem im Völkerrecht, S. 97.
781 *Fiedler*, Das Kontinuitätsproblem im Völkerrecht, S. 106.
782 *Fiedler*, Das Kontinuitätsproblem im Völkerrecht, S. 99.

Es sind objektive und subjektive Merkmale heranzuziehen, die entweder die Annahme einer Identität belegen oder widerlegen könnten. Dies bedeutet, dass anhand von objektiven und subjektiven Gesichtspunkten erörtert wird, ob Parallelen oder Unterschiede zwischen dem Herzogtum Warschau und Polen im Jahre 1795 vorhanden waren.

aa) Objektive Merkmale

(1) Drei-Elemente-Lehre

(a) Staatsgebiet

Um eine territoriale Identität anzunehmen, müsste zumindest ein Teil des Staatsgebietes identisch geblieben sein. Das Herzogtum Warschau wurde zum überwiegenden Teil aus der preußischen Besatzung der dritten Teilung geschaffen. Damit wurde es auf dem Staatsgebiet des polnischen Staates gebildet. Das Staatsgebiet war aber viel kleiner als dasjenige des polnischen Staates von 1795. Hinsichtlich des Gebietes des Herzogtums Warschau, das aus der dritten Teilung stammte, ist von einer Kontinuität Polens auszugehen. Hinzu kommt, dass im Jahre 1809 weitere Gebiete der dritten Teilung, die Österreich besetzt hatte, an das Staatsgebiet des Herzogtums angegliedert wurden. Auf diese Weise war der Großteil des Staatsgebiets des Herzogtums identisch mit dem Staatsgebiet Polen-Litauens, das nach dem Jahre 1795 *de iure* zum polnischen Staat gehörte. Im Ergebnis war das Staatsgebiet des Herzogtums Warschau daher zwar nicht mit dem Staatsgebiet Polens aus dem Jahre 1795 identisch, für die Annahme einer Identität ist es aber unbeachtlich, wenn sich das Staatsgebiet und das Verfassungsgebiet nicht decken. Hinzu kommt, dass es eine allgemein anerkannte und gesicherte Regel des Völkerrechts ist, dass territoriale Veränderungen nicht die Identität eines Staates berühren.[783] Insbesondere verdeutlicht auch die Staatenpraxis, dass erhebliche Gebietsverluste keinesfalls zu einem Staatsuntergang geführt haben.[784] Im Ergebnis ist es daher für die Bewertung einer möglichen Identität und Kontinuität des Herzogtums Warschau zu Polen-Litauen vor der letzten Teilung unbeachtlich, dass das Staatsgebiet verkleinert wurde. Das Herzogtum Warschau könnte im Sinne der Staatskerntheorie das Verfassungsgebiet des polnischen Staates gebildet haben. Diesem Verfassungsgebiet hätte dann das Staatsgebiet Polens von 1795 gegenüber gestanden.

(b) Staatsvolk

Fraglich ist, ob das gleiche Staatsvolk das Staatsgebiet bewohnt hat. Das Gebiet des Herzogtums wurde überwiegend von der polnischen Bevölkerung bewohnt, die ebenso wie deren Vorfahren auch Bewohner des polnischen Staates vor der dritten Teilung waren.

783 *Fiedler*, Das Kontinuitätsproblem im Völkerrecht, S. 52.
784 Beispiele für erhebliche Gebietsverluste, die nicht zu einem Staatsuntergang geführt haben, sind: Preußen im Jahre 1807, Frankreich im Jahre 1815 und 1871, Österreich im Jahre 1859 und 1919 sowie Deutschland im Jahre 1919 und 1990.

(c) Staatsgewalt
Im Herzogtum Warschau wurde durch Napoleon eine neue Staatsgewalt errichtet. Die Abdankung des polnischen Königs im Jahre 1795 führte dazu, dass die polnische Staatsgewalt bis zum Jahre 1807 aus formaler Sicht suspendiert und durch die Besatzungsmacht Preußens, Russlands und Österreichs überlagert wurde. Mit dem sächsischen König wurde ein neues Staatsoberhaupt berufen und eine neue Regierung eingesetzt. Da die Regierungs- und auch die Verwaltungsämter durch Polen besetzt wurden, existierte wegen der starken Abhängigkeit zu Frankreich zumindest auf unterster Ebene noch polnische Staatsgewalt. Dies führt dazu, dass mit der Gründung des Herzogtums Warschau auch *de facto* wieder polnische Staatsgewalt vorhanden war. Die Existenz der wiedererrichteten polnischen Staatsgewalt im Herzogtum Warschau spricht demnach für eine Identität mit dem polnischen Staat von 1795.

Jedoch kann auch die Beurteilung der Staatsgewalt keine eindeutigen Ergebnisse für eine Identitätsprüfung ergeben. Auch für den Fall, dass die Staatsgewalt komplett ausgetauscht würde, ist es möglich, dass der Staat als identisch fortbesteht. Dies folgt aus dem Völkerrechtssatz, dass revolutionäre Umwälzungen und ein Staatsstreich die Identität eines Staates nicht beeinflussen.[785]

(2) Rechtssystem und Gerichtswesen
Das Fortbestehen des Rechtssystems kann als ein objektives Merkmal ebenfalls lediglich ein Indiz für die Annahme einer Identität sein. Aber auch bei grundlegenden Verfassungs- und Gesetzesänderungen, wie sie häufig nach einer Revolution erfolgen, kann die Identität bejaht werden. Ein Vergleich des Rechtssystems des Herzogtums Warschau mit dem Rechtssystem Polens von 1795 zeigt, dass die alte Rechtsordnung nahezu restlos beseitigt wurde. Im Herzogtum ersetzte nämlich das französische Zivilrecht das bis dahin geltende polnische und preußische Recht.[786] Da die Umsetzung des napoleonischen Zivilrechts Schwierigkeiten bereitete, mussten mehrere Gesetze erlassen werden, die den Übergang erleichtern sollten.[787] Seit dem 1. Mai 1808 wurde ausschließlich das französische Zivilrecht angewendet.[788] Mit einem Gesetz von 1809 wurde das französische Handelsrecht

785 *Fiedler*, Das Kontinuitätsproblem im Völkerrecht, S. 52.
786 Die Szlachta stand der Einführung des französischen Zivilrechts negativ gegenüber. Dies hatte zur Folge, dass nach seinem Inkrafttreten die Szlachta sich darum bemühte, das Zivilrecht an die Gegebenheiten immer mehr anzupassen. Vgl. *Grynwaser, Hipolt*, Kodeks Napoleona w Polsce. Demokracja szlachecka 1795-1831, 1951, S. 55; *Leśnodorski*, Elementy feudalne, in: CPH 3 (1951), S. 319.
787 Die früheren polnischen und preußischen Rechte durften nur in zwei Ausnahmefällen noch angewendet werden, nämlich wenn das Zivilgesetzbuch im Widerspruch zu Einrichtungen und territorialen Gegebenheiten stand oder wenn das Zivilgesetzbuch sich auf Ereignisse, die vor dem ersten Mai eingetreten waren, bezog. Vgl. *Grynwaser*, Kodeks Napoleona w Polsce, S. 42.
788 Vgl. *Grynwaser*, Kodeks Napoleona w Polsce, S. 42.

eingeführt.[789] Lediglich in Bezug auf das materielle Strafrecht wurde entschieden, dass das frühere polnische Recht und hilfsweise das Recht der Teilungsmächte angewendet werden konnte.[790] Das Gerichtswesen wurde umfassend reformiert, die ständische Gerichtsbarkeit abgeschafft und die richterliche Unabhängigkeit festgelegt.[791] Dies alles ist aber weder ein eindeutiger Beleg für Identität noch für Nichtidentität.

(3) Staatssymbole

Das Wappen des Herzogtums Warschau war halb sächsisch und halb polnisch. Auf der linken Hälfte des Wappens war die sächsische Seite mit seinen traditionellen Farben Schwarz und Gold zu sehen. Der sächsische Wappenteil bestand aus horizontalen Streifen in Schwarz und Gold sowie einem grünen Rautenkranz, der über die Streifen gelegt war. Auf der rechten Hälfte des Wappens war auf einem roten Hintergrund der traditionelle weiße Adler Polens abgebildet. Das Herzogtum Warschau hatte auf diese Weise ein neues Wappen, das teilweise an die frühere polnische Heraldik anknüpfte. Demzufolge wurde das alte Wappen Polen-Litauens nicht wieder verwendet und durch ein neues Staatssymbol ersetzt. Im Namen „Herzogtum Warschau" taucht der Name „Polen" nicht einmal auf, sodass auch diese Namensänderung verdeutlichen könnte, dass mit der Schöpfung des Herzogtums Warschau gerade nicht an den früheren polnischen Staat angeknüpft werden sollte. Allerdings wollte Napoleon gerade keinen unabhängigen polnischen Staat errichten, sodass er bewusst eine Anknüpfung an die Symbole des früheren polnischen Staates unterließ, damit die Polen im Verhältnis zu Frankreich auch nicht auf symbolischer Ebene als unabhängiger polnischer Staat auftreten konnten. Da Staatsymbole ebenfalls nur eine Indizwirkung bei der Identitätsprüfung entfalten, können sie ebenfalls zu keinem endgültigen Ergebnis führen. Insbesondere sind Änderungen des Staatsnamens in der Regel für die Identität eines Staates unbeachtlich.

bb) Subjektive Merkmale

(1) Haltung der Polen

Die Polen betrachteten das Herzogtum als „ein Phantom des früheren polnischen Staates" und als „einen Keim zur Entstehung eines unabhängigen polnischen Staates".[792] Hinsichtlich der Gründung des Herzogtums fällt auf, dass die Polen mit

789 Vgl. *Kutrzeba*, Sprawa Polska, S. 20.

790 Vgl. *Wąsicki*, Zabór pruski, in: *Bardach/Senkowska-Gluck*, Historia państwa i prawa Polski, Bd. III, S. 75.

791 Vgl. *Kraft*, Europa im Blick der polnischen Juristen, S. 39.

792 Vgl. *Kallas*, Konstytucja Księstwa Warszawskiego, S. 20; *Kraft*, Europa im Blick der polnischen Juristen, S. 40; *Kusber*, Kann der Zar König von Polen sein?, in: *Schnabel-Schüle/Gestrich*, Fremde Herrscher – Fremdes Volk, S. 255.

Empörung auf die Tilsiter Friedensverträge reagierten.[793] Sie kritisierten,[794] dass das Gebilde verhältnismäßig klein war und nicht einmal den Namen Polen tragen sollte.[795] Aus alledem folgt, dass die Polen zwar mit der Gründung des Herzogtums Warschau einverstanden waren, da sie dieses Gebilde als polnisches Gebilde betrachteten, aber noch nicht von der kompletten Wiedererrichtung ihres untergegangen polnischen Staates ausgingen, sondern dass sie das Herzogtum als eine Art Zwischenstufe auf dem Weg zur Neuerrichtung eines unabhängigen polnischen Staates sahen.[796] Für die Polen bedeutete das Herzogtum Warschau lediglich ein Surrogat für den faktischen Verlust ihres Staates. Dies liegt aber insbesondere daran, dass die Polen sich nicht mit dem verhältnismäßig kleinen Staatsgebiet des Herzogtums abfinden wollten und daher Hoffnung in Napoleon setzten, dass er ihnen dabei helfen würde, weitere frühere polnische Gebiete an das Herzogtum anzugliedern. Hinsichtlich des Verfassungsgebiets ist aber davon auszugehen, dass die Polen dieses als polnisches Verfassungsgebiet in Anknüpfung an Polen vor der dritten Teilung betrachteten.

(2) Haltung dritter Staaten

Es existieren keine Erklärungen der europäischen Staaten, insbesondere der Vertragspartner der Friedensverträge von Tilsit, die darauf deuten würden, dass mit dem Herzogtum Warschau der polnische Staat wieder errichtet werden sollte. Stattdessen sind Äußerungen zu finden, die vielmehr dafür sprechen, dass die Mächte mit dem Herzogtum Warschau keinen identischen polnischen Staat errichten wollten. Ein Indiz hierfür ist, dass in Tilsit die Teilungsverträge nicht annulliert wurden. Hätte man eine Identität des polnischen Staates gewollt, dann wäre der erste Schritt gewesen, die Teilungsverträge, die den faktischen Untergang formal besiegeln sollten, für nichtig zu erklären. Hinzu kommt, dass der Vertrag von 1797, der den Namen „Polen“ beseitigt hatte, durch die Tilsiter Friedensverträge ebenfalls in seiner Wirksamkeit nicht berührt wurde. Das wohl wichtigste Indiz dafür, dass Napoleon nicht den polnischen Staat aus dem Jahre 1795 wiedererrichten wollte, ist, dass in der gesamten Verfassung des Herzogtums Warschau weder von den Polen noch dem Staat Polen die Rede ist.

Für die Beurteilung der Identität ist aber irrelevant, was Frankreich und die Teilungsmächte bezweckten, da diese Staaten gerade das Wiederaufleben des

---

793 Auf den Landtagen im Jahre 1812 schließlich forderten die Polen sogar die Absetzung der Verfassung und die Wiedereinsetzung der Maiverfassung. Vgl. *Kallas*, Konstytucja Księstwa Warszawskiego, S. 49; *Czubaty*, Księstwo Warszawskie, S. 137; *Leśnodorski*, Elementy feudalne, in: CPH 3 (1951), S. 308.

794 Die Polen betracheten die Bestimmungen der Friedensverträge nur als vorläufig und hofften, dass das Herzogtum bald vergrößert würde.

795 Vgl. *Kallas*, Konstytucja Księstwa Warszawskiego, S. 21; *Halicz*, Geneza Księstwa Warszawskiego, S. 199 f.

796 Vgl. *Kallas*, Konstytucja Księstwa Warszawskiego, S. 47 f.; *Rostworowski*, Prawna geneza, S. 23; *Kraft*, Europa im Blick der polnischen Juristen, S. 40.

polnischen Staates verhindern wollten, um weiterhin Gebietshoheit über die ehemals polnischen Gebiete ausüben zu können.

d) Souveränität und Unabhängigkeit als zusätzliche Identitätskriterien?

Auf Marek geht zurück, dass in der Völkerrechtslehre teilweise die Unabhängigkeit des Staates als weiteres Kriterium für Identität und Kontinuität vertreten wurde.[797] Folge dieses Kriteriums wäre, dass der Staat seine Identität verlieren würde, wenn ihm seine Unabhängigkeit und damit seine äußere Souveränität genommen würden. Hieraus würde sich auch ergeben, dass jedem Staatsgebilde, das von dritten Staaten „geschaffen" wurde, die erforderliche Unabhängigkeit fehlt. Satellitenstaaten und andere abhängige Gebilde könnten daher nicht identisch mit einem früheren Staat sein.[798] Würde man also die Unabhängigkeit als zusätzliche Voraussetzung für die Identität annehmen, dann könnte das Herzogtum Warschau, das zunächst *de facto* und später auch *de iure* einen „Satellitenstaat" Napoleons darstellte, nicht identisch mit Polen sein. Die Personalunion mit Sachsen wäre unbeachtlich, da diese keine rechtliche Verbindung zwischen den Gemeinwesen darstellt und faktisch auch keine Abhängigkeit von Sachsen begründete. Dieses Ergebnis muss aber im Hinblick auf die allgemeine Praxis hinterfragt werden. Wenn die Identität mit dem Verlust der Unabhängigkeit abzulehnen wäre, hätte dies zur Konsequenz, dass jedem Staat, der auch nur vorübergehend in ein Abhängigkeitsverhältnis in Gestalt eines Protektorates oder einer Suzeränität geraten würde, notwendigerweise die Kontinuität abgesprochen werden müsste. Dieses Ergebnis würde im Widerspruch zum allgemein anerkannten Kontinuitätsgrundsatz stehen, wonach von der größtmöglichen Kontinuität eines Staates auszugehen ist.[799] Aufgrund dieser Konsequenz erscheint es bedenklich, die Unabhängigkeit eines Staates zu einer notwendigen Voraussetzung der Identität zu bestimmen.[800] Nähme man die Unabhängigkeit als ein mögliches Indiz für die Identitätsprüfung an, spräche wegen der Abhängigkeit des Herzogtums Warschau von Frankreich im Ergebnis mehr für die Ablehnung als für die Annahme einer Identität.

2. Stellungnahme

Mit dem Herzogtum Warschau ist ein neues polnisches Gemeinwesen reorganisiert worden, das subjektsidentisch zu Polen aus dem Jahre 1795 ist.[801] Da aber

797 *Marek*, Identity and Continuity, S. 162.

798 *Fiedler*, Das Kontinuitätsproblem im Völkerrecht, S. 74.

799 Zustimmend *Fiedler*, Das Kontinuitätsproblem im Völkerrecht, S. 76 f.

800 Die entsprechenden Argumente, die zu diesem Ergebnis führen, finden sich auch im theoretischen Teil innerhalb der Darstellung der Problematik, ob die Souveränität mit der Staatsgewalt gleichgesetzt werden kann, sodass hierauf verwiesen werden kann.

801 Anders *Górski, Grzegorz*, Polonia Restituta. Ustrój państwa polskiego w XX wieku, 2009, S. 30.

lediglich auf dem Kerngebiet des polnischen Staatsgebiets eine staatliche Reorganisation erfolgte, fielen Verfassungsgebiet und Staatsgebiet auseinander. Der polnische Staat war nach dem Jahre 1795 nicht als Staat untergegangen, weil es nicht gelang, dauerhaft neue Fakten auf dem rechtswidrig einverleibten Gebiet zu schaffen, sodass von Kontinuität zugunsten Polens ausgegangen werden kann. Die Polen hatten aufgrund ihres Widerstandes gegen die Besatzungsmächte verhindern können, dass diese auf den besetzten polnischen Gebieten eine neue Staatsgewalt effektiv errichten konnten. Die Polen kämpften vielmehr für die Wiedereinsetzung von polnischen Staatsorganen. Dies erreichten sie schließlich mit Napoleons Hilfe. Zwar war das Herzogtum Warschau kein souveräner Staat, doch spielt dies für die Frage der Identität keine Rolle. Das Herzogtum war ein von Frankreich abhängiger, aber dennoch polnischer Staat.

Die Polen fassten das Herzogtum als Ersatz für den faktischen Verlust ihres Staates auf und verbanden mit der Errichtung des Herzogtums die Hoffnung, dass sie einerseits irgendwann wieder in einem unabhängigen Staat leben und andererseits, dass sie ihr Staatsgebiet auf die „alte Größe" ausweiten würden.

V. Folgen der Reorganisation

1. Schulden

Die Übernahme der Schulden wurde im preußisch-französischen Vertrag vom 9. Juli 1807 geregelt. Art. 24 sah vor, dass die Verpflichtungen, Schulden und Verbindlichkeiten aller Art derjenigen Gebiete, auf die der König von Preußen verzichtet und abtritt, den „neuen Besitzern" zur Last fallen. Eine Einschränkung der Schuldenübernahme sieht Art. 24 dahingehend vor, dass nur die vor dem Krieg durch Preußen aufgenommen Schulden auf „die neuen Besitzer" übergehen. Hieraus kann gefolgert werden, dass Preußen mit den Schulden, die während des Krieges aufgenommen wurden, belastet blieb. Fraglich ist aber, ob diese Regelung dahingehend zu verstehen ist, dass das Königreich Sachsen, die Schulden das Territorium des Herzogtums Warschau betreffend, übernommen hat. Näherliegend ist, dass die Vertragspartner den Herrscher des Herzogtums Warschau mit seinem höchsten Titel angesprochen haben, da diese Vorgehensweise zur damaligen Zeit bei Personalunionen üblich war. Für dieses Ergebnis spricht, dass in den späteren Verträgen im Rahmen des Wiener Kongresses von der Nachfolge in die Schulden des Herzogtums Warschau gesprochen wurde. Für das Herzogtum Warschau bedeutete dies im Ergebnis, dass die Schulden auf den Herzog von Warschau übergingen. Demnach verblieben die Schulden im Herzogtum Warschau.

2. Verträge

Der preußisch-französische Vertrag sieht in Art. 11 vor, dass alle Verträge, Konventionen, Allianztraktate, bekannte oder geheime, die Preußen mit anderen auf dem linken Elbufer gelegenen Staaten abgeschlossen hat und die durch Krieg nicht automatisch erloschen sind, durch den vorliegenden Vertrag als nichtig und ungeschehen angesehen werden.

3. Vermögen

Die beiden Tilsiter Verträge bestimmen hinsichtlich der Gebietsübertragungen jeweils, dass neben der Souveränität über diese Gebiete auch das gesamte Eigentum auf die neuen „Besitzer" übergehen soll.[802] Hieraus kann geschlossen werden, dass das in den jeweiligen Gebieten belegene Vermögen automatisch auf den neuen Herrscher überging.

4. Archive

Die Übergabe der Archive regelte konkret nur der zwischen Frankreich und Preußen geschlossene Vertrag vom 9. Juli 1807. Gemäß Art. 26 verpflichtete sich Preußen dazu, sämtliche Akten, darunter Dokumente und Papiere, die das Gebiet des Herzogtums Warschau betrafen, an den König von Sachsen auszuliefern.

VI. Resümee

Das Herzogtum Warschau stellte eine staatliche Reorganisation des fortbestehenden polnischen Staates dar.[803] Formal galt das Herzogtum bis zum Jahre 1812 als souverän und war in einer Personalunion mit dem Königreich Sachsen verbunden. Das Verfassungsgebiet des Herzogtums umfasste aber nicht das gesamte Staatsgebiet des polnischen Staates, das durch die rechtswidrigen Annexionen mangels effektiver dauerhafter Machtübernahme durch die Teilungsmächte nicht endgültig verschwunden war.

Tatsächlich war das neue polnische Gebilde seit seiner Konstituierung ein „Satellitenstaat" Napoleons, der die Oberhoheit hatte, sodass das Herzogtum Warschau *de facto* einen nichtsouveränen Staat verkörperte. Das Herzogtum war ein aufgrund militärischer Interessen ausgebeuteter Vasallenstaat, dem fremden Herrscher Napoleon und nicht dem wettinischen Herzog Friedrich August unterworfen.[804] Trotz des Staatsaufbaus nach französischem Muster und der Tatsache, dass der Name „Polen" nicht existierte, hatte das Herzogtum einen polnischen Charakter. Im Herzogtum dominierte in allen Bereichen das Polnische.[805] Die Polen hatten wieder die Möglichkeit, auch faktisch polnische Staatsgewalt auszuüben.

---

802 Vgl. Art. 15 des preußisch-französischen Vertrages sowie Art. 5 und 11 des russisch-französischen Vertrages.

803 *Mażewski* kommt in seiner Untersuchung zu dem Ergebnis, dass sehr wohl polnische Staatlichkeit im Jahre 1807 existierte. Den polnischen Staat bezeichnet er allerdings nur als „Republik eineinhalb (poln.: Rzeczpospolita jeden i pół)", was dafür spricht, dass er das Herzogtum wegen der fehlenden Unabhängigkeit noch nicht als vollwertigen Ersatz für den durch die dritte Teilung verschwundenen polnischen Staat betrachtete. Vgl. *Mażewski*, Rzeczpospolita jeden i pół, S. II.

804 *Kusber*, Kann der Zar König von Polen sein?, in: *Schnabel-Schüle/Gestrich*, Fremde Herrscher – Fremdes Volk, S. 255.

805 Vgl. *Kutrzeba*, Sprawa Polska, S. 21; *Kallas*, Konstytucja Księstwa Warszawskiego, S. 183.

Formal existierte das Herzogtum Warschau bis zum Jahre 1815. Faktisch war es aber so, dass nach der Niederlage Frankreichs und dem „Rückzug" der Franzosen aus dem Gebiet des Herzogtums im Jahre 1812 die russische Armee das Territorium im Januar 1813 besetzte, sodass ab diesem Zeitpunkt das Herzogtum Warschau unter militärischer Besatzung Russlands stand.[806]

B. Nachträgliche Legitimierung der dritten Teilung durch den Abschluss der Wiener Kongressakte von 1815

Die dritte Teilung könnte aber durch den Wiener Kongress im Jahre 1815 nachträglich legitimiert worden sein. Eine solche nachträgliche Legitimierung könnte in Betracht kommen, wenn die Wiener Kongressakte als ein Statusvertrag zu qualifizieren wäre. Die Besonderheit des Statusvertrages ist, dass er eine allgemein rechtsverbindliche Ordnung schafft. Fraglich ist aber, ob der Statusvertrag eine Drittwirkung ausstrahlt, sodass sogar ausnahmsweise Verträge zu Lasten Dritter möglich sind. Für den Fall, dass die Wiener Kongressakte die dritte Teilung legitimieren würde, könnte sie als ein Vertrag zu Lasten Polens gewertet werden. Zu untersuchen ist daher, ob die Wiener Kongressakte als ein rechtsverbindliches Vertragswerk im Sinne eines Statusvertrages qualifiziert werden kann und ob die Kongressakte aufgrund ihres Rechtscharakters die dritte Teilung nachträglich legitimieren konnte.

Für Polen hätte eine *ex tunc*-Rechtmäßigkeit der dritten Teilung zur Folge, dass der polnische Staat im Jahre 1795 *de iure* untergegangen wäre. Der bloße Widerstand der Polen gegenüber den Besatzern hätte auf diese Weise einen Untergang des polnischen Staates nicht verhindern können. Hierauf basierend hätte dann die Identität des Herzogtums Warschau mit Polen aus dem Jahre 1795 abgelehnt werden müssen, sodass der polnische Staat im Ergebnis zwischen den Jahren 1795 und 1807 nicht als Staat kontinuierlich fortbestanden hätte.

Bereits aus der Präambel der Wiener Kongressakte[807] ergibt sich, dass der Kongress als eine Fortführung des Pariser Friedens im Sinne einer Vervollständigung gedacht war. Die gegen Napoleon verbündeten fünf Mächte wollten ein für ganz Europa verbindliches Gleichgewichtssystem erschaffen.[808] Folge des Wiener Kongresses war eine territoriale Neuordnung Europas,[809] indem die meisten

---

806 Vgl. *Korobowicz/Witkowski*, Ustrój i prawo, S. 45; *Kukulski*, Sto lat Rosji w Królestwie Polskim, S. 29.

807 Originaltext der Präambel: « Les puissances qui ont signé le traité conclu à Paris le 30 mai 1814, s'étant réunies à Vienne, en conformité de l'article 32 de cet acte, avec les Princes et etats leurs alliés, pour compléter les dispositions du dit traité (...) ». Zit. n. dem franz. Originaltext bei *Parry*, CTS, vol. 64 (1815), S. 454.

808 Vgl. *von Elbe, Joachim*, Die Wiederherstellung der Gleichgewichtsordnung in Europa durch den Wiener Kongress, in: ZaöRV 4 (1934), S. 226-260 (239).

809 Vgl. *Gornig*, Das nördliche Ostpreußen, S. 53; *Feist, Christian*, Kündigung, Rücktritt und Suspendierung von multilateralen Verträgen, 2001, S. 25.

der napoleonischen Eroberungen wieder rückgängig gemacht und die europäischen Grenzen neu gezogen wurden.[810] Die während des Kongresses festgesetzten Grenzen blieben bis zum Ausgang des Ersten Weltkriegs überwiegend bestehen. Doering-Manteuffel hat daher das Konzept der Großmächte im Jahre 1815 als einen Versuch zur Schaffung eines Systems der Staatenbeziehungen gewertet, in dem gemeinschaftlich die Verantwortung für die Sicherung des Gleichgewichts und des Friedens in Europa übernommen wurde.[811] Die Wiener Kongressakte bestand aus mehrseitigen Verträgen,[812] die unter anderem Zessionen und Adjudikationen zum Gegenstand hatten. Um die Wiener Kongressakte mit dem Statusvertrag in Verbindung bringen zu können, müsste die Kongressakte unter die Voraussetzungen des Statusvertrages subsumiert werden können. Die Kongressakte müsste Allgemeininteresse verfolgt haben. Wie bereits erwähnt, verkörperte die Kongressakte die Idee, für ganz Europa eine verbindliche Ordnung mit dem Ziel der Friedenserhaltung aufzustellen.[813] Die Intention der Konferenzteilnehmer war somit die Schaffung einer neuen Ordnung zur Vermeidung von erneuten kriegerischen Auseinandersetzungen. Demzufolge kommt der Kongressakte eine Gemeinwohlfunktion zu.[814] Die Kongressakte bezog sich ferner auf das Gebiet Europas, sodass der notwendig vorausgesetzte Territorialbezug gegeben ist. Im Ergebnis ist die Wiener Kongressakte daher als Statusvertrag zu qualifizieren. Sie besaß damit Rechtscharakter.[815]

Fraglich ist, ob die Vertragspartner der Kongressakte eine territoriale Kompetenz besaßen. Als Vertragspartner traten anfangs nur die Großmächte Europas[816] auf. In Bezug auf territoriale Kompetenzen lehnt Klein[817] eine Organstellung der

---

810 Vgl. *Oppenheim*, International Law, Bd. I, 2. Aufl., 1911, S. 65.

811 *Doering-Manteuffel, Anselm*, Vom Wiener Kongreß zur Pariser Konferenz. England, die deutsche Frage und das Mächtesystem 1815-1856, 1991, S. 10.

812 *Feist*, Kündigung, S. 25.

813 *Bieker, Eva*, Die Interventionen Frankreichs und Großbritanniens anlässlich des Frankfurter Wachensturms 1833. Eine Fallstudie zur Geschichte völkerrechtlicher Verträge, 2003, S. 86.

814 *Bieker*, Die Interventionen Frankreichs und Großbritanniens, S. 92.

815 Dass der Wiener Kongressakte auch ein Rechtscharakter anhaften sollte, belegt etwa ein Schreiben Metternichs vom Februar 1818, in dem er ausdrücklich erklärt: „So entstand die Wiener Congreßacte, unverkennbar das heutige Grundgesetz des europäischen Staatskörpers; sanctioniert durch den Beitritt der ihn bildenden Staaten und daher auch, rücksichtlich der darin ausgesprochenen Normen und Grundsätze (...) allgemein verbindlich“. Zit. n.: *Pölitz*, Constitutionen, Zweiter Theil, S. 60; *Bieker*, Die Interventionen Frankreichs und Großbritanniens, S. 86 f.

816 An der Konferenz nahmen bevollmächtigte Vertreter aus 200 europäischen Staaten, Herrschaften, Körperschaften und Städten teil, wobei die führende Rolle Russland, Preußen, Frankreich, England und Österreich einnahmen. Die Wiener Kongressakte trug allerdings nur die Unterschriften der acht Hauptmächte.

817 *Klein*, Statusverträge, S. 194 f.

Großmächte im 19. Jahrhundert entschieden ab.[818] Nicht zu verkennen ist aber, dass bis in die heutige Zeit hinein Großmächte in den internationalen Beziehungen eine entscheidende Rolle spielen und ihr Einfluss unbestritten ist. So waren die Großmächte des Wiener Kongresses ihrem Selbstverständnis nach davon überzeugt, dass sie eine Regelungskompetenz besäßen im Namen Europas[819] zu handeln.[820] Dörr bewertet die durch den Wiener Kongress festgelegten Gebietsveränderungen nicht als einseitige Aneignungen der „gewinnenden" Staaten, sondern als „Konsequenzen einer autoritativen Verfügung der Großmächte über das von ihnen militärisch unterworfene Gebiet".[821] Diesen Überlegungen steht entgegen, dass in der Zeit des Wiener Kongresses der Grundsatz der „Gleichheit der Staaten" galt.[822] Auch im Rahmen von Statusverträgen ist es notwendig, dass diejenigen Staaten, die nicht an den Verträgen als Partei beteiligt sind, den Regelungen, die sie betreffen, zustimmen. Hierbei ist anzumerken, dass in die Kongressakte zahlreiche Einzelverträge integriert wurden, die zunächst unabhängig von der Schlussakte zwischen den europäischen Staaten abgeschlossen wurden. Auf diese Weise wurde das Einverständnis betroffener Staaten mit der neuen Ordnung eingeholt.[823] Problematisch ist aber, dass ein solches Einverständnis Polens nicht eingeholt wurde. Die Erteilung eines Einverständnisses durch Polen war aber auch nicht möglich, da die Polen nach der Besatzung des Herzogtums Warschau durch Russland über keine polnische Vertretung mehr verfügten. In diesem Zusammenhang wäre aber auch fraglich gewesen, ob den Polen aufgrund ihrer Abhängigkeit zu den äußeren Mächten überhaupt die Möglichkeit zugestanden worden wäre, über ihr staatliches Schicksal selbst zu entscheiden. Zwar bestand der – durch zwei Teilungen verkleinerte – polnische Staat fort, doch gab es keine organschaftliche Vertretung der Polen, die als Ansprechpartner für die Erteilung eines solchen Einverständnisses zur Verfügung gestanden hätte. Folglich könnte es den Großmächten unmöglich gewesen sein, die Zustimmung Polens einzuholen. Im Hinblick auf die Rechtssicherheit und die Friedenssicherung in Europa könnte der faktische Untergang Polens als vollendete Tatsache betrachtet werden. Dies hätte zur Folge, dass das fehlende Einverständnis Polens, dessen Einholung unmöglich war, als unbeachtlich bewertet werden müsste.

818 Siehe hierzu auch: *von Schmalz, Theodor*, Das europäische Völker-Recht in acht Büchern, Fünftes Buch, Nachdr. d. Aufl. v. Berlin 1817, 1970, S. 210, der betont: „Jeder Frieden wird durch die Bestimmung des Besitzstandes zugleich eine Bestimmung des Rechts – dessen Erhaltung heilig sein muss. Was durch diesen Frieden erworben ist, wird rechtmäßig besessen; wer diesem Besitz entgegen handelt, thut Unrecht, auch wenn er sich auf früheres Recht berufen möchte".

819 « au nom de l'Europe ».

820 *Bieker*, Die Interventionen Frankreichs und Großbritanniens, S. 101.

821 *Dörr*, Inkorporation, S. 232.

822 Vgl. *von Elbe*, Die Wiederherstellung der Gleichgewichtsordnung, in: ZaöRV 4 (1934), S. 248.

823 *Bieker*, Die Interventionen Frankreichs und Großbritanniens, S. 101.

Demzufolge wäre die Bindungswirkung der Wiener Kongressakte hinsichtlich des ehemals polnischen Gebietes, das im Zeitpunkt der dritten Teilung noch vorhanden war, ohne das Einverständnis Polens eingetreten. Schließlich ist zu untersuchen, wodurch der Wiener Kongress konkret die dritte Teilung Polens nachträglich legitimiert haben könnte. Die Wiener Vertragsstaaten haben den Besitz der von Russland, Preußen und Österreich einverleibten ehemals polnischen Gebiete nicht beanstandet. Die Kongressakte enthält keinen Hinweis darauf, dass die dritte Teilung als rechtswidrig angesehen wurde. Hätten die Großmächte dies angenommen, hätten sie die Rückgabe der Teilungsgebiete an Polen und die Wiedererrichtung des polnischen Staates gefordert. Aufgrund ihres „Schweigens" könnten sie konkludent ihre Zustimmung und damit ihre Anerkennung[824] *ex tunc* zu der Aufteilung des ehemals polnischen Gebietes auf die genannten drei Mächte erteilt haben.[825] Dieses Ergebnis ist aber aus Sicht des Völkerrechts und aus Sicht Polens nicht vertretbar. Die überzeugenderen Argumente sprechen nämlich gegen die Möglichkeit der nachträglichen Legitimierung der dritten Teilung ohne das Einverständnis der Polen. Aus Sicht des damaligen Völkerrechts spricht das völkerrechtswidrige Vorgehen der Teilungsmächte und der Grundsatz der „Gleichheit der Staaten" gegen eine *ex tunc*-Heilung der dritten Teilung. Die Teilungsmächte, die zu den Großmächten des Wiener Kongresses gehörten, hatten in völkerrechtswidriger Weise die Totalannexion Polen-Litauens vorgenommen. Sie hatten daher ein Interesse daran, die von ihnen annektierten polnischen Gebiete dauerhaft zu besitzen und eine entsprechende territoriale Kompetenz über diese Gebiete zu erlangen. Die Teilungsmächte haben es zu verantworten, dass die polnische Staatsgewalt faktisch ausgelöscht wurde. Auf diese Weise wurde verhindert, dass die Polen eine organschaftliche Vertretung haben konnten, die während des Kongresses zu der Aufteilung Polen-Litauens hätte befragt werden können. Das Fehlen einer nationalen Organisation der Polen war vielmehr gänzlich unverschuldet. Die Polen wurden unterdrückt, da sie nicht nur während, sondern auch in den Jahren nach der faktischen Totalannexion zum Ausdruck brachten, dass sie nicht mit dem Verlust ihres Staates einverstanden waren. Die Teilnahme der Polen während der Napoleonischen Kriege etwa verdeutlicht, dass die Polen Napoleon unterstützten, weil sie die Hoffnung hatten,

824 Hierzu *Schätzel*: „Rechtswidrige Zustände können durch die nachträgliche Zustimmung der Völkerrechtsgemeinschaft legitimiert werden, sprich einen Anerkennungsbeschluss der internationalen Gemeinschaft. Und eine solche internationale Anerkennung enthielt der Wiener Kongress". Vgl. *Schätzel, Walter*, Polens Untergang und Wiederherstellung vom völkerrechtlichen Standpunkt, in: AVR 40 (1921), S. 73-86 (78 f.).

825 Zu diesem Ergebnis kommen auch: *Dembski, Krzysztof*, Polonia Restituta – kontynuacja czy państwo nowe?, in: CPH 26 (1974), Heft Nr. 2, S. 167-192 (172); *Zembrzuski, Stefan*, Rosya i Królestwo Polskie. Stosunek prawno-państwowy od roku 1815-1832, 1904, S. 12; *Crawford*, Creation of States, S. 505. Die Türkei war der einzige Staat, der die Teilung Polen-Litauens nicht anerkannte.

dass dieser ihnen bei der Wiedererrichtung ihres Staates behilflich sein würde. Die Polen hatten den Untergang ihres Staates als völkerrechtswidrig angesehen und nie akzeptiert. Die Teilungsmächte wussten daher im Zeitpunkt des Wiener Kongresses, dass die Polen nicht mit der dritten Teilung einverstanden waren und versuchten daher bewusst, eine Legitimierung ihrer rechtswidrigen Annexionen zu erreichen. Eine Beteiligung der Polen am Wiener Kongress hätte den Interessen der Teilungsmächte widersprochen, sodass diese nicht in Frage kam und bewusst mittels des Ausschlusses der Polen an den Beratungen verhindert wurde. Auch die *ex post*-Betrachtung spricht für dieses Ergebnis, da auch die Siegermächte während der Versailler Friedenskonferenz in den betreffenden Verträgen zum Ausdruck brachten, dass sie den vermeintlichen Untergang des polnischen Staates als „Unrecht" empfanden und daher den Anspruch der Polen auf staatliche Wiedererrichtung und Unabhängigkeit anerkannten. Dies könnte darauf schließen lassen, dass die Siegermächte des Ersten Weltkriegs keine nachträgliche Legitimierung der endgültigen Aufteilung Polens durch den Wiener Kongress erwogen.

Erwähnenswert ist, dass der Wiener Kongress die durch Zessionen geheilte erste und zweite Teilung konkludent anerkannte. Da aber die Polen – im Gegensatz zur dritten Teilung – an den Abtretungsverträgen zu diesen Teilungen beteiligt waren, erwarben die Teilungsmächte über die besetzten Gebiete der ersten und zweiten Teilung die territoriale Souveränität, sodass die konkludente Anerkennung durch den Wiener Kongress jedenfalls nur deklaratorisch war. Konstitutiv hätte sie mangels territorialer Kompetenz sowieso nicht sein können.

Im Ergebnis konnten die Teilnehmerstaaten des Wiener Kongresses die rechtswidrige endgültige Aufteilung Polen-Litauens im Jahre 1815 aufgrund der fehlenden territorialen Kompetenz nicht nachträglich legitimieren, sodass der polnische Staat nicht im Jahre 1795 untergegangen ist, sondern noch fortbestand.

C. Königreich Polen

Nachdem Napoleons Machtapparat zusammengebrochen war, trat infolge des Wiener Kongresses im Jahre 1815 mit dem Königreich Polen[826] ein neues Gebilde hervor.[827] Wieder war es eine fremde Macht, die hinter dieser Konstituierung stand. Dieses Mal traten an die Stelle Frankreichs das russische Zarenreich und die anderen Teilnehmer des Wiener Kongresses. Hinsichtlich des Königreichs Polen stellt sich zunächst die Frage, ob dieses Königreich einen Staat im Sinne des Völkerrechts darstellte und ob dieser Staat unabhängig war oder vergleichbar dem Herzogtum Warschau in einem starken Abhängigkeitsverhältnis zu einem anderen Staat, dieses Mal zu Russland, stand. Das Königreich Polen könnte als russische

826 Häufig wegen seiner Gründung im Rahmen des Wiener Kongresses auch als Kongresspolen bezeichnet.
827 Vgl. Anhang II, Karte 8.

Provinz, die in das Zarenreich inkorporiert wurde, qualifiziert werden. Problematisch wäre dies aber im Hinblick auf die fehlende territoriale Souveränität der Teilnehmerstaaten des Wiener Kongresses, bezogen auf die zum Königreich Polen gehörenden Gebiete der dritten Teilung. Eine Inkorporation dieses Gebietes in das russische Territorium wäre nämlich völkerrechtswidrig gewesen. Das Königreich Polen könnte daneben aber auch ein „Satellitenstaat" Russlands oder ein souveräner Staat gewesen sein, der in Personalunion mit Russland verbunden war. Im Gegensatz zum Herzogtum Warschau ist es beim Königreich Polens nicht möglich, diese Fragen im Rahmen einer Gesamtbetrachtung Kongresspolens zu untersuchen. Wie zu sehen sein wird, unterlag das Verhältnis zwischen dem Königreich Polen und dem Russischen Reich zahlreichen Veränderungen. Aufgrund dieser Veränderungen muss die rechtliche Analyse des Königreichs Polen in bestimmte Zeitabschnitte unterteilt werden. Auffällig ist, dass die Zäsuren im polnisch-russischen Verhältnis jeweils als unmittelbare Folge der polnischen Aufstände im Königreich Polen erfolgten.

Zunächst wird der Zeitraum der Gründungsphase bis zum Jahre 1831 untersucht. Anschließend wird die Zeit nach dem Aufstand im Jahre 1832, wobei hierbei gesondert auf die Zäsur im Jahre 1874 eingegangen wird, gewürdigt.

I. Erste Phase bis zum Aufstand im Jahre 1831

1. Besatzung durch Russland

Die kriegerische Besatzung des Herzogtums Warschau begann durch das russische Heer im Februar 1813 und dauerte bis zum Juni 1815 an.[828] Wie zuletzt Napoleon im Herzogtum Warschau wurde im Königreich Polen Alexander I. von den Polen als Besatzer bezeichnet. Alexander I. übte in dieser Zeit auf dem Gebiet des späteren Königreichs die Oberhoheit aus. Seine Herrschaft kann aber nur als nicht legitimierte Übergangsherrschaft bezeichnet werden.[829] Als Besatzer setzt Alexander I. am 14. März 1813 als sein Vertretungsorgan den vorübergehend höchsten Rat des Herzogtums Warschau ein. Die anderen Organe, wie die der Verwaltung und der Departements, wurden zwar erhalten, aber zahlreiche polnische Beamte durch russische Beamte ersetzt.[830] Formal hörte das Herzogtum Warschau während der russischen Okkupation im Jahre 1813 nicht als Staat auf zu existieren. So blieb der Name „Herzogtum Warschau" auch in sämtlichen russischen Akten weiterhin erhalten.[831]

---

828 *Rostworowski*, Prawna geneza, S. 27 f.
829 *Rostworowski*, Prawna geneza, S. 26.
830 *Rostworowski*, Prawna geneza, S. 30.
831 Vgl. *Stankiewicz*, Królestwo Polskie, in: *Bardach/Senkowska-Gluck*, Historia państwa i prawa Polski, Bd. III, S. 169.

2. Rechtsgrundlagen der Gründung des Königreichs Polen

a) Freundschaftsverträge vom 21. April (3. Mai) 1815

Das Ende der Besatzungszeit, die auch als Übergangsperiode bezeichnet werden kann, bildeten die sogenannten Maiverträge zwischen den Teilungsmächten. Die Gründung des Königreichs Polen auf dem Gebiet des Herzogtums Warschau sahen der Vertrag zwischen Russland und Österreich vom 21. April (3. Mai) 1815[832] und der Vertrag zwischen Russland und Preußen vom 21. April (3. Mai) 1815[833] vor.

Die Art. 1 bis 3 des Freundschaftsvertrages zwischen Russland und Österreich bestimmten die neue Grenze. Im Interesse Österreichs sollten diejenigen Gebiete, die im Jahre 1809 von Galizien abgetrennt wurden und in das Herzogtum Warschau inkorporiert wurden, wieder an Österreich zurückgegeben werden. Das Herzogtum Warschau sollte laut Art. 5 mit dem russischen Zarenreich verbunden werden. Den Polen wurde zugesichert, dass sie eine nationale Repräsentation und nationale Gesetze, die an ihre politische Existenz geknüpft sein sollten, erhalten würden. Gemäß Art. 38 wurde eine gemeinsame Kommission eingerichtet, die den exakten Grenzverlauf festlegen sollte.

Der Freundschaftsvertrag zwischen Russland und Preußen enthält im Vergleich zum Vertrag zwischen Russland und Österreich einen überwiegend identischen Wortlaut, sodass an dieser Stelle auf eine Wiederholung verzichtet werden kann. Eine ergänzende und damit neue Bestimmung stellt Art. 2 dar, der auf die Gründung des Großherzogtums Posen und dessen Übergang an Preußen eingeht.

Gemäß Art. 118 der Schlussakte des Wiener Kongresses vom 9. Juni 1815 wurden die Maiverträge in ihrer Gesamtheit als Annex der Wiener Schlussakte angefügt. Dadurch hatten diese Verträge als integraler Bestandteil der Hauptbestimmungen des Wiener Kongresses volle Geltungskraft.

b) Hauptvertrag der Wiener Kongressakte

Auch der Haupttext der Schlussakte des Wiener Kongresses[834] enthielt konkrete Bestimmungen zur Gründung des Königreichs Polen. Bereits Art. 1 des ersten Teils, der auf Polen bezogen war, bestimmte, dass das Herzogtum Warschau mit Russland verbunden werden sollte. Diese Verbindung sollte konkret in einer neuen Verfassung geregelt werden. Den Polen wurde zugesichert, dass sie nationale Institutionen erhalten sollten. Damit wurden die Polen erstmals nach dem faktischen Untergang des polnischen Staates als Nation anerkannt und unter besonderen Schutz gestellt.

---

832 Poln. Text: *Radziwiłł/Winiarski*, Królestwo Polskie, Teil III, Nr. 1, S. 37 ff.; franz. Text: *d'Angeberg*, Recueil des traités concernant la Pologne, S. 652-661.

833 Franz. Text: *d'Angeberg*, Recueil des traités concernant la Pologne, S. 662-674.

834 Poln. Text: *Radziwiłł/Winiarski*, Królestwo Polskie, Teil III, Nr. 4, S. 56 ff.; franz. Text: *d'Angeberg*, Recueil des traités concernant la Pologne, S. 696 ff.; *d'Angeberg*, Le Congrès de Vienne et les traités de 1815, Bd. 2, 1863, S. 1386-1433.

3. Rechtscharakter des Königreichs Polen

a) Staat im Sinne der Drei-Elemente-Lehre

aa) Staatsgebiet

Die Schlussakte des Wiener Kongresses und die Maiverträge, die die Mächte untereinander geschlossen hatten, umschreiben die Grenzen des Königreichs Polen, die nahezu identisch mit denen des Herzogtums Warschau waren. Demnach verfügte das Königreich Polen über ein bestimmtes Gebiet. Als Parallele zum Herzogtum Warschau stellt sich beim Königreich Polen wiederum die Frage, ob es nicht als Provinz, nun als russische, zu bewerten wäre. Wenn das Königreich lediglich als Provinz zu qualifizieren wäre, müsste das Element des Staatsgebietes abgelehnt werden. Die Frage nach der Qualität des Staatsgebietes kann daher erst nach der Untersuchung der Verbindung zu Russland abschließend beantwortet werden.

bb) Staatsvolk

Im Königreich Polen lebte überwiegend eine polnische Bevölkerung. Trotz der Verbindung mit dem Zarenreich war die Bevölkerung Polens von der Bevölkerung des Russischen Reiches streng abgegrenzt. Es bestand eine von der russischen Staatsangehörigkeit getrennte polnische Staatsangehörigkeit. Die polnische Verfassung erwähnte daher auch mehrmals den Ausdruck „Polen" und meinte damit die Menschen.[835] Dies stellt einen bedeutenden Unterschied zur Verfassung des Herzogtums dar, die den Begriff des polnischen Volkes vermied und immer nur von den Bürgern des Herzogtums sprach.

cc) Staatsgewalt

Weniger eindeutig lässt sich das Merkmal der Staatsgewalt bestimmen, da sämtliche Verträge und auch die Verfassung von einer Verbindung zu Russland sprechen. Das Verhältnis des Königreichs Polen zu Russland könnte dazu geführt haben, dass das Königreich Polen über keine eigene Staatsgewalt verfügte. In Betracht kommt auch eine Beschränkung der Souveränität durch Russland.

(1) Übertragung der königlichen Macht auf den russischen Zaren

Für die Beurteilung der Staatsgewalt ist von Bedeutung, dass der König von Sachsen als Herzog von Warschau die Herrschaftsgewalt über das Herzogtum Warschau auf den russischen Zaren übertrug.[836]

---

835 Vgl. *Makarov, A. N.*, Die russisch-polnischen Rechtsbeziehungen seit 1815 unter spezieller Berücksichtigung der Staatsangehörigkeitsfragen, in: ZaöRV 1 (1929), S. 330-367 (353).

836 Vgl. *Mażewski*, Rzeczpospolita jeden i pół, S. 97.

(a) Freundschaftsvertrag zwischen Russland und Sachsen vom 6. (18.) Mai 1815

Die Übertragung der königlichen Macht auf den Zaren wurde *de iure* mit dem Freundschaftsvertrag zwischen Russland und Sachsen vom 6. (18.) Mai 1815[837] eingeleitet.[838] Der Vertrag sah zunächst vor, dass zwischen dem russischen Zaren und dem sächsischen König sowie deren Nachfolgern für immer Frieden und Freundschaft bestehen soll.[839] In Art. 2 und 22 verzichtete der König von Sachsen zugunsten des russischen Königs auf sämtliche Rechte, betreffend die zum Königreich Polen gehörenden Provinzen und Landkreise. Dieser Verzicht umfasste sämtliche Titel, die aus seiner Stellung als Herzog von Warschau resultierten.

Der Herzog übergab damit die oberste Staatsgewalt im Herzogtum Warschau an den russischen Zaren.[840] Nach diesem Rücktritt konnte der russische Zar entsprechend der Maiverträge den Königsthron im Königreich Polen formal übernehmen.[841]

(b) Manifest Alexanders I. vom 13. (25.) Mai 1815

In dem Manifest vom 13. (25.) Mai 1815[842] richtete sich der russische Zar in seiner Stellung als polnischer König an die polnische Bevölkerung. Er hob als Hauptziel des Wiener Kongresses den Frieden in Europa hervor. Ferner betonte er, dass er den Wunsch der polnischen Nation nach Wiedererlangung ihrer Staatlichkeit anerkennen würde. Er wies darauf hin, dass die Abmachungen, die während des Kongresses getroffen wurden, der Existenz des polnischen Volkes dienten, da es unter die russische Herrschaft übergehen würde. Er versprach, dass die Verfassung an das Gebiet des polnischen Staates und die polnischen Traditionen angepasst werde, indem etwa die polnische Sprache und die Handelsfreiheit bestehen bleiben

---

837 Text: *Radziwiłł/Winiarski*, Królestwo Polskie, Teil III, Nr. 3, S. 54 ff.

838 Dieser Vertrag wurde als 4. Annex in die Kongressakte integriert. Ferner existierten identische Verträge zwischen Preußen und Sachsen sowie Österreich und Sachsen. Der bilaterale Vertrag in franz. Sprache ist abgedruckt bei *Parry*, CTS, vol. 64 (1815), S. 180 ff.

839 Vgl. Art. 1.

840 In dem Manifest vom 22. Mai 1815 (poln. Text: *Radziwiłł/Winiarski*, Królestwo Polskie. Dokumenty, Nr. 1, S. 59 f.; *Kallas/Krzymkowski*, Historia ustroju i prawa, Nr. 36, S. 81 f.) richtete sich Friedrich August an die Einwohner des Herzogtums Warschau. August verkündete hierin, dass er aufgrund der Verträge, die auf dem Wiener Kongress geschlossen wurden und der dadurch erfolgten Gebietsveränderungen, auf den Besitz des Herzogtums Warschau verzichte. Mit diesem Verzicht ging auch die Entbindung der Einwohner des Herzogtums von ihrem Treueschwur, den sie gegenüber König August abgegeben hatten, einher.

841 Vgl. *Górski*, Polonia Restituta, S. 31.

842 Poln. Text: *Radziwiłł/Winiarski*, Królestwo Polskie. Dokumenty, Nr. 2, S. 60 ff.; franz. Text: *d'Angeberg*, Recueil des traités concernant la Pologne, S. 691-694.

sollten. Schließlich verkündete er die Errichtung einer Übergangsregierung, die von Russen besetzt werden sollte.

(2) Eigene Staatsgewalt

Im Königreich Polen existierten im Grunde zwei Verfassungen,[843] einmal eine provisorische vom 25. Mai 1815, die als Verfassungsgrundlage bezeichnet wurde, und schließlich die endgültige Verfassung vom 27. November 1815.[844]

(a) „Verfassungsgrundlage" des Königsreichs Polen vom 13. (25.) Mai 1815

Die „Verfassungsgrundlage" des Königreichs Polen vom 13. (25.) Mai 1815[845] war als ein Provisorium gedacht, das der Übergangsregierung dienen sollte. Gemäß Art. 1 sollten diejenigen Gebiete, die auf Grundlage der Bestimmungen des Wiener Kongresses unter dem Namen „Königreich Polen" konstituiert wurden, für immer an die russische Macht gebunden werden. Ferner erhielt das Königreich Polen eine Nationalverfassung, die sich auf die Werte der Ordnung, Gerechtigkeit und Freiheit stützen sollte. Die Verfassung des Herzogtums sowie die vorherigen Bestimmungen, die auf diese einwirkten, sollten allerdings erhalten bleiben. Die Verfassung sollte sich an der Maiverfassung von 1791 orientieren, sofern dies die neuen Umstände möglich machten. Die Verfassung sollte ferner die Ständegesellschaft aufheben.[846] Es wurde bestimmt, dass das Königreich Polen in Wojewodschaften gegliedert wird.[847] In jeder Wojewodschaft sollte eine bestimmte Anzahl an erstinstanzlichen Gerichten errichtet werden. Des Weiteren sollten zwei Berufungsgerichte für das Königreich zur Verfügung stehen. Ein höchstes Gericht sollte in Warschau entstehen.[848]

---

843 Im Jahre 1819 wurde ein Entwurf einer Verfassung für das gesamte Zarenreich vorgelegt, die aber letztendlich nicht in Kraft trat (Text auszugsweise in: *Raeff, Marc*, Plans for Political Reform in Imperial Russia, 1730-1905, 1966, S. 110-120). Der Entwurf sah unter anderem eine Neugliederung des Reiches in zehn Statthalterschaften vor, in denen Landtage eingerichtet werden sollten, die vom grundbesitzenden Adel und den Repräsentanten der Verwaltung besetzt werden sollten. Vgl. *Kusber*, Kann der Zar König von Polen sein?, in: *Schnabel-Schüle/Gestrich*, Fremde Herrscher – Fremdes Volk, S. 265.

844 *Rostworowski*, Prawna geneza, S. 34 f.

845 Poln. Text: *Handelsman*, Konstytucje Polskie, Nr. 7, S. 76 ff.; *Kallas/Krzymkowski*, Historia ustroju i prawa, Nr. 49, S. 92-97.

846 Vgl. Art. 4, 5 und 9.

847 Vgl. Art. 13.

848 Vgl. Art. 20.

(b) Verfassung vom 15. (27.) November 1815

Seit dem 15. (27.) November 1815[849] galt für das Königreich Polen eine neue Verfassung.[850] Sie war in sieben Bücher und insgesamt 165 Artikel gegliedert. Somit war sie erheblich umfangreicher als die Verfassung des Herzogtums Warschau.

Auf die Verfassung des Herzogtums ging Art. 165 ein. Danach sollten sämtliche früheren Rechte und Gesetze, die nicht im Einklang mit der Verfassung des Königreichs Polen von 1815 standen, aufgehoben werden. Von großer Bedeutung war Art. 1, der regelte, dass das Königreich Polen auf ewig mit dem russischen Kaiserreich verbunden[851] sei. Die Krone des Königreichs sollte gemäß Art. 3 von der russischen Majestät und dessen Nachkommen entsprechend der für den kaiserlichen Thron von Russland eingeführten Erbfolgeordnung besetzt werden. Für den Fall seiner Abwesenheit sollte der russische König von einem Statthalter, der seinen Platz annehmen sollte, vertreten werden.[852] Nach Art. 8 sollten die auswärtigen Beziehungen des Kaiserreichs mit denen des Königreichs Polen identisch sein. Für das Bürgertum von Bedeutung war, dass gemäß Art. 17 alle Bürger, ohne Unterschied ihres Ranges und Standes, vom Gesetz gleichermaßen beschützt werden sollten. Die polnische Sprache wurde in den öffentlichen Verwaltungs-, Gerichts- und Militärangelegenheiten als Verhandlungssprache aufrechterhalten.[853] Öffentliche, bürgerliche und militärische Ämter sollten nur von Polen besetzt werden. Die Stellen der Präsidenten der Gerichtshöfe erster Instanz und der Abgeordneten des Reichstages etwa konnten nur Grundeigentümern verliehen werden.[854] Im Bereich des Wahlrechts stellte die Verfassung des Königreichs in einem hohen Grad ein Abbild der Verfassung des Herzogtums dar. So wurde auch der Stand der Szlachta anerkannt, allerdings nur hinsichtlich des Wahlrechts.[855]

---

849 Dt. Text: *Pölitz*, Constitutionen, Zweiter Theil, S. 48-68; poln. Text: *Radziwiłł/ Winiarski*, Królestwo Polskie. Dokumenty, Nr. 5, S. 77 ff.; Dziennik Praw Królestwa Polskiego, Bd. I, Nr. 1; *Handelsman*, Konstytucje Polskie, Nr. 8, S. 82 ff.; *Sawicki*, Wybór tekstów źródłowych, Bd. II, Nr. 12, S. 51-64; *Kallas/Krzymkowski*, Historia ustroju i prawa, Nr. 50, S. 98-110; auszugsweise bei: *Mencel*, Księstwo Warszawskie i Królestwo Polskie, Nr. 15, S. 20-22; franz. Text: *d'Angeberg*, Recueil des traités concernant la Pologne, S. 707-724.

850 Am 27. November 1815 schwor Zar Alexander I. als König von Polen in Warschau den Eid auf die Verfassung. Vgl. *Kusber*, Kann der Zar König von Polen sein?, in: *Schnabel-Schüle/Gestrich*, Fremde Herrscher – Fremdes Volk, S. 256.

851 Im poln. Originaltext wird das Verb *połączyć*, das mit *verbinden*, *vereinigen* und *zusammenschließen* übersetzt werden kann, gebraucht. Im franz. Originaltext wird die Verbindung zu Russland mit dem Verben *se réunir* umschrieben, das wiederum mit *sich vereinigen*, *sich anschließen* und *sich zusammenschließen* übersetzt werden kann.

852 Vgl. Art. 5.

853 Vgl. Art. 28.

854 Vgl. Art. 29.

855 *Mycielski, Maciej*, Rząd Królestwa Polskiego wobec sejmików i zgromadzeń gminnych 1815-1830, 2010, S. 21.

Wichtigstes Zugeständnis an die polnische Nation war, dass sie gemäß Art. 31 auf ewige Zeiten eine nationale Repräsentation haben sollte. Als solche sollte der Reichstag fungieren, der sich wiederum aus dem König und zwei Kammern zusammensetzte. Die erste Kammer sollte von dem Senat[856] und die zweite von den Landboten sowie den Abgeordneten der Gemeinden gebildet werden. Die Regierung war nach Art. 35 ein Attribut des Königs, der die vollziehende Gewalt in vollem Umfang ausüben konnte.[857] Darüber hinaus stand dem König die militärische Führung zu,[858] ferner die alleinige Befugnis über die Einkünfte des Staates[859] und das Recht, Krieg zu erklären sowie Verträge und Konventionen[860] abzuschließen. Eine funktionale Parallele zum Ministerrat des Herzogtums Warschau bildete die Regentschaft. Die Regentschaft bestand gemäß Art. 51 aus dem Regenten Russlands, aus vier vom Senat ernannten Mitgliedern und aus dem Minister, der die Funktion des Staatssekretärs innehatte. Nach Art. 52 wurde die Macht der Regentschaft[861] der des Königs gleichgesetzt mit der Ausnahme, dass der Rat keine Senatoren ernennen durfte, sondern dass seine Ernennungen der Bestätigung des Königs bedurften. Die Verfassung sah als weitere Institution den Staatsrat unter dem Vorsitz des Königs oder seines Statthalters vor.[862] Die Aufgabe des Staatsrates bestand darin, die öffentlichen Angelegenheiten des Königreichs in Abwesenheit des Königs in seinem Namen zu besorgen.[863] Neu war, dass der Staatsrat sich in den Verwaltungsrat[864] und die allgemeine Versammlung gliederte.[865] Die Aufgaben der allgemeinen Versammlung waren die Verfassung und die Erörterung der Gesetzesentwürfe und aller Anordnungen, welche die allgemeine Verwaltung des Landes betrafen.[866] Die Beschlüsse unterlagen wiederum der Bestätigung des Königs oder

856 Der Senat setzte sich gem. Art. 108 aus „den Prinzen von kaiserlichem und königlichem Geblüt, aus den Bischöfen, den Palatinen und den Kastellanen" zusammen.

857 Art. 36 ging sogar noch weiter, indem die Person des Königs als „heilig und unverletzlich" angesehen wurde.

858 Vgl. Art. 38.

859 Vgl. Art. 39.

860 Vgl. Art. 40.

861 Ein Regentschaftsrat stellt ein staatliches Gremium dar, das stellvertretend für den König die Herrschaft ausübt. Häufigster Fall der Einsetzung einer Regentschaft ist derjenige einer stellvertretenden Herrschaft eines noch nicht gekrönten Staatsoberhauptes in einer Monarchie.

862 Vgl. Art. 63.

863 Vgl. Art. 64.

864 Dieser setzte sich gem. Art. 66 aus dem Statthalter, den Ministern, die an der Spitze der fünf Regierungsdepartements stehen, und aus den Personen, die vom König speziell berufen werden, zusammen. Allerdings hatten die Mitglieder des Verwaltungsrates gem. Art. 67 nur konsulatorische Vota. Allein der Statthalter besaß Entscheidungsbefugnis.

865 Vgl. Art. 65.

866 Vgl. Art. 73 Nr. 1.

des Statthalters.[867] Der Landtag sollte über alle Entwürfe zu öffentlich-rechtlichen, zivilrechtlichen und strafrechtlichen Gesetzen beraten.[868] Gemäß Art. 160 sollten die bürgerlichen und militärischen Orden Polens wie der „weiße Adler" beibehalten werden. Die Möglichkeit der Verfassungsänderung oder Erweiterung eröffnete Art. 161. Die Verfassung wurde von Zar Alexander I. unterzeichnet.

(c) Zusatzartikel zum Verfassungsgesetz vom 1. (13.) Februar 1825

Am 1. (13.) Februar 1825 wurde ein Zusatzartikel zur Verfassung des Königsreichs Polen[869] verabschiedet. Dieser Zusatzartikel hatte zur Folge, dass keine Zusammenkünfte des Sejm mehr abgehalten werden sollten. Dies stellte eine wesentliche Einschränkung der Souveränität Polens dar.

(d) Die Herrschaft des Statthalters

Die Verfassung ermöglichte es, das Amt eines Statthalters[870] als Stellvertreter des Königs einzuführen. Für die Herrschaft des Statthalters als Vertreter des polnischen Königs beziehungsweise russischen Zaren ist der königliche Beschluss vom 17. (29.) April 1818[871] von Bedeutung. Gemäß Art. 7 und 67 des Verfassungsgesetzes wurden die Befugnisse des russischen Statthalters im Königreich Polen wie folgt bestimmt: Nach Art. 1 des Beschlusses sollte der russische Vertreter unter vollumfänglicher Vollmacht und gemäß entsprechender Instruktionen die Exekutive und die Administration auf Grundlage von Art. 35 der Verfassung ausführen. Gemäß Art. 3 sollte der Statthalter über die Beachtung der Gesetze und die Unantastbarkeit der Regierungsmitglieder wachen. In Art. 4 wurde die Grenze der Verfügungsgewalt des Statthalters angesprochen. Danach behielt sich der König zur unmittelbaren Entscheidung die Bestätigung des Jahresetats, die Regelung der politischen Verhältnisse im Inneren, die Einberufung des Reichstages, der Landtage und der Gemeindeversammlungen sowie die Lenkung der Verteidigungsgewalt vor. Gemäß Art. 6 hatte der Statthalter die Befugnis, Beamte zu suspendieren und ihre Nachfolger zu bestimmen. Art. 8 räumte dem Statthalter das Recht ein, eigene Verordnungen zu verkünden.[872] Keine der im Gesetzesblatt abgedruckten

---

867 Vgl. Art. 75.

868 Vgl. Art. 90.

869 Poln. Text: *Handelsman*, Konstytucje Polskie, Nr. 9, S. 101 f.; *Kallas/Krzymkowski*, Historia ustroju i prawa, S. 51, 110 f.; *Sawicki*, Wybór tekstów źródłowych, Bd. II, Nr. 27, S. 122 f.

870 Der einzige Statthalter blieb bis zu seinem Tod im Jahre 1826 *Józef Zajączek*. Der König setzte anschließend keinen neuen Statthalter ein, sondern übertrug dessen Kompetenzen dem Administrationsrat. Vgl. *Korobowicz/Witkowski*, Ustrój i prawo, S. 100.

871 Poln. Text: *Sawicki*, Wybór tekstów źródłowych, Bd. II, Nr. 23, S. 111 ff.

872 Ein Beispiel für eine solche Verordnung ist der Beschluss vom 30. Mai 1818 (vgl. poln. Text des Beschlusses: *Sawicki*, Wybór tekstów źródłowych, Bd. II, Nr. 24, S. 113 ff.). In diesem Beschluss wurde vom Statthalter verkündet, dass jedes Dorf

Beschlüsse des Statthalters durften modifiziert werden, außer mit Einverständnis des russischen Zaren.[873]

Die Macht des Statthalters basierte folglich auf einer umfassenden Vollmacht des Königs. Der König behielt sich lediglich die Entscheidungsgewalt hinsichtlich der Außenpolitik, des Militärs, der Bestätigung des Staatsetats, der Verleihung von Orden und Auszeichnungen, der Nobilisation und des Rechts zur Auflösung des Reichstages, der Landtage und Gemeindeversammlungen vor. Er übte das Amt des Präsidenten des Staatsrates mit entscheidender Stimme aus. Der Statthalter bekam zusätzlich den Titel des Herzogs von Warschau verliehen.[874]

(3) Souveränität: Bewertung der Verbindung zu Russland

Im Hinblick auf die Beantwortung der Frage, ob das Königreich Polen einen souveränen Staat darstellte, ist problematisch, in welchem Verhältnis das Königreich zu Russland stand. So wie bei der Bewertung des Herzogtums Warschau stellt sich die Frage, bei wem die Staatsgewalt rechtlich und faktisch lag.

In der Literatur existieren zwei Richtungen hinsichtlich der juristischen Natur der russisch-polnischen Rechtsbeziehungen auf Grundlage der Akte von 1815: Die eine spricht dem Königreich Polen jeden staatlichen Charakter ab[875] und meint, dass durch diese Akte die Inkorporation Polens durch das Russische Reich erfolgt sei. Die andere Meinung bewertet das Königreich Polen als einen Staat, der durch Personalunion mit dem Russischen Reich verbunden war.[876]

(a) De iure

(aa) Russische Provinz

Die Verfassung begründete eine Verbindung des Königreichs Polen mit Russland. Sie wurde als Personalunion kreiert, da geregelt wurde, dass der russische Zar gleichzeitig König des Königreichs Polen sein sollte. Als einzige Gemeinsamkeit der Verbindung wurde festgesetzt, dass die polnisch-russische Außenpolitik gemeinsam erfolgen sollte. Es wird aber im Text nicht deutlich, ob diese Verbindung lediglich eine Personalunion zum Gegenstand oder darüber hinaus konkrete

---

einen eigenen Gemeindevorsteher (Ortsvorsteher) als öffentlichen Beamten haben sollte. Ferner ist als ein wichtiges Beispiel die Einführung der Zensur vom 22. Mai 1819 zu nennen (vgl. poln. Text des Beschlusses: *Sawicki*, Wybór tekstów źródłowych, Bd. II, Nr. 25, S. 115 f.). Gemäß Art. 2 dieses Beschlusses sollten sämtliche Zeitungen und Schriften ohne Ausnahme der Zensur der Regierung unterliegen.

873 Vgl. Art. 10.

874 Vgl. *Korobowicz/Witkowski*, Ustrój i prawo, S. 100.

875 Die Ansicht, dass Polen durch die Wiener Kongressakte seine staatliche Existenz nicht beibehalten hat, wird in der deutschen Literatur vertreten von *Jellinek*, Staatenverbindungen, S. 71-75.

876 Vgl. *Makarov*, Die russisch-polnischen Rechtsbeziehungen, in: ZaöRV 1 (1929), S. 336.

Rechtsfolgen hatte. Bei Betrachtung des Wortlautes des Originaltextes ist festzustellten, dass die Verbindung zu Russland mit dem Wort *se réunir* umschrieben wird. Innerhalb der Wissenschaft gibt es mehrere Übersetzungen dieses Verbes, die zu unterschiedlichen völkerrechtlichen Bewertungen führen. Die Übersetzungen reichen von „vereinigen" bis hin zu „einverleiben". Zunächst ist festzustellen, welche Rechtsfolgen sich hinter den genannten Übersetzungen verbergen könnten. Der Begriff des Vereinigens ist weit gefasst. Darunter können neben einer Personalunion auch eine Realunion und schließlich auch eine Fusion stecken. Während die Personalunion die Staatlichkeit der an der Union beteiligten Staaten nicht berührt, führt eine Fusion zum Untergang der beteiligten Staaten. Die Übersetzung des Originaltextes mit dem Begriff des Einverleibens würde im konkreten Fall für Polen gravierende Konsequenzen auslösen, da dies bedeutete, dass ein Großteil des Gebietes des Herzogtums Warschau in Russland inkorporiert würde. Eine Inkorporation hätte zur Folge, dass mit dem Königreich Polen lediglich eine russische Provinz geschaffen würde. Dies stünde aber mit dem Wortlaut der Kongressakte im Widerspruch, die einen souveränen polnischen Staat proklamierte. Es erscheint somit naheliegend, die Verbindung mit „Vereinigung" oder auch „Zusammenschluss" zu übersetzen. Dass eine Fusion angestrebt wurde, ist zu verneinen, da es ansonsten nicht der Installierung eines polnischen Königsthrons bedürfte. Der russische Zar wäre dann nämlich automatisch als ein Herrscher über das gesamte Gebiet aufgetreten, sodass er des zusätzlichen Titels eines Königs von Polen gar nicht bedurft hätte.

Gegen die Schaffung einer russischen Provinz spricht ferner der Wortlaut der Wiener Kongressakte, wonach nur eine Vereinigung des Königreichs mit Russland in der Person des russischen Monarchen vorgesehen war. Die Kongressakte enthielt ferner keine Bestimmungen, die für eine Unterwerfung Polens unter die Souveränität des Russischen Reichs sprächen.[877] Insbesondere sah die Kongressakte keine gemeinsamen Institutionen für Russland und das Königreich Polen vor. Stattdessen wurde im Königreich eine eigene Verwaltung etabliert.[878] Die Gesetzgebung, die Verwaltung, das Gerichtswesen und auch die Armee waren in Polen vollkommen getrennt von Russland organisiert.[879] Darüber hinaus wurde die polnische Verfassung[880] nicht von dem russischen Zaren als solchem, sondern vom

877 Vgl. *Makarov*, Die russisch-polnischen Rechtsbeziehungen, in: ZaöRV 1 (1929), S. 337.

878 Vgl. *Kraft*, Europa im Blick der polnischen Juristen, S. 40.

879 Vgl. *Zembrzuski*, Rosya i Królestwo Polskie, S. 12 f.; *Makarov*, Die russisch-polnischen Rechtsbeziehungen, in: ZaöRV 1 (1929), S. 336.

880 Die Verfassungsurkunde des Königreichs Polen war in Russland nicht amtlich veröffentlicht. Die amtliche Veröffentlichung erfolgte ausschließlich im polnischen Gesetzblatt, wobei hierbei die polnische und französische Sprache gewählt wurde. Vgl. *Makarov*, Die russisch-polnischen Rechtsbeziehungen, in: ZaöRV 1 (1929), S. 337.

Zaren in seiner Eigenschaft als König von Polen oktroyiert.[881] Auch die Ansprache des russischen Zaren und polnischen Königs vom 27. März 1818 spricht für eine Gründung eines polnischen Staates. In dieser Ansprache spricht Alexander I. nämlich von der „Wiedergeburt Polens".

Abgesehen von der mit Russland gemeinsam betriebenen Außenpolitik sollte die nationale Sonderstellung des Königreiches gewahrt bleiben. Die Verfassung billigte den Polen weitgehende Bürger- und Freiheitsrechte sowie nationale Rechte zu. Hieraus folgt, dass dem Königreich Polen wichtige Souveränitätsrechte belassen wurden.

(bb) Personalunion und Suzeränität

Infolge der Verbindung zwischen dem Königreich Polen und Russland in der Person des Staatsoberhauptes bestand zwischen beiden Staaten eine Personalunion, die keine Schlussfolgerungen auf eine intensivere Staatenverbindung zulässt. Als weitere Gemeinsamkeit sah die Kongressakte vor, dass die Außenpolitik Russlands und des Königreichs gemeinsam organisiert werden sollte. Die Steuerung der Außenpolitik oblag Russland. Demzufolge bestand eine Unterordnung des Königreiches gegenüber Russland. Dieser Unterordnung steht auch nicht die Regelung von Art. 81 der Verfassung entgegen, dass dem Minister-Staatssekretär die auswärtigen Beziehungen, soweit sie das Königreich Polen betrafen, anvertraut waren. Dieser Artikel verlieh dem Minister-Staatssekretär nämlich nicht die Stellung eines polnischen Außenministers, sondern nur einer vollziehenden Behörde auf dem Gebiet der auswärtigen Angelegenheiten, soweit sie Polen betrafen.[882] Das Königreich Polen hatte damit keine äußere Souveränität, vielmehr lag diese bei Russland. In der Literatur wurde unter Berufung auf die gemeinsame Außenpolitik häufig eine Realunion angenommen.[883] Die Realunion setzt aber eine Verbindung von zwei gleichberechtigten Staaten voraus. Wegen der Unterwerfung unter die russische Außenpolitik und der damit einhergehenden Oberhoheit Russlands kann jedoch keine Rede von einer Realunion zwischen dem Königreich Polen und Russland sein. Die Oberhoheit Russlands, bezogen auf die äußere Souveränität des Königreichs Polen, ist stattdessen als Suzeränität zu qualifizieren.[884] Dies hat zur Folge,

---

881 Vgl. *Makarov*, Die russisch-polnischen Rechtsbeziehungen, in: ZaöRV 1 (1929), S. 337.

882 Vgl. *Makarov*, Die russisch-polnischen Rechtsbeziehungen, in: ZaöRV 1 (1929), S. 335.

883 Vgl. *Verosta*, Völkerrechtswidrigkeit, in: *Blumenwitz/Randelzhofer*, FS Berber, S. 538; *Engelmann, Johannes*, Das Staatsrecht des Kaisertums Russland, in: *Marquardsen, Heinrich* (Hrsg.), Handbuch des öffentlichen Rechts der Gegenwart in Monographien, Bd. IV 2, 1889, S. 12; *Dembski*, Polonia Restituta, in: CPH 26 (1974), Heft Nr. 2, S. 172.

884 *Bornhak* etwa identifiziert das Verhältnis Russlands zum Königreich Polen als Staatenverbindung mit einem einseitigen Abhängigkeitsverhältnis, eine *unio inaequali jure.* Vgl. *Bornhak*, Einseitige Abhängigkeitsverhältnisse, S. 65 f.

dass über die Personalunion hinausgehend eine rechtliche Verbindung zwischen Polen und Russland bestand.

(cc) Schlussfolgerung

Zwischen dem Königreich Polen und Russland bestand eine Personalunion. Alexander I. vertrat einerseits als russischer Zar die Staatsgewalt Russlands, andererseits als König von Polen die Staatsgewalt des Königreichs Polen. Im Königreich bestanden nationale Institutionen, allen voran der Sejm, die von den Polen organisiert wurden. Ebenfalls wurden die Beamtenstellen von Polen besetzt. Dies verdeutlicht, dass das Königreich Polen über eigene Staatsgewalt und damit über innere Souveränität verfügte. Im Ergebnis sind alle Merkmale der Drei-Elemente-Lehre gegeben, sodass das Königreich Polen als Staat qualifiziert werden kann. Aufgrund der von Russland aus gesteuerten Außenpolitik muss dem Königreich allerdings die äußere Souveränität abgesprochen werden. Infolge dieser Oberhoheit Russlands bestand zwischen beiden Staaten eine Suzeränität. Da das Königreich Polen weitgehend über eigene Staatsgewalt verfügte, ist es als rechtsfähig und damit als Völkerrechtssubjekt zu bewerten.

(b) De facto

(aa) Verfassungsbrüche

Das Verheerende für die verfassungsmäßig garantierte Autonomie des Königreichs war, dass zahlreiche verfassungsrechtliche Bestimmungen nicht in die Realität umgesetzt wurden.[885] Stattdessen erfolgten schrittweise Verfassungsbrüche. Es stellt sich damit die Frage, ob das Königreich auch *de facto* ein souveräner Staat war oder ob Russland die Staatsgewalt faktisch steuerte. Problematisch ist, dass Alexander I. zwei Ämter einführte, die die Verfassung nicht vorgesehen hatte. Einmal betrifft dies die Oberbefehlsgewalt über das Heer des Königreichs, die dem Großfürsten Konstantin, dem Bruder des Zaren, übertragen wurde. Die Verfassung sah in Art. 76 hingegen vor, dass eine „Kommission" die Obergewalt innehaben sollte.[886] Als ein weiterer Verfassungsbruch ist die Einführung des Amtes eines kaiserlichen Kommissars, dem sogenannten Regierungswächter, zu nennen.[887] Diesem stand die Befugnis zur Intervention im Staatsrat bei Bedarf zu. Der Staatsrat sollte den „Wächter" als russischen Vermittler akzeptieren und achten. Einen solchen Vermittler mit den damit eröffneten Einflussmöglichkeiten Russlands sah die Verfassung ebenfalls nicht vor.[888] Ferner wurde die Geheimpolizei weiter ausgebaut.[889] Viele Rechte, die die Verfassung den Polen einräumte, wurden somit faktisch nicht

885 Vgl. *Stankiewicz*, Królestwo Polskie, in: *Bardach/Senkowska-Gluck*, Historia państwa i prawa Polski, Bd. III, S. 181.

886 Vgl. *Bartoszewicz, Kazimierz*, Utworzenie Królestwa Kongresowego, 1916, S. 245.

887 Vgl. *Kappeler*, Russland als Vielvölkerreich, S. 80.

888 Vgl. *Bartoszewicz*, Utworzenie Królestwa Kongresowego, S. 243 f.

889 Vgl. *Korobowicz/Witkowski*, Ustrój i prawo, S. 73.

gewährt. Hierzu gehören etwa die Freiheit der Person und die Pressefreiheit. Hervorzuheben ist auch, dass dem Sejm das Recht zur Verabschiedung des Haushalts entzogen wurde.[890] All dies verdeutlicht, dass die durch die Verfassung garantierte Unabhängigkeit und Selbständigkeit des Königreichs nicht gewahrt und stattdessen immer mehr zurückgenommen wurden.[891] Ein Höhepunkt in der Einschränkung der inneren Souveränität Polens trat ein am 1. (13.) Februar 1825 mit dem Inkrafttreten des Zusatzartikels zur Verfassung des Königsreichs Polen, mit dem die Zusammenkünfte des Sejm abgeschafft wurden. Mit der Abschaffung der Beratungsmöglichkeit des Sejm wurde die wichtigste Institution, die den Polen belassen wurde, ihres Einflusses beraubt.

(bb) Bewertung

Das Vorgehen Russlands verdeutlicht, dass das Königreich Polen in einem faktischen Abhängigkeitsverhältnis zu Russland stand. Es bestand ein deutliches Machtgefälle zugunsten Russlands, das sich auf rechtswidrigem Wege immer mehr Kontrollmöglichkeiten im Königreich einräumte. So wie im Herzogtum Warschau wurde die Konstituierung des Königreichs Polen von einer fremden Macht, nunmehr von Russland, initiiert. Obwohl die Verfassung keine Einflussnahme Russlands auf die innere Souveränität Polens vorsah, zeigt insbesondere die Einsetzung des Regierungswächters, dass Russland eine engere Verbindung als eine bloße Personalunion anstrebte. Auch die Tatsache, dass die Obergewalt über das polnische Heer in den Händen Russlands lag, spricht dafür, dass eine nicht zu unterschätzende Abhängigkeit von Russland bestand. Mit der Schaffung des Königreichs Polen verfolgte das Zarentum eigene Interessen, die schon Napoleon dazu bewogen hatten, das Herzogtum Warschau als einen von ihm gesteuerten Vasallenstaat entstehen zu lassen. Diese Parallelität spiegelt sich auch im Ergebnis der rechtlichen Würdigung der Verbindung des Königreichs Polen zu Russland wider. Das Königreich Polen stellte *de facto* einen „Satellitenstaat" Russlands dar. Wegen der weitgehenden Autonomie, die den Polen vor allem im Bereich ihrer Selbstverwaltung belassen wurde, war das Abhängigkeitsverhältnis aber nicht so intensiv, dass dem Königreich *de facto* die Staatlichkeit abgesprochen werden müsste.

(c) Resümee

Das Königreich Polen war *de iure* und *de facto* ein Staat. Allerdings war das Königreich Polen in seiner äußeren Souveränität beschränkt, da es nicht selbständig die auswärtigen Beziehungen unterhalten konnte. In dieser Hinsicht gab es keinen Unterschied zum Herzogtum.[892] Das Königreich besaß eine eigene Selbstverwaltung, in der nur Polen öffentliche Ämter bekleiden durften.[893] Polnisch wurde

890 Vgl. *Kutrzeba*, Sprawa Polska, S. 33 f.
891 Vgl. *Korobowicz/Witkowski*, Ustrój i prawo, S. 73 f.
892 Vgl. *Mażewski*, Rzeczpospolita jeden i pół, S. 101.
893 So auch *Bornhak*, Einseitige Abhängigkeitsverhältnisse, S. 65.

offizielle Sprache in Verwaltung, Armee und Schulwesen, die katholische Religion wurde garantiert. Das Königreich Polen wies damit zahlreiche Attribute eines souveränen Staates auf, der in Personalunion mit Russland verbunden war. Lediglich die Außenpolitik blieb Prärogative des Zaren, sodass hinsichtlich der äußeren Souveränität eine Suzeränität zwischen Russland und dem Königreich bestand.[894] Die tatsächliche Handlungsweise Russlands spricht dafür, dass es das Königreich Polen als „Satellitenstaat" betrachtete.

b) Anerkennung

Mit der Unterzeichnung der Wiener Kongressakte wurde das Königreich Polen von den Signatarstaaten[895] als selbständiger polnischer Staat anerkannt.[896]

4. Identität zum Herzogtum Warschau

a) Kontinuität auf Grundlage der Wiener Kongressakte

An die Stelle der abgebrochenen Beziehung des Herzogtums Warschau zu Sachsen beziehungsweise Frankreich trat eine neue, nämlich diejenige zum Russischen Reich.[897] Das Staatsgebiet wurde nicht aufgelöst, sondern durch Russland als neue Macht besetzt. Faktisch wurde also während der Besatzungszeit die von Frankreich gelenkte Staatsgewalt durch eine von Russland gesteuerte Übergangsregierung ersetzt. In dieser Übergangszeit, die lediglich zwei Jahre dauerte, erfolgte aber kein Staatsuntergang des Herzogtums. Die revolutionären Umwälzungen, unter die die russische Besatzung subsumiert werden kann, hatten somit keinen Einfluss auf die Identität dieses Staates.

Der Wortlaut der Kongressakte stützt die Annahme einer Identität, da gesagt wurde, dass aus dem Herzogtum Warschau heraus das Königreich Polen gebildet werden sollte, wobei eine Verkleinerung des Staatsgebiets um das Großherzogtum Posen und die Freie Stadt Krakau festgelegt wurde.

b) Kontinuität auf Grundlage der Übertragung der herzoglichen Krone

Die Rechtskontinuität zwischen dem Herzogtum Warschau und dem Königreich Polen wurde dadurch formal gewahrt, dass der sächsische König in den Verträgen vom 18. Mai 1815 den Verzicht auf die Staatshoheit im Herzogtum erklärte und der russische Zar diese Position auch formal einnehmen konnte. Ferner zählt

---

894 Vgl. *Kappeler*, Russland als Vielvölkerreich, S. 79 f.; *Phillimore* bezeichnet die Verbindung als ein "wholly anomalous kind". Vgl. *Phillimore*, Commentaries, Bd. I, S. 95.

895 Zu den bedeutendsten Teilnehmern des Wiener Kongresses zählten Frankreich, Niederlande, Großbritannien, Hannover, Österreich, Preußen, Portugal, Russland, Sachsen, Schweiz, Schweden, Spanien, Württemberg und Bayern.

896 Zu diesem Ergebnis kommt auch *von Liszt, Franz*, Das Königreich Polen, in: Polnische Blätter, Bd. V (1916), S. 279-283 (281).

897 *Rostworowski*, Prawna geneza, S. 33.

hierzu die Proklamation Friedrich Augusts vom 22. Mai 1815, in der er die polnische Bevölkerung von ihrem Eid, den sie auf den sächsischen König geschworen hatte, entband.[898] Der Übergangszustand der Besatzung endete schließlich formal mit der von Alexander I. oktroyierten Verfassung, die am 24. Dezember 1815 in Kraft trat.[899]

c) Kontinuität auf Grundlage von objektiven und subjektiven Merkmalen

aa) Objektive Merkmale

(1) Allgemein

Trotz der Gebietsverkleinerung kann eine Identität zwischen dem Herzogtum Warschau und dem Königreich Polen angenommen werden. Formal betrachtet sollte nämlich das Königreich aus dem Territorium des Herzogtums Warschau heraus entstehen. Darüber hinaus blieb die Bevölkerung identisch, insbesondere fanden keine Umsiedlungen statt. Die Verfassung von 1815 spricht im Gegensatz zur Verfassung von 1807 von der polnischen Bevölkerung. Im Königreich Polen wurden allerdings eine neue Staatsgewalt und auch ein neuer Verwaltungsaufbau[900] etabliert. Hinsichtlich des Zivilrechts wurde der napoleonische Kodex aufrechterhalten.[901] Am 26. April 1818 wurde ein neues Strafgesetzbuch[902] verabschiedet.[903] Das Prozessrecht blieb identisch, da das Litauische Statut aus dem Jahre 1588 weiter in Kraft blieb.[904] Für die Annahme einer Identität ist es unbeachtlich, wenn sich der Staatsname ändert. Demzufolge war es auch unbeachtlich, dass das Herzogtum Warschau in Königreich Polen umbenannt wurde. Die Namensänderung verdeutlicht vielmehr, dass die Wiener Konferenzteilnehmer die Existenz der polnischen Nation anerkannten und den Forderungen der Polen zumindest ein Stück entgegenkommen wollten. Obwohl objektive Merkmale nur eine Indizwirkung entfalten, sprechen einige Argumente für eine Identität.

---

898 Vgl. *Mażewski*, Rzeczpospolita jeden i pół, S. 97.

899 *Rostworowski*, Prawna geneza, S. 34.

900 Nach dem Beschluss des Statthalters vom 16. Januar 1816 (poln. Text: *Kallas/Krzymkowski*, Historia ustroju i prawa, Nr. 55, S. 121 ff.; hier ist auch eine detaillierte Tabelle mit der konkreten Gebietsaufteilung abgedruckt) wurde das Gebiet des Königreichs Polen in acht Wojewodschaften, diese wiederum in Bezirke und diese in Kreise gegliedert.

901 Vgl. *Jurek*, Historia państwa i prawa polskiego, S. 75. Veränderungen wurden im Jahre 1818 und 1825 vollzogen und betrafen im Jahre 1818 zunächst das Hypothekenrecht, bevor im Jahre 1825 schließlich durch den Reichstag ein neues Zivilrechtsbuch für das Königreich Polen verabschiedet wurde, das am 1. Januar 1826 in Kraft trat. Änderungen traten beispielsweise bei der Wiedererrichtung der kirchlichen Eheschließung ein. Vgl. *Jurek*, Historia państwa i prawa polskiego, S. 75 f.

902 Poln. Text: *Sawicki*, Wybór tekstów źródłowych, Bd. II, Nr. 21, S. 97-105.

903 Vgl. *Jurek*, Historia państwa i prawa polskiego, S. 76.

904 Vgl. *Korobowicz/Witkowski*, Ustrój i prawo, S. 42.

(2) Verfassung

Im Vergleich zur Verfassung des Herzogtums war die Verfassung des Königreichs weniger demokratisch, aber dafür liberaler.[905] Darüber hinaus war die Verfassung von 1815 nationaler ausgerichtet, indem sie stärker an die polnischen Traditionen anknüpfte.[906] Das Polentum wurde endlich anerkannt, da die Verfassung von 1815 immer wieder explizit von den Polen sprach. Auch wurde in der Verfassung des Königreichs verankert, dass die Polen ihre nationalen Symbole, wie etwa den weißen Adler, offiziell verwenden durften. Die Verfassung muss jedoch als weniger demokratisch bezeichnet werden, da sie zahlreiche Ämter, wie etwa die der Präsidenten der zweitinstanzlichen Gerichte, der Berufungsgerichte, die Senatorenwürde sowie die der Abgeordneten nur der Szlachta zusprach.[907] Sie kann aber als liberaler eingestuft werden, weil im Gegensatz zum Verfassungswerk des Herzogtums die Unantastbarkeit des Eigentums anerkannt wurde, wobei die Enteignung zum Wohle der Allgemeinheit anerkannt war. Ferner wurde die Pressefreiheit zugestanden.[908] Beiden Verfassungen war gemeinsam, dass sie der polnischen Bevölkerung von einer fremden Macht oktroyiert wurden.[909] Im Gegensatz zu der Verfassung des Herzogtums wirkten allerdings bei derjenigen des Königreichs polnische Bürger mit, darunter Adam Jerzy Czartoryski, der mit anderen Polen gemeinsam, wenn auch auf der Basis zaristischer Instruktionen, weite Teile dieses Dokuments formulierte.[910] Trotz vordergründiger Gewaltenteilung enthielt die Verfassung zahlreiche Artikel, die der Exekutive in der Person des Königs einen eindeutigen Vorrang einräumten. Seine Person war unverletzlich und heilig. Alle administrative Gewalt konnte folglich nur von ihm ausgehen.[911] Die Verfassung des Herzogtums räumte ursprünglich dem König die höchste Regierungsgewalt ein, bevor diese schließlich auf den Ministerrat übertragen wurde. Hinsichtlich des Sejm trat als wesentliche Änderung ein, dass er nun aus dem König, dem Senat und der Abgeordnetenversammlung bestand. Die Kompetenzen des Sejm waren größer als noch zu Zeiten des Herzogtums. Seine Kompetenzen erstreckten sich nämlich auf die gesamte Gesetzgebung.[912] Nach der Verfassung des Königreichs standen, ebenso wie im Herzogtum, die diplomatischen und militärischen

---

905 *Kutrzeba* kommt zu dem Ergebnis, dass die Verfassung von 1815 zur damaligen Zeit die freizügigste Verfassung in Europa war. Vgl. *Kutrzeba*, Sprawa Polska, S. 24; *Kappeler* bezeichnet die Verfassung als liberalste Verfassung Europas. Vgl. *Kappeler*, Russland als Vielvölkerreich, S. 79.

906 *Kutrzeba*, Sprawa Polska, S. 24.

907 *Kutrzeba*, Sprawa Polska, S. 25.

908 *Kutrzeba*, Sprawa Polska, S. 25.

909 Dem zustimmend: *Mażewski*, Rzeczpospolita jeden i pół, S. 105.

910 Vgl. *Kusber*, Kann der Zar König von Polen sein?, in: *Schnabel-Schüle/Gestrich*, Fremde Herrscher – Fremdes Volk, S. 258.

911 Vgl. *Kusber*, Kann der Zar König von Polen sein?, in: *Schnabel-Schüle/Gestrich*, Fremde Herrscher – Fremdes Volk, S. 258.

912 Vgl. *Korobowicz/Witkowski*, Ustrój i prawo, S. 106.

Angelegenheiten dem König zu. Den Staatsaufbau konnte der König außerdem mit Verfassungsänderungen, insbesondere durch den Erlass von Statuten, bestimmen. Eine weitere Parallele zum Herzogtum liegt darin, dass die Verabschiedung von Gesetzen über Verwaltung, Vermögen sowie über Zivil- und Strafrecht nur mit Beteiligung des Sejm möglich war.[913] Eine Neuheit gegenüber dem Herzogtum war, dass der Staatsrat dem Sejm laufend Bericht über die Lage des Staates und die Aktivitäten der Regierung erstatten musste. Auf diese Weise konnte der Sejm eine Kontrolle über die Verwaltung ausüben.[914]

Eine wesentliche Veränderung trat in der Regierung ein. Der König wurde nun auch formal von einem Statthalter vertreten, dem der König einen Großteil seiner Befugnisse übertrug. Der Statthalter fungierte damit als eine Art Vizekönig. Er führte den Vorsitz im Staatsrat. Der Verwaltungsrat hatte im Verhältnis zum Statthalter nur eine beratende Stimme, wohingegen die Befehle des Statthalters vom Rat umgesetzt werden mussten.[915] Die Regierungskommission wurde wie zu Zeiten des polnischen Königs August kollegial organisiert. Die eigentliche Regierung oblag der Regierungskommission. Im Herzogtum gab es zwar auf der Grundlage des französischen-sächsischen Vertrages einen französischen Statthalter in Warschau, doch war dieses Amt nicht durch die Verfassung legitimiert.

Für die Annahme einer Kontinuität ist schließlich entscheidend, dass die Verfassung des Herzogtums nicht *de iure* aufgehoben, sondern *expressis verbis* rechtswirksam blieb, soweit sie durch die neue Verfassung nicht modifiziert wurde.[916]

bb) Subjektive Merkmale

Die Unterzeichner der Wiener Kongressakte sicherten den Polen einen souveränen Staat zu. Diese Zusicherung setzten sie um, indem sie aus dem Herzogtum Warschau das Königreich Polen konstituierten. Die Kongressakte stellt eindeutig eine Kontinuität zum Herzogtum Warschau her. Wegen der fehlenden Unabhängigkeit betrachteten die Polen das Königreich Polen als eine Art Zwischenstufe zur endgültigen Wiederherstellung ihres früheren polnischen Staates.[917] So wie bereits nach der Gründung des Herzogtums Warschau verbanden die Polen mit dem neuen staatlichen Gebilde die Hoffnung, dass aus diesem Staat heraus ihre frühere unabhängige Republik erwachsen könnte. Dies verdeutlichen insbesondere die Forderungen der Polen an Alexander I., ihr Staatsgebiet schrittweise bis auf die alte Größe zu erweitern.

---

913 *Kutrzeba*, Sprawa Polska, S. 29.
914 *Kutrzeba*, Sprawa Polska, S. 29.
915 *Kutrzeba*, Sprawa Polska, S. 30.
916 Vgl. *Mażewski*, Rzeczpospolita jeden i pół, S. 97.
917 Der russische Zar Alexander I. sprach während der Eröffnung des Sejm des Königreichs Polen am 27. März 1818 (vgl. poln. Text: *Radziwiłł/Winiarski*, Królestwo Polskie. Dokumenty, Nr. 7, S. 97 ff.) von der Wiedergeburt Polens.

5. Folgen des Gebietsübergangs

a) Schulden

Die Regelungen zur Schuldenübernahme aus den Verträgen des Tilsiter Friedens wurden nach der Errichtung des Königreichs Polen ignoriert. Stattdessen griffen Russland, Preußen und Österreich auf die Abmachungen von 1797 zurück. Der russisch-österreichische Vertrag vom 21. April (3. Mai) 1815 traf in Art. 30 die Regelung, dass das mit Russland „vereinigte" neue Herzogtum Warschau der österreichischen Regierung eine Pauschalabfindung für die damals übernommene Quote der polnischen Staatsschulden gewähren musste. In Art. 32 wird die an Österreich auszuzahlende Pauschalabfindung konkretisiert. Danach sollte die Regierung des Herzogtums Warschau insgesamt vier Millionen Gulden an die österreichisch-kaiserliche Staatskasse in bar in acht Jahresraten zu jeweils 500.000 Gulden abzahlen.

Im Gegenzug verpflichtete sich Österreich in Art. 33 dazu, von den neuen Schulden, die das Herzogtum Warschau seit seiner Errichtung eingegangen war, einen proportionalen Anteil von einem Neuntel zu übernehmen.

In Art. 24 des Freundschaftsvertrages zwischen Russland und Sachsen vom 6. (18.) Mai 1815 wurde der sächsische König von sämtlichen Schulden und Verpflichtungen des Herzogtums Warschau befreit.

Der am gleichen Tage in Wien unterzeichnete russisch-preußische Vertrag wendete die gleichen Grundsätze auf den Anteil Preußens an.[918] Preußen erklärte sich in Art. 34 einverstanden, von den neuen Schulden des Herzogtums Warschau drei Zehntel zu tragen. Die alten Schulden Polen-Litauens, soweit sie Preußen nach dem Vertrag von 1797 zu übernehmen hatte, wurden in Obligationen der preußischen Seehandlung umgewandelt.[919] Der Gesamtbetrag dieser Obligationen betrug 27.266.600 2/3 Gulden. Preußen hatte hiervon einen Anteil von 10.000.000 Gulden zu entrichten.[920] Den Rest musste das Königreich Polen gemäß Art. 32 in acht Jahresraten einlösen.

Aus dieser proportionalen Aufteilung lässt sich schließen, dass die Teilungsmächte die Schulden unter Zugrundelegung der Bevölkerungszahlen übernommen haben.[921] Dies belegt etwa ein Vergleich der Bevölkerungszahlen in Preußen und in Österreich. Im Jahre 1816 lebten in Preußen 10,35 Millionen Menschen.[922] In Österreich lebten etwa 3,82 Millionen Menschen, wobei diese Daten im Jahre 1800

918 Vgl. Art. 31.
919 Vgl. Art. 32.
920 *Reibstein, Ernst,* Die Staatensukzession im älteren Völkerrecht, Zweiter Band, ca. 1966, S. 576 f.
921 Zu diesem Ergebnis ebenfalls kommend: *Rivier,* Lehrbuch des Völkerrechts, S. 89 Anm. 1.
922 Diese Bevölkerungszahl basiert auf den Erhebungsdaten aus der Volkszählung in Preußen von 1816. Vgl. *Grashoff,* Staatensukzessionsbedingter Schuldnerwechsel, S. 168, mit Verweis auf *Winkler, Wilhelm,* Statistisches Handbuch des gesamten Deutschtums, 1927, S. 15.

erhoben wurden.[923] Aus diesen Bevölkerungszahlen ergibt sich somit eine Schuldenübernahme im Verhältnis von 2,7 zu 1, die mit Abzug der entsprechenden zeitlichen Differenz die oben angeführte Schuldenquotelung im Ergebnis bestätigt.

b) Vermögen

Aufgrund der bestehenden Kontinuität zwischen dem Herzogtum Warschau und dem Königreich Polen ist davon auszugehen, dass sowohl das Verwaltungs- als auch das Finanzvermögen, das Gebiet betreffend, beim Königreich Polen verblieb. Russland verpflichtete sich aber, bezogen auf das Vermögen des Herzogtums Warschau in Art. 35 des russisch-preußischen Vertrages vom 21. April (3. Mai) 1815, einen entsprechenden Anteil an Preußen auszuzahlen.

c) Archive

Die Frage der Nachfolge in Archive regelte Art. 36 des russisch-österreichischen Vertrages. Alle Dokumente, Pläne und Karten, die sich in den Archiven befanden, sollten an diejenige Macht zurückgeben werden, deren Territorium sie betrafen. Für den Fall, dass Dokumente einen für beide Seiten bedeutsamen Inhalt hatten, sollten sie von der Seite, die sie in Besitz hatte, aufbewahrt werden und in legalisierten Abschriften an die andere Seite ausgehändigt werden. Gemäß Art. 37 sollten die Verwaltungsdokumente in der Weise aufgeteilt werden, dass jede Seite diejenigen Dokumente bekam, die ihren Staat betrafen. Dies sollte auch für Hypothekenbücher gelten. Für den Fall, dass die Akten beide Vertragspartner betrafen, sollten sie entsprechend der Regelung im vorherigen Artikel in Kopie an die jeweils andere Seite übergeben werden. Im russisch-preußischen Vertrag sind diese Regelungen mit identischem Wortlaut in den Art. 38 und 39 enthalten.

II. Zweite Phase ab dem Jahre 1831

1. Rechtsgrundlagen

a) Entthronung von Zar Nikolai I.

Am 25. Januar 1831 verfasste der Revolutions-Reichstag im Königreich Polen[924] einen Beschluss[925], in dem verkündet wurde, dass die polnische Nation eine unabhängige Bevölkerung sei und das Recht habe, demjenigen die polnische Krone zu verleihen, den sie als würdig erachte und bei demjenigen sie mit Sicherheit davon ausgehen könne, dass dieser König den Polen Freiheit garantiert und ohne Einschränkung bewahrt.

---

923 Die Daten Österreichs aus dem Jahre 1800 ohne Böhmen, Mähren, Schlesien, Galizien, Bukowina und Dalmatien siehe: *Grashoff*, Staatensukzessionsbedingter Schuldnerwechsel, S. 165, mit Verweis auf *Bolognese-Leuchtenmüller, Birgit*, Bevölkerungsentwicklung und Berufsstruktur, Gesundheits- und Fürsorgewesen in Österreich 1750-1918, 1978, S. 50.

924 Vgl. Anhang II, Karte 8.

925 Poln. Text: *Sawicki*, Wybór tekstów źródłowych, Bd. II, Nr. 32, S. 133.

Die Entthronung des Zaren Nikolai I. stellte den Höhepunkt im Kampf der Polen um die Wiedererlangung ihrer Unabhängigkeit dar. Im Anschluss an die Absetzung des Königs wurde eine polnische Nationalregierung gebildet. Der Novemberaufstand 1830/1831 zeigt, dass die Polen sich der Einflussnahme Russlands widersetzten und auch faktisch wieder ihre volle Souveränität wiedererlangen wollten.

b) Organisches Statut vom 14. (26.) Februar 1832

aa) Inhalt des Statuts

Bereits in der Präambel des Organischen Statuts vom 14. (26.) Februar 1832[926] wird deutlich, dass das Königreich Polen noch enger an das Russische Reich gebunden werden sollte.[927] Art. 1 im Titel der allgemeinen Bestimmungen besagte, dass das Königreich Polen für immer mit dem Russischen Reich verbunden sei und einen untrennbaren Teil dieses Reiches bilde. Ferner wurde bestimmt, dass das Königreich Polen eine besondere, den lokalen Verhältnissen angemessene Regierung sowie ein eigenes Zivil- und Strafgesetzbuch haben solle. Alle früheren Statute und Gesetze sollten in den Städten und Dorfgemeinden in Kraft bleiben. Wie in der Verfassung von 1815 wurde gemäß Art. 2 das Königreich Polen mittels einer Personalunion an Russland gebunden. Gemäß Art. 14 wurde das Königreich zu den allgemeinen Ausgaben zur Bestreitung der Bedürfnisse des Kaiserreichs in angemessenem Verhältnis herangezogen. Trotz der angestrebten engen Verbindung sollte das Vermögen des Königreichs Polen sowie dessen übrige Regierungszweige getrennt von der Administration der anderen Teile des Kaiserreichs verwaltet werden.[928] Besonders nachteilig für das Königreich war, dass in Art. 20 die polnische Armee abgeschafft und stattdessen eine einheitliche Armee für das Kaiser- und Königreich eingesetzt wurde. Hinsichtlich der Verwaltung verlor das Königreich seine Selbständigkeit, indem die Oberverwaltung des Königsreichs einem Administrationsrat übertragen wurde, der im Namen Russlands unter dem Vorsitz eines Statthalters des Königreichs regieren sollte.[929] Die Mitglieder dieses Administrationsrates wurden von Russland ausgewählt.[930] Der Statthalter hatte gemäß Art. 25 das Recht, die Vollziehung der Beschlüsse der Mitglieder des Administrationsrates zu suspendieren, und musste die Protokolle der Ratssitzungen nach Russland weiterleiten, wo diese überprüft wurden. Neben dem genannten Rat wurde ein

926 Poln. Text: *Kallas/Krzymkowski*, Historia ustroju i prawa, Nr. 54, S. 113; *Handelsman*, Konstytucje Polskie, Nr. 8, S. 134-143; *Sawicki*, Wybór tekstów źródłowych, Bd. II, Nr. 40, S. 140-148.

927 Übersetzung des Textes der Präambel des Organischen Statuts von 1832: „(...) deren Ruhe und Wohlfahrt durch eine engere und unerschütterliche Verbindung mit dem Russischen Reiche zu befestigen (...)".

928 Vgl. Art. 16.

929 Vgl. Art. 22.

930 Vgl. Art. 23.

Staatsrat eingesetzt, der wiederum dem Statthalter unterstand.[931] Die Aufgaben und Pflichten des Staatsrates wurden in Art. 29 genannt. Danach sollte dieser, etwa bezogen auf die allgemeine Verwaltung des Königreichs, Gesetze und Verordnungen entwerfen sowie Streitigkeiten und Fragen zwischen Verwaltungs- und Gerichtsbehörden lösen. Die Kontrolle des Staatsrats durch Russland wurde in Art. 31 festgelegt. Hierfür sollte ein besonderes Departement, das den Namen „Departement für die Interessen des Königreichs Polen" tragen sollte, gebildet werden. Gemäß Art. 32 sollte ein Russe den Posten des Minister-Staatssekretärs besetzen und Russland über die Angelegenheiten, welche von dem Administrations- und Staatsrat über den Statthalter an ihn gelangten, Bericht erstatten und dem Statthalter die Befehle des Kaiserreichs kundtun. Überraschend ist, dass weiterhin alle administrativen und gerichtlichen Angelegenheiten im Königreich Polen in polnischer Sprache verhandelt werden sollten.[932] Die Administrationsangelegenheiten wurden nach Art. 35 den Regierungskommissionen, die unter der Präsidentschaft der Oberdirektoren standen, übertragen. In Art. 38 wurden Sanktionsmaßnahmen angedroht, falls die Oberdirektoren, der Generalkontrolleur sowie die Mitglieder des Administrations- und Staatsrates und der Regierungskommission sich den Gesetzen, Befehlen und Verordnungen Russlands widersetzten. Die Aufteilung des Gebietes sollte unverändert bleiben.[933] Jede Gerichtsbehörde sollte von Russland eingesetzt werden und in dessen Namen handeln.[934] Eine Änderung oder Ergänzung des Statuts wurde mit Art. 68 eröffnet. Schließlich sollten gemäß Art. 69 alle älteren Gesetze und Verordnungen, die den Vorschriften des Organischen Statuts entgegenstanden, aufgehoben werden.

bb) Bewertung

Russland reagierte auf den von der polnischen Bevölkerung ausgehenden Novemberaufstand mit massiven Maßnahmen, die Folgen für die Staatlichkeit des Königreichs Polen hatten. Der Novemberaufstand hatte zur Folge, dass der Zar vom polnischen Königsthron vertrieben und eine neue polnische Regierung eingesetzt wurde. Dadurch ist kurzzeitig ein vollkommen souveräner polnischer Staat entstanden. Nachdem Russland wieder die militärische Oberhoheit erlangt hatte, änderte es seine Position gegenüber den Polen. Nach dem gescheiterten Novemberaufstand wurde daher die bestehende polnische Verwaltung durch das „Organische Statut" liquidiert und das Gebiet faktisch als *Provinz Weichselland* dem Russischen Reich administrativ direkt unterstellt. Das Organische Statut hob mit Art. 69 praktisch die Verfassung von 1815 auf. Folge hiervon war, dass damit auch rechtlich die weitgehende polnische Autonomie beseitigt wurde. Die gravierendsten durch das

---

931 Vgl. Art. 28.

932 Vgl. Art. 34.

933 Vgl. Art. 39; danach soll das Gebiet in Wojewodschaften, Distrikte, Kreise, Stadt- und Dorfbezirke (Gemeinden) unterteilt sein.

934 Vgl. Art. 55; so wurden auch alle Richter vom Kaiserreich ernannt.

Organische Statut erfolgten Eingriffe in die innere Souveränität des Königsreichs stellten im Ergebnis die Aufhebung des polnischen Reichstages, der polnischen Armee und der selbständigen Verwaltung dar. Die Befugnisse des Statthalters[935] wurden ferner ausgeweitet. Insbesondere wurde ihm formal die Obergewalt über das Militär zugeteilt und ihm der Administrationsrat unterstellt.[936]

2. Auswirkungen auf die Souveränität des Königreichs Polen

Das Organische Statut von 1832 sah die Einverleibung des Königreichs Polen durch Russland vor. Fraglich ist, wie diese Einverleibung *de iure* und *de facto* zu bewerten ist.

a) Staatlichkeit des Königreichs

aa) De iure: Rechtswidrigkeit der Inkorporation

Das Organische Statut von 1832 setzte fest, dass das Königreich Polen in das Russische Reich inkorporiert werden sollte. Neben diesem Eingliederungsprozess, der sich zunächst auf das Territorium bezog, erfolgte ebenfalls die Beseitigung der staatsrechtlichen Sonderstellung Polens, indem der Sejm, die Armee und auch die selbständige Verwaltung aufgehoben wurden. Das Organische Statut bewirkte somit, dass die Staatlichkeit des Königreichs Polen mit der eingeräumten inneren Souveränität beseitigt wurde. Die Beseitigung des polnischen souveränen Staates stand aber im Widerspruch zur Wiener Kongressakte, die in Art. 1 das Königreich Polen als einen souveränen Staat bezeichnete und eine eigene Verfassung zusicherte. Kormanicki kommt zutreffend zu dem Ergebnis, dass die von Russland vorgenommene einseitige Aufhebung der Staatseigenschaft des Königreichs Polens keine völkerrechtliche Wirkung haben konnte, da es in der Wiener Kongressakte völkerrechtlich als ein Staat anerkannt worden sei.[937] Problematisch könnte aber sein, dass die Verfassung des Königreichs gerade nicht Teil der Wiener Kongressakte war, sondern erst später vom polnischen König erlassen werden sollte. Mit dem Organischen Statut hob Alexander I. die Verfassung von 1815 auf, wobei zweifelhaft ist, ob der Zar zur Aufhebung der Verfassung überhaupt berechtigt war. Alexander I. hatte als polnischer König die Befugnis, die Verfassung abzuändern und konnte den Polen auch eine gänzlich neue Verfassung erlassen. Von diesem Recht, das ihm gleichzeitig mit dem Titel des Königs von Polen zuerkannt wurde, machte er mit der Inkraftsetzung des Organischen Statuts von 1832 Gebrauch. Hieraus folgt, dass das Organische Statut grundsätzlich rechtmäßig war. Da die Wiener Kongressakte aber einen Statusvertrag darstellte, konnte der polnische König

---

935 Zweiter Statthalter wurde im Jahre 1832 Iwanow Paskiewiczow, der dieses Amt bis zu seinem Tode im Jahre 1856 führte. Sein Nachfolger wurde im Februar 1856 Michał Gorczakow, der bis Mai 1861 im Amt blieb.

936 *Korobowicz/Witkowski*, Ustrój i prawo, S. 101.

937 Vgl. *Komarnicki, Wacław*, Upadek i wskrzeszenie państwa polskiego w literaturze niemieckiej, in: Rocznik prawniczy Wilenski 2 (1928), S. 241-269 (255).

keine einseitigen Änderungen vornehmen. Er musste sich am Inhalt der Wiener Kongressakte orientieren.[938] Hieraus folgt, dass Alexander I. den Inhalt der polnischen Verfassung im Einklang mit der Wiener Kongressakte gestalten musste. Wegen der Beseitigung des Königreichs Polen als souveräner Staat stand das Organische Statut von 1832 im Widerspruch zum Inhalt der Kongressakte. Aus diesem Grunde war das Organische Statut von 1832 völkerrechtswidrig.[939] Dies hatte zur Folge, dass die Inkorporation des Königreichs Polen als Annexion völkerrechtswidrig war. Das Königreich Polen existierte infolgedessen *de iure* fort.

bb) De facto

(1) Allgemein

Das Organische Statut von 1832[940] war für die Rechtsstellung Polens von grundlegender Bedeutung, da es eine ausdrückliche Bestimmung über die Inkorporation Polens durch Russland enthielt. Durch das Statut verlor Polen die Qualität eines Staates, der durch die Verfassung von 1815 mit dem Russischen Reich in Personalunion verbunden war. Aufgrund der formal festgesetzten Inkorporation bildete Polen ab dem Jahre 1832 nur noch einen Teil des Russischen Reichs. Es stellte aus formaler Sicht eine russische Provinz dar.[941] Für die Staatlichkeit gravierend war, dass das Organische Statut die Regierung des Königsreichs den Russen übertrug.[942]

(2) Maßnahmen zur Umsetzung der angestrebten Inkorporation

Nachdem das Organische Statut in Kraft getreten war, begann ein strikter Russifizierungsprozess, der auf eine Umsetzung der Inkorporation des Königsreichs durch Russland ausgerichtet war.[943]

(a) Geltendes Recht

Eine speziell eingerichtete Kommission in Petersburg sollte die Unifizierung mit dem russischen Recht vorantreiben. Dies erwies sich jedoch als schwierig, sodass bis auf die Ersetzung des polnischen Eherechts durch das Gesetz von 1836 der *Code Napoléon* beibehalten wurde.[944]

---

938 *Doering-Manteuffel*, Vom Wiener Kongreß zur Pariser Konferenz, S. 11.

939 Zu diesem Ergebnis kommt auch *Górski*, Polonia Restituta, S. 34.

940 Dieses Statut war im Gegensatz zur Verfassung von 1815 auch in der russischen Gesetzsammlung veröffentlicht.

941 *Makarov*, Die russisch-polnischen Rechtsbeziehungen, in: ZaöRV 1 (1929), S. 339.

942 *Korobowicz/Witkowski*, Ustrój i prawo, S. 75 f.

943 *Korobowicz/Witkowski*, Ustrój i prawo, S. 76.

944 *Kraft*, Europa im Blick der polnischen Juristen, S. 43. Im Bereich des Strafrechts wurde das russische Strafgesetzbuch von 1866 erst im Jahre 1876 auf das Königreich Polen ausgedehnt. In der Praxis wurden die Gesetze der russischen Strafprozessordnung nicht angewendet.

(b) Regierung
Die Regierung wurde komplett von Russland aus gesteuert. So wurde der Administrationsrat ausschließlich von Russen besetzt. Die faktische Regierungsgewalt des Königreichs lag bei der Kanzlei des Statthalters.[945] Ab dem Jahre 1868 wurde der Statthalter immer häufiger als „Hauptstatthalter des Landes" bezeichnet und unterstand nicht mehr unmittelbar dem König, sondern den jeweiligen Ministern.[946] Im Jahre 1874 schließlich wurde das Amt des Statthalters[947] abgeschafft und durch das Amt des General-Gubernators von Warschau nach dem Vorbild der anderen russischen Provinzen ersetzt.[948] Das Statut von 1832 beseitigte das unabhängige gesetzgebende Organ des Königreichs Polen, indem es den Sejm, der an der Gesetzgebung beteiligt war, in Art. 33 abschaffte. Ab diesem Zeitpunkt fungierte als gesetzgebendes Organ der russische Zar als polnischer König.[949] Der Assimilierungsprozess wurde in den Jahren 1861 bis 1863 kurzzeitig unterbrochen. In dieser Zeit wurden nämlich zahlreiche Verordnungen veröffentlicht, die unter anderem die abgesonderte Verwaltung Polens wiederherstellten. So wurde unter anderem auch der Staatsrat im Jahre 1861 wieder eingesetzt.[950] Diese Einsetzung erfolgte durch den zaristisch-königlichen Erlass vom 14. (26.) März 1861[951]. Der Erlass sah vor, dass an die Stelle der Senatssitzungen diejenigen des Staatsrates treten sollten.[952] Der Staatsrat sollte auch die Aufgaben des

---

945 *Kulczycki, Ludwik*, Królestwo Polskie (1815-1914), 1916, S. 35.

946 *Korobowicz/Witkowski*, Ustrój i prawo, S. 101.

947 Die Herrschaft des Statthalters des russischen Zaren wird in der zaristisch-königlichen Verordnung vom 8. Juni 1862 beschrieben. Der Statthalter soll gemäß Art. 1 in der Funktion als Stellvertreter des russischen Zaren im Königreich Polen sämtliche Regierungsgewalt ausüben. Als Ausnahmen hiervon werden die Legislative und diejenigen Gegenstände, die zur letzten Entscheidung dem russischen Zaren obliegen und diejenigen Gegenstände, die aufgrund der hohen Wichtigkeit dem russischen Zaren vorgelegt werden müssen, genannt. Um im Königreich die Sicherheit und Ordnung zu gewährleisten, soll der Statthalter die Gewalt über die Verwaltung und die Exekutive innehaben. Ferner wird der Statthalter als Oberhaupt aller Regierungsgewalt im Königreich bezeichnet. Darunter fällt das Militär, über das er die Befehlsgewalt hat. Der Statthalter ist zudem Präsident des Staatsrates und auch des Administrationsrates, sofern er dies als notwendig erachtet. Gemäß Art. 9 entscheidet er über sämtliche Staatsinteressen und militärischen Interessen. Vgl. poln. Text: *Sawicki*, Wybór tekstów źródłowych, Bd. II, Nr. 53, S. 189 ff.

948 Vgl. *Tarnowska*, Z dziejów unifikacji, S. 24; *Korobowicz/Witkowski*, Ustrój i prawo, S. 102.

949 *Grzybowski, Konstanty*, Historia państwa i prawa Polski, Bd. IV. Od uwłaszczenia do odrodzenia państwa, 1982, S. 33.

950 *Korobowicz/Witkowski*, Ustrój i prawo, S. 103.

951 Poln. Text: *Sawicki*, Wybór tekstów źródłowych, Bd. II, Nr. 47, S. 178 f.; *Radziwiłł/Winiarski*, Królestwo Polskie. Dokumenty, Nr. 20, S. 136-139.

952 Vgl. Art. 1 des Erlasses.

Senats übernehmen, darunter etwa den Haushalt mit den Staatsausgaben. Gemäß Art. 4 sollte der russische Statthalter den Posten des Staatsrats-Präsidenten einnehmen.[953] Da diese Reformen von keiner langen Geltungsdauer waren,[954] hatten sie keinen Einfluss auf die Staatlichkeit Polens.[955] So wurden im Jahre 1867 der Staatsrat, der Administrationsrat, die Vermögenskommission, die Rechnungskammer und ein Jahr später die Kommission für die inneren Angelegenheiten abgeschafft.[956] An die Stelle der Finanzkommission in Warschau trat am 28. März 1867 die „Finanzverwaltung der polnischen Gouvernements“, die unmittelbar dem russischen Reichsfinanzministerium unterstellt war. Ferner wurde mit der Verordnung vom 23. März 1871 die Herausgabe des polnischen Gesetzblattes eingestellt.[957]

(c) Gerichtswesen

Das Gerichtswesen wurde ebenfalls von Russland aus gesteuert. Durch die Verordnung vom 6. (18.) September 1841 wurde der Oberste Gerichtshof in Warschau durch zwei Warschauer Departements des Regierenden Senats, also den Obersten Russischen Gerichtshof, ersetzt.[958] Am 1. Juli 1876 wurden die neuen russischen Gerichte eröffnet und die alten Gerichtsstellen sowie die letzte polnische Regierungskommission, die Justizkommission, geschlossen.[959] Bei der landesweiten Durchsetzung der Justizreform[960] ging es den russischen Justizbehörden in erster Linie um die Unifizierung des Rechtswesens.[961] Das eigenständige polnische Justizsystem, das noch auf die napoleonische Gesetzgebung des Herzogtums Warschau zurückging, wurde aufgehoben und das Russische zur allgemein verbindlichen Gerichtssprache gemacht.[962]

---

953 Vgl. Art. 11.

954 Die Entscheidung zur endgültigen Unifizierung des Königsreichs mit dem Zarenreich fiel am 12. (24.) Dezember 1864 während der Sitzung des Komitees der Angelegenheiten des Königreichs Polen. Das Komitee verhandelte unter dem Vorsitz des Zaren bzw. der von ihm eingesetzten Person. Vgl. *Kukulski*, Sto lat Rosji w Królestwie Polskim, S. 187.

955 *Makarov*, Die russisch-polnischen Rechtsbeziehungen, in: ZaöRV 1 (1929), S. 342 f.

956 *Kutrzeba*, Sprawa Polska, S. 58.

957 *Makarov*, Die russisch-polnischen Rechtsbeziehungen, in: ZaöRV 1 (1929), S. 344.

958 *Makarov*, Die russisch-polnischen Rechtsbeziehungen, in: ZaöRV 1 (1929), S. 342; *Kutrzeba*, Sprawa Polska, S. 39.

959 *Makarov*, Die russisch-polnischen Rechtsbeziehungen, in: ZaöRV 1 (1929), S. 344; *Kutrzeba*, Sprawa Polska, S. 59.

960 Auf die Justizreform im Königreich Polen ab dem Jahre 1876 näher eingehend: *Korobowicz, Artur*, Sądownictwo Królestwa Polskiego 1876-1915, 1995, S. 15 ff.

961 *Baberowski, Jörg*, Autokratie und Justiz. Zum Verhältnis von Rechtsstaatlichkeit und Rückständigkeit im ausgehenden Zarenreich 1864-1914, 1996, S. 366-374.

962 *Kraft*, Europa im Blick der polnischen Juristen, S. 45; *Baberowski*, Autokratie und Justiz, S. 369.

(d) Gebietsaufteilung

Mit dem Beschluss vom 23. Februar (7. März) 1837[963] führte Nikolai I. die Bezeichnung „Gouvernement“ an die Stelle von „Wojewodschaft“ ein. Durch den Erlass vom 29. September (11. Oktober) 1842[964] wurden die Bezirke in Landkreise und die Landkreise in Kreise umbenannt. Nach 1874 wurde die administrative Unabhängigkeit schrittweise abgeschafft. Die polnischen Institutionen wurden durch russische ersetzt.[965]

(e) Polentum

Das Polentum wurde nicht durch das Organische Statut aufgehoben. Art. 21 des Organischen Statuts befasste sich mit der Frage nach der Abgrenzung der polnischen von der russischen Bevölkerung. Die Sonderstellung der polnischen Bevölkerung wurde nicht aufgehoben. Die Polen wurden unter anderem als „unsere Untertanen des Zarentums“ bezeichnet.

(f) Umbenennung

Der Name „Königreich Polen“ wurde zunächst offiziell beibehalten. Ab dem Jahre 1863 wurde der Name „Königreich Polen“ durch „Weichselland“ ersetzt.[966] Diese Umbenennung verdeutlichte, dass der langandauernde Prozess der Inkorporation zum Abschluss kam, indem das Königreich offiziell als Provinz des Russischen Reiches bezeichnet wurde.[967]

(g) Beseitigung der polnischen Sprache

In der Anfangszeit wurde die polnische Sprache in der Verwaltung und dem Gerichtswesen beibehalten. Allerdings wurden immer mehr Russen in höhere Beamtenstellen im Königreich berufen.[968] Ab dem Jahre 1864 wurde die russische Sprache zunächst in den Verwaltungsbehörden gebraucht, bevor sie im Jahre 1868 offizielle Amtssprache wurde.[969] In den Gerichten wurde im Jahre 1873 Russisch offiziell eingeführt.[970] Im Jahre 1879 wurde sogar der Gebrauch des Polnischen in Schulgebäuden unter Strafe gestellt. Die im Jahre 1869 gegründete Universität Warschau war rein russischsprachig und wurde von den Polen weitgehend boykottiert.[971]

963 Poln. Text: *Kallas/Krzymkowski*, Historia ustroju i prawa, Nr. 56, S. 124.
964 Poln. Text: *Kallas/Krzymkowski*, Historia ustroju i prawa, Nr. 57, S. 124 f.
965 *Kutrzeba*, Sprawa Polska, S. 58.
966 *Kappeler*, Russland als Vielvölkerreich, S. 208.
967 *Korobowicz/Witkowski*, Ustrój i prawo, S. 82.
968 Vgl. *Kulczycki*, Królestwo Polskie, S. 35.
969 *Kutrzeba*, Sprawa Polska, S. 60.
970 *Kutrzeba*, Sprawa Polska, S. 61.
971 Vgl. *Kappeler*, Russland als Vielvölkerreich, S. 209.

(3) *Effektivität*

Eine effektive Einverleibung des Gebiets des Königreichs Polen in Russland erfolgte nicht, da die Polen bis zur Besatzung durch die Mittelmächte im Jahre 1915 stets Widerstand gegen die neue Gebietshoheit „Russland" ausübten. Dies war auch der Grund dafür, warum Russland immer stärkere Maßnahmen zur Unterdrückung der polnischen Bevölkerung ergriff. Die *de iure*-Fortexistenz des Königreichs Polen verhinderte ebenfalls die effektive Erstreckung der russischen Staatsgewalt über das Gebiet der „Provinz Weichselland". Die rechtswidrige Einverleibung des Territoriums des Königreichs Polen und der andauernde Widerstand der polnischen Bevölkerung bewirkten, dass sich die russische Staatsgewalt nicht effektiv durchsetzen konnte.

3. Resümee

Im Ergebnis hatte das Organische Statut von 1832 faktisch die Staatseigenschaft des Königreichs Polen beseitigt. Russland versuchte in der Folgezeit schrittweise das Königreich durch die obig angeführten Maßnahmen in eine russische Provinz[972] mit geringen Autonomierechten umzuwandeln.[973] Allerdings verstieß dies gegen die Wiener Kongressakte, sodass die Inkorporation völkerrechtswidrig war. Hinzu kam, dass die Polen diese Einverleibung nicht akzeptierten und organsierten Widerstand hiergegen leisteten. Dies hatte zur Folge, dass das Königreich Polen nicht unterging. Das Königreich Polen stand auf diese Weise aus rechtlicher Sicht lediglich unter russischer Besatzung.

D. Die Freie Stadt Krakau zwischen den Jahren 1815 bis 1846

Der Wiener Kongress hatte neben der Gründung des Königreichs Polen auch die Errichtung der Freien Stadt Krakau[974] beschlossen.[975] Eine der wichtigsten aber zugleich auch schwierigsten Aufgaben des Wiener Kongresses war die Frage, wie das Gebiet des Herzogtums Warschau auf Österreich, Preußen und Russland, also auf die Siegermächte über Napoleon, aufgeteilt werden sollte. Die Gebietsaufteilung stellte sich als derart schwierig heraus, dass eine fehlende Einigung und damit das Scheitern der weiteren Verhandlungen des Kongresses drohten.[976] Österreich

---

972 Zu diesem Ergebnis ebenfalls kommend: *Kutrzeba*, Sprawa Polska, S. 36.

973 So auch *Mażewski*, Rzeczpospolita jeden i pół, S. 105; *Phillimore*, Commentaries, Bd. I, S. 565.

974 Vgl. Anhang II, Karte 9.

975 In der Praxis wurde die Freie Stadt Krakau auch als Republik Krakau (Poln. Rzeczpospolita Krakowska) bezeichnet. Vgl. *Leśnodorski*, in: *Bardach/Leśnodorski/Pietrzak*, Historia ustroju i prawa polskiego, S. 376; *Grodziski, Stanisław*, Rzeczpospolita Krakowska, jej lata i ludzie, 2012, S. 22.

976 Vgl. *Tessarczyk, Antoni*, Rzeczpospolita Krakowska. Wolna, niepodległa i ściśle neutralna pod opieką trzech wielkich mocarstw: Austryi, Prus i Rossyi a za rękojmią Kongresu Wiedeńskiego (1815-1846), Heft Nr. 1, 1863, S. 12.

wollte eigentlich eine Einverleibung Krakaus in sein Territorium erreichen, doch Russland positionierte sich gegen diesen Wunsch.[977] Schließlich wurde das drohende Scheitern insoweit abgewendet, als die Mächte sich darauf einigten, die Stadt Krakau mit der umliegenden Umgebung als ein freies und neutrales Territorium auszurufen.[978]

I. Rechtsgrundlagen

1. Kongressakte

Die Wiener Kongressakte vom 9. Juni 1815[979] erklärte im sechsten Artikel die Stadt Krakau für eine freie, unabhängige und neutrale Stadt, bestimmte im siebten Artikel deren Gebiet und stellte sie unter den Schutz Russlands, Österreichs und Preußens.[980] Gemäß Art. 9 wurde festgelegt, dass in der Stadt Krakau keine Armee stationiert werden sollte.[981]

2. Zusatzvertrag zwischen Österreich, Preußen und Russland vom 21. April (3. Mai) 1815

Betreffend die Gründung der Freien Stadt Krakau trafen Österreich, Preußen und Russland am 21. April (3. Mai) 1815[982] eine als Zusatzvertrag[983] bezeichnete

---

977 Sowohl Russland als auch Preußen hatten nämlich Interesse daran, sich das Krakauer Gebiet einzuverleiben. Vgl. *Grodziski*, Rzeczpospolita Krakowska, S. 40.

978 Vgl. *Tessarczyk*, Rzeczpospolita Krakowska, S. 13; *Makowski*, Prawo Międzynarodowe, Bd. 1, S. 95.

979 Franz. Text: *d'Angeberg*, Recueil des traités concernant la Pologne, S. 696-699.

980 Dieser vertraglichen Einigung ging am 18. Mai 1815 ein Vertrag zwischen Preußen und Sachsen (vgl. franz. Text: *d'Angeberg*, Recueil des traités concernant la Pologne, S. 690 f.) voraus. In Art. 22 dieses Vertrages verzichtete der sächsische König auf ewig auf sämtliche Titel, die aus dem Besitz des Herzogtums Warschau abgeleitet werden könnten. Ferner erkannte er die Souveränitätsrechte über die ehemals polnischen Länder an, wie etwa diejenigen, aus denen das Königreich Polen und auch das Großherzogtum Posen gebildet werden sollten. In diesem Vertrag trat der sächsische König faktisch und rechtlich von seinem Amt als Herzog von Warschau zurück. Siehe franz. Text: *Parry*, CTS, vol. 64 (1815), S. 181 ff.

981 Franz. Text: *Parry*, CTS, vol. 64 (1815), S. 181 ff.

982 Poln. Text: *Bieniarzówna, Janina*, Rzeczpospolita Krakowska 1815-1846. Wybór źródeł, 1951, Nr. 2, S. 10-17; *Tokarz, Wacław* (Hrsg.), Pomniki prawa Rzeczypospolitej Krakowskiej 1815-1818, Bd. I, 1932, Nr. 1, S. 3-9; *Tessarczyk*, Rzeczpospolita Krakowska, S. 15-22; franz. Text mit poln. Übersetzung: *Tarnowska*, Polskie dokumenty, S. 121-130; franz. Text: *d'Angeberg*, Recueil des traités concernant la Pologne, S. 675-682.

983 Dieser Zusatzvertrag wurde als Annex an die Wiener Kongressakte angegliedert.

Vereinbarung[984], an die die Verfassung angegliedert werden sollte.[985] In dem Vertrag wurde bestimmt, dass Krakau und seine Umgebung[986] neutral, frei und unabhängig werden sollten, dies allerdings unter dem Schutz der drei vertragsschließenden Mächte.[987] Von Bedeutung ist auch, dass kein Militär eingesetzt werden sollte.[988] Ferner wurde festgelegt, dass jede vertragsschließende Macht einen Kommissar nach Krakau entsenden dürfte, der innerhalb einer gemeinsamen Kommission[989] vorübergehend tätig werden sollte. Die Kommission wurde mit der Anwendung und Umsetzung der Verfassung, der Nominierung der Abgeordneten für den Senat und der Einsetzung einer Regierung betraut.

3. Instruktion der drei Schutzmächte an die Organisationskommission vom 4. Juli 1815

Die Schutzmächte Österreich, Russland und Preußen verfassten am 4. Juli 1815 eine Instruktion zur Organisation der Freien Stadt Krakau,[990] die sie der Kommission übergaben. Die Grundlage für diese Instruktion bildete Art. 7 des Zusatzvertrages vom 21. April, in dem sich die Kontrahenten vorbehielten, eine Verfassung einzuführen und die gesamte Organisation durch eine Kommission ausführen zu lassen. Sobald der Senat organisiert war, sollte er an die Spitze der Verwaltung treten, wobei er der Kommission untergeordnet bleiben sollte.[991] Gemäß Art. 22 sollte die Kommission ihre Arbeit erst beenden, wenn die vollständige Organisation der Freien Stadt vollbracht war.

4. Proklamation der drei Schutzmächte Russland, Preußen und Österreich an die Bewohner Krakaus vom 12. Oktober 1815

In der Proklamation vom 12. Oktober 1815[992] richteten sich die drei Schutzmächte Russland, Preußen und Österreich an die Bewohner der Freien Stadt Krakau und ihrer Umgebung und garantierten ihnen die Existenz einer freien, unabhängigen und neutralen Stadt. Ferner wurde den Bewohnern eine Verfassung, die an den Nationalcharakter der Polen angepasst werden sollte, versprochen.

---

984 Gemäß Art. 10 der Wiener Schlussakte soll der Zusatzvertrag Bestandteil der Wiener Schlussakte sein und die gleiche Rechtswirksamkeit besitzen.

985 Vgl. Art. 7. Die Bestimmungen der Art. 1 bis 3 des Zusatzvertrages stellten lediglich eine Wiederholung der Art. 6 bis 9 der Wiener Schlussakte vom 9. Juni 1815 dar.

986 Die Grenzen des betreffenden Gebietes wurden in Art. 2 umschrieben.

987 Vgl. Art. 1.

988 Vgl. Art. 3.

989 Die Protokolle der Organisationskommission sind in poln. Sprache abgedruckt bei: *Tokarz*, Pomniki prawa Rzeczypospolitej Krakowskiej, Bd. I, S. 31 ff.

990 Poln. Text: *Tokarz*, Pomniki prawa Rzeczypospolitej Krakowskiej, Bd. I, Nr. 3, S. 15-22.

991 Vgl. § 6.

992 Franz. Text: *d'Angeberg*, Recueil des traités concernant la Pologne, S. 704 f.

Die drei Mächte betonten, dass die Aufrechterhaltung der öffentlichen Ordnung in der Stadt ihre Aufgabe im Rahmen der Schutzmachtfunktion sei. Die Schutzmächte hoben ihre guten Absichten hervor und erklärten, dass sie hierfür im Gegenzug erwarten würden, dass die Krakauer sich gegenüber ihnen dankbar zeigten.

5. Verfassungen der Freien Stadt Krakau

a) Verfassung vom 3. Mai 1815

Gemäß Art. 3 der Verfassung der Freien Stadt Krakau vom 3. Mai 1815[993] sollten die bestehenden Rechte der polnischen Bevölkerung weiter verbürgt bleiben. Ferner wurden alle Bürger vor dem Gesetz als gleich angesehen. Nach Art. 4 wurde die Regierung der Freien Stadt Krakau und ihrer Umgebung einem Senat anvertraut, der aus zwölf Mitgliedern, den Senatoren und einem Präsidenten, bestehen sollte. Die Gebietsaufteilung erfolgte gemäß Art. 9 in Stadt- und Landgemeinden. Alljährlich im Dezember sollte eine Repräsentantenversammlung zusammenkommen.[994] Die Versammlung sollte alle Befugnisse der gesetzgebenden Gewalt ausüben, die Jahresabrechnungen der öffentlichen Verwaltungen prüfen und schließlich den Jahresetat festlegen. Ferner sollte sie die Senatsmitglieder und Richter wählen. Für die Freie Stadt Krakau sollte gemäß Art. 15 ein Gerichtshof erster Instanz und ein Appellationsgerichtshof eingesetzt werden.

b) Verfassung vom 15. Juli 1818

Die Organisationskommission arbeitete die sogenannte „weiterentwickelte Verfassung“ aus, die faktisch eine neue Verfassung[995] darstellte. Die Verfassung vom 15. Juli 1818[996] präzisierte einige Artikel der ursprünglichen Verfassung und brachte einige Änderungen ein. Analog der ersten Verfassung wurde in Art. 4 die Regierung der Freien Stadt Krakau und ihrer Umgebung einem Senat als Exekutive übertragen, der aus zwölf Abgeordneten und einem Präsidenten bestehen sollte. Neu war, dass die Schutzmächte neun Abgeordnete auswählen sollten, wohingegen die übrigen Abgeordneten von der Universität Krakau ernannt werden sollten.[997]

---

993 Dt. Text: *Pölitz*, Constitutionen, Zweiter Theil, S. 70-76; poln. Text: *Tokarz*, Pomniki prawa Rzeczypospolitej Krakowskiej, Bd. I, Nr. 2, S. 10-15.

994 Vgl. Art. 10.

995 Weitere Modifizierungen, auf die nicht näher eingegangen wird, erfolgten am 22. Januar 1831 (poln. Text: *Handelsman*, Konstytucje Polskie, Nr. 11, S. 112 f.), am 24. Januar 1831 (poln. Text: *ders.*, Nr. 11, S. 113 ff.) und am 29. Januar 1831 (poln. Text: *ders.*, Nr. 11, S. 115 ff.).

996 Poln. Textauszug mit den wichtigsten Bestimmungen: *Bieniarzówna*, Rzeczpospolita Krakowska, Nr. 69, S. 333-340; *Kallas/Krzymkowski*, Historia ustroju i prawa, Nr. 100, S. 183-190.

997 Vgl. Art. 5.

Gemäß Art. 9 sollte das Gebiet in Stadt- und Landgemeinden aufgeteilt werden. Jede dieser Gemeinden sollte einen Bürgermeister haben, der die Regierungsbefehle auszuführen hatte. Neu war auch, dass die Pressefreiheit gewährt wurde.[998] Kein Schriftstück sollte einer Zensur unterliegen.[999]

c) Verfassung vom 29. Juli 1833

Die Verfassung vom 29. Juli 1833[1000] stellte ebenfalls faktisch eine neue Verfassung für die Freie Stadt Krakau dar.[1001] Die Verfassung enthielt im Gegensatz zur Verfassung von 1818 nicht die Pressefreiheit. Neu war, dass jegliche Teilnahme an Handlungen und Maßnahmen seitens der polnischen Bevölkerung gegen die drei Schutzmächte und die damit behauptete Gefährdung der Neutralität der Stadt als Straftat deklariert und entsprechend unter Strafe gestellt wurden.[1002] Der Senat wurde auf nur noch acht Abgeordnete verkleinert.[1003] Gemäß Art. 23 sollte eine Repräsentantenversammlung[1004] die Legislative verkörpern und das Haushaltsbudget aufstellen. Ferner sollte diese Versammlung das Recht haben, den gesamten Senat oder einzelne Abgeordnete abzusetzen. In Art. 27 wurden die Befugnisse der Statthalter auf eine neue Grundlage gestellt. Danach wurde den Statthaltern das Recht zugesprochen, im Falle von Zerwürfnissen zwischen dem Senat und der Repräsentantenversammlung sowie für den Fall der Auslegung der Verfassung von 1833 vermittelnd einzuschreiten, indem sie außerordentliche Sitzungen mit dem Ziel der Problemlösung einberufen konnten. Auf diese Weise wurde den Residenten zum ersten Mal Regierungsgewalt zugesprochen.

---

998 Allerdings sollte die Pressefreiheit erst mit dem Inkrafttreten eines neuen Strafgesetzbuches für unantastbar erklärt werden. Zur Verabschiedung eines neuen Strafgesetzbuches für die Freie Stadt Krakau kam es allerdings nie.

999 Vgl. Art. 24.

1000 Poln. Text: *Bieniarzówna*, Rzeczpospolita Krakowska, Nr. 69, S. 333-340; *Sawicki*, Wybór tekstów źródłowych, Bd. II, S. 274-277; *Kallas/Krzymkowski*, Historia ustroju i prawa, Nr. 101, S. 190-201; franz. und poln. Text: *Tarnowska*, Polskie dokumenty, S. 165-186.

1001 Auch die Folgen des Novemberaufstandes 1830/1831 waren in der Freien Stadt Krakau zu spüren. Als Folge des Aufstandes wurde im Jahre 1833 eine neue Verfassung verabschiedet, die die Autonomie Krakaus weiter einschränkte. Vgl. *Korobowicz/Witkowski*, Ustrój i prawo, S. 178.

1002 Vgl. Art. 2 Nr. 1.

1003 Vgl. Art. 7.

1004 Der Versammlung sollten zwei Abgeordnete des Senats, drei Deputierte der Gemeinden, zwei Doktoren der Universität, zwei Mitglieder der Domkapitel sowie weitere vier Beamte, darunter zwei Beamte aus der Stadt und zwei aus dem übrigen gemeindlichen Gebiet angehören. Vgl. Art. 25 Nr. 1 bis 5.

6. Akt zur Inkorporation Krakaus in Österreich vom 11. November 1846

Im Inkorporationsakt vom 11. November 1846[1005] wurde festgelegt, dass die Freie Stadt Krakau an Österreich angegliedert werden sollte. Es wurde angeführt, dass die Stadt nicht die Bedingungen ihres unabhängigen Daseins erfüllt habe, stattdessen „von ihr Graus und Intrigen gegenüber den drei Schutzmächten gesponnen wurden". Als Folge des Aufstandes wurde beschlossen, dass die Regierung und die Verfassung aufgehoben und eine neue „Revolutionsregierung" eingesetzt werden sollte. Wegen dieser drohenden Handlungen sei es notwendig geworden, dass die drei Mächte Krakau erneut besetzten. Die drei Mächte hätten sich daraufhin bereits am 6. November geeinigt, die am 3. Mai 1815 geschlossenen Verträge wieder aufzuheben und die Stadt Krakau und ihre Umgebung an Österreich zu übergeben. Schließlich wurde am Ende des Aktes die Inbesitznahme des Krakauer Gebietes verkündet.

II. Rechtscharakter der Freien Stadt Krakau

1. Krakau als Staat und Völkerrechtssubjekt

a) Staatlichkeit im Sinne der Drei-Elemente-Lehre

aa) Staatsgebiet

Im siebten Artikel der Wiener Kongressakte wurden das Gebiet Krakaus und deren Umgebung beschrieben. Damit hatte die Stadt ein eingegrenztes Staatsgebiet.

bb) Staatsvolk

Mit der überwiegend polnischen Bevölkerung[1006] lebte ein Staatsvolk in dem neugeschaffenen Gebilde. Die Verfassung vermied es allerdings, von Polen zu sprechen. Stattdessen wurde die Bevölkerung von Krakau mit den Begrifflichkeiten „Landleute" und „Bürger" umschrieben.[1007] Die Verfassung geht an keiner Stelle auf eine Staatsangehörigkeit der Freien Stadt Krakau ein, sodass davon auszugehen ist, dass keine Krakauer Staatsangehörigkeit geschaffen wurde.

cc) Staatsgewalt

(1) Staatlicher Aufbau

Die Freie Stadt Krakau verfügte über eine eigene verfassungs- und gesetzgebende Körperschaft, eine Repräsentantenversammlung, über einen Senat als Regierung, über eine eigene Gerichtsbarkeit und eine eigene Verwaltung. Zu den Kompetenzen des Senats zählte die Exekutive, die Ernennung und Abberufung aller Beamten

---

1005 Poln. Text: *Sawicki*, Wybór tekstów źródłowych, Bd. II, Nr. 77, S. 278 f.; *Bieniarzówna*, Rzeczpospolita Krakowska, Nr. 94, S. 461-464.

1006 In Krakau lebten im Zeitpunkt der Gründung der Freien Stadt etwa 88.000 Polen.

1007 Vgl. Art. 3 der Verfassung von 1815.

und die Anwendung des Begnadigungsrechts. Ferner hatte der Senat einen bedeutenden Einfluss auf die Gesetzgebung.[1008] Verwaltungsmäßig wurde das Gebiet Krakaus in 28 Gemeinden unterteilt.[1009] Die Gerichtsstruktur blieb weiterhin an das französische Muster aus dem Herzogtum Warschau angelehnt.[1010] Die in der Verfassung angelegten Pläne zur Einführung neuer Zivil- und Strafgesetzbücher wurden nie umgesetzt. Das napoleonische Zivilrecht, das durch eigene polnische Kodifikationen ergänzt worden war, sowie das französische Straf- und Handelsrecht blieben in Kraft.

(2) Beschränkung einzelner Souveränitätsrechte

(a) Organisationskommission

In der Organisationskommission waren die drei Schutzmächte mit jeweils einem Kommissar vertreten. Drei weitere Mitglieder gehörten der örtlichen Bevölkerung an, doch hatten diese praktisch keine Möglichkeit zur Einflussnahme. Die Kommission sollte die politischen und landwirtschaftlichen Interessen der Schutzmächte garantieren.[1011] Ferner überwachte die Kommission die Umsetzung der Verfassung und hatte auch das Recht, diese zu modifizieren.

(b) Keine eigene Armee

Hinsichtlich der Beschränkung der inneren Souveränität Krakaus ist von Bedeutung, dass sie gemäß Art. 9 der Wiener Kongressakte keine eigene Armee unterhalten konnte. Für den Fall militärischer Interventionen in das Krakauer Gebiet durch die Schutzmächte oder andere Feinde konnte die Stadt sich nicht verteidigen und war den Nachbarmächten praktisch ausgeliefert.

(c) Führung der auswärtigen Angelegenheiten und Handel

Die Freie Stadt Krakau verfügte nicht über die äußere Souveränität, also nicht über das Recht in auswärtigen Angelegenheiten aufzutreten. Die Interessen Krakaus wurden von den Schutzmächten nach außen hin vertreten.[1012] Eine weitere Einschränkung betraf den Handel, da die Stadt Krakau gemäß Art. VIII des Zusatzvertrages nicht selber ihre Zölle festlegen konnte.

(d) Wahl der Senatsmitglieder

Die innere Souveränität Krakaus wurde bereits in der faktisch neuen Verfassung vom 15. Juli 1818 eingeschränkt, da der Großteil der Senatsmitglieder von den Schutzmächten benannt werden sollte.[1013]

1008 *Korobowicz/Witkowski*, Ustrój i prawo, S. 185.

1009 *Korobowicz/Witkowski*, Ustrój i prawo, S. 187.

1010 *Korobowicz/Witkowski*, Ustrój i prawo, S. 188.

1011 *Grodziski*, Rzeczpospolita Krakowska, S. 23.

1012 *Grodziski*, Rzeczpospolita Krakowska, S. 24.

1013 *Bartel* weist darauf hin, dass die neun durch die Schutzmächte gewählten Abgeordneten faktisch die Entscheidungsgewalt trugen, während den drei Mitgliedern

(3) *Beurteilung der Souveränität*

(a) *De iure*

Die Verträge und Bestimmungen verdeutlichen, dass die Freie Stadt Krakau keinesfalls im Inneren voll souverän war.[1014] Die Wiener Kongressakte proklamierte Krakau als frei, unabhängig und neutral. Doch bereits mit dem Zusatzvertrag, der in die Wiener Kongressakte integriert wurde, wurde die Freiheit und Unabhängigkeit Krakaus begrenzt, indem eine Organisationskommission der Schutzmächte als Quasi-Kontrollorgan eingesetzt wurde. Trotz dieser Einflussnahme auf die innere Souveränität galt der Senat als selbständige Regierung des Stadtstaates. Im Laufe der Zeit änderte sich aufgrund der Aufstände der polnischen Bevölkerung die Einstellung der Schutzmächte und damit ihre Einflussnahme. So beeinflussten die Schutzmächte immer stärker die Arbeit des Senates. Der Senat sollte zwar auf Grundlage der Verfassung handeln, aber gleichzeitig stellte er immer mehr ein Organ dar, das den Willen der Schutzmächte, die diesen unmittelbar oder mittelbar durch die Residenten zum Ausdruck brachten, umsetzen sollte.[1015] Problematisch ist, dass die Schutzmächte im Rahmen der Organisationskommission das grundlegende Recht hatten, die Verfassung Krakaus abzuändern oder gar auch eine neue Verfassung zu erlassen, ohne den Willen der Polen zu berücksichtigen.[1016] Auf diese Weise wurde im Jahre 1833 eine neue Verfassung erlassen, die den Schutzmächten Einfluss auf den regierenden Senat einräumte, indem diese die Mehrheit der Senatsmitglieder ernennen konnten. Hinzu kommt, dass die Mächte Russland, Österreich und Preußen in Krakau durch drei Statthalter repräsentiert wurden. Diese durch den Zusatzvertrag legitimierte Vertreterstellung wurde während der gesamten Existenz der Freien Stadt aufrechterhalten. Bis zum Jahre 1831 übten die Statthalter nur die Funktion einer diplomatischen Vertretung aus, ohne irgendwelche Regierungsbefugnisse zu besitzen. Dies änderte sich *de iure* als Folge des Art. 27 der Verfassung vom 29. Juli 1833.[1017] Durch die Erweiterung der Vermittlerfunktion im Sinne von Art. 27 wuchs die Rolle der Statthalter derart, dass sie sich aus der Position einer quasi diplomatischen Vertretung heraus zum praktisch höchsten Regierungsorgan in Krakau formierten.[1018] Gemäß Art. 8 der Verfassung von 1833 konnten die Schutzmächte den Präsidenten des Senats wieder absetzen, indem sie Widerspruch gegen seine Wahl einlegten. Die Wahl des Präsidenten war erst mit

---

aus der Krakauer Bevölkerung heraus lediglich eine beratende Stimme zuteil wurde. Vgl. *Bartel, Wojciech M.*, Ustrój i prawo Wolnego Miasta Krakowa, in: *Bardach/Senkowska-Gluck*, Historia państwa i prawa Polski, Bd. III, S. 792-832 (793).

1014 Vgl. *Wachholz, Szczęsny*, Rzeczpospolita Krakowska okres od 1815 do 1830 r., 1957, S. 38; *Grodziski*, Rzeczpospolita Krakowska, S. 22.

1015 Vgl. *Grodziski*, Rzeczpospolita Krakowska, S. 26.

1016 Vgl. *Grodziski*, Rzeczpospolita Krakowska, S. 24.

1017 *Wachholz*, Rzeczpospolita Krakowska, S. 39.

1018 Vgl. *Bartel*, Ustrój i prawo Wolnego Miasta Krakowa (1815-1846), in: *Bardach/Senkowska-Gluck*, Historia państwa i prawa Polski, Bd. III, S. 794; *Grodziski*, Rzeczpospolita Krakowska, S. 25.

seiner Anerkennung durch die Schutzmächte wirksam. Die drei Schutzmächte sollten gemäß Art. 29 die korrekte Umsetzung der Verfassung überwachen. Neu war auch die Einmischung in die strafrechtliche Verfolgung der Bewohner Krakaus für den Fall, dass sie durch bestimmte Handlungen die Neutralität der Freien Stadt Krakau gefährdeten. Diese Regelung zielte im Grunde nur auf die Garantie und Unantastbarkeit der Stellung der Schutzmächte ab. Demzufolge war die Freie Stadt Krakau von Anfang an im Inneren *de iure* keineswegs souverän. Hinsichtlich der äußeren Souveränität traten keine Veränderungen ein. Aufgrund der formal eingeräumten Schutzfunktion oblag den drei Mächten die Vertretung Krakaus in auswärtigen Beziehungen.

(b) De facto

Der Einfluss der Schutzmächte auf die Wahlen zum Senat und insbesondere des Präsidenten und damit auf die Regierung nahm stets zu und war am Ende sogar größer, als es die Verfassung von 1833 vorgesehen hatte. Die Wahl des Senates erfolgte praktisch auf Grundlage von Nominierungen durch die Schutzmächte. Ab dem Jahre 1833 hatte jede Schutzmacht die Möglichkeit, den jeweiligen Präsidentschaftskandidaten des Senats abzulehnen. Diese Regelung hatte im Grunde keine praktische Bedeutung, da bereits seit dem Jahre 1827 sämtliche Senatspräsidenten von den Schutzmächten ernannt wurden.[1019] Die erste ernstzunehmende Einmischung in die inneren Angelegenheiten der Freien Stadt Krakau durch die Schutzmächte erfolgte bereits im Jahre 1821 im Zusammenhang mit der Organisationsreform der Universität.[1020] Aufgrund des faktischen Einflusses der „Botschafter",[1021] die einen erheblichen Druck auf die Regierung Krakaus ausübten, war die Unabhängigkeit des neuen Staates von Anfang an nichts als reine Fiktion.[1022]

(c) Stellungnahme

Bereits die rechtlichen Bestimmungen verdeutlichen, dass die Republik Krakau im Inneren nicht souverän war.[1023] Die Freie Stadt Krakau verfügte dennoch *de iure* über eine eigene Staatsgewalt, indem einerseits der Senat die Regierung, andererseits die Repräsentantenversammlung die gesetzgebende Gewalt verkörperten. Auch auf der mittleren und untersten Ebene der Staatsgewalt waren in den Behörden Menschen polnischer Nationalität beschäftigt, wobei diese im Grunde nur die Instruktionen der Schutzmächte ausführten. Diese innere Souveränität wurde *de iure* ab dem Jahre 1833, insbesondere den Senat betreffend, durch die

---

1019 *Korobowicz/Witkowski*, Ustrój i prawo, S. 185.

1020 *Wachholz*, Rzeczpospolita Krakowska, S. 38.

1021 Siehe ausführlich hierzu: *Leśnodorski*, in: *Bardach/Leśnodorski/Pietrzak*, Historia ustroju i prawa polskiego, S. 406 ff.

1022 *Korobowicz/Witkowski*, Ustrój i prawo, S. 177.

1023 *Wachholz*, Rzeczpospolita Krakowska, S. 38.

Schutzmächte noch weiter beschränkt. Auch hatte Krakau nicht das Recht, eine eigene Armee zu unterhalten. Faktisch nahm die Position der drei Statthalter im Hinblick auf die Ausübung der Regierungsgewalt kontinuierlich zu. Auf diese Weise wurde die oberste Staatsgewalt *de facto* von den Schutzmächten ausgeübt. Die äußere Souveränität lag ebenfalls bei den Schutzmächten. Insgesamt kann als Ergebnis festgehalten werden, dass die Freie Stadt Krakau ab dem Jahre 1833 nicht mehr souverän war.

(4) Resümee

Trotz der aufgezeigten Einschränkungen ihrer inneren und äußeren Souveränität erfüllt die Stadt Krakau alle Merkmale der Drei-Elemente-Lehre, sodass sie als Staat zu qualifizieren ist. Obwohl die Freie Stadt Krakau über keine äußere Souveränität verfügte, muss sie als Völkerrechtssubjekt betrachtet werden.[1024] Zwar war die Stadt in den auswärtigen Beziehungen handlungsunfähig, aber aufgrund der vorhandenen Staatsgewalt weiterhin rechtsfähig und damit grundsätzlich auch völkerrechtsfähig.

2. Rechtmäßigkeit der Errichtung der Freien Stadt Krakau

Im Zusammenhang mit der Errichtung der Freien Stadt Krakau durch den Wiener Kongress stellt sich die Frage, ob die Teilnehmerstaaten des Kongresses die Verfügungsbefugnis über das Gebiet Krakaus und ihrer Umgebung hatten. Problematisch könnte sein, dass die Bevölkerung der Freien Stadt Krakau, also die Polen, nicht Vertragspartner der Gründungsverträge wurde. Kelsen[1025] benennt in diesem Zusammenhang den Zusatzvertrag zur Errichtung der Freien Stadt Krakau als einen Vertrag zu Lasten Dritter, also zu Lasten der Freien Stadt Krakau als Neustaat. Dies könnte völkerrechtliche Probleme aufwerfen, da Verträge zu Lasten Dritter unwirksam sind.

Die Teilnehmerstaaten, insbesondere Preußen, Russland und Österreich, die die einzelnen Verträge betreffend die Freie Stadt Krakau abschlossen und die integraler Gegenstand der Kongressakte wurden, müssten hinsichtlich dieses Gebietes die territoriale Kompetenz besessen haben. Das betreffende Gebiet hatte Österreich im Jahre 1809 in rechtmäßiger Weise an das Herzogtum Warschau abgetreten. Demnach gehörte dieses Gebiet im Jahre 1815 formal zum Staatsgebiet des Herzogtums. Eine rechtswirksame Abspaltung des Krakauer Gebietes hätte demnach der Zustimmung der Polen im Herzogtum Warschau bedurft, diese waren aber an dem Wiener Kongress nicht beteiligt. Eine Zustimmung könnte aber durch den

1024 Vgl. *Verosta*, Völkerrechtswidrigkeit, in: *Blumenwitz/Randelzhofer*, FS Berber, S. 538. Zu einem anderen Ergebnis kommt *Bartel, Wojciech M.*, Ustrój i prawo Wolnego Miasta Krakowa (1815-1846), 1976, S. 42.

1025 Vgl. *Kelsen, Hans*, Traités internationaux à la charge d'Etats tiers, in: Mélanges offerts à Ernest Mahaim par ses collègues, ses amis, ses élèves, Bd. II. Sciences juridiques, 1935, S. 164-172 (165 f., 168).

König des Königreichs Polen, das identisch mit dem Herzogtum Warschau war, erteilt worden sein. Für die Polen im Königreich Polen hätte dies bedeutet, dass der russische Zar über ihr Staatsgebiet verfügt hätte. Dieses Ergebnis erscheint zwar unbillig, allerdings war es das Schicksal der Polen, dass sie den russischen Zaren als ihren König akzeptieren mussten. Die Polen hatten keine andere Wahl. Ein ausdrückliches Einverständnis zur Gebietsabspaltung und Errichtung der Freien Stadt Krakau hatte der russische Zar in seiner Funktion als polnischer König zwar nicht erteilt, aber dadurch, dass er als russischer Zar an sämtlichen Verträgen hinsichtlich der Gebietsübertragung beteiligt war, ist davon auszugehen, dass er infolge der Personalunion auch als König des Königreichs Polen der Freistaatbildung zustimmte. Darüber hinaus gab es keinen Protest seitens des polnischen Königs. Sofern die Stände innerhalb des Königreichs Polen zur Verkleinerung ihres Staatsgebiets durch Abtrennung des Krakauer Gebiets hätten befragt werden müssen, muss konstatiert werden, dass ein fehlender Sejmbeschluss lediglich innerstaatliche Konsequenzen gehabt hätte. Zumindest war ein sichtbarer Protest der polnischen Vertreter und der Bevölkerung im Herzogtum Warschau beziehungsweise im Königreich Polen nicht erkennbar. Problematisch hierbei könnte sein, dass das Schicksal der Polen in den Händen der Teilnehmerstaaten des Wiener Kongresses lag und eine Beteiligung der Polen bewusst abgelehnt wurde. Im Ergebnis muss von einer zumindest konkludenten Zustimmung durch den König des Königreichs Polen zur Errichtung der Freien Stadt Krakau ausgegangen werden, obgleich dies vor dem Hintergrund der bewussten Unterdrückung der polnischen Bevölkerung im Königreich als unbillig erscheint. Die Errichtung der Freien Stadt Krakau wäre demnach in rechtmäßiger Weise erfolgt.

3. Schutzbeziehung zu Österreich, Russland und Preußen

Die Freie Stadt Krakau stand unter dem „Schutz" Österreichs, Russlands und Preußens, sodass infolge dieser Schutzbeziehung Krakau ein Protektorat gewesen sein könnte. Die Schutzbeziehung sicherte den drei Mächten Einfluss auf das Krakauer Gebiet.

a) Inhalt der Schutzbeziehung

Die wichtigste inhaltliche Ausgestaltung der Schutzbeziehung bildete die Organisationskommission der Schutzmächte. Die Kommission sollte die entsprechende Umsetzung der Verfassung überwachen und hatte gleichzeitig das Recht der Verfassungsänderung. Die Schutzmächte vertraten Krakau darüber hinaus in auswärtigen Angelegenheiten. Sie nahmen damit, bezogen auf die innere Souveränität, eine Kontrollposition und hinsichtlich der äußeren Souveränität eine Stellvertreterposition wahr.

b) Protektoratsverhältnis

Die Errichtung eines völkerrechtlichen Protektorates berührt nicht die Staatlichkeit und auch nicht die Völkerrechtssubjektivität. Das Protektorat ist vielmehr von einem Abhängigkeitsverhältnis geprägt, das in der Vertretung nach außen durch den

Protektor zum Ausdruck kommt. Eine wesentliche Voraussetzung für die Errichtung eines Protektorates ist, dass zwischen dem protegierten und dem protegierenden Staat ein völkerrechtlicher Vertrag geschlossen wird. Von Bedeutung hierbei ist, dass die vertragsschließenden Staaten souverän sind.[1026] Demnach basiert das Protektorat auf einer konkreten rechtlichen Ausgestaltung. Problematisch ist im Falle Krakaus die Voraussetzung des Vertragsabschlusses. Krakau hat selber keine vertragliche Einigung mit den Schutzmächten geschlossen. Es waren die drei Mächte, die über das Schicksal des Krakauer Gebietes entschieden. Allerdings war Krakau nicht in der Lage, einen solchen Vertrag abzuschließen, da es zu diesem Zeitpunkt als Freie Stadt noch nicht existierte. Zur Lösung dieses Problems wurde in der Völkerrechtslehre vertreten, dass die Voraussetzung eines Vertragsabschlusses in diesen Fällen durch einen Beschluss mehrerer Großmächte ersetzt werden kann.[1027] Krakau wurde durch die Verträge, die Bestandteil der Wiener Kongressakte wurden, als Neustaat, der in einem Protektoratsverhältnis stehen sollte, gegründet.[1028] Die Regierung Krakaus hätte dem Protektorat allerdings zumindest zustimmen müssen. Zwar erfolgte keine ausdrückliche Zustimmung, aber dadurch, dass die Krakauer Polen gegen das Protektorat zumindest zunächst nicht protestierten, duldeten sie es und nahmen es konkludent an. Die Voraussetzungen des völkerrechtlichen Protektorates waren somit gegeben. Hieraus folgt, dass Krakau zu den drei Mächten in dem Rechtsverhältnis eines völkerrechtlichen Protektorates stand.[1029]

c) Bewertung

Alle drei Mächte hatten Interesse daran, das Krakauer Gebiet ihrem Staatsterritorium einzugliedern. Da es aber während des Wiener Kongresses insoweit zu keiner Einigung kam, behielten sich Österreich, Preußen und Russland als ein Minus zu einem Eigentum am Gebiet eine Schutzbeziehung vor, die zumindest eine Vormachtstellung auf das Krakauer Gebiet begründete und sicherte. Das Verhältnis Krakaus zu den drei Mächten basierte auf einem völkerrechtlichen Protektorat. Die Mächte Österreich, Preußen und Russland traten sowohl nach innen als auch nach außen als Protektoren der Freien Stadt Krakau auf. Im Verhältnis zu Krakau nahmen sie die Position von Oberstaaten wahr, die im Rahmen ihres Handelns überwiegend von eigenen Interessen geleitet wurden.

4. Neutralität der Freien Stadt Krakau

Für die Rechtsfolgen, die an den Status der Freien Stadt Krakau knüpfen, könnte die Frage von Bedeutung sein, ob Krakau ein neutralisierter Staat war. In Art. 9 der

---

1026 Vgl. *Makowski*, Prawo międzynarodowe, Bd. 1, S. 86.

1027 Vgl. *Heilborn*, Das völkerrechtliche Protektorat, S. 84.

1028 *Heilborn*, Das völkerrechtliche Protektorat, S. 85.

1029 So auch *Krülle*, Die völkerrechtlichen Aspekte des Oder-Neiße-Problems, S. 42; *Schätzel*, Annexion im Völkerrecht, S. 16; *von Puttkamer, Ellinor*, Polen, in: *Schlochauer, Hans-Jürgen* (Hrsg.), Wörterbuch des Völkerrechts, Zweiter Band, 1961, S. 775-778 (775).

Wiener Schlussakte und in dem Zusatzvertrag vom 21. April (3. Mai) 1815 wurde die Neutralität der Freien Stadt Krakau festgesetzt. Im Einklang mit der Neutralitätsbestimmung wurde in Art. 9 beschlossen, dass Krakau keine Armee unterhalten sollte. Aus alledem folgt, dass die Republik Krakau sich an internationalen Konflikten, insbesondere an kriegerischen, nicht beteiligen sollte. Im Verhältnis zu anderen Staaten sollte Krakau damit unparteiisch sein. Der Neutralitätsstatus ergibt sich auch aus Krakaus Stellung den Schutzmächten gegenüber, auf die zahlreiche Souveränitätsrechte übertragen wurden. Krakau sollte als neutrales Gebiet errichtet werden, damit die Schutzmächte an Krakaus Stelle und in ihrem Sinne mit dem Ziel der Sicherung der inneren Ordnung agieren konnten. Darüber hinaus sicherte die eingeschränkte Handlungsfähigkeit Krakaus, die aus der militärischen Handlungsunfähigkeit resultierte, die Vormachtstellung der drei Schutzmächte. Die Schutzmächte konnten auf dieser Basis die auswärtigen Beziehungen Krakaus führen und so über das Schicksal der Freien Stadt Krakau entscheiden. Die neutrale Stellung Krakaus berührte nicht ihren Status als Staat und auch nicht als Völkerrechtssubjekt, da Krakau trotz der Einschränkung der völkerrechtlichen Handlungsfähigkeit weiterhin rechtsfähig blieb.

5. Zusammenfassung

Im April 1815 schlossen Österreich, Preußen und Russland zunächst bilaterale Verträge, dann einen dreiseitigen Vertrag über die Errichtung der Freien Stadt Krakau ab. In Art. VI bis X des ersten Teils der Wiener Kongressakte wurden die wichtigsten Bestimmungen dieser Verträge wiederholt, die zusätzlich in ihrem vollen Wortlaut durch Art. CXVIII der Kongressakte inkorporiert und dadurch multilateralisiert wurden.

Die Geschichte der Freien Stadt Krakau kann in zwei Perioden untergliedert werden: die erste erstreckte sich auf die Jahre 1815 bis 1830/31, in denen die Stadt *de iure* zahlreiche Autonomierechte genoss. Die zweite Phase ab dem Jahre 1831, noch stärker ab dem Jahre 1833, war von einer Rücknahme der garantierten Autonomierechte geprägt. Die Schutzmächte nahmen Krakau im Jahre 1833 einen großen Teil seiner Souveränität ab und beließen ihr nur eine geringe Autonomie.[1030] In einer Gesamtbetrachtung bildete die Freie Stadt Krakau im Zeitraum von 1815 bis 1846 *de iure* einen Staat mit beschränkter Souveränität.[1031]

III. Identität mit dem Herzogtum Warschau

Eine Identität der Freien Stadt Krakau zum Herzogtum Warschau ist ausgeschlossen. Dies folgt bereits aus der Tatsache, dass das Herzogtum Warschau mit dem

---

1030 *Grodziski*, Rzeczpospolita Krakowska, S. 22.

1031 *Makowski* kommt zu dem Ergebnis, dass die Freie Stadt Krakau kein Staat und kein Völkerrechtssubjekt, sondern lediglich ein Territorialgebilde unter der Schutzbeziehung Österreichs, Preußens und Russlands war. Vgl. *Makowski*, Prawo międzynarodowe, Bd. 1, S. 96.

Königreich Polen identisch war und zwei gleichzeitig bestehende Staaten nicht miteinander identisch sein können.

IV. Folge des Gebietsübergangs

In Art. 14 des Zusatzvertrages vom 21. April (3. Mai) 1815 wurde festgesetzt, dass die Freie Stadt Krakau nicht die Schulden des Herzogtums Warschau antreten sollte. Das in Krakau und dessen Gebiet belegene Vermögen, das einst dem Herzogtum Warschau gehörte, sollte gemäß Art. 13 an die Freie Stadt Krakau übergehen.

V. Auflösung der Freien Stadt Krakau

1. Eingliederung in Österreich

Mit dem Inkorporationsakt vom 11. November 1846 wurde das Staatsgebiet der Freien Stadt Krakau aufgelöst und das gesamte Gebiet unter dem neuen Namen „Großherzogtum Krakau" in Österreich eingegliedert[1032]. Rechtlich erfolgte dies durch die Aufhebung der Verträge aus dem Jahre 1815. Die Freie Stadt Krakau ging demnach durch Inkorporation als Staat und damit auch als Völkerrechtssubjekt unter.

2. Rechtmäßigkeit der Eingliederung

Gegen die Eingliederung der Freien Stadt Krakau hatten Frankreich und Großbritannien[1033] protestiert.[1034] Diese beiden Signatare der Kongressakte betonten, dass die Einverleibung Krakaus gegen die Wiener Kongressakte verstoßen würde. Dies wäre abzulehnen, wenn Österreich, Preußen und Russland die Bestimmungen der Wiener Kongressakte, wonach Krakau als Freie Stadt errichtet wurde, hätten einseitig ändern können. Aus dem Rechtscharakter der Kongressakte als Statusvertrag ergibt sich, dass sämtliche Signatare im Sinne einer Einstimmigkeitsregel späteren Änderungen der in Wien festgelegten territorialen Ordnung zustimmen mussten. Der Protest Großbritanniens und Frankreichs verdeutlicht, dass sie mit der Eingliederung Krakaus nicht einverstanden waren und eine solche Zustimmung nicht erteilt haben. Hieraus ergibt sich, dass die Inkorporation Krakaus völkerrechtswidrig war und im Ergebnis eine völkerrechtswidrige Annexion darstellte.[1035]

1032 *Leśnodorski*, in: *Bardach/Leśnodorski/Pietrzak*, Historia ustroju i prawa polskiego, S. 408.

1033 Auf diesen Protest Englands eingehend *Hatschek*, Völkerrecht als System, S. 241.

1034 Die Protestnoten Frankreichs und Großbritanniens sind in der diplomatischen und politischen Korrespondenz zur Krakau-Frage zwischen Österreich, Russland und Preußen enthalten, die abgedruckt ist bei: *von Martens*, NRGT, Serie I, Bd. 10, 1852, Nr. 1, S. 3-148 (Protestnote des britischen Botschafters siehe S. 107 ff.; Protestnote des französischen Vertreters Guizot siehe S. 116 ff.).

1035 Zustimmend: *Krülle*, Die völkerrechtlichen Aspekte des Oder-Neiße-Problems, S. 42.

VI. *Resümee*

Obwohl die Souveränität der Freien Stadt Krakau den genannten Beschränkungen unterworfen war, war sie ein Staat und Völkerrechtssubjekt. Im Verhältnis zu den Nachbarmächten Russland, Preußen und Österreich bestand ein völkerrechtliches Protektorat. Die Eingliederung Krakaus in Österreich war völkerrechtswidrig.

E. Großherzogtum Posen

Eine weitere Folge des Wiener Kongresses war die Bildung des Großherzogtums Posen[1036]. Das Großherzogtum Posen könnte entweder als souveräner beziehungsweise nichtsouveräner Staat oder lediglich als Provinz Preußens qualifiziert werden.

I. *Rechtsgrundlagen*

1. Wiener Kongressakte vom 9. Juni 1815

Art. 2 der Wiener Kongressakte ging auf die Gründung des Großherzogtums Posen ein, das aus einem Teil des Herzogtums Warschau gebildet werden sollte. Das Großherzogtum Posen wurde dem König von Preußen in voller Souveränität und vollem Eigentum für sich und seine Nachfolger übergeben.

2. Freundschaftsvertrag zwischen Russland und Preußen vom 21. April (3. Mai) 1815

In Art. 1 des Freundschaftsvertrages zwischen Russland und Preußen vom 21. April (3. Mai) 1815[1037] wurden diejenigen Gebiete des ehemaligen Herzogtums Warschau aufgezählt, die zum Großherzogtum Posen gehören sollten.

3. Königliches Patent vom 15. Mai 1815

Im Königlichen Patent vom 15. Mai 1815[1038] verkündete der preußische König, dass auf Grundlage der Beschlüsse des Wiener Kongresses ein Teil der früher zu Preußen gehörigen polnischen Gebiete aus dem Jahre 1772 aus dem Herzogtum Warschau herausgelöst werden und wieder in die Provinz Westpreußen zurückkehren sollte.[1039]

1036 Vgl. Anhang II, Karte 9.

1037 Poln. Text: *Radziwiłł/Winiarski*, Królestwo Polskie. Dokumenty, Nr. 2, S. 47 ff.; franz. Text: *d'Angeberg*, Recueil des traités concernant la Pologne, S. 662-674; *Kallas/Krzymkowski*, Historia ustroju i prawa, Nr. 106, S. 206 f.; *Skórzewski, Stanisław* (Hrsg.), Najważniejsze prawa tyczące się Wielkiego Xięstwa Poznańskiego, 1861, Nr. 2, S. 4-12.

1038 Poln. Text: *Sawicki*, Wybór tekstów źródłowych, Bd. II, Nr. 60 a), S. 222 f.; *Kallas/Krzymkowski*, Historia ustroju i prawa, Nr. 103, S. 203 f.; franz. Text: *d'Angeberg*, Recueil des traités concernant la Pologne, S. 687 f.

1039 Im Okkupationsmanifest vom 8. Juni 1815 (franz. Text: *d'Angeberg*, Recueil des traités concernant la Pologne, S. 695 f.), das sich auf das Königliche Patent vom

4. Proklamation an die Bevölkerung des Großherzogtums Posen vom 15. Mai 1815

In der Proklamation an die Bevölkerung des Großherzogtums Posen vom 15. Mai 1815[1040] versprach der preußische König, dass die Polen ihr Vaterland erhalten sollten. Er verkündete, dass die polnische Bevölkerung in seine Monarchie einverleibt würde, ohne ihre Nationalität opfern zu müssen. Die Bevölkerung sollte sich nach der Verfassung, die für alle seine Untertanen verbindlich sei, richten. So wie alle anderen Provinzen sollte das Großherzogtum eine provinziale Regierung erhalten. Die Polen durften ferner ihre Religion behalten. Die polnische Sprache durfte neben der deutschen in allen öffentlichen Angelegenheiten gebraucht werden. Darüber hinaus sollte jeder Pole das Recht zum Zugang zu öffentlichen Ämtern haben. Ein Statthalter sollte im Großherzogtum eingesetzt werden. Dieser sollte den preußischen König über die Wünsche und Bedürfnisse der polnischen Bevölkerung unterrichten. Ein Oberpräsident sollte nach den Instruktionen des preußischen Königs das Großherzogtum organisieren.

5. Bekanntmachung des höchsten Regentschaftspräsidenten vom 23. Mai 1832

In der Bekanntmachung des höchsten Regentschaftspräsidenten vom 23. Mai 1832[1041] wurde bestimmt, dass die Kommunikation der Verwaltungsbehörden in deutscher Sprache erfolgen sollte. Ausnahmen hiervon wurden in kleinen Städten und in Ortschaften gemacht. Aus diesem Grunde sollten in den Verwaltungsbehörden Beamte eingesetzt werden, die beide Sprachen beherrschen mussten. Sämtliche Verwaltungsschreiben sollten auf Deutsch abgefasst werden. In mündlichen Verhandlungen lag es im Ermessen der Beteiligten, in welcher Sprache sie verhandeln wollten. Die Protokolle der mündlichen Verhandlungen sollten in beiden Sprachen verfasst werden.

6. Gesetz zur Organisation der Gesetzgebung und Gerichtsbarkeit

Nach § 1 des Gesetzes zur Organisation der Gesetzgebung und Gerichtsbarkeit des Großherzogtums Posen vom 12. Juli 1815[1042] sollte das Preußische Landrecht zu einem noch zu verkündenden Termin in Kraft treten. Gemäß § 7 sollte die polnische Sprache in allen gerichtlichen Verhandlungen beibehalten werden. Nur in den

---

15. Mai bezog, verkündeten der Leitende General De Thümen und der Oberpräsident Zerboni du Sposetti die Besetzung des Posener Gebietes.

1040 Poln. Text: *Sawicki*, Wybór tekstów źródłowych, Bd. II, Nr. 60 b), S. 223 f.; franz. Text: *d'Angeberg*, Recueil des traités concernant la Pologne, S. 688 f.

1041 Poln. Text: *Sawicki*, Wybór tekstów źródłowych, Bd. II, Nr. 63, S. 229 ff.; dt. Text: *Skórzewski*, Najważniejsze prawa tyczące się Wielkiego Xięstwa Poznańskiego, Nr. 19, S. 74.

1042 Dt. und poln. Textauszug: *Skórzewski*, Najważniejsze prawa tyczące się Wielkiego Xięstwa Poznańskiego, Nr. 1, S. 146 ff.

Kreisen, in denen die deutsche Sprache die vorherrschende war, durfte in dieser allein verhandelt werden.

II. Rechtscharakter des Großherzogtums Posen

1. Preußische Provinz

Die Beurteilung des Rechtscharakters des Großherzogtums Posen stellt sich als weniger problematisch heraus als diejenige des Königreichs Polen. Der Grund hierfür ist, dass bereits in der Wiener Kongressakte eine vollständige Unterwerfung des Großherzogtums Posen unter die Souveränität Preußens konkret festgelegt wurde. Ferner nahm der preußische König den Titel des Großherzogs von Posen an. In Posen sollte keine eigene Regierung entstehen, zudem verfügte das Großherzogtum über kein eigenes Staatsgebiet. Vielmehr gehörte es als eine gesonderte Verwaltungseinheit zum preußischen Staatsgebiet. Die Verträge regelten ausdrücklich eine Einverleibung Posens in das preußische Territorium. So etwa auch das Patent vom 15. Mai 1815, in welchem der preußische König verkündete, dass das Großherzogtum als weitere Provinz in das Königreich Preußen eingegliedert werde. Der ehemalige Teil des Herzogtums Warschau ging infolge einer Inkorporation an den preußischen Staat über.[1043] Damit hatte das Großherzogtum Posen keine eigene Staatsgewalt und auch kein Staatsgebiet. Auf diese Weise konnte das polnische Volk auch kein Staatsvolk bilden. Das Großherzogtum Posen war aufgrund des Fehlens der drei Staatlichkeitselemente kein Staat.

2. Sonderstellung innerhalb der preußischen Monarchie

a) Verwaltungsaufbau

Im Großherzogtum Posen wurde ein Provinzialrat mit einem Oberpräsidenten an der Spitze installiert.[1044] Der Provinzialrat bildete die höchste Verwaltungsbehörde im Großherzogtum.[1045] Hinsichtlich des Verwaltungsaufbaus bestanden keine Unterschiede zu den anderen preußischen Provinzen.[1046] Durch die Proklamation vom 15. Mai 1815 wurde den Polen ihre Nationalität gewährt. Hieraus folgte, dass in der Verwaltung die polnische Sprache benutzt werden konnte. Auch wurde den Polen der Zugang zu öffentlichen Ämtern ermöglicht. Eine Einschränkung dieser Rechte erfolgte mit der Bekanntmachung vom 23. Mai 1832, die vorsah, dass die

1043 Das Großherzogtum Posen und auch West- und Ostpreußen gehörten nicht dem in Jahre 1815 gegründeten Deutschen Bund an. Das Großherzogtum Posen bildete, mit Ausnahme der Unterbrechung in den Jahren 1848 bis 1851, bis zum Jahre 1871 ein bundesfreies Gebiet. Vgl. *Stankiewicz*, Królestwo Polskie, in: *Bardach/Senkowska-Gluck*, Historia państwa i prawa Polski, Bd. III, S. 601.

1044 Vgl. *Stankiewicz*, Królestwo Polskie, in: *Bardach/Senkowska-Gluck*, Historia państwa i prawa Polski, Bd. III, S. 604; *Tarnowska*, Z dziejów unifikacji, S. 249.

1045 *Wąsicki, Jan*, Ziemie polskie pod zaborem pruskim. Wielkie Księstwo Poznańskie (Großherzogtum Posen), Studium historyczno-prawne, 1980, S. 86.

1046 *Wąsicki*, Ziemie polskie pod zaborem pruskim. Großherzogtum Posen, S. 85.

Kommunikation zwischen den Verwaltungsbehörden, mit Ausnahme kleiner Städte und Ortschaften, in deutscher Sprache erfolgen sollte.

b) Statthalter

Im Großherzogtum wurde das Amt eines Statthalters[1047] geschaffen. Dieses Amt existierte in keiner anderen preußischen Provinz und wurde von einem Polen bekleidet. Mit dem Statthalter nahm Posen im Verhältnis zu den anderen Provinzen eine Sonderstellung ein. Durch die Schaffung dieses Amtes wollten die Preußen die polnische Bevölkerung für sich gewinnen, indem sie dem Großherzogtum eine gewisse formale Unabhängigkeit gewährten.[1048] Zudem wollten sie damit ihrer Verpflichtung aus der Wiener Kongressakte zur Schaffung von „polnischen Institutionen" nachkommen. Die eigentlichen Verwaltungsgeschäfte der Provinz sollten aber außerhalb des Geschäftskreises des Statthalters liegen. Zu seinen Aufgaben gehörte daher, die Wünsche und Anliegen der Bevölkerung aufzunehmen und diese an den König weiterzugeben. Der Oberpräsident sollte den Statthalter über alle Ereignisse im Großherzogtum informieren. Im Laufe der Zeit nahm die Position des Präsidenten zu und parallel dazu schwand der Einfluss des Statthalters.[1049] Die Statthalterschaft wurde bis zum Jahre 1830 aufrechterhalten und nach dem Novemberaufstand nicht mehr neu besetzt.[1050]

c) Besonderheiten im Gerichtswesen

Auch das Gerichtswesen im Großherzogtum unterschied sich von den übrigen preußischen Provinzen. So blieb etwa das Friedensgericht bestehen. Mit dem Erlass vom 16. Juni 1834 wurde allerdings das bis dahin unabhängige Gerichtswesen im Großherzogtum an das übrige in Preußen angepasst.[1051]

d) Eigene Symbole

Das Großherzogtum erhielt ein eigenes Wappen mit weiß-roter Färbung, auf dem der polnische Adler inmitten des preußischen Adlers positioniert war.

e) Bewertung der Sonderstellung

Da der Statthalter formal weder Regierungsbefugnisse noch Einfluss auf die Verwaltungsgeschäfte hatte, kann das Amt nicht als Sicherung einer gewissen Autonomie für das Großherzogtum Posen bewertet werden. Mit der Einsetzung eines Statthalters wollte Preußen seinen aus der Wiener Kongressakte aufgegebenen Verpflichtungen nachkommen. Keineswegs wollte Preußen seine Souveränität an

---

1047 Erster Statthalter wurde Fürst Antoni Radziwiłł.

1048 *Wąsicki*, Ziemie polskie pod zaborem pruskim. Großherzogtum Posen, S. 82.

1049 *Wąsicki*, Ziemie polskie pod zaborem pruskim. Großherzogtum Posen, S. 83.

1050 *Korobowicz/Witkowski*, Ustrój i prawo, S. 151.

1051 Vgl. *Stankiewicz*, Ustrój i prawo Wolnego Miasta Krakowa, in: *Bardach/Senkowska-Gluck*, Historia państwa i prawa Polski, Bd. III, S. 620; *Korobowicz/Witkowski*, Ustrój i prawo, S. 153.

den Statthalter abgeben. Das Amt des Statthalters sollte schlichtweg den Schein wahren, dass die Polen im Großherzogtum Posen eine Sonderstellung innerhalb des preußischen Königreiches genießen würden. Als eine Sonderstellung könnte aber zumindest das Zugeständnis des preußischen Königs, die polnische Nationalität anzuerkennen, gewertet werden. Die Polen waren in den Behörden vertreten und konnten auch ihre Sprache in den öffentlichen Stellen offiziell gebrauchen. Im Vergleich zu der weitgehenden Souveränität des Königreichs Polen wurden dem Großherzogtum Posen keine autonomen Institutionen verliehen. Es erfolgte stattdessen eine identische Verwaltungsorganisation wie in den übrigen preußischen Provinzen. Ein Indiz für die rein formale Sonderstellung ist auch, dass von preußischer Seite der Name Großherzogtum Posen neben der Bezeichnung Posener Provinz gleichermaßen verwendet wurde. Im späteren Verlauf wurde ohne den Erlass einer speziellen Bestimmung nur noch der Name „Provinz Posen" in sämtlichen Akten gebraucht. Ab dem Jahre 1850 wurde der Name des Großherzogtums Posen offiziell nicht mehr verwendet.[1052] Eine Autonomie Posens kann nicht dadurch bejaht werden, dass es eigene Symbole verwenden durfte. Es ist durchaus üblich, dass Provinzen eigene Wappen, die sich vom Gesamtstaat unterscheiden, führen. Eine temporäre Sonderstellung genoss Posen in Bezug auf sein Gerichtswesen. Die eigene Gerichtsbarkeit wurde allerdings im Jahre 1834 wieder aufgehoben.

III. Rechtmäßigkeit der Übertragung des Gebiets des Großherzogtums Posen an Preußen

Hinsichtlich der Frage, ob die Übertragung des Gebiets des Großherzogtums an den preußischen Staat in rechtmäßiger Weise erfolgt ist, kann auf die Ergebnisse im Rahmen der gleichen Fragestellung bezogen auf die Freie Stadt Krakau verwiesen werden. Es kann davon ausgegangen werden, dass der König des Königreichs Polen der Gebietsübertragung in Form der Verkleinerung des Staatsgebiets des polnischen Königreichs zugestimmt hat. Preußen, das nach der zweiten Teilung bereits die territoriale Souveränität über das Posener Gebiet hatte, bekam dieses Territorium durch den Wiener Kongress wieder zugesprochen. Vor dem Hintergrund, dass die Polen auch im Gebiet des Großherzogtums Posen und später der Provinz Posen gegen die Zugehörigkeit zur preußischen Monarchie protestiert hatten, erscheint diese Angliederung aus polnischer Sicht zweifelhaft. Auf formaler Ebene muss aber eine rechtmäßige Übertragung des Posener Gebiets auf Preußen angenommen werden.

IV. Zusammenfassung

Im Ergebnis kann festgehalten werden, dass das Großherzogtum Posen weder über ein eigenes Staatsgebiet noch über eine eigene Staatsgewalt verfügte. Hieraus

---

1052 *Leśnodorski*, in: *Bardach/Leśnodorski/Pietrzak*, Historia ustroju i prawa polskiego, S. 428.

folgt, dass Posen eine preußische Provinz mit gewissen autonomen Rechten im preußischen Königreich bildete.

F. Galiziens Autonomie

Eine Wende im österreichisch-galizischen Verhältnis trat im Jahre 1861 mit dem Erlass einer eigenen Landesordnung für Galizien[1053] ein.[1054] Es setzte damit ein Autonomieprozess ein,[1055] der seinen Höhepunkt mit dem österreichisch-ungarischen Ausgleich von 1867 hatte.

I. Staatsrechtliche Grundlagen

1. Kronland-Statut des Königreichs Galizien und Lodomerien mit dem Großherzogtum Krakau vom 26. Februar 1861

Dem Februarpatent von 1861[1056] waren insgesamt 46 Beilagen angefügt, deren erste das „Grundgesetz über die Reichsvertretung“[1057] war. Durch dieses Grundgesetz erhielt Österreich unter der Bezeichnung „Reichsrat“ ein Parlament, das mit Unterbrechungen bis zum Ende der Monarchie im Jahre 1918 Bestand hatte.[1058] Ferner bildeten 15 der Beilagen die jeweiligen Landesordnungen der einzelnen Länder. Die Landesordnung des Königreiches Galizien und Lodomerien samt dem Großherzogtum Krakau[1059] war dem Februarpatent in Beilage II o angefügt.

1053 Am 27. Februar 1847 wurde Galizien auf Wunsch der Ukrainer in zwei Verwaltungsbezirke, einen östlichen mit Lemberg und einen westlichen mit Krakau, unterteilt. Immer wieder sprachen sich die Ukrainer für eine Teilung Galiziens aus. Als Gründe führten sie an, dass eine Einheit Galiziens weder geschichtlich fundiert noch vom Willen der Ukrainer getragen werde. Vgl. *Respondek, Paul,* Die Autonomie der Polen in Galizien nach dem österreichisch-ungarischen Ausgleich vom Jahre 1867, 1941, S. 70.

1054 Die wichtigste Voraussetzung für diese Wende bildete der „Völkerfrühling“ der demokratischen Revolution von 1848, der auch für ein neues Verhältnis des österreichischen Gesamtstaates zu seinen Provinzen, insbesondere den slawischen, eröffnete. Vgl. *Häusler, Wolfgang,* Die österreichische Revolution von 1848 und die polnische Frage bis zur Einberufung des Reichstags, in: Studia Austro-Polonica, Bd. 1 (1978), S. 107-127 (107); *Mark,* Galizien unter österreichischer Herrschaft, S. 9.

1055 Offiziell hatten die Polen bereits seit dem Jahre 1848 ihre Autonomieforderungen öffentlich geäußert. Im März 1848 bildeten die Polen nationale Komitees in Krakau und Lemberg, die als Sprachrohr für ihre Forderungen nach Selbstverwaltung fungierten. Hierzu siehe auch: *Respondek,* Autonomie, S. 6.

1056 Dt. Text: *Bernatzik, Edmund* (Hrsg.), Die österreichischen Verfassungsgesetze mit Erläuterungen, 2. Aufl., 1911, Nr. 71, S. 258-260.

1057 Dt. Text: *Bernatzik,* Die österreichischen Verfassungsgesetze, Nr. 72, S. 260-269.

1058 *Kadgien, Michael,* Das Habsburgergesetz, 2005, S. 11.

1059 Poln. Text: *Kallas/Krzymkowski,* Historia ustroju i prawa, Nr. 122, S. 226-232; dt. Text: *Bernatzik,* Die österreichischen Verfassungsgesetze, Nr. 98, S. 303 f.

Die Landesordnung[1060] sah in § 1 vor, dass das Königreich Galizien und Lodomerien mit dem Großherzogtum Krakau in den nationalen Angelegenheiten durch einen eigenen Landtag vertreten werden sollte. Nach Art. 4 ernannte der Kaiser zur Leitung des Landtages aus dessen Mitte den Landmarschall und dessen Stellvertreter.[1061] Ferner hatte der Kaiser das Recht, den Landtag unter gleichzeitiger Anordnung neuer Wahlen jederzeit aufzulösen.[1062] Dem Landtag wurden das Recht der Teilhabe an der Gesetzgebung und insbesondere das Vorschlagsrecht übertragen.[1063] Hierbei gab es allerdings die Beschränkung, dass die Gesetze Landesangelegenheiten betreffen mussten.[1064] Gemäß § 26 wurde daneben ein Landesausschuss eingesetzt, der die gewöhnlichen Verwaltungsgeschäfte des Landesvermögens, der Landesfonds und Anstalten leiten und die Dienstleistung der ihm untergebenen Beamten und Diener überwachen sollte. Gemäß § 28 sollte der Landesausschuss die Landesvertretung in allen Rechtsangelegenheiten vertreten. Ferner sollte der Ausschuss nach § 30 die nötigen Vorbereitungen für die Abhaltung der Landtagssitzungen vorbereiten.

2. Österreichisch-ungarisches Ausgleichsgesetz von 1867

Im Jahre 1867 wurde eine neue Verfassung[1065] verabschiedet, mit der gleichzeitig die Doppelmonarchie Österreich-Ungarn errichtet wurde. Die österreichische Reichshälfte erhielt durch die Staatsgrundgesetze vom 21. Dezember 1867[1066], die in ihrer Gesamtheit als „Dezemberverfassung“ bezeichnet wurden, eine erstmals vom Reichsrat und nicht wie zuvor vom Kaiser erlassene Verfassung.[1067] Den Kern der Verfassung bildeten sechs Staatsgrundgesetze,[1068] die allesamt am

1060 Der Wortlaut der Landesordnungen war bis auf einige konkrete Bestimmungen, wie etwa zur Zahl der Abgeordneten, identisch. Der Text einer kompletten Landesordnung am Beispiel des Erzherzogtums Österreichs unter der Enns ist zu finden bei: *Bernatzik*, Die österreichischen Verfassungsgesetze, Nr. 73, S. 269-282.

1061 Vgl. § 4.

1062 Vgl. § 10.

1063 Vgl. §§ 16 und 17.

1064 Eine Erklärung darüber, was zu den Landesangelegenheiten zählte, enthielt § 18. Zu den Landesangelegenheiten gehörten etwa die Landeskultur, die öffentlichen Gebäude und die gemeindlichen sowie kirchlichen Angelegenheiten.

1065 Dt. Text: *Bernatzik*, Die österreichischen Verfassungsgesetze, Nr. 125, S. 367 ff.

1066 Dt. Texte: *Reiter, Ilse* (Hrsg.), Texte zur österreichischen Verfassungsentwicklung 1848-1955, 1997, Nr. 42-47, S. 118-127.

1067 Vgl. *Kadgien*, Das Habsburgergesetz, S. 14.

1068 Hierzu zählt das „Gesetz vom 21. Dezember 1867 betreffend die allen Ländern der österreichischen Monarchie gemeinsamen Angelegenheiten und die Art ihrer Behandlung“. Vgl. dt. Text: *Mayer, Theodor* (Hrsg.), Der österreichisch-ungarische Ausgleich von 1867. Seine Grundlagen und Auswirkungen, 1968, Anhang Nr. II, S. 153-158; *Reiter*, Texte zur österreichischen Verfassungsentwicklung, Nr. 42, S. 118 ff.; poln. Text: *Kallas/Krzymkowski*, Historia ustroju i prawa, Nr. 125, S. 367 ff.

21. Dezember 1867 vom Reichsrat verabschiedet wurden.[1069] Galizien als eines von insgesamt 17 Kronländern gehörte zur österreichisch-ungarischen Monarchie.[1070] In der Verfassung von 1867 wurden alle Nationen rechtlich gleichstellt.[1071] Auf Grundlage der Reichstagsresolution vom 24. September 1868[1072] wurde dem Königreich Galizien und Lodomerien die Bildung eines eigenständigen Landtags und höchsten Gerichtes gewährt. Den Polen wurde demnach eine Selbstverwaltung eingeräumt, sodass ab dem Jahre 1867 eine *De-facto*-Autonomie Galiziens bestand.[1073] Ein weiterer Schritt im Autonomieprozess trat am 11. April 1871 mit der Einrichtung eines Ministers für galizische Angelegenheiten ein.[1074]

3. Sprachgesetze

Während der Landtagssitzung am 19. November 1866 in Galizien befassten sich die Abgeordneten mit der Frage der Einführung der polnischen Unterrichtssprache in Volks- und Mittelschulen sowie mit der Einrichtung eines eigenen Landesschulrates.[1075] Der österreichische Kaiser stimmte diesem Landtagsbeschluss und damit der Polonisierung des Schulwesens und der Verwaltung zu. Mit dem Sprachgesetz vom 22. Juni 1867[1076] wurde die deutsche Sprache an allen Volks- und Mittelschulen durch die polnische Sprache[1077] ersetzt.[1078] Eine entscheidende Institution der

---

1069 *Kadgien*, Das Habsburgergesetz, S. 14.

1070 *Korobowicz/Witkowski*, Ustrój i prawo, S. 195.

1071 Vgl. Art. 2 des Staatsgrundgesetzes vom 21. Dezember 1867 über die allgemeinen Rechte der Staatsbürger für die im Reichsrate vertretenen Königreiche und Länder.

1072 Text: *Kieniewicz, Stefan*, Galicja w dobie autonomicznej (1850-1914), 1952, S. 106 ff.

1073 Vgl. *Conze*, Polnische Nation, S. 24 f.; *Röskau-Rydel*, Deutsche Geschichte im Osten, S. 107; *Batowski, Henryk*, Die Polen, in: *Wandruszka, Adam/Rumpler, Helmut* (Hrsg.), Die Habsburgermonarchie 1848-1919, Bd. III 1. Die Völker des Reiches, 1980, S. 522-554 (531 f.).

1074 *Respondek*, Autonomie, S. 82 f.

1075 *Respondek*, Autonomie, S. 31.

1076 Poln. Text: *Kieniewicz*, Galicja, S. 104 ff.; *Kallas/Krzymkowski*, Historia ustroju i prawa, Nr. 128, S. 243 f.

1077 Diese Errungenschaft stellte für die Polen einen großen Erfolg dar, da die Polen zur Zeit Maria Theresias in Galizien nur etwa ein Drittel der Bevölkerung ausmachten. Die anderen beiden Drittel bestanden aus Ruthenen und Ukrainern. Eine Tabelle, die die Bevölkerung Galiziens in den Jahren von 1850 bis 1890 dokumentiert, ist abgedruckt bei: *Respondek*, Autonomie, S. 24.

1078 Vgl. *Röskau-Rydel*, Deutsche Geschichte im Osten, S. 106 f.; *Maner, Hans-Christian*, Galizien. Eine Grenzregion im Kalkül der Donaumonarchie im 18. und 19. Jahrhundert, 2007, S. 136 ff.; *Labuda, Gerald*, Polska granica zachodnia. Tysiąc lat dziejów politycznych, 1974, S. 150.

galizischen Selbstverwaltung war der Landesschulrat, der unmittelbar das Schulwesen steuerte, aber erst nach dem Jahre 1867 ins Leben gerufen wurde.[1079]

4. „Galizische Resolution" vom 24. September 1868

Als Folge der Unzufriedenheit über die Umsetzung des geforderten Autonomiestatus Galiziens beschloss der galizische Landtag am 24. September 1868 eine Resolution[1080], in der die Polen unter Berufung auf die „historisch-politische Vergangenheit", die „besondere Nationalität" und den „Grad der Zivilisation" ihre „nationale Selbstverwaltung" und damit die Abtrennung Galiziens forderten.[1081] Bereits im Vorwort des als „Galizische Resolution" bekannt gewordenen Textes[1082] wird deutlich, dass die Polen mit dem in § 19 der Dezemberverfassung verankerten Selbstverwaltungsrecht der einzelnen Provinzen Cisleithaniens[1083] unzufrieden waren. Der Landtag stellte daher in der Resolution folgenden Antrag: „Dem Königreich Galizien und Lodomerien samt dem Großherzogtum Krakau wird die nationale Selbstverwaltung in dem seinen Bedürfnissen und den besonderen Landesverhältnissen entsprechendem Maße zuerkannt". Der Landtag verlangte weitreichende legislative Kompetenzen, indem eine Reihe von Sachbereichen von der Zuständigkeit des Reichstags in seine eigenen Angelegenheiten verlagert werden sollten.[1084] Für Wien besonders einschneidend wären die beiden Schlusspunkte der

---

1079 *Respondek*, Autonomie, S. 82.

1080 Poln. Text: *Kallas/Krzymkowski*, Historia ustroju i prawa, Nr. 133, S. 252 f.; dt. Text: *Bernatzik*, Die österreichischen Verfassungsgesetze, Nr. 208, S. 1132-1135. Siehe auch zum Hintergrund der polnischen Autonomiebestrebungen *Buszko, Józef*, The Polish Attitude towards the Compromise, in: *Holotík, L'Udovít* (Hrsg.)/ *Vantuch, Anton* (Bearb.), Der österreichisch-ungarische Ausgleich 1867, 1971, S. 600-606 (604 f.).

1081 Vgl. *von Bieberstein*, Freiheit in der Unfreiheit, S. 223.

1082 Originaltext des Vorwortes der galizischen Resolution: „Unserem Lande wird nicht so viel legislative und administrative Selbständigkeit gewährt, als demselben mit Rücksicht auf dessen historisch-politische Vergangenheit, dessen besondere Nationalität, den Grad der Zivilisation und der territorialen Ausdehnung gebührt, daher weder den Wünschen nach nationaler Entwicklung und den Bedingungen hierzu noch auch den wirklichen Bedürfnissen des Landes entspricht und eine längere Dauer dieses Zustandes, allgemeine Unzufriedenheit erzeugend, auf das Gedeihen unserer Provinz und das Wohl der ganzen Monarchie verderblich zurückwirken muss".

1083 Mit dieser durch die Gründung der Doppelmonarchie inoffiziell eingeführten Bezeichnung wurde der nördliche und westliche Teil Österreich-Ungarns beschrieben. Übersetzt bedeutet der Name „Cisleithanien" Land diesseits der Leitha (ein Nebenfluss der Donau).

1084 In den Zuständigkeitsbereich des galizischen Landtages sollten unter anderem folgende Sachbereiche übergehen: die Handelskammern und Handelsorgane, die Gesetzgebung über die Kredit- und Versicherungsanstalten, die Gesetzgebung über das Heimatrecht, die Volksschulen und Gymnasien sowie die

Resolution gewesen, in denen die Verfasser einen galizischen Obersten Gerichts- und Kassationshof und die Errichtung einer dem Landtage verantwortlichen Landesverwaltung in Sachen der inneren Verwaltung, der Justiz, des Unterrichts, der öffentlichen Sicherheit und der Landeskultur sowie die Unterhaltung eines Landesministers im Rate der Krone forderten. Wären all diese Forderungen umgesetzt worden,[1085] wäre das Kronland Galizien eine weitestgehend unabhängige Rechtsgemeinschaft gewesen, die lediglich durch eine gemeinsame Außen- und Sicherheitspolitik mit den restlichen Provinzen des Reiches verbunden gewesen wäre.[1086] Die polnische Bevölkerung war über den Misserfolg der galizischen Resolution sehr enttäuscht. Dies drückten auch die zahlreichen Artikel der Tagespresse in Galizien aus.[1087]

II. Rechtscharakter des Königreichs Galizien und Lodomerien

Für Galiziens Sonderstellung war der seit dem Jahre 1861 bestehende Landtag mit seiner administrativen Stelle, dem Landesausschuss, von Bedeutung. Neben der nationalen Verwaltung erreichten die Polen die offizielle Beibehaltung ihrer Sprache. Die gesamte Behördenorganisation lag bei den Polen.[1088] Landesmarschall, Statthalter[1089] und Landsmannminister[1090] sicherten die Selbstverwaltung mit einem

---

Universitäten, die Strafjustiz und Polizeitstraf- sowie Zivilgesetzgebung, ferner die Gesetzgebung über die Grundzüge der Organisation der Gerichts- und Verwaltungsbehörden.

1085 Da der Reichsrat die galizische Resolution nicht beachtete, legte sie der galizische Landtag in der Folgezeit immer wieder erfolglos vor. Vgl. *Respondek*, Autonomie, S. 62.

1086 *Treichler, Michael*, „Polnisches Piemont"? Die Autonomie Galiziens innerhalb Cisleithaniens und das polnisch-ruthenische Verhältnis in Galizien, 2007, S. 14.

1087 *Respondek*, Autonomie, S. 63.

1088 Bis zum Ausgleich waren in der Beamtenschaft Galiziens überwiegend Österreicher vertreten. Insbesondere die hohen Posten waren nur zu einem geringen Teil mit Polen besetzt, sodass ab dem Jahre 1867 eine Neuorganisation der Beamtenschaft, die mit der Einsetzung polnischer Beamten einherging, erfolgte. Vgl. *Respondek*, Autonomie, S. 29.

1089 Zu seinen Befugnissen gehörte, dass er den Kaiser bei Feierlichkeiten vertrat und die Regierung vor dem Sejm repräsentierte. Er ernannte die niedrigen Verwaltungsbeamten und machte dem Kaiser Vorschläge für die Besetzung der höheren Beamtenstellen. Ferner unterstanden ihm die Landesverwaltung und die Aufsicht über die Beamten und Behörden. Schließlich musste er Weisungsangelegenheiten, die ihm durch den Kaiser oder das Ministerium übertragen wurden, erledigen. Vgl. *Respondek*, Autonomie, S. 26; die Funktion des Statthalters verdeutlicht, dass er vom Wiener Hof aus gesteuert wurde.

1090 Das Amt des Landsmannministers, das stets ein Pole besetzte, blieb bis zum Jahre 1918 in Galizien bestehen. Vgl. *Respondek*, Autonomie, S. 65.

einheitlich ausgerichteten Vorgehen.[1091] Trotz des im Jahre 1867 eingeräumten Selbstverwaltungsrechts wird deutlich, dass dieses keineswegs den Autonomievorstellungen der Galizier entsprach, sodass diese weitere Forderungen hinsichtlich der Erlangung ihrer Selbständigkeit proklamierten. Das Königreich Galizien und Lodomerien blieb trotz der Veränderungen im Hinblick auf die Autonomiegewährung ein integraler Bestandteil des Kaisertums Österreich. Als Kronland bildete es weiterhin eine Verwaltungseinheit innerhalb Österreichs.

G. Gesamtwürdigung der Teilungen und der Kontinuität Polens

Für eine abschließende Würdigung der Frage, ob Polen nach der letzten Teilung im Jahre 1795 oder auch erst nach der völkerrechtswidrigen Inkorporation des Königreichs Polen in Russland im Jahre 1832 als Staat untergegangen ist, ist von Bedeutung, ob die Teilungsmächte effektiv und dauerhaft ihre Staatsgewalt in den von ihnen besetzten Gebieten etabliert haben. Voraussetzung hierfür wäre, dass die polnische Staatsgewalt dauerhaft bis in die unterste Ebene weggefallen sein müsste und die Möglichkeit ihrer Wiedererrichtung ausgeschlossen gewesen wäre. Erst wenn dies zutrifft, können die Besatzungen in Folge der dritten Teilung als Annexionen bezeichnet werden. Eine erfolgreiche Einverleibung der Teilungsgebiete hätte dann den Untergang des polnischen Staates zur Folge.

Bei der Beurteilung der Kontinuität oder Diskontinuität des polnischen Staates ist von Bedeutung, dass die Teilungsmächte in den polnischen Gebieten neue Fakten geschaffen haben. Sie haben die polnischen Gebiete besetzt und waren in den Jahren nach der letzten Teilung bemüht, den polnischen Staat dauerhaft von der Landkarte Europas zu tilgen. Die Polen wurden unterdrückt und die polnischen Strukturen, wie etwa der Verwaltungsaufbau und die Gerichtsbarkeit, nach und nach abgeschafft und durch die Ordnung der jeweiligen Teilungsmacht ersetzt. Ein Staatsuntergang Polens wäre aber erst anzunehmen, wenn sich die tatsächlichen Zustände in den Teilungsgebieten derart verfestigt hätten, dass sie in effektive Zustände übergegangen wären. Die neuen Herrschaftsgewalten, die sich faktisch über die polnischen Gebiete erstreckten, hätten sich effektiv durchsetzen müssen.

Gegen eine effektive Durchsetzung spricht der Umstand des andauernden Widerstandes der polnischen Bevölkerung. Bis zur Errichtung der Zweiten Republik Polen dauerte der Widerstand der Polen in den Teilungsgebieten Preußens, Russlands und Österreichs[1092] an. Der überwiegende Teil der Teilungsgebiete gehörte jedoch formal nicht mehr zum polnischen Staatsgebiet, da die Teilungsmächte über die Gebiete, die sie durch die ersten beiden Teilungen rechtmäßig erworben haben, territoriale Souveränität ausübten. Allenfalls könnte noch angenommen werden, dass die Gebiete Westgaliziens und der Provinz Posens formal zum polnischen

1091 *Respondek*, Autonomie, S. 83.

1092 Hierzu zählen auch die Gebiete der ersten beiden Teilungen, da die Polen auch in diesen Gebieten ihren Widerstand gegen die Teilungsmächte mit Aufständen zum Ausdruck brachten.

Staatsgebiet zu zählen sein könnten. Der Umstand des polnischen Widerstandes in den drei Teilungsgebieten führte im Ergebnis schließlich dazu, dass nach dem Ersten Weltkrieg ein Großteil der durch die drei Teilungen besetzten Gebiete wieder der polnischen Nation zugesprochen wurde. Besonders deutlich kommen der Wille zur Wiedererrichtung ihres unabhängigen Staates und die andauernde Auflehnung gegen die Fremdherrschaft in der Zeile „noch ist Polen nicht gestorben“ des Liedes „Mazurek Dąbrowskiego“ zum Ausdruck, das die Polen stets während ihrer bewaffneten Aufstände sangen.

Allerdings reicht der entgegenstehende Wille der betroffenen Bevölkerung allein nicht aus, um die Effektivität der neuen Herrschaftsgewalt zu verhindern. Dies ist insbesondere im klassischen Völkerrecht vertretbar, da dieses grundsätzlich Annexionen, die stets gegen den Willen der betroffenen Bevölkerung erfolgten, als rechtmäßig erachtete. Faktisch hatten die Teilungsmächte erfolgreich ihre Herrschaftsgewalt über die besetzten Gebiete ausgeweitet, sodass allein der entgegenstehende Wille der Polen nicht ausreicht, um die neue Ordnung effektiv werden zu lassen. Ein weiteres Kriterium, das die Effektivität suspendieren könnte, ist die Tatsache der Rechtswidrigkeit der dritten Teilung. Die Teilungsmächte haben nämlich rechtswidrige Fakten geschaffen. Die Polen wehrten sich zurecht gegen den Verlust ihres Staates, da die Gebietsaufteilung gegen das Völkerrecht verstieß. Aufgrund des entgegenstehenden Willens der Polen und der Tatsache der Rechtskontinuität des polnischen Staates müssen an die Effektivität der neuen Ordnungen deutlich höhere Anforderungen gestellt werden.

Der entgegenstehende Wille der Polen und die Völkerrechtswidrigkeit der dritten Teilung verhinderten somit insbesondere in den Anfangsjahren, dass aus der jeweiligen Besatzungsmacht Staatsgewalt in den Gebieten der dritten Teilung erwachsen konnte. Die Teilungsmächte konnten aus diesem Grunde in den Jahren nach der letzten Teilung die restlichen polnischen Gebiete daher zumindest noch nicht erfolgreich in ihr Staatsgebiet eingliedern, da sich der faktische Zustand nicht effektiv durchsetzen konnte. Der polnische Staat bestand damit nach der versuchten Totalannexion fort, sodass das polnische Gebiet rechtlich gesehen lediglich als in Besatzungsgebiete aufgeteilt zu qualifizieren ist.

Der organisierte Widerstand und Kampf der Polen gegen die Teilungsmächte führten im Jahre 1807 schließlich zum Erfolg. Mit Hilfe des Bündnisses mit Napoleon erreichten die Polen nämlich, dass mit der Gründung des Herzogtums Warschau im Jahre 1807 wieder *de facto* polnische Staatsgewalt existierte. Die Existenz der polnischen Staatsgewalt sorgte dafür, dass der polnische Staat nicht nur *de iure*, sondern nun auch *de facto* fortexistierte.

Das Herzogtum Warschau stellte auf dem Kerngebiet des polnischen Staatsgebietes eine staatliche Reorganisation dar. Hinsichtlich des polnischen Gebietes war das neue Gebilde teilidentisch. Das Herzogtum Warschau bildete das polnische Verfassungsgebiet und war demnach mit dem nach dem Jahre 1795 fortexistierenden Staat, der faktisch verschwunden war, identisch. Da das Herzogtum Warschau kein souveräner Staat war, empfanden ihn die Polen lediglich als einen Ersatz für den Verlust ihres faktisch untergegangenen Staates. Der von Frankreich stark abhängige Staat war auf diese Weise ein Vorläufer auf dem Weg zum Ziel eines unabhängigen Staates. Die Kontinuität des polnischen Staates setzte sich auch im Jahre 1815 fort, da das durch den Wiener Kongress errichtete Königreich Polen identisch mit dem Herzogtum Warschau war. Formal galt das Königreich Polen als ein souveräner polnischer Staat, wenngleich es unter der Oberhoheit Russlands und damit in einem starken Abhängigkeitsverhältnis zum Zarenreich stand.

Bei der Beurteilung der Kontinuität Polens in den Jahren nach 1832 bis zum Ersten Weltkrieg könnte problematisch sein, dass über diesen längeren Zeitraum der polnische Staat wieder einmal verschwunden war, da das Königreich Polen als „Provinz Weichselland“ faktisch in Russland eingegliedert war. Fraglich ist aber, ob sich die russische Gewalt effektiv über die „Provinz Weichselland“ erstreckte. Gegen eine effektive Durchsetzung sprechen die Völkerrechtswidrigkeit der Inkorporation, da diese gegen die Wiener Kongressakte verstieß, und der weiterhin andauernde Widerstand der polnischen Bevölkerung. Für eine effektive Durchsetzung könnte aber sprechen, dass mit der faktischen Eingliederung keine polnischen Organe, die die polnische Staatsgewalt repräsentiert haben konnten, mehr vorhanden waren. Jedoch war die Errichtung von polnischen Organen während des gesamten Zeitraumes bis zum Ende des Ersten Weltkriegs jederzeit möglich. Die Polen akzeptierten den Verlust ihres Staates nicht und kämpften in geheimen Organisationen für dessen Wiedererrichtung. Russland konnte daher stets damit rechnen, dass die Kämpfe der Polen erfolgreich sein würden. Auch die Tatsache der faktischen Wiedererrichtung des polnischen Staates nach dem Ersten Weltkrieg spricht für die Annahme, dass die russische Staatsgewalt nicht dauerhaft und auch nicht effektiv in Kongresspolen durchsetzte.

In diesem Zusammenhang stellt sich darüber hinaus die Frage, ob die von Russland geschaffenen Fakten sich wegen des sehr langen Zeitraumes auf die Effektivität einer möglichen russischen Staatsgewalt ausgewirkt haben könnten. Die lange zeitliche Dauer der faktischen Besatzung könnte zu einer Abwägung zugunsten von Effektivität führen. Der Wille des polnischen Volkes müsste dann als unbeachtlich betrachtet werden, da er hinter das zeitliche Moment treten würde. Dies hätte zur Folge, dass die Kontinuität des polnischen Staates abgelehnt werden müsste.

Zunächst könnte in Betracht kommen, dass die russische Teilungsmacht das rechtswidrig in ihr Territorium eingegliederte Gebiet des Königreichs Polen ersessen haben könnte. Bei einer *ex-post*-Betrachtung könnte nämlich eine nachträgliche Rechtmäßigkeit der Einverleibung des Königreichs Polen in Russland durch völkerrechtliche Ersitzung konstruiert werden. Für das Vorliegen einer Ersitzung wird vorausgesetzt, dass sich der erwerbende Staat im effektiven Besitz des Gebietes befindet, die Hoheitsausübung offen und mit Souveränitätswillen erfolgt, der Besitz von dem ersitzenden Staat eine beachtliche Zeit ununterbrochen ausgeübt wird und die Ausübung ungestört und unbestritten bleibt. Russland blieb faktisch mehr als 80 Jahre lang im Besitz des ehemals polnischen Gebiets. Dies stellt einen beachtlichen Zeitraum dar. In dieser Zeit übte Russland seinen Besitz willentlich aus. Problematisch ist allerdings die Voraussetzung der ungestörten, unbestrittenen oder ununterbrochenen Ausübung. Ungestört ist die Hoheitsausübung erst dann, wenn die Gebietsbevölkerung der Fremdherrschaft keinen Widerstand entgegensetzt. Vorliegend war es jedoch so, dass die polnische Bevölkerung während des gesamten möglichen Ersitzungszeitraums der russischen Fremdherrschaft gegenüber Widerstand leistete. Dies verdeutlicht, dass die Voraussetzung der ungestörten Hoheitsausübung nicht vorlag. Russland war es nicht gelungen, das Gebiet des Königreichs Polen mittels Ersitzung rechtmäßig zu erwerben. Eine nachträgliche Heilung der rechtswidrigen Eingliederung in das russische Staatsgebiet ist abzulehnen.

Der Staatsuntergang Polens könnte aber auch mit dem Grundsatz der *normativen Kraft des Faktischen* begründet werden. Polen war nämlich tatsächlich spätestens ab dem Jahre 1864 als Staat verschwunden. Hiergegen spricht aber die Völkerrechtswidrigkeit der Einverleibung des Königreichs Polen. Der Effektivitätsgrundsatz, also die Regel *ex factis ius oritur*, muss anhand des Grundsatzes *ex iniuria ius non oritur* neu bewertet werden.

Die Rechtswidrigkeit des vorliegenden Sukzessionsvorgangs beeinflusst die Effektivität der vorliegenden *de facto*-Situation. Bei einer völkerrechtswidrigen Annexion eines Staates geht der Staat trotz faktischer Nichtexistenz grundsätzlich nicht unter. Es wird zumindest zunächst die Kontinuität des Staates angenommen, sodass das Effektivitätsprinzip hinter das Kontinuitätsprinzip zurücktritt.

Das Kontinuitätsprinzip wird allerdings durch das zeitliche Element und die tatsächlichen Gegebenheiten begrenzt. Der lange Zeitraum, der mit der Duldung der betroffenen Bevölkerung und der anderen Staaten einhergehen kann, ermöglicht es, dass ein tatsächlicher Zustand sich derart verfestigt, dass er schließlich in einen effektiven Zustand übergeht. Neben die bloße Gebietshoheit kann dann schließlich die territoriale Souveränität treten. Polen stellt inmitten dieser Problematik eine Besonderheit dar. Der polnische Staat war über einen sehr langen Zeitraum hindurch nicht sichtbar. Jedoch reicht die Duldung dieser tatsächlichen Situation durch die Teilungsmächte, insbesondere durch Russland, nicht dafür aus, dass sich der ursprünglich rechtswidrige Zustand in einen rechtmäßigen Zustand umgewandelt hätte. Die polnische Nation bekundete stets ihren Willen, dass sie mit den durch die Teilungsmächte geschaffenen Fakten nicht einverstanden war und kämpfte gegen diese Fakten in offensichtlicher Weise an. Der enorme Wille der Polen war darauf ausgerichtet, die Effektivität des rechtswidrigen Zustandes zu verhindern, um schließlich ihren verlorenen Staat wiedererrichten zu können. Es wäre daher nicht nachvollziehbar, wenn die bestehenden Fakten in dem russischen Teilungsgebiet in einen rechtmäßigen Zustand erwachsen wären. Wegen der gerade nicht absehbaren Situation in der „Provinz Weichselland" ist eine Heilung der rechtswidrigen Einverleibung durch Russland auf Grundlage des zeitlichen Aspektes nicht möglich. Die *ex post*-Betrachtung mit der Wiedereinsetzung des polnischen Staates nach dem Ersten Weltkrieg zeigt gerade, dass das erforderliche Kriterium der dauerhaften Herrschaft nicht greift. Die tatsächliche Gegebenheit der staatlichen Wiedererrichtung spricht somit gegen den Grundsatz der *normativen Kraft des Faktischen*. Dies korrespondiert auch mit dem bereits angeführten

Gedanken der Ersitzung, die ebenfalls selbst nach einem Zeitraum von mehr als 100 Jahren nicht erfolgen kann, wenn die betroffene Bevölkerung in dem Gebiet dagegen protestiert.

Aus diesem Grunde verhinderte die Rechtswidrigkeit der Eingliederung des Königreichs Polen in den russischen Staat im Sinne des Grundsatzes *ex iniuria ius non oritur*, dass sich der faktisch geschaffene Zustand effektiv durchsetzte. Die Annexion des Königreichs Polen wurde demnach nicht erfolgreich umgesetzt. Das Königreich Polen existierte aus völkerrechtlicher Sicht fort und stellte im Ergebnis eine bloße Besatzung unter russischer Herrschaft dar.

Zusammenfassend kann als Ergebnis festgehalten werden, dass der polnische Staat nicht im Jahre 1795 untergegangen ist, sondern bis zum Ersten Weltkrieg fortbestand. Die Rechtswidrigkeit der dritten Teilung und die damit einhergehende fehlende Ausübung einer effektiven Staatsgewalt durch Russland hatten zur Folge, dass die polnischen Gebiete der dritten Teilung nicht infolge von Annexionen in das Territorium Russlands angegliedert wurden. Die Teilungsgebiete stellten nach dem Jahre 1795 daher formal Besatzungen dar, über welche eine rechtswidrige Gebietshoheit ausgeübt wurde. Für die polnische Nation bedeuteten die Besatzungen in den Anfangsjahren nach der versuchten Totalannexion dennoch den Verlust ihres unabhängigen Staates, obgleich dieser aus völkerrechtlicher Sicht kontinuierlich fortexistierte. Der Satz *ex iniuria ius non oritur* behauptete sich gegenüber dem Satz *ex factis ius oritur*. Mit dem Herzogtum Warschau und dem mit ihm identischen Königreich Polen reorganisierte sich wieder polnische Staatsgewalt auf einem Teilgebiet des fortbestehenden Staatsgebiets Polens. Damit bestand der polnische Staat auf einem sich neu konsolidierenden Verfassungsgebiet auch faktisch fort. Als dann Russland das Königreich Polen im Jahre 1832 formal in sein Staatsgebiet angliederte, begann ein Prozess des faktischen Verlustes des polnischen Verfassungsgebietes. Da das Königreich Polen wegen der Rechtswidrigkeit des Sukzessionsvorgangs aber *de iure* fortbestand und die polnische Bevölkerung ihren Widerstand gegen ihren russischen Besatzer niemals aufgab, wurde der Staatsuntergang Polens verhindert.

4. Kapitel: Polens „Auferstehung" als unabhängiger Staat

Die Versailler Friedenskonferenz proklamierte im Jahre 1919 die Unabhängigkeit der Republik Polen und legte die Grenzen des polnischen Staates[1093] fest. Polen existierte nach dem Ersten Weltkrieg weiter, nun als „Zweite Republik". Fraglich ist, wann der polnische Staat aus rechtlicher Sicht faktisch errichtet wurde und tatsächlich seine Unabhängigkeit wiedererlangte. Noch während des Ersten Weltkriegs beschlossen die Kaiserreiche Deutschland und Österreich-Ungarn die Gründung eines selbständigen polnischen Staates. Um dieses Ziel zu verwirklichen, besetzten sie im Jahre 1915 das Gebiet des ehemaligen Königreichs Polen, das als

1093 Vgl. Anhang II, Karte 10.

Provinz „Weichselland" an das Russische Reich *de facto* angegliedert war. Mit dem Königreich Polen trat damit ein neues Gebilde hervor, das möglicherweise bereits die Wiederherstellung des polnischen Staates zur Folge hatte.

A. Königreich Polen (1916-1918)

I. Besetzung der Gebiete des ehemaligen Kongresspolens durch Deutschland und Österreich-Ungarn

Im Sommer 1915 besetzten Deutschland[1094] und Österreich-Ungarn die zu Russland gehörenden Gebiete, die früher das Territorium des Königreichs Polen[1095] ausmachten. Diese Gebiete gehörten faktisch seit dem Jahre 1832 als Provinz „Weichselland" zum Russischen Reich. Das polnische Besatzungsgebiet teilten die beiden Okkupationsmächte in zwei Generalgouvernements auf. Das österreichisch-ungarische Gouvernement hatte seinen Sitz in Lublin, das deutsche Gouvernement in Warschau.[1096] Mit dieser Inbesitznahme war Russland *de facto* nicht mehr im Besitz der ehemals polnischen Gebiete.

II. Rechtscharakter des Königreichs Polen und rechtliche Folgen der Besatzung für die Wiedererrichtung Polens

Die Besatzung des ehemals polnischen Gebietes setzte den Prozess der Wiedererrichtung eines unabhängigen polnischen Staates in Gang. Dieser Vorgang könnte bereits rechtliche Konsequenzen im Hinblick auf eine Wiedererrichtung Polens haben.

1. Proklamation vom 5. November 1916 als Rechtsgrundlage für die Gründung des Königreichs Polen

In der Proklamation vom 5. November 1916[1097] verkündeten der deutsche Generalgouverneur Hans-Hartwig von Beseler und der österreichisch-ungarische Generalgouverneur Karl Kuk den Bewohnern der Generalgouvernements Warschau und Lublin, dass der deutsche Kaiser sowie der Kaiser von Österreich und Apostolische König von Ungarn übereingekommen seien, aus den polnischen Gebieten, die der russischen Herrschaft entrissen wurden, einen selbständigen Staat mit erblicher Monarchie und konstitutioneller Verfassung zu bilden.[1098] Die genaue Bestimmung

---

1094 Deutsche Truppen nahmen Warschau am 4./5. August 1915 ein.

1095 Vgl. Anhang II, Karte 10.

1096 *Berezowski*, Powstanie państwa polskiego, S. 118.

1097 Dt. Text: *Roth*, Die Entstehung des polnischen Staates, Anlage 3, S. 129; poln. Text: *Kumaniecki, Kazimierz Władysław*, Odbudowa państwowości polskiej. Najważniejsze dokumenty 1912-styczeń 1924, 1924, Nr. 29, S. 48.

1098 Der Proklamation vom 5. November 1916 lag eine am 11./12. August zwischen dem deutschen Reichskanzler Bethmann-Hollweg und dem

der Grenzen des Königreichs Polen blieb in der Proklamation noch offen. Ferner sollte Polen eine Armee besitzen, wobei ihre Organisation, Ausbildung und Führung „im gemeinsamen Einvernehmen", also unter deutscher und österreichisch-ungarischer Oberhoheit, geleitet werden sollte.

In der Proklamation wird die Gründung eines polnischen Staates verkündet. Damit war aber aus rechtlicher Sicht der polnische Staat noch nicht errichtet.[1099] Ob das Königreich Polen ein Staat war, muss vielmehr anhand der Staatlichkeitsmerkmale untersucht werden. Sollten diese gegeben sein, hätten Deutschland und Österreich-Ungarn am 5. November 1916 mit dem Königreich Polen auch formal den polnischen Staat wiedererrichtet. Rechtlich war die Proklamation daher zunächst nicht mehr als ein politisches Versprechen.[1100] Die Proklamation des polnischen Staates hatte jedenfalls die Anerkennung der Unabhängigkeit Polens durch Deutschland und Österreich-Ungarn zum Inhalt, sodass sie als ersten Schritt im Entstehungsprozess des polnischen Staates betrachtet werden kann.[1101]

2. Staatlichkeit des Königreichs Polen

a) Staatsgewalt

aa) De iure

Bis zur Inbesitznahme des Gebietes durch das deutsche und österreichisch-ungarische Heer übte das Russische Reich die Gebietshoheit aus. Die Besatzung änderte diesen faktischen Zustand. Die Besatzungsmächte konnten nun in dem Gebiet, das sie als Königreich Polen bezeichneten, faktisch Besatzungsmacht und schließlich eventuell auch Staatsgewalt ausüben. Eine andere Frage ist aber, ob sie die Staatsgewalt auch rechtswirksam ausüben konnten. Wie bereits festgestellt, besaß Russland niemals die territoriale Souveränität über das Gebiet von Kongresspolen, das fortexistierte. Aus völkerrechtlicher Sicht ist daher von einer Kontinuität Kongresspolens auszugehen. Russland betrachtete sich allerdings als

---

österreichisch-ungarischen Außenminister Graf Burian getroffene Vereinbarung zugrunde. Originaltext abgedruckt bei: *Ludendorff, Erich* (Hrsg.), Urkunden der Obersten Heeresleitung über ihre Tätigkeit 1916/18, 1920, S. 298 f.: „Ein selbständiges Königreich Polen mit erblicher Monarchie und konstitutioneller Verfassung soll errichtet werden (...). Die innere Verwaltung des polnischen Staates bleibt diesem überlassen, vorbehaltlich einer erforderlichen Übergangsperiode. In außenpolitischer Hinsicht wird Polen dem Bündnis der beiden Kaiserreiche angeschlossen, eine eigene auswärtige Politik kann Polen nicht führen (...). Baron Burian wird dafür eintreten, dass die Aufsicht und oberste Führung der Armee einheitlich sei und Deutschland zufalle. (...)".

1099 *Górski*, Polonia Restituta, S. 26.

1100 *Schätzel*, Polens Untergang, in: AVR 40 (1921), S. 80.

1101 *Breyer, Richard*, Nachwirkungen und Überwindung der Teilungen Polens 1919-1939, in: *Franz, Günther* (Hrsg.), Teilung und Wiedervereinigung. Eine weltgeschichtliche Übersicht, 1963, S. 61-71 (61).

Inhaber der territorialen Souveränität über das Gebiet der Provinz „Weichselland". Hierfür spricht auch die Protestnote der russischen Regierung, die nach der Proklamation vom 5. November 1916 den neutralen Staaten zuging. In der Protestnote erklärte die russische Regierung, dass sie den Akt der Mittelmächte als „null und nichtig" erachte und feststellte, dass das Gebiet immer noch zum russischen Staatsgebiet gehöre.[1102] Russland könnte aber auf Grundlage seines Rechtsverständnisses mit der Proklamation seiner provisorischen Regierung vom 16. (29.) März 1917[1103] auf das Gebiet verzichtet haben. Jedenfalls könnte die Proklamation einen formalen Übergang der Gebietshoheit beinhaltet haben. Die provisorische Regierung Russlands nannte nämlich in dieser Proklamation die Wiedererrichtung des polnischen Staates als eines ihrer Kriegsziele. Sie übertrug den Polen das Recht, über ihr Schicksal selbst zu entscheiden und erkannte dem polnischen Volk damit das Selbstbestimmungsrecht zu. Der polnische Staat sollte aus allen Gebieten, deren Bevölkerung in der Mehrheit aus Polen bestand, gebildet werden. Polen sollte allerdings in einer „freien" Militärunion – einer brüderlichen Union – an Russland gebunden bleiben. Dies wirkte wie eine Bedingung, die an die Gewährung der Unabhängigkeit Polens geknüpft wurde. Ausdrücklich enthielt die Proklamation keinen formalen Verzicht auf die Ausübung der russischen Souveränität über das Gebiet des ehemaligen Kongresspolens, da die russische Regierung nicht konkret auf die besetzten Gebiete und damit auf das Königreich Polen in der Proklamation einging. Dies spricht dafür, dass die russische Proklamation nicht als Rechtsverzicht auf das besetzte Territorium der Provinz „Weichselland" zu bewerten ist.[1104] Dieses Ergebnis kann auch damit erhärtet werden, dass Russland erst im Friedensvertrag von Brest-Litowsk von 1918 ausdrücklich auf das Gebiet des Königreichs Polen verzichtete. Im Ergebnis war es für die Errichtung des Königreichs Polen von 1916 nicht erforderlich, dass Russland auf dieses Gebiet verzichtete, da Russland keine territoriale Souveränität, sondern nur rechtswidrige Gebietshoheit über das Territorium des Königreichs Polen ausübte.

bb) De facto

(1) Staatsgewalt der Besatzungsmächte

Deutschland und Österreich-Ungarn übten bereits seit dem 5. August 1915, dem Tag der Inbesitznahme des von Russland besetzten Territoriums,[1105] Besatzungsmacht über dieses Gebiet aus. Mit der Proklamation vom 5. November 1916 errichteten die Mittelmächte faktisch einen polnischen Staat.

1102 *Schätzel*, Annexion im Völkerrecht, S. 17.

1103 Poln. Text: *Kallas/Krzymkowski*, Historia ustroju i prawa, Nr. 137, S. 256 f.; *Kumaniecki*, Odbudowa, Nr. 42, S. 67 f.

1104 *Breyer*, Nachwirkungen, in: *Franz*, Teilung, S. 61; *Berezowski*, Powstanie państwa polskiego, S. 237.

1105 *Żukowski, Marek*, Dzieje administracji w Polsce w XX wieku, 2011, S. 14.

(2) Übertragung der Staatsgewalt auf polnische Organe

Die Besatzungsmächte setzten im Königreich Polen den sogenannten Regentschaftsrat[1106] ein. Daneben etablierten die Mittelmächte einen Staatsrat.

(a) Pläne zur Errichtung eines Übergangsstaatsrates

Der Warschauer Generalgouverneur Beseler stellte mit seinem Erlass vom 12. November 1916[1107] im Königreich Polen die Gründung eines Staatsrates und eines Sejm in Aussicht.[1108] Dieser Erlass trat jedoch nicht in Kraft.[1109] Dies war insbesondere darauf zurückzuführen, dass die Pläne zur Errichtung eines Staatsrates und eines Sejm nicht mit der österreichisch-ungarischen Seite abgestimmt wurden.[1110] Die Einsetzung eines Übergangsstaatsrates erfolgte schließlich mit dem Erlass vom 6. Dezember 1916[1111], den die beiden Generalgouverneure gemeinsam veröffentlichten. Dem Übergangsstaatsrat gehörten 25 Politiker an, darunter zehn von österreichisch-ungarischer und 15 von deutscher Seite.[1112] Die Kompetenzen dieses Übergangsstaatsrates waren nur sehr gering.[1113] Er sollte lediglich auf Befehl der Besatzungsmächte Stellungnahmen abgeben,[1114] konnte Projekte zu neuen Verordnungen, die das Gebiet des Königreich Polen betrafen, ausarbeiten,[1115] sollte die Einführung einer polnischen Staatsverwaltung vorbereiten,[1116] auf eigene Initiative hin Projekte des Königreichs den Besatzungsmächten vorstellen[1117] und schließlich hinsichtlich der Errichtung eines polnisches Heeres mit dessen Oberbefehlshaber, der mit den Besatzungsmächten verbündet war, zusammenarbeiten[1118]. Die

---

1106 Aufgrund der Einsetzung eines Regentschaftsrates wird das Königreich Polen in der deutschen und polnischen Literatur auch häufig als *Regentschaftskönigreich Polen* (poln.: *Królestwo Regencyjne*) bezeichnet.

1107 Poln. Text: *Kumaniecki*, Odbudowa, Nr. L. 38, S. 55 f.; *Kallas/Krzymkowski*, Historia ustroju i prawa, Nr. 143, S. 263 f.

1108 Zahlreiche Polen hatten kritisiert, dass die Proklamation vom 5. November 1916 keine positiven Anmerkungen zur Etablierung einer polnischen Regierung enthielt, sodass Beseler sich gezwungen sah, den Erlass vom 12. November 1916 zu verkünden. Vgl. *Kumaniecki*, Odbudowa, S. 54.

1109 *Żukowski*, Dzieje administracji, S. 15; *Berezowski*, Powstanie państwa polskiego, S. 142; *Kumaniecki*, Odbudowa, S. 54.

1110 Vgl. *Górecki, Dariusz*, Powstanie władz naczelnych w odradzającej się Polsce (1914-1919), in: Acta Universitatis Lodziensis, Folia Iuridica (1983), Nr. 13, S. 20; *Kumaniecki*, Odbudowa, S. 54.

1111 Poln. Text: *Kumaniecki*, Odbudowa, Nr. L. 45, S. 71 f.

1112 Vgl. *Pająk, Jerzy Z.*, O rząd i armię. Centralny Komitet Narodowy (1915-1917), 2003, S. 174.

1113 Vgl. *Pająk*, O rząd i armię, S. 174.

1114 Vgl. § 7 Satz 1 des Erlasses.

1115 Vgl. § 7 a).

1116 Vgl. § 7 b) Satz 1.

1117 Vgl. § 7 b) Nr. 1.

1118 Vgl. § 7 b) Nr. 2.

fehlenden Kompetenzen wie etwa die Tatsache, dass die Verwaltung nicht dem Staatsrat unterstellt wurde, verdeutlichen, dass diesem Organ nicht die vollständige Ausübung der Regierungsgewalt und damit der vollumfänglichen Staatsgewalt überlassen werden sollte.[1119]

(b) Errichtung des Regentschaftsrates am 12. September 1917

(aa) Patent vom 12. September 1917

Für den Aufbau der polnischen Regierungsgewalt ist die Einsetzung des Regentschaftsrates[1120] durch das Patent vom 12. September 1917[1121] von wesentlicher Bedeutung.[1122] In Art. 1 des Patentes[1123] übertrugen die Besatzungsmächte unter Wahrung ihrer völkerrechtlichen Stellung die Staatsgewalt so lange an einen Regentschaftsrat, bis ein König oder ein Regent diese übernehmen konnte. Der Regentschaftsrat setzte sich aus drei Mitgliedern zusammen, die von den Besatzungsmächten in ihren Dienst eingeführt wurden.[1124] Er übte zusammen mit dem Staatsrat die gesetzgebende Gewalt aus.[1125] Die Generalgouverneure hatten allerdings ebenfalls das Recht, Erlasse mit Gesetzeswirkung zu verabschieden, wobei zuvor der Staatsrat gehört werden musste. Im Falle der Sicherung wichtiger Kriegsinteressen konnten die Generalgouverneure aber ebenfalls notwendige Maßnahmen mit Gesetzeskraft erlassen.[1126] Darüber hinaus konnten sie in Angelegenheiten, die die Rechte oder Interessen der Besatzungsmächte betrafen, eine Überprüfung der vom Regentschaftsrat verabschiedeten Gesetze und Verordnungen anordnen.[1127]

1119 Aufgrund der fehlenden Kompetenzen hatte der Staatsrat auf seiner ersten Sitzung am 14. Januar 1917 Forderungen an die Besatzungsmächte formuliert, die unter anderem die Punkte der Errichtung einer polnischen Verwaltung, der Überlassung der Obergewalt über das polnische Militär und der Überlassung des Schul- und Gerichtswesens an den Staatsrat enthielten. Text der Stellungnahme des Staatsrates in polnischer Sprache abgedruckt bei: *Kumaniecki*, Odbudowa, S. 73 ff.

1120 Der Regentschaftsrat nahm am 27. Oktober 1917 offiziell seine Tätigkeit auf. Vgl. *Roth*, Die Entstehung des polnischen Staates, S. 27.

1121 Dt. Text: *Roth*, Die Entstehung des polnischen Staates, Anlage 4, S. 129 f.; poln. Text: *Kumaniecki, Kazimierz Władysław*, Zbiór najważniejszych dokumentów do powstania państwa polskiego, 1920, S. 87 f.; *Kallas/Krzymkowski*, Historia ustroju i prawa, Nr. 145, S. 266 f.

1122 Textauszug: „Der Regentschaftsrat gilt bis zur Berufung des Staatsoberhauptes als oberster Vertreter des polnischen Staates und übt unter dem Vorbehalt der völkerrechtlichen Stellung der Okkupationsmächte die Rechte des Staatsoberhauptes aus".

1123 Das Patent wird in der Wissenschaft als Verfassung des Königreichs Polen bewertet.

1124 Vgl. Art. 1 Abs. 2.

1125 Vgl. Art. 2 Abs. 2.

1126 Vgl. Art. 2 Abs. 2.

1127 Vgl. Art. 4 Abs. 2.

Die völkerrechtliche Vertretung und das damit verbundene Recht zum Abschluss völkerrechtlicher Verträge sollten erst nach Beendigung der Besatzung auf Polen übertragen werden und blieben bis dahin den Besatzungsmächten vorbehalten.[1128]

(bb) *Dekret des Regentschaftsrates vom 3. Januar 1918 betreffend die vorübergehende Organisation der Staatsgewalt im Königreich Polen*

Der Regentschaftsrat erließ am 3. Januar 1918 ein Dekret[1129], das die vorübergehende Organisation der Staatsgewalt im Königreich Polen betraf. Der Regentschaftsrat behielt sich das Recht vor, Dekrete und Reskripte[1130] zu erlassen.[1131] Die Dekrete sollten aber nicht den Charakter von Gesetzen haben, sondern die Verhältnisse in allgemeiner Art normieren.[1132] Zusammen mit dem Ministerpräsidenten und dem Ministerrat bildete der Rat die Regierung.[1133] Gemäß Art. 7 galt der Ministerpräsident als Oberhaupt der Regierung des polnischen Staates und vertrat diese nach innen und nach außen. Alle Staatsbehörden sollten den Titel des Königreichs Polen tragen und im Namen der polnischen Krone handeln.[1134]

(cc) *Charakter und Bewertung des Regentschaftsrates*

Seit dem 12. September 1917 ruhte die Staatsgewalt in den Händen des Regentschaftsrates; sie umfasste die Verwaltung, die Justiz und das Unterrichtswesen.[1135] Der Regentschaftsrat übte aber bis zum Ende des Ersten Weltkrieges niemals die vollständige Staatsgewalt aus.[1136] Vielmehr war er etwa bei der Gesetzgebung von den Okkupanten abhängig.[1137] Deutschland und Österreich-Ungarn behielten sich in dieser Weise die Oberhoheit über das Königreich Polen vor.[1138] Der Regentschaftsrat stellte ein von den Mittelmächten abhängiges polnisches Organ dar.

1128 In Art. 5 des Patentes ist die völkerrechtliche Stellung der Besatzungsmächte klar umschrieben: „Die völkerrechtliche Vertretung des Königreichs Polen und das Recht zum Abschluss internationaler Vereinbarungen können von der polnischen Staatsgewalt erst nach Beendigung der Besatzung ausgeübt werden".

1129 Poln. Text: *Kallas/Krzymkowski*, Historia ustroju i prawa, Nr. 146, S. 267-271; *Kumaniecki*, Odbudowa, Nr. L. 52, S. 93-97.

1130 Ein Reskript ist eine Rechtsform zur Regelung von Rechtsfragen im Einzelfall.

1131 Vgl. Art. 2.

1132 Vgl. Art. 3.

1133 Vgl. Art. 6.

1134 Vgl. Art. 40.

1135 *Breyer*, Nachwirkungen, in: *Franz*, Teilung, S. 61.

1136 Vgl. *Hubert*, Rozbiory, S. 205. Der Regentschaftsrat forderte stets von den Besatzungsmächten die Übertragung weitergehender Kompetenzen. Vgl. *Ajnenkiel, Andrzej*, Formowanie się centralnych ośrodków władzy w Polsce w listopadziegrudniu 1918 roku, in: *Ajnenkiel, Andrzej* (red.), Rok 1918. Odrodzona Polska w nowej Europie, 1999, S. 9-16 (10).

1137 *Berezowski*, Powstanie państwa polskiego, S. 157.

1138 *Berezowski*, Powstanie państwa polskiego, S. 158.

Mit der Einsetzung des Regentschaftsrates besaß das Königreich Polen ein Staatsoberhaupt, sodass spätestens ab diesem Zeitpunkt das Königreich Polen faktisch einen Staat darstelle.[1139]

(c) Umgestaltung und Kompetenzerweiterung des Staatsrates

(aa) Erlass vom 12. September 1917

Parallel zum Patent vom 12. September 1917 veröffentlichte Generalgouverneur von Beseler in Lublin ein Reskript[1140], das vorsah, dass der Staatsrat in neuer Form und mit erweiterten Rechten wiederaufleben sollte. Er bezeichnete den Staatsrat als Vorgänger des zukünftigen Sejm und übertrug dem Staatsrat die Gesetzgebung. Während die Erlasse vom 26. November und vom 1. Dezember 1916 dem Übergangsstaatsrat nur eine beratende Stimme zugestanden haben, bekam der Staatsrat nun eine entscheidende Stimme zugesprochen.[1141] Am Ende des Erlasses betonte Beseler, dass die Umformung des Staatsrates ein weiterer Schritt auf dem Weg zum Aufbau des polnischen Staates sei. Im Zuge dieser Umgestaltung bekam der Staatsrat bereits am 1. Oktober 1917 das Schulwesen und das Gerichtswesen als Kompetenzbereiche zugeteilt.[1142]

(bb) Gesetz betreffend den Staatsrat des Königreichs Polen vom 4. Februar 1918

Der Regentschaftsrat erließ für die Organisation des Staatsrates am 4. Februar 1918 ein Gesetz[1143], das nicht nur die Zusammensetzung des Staatsrates,[1144] sondern auch die Benennung seiner Aufgaben zum Gegenstand hatte. Gemäß Art. 20 sollte der Staatsrat bei der Gesetzgebung mitwirken und das Projekt einer Verfassung und die Bildung eines Senates und einer Abgeordnetenversammlung vorantreiben. Die Besatzungsmächte bekamen das Recht zuerkannt, ihre Interessen während der Versammlungen des Staatsrates zu vertreten.[1145] Der Staatsrat sollte sich nach der Bildung eines Sejm wieder auflösen.[1146]

1139 Aufgrund der Abhängigkeit von Deutschland und Österreich-Ungarn kommt *Roth* zu einer anderen Schlussfolgerung: „Völkerrechtlich war demnach mit der Einsetzung des Regentschaftsrates die Errichtung eines souveränen polnischen Staates weder de facto noch de iure vollendet". Zit n. *Roth*, Die Entstehung des polnischen Staates, S. 28.

1140 Poln. Text: *Kumaniecki*, Odbudowa, Nr. L. 49, S. 89 f.

1141 Ausführlich hierzu: *Górecki*, Powstanie władz naczelnych, in: Acta Universitatis Lodziensis, Folia Iuridica (1983), Nr. 13, S. 20 ff.

1142 *Kutrzeba, Stanisław*, Polska odrodzona 1914-1918, 3. Aufl., 1928, S. 74; *Bachulski*, Polnische Staatsarchive, in: Archivalische Zeitschrift 37 (1928) S. 248.

1143 Poln. Text: *Kumaniecki*, Odbudowa, Nr. L. 53, S. 97-101; *Kallas/Krzymkowski*, Historia ustroju i prawa, Nr. 147, S. 271-275.

1144 Gem. Art. 1 sollte sich der Staatsrat aus 110 gewählten Mitgliedern zusammensetzen.

1145 Vgl. Art. 28.

1146 Vgl. Art. 31.

(cc) Charakter und Bewertung des Staatsrates

Der Staatsrat war ein polnisches Staatsorgan. Er war allerdings von den Besatzungsmächten abhängig, da diese ausdrücklich an den Versammlungen teilnehmen und ihre Interessen vertreten durften. Die Regelung zur Auflösung des Staatsrates verdeutlicht, dass der Staatsrat nur als vorübergehendes Organ konzipiert war. Im Ergebnis ist also der Staatsrat als Vorläufer eines Sejm für das Königreich Polen zu bewerten.

cc) Zwischenergebnis

Die Staatsgewalt lag *de facto* und *de iure* beim Königreich Polen.

b) Staatsgebiet

Die Mittelmächte hatten die Grenzen des Staatsgebietes des Königreichs Polen nicht in der Proklamation zur Staatsgründung vom 5. November 1916 bestimmt. Das Gebiet des Königreichs Polen war daher mit dem Besatzungsgebiet identisch, folglich dem faktischen territorialen Zustand gleichzusetzen. Es umfasste demnach in etwa das Gebiet des ehemaligen Königreichs Polen von 1815.

c) Staatsvolk

Auf dem Gebiet des Königreichs Polen lebte überwiegend die polnische Bevölkerung, die das Staatsvolk bildete. Die Mittelmächte erkannten im Königreich Polen die polnische Staatsangehörigkeit an, indem sie die Pässe mit entsprechenden Hinweisen zur polnischen Staatsangehörigkeit versahen.[1147] Sie verwendeten darüber hinaus den Begriff der „Staatsangehörigen des Königreichs Polen". Auch die polnischen Staatsorgane gingen von einer polnischen Staatsangehörigkeit aus. Entsprechende Stellungnahmen finden sich in den Übergangsvorschriften zur Organisation des Gerichtswesens aus dem Jahre 1917, wonach die Übernahme von Ämtern im Gerichtswesen und in den Behörden der Justizabteilung von dem Besitz der Staatsangehörigkeit zum Königreich Polen abhängig war.[1148]

3. Souveränität des Königreichs Polen

Das Königreich Polen war kein *souveräner* polnischer Staat. Dies ist auch der Grund, warum das Königreich Polen weder von den Polen noch von den anderen Staaten als eigentliche Wiedererrichtung des polnischen Staates aufgefasst wurde. Das Königreich Polen war faktisch von den beiden Besatzungsmächten abhängig, die erheblichen Einfluss auf die innere Souveränität ausübten, indem der Regentschaftsrat und der Staatsrat unter ihrer Oberhoheit standen und gleichzeitig das Königreich nach außen hin vertraten, sodass sie alleinige Träger der äußeren

1147 *Berezowski*, Powstanie państwa polskiego, S. 351.
1148 *Berezowski*, Powstanie państwa polskiego, S. 352.

Souveränität waren. Das Königreich Polen war damit im Verhältnis zu Deutschland und Österreich-Ungarn ein Vasallenstaat.

4. Schlussfolgerung

Im Zeitraum von 1915 bis zum Ende des Ersten Weltkriegs war das Gebiet des ehemaligen Königreichs Polen von 1815 von den beiden Mittelmächten besetzt. Die Besatzung dauerte auch nach der Proklamation des Königreichs Polen an. Dies belegt ihr Wortlaut, wonach die Besatzungsmächte die Vertretung des Königreichs Polen bis zum Ende der Besatzung weiter ausüben wollten. Es stellt sich die Frage, ob mit dem Königreich Polen ein Staat erschaffen wurde. Das Königreich Polen verfügte über ein Staatsgebiet, wenn auch die Grenzen noch nicht konkret bestimmt waren. Ferner existierte mit den Polen ein Volk, das das Staatsvolk repräsentieren konnte. Ob im Königreich Polen allerdings eine effektive Staatsgewalt bestand, ist zweifelhaft. Deutschland und Österreich-Ungarn übten nämlich nach der Inbesitznahme der Provinz „Weichselland" effektive Herrschergewalt über das Gebiet aus. Mit der Proklamation des Königreichs Polen vom 5. November 1916 und der Errichtung von staatlichen Organen entwickelte sich aus der Herrschergewalt eine Staatsgewalt, die aber letztlich von den Zentralmächten Deutschland und Österreich-Ungarn ausgeübt wurde. Als dann die Zentralmächte den Staatsrat und den Regentschaftsrat ins Leben riefen, übertrugen sie diesen Organen, die als Regierung und Staatsoberhaupt des Königreichs Polen fungierten, jedoch einen wesentlichen Teil der Staatsgewalt. Das Königreich Polen war danach *de facto* ein Staat. Auf Grundlage des andauernden Übergangszustandes kann das Königreich Polen aber nicht als Schöpfung eines rechtlich fest installierten Staates betrachtet werden. Stattdessen stellte dieses neue staatliche Gebilde immer noch ein Provisorium dar. Diese Annahme steht auch im Einklang mit der Proklamation vom 5. November 1916, in der die Rede davon ist, dass die Außenpolitik des Königreichs Polen bis zum Ende des Besatzungszustandes den Besatzungsmächten zustehen sollte. Auch die Organe des Staatsrates und des Regentschaftsrates, die in sämtlichen Erlassen als vorübergehende Organe bezeichnet wurden, sprechen für einen noch nicht abgeschlossenen Zustand. Demnach wird deutlich, dass sich eine Staatsgewalt im Königreich Polen noch nicht dauerhaft und effektiv etabliert hatte. Ein weiterer problematischer Punkt ist die Souveränität des Königreiches. Deutschland und Österreich-Ungarn übten die Oberhoheit über das Königreich Polen aus. Aufgrund der großen Einflussnahme der beiden Mächte war das Königreich Polen weder nach innen noch nach außen souverän. Für die Polen bedeutete dies, dass sie ihr Ziel der Wiedererrichtung eines polnischen unabhängigen Staates noch nicht erreicht hatten. Insbesondere der Regentschaftsrat setzte sich für die Erlangung der Unabhängigkeit ein und stellte immer wieder die baldige Gründung eines souveränen Staates in Aussicht. Das Königreich Polen kann allenfalls als ein Vorläufer des unabhängigen polnischen Staates gewertet werden. Das Königreich Polen wurde außer von Deutschland und Österreich-Ungarn von keinen weiteren Staaten anerkannt. Zwar hat die Anerkennung eines Staates nur eine deklaratorische Wirkung, ohne eine Anerkennung von anderen Staaten war das Königreich Polen im Völkerrechtsverkehr aber handlungsunfähig, sodass das Königreich Polen als ein *de facto*-Regime zu qualifizieren ist. Die Bezeichnung *de facto*-Regime knüpft an die effektive Beherrschung eines Territoriums durch ein Gemeinwesen an, das sich als unabhängig bezeichnet, aber nicht als Staat anerkannt ist und deshalb nicht als die Regierung eines bestehenden Staates akzeptiert wird.[1149] Demzufolge stellt ein *de facto*-Regime zwar einen Staat und damit auch ein Völkerrechtssubjekt dar, ist aber als solches nicht anerkannt und kann damit auf internationaler Ebene nicht auftreten. Die Beurteilung eines solchen Gebildes muss allerdings jeweils aus dem Blickwinkel der beteiligten und unbeteiligten Staaten erfolgen. Vom Blickwinkel Russlands aus, das sich als Inhaber der territorialen Souveränität über das betreffende Gebiet betrachtete, stellte das Königreich Polen ein *de facto*-Regime dar. Vom Blickwinkel Österreich-Ungarns und Deutschlands aus, die das Königreich Polen als Staat errichtet hatten und somit *ipso facto* anerkannten, verkörpert das Königreich Polen einen Staat. Aus Sicht anderer Staaten muss das Königreich Polen so lange als *de facto*-Regime betrachtet werden, bis sie es anerkannten. Für die Polen war das Königreich Polen zwar ihr eigener Staat, der aber unter der Oberhoheit der Zentralmächte stand.

Das Königreich Polen war aber trotz der fehlenden Anerkennung von Drittstaaten, abgesehen von den Besatzungsmächten, im Ergebnis ein Staat.[1150]

B. Polen nach dem Ende des Ersten Weltkriegs

I. Faktische und formale Beendigung des Ersten Weltkriegs

Die Kämpfe des Ersten Weltkriegs waren *de facto* mit der Unterzeichnung des Waffenstillstandsabkommens zwischen Deutschland und den alliierten und assoziierten Mächten am 11. November 1918[1151] beendet. In einer Zusatznote zum Waffenstillstandsabkommen[1152] bestimmten die Vertragspartner die Fristen für die Räumung der während des Krieges besetzten Gebiete. Die Vertreter der Entente hatten während der anschließenden Friedensverhandlungen immer wieder betont, dass die Wiederherstellung eines selbständigen polnischen Staates eine Pflicht der Gerechtigkeit und die Wiedergutmachung eines früheren Unrechts bedeute. Die Wiederherstellung Polens war auch einer der wichtigsten der

---

1149 *Frowein*, Das de facto-Regime im Völkerrecht, S. 7.

1150 Zu diesem Ergebnis kommt auch: *Kunz, Josef L.*, Bibliographie der Kriegsliteratur (Politik, Geschichte, Philosophie, Völkerrecht, Friedensfrage), 1920, S. 39 f.

1151 Franz. Text: *Kraus, Herbert/Rödiger, Gustav*, Urkunden zum Friedensvertrage von Versailles vom 28. Juni 1919, Erster Teil, 1920, Nr. 3 a), S. 11-18.

1152 Franz. Text der „Zusatznote Nr. 1 über Fristen für die Räumung der besetzten Gebiete und des Rheinlandes sowie für die Lieferung des Kriegsmaterials“: *Kraus/Rödiger*, Urkunden zum Friedensvertrage, Erster Teil, Nr. 3 b), S. 18 ff.

insgesamt 14 Punkte des US-Präsidenten Woodrow Wilson.[1153] Der Friedensvertrag von Versailles beendete den Ersten Weltkrieg formal. Die Unterzeichnung des Vertrages, der in englischer und französischer Sprache[1154] verfasst wurde, erfolgte am 28. Juni 1919[1155]. Als Vertragsschließende traten auf der einen Seite Deutschland[1156] und auf der anderen Seite eine Koalition von 27 Staaten auf. Die Staaten konnten zwei Gruppen zugewiesen werden, einmal die Gruppe der Siegermächte, zu denen die Vereinigten Staaten von Amerika, das Britische Reich, Frankreich, Italien und Japan zählten, und die Gruppe der übrigen Staaten.[1157] Man sprach von den alliierten und assoziierten Mächten. Die Ratifikation durch Polen, die gleichzeitig eine Bedingung zum Inkrafttreten des Versailler Vertrages darstellte, erfolgte mit dem Gesetz vom 31. Juli 1919, in dem der Vertreter des polnischen Staates zur Ratifizierung bevollmächtigt wurde.[1158] Der Versailler Friedensvertrag[1159] setzte sich aus 15 Teilen und insgesamt 440 Artikeln zusammen. An zahlreiche Artikel wurden zudem Annexe angefügt. Mit der Niederlegung der Ratifikationsurkunden am 10. Januar 1920 trat der Versailler Vertrag in Kraft.[1160]

II. Erlangung der Unabhängigkeit des polnischen Staates

Die Entstehung eines souveränen polnischen Staates hing von der Beendigung der Besatzung und damit der *de facto*-Einflussnahme auf die polnische Staatsgewalt durch Deutschland und Österreich-Ungarn ab.[1161] Ein Rechtsverzicht Russlands war zwar nicht erforderlich, da aber Russland und auch die beiden anderen Teilungsmächte der Ansicht waren, dass Russland die territoriale Souveränität über die Provinz „Weichselland" innehatte, erfolgte ein solcher formaler Rechtsverzicht. Der Verzicht Russlands kann jedenfalls tatsächlich als ein formaler Verzicht auf seine Gebietshoheit betrachtet werden.

1153 *Schätzel*, Polens Untergang, in: AVR 40 (1921), S. 73.

1154 Beide Sprachen wurden als gleichberechtigt anerkannt.

1155 Franz. und engl. Text des Protokolls zum Friedensvertrag vom 28. Juni 1919: *Kraus/Rödiger*, Urkunden zum Friedensvertrage, Erster Teil, Nr. 102, S. 134 ff.

1156 Dt. Text der deutschen Ratifikationsurkunde vom 9. Juli 1919: *Kraus/Rödiger*, Urkunden zum Friedensvertrage, Erster Teil, Nr. 103, S. 736 f.

1157 *Kutrzeba, Stanisław*, Polskie prawo polityczne według traktatów, Teil 1, 1923, S. 1.

1158 *Kutrzeba*, Polskie prawo polityczne, Teil 1, S. 2.

1159 Poln. Text: *Makowski, Julian*, Zobowiązania międzynarodowe Polski 1919-1929, 1929, S. 137 ff.

1160 *Makowski, Julian*, La situation juridique du territoire de la ville libre de Dantzig, in: Revue Générale de droit international public, Bd. 30 (1923), S. 169-222 (169).

1161 *Berezowski*, Powstanie państwa polskiego, S. 237.

1. De iure

a) Verzicht Russlands auf die Gebiete der ehemaligen Provinz „Weichselland"

aa) Art. 3 des Brester Friedens vom 3. (5.) März 1918

Russland und die beiden Mittelmächte schlossen am 3. März 1918 in Brest-Litowsk einen Friedensvertrag[1162], der am 29. März 1918 in Kraft trat.[1163] Von Bedeutung ist Art. 3 des Friedensvertrages,[1164] der besagte, dass diejenigen annektierten Gebiete, die zum Territorium Russlands gehörten, nicht mehr der russischen Staatshoheit unterliegen würden. Ferner verzichtete Russland auf jede Einmischung in die inneren Verhältnisse dieses Gebietes. Darüber hinaus legten die Vertragsschließenden fest, dass „Deutschland und Österreich-Ungarn beabsichtigen, das künftige Schicksal dieser Gebiete im Benehmen mit deren Bevölkerung zu bestimmen". In Art. 4 erklärte sich Deutschland bereit, das Gebiet östlich der in Art. 3 Abs. 1 bezeichneten Linie[1165] zu räumen. Der Brester Frieden enthielt damit aus Sicht Russlands und der Mittelmächte einen ausdrücklichen Rechtsverzicht Russlands auf die Provinz „Weichselland". Dieser ist aber aus völkerrechtlicher Sicht so zu verstehen, dass Russland den bereits bestehenden faktischen Zustand, nämlich die Besatzung durch die Mittelmächte, anerkannte. Die russische Gebietshoheit erlosch und an ihre Stelle trat ein Koimperium von Deutschland und Österreich-Ungarn, das bis zum Waffenstillstand am 11. November 1918 andauerte.[1166] Der Brester Frieden beendete damit die Besatzung *de iure*.[1167] Faktisch bestand die Besatzung im Verhältnis zu Polen weiter fort, da sich die Mittelmächte nicht an die im Brester Frieden festgelegte Räumung der besetzten Gebiete hielten.[1168]

1162 Dt. Text: *von Martens*, NRGT, 3. Serie, Bd. 10, 3. Teilband, 1921, Nr. 220, S. 773-778; dt. Textauszug bei: *Rönnefarth*, Konferenzen und Verträge, Bd. 4, Teil II, S. 25 ff.

1163 Siehe auch die ausführliche Beschreibung der Friedensverhandlungen von Brest-Litowsk in: *Baumgart, Winfried*, Deutsche Ostpolitik 1918. Von Brest-Litowsk bis zum Ende des Ersten Weltkriegs, 1966, S. 13 ff.

1164 Originaltext von Art. 3: „Die Gebiete, die westlich der zwischen den vertragsschließenden Teilen vereinbarten Linie liegen und zu Russland gehört haben, werden der russischen Staatshoheit nicht mehr unterstehen (...) Deutschland und Österreich-Ungarn beabsichtigen, das künftige Schicksal dieser Gebiete im Benehmen mit deren Bevölkerung zu bestimmen".

1165 Die genaue Festlegung der Linie sollte durch eine deutsch-russische Kommission erfolgen.

1166 *Schätzel*, Polens Untergang, in: AVR 40 (1921), S. 83.

1167 *Berezowski*, Powstanie państwa polskiego, S. 135.

1168 *Berezowski, Cezary*, Powstanie i uznanie państwa polskiego w 1918 r., in: PiP 14 (1959), Heft Nr. 2, S. 215-225 (219).

bb) Aufhebung sämtlicher Verträge die Teilungen Polens betreffend

Am 3. September 1918 teilte die russische Sowjetregierung der deutschen Regierung durch Verbalnote[1169] unter Berufung auf Art. 4 des Zusatzvertrages von Brest-Litowsk vom 3. März 1918[1170] mit[1171], dass sie alle Verträge und Akte „aufhebe",[1172] die die früheren russischen Regierungen mit der preußischen Regierung über die Teilung Polens geschlossen hätten, „da sie dem Prinzip der Selbstbestimmung der Völker und dem revolutionären Rechtsbewusstsein des russischen Volkes widersprechen, das dem polnischen Volk das unentziehbare Recht auf Selbständigkeit zuerkannt hat".[1173] Problematisch ist, dass Russland viele der von ihm genannten Verträge nicht einseitig aufheben konnte. Dies liegt daran, dass es sich teilweise um multilaterale Verträge handelte, an denen mehrere Staaten beteiligt waren, die

---

1169 Die Verbalnote basierte auf Art. 3 des „Dekrets des Rates der Volkskommissare der Sowjetunion vom 29. August 1918", das Lenin, Karakhan und Bontch-Bruyevitch unterzeichnet hatten. Vgl. *Marek*, Identity and Continuity, S. 418; Wortlaut des Dekrets betreffend Polen: „Alle Verträge über die Teilung Polens werden angesichts ihres Widerspruchs mit dem Selbstbestimmungsrecht der Nationen und dem Rechtsbewusstsein des russischen Volkes, das für das polnische Volk das unverbrüderliche Recht der Selbstbestimmung und der Einheit anerkennt, hiermit bedingungslos aufgehoben". Vgl. *Uschakow, Alexander*, Die Wiederherstellung Polens als Modell für Deutschland, in: *Haustein, Ulrich/Strobel, Georg W./Wagner, Gerhard* (Hrsg.), Ostmitteleuropa. Berichte und Forschungen. FS für Gotthold Rhode, 1981, S. 448-466 (462).

1170 Dt. Text: *von Martens*, NRGT, 3. Serie, Bd. 10, 3. Teilband, 1921, Nr. 221, S. 799-811; die Unterzeichnung des Ergänzungsvertrages erfolgte am 27. August 1918. Vgl. *Baumgart*, Deutsche Ostpolitik 1918, S. 297.

1171 Zu den Verhandlungen über den Ergänzungsvertrag siehe auch: *Baumgart*, Deutsche Ostpolitik 1918, S. 158 ff.

1172 In der Note werden folgende Polen betreffende Verträge einzeln aufgeführt: 1. Geheimer Vertrag vom 4. Januar 1772 über die Teilung Polens; 2. Vertrag von St. Petersburg über die erste Teilung Polens vom 25. Juli 1772; 3. Erklärung Preußens über seine Rechte und Ansprüche auf Polen vom 13. September 1772, mitgeteilt den Vertretern der fremden Regierungen in Warschau durch Note des polnischen Ministers des Äußeren vom 22. September 1772; 4. Vertrag zwischen Russland und Preußen vom 23. Januar 1793 über die zweite Teilung Polens; 5. Vereinbarung über die dritte Teilung Polens, abgeschlossen in St. Petersburg am 13. (24.) Oktober 1795; 6. Vereinbarung vom 10. (21.) Oktober 1796 über die Auslegung des Art. 3 des Vertrages vom 13. (24.) Oktober 1795 wegen der Abgrenzung von Krakau; 7. Vertrag über polnische Angelegenheiten vom 15. (26.) Januar 1797; 8. Wiener Vertrag über das Herzogtum Warschau vom 21. April (3. Mai) 1815; 9. Berliner Vertrag vom 30. Oktober (11. November) 1817 über die Grenzen des Königreichs Polen mit zusätzlichen Abmachungen; 10. Das dazugehörige Protokoll vom 7. (19.) November 1817; 11. Endgültige Abgrenzung zwischen dem Königreich Polen und dem preußischen Staat vom 12. (24.) April 1823 und 12. Vertrag vom 4. (16.) Oktober 1833 über die gemeinsame Behandlung der polnischen Fragen. Vgl. die Aufzählung bei: *Roth*, Die Entstehung des polnischen Staates, S. 19 f.

1173 Zit. n.: *Roth*, Die Entstehung des polnischen Staates, S. 18.

der Annullierung hätten zustimmen müssen. Als Beispiel dient der Vertrag vom 3. Mai 1815, der integraler Bestandteil der Wiener Kongressakte war.[1174] Abgesehen von der Tatsache, dass eine Annullierung dieser Verträge durch Russland möglicherweise ohne Rechtsfolgen blieb, ist von Bedeutung, dass Russland mit diesem Vorgehen zum Ausdruck brachte, dass es nicht mehr die Teilung des polnischen Staates befürwortete.

cc) Übergang der Staatsgewalt auf das Königreich Polen

Aus Sicht Russlands und Deutschland sowie Österreich-Ungarns ging mit dem Rechtsverzicht Russlands die Staatsgewalt auch formal auf das Königreich Polen über. Damit waren nach dem Verständnis der Teilungsmächte der Regentschaftsrat als Staatsoberhaupt und der Staatsrat als Regierung des Königreichs Polen nun *de iure* Träger der Staatsgewalt. Da sich die Besatzungsmächte immer noch die innere und äußere Souveränität im Königreich Polen vorbehielten, erlangte Polen formal noch nicht seine Unabhängigkeit.

b) Beendigung der Oberhoheit durch die Mittelmächte

Erst die Unterzeichnung des Waffenstillstandes vom 11. November 1918 bedeutete das Ende der Besatzung des Königreichs Polen durch Deutschland und Österreich-Ungarn. Die Oberhoheit der Mittelmächte über das Gebiet des Königreichs Polens war damit beendet. Dies hatte zur Folge, dass am 11. November 1918 die volle Staatsgewalt auf den Regentschaftsrat überging.[1175]

2. De facto

a) Faktisches Ende der Besatzung mit dem Rückzug der Mittelmächte

Der Warschauer Generalgouverneur verlor am 11. November 1918 die Obergewalt über das Heer.[1176] Die Besatzung durch Österreich-Ungarn war bereits vor Unterzeichnung des Waffenstillstandsabkommens und damit vor Ende des Ersten Weltkriegs beendet. Spätestens am 11. November 1918 war die Besatzung des Königreichs Polen auch faktisch zum Ende gekommen.

b) Bildung einer einheitlichen polnischen Staatsgewalt

Das Ende des Ersten Weltkriegs hatte zur Folge, dass sich verschiedene Machtzentren in Krakau, Posen, Lemberg und Lublin bildeten, die in Konkurrenz zum Regentschaftsrat in Warschau standen. Ein Beispiel hierfür ist die Lubliner Regierung, die für sich beanspruchte, polnische Staatsgewalt auszuüben. Darüber hinaus war auch das Polnische Nationalkomitee darum bemüht, die neue unabhängige Regierung zu verkörpern. Fraglich ist daher, wann der Prozess der Bildung einer einheitlichen polnischen Staatsgewalt beendet war und welches Organ schließlich

---

1174 *Roth*, Die Entstehung des polnischen Staates, S. 20.
1175 *Ehrlich*, Prawo międzynarodowe, S. 153.
1176 *Żukowski*, Dzieje administracji, S. 8.

die Staatsgewalt der Zweiten Polnischen Republik *de facto* ausübte, also wer die Regierung des neuen unabhängigen polnischen Staates repräsentierte.

aa) Regentschaftsrat

(1) Manifest des Regentschaftsrates vom 7. Oktober 1918 an die polnische Nation

In seinem Manifest vom 7. Oktober 1918[1177] richtete sich der Regentschaftsrat an die polnische Nation und verkündete, dass diejenige Stunde, auf die die gesamte polnische Nation sehnsüchtig gewartet habe, schon geschlagen habe. Der Regentschaftsrat stellte den baldigen Frieden und damit auch die Unabhängigkeit Polens in Aussicht. Um den Willen des polnischen Volkes auf Wiedererrichtung eines unabhängigen Staates durchsetzen zu können, sollte der Staatsrat aufgelöst werden und an seine Stelle eine neue polnische Regierung treten. Aufgrund der drohenden inneren und äußeren Gefährdung des Königreichs Polen übergab der Regentschaftsrat die Obergewalt über das Militär an Piłsudski. Mit diesem Manifest wurde jedoch nur ein Teil der Staatsgewalt an Piłsudski übertragen. Den Rest der Staatsgewalt behielt sich der Rat zunächst vor. Teilweise ist in der Literatur diskutiert worden, ob durch das Manifest des Regentschaftsrates die Souveränität Polens bereits am 7. Oktober 1918, also noch vor dem formalen Waffenstillstand, begründet worden ist.[1178] Hiergegen spricht, dass zum Zeitpunkt des Manifestes das polnische Territorium immer noch von Deutschland und Österreich-Ungarn besetzt war.[1179] Ferner war der Brester Frieden noch wirksam, sodass die Besatzungsmächte formal noch die Oberhoheit über das Gebiet besaßen.[1180]

(2) Erlangung der vollen Souveränität

Da der Regentschaftsrat im Zeitpunkt der faktischen Auflösung der Besatzung bereits als polnisches Staatsoberhaupt bestand, setzte er diese Funktion nach Kriegsende auf dem Territorium des Königreichs Polen fort.

(3) Übertragung der Staatsgewalt auf Józef Piłsudski

Der Regentschaftsrat übertrug mit dem Dekret vom 14. November 1918[1181] seine umfassende Staatsgewalt auf Józef Piłsudski. Dies begründete der Rat damit, dass der Übergangszustand der Teilung der Staatsmacht für den auferstehenden polnischen Staat nachteilig werden könnte, sodass es notwendig sei, eine einheitliche Macht zu begründen. Die Folge dieser Abtretung war somit, dass der Regentschaftsrat abdankte und Piłsudski neues Staatsoberhaupt war. Gleichzeitig wurde

1177 Poln. Text: *Kallas/Krzymkowski*, Historia ustroju i prawa, Nr. 140, S. 258 f.
1178 Siehe hierzu *Kutrzeba*, Polska odrodzona, S. 94 f.
1179 Vgl. *Blociszewski*, La restauration de la Pologne, S. 124.
1180 Dem zustimmend: *Schätzel*, Polens Untergang, in: AVR 40 (1921), S. 82.
1181 Poln. Text: *Kallas/Krzymkowski*, Historia ustroju i prawa, S. 149, 276; *Kumaniecki*, Odbudowa, Nr. 78, S. 135.

die Provisorische Volksregierung Polens aufgelöst.[1182] In einem Dekret vom 14. November 1918[1183] kündigte das neue Staatsoberhaupt die Errichtung einer Übergangsregierung und die Durchführung von gesellschaftlichen Reformen an. Mit der Bildung einer einheitlichen Staatsgewalt am 14. November 1918 wurde der unabhängige polnische Staat faktisch geboren.[1184]

Die Berufung der neuen polnischen Regierung unter Ignacy Paderewski erfolgte am 18. Januar 1919. Die Eröffnung des gesetzgebenden Sejm folgte am 10. Februar 1919. Die Verfassung der Republik Polen trat am 17. März 1921[1185] in Kraft.

bb) Provisorische Volksregierung der Polnischen Republik

Am 7. November 1918 wurde in Lublin eine „Provisorische Volksregierung der Polnischen Republik" proklamiert[1186]. Die „Lubliner Regierung" verkündete, dass der polnische Staat aus sämtlichen Gebieten, die in der Mehrheit von Polen bewohnt waren, gebildet werden sollte. Ferner sollte der polnische Staat, der für immer die Volksrepublik Polen bilden sollte, einen Zugang zum Meer haben. Der Regentschaftsrat sollte abgesetzt werden. Für den Fall, dass die Deutschen die polnischen Gebiete nicht freiwillig verlassen würden, appellierte die „Regierung" an die Polen, zu den Waffen zu greifen und eine Volksarmee zu bilden, um sich gegen die deutsche Besatzung zu wehren. Zum Zeitpunkt der Konstituierung der Lubliner Regierung war der Regentschaftsrat der rechtliche Vormund der polnischen Souveränität.[1187] Außerdem dauerte die Besatzung formal noch an. Die Lubliner Regierung konnte daher nicht als Regierung Polens auftreten und besaß folglich nicht einmal den Charakter einer *de facto*-Regierung.[1188]

cc) Polnisches Nationalkomitee

Das Polnische Nationalkomitee könnte die polnische Staatsgewalt ausgeübt haben und als Regierung Polens aufgetreten sein, wenn es eine echte Exilregierung darstellte. Am 15. August 1917 wurde in Lausanne ein neues Polnisches Nationalkomitee gegründet. Noch während des Ersten Weltkrieges war das Nationalkomitee bemüht, seine völkerrechtliche Anerkennung bei den Regierungen der Westmächte durchzusetzen. Das Nationalkomitee wurde schließlich von einigen Staaten, darunter Frankreich am 20. September 1917[1189], England am 15. Oktober

---

1182 *Berezowski*, Powstanie i uznanie państwa polskiego w 1918 r., in: PiP 14 (1959), Heft Nr. 2, S. 223.

1183 Poln. Text: *Kumaniecki*, Odbudowa, Nr. 79, S. 136; *Kallas/Krzymkowski*, Historia ustroju i prawa, Nr. 150, S. 276 f.

1184 Vgl. *Blociszewski*, La restauration de la Pologne, S. 140 f.

1185 Poln. Text: *Handelsman*, Konstytucje Polskie, Nr. 16, S. 145-166.

1186 Poln. Text der Proklamation vom 7. November 1918: *Kallas/Krzymkowski*, Historia ustroju i prawa, Nr. 141, S. 259-261; *Kumaniecki*, Odbudowa, Nr. 74, S. 130-132.

1187 *Berezowski*, Powstanie państwa polskiego, S. 260.

1188 *Berezowski*, Powstanie państwa polskiego, S. 250 f.

1189 Dt. Text: *Roth*, Die Entstehung des polnischen Staates, Anlage 5, S. 131.

1917[1190], Italien am 30. Oktober 1917[1191] und die Vereinigten Staaten von Amerika am 1. Dezember 1917[1192], als offizielle polnische Organisation akzeptiert.[1193] Die französische Regierung erkannte das Nationalkomitee als *gouvernement de fait* an, das sich mit der auswärtigen Politik, der Führung der polnischen Armee und der Zivilpflege der Polen im Ausland befassen sollte.[1194] Eine Anerkennung als polnische Regierung erfolgte damit allerdings nicht. Das allgemeine Ziel des Nationalkomitees war es, die Ententemächte dafür zu gewinnen, ein unabhängiges Polen aus allen drei Teilungsgebieten zu errichten. Das Komitee wollte nach Kriegsende als Regierung in Warschau einziehen. Problematisch war, dass das Nationalkomitee nicht die polnische Regierung im Land anerkannte und dies damit begründete, dass der Regentschaftsrat eine unsolide und nicht dauerhafte Konstruktion sei. Außerdem schloss das Nationalkomitee aus, dass es sich zukünftig der Staatsgewalt in Polen unterwerfen werde. Stattdessen betrachtete es sich als gleichberechtigt zum Staatsoberhaupt.[1195] Das Nationalkomitee gab seine Bedeutung, die es in Paris erlangt hatte,[1196] nicht so schnell auf, deswegen war es auch keine Überraschung, dass Piłsudski eine Delegation zum Nationalkomitee mit dem Ziel der Verständigung sandte. Die Delegation legte dem Komitee als Vorschläge für eine Übereinkunft unter anderem folgende Punkte vor: die Anerkennung Piłsudskis als Staatsoberhaupt, die Anerkennung des Polnischen Nationalkomitees als polnische Vertretung im Ausland und die Anerkennung seines Rechts zur Teilnahme an der Friedenskonferenz im Namen des Staatsoberhauptes durch die Delegation. Ferner sollte das Komitee und das Staatsoberhaupt jeweils einen Vertreter der polnischen Delegation bei der Friedenskonferenz nominieren und entsenden.[1197] Paderewski sorgte schließlich als Präsident des Ministerrates dafür, dass das Komitee in ein offizielles Regierungsorgan Polens umgebildet wurde.[1198] Der polnische Staat wurde nun offiziell nach außen vom Nationalkomitee vertreten.[1199] Demzufolge galt das Nationalkomitee als eine „unechte" Exilregierung Polens.[1200] Die verbindlichen Richtlinien des Nationalkomitees, die in einer Sitzung am 14. Oktober 1918 angenommen wurden, besagten in Punkt 1, dass das Nationalkomitee eine politische Organisation Polens während der Kriegszeit und der Friedensverhandlungen sei, die offiziell außerhalb der Grenzen der Zentralmächte und deren Besatzungsgebiete

---

1190 Dt. Text: *Roth,* Die Entstehung des polnischen Staates, Anlage 6, S. 132.

1191 Dt. Text: *Roth,* Die Entstehung des polnischen Staates, Anlage 7, S. 132 f.

1192 Dt. Text: *Roth,* Die Entstehung des polnischen Staates, Anlage 8, S. 132.

1193 *Roth,* Die Entstehung des polnischen Staates, S. 41 f.

1194 *Cisowska-Hydzik, Dorota,* Komitet Narodowy w Polsce, in: *Ajnenkiel, Andrzej* (red.), Rok 1918. Odrodzona Polska w nowej Europie, 1999, S. 44-64 (46).

1195 *Cisowska-Hydzik,* Komitet Narodow, in: *Ajnenkiel,* Rok 1918, S. 55.

1196 Das Polnische Nationalkomitee hatte seine Sprecher im französischen Außenministerium.

1197 *Cisowska-Hydzik,* Komitet Narodow, in: *Ajnenkiel,* Rok 1918, S. 54.

1198 *Blociszewski,* La restauration de la Pologne, S. 145.

1199 *Cisowska-Hydzik,* Komitet Narodow, in: *Ajnenkiel,* Rok 1918, S. 45.

1200 *Górski,* Polonia Restituta, S. 41.

tätig sei.[1201] Das Polnische Nationalkomitee musste seine anfänglichen Pläne, die eine Übernahme der Staatsgewalt Polens vorsahen, im November 1918 schließlich aufgeben.[1202] Als es zu den Friedensverhandlungen in Versailles kam und der Prozess der Etablierung der Staatsgewalt in Polen auch formal vollzogen war, mussten die Vertreter des Nationalkomitees, allen voran Dmowski, die polnische Regierung akzeptieren.[1203]

c) Schlussfolgerung

Die Zweite Polnische Republik[1204] entstand formal am 11. November 1918, also mit Beendigung der Besatzung, als polnischer unabhängiger Staat auf dem Gebiet des ehemaligen Königreichs Polen von 1815. Die einheitliche Staatsgewalt setzte sich am 14. November 1918 *de facto* durch.

III. Staatsgebiet der Zweiten Republik Polen

Das polnische Staatsgebiet muss in das primäre Territorium, auf dem die polnische Souveränität entstanden ist, und in das sekundäre Territorium, auf das sich die bereits bestehende polnische Souveränität ausgeweitet hatte, unterteilt werden.[1205]

1. Primäres polnisches Staatsgebiet

Das primäre Staatsgebiet Polens bestand, wie bereits festgestellt, aus dem Gebiet des Königreichs Polen.

2. Sekundäres polnisches Staatsgebiet

a) Übergang der Gebietshoheit und der territorialen Souveränität im preußischen Teilungsgebiet

aa) Übergang der Gebietshoheit

Die tatsächlichen obersten Behörden im preußischen Teilungsgebiet waren der *Polnische Oberste Volksrat* in Posen und das aus ihm heraus gebildete Kommissariat.[1206] Ziel des Obersten Volksrates war es, schrittweise die Übernahme

1201 *Cisowska-Hydzik*, Komitet Narodow, in: *Ajnenkiel*, Rok 1918, S. 49.

1202 *Cisowska-Hydzik*, Komitet Narodow, in: *Ajnenkiel*, Rok 1918, S. 47. Hinsichtlich des Scheiterns des Polnischen Nationalkomitees in ihren Bestrebungen die Regierung Polens zu werden, hatte Piłsudski gesagt, dass bei den Polen eine Aversion gegenüber Exilregierungen herrschen würde und dass es daher nur möglich sei, die Staatsgewalt in Polen als Regierung zu übernehmen, wenn man sich tatsächlich auf polnischem Gebiet befinde. Vgl. *Cisowska-Hydzik*, Komitet Narodow, in: *Ajnenkiel*, Rok 1918, S. 47.

1203 *Cisowska-Hydzik*, Komitet Narodow, in: *Ajnenkiel*, Rok 1918, S. 59.

1204 Poln.: II. Rzeczpospolita.

1205 *Berezowski*, Powstanie państwa polskiego, S. 269.

1206 *Roth*, Die Entstehung des polnischen Staates, S. 71; *Dworecki, Zbigniew*, Kształtowanie się polskich struktur państwowych w byłym zaborze pruskim po uzyskaniu przez Polskę niepodległości, in: *Ajnenkiel*, Rok 1918, S. 80-91 (83).

des preußischen Teilungsgebiets durch den polnischen Staat vorzubereiten.[1207] Ein „Teilungsgebiets-Sejm" tagte in Posen vom 3. bis zum 5. Dezember 1918.[1208] In einer vom Sejm verabschiedeten Resolution wurde festgesetzt, dass die ganze Nation hinter der Regierung stehen müsse. In den Angelegenheiten, die das preußische Teilungsgebiet betrafen, sollte es keine Entscheidungen ohne das Einverständnis des Sejm in Posen geben.[1209] Problematisch war aber, dass diese polnischen Organe nicht die Macht hatten, den Rechtszustand in Posen zu ändern.[1210] Der faktische Zustand im preußischen Teilungsgebiet wurde auch im Beschluss des Teilungsgebiets-Sejm vom 4. Dezember 1918 zum Ausdruck gebracht. Der Sejm konstatierte in diesem Beschluss, dass die Staatsgewalt im preußischen Teilungsgebiet immer noch bei den deutschen Organen läge.[1211] Als sich Ende 1918 der polnische Aufstand auch über die Grenzen der Posener Provinz hinaus ausbreitete, war im Januar 1919 die Ausübung der deutschen Hoheitsrechte, obwohl sie *de iure* fortbestanden, im Aufstandsgebiet nicht mehr möglich. Die Aufständischen übernahmen faktisch die Souveränität über das preußische Territorium.[1212] Spätestens im Januar 1919 war die Souveränität über das Posener Gebiet *de facto* in polnischer Hand.[1213]

Die Übergabe des abgetretenen Gebiets, soweit es nicht schon in polnischer Hand war, erfolgte schließlich gemäß dem in Berlin am 25. November 1919 abgeschlossenen „Deutsch-polnischen Abkommen über die militärische Räumung der polnischen Abtretungsgebiete und die Übergabe der Zivilverwaltung" und ging zonenweise innerhalb einiger Wochen nach Inkrafttreten des Versailler Vertrages vor sich.[1214]

bb) Übergang der territorialen Souveränität

(1) Versailler Friedensvertrag

Die deutschen Gebietsabtretungen regelte der Versailler Vertrag. Der Vertrag sah zwei Arten von Gebietsabtretungen vor, einmal die definitive Grenzbestimmung, die im Vertrag konkretisiert war,[1215] und die zu einem späteren Zeitpunkt vorgenommene Grenzziehung durch Plebiszite.[1216] Für die Gebiete, die im Versailler

1207 *Ajneniel, Andrzej*, in: *Ajnenkiel, Andrzej/Leśnodorski, Bogusław/Rostocki, Władysław* (Hrsg.), Historia Ustroju Polski 1764-1939, 3. Aufl., 1974, S. 165.

1208 *Dworecki*, Kształtowanie się polskich struktur państwowych, in: *Ajnenkiel*, Rok 1918, S. 83; hierzu auch *Breyer*, Nachwirkungen, in: *Franz*, Teilung, S. 63.

1209 *Dworecki*, Kształtowanie się polskich struktur państwowych, in: *Ajnenkiel*, Rok 1918, S. 86.

1210 *Berezowski*, Powstanie państwa polskiego, S. 303.

1211 *Berezowski*, Powstanie państwa polskiego, S. 304.

1212 *Berezowski*, Powstanie państwa polskiego, S. 305.

1213 *Berezowski*, Powstanie państwa polskiego, S. 306.

1214 *Roth*, Die Entstehung des polnischen Staates, S. 78.

1215 Vgl. Art. 87 Versailler Vertrag.

1216 Vgl. Art. 27 Versailler Vertrag.

Vertrag aufgezählt waren, bedeutete dies, dass der Übergang der territorialen Souveränität mit dem Inkrafttreten des Versailler Friedensvertrages, also am 10. Januar 1920, erfolgte.[1217]

(2) Plebiszite

Nach den Regelungen des Versailler Vertrages waren insgesamt drei Abstimmungsgebiete vorgesehen: Oberschlesien,[1218] ein Teil der Provinz Ostpreußen, darunter der Regierungsbezirk Allenstein und der Kreis Oletzko des Regierungsbezirks Gumbinnen[1219] sowie der Teil Westpreußens östlich des Korridors[1220]. Die Abstimmungen in Ost- und Westpreußen fanden bereits am 11. Juli 1920 statt. Die Entscheidungen des Botschafterrates erfolgten wenige Wochen später für das ostpreußische Abstimmungsgebiet am 15. August und für das westpreußische Gebiet am 12. August 1920.

b) Danzig

Während des ersten Stadiums der Verhandlungen der Versailler Konferenz Anfang 1919 vertraten die Teilnehmerstaaten noch die Ansicht, dass Danzig Polen zugesprochen werden müsse. Am Ende wurde die Danziger Frage anders entschieden und Danzig als Freie Stadt errichtet.[1221] Gemäß Art. 100 des Versailler Vertrages verzichtete Deutschland zugunsten der alliierten und assoziierten Hauptmächte auf alle Rechte und Ansprüche hinsichtlich des Danziger Gebietes. Die Hauptmächte erwarben gemäß Art. 256 des Versailler Vertrages alles Gut und Eigentum des Deutschen Reiches, das in den Gebieten, auf die Deutschland verzichtete, belegen war. Die alliierten und assoziierten Hauptmächte waren gemäß Art. 102 des Versailler Vertrages verpflichtet, aus dem Danziger Gebiet eine Freie Stadt zu errichten. Bis zur tatsächlichen Errichtung der Freien Stadt stand Danzig unter einem Kondominium der vier alliierten Hauptmächte.[1222] Art. 104 des Versailler Vertrages enthielt die Verpflichtung der alliierten und assoziierten Hauptmächte, ein

---

1217 Diesem Ergebnis steht nicht entgegen, dass die Warschauer Regierung bereits in einem Gesetz vom 1. August 1919 verkündet hatte, dass die Länder des ehemals preußischen Teilungsgebiets, die Kraft der Bestimmungen des Versailler Vertrages vom 28. Juni 1919 ein untrennbarer Bestandteil der Polnischen Republik geworden waren, völlig der Regierungsgewalt der zentralen Organe der Republik unterliegen würden. An dieses Gesetz konnten keine Rechtsfolgen geknüpft sein, da ausschließlich der Versailler Vertrag den Übergang der Gebietshoheit im preußischen Teilungsgebiet regelte und dieser am 1. August 1919 noch nicht in Kraft getreten war. Vgl. *Roth*, Die Entstehung des polnischen Staates, S. 72.

1218 Vgl. Art. 88 Versailler Vertrag.

1219 Vgl. Art. 94 und 95 Versailler Vertrag.

1220 Vgl. Art. 96 und 97 Versailler Vertrag.

1221 Vgl. Art. 100 Versailler Vertrag.

1222 Vgl. *Makowski*, La situation juridique, in: Revue Générale de droit international public, Bd. 30 (1923), S. 174 f.

Übereinkommen zwischen der polnischen Regierung und der Freien Stadt Danzig zu vermitteln. Zunächst unterzeichnete nur die Danziger Delegation ein entsprechendes Abkommen am 9. November 1920. Auf erheblichen Druck der Alliierten folgte die Unterzeichnung der polnischen Delegation am 18. November 1920, wobei das Datum der Unterzeichnung zurückdatiert wurde.[1223] Die Danziger Delegation unterzeichnete daher offiziell bereits am 9. November 1920 die Errichtungsurkunde der vier Hauptmächte vom 27. Oktober 1920. Mit Inkrafttreten dieser Urkunde am 15. November 1920 wurde die Freie Stadt Danzig schließlich konstituiert.[1224]

c) Übergang der Gebietshoheit und der territorialen Souveränität im österreichisch-ungarischen Teilungsgebiet

aa) Übergang der Gebietshoheit

Am 27. Oktober 1918 bildete sich auf Beschluss des Regentschaftsrates in Krakau aus Vertretern aller polnischen Parteien eine „Liquidationskommission", die innerhalb weniger Tage die volle Gebietshoheit in Westgalizien übernahm.[1225] Westgalizien gehörte ab diesem Zeitpunkt *de facto* zum polnischen Staatsgebiet. In Ostgalizien kam es hingegen zu Kampfhandlungen mit den Ukrainern.[1226] Die polnischen Truppen besetzten dieses Gebiet, es erfolgte also eine Besatzung Ostgaliziens durch den polnischen Staat.[1227] Die Kampfhandlungen zwischen Polen und Ukrainern dauerten gleichwohl bis zum Frühjahr 1919 an. Der Botschafterrat beschloss schließlich auf einer Sitzung am 18. Juni 1919, dass Polen das Territorium Ostgaliziens auf Grundlage einer Art Mandat des Völkerbundes besetzen solle.[1228] Formal bedeutete dies die Anerkennung der kriegerischen Besatzung Ostgaliziens durch Polen, es bedeutete aber nicht, dass damit der rechtliche Übergang Ostgaliziens in das polnische Staatsgebiet anerkannt wurde.

bb) Übergang der territorialen Souveränität

(1) Friedensvertrag von Saint-Germain-en-Laye

Der Friedensvertrag von Saint-Germain-en-Laye[1229], der am 10. September 1919 unterzeichnet wurde und am 16. Juli 1920 in Kraft trat, stellte in seiner Präambel fest, dass die alte österreichisch-ungarische Monarchie aufgehört habe zu bestehen.[1230]

1223 *Böttcher*, Die Freie Stadt Danzig, S. 88.

1224 *Böttcher*, Die Freie Stadt Danzig, S. 88 f.

1225 Vgl. *Hurwicz, Elias*, Der neue Osten. Wandlungen und Aussichten, 1927, S. 10; *Hubert*, Rozbiory, S. 213.

1226 *Roth*, Die Entstehung des polnischen Staates, S. 29.

1227 *Berezowski*, Powstanie państwa polskiego, S. 282.

1228 *Berezowski*, Powstanie państwa polskiego, S. 285.

1229 Poln. Text: *Makowski, Julian*, Zobowiązania międzynarodowe Polski 1919-1929, 1929, Nr. 1 betreffend Österreich, S. 9 f.; franz. Text: *Kraus, Herbert*, Das Recht der Minderheiten. Materialien zur Einführung in das Verständnis des modernen Minoritätenproblems, 1927, Nr. XI, S. 73 ff.

1230 *Roth*, Die Entstehung des polnischen Staates, S. 88.

Auf die Errichtung des polnischen Staates wird im Teil III, Abschnitt VIII des Vertrages von Saint-Germain-en-Laye „Allgemeine Bestimmungen", eingegangen.[1231] Der Verzicht auf die früher österreichischen Gebietsteile, die Polen *de facto* bereits in Besitz hatte, wurde Österreich in Art. 91 auferlegt, aber ohne dass Polen hier genannt wurde, denn dieser Verzicht wurde zugunsten der alliierten und assoziierten Hauptmächte ausgesprochen.[1232]

Polen ratifizierte den Friedensvertrag auf Grundlage des Gesetzes vom 11. April 1924, sodass die Bestimmungen des Friedensvertrages für Polen erst am 22. August 1924 rechtsverbindlich waren.[1233]

(2) Friedensvertrag von Trianon

Im Vertrag von Trianon[1234], der mit dem Vertrag von Saint-Germain-en-Laye weitgehend übereinstimmt, entsprechen die Art. 74 und 75 den Art. 89 bis 91 des Vertrages von Saint-Germain-en-Laye und enthalten die analogen Verpflichtungen für Ungarn.[1235]

Im Ergebnis kann festgehalten werden, dass weder der Vertrag von Saint-Germain-en-Laye noch der Vertrag von Trianon den Übergang der territorialen Souveränität im österreichisch-ungarischen Teilungsgebiet auf Polen regelten. Diese Verträge enthielten nur einen Verzicht auf die ihnen aberkannten Gebiete zugunsten der alliierten und assoziierten Hauptmächte.

(3) Beschluss des Botschafterrates vom 15. März 1923

Mit dem Beschluss des Botschafterrates vom 15. März 1923 wurden gemäß Art. 87 Abs. 3 des Versailler Vertrages die bisher noch nicht bestimmten Grenzen Polens festgelegt. Da Polens Souveränität über ganz Galizien anerkannt wurde, wurde auch endgültig über die Eingliederung Ostgaliziens in das polnische Staatsgebiet entschieden.

d) Übergang der Gebietshoheit und der territorialen Souveränität im russischen Teilungsgebiet

Die polnische Ostgrenze war zunächst einer späteren Entscheidung der Westmächte vorbehalten.

1231 Vgl. Art. 89, 90 und 91 des Vertrages.

1232 *Roth*, Die Entstehung des polnischen Staates, S. 89.

1233 *Berezowski*, Powstanie państwa polskiego, S. 287.

1234 Poln. Text: *Makowski*, Zobowiązania międzynarodowe Polski, S. 227 ff.

1235 Zur Ergänzung der Verträge von Saint-Germain-en-Laye und Trianon wurde am 10. August 1920 in Sèvres ein weiterer Vertrag (Text in poln. Sprache abgedruckt bei: *Kutrzeba, Stanisław*, Polskie prawo polityczne według traktatów, Teil 1, 1923, Anhang Nr. 3, S. 174-177) geschlossen, den Polen allerdings weder unterzeichnet noch ratifiziert hatte, sodass dieser Vertrag bedeutungslos blieb.

aa) Übergang der Gebietshoheit

Zum russischen Teilungsgebiet gehörten nicht nur die Provinz „Weichselland", sondern auch die Gebiete, die östlich vom Königreich Polen gelegen waren.[1236] Nachdem die deutsche Besatzung in diesen Gebieten beendet war, besetzte die polnische Armee auf Grundlage des Dekretes des Staatsoberhauptes vom 8. Februar 1919 die bis zu diesem Zeitpunkt zu Litauen und Weißrussland gehörenden Gebiete. Im Jahre 1920 weiteten die Polen schließlich auch die Kompetenzen der Organe des polnischen Staates auf das besetzte Gebiet Russlands aus.[1237] Die polnisch-russischen Kampfhandlungen um diese Gebiete dauerten bis zum Jahre 1921 an.

bb) Übergang der territorialen Souveränität

(1) Versailler Friedensvertrag

Am schwierigsten war für die Versailler Konferenz das Problem der russisch-polnischen Territorien, da Russland außerhalb der Konferenz stand. Eine Lösung für dieses Problem zu finden gelang der Versailler Konferenz nicht. Sie musste zu dem Ausweg des Art. 87 Abs. 3 greifen, wonach die Festsetzung dieser Grenzen Polens späterer Entschließung der alliierten und assoziierten Hauptmächte vorbehalten bleiben sollte.[1238]

(2) Beschluss des Botschafterrates vom 8. Dezember 1919: „Curzonlinie"

Eine provisorische, aber nicht mit dem Übergang der territorialen Souveränität verbundene Bestimmung über die Ostgrenzen Polens traf der Botschafterrat am 8. Dezember 1919. Diese Grenzlinie, die gewöhnlich als „Curzonlinie" bezeichnet wird, entsprach den Vorschlägen der Kommission für polnische Angelegenheiten vom 22. April 1919.[1239]

(3) Beschluss des Botschafterrates vom 15. März 1923

Im Friedensvertrag von Riga[1240] im Jahre 1921, der den polnisch-sowjetischen Krieg beendete,[1241] wurde Polens Ostgrenze etwa 250 Kilometer östlich der Curzonlinie festgelegt.[1242] Polen bekam große Teile der Ukraine und Weißrusslands sowie die

1236 *Kutrzeba*, Polskie prawo polityczne według traktatów, Teil 1, S. 65.

1237 *Berezowski*, Powstanie państwa polskiego, S. 322.

1238 *Roth*, Die Entstehung des polnischen Staates, S. 69.

1239 *Roth*, Die Entstehung des polnischen Staates, S. 109.

1240 Der Friedensvertrag von Riga wurde am 18. März 1921 unterzeichnet und trat am 30. April 1921 in Kraft. Vgl. poln. Text: *Kumaniecki*, Odbudowa, Nr. 252, S. 526-545; dt. Text: *Rönnefarth, Helmuth K. G./Euler, Heinrich*, Konferenzen und Verträge, Bd. 4, Teil II, 2. Aufl., 1959, S. 63 ff.

1241 Vgl. *Kumaniecki, Jerzy*, Pokój polsko-radziecki 1921. Geneza, Rokowania, Traktat, Komisje mieszane, 1985, S. 63.

1242 Vgl. *Böttcher*, Die Freie Stadt Danzig, S. 53; Art II des Rigaer Friedensvertrages zwischen Polen und Russland mit der Ukraine; insgesamt konnte Polen mit der

litauische Hauptstadt Wilna.[1243] Der Botschafterrat setzte schließlich in seinem Beschluss vom 15. März 1923 die gesamten Ostgrenzen Polens und damit auch die polnisch-litauische Grenze fest. Erst mit diesem Beschluss ging die territoriale Souverändtiät in dem russischen Teilungsgebiet auf Polen über.[1244]

e) Abgrenzbares Territorium

Mit der Frage der polnischen Grenzen waren auf der Friedenskonferenz drei Körperschaften befasst: Eine besondere Mission unter dem Vorsitz des Botschafters Noulens, die Polen zur Grenzfestlegung bereiste, die „commission des affaires polonaises“ unter dem Vorsitz Cambons und die von dieser Kommission gebildete Subkommission unter dem Vorsitz des Generals Le Rond.[1245] Diesen Körperschaften legte die polnische Delegation durch Dmowski ihre in Denkschriften und Noten formulierten Forderungen vor. Die polnische Delegation war mit dem daraufhin gefassten Beschluss der Kommission für die polnischen Angelegenheiten vom 17. März 1919 im Allgemeinen zufrieden.[1246] Die Vorschläge der Kommission für polnische Angelegenheiten finden sich im Entwurf des Friedensvertrages, der der deutschen Delegation[1247] am 7. Mai in Versailles überreicht wurde.[1248]

IV. Regelungen zur polnischen Staatsangehörigkeit

Die Rechtsgrundlagen der polnischen Staatsangehörigkeit wurden in der Verfassung vom 17. März 1921, im Gesetz betreffend die Staatsangehörigkeit des polnischen Staates vom 20. Januar 1920[1249] und in völkerrechtlichen Verträgen, darunter

---

Grenzverschiebung ein Gebiet von etwa 10.000 km² hinzu gewinnen. Vgl. *Kowalski, Zdzisław G.*, Granica ryska, in: *Wojciechowski, Mieczysław* (Hrsg.), Traktat ryski 1921 roku po 75 latach, 1998, S. 127-139 (133).

1243 *Kempen, Bernhard*, Die deutsch-polnische Grenze nach der Friedensregelung des Zwei-plus-Vier-Vertrages, 1997, S. 23 f.

1244 *Roth*, Die Entstehung des polnischen Staates, S. 111, 125 f.; *Hurwicz*, Der neue Osten, S. 14.

1245 *Roth*, Die Entstehung des polnischen Staates, S. 74.

1246 *Roth*, Die Entstehung des polnischen Staates, S. 74 f.

1247 Die Gegenvorschläge der deutschen Delegation sind in der Mantelnote zu den „Bemerkungen der deutschen Delegation zu den Friedensbedingungen“ vom 19. Mai 1919 zusammengefasst. Danach war die deutsche Seite bereit, den größten Teil der Provinz Posen abzutreten und den Polen durch Einräumung von Freihäfen in Danzig, Memel und Königsberg freien und sicheren Zugang zum Meer zu gewähren.

1248 *Roth*, Die Entstehung des polnischen Staates, S. 75.

1249 Poln. Text: *Kumaniecki*, Odbudowa, Nr. 253, S. 545-547.

der Vertrag vom 18. Juni 1919[1250] und das Staatsangehörigkeitsabkommen vom 30. August 1924[1251], geregelt.

Gemäß dem Gesetz betreffend die Staatsangehörigkeit des polnischen Staates vom 20. Januar 1920 wurde die polnische Staatsangehörigkeit nach Art. 2 an diejenigen Personen verliehen, die auf dem Gebiet des polnischen Staates lebten. Der erste Vertrag, der das Staatsangehörigkeitsproblem betraf, war der Vertrag zwischen den Hauptmächten und Polen, der am 18. Juni 1919 in Versailles unterzeichnet wurde. Danach wurden als polnische Staatsbürger diejenigen Bürger bezeichnet, die die deutsche, österreichische, ungarische und russische Staatsbürgerschaft besaßen und dauerhaft in jenen Gebieten, die in Versailles Polen zuerkannt wurden, lebten.[1252] Ferner bestimmte der Vertrag, dass eine Person, die nicht die Staatsbürgerschaft eines anderen Staates besaß, automatisch mit der Geburt auf polnischem Territorium die polnische Staatsbürgerschaft erlangte. Art. 91 des Versailler Friedensvertrages regelte nämlich, dass die deutschen Staatsbürger, die dauerhaft in den als Teil Polens anerkannten Gebieten lebten, die polnische Staatsbürgerschaft erhielten.[1253] Die Staatsangehörigkeit richtete sich hiernach nach dem Wohnsitzprinzip.[1254] Von dieser allgemeinen Regel gab es die Ausnahme, dass diejenigen Deutschen oder deren Angehörige, die die Gebiete erst nach dem ersten Januar 1908 bewohnt hatten, die polnische Staatsbürgerschaft erst aufgrund einer Spezialermächtigung des polnischen Staates erlangen konnten.

Gemäß Art. 5 des Staatsangehörigkeitsabkommens von 1924 war es für den Erwerb der polnischen Staatsangehörigkeit ausreichend, dass ein Wohnsitz im polnischen Gebiet nachgewiesen werden konnte. Neben diesem Wohnsitzprinzip enthielt der Vertrag ein Optionsrecht[1255], das die Möglichkeit der Wahl zwischen

---

1250 Der Vertrag wurde als kleiner Versailler Vertrag bezeichnet. Vgl. *Pietrzak, Michał*, in: *Bardach/Leśnodorski/Pietrzak*, Historia ustroju i prawa polskiego, S. 494.

1251 Dt. Text: RGBl. 1925, Bd. II, S. 33 f.; § 1 dieses Gesetzes enthielt die Zustimmung zu dem am 30. August 1924 unterzeichneten deutsch-polnischen Abkommen über Staatsangehörigkeits- und Optionsfragen.

1252 Vgl. *Ryszka, Franciszek* (red.), Historia państwa i prawa Polski. 1918-1939, Teil 1, 1962, S. 50 f., 53; *Pietrzak*, in: *Bardach/Leśnodorski/Pietrzak*, Historia ustroju i prawa polskiego, S. 500.

1253 Wortlaut von Art. 91 Abs. 1: „Die deutschen Reichsangehörigen, die ihren Wohnsitz in den endgültig als Bestandteil Polens anerkannten Gebieten haben, erwerben von Rechts wegen die polnische Staatsangehörigkeit".

1254 Ausführlich hierzu: *Bruns, Carl Georg*, Staatsangehörigkeitswechsel und Option im Friedensvertrage von Versailles, 1921, S. 11 ff.

1255 *Kreuzer* definiert die „Option der Staatsangehörigkeit" wie folgt: „als den Erwerb einer Staatsangehörigkeit, den Verzicht auf eine Staatsangehörigkeit oder die Abwendung einer bevorstehenden Staatsangehörigkeitsveränderung durch rechtsgestaltende Erklärung des Einzelnen". Sie unterscheidet weiter zwischen einer negativen Option, bei der die erworbene Staatsangehörigkeit abgelehnt wird, und der positiven Option, die zum Erwerb der neuen Staatsangehörigkeit führt. Zit. n.: *Kreuzer*, Staatsangehörigkeit und Staatensukzession, S. 52.

der deutschen und der polnischen Staatsangehörigkeit eröffnete[1256]. Wer in einem der beiden Staaten lebte, sich aber dafür entschied, Bürger des anderen zu sein, musste eine Optionserklärung abgeben[1257]. Wenn sich beispielsweise eine Person, die auf polnischem Territorium lebte, dazu entschied, die deutsche Staatsangehörigkeit anzunehmen, wurde sie auf Grund dieses Abkommens nach Deutschland ausgewiesen.[1258]

Darüber hinaus ging auch der Rigaer Friedensvertrag von 1921 in den Art. II und VI auf die Frage des Staatsangehörigkeitswechsels ein.[1259] In erster Linie sollte sich die Staatsangehörigkeit nach dem Wohnsitz richten. In Art. VI war zusätzlich ein Optionsrecht geregelt. Dieses ermöglichte es, das Recht der Option zugunsten Russlands, der Ukraine oder Weißrusslands auszuüben. Eine Voraussetzung hierfür war, dass die betreffende Person am 1. August 1914 die Staatsangehörigkeit des ehemaligen russischen Kaiserreichs besessen hatte.[1260] Schließlich enthielt auch Art. 25 des deutsch-polnischen Abkommens vom 15. Mai 1922 betreffend Oberschlesien[1261] Regelungen zur Staatsangehörigkeit, wonach auch in diesem Vertrag das Wohnsitzprinzip angewendet wurde.

V. Anerkennung des polnischen Staates durch Drittstaaten

1. Anerkennung durch die Siegermächte und andere Staaten

a) Konkludente Anerkennung durch die Teilnahme Polens an der Versailler Friedenskonferenz

Mit der Zulassung der Polen zur Teilnahme an den Verhandlungen in Versailles am 15. Januar 1919 erkannten die an der Friedenskonferenz beteiligten Staaten Polen bereits konkludent als Staat an.[1262]

1256 Der Sinn und Zweck der Option ist, dass unangemessene Nachteile bei einem automatischen Wechsel der Staatsangehörigkeit eintreten und eröffnet aus diesem Grunde daher die Möglichkeit, über seine Staatsangehörigkeit selber zu entscheiden. Es kann aus der Staatenpraxis aber keine völkerrechtliche Verpflichtung zur Optionsgewährung bei der Bestimmung der Staatsangehörigkeit festgestellt werden. Vgl. *Kreuzer*, Staatsangehörigkeit und Staatensukzession, S. 51.

1257 Vgl. Kap. 2 Art. 9 ff.

1258 Vgl. Kap. 2 Art. 12 § 1.

1259 Ausführlich hierzu: *Gargas, Sigismund*, Das Staatsangehörigkeitsproblem im polnisch-russischen Friedensvertrage von Riga, in: Sonderdruck der Zeitschrift für vergleichende Rechtswissenschaft, Bd. XLII (1927), S. 342-351.

1260 Vgl. Art. VI Nr. 3.

1261 Poln. Text: *Kierski, Kazimierz* (ed.), Zbiór ustaw i rozporządzeń o obywatelstwie polskim według traktatów wersalskich, 1925, Nr. 3, S. 18 ff.

1262 Vgl. *Pietrzak*, in: *Bardach/Leśnodorski/Pietrzak*, Historia ustroju i prawa polskiego, S. 494; *Hubert*, Rozbiory, S. 236; anders sieht es *Meissner*, die in ihrer Untersuchung zu dem Ergebnis kommt, dass eine Teilnahme an internationalen Konferenzen keine Anerkennung des an der Konferenz teilnehmenden Staates

b) Anerkennung durch den Minderheitenschutzvertrag

Am 28. Juni 1919 wurde zwischen den alliierten und assoziierten Hauptmächten und Polen der sogenannte Minderheitenschutzvertrag[1263] geschlossen.[1264] In der Einleitung des Vertrages bestätigten die Vereinigten Staaten von Amerika, das Britische Reich, Frankreich, Italien und Japan, die alliierten und assoziierten Hauptmächte die Anerkennung „des polnischen Staates innerhalb der genannten Grenzen als Glied der Familie der Nationen, als souverän und unabhängig (...)". Auffällig ist, dass hier die Anerkennung nur bestätigt wird. Die Vertragspartner gehen somit davon aus, dass sie Polen als unabhängigen Staat bereits vor Abschluss des Minderheitenschutzvertrages anerkannt hatten. Dies muss so verstanden werden, dass die Siegermächte sich auf die konkludente Anerkennung während der Versailler Konferenz und auf die separaten Anerkennungserklärungen der Staaten bezogen.

c) Einzelne Anerkennungserklärungen

Die *de iure*-Anerkennung der Regierung in Warschau und damit des polnischen Staates[1265] erfolgte darüber hinaus in gesonderten Erklärungen der folgenden Staaten: Vereinigte Staaten von Amerika am 30. Januar 1919[1266], Frankreich am

---

oder seiner Regierung bedeutet. Vgl. *Meissner*, Anerkennung, S. 41 f. Polen nahm mit zwei Delegierten an den Friedensverhandlungen teil. Das Nationalkomitee benannte *Dmowski* als einen der Delegierten. Mit dem Einverständnis der Warschauer Regierung wurde *Paderewski* zum zweiten Delegierten bestimmt. Vgl. *Kozicki, Stanisław*, Sprawa granic Polski na konferencji pokojowej w Paryżu, 1921, S. 9 der Anlage.

1263 Franz. und engl. Text des Vertrages zwischen den Vereinigten Staaten von Amerika, Großbritannien, Frankreich, Italien und Japan einerseits und Polen andererseits vom 28. Juni 1919: *Kraus/Rödiger*, Urkunden zum Friedensvertrage, Erster Teil, Nr. 106, S. 741-759; *Kraus*, Das Recht der Minderheiten, Nr. IX, S. 50 ff.

1264 Art. 93 des Versailler Vertrages setzt ausdrücklich die Zustimmung Polens zum Abschluss dieses Vertrages, der gleichzeitig mit dem Versailler Vertrag in Kraft treten sollte, fest.

1265 Siehe hierzu: *Pietrzak*, in: *Bardach/Leśnodorski/Pietrzak*, Historia ustroju i prawa polskiego, S. 494 f.; *Hubert*, Rozbiory, S. 236.

1266 Dass die US-Amerikaner die Errichtung eines unabhängigen polnischen Staates befürworteten, wurde auch in den sog. 14-Punkten des US-amerikanischen Präsidenten vom 8. Januar 1918 deutlich. Seine Rede (poln. Text: *Kallas/Krzymkowski*, Historia ustroju i prawa, Nr. 138, S. 257 f.; dt. Text: *Rönnefarth*, Konferenzen und Verträge, Teil II, Bd. 4, S. 23 f.), die Wilson an den Kongress richtete, beinhaltete mehrere Punkte, die zur Erreichung und Absicherung des Weltfriedens führen sollten. Wilson forderte, dass es öffentliche Friedensverträge, ohne zusätzlich weitere geheime völkerrechtlichen Absprachen abzuschließen, geben müsse. In Punkt 13 geht er auf die Gründung eines polnischen Staates ein, der aus „unstrittig polnischen Gebieten" entstehen sollte. Ferner forderte er, dass den Polen ein ungehinderter Zugang zum Meer sowie die territoriale Integrität in einem völkerrechtlichen Vertrag garantiert werden müsse.

23. Februar 1919[1267], Großbritannien am 25. Februar 1919, Italien am 27. Februar 1919[1268], Belgien am 6. März 1919, Finnland am 8. März 1919, Schweiz am 12. März 1919, Griechenland am 13. März 1919, Japan am 22. März 1919, die päpstliche Kurie am 30. März 1919, Brasilien am 15. April 1919, Norwegen am 21. Mai 1919, Spanien am 22. Mai 1919, Tschechoslowakei am 28. Mai 1919, Dänemark am 31. Mai 1919, Schweden am 3. Juni 1919, Portugal und Rumänien am 21. Juni 1919, Argentinien am 7. Juli 1919, Chile am 28. August 1919, Persien am 29. August 1919, Paraguay am 9. Oktober 1919 und Island am 28. Januar 1921[1269]. Die Anerkennung durch Jugoslawien erfolgte bereits am 9. Dezember 1918.[1270]

2. Anerkennung durch Russland

Die Regierung Russlands votierte für die Wiederherstellung eines unabhängigen polnischen Staates zwar bereits durch die Proklamation vom 30. März 1917, zu diesem Zeitpunkt war aber der polnische Staat noch nicht unabhängig und auch nur auf das Gebiet des Königreichs Polen beschränkt. Die endgültige Anerkennung der Zweiten Polnischen Republik gab Russland konkludent ab, als Georgi Wassiljewitsch Tschitscherin[1271] am 27. November 1918 dem polnischen Außenminister vorschlug, Botschafter beider Staaten zu benennen.[1272]

3. Anerkennung durch das Deutsche Reich

Das Deutsche Reich sprach formal seine Anerkennung in Art. 87 des Versailler Vertrages aus, wobei schon tatsächlich früher vertragliche Beziehungen zu Polen aufgenommen worden waren.[1273] Der Rat der Volksbeauftragten entsandte nämlich noch im November 1918 den Grafen Harry Kessler als „Gesandten in außerordentlicher Mission" nach Warschau[1274]. Dies war damit die erste Anerkennung Polens durch einen fremden Staat.

VI. Resümee

Mit der Errichtung des Königreichs Polen auf dem Gebiet des von Russland rechtswidrig einverleibten Kongresspolens von 1815 durch das Zwei-Kaiser-Patent vom 6. November 1916 war der erste Schritt auf dem Weg zur Schaffung eines unabhängigen polnischen Staates getan. Die Zentralmächte übten zwar über das Königreich Polen Staatsgewalt aus, doch war diese in Anbetracht des noch andauernden

---

1267 Vgl. *Blociszewski*, La restauration de la Pologne, S. 148.

1268 Zit. n.: *Pietrzak*, in: *Bardach/Leśnodorski/Pietrzak*, Historia ustroju i prawa polskiego, S. 494 f.; vgl. *Blociszewski*, La restauration de la Pologne, S. 149.

1269 *Roth*, Die Entstehung des polnischen Staates, S. 57.

1270 Vgl. *Hubert*, Rozbiory, S. 239.

1271 Von 1918 bis 1930 Volkskommissar des Äußeren in der Sowjetunion.

1272 *Berezowski*, Powstanie państwa polskiego, S. 380.

1273 *Schätzel*, Polens Untergang, in: AVR 40 (1921), S. 84.

1274 *Makowski*, Zobowiązania międzynarodowe Polski, S. 301.

Ersten Weltkriegs und der damit verbundenen ungewissen Zukunft nicht effektiv. Stattdessen herrschte im Königreich Polen ein Übergangszustand auf dem Weg zur Erlangung einer vollumfänglichen Souveränität Polens. Die Besatzungsmächte beschränkten nämlich die innere Souveränität und traten als Inhaber der äußeren Souveränität im Königreich Polen auf. Aufgrund der fehlenden Anerkennung stellte der Vasallenstaat gegenüber Russland und den übrigen Staaten ein *de facto*-Regime und damit ein partielles Völkerrechtssubjekt dar. Das Königreich Polen bestand vom 5. November 1916 bis zum 11. November 1918 als Vorläufer der Zweiten Republik Polen.

C. Abschließende Würdigung der Kontinuität Polens

Abschließend bleibt noch die Frage zu erörtern, ob der nach dem Ersten Weltkrieg errichtete unabhängige Staat Polen die Wiederherstellung des früheren polnischen Staates war, sodass eine völkerrechtliche Kontinuität des polnischen Staates angenommen werden könnte oder ob die Zweite Republik Polen einen Neustaat im Sinne des Völkerrechts darstellte.

I. Vergleich der Ansichten Polens und Deutschlands

1. Polnisches Identitätsverständnis

a) Rechtsprechung

aa) Entscheidung der Strafkammer des Obersten Gerichts vom 17. Oktober 1919

In der polnischen Rechtsprechung findet sich im Urteil der Zweiten Kammer des Obersten Gerichts in Warschau vom 17. Oktober 1919[1275] die Ansicht, dass die Staatseigenschaft des Königreichs Polen von 1815 *de iure* nicht aufgehoben worden sei, weder im Verständnis des polnischen Volkes noch auf Grundlage des Völkerrechts.[1276] Das Gericht stellte die Theorie auf, dass das im Jahre 1807

1275 Zbiór orzeczeń Sądu Najwyższego. Orzeczenia Izby II (karnej), Jahr 1919, Nr. 65, S. 132-143 (hier konkret S. 136 f.).

1276 Dieses letztinstanzliche Urteil hatte eine Strafsache wegen Hochverrats gegen den Angeklagten Weisholc zum Gegenstand. Weisholc war bereits in erster und zweiter Instanz von polnischen Gerichten wegen Hochverrats auf Grundlage des entsprechenden russischen Strafgesetzes verurteilt worden, weil er in der „Besatzungsszeit“ im Dienst der geheimen deutschen Feldpolizei gestanden hatte. Weisholc Verteidiger hatte gegen diese Urteile mit der Begründung Revision eingelegt, dass ein polnisches Gericht des neu entstandenen Staates Polen seinen Mandanten nicht wegen einer Handlung, die eigentlich gegen Russland gerichtet gewesen war, auf Grundlage des russischen Strafgesetzbuches, dessen Artikel Hochverrat gegen Russland behandeln, verurteilen könne. Das Oberste Gericht bestätigte aber im Wesentlichen die vorangegangenen Urteile, da es der Ansicht war, dass ein polnischer Staat, der sich mit Deutschland im Kriegszustand befand und gegen den die Handlungen des Weisholc als polnischen Staatsangehörigen

durch Napoleon geschaffene Herzogtum Warschau ein unabhängiger Staat gewesen sei, der wiederum identisch mit dem Königreich Polen des Jahres 1815 sei. Das Königreich Polen sei ebenfalls ein souveräner Staat gewesen. Ferner hätte das Organische Statut von 1832 im Widerspruch zur Kongressakte gestanden, sodass die Einverleibung des Königreichs in Russland völkerrechtswidrig gewesen sei. Demzufolge existiere das Königreich Polen *de iure* noch im Jahre 1914, sodass auch die polnische Staatsangehörigkeit ununterbrochen fortbestanden habe. Auf diese Weise konnte Hochverrat gegen Polen begangen werden, sodass der Angeklagte Weisholc wegen dieses Deliktes verurteilt werden konnte.

bb) Entscheidung der Strafkammer des Obersten Gerichts vom 30. September 1922

Das gleiche Gericht stellte in seiner Entscheidung vom 30. September 1922[1277] fest, dass es ein historischer und rechtlicher Irrtum sei anzunehmen, dass der polnische Staat nach der dritten Teilung aufgehört habe zu existieren. Zur Begründung dieser Ansicht stellte die Strafkammer des Obersten Gerichts die These auf, dass ein Staat erst untergehe, wenn in der Bevölkerung das Bewusstsein der Abgrenzung gegenüber der fremden Herrschaft allmählich zurückgehe, eine allmähliche Zustimmung zur neuen Ordnung eintrete und schließlich die früheren Traditionen verschwänden. Die polnische Bevölkerung habe die Annexion und den aus ihr resultierenden Rechtszustand zu keiner Zeit akzeptiert, insbesondere habe sie niemals auf ihre Grenzen verzichtet und deswegen auch immer das Gefühl der Selbständigkeit gegenüber den Invasoren beibehalten. Das Gericht kommt aufgrund dieser Schlüsse zu dem Ergebnis, dass der polnische Staat nach der dritten Teilung weiter existiert hat.

cc) Entscheidung der Zivilkammer des Obersten Gerichts vom 12. Mai 1928

In der Entscheidung vom 12. Mai 1928 in der Sache Dr. Szumkowski gegen Rubl[1278], bei der es um die Wiedergabe beschlagnahmter Güter ging, entschied die Zivilkammer, dass die Titel, auf deren Grundlage Russland die Konfiszierung der Güter vorgenommen hatte, rechtswidrig seien. Ferner betonte die Zivilkammer, dass in dem Augenblick, in dem Russland die Herrschaft über das Gebiet verloren habe,

---

gerichtet waren, zur Zeit dieser Delikte *de iure* bestand. Art. 108 des russischen Strafgesetzbuches würde zwar nur von Hochverrat gegen „Russland" sprechen, doch sei darunter auch das *de iure* unabhängige Polen zu subsumieren, obgleich Russland das Gebiet Kongresspolens als Gebiet des Russischen Reiches betrachtete.

1277 OSN(K) 1922/1/345; darüber hinaus findet sich die gleiche Argumentation in der Entscheidung vom 28. April 1923. Vgl. Text: Orzecznictwo Sądów Polskich, Bd. II, 1923, Nr. 498, S. 414-416 (415).

1278 OSN(C) 1928/1/98.

die Rechte der Polen auf ihre Güter in den durch Russland besetzten Gebieten wieder aufgelebt seien. Aus dieser Begründung lässt sich nicht unmittelbar schließen, dass das Gericht die Theorie der Rechtskontinuität Polens vertrat. Die Tatsache, dass das Gericht sämtliche durch Russland vorgenommene Akte als rechtswidrig bewertete, kann aber so ausgelegt werden, dass die Zivilkammer davon ausgehen musste, dass der polnische Staat im Zeitpunkt der vorgenommenen Beschlagnahme *de iure* fortexistierte.

b) Verfassung der Volksrepublik Polen

In der Präambel der neuen Verfassung vom 17. März 1921[1279] dankte das polnische Volk für die Befreiung aus der „Knechtschaft" und knüpfte an die „glänzende Überlieferung der unvergesslichen Konstitution vom 3. Mai 1791" an. Die unmittelbare Bezugnahme auf die Maiverfassung könnte dafür sprechen, dass die Märzverfassung die rechtliche Kontinuität des polnischen Staates bekräftigte.[1280] Art. 1 Abs. 2 der Verfassung vom 23. April 1935[1281] enthielt ebenfalls ein Indiz für die Ansicht der Kontinuität des polnischen Staates, indem betont wurde, dass der polnische Staat „durch den Kampf und das Opfer der Besten seiner Söhne erneuert wurde".[1282] Auch hier wird an den untergegangenen polnischen Staat angeknüpft.

c) Wissenschaft

Die polnische Wissenschaft setzte sich mit der Frage nach der Kontinuität des polnischen Staates nach dem Ersten Weltkrieg kritisch auseinander. Es entstanden zwei Richtungen, eine nahm an, dass der polnische Staat von 1918 im Sinne des Völkerrechts einen neuen Staat darstellte, und die andere vertrat die Auffassung, dass der polnische Staat wiederhergestellt wurde, indem eine Rechtskontinuität zu Polen von 1795 angenommen wurde.[1283]

Ehrlich ging davon aus, dass der polnische Staat niemals aufgehört hatte zu existieren. Er vertrat die Ansicht, dass der polnische Staat im Jahre 1918 seine Unabhängigkeit und damit seine ihm zustehende Rechtsstellung als vollumfängliches Völkerrechtssubjekt wiedererlangt habe und gerade nicht als neuer Staat entstanden sei.[1284] Weitere Vertreter der Theorie der Rechtskontinuität sind in der neueren

---

1279 Die Verfassung wurde als „Kleine Verfassung" (poln.: Mała Konstytucja) bezeichnet.

1280 *Gawenda*, Legalizm Polski w świetle prawa publicznego, S. 86.

1281 Poln. Text: *Rostocki, Władysław*, Pięćdziesiąt lat mocy obowiązującej Konstytucji kwietniowej. Ustrój władzy państwowej w ustawie zasadniczej i w praktyce, 2002, Anhang Nr. II, S. 301-321.

1282 *Rostocki*, Pięćdziesiąt lat, S. 50.

1283 *Kwiecień, Roman*, Tożsamość i ciągłość prawnomiędzynarodowa państwa polskiego, in: PiP 53 (1998), Heft Nr. 8, S. 13-25 (16 f.).

1284 *Ehrlich*, Prawo międzynarodowe, S. 150.

Literatur Cybichowski[1285], Klafkowski[1286] und Leśnodorski[1287], die von einem „wiederhergestellten polnischen Staat" sprechen. Hubert identifiziert die polnische Republik vor den Teilungen und die Republik Polen aus dem Jahre 1918 als das gleiche Rechtssubjekt. Dies stützt er mit der Begründung, dass die Teilungsmächte gegen den Grundsatz *pacta sunt servanda* verstoßen hätten, sodass die Teilungsverträge völkerrechtswidrig gewesen seien.[1288] Auch Gawenda, der eine rechtliche Kontinuität des polnischen Staates annimmt,[1289] begründet seine Ansicht damit, dass ein Staat trotz erfolgter Annexion rechtlich nicht untergehe, solange die Nation ausdrücklich manifestiere, dass sie sich mit der Besatzung ihres Staates nicht abfindet.[1290] So habe auch die polnische Nation in der Zeit nach der dritten Teilung stets ihren Willen zum Ausdruck gebracht, dass sie ihren Staat aufrechterhalten wollte. Insbesondere die Aufstände der polnischen Bevölkerung hätten bewirkt, dass die „historisch-rechtliche Kontinuität des polnischen Staates" aufrechterhalten werden konnte.[1291] Der Großteil der Befürworter einer Rechtskontinuität des polnischen Staates versuchte diese auch mit dem Römischen Recht des *ius postliminii,* aus dem die Figur der wiedererrichteten Staaten abgeleitet wurde, zu beweisen. Das *ius postliminii* sollte in den Fällen angewandt werden, in denen eine Staatsgewalt rechtswidrig verdrängt wurde und später wiederhergestellt werden sollte.[1292] Damit versuchten die Völkerrechtler die Folgen einer rechtswidrigen Annexion nachträglich zu annullieren. Ein Vertreter dieser Theorie war Ehrlich, der die Anwendung des *ius postliminii* auf Polen aus dem Jahre 1918 als eine „natürliche Sache" bewertete.[1293] Ehrlich betonte, dass das *ius postliminii* die Rechtsgrundlage für die Wiederherstellung der früheren Grenzen des polnischen Staates bilden würde.[1294] Cybichowski begründete seine Ansicht mit zwei wesentlichen Gesichtspunkten, einmal kam er zu dem Schluss, dass es sich nach dem Wiener Kongress um militärische Besetzungen Polens gehandelt habe, der Fortbestand Polens über die polnischen Teilungen hinaus dadurch begründet sei, ferner betonte er, dass nicht der Staat, sondern das Volk in der Genesis des Völkerrechts die elementare Einheit sei.[1295] Auf diese Weise räumt er dem Volk Vorrang vor dem Staat ein.

1285 *Cybichowski, Siegmund,* Das völkerrechtliche Okkupationsrecht, in: ZVölkR 18 (1934), Heft Nr. 3, S. 208-322 (318).

1286 *Klafkowski,* Alfons, Prawo międzynarodowe publiczne, 4. Aufl., 1971, S. 115.

1287 *Krukowski, Stanisław,* Polska odrodzona czy państwo nowe?, in: CPH 29 (1977), Heft Nr. 1, S. 105-130 (107).

1288 *Hubert,* Rozbiory, S. 70 ff., 284.

1289 *Gawenda,* Legalizm Polski w świetle prawa publicznego, S. 85.

1290 *Gawenda,* Legalizm Polski w świetle prawa publicznego, S. 82.

1291 *Gawenda,* Legalizm Polski w świetle prawa publicznego, S. 83.

1292 *Dembski,* Polonia Restituta, in: CPH 26 (1974), Heft Nr. 2, S. 174.

1293 *Ehrlich,* Prawo międzynarodowe, S. 150.

1294 *Ehrlich,* Prawo międzynarodowe, S. 150 f.

1295 *Cybichowski,* Das völkerrechtliche Okkupationsrecht, in: ZVölkR 18 (1934), Heft Nr. 3, S. 318 f.

Der andere Teil der polnischen Wissenschaftler, darunter auch Ryszka, nahm an, dass der polnische Staat eine neue staatliche Schöpfung war.[1296] Neben Berezowski[1297] vertrat auch Dembski die Ansicht, dass im Jahre 1918 ein neuer polnischer Staat errichtet wurde, er lehnte es aber ab, dies damit zu begründen, dass der Versailler Vertrag einen neuen Staat erschaffen habe.[1298] Dembski zieht für seine Sichtweise Art. 87 des Versailler Vertrages und die Einleitung des Vertrages zwischen den Hauptmächten und Polen vom 18. Juni 1919 heran, die seiner Ansicht nach eindeutig von der Anerkennung und Errichtung eines Neustaates sprächen.[1299] Nach Dembski wäre auch die Tatsache, dass die Symbole Polens vor der dritten Teilung übernommen wurden – so wie etwa die Wappen, Nationalfarben, der Name, die Orden und die Namen einiger Organe – kein Beweis für die Identität des polnischen Staates. Die Übernahme der Symbole sei nur ein Beweis dafür, dass die Polen zeigen wollten, dass sie ihre Traditionen und ihre Kultur trotz des Fehlens eines polnischen Staates über die vielen Jahrzehnte hindurch beibehalten haben.[1300]

2. Deutsches Verständnis

In der deutschen Wissenschaft wird überwiegend eine Rechtskontinuität des polnischen Staates nach dem Jahre 1795 entschieden abgelehnt. Dies wird damit begründet, dass der polnische Staat im Jahre 1918 weder *de iure* noch *de facto* existiert habe. Teilweise wird vertreten, dass der Untergang des polnischen Staates bereits im Jahre 1795 erfolgt sei, da die deutschen Juristen im Gegensatz zu ihren polnischen Kollegen die Ansicht vertreten, dass die Teilungen Polens nicht völkerrechtswidrig gewesen seien. Diejenigen, die die Teilungen doch für völkerrechtswidrig halten, darunter Schätzel, sind der Ansicht, dass die Teilungen und damit der Untergang Polens spätestens durch den Wiener Kongress im Jahre 1815 legitimiert worden seien.[1301] Auf diese Weise kommt die deutsche Lehre zu dem Ergebnis, dass im Jahre 1918 Polen nur als Neustaat entstanden sein konnte. Zu den Vertretern dieser Ansicht zählen etwa Roth[1302] und Kaufmann[1303]. In der Völkerrechtswissenschaft außerhalb Polens und Deutschlands spielte die Problematik der Rechtskontinuität Polens, mit Ausnahme von Fauchille[1304] und Erich[1305], die beide

1296 *Ryszka*, Historia państwa i prawa Polski. 1918-1939, Teil 1, S. 50 f., 53.

1297 *Berezowski*, Powstanie państwa polskiego, S. 98.

1298 *Dembski*, Polonia Restituta, in: CPH 26 (1974), Heft Nr. 2, S. 167.

1299 *Dembski*, Polonia Restituta, in: CPH 26 (1974), Heft Nr. 2, S. 167 ff.

1300 *Dembski*, Polonia Restituta, in: CPH 26 (1974), Heft Nr. 2, S. 188.

1301 *Schätzel*, Polens Untergang, S. 78.

1302 *Roth*, Entstehung, S. 57.

1303 *Kaufmann, Erich*, Die Stellung der deutschen Ansiedler, in: *Barclay, Thomas/ Struycken, Antonius/Kaufmann, Erich* (Hrsg,), Studien zur Lehre von der Staatensukzession. Drei Gutachten, 1923, S. 67-156 (100 ff.).

1304 *Fauchille*, Traité de droit international public, Bd. I 1, S. 257.

1305 *Erich, Rafael*, La naissance et la reconnaissance des Etats, in: RdC 13 (1926) III, S. 431-505 (445).

zu dem Ergebnis kommen, dass Polen nach dem Ersten Weltkrieg einen Neustaat und nicht die Wiedererrichtung des früheren Polens darstelle, keine Rolle.[1306]

II. Inhalt internationaler Verträge hinsichtlich einer Identität/Diskontinuität Polens

1. Versailler Friedensvertrag

Als Beleg für die Beurteilung einer möglichen Rechtskontinuität Polens kann der Wortlaut des Versailler Friedensvertrages herangezogen werden. Im Text des Versailler Vertrages taucht in den Art. 273 Abs. 2, 283, 297 h Abs. 2 und schließlich in Art. 434 die Bezeichnung „Nouveaux Etats“ auf, worunter neben der Tschechoslowakei auch Polen zu zählen ist. Daneben fällt der Staat Polen auch unter den Begriff der „Puissances nouvellement créées“, der etwa in Art. 296 Nr. 4 d gebraucht wird. Im Vertragstext findet sich an keiner Stelle ein Hinweis auf eine Wiederherstellung Polens in den Grenzen von 1772, stattdessen wird eine Gebietsaufteilung nach ethnografischen Gesichtspunkten festgesetzt,[1307] wobei dies lediglich als ein Indiz und gerade nicht als ein festes Kriterium für die Ablehnung einer Identität gelten kann. Dem Wortlaut steht aber auch nicht entgegen, dass mit dem neuen Staat Polen der wiedererrichtete Staat Polen gemeint war. Der Vertragstext erweckt vielmehr den Eindruck, dass die Frage nach der Identität des polnischen Staates keine Rolle spielte.

Die Siegermächte gingen immer wieder auf die Wiederherstellung der Unabhängigkeit des polnischen Staates ein. Die Anknüpfung an die Unabhängigkeit könnte so ausgelegt werden, dass die Siegermächte den polnischen Staat gerade nicht als untergegangen, sondern die Gebiete in Abhängigkeit zu den Teilungsmächten betrachteten. Dies könnte für eine Besatzung der polnischen Gebiete sprechen.

Aus den Beratungen der Alliierten über die Deutschland aufzuerlegenden Bedingungen des Waffenstillstandes geht hervor, dass der Gedanke zur Wiederherstellung Polens in den Grenzen vor den Teilungen vorübergehend auftrat, aber umgehend abgelehnt wurde.[1308] Dies ist allerdings kein Beleg dafür, dass der

---

1306 *Fiedler*, Staatskontinuität, S. 31.

1307 Auch die Beratungen zum Versailler Vertrag könnten darauf schließen lassen, dass die Mächte einen neuen Staat Polen errichten wollten. So heißt es etwa bei Temperley, der die offiziellen Konferenzdokumente zusammengefasst hat: “Two new states were being created, Poland and Czecho-Slowakia (...)”. Vgl. *Temperley, Harold William Vazeille* (ed.), A History of the Peace Conference of Paris, Bd. V, 1969, S. 120.

1308 Bei den Beratungen vom 2. November 1918 soll Foch vorgeschlagen haben, das « l’ancienne Pologne » wiederzuerrichten, also in den Grenzen vor der ersten Teilung im Jahre 1772. Gegen diesen Vorschlag habe sich Balfour gewandt und betont, dass eine solche Wiederherstellung nicht umsetzbar sei. Vgl. die Aufzeichnungen der Beratungsprotokolle bei *Mermeix, Gabriel Terrail*, Les Négociations

wiedererrichtete Staat nicht identisch mit dem faktisch untergegangenen Staat war, da Grenzverschiebungen keine Auswirkungen auf die Beurteilung von Identität haben.[1309] Die Siegermächte entschieden sich gegen eine identische Wiederherstellung der Grenzen von 1772, da sie dies als nicht umsetzbar betrachteten.

Der Wortlaut und auch die Auslegung des Versailler Friedensvertrages sowie der entsprechenden Beratungen geben somit keine eindeutigen Hinweise darauf, ob die alliierten und assoziierten Mächte versucht haben, einen identischen Staat Polen wiederherzustellen.[1310]

2. Minderheitenschutzvertrag vom 28. Juni 1919

Vereinzelt wird angeführt, dass die Präambel des Minderheitenschutzvertrages ein Beleg für die Kontinuität Polens sei.[1311] Bei Betrachtung des Wortlautes fällt auf, dass an einer Stelle festgestellt wird, dass die russische Regierung der „Wiedererrichtung eines unabhängigen polnischen Staates" zugestimmt habe. Der Begriff der Wiedererrichtung könnte tatsächlich ein Indiz für die Rechtskontinuität Polens sein.[1312] Dem steht aber entgegen, dass die Siegermächte eine Zustimmung Russlands überhaupt für erforderlich hielten. An anderer Stelle der Einleitung wurde der Untergang des Staates Polen als Unrecht deklariert und die Souveränität Polens über die ehemaligen Gebiete des Russischen Reiches, die größtenteils von Polen bewohnt wurden, anerkannt. Mit den ehemaligen Gebieten war hier das durch die Mittelmächte errichtete Königreich Polen gemeint. Auffällig ist aber, dass die Siegermächte den Untergang des polnischen Staates als Unrecht werteten. Damit wurde den Polen das generelle Recht auf einen unabhängigen Staat zugestanden. Der verwendete Begriff der „Wiederherstellung" deutet demnach auf eine Identität hin.

Im Gesamtergebnis kann festgehalten werden, dass auch die Analyse des Wortlautes des Minderheitenschutzvertrages nur Indizien für die Annahme enthält, dass die alliierten und assoziierten Hauptmächte das Ziel der Wiedererrichtung eines polnischen Staates im Sinne einer Identität verfolgten.[1313]

III. Stellungnahme

Mit dem Königreich Polen errichteten die Mittelmächte einen Staat Polen, der schließlich mit der Aufgabe der Oberhoheit durch die Mittelmächte am

---

Secrètes et les Quatre Armistices avec pièces justificatives, Paris, 12. Aufl., 1921, S. 246 ff.

1309 *Dembski*, Polonia Restituta, in: CPH 26 (1974), Heft Nr. 2, S. 186.

1310 Anders *Roth*, Die Entstehung des polnischen Staates, S. 67 f.

1311 So auch von *Gawenda*, Legalizm Polski w świetle prawa publicznego, S. 85 f.

1312 Natürlich kann der Begriff der „Wiederherstellung" auch Diskontinuität bedeuten, sodass diese Begrifflichkeit gerade nicht zwingend auf die Annahme von Kontinuität schließen lässt.

1313 Zu diesem Ergebnis gelangt auch: *Cybichowski*, Das völkerrechtliche Okkupationsrecht, in: ZVölkR 18 (1934), Heft Nr. 3, S. 321.

11. November 1918 unabhängig wurde. Abschließend muss noch die Frage beantwortet werden, ob die Zweite Republik Polen aus völkerrechtlicher Sicht einen Neustaat darstellte oder ob dieser Staat die faktische Auferstehung des *de iure* fortexistierenden Staates war. Für die Beurteilung dieser Frage müssen die Ergebnisse der vorherigen Untersuchung herangezogen werden. Hierbei dient die dritte Teilung Polens im Jahre 1795 als Vorfrage. Der Gesamtstaat Polen-Litauen war nach der letzten Teilung im Jahre 1795 nicht mehr sichtbar. Die Staatsgewalt der drei Teilungsmächte hatte sich aber auf den ehemals polnischen Gebieten nicht dauerhaft und effektiv etabliert, sodass der polnische Staat nicht unterging. Die Effektivität wurde auch durch die Tatsache der Völkerrechtswidrigkeit der dritten Teilung verhindert. Dies hatte zur Folge, dass Polen-Litauen fortexistierte. Die Rechtskontinuität endete auch nicht mit dem Abschluss der Wiener Kongressakte, da die Teilnehmerstaaten nicht das Recht hatten, die rechtswidrigen Annexionen von 1795 *ex tunc* zu heilen. Die Friedensverträge während des Wiener Kongresses und der darauffolgenden Zeit zwischen den teilenden Mächten und den übrigen europäischen Staaten mit den darin enthaltenen Garantien ihrer Grenzen und ihres völkerrechtlichen Status konnten nicht verhindern, dass die Wiederherstellung Polens schon aus diesem Grunde rechtlich unmöglich war.[1314]

Der polnische Staat war aber auch in der Zeit nach den Teilungen nicht verschwunden. Mit dem Herzogtum Warschau und dem mit ihm identischen Königreich Polen wurde das nicht sichtbare Polen faktisch wiedererrichtet und bestand bis zum Ersten Weltkrieg *de iure* fort.

Der außerordentliche und nie nachlassende Wille der Polen, ihren Staat wiederherzustellen, stellt eine Besonderheit im Rahmen der vorliegenden Untersuchung, aber auch in der Geschichte des Völkerrechts dar. Bis zum Ende des Ersten Weltkriegs kämpften die Polen für ihre Unabhängigkeit. Die Teilungsmächte bekamen den Widerstand der Polen immer wieder in Aufständen zu spüren. Die Bereitschaft zum Kampf brodelte in den Jahren der Unfreiheit im Bewusstsein der Polen. Dem zähen Willen der Polen ist es daher auch zu verdanken, dass die polnische Nation sich nicht auflöste, sondern dass sie ihre Traditionen, ihre Kultur und das damit verbundene Zusammengehörigkeitsgefühl bewahren konnte. Dies kommt auch dadurch zum Ausdruck, dass die Polen in der Zweiten Republik die nationalen Symbole ihres früheren Königreiches wieder verwendet haben. Bis heute gilt in Polen der 3. Mai in Erinnerung an die bedeutende Verfassung von 1791 als Nationalfeiertag.

Nicht nur die polnische Nation, sondern auch die Entente machten immer wieder deutlich, dass den Polen mit dem Verlust ihres Staates ein großes Unrecht widerfahren ist. Aus diesem Grunde sahen die Siegermächte angesichts des

---

1314 Siehe hierzu auch: *Uschakow, Alexander*, Die Wiederherstellung Polens im Lichte des Völkerrechts, in: *Meissner, Boris/Zieger, Gottfried* (Hrsg.), Staatliche Kontinuität unter besonderer Berücksichtigung der Rechtslage Deutschlands, 1983, S. 107-128 (111).

aufkeimenden Grundsatzes des Selbstbestimmungsrechts der Völker einen Anspruch der Polen auf einen unabhängigen Staat. Die polnische Nation wurde nicht nur anerkannt, sondern im Gegensatz zum Wiener Kongress wurde den Polen das Recht an der Gestaltung ihres staatlichen Schicksals zugestanden, indem eine polnische Delegation an den Versailler Friedensverhandlungen teilnehmen konnte.

Im Ergebnis haben das Zusammenspiel des entgegenstehenden Willens der polnischen Nation zur Vernichtung ihres Staates und die Rechtswidrigkeit dieser Vernichtung dazu geführt, dass ein Staatsuntergang Polens verhindert werden konnte. Die polnische Nationalhymne mit ihrem Text „Noch ist Polen nicht verloren“ steht symbolisch für den Unabhängigkeitskampf der Polen.

Die formale Wiedererrichtung des unabhängigen polnischen Staates am 11. November 1918 muss daher aus völkerrechtlicher Sicht als Wiedererrichtung des faktisch verschwundenen Staates Polen gewertet werden.[1315] Die Zweite Republik Polen ist folglich identisch mit dem polnischen Staat von 1795.

D. Rechtsnachfolge hinsichtlich der Gebiete der ersten und zweiten Teilung

Da an den im Jahre 1918 wiedererrichteten Staat Polen auch beträchtliche Gebiete der ersten und zweiten Teilung, die beide rechtmäßig waren, angegliedert wurden, hat die Zweite Republik Polen die Rechtsnachfolge in diese Gebiete angetreten.[1316]

I. Rechtsnachfolge betreffend das ehemals preußische Teilungsgebiet

1. Schulden

Der Versailler Vertrag betrachtete Polen als Rechtsnachfolger des deutschen Teilungsgebiets. Polen sollte nämlich gemäß Art. 254 des Versailler Vertrages einen

1315 Siehe zu diesem Ergebnis: *Cybichowski, Zygmunt*, Polskie prawo państwowe. Na tle uwag dziedziny o państwie i porównawczego prawa państwowego, tom 1, 1933, S. 187.

1316 Die polnischen Gerichte, darunter das Oberste Gericht (vgl. Entscheidung vom 28. April 1923, in: Orzecznictwo Sądów Polskich, Bd. II, 1923, Nr. 498, S. 414-416, die sich konkret auf die Übernahme von privatrechtlichen Verpflichtungen aus dem preußischen Teilungsgebiet resultierend, bezieht und die Entscheidung vom 15. November 1927, in: *McNair, Arnold D./Lauterpacht, Hersch* [ed.], Annual Digest of Public International Law Cases, years 1927 and 1928, 1931, Nr. 64, S. 94) und das Oberste Verwaltungsgericht (vgl. Entscheidung vom 12. Februar 1924, in: Zbiór Wyroków Najwyższego Trybunału Administracyjnego, Bd. II, 1924, Nr. 298, S. 111-114 [111]) lehnten eine Universalsukzession im Sinne des Völkerrechts ab. Dies führte dazu, dass Polen weder die öffentlich-rechtlichen Verbindlichkeiten noch die privatrechtlichen Schulden Österreichs, Russlands und Deutschlands bzw. Preußens übernahm. Vgl. *Mosler, Hermann*, Wirtschaftskonzessionen bei Änderungen der Staatshoheit. Eine völkerrechtliche Studie zum Hoheitswechsel und zur Hoheitsausübung auf fremdem Staatsgebiet, 1948, S. 153 f.

Teil der Schulden und finanziellen Belastungen Deutschlands und Preußens in den auf Polen übergegangenen Gebieten übernehmen. Eine Begrenzung der Schuldenübernahme enthielt Art. 255 Nr. 2[1317], der bestimmte, dass Polen diejenigen Schulden, die der Wiedergutmachungsausschuss als Folge der Besiedlung Polens durch Deutschland und Preußen zurückführte, nicht auf Polen übergehen sollten.

2. Vermögen

Darüber hinaus enthielt der Vertrag eine Rechtsnachfolge Polens in das Vermögen des ehemaligen deutschen Teilungsgebiets. Gemäß Art. 256 sollten die Mächte, in deren Besitz deutsches Gebiet überging, gleichzeitig alles Gut und Eigentum des Deutschen Reichs oder der deutschen Staaten erwerben, das in diesen Gebieten belegen war.[1318] Demzufolge ging das Vermögen, das in dem preußischen Teilungsgebiet belegen war und nun zum polnischen Staatsgebiet gehörte, auf Polen über.

3. Archive

Die Rückgabe der Archive wurde gesondert geregelt. Allgemeine Regelungen zur Rückgabe der Archive waren im Abkommen über die Räumung und Übergabe der Abtretungsgebiete vom 25. November 1919[1319] und im umfangreichen deutsch-polnischen Akten-Abkommen vom 22. Dezember 1926[1320] enthalten.[1321] In Art. IX des Vertrages von 1919 wurde festgelegt, dass diejenigen Akten, welche für das polnische Militär von Bedeutung sind, so etwa Stammrollenauszüge der Offiziere und Mannschaften, an die polnischen Behörden zu übergeben sind. Ferner sollten diejenigen Akten, die Deutschland verschleppt hatte, aber die für die „polnische Verwaltung zur Erledigung schwebender Angelegenheiten notwendig sind", Polen zur Verfügung gestellt werden. Nach Art. 1 des Akten-Abkommens von 1926 verpflichteten sich die polnische und die deutsche Regierung gegenseitig, alle für die Fortführung der Verwaltung[1322] oder für den Nachweis von Rechten und Rechtsverhältnissen erforderlichen Akten abzugeben.

1317 Originaltext des Art. 255 Nr. 2: „Soweit Polen in Betracht kommt, wird derjenige Anteil der Schuld, dessen Ursprung der Wiedergutmachungsausschuß auf Maßnahmen der deutschen und preußischen Regierung zur deutschen Besiedlung Polens zurückführt, von der teilweisen Schuldübernahme im Sinne des Art. 254 ausgenommen".

1318 Darüber hinaus wird in Art. 256 festgesetzt: „der Wert dieser Erwerbungen wird von dem Wiedergutmachungsausschuß festgestellt und von dem erwerbenden Staate an diesen bezahlt, um der deutschen Regierung auf die Wiedergutmachungsschuld gutgeschrieben zu werden".

1319 Dt. Text: *von Martens*, NRGT, 3. Serie, Bd. 16, 2. Teilband, 1927, Nr. 50, S. 346-352.

1320 Dt. Text: *von Martens*, NRGT, 3. Serie, Bd. 27, 1. Teilband, 1933, S. 310-320; Reichsministerialblatt, Nr. 52 vom 25. November 1927, S. 562 ff.

1321 Die Abkommen dienten der Ausführung von Art. 92 des Versailler Vertrages.

1322 Art. 1 konkretisierte diese Akte derart, dass hierzu in der Regel die Akten zählen, die sich auf das Gebiet des anderen Teils beziehen.

II. Rechtsnachfolge betreffend das ehemals russische Teilungsgebiet

1. Schulden

Die Rechtsnachfolge, das russische Teilungsgebiet betreffend, ist im Vertrag von Riga aus dem Jahre 1921 festgesetzt. Hinsichtlich der Nachfolge in Schulden regelt Art. IXX, dass Polen der Verpflichtung entbunden werde, die russischen und ukrainischen Schulden sowie andere Verpflichtungen des ehemaligen russischen Imperiums zu übernehmen.

2. Vermögen und Archive

Polen wird zudem in Art. XII zum Rechtsnachfolger in das Vermögen, das in dem ehemaligen russischen Teilungsgebiet belegen war, bestimmt.

Die Rückgabe der polnischen Archive war für die polnische Seite von wesentlicher Bedeutung. Die Polen wollten sämtliche Unterlagen der Amtstätigkeit der ehemals polnischen Behörden, die aus dem Gebiet der polnischen Republik entfernt wurden, zurückbekommen.[1323] In Art. II des Vertrages wurde zunächst der Zusammenhang der Archive mit dem Territorium Polens festgesetzt. Nach Art. XI Nr. 4 verpflichteten sich die Sowjetunion und die Ukraine schließlich zur Rückgabe aller Objekte, welche aus dem Territorium der polnischen Republik entfernt worden waren und dieses Gebiet betrafen. Stichtag war das Datum der ersten polnischen Teilung, der 1. Januar 1772. Zu den Gegenständen, die wieder an Polen überführt werden sollten, zählten auch die Archive, Archivalien, Akte, Karten und sonstige Dokumente.[1324] Art. XI Nr. 5 sah die Abgabe jeglicher Polen betreffender Unterlagen der gesamten Zeit seit 1772 vor. Von dieser Rückgaberegel waren nach Art. XI Nr. 6 nur diejenigen Dokumente ausgenommen, die die Niederschlagung des polnischen Aufstandes von 1786 betrafen sowie solche, welche ein militärisches Geheimnis aus der Zeit nach 1870 enthielten.[1325] Die Rückgabe der polnischen Archive richtete sich somit nach dem Territorialprinzip.

III. Rechtsnachfolge betreffend das ehemals österreichische Teilungsgebiet

1. Schulden

Die Übernahme der Schulden wurde in Art. 203 des Vertrages von Saint-Germain-en-Laye geregelt. Danach sollte „jeder der Staaten, denen ein Gebiet der ehemaligen österreichischen Monarchie übertragen wurde oder die aus dem Zerfall dieser Monarchie entstanden waren, einschließlich Österreichs, einen Teil der auf Eisenbahnen, Salzbergwerken oder anderen Vermögen besonders sichergestellten Schulden der alten österreichischen Regierung nach dem Stande vom 28. Juli 1914 übernehmen".

1323 *Fitschen*, Das rechtliche Schicksal von staatlichen Akten und Archiven, S. 128.

1324 Zu den konkretisierten Gegenständen zählten auch die Archive und Kunstgegenstände mit historischem, archäologischem, kulturellem und nationalem Wert.

1325 *Fitschen*, Das rechtliche Schicksal von staatlichen Akten und Archiven, S. 128 f.

2. Vermögen

Die Rechtsnachfolge Polens in das ehemals österreichische Teilungsgebiet ist ebenfalls im Vertrag von Saint-Germain-en-Laye geregelt. Nach Art. 208 dieses Vertrages erwarb Polen das Vermögen, also „alles Gut und alles Eigentum, das der ehemaligen oder gegenwärtigen österreichischen Regierung gehörte und auf ihrem Gebiet belegen war".

3. Archive

Die Frage der Nachfolge in Archive sollte in einem gesondert noch zu schließenden Vertrag geregelt werden. Die Verhandlungen hinsichtlich der Überführung der Archive zwischen Polen und Österreich gingen anfangs schleppend voran. Dies lag daran, dass die polnische Seite eine Rückgabe der Archive nach dem Territorialprinzip forderte, während Österreich auf die Anwendung des Provenienzprinzips beharrte.[1326] Im Rahmen des Allgemeinen Archivabkommens von Rom vom 6. April 1922[1327] hatte Polen, das dieses Abkommen ebenfalls unterzeichnet hatte, in einer beigefügten Erklärung[1328] die Erwartung ausgesprochen, dass in dem noch mit Österreich auszuhandelnden Vertrag den von der polnischen Regierung hinsichtlich der archivalischen Fragen vertretenen Gesichtspunkten voll und ganz Rechnung getragen werden solle. Das schließlich am 26. Oktober 1932 zwischen Polen und Österreich abgeschlossene Übereinkommen von Wien[1329] erfasste nicht nur moderne Verwaltungsakte, sondern auch Bestandteile historischer Archive. Gemäß Art. 1 erklärte sich die österreichische Bundesregierung bereit, nach dem archivalischen Provenienzprinzip alle in ihrer Aufbewahrung befindlichen Bestandteile moderner Verwaltungsregistraturen, die im heute polnischen Staatsgebiete entstanden sind, an die polnische Regierung abzugeben. Der Begriff der „Akten" wird in Art. III definiert. Von Bedeutung ist, dass die Österreicher ihre Abgabepflicht auf Akten zu Verwaltungszwecken beschränkten und als Grenzjahr der Abgabepflicht das Jahr 1888 festgelegt wurde.[1330]

E. Resümee

Die Polen bekamen in den Jahren ihrer Unfreiheit immer wieder ein staatliches Gebilde zugesprochen, doch standen diese stets unter der Oberhoheit einer anderen

---

1326 *Fitschen*, Das rechtliche Schicksal von staatlichen Akten und Archiven, S. 132, mit Verweis auf *Bachulski*, Polnische Staatsarchive, in: Archivalische Zeitschrift 37 (1928) S. 259.

1327 Dt. Text des „Übereinkommens vom 6. April 1922 zwischen Österreich, Ungarn, Italien, Polen, Rumänien, dem Königreiche der Serben, Kroaten und Slowenen und der Tschecho-Slowakei betreffend archivalische Fragen", in: Österreichisches Bundesgesetzblatt, Jg. 1924, Nr. 159, S. 375-390.

1328 Dt. Text: Bundesgesetzblatt für die Republik Österreich, Jg. 1924, Nr. 159, S. 375-390 (389).

1329 Dt. Text: *von Martens*, NRGT, 3. Serie, Bd. 35, 3. Teilband, 1938, Nr. 182, S. 850-854.

1330 *Fitschen*, Das rechtliche Schicksal von staatlichen Akten und Archiven, S. 132.

Macht. Nachdem nach dem Jahre 1832 das Königreich Polen schrittweise an das russische Staatsgebiet angegliedert wurde, tauchte erst wieder im Jahre 1916 ein Staatswesen auf, das den Namen „Polen“ trug und der polnischen Bevölkerung als Lebensraum diente. Jedoch stand das ebenfalls als Königreich Polen benannte Staatswesen erneut unter der Oberhoheit auswärtiger Mächte. Der jahrzehntelange Unabhängigkeitskampf der Polen war noch nicht zu Ende. Erst die Neuordnung Europas auf der Versailler Friedenskonferenz nach dem Ende des Ersten Weltkriegs gab den Polen begründete Hoffnung. Nachdem die Polen 123 Jahre lang unter Fremdherrschaft standen, konnten sie ab dem Jahre 1918 endlich wieder in einem unabhängigen Staat leben. Die von Schicksalsschlägen gebeutelte polnische Nation konnte zumindest kurzzeitig wieder aufatmen.

Gesamtbetrachtung

A. Polens Staatlichkeit in sieben Jahrhunderten

Der Zeitraum von 1385 bis zu den Teilungen Polen-Litauens ist von immer wieder neu geschlossenen Unionen zwischen Polen und Litauen geprägt. Trotz dieser Verbindungen ist der polnische Staat nicht untergegangen, sodass die Unionsabschlüsse keinen Einfluss auf Polens Staatlichkeit hatten.

Die Dokumente der Union von Krewo aus den Jahren 1385 und 1386 hatten bestimmt, dass das Großfürstentum Litauen an das Königreich Polen angegliedert werden sollte. Der Begriff *applicare*, den der litauische Großfürst Jagiełło im Akt von Krewo gebrauchte, ist so auszulegen, dass zwar formal eine Inkorporation Litauens in Polen anvisiert wurde, aber *de facto* das Großfürstentum Litauen in einem Lehensverhältnis zu Polen stand. Demnach ging Litauen als Staat nicht unter, sondern verlor durch die Oberhoheit Polens lediglich einen Teil seiner Souveränität. Bis zum Jahre 1392 bestand neben einer Personalunion zwischen Polen und Litauen somit faktisch eine Suzeränität. Nach dem Jahre 1392 wurde das Abhängigkeitsverhältnis zu Polen gänzlich aufgelöst. Seit dieser Zeit waren das Königreich Polen und das Großfürstentum Litauen lediglich durch eine Personalunion miteinander verbunden.

Nach dem Unionsvertrag von Wilna und Radom aus dem Jahre 1401 existierten Polen und Litauen als selbständige Staaten fort. Zwischen beiden Staaten bestand eine Personalunion, die aber nicht auf die tatsächliche Herrschaft, sondern vielmehr auf die Oberhoheit Polens in Litauen gegründet war. Wiederum ist das Verhältnis beider Staaten zueinander als Suzeränität sowie zusätzlich erstmals als ein Verteidigungsbündnis zu bewerten.

Die Union von Horodło von 1413 knüpfte an die Union von Wilna und Radom an. Die Personalunion entsprach in der Ausgestaltung der Union von 1401. Im Ergebnis war weiterhin eine Suzeränität zu Gunsten Polens vereinbart. Wegen der zusätzlich vereinbarten Wappenverbrüderung und der administrativen Anpassung führte die Union von Horodło allerdings zu einer Stärkung der polnisch-litauischen Verbindung. Ab diesem Zeitpunkt war die Verbindung beider Staaten nicht nur eine dynastische, sondern wurde durch die Adoption der Adelsschicht zu einer gesellschaftlichen Verbindung ausgeweitet.

Die Union von Grodno aus dem Jahre 1432 führte zu keinen wesentlichen Veränderungen in der polnisch-litauischen Verbindung. Zwischen beiden Staaten bestand eine noch stärkere Suzeränität und daneben weiterhin eine Personalunion.

Im Jahre 1440 wurde *de facto* nicht nur die zwischen dem Königreich Polen und dem Großfürstentum Litauen bestehende Personalunion, sondern auch die Suzeränität aufgelöst.

Mit der Wahl des litauischen Großfürsten Kasimirs IV. Jagiełło zum polnischen König im Jahre 1447 wurde die Personalunion wieder erneuert. Da keine erneute Suzeränität verabredet wurde, blieben Polen und Litauen voneinander formal unabhängig.

Die Union von Wilna aus dem Jahre 1499 führte zu einer Lockerung der gemeinsamen Beziehungen. Zwischen beiden Staaten bestand lediglich ein Verteidigungsbündnis.

Mit der Union von Mielnik von 1501 wurde die Personalunion zwischen Polen und Litauen erneuert und durch die Regelung der gemeinsamen Wahl des Herrschers vertieft. Die wieder neu aufgenommene Personalunion sollte darüber hinaus zu einer Realunion erweitert werden, allerdings scheiterte die Umsetzung dieser Pläne.

Die Union von Lublin aus dem Jahre 1569 führte schließlich zur Bildung eines Unionsstaates Polen-Litauen, wobei die Verbindung als Realunion qualifiziert werden kann. Polen und Litauen behielten zwar ihre Staatlichkeit und ihre eigenen Grenzen bei, von außen betrachtet bildete Polen-Litauen aber einen Unionsstaat, der eine einheitliche Außengrenze besaß. Polen-Litauen trat dem Ausland gegenüber als eine staatliche Gesamtheit in Form eines Staatenbundes auf, sodass die Nachbarn den Unionsstaat wie einen Einheitsstaat wahrnahmen. Wegen der Dominanz der polnischen Seite stellte die Adelsrepublik *de facto* einen polnischen Staat dar. Die Polnische Krone und das Großfürstentum Litauen bestanden aber formal als gesonderte Völkerrechtssubjekte neben dem neuen Völkerrechtssubjekt „Realunion“ fort.

In den Jahren 1772 bis 1795 besetzten die Mächte Preußen, Russland und Österreich polnisch-litauisches Gebiet und verleibten dieses ihren Staatsgebieten ein. Bei der ersten Teilung im Jahre 1772 lagen infolge der Besetzungen polnischer Gebiete durch Preußen, Russland und Österreich zunächst Annexionen durch drei Staaten vor. Nachdem der polnisch-litauische Sejm den Gebietsabtretungen in Verträgen zugestimmt hatte, wandelten sich die ursprünglichen Annexionen in Zessionen um. Obwohl die erste Teilung im Zeitalter der Kriegs- und Annexionsfreiheit grundsätzlich rechtmäßig war, legten die Teilungsmächte Wert darauf, nicht von Annexionen, sondern von Revindikationen zu sprechen, also von der Wiedererlangung von Gebieten, die angeblich einst zu ihren Staatsgebieten gehört hatten. Vor diesem Hintergrund versuchten die Teilungsmächte die Besatzungen des polnischen Gebietes auf der Grundlage von historischen Rechtstiteln zu rechtfertigen. Ob die Teilungsmächte tatsächlich wirksame Ansprüche auf polnisches Territorium hatten, kann wegen der durchgeführten Zessionen dahinstehen. Hätten die Polen den Gebietsabtretungen im Rahmen der ersten Teilung nicht vertraglich zugestimmt, dann wären die Annexionen von Preußen und Russland wegen Verstoßes gegen den Grundsatz *pacta sunt servanda* als rechtswidrig zu qualifizieren.

Mit der Maiverfassung von 1791 und der ergänzenden „Verbrüderung“ brachten Polen und Litauen den Prozess der Bildung eines Bundesstaates in Gang. Auf Grundlage der Maiverfassung und der „Gegenseitigen Bürgschaft beider Nationen“ existierte Polen-Litauen bis zu seinem Untergang als eine Art Bundesstaat *in statu nascendi* fort. Polen und Litauen blieben als Gliedstaaten und damit als innerstaatliche Rechtsgemeinschaften mit Staatsqualität bestehen. Beide Staaten hatten jeweils weiterhin gewisse Souveränitätsrechte und eigene Kompetenzen. Die Besonderheit dieser bundesstaatsähnlichen Verbindung war, dass neben Polen und Litauen, die als nichtsouveräne Staaten fortexistierten, Polen-Litauen einen neuen Gesamtstaat und damit ein neues weiteres Völkerrechtssubjekt darstellte.

An der zweiten Teilung Polen-Litauens waren nur Preußen und Russland beteiligt. Mit der Einverleibung des polnisch-litauischen Staatsgebietes verstieß Russland gegen Art. IV des Abtretungsvertrages der ersten Teilung von 1772, sodass die Annexion als rechtswidrig einzustufen ist. Auch Preußen handelte rechtswidrig, da es in gleicher Weise gegen den Abtretungsvertrag von 1773 verstieß, in dem die Unverletzlichkeit der Grenzen des restlichen polnischen Staatsgebietes garantiert worden war. Des Weiteren verletzte Preußen mit der Annexion den Freundschafts- und Bündnisvertrag mit Polen vom 29. März 1790, der ebenfalls eine Garantie der polnischen Grenze enthielt. Ebenso wie nach der ersten Teilung forderten Preußen und Russland wiederum die Zustimmung zu den Gebietsverlusten. Im Ergebnis wurde daher auch die zweite Teilung durch den Abschluss von zwei Zessionsverträgen mit Polen-Litauen nachträglich legitimiert.

Der Sejm von Grodno stimmte im Jahre 1793 der sogenannten „Ewigen Allianz“ zu, die durch Vertreter Polens und Russlands am 5. Oktober 1793 vereinbart wurde. Die Allianz hatte zur Folge, dass Polen-Litauen zu Russland im Verhältnis einer Suzeränität stand. Darüber hinaus wurde festgeschrieben, dass Polen-Litauen eine neue Republik bilden sollte, sodass Polen und Litauen in der föderativ organisierten Verbindung keine souveränen Staaten mehr waren, sondern einen großen Teil ihrer Souveränität an den neuen „Bundesstaat“ Polen-Litauen übertragen haben. Dieses bundesstaatliche Ziel steht im Einklang mit den Plänen von 1791. Allerdings blieben beide Staaten als „Königreich Polen“ und als „Großfürstentum Litauen“ bis zur letzten Teilung nebeneinander bestehen. In der Folgezeit trug die Republik häufig den Namen „Polen“ als Synonym für den Gesamtstaat. Mit dieser Namensgebung kam die jahrhundertelange Dominanz der Polen zum Ausdruck.

An der dritten und letzten Teilung des polnisch-litauischen Staates im Jahre 1795 beteiligten sich wieder alle drei Großmächte. Die Annexionen, die in ihrer Gesamtheit als Totalannexionen des polnisch-litauischen Gebietes zu würdigen sind, wurden, im Gegensatz zu den vorherigen Teilungen, nicht nachträglich durch Zessionen legitimiert. Die dritte Teilung verstieß damit gegen den Grundsatz *pacta sunt servanda* und war demnach völkerrechtswidrig. Die Staatsgewalten Preußens, Russlands und Österreichs konnten sich wegen der Rechtswidrigkeit des Sukzessionsvorgangs und des andauernden Widerstandes der polnischen Bevölkerung nicht effektiv in den besetzten Gebieten durchsetzen. Polen existierte daher als Staat *de iure* fort.

Napoleon errichtete im Jahre 1807 das Herzogtum Warschau und bestimmte den König von Sachsen als dessen Herzog und damit als dessen Herrscher. Das Herzogtum Warschau hatte ein eigenes Staatsgebiet, ein Staatsvolk und schließlich eine Staatsgewalt, sodass es als Staat zu qualifizieren ist. Wegen der Verbindung zu Frankreich war das Herzogtum Warschau aber in seiner Souveränität beschränkt. Es war daher ein von Frankreich errichteter „Satellitenstaat“, bei dem bis zum

Jahre 1812 die Macht *de facto* nicht beim Herzog in der Person des Königs von Sachsen, sondern beim französischen Statthalter und damit mittelbar bei Napoleon lag. Ab dem Jahre 1812 war der Statthalter auch *de iure* als Vertreter Napoleons der Träger der obersten Staatsgewalt. Trotz dieses Abhängigkeitsverhältnisses zu Frankreich, das sich sowohl auf die äußere als auch auf die innere Souveränität des Herzogtums Warschau erstreckte, kann diesem napoleonischen Gebilde nicht die Staatlichkeit abgesprochen werden. Das Herzogtum Warschau stellte damit einen nichtsouveränen Staat dar. Mit dem Herzogtum Warschau wurde der polnische Staat auf einem Teil des polnischen Staatsgebietes reorganisiert und war als Rechtssubjekt identisch mit Polen aus dem Jahre 1795, da sich in der Zeit von 1795 bis 1807 fremde Staatsgewalt nicht effektiv auf allen Ebenen durchsetzen konnte. Das neue staatliche Gebilde diente den Polen als Keimzelle für die Schaffung ihres Gesamtstaates. Formal galt das Herzogtum bis zum Jahre 1812 als souverän und war in Personalunion mit dem Königreich Sachsen verbunden. Es existierte *de iure* bis zum Jahre 1815. Faktisch war es aber so, dass nach der Niederlage Frankreichs im Jahre 1812 die russische Armee das Territorium im Januar 1813 besetzte, sodass ab diesem Zeitpunkt das Herzogtum Warschau unter militärischer Besatzung Russlands stand.

Das Königreich Polen, das infolge des Wiener Kongresses im Jahre 1815 aus dem Großteil des Gebietes des Herzogtums Warschau konstituiert wurde, war *de iure* und *de facto* ein Staat. Allerdings war das Königreich Polen in seiner äußeren Souveränität beschränkt, da es nicht selbständig die auswärtigen Beziehungen pflegen konnte. Das Königreich besaß eine eigene Selbstverwaltung, in der nur Polen öffentliche Ämter bekleiden durften. Polnisch wurde offizielle Sprache in Verwaltung, Armee und Schulwesen, die katholische Religion wurde garantiert. Das Königreich Polen wies damit zahlreiche Attribute eines souveränen Staates auf, welcher in Personalunion mit Russland verbunden war. Lediglich die Außenpolitik blieb Prärogative des Zaren, sodass hinsichtlich der äußeren Souveränität das Verhältnis einer Suzeränität zwischen Russland und dem Königreich bestand. Die tatsächliche Handlungsweise Russlands spricht dafür, dass es das Königreich Polen als „Satellitenstaat" betrachtete. Das Königreich Polen war identisch mit dem Herzogtum Warschau, dies stützt etwa der Wortlaut der Wiener Kongressakte. Das Organische Statut von 1832, das der russische Zar als König von Polen verabschiedete, beseitigte formal die Staatseigenschaft des Königreichs Polen. Das Königreich Polen wurde schrittweise in eine russische Provinz mit geringen Autonomierechten umgewandelt. Allerdings verstieß dies gegen die Wiener Kongressakte, sodass die Inkorporation völkerrechtswidrig war. Die endgültige Einverleibung des Königreichs Polen und damit der Abschluss des Inkorporationsprozesses erfolgte aus Sicht Russlands schließlich im Jahre 1863, als das Königreich fortan eine Provinz des Russischen Reiches bilden sollte. Die Herabstufung zur bloßen Verwaltungseinheit sollte dadurch verstärkt werden, dass das Königreich Polen in „Provinz Weichselland" umbenannt wurde. Aufgrund der Völkerrechtswidrigkeit des Organischen Statuts von 1832 existierte allerdings das Königreich Polen *de iure* fort, zumal sich die russische Staatsgewalt nicht auf allen staatlichen Ebenen effektiv durchsetzen konnte. Diese Tatsache in Verbindung mit der Rechtswidrigkeit des russischen Vorgehens bewirkten, dass der polnische Staat nicht endgültig untergegangen war.

Die Geschichte der Freien Stadt Krakau, die während des Wiener Kongresses aus einem kleinen Gebiet des Herzogtums Warschau geschaffen wurde, kann in zwei Perioden untergliedert werden: die erste erstreckte sich auf die Jahre 1815 bis 1830/31, in der die Stadt *de iure* zahlreiche Autonomierechte genoss. Die zweite Periode ab dem Jahre 1831, noch stärker ab dem Jahre 1833, war von einer Rücknahme der garantierten Autonomierechte geprägt. Die Schutzmächte nahmen der Stadt Krakau im Jahre 1833 einen großen Teil ihrer Souveränität ab und beließen ihr nur eine geringe Autonomie. Die Freie Stadt Krakau bildete im Ergebnis im Zeitraum von 1815 bis 1846 *de iure* einen Staat mit beschränkter Souveränität. Im Verhältnis zu den Nachbarmächten Russland, Preußen und Österreich bestand ein völkerrechtliches Protektorat. Die Eingliederung Krakaus in Österreich und damit deren Auflösung im Jahre 1846 war aufgrund des Verstoßes gegen die Wiener Kongressakte völkerrechtswidrig.

Das Großherzogtum Posen, das ebenfalls aus dem Territorium des Herzogtums Warschau herausgeschnitten und Preußen zugesprochen wurde, hingegen war kein Staat. Es verfügte nämlich weder über ein eigenes Staatsgebiet noch über eine eigene Staatsgewalt. Das Großherzogtum Posen war vielmehr eine preußische Provinz mit gewissen autonomen Rechten.

Das Königreich Galizien und Lodomerien blieb trotz der Veränderungen im Hinblick auf die Autonomiegewährung ein integraler Bestandteil des Kaisertums Österreich. Als Kronland bildete es bis zu seiner Auflösung am Ende des Ersten Weltkriegs eine Verwaltungseinheit innerhalb Österreichs.

Das am 5. November 1916 durch Deutschland und Österreich-Ungarn gebildete Königreich Polen kann allenfalls als ein Vorläufer des unabhängigen polnischen Gemeinwesens gewertet werden. Zwar erfüllte das Königreich Polen alle Staatlichkeitsmerkmale, wurde aber außer von Deutschland und Österreich-Ungarn von keinen weiteren Staaten anerkannt. Obwohl die Anerkennung eines Staates nur eine deklaratorische Wirkung hat, war das Königreich Polen ohne Anerkennung anderer Staaten im Völkerrechtsverkehr praktisch handlungsunfähig. Aus diesem Grunde ist das Königreich Polen als ein *de facto*-Regime und damit als partielles Völkerrechtssubjekt zu qualifizieren. Für die Polen war das Königreich Polen zwar ihr eigener Staat, der aber (noch) unter der Oberhoheit der Mittelmächte stand. Die Besatzungsmächte beschränkten nämlich die innere Souveränität und traten als Inhaber der äußeren Souveränität des Königreichs auf. Es herrschte daher im Königreich Polen ein Übergangszustand auf dem Weg zur Erlangung vollumfänglicher Souveränität.

Die Zweite Polnische Republik entstand schließlich formal am 11. November 1918 – also mit Beendigung der Besatzung – als unabhängiger polnischer Staat auf dem Gebiet des Königreichs Polen von 1916 und war mit dem Königreich Polen von 1815 identisch. Die einheitliche Staatsgewalt setzte sich am 14. November 1918 *de facto* durch. Der am 11. November 1918 errichtete unabhängige polnische Staat stellt aus völkerrechtlicher Sicht die Wiedererrichtung des im Jahre 1832 faktisch untergegangenen polnischen Staates dar.

Als Gesamtergebnis auf die Frage nach der Staatlichkeit Polens in sieben Jahrhunderten kann festgehalten werden, dass von einer ununterbrochenen Kontinuität des polnischen Staates ausgegangen werden kann. Die rechtswidrigen Sukzessionsvorgänge und die fehlende Effektivität der Herrschaftsgewalt der Eroberer auf allen staatlichen Ebenen trugen zur Wahrung der Kontinuität des polnischen Staates entscheidend bei.

B. Schlussfolgerungen für die Lehre von der Staatensukzession

Der polnische Staat ist ein Beleg dafür, dass der Grundsatz der größtmöglichen Kontinuität von Staaten eine feste Säule im Völkerrecht bildet. Vor diesem Hintergrund ist es nicht verwunderlich, dass die Problematik von Staatsuntergängen erst sehr spät, nämlich in den 1990er Jahren, thematisiert und diskutiert wurde. Das Völkerrecht spricht einem Staat, wenn überhaupt, erst sehr spät seine Staatlichkeit und damit seine Völkerrechtssubjektivität ab. Die Besonderheit des Völkerrechts ist, dass es stets mit Einzelfällen konfrontiert ist, die einer umfassenden individuellen Prüfung unterzogen werden müssen. Bei der Beurteilung der Entstehung oder des Untergangs eines Staates existieren zwar mit der Drei-Elemente-Lehre nach Georg Jellinek und einigen Völkerrechtsgrundsätzen rechtliche Kriterien, die aber erst in der Gesamtschau und unter Hinzuziehung der Eigenheiten eines jeden Fallbeispiels zu vertretbaren Ergebnissen führen können.

Die Würdigung der Staatlichkeit Polens verdeutlicht, dass die Kriterien unseres modernen Staates, nämlich Staatsgebiet, Staatsvolk und Staatsgewalt, schon im 14. Jahrhundert als Beurteilungsmaßstab herangezogen werden konnten. Die Staaten des Mittelalters standen aufgrund der damals verbreiteten Lehensordnung häufig im Abhängigkeitsverhältnis zu einem fremden, mächtigeren Reich. Folge hiervon war, dass diese Vasallenstaaten zwar nicht souverän, konkreter: halbsouverän waren, aber dennoch als Staaten und Völkerrechtssubjekte fortexistierten. Zwar kann die Suzeränität als eine Art mittelbare Inkorporation umschrieben werden, doch darf der Begriff der Inkorporation nicht nach unserem heutigen Verständnis ausgelegt werden. Im Rahmen der Suzeränität waren die Staaten zwar von einem Obrigkeitsstaat abhängig und verloren damit einen großen Teil ihrer Souveränität, doch war es in den meisten Fällen nicht so, dass die Staaten in das Gebiet ihres Obrigkeitsstaates eingegliedert worden wären. Vielmehr behielten diese Staaten ihre staatliche Sonderstellung bei, mussten aber im Rahmen des Lehensverhältnisses einen großen Teil ihrer Souveränität abgeben. Nicht verkannt werden darf hierbei, dass diese Abgabe in der Regel vertraglich geregelt wurde und damit willentlich erfolgte. Das Suzeränitätsverhältnis konnte auf diese Weise auch wieder gelöst werden, entweder formal oder auch faktisch. Dies verdeutlicht, dass die Souveränität zwar eine wesentliche Bedeutung bei der Frage der Errichtung oder des Untergangs eines Staates spielt, jedoch kann der

Verlust auch eines großen Teils der Souveränität nicht dazu führen, dass automatisch die Staatsgewalt wegfällt.

Im Ergebnis kann die Souveränität nicht mit der Staatsgewalt gleichgesetzt werden, sondern stellt ein Kriterium der effektiven Staatsgewalt dar. Der Verlust der kompletten Souveränität kann aber dazu führen, dass die Staatsgewalt ihre Effektivität verliert. Es ist allerdings schwierig zu bestimmen, ob der betroffene in einem Abhängigkeitsverhältnis zu einem anderen Staatswesen stehende Staat bis auf die unterste Ebene sowohl nach innen als auch nach außen an Souveränität verloren hat. Im Zweifel wird man einen Rest von Souveränität nachweisen können, sodass nichtsouveräne Staaten in der Regel Staaten im Sinne des Völkerrechts sind. Es spricht daher – so wie bei der Bejahung der Kontinuität bei Änderung der Staatsgewalt – bei Abhängigkeitsverhältnissen eine Vermutung für die Staatlichkeit.

Das Beispiel Polens verdeutlicht, dass der Wille des polnischen Volkes, am Staat festzuhalten, den dauerhaften Untergang des polnischen Staates verhindern konnte und seine Wiedererrichtung ermöglichte. Wie keine andere Nation in der europäischen Geschichte kämpften die Polen über Jahrzehnte für die Wiedererrichtung ihres Staates. In mehreren erbitterten Unabhängigkeitskämpfen widersetzten sie sich den Teilungsmächten. Trotz der vielen Niederlagen gaben die Polen bis zum Ende des Ersten Weltkriegs nie die Hoffnung auf, ihren Staat wiedererrichten zu können. Die vielen Unabhängigkeitsbestrebungen konnten dennoch zunächst nicht bewirken, dass ein unabhängiger polnischer Staat wieder auf der Landkarte Europas erschien. In der Zeit nach der dritten und letzten Teilung war es nicht absehbar, ob die Teilungsgebiete tatsächlich dauerhaft in den Territorien Preußens, Russlands und Österreichs verbleiben würden. Der Wille der Bevölkerung, der den faktischen Annexionen entgegenstand, verhinderte das Entstehen von dauerhaften und vor allem effektiven neuen Staatsgewalten in den besetzten Gebieten, da die polnischen Aufständischen die militärische Oberhand in den Teilungsgebieten jederzeit wiedererlangen konnten. Das Verhalten der polnischen Nation in den Zeiten ihrer Unterdrückung deutet darauf hin, dass sie eine Art Selbstbestimmungsrecht für sich als emotional verbundenes Volk einforderte. Der Widerstand der Bevölkerung hatte damit durchaus erhebliche Auswirkungen auf eine neu zu errichtende Staatsgewalt, und das lange bevor die Staatengemeinschaft das Selbstbestimmungsrecht der Völker als zwingendes Recht anerkannte.

Die Gemeinwesen, die während der langen Phase der *post*-Teilungszeit errichtet wurden, stellten eine Restauration des polnischen Staates dar. Mit dem Herzogtum Warschau und dem aus diesem hervorgehenden Königreich Polen existierte wieder auf polnischem Staatsgebiet ein polnischer Staat, der rechtlich an die im Jahre 1795 untergegangene Republik anknüpfen konnte. Die Polen haben dies insbesondere damit zum Ausdruck gebracht, dass sie den nach dem Ersten Weltkrieg wiedererrichteten Staat in Anlehnung an die Adelsrepublik, die sie als „Erste Republik" betrachten, als „Zweite Republik" bezeichnet haben.

Das Beispiel Polens belegt ferner, dass im Völkerrecht der Grundsatz *ex iniuria ius non oritur* erheblichen Einfluss auf den Grundsatz *ex factis ius oritur* entfaltet.

Hinsichtlich der Rechtsnachfolge nach einem Staatsuntergang hat das Beispiel Polens die Staatenpraxis bestätigt. Als der polnische Staat im Jahre 1795 faktisch unterging, betrachteten sich die Teilungsmächte als Rechtsnachfolger. Sie regelten in gesonderten Verträgen die Übernahme der Schulden. Auf diese Weise verpflichteten sich die drei Teilungsmächte, die Schulden des jeweiligen Teilungsgebietes zu übernehmen. Die Schuldenübernahme erfolgte im angemessenen Verhältnis, wobei als Maßstab die Kopfzahl der Bewohner angewandt wurde. Auch nach der Beseitigung des Herzogtums Warschau sowie der Errichtung des Königreichs Polen und der Gebietsabtretung an Preußen wurde die Frage der Übernahme der Schulden des Herzogtums vertraglich geregelt. Preußen übernahm wegen des ihm zugesprochenen Großherzogtums Posen als Rechtsnachfolger die Schulden dieses Gebietsteils in angemessenem Verhältnis. Nach dem Ersten Weltkrieg regelten die alliierten und assoziierten Mächte akribisch die Schuldenfrage. Tatsächlich war Polen hinsichtlich der zurückgewonnenen Gebiete der ersten und zweiten Teilung der Rechtsnachfolger. Allerdings wurde zugunsten Polens aus Gründen der Wiedergutmachung nicht durchgängig eine Rechtsnachfolge in die Schulden der Teilungsgebiete festgesetzt. Trotz dieser Ausnahme ging man auch nach dem Ersten Weltkrieg von dem Grundsatz aus, dass der Rechtsnachfolger in die Schulden seines Vorgängers eintreten müsse. Diese Regelung steht im Einklang mit der Staatenpraxis, wonach insbesondere *local debts* häufig auf die Nachfolgestaaten übergingen.

Zwar wurden konkrete Regelungen zur Übernahme des Vermögens nicht getroffen, aber häufig enthielten die Verträge die Bestimmung, dass die Gebiete mit sämtlichen Eigentumsgütern und voller Souveränität übergehen sollten. Dies spricht dafür, dass ein automatischer Übergang des Vermögens anvisiert und gewollt war. Im Ergebnis ging daher nach den Teilungen – rechtmäßig oder rechtswidrig – das Vermögen Polens auf die Teilungsmächte über. In gleicher Weise ging das in den Teilungsgebieten belegene Vermögen auf den polnischen Staat über. Demnach galt die Funktionsnachfolge, wonach das Vermögen nach dem Grundsatz der Belegenheit überging.

Auffällig ist, dass die Rechtsnachfolge in Archive wiederum in nahezu allen Verträgen, die Gebietsübergänge betrafen, geregelt wurde. Im Einklang mit der Staatenpraxis der damaligen Zeit erfolgte der Übergang der Archive nach dem Betreffprinzip, wonach alle Archive, die für die Verwaltung des betreffenden Gebietes notwendig waren, auf den oder die Nachfolgestaaten übergingen. Die Archive teilten demnach das Schicksal des Territoriums, in dem sie sich befanden. Da mit Preußen, Russland und Österreich mehrere „Rechtsnachfolger“ vorhanden waren, wurde zusätzlich die Regelung getroffen, dass bei den Archiven, die zwar nicht in dem Gebiet belegen waren, aber für die Verwaltung dieses Gebietes benötigt wurden, der jeweilige Rechtsnachfolger zumindest einen Anspruch auf Kopien der ihn betreffenden und von ihm benötigten Dokumente hatte.

Die völkerrechtliche Analyse der Staatensukzession am Beispiel „Polen“ erwies sich als besonders ergiebig, da in kaum einem anderen Staat so viele verschiedene Gebietsübergänge erfolgten wie im Verlauf der Geschichte dieses Landes.

Anhang I

Statistik der drei Teilungen Polen-Litauens
Tabellen über besetztes Territorium und Bevölkerung Polen-Litauens[1]

1. Erste Teilung 1772

Teilungsmächte	Territorium	Einwohner
Russland	92.000 km^2	ca. 1,8 Millionen
Preußen	36.000 km^2	ca. 416.000
Österreich	83.000 km^2	ca. 2,7 Millionen

Gesamtverluste: ca. 30 Prozent des Territoriums und 35 Prozent der Bevölkerung

2. Zweite Teilung 1793

Teilungsmächte	Territorium	Einwohner
Russland	250.000 km^2	ca. 3,0 Millionen
Preußen	57.000 km^2	ca. 1,1 Millionen
Österreich	-	-

Größe des restlichen Territoriums: ca. 292.000 km^2 mit 3,1 Millionen Einwohnern

3. Dritte Teilung 1795 und Gesamtverluste

Teilungsmächte	Territorium	Einwohner	Alle Teilungen insgesamt	
Russland	120.000 km^2	ca. 1,1 Millionen	ca. 462.000 km^2	ca. 5,9 Millionen
Preußen	48.000 km^2	ca. 1,0 Millionen	ca. 141.000 km^2	ca. 2,4 Millionen
Österreich	47.000 km^2	ca. 1,0 Millionen	ca. 130.000 km^2	ca. 3,7 Millionen

1 Główny urząd statystyczny, Historia Polski w liczbach. Państwo Społeczeństwo, Bd. I, 2003, S. 23; mit leicht abweichenden Zahlen auch bei: *Mewes*, Teilungen, in: *Fechner*, Deutschland und Polen, S. 27 f.

Anhang II

Karte 1: Königreich Polen im Jahre 1025

Quelle: Kartensammlung des Herder-Instituts Marburg

Karte 2: Polen-Litauen im Jahre 1634

Quelle: Kartensammlung des Herder-Instituts Marburg

Karte 3: Europa um das Jahr 1771

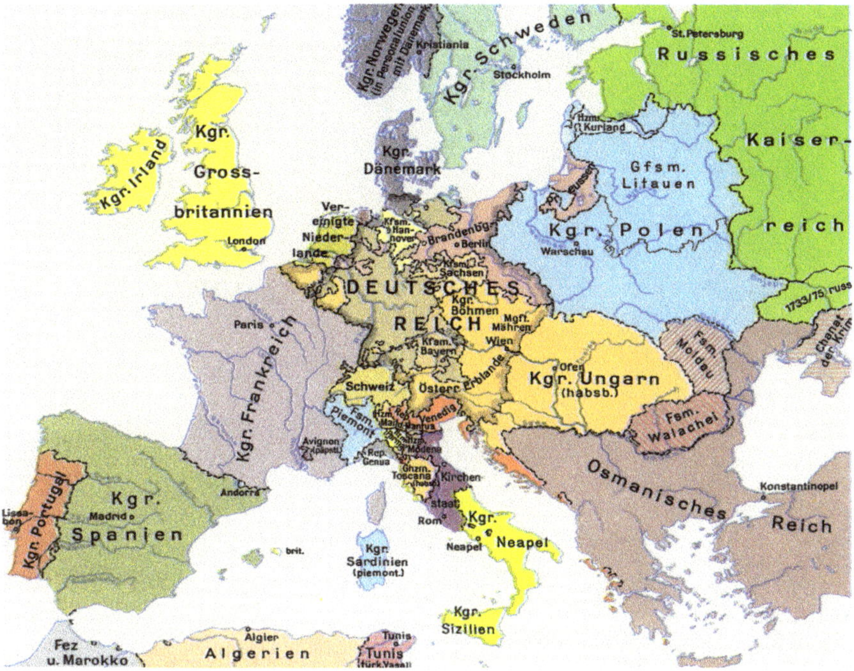

Quelle: Kartensammlung des Herder-Instituts Marburg

Karte 4: Die drei Teilungen Polen-Litauens

1. Teilung 1772

2. Teilung 1793

3. Teilung 1795

Legende:

- von Russland besetztes Gebiet
- von Preußen besetztes Gebiet
- von Österreich besetztes Gebiet

Quelle: Kartensammlung des Herder-Instituts Marburg

Karte 5: Gesamtübersicht der Teilungen Polen-Litauens 1772 - 1793 - 1795

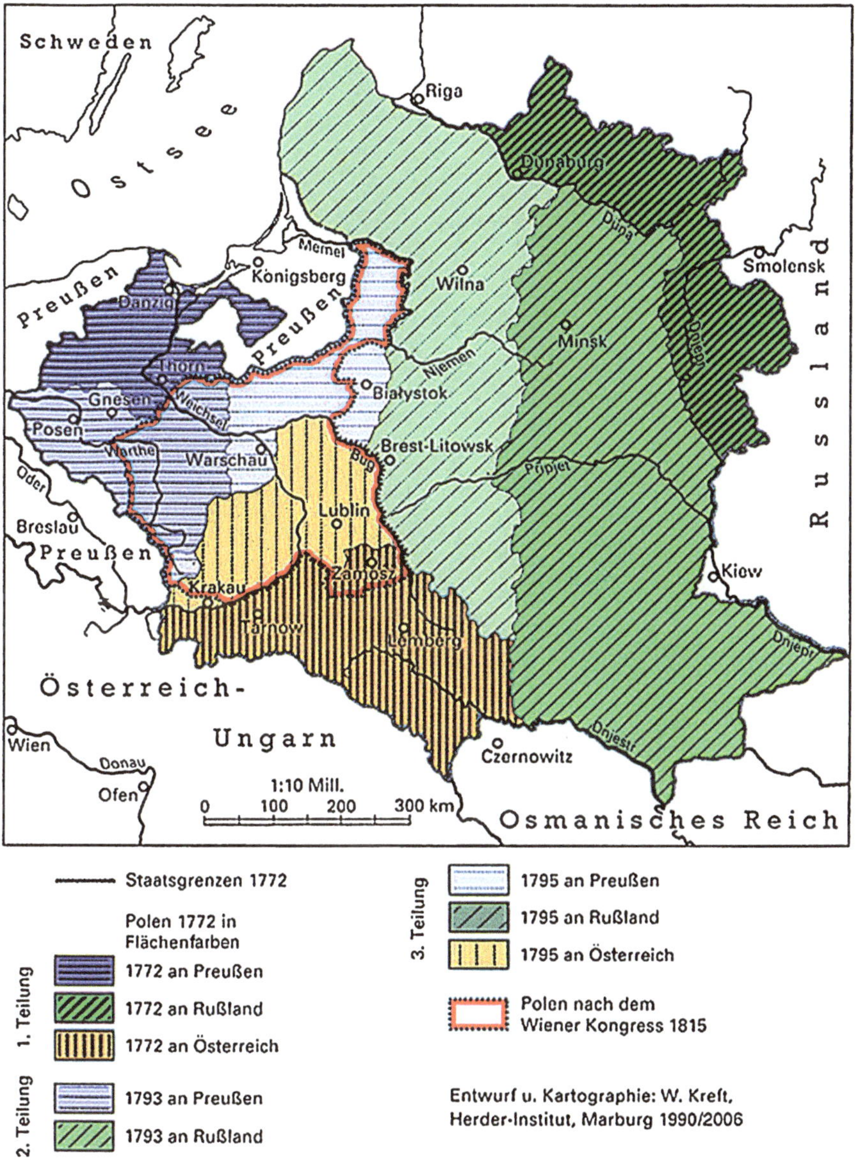

Quelle: Kartensammlung des Herder-Instituts Marburg

Karte 6: Herzogtum Warschau im Jahre 1812

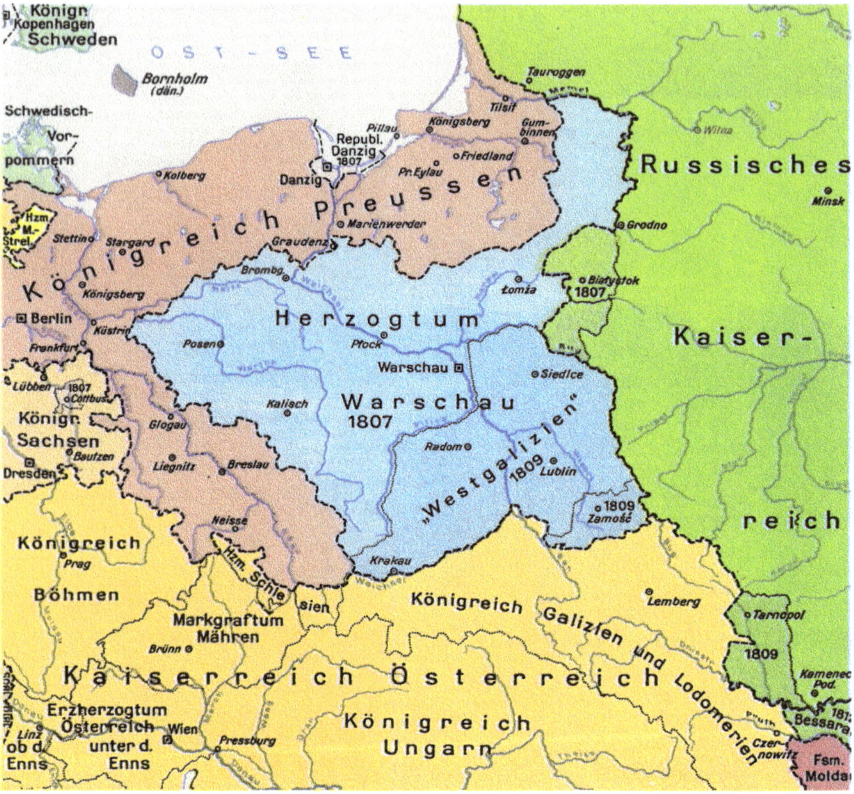

Quelle: Kartensammlung des Herder-Instituts Marburg

Karte 7: Europa um das Jahr 1815

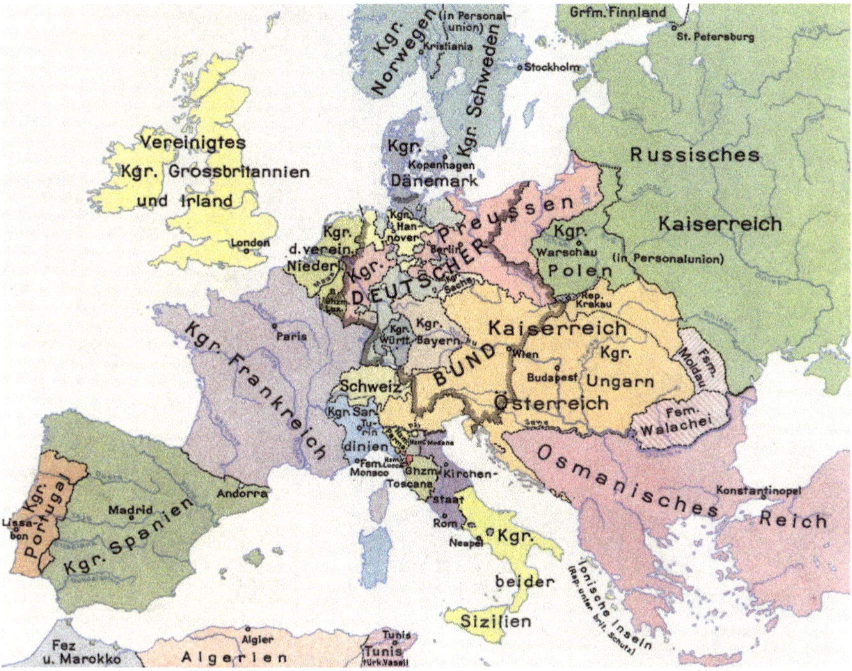

Quelle: Kartensammlung des Herder-Instituts Marburg

Karte 8: Königreich Polen in den Jahren 1815 und 1831

Quelle: Kartensammlung des Herder-Instituts Marburg

Karte 9: Freie Stadt Krakau und das Großherzogtum Posen um das Jahr 1830

Quelle: Kartensammlung des Herder-Instituts Marburg

Karte 10: Polen von 1914-1939

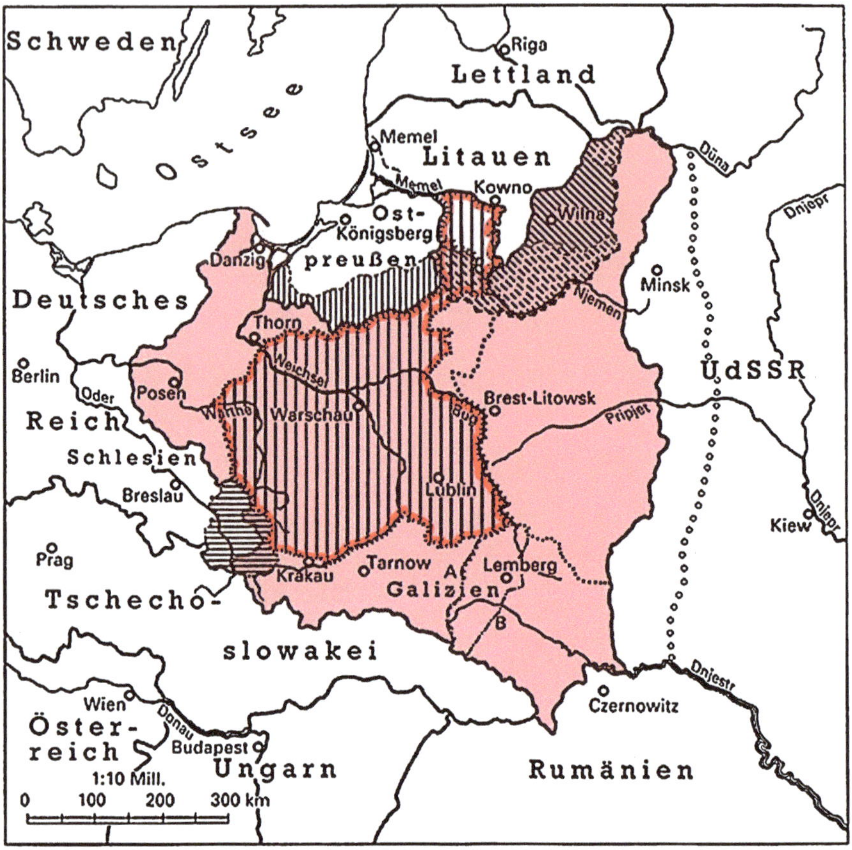

- Polen 1914
- Grenze Polens u. österr.-russische Grenze von 1914
- Staatsgrenzen (Ostgrenze Polens nach dem Frieden von Riga vom 18. 3. 1921)
- Ostgrenzlinie Polens vom 8. 12. 1919 (sog. Curzon-Linie)
- Grenzlinien A und B der Teilung Galiziens vom 17. 6. 1919
- Russischer Vorschlag zur Ostgrenze Polens vom 28. 1. 1920
- Grenze n. d. russ.-lit. Friedensvertrag von Moskau vom 12. 7. 1920
- Polnisch-litauisches Gebiet von Wilna, Sept. 1921/6. 4. 1922 an Polen
- Deutsch-polnisches Abstimmungsgebiet in Ostpreußen (11. 7. 1920)
- Deutsch-polnisches Abstimmungsgebiet in Oberschlesien (20. 3. 1921)
- Polen 1939

Entwurf u. Kartographie: W. Kreft,
Herder-Institut, Marburg 1990/2006

Quelle: Kartensammlung des Herder-Instituts Marburg

Literaturverzeichnis

A. Quellensammlungen

I. Dokumentensammlungen

American Society of International Law (Hrsg.), ILM. Current Documents 22 (1983), Teil II;

Berber, Friedrich (Hrsg.), Völkerrecht. Dokumentensammlung, Bd. 1. Friedensrecht, München/Berlin 1967;

Berber, Friedrich (Hrsg.), Völkerrecht. Dokumentensammlung, Bd. 2. Konfliktsrecht, München/Berlin 1967;

Bernatzik, Edmund (Hrsg.), Die österreichischen Verfassungsgesetze mit Erläuterungen, 2. Aufl., Wien 1911;

Borowski, Stanisław, Kodeks Stanisława Augusta. Zbiór dokumentów [Gesetzbuch von Stanislaus August. Dokumentensammlung][1], Warszawa 1938;

Bussenius, Ingeborg Charlotte (Bearb.)/*Hubatsch, Walther* (Hrsg.), Urkunden und Akten zur Geschichte der preußischen Verwaltung in Südpreußen und Neuostpreußen 1793-1806, Frankfurt am Main/Bonn 1961;

Capefigue, Jean-Baptiste Honoré Raymond/Chodźko, Leonard, Le Congrès de Vienne et les traités de 1815 par le Comte d'Angeberg, Bd. 2, Paris 1863;

Chodźko, Leonard, Recueil des traités, conventions et actes diplomatiques concernant la Pologne (1762-1862) par le Comte d'Angeberg, Paris 1862;
(zitiert: *d'Angeberg*, Recueil des traités concernant la Pologne)

Commager, Henry Steele (Hrsg.), Documents of American History, 4. Aufl., New York 1948;

Daniłowicz, Ignacy, Skarbiec dyplomatów papieskich, cesarskich, królewskich, książęcych. Uchwał narodowych, postanowień różnych władz i urzędów Litwy Rusi Litewskiej i ościennych im krajów [Schatztruhe der päpstlichen, kaiserlichen, königlichen und fürstlichen Urkunden, der nationalen Beschlüsse und der Beschlüsse verschiedener Ämter und Hoheitsträger Litauens, des litauischen Rutheniens und der angrenzenden Länder], Bd. I, Wilno 1860;

Działyński, Adam Tytus, Zbiór praw litewskich od roku 1389 do roku 1520. Tudzież rozprawy sejmowe o tychże prawach od roku 1544 do roku 1563 [Sammlung

1 In sämtlichen eckigen Klammern befinden sich die deutschen Übersetzungen der polnischen Titel.

litauischer Gesetze von 1389 bis 1520. Zugleich Parlamentsdebatten über jene Gesetze von 1544 bis 1563], Poznań 1841;

Godek, Sławomir/Wilczak-Karczewska, Magdalena, Historia ustroju i prawa w Polsce do 1772/1795. Wybór źródeł [Geschichte des politischen und rechtlichen Systems Polens von 1772 bis 1775. Quellenauswahl], Warszawa 2006;

Grodziski, Stanisław/Dwornicka, Irena/Uruszczak, Wacław (Hrsg.), Volumina Constitutionum, Bd. 1. 1493-1526, Warszawa 1996;

Göttinger Arbeitskreis (Hrsg.), Selbstbestimmung für Ostdeutschland. Eine Dokumentation zum 50. Jahrestag der ost- und westpreußischen Volksabstimmung am 11. Juli 1920 (erarbeitet und zusammengestellt von Herbert G. Marzian), Göttingen 1970;

Górski, Karol, Związek pruski i poddanie się Prus Polsce. Zbiór tekstów źródłowych [Preußischer Bund und die Unterwerfung Preußens an Polen. Quellentextsammlung], Poznań 1949;

Hubatsch, Walther, Quellen zur Geschichte des Deutschen Ordens, Göttingen/Frankfurt/Berlin 1954;

Huber, Ernst Rudolf (Hrsg.), Dokumente zur deutschen Verfassungsgeschichte, Bd. 1. Deutsche Verfassungsdokumente 1803-1850, 3. Aufl., Stuttgart/Berlin/Köln/Mainz 1978;
(zitiert: *Huber,* Dokumente, Bd. 1)

Kaczmarczyk, Zdzisław (Hrsg.), Volumina Legum, Bd. X. Konstytucje Sejmu Grodzieńskiego z 1793 roku [Verfassungen des Grodnoer Reichstages aus dem Jahre 1793], Poznań 1952;

Kallas, Marian/Krzymkowski, Marek, Historia ustroju i prawa w Polsce 1772/1795-1918. Wybór źródeł [Geschichte des politischen Systems und des Rechts in Polen 1772/1795-1918. Quellenauswahl], Warszawa 2006;
(zitiert: *Kallas/Krzymkowski,* Historia ustroju i prawa)

Karge, Paul, Die russisch-österreichische Allianz von 1746 und ihre Vorgeschichte. Nach russischen und österreichischen Quellen, Göttingen 1887;

Kierski, Kazimierz (ed.), Zbiór ustaw i rozporządzeń o obywatelstwie polskim według traktatów wersalskich. Ze szczególnym uwzględnieniem konwencji polsko-niemieckiej o obywatelstwie i opcji, podpisane w Wiedniu dnia 30. sierpnia 1925 r. [Gesetzes- und Verordnungssammlung zur polnischen Staatsangehörigkeit nach den Verträgen von Versailles – unter besonderer Berücksichtigung der deutsch-polnischen Konvention über die Staatsangehörigkeit und das Optionsrecht, unterzeichnet in Wien am 30. August 1925], Poznań 1925;

Komisya prawnicza Akademii Umiejętnościi w Krakowie [Juristische Kommission der Begabtenakademie in Krakau] (red.), Volumina Legum, tom IX. Prawa,

Konstytucye i przywileie Królestwa Polskiego, Wielkiego Księstwa Litewskiego i wszystkich prowincyi należących, od seymu wiślickiego roku pańskiego aż do ostatniego seymu [Bd. IX. Rechte, Verfassungen und Privilegien des Königreichs Polen, des Großfürstentums Litauen und aller dazu gehöriger Provinzen, vom Sejm in Wiślica im Jahre des Herren bis zum letzten Reichstag], Kraków 1889;

Kraus, Herbert/Rödiger, Gustav, Urkunden zum Friedensvertrage von Versailles vom 28. Juni 1919, Erster Teil, Berlin 1920;

Kumaniecki, Kazimierz Władysław, Odbudowa państwowości polskiej. Najważniejsze dokumenty 1912 – styczeń 1924 [Wiederaufbau der polnischen Staatlichkeit. Die wichtigsten Dokumente 1912 – Januar 1924], Warszawa/Kraków 1924;

Kumaniecki, Kazimierz Władysław, Zbiór najważniejszych dokumentów do powstania państwa polskiego [Sammlung der wichtigsten Dokumente zur Entstehung des polnischen Staates], Warszawa/Kraków 1920;

Lewicki, Anatoli (ed.), Codex epistolaris saeculi decimi quinti, Bd. III, Kraków 1894;

Ludendorff, Erich (Hrsg.), Urkunden der Obersten Heeresleitung über ihre Tätigkeit 1916/18, Berlin 1920;

Lutostański, Karol, Les partages de la Pologne et la lutte pour l'indépendance, in: Recueil des Actes diplomatiques. Traités et Documents concernant la Pologne, Bd. I, Lausanne/Paris 1918;

von Martens, Georg Friedrich, Recueil des principaux traités d'alliance, de paix, de trêve, de neutralité, de commerce, de limites, d'échange etc. conclus par les Puissances de l'Europe tant entre Elles qu'avec les Puissances et Etats dans d'autres parties du monde, Bd. VI, Göttingen 1800;

von Martens, Georg Friedrich, Recueil de traités d'alliance, de paix, de trêve, de neutralité, de commerce, de limites, d'échange etc. et de plusieurs autres actes servant à la connaissance des relations étrangères des Puissances et Etats de l'Europe, Bd. II (1771-1779), 2. Aufl., Göttingen 1817;

von Martens, Georg Friedrich/von Martens, Karl/Saalfeld, Friedrich/Murhard, Friedrich Wilhelm August, Nouveau Recueil de traités d'alliance, de paix, de trêve, de neutralité, de commerce, de limites, d'échange etc. et de plusieurs autres actes servant à la connaissance des relations étrangères des Puissances et Etats de l'Europe, Bd. 2 (1814-1815), Göttingen 1818;

von Martens, Georg Friedrich/von Martens, Karl/Saalfeld, Friedrich/Murhard, Fréderic, Nouveau Recueil de traités d'alliance, de paix, de trêve, de neutralité, de commerce, de limites, d'échange etc. et de plusieurs autres actes servant à la connaissance des relations étrangères des Puissances et Etats de l'Europe, Bd. 3 (1808-1848), Göttingen 1818;

von Martens, Georg Friedrich (Begr.)/*Murhard, Fréderic*, Nouveau Recueil général de traités, conventions et autres transactions remarquables, servant à la connaissance des relations étrangères des Puissances et Etats, 1. Serie, Bd. 10 (pour 1847), Göttingen 1852;

von Martens, Georg Friedrich (Begr.)/*Triepel, Heinrich*, Nouveau Recueil Général de traités, 3. Serie, Bd. 10, 3. Teilband, Leipzig 1921;

von Martens, Georg Friedrich (Begr.)/*Triepel, Heinrich*, Nouveau Recueil Général de traités et des autres actes relatifs aux rapports de droit international, 3. Serie, Bd. 11, 3. Teilband, Leipzig 1922;

von Martens, Georg Friedrich (Begr.)/*Triepel, Heinrich*, Nouveau Recueil Général de traités et des autres actes relatifs aux rapports de droit international, 3. Serie, Bd. 12, 2. Teilband, Leipzig 1923;

von Martens, Georg Friedrich (Begr.)/*Triepel, Heinrich*, Nouveau Recueil Général de traités et des autres actes relatifs aux rapports de droit international, 3. Serie, Bd. 16, 2. Teilband, Leipzig 1927;

von Martens, Georg Friedrich (Begr.)/*Triepel, Heinrich*, Nouveau Recueil Général de traités et des autres actes relatifs aux rapports de droit international, 3. Serie, Bd. 27, 1. Teilband, Leipzig 1933;

von Martens, Georg Friedrich (Begr.)/*Triepel, Heinrich*, Nouveau Recueil Général de traités et des autres actes relatifs aux rapports de droit international, 3. Serie, Bd. 35, 3. Teilband, Leipzig 1938;

Miller, Hunter, Treaties and other international Acts of the United States of America, Bd. IV (1836-46), xerographierte Ausg. d. Ausg. v. Washington 1934, München 1979;

von Moerner, Theodor, Kurbrandenburgs Staatsverträge von 1601 bis 1700, Berlin 1867;

Mościcki, Henryk, Dzieje porozbiorowe Polski w aktach i dokumentach, Bd. I: Od rozbiorów do Księstwa Warszawskiego [Geschichte Polens nach den Teilungen, Bd. 1: Von den Teilungen bis zum Herzogtum Warschau] 1772-1807, Warszawa/Kraków/Lublin/Łódź/Poznań/Wilno/Zakopane ca. 1930;

Mościcki, Henryk, Unia Litwy z Polską. Dokumenty i wspomnienia [Union zwischen Litauen und Polen. Dokumente und Erinnerungen], Warszawa/Lublin/Łódź 1919;

Müller, Klaus (Hrsg.), Quellen zur Geschichte des Wiener Kongresses 1814/1815, Darmstadt 1986;

Ohryzko, Jozafata (Hrsg.), Volumina legum, tom VI. Przedruk zbioru praw staraniem xx. pijarow w Warszawie, od roku 1732 do roku 1782 [Bd VI. Nachdruck einer Sammlung der Rechte, zusammengetragen von den Warschauer Piaristen, vom Jahr 1732 bis zum Jahr 1782], Petersburg 1860;

Prümers, Rogero (Hrsg.), Das Jahr 1793, Urkunden und Aktenstücke zur Geschichte der Organisation Südpreußens, Posen 1895;

Parry, Clive (ed.), CTS, vol. 4 (1655-1658), Dobbs Ferry, New York 1969;

Parry, Clive (ed.), CTS, vol. 6 (1660-1661), Dobbs Ferry, New York 1969;

Parry. Clive (ed.), CTS, vol. 17 (1684-1686), Dobbs Ferry, New York 1969;

Parry, Clive (ed.), CTS, vol. 44 (1767-1772), Dobbs Ferry, New York 1969;

Parry, Clive (ed.), CTS, vol. 45 (1772-1775), Dobbs Ferry, New York 1969;

Parry, Clive (ed.), CTS, vol. 50 (1786-1790), Dobbs Ferry, New York 1969;

Parry, Clive (ed.), CTS, vol. 51 (1790-1793), Dobbs Ferry, New York 1969;

Parry, Clive (ed.), CTS, vol. 52 (1793-1795), Dobbs Ferry, New York 1969;

Parry, Clive (ed.), CTS, vol. 53 (1795-1797), Dobbs Ferry, New York 1969;

Parry, Clive (ed.), CTS, vol. 59 (1806-1809), Dobbs Ferry, New York 1969;

Parry, Clive (ed.), CTS, vol. 63 (1813-1815), Dobbs Ferry, New York 1969;

Parry, Clive (ed.), CTS, vol. 64 (1815), Dobbs Ferry, New York 1969;

Parry, Clive (ed.), CTS, vol. 99 (1845-1846), Dobbs Ferry, New York 1969;

Parry, Clive (ed.), CTS, vol. 206 (1907-1908), Dobbs Ferry, New York 1980;

Pölitz, Karl Heinrich Ludwig (Hrsg.), Die Constitutionen der europäischen Staaten seit den letzten 25 Jahren. In zwei Theilen, Leipzig/Altenburg 1817;

Prohaska, Antonii (Hrsg.), Codex Epistolaris Vitoldi. Magnus Ducis Lithuanie 1376-1430, Kraków 1882;

Radziwiłł, Maciej/Winiarski, Bohdan (Hrsg.), Królestwo Polskie. Dokumenty historyczne dotyczące prawno-politycznego stosunku Królestwa Polskiego do Cesarstwa Rosyjskiego. Materiały do sprawy Polskiej [Das Königreich Polen. Historische Dokumente bezüglich des rechtlich-politischen Verhältnisses des Königreichs Polen zum Russischen Kaiserreich. Materialien zur polnischen Frage], Warszawa/Lublin/Łódź 1915;

Reiter, Ilse (Hrsg.), Texte zur österreichischen Verfassungsentwicklung 1848-1955, Wien 1997;

Rönnefarth, Helmuth K. G., Konferenzen und Verträge. Vertrags-Ploetz. Ein Handbuch geschichtlich bedeutsamer Zusammenkünfte und Vereinbarungen, Teil II, Bd. 3: Neuere Zeit (1492-1914), 2. Aufl., Würzburg 1958;

Rönnefarth, Helmuth K. G./Euler, Heinrich, Konferenzen und Verträge. Vertrags-Ploetz. Ein Handbuch geschichtlich bedeutsamer Zusammenkünfte und Vereinbarungen, Teil II, Bd. 4: Neueste Zeit (1914-1959) 2. Aufl., Würzburg 1959;

Rzyszczewski, Leon, Kodeks Dyplomatyczny Polski [Diplomatischer Kodex Polens], Bd. I, Warszawa 1847;

Sawicki, Jakub, Wybór tekstów źródłowych z historii państwa i prawa polskiego [Auswahl von Quellentexten aus der polnischen Staats- und Rechtsgeschichte], Bd. I, Teil 1, Warszawa 1952;

Sawicki, Jakub, Wybór tekstów źródłowych z historii państwa i prawa polskiego [Auswahl von Quellentexten aus der polnischen Staats- und Rechtsgeschichte], Bd. I, Teil 2, Warszawa 1951;

Sawicki, Jakub, Wybór tekstów źródłowych z historii państwa i prawa polskiego [Auswahl von Quellentexten aus der polnischen Staats- und Rechtsgeschichte], Bd. II, Warszawa 1953;

Schweisfurth, Theodor (Hrsg.), Dokumente der KSZE, Sonderausgabe Stand 1. Juli 1993, München 1993;

Sekretariat Jeneralny Delegacji Polskiej (Hrsg.), Akty i dokumenty dotyczące spraw granic Polski na Konferencji Pokojowej w Paryżu 1918-1919, część 1. Program terytorialny delegacji [Akte und Dokumente betreffend die Grenzfrage Polens auf der Friedenskonferenz in Paris 1918-1919, Teil 1. Territorialprogramm der Delegation], Paryż 1920;

Sekretariat Jeneralny Delegacji Polskiej (red.), Akty i dokumenty dotyczące sprawy granic Polski na Konferencji Pokojowej w Paryżu 1918-1919, część IV. Śląsk cieszyński, Spisz i Orawa [Akte und Dokumente betreffend die Grenzfrage Polens auf der Friedenskonfenrenz in Paris 1918-1919, Teil IV. Teschener Schlesien, Zips und Orawa], Paryż 1926;

Semkowicz, Władysław/Fijałek, Jan (Hrsg.), Kodeks dyplomatyczny katedry i diecezji wileńskiej [Diplomatischer Kodex von Dom und Diözese in Vilnius], Bd. I (1387-1507), Kraków 1948;

Sokołowski, Augusti/Szujski, Joesephi (ed.), Codex epistolaris saeculi decimi quinti, Bd. I, Kraków 1876;

Strupp, Karl (Hrsg.), Urkunden zur Geschichte des Völkerrechts, Bd. 1. Bis zum Wiener Kongress (1878), Gotha 1911;

Tarnowska, Anna (Hrsg.), Polskie dokumenty konstytucyjne [Polnische Verfassungsdokumente] 1790-1848, München/Saur 2008;

Traktaty między mocarstwami europeyskiemy od roku 1648 zaszłe podług lat porządku. Z przyłączoną potrzebney Historyi wiadomością opisane [Verträge zwischen den europäischen Mächten ab dem Jahre 1648, abgeschlossen nach

Jahrgängen. Mit beigelegtem nötigem Geschichtswissen beschrieben]. Bd. I, Warszawa 1775;

Weise, Erich (Hrsg.), Die Staatsverträge des Deutschen Ordens in Preußen im 15. Jahrhundert, Bd. 1 (1398-1437), 2. Aufl., Marburg 1970;

Weise, Erich (Hrsg.), Die Staatsverträge des Deutschen Ordens in Preußen im 15. Jahrhundert, Bd. 2 (1438-1467), Marburg 1955;

Zeumer, Karl, Quellensammlung zur Geschichte der deutschen Reichsverfassung in Mittelalter und Neuzeit, 2. Aufl., Tübingen 1913;

II. Amtliche Drucksachen

Bundesgesetzblatt für die Republik Österreich, Wien 1924;

Fisheries Case United Kingdom v. Norway, Judgment of December 18th, 1951, in: ICJ Reports, 1951;

Gesetz-Sammlung für die Königlichen Preußischen Staaten, Berlin 1868 und 1869;

Orzecznictwo Sądu Najwyższego-Izba Cywilna [Rechtsprechung des Obersten Gerichts-Zivilkammer], Jahr 1928;

Orzecznictwo Sądu Najwyższego-Izba Karna [Rechtsprechung des Obersten Gerichts-Strafkammer], Jahr 1922;

Orzecznictwo Sądów Polskich [Gesetzessammlung der polnischen Gerichte], Bd. II, Warszawa 1923;

Reichsministerialblatt, Nr. 52 vom 25. November 1927, 25. Jg., Berlin 1927;

Western Sahara, Order of 3 January 1975, in: ICJ Reports 1975;

Zbiór orzeczeń Sądu Najwyższego [Gesetzessammlung des Obersten Gerichts], Orzeczenia Izby II (karnej) [Entscheidungen der Strafkammer], Warszawa 1919;

B. Literatur

Abendroth, Wolfgang, Satellitenstaaten, in: Strupp, Karl (Begr.)/Schlochauer, Hans-Jürgen (Hrsg.), Wörterbuch des Völkerrechts, Dritter Band, 2. Aufl., Berlin 1962, S. 162-163;

Adamus, Jan, Państwo litwskie w latach 1386-1398 [Der litauische Staat in den Jahren 1386-1398], Wilno (nach 1930);

Angermann, Norbert/Dumschat, Sabine, Die ukrainischen Länder unter litauischer und polnischer Herrschaft (bis 1569), in: Golczewski, Frank (Hrsg.), Geschichte der Ukraine, Göttingen 1993, S. 37-55;

Anonymus, Gallus, Kronika Polska [Polnische Chronik], in: Grodecki, Roman (Hrsg.), Anonim tzw. Gall, 3. Aufl., Wrocław/Warszawa/Kraków 1968;

Anonymus, Gallus, Polens Anfänge: Chronik und Taten der Herzöge und Fürsten von Polen (übersetzt, eingeleitet und erklärt von Josef Bujnoch), Graz/Wien/Köln 1978;

Ajnenkiel, Andrzej, Administracja w Polsce. Zarys historyczny [Verwaltung in Polen. Historischer Abriss], Warszawa 1975;

Ajnenkiel, Andrzej, Formowanie się centralnych ośrodków władzy w Polsce w listopadzie-grudniu 1918 roku [Entstehung der zentralen Machtzentren in Polen im November-Dezember 1918], in: Ajnenkiel, Andrzej (red.), Rok 1918. Odrodzona Polska w nowej Europie [Das Jahr 1918. Wiedergeborenes Polen im neuen Europa], Warszawa 1999, S. 9-16;

Ajnenkiel, Andrzej, Od rządów ludowych do przewrotu majowego. Zarys dziejów politycznych Polski [Von der Volksmacht zum Mai-Umsturz. Grundzüge der politischen Geschichte Polens] 1918-1926, Warszawa 1976;

Ajnenkiel, Andrzej/Leśnodorski, Bogusław/Rostocki, Władysław, Historia ustroju Polski [Geschichte der polnischen Verfassung] 1764-1939, 3. Aufl., Warszawa 1974;

Alexander, Manfred, Kleine Geschichte Polens, Stuttgart 2003;

Alimi, Myriam, Die Staatensukzession in völkerrechtliche Verträge und die Einigung Deutschlands, Tübingen 2004;

Alius, Abramson Alexandre, Die Curzon-Linie. Das Grenzproblem Sowjetunion-Polen, Zürich/New York 1945;

Antonowicz, Lech, The Disintegration of the USSR from the Point of View of International Law, in: Polish Yearbook of International Law XIX (1991-1992), S. 7-16;

Antonowicz, Lech, Tożsamość państwa polskiego w prawie międzynarodowym [Die Identität des polnischen Staates im Völkerrecht], in: PiP XLVIII (1993), Heft Nr. 10, S. 3-10;

Antonowicz, Lech, Uznanie państwa w prawie międzynarodowym [Die Anerkennung eines Staates im Völkerrecht], in: Sprawy międzynarodowe [Völkerrechtliche Probleme], Bd. XXII (1969), Heft Nr. 9, S. 56-66;

Antonowicz, Lech, Zasada identyczności i ciągłości państw w prawie międzynarodowym [Der Grundsatz der Identität und der Kontinuität im Völkerrecht], in: Sprawy międzynarodowe [Probleme des Völkerrechts], Bd. 22 (1969), Heft Nr. 2, S. 34-47;

Anzilotti, Dionisio, Lehrbuch des Völkerrechts, Bd. 1: Einführung – Allgemeine Lehren (Übersetzung der 3. italienischen Aufl.), Berlin/Leipzig 1929;

von Aretin, Karl Otmar Freiherr, Tausch, Teilung und Länderschacher als Folgen des Gleichgewichtssystems der europäischen Großmächte. Die polnischen Teilungen als europäisches Schicksal, in: Zernack, Klaus (Hrsg.), Polen und die polnische Frage in der Geschichte der Hohenzollernmonarchie 1701-1871. Referate einer deutsch-polnischen Historiker-Tagung vom 7. bis 10. November 1979 in Berlin-Nikolassee, Berlin 1982, S. 53-68;

Aristoteles, Politik (übersetzt und mit erklärenden Anmerkungen und Registern versehen von Eugen Rolfes), 3. Aufl., Berlin 1958;

Arnold, Stanisław/Żychowski, Marian, Abriss der Geschichte Polens. Von den Anfängen des Staates bis in die neueste Zeit, Warszawa 1967;

Arzinger, Rudolf, Das Selbstbestimmungsrecht im allgemeinen Völkerrecht der Gegenwart, Berlin 1966;

Baberowski, Jörg, Autokratie und Justiz. Zum Verhältnis von Rechtsstaatlichkeit und Rückständigkeit im ausgehenden Zarenreich 1864-1914, Frankfurt am Main 1996;

Bachulski, Alexis, Polnische Staatsarchive, in: Archivalische Zeitschrift 37 (1928), S. 241-261;

Backus, Oswald P., The Problem of Unity in the Polish-Lithuanian State, in: SR 22 (1963), S. 411-431;

Baczkowski, Krzysztof, Dzieje Polski późnośredniowiecznej [Die Geschichte des spätmittelalterlichen Polens] (1370-1506), Kraków 1999;

Balzer, Brigitte, Die preußische Polenpolitik 1894-1908 und die Haltung der deutschen konservativen und liberalen Parteien. Unter besonderer Berücksichtigung der Provinz Posen, Frankfurt am Main/Bern/New York/Paris 1990;

Balzer, Oswald, Tradycja dziejowa unii polsko-litewskiej [Die geschichtliche Tradition der polnisch-litauischen Union], Lwów/Warszawa 1919;
(zitiert: *Balzer,* Tradycja)

Balzer, Oswald, Unia horodelska. Odczyt wygłoszony na publicznym posiedzeniu Akademii Umiejętności dnia 3. maja 1913 roku [Die Horodler Union. Vortrag vorgelesen in einer öffentlichen Sitzung der Begabtenakademie am 3. Mai 1913], in: Skład Akademii Umiejętności w Krakowie [Sammlungen der Begabtenakademie in Krakau], Mai 1913, Kraków 1912/1913, S. 146-177;

Bardach, Juliusz, Historia państwa i prawa Polski [Geschichte des polnischen Staates und Rechts], Bd. I. Do połowy XV wieku [Bis Mitte des 15. Jh.], 2. Aufl., Warszawa 1964;

Bardach, Juliusz/Leśnodorski, Bogusław/Pietrzak, Michał, Historia ustroju i prawa polskiego [Geschichte des politischen Systems und des Rechts Polens], 6. Aufl., Warszawa 2009;

Bardach, Juliusz, Konstytucja 3 maja 1791 – 1791 Gegužės 3-Osios Konstitucja – The Constitution of May 3, 1791, Warszawa 2001;
(zitiert: *Bardach,* Konstytucja 3 maja)

Bardach, Juliusz, Konstytucja 3 maja a unia polsko-litewska [Die Verfassung vom 3. Mai und die polnisch-litauische Union], in: PH 82 (1991), Heft Nr. 3-4, S. 383-410;

Bardach, Juliusz, O dawnej i niedawnej Litwie [Über das alte und das neue Litauen], Poznań 1988;

Bardach, Juliusz, O Rzeczpospolitą Obojga Narodów. Dzieje związku Polski z Litwą do schyłku XVIII wieku [Um die Republik beider Nationen. Geschichte der Beziehung Polens und Litauens bis zum Ende des 18. Jahrhunderts], 2. Aufl., Warszawa 2010;

Bardach, Juliusz, Sejm dawnej Rzeczypospolitej [Der Reichstag der alten Republik], in: Bardach, Juliusz (Bearb.), Dzieje Sejmu Polskiego [Geschichte des Polnischen Reichstages], Warszawa 1993, S. 9-97;

Bardach, Juliusz, Studia z ustroju i prawa Wielkiego Księstwa Litewskiego XIV-XVII w. [Studien zum System und Recht des Großfürstentums Litauen vom 14. bis zum 17. Jh.], Warszawa 1970;

Bardonnet, Daniel, La Succession d'Etats à Madagascar. Succession au droit conventionnel et aux droits patrimoniaux, Paris 1970;

Bartel, Wojciech M., Ustrój i prawo Wolnego Miasta Krakowa [Das System und das Recht der Freien Stadt Krakau] (1815-1846), Kraków 1976;

Bartoszewicz, Kazimierz, Utworzenie Królestwa Kongresowego [Die Gründung Kongresspolens], Kraków 1916;

Barzykowski, Stanisław, Historia powstania listopadowego [Die Geschichte des Novemberaufstandes], Bd. I, Poznań 1883;

Baske, Siegfried, Praxis und Prinzipien der preußischen Polenpolitik vom Beginn der Reaktionszeit bis zur Gründung des Deutschen Reiches, in: Bernath, Mathias/Jablonowski, Horst/Philipp, Werner (Hrsg.), Forschungen zur osteuropäischen Geschichte, Bd. 9 (1963), S. 7-268;

Baszkiewicz, Jan, Odnowienie Królestwa Polskiego [Die Wiederherstellung des Königreichs Polen] 1295-1320, Poznań 2008;

Batowski, Henryk, Die Polen, in: Wandruszka, Adam/Rumpler, Helmut (Hrsg.), Die Habsburgermonarchie 1848-1919, Bd. III, 1. Teilband. Die Völker des Reiches, Wien 1980, S. 522-554;

Bauer, Herbert, Der Satz „pacta sunt servanda" im heutigen Völkerrecht, Marburg 1934;

Baumgart, Peter, Die Annexion und Eingliederung Schlesiens in den friderizianischen Staat, in: Baumgart, Peter (Hrsg.), Expansion und Integration. Zur Eingliederung neugewonnener Gebiete in den preußischen Staat, Köln/Wien/Böhlau 1984, S. 81-118;

Baumgart, Peter, Schlesien im Kalkül König Friedrichs II. von Preußen und die europäischen Implikationen der Eroberung des Landes, in: Baumgart, Peter/Schmilewski, Ulrich (Hrsg.), Kontinuität und Wandel. Schlesien zwischen Österreich und Preußen. Ergebnisse eines Symposiums in Würzburg vom 29. bis 31. Oktober 1987, Sigmaringen 1990, S. 19-39;
(zitiert: *Baumgart,* Schlesien, in: *Baumgart/Schmilewski,* Kontinuität und Wandel)

Baumgart, Peter, Schlesien in der Politik Friedrichs des Großen, in: Treue, Wilhelm (Hrsg.), Preußens großer König. Leben und Werk Friedrichs des Großen. Eine Ploetz-Biographie, Freiburg/Würzburg 1986, S. 161-174;

Baumgart, Winfried, Der Ausbruch des Siebenjährigen Krieges. Zum gegenwärtigen Forschungsstand, in: Militärgeschichtliche Mitteilungen 11 (1972), S. 157-165;

Baumgart, Winfried, Deutsche Ostpolitik 1918. Von Brest-Litowsk bis zum Ende des Ersten Weltkriegs, Wien/München 1966;
(zitiert: *Baumgart,* Deutsche Ostpolitik 1918)

Bedjaoui, Mohammend, Eleventh Report on Succession of States in Respect of Matters other than Treaties, in: YBILC 1979, vol. II 1, New York 1981, S. 67-124;

Beer, Adolf, Die Erste Theilung Polens, Zweiter Band, Wien 1873;

Berber, Friedrich, Lehrbuch des Völkerrechts, Bd. 1. Allgemeines Friedensrecht, 2. Aufl., München 1975;

Berber, Friedrich, Lehrbuch des Völkerrechts, Bd. 2. Kriegsrecht, 2. Aufl., München 1969;

Berding, Helmut, Das Königreich Westphalen als napoleonischer Modellstaat, in: Hedwig, Andreas/Malettke, Klaus/Murk, Karl (Hrsg.), Napoleon und das Königreich Westphalen. Herrschaftssystem und Modellstaatspolitik, Marburg 2008, S. 101-114;

Berezowski, Cezary, Powstanie i uznanie państwa polskiego w 1918 r. [Die Auferstehung und Anerkennung des polnischen Staates im Jahre 1918], in: PiP 14 (1959), Heft Nr. 2, S. 215-225;

Berezowski, Cezary, Powstanie państwa polskiego w świetle prawa narodów [Die Auferstehung des polnischen Staates im Lichte des Völkerrechts], Neudr. der Aufl. v. 1934, Warszawa 2008;

Berezowski, Cezary, Zagadnienia zwierzchnictwa terytorialnego. Z teorii prawa międzynarodowego [Fragen der Gebietshoheit. Aus der Völkerrechtstheorie], Warszawa 1957;

Berger, Dirk A., Krieg und Völkerrecht am Übergang vom Mittelalter zur Neuzeit. Bellum iustum, bellum legale oder beides?, Hamburg 2010;

Bergner, Romuald, Truppen und Garnisonen in Schlesien 1740-1945, Friedberg 1984;

Bernhard, Ludwig, Das polnische Gemeinwesen im preußischen Staat. Die Polenfrage, 2. Aufl., Leipzig 1910;

Bernhard, Ludwig, Die Polenfrage. Der Nationalitätenkampf der Polen in Preußen, 3. Aufl., München/Leipzig 1920;

Bernhardt, Rudolf, Die Rechtslage Deutschlands, in: JuS 1986, Heft Nr. 11, S. 839-845;

von Bieberstein, Christoph Freiherr Marschall, Freiheit in der Unfreiheit. Die nationale Autonomie der Polen in Galizien und dem österreichisch-ungarischen Ausgleich von 1867. Ein konservativer Aufbruch im mitteleuropäischen Vergleich, Wiesbaden 1993;

Biedermann, Gerd S., Polen im Urteil der nationalpreußischen Historiographie des 19. Jahrhunderts, Erlangen-Nürnberg 1967;

Bieker, Eva, Die Interventionen Frankreichs und Großbritanniens anlässlich des Frankfurter Wachensturms 1833. Eine Fallstudie zur Geschichte völkerrechtlicher Verträge, Baden-Baden 2003;

Bilfinger, Carl, Vollendete Tatsache und Völkerrecht. Eine Studie, in: ZaöRV 15 (1953/54), S. 453-481;

Bieniarzówna, Janina, Rzeczpospolita Krakowska 1815-1846. Wybór źródeł [Die Republik Krakau 1815-1846. Quellenauswahl], Wrocław 1951;

Binder, Wilhelm, Der Untergang des polnischen Nationalstaates, Bd. I, Stuttgart 1843;

Binding, Karl (Hrsg.), Deutsche Staatsgrundgesetze, Heft Nr. III, Leipzig 1893;

Bindschedler, Rudolf L., Annexion, in: Strupp, Karl (Begr.)/Schlochauer, Hans-Jürgen (Hrsg.), Wörterbuch des Völkerrechts, Erster Band, 2. Aufl., Berlin 1960, S. 68-71;

Bindschedler, Rudolf L., Die Anerkennung im Völkerrecht, in: BDGVR, Heft Nr. 4 (1961), S. 1-27;

Bingen, Dieter/Loew, Peter Oliver, Polen. Kurze Geschichte einer langen Geschichte, Deutsches Polen-Institut Darmstadt, Ausstellung „Imago Poloniae" im Hessischen Landesmuseum Darmstadt 30. April – 18. Juli 2004, Darmstadt 2004;

Bingen, Dieter/Ruchniewicz, Krzysztof, Einleitung, in: Bingen, Dieter/Ruchniewicz, Krzysztof (Hrsg.), Länderbericht Polen. Geschichte – Politik – Gesellschaft – Kultur, 2. Aufl., Bonn 2009, S. 11-16;

Bleckmann, Albert, Völkerrecht, Baden-Baden 2001;

Bleiber, Fritz, Aufgezwungene Verträge im Völkerrecht, in: ZVölkR 19 (1935), S. 385-402;

Bleiber, Fritz, Der Völkerbund. Die Entstehung der Völkerbundsatzung, Stuttgart 1939;

Blittersdorf, Winrich Freiherr, Das internationale Plebiszit. Praktische Fragen und Technik der Verwirklichung des Selbstbestimmungsrechts, Hamburg 1965;

Blociszewski, Joseph, La restauration de la Pologne et la diplomatie européenne, Paris 1927;

Blumenwitz, Dieter, Das Recht auf die Heimat, in: Blumenwitz, Dieter (Hrsg.), Recht auf die Heimat im zusammenwachsenden Europa. Ein Grundrecht für nationale Minderheiten und Volksgruppen, Frankfurt am Main 1995, S. 41-64;

Blumenwitz, Dieter, Das rechtliche Selbstverständnis der Bundesrepublik, in: AöR 99 (1974), S. 314-320;

Blumenwitz, Dieter, Die Grundlagen eines Friedensvertrages mit Deutschland. Ein völkerrechtlicher Beitrag zur künftigen Deutschlandpolitik, Berlin 1966;

Blumenwitz, Dieter, Die Menschenrechtspakte der Vereinten Nationen und das Selbstbestimmungsrecht der Völker, in: Kulturstiftung der deutschen Vertriebenen (Hrsg.), Menschenrechte und Selbstbestimmung unter Berücksichtigung der Ostdeutschen, Bonn 1980, S. 21-36;

Blumenwitz, Dieter, „ex factis ius oritur"– „ex iniuria ius non oritur", in: Blumenwitz, Dieter/Meissner, Boris (Hrsg.), Staatliche und nationale Einheit Deutschlands – ihre Effektivität, Köln 1984, S. 43-56;

Blumenwitz, Dieter (Hrsg.), Flucht und Vertreibung. Vorträge eines Symposiums, veranstaltet vom Institut für Völkerrecht der Universität Würzburg 19. – 22. November 1985, München 1987;

Blumenwitz, Dieter, Staatennachfolge und die Einigung Deutschlands, Teil I. Völkerrechtliche Verträge, Berlin/Bonn 1992;

Bluntschli, Johann Caspar, Das moderne Völkerrecht der civilisirten Staten als Rechtsbuch dargestellt, 1. Aufl., Nördlingen 1868 und 2. Aufl., Nördlingen 1872;

Blüthgen, Die Realunion, in: Kohler, Josef (Hrsg.), Zeitschrift für Völkerrecht und Bundesstaatsrecht, Bd. 1 (1907), S. 237-262;

Błaszczyk, Grzegorz, Burza koronacyjna. Dramatyczny fragment stosunków polsko-litewskich w XV wieku [Der Krönungssturm. Ein dramatischer Ausschnitt der polnisch-litauischen Beziehungen im 15. Jh.], Poznań 1998; (zitiert: *Błaszczyk,* Burza koronacyjna)

Błaszczyk, Grzegorz, Dzieje stosunków polsko-litewskich od czasów najdawniejszych do współczesności [Die Geschichte der polnisch-litauischen Beziehungen von den Anfängen bis zur Gegenwart], Bd. I. Trudne początki [Schwere Anfänge], Poznań 1998; (zitiert: *Błaszczyk,* Dzieje, Bd. I)

Błaszczyk, Grzegorz, Dzieje stosunków polsko-litewskich [Die Geschichte der polnisch-litauischen Beziehungen], Bd. II. Od Krewa do Lublina [Von Krewo bis Lublin], Teil 1, Poznań 2007; (zitiert: *Błaszczyk,* Dzieje, Bd. II)

Błaszczyk, Grzegorz, Litwa na przełomie średniowiecza i nowożytności [Litauen zwischen Mittelalter und Neuzeit] 1492-1569, Poznań 2002; (zitiert: *Błaszczyk,* Litwa)

Bobrzyński, Michał, Dzieje Polski w zarysie [Grundzüge der Geschichte Polens], Bd. I, 4. Aufl., Warszawa/Kraków/Lublin/Łódź u. a. 1927;

Bobrzyński, Michał (Begr.)/*Serejski, Marian Henryk* (Bearb.), Dzieje Polski w zarysie [Grundzüge der Geschichte Polens], Warszawa 1974;

Bobrzyński, Michał, Wskrzeszenie państwa polskiego. Szkic historyczny [Die Auferstehung des polnischen Staates. Eine historische Skizze], Bd. 1. 1914-1918, Kraków 1920;

Bobrzyński, Michał, Wskrzeszenie państwa polskiego. Szkic historyczny [Die Auferstehung des polnischen Staates. Eine historische Skizze], Bd. 2. 1918-1923, Kraków 1925;

Bodin, Jean, Sechs Bücher über den Staat. Buch I-III, Bd. 1 (übersetzt und mit Anmerkungen versehen von Bernd Wimmer), München 1981;

Bogucka, Maria, Das alte Polen, Leipzig/Jena/Berlin, 1983;

Böhning, Peter, Die nationalpolnische Bewegung in Westpreussen 1815-1871. Ein Beitrag zum Integrationsprozess der polnischen Nation, Marburg 1973;

Bolognese-Leuchtenmüller, Birgit, Bevölkerungsentwicklung und Berufsstruktur, Gesundheits- und Fürsorgewesen in Österreich 1750-1918, München 1978;

Bömelburg, Hans-Jürgen/Gestrich, Andreas/Schnabel-Schüle, Helga, Die Teilungen Polen-Litauens als Zäsur einer europäischen Strukturgeschichte. Komparative Überlegungen jenseits der Nationalgeschichtsschreibung, in: Bömelburg, Hans-Jürgen/Gestrich, Andreas/Schnabel-Schüle, Helga (Hrsg.), Die Teilungen

Polen-Litauens. Inklusions- und Exklusionsmechanismen – Traditionsbildung – Vergleichsebenen, Osnabrück 2013, S. 9-35;

Boockmann, Hartmut, Deutsche Geschichte im Osten Europas. Ostpreußen und Westpreußen, 2. Aufl., Berlin 1992;

Borchard, Edwin, Recognition and Non-Recognition, in: AJIL 36 (1942), S. 108-111;

Bornhak, Conrad, Einseitige Abhängigkeitsverhältnisse unter den modernen Staaten, Leipzig 1896;

Borodziej, Włodzimierz, Geschichte Polens im 20. Jahrhundert, München 2010;

Bortnowski, Władysław, Walka o cele powstania listopadowego (od 29. listopada 1830 r. do lutego 1831 r.) [Kampf um die Ziele des Novemberaufstandes (vom 29. November 1830 bis Februar 1831)], Łódź 1960;

Borucki, Marek, Historia Polski do 2009 roku [Geschichte Polens bis zum Jahre 2009], Warszawa 2009;

von Both, Heinrich, Die staatliche Ansiedlungstätigkeit in Westpreußen und Posen, in: Mitscherlich, Waldemar (Hrsg.), Die Ostmark. Eine Einführung in die Probleme ihrer Wirtschaftsgeschichte, Leipzig 1911, S. 75-104;

Böttcher, Hans Viktor, Die Freie Stadt Danzig. Wege und Umwege in die europäische Zukunft. Historischer Rückblick, staats- und völkerrechtliche Fragen, 3. Aufl., Bonn 1999;

Brandi, Karl, Der Augsburger Religionsfriede vom 25. September 1555, 2. Aufl., Göttingen 1927;

Brather, Sebastian, Archäologie der westlichen Slawen. Siedlung, Wirtschaft und Gesellschaft im früh- und hochmittelalterlichen Osteuropa, 2. Aufl., Berlin 2008; (zitiert: *Brather,* Archäologie der westlichen Slawen)

Breyer, Richard, Nachwirkungen und Überwindung der Teilungen Polens 1919-1939, in: Franz, Günther (Hrsg.), Teilung und Wiedervereinigung. Eine weltgeschichtliche Übersicht, Berlin/Frankfurt/Zürich 1963, S. 61-71;

Brie, Siegfried, Theorie der Staatenverbindungen, Breslau 1886;

Brierly, James L., Grundlagen des Völkerrechts. Eine Einführung in das internationale Friedensrecht, Berlin 1948;

Bröcker, Friederich Benjamin (Hrsg.), Beyträge zur Kenntniss des Pohlnischen Rechts, Bd. 1, Berlin 1797;

Broszat, Martin, Zweihundert Jahre deutsche Polenpolitik, München 1963;

Brownlie, Ian, Principles of Public International Law, 6. Aufl., Oxford/New York u. a. 2003;

Brühl-Moser, Denise, Die Entwicklung des Selbstbestimmungsrechts der Völker unter besonderer Berücksichtigung seines innerstaatlich-demokratischen Aspekts und seiner Bedeutung für den Minderheitenschutz, Basel/Frankfurt am Main 1994;

Brunner, Georg, Nationalitätenprobleme und Minderheitenkonflikte in Osteuropa. Strategien für Osteuropa, 2. Aufl., Gütersloh 1996;

Brunner, Otto, Land und Herrschaft. Grundfragen der territorialen Verfassungsgeschichte Österreichs im Mittelalter, 4. Aufl., Wien/Wiesbaden 1959;

Brunner, Otto, Land und Herrschaft. Grundfragen der territorialen Verfassungsgeschichte Südostdeutschlands im Mittelalter, 2. Aufl., Brünn/München/Wien 1942;

Brüning, Alfons, Unio non est unitas. Polen-Litauens Weg im konfessionellen Zeitalter (1569-1648), Wiesbaden 2008;

Bruns, Carl Georg, Staatsangehörigkeitswechsel und Option im Friedensvertrage von Versailles, Berlin/Leipzig 1921;

Bubnys, Arunas, Der litauisch-polnische Konflikt 1919-1923 aus völkerrechtlicher Sicht, in: Oberländer, Erwin (Hrsg.), Polen nach dem Kommunismus, Stuttgart 1993, S. 106-114;

Bücking, Hans-Jörg, Der Rechtsstatus des Deutschen Reiches, Berlin 1979;

Bues, Almut, Die Jagiellonen. Herrscher zwischen Ostsee und Adria, Stuttgart 2010;

Bujak, Franciszek, Studia nad osadnictwem Małopolski [Studien zur Besiedlung Kleinpolens], Neudr. der 1. Aufl. aus 1905, Poznań 2001;

Burleigh, Michael, Germany Turns Eastwards. A Study of Ostforschung in the Third Reich, Cambridge/New York/New Rochelle/Melbourne/Sydney 1988;

Bussenius, Ingeborg Charlotte, Die preussische Verwaltung in Süd- und Neuostpreussen 1793-1806, in: Hubatsch, Walther (Hrsg.), Studien zur Geschichte Preussens, Heidelberg 1960;

Buszko, Józef, Od niewoli do niepodległości [Von der Abhängigkeit zur Unabhängigkeit] (1864-1918), Kraków 2000;

Buszko, Józef, The Polish Attitude towards the Compromise, in: Holotík, L'Udovít (Hrsg.)/Vantuch, Anton (Bearb.), Der österreichisch-ungarische Ausgleich 1867. Materialien (Referate und Diskussion) der internationalen Konferenz in Bratislava 28.8.-1.9.1967, Bratislava 1971, S. 600-606;

du Buy, Frans Hendrik Evert Wendel, Das Recht auf die Heimat. Realität oder Fiktion?, Bachem/Köln 1975;

Calvo, Charles, Le droit international théorique et pratique. Des progrès de la science du droit des gens, Bd. 1, 3. Aufl., Paris 1880;

Calvo, Charles, Le droit international théorique et pratique. Des progrès de la science du droit des gens, Bd. 4, 3. Aufl., Paris 1881;

Cansacchi, Giorgio, Identité et continuité des sujets internationaux, in: Académie de Droit International (Hrsg.), RdC 130 (1970) II, S. 1-94;

Carl, Helmut, Kleine Geschichte Polens, Frankfurt am Main 1960;

Cassese, Antonio, Self-determination of Peoples. A Legal Reappraisal, Cambridge 1995;

Cegielski, Tadeusz, Das alte Reich und die erste Teilung Polens 1768-1774, Stuttgart/Warszawa 1988;
(zitiert: *Ciegielski,* Das alte Reich)

Cegielski, Tadeusz, Poglądy na rozbiory Polski [Ansichten zu den Teilungen Polens], in: KH 83 (1976), S. 636-642;

Cegielski, Tadeusz, Preussische „Deutschland- und Polenpolitik" in dem Zeitraum 1740-1792, in: Zernack, Klaus (Hrsg.), Polen und die polnische Frage in der Geschichte der Hohenzollernmonarchie 1701-1871. Referate einer deutsch-polnischen Historiker-Tagung vom 7. bis 10. November 1979 in Berlin-Nikolassee, Berlin 1982, S. 21-27;

Cegielski, Tadeusz/Kądziela, Łukasz, Rozbiory Polski 1772-1793-1795 [Teilungen Polens 1772-1793-1795], Warszawa 1990;
(zitiert: *Cegielski/Kądziela,* Rozbiory Polski)

Chou-Young, Hu, Das Selbstbestimmungsrecht als eine Vorbedingung des völligen Genusses aller Menschenrechte. Eine Studie zu Art. 1 der beiden Menschenrechtskonventionen vom 16. Dezember 1966, Zürich 1972;

Cichoń, Paweł, Rozwój myśli administracyjnej w Księstwie Warszawskim [Die Entwicklung des Verwaltungsgedankens im Herzogtum Warschau] 1807-1815, Kraków 2006;

Cisowska-Hydzik, Dorota, Komitet Narodowy w Polsce [Das Nationalkomitee in Polen], in: Ajnenkiel, Andrzej (red.), Rok 1918. Odrodzona Polska w nowej Europie [Das Jahr 1918. Das wiedergeborene Polen im neuen Europa], Warszawa 1999, S. 44-64;

Conte, Francis, Les Slaves. Aux origines des civilisations d'Europe centrale et orientale (VIe - XIIIe siècles), Paris 1986;

Conze, Werner, Polnische Nation und deutsche Politik im Ersten Weltkrieg, Köln 1958;

Crawford, James, The Creation of States in International Law, 2. Aufl., Oxford/ New York 2006;

Crawford, James, The Criteria for Statehood in International Law, in: BYIL, vol. 48 (1976-77), Oxford 1978, S. 93-182;

Cybichowski, Siegmund, Das völkerrechtliche Okkupationsrecht, in: ZVölkR 18 (1934), Heft Nr. 3, S. 208-322;

Cybichowski, Zygmunt, O pojęciu i żródłach prawa narodów [Zum Begriff und den Quellen des Völkerrechts], in: Towarzystwo Naukowe we Lwowie (Hrsg.), Księga Pamiątkowa ku czci Bolesława Orzechowicza [Gedächtnisschrift zu Ehren von Bolesław Orzechowicz], Bd. I, Lwów 1916, S. 188-221;

Cybichowski, Zygmunt, Polskie prawo państwowe. Na tle uwag dziedziny o państwie i porównawczego prawa państwowego [Das polnische Staatsrecht. Vor dem Hintergrund der Anmerkungen auf dem Gebiet der Staatslehre und des vergleichenden Staatsrechts], Bd. 1. Tekst pierwotny oraz uwagi uzupełnienia do r. 1933 [Ursprungstext und ergänzende Anmerkungen bis 1933], Warszawa 1933;

Czapliński, Marek/Kaszuba, Elżbieta/Wąs, Gabriela/Żerelik, Rościsław (Hrsg.), Historia Śląska [Geschichte Schlesiens], 2. Aufl., Wrocław 2007;

Czapliński, Władysław, Licht- und Schattendasein der polnischen Adelsrepublik, in: Österreichische Osthefte 13 (1971), Heft Nr. 2, S. 113-130;

Czapliński, Władysław, Zmiany terytorialne w Europie środkowej i wschodnej i ich skutki międzynarodowe [Gebietsveränderungen in Mittel- und Osteuropa und ihre völkerrechtlichen Folgen] (1990-1992), Warszawa 1998;

Czekanowski, Jan, Wstęp do historii Słowian. Perspektywy antropologiczne, etnograficzne, archeologiczne i językowe [Einführung in die Geschichte der Slawen. Antropologische, ethnografische, archäologische und sprachliche Perspektiven], 2. Aufl., Poznań 1957;

Czok, Karl, August der Starke und seine Zeit. Kurfürst von Sachsen und König in Polen, 3. Aufl., Leipzig 1997;

Czubaty, Jarosław, Księstwo Warszawskie [Herzogtum Warschau] (1807-1815), Warszawa 2011;

Czubaty, Jarosław, Zalążek nowego bytu czy „arcytwór polityki Machiavela“? Księstwo Warszawskie w oczach rządzących i rządzonych [Der Keim eines neuen Daseins oder „ein Erzgeschöpf Machiavellis Politik“? Herzogtum Warschau in den Augen der Regierenden und der Regierten, in: Wokół Księstwa Warszawskiego [Rund um das Herzogtum Warschau], Warszawa 2009, S. 11-27;

Czubiński, Antoni, Powstanie Wielkopolskie 1918-1919. Zarys dziejów [Der Großpolnische Aufstand 1918-1919. Grundzüge der Ereignisse], in: Grot, Zdzisław/

Czubiński, Antoni (Hrsg.), Powstanie Wielkopolskie [Der Großpolnische Aufstand] 1918-1919, Poznań 2006;

Dahm, Georg, Völkerrecht, Bd. I, Stuttgart 1958;
(zitiert: *Dahm,* Völkerrecht, Bd. I)

Dahm, Georg, Völkerrecht, Bd. III, Stuttgart 1961;

Dahm, Georg (Begr.)/*Delbrück, Jost/Wolfrum, Rüdiger,* Völkerrecht. Die Grundlagen, Bd. I/1. Die Völkerrechtssubjekte, 2. Aufl., Berlin/New York 1989;
(zitiert: *Dahm/Delbrück/Wolfrum,* Völkerrecht, Bd. I/1)

Dainauskas, Jonas, Autentyczność aktu krewskiego [Die Authentizität des Krewsker Aktes], in: Lituano-Slavica Posnaniensia. Studia Historica, Bd. 2, Poznań 1987, S. 125-142;

Darsow, Thomas, Zum Wandel des Staatsbegriffs. Unter besonderer Berücksichtigung der Lehre und Praxis internationaler Organisationen, der Mikrostaaten und der Palästinensischen Befreiungsorganisation (PLO), Frankfurt am Main/Bern/New York/Nancy 1984;

Davies, Norman, Im Herzen Europas. Geschichte Polens, München 2000;

Dąbrowski, Jan, Rządy Jadwigi i Jagiełły (fragmenty) [Jadwigas und Jagiełłos Herrschaft (Ausschnitte)], in: Biliński, Wojciech (red.), Dzieło Jadwigi i Jagiełły w sześćsetlecie chrztu Litwy i jej związków z Polską [Das Werk von Jadwiga und Jagiello 600 Jahre nach der Christianisierung Litauens und seiner Beziehungen zu Polen], Warszawa 1989, S. 58-68;

Decker, Günter, Das Selbstbestimmungsrecht der Nationen, Göttingen 1955;

Delbrück, Jost, Selbstbestimmung und Völkerrecht, in: Jahrbuch für Internationales Recht, Bd. 13 (1967), S. 180-209;

Dembkowski, Harry E., The Union of Lublin. Polish federalism in the Golden Age, New York 1982;

Dembiński, Bronisław, Polska na przełomie [Polen im Umbruch], Warszawa/Lwów/Poznań 1913;

Dembski, Krzysztof, Polonia Restituta – kontynuacja czy państwo nowe? [Polonia Restituta – Kontinuität oder Neustaat?], in: CPH 26 (1974), Heft Nr. 2, S. 167-192;
(zitiert: *Dembski,* Polonia Restituta, in: CPH 26 (1974), Heft Nr. 2)

Dettmer, Günter, Die Ost- und Westpreussischen Verwaltungsbehörden im Kulturkampf, in: Hubatsch, Walther (Hrsg.), Studien zur Geschichte Preussens, Bd. 2, Heidelberg 1958;

Długosz, Jan, Roczniki czyli kroniki sławnego Królestwa Polskiego, księga 10 [Jahrbücher, also Chroniken des berühmten Königreichs Polen, 10. Buch] (1370-1405), Warszawa 1981;

Doehring, Karl, Völkerrecht. Ein Lehrbuch, 2. Aufl., Heidelberg 2004;

Doering-Manteuffel, Anselm, Vom Wiener Kongress zur Pariser Konferenz. England, die deutsche Frage und das Mächtesystem 1815-1856, Göttingen/Zürich 1991;

Dolezel, Heidrun/Dolezel, Stephan (Hrsg.), Die Staatsverträge des Herzogtums Preussen, Teil I: Polen und Litauen. Verträge und Belehrungsurkunden 1525-1657/58, Köln/Berlin 1971;

Dolezel, Stephan, Das preußisch-polnische Lehnsverhältnis unter Herzog Albrecht von Preußen (1525-1568), Köln/Berlin 1967;

Dörr, Oliver, Die Inkorporation als Tatbestand der Staatensukzession, Berlin 1995;

Dralle, Lothar, Der Staat des Deutschen Ordens in Preußen nach dem II. Thorner Frieden. Untersuchungen zur ökonomischen und ständepolitischen Geschichte Altpreußens zwischen 1466 und 1497, Wiesbaden 1975;

Drinhausen, Florian, Die Auswirkungen der Staatensukzession auf Verträge eines Staates mit privaten Partnern, Frankfurt am Main 1995;

Drozdowski, Marian, Geneza polsko-pruskiego traktatu rozbiorowego z 1773r. Negocjacje w delegacji i na sejmie (3-28 IX 1773) [Ursprung des polnisch-preußischen Teilungsvertrages von 1773. Verhandlungen in der Delegation und im Reichstag (3.-28.9.1773)], in: Studia Historica Slavo-Germanica, Bd. IV (1975), S. 57-71;

Duchhardt, Heinz/Wachowiak, Bogdan, Um die Souveränität des Herzogtums Preußen. Der Vertrag von Wehlau 1657, Hannover 1998;

Dudek, Antoni, Historia Polityczna Polski. [Politische Geschichte Polens]. 1989-2005, Kraków 2007;

Duffy, Christopher, Sieben Jahre Krieg 1756-1763. Die Armee Maria Theresias (übersetzt von Claudia Reichl-Ham), Wien 2005;

Dworecki, Zbigniew, Kształtowanie się polskich struktur państwowych w byłym zaborze pruskim po uzyskaniu przez Polskę niepodległości [Herausbildung der polnischen Staatsstrukturen im ehemaligen preußischen Teilungsgebiet nach der Erlangung der Unabhängigkeit durch Polen], in: Ajnenkiel, Andrzej (red.), Rok 1918. Odrodzona Polska w nowej Europie [Jahr 1918. Wiedergeborenes Polen im neuen Europa], Warszawa 1999;

Ebenroth, Carsten Thomas, Staatensukzession und internationales Privatrecht, in: BDGVR, Bd. 35 (1996), Das Recht der Staatensukzession. Referate und Thesen, S. 235-345;

Ebers, Josef Godehard, Die Lehre vom Staatenbunde, Neudr. d. Ausg. Breslau 1910, Aalen 1966;

Ehrlich, Ludwik, Gdańsk. Zagadnienia prawno-publiczne [Danzig. Öffentlichrechtliche Fragen], Lwów 1926;

Ehrlich, Ludwik, Prawo międzynarodowe [Völkerrecht], 4. Aufl., Warszawa 1958;

von Elbe, Joachim, Die Wiederherstellung der Gleichgewichtsordnung in Europa durch den Wiener Kongress, in: ZaöRV 4 (1934), S. 226-260;

Elsner, Bernd Roland, Die Bedeutung des Volkes im Völkerrecht. Unter besonderer Berücksichtigung der historischen Entwicklung und der Praxis des Selbstbestimmungsrechts der Völker, Berlin 2000;

Engelmann, Johannes, Das Staatsrecht des Kaisertums Russland, in: Marquardsen, Heinrich (Hrsg.), Handbuch des öffentlichen Rechts der Gegenwart in Monographien, Bd. IV, 2. Teilband, 1. Abtheilung, Freiburg 1889;

Erich, Rafael, La naissance et la reconnaissance des Etats, in: RdC 13 (1926) III, S. 431-505;

Ermacora, Felix, Confederations and other Unions of States, in: Bernhardt, Rudolf (Hrsg.), EPIL, vol. I (1992), S. 735-739;

Ermacora, Felix, Die Entwicklung des Selbstbestimmungsrechts im Völkerrecht, in: Ermacora, Felix/Blumenwitz, Dieter/Hacker, Jens/Czaja, Herbert (Hrsg.), Menschenrechte und Selbstbestimmung unter Berücksichtigung der Ostdeutschen, Bonn 1980, S. 9-20;

Ermacora, Felix, Die Selbstbestimmungsidee. Ihre Entwicklung von 1918-1974, Wien 1974;

Externbrink, Sven, Friedrich der Große, Maria Theresia und das Alte Reich. Deutschlandbild und Diplomatie Frankreichs im Siebenjährigen Krieg, Berlin 2006;

Fastenrath, Ulrich, Das Recht der Staatensukzession, in: BDGVR, Bd. 35 (1996), Das Recht der Staatensukzession. Referate und Thesen, S. 9-48;

Fauchille, Paul, Traité de droit international public, Bd. I, première partie. Paix, 8. Aufl., Paris 1922;

Fauchille, Paul, Traité de droit international public, Bd. I, troisième partie. Paix, Paris 1926;

Fehrenbach, Elisabeth, Der Einfluss des napoleonischen Frankreich auf das Rechts- und Verwaltungssystem Deutschlands, in: von Reden-Dohna, Armgard (Hrsg.), Deutschland und Italien im Zeitalter Napoleons. Deutsch-italienisches Historikertreffen in Mainz 29. Mai – 1. Juni 1975, Wiesbaden 1979, S. 23-39;

Fehrenbach, Elisabeth, Vom Ancien Régime zum Wiener Kongress, 5. Aufl., München 2008;

Feist, Christian, Kündigung, Rücktritt und Suspendierung von multilateralen Verträgen, Berlin 2001;

Fiedler, Wilfried, Das Kontinuitätsproblem im Völkerrecht. Zum funktionalen Zusammenhang zwischen Völkerrecht, Staatsrecht und Politik, Freiburg/München 1978;

Fiedler, Wilfried, Das Staatsoberhaupt im Exil, in: AVR 26 (1988), S. 181-202;

Fiedler, Wilfried, Das völkerrechtliche Kontinuitätsproblem und die besonderen Fragen der Rechtslage Deutschlands, in: Meissner, Boris/Ziegler, Gottfried (Hrsg.), Staatliche Kontinuität unter besonderer Berücksichtigung der Rechtslage Deutschlands, Köln 1983, S. 9-24;

Fiedler, Wilfried, Der Zeitfaktor im Recht der Staatensukzession, in: Haller, Herbert/Kopetzki, Richard/Novak, Richard/Paulson, Stanley L./Raschauer, Bernhard/Ress, Georg/Wiederin, Ewald (Hrsg.), Staat und Recht. FS für Günther Winkler, Wien/New York 1997, S. 217-235;

Fiedler, Wilfried, Staatensukzession und Menschenrechte, in: Ziemske, Burkhardt/Langheid, Theo/Wilms, Heinrich/Haverkate, Görg (Hrsg.), Staatsphilosophie und Rechtspolitik. FS für Martin Kriele zum 65. Geburtstag, München 1997, S. 1371-1391;

Fiedler, Wilfried, Staatskontinuität und Verfassungsrechtsprechung. Zum Begriff der Kontinuität des deutschen Staatswesens unter besonderer Berücksichtigung der Rechtsprechung des Bundesverfassungsgerichts, Freiburg/München 1970; (zitiert: *Fiedler,* Staatskontinuität)

Filip, Jan, Die keltische Zivilisation und ihr Erbe, Prag 1961;

Fitschen, Thomas, Das rechtliche Schicksal von staatlichen Akten und Archiven bei einem Wechsel der Herrschaft über Staatsgebiet, Baden-Baden 2004;

Flaes, Reynier, Das Problem der Territorialkonflikte. Eine Untersuchung über ihre Grundlagen und Eigenschaften am Beispiele der Territorialgeschichte Polens, Amsterdam 1929;

Forst de Battaglia, Otto, Jan Sobieski. König von Polen, Einsiedeln/Zürich 1946;

Forstreuter, Kurt, Deutschland und Litauen im Mittelalter, Köln 1962;

Franz, Georg, Kulturkampf. Staat und katholische Kirche in Mitteleuropa von der Säkularisation bis zum Abschluss des preussischen Kulturkampfes, München 1954;

Franz, Maciej, Idea państwa kozackiego na ziemiach ukrainnych w XVI-XVII wieku [Die Idee eines Kosakenstaates auf ukrainischem Boden im 16.-17. Jh.], Toruń 2007;

Franz, Max, Personal- und Realunion, Breslau 1908;

Frost, Robert I., The Northern Wars. War, State and Society in Northeastern Europe, 1558-1721, Harlow/England/London u. a. 2000;

Frotscher, Werner/Pieroth, Bodo, Verfassungsgeschichte, 12. Aufl., München 2013;

Frowein, Jochen Abr., Das de facto-Regime im Völkerrecht. Eine Untersuchung zur Rechtsstellung „nichtanerkannter Staaten" und ähnlicher Gebilde, Köln/Berlin 1968;

Frowein, Jochen Abr., Freundschaft und Zusammenarbeit unter den Staaten. Die UN-Resolution über freundschaftliche Beziehungen als Ausdruck wichtiger Strömungen im heutigen Völkerrecht, in: EA 1973, S. 70-76;

Gajewski, Stanisław/Nawacka, Katarzyna M., Historia ustroju Polski [Geschichte des politischen Systems Polens], 966-1997, Olsztyn 2003;

Gardawski, Aleksander/Gąssowski, Jerzy, Polska starożytna i wczesnośredniowieczna [Das alte und das frühmittelalterliche Polen], Warszawa 1961;

Gareis, Karl, Institutionen des Völkerrechts. Ein kurzgefasstes Lehrbuch des positiven Völkerrechts in seiner geschichtlichen Entwicklung und heutigen Gestaltung, 2. Aufl., Gießen 1901;

Gargas, Sigismund, Das Staatsangehörigkeitsproblem im polnisch-russischen Friedensvertrage von Riga, in: Sonderdruck der Zeitschrift für vergleichende Rechtswissenschaft, Bd. XLII (1927), S. 342-351;

Gatter, Peter, Der weiss-rote Traum. Polens Weg zwischen Freiheit und Fremdherrschaft, Düsseldorf/Wien 1983;

Gauland, Alexander, Das Legitimitätsprinzip in der Staatenpraxis seit dem Wiener Kongress, Marburg 1970;

Gause, Fritz, Deutsch-slavische Schicksalsgemeinschaft. Abriß einer Geschichte Ostdeutschlands und seiner Nachbarländer, 2. Aufl., Kitzingen am Main 1953; (zitiert: *Gause*, Deutsch-slavische Schicksalsgemeinschaft)

Gause, Fritz, Geschichte des Preußenlandes, 3. Aufl., Rautenberg 1986; (zitiert: *Gause*, Geschichte des Preußenlandes)

Gawenda, Jerzy August, Legalizm Polski w świetle prawa publicznego [Polnischer Legalismus aus dem Blickwinkel des öffentlichen Rechts], London 1959;

Gehrke, Roland, Der polnische Westgedanke bis zur Wiedererrichtung des polnischen Staates nach dem Ende des Ersten Weltkriegs. Genese und Begründung polnischer Gebietsansprüche gegenüber Deutschland im Zeitalter des europäischen Nationalismus, Marburg 2001;

Gentzen, Felix-Heinrich, Grosspolen im Januaraufstand. Das Großherzogtum Posen 1858-1864, Berlin 1958;

von Gerber, Carl Friedrich Wilhelm, Grundzüge des deutschen Staatsrechts, Nachdr. d. 3. Aufl. Leipzig 1880, Hildesheim/Zürich/New York 1998,

Gerlich, Hubert, Organische Arbeit und nationale Einheit. Polen und Deutschland (1830-1880) aus der Sicht Richard Roepells, Münster 2004;

Gerson, Louis L., Woodrow Wilson und die Wiedergeburt Polens 1914-1920. Eine Untersuchung des Einflusses der Minderheiten ausländischer Herkunft auf die amerikanische Außenpolitik (übersetzt von Karl O. Kurth), Würzburg 1956;

Ghillany, Friedrich Wilhelm, Europäische Chronik von 1492 bis Ende April 1865. Mit besonderer Berücksichtigung der Friedensverträge, deren wichtigste Paragraphen nach dem Wortlaut in der Grundsprache der Friedensinstrumente eingeführt werden. Ein Handbuch für Freunde der Politik und Geschichte, Erster Band. 1492 bis 1830, Leipzig 1865;

Gierowski, Józef Andrzej, Die Union zwischen Polen und Litauen im 16. Jahrhundert und die polnisch-sächsische Union des 17./18. Jahrhunderts, in: Fröschl, Thomas (Hrsg.), Föderationsmodelle und Unionsstrukturen. Über Staatenverbindungen in der frühen Neuzeit vom 15. zum 18. Jahrhundert, Wien 1994, S. 75-82;

Gierowski, Józef Andrzej, Ein Herrscher – Zwei Staaten: Die sächsisch-polnische Personalunion als Problem des Monarchen aus polnischer Sicht, in: Rexheuser, Rex (Hrsg.), Die Personalunionen von Sachsen-Polen 1697-1763 und Hannover-England 1714-1837. Ein Vergleich, Wiesbaden 2005, S. 121-152;

Gierowski, Józef Andrzej, Personal- oder Realunion? Zur Geschichte der polnisch-sächsischen Beziehungen nach Poletwa, in: Schilfert, Gerhard/Piwarski, Kazimierz (Hrsg.)/Kalisch, Johannes/Gierowski, Józef (Bearb.), Um die polnische Krone. Sachsen und Polen während des Nordischen Krieges 1700-1721, Bd. 1, Berlin 1962, S. 254-291;

Gierowski, Józef Andrzej, The Polish-Lithuanian Commonwealth in the XVIIIth Century. From Anarchy to Well-organised State (translated by Henry Leeming), Kraków 1996;

Gierowski, Józef Andrzej, W cieniu Ligi Północnej [Im Schatten der Nordischen Liga], Wrocław/Warszawa/Kraków/Gdańsk 1971;

Gill, Arnon, Freiheitskämpfe der Polen im 19. Jahrhundert. Erhebungen – Aufstände – Revolutionen, Frankfurt am Main 1997;

Glassl, Horst, Das österreichische Einrichtungswerk in Galizien (1772-1790), Wiesbaden 1975;

Główny urząd statystyczny, Historia Polski w liczbach. Państwo Społeczeństwo, Bd. I: Okres do 1795 r. [Geschichte Polens in Zahlen. Staat und Gesellschaft, Bd. I: Zeitraum bis 1795], Warszawa 2003;

Goclon, Jacek Arkadiusz, Polska na królu pruskim zdobyta. Ustrój, administracja i sądownictwo doby Komisji Rządzącej w 1807 roku [Das vom preußischen König eingenommene Polen. Das System, die Verwaltung und die Rechtsprechung in Zeiten der Regierungskommission im Jahre 1807], Wrocław 1999;

Göppert, Otto, Der Völkerbund. Organisation und Tätigkeit des Völkerbundes, Stuttgart 1938;

Góralski, Zbigniew, Austria a trzeci rozbiór Polski [Österreich und die dritte Teilung Polens], Warszawa 1979;

Góralski, Zbigniew, Der Kościuszko-Aufstand und die Monarchie, in: Haumann, Heiko/Skowronek, Jerzy (Hrsg.), „Der letzte Ritter und erste Bürger im Osten Europas". Kościuszko, das aufständische Reformpolen und die Verbundenheit zwischen Polen und der Schweiz, Basel/Frankfurt am Main 1996, S. 221-226;

Góralski, Zbigniew, Die Grenzdemarkationen in Preußen nach der dritten Teilung (1795-1797), in: Jahrbücher für Geschichte Osteuropas, NF 19 (1971), S. 212-238;

Górecki, Dariusz, Powstanie władz naczelnych w odradzającej się Polsce [Die Entstehung der obersten Staatsgewalten im wiedergeborenen Polen] (1914-1919), in: Acta Universitatis Lodziensis, Folia Iuridica, Nr. 13, Łódż 1983;

Górski, Grzegorz, Polonia Restituta. Ustrój państwa polskiego w XX wieku [Polonia Restituta. Das politische System des polnischen Staates im 20. Jh.], Lublin 2009;
(zitiert: *Górski,* Polonia Restituta)

Gornig, Gilbert H., Das nördliche Ostpreußen. Gestern und heute. Eine historische und rechtliche Betrachtung, Bonn 1995;
(zitiert: *Gornig,* Das nördliche Ostpreußen)

Gornig, Gilbert H., Das Recht auf Heimat und das Recht auf die Heimat. Völkerrechtliche Überlegungen, in: Weigand, Katharina (Hrsg.), Heimat. Konstanten und Wandel im 19./20. Jahrhundert. Vorstellungen und Wirklichkeiten, München 1997, S. 33-50;

Gornig, Gilbert H., Der Inhalt des Selbstbestimmungsrechts, in: Politische Studien, Sonderheft 6, 1993, S. 11-29;

Gornig, Gilbert H., Der völkerrechtliche Status Deutschlands zwischen 1945 und 1990. Auch ein Beitrag zu Problemen der Staatensukzession, München 2007;
(zitiert: *Gornig,* Der völkerrechtliche Status Deutschlands)

Gornig, Gilbert H., Der Zerfall eines Staates, in: Gornig, Gilbert H./Bohle, Christina (Hrsg.), Nation – Nationalität – Staat, Marburg 2013, S. 109-139;
(zitiert: *Gornig,* Zerfall eines Staates, in: Gornig/Bohle, Nation)

Gornig, Gilbert H., Territoriale Entwicklung und Untergang Preußens. Eine historisch-völkerrechtliche Untersuchung, Köln 2000;
(zitiert: *Gornig*, Territoriale Entwicklung)

Gorzuchowski, Xavier, Les rapports politiques de la Pologne et de la Lithuanie, Paris 1927;

Grashoff, Dietrich, Staatensukzessionsbedingter Schuldnerwechsel. Die Teilung öffentlicher Schulden unter Nachfolgestaaten im Dismembrationsfall, Frankfurt am Main 1995;

Greig, Donald W., International Law, 2. Aufl., London 1976;

Grewe, Wilhelm G., Epochen der Völkerrechtsgeschichte, 2. Aufl., Baden-Baden 1988;

Grochulska, Barbara, Księstwo Warszawskie [Herzogtum Warschau], 2. Aufl., Warszawa 1966;

Grodecki, Roman, Polska Piastowa [Das Piasten-Polen], Warszawa 1969;

Grodziski, Stanisław, Justizreformen in Galizien in der Regierungszeit Maria Theresias und Josephs II., in: Buszko, Józef/Leitsch, Walter (Hrsg.), Österreich Polen. 1000 Jahre Beziehungen (übersetzt von Stanisław Dzida), Kraków 1996, S. 123-132;

Grodziski, Stanisław, Polska w latach przełomu [Polen in den Umbruchsjahren] (1764-1815), Kraków 1999;

Grodziski, Stanisław, Rzeczpospolita Krakowska, jej lata i ludzie [Die Republik Krakau, ihre Jahre und ihre Leute], Kraków 2012;

Grodziski, Stanisław, Źródła prawa w Galicji w latach [Rechtsquellen in Galizien in den Jahren] 1772-1848, in: CPH 16 (1964), Heft Nr. 2, S. 175-187;

Grodziski, Stanisław/Partyka, Andrzej, Die Polen in der österreichischen Rechtspflege (1772-1914), in: Studia Austro-Polonica, Bd. 1 (1978), S. 85-105;

Groehler, Olaf, Die Kriege Friedrichs II., 6. Aufl., Berlin 1990;

Grotkamp, Nadine, Völkerrecht im Prinzipat. Möglichkeit und Vertreibung, Baden-Baden 2009;

Grünhagen, Colmar, Schlesien unter Friedrich dem Großen, Bd. II (1756-1786), Nachdr. d. Ausg. Breslau 1892, Hildesheim/Zürich/New York 2006;

Grynwaser, Hipolt, Kodeks Napoleona w Polsce. Demokracja szlachecka [Napoleons Kodex in Polen. Die Adelsdemokratie] 1795-1831, Wrocław 1951;

Grzybowski, Konstanty, Galicja 1848-1914. Historia ustroju politycznego na tle historii ustroju Austrii [Galizien 1848-1914. Die Geschichte des politischen

Systems unter Berücksichtigung der Geschichte des politischen Systems Österreichs], Kraków/Wrocław/Warszawa 1959;

Grzybowski, Konstanty, Historia państwa i prawa polski, Bd. IV. Od uwłaszczenia do odrodzenia państwa [Staats- und Rechtsgeschichte Polens, Bd. IV. Von der Bauernbefreiung bis zur Wiedergeburt des Staates], Warszawa 1982;

Guggenheim, Paul, Beiträge zur völkerrechtlichen Lehre vom Staatenwechsel. Staatensukzession. Versuch theoretischer Grundlegung unter Hinzuziehung neuerer Staatenpraxis, Berlin 1925;

Guggenheim, Paul, Lehrbuch des Völkerrechts. Unter Berücksichtigung der internationalen und schweizerischen Praxis, Bd. I, Basel 1948;

Gusy, Christoph, Selbstbestimmung im Wandel. Von der Selbstbestimmung durch den Staat zur Selbstbestimmung im Staat, in: AVR 30 (1992), Heft Nr. 4, S. 385-410;

Guść, Janusz, Zasada efektywności a zasada legalności jako kryteria powstawania i uznania państw [Der Grundsatz der Effektivität und der Legalitätsgrundsatz als Kriterien für die Entstehung und die Anerkennung von Staaten], in: PiP XLIX (1994), Heft Nr. 10, S. 45-63;

Hacker, Jens, Praktische Politik mit den Menschenrechtspakten der Vereinten Nationen, in: Ermacora, Felix/Blumenwitz, Dieter/Hacker, Jens/Czaja, Herbert (Hrsg.), Menschenrechte und Selbstbestimmung unter Berücksichtigung der Ostdeutschen, Bonn 1980, S. 37-53;

Hackmann, Jörg, Ostpreußen und Westpreußen in deutscher und polnischer Sicht. Landeshistorie als beziehungsgeschichtliches Problem, Wiesbaden 1996;

Hagen, William W., Germans, Poles and Jews. The Nationality Conflict in the Prussian East, 1772-1914, Chicago/London 1980;

Hagenau, Gerda, Jan Sobieski. Der Retter Wiens, Frankfurt am Main/Berlin 1991;

Hahn, Hans-Werner/Berding, Helmut, Reformen, Restauration und Revolution 1806-1848/49, in: Kocka, Jürgen/Gebhardt, Bruno (Hrsg,), Handbuch der deutschen Geschichte, Bd. 14, 10. Aufl., Stuttgart 2010;

Hailbronner, Kay, Der Staat und der Einzelne als Völkerrechtssubjekte, in: Vitzthum, Wolfgang Graf (Hrsg.), Völkerrecht, 4. Aufl., Berlin 2007, S. 157-264;

Halecki, Oskar, Dzieje unii jagiellońskiej, tom I. W wiekach średnich [Geschichte der Jagielloner Union, Bd. I. Mittelalter], Kraków 1919;

Halecki, Oskar, Dzieje unii jagiellońskiej, tom II. W 16. wieku [Geschichte der Jagielloner Union, Bd. II. 16. Jh.], Kraków 1920;

Halecki, Oskar, Geschichte der Union Litauens mit Polen, Wien 1919;

Halecki, Oskar, Przyczyniki genealogiczne do dziejów układu krewskiego [Genealogische Beiträge zur Geschichte des Krewsker Abkommens], in: Miesięcznik Heraldyczny XIV (1935), S. 97-111;

Halecki, Oskar, Wcielenie i wznowiene państwa litewskiego przez Polskę [Die Einverleibung und die Wiedererrichtung des litauischen Staates durch Polen] (1386-1401), in: PH 21 (1917-1918), S. 1-77;

Halecki, Oskar, Zagadnienia kulturalne w dziejach unii jagiellońskiej [Kulturfragen in der Geschichte der Jagielloner Union], in: PH 26 (1926-1927), S. 396-408;

Halicz, Emanuel, Geneza Księstwa Warszawskiego [Die Entstehungsgeschichte des Herzogtums Warschau], Warszawa 1962;

Hall, William Edward, A Treatise on International Law, 2. Aufl., Oxford 1884;

Hammer, Andreas, Staatenfolge und Staatennachfolge. Theorie und Praxis der Nachfolge in öffentliche Schulden, Baden-Baden 2006;

Handelsman, Marceli (Hrsg.), Konstytucje Polskie 1791-1921 [Die Verfassungen Polens 1791-1921], 4. Aufl., Warszawa 1926;

Handelsman, Marceli, Konstytucja trzeciego maja r. 1791 [Die Verfassung vom 3. Mai 1791], Warszawa 1907;

Handelsman, Marceli (Hrsg.), Instrukcje i depesze rezydentów francuskich w Warszawie 1807-1813 [Weisungen und Nachrichten der französischen Residenten in Warschau 1807-1813], Bd. I, Kraków 1914;

Hänel, Albert, Studium zum deutschen Staatsrechte, Bd. I. Die vertragsmäßigen Elemente der Deutschen Reichsverfassung, Leipzig 1873;

Hanisch, Erdmann, Die Geschichte Polens, Bonn/Leipzig 1923;

Hartmann, Peter Claus, Die Verfassung des Königreichs Westphalen und die Konstitution des Königreichs Bayern 1808 – ein Vergleich, in: Hedwig, Andreas/Malettke, Klaus/Murk, Karl (Hrsg.), Napoleon und das Königreich Westphalen. Herrschaftssystem und Modellstaatspolitik, Marburg 2008, S. 115-124;

Hassinger, Erich, Brandenburg-Preußen, Schweden und Rußland 1700-1713, München 1953;

Hatschek, Julius, Völkerrecht als System rechtlich bedeutsamer Staatsakte, Leipzig/Erlangen 1923;

Hatschek, Julius, Völkerrecht im Grundriss, Leipzig 1926;

Hauser, Przemysław, Niemcy wobec perspektywy rozstrzygnięć konferencji pokojowej w sprawie zachodnich granic Polski (październik 1918 – czerwiec 1919) [Deutschland angesichts der Entscheidungen der Friedenskonferenz zur westlichen Grenze Polens (Oktober 1918 – Juni 1919)], in: Bloch, Czesław/Zieliński,

Zygmunt (red.), Powrót Polski na mapę Europy. Sesja naukowa poświęcona 70. Rocznicy Traktatu Wersalskiego [Rückkehr Polens auf die Landkarte Europas. Wissenschaftliche Sitzung, gewidmet dem 70. Jahrestag des Versailler Vertrags], Lublin 1995, S. 117-146;

Hausmann, Kurt Georg, Die politischen Ideen Roman Dmowskis. Ein Beitrag zur Geschichte des Nationalismus in Ostmitteleuropa vor dem Ersten Weltkrieg, Bd. 1, Kiel 1968;

Häusler, Wolfgang, Die österreichische Revolution von 1848 und die polnische Frage bis zur Einberufung des Reichstags, in: Studia Austro-Polonica, Bd. 1 (1978), S. 107-127;

Haverland, Christine, Secession, in: Bernhardt, Rudolf (Hrsg.), EPIL, vol. IV (2000), S. 354-359;

Heater, Derek, National Self-Determination. Woodrow Wilson and his Legacy, Houndmills/Basingstoke/Hampshire/London 1994;
(zitiert: *Heater,* National Self-Determination)

Heffter, A.- G., Le Droit International de L'Europe (übersetzt von Jules Bergson), 3. Aufl., Berlin/Paris 1873;

Heffter, August Wilhelm, Das Europäische Recht der Gegenwart auf den bisherigen Grundlagen, 6. Aufl., Berlin 1873;

Heffter, August Wilhelm, Das europäische Völkerrecht der Gegenwart, 8. Aufl., Berlin 1888;

Heidelmeyer, Wolfgang, Das Selbstbestimmungsrecht der Völker. Zur Geschichte und Bedeutung eines internationalen Prinzips in Praxis und Lehre von den Anfängen bis zu den Menschenrechtspakten der Vereinten Nationen, Paderborn 1973;

Heike, Otto, Die Provinz Südpreussen. Preussische Aufbau- und Verwaltungsarbeit im Warthe- und Weichselgebiet 1793-1806, Marburg 1953;

Heilborn, Paul, Das völkerrechtliche Protektorat, Berlin 1891;

Heilborn, Paul, Völkerrecht, in: Kohler, Josef (Hrsg.), Encyclopädie der Rechtswissenschaft in systematischer Bearbeitung (begründet von Franz von Holtzendorff), Zweiter Band, 6. der neubearb. 1. Aufl., Leipzig/Berlin 1904;

Heinl, Karl, Fürst Witold von Litauen in seinem Verhältnis zum Deutschen Orden in Preußen während der Zeit seines Kampfes um sein litauisches Erbe. 1382-1401, Berlin 1925;

Heintze, Hans-Joachim, Wege des Selbstbestimmungsrechts der Völker innerhalb bestehender Staaten, in: Heintze, Hans-Joachim (Hrsg.), Selbstbestimmungsrecht der Völker. Herausforderung der Staatenwelt. Zerfällt die internationale Gemeinschaft in Hunderte von Staaten?, Bonn 1997, S. 16-59;

Heintze, Hans-Joachim, Selbstbestimmungsrecht und Minderheitenrechte im Völkerrecht. Herausforderungen an den globalen und regionalen Menschenrechtsschutz, Baden-Baden 1994;

Heller, Hermann, Die Souveränität. Ein Beitrag zur Theorie des Staats- und Völkerrechts, Berlin/Leipzig 1927;

Hellmann, Manfred, Die polnisch-litauische Union von 1385/1386. Betrachtungen zu ihrem 600-jährigen Gedächtnis, in: Jahrbücher für Geschichte Osteuropas, NF Bd. 34 (1986), S. 19-34;

Hellmann, Manfred, Grundzüge der Geschichte Litauens und des litauischen Volkes, 4. Aufl., Darmstadt 1990;

Hensel, Witold, Die Anfänge des polnischen Staates, Warschau 1960;

Hensel, Witold, Początki państwa polskiego i jego kultury [Die Anfänge des polnischen Staates und seiner Kultur], Wrocław/Warszawa/Kraków/Gdańsk 1971;

Hensel, Witold, Ur- und Frühgeschichte Polens, in: Herrmann, Joachim (Hrsg.), Veröffentlichungen des Zentralinstituts für Alte Geschichte und Archäologie der Akademie der Wissenschaften der DDR, Berlin 1974;

Herbig, Gottfried, Staatensukzession und Staatenintegration. Ein Beitrag zur Frage der Kontinuität völkerrechtlicher Verträge bei Staatenzusammenschlüssen, Mainz 1968;

Herbst, Leonore, Staatensukzession und Staatsservituten, Berlin 1962;

Herdegen, Matthias, Der Wegfall effektiver Staatsgewalt im Völkerrecht: „The Failed State“, in: BDGVR, Bd. 34 (1996). Der Wegfall effektiver Staatsgewalt: „The Failed State“. Referate und Thesen mit Diskussion, S. 49-85;

Herdegen, Matthias, Völkerrecht, 11. Aufl., München 2012;

Herrmann, Joachim, Die Slawen der Völkerwanderungszeit, in: Herrmann, Joachim (Hrsg.), Welt der Slawen. Geschichte, Gesellschaft, Kultur, München 1986, S. 19-40;

Herrmann, Joachim, Die Slawen in der Frühgeschichte des deutschen Volkes. Historische Realitäten und Defizite im Geschichtsbewusstsein, Braunschweig 1989;

Herrmann, Joachim (Hrsg.), Die Slawen in Deutschland. Geschichte und Kultur der slawischen Stämme westlich von Oder und Neiße vom 6. bis 12. Jahrhundert. Ein Handbuch, 2. Aufl., Berlin 1985;

Herrmann, Joachim, Die Urheimat der Slawen, in: Herrmann, Joachim (Hrsg.), Welt der Slawen. Geschichte, Gesellschaft, Kultur, München 1986, S. 11-18;

Herrmann, Joachim, Wegbereiter einer neuen Welt – der Welt der Staaten und Völker des europäischen Mittelalters, in: Herrmann, Joachim (Hrsg.), Welt der Slawen. Geschichte, Gesellschaft, Kultur, München 1986, S. 41-56;

Hershey, Amos S., The Essentials of International Public Law and Organization, 2. Aufl. (revised edition), New York 1927;

Herz, Hans, Beiträge zum Problem der Identität des Staates, in: Zeitschrift für öffentliches Recht 15 (1935), Heft Nr. 1, S. 241-268;

Heuser, Beatrice, Das internationale System vom Wiener Kongress bis zur UNO: Zwischen gleichem Recht und Oligarchie, in: Clemens, Gabriele (Hrsg.), Nation und Europa. Studien zum internationalen Staatensystem im 19. und 20. Jahrhundert. FS für Peter Krüger zum 65. Geburtstag, Stuttgart 2001, S. 295-306;

Heyde, Jürgen, Geschichte Polens, München 2006;

von der Heydte, Friedrich August Freiherr, Deutschlands Rechtslage, in: Die Friedens-Warte 50 (1950/51), S. 323-336;

von der Heydte, Friedrich August Freiherr, Die Geburtsstunde des souveränen Staates. Ein Beitrag zur Geschichte des Völkerrechts, der allgemeinen Staatslehre und des politischen Denkens, Regensburg 1952;

Hillgruber, Christian, Die Aufnahme neuer Staaten in die Völkerrechtsgemeinschaft. Das völkerrechtliche Institut der Anerkennung von Neustaaten in der Praxis des 19. und 20. Jahrhunderts, Frankfurt am Main/Berlin/Bern u. a. 1998;

Hilpold, Peter (Hrsg.), Das Selbstbestimmungsrecht der Völker. Vom umstrittenen Prinzip zum vieldeutigen Recht?, Frankfurt am Main 2009;

Hilpold, Peter, Die Sezession – zum Versuch der Verrechtlichung eines faktischen Phänomens, in: Hilpold, Peter (Hrsg.), Das Selbstbestimmungsrecht der Völker. Vom umstrittenen Prinzip zum vieldeutigen Recht?, Frankfurt am Main 2009, S. 11-44;

Hirsch, Theodor/Töpfen, Max/Strehlke, Ernst (Hrsg.), Scriptores Rerum Prussicarum. Die Geschichtsquellen der preussischen Vorzeit bis zum Untergange der Ordensherrschaft, Bd. III, Leipzig 1866;

Hobe, Stephan, Einführung in das Völkerrecht (begründet von Otto Kimminich), 9. Aufl., Tübingen/Basel 2008;

Hoensch, Jörg K., Geschichte Polens, 3. Aufl., Stuttgart 1998;

Hoensch, Jörg K., Sozialverfassung und politische Reform. Polen im vorrevolutionären Zeitalter, Köln/Wien 1973;

Hoffmann, Gerhard, Protectorates, in: Bernhardt, Rudolf (Hrsg.), EPIL, vol. III (1997), S. 1153-1157;

Hoffmann, Paul, Die Volksabstimmung in Westpreußen am 11. Juni 1920. Vergleichende Darstellung der Abstimmungsergebnisse aufgrund des amtlichen Materials, Danzig 1920;

Hofmann, Hanns Hubert, Adelige Herrschaft und souveräner Staat. Studien über Staat und Gesellschaft in Franken und Bayern im 18. und 19. Jahrhundert, München 1962;

Hoggan, David L., Der erzwungene Krieg. Die Ursachen des 2. Weltkriegs, 13. Aufl., Tübingen 1986;

Holzer, Jerzy/Molenda, Jan, Polska w Pierwszej Wojnie Światowej [Polen im Ersten Weltkrieg], 2. Aufl., Warszawa 1967;

Holzer, Jerzy, Polen und Europa. Land, Geschichte, Identität, Bonn 2007;

Howard, Michael, The First World War, Oxford 2002;

Hubatsch, Walther, Albrecht von Brandenburg-Ansbach. Deutschordens-Hochmeister und Herzog in Preußen 1490-1568, Heidelberg 1960;

Huber, Ernst Rudolf, Deutsche Verfassungsgeschichte seit 1789, Bd. I: Reform und Restauration 1789 bis 1830, 2. Aufl., Stuttgart/Berlin/Köln/Mainz 1957;
(zitiert: *Huber,* Deutsche Verfassungsgeschichte, Bd. I)

Huber, Max, Die Staatensuccession. Völkerrechtliche und staatsrechtliche Praxis im XIX. Jahrhundert, Leipzig 1898;
(zitiert: *Huber,* Die Staatensuccession)

Hubert, Stanisław, Poglądy na prawo narodów w Polsce czasów Oświecenia [Ansichten zum Völkerrecht in Polen in Zeiten der Aufklärung], Wrocław 1960;

Hubert, Stanisław, Rozbiory i odrodzenie Rzeczypospolitej. Zagadnienie prawa międzynarodowego [Teilungen und Wiedergeburt der Republik. Völkerrechtliche Fragen], Lwów 1937;

Hudson, Manley O., Cases and other Materials on International Law, St. Paul 1929;

Hurwicz, Elias, Der neue Osten. Wandlungen und Aussichten, Berlin 1927;

Ipsen, Knut, Völkerrecht. Ein Studienbuch, 5. Aufl., München 2004;

Jablonowski, Horst, Die Außenpolitik Stephan Báthorys, in: Jahrbücher für Geschichte Osteuropas 2 (1937), S. 11-80;

Jablonowski, Irene/Kaiser, Friedhelm (Hrsg.), Russland, Polen und Deutschland. Gesammelte Aufsätze von Horst Jablonowski, Köln/Wien 1972;

Jabłoński, Henryk, Konstytucje Polskie [Polnische Verfassungen], in: PiP 7 (1952), Heft Nr. 1, S. 367-405;

Jabłoński, Henryk, Narodziny drugiej Rzeczypospolitej [Die Geburt der Zweiten Republik] (1918-1919), Warszawa 1962;

Jakowenko, Natalia, Historia Ukrainy od czasów najdawniejszych do końca XVIII wieku [Die Geschichte der Ukraine ab den Urzeiten bis Ende des 18. Jh.], Lublin 2000;

Jakubowski, Jan, Opis księstwa Trockiego z roku 1387 [Beschreibung des Fürstentums Tracken aus dem Jahre 1387], in: PH 5 (1907), Heft Nr. 1, S. 22-48;

Jakubowski, Jan, Studia nad stosunkami narodowościowemi na Litwie przed Unią Lubelską [Studien zu den nationalen Beziehungen in Litauen vor der Lubliner Union], Warszawa 1912;

Jakubowski, Jan, Z zagadnień unii polsko-litewskiej [Fragen der polnisch-litauischen Union], in: PH 22 (1919-1920), S. 136-155;

James, Alan, Sovereign Statehood. The Basis of International Society, London/Boston/Sydney 1986;

Janeczek, Zdisław, Ignacy Potocki. Marzszałek Wielki Litewski [Ignacy Potocki. Der Große Marschall von Litauen] (1750-1809), Katowice 1992;

Janowski, Maciej, Polska myśl liberalna do 1918 roku [Der polnische liberale Gedanke bis zum Jahre 1918], Kraków/Warszawa 1998;

Jarosz, Dariusz, Polacy a stalinizm [Die Polen und der Stalinismus] 1948-1956, Warszawa 2000;

Jasienica, Paweł, Polska Jagiellonów [Jagiellonen-Polen], 6. Aufl., Warszawa 1992;

Jasienica, Paweł, Polska Piastów [Piasten-Polen], 6. Aufl., Warszawa 1992;

Jasienica, Paweł, Rzeczpospolita Obojga Narodów, tom 3. Dzieje agonii [Republik beider Nationen, Bd. 3. Geschichte der Agonie], Warszawa 1973;

Jaworski, Rudolf/Lübke, Christian/Müller, Michael G., Eine kleine Geschichte Polens, Frankfurt am Main 2000;

Jellinek, Georg, Allgemeine Staatslehre, 3. Aufl. (6. Neudr.), Darmstadt 1959;
(zitiert: *Jellinek,* Allgemeine Staatslehre)

Jellinek, Georg, Die Lehre von den Staatenverbindungen, Neudr. d. Ausg. Wien 1882, Aalen 1969;
(zitiert: *Jellinek,* Staatenverbindungen)

Jellinek, Georg, Gesetz und Verordnung. Staatsrechtliche Untersuchungen auf rechtsgeschichtlicher und rechtsvergleichender Grundlage, Neudr. d. Ausg. v. 1887, Tübingen 1919;

Jellinek, Walter (Hrsg.), Ausgewählte Schriften und Reden von Georg Jellinek, Zweiter Band, Berlin 1911;

von Jena, Karl, Polnische Ostpolitik nach dem Ersten Weltkrieg. Das Problem der Beziehungen zu Sowjetrussland nach dem Rigaer Frieden von 1921, Stuttgart 1980; (zitiert: *von Jena,* Polnische Ostpolitik)

Jučas, Mečislovas, Unia polsko-litewska (übersetzt von Andrzej Firewicz) [Polnisch-litauische Union], Toruń 2004;

von Juraschek, Franz, Personal- und Realunion. Mit einem Anhange: Das rechtliche Verhältnis zwischen Österreich und Ungarn, Berlin 1878;

Jurek, Piotr, Historia państwa i prawa polskiego. Źródła prawa, sądownictwo. Zarys wykładu [Polnische Staats- und Rechtsgeschichte. Rechtsquellen, Gerichtswesen. Grundzüge], 2. Aufl., Wrocław 1996;

Jużwenko, Adolf/Wrzesiński, Wojciech, Modernisierung und Neugestaltung des polnischen nationalen Lebens im russischen und preussischen Teilungsgebiet im 19. und zu Beginn des 20. Jahrhunderts, in: Conze, Werner/Schramm, Gottfried/Zernack, Klaus (Hrsg.), Modernisierung und nationale Gesellschaft im ausgehenden 18. und im 19. Jahrhundert. Referate einer deutsch-polnischen Historikerkommission, Gießen 1979, S. 125-146;

Kaczanowski, Piotr/Kozłowski, Janusz Krzysztof, Najdawniejsze dzieje ziem polskich [Urzeitliche Geschichte der polnischen Gebiete], Kraków 1998;

Kaczmarczyk, Janusz, Rzeczpospolita Trojga Narodów. Mit czy rzeczywistość, Ugoda hadziecka – teoria i praktyka [Republik Dreier Nationen. Mythos oder Wirklichkeit, Vereinbarung von Hadjatsch – Theorie und Praxis], Krakau 2007;

Kaczmarczyk, Zdzisław/Leśnodorski, Bogusław (Hrsg.), Bardach, Juliusz (red.) Historia państwa i prawa Polski, Bd. II (od połowy XV wieku do r. 1795) [Geschichte des polnischen Staates und Rechts, Bd. II (seit Mitte des 15. Jh. bis zum Jahre 1795)], 2. Aufl., Warszawa 1996;

Kaczmarek, Ryszard, Historia Polski [Geschichte Polens]. 1914-1989, Warszawa 2010;

Kaczorowski, Paweł, Uwagi o pojęciu państwa i suwerenności [Anmerkungen zum Begriff des Staates und der Souveränität], in: Sowiński, Sławomir/Węgrzecki, Janusz (red.), Suwerenność państwa i jej granice [Staatssouveränität und ihre Grenzen], Warszawa 2010, S. 47-67;

Kadelbach, Stefan, Zwingendes Völkerrecht, Berlin 1992;

Kadgien, Michael, Das Habsburgergesetz, Frankfurt am Main 2005;

Kallas, Marian, Konstytucja Księstwa Warszawskiego. Jej powstanie, systematyka i główne instytucje w związku z normami szczegółowymi i praktyką [Verfassung des Herzogtums Warschau. Entstehung, Systematik und Hauptinstitutionen in Verbindung mit den Spezialnormen und Praxis], Toruń 1970;
(zitiert: *Kallas,* Konstytucja Księstwa Warszawskiego)

Kallas, Marian, Organy administracji terytorialnej w Księstwie Warszawskim [Organe der Gebietsverwaltung im Herzogtum Warschau], Toruń 1975;

Kallas, Marian, Podział administracyjny Księstwa Warszawskiego [Verwaltungsaufbau im Herzogtum Warschau] in: CPH 30 (1978), Heft Nr. 1, S. 93-113;

Kälin, Walter/Epiney, Astrid/Caroni, Martina/Künzli, Jörg, Völkerrecht. Eine Einführung, 3. Aufl., Bern 2010;

Kamieniecki, Witold, Litwa a Konstytucja 3-go maja [Litauen und die Verfassung vom 3. Mai], Warszawa 1917;

Kamiński, Andrzej Sulima, Historia Rzeczypospolitej wielu narodów. 1505-1795. Obywatele, ich państwa, społeczeństwo, kultura [Geschichte der Republik vieler Nationen. 1505-1795. Staatsbürger, ihre Staaten, Gesellschaft, Kultur], Lublin 2000;

Kaplan, Herbert H., The First Partition of Poland, New York/London 1962;

Kappeler, Andreas, Russland als Vielvölkerreich. Entstehung, Geschichte, Zerfall, München 1992;

Karwowski, Stanisław, Historia Wielkiego Księstwa Poznańskiego [Geschichte des Großherzogtums Posen], Bd. 1, 1815-1852, Poznań 1918;

Karwowski, Stanisław, Historia Wielkiego Księstwa Poznańskiego [Geschichte des Großherzogtums Posen], Bd. 2, 1852-1863, Poznań 1919;

Kasperavičius, Algis, Kształtowanie się litewskich struktur państwowych i problem porozumienia się z Polską [Herausbildung litauischer Staatsstrukturen und das Problem der Verständigung mit Polen], in: Ajnenkiel, Andrzej (red.), Rok 1918. Odrodzona Polska w nowej Europie [Das Jahr 1918. Das wiedergeborene Polen im neuen Europa], Warszawa 1999, S. 128-136;

Kaufmann, Erich, Die Stellung der deutschen Ansiedler, in: Barclay, Thomas/Struycken, Antonius/Kaufmann, Erich (Hrsg,), Studien zur Lehre von der Staatensukzession. Drei Gutachten, Berlin 1923, S. 67-156;

Kaufmann, Karl-Josef, Das staatsrechtliche Verhältnis Danzigs zu Polen von 1454-1793 und 1807-14, Danzig 1920;

Kądziela, Łukasz, Narodziny Konstytucji 3 maja [Die Geburt der Verfassung vom 3. Mai], Warszawa 1991;

Kelsen, Hans, Allgemeine Staatslehre, unveränderter Nachdr. d. 1. Aufl. v. Berlin/Heidelberg/New York 1925, Bad Homburg v. d. Höhe/Berlin/Zürich 1966; (zitiert: *Kelsen,* Allgemeine Staatslehre)

Kelsen, Hans, Das Problem der Souveränität und die Theorie des Völkerrechts. Beitrag zu einer reinen Rechtslehre, 2. Neudr. d. 2. Aufl. Tübingen 1928, Aalen 1981; (zitiert: *Kelsen,* Das Problem der Souveränität)

Kelsen, Hans, Traités internationaux à la charge d'Etats tiers, in: Mélanges offerts à Ernest Mahaim par ses collègues, ses amis, ses élèves, Bd. II. Sciences juridiques, Paris 1935, S. 164-172;

Kempen, Bernhard, Die deutsch-polnische Grenze nach der Friedensregelung des Zwei-plus-Vier-Vertrages, Frankfurt am Main 1997;

Kempen, Bernhard/Hillgruber, Christian, Völkerrecht, München 2007;

Kent, James, Commentary on International Law, 2. Aufl., Cambridge 1878;

Kersten, Jens, Georg Jellinek und die klassische Staatslehre, Tübingen 2000;

Kersten, Jens, Warum Georg Jellinek? Georg Jellinek und die Staats- und Europarechtslehre der Gegenwart, in: Anter, Andreas (Hrsg.), Die normative Kraft des Faktischen. Das Staatsverständnis Georg Jellineks, Baden-Baden 2004, S. 175-199;

Kętrzyński, Stanisław, Polska X-XI wieku. Mieszko I. – O zaginonej metropolii czasów Bolesława Chrobrego – Kazimierz Odnowiciel 1034-1058, O imionach piastowskich do końca XI wieku [Polen im X-XI Jh. Miesko I. – Verschwundene Metropole aus den Zeiten von Bolesław Chrobry – Kasimir der Restaurator 1034-1058, Piasten-Namen bis zum Ende des 11 Jh.], Warszawa 1961;

Kiaupa, Zugmantas/Kiaupienė, Jūratė/Kuncevičius, Albinas, The History of Lithuania before 1795, Vilnius 2000;

Kieniewicz, Stefan, Galicja w dobie autonomicznej [Galizien in Zeiten der Autonomie] (1850-1914), Wrocław 1952;

Kieniewicz, Stefan, Historia Polski [Geschichte Polens]. 1795-1918, 8. Aufl., Warszawa 1996;

Kimminich, Otto, Das Recht auf die Heimat, 3. Aufl., Bonn 1989;

Kimminich, Otto, Das Vertreibungsverbot in der völkerrechtlichen Entwicklung, in: Blumenwitz, Dieter (Hrsg.), Flucht und Vertreibung. Vorträge eines Symposiums veranstaltet vom Institut für Völkerrecht der Universität Würzburg 19.-22. November 1985, Köln/Berlin/Bonn/München 1987, S. 95-112;

Kimminich, Otto, Der Moskauer Vertrag vom 12. August 1970. Eine völkerrechtliche Analyse, 2. Aufl., Hamburg 1973;

Kimminich, Otto, Deutschland als Rechtsbegriff und die Anerkennung der DDR, in: DVBl. 1970, S. 437-445;

Kimminich, Otto, Die Entstehung des neuzeitlichen Völkerrechts, in: Fetscher, Iring/Münkler, Herfried (Hrsg.), Pipers Handbuch der politischen Ideen, Bd. 3. Neuzeit: Von den Konfessionskriegen bis zur Aufklärung, München/Zürich 1985, S. 73-100.

Kimminich, Otto, Einführung in das Völkerrecht, 5. Aufl., Tübingen/Basel 1993;

Kimminich, Otto, Rechtscharakter und Inhalt des Selbstbestimmungsrechts, in: Blumenwitz, Dieter/Meissner, Boris (Hrsg.), Das Selbstbestimmungsrecht der Völker und die deutsche Frage, Köln 1984, S. 37-46;

Kimminich, Otto, Rechtsprobleme der polyethnischen Staatsorganisation, Mainz/ München 1985;

Kimminich, Otto, Völkerrechtsfragen der exilpolitischen Betätigung, in: ArchVR 10 (1962/1963), S. 132-165;

Kipp, Heinrich, Völkerordnung und Völkerrecht im Mittelalter, Köln 1950;

Kirsten, Johannes, Einige Probleme der Staatennachfolge, Berlin 1962;

Kißling, Johannes B., Geschichte des Kulturkampfes im Deutschen Reiche. Die Vorgeschichte, Erster Band, Freiburg 1911;

Kißling, Johannes B., Geschichte des Kulturkampfes im Deutschen Reiche. Die Kulturkampfgesetzgebung 1871-1874, Zweiter Band, Freiburg 1913;

Kizwalter, Tomasz, O nowoczesności narodu. Przypadek Polski [Die moderne Nation. Der Fall Polen], Warszawa 1999;

Klafkowski, Alfons, Prawo międzynarodowe publiczne [Das Völkerrecht], 4. Aufl., Warszawa 1971;

Klein, Eckart, Das Selbstbestimmungsrecht der Völker und die deutsche Frage, Berlin 1990;
(zitiert: *Klein,* Selbstbestimmungsrecht der Völker)

Klein, Eckart, Die Nichtanerkennungspolitik der Vereinten Nationen gegenüber den in die Unabhängigkeit entlassenen südafrikanischen homelands, in: ZaöRV 39 (1979), Heft Nr. 3, S. 469-495;

Klein, Eckart, Free Cities, in: Bernhardt, Rudolf (Hrsg.), EPIL, vol. II (1995), S. 465-467;

Klein, Eckart, Statusverträge im Völkerrecht. Rechtsfragen territorialer Sonderregime, Berlin/Heidelberg/New York 1980;
(zitiert: *Klein,* Statusverträge)

Klein, Friedrich, Zur Rechtsnatur des Selbstbestimmungsrechts. Der Rechtscharakter des Selbstbestimmungsrechts der Völker nach westlicher Auffassung, in: Klein, Friedrich/Kloss, Heinz/Meissner, Boris/Münch, Fritz/Rehs, Reinhold/Veiter, Theodor (Hrsg.)/Kloss, Heinz (Bearb.), Beiträge zu einem System des Selbstbestimmungsrechts, Wien/Stuttgart 1970, S. 6-28;

Kleinschmidt, Arthur, Geschichte des Königreichs Westfalen, Gotha 1893;

Klüber, Johann Ludwig, Öffentliches Recht des Teutschen Bundes und der Bundesstaaten, 4. Aufl., Frankfurt am Main 1840;

Kluke, Paul, Selbstbestimmung. Vom Weg einer Idee durch die Geschichte, Göttingen 1963;

Kłoczowski, Jerzy, Polska – Europa. Od Gniezna 1000 roku do Polski w Unii Europejskiej [Polen – Europa. Von Gnesen des Jahres 1000 bis zum Polen in der Europäischen Union], Gdańsk 2002;

Knoll, Paul W., The Rise of the Polish Monarchy, Chicago/London 1972;

Koberg, Alexander, Die Exilregierung im Völkerrecht. Eine Untersuchung ihrer rechtlichen Klassifikation, Frankfurt am Main 2005;

Köbler, Gerhard, Lexikon frühmittelalterlicher Rechtswörter für Freunde frühmittelalterlicher Rechtsgeschichte, Gießen 1999;

Koch, Theodor, Die territorialen Veränderungen der Staaten und ihr Einfluss auf die Schuldenhaftung. Eine völkerrechtliche Studie, Würzburg 1913;

Kocój, Henryk, Stosunek Prus do Konstytucji 3 maja [Preußens Verhältnis zur Verfassung des 3. Mai], in: Studia Historica Slavo-Germanica Bd. XVIII (1991-1992), S. 139-157;

Kohn, Hans, Die Idee des Nationalismus. Ursprung und Geschichte bis zur Französischen Revolution (übersetzt von Günther Nast-Kolb), Heidelberg 1950;

Kolankowski, Ludwik, Dzieje Wielkiego Księstwa Litewskiego za Jagiellonów [Geschichte des Großfürstentums Litauen zu Jagiellonenzeiten]. Bd. I. 1377-1499, Warszawa 1930;

Komarnicki, Titus, Rebirth of the Polish Republic. A Study in the Diplomatic History of Europe 1914-1920, Melbourne/London/Toronto 1957;

Komarnicki, Wacław, Upadek i wskrzeszenie państwa polskiego w literaturze niemieckiej [Untergang und Auferstehung des polnischen Staates in der deutschen Literatur], in: Rocznik prawniczy Wilenski [Vilniuser Juristisches Jahrbuch] 2 (1928), S. 241-269;

Konopczyński, Władysław, Konfederacja barska [Die Konföderation von Bar], Bd. 1, Warszawa 1991;

Konopczyński, Władysław, Le Liberum Veto. Etude sur le développement du principe majoritaire, Paris 1930;

Kopystiański, A., Książę Michał Zygmuntowicz [Fürst Michał Zygmuntowicz], in: KH 20 (1908), S. 74-165;

Korczak, Lidia, O akcie krewskim raz jeszcze (na marginesie rozprawy Jonasa Dainauskasa) [Noch einmal der Krewsker Akt (am Rande des Vortrags von Jonas Dainaukas)], in: SH 134 (1991), Heft Nr. 3, S. 473-479;

Korobowicz, Artur, Sądownictwo Królestwa Polskiego [Das Gerichtswesen im Königreich Polen] 1876-1915, Lublin 1995;

Korobowicz, Artur/Witkowski, Wojciech, Ustrój i prawo na ziemiach polskich. Od rozbiorów do odzyskania niepodległości [Das politische System und Recht in den polnischen Gebieten. Von den Teilungen bis zur Wiedererlangung der Unabhängigkeit], 2. Aufl., Lublin 1996;
(zitiert: *Korobowicz/Witkowski,* Ustrój i prawo)

Kosman, Marceli, Polska – Litwa. Z odległej i bliższej przeszłości [Polen – Litauen. Aus entfernter und näherer Vergangenheit], Bd. III, Poznań 2007;

Kościelniak, Karol, Wpływ unii lubelskiej na kwestie obronności Rzeczypospolitej [Der Einfluss der Union von Lublin auf die Verteidigungsfragen der Republik], in: Roman, Wanda/Marzałek-Kawy, Joanna (red.), Stosunki polsko-litewskie wczoraj i dziś. Historia, Kultura, Polityka [Polnisch-litauische Beziehungen gestern und heute. Geschichte, Kultur, Politik], Toruń 2009, S. 37-45;

Kostrzewski, Józef, O pochodzeniu grupy północnej (oksywskiej) kultury wenedzkiej późnego okresu lateńskiego [Über die Herkunft der Gruppe der nordischen (oxhöfter) Kultur der Wenden im späten La-Tène-Zeitalter], in: Bardach, Juliusz (Hrsg.), Europa-Słowiańszczyzna-Polska. Studia ku uczczeniu Profesora Kazimierza Tymienieckiego [Europa-Slawentum-Polen. Studien zu Ehren von Professor Kazimierz Tymieniecki], Poznań 1970, S. 161-172;

Kostrzewski, Józef, Zur Frage der Siedlungsstetigkeit in der Urgeschichte Polens. Von der Mitte des II. Jahrtausends v. u. Z. bis zum frühen Mittelalter, Wrocław/Warszawa/Kraków 1965;

Kossmann, Oskar, Polen im Mittelalter. Staat, Gesellschaft, Wirtschaft im Bannkreis des Westens, Bd. 2, Marburg 1985;

Kowalski, Zdzisław G., Granica ryska [Die Grenze von Riga], in: Wojciechowski, Mieczysław (Hrsg.), Traktat ryski 1921 roku po 75 latach [Der Vertrag von Riga 1921 nach 75 Jahren], Toruń 1998, S. 127-139;

Kozicki, Stanisław, Historia Ligi Narodowej (okres 1887-1907) [Die Geschichte der Nationalliga (von 1887-1907)], Londyn 1964;

Kozicki, Stanisław, Sprawa granic Polski na konferencji pokojowej w Paryżu [Die Frage der polnischen Grenze auf der Friedenskonferenz in Paris], Warszawa 1921;

Krabbe, Hugo, Die moderne Staats-Idee, 2. Ausg., Haag 1919;

Kraft, Claudia, Europa im Blick der polnischen Juristen. Rechtsordnung und juristische Profession in Polen im Spannungsfeld zwischen Nation und Europa 1918-1939, Frankfurt am Main 2002;
(zitiert: *Kraft,* Europa im Blick der polnischen Juristen)

Kraft, Claudia, Polnische militärische Eliten in gesellschaftlichen und politischen Umbruchprozessen 1772-1831, in: Schnabel-Schüle, Helga/Gestrich, Andreas (Hrsg.), Fremde Herrscher – Fremdes Volk, Frankfurt am Main 2006, S. 271-295;

Krasauskaitė, Marija, Die litauischen Adelsprivilegien bis zum Ende des 15. Jahrhunderts, Borna/Leipzig 1927;

Kraszewski, Józef Ignacy, Polska w czasie trzech rozbiorów 1772-1799. Studia do historii ducha i obyczaju [Polen während der drei Teilungen 1772-1799. Studien zur Geschichte des Geistes und der Sitte], Bd. III: 1791-1799, Poznań 1875;

Krauel, Wolfgang, Neutralität, Neutralisation und Befriedung im Völkerrecht, München/Leipzig 1915;

Kraus, Herbert, Das Recht der Minderheiten. Materialien zur Einführung in das Verständnis des modernen Minoritätenproblems, Berlin 1927;

Kraus, Herbert, Deutschlands Ostproblem. Eine Untersuchung der Beziehungen des deutschen Volkes zu seinen östlichen Nachbarn, Würzburg 1957;

Kreuzer, Christine, Staatsangehörigkeit und Staatensukzession. Die Bedeutung der Staatensukzession für die staatsangehörigkeitsrechtlichen Regelungen in den Staaten der ehemaligen Sowjetunion, Jugoslawiens und der Tschechoslowakei, Berlin 1998;

Krieger, Heike, Das Effektivitätsprinzip im Völkerrecht, Berlin 2000;

Kroll, Piotr, Od Ugody hadziackiej do Cudnowa. Kozaczyzna między Rzecząpospolitą a Moskwą w latach 1658-1660 [Von der Übereinkunft von Hadjatsch bis Cudnowo. Kosakentum zwischen der Republik und Moskau in den Jahren 1658-1660], Warszawa 2008;

Krüger, Herbert, Allgemeine Staatslehre, 2. Aufl., Stuttgart/Berlin/Köln/Mainz 1966;

Krüger, Herbert, Effektivität, in: Strupp, Karl (Begr.)/Schlochauer, Hans-Jürgen (Hrsg.), Wörterbuch des Völkerrechts, Erster Band, 2. Aufl., Berlin 1960, S. 410-412;

Krukowski, Stanisław, Polska odrodzona czy państwo nowe? [Wiedergeborenes Polen oder Neustaat?], in CPH 29 (1977), Heft Nr. 1, S. 105-130;

Krülle, Siegrid, Die völkerrechtlichen Aspekte des Oder-Neiße-Problems, Berlin 1970;

Krupinski, Kurt, Die Westmächte und Polen. Von Napoleon I. bis Versailles, München/Berlin 1941;

Krzymkowski, Marek, Status prawny urzędników Księstwa Warszawskiego [Der Rechtsstatus der Beamten des Herzogtums Warschau], Poznań 2004;

Krzyżaniakowa, Jadwiga, Rok 1413 [Das Jahr 1413], in: Olejnik, Karol (red.), Pax et Bellum, Poznań 1993, S. 75-85;

Kubiak, Stanisław, Niemcy a Wielkopolska [Deutschland und Großpolen] 1918-1919, Poznań 1969;

Kukulski, Jerzy, Sto lat Rosji w Królestwie Polskim (1815-1915). Wybrane problemy [100 Jahre Russland im Königreich Polen (1815-1915). Ausgewählte Probleme], Piotrków Trybunalski 2005;

Kulczycki, Ludwik, Królestwo Polskie [Königreich Polen] (1815-1914), Kraków 1916;

Kunisch, Johannes, Die militärische Bedeutung Schlesiens und das Scheitern der österreichischen Rückeroberungspläne im Siebenjährigen Krieg, in: Baumgart, Peter/Schmilewski, Ulrich (Hrsg.), Kontinuität und Wandel. Schlesien zwischen Österreich und Preußen. Ergebnisse eines Symposiums in Würzburg vom 29. bis 31. Oktober 1987, Sigmaringen 1990, S. 19-39;

Kunz, Hermann, Der polnisch-russische Krieg von 1831, Berlin 1890;

Kunz, Josef L., Bibliographie der Kriegsliteratur (Politik, Geschichte, Philosophie, Völkerrecht, Friedensfrage), Berlin 1920;

Kunz, Josef L., Der Grundsatz der Selbstbestimmung der Völker – insbesondere in der Praxis der Vereinten Nationen, in: Rabl, Kurt (Hrsg.), Inhalt, Wesen und gegenwärtige praktische Bedeutung des Selbstbestimmungsrechts der Völker, 1. Fachtagung vom 12.-14. März 1963. Vorträge und Gespräche, München 1964, S. 171-244;

Kunz, Josef L., Die Staatenverbindungen, in: Stier-Somlo, Fritz (Hrsg.), Handbuch des Völkerrechts, Zweiter Band, Stuttgart 1929;
(zitiert: *Kunz,* Staatenverbindungen)

Kusber, Jan, Kann der Zar König von Polen sein? Zur Diskussion um die Stellung „Kongresspolens" in den polnischen und russischen Eliten nach dem Wiener Kongress, in: Schnabel-Schüle, Helga/Gestrich, Andreas (Hrsg.), Fremde Herrscher – Fremdes Volk, Frankfurt am Main 2006, S. 253-270;

Kutrzeba, Stanislaus, Verfassung und Recht, in: Ćwiliński, Ludwig (Hrsg.), Das Königreich Polen vor dem Kriege (1815-1914). Zehn Vorträge, gehalten in Wien im März 1917, Wien/Leipzig 1917, S. 72-90;

Kutrzeba, Stanisław, Historia ustroju Polski w zarysie. Korona [Geschichte des politischen Systems im Abriss. Die Krone], Neuaufl. d. 8. Aufl. v. 1949, Poznań 2001;

Kutrzeba, Stanisław, Historia źródeł dawnego prawa polskiego [Geschichte der Quellen des alten polnischen Rechts], Bd. II, Lwów/Warszawa/Kraków 1926;

Kutrzeba, Stanisław, Polska odrodzona [Wiedergeborenes Polen] 1914-1918, 3. Aufl., Warszawa/Kraków/Lublin u. a. 1928;
(zitiert: *Kutrzeba,* Polska odrodzona)

Kutrzeba, Stanisław, Polskie prawo polityczne według traktatów [Polnisches politisches Recht nach den Verträgen], Teil 1, Kraków 1923;

Kutrzeba, Stanisław, Sprawa Polska w Królestwie Polskim [Die polnische Sache im Königreich Polen] 1815-1915, Lwów 1916;

Kutrzeba, Stanisław, Unia Polski z Litwą [Die Union Polens mit Litauen], Kraków 1914;
(zitiert: *Kutrzeba,* Unia Polski z Litwą)

Kutrzeba, Stanisław/Semkowicz, Władysław (Hrsg.), Akta Unji Polski z Litwą [Unionsakte Polens mit Litauen] 1385-1791, Kraków 1932;
(zitiert: *Kutrzeba/Semkowicz,* Akta Unji)

Kwiecień, Roman, Tożsamość i ciągłość prawnomiędzynarodowa państwa polskiego [Völkerrechtliche Identität und Kontinuität des polnischen Staates], in: PiP 53 (1998), Heft Nr. 8, S. 13-25;

Kóčka, Wojciech, Zagadnienia etnogenezy ludów Europy [Fragen der Ethnogenese der Völker Europas], Wrocław 1958;

Labuda, Gerald, Polska granica zachodnia. Tysiąc lat dziejów politycznych [Die westliche Grenze Polens. 1000 Jahre politische Geschichte], Poznań 1974;

Langenfeld, Christine, Völkerrechtliche Praxis der Bundesrepublik Deutschland im Jahre 1992, in: ZaöRV 54 (1994), S. 814-1022;

Langer, Adalbert, Die normative Kraft des Faktischen und Georg Jellinek, in: Glassl, Horst/Pustejovsky, Otfrid (Hrsg.), Ein Leben – Drei Epochen. FS für Hans Schütz zum 70. Geburtstag, München 1971, S. 256-276;

Laeuen, Harald, Polnische Tragödie, 2. Aufl., Stuttgart 1956;

Laubert, Manfred, Die preussische Polenpolitik von 1772-1914, 3. Aufl., Krakau 1944;

Laubert, Manfred, Die Verwaltung der Provinz Posen 1815-47, Breslau 1923;

Lawaty, Andreas, Das Ende Preussens in polnischer Sicht. Zur Kontinuität negativer Wirkungen der preußischen Geschichte auf die deutsch-polnischen Beziehungen, Berlin/New York 1986;

Lawrow, Mikołaj, Das Schicksal der polnischen Frage auf dem Hintergrunde der europäischen Großmächtepolitik (1815-1848) und seine Spiegelung in der Literatur, Innsbruck 1949;

Leciejewicz, Lech, Słowianie zachodni. Z dziejów tworzenia się średniowiecznej Europy [Die Westslawen. Aus der Entstehungsgeschichte des mittelalterlichen Europas] 3. Aufl., Wodzisław Śląski 2010;

Leczyk, Marian, Komitet Narodowy Polski a Ententa i Stany Zjednoczone [Das Nationalkomitee Polens zwischen der Entente und den Vereinigten Staaten] 1917-1919, Warszawa 1966;

Legutke, Maria, Die Union von Horodlo in Polen (1413) und ihre soziale Bedeutung, Hamburg 1955;

Leitsch, Walter, Das Leben am Hof König Sigismunds III. von Polen, Bd. II., Wien 2009;

Lemberg, Hans, Polen zwischen Russland, Preussen und Österreich im 18. Jahrhundert, in: Kaiser, Friedhelm Berthold/Stasiewski, Bernhard (Hrsg.), Die erste polnische Teilung 1772, Köln/Wien 1974, S. 29-48;

Leskowiec, Karol, Litwa a Polska [Litauen und Polen], London 1941;

Leśnodorski, Bogusław, Dzieło Sejmu Czteroletniego (1788-1792). Studium Historyczno-Prawne [Das Werk des Vierjährigen Reichstags (1788-1792). Eine rechtshistorische Studie], Wrocław 1951;

Leśnodorski, Bogusław, Elementy feudalne i burżuazyjne w ustroju i prawie Księstwa Warszawskiego [Feudale und bürgerliche Elemente im Staats- und Rechtssystem des Herzogtums Warschau], in: CPH 3 (1951), S. 304-332;

Lewicki, Anatol, Kiedy Witold został Wielkim Księciem Litwy? [Wann ist Witold Großfürst von Litauen geworden?], in: KH 1894, S. 424-436;

Lewicki, Anatol, Powstanie Świdrygiełły. Ustęp z dziejów Unii Litwy z Koroną [Der Świdrygiełło-Aufstand. Ein Abschnitt aus der Geschichte der Union Litauens mit der Krone], Krakau 1892;

Lewicki, Anatol, Über das staatsrechtliche Verhältnis Littauens zu Polen unter Jagiełło und Witold, in: Reicke, Rudolf/Wichert, Ernst (Hrsg.), Altpreussische Monatsschrift 31 (1894), S. 1-94;

Lewitter, Lucjan R., The Russo-Polish Treaty of 1686 and its Antecedents, in: The Polish Review 9 (1964), Heft Nr. 3, S. 5-29;

Lindsey, Teofilus, Les Droits des trois Puissances alliées sur plusieurs Provinces de la République de Pologne. Les Réflexions d'un Gentilhomme Polonais sur les Lettres-Patentes & Prétensions de ces trois Puissances. Avec une Préface de l'Editeur pour servir d'introduction, tome I et II, London 1774;

Link, Arthur S. (Hrsg.), The Papers of Woodrow Wilson, vol. 46 (January 16 – March 12, 1918), New Jersey 1984;

von Liszt, Franz, Das Königreich Polen, in: Polnische Blätter, Bd. V (1916), S. 279-283;

von Liszt, Franz/Fleischmann, Max, Das Völkerrecht. Systematisch dargestellt, 12. Aufl., Berlin 1925;

Loew, Peter Oliver, Danzig. Biographie einer Stadt, München 2011;

Loose, Ingo, Der Erste Weltkrieg als Eschatologie. Staatliche Einheit und Sinnstiftung in der Zweiten Polnischen Republik 1918-1939, in: Stegmann, Natali (Hrsg.), Die Weltkriege als symbolische Bezugspunkte: Polen, die Tschechoslowakei und Deutschland nach dem Ersten und Zweiten Weltkrieg, Prag 2009, S. 39-57;

Lord, Robert Howard, Drugi Rozbiór Polski [Die zweite Teilung Polens], Übersetzung d. 1. Aufl. Cambridge 1915, Warszawa 1984;

Lübke, Christian, Zwischen Polen und dem Reich. Elbslawen und Gentilreligion, in: Borgolte, Michael (Hrsg.), Polen und Deutschland vor 1000 Jahren. Die Berliner Tagung über den „Akt von Gnesen", Berlin 2002, S. 91-110;

Ludat, Herbert, An Elbe und Oder um das Jahr 1000. Skizzen zur Politik des Ottonenreiches und der slavischen Mächte in Mitteleuropa, Köln/Wien 1971;

Ludat, Herbert, Die Anfänge des polnischen Staates und das Verhältnis der Polen zu ihrer Geschichte, in: Geschichte in Wissenschaft und Unterricht 11 (1960), S. 581-599;

Ludat, Herbert, Elbslaven und Elbmarken als Problem der europäischen Geschichte, in: Schlesinger, Walter (Hrsg.), FS für Friedrich von Zahn, Bd. I. Zur Geschichte und Volkskunde Mitteldeutschlands, Köln 1968, S. 39-49;

Ludat, Herbert, Slaven und Deutsche im Mittelalter. Ausgewählte Aufsätze zu Fragen ihrer politischen, sozialen und kulturellen Beziehungen, Köln/Wien 1982; (zitiert: *Ludat,* Slaven)

Lukowski, Jerzy, Liberty's Folly. The Polish-Lithuanian Commonwealth in the eighteenth century, 1697-1795, London/New York 1991;

Lukowski, Jerzy, The Partitions of Poland 1772, 1793, 1795, London/New York 1999;

Lukowski, Jerzy/Zawadzki, Hubert, A Concise History of Poland, Cambridge 2001;

Lulewicz, Henryk, Gniewów o unię ciąg dalszy. Stosunki polsko-litewskie w latach 1569-1588 [Fortsetzung des Ärgers um die Union. Polnisch-litauische Beziehungen in den Jahren 1569-1588], Warszawa 2002;

Lundgreen-Nielsen, Kay, The Polish Problem at the Paris Peace Conference. A Study of the Policies of the Great Powers and the Poles, Odense 1979;

Łepkowski, Tadeusz, Polska – narodziny nowoczesnego narodu 1764-1870 [Polen – Geburt einer modernen Nation 1764-1870], Poznań 2003;

Łojek, Jerzy, Konstytucja 3 maja [Die Verfassung vom 3. Mai], Lublin 1981;

Łojek, Jerzy, Upadek Konstytucji 3 maja. Studium historyczne [Untergang der Verfassung vom 3. Mai. Ein historisches Studium], Wrocław/Warszawa/Kraków/Gdańsk 1976;

Łossowski, Piotr, Po tej i tamtej stronie Niemna. Stosunki polsko-litewskie [Diesseits und jenseits der Memel. Polnisch-litauische Verhältnisse] 1883-1939, Warszawa 1985;

Łossowski, Piotr, Stosunki polsko-litewskie w latach [Polnisch-litauische Verhältnisse in den Jahren] 1918-1920, Warszawa 1966;

Łossowski, Piotr, Stosunki polsko-litewskie [Polnisch-litauische Verhältnisse] 1921-1939, Warszawa 1997;

Łowmiański, Henryk, Początki Polski. Z dziejów Słowian w I tysiącleciu [Die Anfänge Polens. Aus der Geschichte der Slawen im ersten Jahrtausend], Bd. 3, Warszawa 1967;

Łowmiański, Henryk, Polityka Jagiellonów [Die Politik der Jagiellonen], Poznań 1999;
(zitiert: *Łowmiański,* Polityka)

Łowmiański, Henryk, Prusy – Litwa – Krzyżacy [Preußen – Litauen – Deutscher Orden], (bearbeitet von Marcel Kosman), Warszawa 1989;
(zitiert: *Łowmiański,* Prusy)

Łowmiański, Henryk, Studia nad dziejami Słowiańczyzny, Polski i Rusi w wiekach średnich [Studien zur Geschichte des Slawentums, Polens und Rutheniens im Mittelalter], Poznań 1986;

Łukaszewicz, Witold, Targowica i powstanie Kościuszkowskie. Ze studiów nad historią Polski XVIII wieku [Targowica und der Kościuszko-Aufstand. Aus den Studien zur Geschichte Polens im 18. Jh.], Warszawa 1953;

Maciszewski, Jarema, Szlachta polska i jej państwo [Der polnische Adel und sein Staat], 2. Aufl., Warszawa 1984;

Magosci, Paul Robert, A History of Ukraine, Seattle 1997;

Mahnke, Hans Heinrich, Entstehung und Untergang von Staaten, Staatensukzession, in: Maurach, Reinhart/Meissner, Boris (Hrsg.), Völkerrecht in Ost und West, Stuttgart/Berlin/Köln/Mainz 1967, S. 100-119;

Makarov, A. N., Die russisch-polnischen Rechtsbeziehungen seit 1815 unter spezieller Berücksichtigung der Staatsangehörigkeitsfragen, in: ZaöRV 1 (1929), S. 330-367;

Makiłła, Dariusz, Między Welawą a Królewcem 1657-1701. Geneza Królestwa w Prusach. Studium historyczno-prawne [Zwischen Wehlau und Königsberg

1657-1701. Die Entstehungsgeschichte des Königtums in Preußen. Eine rechtsgeschichtliche Studie], Toruń 1998;

Makiłła, Dariusz/Naworski, Zbigniew, Historia prawa na ziemiach polskich. Polska pod zaborami „II Rzeczpospolita". Zarys wykładu [Rechtsgeschichte in den polnischen Gebieten. Geteiltes Polen, „Zweite Republik". Grundlagen], Toruń 2000;

Makowski, Julian, Kwestia litewska. Studium prawne [Die litauische Frage. Eine Rechtsstudie], Warszawa 1929;
(zitiert: *Makowski,* Kwestia litewska)

Makowski, Julian, La situation juridique du territoire de la ville libre de Dantzig, in: Revue Générale de droit international public, Bd. 30 (1923), S. 169-222;

Makowski, Julian, Podręcznik prawa międzynarodowego [Lehrbuch des Völkerrechts], Warszawa 1948;

Makowski, Julian, Prawo międzynarodowe [Völkerrecht], Bd. 1, 2. Aufl., Warszawa 1930;

Makowski, Julian, Zobowiązania międzynarodowe Polski 1919-1929 [Die völkerrechtlichen Verpflichtungen Polens 1919-1929], Warszawa 1929;

Malec, Jerzy, Problem stosunku Polski do Litwy w dobie Sejmu Wielkiego [Das Problem des Verhältnisses Polens zu Litauen im Zeitalter des Großen Reichstags] (1788-1792), in: CPH 34 (1982), S. 31-50;

Malec, Jerzy, Sejm grodzieński 1793 roku a unia polsko-litewska [Der Reichstag von Grodno 1793 und die polnisch-litauische Union], in: Iwanicka, Katarzyna/Skowronek, Maria/Stembrowicz, Kazimierz (Hrsg.), Parlament, prawo, ludzie. Studia ofiarowane profesorowi Juliuszowi Bardachowi w sześćdziesięciolecie pracy twórczej [Parlament, Recht, Menschen. Studien zu Ehren von Professor Juliusz Bardach zum 60. Jahrestag seiner wissenschaftlichen Tätigkeit], Warszawa 1996, S. 148-153;

Maleczyński, Karol, Bolesław III Krzywousty [Bolesław III. Schiefmund], Wrocław/Warszawa/Gdańsk 1975;

Małłek, Janusz, Preußen und Polen. Politik, Stände und Kultur vom 16. bis zum 18. Jahrhundert, Stuttgart 1992;

Małłek, Janusz, Träume von der Großmacht in der Adelsrepublik Polen-Litauen im 17. Jahrhundert, in: Dmitrów, Edmund/Weger, Tobias (Hrsg.), Deutschlands östliche Nachbarschaften. Eine Sammlung von historischen Essays für Hans Henning Hahn, Frankfurt am Main 2009, S. 47-56;

Maner, Hans-Christian, Galizien. Eine Grenzregion im Kalkül der Donaumonarchie im 18. und 19. Jahrhundert, München 2007;

von Mangoldt, Hans/Rittberger, Volker (Hrsg.), Das System der Vereinten Nationen und seine Vorläufer, Bd. I. Das System der Vereinten Nationen, I/1 Vereinte Nationen, München 1995;

Manteuffel, Tadeusz, The Formation of the Polish State. The Period of Ducal Rule 963-1194, Detroit 1982;

Mańkowski, Tadeusz, Genealogia sarmatyzmu [Herkunft des Sarmatismus], Warszawa 1946;

Marek, Krystyna, Identity and Continuity of States in Public International Law, Genf 1954;

Mark, Rudolf A., Galizien unter österreichischer Herrschaft. Verwaltung – Kirche – Bevölkerung, Marburg 1994;

Marro, Pierre-Yves, Allgemeine Rechtsgrundsätze des Völkerrechts. Zur Verfassungsordnung des Völkerrechts, Zürich/Basel/Genf 2010;

von Martens, Georg Friedrich, Völkerrecht. Das internationale Recht der civilisirten Nationen (dt. Ausg. von Carl Bergbohm), Erster Band, Berlin 1883;

Mayer, Theodor (Hrsg.), Der österreichisch-ungarische Ausgleich von 1867. Seine Grundlagen und Auswirkungen, München 1968;

Mażewski, Lech, Rzeczpospolita jeden i pół. O narodzinach, istnieniu i upadku państwa polskiego w latach [Die Republik anderthalb. Zur Geburt, Existenz und dem Untergang des polnischen Staates zwischen den Jahren] 1806-1831, Warszawa 2011;

McNair, Arnold D./Lauterpacht, Hersch (ed.), Annual Digest of Public International Law Cases, years 1927 and 1928, London/New York/Toronto 1931;

Mediger, Walther, Moskaus Weg nach Europa. Der Aufstieg Russlands zum europäischen Machtstaat im Zeitalter Friedrichs des Grossen, Braunschweig 1952;

Meissner, Bettina Juliane, Formen stillschweigender Anerkennung im Völkerrecht, Köln/Berlin/Bonn/München 1966;

Meissner, Boris, Der Nationsbegriff und die Frage nach dem Subjekt oder Träger des Selbstbestimmungsrechts, in: Göttinger Arbeitskreis (Hrsg.), Nation und Selbstbestimmung in Politik und Recht, Berlin 1984, S. 23-55;

Meissner, Boris, Die sowjetische Stellung zur Annexion und zur Ersitzung, in: IRuD 1964, S. 96-100;

Mejro, Czesław, Powstanie i upadek państwa [Die Entstehung und der Untergang von Staaten], Warszawa 1917;

Mencel, Tadeusz, Księstwo Warszawskie (1807-1815) i Królestwo Polskie (1815-1830) [Herzogtum Warschau (1807-1815) und Königreich Polen (1815-1830)], Warszawa 1958;

Menzel, Eberhard, Das Annexionsverbot des modernen Völkerrechts und das Schicksal der deutschen Ostgebiete, in: Göttinger Arbeitskreis (Hrsg.), Das östliche Deutschland. Ein Handbuch, 1959, S. 3-56;

Menzel, Eberhard, Völkerrecht. Ein Studienbuch, München/Berlin 1962;

Mermeix, Gabriel Terrail, Les Négociations Secrètes et les Quatre Armistices avec pièces justificatives, Paris, 12. Aufl., Paris 1921;

Mewes, Konrad, Die polnischen Teilungen, in: Fechner, Helmuth (Hrsg.), Deutschland und Polen 1772-1945, Würzburg 1964, S. 9-29;

Meyer, Enno, Deutschland und Polen 1772-1914, 2. Aufl., Stuttgart 1972;

Meyer, Enno, Die Polen im preußischen Staat von 1815 bis 1914, in: Fechner, Helmuth (Hrsg.), Deutschland und Polen 1772-1945, Würzburg 1964, S. 47-67;

Meyer, Enno, Grundzüge der Geschichte Polens, 2. Aufl., Darmstadt 1977;

Meyer, Georg, Lehrbuch des deutschen Staatsrechtes, 2. Aufl., Leipzig 1885;

Meyn, Karl-Ulrich, Debellatio, in: Bernhardt, Rudolf (Hrsg.), EPIL, vol. I, Amsterdam/London/New York/Tokyo 1992, S. 969-971;

Michalski, Jerzy, Polen und Preußen in der Epoche der Teilungen, in: Zernack, Klaus (Hrsg.), Polen und die polnische Frage in der Geschichte der Hohenzollernmonarchie 1701-1871. Referate einer deutsch-polnischen Historiker-Tagung vom 7. bis 10. November 1979 in Berlin-Nikolassee, Berlin 1982, S. 35-52;

Michalski, Jerzy, Schyłek Konfederacji Barskiej [Das Ende der Konföderation von Bar], Wrocław/Warszawa/Kraków 1970;

Michalski, Jerzy, Stanisław August Poniatowski, in: Polski Słownik Biograficzny [Polnisches biographisches Wörterbuch], Bd. XLI/4, Heft Nr. 171, Kraków 2002, S. 612-640;

Michalski, Jerzy, Zagadnienie unii polsko-litewskiej w czasach panowania Stanisława Augusta [Die Frage der polnisch-litauischen Union während der Herrschaft von König Stanisław August], in: Zapiski Historyczne 51 (1986), Heft Nr. 1, S. 97-131;

Michnik, Helena/Mosler, Ludwika, Historia Polski do roku 1795 [Geschichte Polens bis zum Jahre 1795], Warszawa 1957;

Mika, Norbert, Mieszko. Książę raciborski i pan Krakowa – dzielnicowy władca Polski (ok. 1142-1211) [Mieszko. Fürst von Ratibor und Herr über Krakau – Herrscher des Landesteils Polens (um 1142-1211)], Kraków 2010;

Milewski, Markus, Die polnische Königswahl von 1697, Innsbruck/Wien 2008;

Militzer, Klaus, Die Geschichte des Deutschen Ordens, Stuttgart 2005;

Missalowa, Gryzelda/Schoenbrenner, Janina, Historia Polski [Geschichte Polens], Warszawa 1951;

Mitteis, Heinrich, Der Staat des hohen Mittelalters. Grundlinien einer vergleichenden Verfassungsgeschichte des Lehnszeitalters, 11. Aufl., Köln 1986; (zitiert: *Mitteis,* Der Staat)

Mitteis, Heinrich, Lehnrecht und Staatsgewalt. Untersuchungen zur mittelalterlichen Verfassungsgeschichte, Weimar 1933;

Mochnacki, Maurycy, Powstanie narodu polskiego w roku 1830 i 1831 [Die Erhebung der polnischen Nation im Jahre 1830 und 1831], Bd. 1, Warszawa 1984;

Mochnacki, Maurycy, Powstanie narodu polskiego w roku 1830 i 1831 [Die Erhebung der polnischen Nation im Jahre 1830 und 1831], Bd. 2, Warszawa 1984;

Moritz, Erhard, Preussen und der Kościuszko-Aufstand 1794. Zur preußischen Polenpolitik in der Zeit der Französischen Revolution, Berlin 1968;

Moser, Johann Jacob, Versuch des neuesten Europäischen Völker-Rechts in Friedens- und Kriegs-Zeiten, Bd. I, Frankfurt am Main 1777;

Mosler, Hermann, Wirtschaftskonzessionen bei Änderungen der Staatshoheit. Eine völkerrechtliche Studie zum Hoheitswechsel und zur Hoheitsausübung auf fremdem Staatsgebiet, Stuttgart 1948;

Mrocko, Marian, Polska myśl zachodnia 1918-1939. Kształtowanie i upowszechnianie [Der polnische Westgedanke 1918-1939. Entstehung und Verbreitung], Poznań 1986;

Mrozowski, Przemysław, Im Kreis des Sarmatismus, in: Schmidt, Werner (Hrsg.)/ Syndram, Dirk (Bearb.), Unter einer Krone. Kunst und Kultur der sächsisch-polnischen Union, Leipzig 1997;

Müller, August, Die preussische Kolonisation in Nordpolen und Litauen (1795-1807), Berlin 1928;

Müller, Michael G., Das „Petrinische Erbe". Russische Großmachtpolitik bis 1762, in: Zernack, Klaus (Hrsg.), Handbuch der Geschichte Russlands, Bd. 2, 1613-1856. Vom Randstaat zur Hegemonialmacht, Stuttgart 1986, S. 402-444;

Müller, Michael G., Der Kościuszko-Aufstand und die Teilungen Polens, in: Haumann, Heiko/Skowronek, Jerzy (Hrsg.), „Der letzte Ritter und erste Bürger im Osten Europas". Kościuszko, das aufständische Reformpolen und die Verbundenheit zwischen Polen und der Schweiz, Basel/Frankfurt am Main 1996, S. 133-144;

Müller, Michael G., Die Teilungen Polens 1772-1793-1795, München 1984; (zitiert: *Müller,* Teilungen)

Müller, Michael G., Polen als Adelsrepublik. Probleme der neueren verfassungsgeschichtlichen Diskussion, in: Weczerka, Hugo (Hrsg.), Stände und Landesherrschaft in Ostmitteleuropa in der frühen Neuzeit, Marburg 1995, S. 95-110;

Müller, Michael G., Polen, die deutschen Staaten und Russland in den internationalen Beziehungen im 18. Jahrhundert: Systemzwänge und Handlungsspielräume, in: Dmitrów, Edmund/Weger, Tobias (Hrsg.), Deutschlands östliche Nachbarschaften. Eine Sammlung von historischen Essays für Hans Henning Hahn, Frankfurt am Main 2009, S. 57-73;

Müller, Michael G., Polen und Deutschland im europäischen Mächtesystem des 18. Jahrhunderts, in: Riemenschneider, Rainer (Red.), Polen und Deutschland im Zeitalter der Aufklärung. Reformen im Bereich des politischen Lebens, der Verfassung und der Bildung, XIII. Deutsch-polnische Schulbuchkonferenz der Historiker vom 27. Mai bis 1. Juni 1980 in Münster/W., Braunschweig 1981, S. 60-69;

Müller, Michael G., Polen zwischen Preussen und Russland. Souveränitätskrise und Reformpolitik 1736-1752, Berlin 1983;

Müller, Michael G., Polnische Geschichte von den staatlichen Anfängen im 10. Jahrhundert bis zum Ersten Weltkrieg, in: Bingen, Dieter/Ruchniewicz, Krzysztof (Hrsg.), Länderbericht Polen. Geschichte – Politik – Gesellschaft – Kultur, 2. Aufl., Bonn 2009, S. 17-40;

Müller, Michael G./Schönemann, Bernd, Die „Polen-Debatte" in der Frankfurter Paulskirche. Darstellung, Lernziele, Materialien, Frankfurt 1991; (zitiert: *Müller/Schönemann,* Die „Polen-Debatte")

Münch, Fritz, Die normative Kraft des Faktischen, in: Kroker, Eduard/Veiter, Theodor (Hrsg.), Rechtspositivismus, Menschenrechte und Souveränitätslehre in verschiedenen Rechtskreisen, Wien/Stuttgart 1976, S. 38-63;

de Muralt, Robert Willem Gaston, The Problem of State Succession with Regard to Treaties, The Hague 1954;

Murawski, Eberhard Klaus, Zwischen Tannenberg und Thorn. Die Geschichte des Deutschen Ordens und dem Hochmeister Konrad von Erlichshausen 1441-1449, Göttingen 1953;

Murswiek, Dietrich, Die völkerrechtliche Geltung eines „Rechts auf Heimat", in: Gornig, Gilbert H./Murswiek, Dietrich (Hrsg.), Das Recht auf die Heimat, Berlin 2006;

Murswiek, Dietrich, Offensives und defensives Selbstbestimmungsrecht, in: Gornig, Gilbert H./Horn, Hans-Detlef/Murswiek, Dieter (Hrsg.), Das Selbstbestimmungsrecht der Völker – eine Problemschau, Berlin 2013, S. 95-120;

Murswiek, Dietrich, The Issue of a Right of Secession – Reconsidered, in: Tomuschat, Christian (Hrsg.), Modern Law of Self-Determination, Dordrecht/Boston/London 1993, S. 21-39;

Mycielski, Maciej, Rząd Królestwa Polskiego wobec sejmików i zgromadzeń gminnych [Das Verhältnis der Regierung des Königreichs Polen zu den Landes- und Gemeindeversammlungen] 1815-1830, Warszawa 2010;

Nawiasky, Hans, Staatenverbindungen, in: Strupp, Karl (Begr.)/Schlochauer, Hans-Jürgen (Hrsg.), Wörterbuch des Völkerrechts, Dritter Band, 2. Aufl., Berlin 1962, S. 313-317;

Neubecker, Friedrich Karl, Zwang und Notstand in rechtsvergleichender Darstellung, Bd. I. Grundlagen. Der Zwang im öffentlichen Recht, Leipzig 1910;

Neumann, Leopold, Grundriss des heutigen europäischen Völkerrechts, 2. Aufl., Wien 1877;

Neumeyer, Heinz, Die staatsrechtliche Stellung Westpreußens zur Zeit der „polnischen Oberhoheit"(1454-1772), Kitzingen 1953;

Neumeyer, Heinz, Westpreußen. Geschichte und Schicksal, München 1993;

Niendorf, Mathias, Das Großfürstentum Litauen. Studien zur Nationsbildung in der Frühen Neuzeit (1569-1795), 2. Aufl., Wiesbaden 2010;

Nodzyński, Tomasz, Naród i jego przyszłość w poglądach Polaków w Wielkim Księstwie Poznańskim [Die Nation und ihre Zukunft nach Ansicht der Polen im Großherzogtum Posen] 1815-1850, Zielona Góra 2004;

Nowak, Bożena, Z dziejów unii polsko-litewskiej [Aus der Geschichte der polnisch-litauischen Unionen], in: Przegląd Kresowy 1991, Nr. 2-3, S. 33-35;

Nussbaum, Arthur, Geschichte des Völkerrechts. In gedrängter Darstellung (dt. Übersetzung Herbert Thiele-Fredersdorf), Berlin/München 1960;

Oberländer, Erwin, Historische Osteuropaforschung im Dritten Reich, in: Oberländer, Erwin (Hrsg.), Geschichte Osteuropas. Zur Entwicklung einer historischen Disziplin in Deutschland, Österreich und der Schweiz 1945-1990, Stuttgart 1992, S. 12-30;

O'Connell, Daniel Patrick, State Succession and the Effect upon Treaties of Entry into a Composite Relationship, in: BYIL, vol. 39 (1963), S. 52-132;

O'Connell, Daniel Patrick, State Succession in Municipal Law and International Law, vol. I. Internal Relations, Cambridge 1967;

O'Connell, Daniel Patrick, State Succession in Municipal Law and International Law, vol. II. International Relations, Cambridge 1967;

O'Connell, Daniel Patrick, The Law of State Succession, Cambridge 1956;

Ochmann-Staniszewska, Stefania/Staniszewski, Zdzisław, Sejm Rzeczypospolitej za panowania Jana Kazimierza Wazy. Prawo – doktryna – praktyka [Der Reichstag der Republik unter der Herrschaft von König Jan Kazimierz Waza. Recht – Doktrin – Praxis], Bd. 1, Wrocław 2000;

Ochmański, Jerzy, Historia Litwy [Geschichte Litauens], 3. Aufl., Wrocław/Warszawa/Kraków 1990;

Ochmański, Jerzy, Uwagi o litewskim państwie wczesnofeudalnym [Anmerkungen zum frühfeudalen litauischen Staat], in: RH 27 (1961), S. 143-160;

Oeter, Stefan, Die Entwicklung der Westsahara-Frage unter besonderer Berücksichtigung der völkerrechtlichen Anerkennung, in: ZaöRV 46 (1986), S. 48-74;

Oeter, Stefan, Selbstbestimmungsrecht im Wandel. Überlegungen zur Debatte um Selbstbestimmung, Sezessionsrecht und „vorzeitige" Anerkennung, in: ZaöRV 52 (1992), S. 741-780;

Olejnik, Karol, Historia Polski do roku 1386 [Geschichte Polens bis zum Jahre 1386], Poznań 1996;

Olszewski, Henryk, Die deutsche Ostforschung zwischen Wissenschaft und Politik, in: Oberländer, Erwin (Hrsg.), Polen nach dem Kommunismus, Stuttgart 1993, S. 82-93;

Oraeum, Henricum, Theatrum Europaeum [oder außführliche und warhafftige Beschreibung aller und jeder denckwürdiger Geschichten so sich hin und wieder in der Welt fürnämlich aber in Europa und Teutschlanden, so wol im Religion- als Prophan-Wesen, vom Jahr Christi (...) zugetragen], Bd. 3 (1633-1638), Frankfurt am Main 1670;

Orlof, Ewa, Orawa i Spisz w latach 1918-1920 [Orawa und die Zips in den Jahren 1918-1920], in: Trajdosa, Tadeusz M. (red.), Spisz i Orawa. W 75. Rocznicę powrotu do Polski północnych części obu ziem [Die Zips und Orawa. Zum 75. Jahrestag der Rückkehr der nördlichen Teile beider Gebiete], Kraków 1995, S. 11-24;

Orzechowski, Marian, Narodowa Demokracja na Górnym Śląsku [Die nationale Demokratie in Oberschlesien] (bis zum Jahre 1918), Wrocław/Warszawa/Kraków 1965;

Ossadnik, Josef, Land zwischen den Mächten. Das ehemalige Österreichisch-Schlesien („Westschlesien") 1740-1945 und die Schlacht von Mährisch-Ostrau vom 16.3. bis 7.5.1945 (unter Mitarbeit von Brün Meyer), Bissendorf 2003;

Osterrieder, Markus, Das wehrhafte Friedensreich. Bilder vom Krieg und Frieden in Polen-Litauen (1505-1595), Wiesbaden 2005;

Pająk, Jerzy Z., O rząd i armię. Centralny Komitet Narodowy [Um die Regierung und die Armee. Das Zentrale Nationalkomitee] (1915-1917), Kielce 2003;

Palleit, Leander, Völkerrecht und Selbstbestimmung. Zum Begriff des Selbstbestimmungsrechts der Völker in der deutschen und österreichischen Völkerrechtswissenschaft 1918-1933, Baden-Baden 2008;

Papée, Fryderyk, Polska i Litwa na przełomie wieków średnich, tom I. Ostatnie dwunastolecie Kazimierza Jagiellończyka [Polen und Litauen im Mittelalter, Bd. I. Die letzten zwölf Jahre des Kazimierz Jagiellończyk], Kraków 1904;

Parczewski, Michał, Najstarsza faza kultury wczesnosłowiańskiej w Polsce [Die älteste frühslawische Kulturphase in Polen], Kraków 1988;

Pasching, Walter, Allgemeine Rechtsgrundsätze über die Errichtung des völkerrechtlichen Vertrages, in: Zeitschrift für öffentliches Recht 14 (1934), S. 26-61;

Paszkiewicz, Henryk, O genezie i wartości Krewa [Zur Entstehungsgeschichte und der Bedeutung von Krewo], Warszawa 1938;

Paul, Vladimir, Der Grundsatz „pacta sunt servanda" und die Klausel „rebus sic stantibus" im Völkerrecht, in: OsteuropaR 1974, Heft Nr. 2, S. 125-139;

Perdelwitz, Richard, Die Posener Polen von 1815-1914. Ein Jahrhundert großpolnischer Ideengeschichte, Sonderheft der Grenzmärkischen Heimatblätter, Schneidemühl 1936;

Peters, Anne, Das Gebietsreferendum im Völkerrecht. Seine Bedeutung im Licht der Staatenpraxis nach 1989, Baden-Baden 1995;

Petre, Loraine F., Napoleon's Campaign in Poland 1806-1807, London/California 1989;

Pfitzner, Josef, Groszfürst Witold von Litauen als Staatsmann, Brünn/Prag/Leipzig/Wien 1980;

Phillimore, Robert, Commentaries upon International Law, Bd. I, 3. Aufl., London 1879;

Pieniążek, Antoni, Suwerenność – Problemy teorii i praktyki [Die Souveränität – Probleme aus der Theorie und Praxis], Warszawa 1979;

Pischel, Richard, Der Begriff der Suzeränität und die herrschende Lehre von der Souveränität, Greifswald 1897;

Piskorski, Jan M., 1000 Jahre der deutsch-polnischen Grenze, in: Büsch, Otto/Zernack, Klaus (Hrsg.), Jahrbuch für die Geschichte Mittel- und Ostdeutschlands, Bd. 44 (1996), S. 129-150;

Piskorski, Jan M., „Deutsche Ostforschung" und „polnische Westforschung", in: Osteuropäische Geschichte in vergleichender Sicht, Berliner Jahrbuch für osteuropäische Geschichte 1996/1, Berlin 1996, S. 379-389;

Piwarski, Kazimierz, Das Interregnum 1696/97 in Polen und die politische Lage in Europa, in: Schilfert, Gerhard/Piwarski, Kazimierz (Hrsg.)/Kalisch, Johannes/Gierowski, Józef (Bearb.), Um die polnische Krone. Sachsen und Polen während des Nordischen Krieges 1700-1721, Berlin 1962, S. 9-44;

Pletzing, Christian, Vom Völkerfrühling zum nationalen Konflikt. Deutscher und polnischer Nationalismus in Ost- und Westpreußen 1830-1871, Wiesbaden 2003;

Płaza, Stanisław, Historia prawa w Polsce. Zarys wykładu, część 1. Polska porozbiorowa [Rechtsgeschichte in Polen. Grundlagen. Teil 1. Polen nach den Teilungen], 2. Aufl., Kraków 2000;

Pociecha, Władysław, Geneza hołdu pruskiego [Die Entstehungsgeschichte der preußischen Huldigung] (1467-1525), Gdynia 1937;

Podhorodecki, Leszek, Jan III Sobieski, Warszawa 2010;

Podhorodecki, Leszek, Wazowie w Polsce [Die Waza in Polen], Warszawa 1985;

Pomerance, Michla, Self-Determination in Law and Practice. The New Doctrine in the United Nations, The Hague/Boston/London 1982;

Portal, Roger, Die Slawen. Von Völkern zu Nationen, München 1971;

Potkowski, Edward, Sarmatismus als politische Ideologie der jagiellonischen Dynastie, in: ZfO 45 (1996), S. 364-379;

Prochaska, Antoni, Dzieje Witołda. Wielkiego Księcia Litwy [Das Leben Witolds. Großfürst von Litauen], Wilno 1914;
(zitiert: *Prochaska,* Dzieje Witolda)

Prochaska, Antoni, Król Władysław Jagiełło [König Władysław Jagiełło], Bd. 1, Krakau 1908;

Prochaska, Antoni, Nieznany akt homagialny Witołda [Witolds unbekannter Huldigungsakt], in: KH 9 (1895), S. 233-238;

Prochaska, Antoni, Nowsze poglądy na ustrój wewnętrzny starej Litwy [Die neusten Ansichten zum inneren System des alten Litauens], in: PH 15 (1912), S. 30-54;

Prugger, Florian, Die Nachfolge in das Vermögen der ehemaligen DDR. Ein Beitrag zu Art. 21 ff. Einigungsvertrag unter besonderer Berücksichtigung der Firma F.C. Gerlach des Bereichs Kommerzielle Koordinierung, Frankfurt am Main 1994;

Przybył, Maciej, Mieszko III Stary, Poznań 2002;

von Puttkamer, Ellinor, Polen, in: Strupp, Karl (Begr.)/Schlochauer, Hans-Jürgen (Hrsg.), Wörterbuch des Völkerrechts, Zweiter Band: Ibero-Amerikanismus bis Quirin-Fall, Berlin 1961, S. 775-778;

Pütter, Karl Theodor, Beiträge zur Völkerrechts-Geschichte und Wissenschaft, Leipzig 1843;

Quaritsch, Helmut, Staat und Souveränität, Bd. I. Die Grundlagen, Frankfurt am Main 1970;

Rachuba, Andrzej, Wielkie Księstwo Litewskie w systemie parlamentarnym Rzeczypospolitej w latach 1569-1763 [Das Großfürstentum Litauen im parlamentarischen System der Republik in den Jahren 1569-1763], Warszawa 2002;

Radwański, Zbigniew/Wąsicki, Jan, Wprowadzenie Pruskiego Prawa Krajowego na ziemiach polskich [Die Einführung des preußischen Landrechts in den polnischen Gebieten], in: CPH 6 (1954), S. 184-222;

Raeff, Marc, Plans for Political Reform in Imperial Russia, 1730-1905, Englewood Cliffs 1966;

Raether, Manfred, Polens deutsche Vergangenheit. Das Gebiet zwischen Oder und Memel im Ablauf der deutschen und der polnischen Geschichte, Schöneck 2004;

Ramonat, Wolfgang, Der Völkerbund und die Freie Stadt Danzig 1920-1934, Osnabrück 1979;

Raschhofer, Hermann, Selbstbestimmungsrecht und Völkerbund. Das Juristengutachten im Aalandstreit vom 5. September 1920, Köln 1969;

Raton, Pierre, Liechtenstein. Staat und Geschichte, Vaduz 1969;

von Raumer, Friedrich, Polens Untergang, Leipzig 1832;

Rawski, Tadeusz, Powstanie kościuszkowskie 1794. Dzieje militarne [Der Kościuszko-Aufstand 1794. Militärgeschichte], Bd. I, Warszawa 1994;

Recke, Walther, Die polnische Frage als Problem der europäischen Politik, Berlin 1927;

Rehm, Herrmann, Allgemeine Staatslehre, Freiburg i. B./Leipzig/Tübingen 1899;

Reibstein, Ernst, Die Staatensukzession im älteren Völkerrecht, Erster Band, Heidelberg ca. 1966;

Reibstein, Ernst, Die Staatensukzession im älteren Völkerrecht, Zweiter Band, Heidelberg ca. 1966;

Reibstein, Ernst, Völkerrecht. Eine Geschichte seiner Ideen in Lehre und Praxis, Bd. I. Von der Antike bis zur Aufklärung, Freiburg/München 1958;

Reibstein, Ernst, Völkerrecht. Eine Geschichte seiner Ideen in Lehre und Praxis, Bd. II. Die letzten zweihundert Jahre, München 1963;

Reinisch, August/Hafner, Gerhard, Staatensukzession und Schuldenübernahme beim „Zerfall" der Sowjetunion, Wien 1995;

Renard, Georges, Introduction, in: Posner, Stanislas, La Pologne d'Hier et de Demain, Paris 1916;

Respondek, Paul, Die Autonomie der Polen in Galizien nach dem österreichisch-ungarischen Ausgleich vom Jahre 1867, Berlin 1941;

Rhode, Gotthold, Die polnische Adelsrepublik um die Mitte des 18. Jahrhunderts, in: Kaiser, Friedhelm Berthold/Stasiewski, Bernhard (Hrsg.), Die erste polnische Teilung 1772, Köln/Wien 1974, S. 1-28;

Rhode, Gotthold, Geschichte Polens. Ein Überblick, 3. Aufl., Darmstadt 1980;
(zitiert: *Rhode,* Geschichte Polens)

Rhode, Gotthold, Polen-Litauen vom Ende der Verbindung mit Ungarn bis zum Ende der Vasas (1444-1669), in: Engel, Josef (Hrsg.), Handbuch der europäischen Geschichte, Bd. 3. Die Entstehung des neuzeitlichen Europa, Stuttgart 1971, S. 1006-1060;

Rhode, Gotthold, Staatliche Entwicklung und Grenzziehungen, in: Rhode, Gotthold (Hrsg.), Die Ostgebiete des Deutschen Reiches, 4. Aufl., Würzburg 1957, S. 96-158;
(zitiert: *Rhode,* Staatliche Entwicklung, in: *Rhode,* Ostgebiete)

Rhode, Maria, Ein Königreich ohne König. Der kleinpolnische Adel in sieben Interregna, Wiesbaden 1997;
(zitiert: *Rhode,* Ein Königreich ohne König)

Rice, Tamara Talbot, Die Skythen. Ein Steppenvolk an der Zeitenwende (aus dem Englischen übertragen von Irene von Lossow), Köln 1957;

Richter, Clemens, Collapsed States: Perspektiven nach dem Wegfall von Staatlichkeit. Zugleich ein Beitrag zu den Grundlagen des Selbstbestimmungsrechts der Völker und zur Struktur des völkerrechtlichen Staatsbegriffs, Leipzig 2011;

Ritter, Rüdiger, Die Geschichtsschreibung über Abstimmungskämpfe und Volksabstimmung in Oberschlesien (1918-1921). Eine Auswahlbibliographie, Frankfurt am Main 2009;

Rivier, Alphonse, Lehrbuch des Völkerrechts, Stuttgart 1889;

Rivier, Alphonse, Principes du droit des gens, Bd. 1, Paris 1896;

Rogge, Heinrich, Heimatrecht und Selbstbestimmung im deutsch-polnischen „Rechtsstreit", in: Niedersächsischer Minister für Vertriebene, Flüchtlinge und Kriegssachgeschädigte (Hrsg.), Heimatrecht in polnischer und in deutscher Sicht, 2. Aufl., Leer/Ostfriesland 1962, S. 91-130;

Rolnik, Dariusz, Szlachta koronna wobec konfederacji Targowickiej (maj 1792 – styczeń 1793) [Der Adel der Krone und die Konföderation von Targowica (Mai 1792 – Januar 1793)], Katowice 2000;

Roos, Hans (Begr.)/*Alexander, Manfred,* Geschichte der polnischen Nation 1918-1985. Von der Staatsgründung im Ersten Weltkrieg bis zur Gegenwart, 4. Aufl., Stuttgart/Berlin/Köln/Mainz 1986;

Roos, Hans, Polen von 1668 bis 1795, in: Wagner, Fritz (Hrsg.), Handbuch der europäischen Geschichte, Bd. 4. Europa im Zeitalter des Absolutismus und der Aufklärung, Stuttgart 1968, S. 692-752;

Roos, Hans, Ständewesen und parlamentarische Verfassung in Polen (1505-1772), in: Gerhard, Dietrich (Hrsg.), Ständische Vertretungen in Europa im 17. und 18. Jahrhundert, 2. Aufl., Göttingen 1974, S. 310-367;

Röskau-Rydel, Isabel, Deutsche Geschichte im Osten. Galizien, Berlin 1999;

Röskau-Rydel, Isabel, Die Freie Stadt Krakau (1815-1846) und ihre Grenze zu Galizien, in: Augustynowicz, Christoph/Kappeler, Andreas (Hrsg.), Die galizische Grenze 1772-1867: Kommunikation oder Isolation?, Wien/Berlin 2007, S. 143-156;

Roßkopf, Ralf, Theorie des Selbstbestimmungsrechts und Minderheitenrechts. Fortentwicklung der Gruppenrechtstheorie im Staats- und Völkerrecht, Berlin 2004;

Rostocki, Władysław, Pięćdziesiąt lat mocy obowiązującej Konstytucji kwietniowej. Ustrój władzy państwowej w ustawie zasadniczej i w praktyce [Fünfzig Jahre Wirksamkeit der Aprilverfassung. Das System der Staatsgewalt im Grundgesetz und in der Praxis], Lublin 2002;

Rostworowski, Emanuel, Legendy i fakty 18. wieku [Legenden und Fakten des 18. Jh.], Warszawa 1963;

Rostworowski, Emanuel, Ostatni król Rzeczypospolitej. Geneza i upadek Konstytucji 3 maja [Der letzte König der Republik. Ursprung und Untergang der Verfassung vom 3. Mai], Warszawa 1966;
(zitiert: *Rostworowski,* Ostatni król Rzeczypospolitej)

Rostworowski, Michał, Prawna geneza Księstwa Warszawskiego i Królestwa Polskiego [Rechtliche Entstehungsgeschichte des Herzogtums Warschau und des Königreichs Polen], Kraków 1915;
(zitiert: *Rostworowski,* Prawna geneza)

Roszkowski, Wojciech, Najnowsza historia Polski [Die neueste Geschichte Polens]. 1914-1945, Warszawa 2003;

Roth, Paul, Die Entstehung des polnischen Staates. Eine völkerrechtlich-politische Untersuchung, Berlin 1926;

Rothe, Hans, Gibt es einen deutschen Osten?, in: Schmidt, Roderich (Hrsg.), Helmstedt – Magdeburg – Wittenberg. Historische und sprachliche Studien zum mitteldeutschen Raum, Bielefeld 1997, S. 41-70;

Rothenberg, Gunther, Die Napoleonischen Kriege, Berlin 2000;

Rothfels, Hans, Bismarck, der Osten und das Reich, Darmstadt 1960;

Rudolf, Rainer P./Ulreich, Eduard/Zimmermann, Fritz, Zipser Land und Leute. Deutsche Siedlungsgeschichte unter der hohen Tatra, Wien 1982;

Rudolf, Walter, Bundesstaat und Völkerrecht, in: AVR 27 (1989), S. 1-30;

Rudolf, Walter, Neue Staaten und das Völkerrecht, in: ArchVR 17 (1977/1978), S. 1-45;

Ruhnau, Rüdiger, Danzig. Geschichte einer Stadt, Würzburg 1971;

Russocki, Stanisław, Modernisierung oder Reform? Die „Einstimmigkeit" der polnischen Reichstagsbeschlüsse und ihr Wandel im 18. Jahrhundert, in: Conze, Werner/Schramm, Gottfried/Zernack, Klaus (Hrsg.), Modernisierung und nationale Gesellschaft im ausgehenden 18. und im 19. Jahrhundert. Referate einer deutsch-polnischen Historikerkommission, Gießen 1979, S. 28-33;

Ryszka, Franciszek (red.), Historia państwa i prawa Polski [Geschichte des polnischen Staates und Rechts]. 1918-1939, Teil 1, Warszawa 1962;

Samsonowicz, Henryk, Polens Platz in Europa (übersetzt von Michael G. Esch), Osnabrück 1997;

Samsonowicz, Henryk/Supruniuk, Anna, Dzieje polityczne (połowa XIV – początek XVI w.) [Politische Geschichte (von der Hälfte des 14. Jh. – zum Anfang des 16. Jh.)], in: Samsonowicz, Henryk (red.), Dzieje Mazowsza [Geschichte Masowiens], Bd. 1, Pułtusk 2006, S. 257-338;

Sauer, Ernst, Souveränität und Solidarität. Ein Beitrag zur völkerrechtlichen Wertlehre, Köln 1954;

Saxer, Urs, Die internationale Steuerung der Selbstbestimmung und der Staatsentstehung. Selbstbestimmung, Konfliktmanagement, Anerkennung und Staatennachfolge in der neueren Völkerrechtspraxis, Heidelberg 2010;

Scelle, Georges, Précis de droit des gens. Principes et systématiques, Zweiter Teil: Droit constitutionnel international. Les libertés individuelles et collectives; L'Elaboration du droit des gens positif, Paris 1934;

Schaeffer, Carl/Brode, Heinrich, Völkerrecht, 9.-11. Aufl., Leipzig 1928;

Schätzel, Walter, Die Annexion im Völkerrecht, Berlin 1920;
(zitiert: *Schätzel,* Annexion im Völkerrecht)

Schätzel, Walter, Polens Untergang und Wiederherstellung vom völkerrechtlichen Standpunkt, in: AVR 40 (1921), S. 73-86;

Schaumann, Elly, Zur napoleonischen Weichselpolitik, in: Zeitschrift des westpreußischen Geschichtsvereins, Heft Nr. 74, Danzig 1938, S. 5-47;

Schaumann, Wilfried, De-facto-Regierung, in: Strupp, Karl (Begr.)/Schlochauer, Hans-Jürgen (Hrsg.), Wörterbuch des Völkerrechts, Erster Band, 2. Aufl., Berlin 1960;

Schaumann, Wilfried, Exilregierung, in: Strupp, Karl (Begr.)/Schlochauer, Hans-Jürgen (Hrsg.), Wörterbuch des Völkerrechts, Erster Band, 2. Aufl., Berlin 1960, S. 498-499;

Scheidt, Hellmuth, Konvention Alvensleben und Interventionspolitik der Mächte in der polnischen Frage 1863, Würzburg/Aumühle 1937;

Scheuner, Ulrich, Die Funktionsnachfolge und das Problem der staatsrechtlichen Kontinuität, in: Maunz, Theodor (Hrsg.), Vom Bonner Grundgesetz zur gesamtdeutschen Verfassung. FS für Hans Nawiasky, München 1956, S. 9-48;

Schieder, Friedrich, Friedrich der Große. Ein Königtum der Widersprüche, 2. Aufl., Frankfurt am Main/Berlin/Wien 1983;

Schiemann, Theodor, Russland, Polen und Livland bis ins 17. Jahrhundert, Berlin 1885;

Schlesinger, Walter, Die mittelalterliche deutsche Ostbewegung und die deutsche Ostforschung. Einleitungsreferat, in: Deutsche und europäische Ostsiedlungsbewegung. Referate und Aussprachen des wissenschaftlichen Johann-Gottfried-Herder-Forschungsrates vom 7. bis 9. März 1963, Marburg 1964, S. 7-46;

Schliesky, Utz, Souveränität und Legitimität von Herrschaftsgewalt. Die Weiterentwicklung von Begriffen der Staatslehre und des Staatsrechts im europäischen Mehrebenensystem, Tübingen 2004;

von Schmalz, Theodor, Das europäische Völker-Recht in acht Büchern, Nachdr. d. Ausg. Berlin 1817, Frankfurt am Main 1970;

Schmid, Karin, Die deutsche Frage im Staats- und Völkerrecht, Baden-Baden 1980;

Schmidt, Christoph, Russische Geschichte 1547-1917, München 2003;

Schmidt, Martin, Vom inneren zum sogenannten äußeren Selbstbestimmungsrecht der Völker. Die Problematik eines Rechts auf Sezession unter Bezugnahme auf die wirtschaftliche Diskriminierung von Völkern, Bratislava 2005;

Schmidt-Rösler, Andrea, Polen. Vom Mittelalter bis zur Gegenwart, Regensburg 1996;

Schmidt-Volkmar, Erich, Der Kulturkampf in Deutschland 1871-1890, Göttingen/Berlin/Frankfurt 1962;

Schmitt, Carl, Verfassungslehre, Neudr. d. Ausg. v. München/Leipzig 1928, Berlin-Neukölln 1954;

Schmitz, Michael, Die Rechtslage der deutschen Ostgebiete. Die Oder-Neiße-Grenze im Blickpunkt des Völkerrechts, Köln 1986;

Schoenborn, Walter, Staatensukzessionen, in: Stier-Somlo, Fritz (Hrsg.), Handbuch des Völkerrechts, Zweiter Band: Der Staat als Subjekt des Völkerrechts, Staatensukzessionen, Gesandtschafts- und Konsularrecht, Staatsgebiet und Staatsverträge, Berlin/Stuttgart/Leipzig 1913;

Schramm, Gottfried, Staatseinheit und Regionalismus in Polen-Litauen. 15.-17. Jahrhundert, in: Bernath, Mathias/Jablonowski, Horst/Philipp, Werner (Hrsg.), Forschungen zur osteuropäischen Geschichte, Bd. 11 (1966), S. 7-23;

Schulz, Gerhard, Das polnisch-litauische Königreich. Machtverfall und Teilung, München 1995;

Schulze, Hans K., Grundstrukturen der Verfassung im Mittelalter, Bd. 1. Stammesverband, Gefolgschaft, Lehnswesen, Grundherrschaft, 3. Aufl., Stuttgart/Berlin/Köln 1995;

Schulze, Hermann, Einleitung in das deutsche Staatsrecht. Mit besonderer Berücksichtigung der Krisis des Jahres 1866 und der Gründung des Norddeutschen Bundes, neue Ausg., Leipzig 1867;

Schumacher, Bruno, Geschichte Ost- und Westpreußens, Sonderausgabe der 6. Aufl. 1977, Würzburg 2002;

Schwabe, Klaus, Woodrow Wilson und das europäische Mächtesystem in Versailles: Friedensorganisation und nationale Selbstbestimmung, in: Clemens, Gabriele (Hrsg.), Nation und Europa. Studien zum internationalen Staatensystem im 19. und 20. Jahrhundert. FS für Peter Krüger zum 65. Geburtstag, Stuttgart 2001, S. 89-107;

Schweisfurth, Theodor, Das Recht der Staatensukzession – Die Staatenpraxis der Nachfolge in völkerrechtliche Verträge, Staatsvermögen, Staatsschulden und Archive in den Teilungsfällen der Sowjetunion, Tschechoslowakei und Jugoslawien, in: BDGVR, Bd. 35 (1996), S. 49-233;

Schweisfurth, Theodor, Völkerrecht, Tübingen 2006;

Schweitzer, Michael, Staatennachfolge, in: Seidl-Hohenveldern, Ignaz (Hrsg.), Völkerrecht, Lexikon des Rechts, 3. Aufl., Neuwied/Kriftel 2001, S. 387-392;

Schweitzer, Michael, Staatsrecht III. Staatsrecht. Europarecht. Völkerrecht, 10. Aufl., Heidelberg/München/Landsberg/Frechen/Hamburg 2010;

Seiffert, Wolfgang, Selbstbestimmungsrecht und deutsche Vereinigung. Das Selbstbestimmungsrecht einer geteilten Nation, Baden-Baden 1992;

Semkowicz, Władysław, Braterstwo szlachty polskiej z bojarstwem litewskim w unii horodelskiej 1413 roku [Die Verbrüderung des polnischen Adels mit dem litauischen Bojarentum in der Horodler Union von 1413], in: Baranowski, Wojciech/Abraham, Władysław (Hrsg.), Polska i Litwa w dziejowym stosunku [Polen und Litauen im historischen Verhältnis], Warszawa/Lublin/Łódź 1914, S. 393-443;

Semkowicz, Władysław, Stanowisko publiczno-prawne Władysława Jagiełły w Polsce [Öffentlich-rechtlicher Standpunkt von Władysław Jagiełło in Polen], in: Przegląd Prawa i Administracji 24 (1899), część 1: Rozprawy [Überlick des Rechts und der Verwaltung 24 (1899), Teil 1: Abhandlungen], S. 169-183;

Serejski, Marian Henryk, Europa a rozbiory Polski. Studium historiograficzne [Europa und die Teilungen Polens. Eine historiographische Studie], 2. Aufl., Warszawa 2009;

Serrier, Thomas, Provinz Posen, Ostmark, Wielkopolska. Eine Grenzregion zwischen Deutschen und Polen 1848-1914, Marburg 2005;

Shaw, Malcolm N., International Law, 6. Aufl., Cambridge 2008;

Siemann, Wolfram, Vom Staatenbund zum Nationalstaat. Deutschland 1806-1871, München 1995;

Sierpowski, Stanisław, Narodziny Ligi Narodów. Powstanie, organizacja i zasady działania [Die Geburt des Völkerbunds. Entstehung, Organisation und Prinzipien seiner Tätigkeit], Poznań 1984;

Silagi, Michael, Staatsuntergang und Staatennachfolge mit besonderer Berücksichtigung des Endes der DDR, Frankfurt am Main 1996;

Simon, Stefan, Autonomie im Völkerrecht – Ein Versuch zum Selbstbestimmungsrecht der Völker, Baden-Baden 2000;

Skowronek, Jerzy, Adam Jerzy Czartoryski 1770-1861, Warszawa 1994;

Skowronek, Jerzy, Sprawa Polska [Die polnische Frage], in: Senkowska-Gluck, Monika (red.), Europa i świat w epoce napoleońskiej [Europa und die Welt in der napoleonischen Epoche], Warszawa 1977, S. 338-404;

Skórzewski, Stanisław (Hrsg.), Najważniejsze prawa tyczące się Wielkiego Xięstwa Poznańskiego [Die wichtigsten Gesetze betreffend das Großherzogtum Posen], Poznań 1861;

Skubiszewski, Krzysztof, Le transfert de la population allemande – était-il conforme au droit international?, in: Cahiers Pologne-Allemande. Faits et documents, Paris 1959, S. 42-56;

Skubiszeski, Krzysztof, Uznanie międzynarodowe [Völkerrechtliche Anerkennung], in: Muszkata, Marianna (red.), Zarys prawa międzynarodowego publicznego [Grundlagen des Völkerrechts], Bd. II, Warszawa 1956;

Skubiszewski, Krzysztof, Zachodnia granica Polski w świetle traktatów [Die Westgrenze Polens im Lichte der Verträge], Poznań 1975;

Smend, Rudolf, Staatsrechtliche Abhandlungen und andere Aufsätze, 3. Aufl., Berlin 1994;

Smogorzewski, Casimir, La Pologne restaurée, Paris 1927;

Smoleński, Władysław, Rządy pruskie na ziemiach polskich [Preußische Herrschaft in den polnischen Gebieten] (1793-1807), Warszawa 1903;

Smoleński, Władysław, Sprawa stosunku Litwy do Polski na Sejmie Wielkim [Das Problem der Beziehung Litauens zu Polen während des Großen Reichstags], in: Towarzystwo Naukowe we Lwowie (Hrsg.), Księga Pamiątkowa ku czci Bolesława Orzechowicza [Gedächtnisschrift zu Ehren von Bolesław Orzechowicz], Bd. II, Lwów 1916, S. 431-444;

Smolorz, Dawid, Die deutsch-polnische Grenze in Oberschlesien 1922-1939, in: Gil, Karoline/Pletzing, Christian (Hrsg.), Granica. Die deutsch-polnische Grenze vom 19. bis zum 21. Jahrhundert, München 2010, S. 75-86;

Sobociński, Władysław, Historia ustroju i prawa Księstwa Warszawskiego [System- und Rechtsgeschichte des Herzogtums Warschau], Toruń 1964;

Sobociński, Władysław, Księstwo Warszawskie a Cesarstwo Francuskie. Zależność faktyczna i prawno-międzynarodowa. Rezultaty przeobrażeń wewnętrznych [Das Herzogtum Warschau und das Kaisertum Frankreich. Faktische und völkerrechtliche Abhängigkeit. Das Resultat der inneren Umwandlungen], in: PH 56 (1965), Heft Nr. 1, S. 46-67;

Sobolewski, Ludwik/Uruszczak, Wacław, Artykuły mielnickie z roku 1401 [Die Mielniker Artikel aus dem Jahre 1401], in: CPH 42 (1990), Heft Nr. 1-2, S. 51-80;

Somló, Felix, Juristische Grundlehre, 2. Aufl., Leipzig 1927;

Srebrakowski, Aleksander, Sejm Wileński 1922 roku. Idea i jej realizacja [Der Reichstag von Vilnius von 1922. Idee und deren Umsetzung], Wrocław 1993;

Srokowski, Konstanty, N. K. N., Zarys historji naczelnego Komitetu Narodowego [Grundlagen der Geschichte des Nationalhauptkomitees], Kraków 1923;

Stankiewicz, Zbigniew, Królestwo Polskie [Königreich Polen] 1815-1863, in: Bardach, Juliusz/Senkowska-Gluck, Monika (Hrsg.), Historia państwa i prawa Polski, Bd. III. Od rozbiorów do uwłaszczenia [Geschichte des Staates und des Rechts Polens, Bd. III. Von den Teilungen bis zur Eigentumsübertragung, Warszawa 1981, S. 168-579;

Staszewski, Jacek, Begründung und Fortsetzung der Personalunion Sachsen-Polen 1697 und 1733, in: Rexheuser, Rex (Hrsg.), Die Personalunionen von

Sachsen-Polen 1697-1763 und Hannover-England 1714-1837. Ein Vergleich, Wiesbaden 2005, S. 37-50;

Staszewski, Jacek, Die sächsisch-polnische Union, in: Schmidt, Werner (Hrsg.)/ Syndram, Dirk (Bearb.), Unter einer Krone. Kunst und Kultur der sächsisch-polnischen Union, Leipzig 1997, S. 15-24;

Staszewski, Jacek, Polens Interessen und Ziele in der sächsisch-polnischen Personalunion, in: Rexheuser, Rex (Hrsg.), Die Personalunionen von Sachsen-Polen 1697-1763 und Hannover-England 1714-1837. Ein Vergleich, Wiesbaden 2005, S. 87-102;

Stein, Torsten/von Buttlar, Christian, Völkerrecht, 13. Aufl., München 2012;

Stępniak, Władysław, Sukcesja państw dotycząca archiwaliów [Die Staatensukzession in Archive], Warszawa/Łódź 1989;

Stone, Daniel, Polish Politics and National Reform 1775-1788, East European Quarterly, Boulder, East European Monigraphs, No. XXII, New York 1976;

Stone, Daniel, The Polish-Lithuanian State, 1386-1795, Seattle/London 2001;

Strayer, Joseph R., Die mittelalterlichen Grundlagen des modernen Staates, Köln/ Wien 1975;

Strupp, Karl, Neutralisation, Befriedung, Entmilitarisierung, Stuttgart 1933;

Storost, Georg, Litauische Geschichte. Von den älteren Zeiten bis zur Gegenwart, Tilsit 1921;

Studnicki, Władysław, Sprawa Polska [Die polnische Frage], Poznań 1910;

Subtelny, Orest, Die Zeit der Het'mane (17.-18. Jahrhundert), in: Golczewski, Frank (Hrsg.), Geschichte der Ukraine, Göttingen 1993, S. 92-125;

Sureda, Rigo A., The Evolution of the Right of Self-Determination. A Study of United Nations Practice, Leyden 1973;

Swoboda, Henryk, Pierwsze piętnastolecie Polski niepodległej (1918-1933). Zarys dziejów politycznych [Die ersten 15 Jahre des unabhängigen Polens (1918-1933). Grundzüge der politischen Geschichte], Warszawa 1933;

Symonides, Janusz, Zasada efektywności w prawie międzynarodowym [Der Effektivitätsgrundsatz im Völkerrecht], Toruń 1967;

Szajnocha, Karol, Jadwiga i Jagiełło 1374-1413. Opowiadanie historyczne [Jadwiga und Jagiełło 1374-1413. Historische Erzählungen], Bd. III, 2. Aufl., Lwów 1861;

Szaz, Zoltan Michael, Die deutsche Ostgrenze. Geschichte und Gegenwart, München/Eßlingen 1960;

Šapoka, Adolfas, Die Sondertagungen der litauischen Stände nach der Lubliner Union von 1569, in: Äratrükk Õpetatud Eesti Seltsi Toimetustest, Tartu 1938, S. 700-716;

Ščepkin, Eugen, Das Erbfolgerecht bei den altslavischen Fürstenhäusern, in: Archiv für slavische Philologie 34 (1913), S. 147-202;

Talmon, Stefan, Kollektive Nichtanerkennung illegaler Staaten. Grundlagen und Rechtsfolgen einer international koordinierten Sanktion – dargestellt am Beispiel der Türkischen Republik Nord-Zypern, Tübingen 2006;

Tarnowska, Anna, Z dziejów unifikacji administracji II Rzeczypospolitej. Rola przepisów pruskich [Aus der Geschichte der Verwaltungsvereinheitlichung in der Zweiten Republik. Die Rolle der preußischen Vorschriften], Toruń 2012;

Tatarinoff-Eggenschwiler, Adele, Tadeusz Kościuszko 1746-1817. Kampf und Opfer für die Freiheit, Separatdruck aus dem Jahrbuch für solothurnische Geschichte, Bd. 40, Solothurn 1967;

Tatur, Melanie, Solidarność als Modernisierungsbewegung. Sozialstruktur und Konflikt in Polen, Frankfurt am Main/New York 1989;

Tazbir, Janusz, Kultura szlachecka w Polsce. Rozkwit – Upadek – Relikty [Kultur des Adels in Polen. Blütezeit – Untergang – Relikte], Warszawa 1978;

Temperley, Harold William Vazeille (ed.), A History of the Peace Conference of Paris, Bd. V. Economic Reconstruction and Protection of Minorities, London/New York/Toronto 1969;

Tessarczyk, Antoni, Rzeczpospolita Krakowska. Wolna, niepodległa i ściśle neutralna pod opieką trzech wielkich mocarstw: Austryi, Prus i Rossyi a za rękojmią Kongresu Wiedeńskiego [Die Republik Krakau. Freie, unabhängige und strikt neutrale Republik unter der Aufsicht der drei Großmächte: Österreich, Preußen und Russland und unter der Garantie des Wiener Kongresses] (1815-1846), zeszyt [Heft] Nr. 1, Kraków 1863;

Thiele, Carmen, Selbstbestimmungsrecht und Minderheitenschutz in Estland, Berlin/Heidelberg 1999;

Thürer, Daniel, Das Selbstbestimmungsrecht der Völker, in: AVR 22 (1984), S. 113-137;

Thürer, Daniel, Das Subjekt des Selbstbestimmungsrechts, in: Politische Studien, Sonderheft 6, 44. Jg. (1993), S. 30-39;

Thürer, Daniel, Der Wegfall effektiver Staatsgewalt: „The Failed State", in: Der Wegfall effektiver Staatsgewalt: „The Failed State", Referate und Thesen, BDG-VR, Bd. 34 (1996), S. 9-47;

Tokarz, Wacław (Hrsg.), Pomniki prawa Rzeczypospolitej Krakowskiej 1815-1818, Bd. I: Akta zasadnicze. Protokóły Komisji Organizacyjnej [Rechtsdenkmäler der

Republik Krakau 1815-1848, Bd. I: Grundakte. Protokolle der Gründungskommission], Kraków 1932;

Tomaszewski, Jerzy, Etappen einer spannungsreichen Nachbarschaft, in: Oberländer, Erwin (Hrsg.), Polen nach dem Kommunismus, Stuttgart 1993, S. 115-133;

Tomicki, Jan, II Rzeczpospolita. Oczekiwania i rzeczywistość [Die Zweite Republik. Erwartungen und Wirklichkeit], Warszawa 1986;

Tomšič, Ivan, La Reconstruction du Droit international en matière des traités. Essai sur les problèmes des vices du consentement dans la conclusion des traités internationaux, Paris 1931;

Tomuschat, Christian, Das Recht auf die Heimat. Neue rechtliche Aspekte, in: Jekewitz, Jürgen/Klein, Karl Heinz/Kühne, Jörg Detlef/Petersmann, Hans/Wolfrum, Rüdiger (Hrsg.), Des Menschen Recht zwischen Freiheit und Verantwortung. FS für Karl Josef Partsch zum 75. Geburtstag, Berlin 1989, S. 183-212;

Topolski, Jerzy, Die Rolle Großpolens in der Geschichte Polens, in: Strzelczyk, Jerzy (Hrsg.), Slawen, Deutsche und Dänen in zwei historischen Grenzregionen (Schleswig-Holstein und Großpolen). Vorträge einer gemeinsamen Konferenz des Instituts für Geschichte der Adam-Mickiewicz-Universität Poznań und des Historischen Seminars der Christian-Albrechts-Universität zu Kiel. Poznań, 23.-25. Oktober 1997, Poznań 2001, S. 223-230;

Topolski, Jerzy, Historia Polski [Geschichte Polens], Poznań 2004;

Topolski, Jerzy, Polska średniowieczna [Das mittelalterliche Polen], in: Topolski, Jerzy (Hrsg.), Dzieje Polski [Geschichte Polens], Warszawa 1976;

Topolski, Jerzy, Versuche zur Erklärung der Teilungen Polens, in: Haumann, Heiko/Skowronek, Jerzy (Hrsg.), Der letzte Ritter und erste Bürger im Osten Europas. Kościuszko, das aufständische Reformpolen und die Verbundenheit zwischen Polen und der Schweiz, Basel/Frankfurt am Main 1996, S. 145-156;

Topolski, Jerzy, Wielkopolska poprzez wieki (Großpolen im Verlauf der Jahrhunderte), Poznań 1999;

Trajdosa, Tadeusz M., Einleitung, in: Trajdosa, Tadeusz M. (red.), Spisz i Orawa. W 75. Rocznicę powrotu do Polski północnych części obu ziem [Zips und Orawa. Zum 75. Jahrestag der Rückkehr der nördlichen Teile beider Gebiete], Kraków 1995, S. 5-7;

Trawkowski, Stanisław, Jak powstała Polska [Wie Polen entstanden ist], Warszawa 1969;

Trawkowski, Stanisław, Początki kościoła w Polsce za panowania Mieszka I. [Die Anfänge der Kirche in Polen zu der Regierungszeit Mieszko I.], in: Piskorski, Jan M. (ed.), Polska Mieszka I. w tysiąclecie śmierci twórcy państwa i kościoła polskiego 25 V 992-25 V 1992 [Polen unter Mieszko I. Tausend Jahre nach dem Tod des polnischen Staats- und Kirchengründers 25.5.992 – 25.5.1992], Poznań 1993, S. 51-72;

Treichler, Michael, „Polnisches Piemont"? Die Autonomie Galiziens innerhalb Cisleithaniens und das polnisch-ruthenische Verhältnis in Galizien, München 2007;

Trzeciakowski, Lech, Kulturkampf w zaborze pruskim [Kulturkampf im preußischen Teilungsgebiet], Poznań 1970;

Trzeciakowski, Lech, Pod pruskim zaborem [Unter der preußischen Teilungsmacht] 1850-1918, Warszawa 1973;

Trzeciakowski, Lech, Ziemie polskie pod panowaniem państw zaborczych [Die polnischen Gebiete unter der Herrschaft der Teilungsmächte] (1815-1918), in: Topolski, Jerzy (Hrsg.), Dzieje Polski [Geschichte Polens], Warszawa 1976, S. 446-608;

Trillenberg, Wilfried, Galizien. Teilungen und Vereinigungen in Mittelosteuropa in den politischen Umbrüchen seit dem 18. Jahrhundert, Berlin 2010;

Tucker, Robert W., The Principle of Effectiveness in International Law, in: Lipsky, George A. (ed.), Law and Politics in the World Community. Essays on Hans Kelsen's Pure Theory and Related Problems in International Law, Berkeley/Los Angeles 1953, S. 31-48;

Turba, Gustav (Hrsg.), Die Pragmatische Sanktion. Authentische Texte samt Erläuterungen und Übersetzungen, 1913;

Tymczowski, Michał/Kieniewicz, Jan/Holzer, Jerzy, Historia Polski [Geschichte Polens], Paris 1986;

Tyranowski, Jerzy, Sukcesja państw a traktaty w sprawie granic [Die Staatensukzession und die Grenzverträge], Poznań 1979;

Tzenoff, Gantscho, Die Abstammung der Bulgaren und die Urheimat der Slawen. Eine historisch-philosophische Untersuchung über die Geschichte der alten Thrakoillyrier, Skythen, Goten, Hunnen, Kelten u. a., Berlin/Leipzig 1930;

Ulewicz, Tadeusz, Sarmacja. Studium z problematyki słowiańskiej XV I XVI w. [Sarmatismus. Studien zur slawischen Problematik im 15. und 16. Jh.], Kraków 1950;

Uljanow-Lenin, Wladimir, Die ersten Dekrete der Sowjetmacht, Berlin 1970;

von Ullmann, Emanuel, Völkerrecht, 2. Aufl., Freiburg i. B./Leipzig/Tübingen 1898;

Uruszczak, Wacław, Historia państwa i prawa polskiego [Geschichte des polnischen Staates und Rechts], Bd. I (966-1795), Warszawa 2010;

Uschakow, Alexander, Die Wiederherstellung Polens als Modell für Deutschland, in: Haustein, Ulrich/Strobel, Georg W./Wagner, Gerhard (Hrsg.), Ostmitteleuropa. Berichte und Forschungen. FS für Gotthold Rhode, Stuttgart 1981, S. 448-466;

Uschakow, Alexander, Die Wiederherstellung Polens im Lichte des Völkerrechts, in: Meissner, Boris/Zieger, Gottfried (Hrsg.), Staatliche Kontinuität unter besonderer Berücksichtigung der Rechtslage Deutschlands, Köln 1983, S. 107-128;

Vahle, Hermann, Die polnische Verfassung vom 3. Mai 1791 im zeitgenössischen deutschen Urteil, in: Jahrbücher für Geschichte Osteuropas, NF 19 (1971), S. 347-370;

Váňa, Zdeněk, Die Welt der alten Slawen, Artia/Praha 1983;

de Vattel, Emer, Le Droit des Gens ou Principes de la Loi Naturelle. Appliqués à la Conduite et aux Affaires des Nations et des Souverains, 1758 (dt. Übersetzung von Wilhelm Euler), Tübingen 1959;

Vedder, Christoph, Exilregierung, in: Seidl-Hohenveldern, Ignaz (Hrsg.), Völkerrecht. Lexikon des Rechts, 3. Aufl., Neuwied/Kriftel 2001, S. 106-111;

Veiter, Theodor, Die Entwicklung des Selbstbestimmungsrechts, in: Blumenwitz, Dieter/Meissner, Boris (Hrsg.), Das Selbstbestimmungsrecht der Völker und die deutsche Frage, Köln 1984, S. 9-36;

Veiter, Theodor, Die Träger des Selbstbestimmungsrechts nach westlicher Auffassung, in: Klein, Friedrich/Kloss, Heinz/Meissner, Boris/Münch, Fritz/Rehs, Reinhold/Veiter, Theodor (Hrsg.)/Kloss, Heinz (Bearb.), Beiträge zu einem System des Selbstbestimmungsrechts, Wien/Stuttgart 1970, S. 132-149;

Verdross, Alfred, Die Verfassung der Völkerrechtsgemeinschaft, Wien/Berlin 1926;

Verdross, Alfred, Untergang von Staaten, in: Strupp, Karl (Begr.)/Schlochauer, Hans-Jürgen (Hrsg.), Wörterbuch des Völkerrechts, Dritter Band, 2. Aufl., Berlin 1962;

von Verdross, Alfred, Völkerrecht, Berlin 1937;

Verdross, Alfred/Simma, Bruno, Universelles Völkerrecht. Theorie und Praxis, 3. Aufl., Berlin 1984;

Verosta, Stephan, Die Völkerrechtswidrigkeit der Annexion Hannovers durch Preußen 1866, in: Blumenwitz, Dieter/Randelzhofer, Albrecht (Hrsg.), FS für Friedrich Berber zum 75. Geburtstag, München 1973, S. 523-548;
(zitiert: *Verosta,* Völkerrechtswidrigkeit, in: Blumenwitz/Randelzhofer, FS Berber)

Verzijl, Jan Hendrik Willem, International Law in Historical Perspective, part II. International Persons, Leyden 1969;

Verzijl, Jan Hendrik Willem, International Law in Historical Perspective, part VII. State Succession, Leyden 1974;
(zitiert: *Verzijl,* State Succession)

Vetulani, Adam, Lenno Pruskie. Od traktatu krakowskiego do śmierci księcia Albrechta 1525-1568. Studium historyczno-prawne [Preußisches Lehen. Vom Krakauer Vertrag bis zum Tod von Fürst Albrecht 1525-1568. Eine historischrechtliche Studie], Kraków 1930;

Vetulani, Adam, Prawny stosunek Prus Książęcych do Polskich [Die Rechtsbeziehung des Königlichen zum Polnischen Preußen] (1466-1657), in: CPH VI, Teilband 1 (1954), S. 7-41;

Vitzthum, Wolfgang Graf (Hrsg.), Völkerrecht, 5. Aufl., Berlin/New York 2010;

Vogt, Dietrich, Der Grosspolnische Aufstand 1918/1919. Bericht, Erinnerungen, Dokumente, Marburg 1980;

Wäber, Alexander, Preußen und Polen. Der Verlauf und Ausgang eines zweitausendjährigen Völkergrenzstreites und deutsch-slavischer Wechselbeziehungen, München 1907;

Wachowski, Kazimierz, Słowiańszczyzna zachodnia [Das westliche Slawentum], 3. Aufl., Poznań 2000;

Wachholz, Szczęsny, Rzeczpospolita Krakowska okres od 1815 do 1830 r. [Die Republik Krakau im Zeitraum von 1815 bis 1830], Warszawa 1957;

Wahl, Adalbert, Deutsche Geschichte. Von der Reichsgründung bis zum Ausbruch des Weltkriegs (1871 bis 1914), Bd. 1, Stuttgart 1926;

von Waldkirch, Eduard Otto, Das Völkerrecht in seinen Grundzügen dargestellt, Basel 1926;

Waldrich, Hans-Peter, Der Staat. Das deutsche Staatsdenken seit dem 18. Jahrhundert, 2. Aufl., München 1973;

Walter, Friedrich, Österreichische Verfassungs- und Verwaltungsgeschichte von 1500-1955, Köln/Wien/Graz 1972;

Walter, Gero, Der Zusammenbruch des Heiligen Römischen Reichs Deutscher Nation und die Problematik seiner Restauration in den Jahren 1814/15, Heidelberg/Karlsruhe 1980;

Walter, Paul, Die polnische Außenpolitik im Spiegel der Verträge von 1918-1932, München 1940 u. 1948;

Walters, Francis P., A History of the League of Nations, London/New York/Toronto 1960;

Wambaugh, Sarah, Plebiscites since the World War. With a Collection of Official Documents, vol. I, Washington 1933;

Wambaugh, Sarah, Plebiscites since the World War. With a Collection of Official Documents, vol. II. Documents, Washington 1933;

Wandycz, Piotr S., The Lands of Partitioned Poland 1795-1918. A History of East Central Europe, vol. VII, Seattle/London 1974;

Wasilewski, Tadeusz, Walka o zrównanie praw szlachty litewskiej z koroną od unii lubelskiej do początku XVIII wieku [Der Kampf um die Gleichberechtigung des litauischen Adels mit der Krone von der Lubliner Union bis Anfang des 18. Jh.], in: Zapiski historyczne 51 (1986), Heft Nr. 1, S. 45-62;

Wasilewski, Tadeusz, Wielkie Księstwo Litewskie w dobie Rzeczypospolitej Obojga Narodów (1569-1795). Federacja dwóch państw i narodów czy państwo jednolite? [Das Großfürstentum Litauen im Zeitalter der Republik Beider Nationen (1569-1795). Ein Bund zweier Staaten oder ein Einheitsstaat?], in: Lithuania Kwartalnik 1990, Nr. 1, S. 66-77;

Wasilewski, Tadeusz, Wokół związków Polski z Litwą [Beziehungen Polens zu Litauen], in: Biliński, Wojciech (red.), Dzieło Jadwigi i Jagiełły w sześćsetlecie chrztu Litwy i jej związków z Polską [Die Geschichte Jadwigas und Jagiełłos zum 600. Jahrestag der Christianisierung Litauens und ihrer Verbindungen zu Polen], Warszawa 1989, S. 34-40;

Wąsicki, Jan, Konfederacja Targowicka i ostatni sejm Rzeczypospolitej z 1793 roku. Studium historyczno-prawne [Die Konföderation von Targowica und der letzte Reichstag der Republik aus dem Jahre 1793. Eine historisch-rechtliche Studie], Poznań 1952;
(zitiert: *Wąsicki,* Konfederacja Targowicka)

Wąsicki, Jan, Powstanie kościuszkowskie w Wielkopolsce [Der Kościuszko-Aufstand in Großpolen], Poznań 1957;

Wąsicki, Jan, Zabór pruski [Das preußische Teilungsgebiet], 1772-1806, in: Bardach, Juliusz/Senkowska-Gluck, Monika (Hrsg.), Historia państwa i prawa Polski. Tom. III. Od rozbiorów do uwłaszczenia [Geschichte des polnischen Staates und Rechts, Bd. III. Von den Teilungen bis zur Auferstehung], Warszawa 1981, S. 19-62;

Wąsicki, Jan, Ziemie polskie pod zaborem pruskim. Prusy Nowowschodnie [Polnische Gebiete im preußischen Teilungsgebiet] (Neuostpreußen), 1795-1806, Poznań 1963;
(zitiert: *Wąsicki,* Ziemie polskie pod zaborem pruskim. Neuostpreußen)

Wąsicki, Jan, Ziemie polskie pod zaborem pruskim. Prusy południowe (Südpreußen) 1793-1806. Studium historyczno-prawne [Polnische Gebiete im

preußischen Teilungsgebiet (Südpreußen) 1793-1806. Eine historisch-rechtliche Studie], Wrocław 1957;
(zitiert: *Wąsicki*, Ziemie polskie pod zaborem pruskim. Südpreußen)

Wąsicki, Jan, Ziemie polskie pod zaborem pruskim. Wielkie Księstwo Poznańskie. Studium historyczno-prawne [Polnische Gebiete im preußischen Teilungsgebiet. Großherzogtum Posen. Eine historich-rechtliche Studie], Warszawa/Poznań 1980;

Wąsicki, Jan, Związek Niemiecki i Druga Rzesza Niemiecka [Der Deutsche Bund und das Zweite Deutsche Reich] 1848-1914, Poznań 1989;

Wegner, Arthur, Geschichte des Völkerrechts, Stuttgart 1936;

Wegner, Leon, Sejm grodzieński ostatni. Ustęp od 26 sierpnia do 23 września 1793 [Der letzte Reichstag von Grodno. Zeitraum vom 26. August bis 23. September 1793], Poznań 1866;

Wehberg, Hans, Krieg und Eroberung im Wandel des Völkerrechts, Frankfurt am Main/Berlin 1953;

Wehler, Hans-Ulrich, Krisenherde des Kaiserreichs 1871-1918. Studien zur deutschen Sozial- und Verfassungsgeschichte, Göttingen 1970;

Weinschel, Herbert, Willensmängel bei völkerrechtlichen Verträgen, in: ZVölkR 15 (1930), Heft Nr. 3, S. 446-477;

Weis, Eberhard, Napoleon und der Rheinbund, in: von Reden-Dohna, Armgard (Hrsg.), Deutschland und Italien im Zeitalter Napoleons. Deutsch-italienisches Historikertreffen in Mainz 29. Mai – 1. Juni 1975, Wiesbaden 1979, S. 57-80;

Weise, Erich, Die staatsrechtlichen Grundlagen des Zweiten Thorner Friedens und die Grenzen seiner Rechtmäßigkeit, in: ZfOstF 3 (1954), S. 1-26;

Wendt, Hans, Bismarck und die polnische Frage, Halle (Saale) 1922;

Wengler, Wilhelm, Völkerrecht, Bd. I, Berlin/Göttingen/Heidelberg 1964;

Wengler, Wilhelm, Völkerrecht, Bd. II, Berlin/Göttingen/Heidelberg 1964;

Wenskus, Reinhard, Stammesbildung und Verfassung. Das Werden des frühmittelalterlichen gentes, Köln 1961;

Wernitz, Frank, Die Armee Friedrich des Großen im Siebenjährigen Krieg 1756-1763, Wölfersheim/Berstadt 2002;

Wheaton, Henry, Eléments du droit international, Bd. 1, Leipzig/Paris 1848;

Wheaton, Henry, Histoire des progrès du droit des gens en Europe et en Amérique. Depuis la Paix de Westphalie jusqu'à nos jours, Bd. I, 3. Aufl., Leipzig 1853;

Wielhorski, Władysław. Polska a Litwa. Stosunki wzajemne w biegu dziejów [Polen und Litauen. Gegenseitige Beziehungen im Verlauf der Geschichte], London 1947;

Wierzowiecka, Iwona, Organizacja Trybunału Głównego Wielkiego Księstwa Litewskiego (1581-1754). Miejsce, czas, skład sądu [Die Organisation des Hauptgerichtshofs des Großfürstentums Litauen (1581-1754). Ort. Zeit, Zusammensetzung des Gerichts], in: Maciejewski, Tadeusz (red.), Dzieje Wymiaru Sprawiedliwości [Geschichte der Justiz], Koszalin 1999, S. 203-218;

Wiewióra, Bolesław, Die Anerkennung territorialer Erwerbungen im Völkerrecht, Göttingen 1962;

Wilke, Kay-Michael, Bundesrepublik Deutschland und Deutsche Demokratische Republik. Grundlagen und ausgewählte Probleme des gegenseitigen Verhältnisses der beiden deutschen Staaten, Berlin 1976;

Willershausen, Claudia, Zerfall der Sowjetunion. Staatennachfolge oder Identität der Russländischen Föderation. Auch ein Beitrag zu Staatsuntergang und Staatennachfolge, Marburg 2002;

Willoweit, Dietmar, Deutsche Verfassungsgeschichte. Vom Frankenreich bis zur Wiedervereinigung Deutschlands. Ein Studienbuch, 3. Aufl., München 1997;

Wilms, Heinrich, Staatsrecht I. Staatsorganisationsrecht unter Berücksichtigung der Föderalismusreform, Stuttgart 2007;

Winkler, Wilhelm, Statistisches Handbuch des gesamten Deutschtums, Berlin 1927;

Wisner, Henryk, Litwa. Dzieje państwa i narodu [Litauen. Geschichte des Staates und der Nation], Warszawa 1999;

Wisner, Henryk, Najjaśniejsza Rzeczpospolita. Szkice z dziejów Polski szlacheckiej XVI-XVII wieku [Hochverehrte Republik. Skizzen aus der Geschichte der Adelsrepublik im 16.-17. Jh.], Warszawa 1978;

Wisner, Henryk, Unia. Sceny z przeszłości Polski i Litwy [Die Union. Ausschnitte aus der Vergangenheit Polens und Litauens], Warszawa 1988;

Wisner, Henryk, Zygmunt III Waza, Wrocław/Warszawa/Kraków 1991;

Wittkowski, Ralf, Die Staatensukzession in völkerrechtliche Verträge unter besonderer Berücksichtigung der Herstellung der staatlichen Einheit Deutschlands, Frankfurt am Main 1992;

Wohlfeil, Rainer, Napoleonische Modellstaaten, in: von Groote, Wolfgang (Hrsg.), Napoleon I. und die Staatenwelt seiner Zeit, Freiburg 1969, S. 33-57;

Wojciechowski, Marian, Polen und Deutschland im internationalen Kräfteverhältnis. Das Jahr 1945, in: Reich, Andreas/Maier, Norbert (Redaktion), Die lange

Nachkriegszeit. Deutschland und Polen von 1945 bis 1991, Braunschweig 1995, S. 11-18;

Wolgast, Ernst, Völkerrecht. Mit einem systematischen Verzeichnis der völkerrechtlichen Kollektivverträge von Curt Rühland, Berlin 1934;

Wójcik, Zbigniew, Rokowania polsko-rosyjskie o „Pokój wieczysty" w Moskwie w roku 1686 [Polnisch-russische Verhandlungen zum „Ewigen Frieden" in Moskau im Jahre 1686], in: Instytut Historii Polskiej Akademii Nauk, Z dziejów polityki i dyplomacji polskiej. Studia poświęcone pamięci Edwarda hr. Raczyńskiego Prezydenta Rzeczypospolitej Polskiej na wychodźstwie [Historisches Institut der Polnischen Akademie der Wissenschaften. Aus der Geschichte der Politik und Diplomatie. Studium zum Andenken von Edward Graf Raczyński, Präsident der Republik Polen im Exil], Warszawa 1994, S. 38-55;

Wójcik, Zbigniew, Traktat Andruszowski 1667 roku i jego geneza [Der Vertrag von Andrusovo aus dem Jahre 1667 und seine Entstehungsgeschichte], Warszawa 1959;

Worgitzki, Max, Geschichte der Abstimmung in Ostpreußen. Der Kampf um Ermland und Masuren, Leipzig 1921;

Wroniak, Zdzisław, Sprawa polskiej granicy zachodniej w latach 1918-1919 [Die Frage der polnischen Westgrenze in den Jahren 1918-1919], Poznań 1963;

Wrzesiński, Wojciech, Das Recht zur Selbstbestimmung oder die Festigung der staatlichen Souveränität. Die osteuropäischen Plebiszite 1920, in: Jähnig, Bernhart (Hrsg.), Die Volksabstimmung 1920. Voraussetzungen, Verlauf und Folgen, Marburg 2002, S. 11-26;

Wünsch, Thomas, Deutsche und Slawen. Beziehungen zu Tschechen, Polen, Südslawen und Russen, München 2008;

Wyczański, Andrzej, Polen als Adelsrepublik (übersetzt von Michael G. Esch), 2. Aufl., Osnabrück 2001;

Wyrozumski, Jerzy, Dzieje Polski piastowskiej (VIII wiek-1370) [Geschichte des Piasten-Polens (8. Jh. bis 1370)], Kraków 1999;

Wyrozumski, Jerzy, Formowanie się politycznej i ustrojowej wspólnoty polsko-litewskiej w latach 1385-1501 [Formierung der politischen und staatlichen polnisch-litauischen Gemeinschaft in den Jahren 1385-1501], in: CPH 44 (1992), Heft Nr. 1-2, S. 445-455;

Wyrozumski, Jerzy, Historia Polski do roku 1505 [Geschichte Polens bis zum Jahr 1505], Warszawa 1979;

Wytrzens, Günther (ausgewählt, übersetzt und erläutert), Die Goldene Freiheit der Polen. Aus den Denkwürdigkeiten Sr. Wohlgeboren des Herrn Jan Chryzosłom Pasek (17. Jahrhundert), Graz/Wien/Köln 1967;

Zachariä, Heinrich Albert (Hrsg.), Zur schleswig-holsteinischen Frage. Zwei Vorstellungen der Prälaten und Ritterschaft in Schleswig und Holstein vom 15. Februar 1845 und 19. Januar 1847 an Sr. Majestät den König; mit einer staatsrechtlichen Betrachtung der schleswig-holsteinischen Rechtsfrage, Göttingen 1847;

Zahorski, Andrzej, Stanisław August Polityk, Warszawa 1959;

Zajączkowski, Stanisław, Przymierze polsko-litewskie 1325 roku. Określenie problemu, jego literatura i źródła [Polnisch-litauisches Bündnis im Jahre 1325. Problembestimmung, seine Literatur und Quellen], in: KH XL (1926), S. 567-617;

Zajewski, Władysław, Józef Wybicki, Warszawa 1977;

Zakrzewski, Stanisław, Wypadki lat 1382-1386 w związku z genezą Unii. Dyskusja [Ereignisse der Jahre 1382-1386 im Zusammenhang mit der Entstehung der Union. Diskussion], in: Pamiętnik V powszechnego zjazdu historyków polskich w Warszawie 18. listopada do 4. grudnia 1930 r., tom II. Protokoły [Erinnerungen der allgemeinen Versammlung der polnischen Historiker in Warschau vom 18. November bis zum 4. Dezember 1930, Bd. II. Protokolle], Lwów 1931, S. 70-79;

Zakrzewski, Stanisław, Zagadnienia historyczne [Historische Fragen], Bd. I, Lwów 1936;

Zapnik, Jörg, Pest und Krieg im Ostseeraum. Der „Schwarze Tod" in Stralsund während des Großen Nordischen Krieges (1700-1721), Hamburg 2007;

Zawadzki, W. H., A Man of Honour. Adam Czartoryski as a Statesman of Russia and Poland 1795-1831, Oxford 1993;

Zdrada, Jerzy, Historia Polski [Geschichte Polens]. 1795-1914, Warszawa 2005;

Zemanek, Karl, Die Wiener Konvention über die Staatennachfolge in Verträge, in: Miehsler, Herbert/Mock, Erhard/Simma, Bruno/Tammelo, Ilmar (Hrsg.), Ius Humanitatis. FS zum 90. Geburtstag von Alfred Verdross, Berlin 1980, S. 719-738;

Zembrzuski, Stefan, Rosya i Królestwo Polskie. Stosunek prawno-państwowy od roku 1815-1832 [Russland und das Königreich Polen. Das staatsrechtliche Verhältnis zwischen den Jahren 1815-1832], Lwów 1904;

Zernack, Klaus, Das Jahrtausend deutsch-polnischer Beziehungsgeschichte als geschichtswissenschaftliches Problemfeld und Forschungsaufgabe (Grundsatzreferat), in: Hintze, Wolfgang H./Zernack, Klaus (Hrsg.), Grundfragen der geschichtlichen Beziehungen zwischen Deutschen, Polaben und Polen. Referate und Diskussionsbeiträge aus zwei wissenschaftlichen Tagungen, Berlin 1976, S. 3-46;

Zernack, Klaus, Das Zeitalter der Nordischen Kriege von 1558 bis 1809 als frühneuzeitliche Geschichtsepoche, in: Zeitschrift für historische Forschung 1 (1974), S. 55-79;

Zernack, Klaus, Der große Nordische Krieg, in: Zernack, Klaus (Hrsg.), Handbuch der Geschichte Russlands, Bd. 2, 1613-1856. Vom Randstaat zur Hegemonialmacht, Stuttgart 1986, S. 246-296;

Zernack, Klaus, Deutschlands Ostgrenze, in: Demandt, Alexander (Hrsg.), Deutschlands Grenzen in der Geschichte, 3. Aufl., München 1993, S. 140-165;

Zernack, Klaus, Die deutsch-polnischen Beziehungen in der Mittelalterhistorie aus deutscher Sicht, in: Borgolte, Michael (Hrsg.), Polen und Deutschland vor 1000 Jahren. Die Berliner Tagung über den „Akt von Gnesen", Berlin 2002, S. 29-42;

Zernack, Klaus, Friedrich, Rußland und Polen, in: Treue, Wilhelm (Hrsg.), Preußens großer König. Leben und Werk Friedrichs des Großen. Eine Ploetz-Biographie, Freiburg/Würzburg 1986, S. 197-208;

Zernack, Klaus, Negative Polenpolitik als Grundlage deutsch-russischer Diplomatie in der Mächtepolitik des 18. Jahrhunderts, in: Liszkowski, Uwe (Hrsg.), Rußland und Deutschland, Stuttgart 1974, S. 147-159;

Zernack, Klaus, Nordosteuropa. Skizzen und Beiträge zu einer Geschichte der Ostseeländer, Lüneburg 1993;

Zernack, Klaus, Preußen-Deutschland-Polen. Aufsätze zur Geschichte der deutsch-polnischen Beziehungen, 2. Aufl., Berlin 2001;

Zgórniak, Marian, Polska w czasach walk o niepodległość [Polen in der Zeit der Unabhängigkeitskämpfe] (1815-1864), Kraków 2001;

Ziegler, Gottfried, Völkerrechtliche Kontinuität in Deutschland aus Sicht der DDR, in: Meissner, Boris/Ziegler, Gottfried (Hrsg.), Staatliche Kontinuität unter besonderer Berücksichtigung der Rechtslage Deutschlands, Köln 1983, S. 25-45;

Ziegler, Heinz O., Die moderne Nation. Ein Beitrag zur politischen Soziologie, Tübingen 1931;

Ziegler, Karl-Heinz, Fata Iuris Gentium, Baden-Baden 2008;

Ziegler, Karl-Heinz, Völkerrechtsgeschichte. Ein Studienbuch, 2. Aufl., München 2007;

Zielińska, Teresa, Magnateria Polska epoki saskiej. Funkcje urzędów i królewszczyzn w procesie przeobrażeń warstwy społeczej [Hochadel Polens im sächsischen Zeitalter. Amts- und Krongutsfunktionen im Prozess der Umwandlung einer Gesellschaftsschicht], Wrocław/Warszawa/Kraków/Gdańsk 1977;

Zielińska, Zofia, Walka „Familii" o reformę Rzeczypospolitej [Der Kampf der „Familie" um die Reform der Republik] 1743-1752, Warszawa 1983;

Zimmer, Gerhard, Gewaltsame territoriale Veränderungen und ihre völkerrechtliche Legitimation, Berlin 1971;

Zimmermann, Andreas, Staatennachfolge in völkerrechtliche Verträge, Berlin/Heidelberg/New York 2000;

Zivier, Ezechiel, Neuere Geschichte Polens, Bd. I. Die zwei letzten Jagiellonen (1506-1572), Gotha 1915;

Żychowski, Marian, Rok 1846 w Rzeczypospolitej Krakowskiej i Galicji [Das Jahr 1846 in der Republik Krakau und in Galizien], Warszawa 1956;

Žmuidzinas, Jonas, Commonwealth polono-lithuanien ou l'Union de Lublin (1569), Paris/La Haye/New York 1978;

Żenkiewicz, Jerzy, Litwa. Na przestrzeni wieków i jej powiązania z Polską [Litauen. Im Verlauf der Jahrhunderte und seine Verbindungen zu Polen], Toruń 2001;

Żerbiłło-Łabuński, Józef, Polska historyczna, Bd. II. Korona i Litwa [Das historische Polen, Bd. II. Die Krone und Litauen], Warszawa 1915;

Żukowski, Marek, Dzieje administracji w Polsce w XX wieku [Geschichte der Verwaltung in Polen im 20. Jh.], Warszawa 2011;

Żytkowicz, Leonid, Rządy Repnina na Litwie w latach [Die Herrschaft von Repnin in Litauen] 1794-1797, Wilno 1938;

Żywirska, Maria, Ostatnie lata życia króla Stanisława Augusta [Die letzten Lebensjahre König Stanisław Augusts], Warszawa 1975;

Schriften zum internationalen und zum öffentlichen Recht

Herausgegeben von Gilbert Gornig

Band 1 Michael Waldstein: Das Asylgrundrecht im europäischen Kontext. Wege einer europäischen Harmonisierung des Asyl- und Flüchtlingsrechts. 1993.

Band 2 Axel Linneweber: Einführung in das US-amerikanische Verwaltungsrecht. Kompetenzen, Funktionen und Strukturen der „Agencies" im US-amerikanischen Verwaltungsrecht. 1994.

Band 3 Tai-Nam Chi: Das Herrschaftssystem Nordkoreas unter besonderer Berücksichtigung der Wiedervereinigungsproblematik. 1994.

Band 4 Jörg Rösing: Beamtenstatut und Europäische Gemeinschaften. Eine Untersuchung zu den gemeinschaftsrechtlichen Anforderungen an die Freizügigkeit der Arbeitnehmer im Bereich des öffentlichen Dienstes. 1994.

Band 5 Wolfgang Wegel: Presse und Rundfunk im Datenschutzrecht. Zur Regelung des journalistischen Umgangs mit personenbezogenen Daten. 1994.

Band 6 Sven Brandt: Eigentumsschutz in europäischen Völkerrechtsvereinbarungen. EMRK, Europäisches Gemeinschaftsrecht, KSZE – unter Berücksichtigung der historischen Entwicklung. 1995.

Band 7 Alejandro Alvarez: Die verfassunggebende Gewalt des Volkes unter besonderer Berücksichtigung des deutschen und chilenischen Grundgesetzes. 1995.

Band 8 Martin Thies: Zur Situation der gemeindlichen Selbstverwaltung im europäischen Einigungsprozeß. Unter besonderer Berücksichtigung der Vorschriften des EG-Vertrages über staatliche Beihilfen und der EG-Umweltpolitik. 1995.

Band 9 Rolf-Oliver Schwemer: Die Bindung des Gemeinschaftsgesetzgebers an die Grundfreiheiten. 1995.

Band 10 Holger Kremser: „Soft Law" der UNESCO und Grundgesetz. Dargestellt am Beispiel der Mediendeklaration. 1996.

Band 11 Michael Silagi: Staatsuntergang und Staatennachfolge: mit besonderer Berücksichtigung des Endes der DDR. 1996.

Band 12 Reinhard Franke: Der gerichtliche Vergleich im Verwaltungsprozeß. Auch ein Beitrag zum verwaltungsrechtlichen Vertrag. 1996.

Band 13 Christoph Eichhorn: Altlasten im Konkurs. 1996.

Band 14 Dietrich Ostertun: Gewohnheitsrecht in der Europäischen Union. Eine Untersuchung der normativen Geltung und der Funktion von Gewohnheitsrecht im Recht der Europäischen Union. 1996.

Band 15 Ulrike Pieper: Neutralität von Staaten. 1997.

Band 16 Harald Endemann: Kollektive Zwangsmaßnahmen zur Durchsetzung humanitärer Normen. Ein Beitrag zum Recht der humanitären Intervention. 1997.

Band 17 Jochen Anweiler: Die Auslegungsmethoden des Gerichtshofs der Europäischen Gemeinschaften. 1997.

Band 18 Henrik Ahlers: Grenzbereich zwischen Gefahrenabwehr und Strafverfolgung. 1998.

Band 19 Heinrich Hahn: Der italienische Verwaltungsakt im Lichte des Verwaltungsverfahrensgesetzes vom 7. August 1990 (Nr. 241/90). Eine rechtsvergleichende Darstellung. 1998.

Band 20 Christoph Deutsch: Elektromagnetische Strahlung und Öffentliches Recht. 1998.

Band 21 Cordula Fitzpatrick: Künstliche Inseln und Anlagen auf See. Der völkerrechtliche Rahmen für die Errichtung und den Betrieb künstlicher Inseln und Anlagen. 1998.

Band 22 Hans-Tjabert Conring: Korporative Religionsfreiheit in Europa. Eine rechtsvergleichende Betrachtung. Zugleich ein Beitrag zu Art. 9 EMRK. 1998.

Band 23 Jörg Karenfort: Die Hilfsorganisation im bewaffneten Konflikt. Rolle und Status unparteiischer humanitärer Organisationen im humanitären Völkerrecht. 1999.

Band 24 Matthias Schote: Die Rundfunkkompetenz des Bundes als Beispiel bundesstaatlicher Kulturkompetenz in der Bundesrepublik Deutschland. Eine Untersuchung unter besonderer Berücksichtigung natürlicher Kompetenzen und der neueren Entwicklung im Recht der Europäischen Union. 1999.

Band 25 Hermann Rothfuchs: Die traditionellen Personenverkehrsfreiheiten des EG-Vertrages und das Aufenthaltsrecht der Unionsbürger. Eine Gegenüberstellung der vertraglichen Gewährleistungen. 1999.

Band 26 Frank Alpert: Zur Beteiligung am Verwaltungsverfahren nach dem Verwaltungsverfahrensgesetz des Bundes. Die Beteiligtenstellung des § 13 Abs. 1 VwVfG. 1999.

Band 27 Matthias Reichart: Umweltschutz durch völkerrechtliches Strafrecht. 1999.

Band 28 Nikolas von Wrangell: Globalisierungstendenzen im internationalen Luftverkehr. Entwicklung der Regulierung und Liberalisierung unter Berücksichtigung strategischer Allianzen und des Code-Sharing. 1999.

Band 29 Marietta Hovehne: Ein demokratisches Verfahren für die Wahlen zum Europäischen Parlament. Legitimation gemeinschaftlicher Entscheidungsstrukturen im europäischen Integrationsprozeß. 1999.

Band 30 Nina Kaden: Der amerikanische Clean Air Act und das deutsche Luftreinhalterecht. Eine rechtsvergleichende Untersuchung. 1999.

Band 31 Brigitte Daum: Grenzverletzungen und Völkerrecht. Eine Untersuchung der Rechtsfolgen von Grenzverletzungen in der Staatenpraxis und Folgerungen für das Projekt der International Law Commission zur Kodifizierung des Rechts der Staatenverantwortlichkeit. 1999.

Band 32 Andreas Fürst: Die bildungspolitischen Kompetenzen der Europäischen Gemeinschaft. Umfang und Entwicklungsmöglichkeiten. 1999.

Band 33 Gilles Despeux: Die Anwendung des völkerrechtlichen Minderheitenrechts in Frankreich. 1999.

Band 34 Michael Reckhard: Die rechtlichen Rahmenbedingungen der Sanktionierung von Beitragsverweigerung im System der Vereinten Nationen. 1999.

Band 35 Carsten Pagels: Schutz- und förderpflichtrechtliche Aspekte der Religionsfreiheit. Zugleich ein Beitrag zur Auslegung eines speziellen Freiheitsrechts. 1999.

Band 36 Bernhard Mehner: Die grenzüberschreitende Wirkung direktempfangbaren Satellitenfernsehens aus völkerrechtlicher Sicht. 2000.

Band 37 Karl-Josef Ulmen: Pharmakologische Manipulationen (Doping) im Leistungssport der DDR. Eine juristische Untersuchung. 2000.

Band 38 Jochen Starke: Die verfassungsgerichtliche Normenkontrolle durch den Conseil constitutionnel. Zum Kompetenztitel des Art. 61 der französischen Verfassung. 2000.

Band 39 Marco Herzog: Rechtliche Probleme einer Inhaltsbeschränkung im Internet. 2000.

Band 40 Gilles Despeux: Droit de la délimitation maritime. Commentaire de quelques décisions plutoniennes. 2000.

Band 41 Christina Hackel: Der Untergang des Landes Braunschweig und der Anspruch auf Restitution nach der Wiedervereinigung Deutschlands. 2000.

Band 42 Peter Aertker: Europäisches Zulassungsrecht für Industrieanlagen. Die Richtlinie über die integrierte Vermeidung und Verminderung der Umweltverschmutzung und ihre Auswirkungen auf das Anlagenzulassungsrecht der Bundesrepublik Deutschland. 2000.

Band 43 Karsten Bertram: Die Gesetzgebung zur Neuregelung des Grundeigentums in der ersten Phase der Französischen Revolution (bis 1793) und deren Bedeutung für die deutsche Eigentumsdogmatik der Gegenwart. 2000.

Band 44 Ulrike Hartmann: Die Entwicklung im internationalen Umwelthaftungsrecht unter besonderer Berücksichtigung von *erga omnes*-Normen. 2000.

Band 45 Thomas Jesch: Die Wirtschaftsverfassung der Sonderverwaltungsregion Hongkong. Eine Darstellung vor dem Hintergrund der Wiedereingliederung in die Souveränität der Volksrepublik China. 2001.

Band 46 Sven Gottschalkson: Der Ausschluß des Zivilrechtsweges bei Eigentumsverlusten an Immobilien in der ehemaligen DDR. 2002.

Band 47 Gilbert Hanno Gornig / Gilles Despeux: Seeabgrenzungsrecht in der Ostsee. Eine Darstellung des völkerrechtlichen Seeabgrenzungsrechts unter besonderer Berücksichtigung der Praxis der Ostseestaaten. 2002.

Band 48 Andreas Zühlsdorff: Rechtsverordnungsersetzende Verträge unter besonderer Berücksichtigung des Umweltrechts. 2003.

Band 49 Katja Schmitz: Durchgriffswirkung von Maßnahmen der UN und ihrer Sonderorganisationen unter besonderer Berücksichtigung von Resolutionen des UN-Sicherheitsrates – Die Entwicklung supranationaler Strukturen. 2003.

Band 50 Stefanie Rothenberger: Die angemessene Nutzung gemeinschaftlicher Ressourcen am Beispiel von Flüssen und speziellen Ökosystemen. Eine vergleichende Betrachtung zum modernen Verständnis eines klassischen völkerrechtlichen Nutzungsprinzips. 2003.

Band 51 Christoph von Burgsdorff: Die Umsetzung der EG-Datenschutzrichtlinie im nicht-öffentlichen Bereich. Möglichkeit einer zukunftsorientierten Konzeption des Datenschutzes in der Privatwirtschaft unter besonderer Berücksichtigung des BDSG. 2003.

Band 52 Frank Reinhardt: Powerline. Verfassungs-, verwaltungs- und telekommunikationsrechtliche Probleme. 2003.

Band 53 Chie Sato: Immunität Internationaler Organisationen. 2004.

Band 54 Johannes Thoma: EU-Recht und Schranken hoheitlicher Staatstätigkeit. 2004.

Band 55 Wolf Peterhoff: Rechtsansprüche enteigneter Volksgruppen und ihre Durchsetzbarkeit. 2004.

Band 56 Do-Hyub Kim: Das deutsche parlamentarische Regierungssystem als mögliches Modell für Korea. 2004.

Band 57 Alexander Koberg: Die Exilregierung im Völkerrecht. Eine Untersuchung ihrer rechtlichen Klassifikation. 2005.

Band 58 Nils Christian Carstensen: Das Verhältnis des Seerechtsübereinkommens der Vereinten Nationen von 1982 zu fischereirechtlichen Übereinkommen und deren Streitbeilegungsvorschriften. 2005.

Band 59 Oliver Franz: Osttimor und das Recht auf Selbstbestimmung. Eine Untersuchung zur Anwendung des Selbstbestimmungsrechts der Völker am Beispiel Osttimors. 2005.

Band 60 Michael Kadgien: Das Habsburgergesetz. 2005.

Band 61 Felix Wolf: Terrorversicherungen und europäisches Wettbewerbsrecht. Verschiedene Modelle staatlicher Beteiligung an einer Terrorversicherung für Wirtschaftsbetriebe und ihre Vereinbarkeit mit dem europäischen Wettbewerbsrecht. 2005.

Band 62 Heiko Bertelmann: Die Europäisierung des Staatshaftungsrechts. Eine Untersuchung zum Einfluss des Europäischen Gemeinschaftsrechts auf das deutsche Staatshaftungsrecht unter besonderer Berücksichtigung der Haftung für judikatives Unrecht. 2005.

Band 63 Cedric Christian Meyer: Konkretisierung unbestimmter Rechtsbegriffe im deutschen und französischen Anlagenzulassungsrecht. 2005.

Band 64 Philippe Gréciano: Die Gerichtsbarkeit der Europäischen Gemeinschaften. Rechtsprechung und Rechtssprache Europas aus französischer Perspektive. Mit einem Vorwort von Theodor Öhlinger. 2007.

Band 65 Anne-Louise Schümer: Die Stellung des Ministerpräsidenten in den Bundesländern im Vergleich. 2006.

Band 66 Helen Ghebrewebet: Identifying Units of Statehood and Determining International Boundaries. A Revised Look at the Doctrine of *Uti Possidetis* and the Principle of Self-Determination. 2006.

Band 67 Arne Hertel: Beihilfen an kleine und mittlere Unternehmen. 2006.

Band 68 Markus Günther: Europol. Rechtsschutzmöglichkeiten und deren Vereinbarkeit mit nationalen und internationalen Anforderungen. 2006.

Band 69 Christian Wicker: The Concepts of Proportionality and State Crimes in International Law. An Analysis of the Scope of Proportionality in the Right of Self-Defence and in the Regime of International Countermeasures and an Evaluation of the Concept of State Crimes. 2006.

Band 70 Hauke Stöwsand: Zyperns Beitritt zur Europäischen Union. Vom Antrag auf Mitgliedschaft bis zum Protokoll der Beitrittsakte. 2007.

Band 71 Natalie Rowohl: Weltbank und Internationaler Währungsfonds: Ihre Mandate und deren Abgrenzung. Stand und Reformvorschläge. 2007.

Band 72 Ru-Huei Liu: Europäisierung des deutschen Umweltrechts. 2008.

Band 73 Katja Lange: Der Status der Aufständischen im modernen humanitären Völkerrecht. 2007.

Band 74 Tarik El-Shabassy: Die Durchsetzung finanzieller Sanktionen der Europäischen Gemeinschaften gegen ihre Mitgliedstaaten. 2008.

Band 75 Karsten Seifert: Das interamerikanische System zum Schutz der Menschenrechte und seine Reformierung. 2008.

Band 76 Nora Graaff: Staatenverantwortlichkeit. Vom „völkerrechtlichen Verbrechen" zur „schwerwiegenden Verletzung einer zwingenden Völkerrechtsnorm" anhand der ILC-Kodifikationsarbeit. 2008.

Band 77 Aldona Szczeponek: Die Umsetzung des Völkerrechts und des europäischen Gemeinschaftsrechts in Polen. Unter Berücksichtigung verfassungsrechtlicher Lösungen anderer europäischer Staaten. 2008.

Band 78 Christian Friedrich Fonk: Europäische Luftqualitätsziele und nationale Erfüllungsverantwortung. 2009.

Band 79 Christina Prinzhorn: Der Grundsatz des öffentlichen Zugangs zu amtlichen Dokumenten aus der Perspektive des internationalen Rechts. Materiell-rechtliche Vorgaben durch das internationale Recht für Informationszugangsrechte in den nationalen Rechtsordnungen Europas. 2009.

Band 80 Steffen Eicker: Der Deutsch-Herero-Krieg und das Völkerrecht. Die völkerrechtliche Haftung der Bundesrepublik Deutschland für das Vorgehen des Deutschen Reiches gegen die Herero in Deutsch-Südwestafrika im Jahre 1904 und ihre Durchsetzung vor einem nationalen Gericht. 2009.

Band 81 Niels Beisinghoff: Corporations and Human Rights. An Analysis of ATCA Litigation against Corporations. 2009.

Band 82 Gesine Wolf-Zimper: Zielgerichtete Sanktionen des Sicherheitsrates der Vereinten Nationen und effektiver Rechtsschutz. 2009.

Band 83 David Bergius: Die offene Frage des Privateigentums der Vertriebenen im deutsch-polnischen Verhältnis. 2009.

Band 84 Axel Rolf Schneider: Petitionen zum Europäischen Parlament mit Berücksichtigung des Bürgerbeauftragten. 2009.

Band 85 Tobias Nord: Rechtsnachfolge bei zwischenstaatlichen Organisationen. 2010.

Band 86 Marcel Bongard: Emissionshandel und effektiver Rechtsschutz: Ein unvereinbarer Gegensatz? Eine Untersuchung zu den Auswirkungen marktwirtschaftlicher Umweltschutzinstrumente auf den Individualrechtsschutz am Beispiel des Emissionshandelssystems. 2010.

Band 87 Armin Huhn: Amtshaftung im bewaffneten Auslandseinsatz. Anwendbarkeit und Leistungsfähigkeit des Amtshaftungsrechts bei Verletzung des *ius in bello*. 2010.

Band 88 Johannes Mosters: Ethische Beschaffung. Sekundärzwecke im Zeitalter der Globalisierung. 2010.

Band 89 Thomas Herntrich: Thüringen. Von den thüringischen Kleinstaaten nach Zerfall des Alten Reiches bis zum Freistaat Thüringen. Eine völkerrechtliche und verfassungsrechtliche Betrachtung. 2010.

Band 90 Marcelo Antonio Villagrán Abarzúa: Verfassungsrechtliche Grundlagen der Gemeindeverwaltung in Chile. Auch ein Beitrag zur Dezentralisierung und Dekonzentration. 2010.

Band 91 Manfred Hechtl: Die offensive Defensive: Das Recht der präventiven Selbstverteidigung? Lösungsansätze für (scheinbare) Bedrohungen durch einzelne Staaten und internationale Terrornetzwerke. 2011.

Band 92 Christian Grüner: Quantität und Qualität der europäischen Rechtsetzung. 2011.

Band 93 Anna Keller: Der neue Rechtsrahmen für den öffentlichen Rundfunk in Frankreich. 2011.

Band 94 Jörn Eschment: Musterprozesse vor dem Europäischen Gerichtshof für Menschenrechte. Probleme und Perspektiven des Piloturteilsverfahrens. 2011.

Band 95 Marija Dietrich: Staatliches Souveränitätsverständnis im Wandel der gesellschaftspolitischen Strukturen. Eine Perspektive der Europäischen Union nach Inkrafttreten des Vertrags von Lissabon. 2011.

Band 96 Philipp Austermann: Die Anrechnungsbestimmungen im Abgeordnetenrecht des Bundes und der Länder. Eine verfassungsrechtliche und verfassungspolitische Untersuchung unter besonderer Berücksichtigung des Abgeordnetenstatus. 2011.

Band 97 Gilbert Gornig (Hrsg.): Krisengebiete der Welt. Völkerrechtliche und politische Aspekte. 2011.

Band 98 Jörg Brackmann: Genehmigung, Anmeldung und Anzeige gentechnischer Arbeiten und Anlagen. Nach den Änderungen des Gentechnikrechts 2002, 2005 und 2008. 2011.

Band 99 Giuseppe de Vergottini / Valeria Piergigli (eds.): Topographical Names and Protection of Linguistic Minorities. 2011.

Band 100 Nevzat Kirkagac: Verdachtsausweisungen im deutschen Rechtsstaat. 2011.

Band 101 Karlheinz Rode: Verfassungsidentität und Ewigkeitsgarantie. Anmerkungen zu einem Mythos der Deutschen Staatsrechtslehre. 2012.

Band 102 Markus Kühnl: Enteignung und Mediation. Ansätze mediativer Konfliktlösung hinsichtlich einer Enteignung zur Realisierung planfeststellungsbedürftiger Großvorhaben. 2012.

Band 103 Max Fischer: Das System konsistenter Entgeltregulierung im deutschen Telekommunikationsrecht. 2012.

Band 104 Jennifer Satish: Nationale Handlungsspielräume beim Anbau von gentechnisch veränderten Organismen (GVO). Europa- und welthandelsrechtliche Implikationen. 2012.

Band 105 Eva Marie Lischka: Völkerrechtliches und nationales Schifffahrtsrecht. 2013.

Band 106 Friederike Maria Posor: Der Darfur-Konflikt und seine Auswirkungen auf die internationale Staatengemeinschaft. Vor dem Hintergrund neuer völkerrechtlicher Rechtsfortbildung. Möglichkeiten und Grenzen der internationalen Friedenskonsolidierung. 2013.

Band 107 Kai Georg Krenz: Rechtliche Probleme des internationalen Kulturgüterschutzes. Durchsetzung, Harmonisierungsbestrebungen und Restitutionen von Kulturgütern. 2013.

Band 108 Jörg Sommer: Das Recht der Kriegsgefangenen in modernen bewaffneten Konflikten. 2013.

Band 109 Henning Hildebrandt: Die Rechtsproblematik multipler Regulierungsstrukturen in der Doping-Bekämpfung. Zur Notwendigkeit und Möglichkeit einer globalen öffentlich-rechtlichen Kontrolle sozialmächtiger Sportverbände. 2013.

Band 110 Isabelle Reutzel: Das Weltraumrecht in Europa. Eine Analyse der nationalen Regelungen zur Raumfahrt. 2014.

Band 111 Lì Lǐ: Potenzial und Grenzen der Missbrauchskontrollregelung in der Europäischen Union und in der Volksrepublik China. Eine rechtsvergleichende Analyse am Beispiel der Kampfpreisstrategien. 2014.

Band 112 Adrianna Agata Michel: Polens Staatlichkeit in sieben Jahrhunderten. Eine völkerrechtliche Analyse zur Staatensukzession. 2015.

www.peterlang.com

www.ingramcontent.com/pod-product-compliance
Ingram Content Group UK Ltd.
Pitfield, Milton Keynes, MK11 3LW, UK
UKHW021123041026
8980IPUK00026B/178

9 783631 654675